TRAITÉ

DE

LÉGISLATION

ET

D'EXPLOITATION POSTALES

PAR

PAUL JACCOTTEY

PROFESSEUR-ADJOINT
A L'ÉCOLE PROFESSIONNELLE SUPÉRIEURE DES POSTES ET DES TÉLÉGRAPHES

PARIS

Société d'Imprimerie et Librairie administratives et des Chemins de fer

PAUL DUPONT

4 — RUE DU BOULOI — 4

1891

TRAITÉ

DE

LÉGISLATION ET D'EXPLOITATION

POSTALES

TRAITÉ

DE

LÉGISLATION

ET

D'EXPLOITATION POSTALES

PAR

PAUL JACCOTTEY

PROFESSEUR-ADJOINT

A L'ÉCOLE PROFESSIONNELLE SUPÉRIEURE DES POSTES ET DES TÉLÉGRAPHES

PARIS

Société d'Imprimerie et Librairie administratives et des Chemins de fer

PAUL DUPONT

4, RUE DU BOULOI, 4

1891

Encouragé par de bienveillants conseils, soutenu par l'appui de l'administration, j'ai entrepris de rédiger et de réunir en volume les leçons du Cours que je professe à l'École supérieure des postes et des télégraphes. C'est pour moi un devoir très agréable d'exprimer ici ma vive gratitude à tous ceux qui m'ont aidé dans cette tâche, principalement à M. DE SELVES, Directeur général, qui a bien voulu honorer cet ouvrage d'une souscription; à M. RAYMOND, l'éminent Directeur de l'École, et à M. ANSAULT, mon excellent maître et mon guide.

Ayant eu à compulser un très grand nombre de lois, de décrets, de décisions et d'instructions administratives, j'ai dû commettre des erreurs et des oublis ; je serai reconnaissant à tous ceux qui voudront bien me les signaler.

PAUL JACCOTTEY.

Paris, 10 avril 1891.

TRAITÉ

DE

LÉGISLATION ET D'EXPLOITATION

POSTALES

PREMIÈRE PARTIE

ORIGINE DES POSTES
FUSION DES POSTES ET DES TÉLÉGRAPHES

CHAPITRE PREMIER

DÉFINITION ET ORIGINES DE LA POSTE. — RÉSUMÉ HISTORIQUE JUSQU'A LA FUSION AVEC LES TÉLÉGRAPHES

§ 1er. — Étymologie et définition du mot *poste*.

Si l'on ouvre le *Dictionnaire de l'Académie*, on trouve pour le mot *poste*, au féminin, ces deux définitions :

1° *Établissement de chevaux placé de distance en distance pour le service des voyageurs ;*

2° *Établissement formé et dirigé par le gouvernement pour le transport des lettres d'un lieu à un autre.*

Ces deux définitions se retrouvent, dans le *Dictionnaire de la langue française* de Littré, à peu près dans les mêmes termes.

Elle montrent toutes deux la transformation qui s'est opérée dans le service des postes depuis son origine jusqu'à nos jours.

La première répond à ce qu'on appelait autrefois la *poste aux chevaux :*

La seconde, à ce qu'on appelle encore aujourd'hui la *poste aux lettres.*

Poste vient de *posta* (basse latinité), contraction pour *posita*, de *ponere* (placer), mot dont on s'est servi pour désigner les relais, qu'on plaçait de distance en distance sur les routes suivies par les courriers.

Le mot *posta* ou *posita* n'a jamais toutefois été employé par les auteurs latins dans le sens tout spécial que nous attribuons à son dérivé. Les Romains connaissaient la poste, mais ils l'appelaient d'un autre nom, *cursus publicus*, la course publique. A peine trouve-t-on le mot *posta* avec la signification de *relais* dans quelques documents du moyen âge.

Le substantif *poste* ne se rencontre pas dans l'édit de Louis XI établissant des relais pour les courriers royaux. On le trouve pour la première fois dans les mémoires de Commines, et dans un édit de Charles VIII, qui porte la date du 27 janvier 1487.

Quoi qu'il en soit, il est certain que le mot *poste*, au féminin singulier, servit d'abord à désigner un relais de chevaux.

Au pluriel, il s'appliquait à l'ensemble des relais disposés sur les routes pour assurer le transport rapide et ininterrompu des courriers de l'État. Dans la suite, les particuliers obtinrent la permission d'utiliser pour leur correspondance les services de poste établis par les gouvernements. Bientôt, enfin, par suite du développement des relations sociales, le mouvement de cette correspondance prit une telle extension, qu'après avoir été d'abord l'accessoire de la poste, elle en devint l'objet principal.

Si l'on consulte les documents officiels, on trouve à l'article 1er de notre Instruction générale que les postes sont un service public auquel la loi attribue le transport exclusif: 1° des dépêches expédiées pour le service de l'État; 2° des lettres particulières, etc. Le même article ajoute que la loi confère au service des postes, mais sans privilège exclusif, le transport des échantillons, imprimés, valeurs, etc.

Ce n'est pas là, à proprement parler, une définition de la poste : ce n'est qu'une longue énumération, incomplète aujourd'hui, des attributions de l'administration des postes françaises. Elle ne conviendrait pas à la plupart des offices étrangers. On peut d'ailleurs concevoir la poste sans le monopole, bien que le monopole existe à peu près partout, en droit ou en fait; et il est telle branche de notre exploitation, comme les articles d'argent, qui n'est pas nécessairement du domaine de la poste.

Il semble qu'on donnerait une définition assez générale et suffisamment précise de la poste moderne en disant simplement que c'est un service qui a pour objet le *transport de la correspondance publique et privée*.

§ 2. — La poste chez les anciens.

L'origine de la poste est assez ancienne. Mais si l'on trouve, dans l'antiquité, des relais établis pour le service des gouvernements, on ne rencontre pas, jusqu'au XVIIe siècle, de service public organisé pour transporter la correspondance des particuliers.

Cette lacune s'explique aisément.

Les anciens écrivaient peu. L'instruction n'était pas très répandue dans les sociétés antiques; elle était le privilège d'une élite. Les moyens matériels eux-mêmes manquaient pour correspondre facilement. Le papyrus et le parchemin coûtaient cher, et les tablettes enduites de cire n'étaient pas d'un usage très commode ni d'une transmission très facile. C'est la découverte du papier de chiffon au moyen âge et celle de l'imprimerie dans les temps modernes qui, en facilitant l'échange et la vulgarisation des idées, ont donné à la poste l'importance qu'elle a acquise dans la vie de toutes les nations civilisées.

D'autre part, le commerce, ce grand client de la poste, était peu actif dans l'antiquité. L'industrie était dans l'enfance. Le commerce et l'industrie ne peuvent se développer que par la facilité des communications. Or, sauf de rares exceptions, les routes étaient mal entretenues, peu sûres, et les transactions commerciales s'effectuaient surtout par la voie maritime.

Les seuls services de poste dont les historiens de l'antiquité fassent mention ont existé chez les Perses et les Romains.

La poste chez les Perses.

Hérodote raconte que Cyrus, avant de partir pour son expédition contre les Scythes, vers l'an 500 avant Jésus-Christ, créa un service de relais pour rester en communication avec sa capitale. Le même auteur nous apprend que, depuis la mer Egée jusqu'à la capitale de la Perse, il existait 111 gîtes séparés l'un de l'autre par une journée de chemin.

« Après la défaite de Salamine, dit-il, Xerxès expédia un courrier en Perse pour y porter la mauvaise nouvelle. Rien de si prompt parmi les mortels que ces courriers. Voici comment leur service est organisé : autant de journées de marche, autant il y a d'hommes et de chevaux séparés les uns des autres par la distance qu'on franchit en un jour. Nul obstacle ne les empêche de faire ce trajet avec la plus extrême vitesse. Le premier courrier, au bout de son parcours, transmet au second et le second au troisième le message qui passe de l'un à l'autre, comme le flambeau chez les Grecs, pendant les fêtes de Vulcain. »

Rien n'autorise à penser, toutefois, que ce service de relais ait jamais été mis au service des particuliers.

Les Grecs, malgré toute leur civilisation, n'ont jamais connu la poste. Cela tient à ce que la Grèce n'était pas, comme l'empire des Perses, un vaste État soumis à un souverain absolu, mais une agglomération de petites républiques indépendantes les unes des autres, ayant chacune leurs lois et leur vie propres, avec un territoire très peu étendu. Il n'y avait pas de grandes distances à franchir, pas d'ordres à porter au loin; les magistrats de ces républiques, aussi bien que les particuliers, se servaient de messagers, c'est-à-dire d'exprès pour leurs correspondances.

La course publique chez les Romains.

Nous voyons au contraire un service postal assez fortement constitué chez les Romains, mais seulement à l'époque où l'extension prodigieuse de la domination romaine l'eut rendu nécessaire, et il y a lieu de remarquer que son établissement coïncida avec celui de la centralisation de l'autorité entre les mains d'un souverain absolu.

Dans un empire aussi vaste, qui embrassait tout le bassin de la Méditerranée, l'intérêt politique et l'intérêt militaire exigeaient que la capitale fût en relations constantes et regulières avec les provinces, que l'on pût expédier rapidement des ordres aux armées qui campaient sur les frontières et en recevoir des nouvelles avec la même promptitude ; il fallait, en outre, un moyen régulier de transport pour porter à Rome le produit des impôts qui alimentaient le trésor impérial. *La course publique* (*cursus publicus*), comme on appelait la poste romaine, répondait à ces divers besoins. Son établissement fut d'ailleurs facilité par l'existence d'un admirable réseau de routes stratégiques les voies romaines, qui, partant du milliaire doré, situé au milieu du Forum, rayonnaient vers les frontières.

Suétone nous apprend qu'Auguste établit sur ces routes, à de courtes distances, des relais. Ces relais furent tout d'abord desservis par des courriers à pied, qui se transmettaient l'un à l'autre, jusqu'à destination, les dépêches du gouvernement.

Plus tard, ayant fait paver les routes, l'empereur remplaça les relais d'hommes par des relais de chevaux. Son but, dit Suétone, était surtout d'avoir des nouvelles plus promptes des provinces et de pouvoir interroger les courriers qui lui étaient dépêchés d'un lieu quelconque lorsque les circonstances l'exigaient. Cette institution se développa sous les successeurs d'Auguste.

Les stations de poste des Romains portaient les noms de *mutationes*, de *civitates* et de *mansiones*. Les *mutationes* étaient de simples relais contenant environ vingt chevaux ; les *civitates* en contenaient quarante ; les *mansiones* étaient pourvues de tout ce qui était nécessaire pour défrayer les voyageurs qui prenaient la poste ; elles servaient en même temps de magasins de vivres et d'habillement pour les troupes en marche.

Outre les chevaux, on trouvait dans les relais des mulets et des bêtes de somme ; car on distinguait la course rapide servant au transport des courriers, c'est-à-dire la poste proprement dite, et la course pesante, sorte de roulage organisé pour le transport des denrées et des impôts en argent ou en nature que l'on tirait des provinces. Le matériel roulant se composait de voitures légères à quatre roues (*rhedæ*) pour les voyageurs et leurs bagages ; de charrettes à deux roues (*birotæ*) et de chariots de différents modèles (*carri, carpenta, clabulæ*), pouvant porter soit des personnes, soit des marchandises.

Le personnel des relais comprenait des postillons (*veredarii*, *catabulenses*), des muletiers (*muliones*), des palefreniers (*hippocomi*), des vétérinaires (*mulomedici*) et des charrons (*carpentarii*) ; les fonctions de maître de poste (*mancipes*) étaient tenues par de notables habitants des villes, auxquels cet emploi, ou plutôt cette charge, car ils n'étaient pas libres de s'y soustraire, était confiée pour cinq ans ; les frais d'exploitation étaient supportés par les villes. Des fonctionnaires, appelés préfets des voitures (*præfecti vehiculorum*), étaient préposés à la direction du service dans des circonscriptions correspondant au territoire d'une province ou embrassant plusieurs provinces. Des inspecteurs (*judices curiosi*) étaient chargés de la surveillance des relais. Enfin la course publique était placée sous l'autorité du préfet du prétoire, chef de la maison militaire de l'empereur et second personnage de l'État.

Ce service si bien organisé ne fut jamais mis à la disposition des particuliers. En dehors du prince, étaient seuls autorisés à se servir de la poste les hauts fonctionnaires de l'empire qui avaient obtenu des lettres d'évection (*litteræ evectionis* ou *diplomata*), sorte de passeports qui contenaient le détail des prestations auxquelles les voyageurs avaient droit. Ces lettres étaient délivrées en blanc aux gouverneurs de province qui ne devaient les remettre qu'aux personnes voyageant pour affaires d'État ou dans un intérêt public. Il était défendu, sous peine de mort, de fournir des chevaux à quiconque n'était pas muni de ces lettres.

§ 3. — Historique de la poste en France.

Charlemagne.

L'organisation des postes romaines disparut dans la confusion qui suivit l'invasion des barbares.

Charlemagne fit réparer les anciennes voies romaines et essaya de restaurer la poste sur les routes qui conduisaient en Allemagne, en Espagne et en Italie.

Après lui, les relais cessèrent d'être entretenus.

L'établissement de la féodalité, qui suivit de près la dissolution de l'empire carlovingien, n'était pas propre à faciliter les communications. Le système féodal tendait au contraire au morcellement et à l'isolement. L'autorité du pouvoir central s'était affaiblie et était devenue purement nominale ; chaque seigneur se considérait comme souverain sur son domaine. L'état de guerre était permanent; les villes, les bourgs s'entouraient de murailles; les campagnes se hérissaient de forteresses ; les routes étaient à peu près impraticables, tant par le défaut d'entretien et de sécurité que par la multiplication des péages seigneuriaux. Les relations étaient devenues presque impossibles, et pendant deux ou trois siècles on put croire que toute solidarité entre les diverses parties du territoire de la France avait disparu.

Cependant, même au plus fort de l'anarchie du moyen âge, quelques moyens de communication subsistèrent. Ils empruntèrent d'abord le concours des grands ordres monastiques qui, ayant des établissements dans diverses provinces et à l'étranger, entretenaient des relations entre ces établissements ; puis l'intermédiaire des artisans, des marchands que leur profession obligeait à des déplacements fréquents (1); communications bien imparfaites, bien incertaines, mais les seules qui fussent alors à la disposition des particuliers pour l'échange des correspondances.

Messagers de l'*Université*.

A partir du XIIIe siècle, ce furent les universités qui eurent la plus grande part au rétablissement des relations sociales, l'Université de Paris

(1) La corporation des bouchers en Souabe.

surtout, dont l'enseignement attirait des milliers d'écoliers de toutes les nations.

Les étudiants d'alors, comme ceux d'aujourd'hui, avaient besoin de rester en relations fréquentes avec leurs familles qui leur fournissaient des subsides. L'Université y avait pourvu par l'institution d'offices de messagers dont elle s'était réservé la concession et la surveillance. On distinguait les *grands* et les *petits messagers*.

Les *grands messagers* étaient sédentaires à Paris : c'étaient de notables bourgeois qui s'affiliaient à l'Université pour jouir des privilèges appartenant à cette corporation, et se faisaient les correspondants des étudiants. Ils recevaient en dépôt les lettres, les paquets, l'argent destinés à ceux-ci ; ils leur faisaient même des avances sur gages ou sous caution.

Les *petits messagers* (*nuntii volantes*), étaient ambulants. On les recruta d'abord parmi les gens pauvres d'une probité notoire. Plus tard, leurs offices furent donnés à bail. Les petits messagers emportaient les lettres des étudiants et des professeurs et rapportaient à leur retour les lettres, les hardes et l'argent que les parents envoyaient à leurs enfants. En vertu d'une ordonnance de Charles VI, du 11 janvier 1383, le nombre des messagers que l'Université de Paris était autorisée à entretenir était fixé à un par diocèse en France et dans les pays étrangers.

Dans les commencements, les petits messagers faisaient la route à pied, un épieu à la main. Ils se servirent ensuite de chevaux, d'ânes, de voitures, de bateaux pour leurs transports. Leurs services étant devenus plus rapides et plus réguliers, les particuliers les chargèrent de leurs correspondances et de leurs commissions. Les messagers joignirent bientôt le transport des marchandises et des voyageurs à celui des lettres et des valeurs.

Ce fut l'origine de la messagerie.

Les rois de France, toujours favorables à l'Université de Paris, étendirent leur protection sur ses messagers, et leur accordèrent des immunités importantes, telles que l'exemption des droits de péage sur les routes et à l'entrée des villes. Ces privilèges, conférés par des lettres patentes de Philippe le Bel, des 28 février 1296 et 18 août 1297, furent plusieurs fois confirmés par les successeurs de ce prince.

A partir du XVIe siècle, l'importance des messagers de l'Université, qui se trouvèrent en concurrence avec les postes et les messageries royales, diminua ; mais leur privilège ne fut définitivement supprimé qu'en 1720 ; l'Université de Paris reçut alors, en compensation des revenus qu'elle perdait, une indemnité payée par la ferme des postes.

Institution des postes par Louis XI. Édit du 19 juin 1864 (1)

Louis XI a été en France le véritable créateur de la poste.

C'est à son édit du 19 juin 1464 qu'on fait remonter l'origine de notre administration. Toutefois cette institution a subi, dans l'intervalle, de telles transformations qu'il n'y a pour ainsi dire plus rien de commun entre la poste de Louis XI et la poste moderne.

(1) Voir le texte de cet édit dans l'*Origine des postes chez les anciens et chez les modernes*, par LEQUIEN DE LA NEUFVILLE, p. 68 et s.

Le service établi par Louis XI comportait des *relais*, placés sur les grandes routes, de quatre en quatre lieues, et pourvus chacun d'au moins quatre ou cinq chevaux (art. 2).

Des *maîtres coureurs*, appelés plus tard maîtres de poste, étaient préposés à la gestion de ces relais (art. 5). Ils étaient chargés :

1° De monter et de conduire les courriers royaux moyennant une rétribution de dix sols par traite et par cheval (art. 6 et 26) ;

2° De porter gratuitement les dépêches expédiées pour le service du roi (art. 7 et 27).

Des *commis*, postés sur les frontières et dans quelques villes de l'intérieur, avaient pour mission de surveiller les allées et venues des courriers, de veiller à ce que ceux qui arrivaient de l'étranger ne passassent pas par des chemins détournés, de prendre connaissance de leurs dépêches et de s'assurer qu'elles ne contenaient rien de contraire au service du roi, et de leur délivrer des passeports (art. 10 à 17); enfin de requérir l'expédition des dépêches qui concernaient le service du gouvernement.

Un grand maître des coureurs, officier de la couronne attaché à la personne du roi, était chargé de la direction et de la surveillance du service, et investi du droit de nommer et de destituer les maîtres coureurs et les commis.

Il y a bien loin de cette organisation à celle de la poste actuelle. Il faut dire aussi que Louis XI ne se préoccupait nullement de la correspondance des particuliers, ni du développement des relations commerciales et sociales : il poursuivait un but exclusivement politique.

Engagé dans sa grande lutte contre la féodalité, il cherchait le moyen de transmettre avec célérité ses ordres dans les provinces et d'être rapidement informé des manœuvres de ses ennemis.

Ses motifs ressortent nettement du préambule de l'édit du 19 juin 1464 :

« Ledit seigneur et roy, ayant mis en délibération avec les seigneurs de son conseil qu'il est moult nécessaire et important à ses affaires et à son Estat :

« De savoir diligemment nouvelles de tous côtés, et y faire, quand bon lui semblera, savoir des siennes ; d'instituer et d'établir en toutes les villes, bourgs, bourgades et lieux que besoin sera jugé plus commode un nombre de chevaux courants de traite en traite par le moyen desquels ses commandements puissent être promptement exécutés et qu'il puisse avoir nouvelles de ses voisins quand il voudra... » Et pour mieux marquer le caractère exclusivement gouvernemental de l'institution, l'article 9 du même édit défend aux *maîtres coureurs*, sous peine de la vie de « bailler aucuns chevaux à qui qui que ce soit sans le mandement du roy et du grand maître des coureurs. D'autant que ledit seigneur veut et n'entend que la commodité dudit établissement ne soit pour autre que pour son service. »

L'institution créée par Louis XI pour son usage exclusif était donc identique dans son but, sinon dans ses moyens, à la course publique des Romains.

Établissement des postes en Allemagne, aux Pays-Bas, en Italie en Espagne.

C'est à peu près à la même époque (sous le règne de l'empereur Frédéric III (1440-1493), que Roger de Taxis établit en Allemagne, entre le Tyrol et la Styrie, le premier service de relais. En 1504, François de Taxis organisa un service analogue entre Bruxelles et Vienne. Ses descendants développèrent l'institution des postes en Allemagne, aux Pays-Bas, en Espagne et en Italie. La famille de la Tour et Taxis, devenue princière, était encore en possession du monopole postal dans plusieurs États allemands en 1867 ; elle le vendit alors à la poste prussienne.

Première période (1464-1672) La poste, institution d'État.

L'histoire de la poste française, depuis le règne de Louis XI jusqu'à la fusion avec le télégraphe, peut être divisée en trois périodes :

Pendant la première, qui va de 1464 à 1672, la poste n'est qu'une *institution gouvernementale ;*

Pendant la seconde, qui va de 1672 à 1792, et qu'on peut appeler la *période des fermes*, la poste est mise à la disposition des particuliers ;

Pendant la troisième, qui va de 1792 à 1878, la poste est exploitée *en régie* par l'État, et prend de plus en plus le caractère d'un grand service public organisé et administré en vue de l'intérêt général.

Pendant la première période, la poste fonctionne d'abord exclusivement au profit du gouvernement. Toutefois, les courriers commencent, à titre purement officieux, à accepter les correspondances des particuliers, concurremment avec les messagers royaux.

Ces messagers royaux existaient déjà, paraît-il, du temps de Louis XI, et leur institution avait été réglementée par les édits d'octobre 1525, janvier 1573, et surtout par celui de novembre 1576. Primitivement chargés du transport des pièces de procédure adressées par les tribunaux inférieurs aux parlements, ils y joignirent bientôt celui des lettres, des marchandises, des valeurs et des voyageurs.

D'après l'édit de 1576, il devait y avoir un ou deux offices de messagers au siège de chaque bailliage, sénéchaussée ou élection. Les messagers royaux étaient assermentés et assujettis à un cautionnement de 500 livres. Ils partaient toutes les semaines à jour fixe.

En 1674, leurs offices furent réunis à la ferme des postes. Les messageries continuèrent dès lors à être exploitées au profit de l'État, tantôt conjointement avec la poste, tantôt séparément ; elles furent supprimées par la loi du 9 vendémiaire an VI, qui abandonna définitivement le transport des voyageurs et des marchandises à l'industrie privée (1). En compensation de la perte du revenu des messageries, la loi de vendémiaire attribua à l'État un dixième sur le prix des places dans les voitures publiques.

Jusqu'au XVIIe siècle, la poste a été pour l'État une charge sans compensation. Sully, le premier, imagine d'en faire une source de profits pour le trésor royal, au moyen de la vente des offices. Plus tard, le même but sera plus complètement atteint par l'affermage des revenus.

(1) La liberté du transport des voyageurs et des messageries avait déjà été proclamée par la loi du 24 vendémiaire an III (16 oct. 1794).

En 1604, Guillaume Fouquet, seigneur de la Varane, contrôleur général des postes et relais de France et chevaucheurs de l'écurie de Sa Majesté, obtient la concession des produits de la poste, moyennant le versement au trésor d'une somme une fois payée de 32,500 écus, l'État se réservant la faculté du rachat. Ses successeurs, qui prennent en 1630 le titre de *Surintendants généraux*, continuent à percevoir pour leur compte les ports des lettres et des paquets, jusqu'à l'année 1672, où le service des postes et relais est affermé à un entrepreneur (Lazare Patin), à charge de verser au trésor 1 million comptant et 1,700,000 livres chaque année.

La poste sous Richelieu.

Sous le ministère du cardinal de Richelieu, les postes reçoivent une organisation régulière. A dater de 1622, les courriers partent et arrivent à jour fixe. On crée des bureaux dans les villes, avec des commis préposés à la réception et à la distribution des lettres et paquets ainsi qu'à la perception des taxes. En 1627, le général des postes, Pierre d'Alméras, promulgue le premier tarif officiel et réglemente le service des articles d'argent.

Enfin, un édit de mai 1630 commence la décentralisation de la direction et de la surveillance des postes par la création des *contrôleurs provinciaux*, dont les directeurs départementaux actuels sont les héritiers directs.

DEUXIÈME PÉRIODE, DITE DES FERMES (1) (1672-1791)

A partir du moment où la poste est mise en ferme, ses services et ses revenus prennent un grand développement. En 1791, dernière année de la ferme, la grande poste comprenait plus de 3,000 relais, 1,284 bureaux, employait 12 mille agents et distribuait 30 millions de lettres (2).

Les recettes, tant de la grande poste que de la petite, s'élevaient à.	16,949,242 fr.
Les dépenses, y compris les bénéfices des fermiers, à.	5,058,372
Le produit net, à.	11,890,870 (2).

Cette somme, qui équivaudrait à environ 25,000,000 d'aujourd'hui, paraît considérable, si l'on tient compte de l'imperfection du service postal à cette époque. Le bénéfice réalisé par l'État atteignait 70 0/0, de la recette brute ; il était, par rapport à la dépense, de 235 0/0.

Les faits les plus importants de la période des fermes sont :

La réunion en 1674 des messageries à la ferme des postes ;

L'établissement du monopole en 1681 ;

La création d'un service de petite poste à Paris en 1760, pour la correspondance locale.

Établissement de la petite poste.

Jusqu'alors, la poste n'avait fait le transport des lettres que de ville à ville. Un particulier, M. de Chamousset, obtint, par lettres patentes du 5 mars 1758, l'autorisation de se charger de la distribution dans Paris des

(1) De 1761 à 1765, de 1777 à 1787, la poste fut exploitée en régie.

(2) Rapport de Pison-Dugalland au conseil des Cinq-Cents 8 vendémiaire an VIII (30 septembre 1799).

lettres de la ville pour la ville. Un premier essai de ce genre, tenté en 1653 par M. de Vélayer, n'avait pas réussi ; mais la petite poste de Londres, fondée en 1683, avait eu un plein succès. Il en fut de même de celle de M. de Chamousset, qui commença à fonctionner le 9 juin 1760. La première année d'exploitation rapporta 50,000 livres à l'inventeur ; mais il ne jouit pas longtemps de son privilège : il en fut dépossédé au bout de peu d'années, moyennant une rente viagère de 25,000 livres.

Vingt ans après la concession, la petite poste de Paris occupait 117 facteurs, comptait 9 bureaux et 395 boîtes de quartier (1).

En 1780, la petite poste de Paris et les établissements semblables qui avaient été formés dans les villes de province furent réunis à la grande poste. On révoqua, en même temps, tous les privilèges qui avaient été concédés à des particuliers pour l'exploitation de ces établissements.

TROISIÈME PÉRIODE. La poste exploitée en régie (1792-1878)

Sous l'ancien régime, les impôts étaient affermés, c'est-à-dire concédés à des entrepreneurs qui percevaient pour leur compte et versaient à l'État une somme déterminée par leur bail.

Ce système onéreux et souvent vexatoire pour les contribuables, à qui l'on demandait beaucoup, était peu profitable au Trésor, à qui l'on rendait peu. Ce n'était pas le cas toutefois pour la ferme des postes, car l'impôt qu'elle percevait était volontaire et très lucratif pour le Trésor. Mais l'Assemblée constituante ayant supprimé les intermédiaires et mis tous les impôts en régie, la ferme des postes subit le sort commun. Son bail expirait le 31 décembre 1791. Il ne fut pas renouvelé. Un décret de l'Assemblée constituante des 26 et 29 août 1790 décida qu'à partir du 1er janvier 1792, l'administration générale de la poste aux lettres, de la poste aux chevaux et des messageries serait régie par les soins d'un directoire des postes composé d'un président et de quatre administrateurs non intéressés dans les produits (*art.* 5).

Le 1er mai 1793 (décret du 9 avril 1793), le bail des messageries fut résilié ; un décret de la Convention, qui porte les dates des 23, 24 et 30 juillet 1793, plaça la régie des postes et des messageries sous l'autorité d'un conseil de neuf administrateurs élus par elle et renouvelable tous les trois ans.

Les débuts de l'exploitation par l'État ne furent pas heureux. Le produit de la poste diminua, tandis que les dépenses augmentaient. Le produit net, qui avait été de 12 millions la dernière année de la ferme, disparut et fit place à un déficit de 4 millions. Cette diminution des revenus de la poste provenait en partie des dépenses nouvelles qu'avait entraînées l'amélioration du service, en partie des troubles politiques de la période révolutionnaire, et surtout de la perturbation économique causée par l'usage d'un papier-monnaie déprécié. La restauration des espèces

(1) *Les Taxes postales*, par M. A. de Foville, dans l'*Économiste français* du 13 janv. 1877, p. 40.

métalliques en l'an V (1796) ramena l'ère des bénéfices : le produit net s'éleva à près de 5 millions (1).

En exécution de la loi du 9 vendémiaire an VI (30 septembre 1797), la poste fut remise en ferme : on espérait, par ce moyen, retrouver les gros bénéfices de l'époque antérieure à la Révolution. Le bail stipulait le versement à l'État d'une somme de 10 millions par an et le partage de l'excédent des bénéfices. Le Directoire s'était engagé envers le fermier à demander au Corps législatif le rétablissement du tarif de 1759. Sa proposition fut repoussée, et le fermier, dont les bénéfices ne s'étaient élevés, pour la première année de son bail, qu'à 8,224,307 francs (2), sollicita la résiliation. Elle lui fut accordée par la loi du 25 frimaire an VIII (16 décembre 1799). Cette loi établit une régie intéressée, confiée à cinq administrateurs que surveillait un commissaire du gouvernement assistant aux séances du conseil.

L'administration des postes est érigée en direction générale.

Un arrêté consulaire du 28 ventôse an XII (19 mars 1804) supprima l'emploi de commissaire du gouvernement et érigea l'administration des postes en direction générale relevant du ministère des finances. Le directeur général travaillait seul avec le ministre et présidait le conseil d'administration. Enfin une ordonnance royale du 21 mai 1817 supprima les remises attribuées au directeur général et aux administrateurs. La suppression de ces remises produisit une économie de 230,000 francs. La régie intéressée fit place à la régie pure et simple.

Pendant cette période, l'exploitation postale s'étend et se perfectionne. En même temps qu'elle améliore et développe ses services, la poste en abaisse le prix ; néanmoins, son produit ne cesse de s'élever.

Les principaux progrès réalisés depuis l'établissement de la régie, sont :

La création en 1817 des mandats de poste qui facilitent les envois d'argent en supprimant le transport matériel des espèces ;

La mise en correspondance quotidienne de tous les bureaux en 1827 ;

L'établissement, à partir de 1830, d'un service de distribution dans les communes rurales, fonctionnant d'abord de deux jours l'un, puis quotidiennement ;

L'utilisation des voies ferrées pour le transport des correspondances à partir de 1844, et l'organisation des services de bureaux ambulants ;

L'unification du tarif des lettres à l'intérieur, commencée en 1848, achevée en 1878 ;

La création des timbres-poste (1848) et celle des chiffres-taxes (1858)

(1) Rapport de Pison-Dugalland au Conseil des Cinq-Cents, 8 vendémiaire an VIII.

Produit brut	14.436.871	francs.
Dépenses	9.476.179	—
Produit net	4.960.692	francs.

(2)

Produit brut	16.720.881	francs.
Dépenses	8.496.574	—
Produit net	8.224.307	francs.

(Rapport de Pison-Dugalland au Conseil des Cinq-Cents, 8 vendémiaire an VIII (30 septembre 1799).

qui facilitent la perception des taxes et simplifient la comptabilité des bureaux;

La faculté donnée aux expéditeurs d'assurer les valeurs contenues dans les lettres, à condition d'en faire la déclaration préalable (lois du 4 juin 1859 et du 25 janvier 1873);

La réorganisation du service de direction et de contrôle dans les départements en 1864;

Enfin l'unification des tarifs pour la correspondance avec les pays étrangers, commencée par le congrès postal de Berne en 1874 et poursuivie par les congrès postaux subséquents.

Tel est, résumée à grands traits, l'historique de la poste depuis son origine jusqu'à la fusion avec les télégraphes. Cet aperçu était nécessaire pour servir d'introduction à l'exposé des mesures qui ont réalisé la fusion et fixé l'organisation actuelle des deux services.

OUVRAGES ET DOCUMENTS A CONSULTER :

De l'Administration des postes chez les Romains, par M. NAUDET, publié dans les *Mémoires de l'académie des inscriptions et belles-lettres*, t. XXIII, p. 166 et s.

Origine des postes chez les anciens et les modernes, par LEQUIEN DE LA NEUFVILLE, 1708.

L'Administration des postes en France, son histoire, sa situation actuelle, par le baron ERNOUF. Étude publiée dans la *Revue contemporaine* de mars 1863.

Précis historique sur les messagers universitaires, par M. LŒPER, directeur des postes à Markirch, dans l'*Union postale*, t. IX, p. 165.

Les Postes françaises, recherches historiques, par M. Alexis BELLOC, 1886.

Les Postes romaines, étude précédée d'une notice historique sur l'origine et l'organisation du service des postes chez les différents peuples anciens et modernes, par Lucien MAURY, 1890.

CHAPITRE II

FUSION DES POSTES ET DES TÉLÉGRAPHES

§ 1er. — Premières propositions de fusion.

La fusion des postes et des télégraphes n'a été réalisée en France qu'en 1878. La même mesure avait déjà été prise dans plusieurs pays étrangers, et la question était depuis longtemps à l'étude en France. La logique plaidait en faveur de la réunion de deux services qui, poursuivant le même but, la transmission de la correspondance, bien qu'avec des procédés d'exécution différents, avaient de nombreux points de contact. Beaucoup de bons esprits avaient déjà signalé les avantages de cette fusion :

Économie de personnel, les mêmes agents pouvant, dans bien des cas, être chargés soit de l'exécution, soit de la surveillance des deux services;

Économie de matériel, un seul local pouvant recevoir à la fois la poste et les appareils télégraphiques;

Meilleure gestion des bureaux télégraphiques secondaires; les agents commissionnés par l'État offrant plus de garanties que les gérants municipaux (instituteurs, secrétaires de mairie ou commerçants);

Utilisation plus complète des ressources disponibles, et possibilité de faire bénéficier un plus grand nombre de localités des avantages de la correspondance télégraphique;

Enfin, *simplification* de certaines opérations qui ont besoin du concours des deux services. Ainsi par exemple, avant la fusion, l'expéditeur d'un mandat télégraphique était obligé d'aller tout d'abord au bureau de poste pour y porter son argent, puis au bureau télégraphique pour y faire transmettre sa dépêche. Aujourd'hui, une seule démarche suffit.

Dès l'année 1862, la question se posa devant le Corps législatif, à l'occasion de la discussion du budget (1). L'administration des télégraphes commençait alors la construction du réseau cantonal; la Chambre s'effrayait des dépenses qui devaient en résulter pour l'État et les communes.

Dans la séance du 18 juin, un député, M. Rouleaux-Dugage, émit un

(1) Voir le *Moniteur* du 19 juin 1862, p. 896.

vœu en faveur de la réunion des postes et des télégraphes en une seule administration, réunion qui devait, disait-il, permettre de coordonner au grand avantage du public, leurs procédés d'exécution.

Un autre membre du Corps législatif, M. de Ravinel, fit valoir la situation digne d'intérêt des villes de 3,000 à 4,000 âmes qui, ne pouvant garantir à l'administration un minimum de recettes, se voyaient refuser la concession des bureaux télégraphiques qu'elles sollicitaient. « Je demande, disait-il, qu'on étudie la question de placer l'employé du télégraphe chez le directeur de la poste, ou plutôt de choisir comme directeur le directeur de la poste lui-même. »

Rapport de M. O' Quin en 1864.

En 1864, ce fut la commission du budget elle-même qui, à la presque unanimité de ses membres (seize sur dix-huit), se prononça énergiquement pour la fusion.

La poste et le télégraphe, *disait le rapporteur, M. O'Quin* (1), sont des instruments de transmission de la pensée qui se complètent l'un par l'autre et sont unis par une étroite solidarité. Au point de vue théorique, les analogies qu'ils présentent semblent motiver la réunion des deux administrations qui les dirigent aujourd'hui ; la pratique de plusieurs pays voisins démontre qu'elle n'offrirait aucune impossibilité. Que faudrait-il pour la réaliser? Faire arriver un fil télégraphique dans chacun des 4,558 bureaux de poste et y installer un appareil. Dans les bureaux où la manipulation des correspondances prend tout le temps des employés des postes, l'adjonction d'employés supplémentaires deviendrait nécessaire ; mais, dans les localités où le buraliste n'a qu'un petit nombre de dépêches à recevoir et à transmettre, ne pourrait-il pas entièrement suffire à la réception comme à l'expédition des télégrammes ? L'assiduité imposée aux agents de la poste et la facilité du maniement de l'appareil télégraphique répondent d'ailleurs à certaines objections formulées contre la réunion des deux services. On cherche dès lors vainement les motifs qui pourraient la rendre irréalisable. L'immense majorité de la commission, convaincue que la réunion du télégraphe à l'administration des postes est une amélioration aussi facilement réalisable qu'avantageuse à tous les intérêts, croit devoir adresser au gouvernement l'invitation pressante d'accomplir cette réforme dans le plus bref délai possible.

Amendement Eschassériaux.

Pour donner une sanction pratique à ce vœu de la commission, et préparer la fusion des deux services, un député, le baron Eschassériaux, déposa et soutint, au cours de la discussion du budget, un amendement ayant pour objet de transférer du budget du ministère de l'intérieur à celui des finances, un crédit de 500,000 francs demandé pour l'extension du réseau télégraphique. Cet amendement, soutenu par le rapporteur du budget, fut combattu par le gouvernement et repoussé par la Chambre, sur l'observation faite par le ministre (M. Rouland) qu'une étude préalable de la question était nécessaire.

Enquête administrative.

Le gouvernement avait, en effet, mis la question à l'étude. Les deux administrations avaient été consultées. Celle des télégraphes penchait pour le maintien du *statu quo;* celle des postes se montrait au contraire favorable à la fusion.

Rapport de M. Vandal.

La poste et le télégraphe, *disait M. Vandal dans un rapport qui porte la date du 3 mars 1864*, sont deux agents solidaires l'un de l'autre, nés du même ordre d'idées, et ayant un but commun, la locomotion de la parole et de la pensée.

(1) Voir le rapport de M. O' Quin dans le *Moniteur universel* de 1864, p. 477.

Séparés, ils présentent l'anomalie de deux organes d'une même machine fonctionnant isolément quand le but est le même.

Réunis, leur action concentrée développerait plus de puissance qu'une action divergente et isolée.

Le mouvement du siècle et le vœu de l'opinion appellent la fusion de tous deux...

Écartant toute pensée de recherche d'attributions, et se plaçant au seul point de vue des intérêts généraux, on est amené à reconnaître que la réunion présenterait des avantages. En effet, l'objet est le même dans les deux services ; leurs agents, sédentaires ou nomades, accomplissent la double fonction de recevoir des dépêches et de les porter à domicile ; on sait combien l'appareil télégraphique est facile à manier et combien il se prête aux aptitudes des femmes (la poste emploie 2,080 directrices). Les plus petits buralistes de la poste, hommes et femmes, obligés de se tenir tout le jour derrière leurs guichets pour attendre le public, connaîtraient promptement le jeu de l'appareil, et leur concours permettrait d'augmenter le nombre des stations. Aujourd'hui, le service télégraphique ne compte encore que 1,147 stations dont 847 dans les localités sièges de bureaux de poste, tandis que la poste compte 4,558 établissements : il serait donc possible de doter plus de 3,000 localités d'un perfectionnement qui, jusqu'ici, reste l'apanage exclusif de quelques villes favorisées.

Sous le régime actuel, les grands centres sont convenablement servis, mais les localités secondaires ne le sont pas. Les ouvertures de stations nouvelles ne se font qu'à prix d'argent, et le développement du service télégraphique est continuellement arrêté par cette considération que les dépenses des créations dépasseraient l'importance du service rendu et le produit de ce service. Sauf dans les grandes villes, où le mouvement est incessant, on voit, parfois, dans un certain nombre de stations télégraphiques, des employés attendant quelques rares dépêches dont le prix est loin d'égaler les frais du personnel qu'elles entraînent. Cette observation a été souvent répétée par les membres du Corps législatif, qui en ont été frappés. La nécessité de payer un personnel insuffisamment occupé, empêchera toujours d'accroître le nombre des stations télégraphiques en raison des besoins, tandis que le personnel des postes, répandu sur tout le territoire de l'Empire, ferait face à tous les besoins avec une allocation peu considérable. Augmenter, par exemple, le travail d'un quart et la rémunération d'un huitième, serait une combinaison éminemment favorable au service, au budget et aux agents.

Le transport des petites valeurs, transport si utile aux classes pauvres, et qui s'accomplit aujourd'hui par le mouvement d'un nombre immense de mandats (3,710,000 en 1863), soumis à toutes les chances d'erreurs ou d'infidélités du service postal, s'opérerait avec sécurité sur un simple signe de l'appareil électrique. Le bureau qui a reçu donnerait avis au bureau qui doit payer ; le destinataire informé par l'expéditeur, n'aurait plus qu'à se présenter, et toute formalité intermédiaire serait ainsi supprimée.

La fusion, en un mot, tendrait à vulgariser et à démocratiser l'emploi d'un phénomène qui, jusqu'à présent, n'a prêté son concours qu'aux classes riches.

Au point de vue budgétaire, la fusion réaliserait l'économie suivante : le personnel télégraphique est monté avec un luxe réel, luxe qui a été remarqué par le Corps législatif et qui n'est pas étranger au mouvement d'opinion qui se produit aujourd'hui.

L'administration des télégraphes compte dix inspecteurs généraux au traitement de 10,000 francs et 89 inspecteurs au traitement moyen de 6,000 francs. La poste compte en tout 102 inspecteurs au traitement moyen de 5,000 francs.

36 sous-inspecteurs pour le service du télégraphe touchent chacun 4,000 francs ; 33 sous-inspecteurs pour tout le service des postes sont appointés à 2,200 et à 2,500 francs.

Le personnel télégraphique compte 3,508 agents.

Le personnel des postes, 27,369 personnes.

Le premier compte donc un agent supérieur sur 36 subordonnés et constitue un état-major sans soldats ; le second compte un agent supérieur sur 268 subordonnés et constitue une armée sans officiers ; la fusion doterait immédiatement l'un et l'autre service des conditions qui lui manquent, c'est-à-dire, la télégraphie des bras nécessaires au maniement de ses appareils, et la poste, d'un cadre supérieur qui lui fait défaut aujourd'hui.

Dans l'hypothèse de la réunion, les agents des postes seraient chargés de la manipulation, et les agents télégraphiques qu'on dit généralement éclairés et instruits, de la partie technique, c'est-à-dire de la préparation des piles et de la surveillance des appareils de transmission. Dirigés avec mesure, avec bienveillance et avec des égards pour les droits acquis, ceux d'entre ces agents dont le nombre excéderait les besoins des deux services réunis, trouveraient bientôt leur place par suite du développement que la réunion appellerait après elle.

En un mot, l'économie résulterait de ce fait que l'ensemble des sommes affectées aux deux services produirait un plus grand effort qu'aujourd'hui et éviterait à l'avenir des dépenses qui menacent d'être considérables.

Une autre économie naîtrait de la réunion des deux services dans un même local ; il est hors de doute que le local actuel des bureaux de poste, légèrement agrandi pour recevoir l'appareil électrique, suffirait aux besoins, et qu'un second local deviendrait inutile.

Enfin un seul état-major au lieu de deux surveillerait l'exécution de certaines dispositions identiques. Sauf la partie technique qui resterait confiée à des agents spéciaux, les mesures d'exécution et de surveillance sont d'ordre purement administratif, et un seul inspecteur par département, au lieu de deux qui existent aujourd'hui, suffirait pour assurer la régularité du service.

Constitution d'une Commission extra-parlementaire (1865).

En présence de la divergence de vues qui se manifestait entre les deux services intéressés, le gouvernement chargea une commission spéciale, composée de MM. le baron Gros et Le Verrier, sénateurs, O'Quin et Le Pelletier d'Aunay, députés, Thuillier et Godelle, présidents des sections de l'intérieur et des finances au Conseil d'État, et Leblanc, maître des requêtes, « d'examiner si la réunion de l'administration des lignes télégraphiques et de l'administration des postes était possible, et toutes les questions que cette réunion pouvait faire naître (1). »

Cette commission déposa son rapport le 7 avril 1865 (2); ses conclusions furent nettement opposées à la fusion des deux services. Suivant elle, cette fusion ne devait amener aucune économie. L'effectif des employés des deux administrations était à peine suffisant; les agents supérieurs étaient déjà absorbés par leurs attributions actuelles, et ceux des postes, dépourvus des connaissances techniques indispensables pour se charger de l'installation et de l'entretien des lignes et des appareils. Tout au plus la commission admettait-elle que, dans les chefs-lieux de canton, la gestion des bureaux télégraphiques fût confiée à l'avenir aux receveurs des postes, au lieu d'être exclusivement attribuée à des agents municipaux. Encore devait-on laisser l'administration libre de ses choix, en tenant compte des ressources que présentait chaque localité. « En résumé, concluait le rapport, la commission est unanime à reconnaître que la fusion est sans intérêt. Sa réalisation serait très difficile à concilier avec les exigences spéciales à chaque service et n'amènerait aucune économie sérieuse. »

(1) *Moniteur universel* du 6 mai 1864.
(2) Ce rapport est conservé à la bibliothèque de l'administration.

§ 2. — Commencement de la fusion dans les bureaux secondaires.

Condamnée par la commission spéciale, la fusion des postes et des télégraphes paraissait indéfiniment ajournée. Cependant, on commença, à partir de cette époque, à adjoindre le télégraphe à la poste dans les bureaux d'ordre secondaire; en 1871, sur 1,300 bureaux télégraphiques municipaux, on en comptait 125 gérés par des agents des postes.

La fusion ne revint à l'ordre du jour qu'après la guerre de 1870, alors que le gouvernement et l'Assemblée nationale cherchaient, dans la réorganisation des services publics, les moyens de réaliser les économies que la situation financière réclamait impérieusement.

Rapport du baron Eschasseriaux à l'Assemblée nationale (1871).

La commission chargée en 1871 d'éclairer l'Assemblée sur l'état des communications postales et télégraphiques de la France fit ressortir par l'organe de son rapporteur, le baron Eschassériaux (1), la possibilité et l'avantage de réunir les deux services dans tous les bureaux de poste simples, de les juxtaposer dans les bureaux composés et de les placer partout sous une même direction. Mais de quel département ministériel devaient relever les deux services réunis ? La commission pensait que ce ne pouvait être ni du ministère des finances, déjà surchargé, ni du ministère de l'intérieur, dont on ne pouvait songer à faire une grande administration financière. Ecartant d'ailleurs l'idée de la création d'un ministère spécial, mise en avant par plusieurs de ses membres, elle proposait l'adjonction des postes et des télégraphes au département des travaux publics, déjà chargé du contrôle des chemins de fer, qui ont avec les postes et les télégraphes de nombreux points de contact.

C'est également à cette solution que se ralliait un autre rapporteur, le comte de La Monneraye, chargé, au nom de la commission des services administratifs, d'étudier la réorganisation du ministère des finances (2).

Rapport de M. Ch. Rolland à l'Assemblée nationale. Loi du 6 décembre 1873.

La question de la fusion des postes et des télégraphes fut traitée avec beaucoup d'ampleur et une grande compétence dans le rapport adressé par M. Charles Rolland à l'Assemblée nationale, au nom de la même commission (3).

Après une étude approfondie des deux services, M. Rolland démontrait la possibilité et les avantages de leur réunion dans les conditions suivantes :

Fusion complète dans les petits bureaux ;

Juxtaposition des deux services dans les grands centres ;

Maintien du *statu-quo* à Paris;

Direction unique dans chaque département;

Administration centrale unique, relevant du ministère des finances,

(1) Voir le rapport de M. Eschasseriaux, déposé le 12 juillet 1871, dans le *Journal officiel*, p. 2316.

(2) Rapport du 23 février 1872, n° 924.

(3) N° 1236, déposé le 21 juin 1872. Publié au *Journal officiel* des 7, 8, 9, 10 juillet 1872, p. 4634, 4654, 4682, 4700.

ayant à sa tête un directeur général et composée de quatre divisions dont l'une aurait eu spécialement dans ses attributions le service télégraphique.

L'examen des conclusions de ce rapport fut toutefois ajourné à la sollicitation du gouvernement. Les ministres de l'intérieur, des finances et de la guerre demandèrent à être entendus par la commission. Le premier fit valoir l'intérêt politique qui lui paraissait exiger que le télégraphe restât sous la main du ministre de l'intérieur. Tout en admettant la fusion dans les bureaux d'ordre inférieur, il la repoussait nettement dans les degrés les plus élevés de l'échelle administrative, et réclamait le maintien de l'autonomie du service télégraphique. Enfin, reconnaissant l'insuffisance des procédés de contrôle employés pour la comptabilité télégraphique, il acceptait la vérification des caisses et des écritures par l'inspection des finances.

Sans paraître convaincue par les arguments du ministre, la commission céda, estimant qu'une fusion partielle et progressive, exécutée avec le concours et l'assentiment du gouvernement, avait plus de chances de succès qu'une fusion radicale et immédiate imposée à l'administration et effectuée malgré elle. Dans un rapport supplémentaire du 18 juillet 1873 (1), elle demanda seulement à l'Assemblée de voter en principe la réunion future des bureaux de la poste et du télégraphe dans les mêmes locaux, ou tout au moins leur installation dans les meilleures conditions possibles de proximité, en remettant à un règlement d'administration publique le soin de fixer les détails d'exécution.

Ces conclusions furent adoptées après discussion par l'Assemblée nationale et converties en une loi, promulguée le 6 décembre 1873 (2).

LOI DU 6 DÉCEMBRE 1873

Modification du régime du service postal et du service télégraphique.

ARTICLE UNIQUE. — *Un règlement d'administration publique déterminera,* dans le plus bref délai, *les mesures à prendre par les ministres de l'intérieur et des finances, à l'effet d'apporter les modifications ci-après au régime du service postal et du service télégraphique :*

1° *Les agents du service des postes seront chargés du service télégraphique des bureaux dénommés municipaux et autres d'ordre inférieur ;*

2° *L'usage de la poste et l'usage du télégraphe seront, pour les autres bureaux, offerts au public dans la même maison, ou dans les meilleures conditions possibles de proximité ;*

3° *La comptabilité de l'administration des télégraphes et ses éléments seront soumis, comme dans l'administration des postes, à la vérification de l'inspection générale des finances.*

(1) N° 1897, *Journal officiel* de 1873, p. 5447.

(2) Pour la discussion à l'Assemblée nationale, voir le *Journal officiel* de 1873, p. 6892, 7198, 7497, 7525.

Le règlement d'administration publique promis par la loi du 6 décembre 1873 aurait dû, suivant le vœu du législateur, intervenir dans le plus bref délai ; mais la nécessité d'établir une entente entre les deux départements ministériels intéressés, l'intérieur et les finances, entraîna des retards, et c'est seulement le 10 juillet 1876 que ce règlement fut revêtu de la signature du président de la République. Il fut promulgué au *Journal officiel* du 14 juillet suivant (1).

Décret du 10 juillet 1876.

L'article 1er rendait obligatoire la réunion des deux services dans les communes déjà pourvues d'un bureau de poste, toutes les fois qu'un service télégraphique serait établi dans ces communes, et dans toutes celles déjà dotées des deux services, où le gérant du bureau télégraphique viendrait, pour une cause quelconque, à cesser ses fonctions.

A la suite de ce décret intervinrent deux arrêtés : l'un du ministre des finances, en date du 11 juillet 1876, fixant les heures d'ouverture des bureaux de poste au service télégraphique ; l'autre du ministre de l'intérieur, en date du 14 juillet de la même année, fixant le taux des remises allouées aux agents des postes chargés du service télégraphique.

C'était un pas, mais bien timide, dans la voie indiquée par l'Assemblée nationale ; la fusion était limitée aux petits bureaux ; chacune des deux administrations conservait son autonomie ; les états-majors, que la commission parlementaire avait voulu réduire, restaient intacts. D'autre part, l'exécution de toutes les mesures propres à réaliser la fusion ou tout au moins la juxtaposition des bureaux de poste et de télégraphe devait être entravée par la nécessité d'un concert préalable entre les chefs de service locaux et les administrations centrales. Il devait forcément en résulter des retards et des frottements qui ne pouvaient cesser que par la réunion des postes et des télégraphes sous l'autorité d'un même chef.

§ 3. — Fusion complète des postes et des télégraphes.

Réunion des postes et des télégraphes sous l'autorité du sous-secrétaire d'État des finances. Décret du 22 décembre 1877.

La réunion dans la même main des deux services de la poste et du télégraphe avait déjà été indiquée dans les rapports à l'Assemblée nationale condition comme une indispensable à l'accomplissement de la fusion.

« La réunion des deux administrations, avait dit M. Eschasseriaux dans son rapport déjà cité, ne se fera pas dans la pratique sans des froissements, sans la pression ferme et résolue d'une autorité supérieure, impartiale et indépendante de l'un et de l'autre service. »

Il fallait, en effet, pour accomplir cette réforme, une personnalité indépendante de l'un et de l'autre service, un esprit bienveillant et ferme, une main habile et une autorité assez grande pour vaincre les résistances intéressées au maintien du *statu quo*.

Il y avait alors à la Chambre des députés un homme tout désigné pour ce rôle, c'était M. Cochery, qui s'était signalé par sa compétence comme

(1) Voir le texte de ce décret et des deux arrêtés ministériels qui l'ont suivi au *Bulletin mensuel des postes* d'août 1876, p. 396.

membre de la commission du budget et comme rapporteur des projets de loi sur la réforme des tarifs postaux et télégraphiques. Par un décret en date du 22 décembre 1877, le gouvernement l'appela aux fonctions de sous-secrétaire d'État des finances et plaça dans ses attributions les postes et les télégraphes.

Décrets du 27 décembre 1887

Cette mesure fut complétée quelques jours après par deux décrets datés du 27 décembre, dont le premier supprima l'emploi de directeur général des postes et attribua au sous-secrétaire d'État des finances la présidence du conseil d'administration; le second rattacha le service des télégraphes au ministère des finances et autorisa le sous-secrétaire d'État à prendre toutes les mesures nécessaires pour assurer la réunion des postes et des télégraphes. Le sous-secrétaire d'État était, en outre, investi du droit de nommer directement à tous les emplois réservés précédemment à la nomination des ministres de l'intérieur et des finances.

Armé des pouvoirs nécessaires pour accomplir la fusion, M. Cochery se mit immédiatement et résolument à l'œuvre. Sa tâche était double : il fallait, d'une part, fixer les nouveaux cadres de l'administration fusionnée, et, d'autre part, résoudre les difficultés matérielles que présentait la réunion à brève échéance des deux services dans les mêmes locaux.

Nous n'avons à nous occuper ici que de la première partie de cette tâche.

La fusion dans les États étrangers.

Les États de l'Europe qui avaient, antérieurement à la France, admis le principe de la fusion des postes et des télégraphes l'avaient appliqué d'une manière plus ou moins complète.

Quelques-uns n'avaient réalisé qu'une fusion partielle : ainsi la Belgique, les Pays-Bas, où la fusion n'existe que dans un certain nombre de bureaux ; ainsi la Suisse, où la fusion n'est complète que dans les petites localités, les deux services étant seulement juxtaposés dans les villes importantes et relevant de deux administrations distinctes ;

D'autres avaient réalisé la fusion d'une manière à peu près complète à tous les degrés de l'échelle administrative : ainsi avaient procédé l'Angleterre et l'Allemagne.

C'est à ce dernier système que M. Cochery donna la préférence ; toutefois, ainsi qu'il l'a dit lui-même dans un remarquable rapport adressé au président de la République (1), « il était impossible de créer immédiatement de toutes pièces une administration fusionnée : le personnel avait besoin de pouvoir acquérir l'instruction professionnelle nécessaire à l'exécution simultanée des deux services : il fallait donc procéder graduellement, et remplacer successivement les rouages anciens sans qu'aucun d'eux s'arrêtât ».

Pour que la fusion fût poursuivie résolument dans l'exploitation, il fallait que l'impulsion vînt d'en haut. Ce fut donc par les administrations centrales et départementales que le travail de réorganisation commença.

(1) Le 4 mai 1884, p. 27.

Au 1er avril 1878, l'administration centrale des postes, constituée sur le modèle adopté pour les régies financières, comprenait trois divisions et onze bureaux : Fusion des administrations centrales.

1re *Division :* correspondance intérieure, — organisation du service local et rural, — franchises, contentieux et tarifs ;

2e *Division :* correspondance étrangère, — services maritimes, — matériel ;

3e *Division :* ordonnancement, — rebuts et réclamations, — articles d'argent, — vérification des produits.

Le directeur général conservait sous ses ordres immédiats le bureau *central et du personnel*, qui ne ressortissait à aucune division.

Chaque division avait à sa tête un *administrateur*. Les administrateurs formaient, sous la présidence du directeur général, le *conseil d'administration*, dont le chef du personnel était secrétaire.

Chaque bureau était dirigé par un chef, assisté d'un ou de plusieurs sous-chefs. Le personnel inférieur se composait de commis principaux, de commis et de surnuméraires. La hiérarchie, les grades, les traitements étaient spéciaux à l'administration centrale, dont l'organisation était absolument distincte de celle du service d'exploitation.

L'administration centrale des télégraphes n'avait pas, au contraire, d'organisation fixe et indépendante du service actif ; sa hiérarchie, ses cadres, l'échelle des traitements de son personnel étaient empruntés à l'exploitation. Administration centrale des télégraphes.

Elle était divisée en trois services :

1° *Personnel ;*

2° *Matériel et travaux ;*

3° *Transmissions et produits.*

Chaque service était dirigé par un *inspecteur*, assisté d'un *inspecteur adjoint*, de *sous-inspecteurs*, de *chefs de transmission*, *de commis principaux* et *d'employés*. Il n'y avait pas de conseil d'administration.

Il fallait fondre dans un même moule ces éléments assez disparates. Organisation d'une administration centrale commune. Décret du 20 mars 1878.

Un décret du 20 mars 1878, rendu sur la proposition du ministre des finances, décida que le sous-secrétaire d'État serait assisté, pour la direction de chacun des services des postes et des télégraphes, par un conseil d'administration composé :

Pour les postes, de trois administrateurs ; pour les télégraphes, de l'ancien directeur de l'administration et de deux administrateurs.

Les deux sections pouvaient délibérer en commun et leurs membres être délégués à l'effet d'exercer leurs attributions dans l'une ou l'autre des deux administrations des postes et des télégraphes.

A la suite de ce décret, un arrêté du sous-secrétaire d'État des finances en date du 15 avril 1878 (1), répartit les bureaux des administrations centrales en six groupes, savoir :

(1) *Bulletin mensuel des postes et des télégraphes*, n° 1, mai 1878, p. 5.

Une *direction technique*, ayant dans ses attributions la construction et l'entretien des lignes et le matériel télégraphique;

Deux divisions pour l'*exploitation postale;*

Une division pour l'*exploitation télégraphique;*

Deux divisions mixtes, chargées, l'une de la *comptabilité,* l'autre de la *statistique, de l'enseignement et des réclamations.*

En dehors de ces six divisions, le sous-secrétaire d'État conservait dans sa main les services qui devaient jouer le rôle le plus actif dans la fusion: les bureaux du *personnel des postes* et du *personnel des télégraphes*, et le *service central*, chargé du *contentieux*, des *relations télégraphiques internationales* et des *locaux*.

Constitution d'un ministère spécial pour les postes et les télégraphes. Nouvelle organisation de l'administration centrale.

Cette organisation n'était que transitoire et destinée à permettre de passer, sans modifications trop brusques, de l'état de choses ancien à la situation nouvelle résultant de la fusion.

Après la constitution d'un ministère spécial pour les postes et les télégraphes (*décret du 5 février* 1879) (1), les décrets des 19 mars (2), 16 juillet, 31 août (3) et 6 décembre 1881 (4) organisèrent l'administration centrale sur d'autres bases, en harmonie avec les progrès de la fusion et le développement des services. Il y eut alors vingt bureaux ou services équivalents, répartis en sept directions :

1° *Cabinet et service central;*

2° *Personnel;*

3° *Matériel et construction;*

4° *Services sédentaires;*

5° *Correspondances postales;*

6° *Comptabilité;*

7° *Caisse d'épargne postale.*

Cette organisation subsista pendant cinq ans environ. Depuis, le nombre des directions et des bureaux a été réduit par des motifs d'économie.

Décret du 20 mars 1886.

Un décret du 20 mars 1886 (5) supprima d'abord deux directions, celle du cabinet et du service central, et celle du personnel.

Rapport de M. Bizarelli sur le budget de 1887.

Cette réduction fut jugée insuffisante par le Parlement. Dans son rapport sur le budget des postes et des télégraphes de 1887, M. Bizarelli, député, proposa de ramener à trois le nombre des directions de l'administration centrale, non compris la caisse d'épargne (6).

Il en résulterait, *disait le rapporteur*, plus qu'une économie; il en résulterait un amélioration considérable dans le service. En dehors des bureaux du personnel, qui peuvent continuer à rester attachés au cabinet du ministre, l'administration cen-

(1) *Bull. mens.* n° 10, fév. 1879, p. 62.
(2) *Bull. mens.* n° 35, *supp.*, mars 1881, p. 188.
(3) *Bull. mens.* n° 42, *supp.*, oct. 1881, p. 1126.
(4) *Bull. mens.* n° 43, *supp.*, nov. 1881, p. 1532.
(5) *Bull. mens.* n° 3, mars 1886, p. 58.
(6) Rapport de M. Bizarelli sur le budget de l'exercice 1887 (Postes et Télégraphes), déposé le 15 juillet 1886 (n° 1103). *Journal officiel* de mars 1887, p. 658.

centrale ne devrait avoir que trois directions : la direction de la construction et du matériel, la direction de l'exploitation, la direction de la comptabilité.

La première s'occuperait de tout ce qui concerne l'outillage, la seconde de tout ce qui concerne l'usage à en faire, le produit à en tirer, dans l'intérêt du public et aussi dans l'intérêt du Trésor.

Il serait facile de prouver qu'à part le personnel et la comptabilité, tous les services, sans exception, se rattachent à l'une ou l'autre de ces deux branches, appartiennent soit à l'instrument, soit à son utilisation, doivent relever de celui qui prépare, poursuit et entretient les moyens d'action, ou bien de celui qui les met en jeu, de celui qui agit, qui les utilise.

Le gouvernement déféra au vœu de la commission du budget. Un décret du 30 mai 1887 (1), rendu sur la proposition de M. Rouvier, président du conseil, supprima d'abord le ministère des postes et des télégraphes, et rattacha les services qui en dépendaient au ministère des finances. Ce décret était précédé d'un rapport au président de la République, qui expliquait en ces termes la mesure proposée :

Suppression du ministère des postes et des télégraphes Décret du 30 mai 1887.

Monsieur le Président,

Le Parlement et l'opinion publique réclament depuis longtemps l'adoption de mesures qui auraient le double résultat de simplifier les services de l'État et de diminuer ses dépenses. Parmi les mesures ayant un caractère de réalisation immédiate, le rattachement au ministère des finances des services du ministère des postes et des télégraphes serait des plus justifiés.

Les services dépendant de cette administration ont fait partie jusqu'au mois de février 1879 du ministère des finances ; j'estime qu'ils pourraient utilement y être rattachés.

Un second décret, en date du 15 juin 1887 (2), constitua le service des postes et des télégraphes en direction générale assimilée aux autres régies financières et soumise aux mêmes règles de contrôle politique, administratif et financier; un troisième, rendu dans la forme des règlements d'administration publique, le 28 juillet 1887, répartit les attributions et le personnel de l'administration centrale en trois divisions et quatorze bureaux.

Décret du 15 juin 1887.

Ces mesures, conformes au vœu exprimé par la commission du budget, de voir réaliser des économies dans une exploitation jugée trop coûteuse, semblaient indiquer un retour vers cet esprit fiscal qui avait si longtemps entravé le développement de la poste, alors qu'elle était sous la dépendance du ministère des finances.

Décret du 5 janvier 1889. Rattachement des postes et du télégraphe au ministère du commerce.

Le constant souci de ce ministère avait été de tirer de la poste tout le revenu qu'elle était susceptible de produire, mais il ne s'était que faiblement préoccupé d'améliorer les services, d'abaisser les tarifs, de renforcer les moyens d'action dans la mesure que le développement même du trafic rendait nécessaire. Tout le monde admet aujourd'hui que l'exploitation de la poste, pas plus que celle du télégraphe, ne doit pas être envisagée à un point de vue exclusivement fiscal, mais être conduite sur-

(1) *Bull. mens.* n° 6, juin 1887, p. 138.
(2) *Bull. mens.* n° 6, juin 1887, p. 140.

tout dans l'intérêt des relations sociales et commerciales dont ces deux services sont les intermédiaires obligés. Ces considérations élevées ont fini par prévaloir : elles se trouvent développées dans un rapport adressé le 5 janvier 1889 au président de la République par le président du conseil des ministres et par les chefs des départements des finances et du commerce :

L'importance qu'ont prise depuis quelques années les services des postes et des télégraphes, *est-il dit dans ce rapport*, est une des conséquences du développement des échanges, de la facilité de plus en plus grande des communications. Le commerce et l'industrie sont grandement intéressés à leur bon fonctionnement et à leur amélioration. La direction qui leur est imprimée doit donc être réglée par une étude approfondie du mouvement des échanges, un examen éclairé de ses constantes variations.

Sans oublier que l'exploitation postale et télégraphique fournit au budget des ressources considérables auxquelles il ne saurait être question de renoncer, on peut se demander si l'intérêt commercial et industriel n'y doit pas tenir une aussi large place que le point de vue plus spécialement fiscal. Le rattachement de ces services au ministère du commerce et de l'industrie marquerait toute l'importance que le gouvernement de la République attache à ces considérations élevées, et que, dans sa pensée, la mise en œuvre de rouages aussi essentiels au développement économique du pays ne saurait être envisagée uniquement comme une source de revenus pour le Trésor.

Il convient de rappeler d'ailleurs que les postes et les télégraphes ont constitué pendant huit années un département ministériel distinct, et que, depuis leur retour au ministère des finances, elles ont conservé encore une certaine autonomie, surtout au point de vue de l'exploitation.

Nous estimons donc qu'il y a lieu de rattacher cette direction générale au ministère du commerce et de l'industrie, en maintenant à l'inspection des finances son droit de contrôle dans les conditions où elle l'exerce aujourd'hui (1).

A la suite de ce rapport, un décret, qui porte la date du 6 janvier 1889, a rattaché la direction générale des postes et des télégraphes au ministère du commerce et de l'industrie.

Fusion des administrations départementales.

Entre l'administration centrale et l'exploitation, il existait, dans la poste comme dans le télégraphe, des rouages intermédiaires : c'étaient les administrations départementales et régionales, auxquelles l'autorité supérieure déléguait une partie de ses attributions de surveillance et de direction.

Organisation postale dans les départements.

Pour la poste, il y avait un *directeur* dans chaque département, chargé de l'étude des mesures d'organisation, ordonnateur secondaire des dépenses, correspondant seul avec l'administration centrale et avec la comptabilité publique. Le directeur était assisté d'un ou de plusieurs *contrôleurs*, *commis de direction* et *brigadiers-facteurs*, suivant l'importance de la circonscription.

Organisation télégraphique dans les départements.

Dans le télégraphe, on trouvait également un chef de service par département, l'*inspecteur*, doublé, dans les départements les plus importants, d'un *sous-inspecteur*, et assisté, dans tous les cas, d'un *chef surveil-*

(1) *Bull. mens.* n° 1, janv. 1889, p. 3.

lant. L'inspecteur réunissait dans sa personne les attributions de chef d'exploitation, d'ordonnateur des dépenses et d'ingénieur-constructeur. Au-dessus des inspecteurs départementaux, il y avait encore une classe de fonctionnaires d'un ordre plus élevé, les *directeurs de région*, appelés autrefois inspecteurs divisionnaires, dont l'action s'étendait à des circonscriptions embrassant plusieurs départements et correspondant aux régions militaires de corps d'armée. Chaque directeur de région cumulait, avec des attributions de haute surveillance dans sa circonscription, la direction immédiate du service dans le département de sa résidence (1).

Séparation du service technique de la construction du service de l'exploitation.

Pour faciliter la fusion des administrations départementales, M. Cochery eut recours à une combinaison déjà entrevue par M. Vandal, et empruntée à l'organisation des chemins de fer. Cette combinaison consistait à séparer l'exploitation de la partie technique du service ; à maintenir l'organisation départementale pour l'exploitation postale et télégraphique, avec un seul chef dans chaque département; à conserver l'organisation régionale pour le service technique de la construction et de l'entretien. En réalité, on limitait la fusion à l'exploitation, qui demande surtout des aptitudes administratives ; on laissait provisoirement en dehors tout ce qui, dans le service télégraphique, exige des connaissances scientifiques étendues.

Reconstitution des directions départementales.

Les directeurs de l'exploitation purent dès lors être choisis indifféremment parmi les agents supérieurs originaires de l'un ou de l'autre service ; on leur adjoignit les anciens contrôleurs des postes et chefs de transmission, ou commis principaux, attachés aux inspections télégraphiques, en donnant aux uns et aux autres, suivant le traitement dont ils étaient en possession, le titre d'*inspecteur* ou de *sous-inspecteur* [*Arrêté du sous-secrétaire d'État des finances, du 8 juillet* 1878 (2)].

Organisation du service technique.

Le service technique de la construction et de l'entretien resta confié à des ingénieurs, qui eurent en outre, dans leurs attributions, le matériel postal et la télégraphie militaire. A la tête de chaque région fut placé un *directeur-ingénieur*, assisté d'*inspecteurs-ingénieurs* ou de *sous-ingénieurs*, de *contrôleurs*, de *commis* et de *chefs surveillants*.

Cette situation dura jusqu'en 1886, sans autre changement qu'une modification dans le nombre des régions, ramené, en 1880 (3), de vingt à quinze, et dans la délimitation de ces circonscriptions, remaniée de manière à éviter autant que possible le fractionnement des grandes lignes du réseau télégraphique.

Réunion du service technique à l'exploitation.

En 1886, M. Granet, ministre des postes et des télégraphes, pensa que le moment était venu de mettre fin à ce dualisme d'attributions, qui n'était pas sans inconvénient pour le fonctionnement du service, et de compléter la fusion par la réunion des services technique et d'exploitation, chaque directeur départemental devant désormais assurer dans sa circonscription toutes les opérations techniques ou autres que com-

(1) La correspondance des inspecteurs avec l'administration centrale passait par leur intermédiaire.

(2) *Bull. mens.* n° 2, 2e *supp.*, juin 1878, p. 146.

(3) *Circulaire* du 10 déc. 1879. *Bull. mens.* n° 21, janv. 1880, p. 10.

porte la transmission des correspondances postales ou télégraphiques.

Décret du 20 mars 1886.

Le décret du 20 mars 1886 (1) ne réalisa pas cette simplification d'une manière tout à fait complète. Il laissa subsister les directions régionales de Paris et de l'Algérie.

Sauf ces deux exceptions, le service technique, avec son personnel spécial, moins les directeurs-ingénieurs dont les fonctions étaient supprimées, passa sous l'autorité des directeurs de l'exploitation.

Décret du 29 septembre 1888.

La direction régionale de l'Algérie disparut à son tour le 29 septembre 1888 (2). Celle de Paris subsiste seule, avec cette particularité que son directeur-ingénieur cumule avec ses attributions normales la direction et la surveillance de l'exploitation télégraphique à Paris.

Fusion dans les bureaux sédentaires de l'exploitation.

En ce qui concerne les organes d'exécution, la fusion fut réalisée dans toutes les localités pourvues à la fois d'une recette des postes et d'un bureau télégraphique de l'État, dès qu'on put disposer de locaux appropriés à l'installation commune des deux services. Il n'y eut d'exception à la règle que pour quelques grands centres de dépôt télégraphiques, qui ont conservé une existence distincte.

Les chefs de bureaux fusionnés, choisis indifféremment parmi les fonctionnaires originaires de l'un ou l'autre service, prirent le titre de *receveurs des postes et des télégraphes*. Les directeurs départementaux furent invités à tenir la main à ce que les agents, quelle que fût leur origine, se missent en état de participer indistinctement aux opérations postales ou télégraphiques. La comptabilité des télégraphes fut soumise aux mêmes règles que celle des postes, et centralisée comme elle aux chefs-lieux de département par les *receveurs principaux des postes et des télégraphes*.

Pour les bureaux d'ordre secondaire, les règles tracées par le décret du 10 juillet 1876 furent maintenues; on continua de réaliser la fusion au fur et à mesure de la création des bureaux télégraphiques municipaux ou de la cessation de fonctions des gérants municipaux en exercice dans les localités pourvues de bureaux de poste.

Services laissés en dehors de la fusion.

Outre le service technique de la région de Paris et la surveillance de l'exploitation télégraphique à Paris, on laissa en dehors de la fusion la télégraphie sous-marine, ainsi que certains organes spéciaux de la poste, qui n'avaient pas d'analogues dans l'autre administration, à savoir : les bureaux ambulants et le service maritime.

Une *inspection générale de contrôle* fut créée par M. Cochery pour porter dans tous les services la surveillance directe du chef de l'administration.

Nous avons fait brièvement l'exposé des transformations par lesquelles ont passé les postes et les télégraphes avant d'arriver à constituer une administration homogène.

Nous allons maintenant entrer dans le détail de l'organisation actuelle.

(1) *Bull. mens.* n° 3, mars 1886, p. 54.
(2) *Bull. mens.* n° 10, oct. 1888, p. 312.

DEUXIÈME PARTIE

ORGANISATION ADMINISTRATIVE DES POSTES ET DES TÉLÉGRAPHES

CHAPITRE PREMIER

DIRECTEUR GÉNÉRAL. — CONSEIL D'ADMINISTRATION. — ADMINISTRATION CENTRALE.

§ 1er. — Directeur général. — Ses attributions.

L'administration des postes et des télégraphes relève actuellement du ministère du commerce.

Elle a à sa tête un directeur général, nommé par le président de la République, sur la proposition du ministre [*Décret du 15 juin* 1887] (1).

Le directeur général correspond seul avec le ministre et avec les offices étrangers. C'est de lui qu'émanent les ordres de service et les instructions ; il nomme les titulaires de tous les emplois qui ne sont pas réservés à la nomination du ministre ou de l'autorité préfectorale.

Le directeur général préside le *conseil d'administration*. Il est secondé, dans son action dirigeante, par l'*administration centrale,* par les directeurs départementaux et les autres chefs de service.

§ 2. — Conseil d'administration. — Ses attributions, son origine.

Le conseil d'administration est placé près du ministre pour l'éclairer de ses avis.

Son origine est fort ancienne. Il existait déjà dans la poste à l'époque des fermes, alors que l'exploitation était concédée à des compagnies financières. En subordonnant, par l'article 5 de son décret des 26-29 août 1790, la poste à l'autorité d'un directoire composé d'un président et de quatre administrateurs, l'Assemblée constituante ne faisait que maintenir pour

Ses attributions. Son origine.

Décret des 26-29 août 1790.

(1) *Bull. mens.* n° 7, juillet 1887, p. 161.

cette administration, constituée en régie, une institution empruntée aux sociétés anonymes.

Décret des 23-24-30 juillet 1793

La Convention ayant complété la mise en régie des postes et des messageries, commencée par la Constituante, consacra, par son décret des 23, 24 et 30 juillet 1793, ce système d'administration collective, qui prévalait alors partout. Il y avait des directoires de département, des directoires de district ; le pouvoir central exécutif était aux mains de comités, il fut bientôt exercé par un directoire, en vertu de la Constitution de l'an III. De même, la régie des postes et des messageries fut gouvernée par un conseil de neuf administrateurs, élus par la Convention sur la présentation du conseil exécutif, et renouvelables tous les trois ans. A cette époque, le conseil administrait véritablement : les instructions, les ordres de service portaient la signature de tous ses membres.

Loi du 25 frimaire an VIII.

La loi du 25 frimaire an VIII (16 décembre 1799), qui établit la régie intéressée, en confia la direction à cinq administrateurs, et plaça à côté d'eux, pour surveiller leur gestion, un commissaire du gouvernement ayant le droit d'assister aux séances du conseil d'administration.

L'expérience toutefois ne tarda pas à faire ressortir les inconvénients de ce système, qui consistait à remettre l'administration, comme le gouvernement, à des corps délibérants n'ayant qu'une responsabilité collective et à peu près illusoire. Gouverner, administrer, c'est agir, et comme disait Rœderer, *agir est le fait d'un seul.*

Cet axiome, qui avait inspiré la Constitution de l'an VIII et prévalu dans l'organisation administrative avec la loi du 28 pluviôse an VIII, s'appliquait d'autant mieux à la poste que, dans une exploitation aussi vaste, où la rapidité d'exécution est une condition essentielle, il faut l'impulsion d'une autorité unique pour imprimer au mouvement de tous les organes la précision et la célérité nécessaires.

Arrêté du 28 ventose an XII.

L'arrêté du 28 ventôse an XII, qui créa la fonction de directeur général des postes, vint apporter à l'organisation ancienne une modification profonde et nécessaire. Le nombre des administrateurs fut réduit à trois. Le conseil subsista, mais il délibéra sous la présidence du directeur général. Il prit encore des décisions ; mais la direction du service, la correspondance, la nomination aux emplois, toute l'action extérieure, en un mot, passa au directeur général.

Décret du 20 mars 1878.

Après la fusion, le conseil d'administration, qui existait dans les postes, fut maintenu. Le décret du 20 mars 1878 créa même une deuxième section pour les télégraphes, laquelle fut composée de l'ancien directeur de l'administration et des administrateurs des divisions de l'exploitation télégraphique et de la statistique. Les deux sections pouvaient se réunir pour délibérer sur les affaires communes ; en pareil cas, c'était l'administrateur de la division de la statistique qui remplissait les fonctions de secrétaire.

Suppression momentanée du conseil d'administration.

Après la création du ministère des postes et des télégraphes, ce rouage parut cesser d'exister. Cependant les directeurs du ministère se réunissaient encore une fois par semaine, sous la présidence du ministre, pour conférer sur les affaires qui leur étaient soumises.

Lorsque l'administration des postes et des télégraphes fut redevenue une régie financière, le conseil d'administration fut reconstitué sur le modèle de ceux de ces régies. Le décret du 28 juillet 1887, portant réorganisation de l'administration centrale, prévoyait l'existence et le fonctionnement de ce conseil; un arrêté ministériel du 19 octobre 1887 (1) détermina sa composition et ses attributions. Les dispositions de cet arrêté ont été successivement modifiées par les arrêtés ministériels des 18 janvier (2) et 14 août 1889 (3), et, en dernier lieu, par celui du 29 décembre 1890 (4). Rétablissement du conseil d'administration.

Les chefs des grandes divisions de l'administration centrale ont toujours fait, de droit, partie du conseil; le nombre de ses membres a, par suite, varié comme l'organisation de l'administration centrale elle-même. Composition du conseil d'administration.

Depuis 1804, la présidence appartenait au directeur général. Après la suppression de l'emploi de directeur général en 1877, elle fut dévolue au sous-secrétaire d'État des finances, avec pouvoir de déléguer tout ou partie de ses attributions à l'un des administrateurs.

L'office de secrétaire du Conseil était autrefois rempli par le secrétaire général de l'administration, et lorsque cette fonction eut été supprimée en 1831, par le chef du bureau central.

D'après l'article 1er de l'arrêté ministériel du 29 décembre 1890, le conseil d'administration se compose :

Du directeur général des postes et des télégraphes;

Des quatre inspecteurs généraux;

Du directeur du matériel et de l'exploitation électriques;

Du directeur de l'exploitation postale;

Du directeur de la comptabilité des postes et des télégraphes;

Du directeur de la Caisse nationale d'épargne;

Du chef du cabinet du ministre;

Du chef de la division du contrôle au ministère du commerce;

Du chef du personnel des postes et des télégraphes.

Les fonctions de secrétaire sont remplies par le chef du personnel, assisté d'un secrétaire adjoint, agréé par le conseil.

Le conseil est convoqué par le directeur général; il est présidé par lui, et, en son absence, par le membre le plus ancien en grade.

En cas d'absence des quatre inspecteurs généraux, les inspecteurs adjoints les suppléent dans leurs fonctions.

En cas d'absence d'un des directeurs, le plus ancien chef de bureau le supplée dans ses fonctions.

Avant la création d'un ministère spécial pour les postes et les télégraphes, les attributions du conseil d'administration étaient réglées par un arrêté ministériel du 12 octobre 1839. Compétence du conseil d'administration.

Sa composition s'étendait aux matières suivantes :

(1) *Bull. mens.* n° 9, *supp.*, sept. 1887, p. 290.
(2) *Bull. mens.* n° 1, janv. 1889, p. 8.
(3) *Bull. mens.* n° 8, août 1889, p. 506.
(4) *Bull. mens.* n° 12, *supp.* déc. 1890, p. 1103.

1° Établissement du budget ;

2° Créations de bureaux ou de services, créations ou suppressions d'emplois;

3° Projets, devis, achats, marchés, baux, adjudications ;

4° Conventions internationales ;

5° Tarifs, fixation des traitements, salaires, remises, indemnités;

6° Contraventions ;

7° Mesures intéressant la situation du personnel, tableau d'avancement, secours, discipline, pensions;

8° Interprétation des lois et des règlements;

9° Débets de comptables, pertes de chargements ou de mandats,

Et en général toutes questions impliquant la responsabilité pécuniaire de l'administration ou de ses agents.

D'après l'article 3 de l'arrêté ministériel du 29 décembre 1890, le conseil d'administration donne son avis :

1° *Sur les marchés passés pour le compte de l'administration ;*

2° *Sur le tableau d'avancement des fonctionnaires de tout garde ;*

3° *Sur la rétrogradation, la mise en disponibilité, la révocation ;*

4° *Et généralement sur toutes les autres affaires dont la connaissance lui est attribuée par les lois et les règlements ou qui lui sont déférées par le ministre ou par le directeur général.*

On comprend qu'avec le développement des services de l'administration, surtout depuis la fusion, il ait paru nécessaire de restreindre le cercle des affaires sur lesquelles le conseil doit obligatoirement être consulté. Ainsi, par exemple, les procès-verbaux de contravention, dont l'examen lui était autrefois réservé, sont en nombre tellement considérable que leur examen absorberait sans utilité les instants des administrateurs.

Il y a par contre un intérêt majeur à ce que toutes les questions énumérées par l'article 3 de l'arrêté du 14 août 1889 soient discutées en conseil.

Les *marchés* sont des actes importants qui engagent les finances de l'État et la responsabilité des administrateurs; quelques-uns portent sur des travaux et des fournitures considérables. Lorsque l'administration traite avec un entrepreneur, deux intérêts se trouvent en conflit : il importe que celui de l'État soit pleinement sauvegardé; qu'il n'y ait ni complaisance ni faveur ; l'examen préalable des conditions des marchés par le conseil procure la garantie d'un contrôle utile.

L'intervention du conseil dans la formation du *tableau d'avancement* et dans l'application de *mesures disciplinaires graves* est imposée dans l'intérêt du personnel. On a voulu, d'une part, que les titres à l'avancement soient l'objet d'un examen scrupuleux; qu'aucune part ne soit faite à la faveur; que chaque service obtienne dans les répartitions périodiques le contingent auquel il a droit en raison de l'effectif et du mérite de ses agents. On a voulu d'autre part éviter que les fautes, quelque graves qu'elles soient, ne donnent lieu à des mesures précipitées, prises *ab irato,* insuffisamment motivées ou bien arbitraires. Le conseil est une sorte de tribunal devant lequel les agents sont admis à présenter leur défense, et qui leur assure la garantie d'un jugement impartial.

En dehors des affaires mentionnées expressément dans l'article 3 de l'arrêté ministériel du 14 août 1889 comme étant nécessairement de la compétence du conseil d'administration, on peut citer, comme rentrant dans la catégorie de celles dont la connaissance lui est attribuée par des lois ou des règlements :

La répartition du personnel inférieur de l'administration centrale entre les divisions et les bureaux ;

La non réintégration dans les cadres de l'administration centrale des commis dont la feuille de punitions militaires laisse gravement à désirer ;

Mesures sur lesquelles le conseil *doit* être consulté aux termes des articles 1er et 9 du décret sur l'organisation de l'administration centrale (art. 1er et 8).

Le conseil *peut*, en outre, être consulté sur toutes les autres affaires que le ministre ou le directeur général juge utile de soumettre à son examen ; mais, dans aucun cas, il n'a plus, comme autrefois, un pouvoir de décision propre. Il n'émet que des avis ; son autorité est purement consultative ; ses délibérations ne lient ni le directeur général, ni le ministre.

L'existence de ce rouage n'est pas moins très utile. Il empêche que des mesures graves, pouvant engager la responsabilité de l'administration, ne soient prises sans un mûr examen et une discussion approfondie ; il s'oppose à ce que l'intérêt général soit perdu de vue par les chefs de service, habituellement renfermés dans un cercle particulier d'affaires ; il contribue ainsi à l'unité de vues et de direction ; enfin son intervention dans les questions d'avancement et de discipline constitue une garantie précieuse pour le personnel.

§ 3. — **Organisation de l'administration centrale.**

L'administration centrale est régie par les décrets des 28 juillet 1887 (1) et 13 août 1889 (2). Décrets qui la régissent.

Ces décrets ont été rendus dans la forme des règlements d'administration publique, c'est-à-dire après avis du conseil d'Etat.

On appelle règlements d'administration publique les décrets rendus en vertu d'une délégation expresse de la loi qu'ils complètent : ils sont élaborés par le Conseil d'Etat. Dans certains cas, le législateur exige que les décrets émanés de l'initiative du pouvoir exécutif soient rendus dans la même forme, c'est-à-dire le Conseil d'Etat entendu, lorsqu'il veut donner à ces décrets la base d'une étude approfondie et aussi leur assurer une certaine fixité ; aucune modification ne peut plus, dès lors, y être apportée sans l'avis préalable du Conseil d'Etat.

(1) *Bull. mens.* n. 6, juillet 1887, p. 152 ; *Journal officiel* du 30 juillet 1887.
(2) *Bull. mens.* n° 8, août 1889, p. 504.

Loi du 15 décembre 1882.

L'organisation des administrations centrales des ministères était autrefois réglée par de simples décrets; l'intervention du Conseil d'Etat dans l'élaboration de ces décrets a été réclamée au nom de la commission du budget de 1883 par son rapporteur général, M. Ribot (1), dans le but de mettre un terme à l'instabilité des cadres et au développement exagéré de certains services. Le législateur, adoptant les vues de la commission, convertit le vœu émis par elle en une disposition légale, qui prit place dans l'article 16 de la loi de finances du 29 décembre 1882 :

Avant le 1er janvier 1884, l'organisation centrale de chaque ministère sera réglée par un décret rendu dans la forme des règlements d'administration publique et inséré au Journal officiel. *Aucune modification n'y pourra être apportée que dans la même forme et avec la même publicité* (2).

La plupart des ministères se sont conformés, avec plus ou moins d'empressement, à cette prescription de la loi. Ils ont préparé des projets de règlement qui, après avoir été amendés par le Conseil d'État, ont été promulgués au *Journal officiel.*

Les principes adoptés par le Conseil d'État dans la discussion de ces projets, et qui ont été introduits dans la plupart des décrets rendus, sont les suivants :

Le nombre et les attributions des directions, des divisions et des bureaux, la répartition des agents supérieurs entre les divisions et les bureaux, la détermination de l'effectif maximum pour chaque catégorie d'agents inférieurs, l'échelle des traitements pour les agents de tous grades sont arrêtés par des décrets rendus dans la forme des règlements d'administration publique;

Tous les fonctionnaires des administrations centrales doivent être rétribués sur le chapitre Ier (personnel) du budget de leur ministère respectif;

Les employés sont divisés en deux catégories : les rédacteurs et les expéditionnaires;

L'avancement a lieu exclusivement au choix; les promotions se font de classe en classe, les nominations à la dernière classe du grade ou de l'emploi; les unes et les autres sont rendues publiques;

Le conseil des directeurs ou le conseil d'administration est appelé à donner son avis dans les questions intéressant le recrutement, l'avancement et la discipline du personnel.

Décret des 28 juillet 1887 et 13 août 1889.

Les décrets rendus en exécution de l'article 16 de la loi de finances du 29 décembre 1882 ont tous, sans exception, été promulgués après l'expiration du délai fixé par cette loi. En ce qui concerne les postes et les télégraphes, un projet de règlement pour l'administration centrale avait été préparé par M. Cochery, et soumis aux délibérations du Conseil d'État. Il n'avait pas encore été promulgué au *Journal officiel*, lorsqu'il

(1) Voir le rapport de M. Ribot dans le *Journal officiel* de 1883, p. 1947.
(2) *Journal officiel* du 30 décembre 1883.

devint caduc par suite de la suppression du ministère des postes et des télégraphes et du rattachement de ces services au ministère des finances. Ce rattachement, ne assimilant l'administration des postes et des télégraphes aux régies financières, entraînait le remaniement du règlement préparé. Ce travail fut fait rapidement, et, le 28 juillet 1887, était promulgué le décret sur l'organisation de notre administration centrale. Ce décret a été modifié en ce qui concerne le nombre et les attributions des divisions et des bureaux, ainsi que l'effectif du personnel, par un décret plus récent du 13 août 1889, intervenu à la suite de la reprise par l'Etat des concessions de la Société générale des téléphones.

Avant d'analyser les dispositions de ces décrets, rappelons en quelques mots le rôle de l'administration centrale. Placée auprès du directeur général, elle est intimement associée à son action; elle élabore et soumet à sa signature les mesures d'organisation et du personnel, rédige la correspondance, les ordres de service et les instructions; dirige la surveillance et les enquêtes, prépare l'ordonnancement des dépenses et participe à la vérification des comptes en deuxième ressort. Rôle de l'administration centrale.

Aux termes de l'article 1er du décret du 13 août 1889, les services et le personnel de l'administration centrale sont répartis en quinze bureaux, ayant chacun des attributions spéciales et nettement déterminées. Le bureau est l'unité administrative; cependant la plupart des bureaux sont, à raison du nombre des affaires qui y sont traitées, subdivisés en plusieurs sections. Division de l'administration centrale. Attributions des bureaux (1).

Trois bureaux sont placés sous les ordres immédiats du directeur général, et constituent ce qu'on appelle le *service central :* ce sont les bureaux du *secrétariat*, du *personnel* et des *réclamations*.

Le secrétariat a des attributions analogues à celles des cabinets des ministres et des sous-secrétaires d'État : l'ouverture du courrier et sa répartition entre les services, la centralisation de la correspondance partante, les audiences et les affaires particulières dont le directeur général se réserve l'examen, la publication du *Bulletin mensuel des postes et des télégraphes,* la conservation des arrêtés et des décisions.

Au secrétariat se rattachent divers services qui sont en quelque sorte communs à toute l'administration, et qui ne pourraient, sans inconvénient, être localisés dans telle ou telle division; ce sont :

L'*atelier d'autographie,* chargé de la reproduction des rapports et documents administratifs et du tirage des imprimés nécessaires à l'administration centrale.

La *bibliothèque*, avec le service de l'enseignement (*Décision du* 26 *novembre* 1888 (2).

Le *contentieux*, chargé de suivre toutes les affaires qui sont l'objet

(1) Voir pour les attributions des bureaux le *Bull. mens.* n° 7 de juillet 1887, p. 155 et s.; voir aussi l'*Annuaire des postes et des télégraphes* de 1891.

(2) *Bull. mens.* n° 11, nov. 1888, p. 340.

d'instances devant les tribunaux; les contraventions aux lois postales et télégraphiques, et pouvant être appelé à donner son avis sur l'interprétation des lois, décrets, règlements, ainsi que sur les clauses des marchés sujettes à contestation;

Le *service intérieur*, qui a dans ses attributions le matériel de l'administration centrale, la surveillance des bâtiments qui lui sont affectés, ainsi que la discipline des sous-agents, ouvriers et hommes de peine.

Personnel.

Le bureau du personnel a dans son ressort toutes les questions intéressant la situation des nombreux agents et sous-agents des postes et des télégraphes; recrutement, nominations, installations, frais de premier établissement, cautionnements, avancement, hautes payes, récompenses honorifiques, mutations, congés, secours, pensions; tenue des contrôles du service de la trésorerie et des postes aux armées, et de la télégraphie militaire.

Réclamations.

Le bureau des *réclamations* donne suite aux réclamations concernant les correspondances postales non parvenues, ou les télégrammes retardés, altérés ou perdus.

Une section de ce bureau reçoit les objets de correspondance tombés en rebut, procède, s'il y a lieu, à leur ouverture; en opère, s'il est possible, la réexpédition aux destinataires ou aux expéditeurs, et dans le cas où ce renvoi ne peut avoir lieu, les conserve pendant les délais fixés par les règlements.

Les autres bureaux de l'administration centrale sont répartis en quatre divisions correspendant chacune à un ordre d'opérations bien déterminé : *matériel et construction, — exploitation postale, — exploitation électrique, — comptabilité.*

Division du matériel et de la construction.

La division du *matériel et de la construction* est chargée de fournir l'outillage nécessaire à l'exécution du service : elle comprend trois bureaux.

Premier bureau.

Le premier a dans ses attributions la *construction et l'entretien des lignes aériennes et souterraines*, le matériel de ligne et le matériel de la télégraphie militaire.

Deuxième bureau.

Le deuxième bureau est chargé de tout ce qui est relatif à la *construction et à l'entretien des lignes sous-marines et pneumatiques*, aux *appareils*, au mobilier des bureaux, à la liquidation des dépenses de matériel télégraphique et à la comptabilité-matières.

Troisième bureau.

Le troisième bureau fait construire, loue, approprie et répare les *locaux* nécessaires à l'exécution du service postal et télégraphique. Le matériel fixe et le matériel roulant de la poste, l'habillement des sous-agents, les impressions, y compris celles des timbres-poste et autres papiers de valeur, enfin la liquidation des dépenses afférentes à ces divers objets rentrent dans ses attributions.

Les deux divisions de l'exploitation sont chargées de l'organisation du service et de la mise en œuvre des ressources matérielles fournies par la première division.

La division de l'exploitation postale comprend quatre bureaux :

Division de l'exploitation postale.

Organisation du service local et distribution.

Le premier, dit de l'*organisation du service local et de la distribution,* a dans ses attributions la création et la transformation des bureaux de poste sédentaires et des bureaux mixtes, le classement des établissements de poste et de télégraphe, la fixation des cadres et le règlement intérieur des bureaux sédentaires; l'approvisionnement et la vente des timbres-poste; l'établissement, la levée des boîtes aux lettres fixes; le dépôt et la remise des correspondances postales, soit au guichet, soit à domicile; l'organisation des tournées des facteurs locaux et ruraux, la fixation de leur salaire et la discipline de ce personnel; la fixation et la liquidation des frais de tournée, de régie, d'aide, des indemnités pour travaux extraordinaires et pour service de nuit; enfin, les réclamations relatives au dépôt et à la remise des correspondances (1).

Correspondance postale intérieure.

Le deuxième bureau, dit de la *correspondance postale intérieure,* règle la transmission des correspondances postales échangées entre les bureaux de France et d'Algérie. Il organise les moyens de transport par chemins de fer, dans les limites fixées par les cahiers des charges des compagnies, et pourvoit aux transports par la voie de terre au moyen d'adjudications ou de la manière la plus économique. La marche des courriers, la fixation des cadres des bureaux ambulants, des bureaux-gares, la création et la suppression des entrepôts de dépêches; l'établissement et le fonctionnement des boîtes mobiles, la liquidation de toutes les dépenses afférentes à la transmission des dépêches en France et en Algérie sont de son ressort. Il traite les réclamations relatives à des retards; il dresse les tableaux indicateurs de la direction à donner aux correspondances, et tient au courant la carte des services de transport.

Correspondance postale étrangère et services maritimes.

Le troisième bureau comprend deux sections.

La première, dite de la *correspondance postale étrangère,* a dans ses attributions les relations internationales : elle prépare les conventions avec les offices étrangers, en surveille l'application, les interprète, rédige la correspondance avec ces offices, avec le ministère des affaires étrangères et l'administration des colonies, traite les questions de tarifs, organise le transport des dépêches entre les bureaux d'échange français et étrangers, dirige et surveille l'acheminement de la correspondance internationale et donne suite aux réclamations qui la concernent.

La section des *services maritimes* est chargée de l'organisation du transport des dépêches par mer : elle prépare les conventions et les adjudications, rédige les cahiers des charges des compagnies concessionnaires, en interprète les clauses, veille à leur exécution. La détermination des itinéraires des paquebots subventionnés, la création et la suppression des bureaux de poste français à l'étranger, la fixation des cadres de ces bureaux, l'organisation du service postal à bord des paquebots, l'embar-

(1) Arrêté du directeur général du 10 janvier 1890, *Bull. mens.* n° 1, janv. 1890, p. 310 et s.

quement des passagers de l'État, la liquidation des subventions, celle de diverses dépenses du service maritime et des établissements de poste français à l'étranger sont de son ressort.

Franchises, tarifs et colis postaux.

Le bureau des *franchises, tarifs et colis postaux* est également divisé en deux sections.

La section des *franchises et tarifs* est chargée de la concession des franchises postales, de la préparation et de l'interprétation des lois et règlements sur les tarifs postaux.

La seconde section, dite des *colis postaux*, pourvoit à l'exécution de ce service à l'intérieur de la France et dans les relations internationales au moyen de conventions, arrangements et marchés conclus, soit avec les offices étrangers, soit avec des entreprises de transport. Elle est l'intermédiaire obligée des relations entre ces entreprises et les offices étrangers, et donne suite à toutes les réclamations qui lui sont adressées (1).

Division de l'exploitation électrique.

La division de l'*exploitation électrique* ne comprend que deux bureaux : le bureau des *correspondances télégraphiques* et celui des *correspondances téléphoniques*.

Le premier est chargé de l'organisation et de l'utilisation du réseau télégraphique : la détermination des centres de dépôt, la création des bureaux purement télégraphiques, la fixation des cadres du personnel télégraphique, les conventions avec les offices étrangers et les compagnies de câbles, l'exécution des clauses des cahiers des charges des chemins de fer et tramways relatives au service télégraphique, les tarifs et les franchises télégraphiques, la marche et le contrôle des transmissions, la recherche des dérangements, la distribution des télégrammes, la concession et la surveillance des lignes privées rentrent dans ses attributions (1).

Le second bureau a des attributions analogues en ce qui concerne le service téléphonique.

Division de la comptabilité.

La division de la comptabilité s'occupe du côté financier de l'exploitation postale et télégraphique. Elle surveille l'encaissement des produits et pourvoit à l'acquittement des dépenses.

Elle compte trois bureaux.

Ordonnancement.

Celui de l'*ordonnancement* dresse le budget, prépare la délégation des crédits aux ordonnateurs qui ont à en faire emploi, assure le payement des dépenses, surveille la gestion des comptables, poursuit le recouvrement des fonds de concours dus par les services publics et les particuliers, ainsi que le remboursement des avances faites par l'administration.

Vérification des produits.

Le bureau de la *vérification des produits* est chargé du contrôle de la perception des taxes postales et télégraphiques, du règlement des comptes avec les offices étrangers, les administrations publiques et les compa-

(1) Arrêté du 10 janvier 1890, *Bull. mens.* n° 1, janvier 1890, p. 310 et s.

gnies, enfin de la statistique générale des objets de correspondance postale et télégraphique.

Le bureau des *articles d'argent* surveille l'émission et le payement des mandats et bons de poste, le recouvrement des effets de commerce et les abonnements aux journaux; il contrôle la perception des taxes, établit, par le rapprochement des états fournis par les comptables, la conformité des opérations en recette et en dépense ; délivre les autorisations de payement en remplacement des titres adirés, prépare les règlements de compte avec les offices étrangers, et donne suite aux réclamations dont l'objet rentre dans ses attributions. Articles d'argent.

Cette organisation a été modifiée, à titre provisoire, par un arrêté du directeur général du 17 juillet 1890 (1). Le bureau du secrétariat a été supprimé; la bibliothèque, la traduction, l'enregistrement des arrêts et décisions qui en dépendaient sont passés dans les attributions du bureau du personnel qui est chargé, en outre, de centraliser les opérations de l'inspection générale ; les contraventions sont rattachées au 4e bureau de l'exploitation postale; l'arrivée et l'expédition du courrier, l'autographie, relèvent du chef du service intérieur; ce dernier service, ainsi que celui du contentieux, est placé sous les ordres immédiats du directeur général. La division du matériel est réunie à celle de l'exploitation électrique; le bureau des réclamations, moins la 3e section, est rattaché à l'exploitation postale; la 3e section (réclamations télégraphiques est rattachée au bureau de la correspondance télégraphique.

Le décret du 13 août 1889 fixe à 4 le nombre des administrateurs, à 15 celui des chefs de bureau, à 35 celui des sous-chefs ; ces agents supérieurs sont répartis dans les divisions et bureaux, conformément au tableau ci-après : Cadres de l'administration centrale. Décret du 13 août 1889.

(1) *Bull. mens.*, n° 7, juillet 1890, p. 744.

TABLEAU.

DÉSIGNATION DES SERVICES ET DES BUREAUX	DIRECTEUR GÉNÉRAL	ADMINISTRATEURS	CHEFS DE BUREAU	SOUS-CHEFS DE BUREAU
SERVICE CENTRAL				
1er bureau. — Secrétariat; réception et envoi de la correspondance; contentieux; contreseing, bibliothèques et enseignement; service intérieur..........................			1	3
2e bureau. — Personnel....................			1	3
3e bureau. — Réclamations................			1	3
1re DIVISION				
Matériel et construction.				
1er bureau. — Construction et entretien des lignes aériennes et souterraines.........			1	2
2e bureau. — Construction et entretien des lignes sous-marines et pneumatiques; appareils..............................			1	2
3e bureau. — Locaux, matériel, fabrication de timbres-poste et cartes, etc..........			1	2
2e DIVISION				
Exploitation postale.	1	4		
1er bureau. — Organisation du service local; distribution...........................			1	3
2e bureau. — Correspondance postale intérieure................................			1	3
3e bureau. — Correspondance postale étrangère; services maritimes................			1	2
4e bureau. — Tarifs, franchises et colis postaux................................			1	2
3e DIVISION				
Exploitation électrique.				
1er bureau. — Correspondances télégraphiques.			1	2
2e bureau. — Correspondances téléphoniques.			1	1
4e DIVISION				
Comptabilité.				
1er bureau. — Ordonnancement des dépenses.			1	2
2e bureau. — Vérification pes produits......			1	2
3e bureau. — Articles d'argent.............			1	3
	1	4	15	35

Administrateurs. A l'exception du service central, placé sous les ordres immédiats du directeur général, chacune des divisions de l'administration centrale est dirigée par un administrateur (1).

Les administrateurs font partie du conseil d'administration ; ils peuvent signer la correspondance et les instructions, mais seulement par délégation du directeur général.

(1) Les chefs des grandes divisions de l'administration centrale ont porté tour à tour les titres d'*administrateur* (de 1792 à 1817, de 1822 à 1831, de 1844 à 1848, de 1851 à 1881; d'*inspecteur général* (de 1817 à 1822); de *sous-directeur* (de 1831 à 1844 et de 1848 à 1851); de *directeur* (de 1881 à 1887), alors que les postes et télégraphes constituaient un ministère spécial.

Le titre d'*administrateur* leur a été rendu lors du rattachement aux finances; toutefois, ceux qui portaient alors le titre de directeur l'ont conservé individuellement (*Art. 11 du décret du 28 juillet 1887*).

Chaque bureau est dirigé par un *chef* ; le chef est assisté d'un ou de plusieurs *sous-chefs*, suivant que le bureau comprend une ou plusieurs sections. Chefs et sous-chefs de bureau.

Le personnel des bureaux comprend des *commis principaux* et *ordinaires*, des *expéditionnaires* et des *dames employées*. Personnel des bureaux.

La répartition de ce personnel entre les bureaux est faite par le directeur général en conseil d'administration.

Les commis principaux et commis sont chargés des travaux de rédaction, d'organisation, de contrôle, de liquidation ; les expéditionnaires et les dames employées, des travaux de copie, de vérification, d'ordre et de classement.

Le nombre des commis principaux et des commis de l'administration centrale est fixé au maximun à 270 par le décret du 13 août 1889 ; en réalité, l'effectif est de 267, dont 63 commis principaux, d'après le budget de 1891, non compris le personnel du bureau des téléphones, rétribué sur un budget spécial.

L'effectif des dames employées et des expéditionnaires est fixé par le directeur général dans la limite des crédits budgétaires. Le budget de 1891 fixe à 255 le nombre des expéditionnaires et des dames employées.

Le nombre des huissiers, concierges et gardiens de bureau ne peut dépasser 66, y compris le chef surveillant (*Décret du* 23 *août* 1889, *art.* 1er). Sous-agents.

En général, les administrations centrales des ministères se recrutent directement et par voie de concours. Recrutement (art. 4 du décret du 28 juillet 1887).

Celle des postes et des télégraphes se recrute à peu près exclusivement dans le personnel des services extérieurs.

Réciproquement les agents de l'administration centrale peuvent être appelés dans les services extérieurs à des emplois correspondant à leur grade et à leur traitement.

Il n'y a que des avantages à un semblable roulement, également en usage dans d'autres administrations, et qui n'admet à coopérer à la direction du service que des agents en ayant acquis déjà une pratique suffisante. Toutefois, comme les traitements et les grades ne sont pas les mêmes dans le service administratif que dans le service actif, il serait utile, pour que le passage de l'un à l'autre fût soumis à des règles tout à fait certaines, de dresser un tableau de l'équivalence des grades et des traitements (1).

Les commis sont choisis soit parmi les agents brevetés de l'École professionnelle supérieure des postes et des télégraphes, soit parmi les commis des directions départementales ou des services spéciaux comptant au moins deux ans de service en cette qualité et qui ont obtenu,

(1) Rapport de M. Delmas au Conseil d'État sur le projet de décret relatif à l'organisation de l'administration centrale.

pendant ces deux années, comme cote de valeur générale, au moins le chiffre 18 (1) (*Arrêté du directeur général du 23 décembre* 1889).

Aux termes de l'article 4 du décret du 28 juillet 1887, les dames employées, les expéditionnaires et les gens de service peuvent entrer directement à l'administration centrale. Les conditions de leur admission doivent être déterminées par un arrêté ministériel. Jusqu'à ce jour, aucun règlement spécial n'a été fait à ce sujet; du reste, les dames employées, les expéditionnaires et les sous-agents de l'administration centrale sont actuellement recrutés exclusivement dans le personnel des services extérieurs.

Permutations.

D'après l'article 4 du décret du 28 avril 1887, les employés de tous grades du contrôle des administrations financières, originaires des postes et des télégraphes, peuvent être nommés dans l'administration centrale à des emplois de leur grade ou du grade assimilé, ou même du grade supérieur, s'ils remplissent les conditions prévues à l'article 14 du décret du 19 janvier 1885 pour l'avancement dans l'administration centrale des finances.

Des permutations peuvent avoir lieu entre les agents de l'administration centrale des finances et ceux de l'administration centrale des postes et des télégraphes sur la présentation motivée des chefs des parties intéressées, conformément aux dispositions de l'article 19 du décret du 19 janvier 1885.

Le permutant ne peut entrer à l'administration centrale des postes et des télégraphes que dans un emploi inférieur ou tout au plus égal à celui de l'employé avec lequel il change de position (*Art.* 9 *du décret du* 28 *juillet* 1887).

Ces dispositions avaient leur raison d'être au moment où le décret du 28 juillet 1887 a été rendu, c'est-à-dire à l'époque du rattachement des postes et des télégraphes au ministère des finances; elles ont été maintenues après la séparation.

Nomination aux emplois (art. 3 du décret du 28 juillet 1887).

Le directeur général et les administrateurs sont nommés par le président de la République, sur la proposition du ministre;

Les chefs et sous-chefs de bureau et les commis principaux sont nommés par le ministre sur la proposition du directeur général;

Le directeur général nomme à tous les autres emplois, par délégation du ministre.

Échelle des traitements (art. 2 du décret du 28 juillet 1887).

Les traitements ont été fixés, sauf toutefois en ce qui concerne les expéditionnaires et les dames employées, d'après l'échelle adoptée pour le ministère des finances et les administrations financières, conformément au tableau ci-après :

Directeur général		25.000 fr.
Administrateurs	12.000 et	15.000 fr.

(1) *Bull. mens.*, n° 12, décembre 1889, p. 678. Les cotes sont graduées suivant l'échelle de 0 à 20.

Chefs de bureau	1re classe	10.000 fr.
	2e classe	9.000 fr.
	3e classe	8.000 fr.
	4e classe	7.000 fr.
Sous-chefs de bureau	1re classe	6.000 fr.
	2e classe	5.500 fr.
	3e classe	5.000 fr.
Commis principaux	1re classe	4.500 fr.
	2e classe	4.000 fr.
	3e classe	3.500 fr.
Commis ordinaires	1re classe	3.100 fr.
	2e classe	2.800 fr.
	3e classe	2.500 fr.
	4e classe	2.200 fr.
	5e classe	1.900 fr.
Dames employées; expéditionnaires	1.000 à	2.200 fr.
Chef surveillant	1.400 à	2.400 fr.
Huissiers, gardiens de bureau, concierges, etc.	1.200 à	1.800 fr.

L'article 6 du décret porte que le traitement de tout fonctionnaire ou employé de la direction générale ne peut être imputé, en tout ou en partie, que sur les crédits portés au budget du chapitre du personnel de l'administration centrale. Le but de cette disposition, introduite par le Conseil d'État dans tous les règlements relatifs à l'organisation des administrations centrales qui ont été soumis à son examen, est d'empêcher que l'effectif des employés et les dépenses du service administratif ne soient augmentés, à l'insu du Parlement et sans son aveu, comme les commissions du budget avaient eu fréquemment l'occasion de le remarquer, à l'aide de ressourses prises sur d'autres chapitres, et même sur des fonds alloués pour les dépenses de matériel.

L'article 5 du décret du 28 juillet 1887 pose en principe que l'avancement à lieu *au choix* sur l'ensemble des services de l'administration centrale. Avancement (art. 5 du décret du 28 juillet 1887).

La même règle a été adoptée pour toutes les administrations centrales des ministères. Quelques-uns des projets de règlement soumis au Conseil d'État admettaient, dans une certaine proportion, l'avancement à l'ancienneté. Le Conseil d'État repoussa ces dispositions, estimant que le seul intérêt dont il y ait lieu de tenir compte est le bien du service ; que reconnaître à l'ancienneté des droits certains, c'est donner aux employés une sécurité qui, loin de les stimuler à faire tout ce qu'ils peuvent et doivent faire, les en détourne plutôt; que c'est véritablement une prime à la négligence et à la paresse (1).

L'intérêt des employés est d'ailleurs sauvegardé contre les abus qui pourraient résulter d'un système de promotion reposant exclusivement sur le choix par les règles suivantes :

Les nominations ou promotions à un grade ou à un emploi se font à la dernière classe du grade ou de l'emploi ;

(1) Rapport de M. Victor CHAUFFOUR sur les projets de décrets soumis au Conseil d'État, en vue de régler l'organisation des administrations centrales des divers ministères (17 mai 1884).

Pour être promu dans son grade à une classe supérieure, il faut au moins une année d'ancienneté dans la classe précédente ;

Pour l'avancement de grade, les règles diffèrent comme les fonctions elles-mêmes. Dans toute promotion à un emploi supérieur, il y a lieu de tenir compte de l'aptitude nécessaire à cet emploi. Tel agent peut s'acquitter très bien de ses fonctions habituelles sans pouvoir dépasser le grade de commis principal. Tel autre ne devra pas s'élever au-dessus du grade de sous-chef: il sait rédiger, il n'est apte à diriger. Tel chef de bureau ne saurait aspirer à conduire une division : il a l'esprit d'ordre et les qualités nécessaires à son emploi ; il serait incapable d'embrasser un grand service.

Aussi, au fur et à mesure qu'on s'élève dans la hiérarchie administrative, est-il tenu moins de compte de l'ancienneté, et plus grande est la latitude laissée au choix. Pour l'emploi de commis principal, le choix ne peut porter que sur des commis de la 1re classe ayant au moins une année de service dans cette classe; pour l'emploi de chef et de sous-chef, le choix peut porter sur des fonctionnaires de l'emploi immédiatement inférieur de la 1re ou de la 2e classe, et comptant au moins deux ans de service dans ledit emploi. Les administrateurs peuvent être choisis, soit parmi les chefs de bureau de toutes classes de l'administration centrale, soit parmi les agents supérieurs des services extérieurs ayant au moins le traitement de l'emploi ou le traitement immédiatement inférieur (inspecteurs généraux et adjoints, directeurs-ingénieurs, chefs de service, pourvu, dans ce dernier cas, qu'ils remplissent les conditions exigées pour l'avancement dans la direction générale.

Les nominations sont rendues publiques par la voie du bulletin mensuel.

Discipline (art. 7 du décret du 28 juillet 1887).

Les mesures disciplinaires qui peuvent être prononcées contre les agents sont :

La réprimande;

La retenue de traitement n'excédant pas la moitié du traitement ni la durée de deux mois;

La rétrogradation;

La mise en disponibilité d'office;

La révocation.

Cette échelle de pénalités est spéciale à l'administration centrale; elle ne comprend ni le changement de résidence, ni la radiation des cadres ou la mise d'office à la retraite, prévues par le décret sur les services extérieurs. Elle comporte, par contre, la retenue du traitement qui a été supprimée dans ces services.

Les peines les plus légères, c'est-à-dire la réprimande et la retenue de traitement, sont prononcées par le ministre pour les agents supérieurs à partir du grade de commis principal, et par le directeur général pour tous les autres employés.

Les peines les plus graves, c'est-à-dire *la rétrogradation, la mise en disponibilité d'office et la révocation sont prononcées par l'autorité chargée de la nomination*, c'est-à-dire par le président de la République pour les administrateurs, par le ministre pour les chefs et sous-chefs, commis principaux, et par le directeur général pour les autres employés, mais seulement *après avis du conseil d'administration, l'agent entendu dans ses moyens de défense, ou dûment appelé. Dans ce cas, le procès-verbal de la séance dans laquelle l'agent a comparu, ou, s'il y a lieu, sa défense écrite, accompagne nécessairement le rapport soumis à l'autorité chargée de prendre la décision. Les arrêtés de révocation sont motivés et visent l'avis du conseil* (Art. 7 du décret du 28 juillet 1887).

L'article 8 du décret du 28 juillet 1887 vise les employés appelés sous les drapeaux. L'intérêt du service exige qu'il soit pourvu aux vacances d'emploi, mais l'équité veut aussi que l'absence motivée par l'accomplissement du premier des devoirs civiques ne porte aucun préjudice à ceux qui le remplissent.

Agents appelés sous les drapeaux (art. 8 du décret du 28 juillet 1887).

Les agents appelés sous les drapeaux sont remplacés dans l'effectif; mais les premières vacances d'emploi qui se produisent après leur libération leur sont réservées de préférence, pourvu qu'ils aient demandé leur réintégration dans les trois mois qui précèdent ou qui suivent leur libération.

Le directeur général, après avis du conseil d'administration, peut refuser la réadmission dans la direction générale aux commis dont la feuille de punitions militaires laisse gravement à désirer.

Le temps passé sous les drapeaux par les commis ordinaires et les expéditionnaires est compris dans l'année de service exigée pour l'avancement en classe, s'il est inférieur à cette durée ; il tient lieu de cette condition, s'il lui est supérieur.

Les employés pourraient donc, d'après cette disposition, être réintégrés avec un traitement supérieur à celui dont ils étaient en possession au moment où ils ont été appelés sous les drapeaux.

On ne peut qu'applaudir à ces dispositions si libérales et si bienveillantes, et émettre le vœu qu'elles puissent être étendues à bref délai au service actif.

§ 4. — Direction centrale de la Caisse d'épargne postale.

Les décrets dont nous venons d'analyser les dispositions ne s'appliquent pas à la direction centrale de la Caisse d'épargne postale, qui s'administre avec les ressources propres à cette caisse, et constitue un service à part.

Décret du 31 août 1881.

Les grandes lignes de son organisation ont été tracées par l'article 2 du décret du 31 août 1881 portant règlement d'administration publique sur le contrôle de la Caisse d'épargne postale (1) :

(1) *Bull. mens.* n° 42 *supp.*, oct. 1881, p. 1127.

Les opérations effectuées par les receveurs des postes et des télégraphes pour le compte de la Caisse d'épargne postale *sont centralisées par un agent justiciable de la Cour des comptes et astreint au versement d'un cantionnement. Cet agent prend le titre d'*agent comptable de la Caisse d'épargne postale.

La direction et la surveillance desdites opérations sont confiées à un service administratif institué au ministère des postes et des télégraphes sous le titre de direction de la Caisse d'épargne postale.

L'administration centrale de la Caisse d'épargne comprend donc en réalité deux services distincts, fonctionnant côte à côte : 1° un service d'éxécution, celui de l'agent comptable, qui résume dans ses écritures toutes les opérations des agences et des succursales de la caisse ; 2° un service de direction qui contrôle les opérations de tous les agents extérieurs et de l'agent comptable lui-même. Ces deux services sont placés sous l'autorité d'un administrateur.

Agent comptable.

L'agent comptable est nommé par décret, sur la proposition du ministre des postes et des télégraphes, après avis du ministre des finances. Il prête serment devant la Cour des comptes.

Son traitement est au minimun de 6,000 francs, et peut s'élever jusqu'à 12,000. En cas d'absence, *il est remplacé par un fondé de pouvoir à son choix, qui agit pour le compte et sous l'entière responsabilité de l'agent comptable.*

Le service de l'agent comptable est chargé de la comptabilité générale de la caisse. Il tient le registre matricule des déposants, les comptes courants individuels et les comptes divisionnaires.

Direction centrale de la Caisse d'épargne.

Le service de la direction centrale de la Caisse d'épargne est dirigé par l'administrateur et comprend trois bureaux :

Le bureau de la *correspondance générale et du contrôle,* chargé de la direction et de la surveillance du service, de la préparation des instructions, de l'établissement du budget, de la liquidation des dépenses, du matériel et du rapprochement des doubles écritures tenues par l'agent comptable et le troisième bureau ;

Le bureau des *remboursements,* qui vérifie les demandes de livrets et autorise les remboursements ;

Enfin le bureau *des comptes courants*, chargé de la tenue du double des comptes courants individuels.

Personnel de la direction centrale.

Les cadres de la direction centrale de la Caisse d'épargne sont fixés par le budget spécial de la Caisse d'épargne.

Le budget prévoit pour 1891, outre l'administrateur et l'agent comptable, 3 chefs de bureau, 4 sous-chefs de bureau, 6 sous-chefs de section, y compris le fondé de pouvoir de l'agent comptable, 20 commis principaux, 77 commis ordinaires, 410 dames employées, 8 agents trieurs, 46 gardiens de bureau et 14 femmes de charge, soit 596 fonctionnaires, agents ou sous-agents de tout grade.

L'échelle des traitements pour l'administrateur, les chefs de bureau, sous-chefs, commis principaux, commis et dames employées, est celle fixée par le décret du 28 juillet 1887 pour l'administration centrale. Pour les sous-chefs de section et les agents trieurs, les traitements sont les mêmes que ceux des emplois correspondants du service actif. Le traitement de début des gardiens de bureau est de 1,000 francs, et peut atteindre 2,000 francs. La rétribution des femmes de charge est fixée à 900 francs par an.

Les règles en vigueur à l'administration centrale pour le recrutement, le mode de nomination, l'avancement, la discipline sont également appliquées au personnel de la Caisse d'épargne.

CHAPITRE II

SERVICES EXTÉRIEURS

Décret sur l'organisation des services extérieurs.

L'organisation des services extérieurs des postes et des télégraphes est actuellement régie par un certain nombre de décrets dont le plus important et le plus ancien est celui du 23 avril 1883 (1), rendu sous le ministère de M. Cochery. Ce décret a été modifié sur plusieurs points par ceux des 3 février 1885 (2); 20 mars 1886 (3); 4 janvier (4), 15 (5) et 27 juin 1887 (6); 29 mars (7), 29 septembre 1888 (8) et 5 juillet 1890 (9).

Division des services extérieurs.

L'article 1er du décret organique du 23 avril 1883 classe les services extérieurs dans l'ordre suivant :

1° Le service technique ;
2° Le service d'exploitation :
3° Le service ambulant ;
4° Le service maritime ;
5° Les services spéciaux.

§ 1er. — Service technique.

La plus grande partie des attributions du service technique a été transférée aux directeurs de l'exploitation par le décret du 20 mars 1885, sauf dans les départements de la Seine, de Seine-et-Oise et de Seine-et-Marne, qui constituent la région de Paris.

Le service technique intéressant exclusivement la télégraphie et le matériel, nous passerons tout de suite au service d'exploitation, dont le service ambulant et le service maritime ne sont que des modalités.

(1) *Bull. mens.* n° 9 *supp.*, sept. 1887, p. 284 et s.
(2) *Bull. des lois*, partie principale, 1887, t. Ier, p. 573 (n° 913).
(3) *Bull. mens.* n° 3, mars 1886, p. 56.
(4) *Journal officiel* du 5 janv. 1887, p. 53.
(5) *Bull. mens.* n° 6, juin 1887, p. 140.
(6) *Bull. mens.* n° 7, juillet 1887, p. 161.
(7) *Bull. mens.* n° 4, avril 1888, p. 71.
(8) *Bull. mens.* n° 10, oct. 1888, p. 312.
(9) *Bull. mens.* n° 6, 2e *supp.*, juin 1890, p. 733.

§ 2. — Service d'exploitation.

L'exploitation comprend la direction, la surveillance et l'exécution du service. Les organes chargés de la direction et de la surveillance sont les *directions départementales ;* les organes chargés de l'exécution, les *bureaux de poste et de télégraphe.*

A. — *Directions départementales.*

Utilité des directions départementales

L'existence de ce rouage est justifiée par la maxime que « si l'on peut gouverner de loin on n'administre bien que de près ». Le directeur général ne peut correspondre directement avec les 7,000 bureaux de poste et de télégraphe ; il ne peut surveiller lui-même l'exécution des ordres qu'il donne (1). Le rôle des chefs de service locaux est de seconder l'action de l'autorité supérieure et au besoin d'y suppléer. Placés plus près de l'exploitation, les directeurs départementaux sont en mesure de constater ses lacunes, ses besoins ; de renseigner l'administration sur les vœux des populations ; dans les cas urgents, où l'intervention de l'administration centrale serait tardive et inefficace, ils agissent spontanément, sauf à rendre compte des mesures dont ils ont pris l'initiative.

Origine des directions départementales

C'est dans l'édit de mai 1630 (2), déjà cité, qu'il faut chercher l'origine des directions départementales. Sous le ministère de Richelieu, le service des courriers commençait à se régulariser et à se développer ; le grand cardinal, pressentant l'essor que la poste devait prendre un jour, avait reconnu la nécessité d'en décentraliser la surveillance et la direction. Dans ce but, il créa vingt offices de *conseillers maîtres des courriers contrôleurs provinciaux* dans les généralités (3) de Paris, Orléans, Soissons, Tours, Poitiers, Bourges, Bordeaux, Limoges, Toulouse, Montpellier, Riom, Dijon, Lyon, Grenoble, Aix, Nantes, Rouen, Calais, Metz et Moulins. Ces officiers étaient chargés d'organiser le dépôt, l'expédition et la distribution des correspondances ; d'établir les courriers et les bureaux nécessaires ; de commettre à leurs frais et dépens des personnes fidèles et capables, commis et distributeurs, dans les bureaux. On leur attribuait, comme compensation de ces charges, le droit de percevoir pour leur compte les ports des lettres et des paquets. Des offices de conseillers maîtres des courriers furent créés pareillement pour les correspondances étrangères à Paris et à Lyon, et dans les bureaux frontières de Calais,

Contrôleurs principaux.

(1) Aux États-Unis, il n'existe pas de rouage intermédiaire entre l'administration centrale et les organes d'exécution ; les 62,400 offices de poste correspondent directement avec le postmaster général. Les inconvénients de cette lacune ont été exposés avec beaucoup de force dans le rapport du postmaster général pour l'exercice 1888-1889.

(2) Lequien de la Neuville, p. 622. — A. Belloc, les *Postes françaises*, p. 67.

(3) On appelait *généralités* les circonscriptions territoriales soumises à la juridiction des intendants.

Dieppe, Rouen, Nantes, Bordeaux, Bayonne et Saint-Jean de Luz, avec droit de jouissance du produit des taxes.

L'institution des contrôleurs provinciaux paraît s'être maintenue depuis cette époque, bien qu'elle ait été supprimée en principe à deux reprises, la première fois en 1632 (édit de mai) (1), la seconde en 1672, lors de l'affermage des revenus de la poste. Il est du moins certain qu'il existait des contrôleurs provinciaux au XVIIIe siècle. Une circulaire du 3 mars 1749 nous montre qu'elles étaient leurs attributions : elles consistaient à surveiller l'exécution du service dans l'étendue de leur circonscription, à faire des tournées, à vérifier à l'improviste les caisses et la comptabilité, les rebuts ; à suivre le mouvement des articles d'argent, à s'assurer par des épreuves de l'exacte prise en charge des taxes perçues, à porter également leur attention sur la marche des courriers et sur le matériel des entrepreneurs. Après chaque vérification, ils adressaient des rapports succincts aux services compétents de l'administration.

Inspecteurs. A partir de 1792, lorsque la régie succéda à la ferme, les contrôleurs provinciaux prirent le titre d'*inspecteur*. Leur nombre, porté à 44 à la suite de l'extension des limites du territoire, fut réduit en 1817 à 33, puis en 1827 à 28 (*arrêté ministériel du 24 mars*). A cette époque, on établit une nouvelle délimitation des circonscriptions. Au lieu d'embrasser le territoire de plusieurs départements, la surveillance de l'inspecteur s'étendit à un certain nombre de routes de poste. Les inspecteurs des postes prirent alors le titre d'inspecteur de *lignes*, et leur nombre fut porté à 31 (arrêté ministériel du 30 avril 1830) ; l'arrêté ministériel du 28 avril 1831 les supprima.

Organisation départementale. Il y avait alors dans les bureaux composés les plus importants des fonctionnaires chargés de surveiller les opérations de ces bureaux, tout en y participant, et celles de leurs correspondants. Ces fonctionnaires, appelés d'abord *contrôleurs*, avaient reçu en 1827 le titre de *sous-inspecteur*, et avaient été mis en même temps à la disposition des inspecteurs de lignes, qui pouvaient les charger de certaines missions (*arrêté du 24 mars* 1827). L'arrêté du 28 avril 1831 attribua aux sous-inspecteurs placés au chef-lieu de chaque département près des directeurs comptables le titre et les fonctions des inspecteurs supprimés, et les chargea, en outre, du sous-ordonnancement des dépenses et de la vérification en premier ressort des comptes de la taxe des lettres.

A partir de ce moment, l'organisation départementale était créée. Cette organisation, comparée à celle de l'Angleterre et de l'Allemagne, paraît nécessiter un personnel relativement plus nombreux pour la direction et la surveillance. En Angleterre, les chefs de service locaux (*surveyors*) sont au nombre de seize ; leur action s'étend sur une circonscription de 19,000 kilomètres carrés, peuplée de 2 millions d'habitants en moyenne. En Allemagne (2), les directions supérieures sont au nombre de quarante ;

(1) L'Édit de mai 1632 rendit aux surintendants généraux la perception des revenus de la poste, mais les autorisa à maintenir en exercice les contrôleurs provinciaux en leur abandonnant une partie du produit de la taxe des lettres.

(2) Non compris la Bavière et le Wurtemberg.

chaque circonscription a en moyenne 11,139 kilomètres carrés et 985,000 habitants. En France, les circonscriptions départementales ont en moyenne 6,146 kilomètres carrés et 446,730 habitants.

L'organisation française, cependant, n'est pas plus coûteuse que l'organisation allemande, mais elle a l'avantage de cadrer exactement avec la division administrative du territoire; elle permet de vérifier plus fréquemment les bureaux de poste : la surveillance, exercée de plus près, gagne en efficacité.

Décret du 27 novembre 1864. Directeurs départementaux

Les inspecteurs des postes étaient plutôt des surveillants que de véritables chefs de service. La vérification des bureaux, qu'ils devaient faire personnellement, absorbait la majeure partie de leur temps. Le décret du 27 novembre 1864 releva leur prestige et améliora leur situation, leur donna le titre de *directeur*, les déchargea de la vérification personnelle des bureaux les moins importants, et leur réserva la correspondance directe avec l'administration. Les directeurs départementaux n'ayant plus que rarement l'occasion d'effectuer des tournées purent consacrer plus de temps à l'étude de l'organisation et du perfectionnement du service (1).

Attributions des directeurs départementaux.

Les attributions des directeurs départementaux ont reçu une nouvelle extension par suite de la fusion des postes et des télégraphes.

L'article 11 du décret du 23 avril 1883 les résume ainsi :

Les directeurs des postes et des télégraphes exercent les fonctions de chef de service.

Ils correspondent seuls avec le ministre.

Ils procèdent à l'étude des mesures d'organisation et pourvoient aux moyens d'exécution. Ils surveillent l'ensemble du service dont la direction leur est confiée et en demeurent responsables.

En cas d'urgence, ils prennent, sous leur responsabilité, l'initiative des mesures nécessaires pour assurer le service; ils rendent compte immédiatement au ministre des dispositions qu'ils ont prises.

Les directeurs départementaux sont ordonnateurs secondaires des dépenses de l'exploitation imputées sur les crédits qui leur sont délégués. Ils sont, en outre, chargés de la vérification de la comptabilité dans leur département.

A cette énumération, il convient d'ajouter :

1° Les attributions qu'exerce le directeur en qualité de chef du personnel de son département : l'instruction des candidatures, la présentation aux emplois réservés à la nomination des préfets, la délivrance des congés, la discipline;

2° Les attributions de chef du service technique qui appartenaient autrefois au directeur-ingénieur et qui sont :

1° *La construction et l'entretien des lignes, les appareils et le matériel postal et télégraphique;*

(1) Voir les attributions des directeurs départementaux dans la circulaire du 28 novembre 1864.

2° *L'installation, l'appropriation et l'approvisionnement des bureaux;*
3° *L'enseignement;*
4° *La télégraphie militaire* (Art. 2 du décret du 23 avril 1883).

Cadres des directions départementales.

Les *inspecteurs-ingénieurs* et *sous-ingénieurs*, les *contrôleurs* (entrés aujourd'hui dans le cadre des inspecteurs et sous-inspecteurs), les *commis principaux* et *commis*, les *mécaniciens*, *chefs-surveillants*, *surveillants* et *ouvriers d'équipe* attachés autrefois aux directions régionales, ont été mis par le décret du 20 mars 1886 à la disposition des directeurs départementaux (1) et font aujourd'hui partie des cadres des directions.

Les chefs de service départementaux sont secondés, dans la direction et la surveillance de l'exploitation, par les inspecteurs et sous-inspecteurs, par les commis principaux et commis de direction, et par les brigadiers-facteurs.

Inspecteurs et sous-inspecteurs

Les inspecteurs et sous-inspecteurs sont chargés spécialement des installations, des vérifications, des enquêtes et des opérations extérieures auxquelles les directeurs ne procèdent pas eux-mêmes. Dans l'intervalle de leur tournées, ils participent aux travaux sédentaires de la direction. En cas d'absence, le directeur est remplacé par l'inspecteur-ingénieur, l'inspecteur, le sous-inspecteur ou le sous-ingénieur le plus ancien en grade.

La fonction des inspecteurs a été créée par l'arrêté ministériel du 24 mars 1827. Cet arrêté, en donnant aux contrôleurs attachés aux bureaux composés le titre de sous-inspecteur, les mettait à la disposition des inspecteurs départementaux des postes pour coopérer à la surveillance. Un arrêté ministériel du 31 mars 1855 (2) réserva le titre de sous-inspecteur à ceux qui avaient été adjoints d'une manière permanente à l'inspection dans les départements les plus importants, titre qu'ils échangèrent en 1864 contre celui de *contrôleur*.

L'arrêté ministériel du 13 décembre 1864 attribua 1 contrôleur à chaque département, sauf celui de la Seine, qui en eut 6.

En vertu d'un arrêté du sous-secrétaire d'État des finances du 8 juillet 1878 (3), les contrôleurs des postes dont le traitement était inférieur à 4,000 francs ont repris le titre de sous-inspecteur; ceux qui étaient en possession d'un traitement de 4,000 francs ont reçu celui d'inspecteur. La même mesure a été prise à l'égard des agents des télégraphes qui remplissaient des fonctions analogues auprès des inspecteurs départementaux de cette administration.

Le décret du 20 mars 1886 a fait entrer les contrôleurs du service technique dans le cadre des inspecteurs et sous-inspecteurs de l'exploitation.

Tout d'abord, les directeurs avaient été invités par une circulaire du 12 avril 1886 (4) à ne pas distraire ces fonctionnaires de leurs attributions

(1) *Circulaire* du 12 avril 1886; *Bull. mens.* n° 3, avril 1886, p. 222.
(2) *Circulaire* n° 34 du 22 avril 1855.
(3) *Bull. mens.* n° 2, 2e *supp.*, juin 1878, p. 146.
(4) *Bull. mens.* d'avril 1886, p. 222.

spéciales. Une circulaire plus récente du 3 novembre 1888 (1) a fait cesser cette restriction. Aujourd'hui, les inspecteurs et sous-inspecteurs, quelle que soit leur origine, concourent à la surveillance du service de l'exploitation.

Pour être complète, la fusion aurait dû s'étendre aux opérations du service technique ; mais les inspecteurs et sous-inspecteurs originaires de l'exploitation manquant encore, pour la plupart, des connaissances nécessaires pour diriger ces opérations, la circulaire du 12 novembre 1888 s'est bornée à recommander aux directeurs départementaux de leur donner les moyens de s'initier au service technique, sous la direction et la responsabilité des agents qui en sont spécialement chargés.

Le nombre des inspecteurs et sous-inspecteurs est de 248 d'après le budget de 1891 (14 à Paris, 227 dans les départements et 7 en Algérie).

Il y a en outre, à Paris, 2 inspecteurs principaux : l'un pour l'exploitation postale, l'autre pour l'exploitation télégraphique; ce dernier attaché à la direction régionale. Ces fonctionnaires centralisent la surveillance et font office de chefs des bureaux de la direction.

Commis de direction.

Des commis principaux et des commis sont placés dans les bureaux des directions départementales pour l'exécution des travaux qui leur sont confiés par les chefs de service, notamment pour le mandatement des dépenses et la vérification des comptes des receveurs. L'arrêté ministériel du 13 décembre 1864 avait fixé le nombre des commis de direction à 12 pour le département de la Seine et à 68 pour l'ensemble des autres départements. Les cadres des directions comprennent aujourd'hui 589 commis principaux et commis, dont 59 à Paris, 491 dans les départements métropolitains et 39 en Algérie.

Brigadiers facteurs.

Dans chaque direction, il existe un ou plusieurs brigadiers-facteurs chargés spécialement de surveiller les sous-agents du département, les débitants de timbres-poste étrangers à l'administration et les gérants des bureaux auxiliaires. Dans l'intervalle de leurs tournées, ils s'acquittent des travaux d'ordre, d'expédition et de classement qui leur sont confiés par les directeurs.

Les fonctions de brigadier-facteur ont été créées en 1843 (2). Elles étaient confiées primitivement à des facteurs ruraux détachés temporairement de leur service habituel et chargés, sur l'ordre de l'administration ou de l'inspecteur, de coopérer à la surveillance de la distribution rurale et aux études relatives à l'organisation des tournées.

Plus tard, ces fonctions furent attribuées d'une manière permanente à des sous-agents attachés aux directions à poste fixe. L'arrêté ministériel du 13 décembre 1864 en avait fixé le nombre à 6 pour le département de la Seine et à 92 pour l'ensemble des autres départements.

Le budget de 1891 prévoit 172 emplois de brigadiers-facteurs, dont

(1) *Bull. mens.* n° 10, nov. 1888, p. 311.
(2) *Circulaire* n° 197 du 23 octobre 1842.

15 dans le département de la Seine, 151 dans les autres départements métropolitains et 6 en Algérie.

B. *Bureaux de poste et de télégraphe.*

Différentes catégories de bureaux.

Au point de vue postal, les bureaux sont dits *sédentaires*, lorsqu'ils sont établis à poste fixe dans des locaux appartenant à l'administration ou loués par elle;

Ambulants, lorsqu'ils fonctionnent dans des vagons-poste attelés aux trains de chemin de fer. On s'occupera plus loin du service ambulant.

Les bureaux sédentaires sont de *plein exercice* lorsqu'ils participent à toutes les opérations de la poste;

Secondaires, lorsqu'ils n'effectuent qu'une partie de ces opérations.

Au point de vue télégraphique, on distingue les bureaux *principaux* ou bureaux *de l'État* des bureaux *secondaires*, ces derniers établis avec le concours des municipalités ou gérés par des agents étrangers à l'administration (gérants municipaux, chefs de gare, gardes éclusiers, guetteurs de sémaphores).

Les bureaux sédentaires de poste sont dénommés, suivant la nature et l'importance de leurs opérations, *recettes, distributions, établissements de facteur-boîtier, bureaux auxiliaires* et *distributions auxiliaires*.

Bureaux à service complet. Recettes.

Les recettes sont en général des bureaux *de plein exercice;* cependant, dans les grandes villes, certains bureaux de quartier, malgré leur importance, ne sont pas des bureaux de plein exercice, attendu qu'ils ne sont pas chargés de la distribution à domicile.

Receveurs.

Les recettes sont gérées par des agents comptables assujettis à un cautionnement, et dénommés *receveurs* depuis le décret du 27 novembre 1864. Ils portaient autrefois le titre de directeur.

Receveurs principaux.

Dans chaque département, le receveur placé au chef-lieu a le titre de receveur principal des postes et télégraphes. *Il centralise la comptabilité des recettes et des dépenses de tous les bureaux du département, mais sans exercer aucune autorité sur les autres receveurs. Il est justiciable direct de la Cour des comptes. Toutefois, il n'est responsable que des faits de sa gestion personnelle et de la validité des pièces justificatives de dépenses qu'il a admises dans sa comptabilité, après les avoir reçues des autres receveurs du département* (Art. 7 du décret du 23 avril 1883).

Les recettes sont divisées, suivant leur importance, en deux catégories: les recettes *composées*, dont le cadre comporte des commis titulaires nommés par l'administration, et les recettes *simples*, dont le cadre n'en comporte pas. Cette distinction n'a de valeur qu'au point de vue administratif: les recettes simples de la dernière classe, comme les recettes composées de la première, effectuent absolument les mêmes opérations et rendent au public les mêmes services.

Les recettes simples peuvent être converties en bureaux composés, dans l'ordre de leur importance, et dans la limite des crédits accordés par les lois de finances; des bureaux composés peuvent aussi être créés d'emblée dans les grandes villes, lorsque les ressources nécessaires pour ces créations ont été prévues au budget, et généralement lorsque les communes intéressées ont pris à leur charge une partie de la dépense.

Les recettes composées et les recettes simples sont divisées, les unes et les autres, en quatre classes, qui déterminent l'échelle des traitements attribués aux titulaires.

Le classement des bureaux est refait, en général, tous les cinq ans, après chaque recensement. Le dernier classement date du 15 juillet 1886; il a été publié au *Bulletin mensuel*, n° 9, supplémentaire de septembre 1887. Classement des bureaux.

Il y a un classement particulier pour Paris et le département de la Seine, et un classement particulier pour l'Algérie.

Le classement est déterminé par l'importance du bureau au triple point de vue des opérations postales, du service télégraphique et de la situation administrative de la localité où il est situé. Cette importance s'apprécie au moyen de coefficients, sur les bases indiquées au tableau ci-après.

TABLEAU :

ÉLÉMENTS GÉNÉRAUX D'APPRÉCIATION POUR LE CLASSEMENT DES BUREAUX			COEFFICIENTS A RAISON de	par
			points	
SITUATION de la localité siège du bureau :	administrative et judiciaire.	Préfecture........	1.000	»
		S.-P. sans trib. civil	200	»
		Tribunal civil.....	200	»
		Justice de paix...	100	»
		Cour d'appel.....	400	»
		Cour d'assises....	200	»
	ecclésiastique.............	Archevêché.......	400	»
		Évêché...........	300	»
	commerciale........... ...	Trib. de commerce.	100	»
	militaire................	Chef-lieu de région.	500	»
		Ch.-l. de sub. de rég.	250	»
		Place forte.......	150	»
	maritime................	Préfect. maritime.	500	»
		S.-Préfect. marit..	250	»
	universitaire..............	Académie.........	400	»
	postale..................	Recette principale.	100	Chaque recette du département.
		Recette...........	100	Par bureau auxiliaire rattaché.
	population..		1	100 habitants.
SERVICE POSTAL ET PRODUITS	Nombre par jour	de courriers arrivants et partants............	10	Chaque courrier.
		de dépêches reçues ou expédiées..............	10	Chaque dépêche.
		d'enveloppes-dépêches reçues ou expédiées.....	5	Chaque envel.-dép.
		de facteurs..................................	5	Chaque facteur.
		de distributions.............................	10	Chaque distribution.
	Nombre par an	de mandats de toute nature et de bons de poste reçus ou acquittés.......................	10	100 articles.
		d'objets chargés ou recommandés de toute nature déposés aux guichets ou reçus à l'arrivée....	10	100 objets.
	Contributions et revenus publics. Produit moyen des trois dernières années........................		10	100 francs.
	Nombre par an	d'effets de commerce originaires de l'intérieur.	5	100 objets.
		— — — — de l'étranger.	10	100 objets.
		d'opérations d'épargne, de retraite ou d'assurance.....................................	10	100 opérations.
SERVICE TÉLÉGRAPHIQUE.	Situation télégraphique.	Centre régional (nombre de fils passant par le bureau ou y aboutissant)...	100	Chaque fil.
	Nombre de relais en service.	d'Arlincourt, Wheastone, Baudot, etc., ou translations..................	100	Chaque relais.
	Nombre d'appareils en service.	Baudot, Wheastone.................	100	Chaque appareil.
		Hughes............................	30	*idem.*
		Estienne, Morse, Cadran...........	10	*idem.*
	Coupures de fils télégraphiques........................		10	Chaque fil susceptible d'être coupé.
	Nombre de......	facteurs..........................	5	Chaque facteur.
		transmissions. de départ et d'arrivée.	10	100 transmissions.
		transmissions. de transit..........	5	100 transmissions.
SERVICE TÉLÉPHONIQUE	Nombre de.....	bureaux centraux correspondants reliés directement..................	100	Par bureau central.
		communications données............	10	100 communications.

Cadres des bureaux.

Aux termes de l'article 20 du décret du 23 avril 1883, les cadres des divers services, des directions et des bureaux sont fixés par des arrêtés ministériels, dans la limite des crédits budgétaires.

Cadres des recettes composées.

Les cadres des bureaux composés comportent, indépendamment du receveur, un ou plusieurs commis titulaires; ils peuvent comprendre, en outre, des *commis principaux*, des *surnuméraires*, des *commis auxiliaires*, des *dames employées*, des *gardiens de bureau* et des *facteurs*.

Commis titulaires et auxiliaires. Surnuméraires.

Les commis titulaires, les surnuméraires et les commis auxiliaires participent, sous la direction du receveur, à toutes les opérations du service postal et télégraphique.

Dames employées.

Les dames employées sont chargées de la manipulation des appareils dans quelques grands centres de dépôt télégraphiques et du service des stations téléphoniques; des dames employées sont occupées au classement des rebuts à la recette principale de la Seine.

Commis principaux.

Des commis principaux, ayant autorité sur les autres agents, sont attachés aux recettes les plus importantes pour coopérer, sous la direction des receveurs, à la surveillance, sans que ces attributions puissent les dispenser de participer au travail actif du bureau.

Le titre de commis principal a été créé par un arrêté ministériel du 31 mars 1855, mais la fonction existait depuis longtemps. Elle était remplie, dans les bureaux composés les plus importants, par des agents appelés *contrôleurs*, chargés de surveiller, tout en y participant, les opérations effectuées dans leur bureau, celles des bureaux correspondants, et la gestion des directeurs eux-mêmes (1).

Dans les grands bureaux, le travail peut être réparti, suivant la nature des opérations, en sections distinctes, dirigées par des commis principaux.

Chefs et sous-chefs de section.

A Paris, par exception, le personnel de la recette principale des postes, du poste central des télégraphes et du bureau télégraphique de la Bourse comprend, indépendamment des commis principaux, des *chefs* et *sous-chefs* de section.

Ainsi, la recette principale de la Seine est divisée en quatre sections : la section du *départ et de la banlieue*, celle de l'*arrivée et de la distribution*, celle du *transbordement*, celle de la *caisse et des affranchissements*. Chacune de ces sections est subdivisée en sous-sections dirigées par des sous-chefs.

Gardiens de bureau.

Les gardiens de bureau sont chargés du service de peine, du relevage des boîtes aux lettres, du timbrage des correspondances, du transbordement et au besoin du transport des dépêches.

Facteurs.

Les facteurs forment la classe la plus nombreuse des sous-agents. Ils sont spécialement chargés de la distribution des correspondances à domicile; mais ils peuvent aussi être appelés à participer au service intérieur

(1) Une instruction du 20 août 1757 (Voir *les Postes françaises*, d'A. Belloc, p. 192) avait déterminé leurs attributions. Les contrôleurs, dénommés sous-inspecteurs par l'arrêté ministériel du 24 mars 1827, reprirent en vertu de l'arrêté ministériel du 31 mars 1855 (*Circulaire* n° 34) leur titre primitif qu'ils échangèrent en 1864 contre celui de commis principal.

des bureaux, au relevage des boîtes, au timbrage des correspondances et même au transport des dépêches.

Les facteurs se divisent en deux grandes catégories : les *facteurs des postes* et les *facteurs des télégraphes.*

La première catégorie comprend les facteurs *de ville,* les facteurs *locaux* et les facteurs *ruraux.*

Les facteurs *de ville* sont chargés du relevage des boîtes et de la distribution des correspondances dans les villes sièges de bureaux composés. Au chef-lieu du département et dans les bureaux ayant un personnel d'au moins cinq facteurs de ville, l'un d'eux a le titre de *facteur chef.* Il y a, en outre, dans les recettes composées comptant au moins dix facteurs de ville, des *sous-chefs* en nombre égal à celui des chefs facteurs, [*Décision ministérielle du* 26 *avril* 1880] (1).

Les chefs et les sous-chefs facteurs participent au service de la distribution à domicile, et exercent en même temps une surveillance sur les autres facteurs.

Les facteurs *locaux* desservent les communes sièges de bureaux simples.

Les facteurs *ruraux* recueillent et distribuent les correspondances dans les communes rurales, c'est-à-dire dans celles où il n'existe ni recette de poste ni établissement de facteur-boîtier.

Le personnel des facteurs du télégraphe comprend des facteurs *adultes* qui sont commissionnés, et des *jeunes facteurs* qui sont auxiliaires. Les uns et les autres sont chargés, sous la surveillance de chefs facteurs, de la distribution des télégrammes à domicile.

Les facteurs adultes peuvent être appelés, dans l'intervalle de leurs tournées, à participer à la recherche des dérangements sur les lignes.

Certains facteurs des télégraphes, employés au service des grands bureaux, reçoivent des dénominations particulières en rapport avec leurs attributions spéciales : on appelle *boulistes* ceux chargés de la transmission des dépêches des guichets aux appareils; *pilistes,* ceux chargés de l'entretien des piles; *tubistes,* ceux affectés au service des tubes pneumatiques.

Cadres des recettes simples.

Dans les bureaux simples, le receveur assure le service par lui-même ou avec le concours d'*aides* qui opèrent pour son compte et sous sa responsabilité personnelle. Les aides sont choisis et rétribués par le receveur et agréés par le directeur départemental. Des indemnités pour frais d'aide sont allouées, sous forme d'abonnement, à certains bureaux simples.

Lorsque le titulaire ne peut se procurer les aides nécessaires au moyen de l'allocation qui lui est attribuée, l'administration peut, à titre exceptionnel, lui adjoindre des commis auxiliaires qu'elle rétribue directement (2).

Bureaux à service restreint. Distributions.

Il y avait autrefois en France et en Algérie un grand nombre de bureaux secondaires appelés *distributions.* Les distributeurs avaient les

(1) *Bull. mens.* n° 25, mai 1880, p. 401.
(2) *Bull. mens.* n° 21, janv. 1880, instr. n° 88, p. 4.

mêmes attributions que les receveurs dont ils relevaient; mais ils n'étaient pas comptables; ils ne pouvaient émettre ou payer que des mandats de poste français ne dépassant pas la somme de 50 francs.

Les 1,235 distributions de poste existant en France ont été converties en recettes par mesure générale, à partir du 1er janvier 1874 (*Décision ministérielle du* 8 *juillet* 1873, approuvée par l'Assemblée nationale dans la séance du 22 décembre 1873) (1); les 30 distributions d'Algérie l'ont été, également par mesure générale, en 1882 (*Arrêté ministériel du* 14 *octobre*) (2). Aujourd'hui il n'existe plus de bureaux de distribution que dans les échelles du Levant.

Facteurs-boîtiers.

Les établissements de facteur-boîtier sont gérés par des sous-agents qui effectuent en outre la distribution à domicile. C'est un type économique d'établissement secondaire, qui suffit aux localités peu importantes, où l'on peut se contenter d'un bureau ouvert seulement à certaines heures, mais qui laisse un peu à désirer sous le rapport du contrôle, car les facteurs-boitiers sont à la fois créateurs et percepteurs de taxes.

Les facteurs-boîtiers font office de receveurs dans l'intervalle de leurs tournées; mais ils ne participent pas au service des mandats internationaux ni à celui de la Caisse d'épargne postale. Des facteurs peuvent être placés sous leurs ordres pour coopérer avec eux au service de la distribution à domicile.

Les établissements de facteur-boîtier sont appelés à être convertis en recettes lorsque l'importance de leurs opérations justifie cette mesure, et lorsque d'ailleurs la situation des crédits le permet.

Bureaux auxiliaires de poste.

Les bureaux auxiliaires n'existent que depuis le décret du 7 avril 1887.

Comme les bureaux télégraphiques municipaux, ils sont installés aux frais des communes et gérés par des agents présentés par les municipalités et agréés par l'administration. Ils effectuent directement les opérations les plus simples (affranchissement, expédition et exceptionnellement distribution des correspondances ordinaires, payement des mandats de 50 francs et au-dessous); pour les opérations plus importantes, ils servent seulement d'intermédiaires entre les habitants des communes de leur résidence et les bureaux dont ils relèvent. Ce sont de simples agences postales, analogues aux bureaux secondaires qui existent en bien plus grand nombre dans les pays étrangers (Grande-Bretagne, Allemagne, Suisse, États-Unis).

Distributions auxiliaires.

Les *distributions auxiliaires* ou *distributions-entrepôts* n'existent qu'en Algérie. C'est le type le plus élémentaire d'établissement de poste ouvert au public.

Les distributeurs auxiliaires sont choisis parmi les chefs de gare, instituteurs, etc. Leurs opérations se bornent à l'expédition des correspondances et à la distribution au guichet de leur bureau. Ils reçoivent pour toute rétribution une indemnité annuelle de 240 francs par an.

(1) *Bull. mens.* n° 57, déc. 1873, instr. n° 110, p. 415.
(2) *Bull. mens.* n° 10, oct. 1882, p. 576.

Les distributeurs, facteurs-boîtiers, gérants auxiliaires et distributeurs auxiliaires ne sont assujettis à aucun cautionnement et n'ont pas de comptabilité propre : ils rendent compte de leurs opérations aux receveurs des bureaux dont ils relèvent, et auxquels ils versent l'excédent de leurs recettes sur leurs dépenses.

Nombre des bureaux de poste existant en France et en Algérie au 31 décembre 1889.

1° FRANCE

Recettes composées	441
Recettes simples (y compris 29 recettes municipales)	6,170
Facteurs-boîtiers (de l'État)	208
Facteurs-boîtiers (municipaux)	108
Bureaux auxiliaires de poste	47
	6,974

2° ALGÉRIE

Recettes composées	25
Recettes simples	147
Facteurs-boîtiers, facteurs-boîtiers auxiliaires, distributions auxiliaires	266
	7,412

§ 3. — Service ambulant.

Définition et organisation.

Le service ambulant est chargé du transport et du tri des correspondances sur les chemins de fer, (Art. 8 du décret du 23 avril 1883).

Par la nature de ses opérations, le service ambulant se rattache à l'exploitation; il ne s'en distingue que par les conditions toutes spéciales de son fonctionnement.

Comme les grandes lignes du réseau télégraphique, les grandes artères du réseau postal suivent les voies ferrées. Elles échappent, en quelque sorte, par leur étendue, à l'action des chefs de service départementaux. De là la nécessité, pour les bureaux ambulants, d'une organisation spéciale, indépendante des circonscriptions départementales et modelée autant que possible sur celle des chemins de fer.

Au début, les bureaux ambulants avaient été placés sous la surveillance d'un inspecteur résidant à Paris au point d'attache des principales voies ferrées.

Répartition par lignes. Arrêté du conseil des postes du 30 juin 1854.

Lorsque le réseau commença à se développer, on reconnut la nécessité de fractionner la surveillance et la direction, et un arrêté du conseil des postes du 30 juin 1854, approuvé par le ministre des finances le 8 août 1854, répartit les bureaux ambulants existants ou à créer en neuf directions de ligne (Nord, Est, Centre, Sud-Ouest, Pyrénées, Lyon, Méditerranée, Ouest, Nord-Ouest), les cinq premières correspondant chacune à peu près au réseau d'une des grandes compagnies; celles de Lyon et de la Méditerranée au réseau du P.-L.-M., fractionné en deux directions à cause de son étendue; celles de l'Ouest et du Nord-Ouest au réseau de la compagnie de l'Ouest, fractionné également en deux directions à cause de sa division en deux groupes aboutissant chacun à une gare terminus distincte à Paris.

Division en huit circonscriptions.

En 1862, après la liquidation de la compagnie des chemins de fer du Grand-Central et du partage de son réseau entre les compagnies de Lyon et d'Orléans, la direction des bureaux ambulants du centre fut supprimée, et le nombre des lignes réduit à huit. Cette organisation a été maintenue par l'arrêté ministériel du 13 décembre 1864 (art. 2) et par le décret du 23 avril 1883 (art. 8).

Six lignes de bureaux ambulants ont leur siège à Paris. Ce sont :

1° La ligne du *Nord*, comprenant le réseau des chemins de fer du Nord, plus les sections de Soissons à Reims, de Reims à Givet et de Mézières à Audun-le-Roman, du réseau de l'Est;

2° La ligne de l'*Est*, correspondant au réseau des chemins de fer de l'Est, moins les sections rattachées à la ligne du Nord;

3° La ligne de *Lyon*, comprenant les voies ferrées de Paris à Lyon par la Bourgogne et le Bourbonnais, ainsi que leurs embranchements et prolongements jusqu'à Belfort, Modane et Nîmes;

4° La ligne du *Sud-Ouest*, embrassant le réseau du chemin de fer d'Orléans et une portion de celui de l'État (section de Poitiers à la Rochelle);

5° La ligne de l'*Ouest*, comprenant la partie méridionale du réseau de l'Ouest, c'est-à-dire les lignes qui aboutissent à la gare Montparnasse à Paris, et du réseau de l'État, la ligne de Paris à Bordeaux par Niort;

6° La ligne du *Nord-Ouest*, comprenant la partie septentrionale du réseau de l'Ouest, c'est-à-dire les lignes qui ont leur point d'attache à la gare Saint-Lazare à Paris.

Bordeaux est le siège de la direction des bureaux ambulants de la ligne des *Pyrénées* qui correspond au réseau du Midi;

Marseille, de la direction de la *Méditerranée*, dont l'action s'étend aux lignes de Marseille à Lyon, de Marseille à Vintimille et de Tarascon à Cette.

Directeurs des bureaux ambulants.

A la tête de chaque ligne de bureaux ambulants est placé un directeur, assisté d'inspecteurs, de sous-inspecteurs et de commis (Art. 9 du décret du 23 avril 1883). Cependant, la ligne de l'Ouest et celle du Nord-Ouest sont, depuis 1884, réunies sous l'autorité d'un directeur unique.

Les directeurs des bureaux ambulants exercent, en ce qui concerne leur service spécial, les mêmes attributions que les directeurs départementaux, à cette exception près qu'ils ne sont pas ordonnateurs secondaires des dépenses.

Inspecteurs et sous-inspecteurs

Lors de la création des directions de lignes, on avait maintenu en fonctions à Paris deux inspecteurs spéciaux chargés de la surveillance des bureaux ambulants. Ces emplois furent supprimés en exécution de l'arrêté ministériel du 13 décembre 1864, qui adjoignit un contrôleur à chaque ligne de bureaux ambulants.

Aujourd'hui, chaque directeur a près de lui un ou deux inspecteurs ou sous-inspecteurs, suivant l'importance de la ligne.

Sections de ligne.

Chaque ligne de bureaux ambulants est divisée en *sections* de ligne; chaque section porte en général les noms des deux points extrêmes de la voie ferrée à laquelle elle correspond. Exemple : *Paris à Calais*, *Lyon à Marseille*, etc.

Le service dans chaque section est assuré par un ou plusieurs *bureaux ambulants* également désignés en général, par les noms des points extrêmes de la section qu'ils parcourent : Exemple : *Paris à Calais*, *Calais à Paris*.

Lorsqu'une même section est desservie plusieurs fois par jour, les bureaux ambulants de cette section sont distingués entre eux par l'addition des nos 1°, 2°, 3°, suivant l'ordre de leur départ.

Brigades.

Le service est effectué à tour de rôle, dans chaque section, par des brigades d'agents, désignées chacune par une lettre de l'alphabet.

Le cadre de chaque brigade comporte, indépendamment d'un chef, des commis ambulants ou des commis auxiliaires (anciens agents trieurs) et des gardiens de bureau en nombre variable suivant les besoins du service. Des commis principaux sont attachés aux brigades les plus importantes. Certaines brigades sont dirigées par des commis principaux.

Commis sédentaires.

Des commis et des agents trieurs sédentaires, dans chaque ligne, coopèrent aux travaux de la direction, participent au tri des correspondances en gare, remplacent en cas d'empêchement les commis et agents trieurs ambulants et peuvent être détachés accidentellement en renfort sur les brigades lorsque les besoins du service l'exigent.

Chargeurs et brigadiers-chargeurs.

Des *chargeurs* et des *brigadiers-chargeurs* sont attachés aux gares de Paris, de Bordeaux, de Lyon et de Marseille, ainsi qu'à la recette principale de la Seine.

Les chargeurs sont des hommes de peine employés au transbordement des dépêches; ils remplacent, en cas d'empêchement, les gardiens de bureau ambulants.

Les brigadiers-chargeurs dirigent les opérations des chargeurs, pointent les dépêches au départ et à l'arrivée des courriers, et exercent une surveillance sur les cochers des voitures affectées au transport des dépêches ainsi que sur les ouvriers d'équipe employés dans les gares à la manœuvre des vagons-postes.

Sous-agents du matériel.

Enfin des *sous-agents du matériel* sont préposés, dans chaque direction de ligne, à la garde, à l'entretien et à la distribution d'une partie des objets de matériel des bureaux ambulants.

Courriers convoyeurs et auxiliaires.

Les *courriers-convoyeurs*, créés par l'arrêté ministériel du 8 août 1854 (art. 31), et les *courriers auxiliaires* étaient chargés uniquement, à l'origine, de l'escorte des dépêches dans les trains de chemins de fer qui n'attellent pas de bureaux ambulants.

Aujourd'hui, ils joignent à cette attribution le tri des correspondances ordinaires en cours de route, et font office de petits bureaux ambulants. Ils sont soumis à l'autorité des receveurs des bureaux situés aux points extrêmes de leur parcours, et à la surveillance des directeurs et inspecteurs des départements qu'ils traversent; sous le rapport disciplinaire, ils relèvent de la direction du département où ils ont leur résidence.

On rattache au service ambulant les *bureaux-gares* et les *entrepôts* de dépêches.

Bureaux-gares.

Les *bureaux-gares* sont des services de manipulation qui fonctionnent dans les bâtiments des stations de chemins de fer les plus importantes, aux points de bifurcation. Ils opèrent le tri et la réexpédition des correspondances dans l'intervalle des arrivées et des départs de trains. Comme les bureaux ambulants, ils ne sont chargés d'effectuer aucune recette.

Le service de ces bureaux est assuré par un personnel détaché du bureau principal de la localité où ils sont établis : ils fonctionnent sous l'autorité et la responsabilité du receveur de ce bureau.

Entrepôts.

Les entrepôts de dépêches sont aux bureaux-gares ce que sont les courriers convoyeurs aux bureaux ambulants.

Des sous-agents commissionnés, appelés *entreposeurs*, sont préposés au service de ces établissements de poste; des sous-agents auxiliaires, appelés *gardiens d'entrepôt*, remplissent les mêmes fonctions dans les gares les moins importantes.

Leurs opérations consistent dans le transbordement, la garde et la répartition des dépêches échangées entre les courriers de la voie de terre et ceux de la voie de fer.

Ils peuvent aussi être chargés du tri des correspondances recueillies dans les boîtes mobiles.

Des chargeurs leur sont adjoints dans les gares importantes.

Les entreposeurs et les gardiens d'entrepôt sont placés sous l'autorité du receveur du bureau qui dessert la gare à laquelle ils sont attachés, et soumis à la double surveillance du contrôle sédentaire et ambulant.

§ 4°. — Service maritime.

Son objet.

Le service maritime a pour objet le transport des correspondances échangées avec les pays d'outre-mer.

Ce transport est effectué au moyen des paquebots subventionnés par l'Etat ou des bâtiments libres du commerce.

Agents embarqués.

Les dépêches sont confiées soit aux capitaines des navires, soit à des *agents* des postes *embarqués* qui font en route la manipulation des correspondances, vendent des timbres-poste et participent dans une mesure restreinte à l'émission et au payement des articles d'argent.

Commissaire du gouvernement et délégués de ces commissaires.

Le service maritime est sous la surveillance des commissaires du gouvernement et de leurs délégués dans les ports d'attache ou d'escale des paquebots-poste, et des agents embarqués en cours de navigation.

Des commissions de surveillance sont instituées dans les ports d'attache ; des commissions techniques procèdent à la recette et aux essais du matériel naval affecté au service postal, (*Art.* 10 *du décret du* 23 *avril* 1883).

Les commissaires du gouvernement et leurs délégués surveillant l'exécution des clauses du cahier des charges des compagnies maritimes subventionnées. Ils requièrent l'embarquement des passagers de l'État à bord des paquebots-poste.

Les commissaires du gouvernement sont chefs de service; ils ont autorité sur le personnel des agents embarqués.

Indépendamment de leur service extérieur, les agents embarqués participent, à tour de rôle, aux travaux sédentaires du commissariat, en attendant leur tour d'embarquement.

Les fonctions de commissaire du gouvernement, dans les ports de France, étaient autrefois confiées, à l'exclusion de toutes autres, à des agents spéciaux. Depuis le 1er janvier 1873, elles sont exercées, cumulativement avec leurs attributions normales, par les directeurs départementaux ou receveurs des postes et des télégraphes en résidence dans les ports d'attache des lignes de paquebots, savoir :

A Calais, au Havre, à Cherbourg, à Saint-Nazaire, par les receveurs ;

A Bordeaux, à Marseille, à Alger, à Oran, par les directeurs.

Hors de France, les fonctions de commissaire du gouvernement sont remplies :

A New-York, par le consul général de France ;

A Tanger, par le ministre de France ;

A Libreville, par le directeur de l'intérieur de la colonie du Gabon ;

A Tunis, par le directeur des postes et des télégraphes de l'office tunisien ;

A Shang-Haï, par le receveur des postes françaises.

Les fonctions de délégués des commissaires du gouvernement sont exercées par les receveurs des bureaux de poste situés dans les ports d'attache des lignes secondaires et les ports d'escale en France et en Algérie.

Bureaux français à l'étranger.

Les bureaux français à l'étranger sont, en quelque sorte, le complément de nos lignes de paquebots-poste. Ils ont été créés, au fur et à mesure de l'établissement de ces lignes, dans les ports d'escale étrangers où n'existait pas de service postal régulièrement organisé. Quelques-uns de ces bureaux ont été supprimés; d'autres ont été créés récemment. Aujourd'hui la France entretient des recettes des postes à Constantinople, Salonique, Smyrne, Beyrouth, Alexandrie, Tanger, Shang-Haï, Zanzibar; des distributions à la Cavalle, Lagos, Dédéagh (relevant de la recette de Salonique); aux Dardanelles, à Samsoun, Kérassunde, Trébizonde (relevant de Constantinople); à Mersina, Alexandrette, Lataquié, Tripoli de Syrie, Jaffa (relevant de Beyrouth); à Tripoli de Barbarie (relevant de Marseille); à Tien-Tsin (relevant de Shang-Haï).

Leurs attributions.

Les recettes des postes à l'étranger ont, à peu de chose près, les mêmes attributions que les bureaux de poste de plein exercice en France. Toutefois la plupart d'entre elles n'assurent pas la distribution des correspondances à domicile; celle de Shang-Haï ne participe pas au service des mandats internationaux. Les receveurs des bureaux français à l'étranger sont justiciables directs de la Cour des comptes.

Des commis principaux et des commis sont placés par l'administration dans les bureaux de Constantinople, de Salonique, de Smyrne, de Beyrouth et d'Alexandrie; des auxiliaires (aides interprètes, sous-agents indigènes, cavas), recrutés par les receveurs au moyen de l'indemnité de frais d'aide qui leur est allouée, complètent le personnel des bureaux français à l'étranger.

Les distributeurs à l'étranger sont recrutés parmi les chanceliers des consulats, les agents des Messageries maritimes et les résidents français. Ils n'ont pas de traitement, mais seulement une rétribution fixe au moyen de laquelle ils font face à toutes les dépenses du service postal. Les distributeurs des Dardanelles, de Jaffa, Mersina, Samsoun, Trébizonde, Tripoli de Syrie et Tripoli de Barbarie peuvent émettre et payer des mandats de poste jusqu'à concurrence de 50 francs; celui de Port-Saïd peut en émettre jusqu'à concurrence de 500 et en payer jusqu'à concurrence de 50; les autres distributeurs ne participent pas au service des articles d'argent.

Jusqu'en 1884, les bureaux français à l'étranger relevaient de la direction des Bouches-du-Rhône. Direction du service et surveillance.

Aujourd'hui, les receveurs de ces bureaux correspondent directement avec l'administration centrale pour toutes les affaires relatives à l'organisation, à la surveillance et à l'exécution du service; ils relèvent de la direction de la Seine pour l'ordonnancement et la comptabilité (*Décision ministérielle du* 17 *mai* 1884).

§ 5°. — Services spéciaux.

D'après l'article 1er du décret du 23 avril 1883, les services spéciaux comprennent : Énumération de ces services.

La *télégraphie sous-marine;*

La *réception et la vérification du matériel;*

Les *services des timbres-poste;*

L'*école supérieure de télégraphie;*

L'*inspection générale du contrôle.*

La télégraphie sous-marine, la réception et la vérification du matériel, les timbres-poste sont en réalité des services techniques; nous n'avons à nous en occuper ici qu'au point de vue de l'organisation. De même pour l'école supérieure dont nous reparlerons plus loin à propos de l'enseignement et du recrutement.

Le service de la télégraphie sous-marine a pour objet la réception, la pose et l'entretien des câbles sous-marins appartenant à l'État. Télégraphie sous-marine.

L'usine de la Seyne, près Toulon, chargée de la fabrication et de la réparation des câbles, est rattachée à ce service (Art. 13 du décret du 23 avril 1883).

Le personnel de la télégraphie sous-marine comprend 1 ingénieur chef du service, 1 sous-ingénieur, 1 chef mécanicien, 1 commis principal, 3 commis ordinaires et des ouvriers commissionnés.

Réception et vérification du matériel.

Le service de la vérification du matériel a dans ses attributions la réception des fournitures générales de matériel; il procède aux essais nécessaires, et surveille, s'il y a lieu, dans les usines, les travaux de construction et d'entretien effectués pour le compte de l'administration par les fournisseurs. Le dépôt central du matériel et les ateliers du service télégraphique y sont également rattachés (Art. 14 du décret du 23 avril 1890).

Ce service est ainsi divisé en trois sections : la vérification du matériel, le dépôt central, les ateliers ; ces trois sections sont sous l'autorité de l'ingénieur chef du service, qui dirige personnellement la vérification. Deux ingénieurs lui sont adjoints, l'un pour le contrôle du matériel télégraphique, l'autre pour le contrôle du matériel postal ; 4 contrôleurs, des commis principaux, des commis, des mécaniciens et des surveillants participent au contrôle du matériel et à la vérification des mémoires des fournisseurs.

Lorsque les objets de matériel postal et télégraphique ont été reçus par le service de la vérification, ils sont pris en charge au dépôt central (à l'exception du matériel roulant ainsi que du matériel encombrant; par exemple, les poteaux qui sont envoyés directement aux dépôts régionaux) par un agent comptable en matières, du grade de chef de section, assujetti à un cautionnement, et qui approvisionne les bureaux. Cet agent a sous ses ordres un nombreux personnel de commis principaux, de commis, d'écrivains auxiliaires, de sous-agents et d'hommes de peine. Le dépôt central comprend actuellement deux dépôts distincts : l'un pour le matériel postal, l'habillement et les imprimés, annexé à la recette principale de la Seine; l'autre pour le matériel télégraphique, annexé aux ateliers.

Les ateliers sont chargés de la réparation du matériel télégraphique, de la fabrication des appareils types pour les adjudications et des appareils employés en nombre restreint, enfin de la réparation et de l'entretien des objets de matériel postal à l'usage de la recette principale de la Seine et des bureaux ambulants (sacs à dépêches, boîtes et portefeuilles des facteurs, etc.); ils sont dirigés par un ingénieur assisté de 2 contrôleurs, de 2 commis principaux, 1 commis comptable, 1 dessinateur, 5 mécaniciens, 79 ouvriers mécaniciens et 15 journaliers.

Service des timbres-postes.

Le service des timbres-poste, aujourd'hui rattaché à la vérification du matériel (1), est chargé de la fabrication des figurines d'affranchissement : timbres-poste, cartes postales, enveloppes et bandes timbrées, cartes-télégrammes, cartes-lettres, chiffres-taxes, mandats et bons de poste, timbres-épargne, et en général de tous les papiers de valeur en usage dans le service postal et télégraphique.

(1) *Bull. mens.* n° 8, août 1890, p. 816 (*Arrêté* du 26 juillet 1890).

Depuis le décret du 3 février 1885, ce service est subdivisé en deux sections, l'atelier et l'agence comptable, placées toutes deux sous la direction d'un ingénieur.

Un chef d'atelier ayant le traitement de contrôleur dirige la fabrication, recrute le personnel ouvrier dont l'effectif se compose de 1 contremaître, 136 ouvriers et 43 ouvrières. La durée du travail est de 10 heures par jour; le taux du salaire varie suivant l'habileté de chaque ouvrier.

Un agent comptable, du grade de chef de section, assujetti à un cautionnement et justiciable de la Cour des comptes, remplit les fonctions de garde-magasin central. Il a la responsabilité des papiers fiduciaires et des dépenses de la fabrication. Il est agent d'économie pour les menues dépenses et pour le salaire des ouvriers; il tient une comptabilité-deniers et une comptabilité-matières. Il livre au chef d'atelier les matières premières et reçoit de lui les produits fabriqués; il approvisionne les bureaux par l'intermédiaire des receveurs principaux. Sous ses ordres, un commis principal surveille la réception et l'emmagasinage des valeurs fabriquées; un autre commis principal dirige le travail des expéditions. Des femmes payées à la journée sont employées aux écritures, au comptage et au contrôle des feuilles reçues de l'atelier.

École professionnelle supérieure.

L'École supérieure de télégraphie, instituée par un arrêté du sous-secrétaire d'État des finances du 25 juin 1878, a été transformée par le décret du 29 mars 1888 en *école professionnelle supérieure des postes et des télégraphes*. Le personnel administratif de l'école se compose d'un directeur, d'un ingénieur adjoint au directeur, d'un contrôleur, d'un commis principal, de deux commis, deux mécaniciens et quatre gardiens de bureau.

Inspection générale.

De tout temps on a reconnu la nécessité d'organiser un contrôle supérieur s'exerçant en dehors des chefs de service départementaux et sur ces chefs de service eux-mêmes.

Son utilité.

On a pu craindre, en effet, que les directeurs départementaux, devenus presque sédentaires au chef-lieu de leur département, absorbés par les mille détails du service quotidien, ne soient pas toujours en mesure de consacrer le temps nécessaire aux études d'organisation et à la recherche des améliorations; ou bien que, dominés par les influences locales, ils ne soient exposés à perdre de vue l'intérêt général. Il y a des questions qui intéressent plusieurs services ou plusieurs départements, et dont la solution exige la présence d'une autorité supérieure et impartiale. Enfin les chefs de service eux-mêmes ont besoin parfois d'être contrôlés. Pour ces divers motifs, l'administration peut avoir besoin de recourir à d'autres sources d'information que celles que lui fournissent habituellement les rapports des directeurs; il est utile qu'elle puisse contrôler pour ainsi dire *de visu* le fonctionnement de l'exploitation et la manière dont les chefs de service s'acquittent de leur mission; de là la raison d'être de ces corps d'inspecteurs spéciaux, sorte de *missi dominici* ne relevant que de l'autorité supérieure, que l'on rencontre dans tous les services publics.

Avant la fusion, un contrôle supérieur était exercé, dans les télégraphes, par les inspecteurs généraux et les directeurs de région ; dans la poste, par l'inspection des finances. Il y avait même eu dans la poste, de 1864 à 1870, des *inspecteurs divisionnaires*, au nombre de 6, chargés de l'étude des mesures d'organisation et de la surveillance générale du service dans des circonscriptions embrassant plusieurs départements. On avait pensé que ces inspecteurs, plus mobiles (1), plus dégagés de toute attache locale que les directeurs départementaux, pourraient consacrer plus de temps au perfectionnement de l'organisation postale, et que d'autre part ils seraient à même d'éclairer l'administration d'une manière plus directe, plus détaillée, plus prompte et plus utile que les inspecteurs des finances, n'exerçant qu'un contrôle intermittent et embrassant dans leurs investigations tous les services financiers.

Cet essai n'avait pas réussi. Les inspecteurs divisionnaires, résidant dans leurs circonscriptions, étaient trop indépendants, échappaient trop facilement à l'action de l'administration.

Arrêtés ministériels du 28 avril 1878 et du 30 janvier 1879.

Après la fusion, M. Cochery avait institué, par ses arrêtés en date des 28 avril 1878 et 30 janvier 1879 (2), un service de haute surveillance, dénommé *service du contrôle*, confié à des inspecteurs résidant à Paris, et placé ainsi sous sa main. Les inspecteurs du contrôle étaient chargés de renseigner en tout temps le chef de l'administration sur l'état du service et l'exécution des règlements. Faire des tournées, vérifier les directions aussi bien que les bureaux sédentaires et ambulants, suppléer à l'insuffisance et aux lacunes du contrôle local, remplir des missions spéciales dans les cas graves, procéder sur place à l'étude des questions intéressant plusieurs services, signaler enfin toutes les améliorations qui leur paraissaient devoir être apportées dans la marche de l'exploitation : telle était la mission de ces inspecteurs.

Après la création du ministère des postes et des télégraphes, les vérifications de l'inspection des finances ayant été restreintes à la comptabilité du service postal et télégraphique, on renforça le service du contrôle. Le nombre des inspecteurs fut porté jusqu'à dix; un inspecteur général fut chargé de diriger leurs investigations, de centraliser toutes les réclamations du public et les renseignements relatifs aux irrégularités de toute nature; à cet effet, le bureau des réclamations, à l'administration centrale, fut placé sous ses ordres en 1881. L'inspecteur général recevait chaque semaine des directeurs départementaux le relevé des retards qui s'étaient produits dans la transmission des télégrammes (3) et celui des irrégularités constatées dans l'exécution du service postal. Après chaque vérification de bureau, on lui adressait un compte rendu sommaire du résultat de cette vérification, avec une appréciation très brève sur la situation du service vérifié (4).

Cette centralisation avait pour but de faire concourir les défectuosités du service et les plaintes mêmes du public au perfectionnement de l'orga-

(1) Ils devaient consacrer quinze à vingt jours par mois à faire des tournées.
(2) *Bull. mens.* n° 12, avril 1879, p. 238.
(3) Circulaire du 2 juin 1880. *Bull. mens.* n° 20, 3e supp., déc. 1879, p. 108 et s.
(4) *Bull. mens.* n° 22, fév. 1880, instr. n° 95, p. 58.

nisation postale et télégraphique. L'administration, rapidement informée, était à même d'aviser sans retard toutes les fois que le service paraissait faiblir sur un point déterminé.

Lorsque le décret du 20 mars 1886 eut supprimé les directeurs-ingénieurs et transféré leurs attributions aux directeurs départementaux, on reconnut l'utilité de constituer, sous le nom de *comité des travaux*, un organe de liaison, destiné à maintenir dans le service technique l'unité de méthode et d'exécution, de coordonner toutes les opérations relatives à la construction, à l'entretien et à la surveillance des lignes interdépartementales et internationales, enfin d'exercer une haute et constante intervention dans les études techniques. Ce comité, siégeant à Paris, fut composé, à l'origine, de six inspecteurs principaux chargés spécialement, sous la direction de l'inspecteur général, des études relatives à l'organisation du réseau télégraphique ; les autres inspecteurs du contrôle se partageaient la surveillance de l'exploitation.

Réorganisation de l'inspection générale. Décret du 5 juillet 1890.

Par un décret du 5 juillet 1890 (1), le service de l'inspection générale a été réorganisé. La France a été divisée en quatre circonscriptions d'inspection.

Circonscriptions d'inspection.

La première comprend Paris et le réseau télégraphique qui emprunte les voies ferrées de l'Ouest, ainsi que les lignes des bureaux ambulants du Nord-Ouest, de l'Ouest et la section de Nantes à Quimper ; elle embrasse les départements de la Seine, de Seine-et-Oise, de Seine-et-Marne, Seine-Inférieure, Eure, Eure-et-Loir, Calvados, Manche, Orne, Sarthe, Mayenne, Ille-et-Vilaine, Côtes-du-Nord, Finistère, Morbihan, Loire-Inférieure, Maine-et-Loire.

La seconde circonscription comprend les lignes télégraphiques des réseaux du Nord et de l'Est, les lignes des bureaux ambulants de ces mêmes réseaux, et les départements du Nord, du Pas-de-Calais, del a Somme, de l'Aisne, de l'Oise, des Ardennes, de la Marne, de l'Aube, de la Meuse, de la Haute-Marne, de la Haute-Saône, des Vosges, de Meurthe-et-Moselle et le territoire de Belfort.

La troisième circonscription comprend les lignes télégraphiques du réseau P.-L.-M. et de l'Algérie, les lignes desbureaux ambulants de Lyon et de la Méditerranée, et les départements de l'Yonne, de la Côte-d'Or, du Jura, du Doubs, de Saône-et-Loire, de l'Ain, de la Savoie, de la Haute-Savoie, de la Nièvre, de l'Allier, du Rhône, de la Loire, du Puy-de-Dôme, de l'Isère, de la Drôme, de Vaucluse, des Bouches-du-Rhône, des Hautes-Alpes, des Basses-Alpes, du Var, des Alpes-Maritimes, de la Haute-Loire, de l'Ardèche, du Gard, de l'Hérault, de la Corse, d'Alger, de Constantine et d'Oran.

La quatrième circonscription comprend les lignes télégraphiques des réseaux d'Orléans, de l'Etat et du Midi; les lignes des bureaux ambulants du Sud-Ouest et des Pyrénées, ainsi que les départements des Deux-Sèvres, de la Vendée, de la Charente-Inférieure, du Cher, de l'Indre, de

(1) *Bull. mens.* n° 6, 2° supp., juin 1890, p. 733 et s.

la Creuse, de la Haute-Vienne, de la Corrèze, de Tarn-et-Garonne, de la Haute-Garonne, de l'Ariège, du Cantal, du Lot, de l'Aveyron, de la Lozère, du Tarn, de l'Aude, des Pyrénées-Orientales, du Loiret, de Loir-et-Cher, d'Indre-et-Loire, de la Vienne, de la Charente, de la Dordogne, de la Gironde, de Lot-et-Garonne, des Landes, du Gers, des Hautes et des Basses-Pyrénées.

A la tête de chaque circonscription d'inspection est placé un inspecteur général, doublé d'un inspecteur adjoint. L'inspecteur général de la circonscription comprenant la région de Paris est exceptionnellement assisté d'un deuxième adjoint.

Attributions de l'inspection générale.

Les inspecteurs généraux sont chargés, chacun dans leur circonscription :

De l'examen et de la coordination des projets relatifs à l'établissement et à l'entretien des lignes télégraphiques et téléphoniques interdépartementales, des réseaux téléphoniques et des bureaux télégraphiques centres de dépôt; ils surveillent l'exécution des travaux ;

Du contrôle des transmissions télégraphiques et téléphoniques ;

De la surveillance des directions départementales et de toutes les opérations postales exécutées par les services départementaux, les bureaux de poste ambulants et les services maritimes ; en général de toutes les parties du service (personnel et matériel) ;

Ils instruisent toutes les affaires qui leur sont envoyées par l'administration centrale et font à celle-ci telles propositions de réformes, réorganisation ou autres qu'ils croient utiles (art. 4 du décret du 5 juillet 1890).

Les inspecteurs adjoints secondent les inspecteurs généraux dans l'exécution des différentes parties de leur service (art. 6).

Rapports de l'inspection générale avec les chefs de service.

Les inspecteurs généraux sont les représentants directs du directeur général; leur droit de contrôle et de surveillance s'étend sur toutes les parties du service sans restriction et sur le personnel à tous les degrés. Ils n'ont pas d'ordres à donner aux directeurs départementaux ; mais ceux-ci doivent leur fournir, ainsi qu'à leurs adjoints, tous les renseignements et moyens d'information qui leur sont nécessaires.

Dès que le directeur est informé de la présence de l'inspecteur général dans son département, il est tenu de se mettre d'urgence en rapport avec lui (*Circulaire de juillet* 1890).

§ 6. — Inspection générale des finances.

Vérification du service des postes et des télégraphes par l'inspection des finances.

Avant la fusion, l'administration des postes, comme celle des télégraphes, était soumise aux vérifications de l'inspection des finances. Mais dans la poste, ces vérifications s'étendaient à toutes les parties du service, tandis que, dans le télégraphe, elles étaient restreintes aux caisses et à la comptabilité (*Loi du 6 décembre* 1873).

Après la création d'un ministère spécial pour les postes et les télégraphes, la même restriction s'appliqua également au service postal. Le ministère supprimé, les postes et les télégraphes, rattachés au département des finances, furent soumis par le décret du 15 juin 1887 aux mêmes règles de contrôle politique, administratif et financier que les régies financières : la compétence de l'inspection des finances s'étendit dès à lors l'organisation aussi bien qu'à la comptabilité des deux services. Cette situation a été maintenue après que les postes et les télégraphes ont cessé de relever des finances (1).

Recrutement des inspecteurs des finances.

L'inspection des finances est chargée de vérifier les caisses des comptables des administrations et établissements publics, de provoquer ou de prendre, en cas de déficit constaté ou d'infraction aux règlements des finances, les mesures indiquées par les circonstances, enfin de proposer à l'administration supérieure les simplifications, les améliorations et les réformes dont le service est susceptible.

Elle est recrutée, au concours, parmi les licenciés en droit, les élèves de l'Ecole polytechnique sortis admissibles dans les services de l'Etat, les agents des administrations financières et les auditeurs de 2e classe au Conseil d'Etat et à la Cour des comptes (*Décret du* 19 *janvier* 1885).

Cadres.

Les cadres de l'inspection générale des finances comprennent 13 inspecteurs généraux, 56 inspecteurs divisés en 4 classes et 14 inspecteurs adjoints (*Décret du* 19 *janvier* 1885).

Tournées d'inspection.

La France est divisée, pour les tournées de l'inspection des finances, en onze circonscriptions. A la tête de chaque circonscription est placé, pour trois ans, un inspecteur général. Celui-ci règle l'itinéraire des tournées et détermine les services qui doivent être contrôlés. Il dirige lui-même les vérifications. Sous ses ordres, un inspecteur de 1re ou de 2e classe contrôle les chefs des services financiers dans les départements, deux inspecteurs de différentes classes et un inspecteur adjoint vérifient les autres agents. Les tournées ordinaires durent six mois, de mai à novembre.

Dès que l'inspecteur général est arrivé dans un département, le directeur des postes et des télégraphes doit se mettre en rapport avec cet agent supérieur ; il ne peut quitter sa résidence sans s'être entendu avec lui.

Rapports de vérification.

Les vérifications de l'inspection des finances font l'objet de rapports établis sur six colonnes : la première contient les observations critiques de l'inspecteur ; la seconde est destinée à recevoir les réponses de l'agent vérifié ; la troisième, les nouvelles observations de l'inspecteur ; la quatrième, les observations du chef de service ; la cinquième, celle de l'inspecteur général ; la sixième est réservée à l'administration centrale dont relève l'agent vérifié.

Les rapports sont d'abord communiqués aux agents intéressés, puis transmis au chef de service, qui y consigne ses observations et les remet à l'inspecteur général.

L'inspecteur général, à son tour, comprend et refond, dans un rapport d'ensemble, pour chaque département, les observations critiques conte-

(1) Voir aussi l'Instruction n° 378 ; *Bull. mens.* n° 1, janvier 1889, p. 10.

nues dans les rapports particuliers des inspecteurs. Il formule son jugement sur le travail d'un service, propose les mesures qu'il juge utile de prendre, signale les réformes à réaliser ; il y joint des notes sur le personnel. A l'issue de la tournée, il adresse ses rapports et ceux de ses collaborateurs au ministre des finances, sous le timbre du bureau de l'inspection générale.

Dans l'intervalle des tournées régulières et périodiques de vérification, les inspecteurs des finances restent à la disposition du ministre et peuvent être envoyés en mission particulière pour élucider sur place certaines questions qui réclament une solution urgente, ou certaines comptabilités dont la situation a besoin d'être éclaircie à bref délai.

§ 7. — Commission consultative des postes et des télégraphes.

Des comités permanents ou des commissions consultatives sont chargés, dans la plupart des grands services publics, de l'étude des perfectionnements techniques ou administratifs soumis à leur examen.

Une commission de cette nature avait été instituée pour le service technique des télégraphes, sous le nom de *comité des travaux*, par le décret du 20 mars 1886 ; une autre commission avait été créée, pour l'exploitation postale et télégraphique, par un arrêté du directeur général en date du 1er octobre 1887 (1).

Un décret du 27 septembre 1889 (2) a fondu ces deux commissions en une seule, sous le nom de *commission consultative des postes et des télégraphes*.

Attributions de la commission consultative.

Cette commission est chargée de donner son avis sur toutes les propositions, inventions et perfectionnements intéressant le service postal et télégraphique qui sont renvoyés à son examen.

Composition.

Elle est divisée en trois sections : matériel et construction, — exploitation postale — exploitation électrique ; les sections peuvent délibérer ensemble ou séparément.

La commission est présidée par le ministre ; en son absence, par le directeur général ; chaque section délibérant séparément, par le membre le plus ancien de grade. Un secrétaire général, qui centralise tous les travaux de la commission, prend part aux délibérations. Il est assisté de secrétaires adjoints, qui n'ont que voix consultative.

Le nombre des membres de la commission ne peut être supérieur à trente, non compris le président, le vice-président et le secrétaire général. Tous sont nommés par le ministre. Les secrétaires adjoints sont nommés par le directeur général. Ils se renouvellent par tiers chaque année ; les secrétaires sortants sont désignés par le sort.

Comités techniques.

Un arrêté du ministre du commerce en date du 13 janvier 1891 a créé,

(1) *Bull. mens.* n° 9, supp., sept. 1887, p. 295.
(2) *Bull. mens.* n° 9, sept. 1889, p. 546.

en dehors de la commission consultative, un comité technique électrique et un comité technique postal, chargés tous deux de donner leur avis sur les questions qui leur sont renvoyées par le directeur général.

Les deux comités fonctionnent séparément, sous la direction d'un président, assisté d'un secrétaire; ils peuvent, pour les affaires connexes, être convoqués ensemble, sous la présidence du directeur général, ou, en son absence, du membre le plus élevé en grade et le plus ancien dans son grade.

Les inspecteurs généraux et leurs adjoints ont la faculté d'assister aux séances.

Les divisions de l'administration centrale transmettent directement aux présidents des comités les affaires qui intéressent chaque comité.

Les questions qui nécessitent la réunion des deux comités sont adressées au chef du personnel, qui remplit les fonctions de secrétaire général dans les séances plénières.

Les affaires soumises aux comités sont réparties par les soins des présidents et du secrétaire général entre des secrétaires adjoints à chaque comité, chargés de préparer un exposé des questions.

CHAPITRE III

CONSTITUTION DU PERSONNEL. — RECRUTEMENT

§ 1°. — Dispositions générales.

Le recrutement du personnel administratif a une grande importance, car tant vaut le personnel, tant vaut le service.

Base du recrutement : le concours.

Les règles adoptées pour le recrutement dans l'administration des postes et des télégraphes ont été de tout temps approuvées ; elles reposent sur la base du concours, sauf pour quelques emplois de sous-agent. C'est le plus sûr moyen d'assurer à l'administration un bon recrutement, tout en la mettant à l'abri des sollicitations extérieures.

Conditions générales pour l'admission aux emplois.

Indépendamment des conditions d'aptitude spéciales à chaque emploi, il y a des conditions générales et préalables auxquelles tous les candidats doivent satisfaire ; elles sont relatives à la nationalité, à la moralité, à l'aptitude physique.

Tout candidat à un emploi doit :

Nationalité et moralité des candidats.

1° Justifier de sa qualité de Français : cette épreuve est fournie par la production d'un certificat délivré par le maire de la commune où il réside, et constatant, en outre, qu'il est de bonne vie et mœurs. A Paris, ce certificat est délivré par le commissaire de police du quartier ;

2° Produire un extrait de son casier judiciaire, délivré par le greffier du tribunal civil de l'arrondissement où il est né, et constatant qu'il n'a subi aucune condamnation ;

Aptitude physique.

3° Prouver son aptitude physique par un certificat délivré par un médecin assermenté et attestant qu'il n'est atteint d'aucune infirmité ni difformité corporelle.

Les candidats hommes doivent avoir une taille de $1^{m},54$ au moins. Pour les femmes, on exige seulement qu'elles aient une bonne santé et une bonne vue.

Toutes ces conditions, de même que les conditions d'âge, qui varient suivant la nature des emplois et qui motivent la production d'un extrait de l'acte de naissance dûment légalisé des candidats, doivent être préalablement remplies pour qu'ils soient admis à concourir.

Une autre condition commune à tous les emplois et qui n'est exigée que dans un intérêt fiscal, c'est l'obligation pour les candidats de formuler leur demande sur papier timbré.

Tout candidat étranger à l'administration doit se présenter devant le directeur du département, chargé de l'instruction de sa candidature.

Instruction des candidatures par le directeur.

Le directeur lui indique les pièces à fournir, lui remet, s'il y a lieu, un programme de l'examen ; lui fait rédiger sous ses yeux la demande d'admission sur papier timbré et lui donne à remplir deux feuilles signalétiques destinées à recevoir tous les renseignements intéressant l'administration.

Les candidats étrangers à l'administration doivent produire, indépendamment des pièces indiquées plus haut (acte de naissance, extrait du casier judiciaire, certificat de nationalité et de moralité délivré par le maire, certificat d'aptitude physique), une attestation des proviseurs, principaux de collège ou chefs d'institution, indiquant les études qu'ils ont faites. Ils produisent, s'il y a lieu, la copie des diplômes qu'ils ont obtenus.

Le directeur vérifie aussi complètement que possible les déclarations et les pièces fournies par les candidats et les transmet à l'administration avec les renseignements qu'il a pu recueillir personnellement sur leur position, leur conduite et leur aptitude.

Les conditions particulières à chaque emploi varient suivant la nature des emplois. Au point de vue du recrutement, on peut diviser le personnel en quatre groupes :

1° Les agents inférieurs ;
2° Les agents supérieurs ;
3° Les agents secondaires ;
4° Les sous-agents.

§ 10°. — Agents inférieurs.

Emplois compris dans cette catégorie.

On comprend dans cette catégorie les commis, les commis principaux du service actif, les chefs de brigade des bureaux ambulants, les agents embarqués, les sous-chefs de section, les receveurs des bureaux simples et ceux des bureaux composés de la 3e et de la 4e classe.

Deux portes donnent accès à cette catégorie d'emplois :

Le *surnumérariat*, qui conduit au grade de commis, et par là à ceux de commis principal, d'agent embarqué, de receveur, de chef de brigade et de sous-chef de section ;

La *nomination à un bureau de début*, qui ouvre la carrière des recettes.

Surnumérariat.

Comme le stage qui existe dans la plupart des ministères, le surnumérariat correspond à la période pendant laquelle le futur employé fait l'apprentissage de ses fonctions. Il y a toutefois, entre le stage et le surnumérariat, une différence, ou tout au moins une nuance.

Le stage, dont la durée est fixée en général à un an, est un temps d'épreuve auquel les administrations publiques soumettent les candidats pour apprécier les services qu'ils sont en état de rendre, en se réservant de les congédier si l'épreuve n'a pas été jugée satisfaisante. Le surnumérariat, par sa durée en général assez longue, a plutôt le caractère d'un expédient fiscal. L'admission définitive aux emplois soumis à la condition d'un stage préalable n'a lieu qu'à l'expiration du stage ; l'admission au surnumérariat, au contraire, entraîne l'admission définitive dans les cadres.

Le stage est rétribué. Le surnumérariat, en principe, est gratuit. C'est surtout pour ce motif que le surnumérariat est depuis longtemps battu en brèche par les commissions parlementaires qui ont étudié l'organisation des services publics et par le Conseil d'Etat (1). Sa gratuité est de nature à éloigner de la carrière bien des sujets méritants à qui leur situation de fortune ne permet pas d'attendre. C'est là un état de choses peu compatible avec le principe d'égalité qui est la base des sociétés démocratiques. Aussi le surnumérariat a-t-il été supprimé successivement dans la plupart des administrations publiques; il ne subsiste que dans les régies financières et dans les postes et les télégraphes.

Indemnités accordées aux surnuméraires.

Ses inconvénients ont été diminués, dans les postes et les télégraphes, par l'allocation aux surnuméraires d'une indemnité annuelle de 600 francs (*Arrêté ministériel du* 19 *septembre* 1882). Mais ce n'est là qu'un subside insuffisant, qui atténue, sans les faire disparaître, les charges imposées aux familles ; aussi continue-t-on d'exiger des parents des candidats étrangers à l'administration une déclaration par laquelle ils s'engagent à subvenir aux besoins de leurs enfants pendant toute la durée du surnumérariat (*Arrêté ministériel du* 30 *janvier* 1846).

Les surnuméraires, en Algérie, touchent une indemnité annuelle de 1,200 francs (*Décret du* 10 *mars* 1860, *art.* 5).

L'indemnité des surnuméraires de la métropole est également portée à 1,200 francs pour ceux qui sont déplacés dans l'intérêt du service, ainsi que pour les plus anciens [*Décision ministérielle du* 15 *mai* 1886] (2).

Situation des candidats appartenant déjà à l'administration.

Les receveurs, les commis auxiliaires et les sous-agents des postes et des télégraphes qui ont subi avec succès les épreuves de l'examen du surnumérariat conservent, pendant toute sa durée, le traitement ou la rétribution attachée à leur ancien emploi (*Arrêté ministériel du* 21 *novembre* 1879, *art.* 6).

Conditions d'admission au surnumérariat.

Aux termes de l'article 22 du décret du 23 avril 1883, les conditions d'admission aux emplois sont déterminées par des arrêtés ministériels. Ces conditions, pour le surnumérariat, ont été fixées en dernier lieu par l'arrêté ministériel du 21 février 1887 (3).

Conditions d'âge.

Nul ne peut se présenter à l'examen du surnumérariat s'il n'a dix-sept ans au moins et vingt-cinq au plus. Ces conditions d'âge doivent être remplies au moment de l'examen.

(1) Rapport présenté au nom du Conseil d'État par M. Silvy, sur un projet de loi relatif aux conseils d'administration et à l'état des employés dans les administrations centrales, le 11 juillet 1874. — Rapport général présenté le 17 mai 1884 par M. Chauffour, conseiller d'État, sur les projets de décret adoptés par le Conseil d'État en vue de régler l'organisation des administrations centrales des divers ministères.

(2) *Bull. mens.* n° 5, mai 1886, p. 293.

(3) *Bull. mens.*, n° 2, fév. 1887, p. 66.

Peuvent être admis, après vingt-cinq ans et jusqu'à trente, les candidats qui justifient de trois années de services civils, de trois années de services militaires, ou de trois années de participation comme aides, commis auxiliaires ou receveurs, au travail d'un bureau de poste ou de télégraphe.

Si le candidat compte moins de trois ans de service et plus de vingt-cinq ans d'âge, la limite de vingt-cinq ans est reculée d'une durée égale à celle des services.

Les stagiaires et commis auxiliaires peuvent se présenter au surnumérariat avant dix-sept ans; dans ce cas, ils ne sont nommés surnuméraires qu'après avoir atteint l'âge réglementaire [*Arrêté ministériel du 21 février* 1887] (1).

Programme des examens.

L'examen du surnumérariat a été institué par l'article 30 de l'ordonnance du 17 décembre 1844.

Le programme a été arrêté en dernier lieu par la décision ministérielle du 21 février 1887 (1); il comprend des épreuves obligatoires et des épreuves facultatives.

Les épreuves obligatoires portent sur l'écriture, l'orthographe, la rédaction, l'arithmétique élémentaire (quatre premières règles, fractions, règle de trois simple, système métrique), la géographie générale et particulièrement celle de la France, quelques éléments de physique et de chimie.

Les épreuves facultatives portent sur la géographie spéciale (chemins de fer, postes et télégraphes), l'arithmétique (règle de trois composée et proportions), l'algèbre élémentaire, la géométrie pratique, le dessin linéaire et le lavis, les langues étrangères, les connaissances postales et télégraphiques.

Un certain nombre de points, en sus de ceux accordés pour chacune des épreuves, sont acquis aux candidats qui produisent un diplôme de bachelier ès lettres, ès sciences ou de l'enseignement secondaire spécial (2).

Les épreuves sont subies au chef-lieu du département, sous la surveillance d'un comité composé du directeur, de l'inspecteur ou du sous-inspecteur le plus ancien en grade et du receveur principal ou du plus ancien commis principal de la recette principale. Si le directeur est absent ou empêché, la présidence appartient à l'inspecteur le plus ancien; qui est lui-même remplacé, comme membre du comité, par un autre inspecteur, ou à défaut par un commis principal de la direction, à la recette du chef-lieu. Les candidats sont admis à concourir sur la présentation d'une lettre qui leur est adressée par l'administration.

Tenue des examens.

Les sujets de composition sont arrêtés à l'administration centrale, et envoyés sous pli cacheté aux présidents des comités d'examen. Le pli n'est ouvert qu'en présence des candidats.

(1) *Bull. mens.* n° 2, février 1887, p. 66.

(2) Une décision ministérielle du 11 décembre 1882 avait dispensé de l'examen les candidats pourvus du diplôme de bachelier ès lettres ou ès sciences. Cette exception n'a pas été maintenue (*Bull. mens.* n° 12, déc. 1882, . 771).

Comité de revision.

Les opérations de chaque comité sont résumées dans un procès-verbal auquel sont annexées les compositions des candidats; le tout est transmis par le directeur départemental à l'administration centrale et soumis à l'examen d'un comité de revision siégeant à Paris, chargé de dresser, par ordre de mérite, la liste des admissibles. Le nombre des admissibles est fixé suivant les besoins et en vue des vacances probables. L'examen a donc véritablement le caractère d'un concours.

Admission des candidats.

Les candidats déclarés admissibles sont nommés surnuméraires au fur et à mesure des vacances, suivant leur rang de classement, et en tenant compte des connaissances postales et télégraphiques qu'ils ont acquises, soit avant, soit après l'examen, par un stage dans un bureau.

Nomination au grade de commis.

Les surnuméraires sont nommés commis au fur et à mesure des vacances, suivant l'ordre de leur ancienneté et les notes qu'ils ont obtenues. Il y a lieu de distinguer, au point de vue de l'ancienneté, l'origine des surnuméraires.

Pour les candidats étrangers à l'administration avant leur admission au surnumérariat, l'ancienneté remonte à la date de la nomination comme surnuméraires.

Pour les anciens receveurs, elle court à partir de la date de leur entrée dans l'administration.

Pour les anciens commis auxiliaires, aides des bureaux simples de 1re et de 2e classe, ex-sous-agents au courant du service de commis, et ayant au moins dix-huit ans accomplis, elle est déterminée par la durée de leurs services, défalcation faite d'une année.

Les services rendus par les jeunes facteurs n'entrent en ligne de compte qu'à partir de dix-sept ans.

Recrutement des commis de direction et des services spéciaux.

Les commis des directions et des services spéciaux sont recrutés parmi les agents brevetés de l'école professionnelle supérieure ainsi que parmi les commis des bureaux sédentaires ou ambulants comptant au moins trois années de service dans l'emploi de commis, signalés par les directeurs comme ayant l'aptitude nécessaire et dont les notes fournissent une cote moyenne de valeur générale au moins égale à 18 [*Arrêté du directeur général du* 23 *décembre* 1889] (1).

Admission aux recettes de début.

Autrefois, les titulaires des bureaux de début, c'est-à-dire des bureaux dont le produit était inférieur à 1,000 francs, étaient recrutés, comme les commis, parmi les surnuméraires. Toutefois une exception avait été faite, par mesure bienveillante, en faveur des anciens serviteurs de l'État, ainsi que des femmes, filles, sœurs, etc., de ces fonctionnaires, qui pouvaient obtenir des bureaux sans surnumérariat préalable. L'ordonnance du 17 décembre 1844, sur l'organisation de l'administration des finances, contenait en effet ce qui suit (2) :

Ordonnance du 17 décembre 1884.

Art. 17. — Les directions de poste d'un produit de 1,000 francs et au-dessous pourront être accordées, sans surnumérariat préalable, aux anciens serviteurs de l'État

(1) *Bull. mens.* n° 12, déc. 1889, p. 677.
(2) *Bull. des lois*, 1844, p. pr. n° 1162, p. 1179.

qui compteront sept ans au moins de services militaires ou civils, ou, en cas de moindre durée, qui justifieraient de n'avoir quitté leur emploi que par suite de blessures reçues ou d'infirmités contractées dans l'exercice de leurs fonctions.

Les mêmes bureaux pourront aussi être accordés aux femmes dont les maris, pères, beaux-pères, frères, fils, gendres ou oncles se trouveront dans les conditions indiquées ci-dessous, ou seront morts en activité de service.

Arrêtés ministériels des 3 mai 1852 et 23 décembre 1882.

Ces dispositions ont été modifiées ou complétées par diverses décisions administratives, dont la première est l'arrêté ministériel du 3 mai 1852 (1), relatif à l'exécution du décret du 26 mars de la même année sur la décentralisation administrative, et dont la dernière est l'arrêté ministériel du 22 décembre 1882 (2).

Voici le texte de l'article 3 de l'arrêté de 1882 :

Les recettes des postes et des télégraphes de début, en dehors de celles attribuées aux sous-officiers désignés par le ministre de la guerre, sont réservées dans la proportion des trois quarts des vacances :

1° *Aux anciens serviteurs de l'État qui comptent cinq années au moins de services militaires ou civils rétribués, ou qui, en cas de moindre durée, justifient ne les avoir cessés que par suite de blessures reçues ou d'infirmités contractées dans l'exercice de leurs fonctions ;*

2° *Aux femmes, filles ou sœurs des anciens serviteurs de l'État se trouvant dans les conditions ci-dessus indiquées, mais dont les services ont eu une durée de dix ans au moins et ont pris fin, ou qui sont morts en activité de service (les veuves avec enfants sont admises à faire valoir les services du père de leur mari) ;*

3° *Aux fonctionnaires publics non rétribués comptant au moins cinq années de service, ainsi qu'aux femmes, filles ou sœurs de ces fonctionnaires, s'ils comptent au moins dix années d'exercice ;*

4° *Aux personnes qui se sont acquis des titres personnels à la candidature par des services rendus, pendant au moins trois années consécutives, soit comme gérants des bureaux de poste et de télégraphe, soit comme auxiliaires ou aides dans un bureau de l'administration.*

Les femmes, filles ou sœurs d'anciens fonctionnaires de l'État n'ayant pas accompli les dix années de services prévus par les paragraphes 2 *et* 3 *du présent article sont admises à faire compter la moitié des services rendus par l'un des membres de leur famille, père, mari ou frère, en déduction des cinq années de services personnels nécessaires pour prétendre à une recette dans les conditions fixées par le paragraphe* 1er *du même article.*

Pièces à fournir.

Le cas échéant, les candidats doivent fournir, indépendamment des pièces exigées pour l'admission à tous les emplois, un état authentique indiquant la nature et la durée des services personnels ou de famille qu'ils peuvent invoquer, ainsi que les motifs de la cessation de ces services.

Les femmes mariées doivent, en outre, produire une expédition en forme de leur acte de mariage ; les veuves, un extrait de l'acte de décès de leur mari (*Arrêté ministériel du* 3 *mai* 1852, *art.* 5).

(1) A la suite de l'Instruction générale, p. 1039.
(2) *Bull. mens.* n° 12, déc. 1882, p. 1879.

Age. Nul ne peut être nommé à une recette de début avant *vingt-cinq* ans ni après *trente-cinq* ans. Si le candidat compte déjà des services valables pour la retraite, cette dernière limite peut être reculée d'un nombre d'années égal à la durée de ces services, sans que l'âge du candidat puisse dépasser *quarante* ans.

Examen. Aucun examen n'était nécessaire à l'origine pour l'obtention d'une recette de début dans les conditions prévues par l'article 71 de l'ordonnance du 17 décembre 1844. Il n'en résultait pas alors d'inconvénient sérieux, le service postal étant peu compliqué. Les personnes appelées à gérer un bureau sans stage préalable n'avaient pas un long apprentissage à faire pour se mettre au courant de leurs fonctions.

L'arrêté ministériel du 3 mai 1852 (art. 5) soumit les candidats à un examen dont la forme devait être déterminée par le directeur général des postes, et dont le programme tout à fait élémentaire figure à l'article 44 de l'Instruction générale et a été reproduit dans l'article 1er de l'arrêté ministériel du 22 décembre 1882 : il porte sur l'écriture, l'orthographe, la rédaction, le calcul, la géographie.

Stage. La fusion ayant rendu beaucoup plus difficile qu'autrefois la gestion des bureaux de poste, l'arrêté ministériel du 22 décembre 1882 exige, en outre, de tous les candidats, sans exception, l'accomplissement d'un stage d'une année au moins dans un bureau de poste et de télégraphe, soit comme titulaires d'un emploi, soit comme aides ou auxiliaires. Les directeurs doivent veiller à ce que, durant leur stage, les candidats prennent une part effective et permanente au service. Les entrées, mutations ou sorties des aides admis à la candidature sont notifiées à l'administration centrale, bureau du personnel (*Circulaire du* 28 *février* 1883).

D'ailleurs, les candidats sont appelés, à l'expiration du stage, à subir un examen professionnel sur la poste et sur le télégraphe. L'examen professionnel est subi en même temps que l'examen d'aptitude, devant le comité présidé par le directeur départemental. Les questions sont préparées par le directeur.

Les candidats ne sont déclarés admissibles que s'ils ont obtenu, à l'examen, le nombre de points indiqué au *Bulletin mensuel* de mai 1884 (p. 746).

Ici l'examen n'a pas le caractère d'un concours; il ne confère aucun droit à l'emploi. L'autorité chargée de la nomination a toute liberté pour choisir parmi les candidats admissibles.

Cours pratique pour les candidats aux recettes de début. Des cours pratiques pour les candidats aux recettes de début ont été institués en exécution de l'article 2 du règlement d'administration publique du 10 juillet 1876, dans les chefs-lieux de département et dans quelques villes importantes, pour initier au service télégraphique les postulants aux recettes de début dont la candidature est agréée.

A l'issue du cours dont la durée est de deux mois, des certificats d'aptitude sont délivrés aux candidats qui ont justifié de connaissances suffisantes sur chacun des points suivants :

1° Installation d'un poste télégraphique. Entretien de la pile;

2° Mécanisme du manipulateur, du récepteur, du paratonnerre et des accessoires. Recherche des dérangements les plus fréquents;

3° Exercices de transmission et de lecture;

4° Règles de service, tarifs et applications.

En cas d'urgence, des candidats peuvent être admis à subir isolément les épreuves indiquées ci-dessus [*Arrêté ministériel du* 29 *janvier* 1885] (1).

Les receveurs de bureaux simples ne peuvent être nommés commis qu'en subissant l'examen du surnumérariat. Cependant rien ne s'opposerait à ce que, par suite d'avancement personnel ou de conversion de leur bureau, ils devinssent receveurs de bureaux composés.

§ 3. — Agents supérieurs.

Examen du second degré.

Avant 1864, l'examen du surnumérariat donnait accès à tous les emplois dans l'administration des postes.

Mais le développement du service ayant entraîné un accroissement considérable dans l'effectif des agents inférieurs, tandis que le nombre des agents supérieurs restait à peu près le même, on sentit la nécessité d'opérer une sélection dans le personnel des commis, et de ne laisser arriver aux fonctions les plus élevées que des sujets d'une capacité reconnue. Lorsqu'il fut nommé à la direction générale des postes, M. Vandal fit décider par le ministre des finances (*Arrêté ministériel du* 18 *août* 1863) que les emplois d'administrateur, de chef et de sous-chef de bureau à l'administration centrale, d'inspecteur, de sous-inspecteur et de commis d'inspection, de directeur de bureau composé ou de bureau ambulant, de contrôleur et de commis principal, de commissaire et de sous-commissaire du gouvernement, d'agent embarqué seraient exclusivement réservés à ceux qui, ayant au moins trois ans de service, auraient subi avec succès les épreuves d'un examen spécial, dit du *second degré*, dont le programme, légèrement remanié en 1876, figure à la page 878 de l'Instruction générale.

Après la fusion, le principe d'un examen spécial pour les emplois supérieurs fut maintenu; mais le programme fut étendu au service télégraphique et aux notions scientifiques élémentaires indispensables à l'étude de la télégraphie par deux arrêtés, l'un du sous-secrétaire d'État des finances, du 23 octobre 1878; l'autre du ministre des postes et des télégraphes, du 21 novembre 1879 (1). Ainsi modifié, l'examen du second degré permettait à ceux qui en avaient subi les épreuves avec succès d'aspirer aux emplois de chef et de sous-chef de bureau à l'administration centrale, de directeur, d'inspecteur et de sous-inspecteur de l'exploitation, de receveur de bureau composé de première et de deuxième classe et de

(1) *Bull. mens.* n° 2, fév. 1885.

(2) Voir le programme de cet examen au *Bull. mens.* n° 19 supp., nov. 1879, p. 717 et 26 juin 1880, p. 459.

commis de direction. Ils pouvaient également obtenir un avancement hors tour à un an de grade (*Arrêté ministériel du* 21 *novembre* 1789, *art.* 2).

Examen des contrôleurs.

Un examen spécial était institué, par un arrêté ministériel en date du 29 juin 1882 (1), pour l'admission à l'emploi de contrôleur du service technique.

Ecole supérieure de télégraphie.

Le recrutement des ingénieurs était assuré par la création, à Paris, d'une école supérieure de télégraphie [*Arrêté du* 25 *juin* 1878] (2).

Des cours préparatoires étaient organisés à l'École supérieure pour permettre aux agents des postes et des télégraphes d'acquérir ou de compléter les connaissances exigées par le programme d'admission à cette école. Des cours spéciaux pour les contrôleurs y étaient également adjoints.

Le grade d'ingénieur pouvait être aussi conféré, après un examen spécial, à des contrôleurs du service technique (*Arrêté ministériel du* 30 *décembre* 1881 (3) *et décret du* 23 *avril* 1883, *art.* 22).

Ainsi, jusqu'en 1883, le recrutement du personnel supérieur de l'administration s'effectuait par trois voies différentes :

L'examen du second degré, pour les agents supérieurs de l'exploitation ;

L'examen institué par l'arrêté ministériel du 29 juin 1882, pour les contrôleurs du service technique ;

L'école supérieure de télégraphie, ou un examen spécial, pour les ingénieurs.

Décret du 29 mars 1888.

La fusion du service technique avec le service de l'exploitation, en 1886, avait remis entre les mains des agents supérieurs de l'exploitation la surveillance et la conduite d'opérations exigeant des connaissances scientifiques plus étendues que celles que comportait l'examen du second degré. Il devenait donc nécessaire d'assurer pour l'avenir le recrutement des directeurs, inspecteurs et sous-inspecteurs dans des conditions telles qu'ils fussent en état de diriger et de surveiller le service technique aussi bien que le service d'exploitation. La réorganisation de l'enseignement supérieur s'imposait. Le décret du 29 mars 1888 (1) pourvut à cette nécessité.

École professionnelle supérieure.

Ce décret a transformé l'écolé supérieure de télégraphie en école professionnelle supérieure des postes et des télégraphes, partagée en deux sections.

1re section.

La première section est destinée à recruter le personnel supérieur de l'administration, à l'exception des ingénieurs (c'est-à-dire les administrateurs, les chefs et sous-chefs de bureau, les commis principaux à l'administration centrale, les inspecteurs du contrôle, les directeurs, les inspec-

(1) *Bull. mens.* n° 7, juillet 1882, p. 304 et n° 2, février 1885, p. 87.

(2) Voir au *Bull. mens.* n° 2, fév. 1885, p. 84 et s., les conditions d'admission à l'école supérieure de télégraphie, le programme des cours professés à cette école et le programme des cours préparatoires.

(3) *Bull. mens.* n° 44 supp., déc. 1881, p. 1654.

(4) *Bull. mens.* n° 4, avril 1888, p. 69 et s. Voir aussi l'arrêté du directeur général du 20 janvier 1890, *Bull. mens.* n° 1, janv. 1890, p. 308.

teurs et sous-inspecteurs, les receveurs de bureaux composés de première et de deuxième classe, les chefs des centres de dépôt, les chefs de section (*Art. 4 du décret du 29 mars 1888*).

Arrêté ministériel du 28 juillet 1888 Conditions d'admission.

Les conditions d'admission et le programme de l'enseignement ont été déterminés par l'arrêté ministériel du 28 juillet 1888 (1).

Nul n'est admis à concourir s'il n'est bien noté, s'il a moins de vingt-cinq ans révolus et s'il ne compte cinq années de service, comme agent titulaire dans l'administration, au 1er janvier de l'année du concours.

Les épreuves exigées des candidats consistent en compositions écrites et en examens oraux sur les matières du programme d'admission : service postal, service télégraphique, appareils, sciences mathématiques (arithmétique, algèbre, géométrie), sciences physiques (physique, électricité et magnétisme, chimie), histoire et géographie.

La connaissance des langues étrangères est facultative. Il en est tenu compte pour le classement.

Le jury se compose du directeur de l'école, président; de cinq membres choisis parmi les professeurs de l'école et de deux pris en dehors de l'école, parmi les fonctionnaires de l'administration en activité de service. Ces membres sont désignés chaque année.

Le jury détermine l'ordre de mérite des candidats et le nombre de ceux qu'il convient d'admettre jusqu'à concurrence du maximum préalablement fixé. Son président adresse la liste de classement au directeur général qui prononce l'admission.

Les agents admis dans la première section de l'école professionnelle supérieure continuent à compter dans le service auquel ils appartenaient avant leur admission ; ils conservent leurs droits à l'avancement.

Ceux qui ne résident pas à Paris sont attachés pour ordre à l'un des services de cette ville ; il leur est alloué une indemnité de résidence de 200 francs par an.

Une indemnité de déplacement de 200 francs leur est, en outre, payée à l'arrivée, lorsqu'ils sont appelés à Paris pour suivre les cours, ainsi qu'au départ, lorsqu'ils regagnent leur résidence, après avoir satisfait aux examens de sortie.

Enseignement.

La durée de l'enseignement de la première section de l'école professionnelle supérieure est de dix-huit mois.

L'ouverture des cours a lieu chaque année au commencement d'octobre.

La période s'étendant du mois d'octobre au mois de juillet est consacrée à l'enseignement intérieur de l'école.

Cet enseignement comprend des cours et conférences, des manipulations et travaux graphiques.

Les cours sont au nombre de sept, savoir :

1° Cours d'histoire des relations sociales et du progrès scientifique ;

2° Cours de droit administratif et de comptabilité générale ;

3° Cours de législation et d'exploitation postales ;

(1) *Bull. mens.* n° 7, 2e supp., juillet 1888, p. 243.

4° Cours de législation et d'exploitation télégraphiques ;

5° Cours de sciences appliquées ;

6° Cours d'appareils télégraphiques et téléphoniques ;

7° Cours de construction et de matériel.

Les conférences portent sur les questions spéciales intéressant le service des postes et des télégraphes.

Les élèves peuvent être appelés à suivre, en dehors de l'école, des cours et des conférences déterminés.

Pendant la seconde période d'instruction, s'étendant du mois de juillet au mois d'avril, les élèves sont répartis en quatre séries qui passent successivement dans les services suivants :

1° Construction, surveillance et entretien des lignes aériennes;

2° Construction, surveillance et entretien des lignes spéciales souterraines, pneumatiques et téléphoniques ;

3° Exploitation des grands bureaux télégraphiques (lignes aériennes et souterraines) et des réseaux téléphoniques ;

4° Établissements et services spéciaux de la poste et du télégraphe ; Services ambulants.

Pendant la période consacrée à l'enseignement intérieur, les élèves subissent, sur les matières enseignées et les exercices qui s'y rattachent, deux épreuves, l'une écrite, au milieu de ladite période, et l'autre orale, à la fin.

A l'issue de leur stage dans chaque série de la période d'application, ils présentent un rapport sur les travaux et études auxquels ils ont pris part.

Ceux dont les épreuves et les rapports ne sont pas jugés suffisants peuvent, sur la proposition du directeur de l'école, n'être pas admis à subir les examens de sortie.

Les notes attribuées pour les épreuves subies pendant la première période et pour les rapports se combinent, pour le classement final, avec les notes obtenues aux examens de sortie [*Arrêté ministériel du* 28 *juillet* 1890] (1).

Les examens de sortie en vue de l'obtention du brevet ont lieu au mois d'avril de la deuxième année d'études.

Le jury d'examen se compose d'un administrateur, président, de sept membres choisis parmi les professeurs de l'école et de deux, en dehors de l'école, parmi les fonctionnaires de l'administration en activité de service. Ces membres sont désignés chaque année.

Le jury dresse la liste, par ordre de mérite, des élèves aptes à être brevetés, et son président la transmet au directeur général des postes et des télégraphes, qui délivre les brevets.

Les élèves qui, après avoir subi les épreuves précédentes, échouent aux examens de sortie, peuvent être autorisés à se présenter de nouveau devant le jury l'année suivante.

Les agents qui ont obtenu le brevet de l'école professionnelle supé-

(1) *Bull. mens.* n° 10, oct. 1890, p. 952.

rieure (première section) et qui ne sont pas au traitement maximum de leur grade peuvent recevoir un avancement de classe, hors tour, à un an d'ancienneté, au moment de leur sortie de l'école.

A titre de mesure transitoire, les agents brevetés de la première section, qui ne sont pas au traitement maximum de leur grade et qui ont déjà obtenu un avancement de classe hors tour, soit à leur entrée à l'école professionnelle supérieure, soit après avoir satisfait aux épreuves de l'examen du second degré, peuvent recevoir, à leur sortie de l'école, un nouvel avancement de classe, hors tour, à deux ans d'ancienneté.

Les agents brevetés de la première section, qui ont le traitement maximum de leur grade et qui, par suite, ne peuvent pas bénéficier, au moment même de leur sortie de l'école, des dispositions des articles 1 et 2, en bénéficient au moment de leur premier avancement de grade, dans le décompte de l'ancienneté à leur attribuer pour passer au traitement supérieur de leur nouveau grade.

Les emplois supérieurs énumérés à l'article 4 du décret du 29 mars 1888, ainsi que les emplois de commis principaux dans les services extérieurs, peuvent être attribués, dans la proportion d'une vacance sur trois, aux agents brevetés de l'école professionnelle supérieure (première section), s'ils sont bien notés et s'ils se trouvent en mesure, d'après les règles en usage, de pouvoir prétendre à un avancement de grade [*Arrêté ministériel du 18 juin* 1890 (1).]

Les agents brevetés, s'ils justifient de la connaissance suffisante d'une langue étrangère, peuvent être chargés, en pays étranger, de missions ayant pour objet l'étude des questions intéressant le service des postes et des télégraphes.

Par mesure transitoire, les dispositions du décret du 29 mars 1888 ne sont pas applicables :

1° Aux agents admis dans le service antérieurement au 1er janvier 1879 ;

2° A ceux qui, depuis le 1er janvier 1879, ont subi avec succès les épreuves de l'examen du second degré ;

3° A ceux qui, au moment où le décret a été rendu, étaient en possession d'un emploi supérieur.

Pour la seconde section de l'école, les conditions d'admission ont été fixées par l'arrêté ministériel du 29 janvier 1885 (2) et par celui du 30 juin 1890 (3), qui contient le programme de l'examen d'entrée. 2e section.

Les élèves de la deuxième section se recrutent au concours, parmi : Condition d'admission.

Les agents des postes et des télégraphes comptant deux ans de service ;

Les licenciés ès sciences ;

Les anciens élèves de l'École polytechnique

Les anciens élèves de l'École normale

Les anciens élèves de l'École des mines ;

Les anciens élèves de l'École des ponts et chaussées ;

(1) *Bull. mens.* n° 6, juin 1890, p. 655.
(2) *Bull. mens.* n° 2, fév. 1885. p. 38 et s.
(3) *Bull. mens.* n° 6, juin 1890, p. 657.

Les anciens élèves de l'École forestière ;

Les anciens élèves de l'École centrale des arts et manufactures,

Ayant satisfait aux examens de sortie.

Les candidats doivent être Français ou naturalisés Français et être âgés de vingt ans, au moins, et de trente ans, au plus, au 1er janvier de l'année dans laquelle ils se présentent au concours. Toutefois, ces conditions d'âge ne s'appliquent pas aux agents des postes et des télégraphes qui étaient en service le 12 juillet 1878 (*Art.* 27 *de l'arrêté ministériel du* 29 *janvier* 1885).

Le nombre maximum des candidats à admettre chaque année est fixé par le directeur général ; il est au maximum de deux (*Art.* 5 *de l'arrêté ministériel du* 30 *juin* 1890).

Les agents des postes et des télégraphes bien notés, âgés de vingt-neuf ans au plus, comptant au moins un an de services rétribués et dont l'aptitude a été constatée par un examen peuvent, sur leur demande, autant que les exigences du service s'y prêtent, être appelés à exercer leurs fonctions dans une ville possédant une faculté des sciences ou un établissement d'enseignement supérieur de l'État, et autorisés à en suivre les cours, pour se préparer à la deuxième section de l'école professionnelle supérieure [*Art.* 5 *de l'arrêté ministériel du* 30 *juin* 1890] (1)

Indépendamment des élèves admis par voie de concours, l'école peut recevoir des élèves de l'École polytechnique classés d'après leur rang de sortie dans les télégraphes.

Enseignement. Des auditeurs libres, français ou étrangers, peuvent être autorisés à suivre les cours.

L'enseignement comprend :

Des cours d'électricité théorique, — d'exploitation télégraphique, — d'exploitation postale, — de construction des lignes, — de mesure électrique, — de télégraphie pratique et de chimie appliquée à la télégraphie ;

Des conférences sur le droit administratif, — l'architecture, — la télégraphie militaire, — la télégraphie optique, — la télégraphie pneumatique, — les appareils à transmission rapide, — la téléphonie et la microphonie, — les applications de l'électricité aux chemins de fer et au transport de la force ;

Enfin l'étude des langues anglaise et allemande et le dessin.

Les cours et conférences sont répartis sur deux années consécutives.

Pendant la durée des études, les élèves prennent le titre d'élèves-ingénieurs des télégraphes.

Leur traitement est de 1,800 francs par an. Toutefois, les élèves appartenant aux cadres des postes et des télégraphes qui, avant leur entrée à l'école, étaient en possession d'un traitement supérieur le conservent pendant leur séjour à l'école.

Les élèves peuvent être envoyés en mission ou appelés à prendre part au service ordinaire pendant le temps qui s'écoule, d'une part, entre la fin des cours de la première année et le commencement des cours de l'année

(1) *Bull. mens.* n° 6, juin 1890, p. 657.

suivante, et, d'autre part, entre la fin des cours de deuxième année et le 1er octobre suivant.

Les élèves ne peuvent être admis définitivement dans le service technique que lorsqu'ils ont subi avec succès les examens de sortie de seconde année. Ils entrent dans ce service au 1er octobre de leur deuxième année d'étude, avec le grade de sous-ingénieur. Ceux d'entre eux (agents de l'administration) qui jouissaient, avant leur entrée à l'école, d'un traitement égal ou supérieur à celui que comporte le grade de sous-ingénieur, obtiennent le grade du service technique auquel correspond le traitement immédiatement supérieur à celui dont ils étaient en possession.

Les auditeurs libres peuvent obtenir un diplôme ou un certificat spécial mentionnant les cours sur lesquels ils ont subi un examen satisfaisant.

A partir de leur entrée dans le service technique, les élèves de la deuxième section avancent dans ce service selon les règles établies par le décret du 23 avril 1883 (modifié par le décret du 4 janvier 1887).

Ils ne peuvent obtenir le grade d'inspecteur-ingénieur que s'ils ont été attachés pendant un an au moins au service de l'exploitation (*Art.* 29 *à* 36 *de l'arrêté ministériel du* 29 *janvier* 1885).

L'article 5 du décret du 29 mars 1888 dispose que *Nul ne peut faire partie de l'administration des postes et des télégraphes en qualité d'ingénieur s'il n'est pourvu du brevet de capacité de la deuxième section.*

Les ingénieurs sont attachés aux services techniques spéciaux dépendant de l'administration.

Ils sont chargés de l'étude et de l'exécution de travaux déterminés.

Ils peuvent être envoyés en mission ou détachés dans les emplois d'administrateur, de chef et de sous-chef de bureau, d'inspecteur du contrôle et de chef de centre de dépôt.

Le nombre des ingénieurs de tout grade en activité de service ne peut dépasser quarante.

§ 4. — Agents secondaires.

Emplois compris dans cette catégorie.

Nous réunissons dans la catégorie des agents secondaires les commis auxiliaires (parmi lesquels se recrutent les expéditionnaires à l'administration centrale) et les dames employées. Les conditions d'aptitude à ces emplois n'exigent pas de connaissances supérieures au niveau de l'instruction primaire élémentaire; les titulaires constituent en quelque sorte une classe intermédiaire entre les agents et les sous-agents; ils ne peuvent prétendre aux emplois du premier groupe qu'après avoir subi avec succès les épreuves de l'examen du surnumérariat.

La création de cette classe intermédiaire d'employés, qui tend à devenir de plus en plus nombreuse, a été motivée par le double désir d'atténuer le surcroît de dépenses qu'entraîne l'extension des cadres, conséquence nécessaire du développement du trafic amené par la réduction des tarifs, et d'autre part de faciliter l'avancement des commis en réduisant le nombre de ceux qui peuvent prétendre aux emplois supérieurs (1).

Arrêté ministériel du 26 avril 1890 (2).

Les commis auxiliaires existaient dans les télégraphes avant la fusion (*Arrêté ministériel du* 28 *février* 1869). C'était parmi eux, et par voie de concours, que se recrutaient les surnuméraires de cette administration (*Arrêté ministériel du* 16 *février* 1877).

Leurs attributions étaient les mêmes que celles des commis ordinaires ; mais comme ils étaient nommés sur place, ils pouvaient se contenter d'une rétribution moins élevée.

Commis auxiliaires.

Après la fusion, les commis auxiliaires ont été appelés à participer au service postal comme au service télégraphique. Les conditions de leur admission n'ont pas été sensiblement modifiées. L'examen porte sur l'écriture, l'orthographe, la rédaction, l'arithmétique et la géographie élémentaires. Il a lieu dans la même forme que pour les candidatures aux recettes de début, devant le comité départemental. Les candidats doivent avoir 18 ans au moins et 21 ans au plus. Ils ne sont admis à concourir qu'après avoir été agréés par l'administration. Ceux dont l'aptitude est jugée suffisante sont admis à commencer leur stage dans un bureau. La durée du stage est de trois mois au moins. Les stagiaires au courant du service sont nommés commis auxiliaires dès que le cours des vacances le permet.

Les agents titulaires peuvent être nommés commis auxiliaires sans condition d'âge, de stage ni d'examen.

Les sous-agents ne peuvent le devenir qu'aux conditions imposées aux candidats étrangers à l'administration. Ils conservent leur traitement pendant la durée de leur stage (*Arrêté ministériel du* 26 *avril* 1890).

Les auxiliaires ne touchent pas de traitement, mais une rétribution non sujette à la retenue pour le service des pensions civiles. Ils sont soumis aux mêmes règles que les commis titulaires au point de vue de l'exécution du service, de la discipline, des congés et des mises hors cadres (2).

Agents trieurs.

L'administration avait recruté, à partir de 1884, des agents trieurs spécialement affectés à la manipulation des correspondances à la recette principale des postes de la Seine, dans les grands bureaux sédentaires des départements et sur les bureaux ambulants (3).

Les agents trieurs étaient choisis :

1° Parmi les anciens sous-officiers;

2° Parmi les commis auxiliaires qui avaient satisfait à la loi du recrutement;

3° Parmi les sous-agents libérés du service militaire, comptant au moins deux ans de service dans l'administration et se recommandant par une excellente tenue.

L'arrêté ministériel du 26 avril 1890 a versé les agents trieurs dans

(1) Circulaire du 21 février 1890.
(2) *Bull. mens.* n° 4, avril 1890, p. 380.
(3) *Bull. mens.* n° 23, nov. 1884, p. 985.

le cadre des commis auxiliaires; toutefois les anciens titulaires de ces emplois continuent à subir la retenue pour le service des pensions civiles.

Le recrutement des dames employées nous amène à parler de l'emploi des femmes dans le service postal et télégraphique. Dames employées.

Sans vouloir traiter ici cette importante question qui a donné lieu à des études intéressantes (1), nous pouvons constater que la plupart des administrations étrangères ont, comme la nôtre, ouvert leurs cadres à l'élément féminin, et que toutes paraissent satisfaites des services rendus par ce personnel. Emploi des femmes dans le service postal et télégraphique.

En Angleterre, on n'utilise pas seulement le travail des femmes pour la manipulation des appareils télégraphiques dans les grands bureaux, ou pour les écritures dans les services administratifs centraux des mandats, des rebuts et de la caisse d'épargne; on les admet à presque tous les emplois et on leur donne même des services importants à diriger. On voit à Londres fonctionner dans les conditions les plus satisfaisantes, paraît-il, de grands bureaux gérés et desservis exclusivement par des femmes. Pays étrangers : Angleterre.

Le dernier rapport du postmaster général constate qu'au 31 mars 1890, l'effectif du personnel féminin employé par le postoffice britannique était de 8,393, se décomposant ainsi :

Agents supérieurs	1
Postmasters principaux	152
Receveuses et subpostmasters	3,887
Commis et surintendantes	874
Surveillantes, reviseuses, employées de guichet, trieuses, télégraphistes	3,474
Factrices	5
TOTAL	8,393
Il faut ajouter à ce personnel commissionné auxiliaires femmes, employées par les postmasters.	15,784
Effectif total du personnel féminin	24,177

En Suisse, les conditions d'admission dans le service des postes sont les mêmes pour les femmes que pour les hommes, et les nominations aux emplois peu importants ont lieu en général sans avoir égard au sexe des postulants. Toutefois, sous le rapport du traitement et de l'avancement, quelques avantages sont accordés aux employés hommes, auxquels sont réservés aussi les emplois les plus pénibles. Suisse.

En Suède, les femmes, à la condition de n'être pas mariées, peuvent prétendre à partir de dix-huit ans, à l'emploi de surnuméraire et, à partir de vingt-cinq ans, à celui de directrice d'un bureau de poste. Suède.

Aux États-Unis, les emplois de commis et de traducteur dans les bureaux de la direction générale, ceux de postmaster et d'employé dans tous États-Unis.

(1) Voir à ce sujet les articles publiés dans l'*Union postale* (1875, p. 253 ; — 1876, p. 91, 150 ; — 1880, p. 83), et dans le *Journal télégraphique* du bureau international de Berne (1869, p. 9, 132, et 1873, p. 298).

les bureaux de poste peuvent aussi être tenus par des femmes. Le taux de leur rétribution dépend de l'importance des fonctions qu'elles occupent; elles sont traitées à cet égard sur le même pied que les hommes.

Autres pays.

En Belgique, en Danemark, en Autriche, en Hongrie, en Italie, en Espagne, les femmes sont admises à participer aux opérations des bureaux, mais dans une mesure plus restreinte.

Allemagne.

En Allemagne, ce n'est que très exceptionnellement que l'élément féminin figure dans le personnel postal et télégraphique. Ces exceptions se rencontrent seulement dans le Wurtenberg, qui a conservé une administration autonome, et dans le grand-duché de Bade, où le personnel féminin est appelé à disparaître par voie d'extinction. On trouve encore à Berlin une cinquantaine de dames employées au poste central du télégraphe, et quelques-unes sont attachées comme aides comptables à l'office central des mandats, mais on n'en augmente pas le nombre, et les emplois vacants ne sont pas donnés à des femmes.

Le chef de l'administration allemande s'est toujours montré hostile à l'introduction de l'élément féminin dans le personnel; il s'en est expliqué publiquement à la tribune du Reichstag. Le principal argument qu'il a fait valoir, c'est la nécessité pour l'administration de s'assurer le concours permanent d'un personnel absolument stable. A son avis, cette garantie de stabilité n'existerait plus si l'on ouvrait dans une trop large mesure l'accès des emplois aux femmes, souvent portées à les rechercher comme une sorte de pis aller, en attendant une position sociale plus en rapport avec la vocation naturelle de leur sexe.

France.

En France, si l'on consulte les archives de l'administration, on trouve, dès le XVIIIe siècle, des femmes placées à la tête des bureaux de poste. A une époque qui n'est pas encore bien éloignée de nous, on les a vues chargées de la gestion des bureaux composés importants, tels que celui du Havre ou la recette principale de Clermont-Ferrand, avec des commis et des surnuméraires sous leurs ordres.

Exclusion des femmes de la gestion de certains bureaux

L'ordonnance du 17 décembre 1844, qui réserva de préférence les bureaux de début aux veuves, filles ou sœurs d'anciens fonctionnaires, exclut les femmes des bureaux composés (art. 73); cette exclusion a été étendue depuis à la gestion des bureaux simples situés dans les chefs-lieux d'arrondissement ou les villes sièges d'un tribunal de commerce (*Art.* 50 *de l'instruction générale sur les ervice des postes*).

Mais si l'élément féminin a reculé de ce côté, il a pris sa revanche dans les emplois inférieurs pour le recrutement desquels il entre dans une proportion de plus en plus considérable.

Services où elles sont admises: bureaux simples.

On compte aujourd'hui près de 4,000 recettes simples gérées par des femmes, sans parler du très nombreux personnel auxiliaire féminin attaché à ces recettes.

Centres de dépôt télégraphiques; stations téléphoniques; administration centrale.

En 1877, on a commencé à employer les femmes à la manipulation des appareils télégraphiques au poste central, à Paris. Cet essai ayant donné de bons résultats, on l'a étendu au bureau télégraphique de la Bourse, aux centres de dépôt régionaux où l'isolement du personnel féminin a pu facilement être réalisé, aux stations téléphoniques, à la sections des rebuts de la recette principale de la Seine, enfin à l'administration centrale, où les femmes sont chargées, à la division de la comptabilité et à la caisse d'épargne, de travaux de vérification, de classement et de copie.

D'après le budget de 1891, l'effectif des dames employées est de 2,157, non compris les receveuses, les aides des bureaux simples et les femmes de service. Cet effectif se décompose ainsi :

Administration centrale	164
Département de la Seine	499
Autres départements	400
Algérie	47
Service téléphonique	637
Caisse d'épargne postale	410
TOTAL	2,157

Les dames télégraphistes ou téléphonistes sont recrutées parmi les personnes âgées de dix-huit ans au moins et de vingt-cinq ans au plus, et de préférence parmi les femmes, filles ou sœurs d'agents ou sous-agents de l'administration des postes et des télégraphes en activité et comptant au moins dix ans de service et les parents au même degré d'agents ou de sous-agents retraités, décédés, ou qui, comptant au moins dix ans de service dans cette administration, ont été reconnus par les médecins hors d'état de continuer leurs fonctions. A défaut d'un nombre suffisant de postulantes de cette catégorie reconnues admissibles, on appelle à concourir : Conditions d'admission.

1° Les aides justifiant de trois années au moins de service effectif ;

2° Les aides qui, n'ayant accompli que dix-huit mois de stage, sont femmes, filles ou sœurs de serviteurs de l'Etat en activité, comptant au moins dix ans de services militaires ou civils rétribués ;

3° Les aides qui, n'ayant qu'une année de stage, sont femmes, filles ou sœurs d'anciens serviteurs de l'Etat retraités, décédés, ou qui comptant au moins dix ans de services militaires ou civils rétribués, ont été reconnus par les médecins hors d'état de continuer leurs fonctions.

Ce n'est que dans le cas d'insuffisance du recrutement fourni par ces diverses catégories que d'autres postulantes sont appelées à prendre part à l'examen.

Les postulantes des trois catégories concourent respectivement entre elles, et celles reconnues admissibles sont classées uniquement d'après la valeur de leurs compositions et appelées à l'activité dans l'ordre de ce classement (*Arrêté ministériel du* 6 *déc.* 1890).

L'examen porte sur l'écriture, l'orthographe, la rédaction, la géographie et l'arithmétique élémentaire. Les concurrentes déclarées admissibles ne sont définitivement admises qu'après avoir fait un stage professionnel et non rétribué, et lorsqu'elles sont en état d'assurer le service (1).

Les dames employées à l'administration centrale sont recrutées parmi les employées du service actif et parmi les receveuses.

(1) *Bull. mens.* n° 1, janv. 1890, p. 315 ; n° 12, déc. 90, p. 1057

§ 5. — Sous-agents.

Les conditions d'admission aux emplois de sous-agents ont été déterminées par les arrêtés ministériels du 12 juin 1882 (1) et du 23 décembre 1885 (2).

On distingue, au point de vue du recrutement, trois catégories d'emplois :

Les emplois de *début*, auxquels peuvent prétendre les candidats étrangers à l'administration;

Les emplois d'*avancement*, c'est-à-dire ceux qui ne sont donnés qu'à des sous-agents en exercice;

Les emplois d'*auxiliaires*.

Emplois de début. Les emplois de facteur et de gardien de bureau sédentaire sont seuls considérés comme postes de début.

Encore les emplois de facteur de ville, de facteur adulte des télégraphes, de facteur-boîtier et de gardien de bureau dans les départements ne sont-ils donnés à des postulants étrangers qu'en cas d'insuffisance de candidats appartenant déjà à l'administration.

Les emplois de facteur des postes (3), de gardien de bureau et de chargeur, à Paris, sont accordés :

1° Aux anciens militaires et, de préférence, à ceux qui ont obtenu le grade de sous-officier;

2° Aux sous-agents âgés de vingt et un ans au moins qui, à défaut de services militaires, justifient de trois ans d'activité dans l'administration et de l'aptitude physique nécessaire (*Arrêté ministériel du* 28 *décembre* 1885).

Les emplois de facteur adulte des télégraphes sont réservés de préférence à l'avancement des sous-agents bien notés, notamment des facteurs locaux et ruraux.

Conditions d'âge. Les candidats aux emplois de début doivent avoir dix-sept ans au moins, et trente ans au plus; toutefois, s'ils comptent déjà des services valables pour la pension de retraite, la limite de trente ans peut être reculée d'un nombre d'années égal à celui de la durée de ces services, sans cependant que l'âge du candidat puisse dépasser quarante ans (*Arrêté ministériel du* 12 *juin* 1882, *art.* 4).

Emplois d'avancement. Ne peuvent être attribués qu'à des sous-agents appartenant déjà aux cadres de l'administration, les emplois de :

Chargeur en gare ;

(1) *Bull. mens.* n° 6, juin 1882, p. 257.
(2) *Bull. mens.* n° 1, janv. 1886, p. 2.
(3) Les facteurs des postes à Paris passent successivement par les emplois de leveur de boîtes, de distributeur d'imprimés, d'assistant à la distribution des lettres et de distributeur dans la banlieue annexée, avant d'obtenir un quartier de distribution de lettres dans l'ancien Paris.

Gardien de bureau ambulant;
Sous-chef et chef facteur;
Surveillant des télégraphes;
Entreposeur;
Courrier convoyeur;
Brigadier-chargeur;
Sous-agent du matériel des bureaux ambulants;
Brigadier-facteur;
Chef surveillant des télégraphes (*Art.* 2 *de l'arrêté ministériel du* 12 *juin* 1882).

Les chargeurs sont choisis parmi les sous-agents titulaires ayant au moins une année d'exercice;

Les gardiens de bureau ambulant, parmi les chargeurs en gare les plus anciens et les plus méritants;

Les sous-chefs facteurs, parmi les facteurs de la résidence;

Les chefs facteurs, parmi les sous-chefs, et, à défaut de sous-chefs, parmi les facteurs de la résidence les plus anciens et les plus aptes à ces fonctions;

Les surveillants, parmi les ouvriers commissionnés les plus anciens et les plus aptes, à défaut de candidats sous-officiers;

Les entreposeurs, parmi les sous-agents titulaires comptant au moins cinq ans d'exercice;

Les courriers convoyeurs, parmi les sous-agents titulaires comptant au moins huit années d'exercice et en possession d'un traitement minimum de 1,000 francs;

Les brigadiers-chargeurs et les sous-agents du matériel des bureaux ambulants, parmi les sous-agents ayant au moins deux ans de service et réunissant les conditions d'aptitude nécessaires.

Les brigadiers facteurs sont recrutés parmi les sous-agents ayant au moins deux ans de service, et de préférence parmi les facteurs distributeurs; on leur fait subir un petit examen à la direction.

(*Arrêté ministériel du* 12 *juin* 1882, *art.* 6.)

Les chefs surveillants des télégraphes sont choisis, à défaut de sous-officiers candidats, parmi les surveillants et les ouvriers commissionnés ayant satisfait aux épreuves d'un examen portant sur les matières ci-après :

1° Écriture;
2° Orthographe;
3° Rédaction;
4° Arithmétique élémentaire (quatre règles, nombres décimaux, fractions, système des poids et mesures);
5° Dessin linéaire.

Les candidats qui ont satisfait à l'examen ne sont nommés chefs surveillants qu'après un stage de six mois, pendant lequel ils conservent le traitement ou le salaire qu'ils recevaient comme surveillants ou ouvriers commissionnés.

Les sous-agents qui, à l'expiration du stage, ne sont pas reconnus aptes à remplir les fonctions de chef surveillant reprennent, s'il y a lieu, leur ancien service (*Arrêté ministériel du 12 juin 1882, art. 7*).

Emplois d'auxiliaires.

Le personnel des sous-agents auxiliaires comprend :

Les jeunes facteurs des télégraphes ;

Les courriers auxiliaires ;

Les gardiens d'entrepôt ;

Les chargeurs auxiliaires.

Les jeunes facteurs des télégraphes sont admis entre douze et quinze ans. Ceux qui ont moins de treize ans doivent être pourvus du certificat d'études primaires institué par la loi du 28 mars 1882.

Les facteurs tubistes sont choisis parmi les jeunes facteurs après examen ; ils peuvent devenir facteurs adultes après l'âge de dix-sept ans.

Aucune limite maximum d'âge n'est imposée pour l'admission aux emplois de courrier auxiliaire, de gardien d'entrepôt et de chargeur auxiliaires, qui sont attribués de préférence aux anciens serviteurs de l'État (*Art. 3 et 4 de l'arrêté ministériel du 12 juin 1882, art. 4*).

§ 6. — Ouvriers commissionnés et mécaniciens.

Ouvriers commissionnés.

Les ouvriers d'équipe, les ouvriers employés à l'usine de la Seyne et ceux du dépôt central à Paris sont admis jusqu'à trente ans, exceptionnellement jusqu'à quarante, lorsqu'ils ont des services militaires à faire valoir. Ils doivent être bons pour le recrutement militaire, non inscrits maritimes et aptes aux travaux manuels.

Les ouvriers d'équipe sont commissionnés après un stage de six mois au moins [*Arrêté ministériel du 6 mars 1882*] (1).

Mécaniciens.

Les mécaniciens sont d'abord auxiliaires, puis titulaires. Les mécaniciens auxiliaires sont recrutés parmi les ouvriers des ateliers du dépôt central à Paris, à l'issue d'un cours fait à ces ateliers.

Ce cours a lieu le soir, en dehors des heures du travail ordinaire des ouvriers. Il est divisé en deux parties, l'une théorique, l'autre pratique.

La partie théorique de l'enseignement comprend les éléments de la langue française, de l'arithmétique, de la géométrie, le dessin linéaire, des notions d'électricité et de télégraphie.

La partie pratique comprend le démontage, le remontage et le réglage des appareils, l'ajustage de certaines pièces, la recherche méthodique des dérangements, l'installation des postes et des piles, etc.

La durée du cours est de dix mois.

Des primes peuvent être accordées aux ouvriers élèves les plus méritants.

Les ouvriers classés les premiers à la suite des examens et qui ont

(1) *Bull. mens.* n° 3, mars 1882, p. 104.

complété un stage de dix mois aux ateliers, y compris le temps nécessaire au cours, sont seuls admissibles aux emplois de mécanicien. Ils ne doivent pas être âgés de plus de trente ans, ou de quarante s'ils ont des services militaires à faire valoir.

Les mécaniciens titulaires sont choisis parmi les mécaniciens auxiliaires comptant au moins deux ans de service, suivant le rang qu'ils ont obtenu à l'examen.

§ 7. — Emplois réservés aux anciens sous-officiers.

La nouvelle loi militaire du 15 juillet 1889 contient des dispositions d'une portée considérable pour le recrutement des services civils. Loi du 15 juillet 1889 sur le recrutement de l'armée.

L'article 7 dispose que *Nul n'est admis dans une administration de l'État s'il ne justifie avoir satisfait aux obligations imposées par la loi militaire.*

Nos règlements sur le recrutement des agents et sous-agents des postes et des télégraphes n'ont pas encore été mis d'accord avec cette disposition dela loi.

L'article 84 décide qu'à partir du 1er novembre 1892, *Nul ne pourra être admis à exercer* certains *emplois salariés par l'État ou les départements si, n'ayant pas été déclaré impropre au service militaire à l'appel de sa classe, il ne compte au moins cinq années de service actif dans les armées de terre ou de mer, dont deux comme sous-officier, caporal ou brigadier, ou si, avant la date ci-dessus mentionnée, il n'a été retraité ou réformé. Un règlement d'administration publique, qui devra être promulgué un an au plus après la mise en vigueur de la loi* (1), *déterminera les emplois ainsi réservés, les conditions auxquelles les candidats devront satisfaire pour les obtenir, et le mode de recrutement de ces emplois en cas d'insuffisance de candidats remplissant les conditions voulues.*

Le règlement d'administration publique annoncé n'a pas encore paru. En attendant, les emplois réservés aux anciens sous-officiers et les conditions que ceux-ci doivent remplir pour les obtenir restent déterminés par la législation antérieure.

Dans l'espoir de retenir plus longtemps sous les drapeaux les sous-officiers qui font la force des cadres inférieurs de l'armée, la loi du 18 mars 1889 réserve exclusivement, ou dans une proportion déterminée par un tableau annexé à la loi, certains emplois civils, d'abord aux sous-officiers rengagés comptant quinze années de service, dont quatre avec le grade de sous-officier ; en second lieu aux sous-officiers ayant passé dix ans sous les drapeaux dans l'armée active, dont quatre avec le grade de sous-officier ; en troisième lieu, aux sous-officiers et officiers mariniers retraités ou réformés, à la suite de blessures reçues ou d'infirmités contractées au service, quel que soit le temps passé par eux sous les drapeaux ou pavillons (Art. 14 et 22). Loi du 18 mars 1889 sur le rengagement des sous-officiers.

(1) La loi du 15 juillet 1889 a été appliquée à partir du 23 novembre de la même année.

Les conditions d'aptitude exigées des sous-officiers pour prétendre à ces emplois ont été déterminées par un règlement d'administration publique en date du 4 juillet 1890, publié au *Journal officiel* du 11 du même mois.

Les emplois civils réservés aux sous-officiers sont divisés en quatre catégories :

La première comprend ceux qui exigent des connaissances spéciales;

La seconde, ceux qui demandent une instruction supérieure à l'enseignement primaire;

La troisième, ceux pour lesquels l'instruction primaire est suffisante;

La quatrième enfin, les emplois accessibles sans examen à tous les sous-officiers réunissant les conditions fixées par la loi.

Une moralité irréprochable est exigée de tous les candidats.

Emplois des postes et des télégraphes réservés aux anciens sous-officiers.

En ce qui concerne les postes et les télégraphes, les emplois réservés aux anciens sous-officiers sont répartis dans les trois dernières catégories :

Extrait du tableau annexé à la loi du 18 mars 1889.

EMPLOIS	NUMÉROS DE CATÉGORIES DES EMPLOIS	CONDITIONS D'APTITUDE Pour tous les emplois : BONNE CONDUITE ET BONNE TENUE	PROPORTION RÉSERVÉE AUX SOUS-OFFICIERS
		Ministère du Commerce, de l'Industrie et des Colonies.	
		ADMINISTRATION DES POSTES ET TÉLÉGRAPHES	
		Administration centrale.	
Expéditionnaires...	3e	Belle écriture. — Instruction primaire complète..	Totalité.
Gardiens de bureau.	4e	....	Totalité.
		Services extérieurs.	
Commis..........	2e	Formation d'un tableau conforme à un modèle donné. — Examen oral sur les matières suivantes : — Arithmétique : quatre règles, fractions décimales et ordinaires, règle de trois simple et système métrique. — Géographie générale des cinq parties du monde. Grandes divisions politiques. Villes principales. Notions détaillées sur la France. — Physique et chimie (notions élémentaires générales). — Notions particulières sur l'électricité et la formation du courant dans les piles. — Certificat constatant que le candidat connaît le maniement des appareils télégraphiques.	1/3
Receveurs des départements.	3e	Belle écriture. — Instruction primaire complète. Composition écrite de géographie. — Notions très complètes de géographie, en particulier de la géographie de la France. — Certificat constatant que le candidat connaît le fonctionnement des appareils télégraphiques..................	1/2
Chefs surveillants..	3e	Belle écriture.—Instruction primaire complète.—Un peu de dessin linéaire (emplois à réserver de préférence aux sous-officiers de l'artillerie et du génie).	3/4
Surveillants.......	4e	Aptitude aux travaux de force..................	3/4
Facteurs à Paris, facteurs de ville et facteurs des télégraphes des départements.	4e	Bonne santé..................................	3/4
		Algérie.	
Commis ordinaires.	2e	Tracé d'un tableau conforme à un modèle donné. — Examen oral sur les matières suivantes : arithmétique, 4 règles, fractions décimales et ordinaires, règle de trois simple et système métrique. — Géographie générale des cinq parties du monde. Grandes divisions politiques. Villes principales. Notions détaillées sur la France et l'Algérie. — Physique et chimie (Notions élémentaires générales). Notions particulières sur l'électricité et la formation du courant des piles.	1/2
Receveurs de bureaux.	3e	Belle écriture. — Instruction primaire complète. — Composition écrite de géographie. — Notions très complètes de géographie, en particulier de la géographie de l'Algérie. — Certificat constatant que le candidat connaît le fonctionnement des appareils télégraphiques. — Cautionnement de 1,000 fr..	1/2
Chefs surveillants..	3e	Belle écriture. — Instruction primaire complète, un peu de dessin linéaire. (Emplois à réserver de préférence aux sous-officiers de l'artillerie et du génie).	3/4
Brigadiers facteurs.	3e	Belle écriture. — Instruction primaire complète.	1/2
Facteurs-boîtiers..	4e	N'être atteint d'aucune infirmité................	2/3
Surveillants.......	4e	Aptitude aux travaux de force..................	3/4

Forme et transmission des demandes.

Les tableaux détaillés des emplois réservés aux sous-officiers sont envoyés aux différents corps des armées de terre et de mer et mis à la disposition de tous les militaires (Loi du 18 mars 1889, art. 26).

Tout sous-officier en situation de remplir, à l'expiration de son rengagement, les conditions d'années de service exigées par l'article 14 de la loi du 18 mars 1889, et qui veut obtenir un des emplois portés aux tableaux annexés à cette loi en fait, dans les douze mois qui précèdent le terme de son rengagement, la demande par écrit à son chef de corps, en indiquant, par ordre de préférence, les divers emplois auxquels il pourrait être appelé et les localités dans lesquelles il désire être placé. (Art. 15 de la loi du 18 mars 1889).

Tout sous-officier remplissant les conditions déterminées à l'article 14, qui quitte son corps sans avoir demandé un des emplois portés aux tableaux annexés à la loi du 18 mars 1889, *reçoit, s'il le réclame, un certificat constatant qu'il a fait le temps de service nécessaire pour obtenir un emploi civil* (Art. 18 de la loi du 18 mars 1889).

Les sous-officiers et officiers mariniers libérés du service qui, réunissant les conditions légales, désirent, par application des articles 18 et 22 de la loi du 18 mars 1889, obtenir un des emplois réservés aux sous-officiers, adressent leur demande, avec les pièces à l'appui, au général commandant la subdivision de région dans laquelle ils ont leur domicile, par l'intermédiaire du commandant de la gendarmerie du département où ils résident. Ce commandant, après avoir entendu le candidat et fait une enquête, donne, en transmettant sa demande, des notes sur son aptitude physique, sa tenue, sa moralité et sa conduite depuis sa sortie du service et sur la profession qu'il a exercée (Art. 9 du décret du 4 juillet 1890).

Épreuves auxquelles sont soumis les candidats.

Les candidats qui expriment le désir de concourir subissent les épreuves indiquées pour chacun des emplois réservés.

Une commission est instituée dans chaque corps de troupes et dans chaque service pour examiner les sous-officiers qui, remplissant les conditions fixées par la loi, se présentent pour obtenir les emplois des trois premières catégories.

La composition de cette commission et le mode de nomination de ses membres sont fixés par des arrêtés du ministre de la guerre et du ministre de la marine.

Les candidats aux emplois des trois premières catégories, en activité de service, subissent, en présence de la commission instituée par l'article précédent, aux époques déterminées par des arrêtés des ministres de la guerre et de la marine, un examen sur les matières indiquées dans le programme de l'enseignement primaire.

Cet examen comprend quatre épreuves écrites, qui sont les suivantes : copie à main posée, dictée, rédaction sur un sujet n'exigeant aucune connaissance technique, problèmes d'arithmétique, et un interrogatoire durant un quart d'heure au moins sur la grammaire française, l'arithmétique élémentaire et la géographie de la France, de l'Algérie et des colonies.

Le résultat de chaque épreuve et de l'interrogatoire est constaté par un chiffre de 0 à 10 (0 nul — 10 parfait).

Le chef de corps ou le directeur du service donne aux candidats de tou-

toutes les catégories des notes de moralité, de conduite, d'aptitude physique, d'éducation et de tenue d'après son appréciation et l'ensemble des punitions qu'ils ont subies depuis leur entrée au service.

Il adresse par la voie hiérarchique, au général commandant le corps d'armée, ces notes, accompagnées d'un certificat de visite délivré par le médecin attaché au corps ou au service auquel le candidat appartient, de l'état signalétique des services, du folio des punitions de chaque candidat et des diplômes, brevets et certificats qui ont pu lui être délivrés, ainsi que du procès-verbal de son examen et de ses diverses compositions lorsque l'emploi qui en est l'objet est rangé dans l'une des trois premières catégories.

Si le sous-officier appartient à l'armée de terre, le général de brigade et le général de division, en transmettant ces pièces, y joignent leurs notes sur le candidat.

S'il appartient à l'armée de mer, les pièces qui le concernent sont transmises par l'intermédiaire du major général et du préfet maritime, qui donnent pareillement leurs notes, au ministre de la marine, qui adresse les dossiers au ministre de la guerre.

En outre de l'examen primaire, *les candidats aux emplois des deux premières catégories subissent, soit du 15 au 30 avril, soit du 15 au 30 octobre, des examens sur les matières indiquées pour chaque catégorie d'emplois.*

Les candidats aux emplois des deux premières catégories subissent ce second examen au chef-lieu du corps d'armée, devant une commission nommée par le général commandant ce corps et composée ainsi qu'il suit :

Un officier général président ;

Deux officiers ;

Deux fonctionnaires civils présentés par le préfet et appartenant, autant que possible, à l'administration de laquelle dépend l'emploi que sollicite candidat.

Le président de la commission adresse au général commandant le corps d'armée le procès-verbal de l'examen et les compositions écrites pour les emplois de la deuxième catégorie (Art. 2 à 7 du règlement d'administration publique du 4 juillet 1890).

Les sous-officiers et officiers mariniers libérés du service, s'ils l'ont quitté sans obtenir le certificat mentionné à l'article 18 de la loi du 18 mars 1889, et s'ils sollicitent un emploi des trois premières catégories, subissent l'examen prescrit devant une des commissions instituées en vertu de l'article 3 du décret du 4 juillet 1890.

Le général commandant la subdivision dans laquelle le candidat a son domicile désigne la commission qui fera passer l'examen.

S'ils sollicitent un emploi des deux premières catégories, ils subissent en outre les examens prévus par les articles 7 et 8 du décret pour les sous-officiers en activité de service (Art. 9 et 10 du décret du 4 juillet 1890).

Chaque semestre, après la fin des examens, le général commandant le corps d'armée transmet au ministre de la guerre les procès-verbaux des examens subis dans sa région, avec ses notes sur tous les candidats et les pièces qui les concernent (Art. 12 du décret du 4 juillet 1890).

Une commission, nommée par décret, sur le rapport du ministre de la guerre, et composée :

D'un conseiller d'État en service ordinaire, président;

De deux officiers généraux ou supérieurs de l'armée de terre ;

D'un officier général ou supérieur de l'armée de mer ;

D'un membre de l'intendance ;

D'un délégué du ministère de l'intérieur ;

D'un délégué du ministère des finances ;

D'un délégué du ministère des travaux publics ;

D'un représentant de l'administration de laquelle dépend l'emploi auquel le sous-officier est candidat,

Et de deux maîtres des requêtes, secrétaires,

Est chargée de dresser pour les vacances réservées, au fur et à mesure qu'elles se produisent, une liste de candidats. Les emplois doivent être attribués aux sous-officiers dans l'ordre de classement adopté par la commission, toutes les fois que la vacance qui se produit doit être attribuée aux sous-officiers. La liste est insérée au Journal officiel *et au* Bulletin officiel du ministère de la guerre, *et les sous-officiers sont avisés du rang qu'ils ont obtenu, dans le délai de deux mois, à partir du jour où la liste a été établie par la commission.*

Le ministre de la guerre transmet, avec toutes les pièces exigées, aux ministres des départements dans les services desquels ils doivent être placés, les noms des sous-officiers désignés pour les emplois vacants.

Ils sont nommés par l'autorité compétente, qui en donne immédiatement avis au ministre de la guerre.

Il est fait mention des nominations au Journal officiel, *et à la fin de chaque année il est publié dans le même journal un état général des emplois attribués aux sous-officiers par chaque ministère, avec indication, en regard, des vacances qui s'y sont produites* (Loi du 18 mars 1889, art. 24).

Lorsque la commission fait connaître qu'il ne se trouve pas de sous-officiers susceptibles de remplir les vacances signalées, le ministre de la guerre en donne avis au ministre dans le département duquel se sont produites les vacances, et il peut alors y être pourvu directement par le ministre compétent, dans le cas où ces emplois ne sauraient rester trop longtemps vacants sans compromettre le service (Loi du 18 mars 1889, art. 25).

Lorsque les emplois demandés exigent un surnumérariat, les sous-officiers peuvent être mis en subsistance dans un corps et autorisés à travailler dans un des bureaux de l'administration dans laquelle ils ont été admis (Loi du 18 mars 1889, art. 17).

Le nombre des sous-officiers rengagés qui ont sollicité des emplois dans les postes et les télégraphes en invoquant les dispositions de la loi du 18 mars 1889 ou des lois antérieures a été jusqu'à ce jour assez restreint. En 1889, quatre ont été appelés à des emplois de receveur dans les départements, et quatre à des emplois de chef surveillant des télégraphes (1).

(1) *Journal officiel* du 11 août 1890.

CHAPITRE IV

INCOMPATIBILITÉS

Aux termes de l'article 47 de l'Instruction générale, les fonctions d'agent des postes sont incompatibles avec toutes autres fonctions publiques rétribuées, civiles, militaires, ecclésiastiques, judiciaires ou de police ; avec celles de maire ou d'adjoint, de préposé à la perception des contributions directes et indirectes et des deniers communaux ; avec l'exercice de toute industrie commerciale et avec la profession d'officier ministériel, d'employé ou d'intéressé dans une agence ou cabinet d'affaires.

Ces incompatibilités ont été établies les unes par la loi, les autres par de simples décisions administratives.

Incompatibilité entre les fonctions judiciaires et les fonctions de l'ordre administratif. Loi du 24 vendémiaire an III (15 octobre 1794)

Le titre Ier de la loi du 24 vendémiaire an III pose le principe de l'incompatibilité entre les fonctions judiciaires et celles de l'ordre administratif. L'article 2 porte que *les magistrats de l'ordre judiciaire ne pourront être notaires publics, membres des administrations forestières, receveurs de district ou de l'enregistrement, employés dans le service des douanes, postes ou messageries, ni remplir des fonctions publiques sujettes à comptabilité pécuniaire.*

Incompatibilité entre diverses fonctions de l'ordre administratif.

Le titre II de la même loi prononce l'incompatibilité des fonctions remplies par les autorités départementales et communales (aujourd'hui les préfets, les sous-préfets, les maires et les adjoints) avec celles de comptable des deniers publics, et les autres emplois énumérés ci-dessus.

Mandats électifs.

La loi du 5 avril 1884 a confirmé ces dispositions en ce qui concerne les fonctions municipales, en décidant, dans son article 80, que les agents des postes et des télégraphes ne pourraient être maires ni adjoints, ni en exercer même temporairement les fonctions.

Une décision ministérielle du 20 juillet 1877 défend en outre aux agents d'accepter les mandats de conseiller municipal, de conseiller d'arrondissement ou de conseiller général avant d'avoir obtenu, au préalable, l'autorisation de l'administration (1).

On a considéré que l'exercice de ces fonctions pourrait être parfois de nature à détourner les agents de l'accomplissement régulier de leurs obligations professionnelles et les exposerait à sortir de la réserve qui leur est commandée par leur situation administrative, notamment en

(1) *Bull. mens.* n° 101 suppl., août 1877, p. 337.

provoquant leurs avis sur les questions se rapportant aux services dont ils sont chargés.

Les fonctionnaires publics, rétribués sur les fonds de l'État, ne peuvent être élus membres de la Chambre des députés. *En conséquence, tout fonctionnaire élu député sera remplacé dans ses fonctions si, dans les huit jours qui suivront la vérification des pouvoirs, il n'a pas fait connaître qu'il n'accepte pas le mandat de député.* Cette disposition de l'article 8 de la loi du 30 novembre 1875 a été rendue applicable aux élections des sénateurs par l'article 9 de la loi du 9 décembre 1884. Elle atteint les agents des postes et des télégraphes, qui ne peuvent exercer le mandat de député ou de sénateur qu'après avoir donné leur démission. Ceux qui compteraient vingt ans de service et cinquante ans d'âge à l'époque de l'acceptation du mandat de sénateur pourraient faire valoir leurs droits à une pension de retraite proportionnelle, réglée conformément au troisième paragraphe de l'article 12 de la loi du 9 juin 1853 (*Loi du 9 décembre 1884, art. 9*). Ceux qui, ayant eu vingt ans de service à la date de l'acceptation du mandat de député, justifieraient de cinquante ans d'âge à l'époque de la cessation de ce mandat, pourraient faire valoir leurs droits à une pension de retraite exceptionnelle, réglée dans les mêmes conditions (*Art. 10 de la loi du 30 mars 1875*).

Enfin l'article 21 de la loi du 2 août 1875 sur les élections des sénateurs déclare les directeurs des postes inéligibles dans le département de leur ressort pendant l'exercice de leurs fonctions ou pendant les six mois qui suivent la cessation de leurs fonctions.

Incompatibilité entre les fonctions de notaire et celles d'agent des contributions publiques.

L'incompatibilité entre les fonctions de notaire et celles de préposé à la recette des contributions publiques, résulte de l'article 7 de la loi du 25 ventôse au XI (25 mars 1803). Il paraît toutefois que cette disposition de la loi organique sur le notariat n'avait pas été strictement observée dans l'administration des postes, car une ordonnance du 25 mars 1831 (1) dut mettre les notaires qui étaient en possession de bureaux de poste en demeure d'opter entre leur charge et leur bureau. Un arrêté ministériel du 16 avril 1831 (2) étendit cette incompatibilité aux femmes des notaires. L'article 47 de l'instruction générale a fait plus encore : il a étendu l'incompatibilité à tous les agents des postes, d'une part, et à tous les officiers ministériels, d'autre part.

Interdiction aux agents des finances de prendre intérêt dans les agences ou cabinets d'affaires.

Une autre incompatibilité a été prononcée par un arrêté ministériel du 15 décembre 1820, qui interdit à tous les agents et sous-agents relevant du ministère des finances de prendre ou de conserver un intérêt ou une occupation dans des agences ou cabinets d'affaires. L'arrêté précité menace ceux qui contreviendraient à cette défense de les considérer comme démissionnaires.

Défense aux agents des postes de faire le commerce. — Exceptions.

Enfin l'arrêté ministériel du 31 juillet 1834 déclare les fonctions de directeur des postes incompatibles avec la profession de négociant ou de commerçant et étend cette incompatibilité aux femmes des directeurs

(1) *Instruction générale*, p. 1037.
(2) *Instruction générale*, p. 1012.

et aux maris des directrices; cette interdiction, que l'article 47 de l'instruction générale applique même à tous les agents, est une satisfaction donnée, un peu tardivement peut-être, à des réclamations très justifiées, dont on retrouve déjà la trace dans les cahiers des États généraux de 1789. Si l'on permettait aux agents des postes de faire le commerce, il serait à craindre qu'ils ne se laissassent entraîner à exposer les fonds de l'État dans leurs spéculations, ou que, voyant passer sous leurs yeux la correspondance de leurs concurrents, ils ne cédassent à la tentation d'abuser des renseignements qui viendraient à tomber entre leurs mains.

Toutefois, l'administration n'applique pas le principe dans toute sa rigueur. Il y a des sous-agents dont le salaire est très peu élevé, et qui trouvent dans un petit commerce, tenu ordinairement par leur femme, un supplément de ressources appréciable. L'administration ferme les yeux, tant que son attention n'a pas été appelée par des réclamations sur cette situation irrégulière.

L'interdiction de s'occuper d'affaires commerciales n'existe pas pour les receveurs et les distributeurs des bureaux français à l'étranger, ni pour les gérants des bureaux auxiliaires qui sont désignés par les communes. De même les *suboffices* en Angleterre et les offices auxiliaires en Allemagne peuvent être gérés par des commerçants, sans qu'il paraisse résulter de cette situation aucun inconvénient.

En Suisse, les fonctionnaires postaux ne peuvent exercer une industrie privée qu'autant qu'elle ne préjudicie pas à l'accomplissement régulier de leurs devoirs professionnels et qu'ils y ont été autorisés par le Conseil fédéral.

En Belgique, l'exercice d'une profession, d'une industrie ou d'un commerce est interdit aux fonctionnaires et agents des postes en activité de service, sauf aux sous-percepteurs et aux gérants des dépôts. Les fonctionnaires et agents peuvent être relevés de cette incapacité, dans certains cas particuliers, par le ministre.

Incompatibilité spéciale aux facteurs.

Il existe enfin en France une incompatibilité relative que l'intérêt de la discipline a fait établir : les facteurs ne peuvent être parents ou alliés du titulaire du bureau auquel ils sont attachés [*Déc. min. du* 12 *juillet* 1884; *arrêté ministériel du* 3 *mai* 1852, *art.* 11] (1).

Mariage des receveuses.

Les receveuses qui se proposent de contracter mariage doivent préalablement solliciter l'autorisation de l'administration par la voie hiérarchique, en faisant connaître l'ensemble de la position de la personne qu'elles ont en vue d'épouser.

Elles ne peuvent être autorisées à contracter mariage avec une personne remplissant des fonctions de police, y compris celles de maire ou d'adjoint [*Arrêté ministériel du* 31 *octobre* 1890] (2).

Le mari d'une receveuse doit, à moins de circonstances exceptionnelles, être agréé en qualité d'aide au bureau dont la femme est titulaire.

(1) *Instruction générale*, p. 1060.
(2) Bull. mens. n° 11, nov. 1890, p. 986.

CHAPITRE V

ÉMOLUMENTS ATTACHÉS AUX EMPLOIS

Les divers émoluments attachés aux emplois se nomment, suivant leur ature, *traitements*, *rétributions*, *salaires*, *remises*, *indemnités*.

§ 1° — Traitements.

Traitements. Le traitement est fixé en raison de l'importance de la fonction. Il est gradué, pour chaque emploi, d'après une échelle déterminée, suivant la classe du fonctionnaire et l'ancienneté des services; il est soumis à la retenue pour le service des pensions civiles.

La base des traitements, pour les agents de tout grade, est fixée par décret.

Le tableau inséré à l'article 19 du décret du 23 avril 1883 indique, pour chaque emploi, le maximum et le minimum du traitement ainsi que les échelons intermédiaires. Ce tableau a été modifié sur quelques points :

1° Par le décret du 3 février 1885, qui a supprimé l'emploi de garde-magasin central des timbres-poste.

2° Par le décret du 4 janvier 1887, qui a établi pour les traitements des inspecteurs-ingénieurs les échelons intermédiaires de 4,500 et 5,500 francs.

3° Par le décret du 5 juillet 1890, qui a modifié les traitements des inspecteurs généraux et des inspecteurs adjoints du contrôle.

4° Par le décret du 22 septembre 1890, qui a élevé à 2,000 francs le maximum du traitement des courriers convoyeurs et des entreposeurs (1).

5° Par le décret du 22 janvier 1891, qui a porté à 12,000 francs le traitement maximum des trois directeurs-ingénieurs (région de Paris, école professionnelle, vérification du matériel), et à 10,000 francs le traitement maximum de quatre inspecteurs-ingénieurs, dont deux attachés à la région de Paris, et deux à la vérification du matériel.

(1) *Bull. mens.* n° 9, sept. 1890.

Il y a lieu, en outre, d'ajouter aux emplois prévus à l'article 19 du décret du 23 avril 1883 :

1° Le chef du poste central des télégraphes à Paris, dont le traitement varie entre 7,000 et 9,000 francs ;

2° L'agent comptable des téléphones, dont le traitement varie entre 5,000 et 8,000 francs (*Décret du 10 janvier 1891*);

3° Le chef du service intérieur à l'hôtel des postes à Paris, dont le traitement correspond à celui des chefs de section;

4° Le chef mécanicien à l'usine de la Seyne, dont le traitement varie entre 3,000 et 4,500 francs.

Pour les contrôleurs maintenus dans le service technique de la région de Paris et dans les services spéciaux, l'échelle des traitements a été relevée : elle est aujourd'hui la même que pour les inspecteurs et les sous-inspecteurs : le traitement oscille entre le minimum de 3,000 francs et le maximum de 5,500, et il est susceptible de s'élever par échelons successifs de 500 francs.

TABLEAU :

	EMPLOIS	MINIMUM	TRAITEMENTS INTERMÉDIAIRES	MAXIM.
		fr.		fr.
Service technique et services spéciaux.	Inspecteurs généraux	12.000		15.000
	Insp.-adj. à l'inspection générale	6.000	7.000, 8.000, 9.000 francs.	10.000
	Directeurs-ingénieurs	8.000	9.000, 10.000, 11.000 fr.	12.000
	Ingénieurs chef du service de la télégraphie sous-marine	8.000	9.000 francs	10.000
	Inspecteurs-ingénieurs (1)	4.000	4.500, 5.000, 5.500, 6.000 7.000 francs	8.000
	Agent comptable des téléphones.	5.000	6.000, 7.000, francs	8.000
	Sous-ingénieurs	2.500	3.000 francs	3.500
	Élèves ingénieurs	......	1.800 francs	»
	Contrôleurs, Chef de l'atelier des timbres-poste	3.000	3.500, 4.000, 4.500, 5.000 fr.	5.500
	Chef mécan. à l'usine de La Seyne.	3.000	3.500, 4.000 francs	4.500
	Mécaniciens	1.800	2.100, 2.400, 2.700, 3.000 fr.	3.500
	Chefs surveillants	1.400	1.600, 1.800, 2.000, 2.200 fr.	2.400
	Ouvriers aux machines	1.500	1.600 francs	1.700
Service d'exploitation et service ambulant.	Directeur des postes de Paris	8.000	9.000, 10.000, 11.000 fr.	12.000
	Directeur des postes et des télégraphes dans les départements et direct. des bur. ambulants	6.000	7.000, 8.000, 9.000 francs	10.000
	Inspecteurs principaux à Paris	6.000	7.000 francs	8.000
	Inspecteurs	4.000	4.500, 5.000 francs	5.500
	Sous-inspecteurs	3.000		3.500
	Brigadiers-facteurs	1.000	1.200, 1.400, 1.600, 1.800, 2.000, 2.200	2.400
	Receveur principal des postes de la Seine	8.000	9.000 francs	10.000
	Chef du poste central des télégraphes à Paris	7.000	8.000 francs	9.000
	Receveurs des bureaux composés (2)	3.000	3.500, 4.000, 4,500, 5.000, 6.000, 7.000 francs	8.000
	Chefs de brigade des bur. ambul.	2.700	3,000, 3,300, 3,600 francs.	4.000
	Receveurs des bureaux simples (1).	800	1.000, 1.200, 1.400, 1.600, 1800, 2000, 2200, 2400 fr.	2.700
	Dames employées	800	Avancements par échelons successifs de 100 francs.	1.800
	Sous-agents du matériel des bureaux ambulants, courriers convoyeurs et entreposeurs	1.000		2.000
	Facteurs-chefs (3)	1.000		1.800
	Facteurs de ville des postes et des télégraphes	1.000		1.500
Service maritime.	Agents embarqués	2.100	2.400, 2.700, 3.000, 3.300, 3.600 francs	4.000
Emplois communs aux divers services.	Chefs de section, agent comptable de la fabrication des timbres-poste, chef du service intérieur à l'hôtel des postes	5.000	5.500, 6.000, 7.000 francs.	8.000
	Sous-chefs de section	3.500	4.000, 4.500 francs	5.000
	Commis principaux	2.700	3.000, 3.300, 3.600 francs.	4.000
	Commis ordinaires	1.500	1.800, 2.100, 2.400 francs.	2.700
	Brigadiers-chargeurs (3)	1.000	Avancements par échelons successifs de 100 francs.	2.000
	Surveillants, gardiens de bureau et chargeurs	1.000		1.800

(1) Le traitement de quatre inspecteurs-ingénieurs peut exceptionnellement s'élever jusqu'à 10,000 francs.

(2) Les traitements pour les receveurs sont ainsi fixés, suivant la classe des bureaux (*Bull. mens.* n° 5, janv. 1888, instr. n° 367, p. 96).

Bureaux composés.	1re classe	7000 fr., 8000 fr.
	2e classe	5000 fr., 6000 fr.
	3e classe	3500 fr., 4000 fr., 4500 fr.
	4e classe	3000 fr., 3500 fr., 4000 fr.
Bureaux simples.	1re classe	2200 fr., 2400 fr., 2700 fr.
	2e classe	1600 fr., 1800 fr., 2000 fr.
	3e classe	1000 fr., 1200 fr., 1400 fr. (et les 300 premiers du classement, 1600 fr.).
	4e classe	800 fr., 1000 fr., 1200 fr., 1400 fr.

(3) Les sous-chefs facteurs à la recette principale de la Seine reçoivent, au moment de leur

§ 2. — Rétribution.

La *rétribution* est, pour les agents et sous-agents auxiliaires, ce qu'est le traitement pour les agents et sous-agents titulaires. Comme le traitement, elle est graduée par échelons, suivant l'ancienneté des services, entre un minimum et un maximum; elle en diffère en ce qu'elle n'est pas soumise à la retenue pour le service des pensions civiles. Elle est fixée par décision ministérielle (*Art.* 20 *du décret du* 23 *avril* 1883).

La rétribution des commis auxiliaires est, au début, de 1,000 francs, et elle peut s'élever, par avancements successifs, de 200 francs jusqu'à 2,400 francs (1).

Les dames employées, qui ne réclament pas leur titularisation, restent auxiliaires et touchent, au lieu d'un traitement, une rétribution équivalente non soumise à la retenue.

Il est alloué aux jeunes facteurs distributeurs de télégrammes dans les départements une rétribution qui est au minimum de 240 francs, et peut s'élever jusqu'à 900 francs.

Les jeunes facteurs boulistes et tubistes, à Paris, reçoivent une rétribution qui est, au début, de 480 francs pour les premiers, de 600 francs pour les seconds, et peut s'élever pour les uns et les autres jusqu'à 900 francs.

Les jeunes facteurs distributeurs de télégrammes à Paris, sont payés à raison de 7 centimes par télégramme, avec minimum garanti de 500 francs par an; à dix-sept ans, ils peuvent être chargés de la distribution dans les communes annexées; ils reçoivent alors une rétribution fixe de 700 à 1,000 francs.

Des primes de 50 et de 25 francs, en livrets de la Caisse d'épargne, sont distribuées tous les six mois aux jeunes facteurs les mieux notés.

§ 3° — Salaires.

Le *salaire* est une rémunération proportionnelle à la somme de travail effectué, abstraction faite de l'ancienneté des services. C'est au moyen de

nomination, un supplément de traitement de 100 francs; les chefs facteurs, un supplément de 200 francs, lorsqu'ils passent du grade de sous-chef à celui de chef facteur.

Les chefs facteurs qui ne sont pas attachés à la recette principale de la Seine et les facteurs des télégraphes reçoivent, au moment de leur promotion en grade de facteur chef, une augmentation de traitement de 100 francs en dehors de l'avancement normal pour lequel ils conservent l'ancienneté acquise dans le traitement de simple facteur.

Les sous-agents nommés brigadiers-chargeurs ou sous-agents de matériel reçoivent, au moment de leur nomination à ces grades, une augmentation de traitement de 200 francs, sans préjudice de l'avancement normal pour lequel ils conservent l'ancienneté acquise dans leur traitement antérieur.

En cas de changement d'emploi, l'augmentation de traitement accordée au moment de la nomination aux fonctions de facteur chef, de brigadier chargeur et de sous-agent du matériel est retirée (*Arrêté ministériel* du 8 septembre 1890; *Bull. mens.* n° 9, septembre 1890, p. 917).

(1) *Arrêté ministériel* du 26 avril 1890.

salaires que sont payés les facteurs locaux et ruraux, les courriers auxiliaires, les gardiens d'entrepôt, les chargeurs auxiliaires et en général les ouvriers et les hommes de peine.

Facteurs locaux et ruraux.

Le salaire des facteurs locaux et ruraux a toujours été fixé sur la base du parcours kilométrique; le taux est aujourd'hui de 7 centimes 1/4 par kilomètre parcouru et par jour. La longueur maximum des tournées étant de 32 kilomètres, le montant annuel du salaire peut ainsi s'élever jusqu'à 850 francs. Les facteurs-boîtiers ont toujours le maximum.

Le salaire des facteurs locaux et ruraux présente cette particularité qu'il est obligatoirement soumis, comme les traitements, à la retenue pour le service des pensions civiles. Ce mode de rémunération tout spécial provient de ce que les facteurs ruraux, qui ont remplacé les anciens messagers-piétons des communes, étaient à l'origine des auxiliaires payés à la tâche et à la journée; il a été maintenu même après que ces sous-agents sont entrés dans les cadres et ont acquis des droits à la pension de retraite.

Il a été l'objet de critiques fondées.

Le rémunération kilométrique ne tient compte ni de l'ancienneté, ni de la qualité des services rendus. Il arrive même qu'au lieu de croître avec les années, comme les traitements, le salaire des facteurs locaux et ruraux les plus anciens est susceptible d'être réduit, lorsque les fatigues et l'âge les obligent à prendre des tournées moins longues. Pour échapper dans la mesure du possible à cette conséquence fâcheuse du système, on a dû exceptionnellement décider que les facteurs comptant vingt-cinq ans de services et bien notés pourraient être appelés à des tournées moins étendues, sans que leurs émoluments fussent amoindris (*Décision du 6 mars* 1888) (1).

Hautes payes.

On a cherché d'autre part à remédier aux inconvénients de la rétribution kilométrique par l'allocation de cinq hautes payes, les deux premières de 25 francs, les autres de 50 francs chacune, et qui peuvent être accordées successivement aux facteurs, sur la proposition des directeurs, après cinq, dix, quinze, vingt et vingt-cinq ans de services actifs dans les postes. Le montant de ces allocations, soumises à la retenue comme le salaire lui-même, est cumulé avec lui pour servir de base à la liquidation de la pension de retraite (*Déc. min. des* 14 *juillet* 1851 *et* 13 *février* 1890) (2).

On a proposé, à différentes reprises, d'allouer aux facteurs locaux et ruraux un traitement personnel, au lieu de la rétribution kilométrique combinée avec l'allocation des hautes payes.

Une mesure de ce genre présenterait des avantages. Les tournées les moins longues et les moins pénibles reviendraient de droit, à mérite égal, aux sous-agents les plus anciens, sans que pour cela leur situation en fût amoindrie : ils auraient le choix des tournées, comme les facteurs de ville les plus anciens ont le choix des quartiers de distribution.

(1) *Bull. mens.* n° 3, mars 1888, p. 49.
(2) *Bull. mens.* n° 2, fév. 1890, p. 372.

Avec le traitement personnel des facteurs, il serait possible, dans bien des cas, d'améliorer sans dépense nouvelle le service de la distribution rurale, d'accorder une deuxième distribution ou une deuxième levée de boîte à des communes qui les sollicitent depuis longtemps, tandis qu'aujourd'hui, ces améliorations sont souvent différées par le seul motif qu'elles entraîneraient une augmentation du parcours, et par suite de salaire pour les facteurs.

On a dit qu'il était impossible d'égaliser les tournées, et qu'il ne serait pas équitable de rétribuer sur le même pied les facteurs qui n'emploient que quelques heures par jour à la distribution et ceux qui y consacrent la majeure partie de leur temps. Rien n'empêcherait d'utiliser les loisirs des facteurs les moins occupés en les faisant participer, à titre de charge d'emploi, aux travaux intérieurs des bureaux ou au transport des dépêches.

La transformation du salaire kilométrique des facteurs en un traitement personnel pourrait se faire dès à présent, avec les ressources prévues au budget pour le salaire et la haute paye. Le total des crédits alloués au budget pour ce double objet s'élève à 18,766,629 francs pour 23,940 facteurs-boîtiers, locaux et ruraux, soit en moyenne 783 fr. 90 pour chacun. Avec ces ressources, on pourrait fixer à 600 francs le traitement de début des facteurs locaux et ruraux, à 1,000 francs leur traitement maximum, ce qui reviendrait à porter le traitement moyen à 800 francs, chiffre peu différent de la moyenne actuelle. En admettant que la durée ordinaire de la carrière des facteurs ruraux soit de vingt-cinq ans (la plupart ont des services militaires), on pourrait leur donner un avancement de 50 francs tous les trois ans environ. Des frais de séjour pourraient être alloués à ceux qui résident dans les villes ou dans les régions industrielles où la vie est plus chère et le recrutement plus difficile.

Sous-agents chargés du transport des dépêches

Les sous-agents (facteurs ou gardiens de bureau) et les postulants facteurs chargés d'un service de transport de dépêches reçoivent pour ce service une indemnité annuelle calculée à raison de

7 centimes un quart par kilomètre parcouru de jour;

12 centimes par kilomètre parcouru de nuit,

sur les routes de terre,

12 centimes par heure d'absence de jour, et 24 centimes par heure d'absence de nuit, sur les chemins de fer.

Courriers auxiliaires.

Les courriers auxiliaires reçoivent un salaire fixe annuel dont le montant est calculé d'après le temps passé en dehors de leur résidence, à raison de

20 centimes par heure d'absence de jour,

30 centimes par heure d'absence de nuit.

Gardiens d'entrepôt.

Les gardiens d'entrepôt reçoivent également un salaire fixe annuel dont le montant est proportionné à la duré de leur service.

Chargeurs auxiliaires.

Les chargeurs auxiliaires sont payés soit à la journée, soit à l'année, suivant les résidences.

Ouvriers commissionnés.

Les ouvriers employés par l'administration dans les ateliers des timbres-poste et du dépôt central sont payés soit à la journée, soit à la tâche, le 1er et le 16 de chaque mois.

Le salaire des ouvriers d'équipe varie suivant la résidence et suivant la classe personnelle de l'ouvrier. L'arrêté ministériel du 1er juin 1875 (*Recueil administratif des télégraphes*) répartit le personnel des équipes en trois catégories, au point de vue de la résidence, et en deux classes, au point de vue de l'ancienneté; il attribue en outre des hautes payes aux plus anciens. En tenant compte de ces divers éléments, le salaire des ouvriers d'équipe varie entre 2 fr. 40 et 3 fr. 90 par jour. Ce salaire est payé mensuellement. Des retenues, dont le total varie de 56 à 72 francs par an, sont obligatoirement pratiquées sur ce salaire; elles sont versées à la caisse des retraites pour la vieillesse, et servent à constituer des rentes viagères au profit des ouvriers.

A l'usine de la Seyne, quelques ouvriers ont un traitement soumis à la retenue pour le service des pensions civiles.

§ 4. Remises.

Les remises allouées aux agents des postes et des télégraphes sur divers produits encaissés par eux ont à la fois le caractère de suppléments de traitement et de primes de gestion.

Remises sur les timbres-poste.

La remise sur les timbres-poste et autres formules d'affranchissement du service postal est accordée à tous les agents et à tous les débitants étrangers à l'administration, préposés à la vente de ces formules. Elle a été fixée d'abord à 2 0/0 (*Déc. min. du 3 juin* 1854), puis réduite à 1 0/0 *Décision ministérielle du* 16 *décembre* 1861 (1). En vertu d'une autre décision du sous-secrétaire d'État des finances, du 30 mars 1878 (2), le produit de la remise sur les timbres-poste, cartes postales, enveloppes et bandes timbrées, cartes-lettres, vendus au public dans les bureaux composés, est attribué, pour la première moitié au receveur, pour l'autre moitié et par parts égales, aux commis principaux, commis ordinaires, surnuméraires et commis auxiliaires participant aux opérations postales du bureau (3). Le même mode de partage s'applique, dans les bureaux composés, au produit des abonnements aux boîtes du commerce.

Remises sur le produit des taxes télégraphiques.

Le taux des remises sur le produit des taxes télégraphiques varie, suivant qu'elles sont encaissées par les bureaux de l'État ou par ses bureaux municipaux.

Dans les bureaux principaux ou de l'État, le taux des remises allouées

(1) *Instr. générale*, p. 1111.
(2) *Bull. mens.* n° 109, avril 1878, instr. n° 265, p. 137.
(3) *Bull. mens.* n° 8, août 1889, circ. du 26 juillet 1889, p. 510.

aux receveurs est réglé par une décision ministérielle du 8 janvier 1885 (1), d'après le tarif à progression décroissante ci-après :

1 0/0 sur les premiers 10,000 francs;
1/2 0/0 sur les 10,000 francs suivants;
0 fr. 25 0/0 sur les 30,000 —
0 fr. 125 0/0 sur les sommes au delà de 50,000 francs.

Dans les bureaux télégraphiques municipaux, le taux des remises allouées aux gérants a été fixé, par l'arrêté ministériel du 14 juillet 1876 :

à 15 centimes par télégramme privé de départ;
à 10 — — d'arrivée;
à 10 — — de transit.

La remise sur les cartes-télégrammes, télégrammes fermés et enveloppes-télégrammes est de 1 0/0, comme la remise sur les timbres-poste; mais elle ne donne lieu à aucun partage entre les receveurs et les employés des bureaux.

Remises sur le recouvrement des effets de commerce.

L'article 5 de la loi du 7 avril 1879 autorise sur les effets de commerce recouvrés par la poste deux prélèvements égaux de 5 centimes par 20 francs, avec maximum de 25 centimes chacun : l'un pour le receveur du bureau de destination, l'autre pour le facteur qui a effectué l'encaissement.

Remises sur les opérations de la Caisse d'épargne.

Enfin la Caisse nationale d'épargne alloue aux receveurs qui effectuent des opérations pour son compte des remises dont le taux a été fixé en dernier lieu à

50 centimes par 1,000 francs sur les versements de toute nature;

25 centimes par livret ouvert, à charge de remettre, le cas échéant, 15 centimes au facteur ou au gérant auxiliaire par l'intermédiaire duquel la demande a été recueillie;

5 centimes par opération de versement ultérieur ou de remboursement (*Arrêtés ministériels des* 16 *décembre* 1885, 7 *décembre* 1889 *et* 29 *juillet* 1890) (2).

§ 5. Indemnités.

Les indemnités allouées à divers titres aux agents des postes et des télégraphes sont destinées soit à rémunérer des travaux extraordinaires, soit à couvrir certaines dépenses résultant de charges d'emploi. En général, le taux en est fixé par arrêté ministériel (*Décret du* 20 *avril* 1889, *art.* 20).

(1) *Bull. mens.* n° 1, janv. 1885, p. 11.
(2) *Bull. mens.* n° 12, déc. 1885, p. 346; n° 12, déc. 1889, p. 676 et n° 7, juillet 1890, p. 714.

Les unes ont un caractère accidentel, comme les causes qui les motivent; les autres sont destinées à faire face à des charges permanentes et sont allouées périodiquement sous forme d'abonnement.

Les indemnités accidentelles comprennent les frais de premier établissement, certains frais de déplacement, de mission et de tournée; certaines allocations pour travaux extraordinaires et de nuit.

Frais de premier établissement et de déplacement.

Les frais de premier établissement sont alloués aux receveurs des bureaux simples de quatrième classe dont le traitement n'excède pas 800 francs, aux surveillants du télégraphe, aux facteurs de toutes classes commissionnés, aux chargeurs, aux gardiens de bureau. Ces allocations ont pour but :

1° De compenser, dans une certaine mesure, la retenue du premier douzième du traitement et les frais de la prestation du serment;

2° Pour les sous-agents, de leur permettre de faire face à certaines dépenses de première mise et d'équipement.

Le montant en est fixé :

A 60 francs pour les receveurs,

A 120 francs pour les surveillants,

A 80 francs pour les facteurs des postes et les facteurs titulaires des télégraphes, les gardiens de bureau et les chargeurs à Paris ;

A 75 francs pour les facteurs de ville, les facteurs titulaires des télégraphes, les gardiens de bureau et les chargeurs dans les départements;

A 55 francs pour les facteurs locaux et ruraux.

Des indemnités pour frais de déplacement sont accordées, à raison de 40 francs, aux receveurs des bureaux de quatrième classe dont le traitement n'excède pas 800 francs, et à raison de 60 francs, aux surveillants, lorsque le changement de résidence n'entraîne pas pour eux une promotion de classe.

Frais de mission.

L'article 24 du décret du 23 avril 1883 dit qu'un agent peut toujours, en dehors de ses attributions normales, être chargé d'office d'une mission spéciale dans l'intérêt du service.

Le taux des frais de mission a été déterminé, suivant le grade ou la fonction des agents déplacés, par deux arrêtés, l'un du sous-secrétaire d'État des finances, du 31 juillet 1878 (1), pour les missions à l'intérieur confiées aux agents en dehors de leur circonscription; l'autre du ministre des postes et télégraphes, du 31 mai 1879, pour les missions à l'étranger (2).

(1) *Bull. mens.*, n° 4, supp., août 1878, p. 237.
(2) *Bull. mens.*, n° 13, mai 1879, p. 396.

TARIF des frais de missions spéciales et extraordinaires effectuées par les agents des postes et des télégraphes *à l'intérieur*, **en dehors des limites de leur circonscription.**

(Arrêté du Sous-Secrétaire d'État des finances du 31 juillet 1878.)

CLASSES en CHEMIN de fer ou en bateau à vapeur.	GRADES OU FONCTIONS	FRAIS DE DÉPLACEMENT par kilomètre. Chemins de fer et bateaux à vapeur.	Routes de terre.	INDEMNITÉ par JOURNÉE passée en mission.	CLASSES en CHEMIN de fer ou en bateau à vapeur.	GRADES OU FONCTIONS	FRAIS DE DÉPLACEMENT par kilomètre. Chemins de fer et bateaux à vapeur.	Routes de terre.	INDEMNITÉ par JOURNÉE passée en mission.	OBSERVATIONS
		fr. c.	fr. c.	fr. c.			fr. c.	fr. c.	fr. c.	
1re	Administrateurs, inspecteurs généraux (1).....	0 05	1 00	20 00	1re	Receveurs des bureaux composés des 3e et 4e classes, chefs de brigade, commis principaux, élèves ingénieurs, traducteurs..........	0 0375	0 50	10 00	Les agents qui voyagent sans permis sur les chemins de fer ou sur les bateaux à vapeur sont remboursés, au prix du tarif des compagnies, du montant de leur place, et reçoivent, en outre, l'indemnité de frais de déplacement indiquée ci-contre. Ceux qui voyagent avec cartes de circulation reçoivent seulement cette indemnité.
1re	Chefs de service, chefs de bureau, directeurs-ingénieurs, directeurs de l'exploitation, inspecteurs ingénieurs.......	0 05	1 00	15 00	2e	Receveurs des bureaux simples, garde-magasins.................	0 0375	0 50	8 00	
1re	Sous-chefs de bureau à l'administration centrale, inspecteurs et sous-inspecteurs de l'exploitation, contrôleurs, receveurs des bureaux composés de 1re et de 2e classes, chefs et sous-chefs de section........	0 05	1 00	12 00	2e	Commis et employés de toutes classes, agents spéciaux de toutes classes, aides (2), surnuméraires et auxiliaires (3).	0 0375	0 50	6 00	
					2e et bateau 3e	Brigadiers-facteurs, chefs-surveillants..........	0 025	0 25	5 00	
1re	Sous-ingénieurs..........	0 05	1 00	10 00	2e et bateau 3e	Surveillants, facteurs et sous-agents de toutes classes...............	0 025	0 25	4 00	

(1) Un arrêté du 15 novembre 1879 alloue à l'inspecteur général les indemnités attribuées aux administrateurs.
(2) Les aides ont été ajoutés à la nomenclature en exécution de la décision du 8 janvier 1880.
(3) Circulaire du 10 avril 1880.

TARIF des frais de missions spéciales et extraordinaires effectuées par les agents des postes et des télégraphes *à l'étranger*, **en vertu d'un ordre de l'Administration.**

(Arrêté ministériel du 31 mai 1879).

CLASSES en CHEMIN de fer ou en bateau à vapeur.	GRADES OU FONCTIONS	FRAIS DE DÉPLACEMENT par kilomètre. Chemins de fer et bateaux à vapeur.	FRAIS DE DÉPLACEMENT par kilomètre. Routes de terre.	INDEMNITÉ par JOURNÉE passée en mission.
		fr. c.	fr. c.	fr. c.
1re	Administrateurs, inspecteurs généraux........	0 05	1 00	60 00
1re	Chefs de service	0 05	1 00	50 00
1re	Chefs de bureau à l'administration centrale, directeurs-ingénieurs et directeurs de l'exploitation.	0 05	1 00	40 00
1re	Sous-chefs de bureau à l'administration centrale, inspecteurs-ingénieurs, inspecteurs de l'exploitation et chefs de section...........	0 05	1 00	30 00
1re	Sous-ingénieurs........	0 05	1 00	25 00
1re	Élèves-ingénieurs, contrôleurs, sous-inspecteurs receveurs de bureaux composés, sous-chefs de section, chefs de brigade et commis principaux..............................	0 0375	0 50	25 00
2e	Receveurs de bureaux simples et commis de toutes classes............................	0 0375	0 50	20 00
2e	Sous-agents de toutes classes...............	0 25	0 25	10 00

Extrait de la décision du 11 *novembre* 1878.

La liquidation des indemnités dues aux agents détachés à la Présidence, ou voyageant à la suite d'un ministre, sera faite conformément à la décision ministérielle du 13 septembre 1874, savoir :

DÉPLACEMENTS DIVERS

Service de la Présidence....	Chef de service...	15 francs par jour.
	Employé.........	12 francs par jour.
Autres ministères.............	Employé.........	10 francs par jour.

Remboursement du prix des places en voiture ou en chemin de fer, pour tout parcours non accompli gratuitement.

Extrait de la décision du 27 *décembre* 1879.

Lorsque le Parlement se réunira, le poste central fournira, chaque jour, pour le service télégraphique des bureaux du Sénat et de la Chambre des députés, le personnel de renfort qui pourra comprendre jusqu'à seize commis désignés parmi les agents libres de 11 heures à 6 heures et qui recevront, pour chaque jour de détachement, une indemnité de 5 francs.

Les indemnités allouées aux agents et sous-agents chargés de la construction et de l'entretien du réseau télégraphique ou bien envoyés à la recherche des dérangements sur les lignes, sont calculées sur d'autres bases. En pareil cas, il n'y a lieu à indemnité que si l'absence dépasse dix heures. Lorsque l'absence entraîne un découcher, l'indemnité est plus élevée. Les tarifs ont été fixés comme suit, par plusieurs arrêtés et décisions ministériels : Indemnités allouées aux agents chargés du service technique.

GRADES OU FONCTIONS	ABSENCES DE PLUS DE 10 HEURES — SANS DÉCOUCHER — Par jour.	ABSENCES DE PLUS DE 10 HEURES — AVEC DÉCOUCHER — Par jour.	DÉCISIONS
	fr. c.	fr. c.	
Inspecteurs et sous-inspecteurs..	4 00	8 00	Arrêté du 28 février 1862 et décision du 13 mars 1880.
Commis principaux et commis mécaniciens..................	3 00	6 00	Arrêtés du 7 juin 1874, du 1er juillet 1878 et décision du 13 mars 1880.
Chefs surveillants..............	3 00	5 00	Arrêté du 26 mars 1877.
Surveillants chefs d'équipe......	»	4 00	
Surveillants et facteurs.........	1 50	3 25	Arrêté du 28 février 1862, décisions du 25 juin 1866 et du 25 octobre 1866.
Ouvriers commissionnés et stagiaires (1).....................	1 25	2 75	
Ouvriers commissionnés et stagiaires de Seine-et-Oise......	1 25	3 00	

(1) Une indemnité supplémentaire de 0 fr. 75 par jour est allouée aux sous-agents et ouvriers appelés à travailler en dehors des limites de leur circonscription, au delà d'une zone formée par les départements limitrophes (*Déc. min. du 14 mars 1881, modifiée par une décision du 18 décembre 1888; bull. mens.*, n° 1, janvier 1889.)

La même indemnité est attribuée aux sous-agents et ouvriers appelés à travailler dans les limites de leur circonscription ou au siège de leur résidence pour le service des lignes souterraines.

Les sous-agents et ouvriers employés à la pose des fils en égout ou sur les maisons, tant à Paris que dans les départements, ont droit aux indemnités journalières indiquées au *Bull. mens.*, n° 2, février 1872 (p. 60), savoir :

Chefs surveillants..	5 fr.
Chef d'équipe..	4 fr.
Surveillants, ouvriers commissionnés et stagiaires.......	3 fr.

Les frais de tournée des directeurs pour la vérification des recettes composées sont calculés à raison de 50 francs par bureau en dehors du chef-lieu, et compris dans l'abonnement pour frais de régie alloués à ces chefs de service. Frais de tournée des directeurs

Lorsqu'ils se déplacent pour les opérations du service technique, les directeurs ont droit à une indemnité de 12 francs par jour qui leur est payée sur le vu d'états de frais certifiés par eux.

Frais de tournée des ingénieurs.

Les déplacements des ingénieurs sont rémunérés sur des bases différentes, suivant qu'ils sont motivés par des travaux neufs ou des travaux d'entretien.

Pour les travaux neufs, l'indemnité est de 10 francs par jour pour les inspecteurs-ingénieurs et de 8 francs pour les sous-ingénieurs (*Déc. min. du 4 nov.* 1884) (1).

Pour les travaux d'entretien, il est alloué aux uns et aux autres des frais de tournée sous forme d'abonnement.

Frais de tournée des inspecteurs.

Les frais de tournée des inspecteurs sont calculés à raison de 15 francs par vérification effectuée en dehors de leur résidence. Toutefois la vérification des bureaux au chef-lieu du département, celle des bureaux de poste auxiliaires et les déplacements occasionnés par les installations de comptables, les enquêtes et les études sur place, ne donnent lieu à aucune indemnité. Quand plusieurs bureaux sont situés dans une même localité, ils sont comptés comme une seule unité dans la liquidation.

Frais de tournée des brigadiers facteurs.

Les frais de tournée des brigadiers-facteurs sont fixés à raison de 6 francs par journée d'absence hors de leur résidence.

Indemnités de service effectif à la mer.

Des indemnités pour service effectif à la mer sont attribuées aux agents embarqués. Le taux de ces indemnités est de 25 francs par journée d'absence sur les lignes de l'Indo-Chine, de l'Australie, de la côte orientale et de la côte occidentale d'Afrique; de 20 francs par jour sur les lignes des Antilles et du Mexique; de 15 francs par jour sur les lignes du Brésil et de la Plata (*Règlement ministériel du* 28 *juillet* 1869 *sur le service des agents embarqués*).

Indemnités pour travaux extraordinaires et service de nuit.

Il est accordé : 1° Aux receveurs des bureaux simples qui reçoivent ou expédient des dépêches postales entre 10 heures du soir et 6 heures du matin, une indemnité fixée à raison de 55 centimes par heure, sans pouvoir dépasser le maximum de 500 francs par an;

2° Aux receveurs des bureaux mixtes simples qui reçoivent ou expédient des dépêches postales entre midi et deux heures de l'après-midi, une indemnité annuelle calculée à raison de 100 fr. par heure de travail quotidien ;

3° Aux agents et sous-agents chargés d'un service télégraphique de nuit, entre 9 heures du soir et 7 heures du matin en été, 8 heures du matin en hiver : dans les départements, 60 centimes par heure pour les commis principaux, 50 centimes pour les commis, 40 centimes pour les facteurs (*Déc. min. des* 28 *déc.* 1886 *et* 29 *sept.* 1870); à Paris, 50 cent. par heure, de 9 heures du soir jusqu'à minuit; 1 franc après minuit pour les agents et sous-agents, avec maximum de 60 francs par mois pour les chefs et sous-chefs de section, 50 francs pour les commis principaux, 40 francs pour les commis, 10 francs pour les surveillants et les facteurs (*Arr. min. du* 29 *sept.* 1879) (2);

(1) *Bull. mens.* n° 5, mai 1885, p. 1882.
(2) *Bull. mens.* n° 31, 2e supp., nov. 1880, p. 920.

4° A Paris et dans les départements, par heure de travail télégraphique supplémentaire, 60 centimes pour les commis principaux, 50 centimes pour les commis titulaires et auxiliaires (*Déc. min. du* 26 *oct.* 1869 *et du* 20 *mai* 1881 (1).

Les indemnités allouées à titre permanent et sous forme d'abonnement comprennent : Indemnités allouées sous forme d'abonnement.

1° Les frais de séjour;

2° Les frais de régie;

3° Les frais d'aide;

4° Certains frais de tournée et de déplacement;

5° Diverses indemnités pour travaux extraordinaires et service de nuit, pour la connaissance de langues étrangères, etc.

Frais de séjour.

Les frais de séjour sont destinés à compenser les charges qui résultent pour le personnel de la cherté de la vie dans certaines résidences.

L'indemnité à titre de frais de séjour est, en France, de 200 francs pour les commis principaux, commis ordinaires, surnuméraires, commis auxiliaires et dames employées, et de 100 francs pour les sous-agents.

Elle est allouée aux agents et sous-agents en résidence dans le département de la Seine et à Versailles; aux facteurs des télégraphes seulement, à Marseille, à Toulon, à Nice, à Saint-Étienne, à Saint-Nazaire, au Havre, à Monte-Carlo et à Arcachon.

Des frais de séjour, dont la quotité varie entre 1,200 et 10,000 francs par an, suivant les résidences, sont alloués aux receveurs, commis principaux, commis et gardiens de bureau attachés aux recettes des postes françaises à l'étranger.

Quart colonial en Algérie.

Les agents de tous grades des postes et des télégraphes, les chefs surveillants et les surveillants nommés en Algérie avant le 1er janvier 1891, ont droit à une indemnité coloniale égale au quart de leur traitement, depuis le jour de leur installation jusqu'à la date de la cessation de leurs fonctions en Algérie (*Décret du* 10 *mars* 1860, *art.* 6, *et du* 6 *nov.* 1867, *art.* 4).

Cette indemnité, supprimée en principe par l'art. 51 de la loi de finances du 26 décembre 1890, a été maintenue pour les agents en fonctions au 1er janvier 1891, sans toutefois que le taux puisse en être élevé par suite de promotion ou d'augmentation de traitement.

Les sous-agents autres que les chefs surveillants et surveillantes, étant recrutés sur place, n'avaient pas droit au quart colonial.

Frais de régie

Des frais de régie sont alloués aux directeurs départementaux, aux inspecteurs ingénieurs et sous-ingénieurs qui n'ont pas leur résidence au chef-lieu du département, aux commissaires du gouvernement et à leurs délégués, aux receveurs et aux entreposeurs en gare, pour leur permettre de faire face aux dépenses de chauffage, d'éclairage, de mobilier et de fournitures de bureau nécessitées par le service qui leur est confié. Le

(1) *Bull. mens.* n° 37, mai 1881, p. 453.

montant de ces frais de régie est calculé d'après les dépenses justifiées, en déduisant pour les directeurs et les receveurs, en France et en Algérie, une somme égale au dixième de leur traitement, à titre de part contributive pour leur logement personnel. Le minimum des allocations de cette nature est fixé à 100 francs pour les receveurs et à 50 francs pour les facteurs-boîtiers.

Frais d'aide. Des frais d'aide sont alloués aux receveurs, aux agents du service maritime et aux entreposeurs en gare.

Le montant de ces indemnités, pour les receveurs, est fixé d'après l'importance des opérations des bureaux, évaluée pour chacun d'eux en un certain nombre de points déterminé par les statistiques annuelles, sans faire entrer en ligne de compte les travaux qui donnent lieu à des remises : service télégraphique, recouvrements, caisse d'épargne. Aucune indemnité de frais d'aide n'est allouée aux receveurs des bureaux auxquels ce mode d'évaluation ne donne pas un nombre de points au moins égal à 1,200.

Lorsque le nombre des points est de 1,200 au moins et de 1,500 au plus, l'indemnité de frais d'aide est de 100 francs. Au delà de 1,500 points, on ajoute 100 francs par 500 points excédant jusqu'à 7,000, auxquels correspond un abonnement de 1,200 francs. Au delà de 7,000 points, le chiffre de l'abonnement est fixé en tenant compte des conditions du recrutement des aides et des exigences du service (*Déc. du sous-secrétaire d'État des finances du 22 déc.* 1878).

Dans les bureaux français à l'étranger, l'abonnement de frais d'aide représente exactement le montant des sommes payées annuellement par le receveur aux auxiliaires qu'il emploie; le remboursement de ces dépenses ne lui est accordé que sur la production des reçus acquittés par les parties prenantes.

Il en est de même des frais d'aide alloués aux agents embarqués pour rémunérer le concours du matelot de l'équipage qui sert à la fois de patron du canot des dépêches et de gardien de bureau.

Frais de déplacement des agents ambulants. Les agents du service ambulant reçoivent une indemnité annuelle de déplacement qui est de :

1,500 francs pour les directeurs ;

1,200 francs pour les inspecteurs et les chefs de brigade ;

1,000 francs pour les commis principaux et les commis qui en remplissent les fonctions (*Déc. min. du* 29 *déc.* 1884) (1) ;

800 francs pour les commis ambulants et pour les agents trieurs ;

600 francs pour les gardiens de bureau.

Pour les courriers convoyeurs, le chiffre de l'indemnité de déplacement, fixée au début au taux uniforme de 600 francs par an, varie depuis la décision ministérielle du 17 juillet 1866, entre 200 et 600 francs, suivant

(1) *Bull. mens.* n° 1, janv. 1885, p. 64.

les conditions d'exécution du service. Il est déterminé de la manière suivante :

Minimum		200	francs.
Supplément pour	Manipulation de correspondances.	100 à 200	—
	Service dépassant 9 heures par jour ou exécuté en partie de nuit	100	—
	Découchers: 5 à 15 par mois	100	—
	Découchers: plus de 15 par mois	200	—
Maximum de l'indemnité		600	—

Les agents du service télégraphique détachés dans les gares de contrôle reçoivent une indemnité de 300 francs par an (*Déc. min. du 11 avril* 1872) (1). Indemnités aux agents détachés dans les gares de contrôle.

Une haute paye de 200 francs par an est accordée aux agents et sous-agents de la recette principale de la Seine qui sont chargés d'un service de nuit ou qui prennent leur service dès 4 heures et demie du matin au plus tard. Haute paye accordée à certains agents et sous-agents de la recette principale de la Seine.

Cette haute paye est sujette à la retenue et se cumule avec le traitement pour la liquidation de la pension de retraite (*Déc. min. de mai* 1880).

Il y a lieu de mentionner encore, parmi les allocations accordées à titre permanent : Indemnités diverses.

L'indemnité de 20 francs par mois, pour les agents qui utilisent la connaissance d'une langue étrangère dans le service (*Arrêté ministériel du* 18 *mai* 1881) (2);

Les indemnités mensuelles aux facteurs qui ne sont pas chargés d'un service de distribution (30 francs à Paris, 20 francs dans les départements pour les chefs facteurs des télégraphes, 20 francs à Paris pour les facteurs tubistes et pilistes);

Les indemnités de chaussure des facteurs (50 francs par an à Paris, 30 francs dans les départements; les gardiens de bureau touchent une indemnité équivalente de 27 fr. 29 par mois;

Les indemnités pour entretien d'uniforme aux sous-agents qui ne reçoivent pas l'habillement en nature (60 francs par an aux chefs surveillants et surveillants, etc.).

(1) *Bull. mens.* n° 31, nov. 1880, 2e supp., p. 921.
(2) *Bull. mens.* n° 38, juin 1881, p. 576.

CHAPITRE VI

NOMINATION AUX EMPLOIS. — INSTALLATION. — CAUTIONNEMENTS.

§ 1. — Nomination aux emplois.

Autorités chargées des nominations.

La nomination aux divers emplois de l'administration est faite, suivant l'importance des fonctions, par le président de la République, par les ministres, par le directeur général ou par les préfets.

Les règles à cet égard ont été établies :

Par le décret du 25 mars 1852, pour les emplois à la nomination des préfets;

Par les décrets du 27 juin 1887 (1) et du 5 juillet 1890 (2) qui ont modifié celui du 23 avril 1883 ;

Par décret du 31 août 1881, pour l'agent comptable de la caisse d'épargne;

Par décret du 31 décembre 1890 (3) pour l'agent comptable des téléphones.

Agents nommés par le Président de la République.

Sont nommés par le président de la République, sur la proposition du ministre :

Le directeur général;
Les administrateurs ;
Les inspecteurs généraux et leurs adjoints ;
Les directeurs-ingénieurs ;
L'agent comptable de la caisse nationale d'épargne;
L'ingénieur chef du service de la télégraphie sous-marine ;
Les directeurs des postes et télégraphes;
Les directeurs des bureaux ambulants;
L'agent comptable des téléphones.

Agents nommés par le ministre.

Sont nommés par le ministre, sur la proposition du directeur général :

Les chefs et les sous-chefs de bureau;

Les commis principaux de l'administration centrale et de la caisse nationale d'épargne;

Les inspecteurs principaux de l'exploitation à Paris;

Les inspecteurs ingénieurs et les sous-ingénieurs;

(1) *Bull. mens.* n° 7, juillet 1887, p. 101.
(2) *Bull. mens.* n° 6, 2ᵉ supp., juillet 1890, p. 736.
(3) *Bull. mens.* n° 11, novembre 1890, p. 1011.

Les inspecteurs et les sous-inspecteurs;
Les contrôleurs;
Les élèves ingénieurs;
Les receveurs principaux et les receveurs des bureaux composés de 1re, de 2e et de 3e classe;
Les chefs et les sous-chefs de section;
L'agent comptable de la fabrication des timbres-poste;
L'inspecteur-conseil de la caisse nationale d'épargne.

Le directeur général nomme, par délégation du ministre, à tous les autres emplois, sauf l'application de l'article 5 du décret du 25 mars 1852. **Agents nommés par le directeur général.**

Le décret du 25 mars 1852 est le décret dit de décentralisation administrative, rendu pendant la période dictatoriale qui a suivi le coup d'État de 1851. **Agents à la nomination des préfets.**

Il attribue aux préfets le droit de nommer *directement, sans l'intervention du gouvernement et sur la proposition des chefs de service,* un certain nombre de petits fonctionnaires parmi lesquels il mentionne :

Les directeurs des bureaux de poste aux lettres dont le produit n'excède pas 1,000 francs;

Les distributeurs et facteurs des postes.

Ces dispositions ne sont pas applicables au département de la Seine.

La présentation des candidats à la nomination des préfets est faite par le directeur départemental, sur une liste de trois candidats. **Présentation des candidats par les directeurs.**

Autrefois le directeur devait préalablement faire agréer cette liste par l'administration; cette communication préalable a été supprimée : pour les emplois de facteur, par une circulaire ministérielle du 2 février 1886 (1); pour les emplois de receveur, par une circulaire du directeur général du 12 mars 1888. Le directeur adresse directement ses propositions au préfet, après s'être entendu au préalable avec lui. De cette manière, il est à peu près certain que le chef de service ne proposera que des candidats agréables au préfet; mais, d'un autre côté, le choix du préfet ne peut porter que sur des personnes remplissant les conditions d'âge, d'aptitude, et, s'il s'agit de recettes de début, de services antérieurs (personnels ou de famille), de stage et d'instruction professionnelle exigées par l'arrêté ministériel du 22 décembre 1882.

La prérogative des préfets s'est trouvée d'ailleurs limitée par la fusion, en ce qui concerne les recettes de début. Le décret du 25 mars 1852 ne parle que des bureaux de poste; par suite, toutes les fois que la recette est mixte, la nomination est faite par le directeur général. Il en est de même toutes les fois qu'il s'agit non pas de la nomination d'un candidat étranger à l'administration, mais d'un agent qui ne fait que changer de résidence ou de position.

Pour les facteurs, au contraire, les changements de résidence, de

(1) *Bull. mens.* n° 2, fév. 1886, p. 19.

titre d'emploi, de tournée dans le même bureau avec modification de traitement, doivent être sanctionnées par des arrêtés préfectoraux. Le directeur autorise lui-même, sous sa responsabilité, les changements de tournée sans modification de traitement ou les changements de quartier de distribution dans le même bureau. A mérite égal, le choix de la tournée ou du quartier appartient au facteur le plus ancien dans le grade à la résidence (1).

Les nominations faites par les préfets, ainsi que toutes les mutations opérées dans le personnel des facteurs, sont immédiatement portées par les directeurs à la connaissance de l'administration.

§ 2. — Installations.

Installations. Tout agent titulaire est pourvu d'une commission.

Toute commission est soumise au droit de timbre (*Déc. min. des* 17 *fév.* 1831, 30 *avril* 1836 *et* 8 *août* 1842) (2).

Les frais de timbre ou de visa pour timbre sont à la charge du titulaire.

Les lettres officielles d'admission en qualité d'aide, de gardien d'entrepôt ou de courrier auxiliaire ne sont pas soumises au droit de timbre (*Déc. min. du* 10 *janv.* 1864) (3).

Les directeurs prennent leur service des mains de leur prédécesseur, ou, le cas échéant, de l'intérimaire qui le remplace.

Les inspecteurs ingénieurs et les sous-ingénieurs, les inspecteurs et les sous-inspecteurs, les commis de direction, les sous-agents du service technique, les brigadiers-facteurs et les sous-agents du matériel sont installés par les directeurs;

Les receveurs et les facteurs-boîtiers, en France et en Algérie, les chefs de brigade, les agents et sous-agents du service ambulant, par les inspecteurs et sous inspecteurs;

Les receveurs à l'étranger, par les consuls ou agents diplomatiques;

Les distributeurs à l'étranger, soit par les receveurs dont ils relèvent, soit par les consuls ou agents consulaires de leur résidence;

Les agents et sous-agents du cadre des bureaux sédentaires, les entreposeurs, les gardiens d'entrepôt, les chargeurs, les courriers convoyeurs et auxiliaires, par les receveurs de la localité où ils exercent leurs fonctions ou dans laquelle ils ont leur résidence.

Tout agent nouvellement nommé ou qui change de service doit se présenter, en premier lieu, au directeur du service auquel il vient d'être attaché.

Aucun agent ne peut être installé que sur le vu de sa commission

(1) Voir pour plus de détails les articles 1219 à 1227 de l'*Instruction générale*.

(2) Voir les circulaires de l'administration des postes n° 65 (17 juin 1836) et 195 (25 septembre 1842).

(3) *Bull. mens.* n° 101, janv. 1864, p. 4.

revêtue, sauf en ce qui concerne les directeurs, du visa du chef de service, appuyée, s'il y a lieu, de la justification de sa prestation de serment, et, s'il est comptable, du versement de son cautionnement (*Loi du 28 avril* 1816, *art.* 96).

Nous nous occuperons du serment des agents des postes et des télégraphes en même temps que de l'inviolabilité des correspondances; nous parlerons d'abord des cautionnements.

§ 3. — Cautionnements.

Le cautionnement est un gage que les comptables et les entrepreneurs doivent fournir en garantie de leur gestion ou de leurs engagements envers l'État. Définition.

Bien avant 1789, un grand nombre d'édits et d'arrêts du Conseil avaient introduit le principe du cautionnement et réglé son application à toutes les parties de l'administration des finances. Historique.

Après la suppression des compagnies fermières et de tous les emplois de l'ancien régime, il fut rendu, le 22 septembre 1791, une loi pour le remboursement de tous les cautionnements; les 14 pluviôse et 7 floréal an II, deux autres lois supprimèrent l'obligation du cautionnement pour les comptables des deniers publics.

Mais on reconnut bientôt l'utilité de revenir à l'ancienne règle. La loi du 7 ventôse an VIII (26 février 1800) assujettit de nouveau les directeurs des postes au versement d'un cautionnement en numéraire (1).

La quotité des cautionnements a varié. Sous l'empire de la loi du 7 ventôse an VIII, ils étaient fixés d'après le montant des traitements. Plus tard, on prit pour base l'importance des recettes réalisées par les comptables; le minimum des cautionnements était fixé à 500 francs [*Décrets des* 31 *octobre* 1850, 19 *mars* 1864 *et* 26 *décembre* 1868 (2)]. Depuis la fusion, on est revenu à l'ancien système, moins logique à coup sûr, mais imposé en quelque sorte par les circonstances; les recettes postales s'étaient accrues, surtout celles provenant des dépôts de fonds du service des articles d'argent; le chiffre des cautionnements s'était élevé d'autant, et l'on éprouvait des difficultés à pourvoir certains bureaux de titulaires. Fixation du chiffre des cautionnements.

Les décrets qui ont été successivement rendus pour la fixation des cautionnements s'appuient tous sur l'article 14 de la loi du 8 août 1847, aux termes duquel *les cautionnements dont la quotité n'est pas déterminée par une loi seront fixés par ordonnance rendue sur le rapport du ministre compétent, de concert avec le ministre des finances.*

(1) D'après un décret du 8 mars 1793, le cautionnement des directeurs des postes devait être réalisé en biens fonds.

(2) Voir le texte de ces décrets à la suite de l'*Instruction générale*, p. 1056, 1114 et 1118.

Décret du 13 sept. 1879.

En vertu du décret du 13 septembre 1879, le cautionnement est fixé d'après le traitement attribué au comptable par l'arrêté de nomination, sur les bases suivantes :

Traitement		
Traitement de 5.000 francs et au-dessus	— 3 fois le traitement annuel.	
—	2.500 à 4.800	2 1/2 —
—	1.600 à 2.400	2 —
—	1.200 à 1.400	1 1/2 —
—	800 à 1.000	1 —

Les fractions de 100 francs sont négligées dans le calcul des cautionnements (1).

Décret du 3 janvier 1881.

Le décret du 13 septembre 1879, qui a établi ces nouvelles bases, rendait obligatoire la revision du cautionnement en cas de changement de gestion ou d'avancement sur place ; il en résultait parfois, dans ce dernier cas, que des agents faiblement rétribués se voyaient dans la nécessité de renoncer à leur avancement, faute de pouvoir compléter leur cautionnement. Pour remédier à cet inconvénient, un nouveau décret, en date du 3 janvier 1881, a décidé que les cautionnements des receveurs des postes et des télégraphes ne seraient révisables qu'en cas de changement de gestion (2).

Bureaux télégraphiques non fusionnés.

Pour les bureaux télégraphiques non fusionnés, les cautionnements ont été fixés, jusqu'au 7 février 1890, sur les bases établies par le décret du 26 avril 1858 (3).

Lorsque le produit de la recette des bureaux atteignait ou dépassait 1,000 francs par mois, le cautionnement était égal au montant moyen de la recette de deux jours, à Paris, et de quatre jours, dans les départements, sans pouvoir être inférieur à 1,000 francs.

Lorsque le produit moyen de la recette était inférieur à 1,000 francs par mois et supérieur à 1,000 francs par an, le cautionnement était égal au montant de la recette mensuelle, sans pouvoir être inférieur à 500 francs.

Les receveurs des bureaux télégraphiques dont le produit était inférieur à 1,000 francs n'étaient astreints à aucun cautionnement.

Depuis le décret du 7 février 1890, les cautionnements des receveurs des bureaux télégraphiques non fusionnés sont fixés, au fur et à mesure que des mutations se produisent dans le personnel des comptables, conformément aux règles établies pour les bureaux de poste et les bureaux mixtes par les décrets des 13 septembre 1879 et 3 janvier 1881. Toutefois le décret du 7 février 1890 a permis aux receveurs des bureaux télégraphiques dont le cautionnement était supérieur à celui auquel ils seraient astreints en raison du chiffre de leur traitement, d'en demander la revision dans les quatre mois qui ont suivi la promulgation de ce décret (4).

Cautionnements de quelques agents spéciaux.

Les cautionnements applicables à la gestion de certains agents spéciaux ont été fixés, savoir :

(1) *Bull. mens.* n° 17, sept. 1879, p. 584.
(2) *Bull. mens.*, n° 2, fév. 1890, p. 370.
(3) Voir le texte de ce décret au *Recueil administratif des télégraphes*.
(4) *Bull. mens.* n° 2, fév. 1890, p. 370.

Celui de l'agent comptable garde-magasin central des timbres-poste, à 20,000 francs [*Décret du 8 mars 1854* (1)] ;

Celui des gardes-magasins du télégraphe, à 1 0/0 de la valeur du matériel déterminé par l'inventaire de l'année qui précède leur entrée en fonctions, suivant les prix portés à la nomenclature officielle, sans tenir compte des sommes inférieures à 10,000 francs auxquelles correspondrait une fraction de cautionnement de moins de 100 francs (*Décret du 12 mars 1862*) (2);

Celui de l'agent comptable de la caisse d'épargne postale, à 20,000 francs (*Décret du 19 avril 1883, pris en vertu de l'article 5 du règlement d'administration publique du 31 août 1881*);

Celui de l'agent comptable des téléphones, à 10,000 francs (*Décret du 31 déc. 1890, art. 2*) (3).

D'après l'article 96 de la loi du 28 avril 1816, *nul n'est admis à prêter serment et à être installé dans les fonctions auxquelles il aura été nommé, s'il ne justifie préalablement de la quittance de son cautionnement.* Versement des cautionnements.

Le versement du cautionnement doit donc précéder l'entrée en fonctions; il doit être fait dans les caisses du Trésor, en une seule fois : à Paris, à la caisse centrale; dans les départements, aux caisses des receveurs des finances (*Décret du 31 mai 1862, art.* 287).

Un récépissé comptable est remis à la personne qui a effectué le versement, pour lui servir provisoirement de titre, jusqu'à la délivrance du certificat d'inscription (*Arrêté des consuls du 24 germinal an VIII, art.* 5 et 6).

Les receveurs justifient, avant leur installation, du versement intégral de leur cautionnement par la présentation de ce récépissé : 1° au juge qui reçoit leur serment ; 2° à l'agent chargé de les installer.

Le récépissé provisoire est ensuite échangé contre un certificat d'inscription sur les livres du Trésor, délivré par le bureau des cautionnements.

Les certificats d'inscription et ceux de privilège de second ordre à délivrer aux bailleurs de fonds doivent, pour former titre valable envers le Trésor public, être revêtus du visa du contrôle (*Loi du 24 avril 1833, art.* 5 ; *décret du 31 mai 1862, art.* 244).

Les cautionnements sont productifs d'intérêts au profit des déposants. Intérêts des cautionnements.

Le taux de l'intérêt qui avait été fixé à 5 0/0 à l'origine (*Loi du 7 ventôse an VIII, art.* 5), puis réduit à 4 0/0 par la loi du 28 avril 1816 (art. 94), n'est plus, depuis la loi du 4 août 1844, que de 3 0/0.

Les directeurs tiennent un registre des cautionnements qui reproduit toutes les indications portées sur les certificats d'inscription délivrés aux receveurs de leur département.

(1) Voir le texte de ce décret à la suite de l'*Instruction générale*, p. 1084.

(2) Ce décret n'est plus appliqué. Le cautionnement du chef du dépôt central du matériel à Paris est égal à son traitement (*décision minist.* du 7 mai 1885, prise en vertu de l'article 179 du règlement sur la comptabilité du ministère des postes et des télégraphes); le matériel dont il est comptable a une valeur inventoriée de 9 à 11 millions. Les gardes-magasins des dépôts régionaux ou départementaux n'ont pas de cautionnement.

(3) *Bull. mens.*, n° 11, supp., nov. 1890, p. 1011.

D'après les indications de ce registre, ils dressent, au 1er juillet de chaque année, un état des cautionnements par département.

A la fin de l'année, ils établissent un état complémentaire mentionnant les inscriptions survenues dans le courant de l'année. Ces états sont transmis par le directeur à l'administration, qui les envoie au ministère des finances, où ils servent de base à la liquidation des intérêts.

Du 1er au 10 janvier de chaque année, le trésorier-payeur général adresse au directeur les quittances d'intérêts de cautionnement délivrées au nom des receveurs des postes et des télégraphes du département. Le directeur, après vérification de leur exactitude et rectification par le trésorier-payeur général, s'il y a lieu, les transmet aux intéressés.

Les intérêts sont payés aux receveurs ou aux bailleurs de fonds, suivant le cas, sur la présentation des certificats d'inscription ou de privilège de second ordre.

Comme toutes les créances sur l'État, ils sont soumis à la prescription quinquennale établie par la loi du 29 janvier 1831 (*Avis du conseil d'État du 24 décembre* 1808, *approuvé le* 24 *mars* 1809).

Privilèges sur les cautionnements.

Les cautionnements sont affectés, par premier privilège, à la garantie de l'État;

Par second privilège, à celle des prêteurs qui en ont fourni les fonds en tout ou en partie,

Et subsidiairement, au payement dans l'ordre ordinaire, des créances particulières exigibles contre les comptables.

Privilège du Trésor public.

Le privilège du Trésor public résulte :

1° De l'article 2102, § 7, du Code civil;

2° De la loi du 25 nivôse an XIII (15 janv. 1805) sur les cautionnements des agents de change, courtiers, avoués, greffiers et commissaires-priseurs, loi dont les dispositions ont été rendues applicables aux comptables publics par celle du 6 ventôse an XIII (25 fév. 1805). Il sert à la garantie des débets des comptables et des condamnations prononcées contre eux pour *faits de charge*, c'est-à-dire pour prévarications ou abus commis *dans l'exercice de leurs fonctions*.

Il porte sur les intérêts du cautionnement aussi bien que sur le principal (*Art.* 2102 *du Code civil*).

L'article 2121 du Code civil accorde, en outre, à l'État, une hypothèque légale sur les biens de ses comptables. Cette hypothèque doit être inscrite et n'a d'effet qu'à dater de son inscription.

D'après les articles 1er et 2 de l'ordonnance du 25 juin 1835 (1), le cautionnement sert de garantie pour tous les faits résultant des diverses gestions dont le comptable a pu être chargé par la même administration, quel que soit le lieu où il a exercé ses fonctions.

Par suite, celui qui change de résidence n'est pas astreint à verser un nouveau cautionnement, mais seulement à compléter le précédent, s'il y a

(1) Voir le texte de cette ordonnance à la suite de l'*Instruction générale*, p. 1043.

lieu. Ce dernier cautionnement, toutefois, ne devient disponible pour une nouvelle gestion qu'autant que la première a été reconnue régulière. Le comptable doit produire, à l'agent chargé de l'installer dans sa nouvelle résidence :

1° Le certificat d'inscription de son cautionnement ;

2° S'il y a lieu, le récépissé à talon, constatant le versement du supplément auquel il a pu être assujetti ;

3° Un certificat de non-opposition délivré par le greffier du tribunal dans le ressort duquel il a exercé ses précédentes fonctions.

Privilège de second ordre.

Le privilège de second ordre a été établi par les lois des 25 nivôse et 7 ventôse an XIII, dans l'intérêt des bailleurs de fonds, des comptables et de l'État lui-même, qui trouverait difficilement à pourvoir aux emplois vacants, si la loi n'avait facilité à ses fonctionnaires les moyens de se procurer les cautionnements auxquels ils sont assujettis.

Le bailleur de fonds qui veut obtenir le privilège de second ordre doit se faire délivrer par le receveur cautionné un acte déclaratif d'origine de deniers dont le modèle est donné par le décret du 22 décembre 1812 (1). Cet acte est passé devant notaire, et légalisé par le président du tribunal de l'arrondissement; sur la production de cette pièce, il est délivré par le Trésor (bureau des oppositions) un certificat de privilège de second ordre qui assure au bailleur de fonds l'exercice de ses droits, tant pour la jouissance des intérêts que pour le remboursement du capital.

L'acte déclaratif doit être produit par le prêteur au moment du versement des fonds ou dans la huitaine ; passé ce délai, les créanciers ordinaires pourraient avoir formé opposition au détriment du bailleur (2) (Cass., 19 juillet 1842 et 16 avril 1855), et la déclaration ne serait valable qu'autant qu'elle serait accompagnée d'un certificat de non-opposition délivré par le président du tribunal de 1re instance de l'arrondissement où le comptable exerce ses fonctions [*Décret du* 28 *août* 1808 (3)].

Le privilège du second ordre dure autant que l'affectation du cautionnement à la garantie de la gestion du titulaire, à moins que le capital du cautionnement n'ait été remboursé par l'emprunteur. Celui-ci obtient alors la radiation du privilège en se faisant remettre par le prêteur :

1° Le certificat du privilège,

2° Une quittance notariée portant désistement.

Remboursement des cautionnements

Les formalités à remplir pour obtenir le remboursement des cautionnements ont été tracées par l'ordonnance du 22 mai 1825 (4).

Les comptables non justiciables directs de la Cour des comptes ont

(1) Voir le texte de ce décret à la suite de l'*Instruction générale*, p. 1025.

(2) Les oppositions sur les cautionnements sont faites, soit directement au Trésor (bureau des oppositions); soit au greffe des tribunaux de 1re instance de l'arrondissement de la résidence des comptables (Loi du 25 nivôse an XIII, art. 2). Ce n'est d'ailleurs qu'après la cessation des fonctions du comptable que le capital du cautionnement peut être saisi par ses créanciers.

(3) Le texte de ce décret se trouve à la suite de l'*Instruction générale*, p. 102.

(4) Le texte de cette ordonnance se trouve à la suite de l'*Instruction générale*, p. 1031.

droit au remboursement intégral, sur la production d'un certificat de quitus définitif délivré, dans les quatre mois qui suivent la cessation de leurs fonctions, par les comptables supérieurs sous la responsabilité desquels ils ont géré (les receveurs principaux) et visé par les fonctionnaires chargés de surveiller leur gestion (les directeurs), ainsi que par la comptabilité publique.

Les comptables justiciables directs de la Cour des comptes peuvent, avant l'apurement définitif de leur comptabilité, obtenir le remboursement des deux tiers du cautionnement par eux fait en numéraire, lorsqu'ils ont remis au ministre des finances le dernier compte de leur gestion, et que la vérification de leurs écritures n'a fait reconnaître aucun débet à leur charge.

Le surplus du cautionnement peut aussi être immédiatement remboursé, s'il est fourni, en remplacement de cette dernière partie, un cautionnement équivalent en immeubles ou en rentes sur l'État, et si la demande de remboursement est appuyée du consentement de l'administration à laquelle le comptable a appartenu, ainsi que d'un certificat du ministère des finances, constatant que le dernier compte de gestion du comptable ne le constitue pas débiteur envers le Trésor.

Le remboursement du dernier tiers du cautionnement n'est autorisé qu'après l'arrêt de la Cour des comptes qui prononce la libération définitive du comptable.

Les receveurs des postes ne peuvent obtenir l'autorisation du ministre des finances au remboursement de leur cautionnement que lorsqu'ils ont justifié de l'emploi, de la remise à leur successeur ou de l'existence entre les mains des distributeurs ou des facteurs-boîtiers relevant de leur bureau, de toutes les formules de mandats d'articles d'argent dont ils ont donné reçu pendant le cours de leurs différentes gestions. A défaut de cette justification, ils ne peuvent obtenir l'autorisation de remboursement qu'après avoir versé à la Caisse des dépôts et consignations, à titre de dépôt de garantie ;

300 francs par formule de mandat intérieur ou de mandat télégraphique;

200 francs par formule de mandat international;

50 francs par formule servant à l'émission des mandats par les distributeurs.

Si le mandat rentre après avoir été payé, le dépôt est acquis au Trésor jusqu'à concurrence de la somme pour laquelle le mandat a été émis ; le surplus, s'il y a lieu, est rendu au receveur.

Si la formule est retrouvée sans qu'il en ait été fait emploi, la somme consignée est rendue tout entière au comptable ;

Si la formule n'est pas retrouvée, le dépôt est rendu au receveur cinq années au plus tard à partir du jour de la constatation de l'absence (*Loi de finances du* 16 *juillet* 1836, *art.* 16; *loi du* 15 *juillet* 1882).

Les demandes en remboursement de cautionnement doivent être accompagnées :

1° Du certificat d'inscription ;

2° D'un certificat de non-opposition délivré, postérieurement à la date du jour de la clôture de la gestion, par le greffier du tribunal de l'arrondissement où le comptable a exercé en dernier lieu ses fonctions.

Si la demande de remboursement émane des bailleurs de fonds, ils doivent produire, en outre, le certificat de privilège de second ordre.

Le remboursement ne peut être autorisé que dans le département où le comptable a exercé en dernier lieu (*Ord. du 24 août* 1841 ; *décret sur la comptabilité publique du* 31 *mai* 1862, *art.* 291).

Les intérêts des cautionnements dus aux titulaires sortis de fonctions continuent à courir jusqu'au jour du remboursement du capital, mais ils ne peuvent être payés que lorsque le remboursement du capital a été autorisé.

Consulter sur les cautionnements, le *Traité de législation spéciale sur le Trésor public*, par MM. Dumesnil et Pallain.

CHAPITRE VIII

AVANCEMENT. — RÉCOMPENSES HONORIFIQUES

§ 1. — Avancement.

Les règles pour l'avancement dans les services extérieurs ont été tracées par l'article 23 du décret du 23 avril 1883, par les arrêtés des directeurs généraux des 22 avril 1888 (1) et 20 mars 1890 (2), ainsi que par les instructions n°s 367 et 379 publiées aux bulletins mensuels de mai 1888 (3) et février 1889 (4).

Décret du 23 avril 1883.

L'article 23 du décret du 23 avril 1883 pose en principe que *Nul ne peut recevoir un avancement comportant une augmentation de traitement, s'il n'est bien noté et s'il ne compte au minimum, dans le traitement inférieur, deux ans pour les agents, à partir du grade de commis, un an pour les auxiliaires, les dames employées et les sous-agents.*

Il ne peut être dérogé à cette règle que pour récompenser des services exceptionnels et par une décision dûment motivée du ministre.

L'article 23 du décret du 23 avril 1883 ajoutait que les agents ayant subi avec succès les épreuves de l'examen du second degré pouvaient recevoir un avancement hors tour à un an de grade. Cet avancement exceptionnel est donné aujourd'hui à ceux qui ont subi avec succès les épreuves de l'examen de sortie dans la première section de l'école professionnelle supérieure (*Arrêté ministériel du* 18 *juin* 1890).

Tableaux d'avancement.

Les arrêtés des 22 avril 1888 et 20 mars 1890, ainsi que l'instruction n° 379, sont relatifs à la formation des tableaux d'avancement.

Ces tableaux sont établis à la fin de chaque année pour l'année suivante.

Les éléments en sont préparés par des commissions de classement instituées dans chaque service.

Commissions de classement.

Dans chaque département, les agents en situation de concourir pour l'avancement sont classés par une commission composée du directeur et

(1) *Bull. mens.* n° 5, mai 1888, p. 89.
(2) *Bull. mens.* n° 3, mars 1890, p. 425.
(3) *Bull. mens.*, n° 5, mai 1888, p. 89 et s.
(4) *Bull. mens.* n° 2, févr. 1889, p. 112 et s.

des agents supérieurs de la direction, d'après les propositions faites par les receveurs et les chefs des centres de dépôt télégraphiques (*Arrêté du 20 mars 1890*).

Dans le département de la Seine fonctionnent cinq commissions de classement : la première, composée du directeur de l'exploitation, de l'inspecteur principal, du receveur principal, des chefs et sous-chefs de section placés sous ses ordres, le personnel de la recette principale ; la seconde, composée du directeur, de l'inspecteur principal et des inspecteurs des postes, pour le personnel postal de la direction et des bureaux de la Seine autres que la recette principale ; la troisième, composée du directeur-ingénieur, de l'inspecteur principal des télégraphes, du chef du poste central, des chefs et sous-chefs de section qui lui sont adjoints, pour le poste central des télégraphes ; la quatrième, composée du directeur-ingénieur, de l'inspecteur principal et des inspecteurs des télégraphes, pour le personnel télégraphique de l'inspection et des bureaux de Paris autres que le poste central ; la cinquième, composée du directeur-ingénieur, des inspecteurs-ingénieurs, des sous-ingénieurs et des deux contrôleurs les plus anciens attachés à la région, pour les agents du service technique.

Il y a également une commission par ligne de bureaux ambulants, une commission pour chacun des services spéciaux, composées chacune des agents supérieurs de ces lignes ou service ; enfin une commission dont les membres sont désignés par l'administrateur de la division de l'exploitation postale, pour le service maritime et le personnel des bureaux français à l'étranger.

Les délibérations des commissions sont tenues secrètes.

Elles ne peuvent proposer pour l'avancement aucun de leurs membres.

Listes de classement.

Les listes dressées par les commissions de classement sont au nombre de deux :

Liste pour l'avancement de classe,

Liste pour l'avancement de grade.

Liste de classement pour l'avancement de classe.

Pour l'avancement de classe, les agents proposés sont répartis en six groupes, comprenant :

Le premier, les chefs de brigade, les commis principaux de toutes classes et les agents du service maritime depuis le traitement de 2,700 francs jusqu'à celui de 3,600 francs inclus ;

Le deuxième, les commis de toutes classes et les agents du service maritime, jusqu'au traitement de 2,400 francs inclus ;

Le troisième, les receveurs de bureaux composés, sauf ceux qui possèdent le traitement maximum afférent à leur classe ; le chef mécanicien de l'usine de la Seyne et le chef du service intérieur de l'hôtel des postes, à Paris ;

Le quatrième, les receveurs de bureaux simples, sauf ceux qui possèdent le traitement maximum afférent à leur classe ;

Le cinquième, les commis auxiliaires (1);

Le sixième, les dames employées.

Nul ne peut être inscrit sur la liste s'il n'a subi les examens prescrits par les règlements, s'il n'est bien noté et s'il ne compte, à la date fixée par l'arrêté de convocation des commissions, un minimum d'ancienneté dans le traitement, de deux ans pour les agents à partir du grade de commis et pour les commis auxiliaires (1), et d'un an pour les dames employées.

L'agent bien noté est celui qui mérite, au moins, la note bien pour la conduite administrative et la conduite publique (2), et la cote 15 pour le mérite professionnel, le maximum des cotes étant 20 (parfait).

Choix. Les agents ayant obtenu au moins la note bien pour la conduite et la cote 18 pour le mérite professionnel peuvent seuls être proposés au choix.

Demi-choix. Les agents ayant obtenu les cotes 16 ou 17 sont proposés au demi-choix.

Les commissions sont absolument libres des désignations au choix ou au demi-choix : elles n'ont à observer aucune proportionnalité avec les propositions faites à l'ancienneté ; elles ont toute latitude pour faire porter ces désignations sur tel ou tel groupe d'agents.

Ancienneté. Les agents proposés à l'ancienneté sont ceux auxquels est attribuée la cote 15.

Les cotes inférieures à 15 sont, en principe, éliminatoires du tableau d'avancement; les commissions doivent, néanmoins, inscrire les agents qui ont mérité ces cotes à leur rang d'ancienneté sur la liste particulière de classement.

Elles accompagnent cette inscription de la mention : *A éliminer.*

Si parfois, en raison de la très grande ancienneté d'un agent, elles jugent utile de le proposer, malgré l'insuffisance de sa cote, elles l'indiquent par la mention : *Proposé, vu la grande ancienneté.*

Classement particulier. Les agents proposés au choix ou au demi-choix, à l'ancienneté, ainsi que ceux cotés au-dessous de 15, sont portés sur une seule liste, et rangés indistinctement, dans chacun des groupes, suivant l'ancienneté de classe; subsidiairement, suivant l'ancienneté de service, et, si ces deux anciennetés sont respectivement les mêmes, par ordre de cote. Les noms des agents proposés au choix sont inscrits à l'encre rouge sur la liste.

Choix exceptionnel. En dehors des propositions faites pour l'avancement à titre normal, les présidents des commissions peuvent, s'il y a lieu, proposer par rapport spécial, pour un avancement au titre du *choix exceptionnel*, les agents qui se sont distingués par des mérites tout à fait particuliers. Le rapport relate les mérites des agents et les faits précis qui motivent la proposition.

(1) Depuis l'arrêté ministériel du 26 avril 1890, le traitement des commis auxiliaires est gradué par échelons de 200 francs. Leur avancement est soumis, par suite, aux mêmes règles que celui des receveurs de bureaux simples dont le traitement jusqu'à 2,400 francs, est susceptible de s'élever de 200 en 200 francs.

(2) D'après la *circulaire* du 20 octobre 1887 (*Bull. mens.* n° 9 *supp.*, sept. 1887, p. 294), on entend par *conduite administrative* la conduite de l'agent dans le service, tant vis-à-vis de ses chefs ou de ses subordonnés que vis-à-vis du public ; et par *conduite publique*, tout fait de la vie extérieure qui permet d'apprécier sa valeur morale et sa loyauté politique.

La liste de classement pour l'avancement de grade, comprend tous les agents bien notés qui, étant en situation par leur traitement de prétendre à un grade plus élevé ou comportant des attributions différentes, ont été reconnus aptes à le remplir. Liste de classement. pour l'avancement de grade.

Pour l'avancement de grade, les agents sont répartis, pour ordre, en trois catégories, d'après la nature des emplois pour lesquels ils sont proposés.

La première catégorie comprend les candidats aux emplois de chef ou sous-chef de section, de commis principal de recette, de chef de brigade et de commis principal du service ambulant ;

La deuxième catégorie comprend les candidats aux emplois d'inspecteur, de sous-inspecteur et de commis principal de direction ;

La troisième catégorie, les receveurs ou les candidats aux emplois de receveur.

Les agents proposés sont inscrits, dans chaque catégorie, suivant l'ordre hiérarchique des grades, en commençant par les plus élevés ; dans chaque grade, ils sont classés par traitements, et subsidiairement, par ancienneté de traitement.

Aucun minimum d'ancienneté n'est requis en ce qui concerne les les agents proposés pour un emploi ou un grade comportant un traitement équivalent au leur.

Les observations ou incidents qui se seraient produits au cours des opérations de classement sont consignés à la dernière page du procès-verbal, au bas de laquelle tous les membres de la commission apposent leur signature. Procès-verbaux.

Les propositions sont établies en deux expéditions, dont l'une est transmise à l'administration centrale, sous le timbre du personnel ; l'autre est classée, comme minute, dans les archives du service.

Aussitôt après avoir reçu le travail des commissions, le directeur général en saisit le conseil d'administration. Tableaux d'avancement.

Le conseil contrôle ces propositions au moyen des feuilles signalétiques et autres pièces contenues dans les dossiers du personnel ; il établit, d'après les listes de classement modifiées, s'il y a lieu, et, d'après la quotité des fonds disponibles et les vacances probables dans l'année, les tableaux d'avancement de classe et de grade.

Les agents dont les notes sont seulement satisfaisantes sont inscrits au tableau d'avancement de classe, dans chaque groupe, suivant l'ordre de leur ancienneté réelle au dernier traitement.

Les agents proposés au choix ou au demi-choix sont classés à un rang qui assure, aux premiers, une avance de six mois ; aux seconds, une avance de trois mois sur leur ancienneté réelle (*Arrêté du 20 mars 1890*).

Les agents qui ont été l'objet de rapports spéciaux pour un avancement au titre du choix exceptionnel restent en dehors du classement.

Le conseil complète les tableaux d'avancement par l'adjonction des membres des commissions de classement qui leur paraissent devoir être proposés.

Ces tableaux ne deviennent définitifs qu'après avoir été approuvés par le directeur général.

Promotions.

L'avancement de classe est donné par le ministre pour les agents à sa nomination et à celle du président de la République, et par le directeur général pour tous les autres agents ; l'avancement de grade est donné par le président de la République, le ministre ou le directeur général, suivant les grades et emplois et conformément aux règles établies par les décrets du 27 juin 1887, 5 juillet 1890 et 31 décembre 1890.

Tout agent qui, depuis son inscription à l'un des tableaux d'avancement, cesse d'être bien noté, peut en être rayé, après avis du conseil d'administration.

Aucun règlement n'a été publié jusqu'ici pour l'avancement des sous-agents.

§ 2. — Médailles d'honneur.

Indépendamment des nominations dans l'ordre national de la Légion d'honneur, réservées aux fonctionnaires et agents qui comptent dans l'administration vingt ans au moins de services distingués ou qui ont rendu des services exceptionnels, des médailles d'honneur ont été instituées par un décret du 22 mars 1882 (1) pour récompenser les sous-agents des postes et des télégraphes qui se sont signalés par de longs et irréprochables services, ou par des actes de courage et de dévouement dans l'exercice de leurs fonctions.

La même distinction peut être accordée aux entrepreneurs chargés du transport des dépêches et à leurs employés, y compris le personnel des équipages des navires et des trains de chemins de fer affectés à ces transports, pour des actes de courage ou de dévouement accomplis dans l'exécution du service qui leur est confié.

L'arrêté ministériel du 24 avril 1882 détermine comme suit les conditions dans lesquelles peuvent être décernées les médailles d'honneur :

Médailles de bronze.

Une médaille de bronze peut être accordée :

1° Aux facteurs, aux sous-agents ou assimilés qui comptent quinze années de services irréprochables ;

2° Aux sous-agents, aux entrepreneurs de transport de dépêches ou à leurs employés qui se sont signalés par des actes de dévouement ou de courage dans l'exécution du service qui leur est confié.

Médailles d'argent.

Une médaille d'argent peut être accordée :

1° Aux titulaires d'une médaille de bronze décernée depuis cinq ans ;

2° Aux sous-agents ou assimilés, décorés de la médaille militaire ou

(1) *Bull. mens.* n° 4, avril 1882, p. 172.

de la Légion d'honneur, qui remplissent l'une des conditions prescrites par le décret du 22 mars 1882;

3° Dans la proportion d'un dixième seulement, aux sous-agents ou assimilés qui se sont distingués par des actes de dévouement ou de courage tout à fait exceptionnels.

Les sous-agents ou assimilés ne peuvent prétendre à une médaille d'honneur lorsqu'ils ont cessé leurs fonctions ou le service qui établit leurs titres à cette distinction.

Les propositions pour les médailles d'honneur sont faites par les directeurs et chefs de service. Elles sont l'objet d'un classement, dans lequel l'ordre de mérite est déterminé suivant le nombre des points attribués à chaque candidat, sur les bases indiquées dans la circulaire du 16 août 1888 (1) et de manière à tenir compte à la fois de l'ancienneté et de la valeur des services, du grade et des titres exceptionnels. Propositions.

Les concessions de médailles d'honneur sont faites par arrêté ministériel.

Il ne peut être décerné chaque année plus de 100 médailles de bronze et de 40 médailles d'argent.

Les médailles restées disponibles sur un exercice peuvent être distribuées pendant l'année suivante.

Les titulaires reçoivent un diplôme, rappelant les faits qui ont motivé la distinction dont ils sont l'objet.

En cas de faute grave, l'autorisation du port de la médaille peut être suspendue ou retirée par décision ministérielle.

(1) *Bull. mens.* n° 8, août 1888, p. 289.

CHAPITRE VIII

DISCIPLINE

Échelles des peines.

L'article 28 du décret du 23 avril 1883 établit comme suit l'échelle des peines disciplinaires dont peuvent être passibles les agents et sous-agents des services extérieurs :

L'avertissement par le chef de service ;

L'avertissement comminatoire infligé par l'administration ;

Le changement de résidence sans diminution de traitement ;

La déchéance de traitement ou de grade sans changement de résidence ;

Le changement de résidence avec diminution de traitement ;

La radiation des cadres ou la mise à la retraite d'office ;

La révocation.

Cette échelle de pénalités ne mentionne pas la retenue de traitement, prévue par l'article 3 de la loi du 9 juin 1853 et l'article 17 du décret du 9 novembre de la même année sur les pensions civiles. La retenue de traitement par mesure disciplinaire a cessé d'être appliquée au personnel des postes et des télégraphes, en vertu d'une décision du sous-secrétaire d'Etat des finances du 15 janvier 1878 (1).

Application.

Les articles 77 à 85 de l'Instruction générale établissent quelques règles pour l'application des mesures disciplinaires.

Fautes légères.

Les peines les plus légères, c'est-à-dire l'avertissement par le chef de service et l'avertissement comminatoire par l'administration, sont applicables aux erreurs, omissions ou irrégularités, et se prescrivent par une année de service sans punition. Lorsqu'à l'expiration de ce délai, un agent encourt une nouvelle peine, celle du premier degré lui est seule applicable.

Inconduite ou indiscipline.

Pour les faits qui impliquent la conduite, la discipline ou la moralité, le degré de pénalité est déterminé par les circonstances de l'enquête et la gravité de la faute.

Fraudes commises par les agents voyageant sur les chemins de fer.

Le transport de commissions par les agents ou sous-agents en service sur les chemins de fer constitue un abus de fonctions passible, pour la première fois, du blâme infligé par l'administration, et, en cas de réci-

(1) *Bull mens.* n° 106 *supp.*, janv. 1878, p. 3.

dive dans l'année, du changement de service avec déchéance. Les mêmes pénalités sont applicables à tout agent qui favorise ou qui s'attribue le passage gratuit dans les vagons, voitures ou bateaux des entreprises employées ou subventionnées par l'administration pour le transport des dépêches.

Est puni de la révocation tout agent convaincu : Fautes entraînant la révocation.

1° D'avoir violé le secret des correspondances ;

2° D'avoir sciemment fait usage de timbres-poste ayant déjà servi ;

3° D'avoir retenu sciemment, supprimé ou détruit un objet de correspondance quelconque qui était entre ses mains, à raison de ses fonctions ;

4° D'avoir frauduleusement transporté ou distribué des objets de correspondance ;

5° D'avoir reçu une taxe excédant celle qu'il savait être due, ou une rémunération quelconque non autorisée, à l'occasion du service ;

6° D'avoir altéré, contrefait ou réformé, seul ou d'accord avec ses correspondants, les sommes inscrites sur une pièce comptable, en vue d'atténuer une recette mise à sa charge ;

7° D'avoir atténué, omis ou retenu sciemment, par quelque moyen que ce soit, le produit des taxes dont la constatation, le recouvrement ou le contrôle lui était confié ;

8° D'avoir fait ou favorisé la fraude en matière de douane, de contribution indirecte ou d'octroi (*Loi du* 28 avril 1816, *art.* 45).

La même peine peut être infligée à tout facteur démissionnaire qui abandonne son poste avant la date fixée par le directeur du département, ainsi qu'au facteur convaincu d'avoir enlevé ou fait enlever des boîtes qu'il était chargé de visiter, les lettres-timbres dont ces boîtes étaient garnies, ou bien d'avoir appliqué sur son part et sur les correspondances extraites de ces boîtes un timbre autre que celui qu'ils devaient y apposer.

Les directeurs suspendent provisoirement de fonctions, d'office ou sur le rapport motivé de son supérieur hiérarchique tout agent auquel est imputé, avec commencement de preuve, l'un des crimes ou délits ci-après : Suspension de fonctions.

1° Détournement ou soustraction de deniers publics ou privés, ou d'effets actifs en tenant lieu ; de pièces, titres, actes ou effets mobiliers qui se trouvaient entre les mains de l'agent en vertu de ses fonctions (*C. p., art* 169 *à* 173) ;

2° Perception ou tentative de perception de taxes non dues ou excédant ce qui était dû (*C. p., art.* 174) ;

3° Détournement, ouverture ou suppression de lettres confiées à la poste (*C. p., art.* 187) ;

4° Usage, vente ou tentative de vente de timbres-poste ayant déjà servi (*Loi du* 16 *octobre* 1849).

Les directeurs prononcent également la suspension de tout agent mis en état d'arrestation ou qui se rend coupable de faits d'insubordination grave ou d'inconduite notoire.

Ils rendent compte immédiatement à l'administration des mesures qu'ils ont prises.

Les chefs immédiats des agents inculpés peuvent retirer le service à ces agents, à la condition d'en référer sur-le-champ au directeur, qui seul a qualité pour prononcer la suspension.

La suspension des agents ou sous-agents entraîne la cessation provisoire du payement de leur traitement ou salaire.

Procédure pour l'application des peines disciplinaires graves.

Les peines disciplinaires les plus graves, depuis le changement de résidence jusqu'à la révocation, sont prononcées par le ministre pour les agents à sa nomination et à celle du président de la République, et par le directeur général pour les autres agents et sous-agents. La révocation des agents nommés par le président de la République ne peut être prononcée que par décret.

Le dossier de l'information est transmis, avec les explications de l'inculpé, l'avis de son supérieur immédiat, celui de l'agent enquêteur et les conclusions du chef de service, au bureau compétent de l'administration centrale. Ce bureau prépare, s'il y a lieu, le rapport tendant à l'application de la mesure disciplinaire encourue. Le bureau du personnel est appelé à donner son avis lorsque l'affaire a été examinée par un autre service.

Le rapport est ensuite soumis, avec le dossier de l'affaire, au conseil d'administration ; puis intervient la décision.

Appel.

Les agents peuvent interjeter appel des mesures disciplinaires prononcées contre eux. Leurs réclamations doivent être adressées, par la voie hiérarchique, au directeur qui les transmet à l'administration avec ses observations et son avis.

CHAPITRE IX

ABSENCES ET CONGÉS

Les agents peuvent être déplacés momentanément dans l'intérêt du service, avec l'autorisation de l'administration centrale. Déplacements motivés par l'intérêt du service.

Lorsqu'il y a urgence à pourvoir au remplacement d'un agent, et que le service d'un bureau est exposé à être compromis, le directeur, s'il n'a sous la main aucun auxiliaire disponible, aspirant surnuméraire ou agent retraité, peut détacher un agent de la direction ou de l'une des recettes composées du département.

Il rend compte à l'administration des mesures qu'il a prises.

L'agent détaché a droit à des frais de route et à des frais de séjour, conformément à un tarif fixé par l'arrêté du 31 juillet 1878 (1).

Les absences motivées par des causes personnelles aux agents sont autorisées tantôt par l'administration, tantôt par les chefs de service, en vertu de permissions d'absence ou de congés. Absences motivées par des causes étrangères au service.

Les permissions d'absence sont accordées par les chefs de service; elles ne donnent lieu à aucune retenue sur le traitement. Leur durée ne peut excéder cinq jours (*Décret du* 23 *avril* 1883, *art.* 25). Permissions d'absence.

Au delà de cinq jours, les absences ne peuvent être autorisées qu'en vertu de congés réguliers.

La délivrance des congés est réglementée par l'article 16 du décret du 9 novembre 1853 portant règlement d'administration publique pour l'exécution de la loi sur les pensions civiles et par les articles 25 et 26 du décret du 13 avril 1883. Congés.

La concession de tout congé *est facultative; elle est accordée ou refusée suivant les exigences du service et d'après l'appréciation des titres ou de la situation des postulants* (*Décret du* 23 *avril* 1883, *art.* 25).

(1) Si l'intérim se prolonge au delà de quinze jours, l'intérimaire n'a plus droit, à partir du seizième jour, qu'à la moitié du tarif fixé pour les frais de séjour hors de la résidence (*Circ. du* 10 *avril* 1880).

Cette réduction n'est pas applicable aux agents appelés à gérer par intérim des recettes, non plus qu'aux aides assermentés pris en dehors des cadres du personnel (*Bull. mens.* sept. 1885).

Les congés sont accordés avec ou sans retenue sur le traitement, suivant leur durée et les motifs pour lesquels ils ont été demandés.

Congés pour affaires.

Les fonctionnaires et employés ne peuvent obtenir chaque année un congé de plus de quinze jours sans subir une retenue. Un congé d'un mois sans retenue peut être accordé à ceux qui n'ont joui d'aucun congé et d'aucune autorisation d'absence pendant trois années consécutives (1).

Les congés pour affaires d'une durée de plus de quinze jours ou de plus d'un mois, dans le cas exceptionnel où l'agent n'aurait joui d'aucun congé pendant trois années consécutives, donnent lieu à l'application d'une retenue qui est *de la moitié au moins ou des deux tiers au plus du traitement.*

Si pendant l'absence de l'employé, il y a lieu de pourvoir à des frais d'intérim, le montant en est précompté, jusqu'à due concurrence, sur la retenue qu'il doit subir.

Après *trois mois de congé consécutifs ou non, dans la même année, l'intégralité du traitement est retenue, et le temps excédant les trois mois n'est pas compté comme service actif pour la pension de retraite.* L'agent est mis en disponibilité et remplacé dans son emploi.

La durée du congé avec retenue de la moitié au moins et des deux tiers au plus du traitement peut être portée à quatre mois pour les fonctionnaires et employés exerçant hors de France, mais en Europe ou en Algérie, et à six mois pour ceux qui sont attachés au service colonial.

Congés pour maladie.

En cas d'absence pour cause de maladie dûment constatée, le fonctionnaire ou l'employé peut être autorisé à conserver l'intégralité de son traitement pendant un temps qui ne peut excéder trois mois. Pendant les trois mois suivants, il peut obtenir un congé avec retenue de la moitié au moins et des deux tiers au plus du traitement.

Après six mois d'absence, consécutifs ou non, dans le cours de la même année, l'agent est mis en disponibilité, sous réserve de sa réintégration après qu'il aura justifié de son complet rétablissement.

Un nouveau congé ne pourrait lui être accordé que dans le cours de l'année suivante, et à l'expiration d'un délai déterminé.

Si la maladie du fonctionnaire résulte d'un acte de dévouement accompli dans un intérêt public, en exposant sa vie pour sauver celle d'un de ses concitoyens ; d'une lutte ou d'un combat soutenu dans l'exercice de ses fonctions, ou d'un accident grave, résultant notoirement de l'exercice de ses fonctions, *le fonctionnaire peut conserver l'intégralité de son traitement jusqu'à son rétablissement ou jusqu'à sa mise à la retraite* (2).

Absences imposées par la loi.

Sont également affranchies de toute retenue les absences ayant pour

(1) Un délai supplémentaire est accordé, à l'aller comme au retour, aux agents d'Algérie qui se rendent en France, en vertu d'un congé régulier.

Ce délai, dont la durée ne peut excéder trois jours, est fixé par les directeurs, d'après la distance qui sépare la résidence de l'agent du port d'embarquement ou de débarquement (*Autorisation ministérielle du 2 décembre* 1885).

(2) En pareil cas et dans le but de concilier, autant que possible, les intérêts du service avec ceux des agents, l'administration conserve aux intéressés la jouissance de leur traitement pendant un délai de quinze à vingt mois, à l'expiration duquel elle prononce leur mise en disponibilité, sous réserve de leurs droits à une pension de retraite exceptionnelle, s'ils sont reconnus hors d'état de reprendre leurs fonctions.

cause l'accomplissement d'un des devoirs imposés par la loi (Décret du 9 novembre 1853, art. 16).

Toute demande de congé doit être faite par écrit; énoncer, sous peine de rejet: Forme des demandes de congé.

1° Le laps de temps pour lequel le congé est demandé;

2° Le motif de l'absence;

3° Le lieu où le réclamant a l'intention de se rendre;

4° La désignation de son remplaçant, s'il doit être remplacé; celle de son gérant, s'il est comptable.

Si la demande de congé est motivée par l'accomplissement d'un devoir imposé par la loi, elle doit être accompagnée de l'original ou de la copie certifiée de l'acte légal en vertu duquel l'absence doit avoir lieu.

Si elle est motivée par la maladie, elle doit être appuyée d'un certificat de médecin dûment légalisé, indiquant la nature et la durée probable de la maladie. Dans le cas où la maladie est de nature à entraîner un déplacement, la nécessité doit en être constatée par un médecin désigné par l'administration et assermenté (*Arrêté ministériel du* 24 *avril* 1854).

Les receveurs et les comptables doivent joindre à leur demande de congé une déclaration (1) par laquelle ils s'engagent à demeurer responsables des actes de la personne qui les remplace. Engagement à prendre par les comptables.

Les demandes de congé sont transmises par la voie hiérarchique à l'autorité compétente, suivant le grade de l'agent; chaque chef, par l'intermédiaire duquel elles passent, les accompagne de son avis et de ses observations, notamment sur la question de savoir s'il y a lieu ou non d'appliquer la retenue. Transmission des demandes.

Les congés sont accordés : Concession des congés.

Par le directeur général, et par délégation du ministre, aux agents à la nomination du président de la République ou à celle du ministre, sauf toutefois en ce qui concerne les agents supérieurs de l'administration centrale;

Par le directeur général, aux agents de tous grades de l'administration centrale, ainsi qu'aux agents des services extérieurs à sa nomination, sauf toutefois les congés de quinze jours non sujets à retenue (2) demandés pour affaires personnelles; par les directeurs, aux agents de leur département à la nomination du directeur général, pour les congés de quinze jours sans retenue demandés pour affaires personnelles, à charge d'en rendre compte à l'administration, ainsi qu'aux sous-agents, pour les congés d'une durée maximum d'un mois, quel qu'en soit le motif.

Les titres de congé délivrés aux agents énoncent, s'il y a lieu, le montant de la retenue.

Ils sont valables seulement dans les quinze jours de leur date (*Art.* 2 *de l'arrêté ministériel du* 25 *avril* 1854).

(1) Voir le modèle à l'appendice n° 3 de l'*Instruction générale*.
(2) *Circulaire* du 23 avril 1890, *Bull. mens.* n° 4, avril 1890, p. 582.

Demandes de prolongation.

Les demandes de prolongation de congé sont soumises aux mêmes formalités que les demandes de congé auxquelles elles succèdent; elles sont accordées par lettre.

Agents ne pouvant obtenir simultanément des congés.

Ne peuvent obtenir simultanément des congés :

Le directeur et l'inspecteur ou le sous-inspecteur d'un même département;

Le directeur et le receveur principal d'un même département;

Le receveur d'un bureau composé et le commis principal ou le premier commis du même bureau.

Remise des valeurs par les receveurs aux gérants intérimaires.

Au moment de la remise du service aux gérants qui les remplacent, les receveurs adressent au directeur du département le bordereau des valeurs existant en caisse ou au bureau au moment où cette remise s'effectue.

Registre des congés tenu dans les directions.

Les directeurs tiennent un registre des congés divisé en trois parties consacrées :

La première, à l'inscription des congés délivrés par l'administration;

La seconde, à celle des congés délivrés par le chef du service;

La troisième, à l'inscription des simples permissions d'absence.

Les directeurs informent l'administration (bureau du personnel) de la date du départ des agents en congé; la rentrée de ces agents est notifiée lors du renvoi du titre de congé.

L'agent qui s'est absenté ou qui a dépassé la durée de son congé sans autorisation peut être privé de son traitement pendant un temps double de celui de son absence irrégulière (Décret du 9 novembre 1853, art. 17).

Frais de remplacement.

Lorsqu'il est nécessaire de pourvoir au remplacement des agents absents, les frais d'intérim sont, en général, à la charge du trésor. Toutefois, l'insuffisance des crédits dont dispose l'administration ne lui a pas encore permis d'appliquer, sous ce rapport, la même règle à tout son personnel.

Commis.

Les commis sont remplacés aux frais du Trésor. Lorsque l'absence a pris fin, ou à la fin du mois si elle se prolonge au delà, les indemnités de route et de séjour dues aux intérimaires sont liquidées sur la production d'états de frais certifiés par les directeurs et transmis pour approbation à l'administration (bureau du personnel) (1).

Receveurs de bureaux simples.

Pour les receveurs des bureaux simples, la liquidation des dépenses d'intérim est faite dans la même forme; mais le traitement du receveur pendant la période d'absence est alloué aux intérimaires et déduit du montant des états de frais.

Si les receveurs sont bien notés et comptent au moins une année de service, l'administration leur alloue généralement, sur la proposition du directeur, une indemnité égale au tiers ou à la moitié de la portion de traitement dont ils ont fait abandon à leur remplaçant. La proposition est faite à l'expiration de la période d'absence.

(1) *Bull. mens.* n° 24, avril 1880, *instr.* n° 102, p. 301 et s.; *Bull. mens.* n° 19, juillet 1884, p. 821.

Les sous-agents du service technique, les facteurs et les surveillants facteurs des télégraphes sont remplacés aux frais du Trésor, quelle que soit la cause de l'absence. Sous-agents des télégraphes.

Le salaire dû aux intérimaires est avancé par les receveurs et leur est remboursé dans le courant du mois suivant, sur la production des quittances des intéressés. La liquidation est faite par les soins de la division du matériel pour les sous-agents du service technique, et de la division de l'exploitation électrique (1er bureau), pour les facteurs et les surveillants facteurs des télégraphes (1).

Les sous-agents du service postal ne sont remplacés aux frais du Trésor qu'en cas de maladie, s'ils sont bien notés et s'ils comptent au moins une année de service. Sous-agents du service postal.

Les courriers-convoyeurs, les entreposeurs, les gardiens de bureau et les facteurs qui s'absentent pour affaires font à l'intérimaire qui les remplace l'abandon de leur traitement ou de leur salaire pendant toute la durée de leur absence. Si le salaire exigé par l'intérimaire est supérieur aux émoluments du titulaire de l'emploi, la différence est avancée par le receveur, qui se fait donner quittance en double expédition par l'intéressé. L'une de ces quittances est conservée comme valeur en caisse par le receveur; l'autre est transmise au directeur qui, après l'avoir vérifiée et certifiée, provoque, en fin de mois, le remboursement des avances de cette nature faites par les receveurs. Dans ce but, le directeur adresse le relevé des avances à l'administration, sous le timbre du personnel, s'il s'agit de courriers-convoyeurs, de gardiens de bureau, de facteurs de ville ou d'entreposeurs; sous le timbre de la division de l'exploitation postale, (bureau de l'organisation) s'il s'agit de facteurs locaux et ruraux (2).

Lorsqu'un sous-agent d'origine postale cesse son service pour cause de maladie, le receveur adresse immédiatement au directeur une demande de remplacement aux frais du Trésor, sur laquelle il indique les motifs de l'absence, la durée probable de la maladie, les ressources du sous-agent, et donne son appréciation sur la conduite et le service de son subordonné. Si le sous-agent est bien noté et s'il compte au moins une année de services, le directeur autorise l'avance par le receveur des frais de remplacement; dans le cas contraire, il saisit l'administration, qui statue. Dans tous les cas, la régularisation de l'avance est poursuivie, en fin de mois, par le directeur, dans la forme indiquée ci-dessus (3).

Enfin, lorsque la maladie est le résultat, soit d'un acte de dévouement accompli dans un intérêt public ou pour sauver la vie d'un citoyen, soit de lutte ou de combat soutenu dans l'exercice des fonctions, soit d'un accident grave résultant de l'exercice des fonctions même, le sous-agent conserve, en vertu de l'article 16 du décret du 9 novembre 1853, la jouissance de l'intégralité de son traitement jusqu'à son rétablissement ou jusqu'à sa mise à la retraite. La totalité des frais de remplacement est

(1) *Bull. mens.* n° 15, juillet 1879, *instr.* n° 70, p. 501.
(2) *Bull. mens.* n° 38, juin 1881, *instr.* n° 165, p. 546.
(3) *Circulaires* des 31 juillet 1888 et 26 octobre 1888, *Bull. mens.* n° 7, juill. 1888, p. 159; n° 11, nov. 1888, p. 357.

alors avancée par le receveur; la régularisation de cette avance a lieu dans la forme indiquée ci-dessus.

Secours.

Des secours peuvent être accordés aux agents des postes et des télégraphes qui sont dans le besoin et qui se recommandent d'ailleurs par la régularité de leur conduite. Les allocations de cette nature sont attribuées même à des agents sortis de fonctions, à leurs veuves et à leurs orphelins.

A moins de circonstances exceptionnelles, il n'est accordé qu'un secours par an.

Les demandes sont transmises au bureau du personnel, avec l'avis motivé des chefs de service.

Il est tenu note par les directeurs, sur un registre spécial, des demandes formées et de la quotité des secours accordés. Le même registre sert à l'inscription des frais de remplacement alloués aux agents qui se sont absentés pour cause de maladie.

Congés de longue durée.

Indépendamment des congés ordinaires qui peuvent être accordés dans les conditions prévues par l'article 16 du décret du 9 novembre 1853, l'article 26 du décret du 23 avril 1883 prévoit la concession de congés dont la durée peut s'élever à plusieurs années, en vue de permettre aux agents d'entrer au service d'autres administrations, de gouvernements étrangers et même de compagnies privées, sans cesser néanmoins d'appartenir au cadre permanent du personnel des postes et des télégraphes :

Ils (les fonctionnaires ou agents des postes et des télégraphes) *peuvent obtenir un congé dont la durée ne doit pas dépasser cinq ans et pendant lequel ils ne reçoivent aucun traitement, pour prendre du service soit dans d'autres administrations publiques, soit à l'étranger, ou dans toutes autres conditions autorisées par décision spéciale du ministre.*

Ils ne conservent leurs droits à la retraite qu'à charge pour eux de verser successivement les retenues imposées par la loi du 9 juin 1853 sur les pensions civiles.

A l'expiration de leur congé, ils reprennent, s'il y a lieu, le rang qu'ils occupaient au moment de leur départ et au fur et à mesure des vacances. (Art. 26 du décret du 23 avril 1883.)

Telle a été la situation des agents qui ont été autorisés à entrer temporairement au service de gouvernements étrangers (Bulgarie, Siam, Tunisie), ou de compagnies particulières (les compagnies de câbles).

La situation des agents détachés en Tunisie est réglée par la convention du 20 mars 1888, conclue entre le gouvernement et le bey de Tunis pour l'exploitation des postes et des télégraphes dans la régence : les agents et sous-agents envoyés de France reçoivent, en sus de leur traitement, une indemnité égale à ce traitement.

On s'est demandé si la situation de ce personnel, qui continue à compter dans les cadres malgré une absence excédant la durée maxima prévue par l'article 16 du décret du 9 novembre 1853, qui conserve ses droits à l'avancement et supporte la retenue sur des émoluments non payés par l'État, est régulière, et s'il peut véritablement acquérir des droits à une pension de retraite pour des services rendus à des gouvernements étrangers ou à des administrations privées.

On peut répondre que cette situation est prévue par l'article 4 de la loi du 9 juin 1853 sur les pensions civiles, qui reconnaît le droit à pension, à charge pour eux de subir la retenue sur leur traitement et leurs différentes rétributions, aux *fonctionnaires et employés qui, sans cesser d'appartenir au cadre permanent d'une administration publique, et en conservant leurs droits à l'avancement hiérarchique, sont rétribués en tout ou en partie sur les fonds départementaux ou communaux, sur les fonds des compagnies concessionnaires, et même sur les remises et salaires payés par les particuliers.*

Cependant la légalité des dispositions des trois derniers alinéas de l'article 26 du décret du 23 avril 1883 a été contestée. Ces alinéas ne font que reproduire le texte de dispositions empruntées aux articles 8 et 10 du décret du 20 janvier 1862 (1), sur l'organisation du service télégraphique. Lorsqu'il s'est agi de liquider les pensions d'agents des télégraphes qui se trouvaient dans les cas prévus par ces articles, le Conseil d'État s'est refusé à leur tenir compte des années passées dans la position de congé ou de disponibilité, bien qu'ils n'eussent pas cessé de subir la retenue pour le service des pensions civiles. Le Conseil d'État s'est appuyé sur les dispositions de l'article 16 du règlement d'administration publique du 9 mars 1853, qui limite à trois mois, et à six mois en cas de maladie, la durée des congés que les agents peuvent obtenir chaque année, le temps de l'absence cessant, ces délais expirés, de compter comme service effectif pour la pension de retraite. Les dispositions d'un règlement d'administration publique ont la même valeur que la loi qu'elles complètent, et ne peuvent être valablement modifiées que par un décret rendu dans la même forme.

Disponibilité.

La disponibilité est la position des agents dont l'absence excède les délais maxima indiqués dans l'article 16 du décret de 1853, et qui, ne se trouvant pas dans les conditions voulues pour obtenir des congés de longue durée au titre de l'article 26 du décret du 23 avril 1883, cessent momentanément de faire partie des cadres de l'administration.

Les agents, dit l'article 27 du décret du 23 avril 1883, *peuvent être mis en disponibilité sur leur demande ou d'office, pour cause de cessation de fonctions pendant plus de six mois, pour incapacité de travail, inaptitude à remplir leurs fonctions ou défaut d'emploi.*

Les agents en disponibilité ne touchent aucun traitement et n'acquièrent aucun droit à la pension de retraite.

La disponibilité est prononcée par le ministre, pour les agents à sa nomination; par le directeur général, pour les autres agents.

Agents mis à la disposition des ministères.

Enfin, *les fonctionnaires ou agents des postes et des télégraphes peuvent être mis à la disposition des autres ministères pour y être chargés d'un service rentrant dans leurs attributions professionnelles* (Art. 26 du décret du 23 avril 1883).

(1) Abrogés par le décret du 26 juillet 1886.

Telle est la situation des agents qui sont mis à la disposition du ministre de la guerre comme instructeurs dans les écoles de télégraphie militaire; telle est aussi celle des agents détachés dans les colonies ou dans les pays de protectorat (Sénégal, Cochinchine, Tonkin, Madagascar), qui sont mis à la disposition de l'administration des colonies ou du département des affaires étrangères.

La situation des agents détachés aux colonies et dans les pays de protectorat autres que la Tunisie a été réglée par le décret du 22 juillet 1882 et par l'arrêté ministériel du 29 juillet de la même année (1), concerté entre les départements de la marine et des postes et des télégraphes : les agents détachés reçoivent, en sus du traitement afférent à leur grade et à leur classe, une indemnité dont le taux varie. Ils continuent à faire partie des cadres de l'administration des postes et des télégraphes. Leurs traitements et indemnités leur sont payés par le département ministériel ou la colonie qui les emploie; l'avancement leur est donné, sur la proposition de ce département, par le ministre ou par le directeur général, suivant le cas. Ils subissent la retenue sur le principal de leur traitement.

(1) *Bull. mens.* n° 8, août 1882, p. 438.

CHAPITRE X

PENSIONS.

§ 1er. — Historique.

Les pensions sont des allocations viagères attribuées, sous certaines conditions, aux fonctionnaires et employés après la cessation de leur activité, en considération des services qu'ils ont rendus. Définition.

La loi accorde, dans certains cas, la réversion des pensions aux veuves et aux orphelins mineurs des fonctionnaires décédés.

Avant 1789, les pensions étaient des concessions gracieuses de la faveur royale. Cependant elles avaient été, dans les dernières années qui précédèrent la Révolution, l'objet d'une réglementation (1). La loi des 3-22 août 1790, votée par l'Assemblée constituante, leur donna le caractère de récompenses nationales accordées à ceux qui avaient rendu des services à l'État. Cette loi est encore appliquée, dans la plupart de ses dispositions, aux ministres, aux sous-secrétaires d'État, aux conseillers d'État, aux préfets et aux sous-préfets (art. 32 de la loi du 9 juin 1853). Historique.

Le bénéfice de la loi du 3 août 1790 n'ayant été accordé qu'à un petit nombre de hauts fonctionnaires, les employés des administrations publiques qui ne pouvaient obtenir des pensions au titre de cette loi se constituèrent des caisses de retraite, gérées sous la surveillance du gouvernement, alimentées par des retenues sur leurs traitements et par des subventions de l'État. L'administration de ces caisses particulières fut donnée à la Caisse des dépôts et consignations par la loi du 28 avril 1816. Le 12 janvier 1825, une ordonnance, rendue sur la proposition de M. de Villèle, réunit en une seule les caisses de retraite de toutes les administrations financières, y compris celle des postes; mais de grandes dissemblances subsistaient entre les règlements applicables aux pensionnaires de l'administration des finances et ceux des autres services publics. Après vingt années d'études, tant de la part du gouvernement que des Chambres,

(1) *Ordonnance* du 22 décembre 1776, fixant l'époque des demandes de pension; — lettres patentes du 8 nov. 1778, introduisant l'usage du certificat de vie et dispensant les intéressés de solliciter chaque année un nouvel ordonnancement; ordonnance du 7 janvier 1879 établissant le principe de l'insaisissabilité et de l'incessibilité, avec celui de la déchéance dans le cas de non-payement des arrérages pendant cinq ans.

une loi, qui porte la date du 9 juin 1853, soumit à un régime uniforme les pensions de tous les employés civils, liquida les anciennes caisses de retraites, et attribua leur actif, ainsi que la perception des retenues, à l'État, à charge pour lui de payer directement les pensions sur les fonds du budget.

Les dispositions de cette loi, complétées, pour les détails d'exécution, par un règlement d'administration publique qui porte la date du 9 novembre 1853, régissent encore aujourd'hui tous les employés civils de l'État, en dehors des grands fonctionnaires, peu nombreux d'ailleurs, qui peuvent obtenir des pensions au titre de la loi du 3 août 1790. Il y a donc lieu de faire de la loi et du décret de 1853 une étude particulière.

Nous nous occuperons successivement du droit à pension, de la réversibilité de ce droit, de la concession, de la liquidation, de la jouissance, du payement et de l'extinction des pensions.

§ 2. — Droit à la pension de retraite.

Personnes qui peuvent obtenir une pension de l'État.

Ont droit à la pension, d'après l'article 3 de la loi du 9 juin 1853, les fonctionnaires et employés rétribués directement par l'État, si d'ailleurs ils remplissent les conditions d'âge et de services, et s'ils ont subi les retenues prescrites par la loi.

L'article 4 reconnaît aussi le droit à pension des fonctionnaires et employés rétribués sur d'autres fonds que ceux de l'État, et notamment des fonctionnaires et employés qui, *sans cesser d'appartenir au cadre permanent d'une administration publique, et en conservant leurs droits à l'avancement hiérarchique, sont rétribués, en tout ou en partie sur les fonds départementaux et communaux, sur les fonds des compagnies concessionnaires et même sur les remises ou salaires payés par les particuliers.*

Ces dispositions exceptionnelles peuvent être appliquées notamment aux fonctionnaires des postes et des télégraphes qui ont été attachés temporairement, avec l'autorisation de l'administration, au service de gouvernements étrangers.

Le droit à pension n'existe que pour les agents et sous-agents commissionnés, à l'exclusion des employés et sous-agents auxiliaires dont la rétribution ou le salaire n'est pas soumis à retenue.

Retenues pour le service des pensions.

La première condition pour pouvoir prétendre à une pension de retraite, c'est de subir, sans pouvoir les répéter dans aucun cas, les retenues prescrites par la loi (Art. 3 de la loi du 9 juin 1853).

Ces retenues sont les suivantes :

Retenue de 5 0/0 du traitement et des émoluments personnels.

1° 5 0/0 *sur les sommes payées à titre de traitement fixe ou éventuel, de préciput, de supplément de traitement, de remises proportionnelles, de salaires, ou constituant, à tout autre titre, un émolument personnel.*

Sont soumis à la retenue, en vertu de cette énumération de la loi :

Tous les traitements des agents titulaires des postes et des télégraphes;

Les salaires des facteurs locaux et ruraux;

Les hautes payes allouées à certains agents et sous-agents de la recette principale des postes de la Seine, ainsi qu'aux facteurs locaux et ruraux.

Les remises allouées aux agents sur la vente des timbres-poste, les recettes télégraphiques, le recouvrement des effets de commerce et les opérations de la caisse d'épargne postale, ne sont pas sujettes à retenue. Les remises soumises à la retenue et visée par la loi, sont celles attribuées à certains agents tels que les percepteur et les receveurs de l'enregistrement, qui n'ont pas de traitement fixe. Émoluments non soumis à la retenue.

Les articles 21 et 22 du décret du 9 novembre 1863, exceptent de l'application de la retenue les sommes payées à titre :

De gratifications éventuelles,

De salaire de travail extraordinaire,

D'indemnités pour missions extraordinaires,

D'indemnités de perte,

De frais de voyage,

D'abonnements et d'allocations pour frais de bureau, de régie, de table et de loyer,

De supplément de traitement colonial et de remboursement de dépenses.

2° Le *douzième des mêmes rétributions lors de la première nomination ou dans le cas de réintégration, et le douzième de toute augmentation ultérieure.* Retenue du premier douzième.

La retenue du premier douzième du traitement s'applique donc non seulement aux agents nouveaux, mais encore à ceux qui, après avoir été révoqués ou destitués, sont réadmis dans un emploi soumis à la retenue.

Elle ne concerne pas les agents réintégrés dans les cadres après avoir été mis en disponibilité.

Celui qui, par mesure disciplinaire ou par mutation volontaire d'emploi, est descendu à un traitement inférieur, subit la retenue du premier douzième des augmentations ultérieures (Art. 25 du décret du 9 novembre 1853).

3° *Les retenues pour cause de congés et d'absences, ou par mesure disciplinaire.* Retenues pour congés ou à titre disciplinaire.

Les retenues par mesure disciplinaire ont été supprimées pour les agents des postes et des télégraphes, par l'arrêté du sous-secrétaire d'État des finances du 15 janvier 1878.

L'article 35 de la loi du 9 juin 1853 et l'article 24 du décret du 9 novembre de la même année mentionnent, en dehors des retenues exercées sur les traitements, des *prélèvements sur* le produit des *amendes et confiscations en matière de douanes, de contributions indirectes et de postes.* Produits des amendes.

En ce qui concerne les postes, les seules amendes dont le produit soit affecté au service des pensions sont celles prononcées à titre de mesure disciplinaire contre les entrepreneurs de transport de dépêches, en vertu de l'article 15 de leur cahier des charges.

Liquidation des traitements soumis à la retenue.

Les traitements ou allocations passibles de retenues sont portés pour le brut sur les ordonnances et mandats, et il y est fait mention spéciale des retenues à exercer pour pensions.

Les comptables chargés du payement de ces ordonnances ou mandats les imputent en dépense pour leur montant intégral, et ils constatent en recette les retenues opérées au crédit du budget de chaque exercice à un compte distinct intitulé : Retenues sur traitements pour le service des pensions civiles (Art. 5 du décret du 9 novembre 1853.)

Versement des retenues par les agents payés sur d'autres fonds que ceux de l'État.

Les fonctionnaires et employés rétribués sur d'autres fonds que ceux de l'État, qui ont néanmoins droit à pension conformément au dernier paragraphe de l'article 4 de la loi du 9 juin 1853, *supportent la retenue sur l'intégralité de leurs rétributions.*

Ceux qui sont placés en France et en Algérie doivent effectuer le versement de cette retenue par trimestre et dans les premiers jours du trimestre qui suit le trimestre échu, à la caisse du receveur des finances; ils transmettent la déclaration de ce versement au ministre du département auquel ils ressortissent. Ceux qui résident à l'étranger sont tenus de faire acquitter, pour leur compte, les retenues qui les concernent et de faire faire en même temps la déclaration ci-dessus prescrite; ils sont autorisés à faire un seul versement par année.

Les ministres transmettent chaque trimestre au ministre des finances des états nominatifs, par départements, desdits fonctionnaires et employés; ces états, indiquant le traitement applicable à chaque agent et la retenue à excercer, sont transmis, comme titres de perception à recouvrer, aux receveurs des finances (Décret du 9 novembre 1853, art. 13).

Conditions d'âge et de durée des services.

La règle, pour la condition d'âge, est posée dans l'article 5 de la loi.

Le droit à la pension de retraite est acquis par ancienneté à soixante ans d'âge et après trente ans accomplis de services.

La loi admet des exceptions à cette règle en faveur :

1° Des fonctionnaires qui ont servi *dans la partie active ;*

2° De ceux qui ont exercé hors d'Europe;

3° De ceux qui sont hors d'état de continuer leurs fonctions.

Services rendus dans la partie active.

Le droit à pension est acquis à *cinquante-cinq ans d'âge* et après *vingt-cinq ans* accomplis *de services* pour les agents qui ont passé *quinze ans dans la partie active* (Art. 5 de la loi).

Un tableau, annexé à la loi du 9 juin 1853, énumère les fonctions qui sont considérées comme actives, au point de vue de la retraite. *Aucun autre emploi ne peut être compris au service actif, ni assimilé à un emploi de ce service, qu'en vertu d'une loi.* En ce qui concerne les postes, le tableau mentionne seulement les courriers, les facteurs, les brigadiers-facteurs et les chargeurs; aucun emploi du service télégraphique n'y figure.

C'est en vain que l'administration s'est efforcée, à diverses reprises, d'y faire comprendre les agents du service ambulant ainsi que les surveillants et les facteurs des télégraphes, qui, malgré l'activité de leurs fonctions, continuent à être classés dans la partie sédentaire.

Les services civils rendus hors d'Europe par les fonctionnaires et employés envoyés d'Europe par le gouvernement français sont comptés pour moitié en sus de leur durée effective, sans toutefois que cette bonification puisse réduire de plus d'un cinquième le temps de service effectif exigé pour constituer le droit à pension. Services rendus hors d'Europe.

Le supplément accordé à titre de traitement colonial n'entre pas dans le calcul du traitement moyen.

Après quinze années de services rendus hors d'Europe, la pension peut être liquidée à cinquante-cinq ans d'âge (Art. 10 de la loi).

Ces dispositions sont applicables aux agents des bureaux de poste français à l'étranger, ainsi qu'aux agents embarqués sur les paquebots.

L'agent qui a été reconnu par le ministre hors d'état de continuer ses fonctions est dispensé de la condition d'âge. Agents reconnus hors d'état de continuer leurs fonctions. *a*) Par suite d'incapacité morale ou physique

Il suffit, dans ce cas, qu'il compte trente ans de services dans la partie sédentaire, ou vingt-cinq dont quinze dans la partie active, pour avoir droit à la pension.

Si l'impossibilité d'être maintenu en activité résulte pour le fonctionnaire d'un état d'invalidité morale inappréciable pour les hommes de l'art, sa situation est constatée par un rapport de ses supérieurs dans l'ordre hiérarchique (Décret du 9 novembre 1853, art. 30).

Le mot *invalidité morale* n'est pas employé ici comme synonyme de maladie mentale, les maladies de cette nature étant susceptibles d'être appréciées par les médecins : il s'applique à l'incapacité de travail résultant d'un affaiblissement des facultés intellectuelles.

Si l'incapacité de servir est le résultat de l'invalidité physique du fonctionnaire, l'acte prononçant son admission à la retraite doit être appuyé, indépendamment des justifications ci-dessus spécifiées, d'un certificat des médecins qui lui ont donné leurs soins et d'une attestation d'un médecin désigné par l'administration et assermenté, qui déclare que le fonctionnaire est hors d'état de continuer utilement l'exercice de son emploi (Décret du 9 novembre 1853, art. 30).

Peuvent également obtenir pension, s'ils comptent cinquante ans d'âge et vingt ans de service dans la partie sédentaire, ou quarante-cinq ans d'âge et quinze ans de service dans la partie active, ceux que des infirmités graves, résultant de l'exercice de leurs fonctions, mettent dans l'impossibilité de les continuer, ou dont l'emploi aura été supprimé (Loi du 9 novembre 1853, art. 11). *b*) Par suite d'infirmités résultant de l'exercice des fonctions

Ces infirmités et leurs causes sont constatées par les médecins qui ont donné leurs soins au fonctionnaire et par un médecin désigné par l'administration et assermenté. Les certificats doivent être corroborés par l'attestation de l'autorité municipale et par les supérieurs immédiats du fonctionnaire (Décret du 9 août 1853, art. 35).

c) Par suite d'actes de dévouement, de lutte ou de combat soutenu dans l'exercice des fonctions, ou d'accident grave résultant de l'exercice des fonctions.

Peuvent exceptionnellement obtenir pension, quels que soient leur âge et la durée de leur activité :

1° *Les fonctionnaires et employés qui ont été mis hors d'état de continuer leur service, soit par suite d'un acte de dévouement dans un intérêt public, ou en exposant leurs jours pour sauver la vie d'un de leurs concitoyens, soit par suite de lutte ou combat soutenu dans l'exercice de leurs fonctions;*

2° *Ceux qu'un accident grave, résultant notoirement de l'exercice de leurs fonctions, met dans l'impossibilité de les continuer* (Art. 11 de la loi du 9 juin 1853).

Dans les cas qui précèdent, *l'événement donnant ouverture au droit à pension doit être constaté par un procès-verbal en due forme dressé sur les lieux et au moment où il est survenu. A défaut de procès-verbal, cette constatation peut s'établir par un acte de notoriété rédigé sur la déclaration des témoins de l'événement ou des personnes qui ont été à même d'en connaître et d'en apprécier les conséquences. Cet acte doit être corroboré par les attestations conformes de l'autorité municipale et des supérieurs immédiats du fonctionnaire* (Décret du 9 août 1853, art. 35).

Jurisprudence du Conseil d'État en matière de pensions à titre exceptionnel. Actes de dévouement.

Quelques exemples aideront à préciser la portée des dispositions de l'article 11 de la loi de 1853.

La jurisprudence ne considère comme un *acte de dévouement* que celui qui suppose un danger couru et affronté avec énergie. Celui qui fait une chute en courant vers le théâtre d'un incendie, celui qui, à la suite d'une marche rapide et prolongée, a été atteint d'une maladie de cœur, n'ont fait que prêter leur concours dans des circonstances ordinaires et n'ont pas droit à une pension exceptionnelle dans les conditions prévues par le § 1er de l'article 11 (Cons. d'Ét., 29 mars 1853; 11 juillet 1867).

Lutte ou combat dans l'exercice des fonctions.

Le cas de lutte ou de combat soutenu dans l'exercice des fonctions n'est pas toujours, aux yeux du conseil d'État, un motif suffisant pour dispenser des conditions d'âge et de services fixées par l'article 5. D'après la jurisprudence récente du Conseil, il faut encore que l'agression dont le fonctionnaire a été victime soit motivée par une circonstance relative à ses fonctions. Le facteur, le courrier blessés en se défendant contre des malfaiteurs qui cherchaient à leur ravir leurs chargements ou leurs dépêches, bénéficieront des dispositions du paragraphe 1er de l'article 11; il n'en serait pas de même si l'agression avait une cause étrangère à l'exercice de leurs fonctions. Ainsi le Conseil d'État a repoussé une demande de pension en faveur de la veuve d'un facteur de la Corse assassiné en cours de tournée, victime d'une vendetta particulière qui pouvait l'atteindre aussi bien en dehors du service que dans l'exercice de ses fonctions (Vve Lanfranchi, 25 juin 1885).

La loi parle de *lutte* ou de *combat* soutenu dans l'exercice des fonctions; cependant, d'après la jurisprudence, il n'est pas nécessaire, pour ouvrir le droit à une pension exceptionnelle, qu'il y ait eu rixe : le fonctionnaire frappé par surprise dans l'exercice ou à l'occasion de ses fonctions, et, en cas de mort, ses ayants cause, peuvent y prétendre, comme celui qui a été blessé, comme la veuve ou les enfants de celui qui a succombé en se défendant.

L'*accident grave* est celui qui résulte d'un fait anormal et imprévu, ayant une corrélation avec l'emploi. Accident grave.

Le courrier ambulant blessé dans un accident de chemin de fer pendant qu'il est en service ; le facteur en tournée de distribution qui se fracture la jambe en tombant sur le verglas; l'inspecteur frappé d'insolation durant le cours de ses vérifications ; le surveillant foudroyé en travaillant à la réparation d'un dérangement sur une ligne télégraphique, et même l'employé qui fait une chute et se blesse en se rendant à son bureau, rentrent dans le cas prévu par le § 2 de l'article 11.

Il n'est pas indispensable, pour ouvrir le droit à une pension exceptionnelle, que les conséquences de l'accident se manifestent immédiatement; le droit est acquis alors même que la mort ou l'incapacité de travail surviendrait longtemps après l'événement, pourvu toutefois que la corrélation entre l'accident et ses suites soit bien établie. La preuve en sera fournie par le procès-verbal ou l'acte de notoriété dressé en vertu de l'article 35 du décret du 9 novembre 1853.

Une maladie grave, même mortelle, contractée par un employé dans l'exercice de ses fonctions, ne suffit pas pour justifier l'application du paragraphe 2, si elle n'a pas le caractère d'accident exigé par la loi. Ainsi le Conseil d'État a repoussé une demande de pension en faveur de la veuve d'un employé décédé après vingt-huit ans de services d'une maladie des intestins, bien que cette affection parût résulter de l'exercice de ses fonctions (1).

En général, on peut dire que l'accident grave ne se rencontre pas là où rien d'extraordinaire, rien d'anormal n'a signalé l'exercice des fonctions. L'apoplexie, survenue à la suite d'une fatigue excessive, d'un travail trop prolongé, pourra motiver l'application du paragraphe 2 de l'article 11 de la loi. Se produisant, au contraire, pendant l'exercice ordinaire et régulier des fonctions, elle n'apparaîtra plus que comme une conséquence des prédispositions de l'employé. (Conseil d'État, 27 mars 1856, 4 juin 1860, 19 mai 1864, 2 mars 1870).

Aux termes de l'article 8 de la loi du 9 juin 1853, *les services dans les armées de terre et de mer concourent avec les services civils pour établir le droit à pension et sont comptés pour leur durée effective, pourvu que la durée des services civils soit au moins de douze ans dans la partie sédentaire et de dix ans dans la partie active.* Services militaires.

On en conclut que les services militaires, s'adjoignant à douze ans de services civils dans la partie sédentaire, ou à dix ans dans la partie active, peuvent servir à compléter la période de trente ans de services exigée par l'article 5 de la loi du 9 juin 1853, pour constituer le droit à pension à titre d'ancienneté.

(1) Avis du Conseil d'État du 6 mai 1856, rapporté à la page 1148 de l'*Instruction générale*.

Mais les services militaires ne peuvent pas être assimilés aux services civils rendus dans la partie active, pour compléter la période minimum de quinze ans de services actifs exigée soit par le deuxième alinéa de l'article 5 de la loi pour donner droit à une pension à titre d'ancienneté après vingt-cinq ans de services (Cons. d'État, 24 décembre 1857), soit par le quatrième alinéa de l'article 11 de la même loi, pour constituer le droit à une pension exceptionnelle dans le cas d'infirmités graves, résultant de l'exercice des fonctions (Cons. d'État, de la sect. avis du contentieux, 7 janvier 1887, pens. Baumgarten).

Les services sous les drapeaux ne sont considérés comme terminés qu'au moment où ils cessent de droit et non de fait (Cons. d'État, 25 septembre 1861).

Réversibilité des pensions.

Les veuves et les orphelins des fonctionnaires décédés ne peuvent obtenir de pensions ou de secours, en vertu de la loi du 9 juin 1853, qu'à titre de réversion des droits acquis par leurs maris ou leurs pères.

Pour que le droit des veuves et des orphelins puisse s'ouvrir, il faut que leurs maris ou leurs pères soient morts en jouissance de pension ou avec des droits acquis à une pension de retraite.

Droit des veuves.

La pension de la veuve est ordinairement du tiers, et parfois des deux tiers de celle que le mari avait obtenue ou à laquelle il aurait eu droit.

Elle est du tiers, sans pouvoir être inférieure à 100 francs ni supérieure à celle du mari.

1° Toutes les fois que le mari est mort en jouissance de pension ;

2° Lorsque, sans avoir été pensionné, il a accompli la durée de services exigée par l'article 5 de la loi du 9 juin 1853 pour obtenir une pension à titre d'ancienneté, c'est-à-dire trente ans dans la partie sédentaire ou vingt-cinq ans, dont quinze dans la partie active (*Article* 13 *de la loi du* 9 *juin* 1853).

L'article 15 de la loi contient une disposition de faveur au profit de la veuve du fonctionnaire qui, ayant passé moins de quinze années dans la partie active, décède avant d'avoir accompli les trente années de services nécessaires pour donner droit à pension : en pareil cas, un cinquième des années passées dans la partie active est ajouté fictivement en sus de la durée effective des services pour compléter les trente années nécessaires. La liquidation ne s'opère néanmoins que d'après la durée effective des services.

3° Lorsque le mari a perdu la vie dans un accident grave résultant notoirement de l'exercice de ses fonctions ou par suite de cet accident (*Art.* 14 *de la loi du* 9 *juin* 1853).

Dans les deux premiers cas, il est nécessaire, pour que la veuve puisse invoquer le droit à pension, que le mariage ait été contracté six ans avant la cessation des fonctions du mari.

Dans le dernier cas, il suffit que le mariage soit antérieur à l'événement qui a amené la mort du mari.

La pension de la veuve est des deux tiers de celle que le mari aurait pu obtenir lorsque, *dans l'exercice ou à l'occasion de ses fonctions, il a perdu la vie dans un naufrage ou dans un des cas spécifiés au paragraphe* 1er *de l'article* 11 *de la loi* (acte de dévouement dans un intérêt public, lutte ou combat soutenu dans l'exercice des fonctions), *soit immédiatement, soit après l'événement.*

Il suffit alors que le mariage ait été contracté antérieurement à l'évènement qui a amené la mort ou la mise à la retraite du mari (*Art.* 14 *de la loi du* 9 *juin* 1853).

Le droit à pension pour la veuve n'existe pas dans le cas de séparation de corps prononcée sur la demande du mari (*article* 13 *de la loi*). Cependant la réconciliation des époux fait cesser l'incapacité.

Aucune disposition de la loi ne prive de la jouissance de sa pension la veuve qui se remarie avec un Français.

La veuve du fonctionnaire qui décède des suites d'infirmités contractées dans l'exercice de ses fonctions et non reconnues comme présentant le caractère d'un accident grave, n'a pas droit à pension, si le mari n'a pas accompli les années de service exigées par le premier alinéa de l'article 5 de la loi. Il en serait ainsi, alors même que le mari aurait servi pendant vingt ans dans la partie sédentaire ou pendant quinze ans dans la partie active (Cons. d'État, 6 mai 1856); alors même qu'il aurait adressé une demande de pension exceptionnelle, s'il n'avait pas été admis, avant sa mort, à faire valoir ses droits (Cons. d'État, 7 mai 1857, veuve Gillon).

Droit des orphelins.

L'orphelin ou les orphelins mineurs d'un fonctionnaire ou employé ayant obtenu sa pension, ou ayant accompli la durée de services exigée par l'article 5 *de la loi, ou ayant perdu la vie dans un des cas prévus par les paragraphes* 1 *et* 2 *de l'article* 14, *ont droit à un secours annuel lorsque la mère est ou décédée, ou inhabile à recueillir la pension, ou déchue de ses droits.*

La mère est inhabile à recueillir la pension lorsque son mariage est antérieur de moins de six ans à la mise à la retraite du mari ; elle est déchue de ses droits lorsqu'elle ne les a pas fait valoir dans le délai de cinq ans prescrit par l'article 22, lorsqu'il y a eu divorce ou séparation de corps prononcée contre elle, enfin lorsqu'elle perd la qualité de Française.

Le secours est, quel que soit le nombre des enfants, égal à la pension que la mère aurait obtenue ou pu obtenir. Il est partagé entre eux par égales portions, et payé jusqu'à ce que le plus jeune des enfants ait atteint l'âge de vingt et un ans accomplis, la part de ceux qui décéderaient ou celle des majeurs faisant retour aux mineurs.

S'il existe une veuve et un ou plusieurs orphelins mineurs provenant d'un mariage antérieur du fonctionnaire, il est prélevé sur la pension de la veuve, et sauf réversibilité en sa faveur, un quart au profit de l'orphelin du premier lit, s'il n'en existe qu'un en âge de minorité, et la moitié s'il en existe plusieurs (Art. 16 de la loi du 9 juin 1853).

Les enfants orphelins des fonctionnaires décédés pensionnaires ne peuvent obtenir de secours à titre de réversion qu'autant que le mariage dont ils sont issus a précédé la mise à la retraite de leur père (Art. 34 du décret du 9 novembre 1853).

Les enfants naturels n'ont pas droit à des secours annuels.

Liquidation provisoire au profit des femmes et enfants des fonctionnaires absents.

Lorsqu'un fonctionnaire a disparu de son domicile et que plus de trois ans se sont écoulés sans qu'il ait réclamé les arrérages de sa pension, la femme ou les enfants qu'il a laissés peuvent obtenir, à titre provisoire, la liquidation des droits de réversion qui leur seraient ouverts en cas de décès dudit fonctionnaire (Décret du 9 novembre 1853, art. 45).

§ 3° Concession des pensions.

Lorsqu'un fonctionnaire réunit les conditions d'âge et de services exigés par la loi, il ne suit pas de là qu'il doive obtenir immédiatement, *de plano*, la pension à laquelle il a droit. La concession en est encore subordonnée à deux conditions :

1° L'admission du fonctionnaire à faire valoir ses droits à la retraite ;

2° L'existence, au budget, d'un crédit disponible sur lequel les arrérages de sa pension puissent être régulièrement imputés.

Admission des fonctionnaires à faire valoir leurs droits.

Aucune pension n'est liquidée qu'autant que le fonctionnaire a été préalablement admis à faire valoir ses droits à la retraite par le ministre au département duquel il ressortit (Art. 19 de la loi du 9 juin 1853.)

L'admission à la retraite est donc le préliminaire indispensable de toute liquidation.

Cette mesure rentrant dans le pouvoir discrétionnaire de l'administration (1), l'État peut conserver les fonctionnaires civils dans leur emploi aussi longtemps que son intérêt l'exige ou que leurs forces le permettent (Cons. d'État, 17 février 1853, 2 mai 1860), sans que les fonctionnaires soient admis, par réciprocité, à protester contre leur mise à la retraite d'office, lorsqu'ils réunissent les conditions d'âge et de services requis par la loi.

Alors même que l'admission à la retraite a été prononcée, le fonctionnaire peut encore, si *l'intérêt du service l'exige, être maintenu momentanément en activité, sans que la prolongation de ses services puisse donner lieu à un supplément de liquidation. Dans ce cas, la jouissance de la pension part du jour de la cessation effective du traitement* (décret du 9 novembre 1853, art. 47).

Mais s'il appartient à l'administration seule de prononcer sur la demande d'admission à la retraite d'un fonctionnaire ou employé civil, elle n'est pas maîtresse d'accorder ou de refuser la pension à celui qu'elle remplace ou dont l'emploi est supprimé, lorsque d'ailleurs il a fourni les justifications exigées pour la pension à titre exeptionnel. En cas de refus, le recours serait ouvert par la voie contentieuse contre la décision ministérielle. Ce recours devrait être formé, à peine de déchéance, dans le délai de trois mois (Cons. d'État, 20 février 1873).

(1) Ad. BAVELIER, *Traité des pensions civiles et militaires*, t. Ier, p. 11.

Nécessité d'un crédit disponible.

L'article 20 de la loi du 9 juin 1853 dispose qu'*il ne peut être concédé annuellement de pensions que dans la limite des extinctions réalisées sur les pensions inscrites. Dans le cas toutefois où cette limite devrait être dépassée, par suite de l'accroissement de liquidation auquel donneront lieu les nouvelles catégories de fonctionnaires soumis à la retenue et appelés à la pension, l'augmentation de crédit nécessaire fera l'objet d'une loi spéciale.*

En édictant ces dispositions, le législateur de 1853 se flattait peut-être d'enfermer à l'avenir dans de justes limites, malgré l'extension du droit à pension à tous les fonctionnaires et employés de l'État, les charges des pensions civiles. A coup sûr, il n'avait pas mesuré toute l'étendue du fardeau que la loi de 1853 devait imposer au budget.

D'après les indications fournies par l'exposé des motifs, le nombre des fonctionnaires qui participaient aux avantages des caisses de retraites était de 77,474 en 1853 ; le vote de la loi devait porter ce nombre à 158,227.

L'exposé des motifs évaluait à 3,395,500 francs l'augmentation de dépense annuelle qui devait résulter de l'admission de 80,753 nouveaux fonctionnaire au bénéfice du droit à pension. « Ainsi, ajoutait-il, c'est au prix d'un sacrifice de 3,395,300 francs qu'on a ouvert un droit à pension à 81,000 fonctionnaires qui en étaient privés jusqu'à présent. L'État a fait un grand acte de politique et de justice. Il a attaché à son service 150,000 familles. Il s'est fait le dispensateur de leur présent et de leur avenir. Au milieu du mouvement qui emporte la société, il a établi un contre-poids à cette excessive mobilité, en inspirant des sentiments de stabilité aux agents qu'il emploie » (1).

La commission du Corps législatif était loin d'être aussi optimiste que le gouvernement. Elle demandait, par l'organe de son rapporteur, M. Gouin, l'établissement d'une caisse spéciale et unique de retraite pour les fonctionnaires civils, afin que l'État ne devînt pas débiteur direct des pensions.

L'événement a montré que le gouvernement, sinon le Corps législatif, s'était singulièrement mépris sur la portée financière de la loi. Deux causes ont contribué à aggraver le mécompte : d'une part, l'accroissement considérable du nombre des emplois publics, d'autre part, l'augmentation de presque tous les traitements.

De 22,969,000 francs, somme inscrite au budget de 1854, le crédit des pensions civiles s'est élevé en 1890 au chiffre considérable de 62,160,000 fr., et rien ne fait prévoir le terme de cet accroissement continu des dépenses. Le produit des retenues n'étant actuellement que de 24,523,351 fr., le montant net de la dépense à la charge du Trésor ressort à 37,636,649 francs. Presque chaque année des crédits supplémentaires doivent être demandés, pour permettre de donner suite aux nouvelles demandes de pensions qui se produisent. Aussi plusieurs moyens ont-ils été proposés récemment, tels

(1) Exposé des motifs du budget de 1854. Le montant des pensions à servir en 1854, était évalué à 22.969.000 francs, le produit des retenues à 11.254.500, la dépense nette à la charge du Trésor à 11.714.500. Les subventions faites par l'État aux caisses des retraites s'élevaient en 1853 à 14.900.767. L'application de la loi sur les pensions civiles produisit donc pour l'exercice 1854 une économie de 3.186.267 francs.

que l'élévation du taux de la retenue ou le recul de la limite d'âge pour l'admission à la retraite, en vue d'alléger le fardeau toujours croissant des pensions (1).

En exécution de l'article 20 de la loi du 9 juin 1853, le ministre des finances arrête, chaque année, dans les premiers jours de janvier, l'état des extinctions réalisées dans le cours de l'année précédente, et dont le montant sert de base pour la fixation du crédit d'inscription de l'année courante.

Un décret, rendu sur le rapport du ministre des finances, détermine :

1° La somme jusqu'à concurrence de laquelle ce crédit est employé ;

2° La portion afférente à chacun des départements ministériels.

(Art. 38 du décret du 9 novembre 1853).

Forme des demandes. Délai pour les présenter.

Toute demande de pension est adressée au ministre du département auquel appartient le fonctionnaire. Cette demande doit, à peine de déchéance, être présentée, avec les pièces à l'appui, dans le délai de cinq ans, à partir du jour où le titulaire a été admis à faire valoir ses droits à la retraite, ou du jour de la cessation de ses fonctions, s'il a été autorisé à les continuer après cette admission, et pour la veuve, du jour du décès du fonctionnaire.

Les demandes de secours annuels, pour les orphelins, doivent être présentées dans le même délai, à partir du jour du décès de leur père ou de celui de leur mère (Art. 22 de la loi).

Pièces à produire. *a*) Par les fonctionnaires.

Le fonctionnaire admis à la retraite doit produire, indépendamment de son acte de naissance et d'une déclaration de domicile :

1° Pour la justification des services civils :

Un extrait dûment certifié des registres et sommiers de l'administration ou du ministère auquel il a appartenu, énonçant ses nom et prénoms, sa qualité, la date et le lieu de sa naissance, la date de son entrée dans l'emploi avec traitement, la série de ses grades et services, l'époque et les motifs de leur cessation et le montant du traitement dont il a joui pendant chacune des six dernières années de son activité.

Lorsqu'il n'aura pas existé de registres, ou que tous les services administratifs ne se trouveront pas inscrits sur les registres existants, il y sera

(1) Au 1er janvier 1890, les pensions des agents des postes et des télégraphes, de leurs veuves et de leurs orphelins s'élevaient à 6.620.965. Ce chiffre se décomposait ainsi :

		NOMBRE DES PARTIES PRENANTES	MONTANT DES PENSIONS
Partie sédentaire...	Agents	2853	3.132.047
	Veuves et orphelins	1050	427.149
	TOTAL	3903	3.559.196
Partie active	Agents	6057	2.648.607
	Veuves et orphelins	2936	413.162
	TOTAL	8993	3.061.769
	TOTAL GÉNÉRAL	12896	6.620.965

(Extrait du compte général des finances pour l'exercice 1889, p. 918.919).

suppléé, soit par un certificat du chef ou des chefs compétents des administrations où l'employé aura servi, relatant les indications ci-dessus énoncées, soit par un extrait des comptes et états d'émargement, certifié par le greffier de la Cour des comptes.

Les services civils rendus hors d'Europe sont constatés par un certificat distinct, délivré par le ministre compétent. Ce certificat énonce, pour chaque mutation d'emploi, le traitement normal du grade et le supplément accordé à titre de traitement colonial.

A défaut de ces justifications, et lorsque, pour cause de destruction des archives dont on aurait pu les extraire ou du décès des fonctionnaires supérieurs, l'impossibilité de les produire aura été prouvée, les services pourront être constatés par acte de notoriété.

2° *Pour la justification des services militaires :*

Un certificat directement émané du ministre de la guerre ou du ministre de la marine (art. 31 du décret du 9 août 1853).

Les fonctionnaires qui réclament une pension exceptionnelle au titre du dernier alinéa de l'article 5 ou de l'article 11 de la loi du 9 juin 1853 doivent fournir, indépendamment des pièces indiquées ci-dessus, les justifications exigées par les articles 30 et 35 du décret du 9 novembre 1853 (v. plus haut, p. 149).

Les veuves prétendant à pension fournissent, indépendamment des pièces que leur mari aurait été tenu de produire : b) Par leurs veuves.

1° *Leur acte de naissance ;*

2° *L'acte de décès de l'employé ou du pensionnaire ;*

3° *L'acte de célébration du mariage ;*

4° *Un certificat de non-séparation de corps et de non-divorce ;*

5° *Dans le cas où il y aurait eu séparation de corps, la veuve doit justifier que cette séparation a été prononcée sur sa demande* (Art. 32 du décret du 9 nov. 1853).

Les orphelins prétendant à pension fournissent, indépendamment des pièces que leur père aurait été tenu de produire : c) Par leurs orphelins.

1° *Leur acte de naissance ;*

2° *L'acte de décès de leur père ;*

3° *L'acte de célébration de mariage de leurs père et mère ;*

4° *Une expédition ou un extrait de l'acte de tutelle ;*

5° *En cas de prédécès de la mère, son acte de décès ;*

En cas de séparation de corps, expédition du jugement qui a prononcé la séparation ou un certificat du greffier du tribunal qui a rendu le jugement ;

En cas de second mariage, acte de célébration.

Les veuves ou les orphelins prétendant à pension produisent le brevet délivré à leur mari ou père lorsqu'il est décédé en jouissance de pension, ou une déclaration constatant la perte de ce titre.

(Art. 32 du décret du 9 novembre 1853).

Si le fonctionnaire a été justiciable direct de la Cour des comptes, soit en d) Par les comptables.

deniers, soit en matières, il doit produire un certificat de la comptabilité générale des finances ou du ministre compétent, constatant, sauf justification ultérieure du quitus de la Cour des comptes, que la vérification provisoire de sa gestion ne révèle aucun débet à sa charge.

Si le prétendant à pension n'est pas justiciable direct de la Cour des comptes, sa situation en fin de gestion est constatée par un certificat du comptable supérieur duquel il relève.

(Art. 33 du décret du 9 novembre 1853).

Transmission des demandes par les directeurs.

Les directeurs sont chargés de transmettre à l'administration les demandes d'admission à la retraite formées par les agents de tous grades placés sous leurs ordres. Ils s'assurent que ces demandes sont susceptibles d'être accueillies et qu'elles sont accompagnées des justifications prescrites.

Propositions de mise à la retraite d'office.

Les chefs de service peuvent proposer, par rapport motivé, l'admission à la retraite d'office des agents que l'âge ou les infirmités mettent hors d'état d'exercer leurs fonctions.

Renseignements à fournir aux veuves et orphelins.

Lorsqu'un agent ayant acquis le droit à pension vient à mourir, le directeur s'informe s'il laisse une veuve ou des orphelins, et, le cas échéant, leur indique les formalités à remplir pour faire valoir leurs droits à une pension ou à un secours.

Inscription des demandes sur un registre à souche.

A la réception des demandes et pour leur donner une date certaine, le directeur les inscrit sur un registre à souche. Un bulletin de cette inscription est détaché du registre et remis à la partie intéressée (Décret du 9 novembre 1853, art. 42).

État des services et des traitements.

Le directeur transmet à l'administration centrale, avec la demande, un extrait du registre matricule du personnel indiquant la nature et la durée des services rendus par les demandeurs. Il mentionne, s'il y a lieu, les services militaires ou autres qui peuvent être invoqués.

L'administration (bureau du personnel) examine à son tour les demandes ; elle prépare, s'il y a lieu, les rapports pour l'admission à la retraite.

Cette admission est prononcée par l'autorité à laquelle appartient le droit de nomination et de révocation du fonctionnaire ou de l'employé, c'est-à-dire, suivant le cas, par le président de la République, le ministre ou le directeur général.

Lorsque l'admission à la retraite est prononcée, le directeur transmet à l'administration le décompte des sommes brutes que les demandeurs, admis à faire valoir leurs droits à la retraite ont reçues, tant en traitement qu'en hautes payes, pendant les six dernières années de leur activité. Ce décompte sert à former le traitement moyen, qui sert de base à la liquidation de la pension.

Base de la liquidation. 1° Pensions à titre d'ancienneté.

Le montant de la pension est basé *sur la moyenne des traitements et émoluments de toute nature soumis à retenues dont l'ayant droit a joui pendant les six dernières années d'exercice.*

Néanmoins, pour le personnel rétribué sur d'autres fonds que ceux de l'État, la moyenne ne peut *excéder celle des traitements et émoluments dont le fonctionnaire aurait joui s'il eût été rétribué directement par l'État* (Art. 6 de la loi du 9 juin 1853).

La pension est réglée, pour chaque année de services civils, à 1/60 du traitement moyen.

Néanmoins, pour vingt-cinq ans de services entièrement rendus dans la partie active, elle est de la moitié du traitement moyen, avec accroissement pour chaque année de services en sus, de 1/50 du traitement.

En aucun cas elle ne peut excéder les 3/4 du traitement moyen, ni les maximums déterminés au tableau ci-dessous (art. 7 de la loi du 9 juin 1853) :

Tableau des maximums des pensions.

(Annexe de l'article 7 de la loi du 9 juin 1853)

DÉSIGNATION DES FONCTIONS, GRADES ET QUOTITÉ DES TRAITEMENTS		MAXIMUM DES PENSIONS
IIIe SECTION Fonctionnaires et employés des administrations centrales et du service intérieur des différents ministères. Agents et proposés de toutes classes.		
Traitements....	1.000 francs et au-dessous	750 fr.
	de 1.001 à 2.400	2/3 du traitement moyen, sans pouvoir descendre au-dessous de 750 francs (1).
	de 2.401 à 3.200	1.600 fr.
	de 3.201 à 8.000	1/2 du traitement moyen.
	de 8.001 à 9.000	4.000 fr.
	de 9.001 à 10.500	4.500 fr.
	de 10.501 à 12.000	5.000 fr.
	au-dessus de 12.000	6.000 fr.

(1) Le minimum de 750 francs ne s'applique que lorsque les deux tiers du traitement moyen, maximum légal de la pension, produiraient une somme inférieure à 750 francs ; ce qui arrive lorsque le traitement moyen descend au-dessous de 1.125 francs. Il en est ainsi pour un facteur retraité après trente-cinq ans de services actifs et dont le traitement moyen, pour les six dernières années de son activité, aurait été de 1.100 francs.

Si la pension est concédée à titre exceptionnel, il y a lieu de distinguer si l'incapacité de travail résulte : 2° Pensions à titre exceptionnel.

1° *D'un acte de dévouement accompli dans un intérêt public, de lutte, ou de combat soutenus dans l'exercice des fonctions ;* la pension est alors égale à la moitié du dernier traitement, sans pouvoir excéder les maximums déterminés au tableau annexé à la loi de 1853 ;

2° *D'un accident grave résultant de l'exercice des fonctions :* la pension est alors liquidée à raison de 1/60 ou de 1/50 du dernier traitement, par année de services civils, suivant que l'ayant droit appartient à la partie sédentaire ou à la partie active, sans pouvoir être inférieure au sixième du dernier traitement ;

3° *D'infirmités graves résultant notoirement de l'exercice des fonctions :* la pension est alors liquidée à raison de 1/60 ou de 1/50 du traitement moyen (Art. 12 de la loi du 9 juin 1853).

3° Services militaires. *Si les services militaires ont déjà été rémunérés par une pension, ils n'entrent pas dans le calcul de la liquidation ; s'ils n'ont pas été rémunérés, la liquidation en est opérée d'après le minimum attribué au grade par les tarifs annexés aux lois des* 11 *et* 18 *avril* 1831.

(Art. 8 de la loi du 9 juin 1853).

D'après les lois de 1831 sur les pensions des armées de terre et de mer, le taux de la rémunération pour chaque année de services est fixé à :

13 fr. 33 pour les militaires sortis avec le grade d'adjudant ;

10 francs pour les sergents-majors et les maréchaux-des-logis chefs ;

10 francs pour les seconds maîtres et les contre-maîtres ;

8 fr. 80 pour les aides et les quartiers-maîtres ;

8 fr. 33 pour les sergents et les maréchaux-des-logis ;

8 francs pour les matelots ;

7 fr. 33 pour les caporaux et les brigadiers ;

6 fr. 66 pour les simples soldats.

Ces tarifs ont été relevés depuis ; néanmoins le Conseil d'État, s'en tenant à la lettre de la loi de 1853, s'est toujours refusé à faire bénéficier des tarifs nouveaux les fonctionnaires civils retraités depuis la loi du 9 juin 1853.

Les tentatives qui ont été faites auprès du pouvoir législatif pour obtenir l'application à ces fonctionnaires des tarifs résultant des lois nouvelles sur les pensions militaires ont également échoué.

La liquidation des pensions s'opère sur les bases indiquées ci-dessus, *en négligeant, sur le résultat final du décompte, les fractions de mois et de franc.*

Les services civils ne sont comptés que de la date du premier traitement d'activité et à partir de l'âge de vingt ans accomplis. Le temps du surnumérariat n'est compté dans aucun cas (Art. 23 de la loi du 9 juin 1853).

Le projet de liquidation est transmis, avec les pièces justificatives, au ministre des finances, et soumis, avec l'avis de ce ministre, à l'examen de la section des finances du conseil d'État.

Sur l'avis de cette section, le ministre liquidateur prononce l'admission ou le rejet de la demande. Dans le premier cas, il fait procéder à la liquidation définitive et soumet à la signature du président de la République le décret de concession, qui doit toujours être contresigné par le ministre des finances (*Art.* 40 *du décret du* 9 *nov.* 1853.)

Décrets de concession. *Les décrets de concession mentionnent les nom, prénoms, grade, date et lieu de naissance du pensionnaire, la nature et la durée de ses services, la date des lois, décrets et ordonnances réglementaires en vertu desquels la pension a été liquidée, la quotité du traitement qui a servi de base à la liquidation, la part de rémunération afférente aux services militaires et celle afférente aux services civils, la limitation au maximum, la quotité de la pension, la date d'entrée en jouissance et le domicile de la partie. Ces décrets indiquent, en outre, la date de l'avis rendu par la section des finances, et, s'il y a lieu, celle de l'avis du Conseil d'État.*

Ils sont insérés au Bulletin des lois (Art. 24 de la loi du 9 juin 1853; art. 41 du décret du 9 nov. 1853).

Les pensionnaires reçoivent un certificat d'inscription au grand-livre de la dette publique (*Art.* 17 *de la loi du* 9 *juin* 1853). Certificat d'inscription.

§ 4. — Jouissance des pensions.

La jouissance de la pension commence du jour de la cessation du traitement, ou du lendemain du décès du fonctionnaire; celle du secours annuel, du lendemain du décès du fonctionnaire ou du décès de la veuve. Entré en jouissance

Il ne peut, en aucun cas, y avoir lieu au rappel de plus de trois années d'arrérages antérieurs à la date de l'insertion au Bulletin des lois *du décret de concession* (Art. 25 de la loi du 9 juin 1853).

Les pensions sont incessibles. Aucune saisie ou retenue ne peut être opérée du vivant du pensionnaire que jusqu'à concurrence d'un cinquième pour débet envers l'État, ou pour des créances privilégiées, aux termes de l'article 2101 *du Code Napoléon, et d'un tiers dans les circonstances prévues par les articles* 203, 205, 206, 207 *et* 214 *du même Code* (1) (Art. 26 de la loi du 9 juin 1853). Incessibilité et insaisissabilité.

Lorsqu'un pensionnaire est remis en activité dans le même service, le payement de sa pension est suspendu. Pensionnaires remis en activité.

Lorsqu'il est remis en activité dans un service différent, il ne peut cumuler sa pension et son traitement que jusqu'à concurrence de quinze cents francs (2).

Cette distinction ne s'explique qu'historiquement.

Elle avait sa raison d'être alors que les ministères avaient chacun leur caisse de retraites, alimentée par des ressources spéciales.

Après la cessation définitive *de ses fonctions,* le fonctionnaire *peut rentrer en jouissance de son ancienne pension, ou obtenir, s'il y a lieu, une nouvelle liquidation basée sur la généralité de ses services* (Art. 28 de la loi du 9 juin 1853).

Le cumul de deux pensions est autorisé dans la limite de 6,000 *francs,* Cumul.

(1) Pensions alimentaires.

(2) La jurisprudence du Conseil d'État applique cette disposition aux veuves pensionnées du chef de leur mari. (*Avis du Conseil d'État* du 30 oct. 1855, *approuvé par le ministre des finances* le 7 nov. suivant).

pourvu qu'il n'y ait pas double emploi dans les années de service présentées pour la liquidation.

La disposition qui précède n'est pas applicable aux pensions que des lois spéciales ont affranchies des prohibitions du cumul (Art. 31 de la loi du 9 juin 1853).

Payement.

Les pensions et secours annuels sont payés par trimestre aux échéances des 1er mars, 1er juin, 1er septembre et 1er décembre.

Le payement en est effectué par les payeurs du Trésor au porteur du brevet ou d'une procuration notariée du titulaire, et sur la production d'un certificat de vie délivré par un notaire et contenant, en exécution des articles 15 et 16 de la loi du 15 mai 1818, la déclaration relative au cumul (*Décret du 9 nov. 1853, art.* 46).

Les agents et sous-agents des postes et des télégraphes dont le traitement d'activité n'excédait pas 2,500 francs peuvent recevoir, à titre de provision, les quatre cinquièmes du montant présumé de leur pension de retraite jusqu'à la délivrance de leur certificat d'inscription. Le bénéfice de cette disposition est également applicable aux veuves desdits agents morts dans l'exercice de leurs fonctions.

Cet acompte est payé mensuellement aux ayants droit, sur l'ordre du directeur, par le receveur principal du département où ils ont déclaré vouloir se fixer (Art. 156 de l'Instruction générale).

Prescription des arrérages.

Les pensions et secours annuels sont rayés des livres du Trésor après trois ans de non réclamation, sans que leur rétablissement donne lieu à aucun rappel d'arrérages antérieurs à la réclamation.

La même déchéance est applicable aux héritiers ou ayants cause des pensionnaires qui n'ont pas produit la justification de leurs droits dans les trois ans qui suivent la date du décès de leur auteur (Art. 30 de la loi du 9 juin 1853).

Cette prescription triennale existait déjà sous l'ancien régime, avant 1789.

§ 5. — Perte du droit à pension.

Le droit à la pension s'éteint ou se perd :

1° Par la mort du titulaire ;

2° S'il s'agit de secours à des orphelins mineurs, par leur majorité ;

3° Par la démission, la révocation ou la destitution du fonctionnaire. Toutefois, si le fonctionnaire est remis en activité, ses services antérieurs lui sont comptés.

Celui qui est constitué en déficit pour détournement de deniers ou de matières, ou convaincu de malversation, perd ses droits à la pension, lors même qu'elle aurait été liquidée ou inscrite.

La même disposition est applicable au fonctionnaire convaincu de s'être démis de son emploi à prix d'argent, et à celui qui aura été condamné à une peine afflictive ou infamante. Dans ce dernier cas, s'il y a réhabilitation, les droits à la pension seront rétablis (Loi du 9 nov. 1853, art. 27).

Lorsqu'un fonctionnaire dont la pension est liquidée ou inscrite se trouve dans un des cas prévus par les deux derniers alinéas de l'article 27 de la loi du 9 juin 1853, *la perte du droit à la pension est prononcée par un décret rendu sur la proposition du ministre des finances, après avoir pris l'avis du ministre liquidateur et de la section des finances du Conseil d'État* (Décret du 9 novembre 1853, art. 43).

Le droit à l'obtention ou à la jouissance d'une pension est suspendu par les circonstances qui font perdre la qualité de Français, durant la privation de cette qualité (1).

La liquidation ou le rétablissement de la pension ne peut donner lieu à aucun rappel pour les arrérages antérieurs (Art. 29 de la loi du 9 juin 1853).

(1) Aux termes des articles 17 et 19 du Code civil, la qualité de Français se perd :

1° Par la naturalisation acquise en pays étranger ;

2 Par l'acceptation non autorisée de fonctions publiques conférées par un gouvernement étranger ;

3° Par tout établissement fait en pays étranger sans esprit de retour.

4° Pour les femmes, par le mariage contracté avec un étranger.

CHAPITRE XII

COUP D'ŒIL SUR L'ORGANISATION DU SERVICE POSTAL DANS QUELQUES PAYS ÉTRANGERS.

Maintenant que nous connaissons dans ses grandes lignes l'organisation administrative du service postal en France, le moment paraît venu de jeter un coup d'œil sur celle des postes étrangères.

Pour ne pas trop étendre les limites de cette étude, nous la restreindrons aux pays qui ont avec le nôtre le plus de points de contact, c'est-à-dire la Grande-Bretagne, l'Allemagne, la Belgique et la Suisse.

Grande-Bretagne.

Les postes et les télégraphes de la Grande-Bretagne ont été fusionnés à la suite d'un acte du Parlement du 31 juillet 1868, qui a prescrit le rachat et l'incorporation au Post office du réseau télégraphique exploité jusque-là par des compagnies privées.

Indépendamment de la poste et du télégraphe, le Post office est encore chargé du service des colis postaux (*parcel post*), de la Caisse d'épargne postale (*post office savings bank*); des assurances sur la vie et des annuités du gouvernement (*annuities and life insurances*); enfin de la délivrance, pour le compte des commissaires du Trésor, et moyennant le versement des taxes établies par la loi (*inland revenue*), des permis (*licenses*) pour l'usage des domestiques hommes, des voitures, des chiens, des fusils de chasse et des armoiries.

Postmaster général.

La direction supérieure du Post office appartient à un *postmaster general* qui est toujours membre du Parlement et souvent membre actif du cabinet.

Il relève uniquement de la Couronne pour les questions d'organisation et d'administration pure; mais il est responsable devant les commissaires du Trésor pour la partie financière des services.

Secrétaire et secrétaires adjoints.

A côté de ce chef politique, mobile comme le ministère dont il fait partie ou dont il est l'homme lige, est placé un *secrétaire* en quelque sorte inamovible, chef permanent de l'administration dont il perpétue les traditions. Ce haut fonctionnaire centralise toutes les affaires traitées par le

Post office, comme autrefois le secrétaire général dans les ministères français ; il est assisté lui-même d'un *secrétaire financier* (*financial secretary*), chargé du contrôle de tous les services financiers et de la comptabilité, et qui adresse directement des rapports au Parlement ; d'un *troisième secrétaire*, spécialement occupé du service télégraphique, et de trois secrétaires adjoints (*assistant secretaries*) qui dirigent les principales sections de l'administration centrale.

Organisation du general Post office.

Le *general Post office* de Londres comprend huit départements principaux :

1° Le cabinet du secrétaire, correspondant à peu près à notre administration centrale et subdivisé en sections dirigées soit par des secrétaires adjoints, soit par des premiers commis (*chief clerks*) ;

2° L'office du *solicitor*, chargé du contentieux ;

3° Le département du service postal à Londres (*London postal service*), placé sous la direction d'un contrôleur et de trois contrôleurs adjoints, occupant près de 12,000 employés de toute catégorie, étendant son action sur les bureaux ambulants qui ont à Londres leur point d'attache, et réglant, en outre, les conditions de l'échange des dépêches avec la province et l'étranger ;

4° L'office central des télégraphes (*central telegraph office*), placé sous l'autorité d'un contrôleur et de quatre contrôleurs adjoints, avec un personnel de plus de 5,000 fonctionnaires et employés, dont près de 3,000 pour le bureau central de Londres ;

5° L'office du receveur et comptable général (*receiver and accountant general*) qui centralise les recettes et la comptabilité des bureaux de poste de Londres et des bureaux principaux des comtés de l'Angleterre, ainsi que les opérations du service des bons de poste ;

6° L'office des mandats (*money order office*), à la fois bureau principal pour l'émission et le payement des mandats de poste à Londres et bureau de contrôle pour les opérations de même nature effectuées par les autres bureaux de l'Angleterre ;

7° Le département de la Caisse d'épargne (*savings bank department*) ;

8° L'office des rebuts (*returned letter office*).

On voit par cette simple énumération que le *general Post office* est loin de former un tout homogène. La plupart des sections qui le composent sont à la fois des organes de direction et des sections d'exécution ; elles cumulent, avec la surveillance et le contrôle d'une des branches du service postal et télégraphique, l'exécution de ce même service dans le district métropolitain de Londres.

Offices métropolitains d'Édimbourg et de Dublin.

Il en est de même des offices centraux (*metropolitan offices*) qui fonctionnent à Édimbourg, sous la direction de l'inspecteur général pour l'Écosse (*surveyor general for Scotland*), et à Dublin, sous la direction du secrétaire pour l'Irlande (*secretary for Ireland*).

Districts régionaux.

En dehors des districts métropolitains de Londres, Édimbourg et Dublin, les établissements de poste et de télégraphe du Royaume-Uni sont répartis en seize districts, dont dix pour l'Angleterre, trois pour l'Irlande et trois pour l'Écosse. Chacun de ces districts régionaux a à sa tête un inspecteur (*surveyor*), qui dirige le service sous le contrôle de l'office central. Ces surveyors sont chargés de l'inspection périodique de tous les bureaux de leur district ; ils adressent des rapports au secrétaire sur toutes les questions soumises à leur avis et à leur examen. Chaque surveyor fixe sa résidence dans une des villes de sa circonscription ; le choix de cette ville est, en général, laissé à sa convenance, sous la réserve toutefois qu'elle soit centrale et accessible par les principales lignes de chemins de fer.

Les circonscriptions d'inspection sont très vastes ; chacune d'elles, en moyenne, embrasse 15,000 kilomètres carrés, comprend 2 millions d'habitants et renferme près de 1,000 bureaux à surveiller. Comme les *surveyors* n'ont aucun agent supérieur auprès d'eux pour les assister et les suppléer dans leur mission de direction et de contrôle, il est permis de se demander comment ils peuvent suffire à une tâche aussi lourde. Ils n'y parviennent que grâce à la hiérarchie établie entre les bureaux et au contrôle qu'exercent déjà les chefs des bureaux les plus importants sur la gestion des établissements inférieurs.

La même absence de démarcation qui a été signalée entre la direction et l'exécution du service, à propos des attributions des offices centraux métropolitains, existe pour celles des inspecteurs : dans maint district, les fonctions de surveyor sont exercées, cumulativement avec la gestion de son propre bureau, par le postmaster d'une grande ville.

Établissements de poste et de télégraphe.

Le nombre des établissements de poste et de télégraphe du Royaume-Uni était, à la date du 31 mars 1890 (1), de 18,093, dont 927 bureaux principaux et 17,166 bureaux secondaires.

Bureaux principaux.

Les bureaux principaux (*head offices*) ont la plénitude des attributions postales, comme les recettes de plein exercice en France. Seuls ils sont en relations directes avec les offices métropolitains, avec les bureaux ambulants et avec les autres bureaux principaux ; ils desservent un district rural.

Bureaux secondaires.

A ces bureaux de 1re classe sont rattachés, comme autant de satellites, les 17,000 bureaux secondaires ; les chefs de ces bureaux satellites sont placés sous l'autorité des postmasters principaux, à qui ils rendent compte de leurs opérations. Les bureaux secondaires sont de plusieurs catégories. On distingue :

1° Les bureaux succursales (*branch post offices*), établis dans les villes, et rendant au public les mêmes services que les bureaux de 1re classe ;

2° Les bureaux de réception dans les villes (*town letter receiving offices*), principalement chargés de la vente des timbres-poste et de la réception des correspondances expédiées par le public ; en général, ils se contentent de transmettre ces correspondances, sans tri ni timbrage préalable, à des bureaux de 1re classe ou à des bureaux-succursales, chargés de les ache-

(1) *Thirty-sixth report of The Postmaster general on the Post office.*

miner ou de les distribuer. Quelques bureaux de réception participent au service télégraphique et à celui des mandats de poste ;

3° Les *suboffices,* bureaux à service restreint, analogues à nos établissements de facteur-boîtier, ou à nos bureaux auxiliaires, établis dans la circonscription rurale des bureaux principaux auxquels ils sont subordonnés, et gérés habituellement par des commerçants (épiciers, papetiers, etc.). Ils sont chargés de la vente des timbres-poste, de l'expédition et de la distribution des correspondances ; quelques-uns joignent à ces attributions le service télégraphique et celui des articles d'argent. En règle générale, toutes les correspondances provenant ou à destination des suboffices passent par le bureau principal dont ils relèvent.

Les bureaux ambulants (*travelling postoffices*) relèvent des offices centraux métropolitains. Bureaux ambulants.

Les services de la poste et du télégraphe sont fusionnés partout où il est possible. Ce n'est que dans quelques grandes villes telles que Londres, Liverpool, Manchester, Birmingham, Glasgow, que les bureaux centraux de la poste et du télégraphe fonctionnent dans des locaux distincts, sous des chefs spéciaux. Fusion des postes et des télégraphes.

Au 31 mars 1890, il y avait en Angleterre 9,437 bureaux ouverts au service des mandats de poste ; le nombre des succursales de la Caisse d'épargne postale était de 9,353.

Le nombre des agents de tous grades commissionnés était, au 31 mars 1890, de 61,054 dont 8,393 femmes. Il y avait, en outre, à la même époque, 52,496 personnes, dont 15,784 du sexe féminin, employées à titre auxiliaire par les postmasters, comme aides, facteurs, trieurs, distributeurs enfants, porteurs de télégrammes, expéditionnaires, etc. L'effectif total des personnes employées à un titre quelconque au service postal et télégraphique, soit par le Post office, soit par les postmasters, s'élevait à 113,550, dont 24,177 femmes. Personnel effectif.

Le recrutement du personnel commissionné par l'administration se fait de la manière suivante : Recrutement.

Pour les emplois de début, les nominations ont lieu sur la proposition de la commission des services civils du Trésor, qui recrute tous les départements ministériels au fur et à mesure de leurs besoins.

Pour les emplois autres que ceux de début, il n'y a, en général, pas d'épreuves à subir ; l'opinion qui paraît avoir cours est que l'appréciation des supérieurs sur le mérite des agents a plus de valeur que les résultats d'un examen.

Les postmasters des bureaux, dont le produit est d'au moins 120 livres sterling en Angleterre et 100 livres sterling en Ecosse et en Irlande, sont choisis parmi les candidats les mieux notés, après publication des emplois vacants et des émoluments attachés à ces emplois dans les journaux administratifs.

Les titulaires des bureaux dont le produit est inférieur aux chiffres indiqués ci-dessus sont nommés sur la proposition des membres du Parlement qui représentent les bourgs ou les comtés où sont les emplois vacants.

Rétribution.

Les postmasters n'ont pas de traitement fixe et sont rétribués au moyen de remises.

Pensions.

Le droit à la pension est acquis après dix ans accomplis de service ; la pension est égale aux 10/60 du traitement ; elle s'accroît de 1/60 pour chaque année de service en sus, sans pouvoir dépasser les 40/60 du traitement. Aucune retenue n'est faite sur les appointements.

Allemagne.

Ressort et attributions du département des postes.

En Allemagne, la fusion des postes et des télégraphes, commencée au mois de janvier 1875, a été terminée le 1er janvier 1876. Les deux services constituent le département des postes de l'Empire, dont le ressort s'étend à tout le territoire de l'Allemagne, sauf toutefois à la Bavière et au Wurtemberg, qui ont conservé leur autonomie postale et télégraphique. La superficie de ce territoire est de 445,220 kilomètres carrés, et sa population de 39,440,308 habitants. Le département des postes assure le service de la messagerie et se charge du transport des voyageurs sur les routes de terre. Il est dirigé par un secrétaire d'Etat qui relève immédiatement du chancelier de l'Empire (*Décret du* 23 *février* 1880).

Administration centrale.

L'administration centrale, dont le siège est à Berlin, comprend trois directions : la première a dans ses attributions le service postal ; la seconde, le service télégraphique ; la troisième, les affaires communes aux deux services (rapports avec les autorités supérieures de l'empire et avec le Parlement, projets de loi, budget, locaux, personnel, etc.).

Attributions de l'administration centrale.

L'administration centrale ne comprend qu'un petit nombre d'employés (333). Elle traite les affaires importantes, les questions de principe ; elle abandonne aux autorités secondaires le soin des affaires courantes. Les projets de loi, les règlements généraux, la préparation du budget, les tarifs, les modifications fondamentales dans l'organisation, les créations et les suppressions de bureaux, les achats et les ventes de terrains, la construction des bâtiments et l'agrandissement des locaux, la construction des lignes télégraphiques, l'organisation du réseau, le service maritime, les conventions internationales, la poste militaire, le personnel supérieur, à partir du grade de secrétaire supérieur et de chef de bureau de deuxième classe, ressortissent à l'administration centrale.

De l'administration centrale relèvent directement : la caisse générale des postes, qui fait en même temps office de caisse centrale pour la direction supérieure de Berlin ; le bureau des journaux à Berlin ; le bureau du matériel et l'atelier principal des appareils à Berlin ; les bureaux allemands à l'étranger.

Directions supérieures.

Le territoire postal de l'Empire est divisé en quarante districts. Ces districts, dont les limites ne coïncident pas toujours avec celles des divisions politiques et administratives du pays, sont, en moyenne, presque aussi étendus et, en général, plus peuplés que deux départements français. A la tête de chaque district est placé un directeur supérieur des postes, chef du service postal et télégraphique dans sa circonscription. De ce fonctionnaire relèvent tous les établissements de poste et de télégraphe, y compris les bureaux ambulants qui ont leur point d'attache dans le district. Les directeurs supérieurs exercent, en ce qui concerne la direction et la surveillance du service, des attributions analogues à celles de nos directeurs départementaux, mais avec des pouvoirs plus étendus. Ce sont les directeurs supérieurs qui, dans la plupart des cas, organisent les communications postales, passent des marchés, règlent la marche des courriers et l'acheminement des correspondances ; seuls ils sont chargés de l'entretien des bâtiments, de l'achat du mobilier des bureaux, de l'instruction des réclamations, de la correspondance avec les administrations de chemins de fer et les offices étrangers pour les affaires courantes ; ils prennent sous leur responsabilité toutes les mesures de personnel concernant les agents inférieurs. Ils tranchent ainsi en dernier ressort une foule de questions dont la décision, en France, est réservée à l'administration centrale.

Cadres des directions supérieures.

Le système de décentralisation qui prévaut en Allemagne implique la nécessité pour les directions supérieures de cadres fortement constitués.

Des conseillers des postes, au nombre de 1 à 5, suivant l'importance du district, sont adjoints aux directeurs supérieurs pour les seconder dans leurs travaux, les remplacer au besoin et traiter par eux-mêmes une partie des affaires de la direction.

La vérification sur place des bureaux est confiée à des inspecteurs. Les uns sont chargés spécialement de la surveillance du service postal et des caisses ; les autres ont plus particulièrement dans leurs attributions le contrôle de l'exploitation et du matériel télégraphiques, la construction et l'entretien des lignes ; mais les uns et les autres doivent être assez au courant des deux services pour pouvoir se suppléer au besoin et pour vérifier sommairement, au cours de leurs tournées, la partie de l'exploitation qui est en dehors de leur spécialité.

Les bureaux de 1re, de 2e et de 3e classe sont vérifiés à fond une fois par an ; une révision partielle a lieu également tous les ans, ou plus rarement si le service est satisfaisant.

Les chefs des bureaux de 1re, de 2e et de 3e classe sont tenus de vérifier une fois par an les agences postales de leur ressort ; une révision annuelle est effectuée, autant que possible, par les inspecteurs.

Les directeurs supérieurs et les conseillers qui leur sont adjoints font, de leur côté, des tournées de vérification aussi fréquentes que possible. Enfin le service des directions supérieures est contrôlé par les conseillers intimes, fonctionnaires supérieurs de l'administration centrale, qui peuvent être envoyés en mission extraordinaire dans les districts.

Des secrétaires supérieurs, des secrétaires, des comptables, des assistants, des expéditionnaires et des auxiliaires constituent le personnel des bureaux des directions supérieures.

Pour le contentieux, le chef de service est assisté d'un jurisconsulte de la localité, désigné par le département des postes.

Dix-sept architectes sont chargés des travaux de construction ; ils sont attachés à certaines directions supérieures, et leur activité s'étend à plusieurs districts.

Caisses principales des postes.

Il existe auprès de chaque direction supérieure une caisse principale qui centralise la comptabilité des recettes et des dépenses du district ; elle exerce son contrôle sur le service des mandats de poste internes. Les comptes internationaux des mandats sont établis par l'office des mandats à Berlin, qui relève directement du département des postes de l'Empire.

Comparaison entre l'organisation régionale allemande et l'organisation départementale française.

Cette concentration des attributions de direction et de surveillance en un petit nombre d'administrations régionales fortement organisées a permis de réduire l'effectif du personnel supérieur à un chiffre plus faible qu'en France.

Les directeurs supérieurs, conseillers et inspecteurs chargés de la direction et de la surveillance du service sont en Allemagne au nombre de 321, tandis qu'en France on compte 390 directeurs, ingénieurs et inspecteurs, en y comprenant le personnel de l'inspection générale et le service ambulant.

Si l'état-major des directions régionales est moins nombreux en Allemagne, l'effectif des employés attachés aux bureaux administratifs de ces directions y est plus considérable qu'en France : il s'élève en Allemagne à 1,000 agents, tandis qu'il n'y a en France que 600 commis de direction de toutes classes.

Établissements de poste et de télégraphe.

Les établissements de poste sédentaires de l'Empire se divisent, suivant leur importance, en bureaux de 1re classe (au nombre de 547), de 2e (605) et de 3e classe (2,776), en agences postales (6,445) et en offices auxiliaires (10,348).

Bureaux de 1re, 2e et 3e classe.

Les bureaux de 1re, 2e et 3e classe (*Postämter*) correspondent à nos recettes de plein exercice ; les chefs des bureaux de 1re classe portent le titre de directeur (*Postdirektor*) ; ceux des bureaux de 2e classe, le titre de maître de poste (*Postmeister*) ; ceux des bureaux de troisième classe, le titre de gérants (*Postverwalter*).

Agences postales.

Les agences postales correspondent à peu près à nos établissements de facteur-boîtier ; elles sont gérées par des agents des postes (*Postagent*). Ces agents peuvent être pris parmi les receveurs des contributions, les employés civils de l'Empire ou des États allemands, les employés de chemins de fer. Ils sont rémunérés au moyen d'indemnités (360 marks au maximum, 450 exceptionnellement). Ils ne sont pas comptables. Ils sont placés sous l'autorité des chefs des bureaux des trois premières classes, auxquels ils rendent compte de toutes leurs opérations.

Offices auxiliaires.

Dans les localités rurales qui ne sont pas dotées d'un bureau de poste, on a organisé des offices auxiliaires (*Posthülfstellen*) chargés de la vente des timbres-poste et autres formules, de la réception des objets ordinaires, des paquets et, en cas de besoin, des télégrammes internes. Ces offices participent à la remise des correspondances ordinaires, des paquets et des journaux ; ils servent d'intermédiaires pour les opérations plus importantes. Les gérants des offices auxiliaires sont pris dans la catégorie des fonctionnaires communaux, des négociants et des industriels. Aucun traitement n'est attaché à ces fonctions; une très faible indemnité de service est allouée à quelques gérants.

Fusion des postes et des télégraphes.

En général, les bureaux de poste et de télégraphe sont fusionnés ; dans les bureaux importants, les deux services sont plutôt juxtaposés, et fonctionnent côte à côte dans des locaux contigus, sous l'autorité d'un même chef. Tous les bureaux fusionnés sont désignés sous le nom de bureau *de poste*. Les bureaux purement télégraphiques n'existent qu'à l'état d'exception, et seulement là où certaines exigences locales en font une nécessité.

Bureaux ambulants.

Le service ambulant est très développé en Allemagne. Il relève des directions supérieures et plus immédiatement des 33 bureaux de poste installés dans les gares de chemins de fer où les ambulants ont leur point d'attache (5 à Berlin, 4 à Cologne, 3 à Breslau, 2 à Leipzig et à Hambourg, 1 à Metz, Aix-la-Chapelle, Hanovre, Francfort, Dresde et autres points de jonction moins importants).

Renseignements statistiques.

Le nombre des établissements de poste de toute catégorie dépendant de l'administration impériale était, au 31 mars 1890, de 21,212, y compris les bureaux et agences établis à l'étranger. Le service était exécuté par 107,823 personnes, savoir : 37,127 agents, 55,190 sous-agents, 10,240 gérants auxiliaires, 982 maîtres de poste et 4,284 postillons (1).

Recrutement du personnel.

Les règles adoptées en Allemagne pour le recrutement du personnel méritent de fixer l'attention.

Division des agents en deux classes.

Les employés sont, dès le début, partagés en deux catégories, suivant leur origine et le degré de leur instruction : les *secrétaires*, qui correspondent à nos commis titulaires ; les *assistants*, qui répondent à nos commis auxiliaires. Les premiers sont recrutés parmi les *élèves* de postes ; les seconds, parmi les *auxiliaires*.

Admission des élèves.

Les élèves sont admis, sans examen préalable, parmi les candidats âgés de 17 à 25 ans, physiquement aptes, munis d'un certificat de maturité d'un gymnase ou d'un diplôme d'une école *reale* (établissement d'enseignement secondaire spécial), équivalant à peu près à nos diplômes de bachelier.

Ils sont pris d'abord à l'essai, attachés à un bureau de 1re ou de 2e classe, ne touchent de rémunération qu'au bout d'un an [1mk50 (2), 2 mks ou 2mks50 par jour] et à la condition d'être aptes à faire le service d'employé ; après un stage de trois ans, ils sont admis à passer l'examen de secrétaire devant une commission instituée à la direction supérieure.

(1) La statistique publiée par le département des postes donne pour l'Allemagne entière (y compris la Bavière et le Wurtemberg) les chiffres suivants : 23,410 bureaux de toute catégorie et 120,629 employés. — Recettes du service postal et télégraphique pour l'année financière 1888-1889 : 301,919,526 fr. 25 ; dépenses : 262,319,998 fr. 75.

(2) 1 mark = 1 fr. 25 c.

Examen pour l'emploi de secrétaire.

Cet examen, qui comprend des épreuves écrites et des épreuves orales, porte sur le service postal et télégraphique, la géographie, les langues étrangères, l'histoire et les mathématiques élémentaires. L'élève qui a échoué à l'examen peut se représenter l'année suivante; après un deuxième échec, il est déchu du titre d'élève ; celui qui, à défaut d'instruction suffisante, a fait preuve d'une certaine habileté pratique, peut encore être conservé comme auxiliaire.

L'élève qui a passé avec succès l'examen de secrétaire reçoit le titre de praticien (*Praktikant*), touche une indemnité de 3mks50 (4 fr. 35) par jour, portée après trois ans à 4 marks (5 fr.); il est nommé secrétaire lorsque le cours des vacances le permet (traitement 1,650 à 3,000 mks : 2,062 fr. 50 à 3,750 fr.).

Dès lors il est commissionné et jouit des droits accordés aux fonctionnaires de l'Empire par la loi du 31 mars 1873. Il peut arriver aux grades de secrétaire supérieur, de caissier d'une direction supérieure (traitement maximum, 4,500 fr.) ou de chef d'un bureau de 2e classe (traitement maximum, 3,750 fr.). Il ne peut parvenir à un emploi plus élevé que si, trois ans au moins après avoir passé l'examen de secrétaire, il a satisfait aux épreuves d'un nouvel examen qui comportent :

Examen supérieur.

1° L'accomplissement d'une mission pratique concernant le service postal ou le service télégraphique, au choix du candidat (inspection d'un bureau, organisation du service d'un bureau, rapport sur la perte ou le détournement d'un objet de correspondance);

2° Une composition sur un sujet scientifique ayant trait à l'un des deux services;

3° Une consultation motivée sur une question contentieuse ressortissant à l'un des deux services ;

4° Un examen oral portant sur :

L'histoire;

La littérature;

Les principes fondamentaux du droit appliqué à la poste et au télégraphe, notamment au point de vue de la responsabilité de l'administration et de ses employés;

Les principes de l'économie politique, financière et populaire;

La constitution et les lois les plus importantes de l'Empire, les principales lois provinciales, des notions sur l'organisation judiciaire et administrative de l'État où le candidat réside.

Le candidat est en outre appelé à soutenir une thèse sur un sujet donné.

Quatre mois de congé sont accordés à ceux qui se préparent à l'examen supérieur; pendant ce temps, ils sont exempts de tout service et remplacés aux frais de l'État.

Des cours pratiques pour la préparation aux épreuves écrites de l'examen supérieur sont faits par les membres du département des postes à Berlin.

Ecole postale et télégraphique.

Les agents qui aspirent aux emplois supérieurs peuvent aussi être admis, sur leur demande, à suivre les cours de l'école postale et télégraphique de Berlin, instituée ou plutôt réorganisée par une décision du secrétaire d'État des postes du 28 juin 1885 (1). Les demandes sont admises sur la proposition des directeurs supérieurs; les agents autorisés à concourir sont appelés à traiter par écrit un sujet dont le thème est donné par le département des postes, et transmis sous pli cacheté aux directions supérieures. Un délai de quatre heures leur est accordé pour ce travail.

Les compositions sont examinées par une commission d'études composée de trois conseillers rapporteurs appartenant à l'administration centrale; cette commission dresse la liste des admissibles, qui est arrêtée par le secrétaire d'État.

Trente élèves sont admis chaque année à suivre les cours de l'école postale et télégraphique. Les cours ont lieu pendant l'hiver, d'octobre à mars; ils sont répartis sur deux années. Le programme de l'enseignement a été donné dans la *Revue des postes et des télégraphes* du 5 décembre 1888. Il porte sur les matières suivantes :

Mathématiques (éléments de géométrie analytique, de calcul différentiel et intégral);

Mécanique;

Physique;

Chimie, métallurgie;

Économie politique générale;

Géographie commerciale;

Économie politique et nationale spéciale (science financière, budget, caisses, comptabilité, contrôle);

Droit administratif et politique;

Droit postal et télégraphique;

Loi sur les employés de l'Empire;

Organisation judiciaire et procédure;

Histoire de la poste et des voies de communication;

Exploitation postale;

Articles d'argent;

Services maritimes postaux;

Construction des lignes télégraphiques;

Construction et emploi des appareils télégraphiques;

Exploitation télégraphique;

Service international des postes et des télégraphes;

Aménagement des locaux;

Construction des voitures postales;

Hippologie;

Exercices pratiques (affaires de service);

Dessin;

Enseignement industriel, visites dans les usines chargées de la construction et de l'entretien du matériel postal et télégraphique.

Ne sont admis à suivre les cours de la 2e section que les élèves de 1re année qui ont fait preuve de zèle et d'application.

(1) Voir l'*Union postale* de 1885, p. 215.

A l'expiration de la deuxième année d'études, les élèves entrent en loge pour faire les travaux dont le but est de prouver qu'ils ont profité de l'enseignement donné à l'école; ils sont ensuite appelés, à la fin du mois de mars, à passer un examen oral.

Nomination et avancement des agents supérieurs.

Ceux qui ont subi avec succès ces épreuves et les agents qui, sans passer par l'école, ont satisfait à l'examen d'admissibilité sont attachés aux directions supérieures, d'abord comme secrétaires, puis comme caissiers. Les uns terminent leur carrière administrative comme directeurs d'un bureau de 1re classe; les autres suivent la filière des directions, en passant successivement par les emplois d'inspecteur, de conseiller et de directeur supérieur. Les plus capables sont attachés tour à tour à l'administration centrale et aux directions supérieures et peuvent arriver aux plus hauts emplois du département des postes.

Auxiliaires.

Les auxiliaires sont recrutés parmi les jeunes gens de quinze ans au moins, jouissant d'une bonne santé et pourvus de l'instruction primaire; ils sont tenus de produire un certificat délivré par un établissement d'instruction ou de subir un examen analogue à l'examen d'admission des auxiliaires français (1). Ces conditions remplies, les candidats sont admis à faire leur stage dans un bureau de 3e classe, à des conditions débattues avec le gérant; ils ne peuvent être congédiés ni quitter eux-mêmes le service sans un préavis donné trois mois à l'avance. Leur stage terminé, les auxiliaires sont attachés, comme employés de l'administration, à un bureau de 2e ou de 3e classe; il leur est alloué un salaire journalier, comme aux élèves des postes.

Examen pour l'emploi d'assistant.

Après quatre ans de services rétribués sur les fonds de la caisse postale et lorsqu'ils ont satisfait à la loi militaire, les auxiliaires sont admis à se présenter à l'examen professionnel qui leur ouvre l'accès des emplois d'assistant. Ceux qui ont échoué deux fois à cet examen sont obligés de quitter le service. Ceux qui ont été jugés admissibles reçoivent une allocation de 3 marcks (3 fr. 75) par jour, jusqu'à ce qu'ils puissent être nommés assistants dans un bureau de 1re ou 2e classe (traitement de 1,682 fr. 50 à 1,875 fr.) ou chefs d'un bureau de 3e classe (1,250 à 2,150 fr.).

Les assistants qui se recommandent par leur conduite et leur service peuvent arriver au grade d'assistant supérieur (traitement de 1,875 à 3,000 fr.); ils sont alors commissionnés et jouissent des droits attribués aux employés de l'Empire par la loi du 31 mars 1873.

Candidats militaires.

Les conditions qui précèdent ne sont pas applicables aux anciens militaires, officiers et assimilés, sous-officiers et soldats porteurs du certificat donnant droit à un emploi civil.

Ces derniers parviennent à l'emploi d'assistant après un stage dont la

(1) Les épreuves portent sur l'écriture, l'orthographe, l'arithmétique (y compris les fractions décimales et les proportions), la géographie, la lecture des adresses en français).

durée ordinaire est d'un an et après avoir subi un examen portant sur des questions de service et de comptabilité. Ils reçoivent d'abord l'allocation journalière de 3 marks, sont ultérieurement commissionnés et peuvent arriver au grade d'assistant supérieur; ils peuvent aussi être attachés à une direction supérieure comme assistants ou commis de chancellerie. Ils sont admis à passer l'examen pour l'emploi de secrétaire.

Les anciens officiers peuvent, après l'expiration de leur stage, être nommés d'emblée chefs d'un bureau de première classe.

Sont réservés aux candidats militaires :

La totalité des emplois de commis de chancellerie;

La moitié des emplois d'assistant dans les directions supérieures;

Les deux tiers des emplois d'assistant supérieur et d'assistant des télégraphes;

Le tiers des emplois d'assistant supérieur et d'assistant des postes, ainsi que de gérant d'un bureau de 3e classe.

Recrutement des sous-agents.

On distingue, au point de vue du recrutement, quatre catégories d'emplois de sous-agent :

1° Les facteurs et les conducteurs;

2° Les messagers de ville, les facteurs aux paquets et les facteurs ruraux;

3° Les sous-agents avec contrat;

4° Les sous-agents privés.

Ceux de la 1re catégorie sont recrutés, pour les deux tiers, parmi les candidats militaires pourvus d'un certificat donnant droit à un emploi civil, et pour les autres tiers, parmi les candidats pouvant justifier de cinq années de service dans les postes ou dans l'armée. Ils sont pris à l'essai et admis après un stage de six mois, mais avec faculté de renvoi moyennant avis donné quatre semaines à l'avance. Ils peuvent être nommés à vie lorsqu'ils comptent : les candidats militaires, quinze ans de bons et irréprochables services; les candidats civils, trente ans de service dans les postes ou dans l'armée.

Les sous-agents de la 2e catégorie sont recrutés dans les mêmes conditions que ceux de la 1re, à cette exception près que les candidats civils ne sont admis qu'à défaut de candidats militaires. Ceux-ci reçoivent un traitement; ceux-là, une indemnité variable.

Les candidats aux emplois de la 1re et de la 2e catégorie doivent subir un examen portant sur la lecture, l'écriture et l'arithmétique.

Les sous-agents avec contrat sont les courriers à pied, les veilleurs de nuit, les laveurs de voitures. Leur contrat indique la nature du travail, le chiffre du salaire, l'époque des payements et la durée du contrat. Si aucune durée n'a été fixée, le contrat est résiliable moyennant avis préalable donné par l'une des parties un mois à l'avance.

Enfin, les sous-agents privés sont choisis et rétribués par les chefs des bureaux de 2e et de 3e classe et agréés par les directeurs supérieurs; ils sont chargés de la distribution locale, de la remise des paquets et du transport des dépêches à pied.

La nomination, la titularisation, les mutations, l'avancement et la révocation des sous-agents sont de la compétence exclusive des directions supérieures.

Traitement. Le personnel des postes et des télégraphes est largement rétribué en Allemagne, plus largement qu'en France. Il suffit, pour s'en convaincre, de se reporter aux budgets respectifs des postes et des télégraphes des deux pays.

D'après le budget de 1891, notre administration centrale des postes et des télégraphes, avec un effectif de 640 agents, coûte 1,641,700 francs (traitements, indemnités et secours), soit une moyenne de 2,565 francs par agent. L'administration centrale allemande, avec un personnel de 333 employés, coûte, d'après le budget de 1890-1891, 1,896,287 fr. 50, soit une moyenne de 5,694 francs par agent.

De même, les directions supérieures allemandes, avec un personnel de 1,469 agents et sous-agents, coûtent 5,533,162 fr. 50, tandis qu'en France (Algérie non comprise) le service des directions, le service de l'inspection générale et le service technique, avec 1,884 agents et sous-agents, coûtent 4,816,245 francs seulement.

Le tableau ci-après permet de comparer les traitements moyens des agents et sous-agents des postes et des télégraphes en France, en Allemagne et en Angleterre, pour autant qu'il a été possible d'établir une assimilation entre les grades et les emplois :

	FRANCE	TRAITEMENT MOYEN.	ALLEMAGNE	TRAITEMENT MOYEN.	GRANDE-BRETAGNE	TRAITEMENT MOYEN.
		fr.		fr. c.		fr.
Administration centrale.	Directeur général	25.000	Secrétaire d'État	30.000 »	Postmaster général	62.500
	Administrateur	13.500	Directeurs	18.750 »	Secrétaires	25.000 à 50.000
	Chefs de bureau	8.500	Conseillers rapporteurs	10.875 »	Chief et Principal clerks	12.500 à 22.500
Personnel des directions.	Directeurs	8.000	Directeurs supérieurs	10.000 »	Surveyors	12.500 à 20.000
	Inspecteurs ingénieurs et sous-ingénieurs	2.500 à 8.000	Conseillers de direction et architectes	6.375 »		
	Inspecteurs et sous-inspecteurs		Inspecteurs	3.937 50		
	Commis principaux	3.350	Secrétaires de direction	3.552 50		
	Commis de direction	2.100	Employés de 2e classe	2.312 50		
Exploitation.	Receveurs des bureaux composés	3.000 à 8.000	Chefs de bureaux de 1re classe	3.750 » à 6.000 »	Postmasters principaux	Remises.
	Receveurs des bureaux simples	800 à 2.700	Chefs de bureaux de 2e et 3e classe	1.250 » à 3.750 »	Subpostmasters	Remises.
	Commis principaux	3.350	Secrétaires supérieurs	3.562 50	...	2.000 à 7.000
	Commis	2.100	Secrétaires	2.906 25		
			Assistants supérieurs	4.237 50		
	Dames employées et commis auxiliaires	800 à 2.400	Assistants	1.781 25		
	Facteurs de ville, gardiens de bureaux, etc.	1.000 à 1.800	Sous-agents attachés au service intérieur des bureaux, distributeurs locaux, etc.	1.000 » à 1.875 »		
	Facteurs locaux et ruraux (traitement et haute paye)	784	Facteurs ruraux	787 50		

Indemnités de logement.

Indépendamment de leur traitement fixe, il est alloué aux agents et sous-agents des postes en Allemagne des indemnités de logement dont le montant varie, suivant le grade et la résidence, entre 225 et 1,875 francs pour les agents, entre 75 et 300 francs pour les sous-agents.

Cautionnement.

Particularité intéressante à signaler : tous les agents et sous-agents, commissionnés ou non, même les candidats et les auxiliaires, doivent verser, dès leur entrée en fonctions, un cautionnement destiné à répondre des détournements commis par eux ou des déficits laissés à leur charge, ainsi que des frais que peuvent entraîner les poursuites judiciaires exercées contre eux. Le montant des cautionnements est fixé suivant le grade ou la fonction : il est au minimum de 250 et au maximum de 11,250 francs; il peut être prélevé au moyen de retenues sur le traitement.

Pensions.

Les agents commissionnés ont droit à une pension à 65 ans d'âge ou, sans condition d'âge, après 10 années de service lorsqu'ils sont reconnus hors d'état de continuer leurs fonctions.

Ceux dont l'incapacité de travail résulte d'un accident survenu dans l'exercice de leurs fonctions peuvent obtenir une pension, quelle que soit la durée de leurs services.

Pour dix années de service, le chiffre de la pension est égal au quart du dernier traitement. Après dix ans, il s'accroît d'un soixantième par année de services en sus, sans pouvoir excéder les trois quarts du dernier traitement.

Les services militaires sont comptés dans la liquidation, au même titre que les services civils.

Les fonctionnaires ne subissent aucune retenue sur leurs appointements.

Les pensions sont payées mensuellement et d'avance (*Lois des* 31 *mars* 1873 *et* 21 *avril* 1886).

Belgique.

Attributions de l'administration des postes.

En Belgique, les postes forment, avec les télégraphes et les chemins de fer, un ministère spécial, et il y a, dans une certaine mesure, fusion entre ces trois services (1).

L'administration postale belge concourt, avec les chemins de fer de l'État, au service des colis postaux; elle participe aux opérations de la caisse nationale d'épargne et de retraite, elle vend du papier timbré, elle paye les coupons échus.

La fusion n'existe ni pour les administrations centrales des postes et des télégraphes, ni pour les autorités secondaires : tout le service télégraphique du royaume relève de fonctionnaires résidant à Bruxelles, tandis

(1) Voir pour plus de détails l'*Union postale* de 1882.

que la surveillance du service postal est répartie entre sept directions provinciales.

Les *directeurs* ou *inspecteurs*, chefs d'une circonscription provinciale, sont assistés par des *contrôleurs* ou *vérificateurs*. Ils disposent, en outre, d'un certain nombre d'employés pour le travail intérieur de leurs bureaux, et d'un ou deux chefs facteurs spécialement préposés à la surveillance de la distribution à domicile.

Les chefs de service servent, en général, d'intermédiaires entre les bureaux et l'administration centrale. Leurs attributions s'étendent à toutes les branches de l'exploitation, sauf au contrôle approfondi de la comptabilité des recettes, qui est réservé à l'administration centrale.

Ils sont astreints à effectuer, au moins une fois par an, la visite de tous les bureaux soumis à leur surveillance. Un procès-verbal de ces visites est transmis à l'administration dans les huit jours au plus tard.

Le service ambulant relève d'un inspecteur et d'un contrôleur résidant à Bruxelles et de trois chefs de bureau chargés chacun de la direction d'une ligne.

Les établissements de poste sont relativement peu nombreux. Il y en avait, au 1er janvier 1889, 821, se décomposant ainsi : Bureaux de poste.

539 perceptions;

234 sous-perceptions;

48 dépôts.

Les *perceptions* sont des bureaux à service complet, analogues à nos recettes de plein exercice, et dont les titulaires relèvent directement de la Cour des comptes.

Les *sous-perceptions* sont des bureaux à service limité, placés sous la surveillance et l'autorité immédiate d'un bureau de perception qui est leur intermédiaire obligé dans les relations avec l'administration centrale et avec les chefs de service; elles participent au service des mandats de poste internes, mais n'interviennent dans ceux des mandats internationaux, des abonnements aux journaux et des recouvrements, qu'à titre d'intermédiaires entre le public et les bureaux de perception dont elles relèvent.

Les *dépôts* sont situés dans des communes rurales trop peu importantes pour être le siège d'une perception ou d'une sous-perception, mais néanmoins assez éloignées d'un bureau de poste; ils sont chargés seulement de la vente des timbres-poste et de l'expédition des correspondances.

Les *dépôts-relais* sont gérés par des facteurs et ouverts au public dans l'intervalle des tournées de ces sous-agents.

Comme les sous-perceptions, les dépôts relèvent d'un bureau de perception auquel ils rendent compte journellement de leurs opérations en recette et en dépense.

Un grand nombre de perceptions et de sous-perceptions sont installées dans les gares. La poste y dispose des locaux et du personnel des chemins de fer, qu'elle renforce en cas de besoin; elle paye la moitié du traitement du chef de gare.

Les percepteurs, sous-percepteurs et gérants de dépôts peuvent être chargés du service télégraphique.

Personnel. Le personnel des bureaux comprend des agents titulaires et des agents auxiliaires.

Les auxiliaires sont admis après un examen qui constate leur degré d'instruction et après un stage de six mois. Ils reçoivent une rétribution qui, de 40 francs par mois au début, peut s'élever jusqu'à 150 francs par mois.

Les commis sont recrutés parmi les auxiliaires comptant au moins deux ans de services satisfaisants, à la suite d'un examen qui porte à la fois sur l'instruction générale et les connaissances professionnelles; ceux qui ont subi cet examen avec succès sont nommés commis dès que le cours des vacances le permet.

Aucun examen spécial n'est imposé pour l'admission aux emplois supérieurs.

L'effectif du personnel était, en 1887, de 5,208 personnes, dont 3,191 sous-agents.

Les traitements sont, en général, peu élevés.

Un percepteur touche, suivant la classe à laquelle il appartient, de 1,300 à 5,000 francs;

Un sous-percepteur, de 600 à 800 francs;

Un agent de dépôt, de 200 à 500 francs;

Un auxiliaire, de 40 à 150 francs par mois;

Un chef-facteur, de 1,800 à 2,000 francs par an;

Un facteur de ville, de 1,000 à 1,300 francs;

Un facteur rural, de 850 à 1,000 francs.

Avancement. Pour prétendre à un grade plus élevé, il faut avoir passé au moins deux ans dans le grade inférieur. L'avancement de classe, à partir de 2,000 francs, n'est donné qu'à ceux qui comptent au moins deux années d'ancienneté dans le traitement inférieur.

L'avancement a lieu soit au choix, soit à l'ancienneté, suivant un tableau dressé d'après les propositions faites annuellement par les chefs de service et discutées en réunion des fonctionnaires supérieurs de l'administration centrale et des chefs de service.

Pension Le droit à la pension est calculé à raison d'un soixante-cinquième du traitement moyen des cinq dernières années, sans pouvoir excéder les deux tiers du traitement ni la somme de 5,000 francs.

Le taux de la retenue opérée sur le traitement est de 2 1/2 0/0 jusqu'à 3,000 francs, et de 3 0/0 à partir de 3,000 francs.

Suisse.

Le service de la poste en Suisse a d'abord relevé des cantons. Il n'est entré dans les attributions du pouvoir central de la Confédération qu'avec la constitution de 1848.

Département des postes.

La direction et la haute surveillance de ce service appartiennent au département des postes, des télégraphes et des chemins de fer, dont relève la direction générale des postes.

Direction générale.

L'administration centrale est divisée en trois sections : la *section principale*, qui a dans ses attributions le service postal proprement dit; le *bureau des courses*, qui dirige le service des diligences et des transports, et le *contrôle général*, chargé de la comptabilité (1).

Directions d'arrondissement.

Le territoire postal de la Suisse est divisé en onze arrondissements ; à la tête de chaque arrondissement est placé un directeur assisté d'un adjoint, d'un contrôleur, d'un caissier et du nombre nécessaire de commis. Les arrondissements postaux ne correspondent pas aux arrondissements télégraphiques, qui sont au nombre de quatre seulement.

Bureaux de poste.

En 1888, il y avait en Suisse, d'après la statistique publiée par le bureau international de Berne :

815 bureaux de 1re, de 2e et de 3e classe;

2,248 dépôts, 13 bureaux à l'étranger et 80 bureaux ambulants, soit au total 3,156 établissements de poste.

Les bureaux de 1re, 2e et 3e classe s'occupent de toutes les branches du service.

Ceux de 1re classe sont établis au siège des directions d'arrondissement et, suivant leur importance, sont divisés en sections affectées les unes à la poste aux lettres, les autres au service des messageries, d'autres aux mandats, d'autres enfin au transport des voyageurs.

Les bureaux de 2e classe sont gérés par des administrateurs postaux avec le nombre d'aides nécessaires ; ils comptent au moins deux fonctionnaires nommés par le Conseil fédéral.

Les bureaux de 3e classe sont tenus, sans le secours d'aucun aide, par des buralistes.

Les *dépôts comptables* ont les mêmes attributions que les bureaux, sauf en ce qui concerne le service des recouvrements, auquel ils ne participent que dans une mesure restreinte; quelques-uns d'entre eux ne sont pas admis à l'échange direct des mandats internationaux.

Les *dépôts non comptables* ne participent pas au service des articles d'argent ; ils relèvent du bureau ou du dépôt comptable le plus rapproché.

Il n'y a pas fusion complète entre les deux services de la poste et du

(1) Voir l'*Union postale* du 1er janvier 1881.

télégraphe. Chacun d'eux relève d'autorités différentes. Dans les localités peu importantes, lorsque rien ne s'y oppose, la poste et le télégraphe sont confiés au même employé; dans les villes, les deux services fonctionnent ordinairement côte à côte ou à des étages différents dans le même immeuble.

Bureaux ambulants et flottants. Les bureaux ambulants et les bureaux flottants sont placés en général sous l'autorité et la surveillance des directions des arrondissements où se trouve le point d'attache de la ligne.

Personnel. Le nombre des employés de toute catégorie était, en 1888, de 7,757, dont 2,012 agents, 4,460 sous-agents, 366 maîtres de poste et 752 postillons.

Recrutement. Les employés sont recrutés parmi les apprentis et les aides postaux.

Les jeunes gens des deux sexes, de 16 à 30 ans, sont admis comme apprentis à la suite d'un examen qui porte sur l'écriture, le calcul, la géographie et la connaissance d'au moins deux des langues nationales.

A la suite de l'examen, le département fédéral nomme les apprentis et les répartit entre les bureaux. La durée de l'apprentissage est, en moyenne, de dix-huit mois, pendant lesquels les apprentis reçoivent de la Caisse postale une indemnité de 1 fr. 50 par jour pour les trois premiers mois, de 2 francs pendant les neuf mois suivants et de 3 francs ensuite. Un cautionnement de 1,000 francs leur est imposé.

A l'expiration de leur apprentissage, ils subissent un nouvel examen, qui porte principalement sur la connaissance générale du service ; ceux qui sont reconnus capables reçoivent un brevet postal de 1re, 2e ou 3e classe, suivant les résultats de l'examen, brevet qui leur donne le droit de prétendre aux emplois de fonctionnaires postaux ; mais ils doivent encore, au préalable, passer près d'une année comme aides provisoires dans un bureau, aux appointements de 3 ou 4 francs par jour.

Les fonctionnaires postaux sont nommés pour trois ans par le Conseil fédéral ; les sous-agents, pour un temps indéterminé, par le département des postes.

Traitements. Les traitements attachés aux emplois ne sont pas fixés par classes ; ils varient, suivant l'importance des fonctions, entre un maximum et un minimum déterminés.

Un directeur d'arrondissement touche de 4,500 à 5,500 francs ; un conrôleur, de 2,800 à 4,500 francs ; un chef de bureau de 1re ou de 2e classe, de 2,000 à 4,000 francs ; un commis de bureau de 1re ou de 2e classe, 3,300 francs au maximum ; un buraliste, 3,200 francs au maximum.

Aucune pension n'est servie par l'État aux anciens agents des postes ; il existe seulement une caisse d'assurance à laquelle la Confédération fait annuellement une subvention de 30,000 francs et où l'on verse le produit des amendes (12,000 fr. en 1880).

Comparaison entre l'organisation postale de la France et celle des pays voisins.

Une comparaison point par point entre notre organisation postale et celle des pays voisins nous entraînerait trop loin. Nous nous bornerons à un examen rapide des points sur lesquels cette organisation présente avec la nôtre les plus notables différences.

Fusion.

Tout d'abord, il paraît certain que c'est en France et en Angleterre que la fusion entre les postes et les télégraphes a été poussée le plus loin : en Allemagne, elle existe en principe à tous les degrés; mais dans les bureaux importants, la poste et le télégraphe, réunis sous l'autorité d'un chef unique, sont plutôt juxtaposés que véritablement fusionnés. En Belgique et en Suisse, la fusion existe pour quelques organes d'exécution; elle ne s'étend pas aux autorités chargées de la direction et de la surveillance des deux services.

Organisation administrative.

C'est en France et en Allemagne que l'organisation administrative des deux services semble reposer sur les bases les plus rationnelles. C'est dans ces deux pays que le contrôle paraît le mieux assuré, que les attributions et les pouvoirs des diverses autorités sont le mieux définis. Il y a cependant une différence assez sensible entre eux, différence qui tient au génie propre à chaque nation et suit la loi de son développement historique. En France, il y a tendance à tout rapporter à l'autorité centrale, tandis qu'en Allemagne la décentralisation est poussée aussi loin que possible. Ici, les chefs de service n'agissent que par délégation de l'autorité supérieure ; là, ils agissent en général *proprio motu* et tranchent souverainement une foule de questions qui sont chez nous du domaine de l'administration centrale.

Exploitation.

Si l'on passe à l'exploitation proprement dite, si l'on compare les moyens d'exécution, le nombre des bureaux, l'effectif du personnel et le chiffre de la dépense annuelle dont nous n'avons pas parlé jusqu'ici, on doit reconnaître que le service anglais et le service allemand sont mieux dotés que le nôtre.

En 1889, le Post office employait 113,550 individus; le département des postes de l'Empire allemand 107,823; la France, environ 65,000. L'Angleterre comptait 18,093 bureaux de poste, l'Allemagne (non compris la Bavière et le Wurtemberg) 21,212; la France 6,974. Il est vrai que sous ce rapport notre infériorité est moindre qu'elle ne paraît au premier abord, car près de la moitié des bureaux anglais et allemands ne sont que des agences à service restreint, tandis qu'en France les 19/20 des bureaux sont à service complet.

Enfin les dépenses du service postal et télégraphique se sont élevées à 223 millions en Angleterre, à 226 millions en Allemagne pendant l'année financière 1888-1889, tandis qu'elles n'ont été que de 139 millions en France en 1888 (non compris l'Algérie).

Personnel.

Non seulement le personnel est plus nombreux en Allemagne et en Angleterre qu'en France, mais il y est aussi pécuniairement mieux traité pendant la période d'activité et après la cessation de ses fonctions. Les pensions servies aux fonctionnaires anglais et allemands sont calculées sur des bases plus larges que chez nous ; elles sont acquises plus tôt et sans que les fonctionnaires aient à les acheter en quelque sorte par des retenues sur leurs traitements.

Enfin aucun pays ne paraît avoir pris autant de soin que l'Allemagne ou que la France pour s'assurer un bon recrutement. En Allemagne notamment, ceux qui aspirent aux emplois supérieurs sont soumis à une série de stages et d'épreuves qui ne laissent arriver au sommet de la hiérarchie que des fonctionnaires d'un mérite réel et d'une valeur éprouvée.

TROISIÈME PARTIE

OBJET DU SERVICE DES POSTES
PRINCIPES FONDAMENTAUX QUI RÉGISSENT L'EXPLOITATION POSTALE

CHAPITRE PREMIER

OBJET DU SERVICE DES POSTES

Nous n'avons vu jusqu'à présent du service des postes que son organisation administrative, c'est-à-dire sa structure en quelque sorte extérieure.

Avant d'étudier son fonctionnement, il est nécessaire de préciser l'objet de l'exploitation postale et d'exposer les principes fondamentaux qui la régissent.

L'objet du service des postes en France est indiqué dans l'article 1er de notre instruction générale :

Les postes sont un service public auquel la loi attribue le transport exclusif :

1° *Des dépêches expédiées pour le service de l'État, à l'exception des avertissements des percepteurs aux contribuables de leur circonscription, des lettres de service transportées sous bandes, d'un poste à l'autre, par les agents des douanes qui en ont reçu commission signée de leur chef, et des avertissements des receveurs de l'enregistrement, distribués, ouverts et sans frais, par les soins des maires, aux redevables de cette administration, mais sans réciprocité de la part des destinataires;*

2° *Des lettres particulières, cachetées ou non cachetées, et généralement de tout objet manuscrit, à l'exception des correspondances expédiées par exprès entre particuliers; des dossiers de procédures suivies devant un tribunal, des factures accompagnant les marchandises, des lettres de voiture et correspondances de service des entrepreneurs de transports, des notes leur donnant exclusivement commission de remettre ou de rapporter un article de messagerie; des étiquettes jointes à des pièces d'étoffe échangées entre fabricants et ouvriers par la voie des messageries ou des chemins de fer, et sur lesquelles sont inscrits des numéros seulement ;*

Des étiquettes également jointes à des pièces d'étoffe échangées entre fabricants et ouvriers, et sur lesquelles sont inscrites des instructions relatives à la nature du travail à exécuter ou des renseignements sur le travail effectué, mais seulement, dans ce dernier cas, lorsquelles sont transportées par des exprès ou par des personnes attachées spécialement au service des fabricants ou commerçants expéditeurs ou destinataires ;

Des bulletins, fiches ou étiquettes en général, joints à des marchandises quelconques, fabriquées ou non fabriquées, expédiées par messageries ou par chemins de fer, et contenant, indépendamment des numéros d'ordre, les indications en chiffres, lettres ou mots, nécessaires à la reconnaissance et à la livraison de ces marchandises ;

Des bordereaux récapitulatifs accompagnant également lesdites marchandises et contenant les mêmes indications.

La loi confère, en outre, au service des postes, le transport, mais sans privilège exclusif, des échantillons sans valeur, des journaux et imprimés de toute nature, et la transmission effective ou par mouvement de fonds, également sans privilège exclusif, des valeurs, finances et objets précieux sous forme d'articles d'argent et de valeurs déclarées.

Enfin les agents des postes sont tenus de recevoir des fonctionnaires et des particuliers le prix des abonnements au « Bulletin des communes, au Bulletin des lois et au Bulletin des arrêts de la Cour de cassation ».

Pour compléter cette nomenclature des objets qui rentrent dans le domaine facultatif de la poste en France, il faut y ajouter :

Les abonnements aux journaux ;

Le recouvrement des effets de commerce ;

Le service de la Caisse nationale d'épargne ;

Le service des colis postaux, bien que les bureaux de poste n'y participent pas encore directement.

En résumé, l'administration des postes est investie d'un monopole pour le transport des objets manuscrits en général, et elle effectue d'autres transports et d'autres opérations concurremment avec l'industrie privée.

Recherchons donc tout d'abord l'origine et l'étendue du monopole postal ; étudions les lois qui l'ont établi et sanctionné; puis nous verrons comment il se justifie au triple point de vue politique, fiscal et économique.

CHAPITRE II

MONOPOLE POSTAL

§ 1. — Historique et législation.

L'établissement du monopole est postérieur à la création de la poste en France, et cela s'explique, puisque la poste n'était pas destinée, dans le principe, au transport de la correspondance des particuliers. Origine du monopole.

Ce transport s'effectuait principalement, au xve et au xvie siècle, par l'intermédiaire des messagers de l'Université et des messagers royaux.

Les courriers de la poste se chargèrent aussi de la correspondance des particuliers, d'abord à titre officieux, puis à titre officiel à partir du règlement du 16 octobre 1627; dès lors, la concurrence entre les messagers et la poste commença. Concurrence entre les courriers de la poste et les messagers.

L'avantage, dans cette lutte, devait rester à la poste, soutenue par la toute-puissance de l'autorité royale. La royauté avait reconnu que le transport des lettres était, au point de vue fiscal, une bonne affaire, et elle fut amenée à établir le monopole pour s'assurer la jouissance exclusive de cette source de revenus.

Un premier pas fut fait dans cette voie par l'édit de décembre 1643. Cet édit défendit aux messagers, tant royaux que de l'Université, d'établir des relais et de s'en servir pour faire plus grande diligence que ne le comportait leur institution, à peine de confiscation de leurs chevaux et d'interdiction de leurs charges (1). Ils ne devaient marcher qu'à petites journées, entre deux soleils, sans pouvoir relayer. Un arrêt du conseil du 17 novembre 1667 (2) leur interdit en outre de *prendre lettres et paquets de lettres ailleurs que dans les villes de leur établissement, d'établir des bureaux et des boëtes dans les villes de leur route et passage; le tout à peine de quinze cents livres d'amende, de confiscation des chevaux et équipages et de tous dépens, dommages et intérêts*. Arrêt du conseil du 17 novembre 1667.

D'autres arrêts du conseil, rendus dans le cours des années 1630, 1632, 1653 et 1655, défendirent aux *cochers, maîtres des coches et carrosses*, Défense aux voituriers de s'immiscer dans le transport des lettres.

(1) Lequien de la Neufville, *Origine des postes*, p. 266.
(2) Lequien de la Neufville, *Origine des postes*, p. 368.

tant par eau que par terre, coquetiers, poulailliers, beurriers, voituriers, muletiers, piétons et tous autres, de porter aucunes lettres et paquets de lettres de quelque sorte et nature que ce soit, à l'exception seulement des lettres de voiture des marchandises dont ils seraient chargés, icelles non cachetées ni fermées.

Subrogation de la ferme des postes aux baux des messagers.

Les revenus de la poste ayant été affermés en 1672, l'entrepreneur, Lazare Patin, invoqua la protection de l'autorité royale pour défendre son privilège contre la concurrence des messagers et des entrepreneurs de transport libres. Dans le but de supprimer cette concurrence, un arrêt du conseil du 7 décembre 1673, rendu à la requête du sieur Patin, le subrogea dans le droit aux baux des messagers et renouvela en sa faveur des défenses faites par les anciens édits et arrêts, tant aux messagers qu'aux voituriers libres.

Arrêts du Conseil d'État des 16 juin et 29 novembre 1681.

Ces prohibitions ne furent pas exactement observées. Un nouvel arrêt du Conseil d'État intervint le 18 juin 1681 pour les rappeler et y ajouter la sanction d'une pénalité. Cet arrêt mérite d'être cité en entier :

Sa Majesté a fait et fait très expresses inhibitions et défenses à tous messagers, auxquels la finance de leurs offices a été remboursée, et à tous maîtres des coches, carrosses et litières, poulaillers, beurriers, muletiers, piétons, mariniers, bateliers, rouliers, voituriers tant par terre que par eau, et à toutes autres personnes, de quelque qualité et condition qu'elles soient, autres que ceux qui auront droit et pouvoir dudit Patin et de ses intéressés, de se charger ni souffrir que leurs valets ou postillons, et même les personnes qu'ils conduiront par leurs voitures, se chargent d'aucunes lettres ni paquets de lettres, mais seulement des lettres de voiture des marchandises qu'ils voitureront, qui seront ouvertes et non cachetées ; comme aussi à toutes personnes de se charger de la distribution desdites lettres et paquets de lettres, autres que ceux qui seront commis par ledit Patin et ses intéressés, à peine de trois cents livres d'amende pour chacune contravention, qui ne pourra être remise ni modérée pour quelque cause que ce soit, applicable le tiers au dénonciateur, s'il y en a, le tiers à l'hôpital des lieux où les contraventions auront été découvertes, et l'autre tiers au profit dudit Patin et de ses intéressés, et de confiscation des équipages dans lesquels lesdites lettres auront été saisies. Permet, pour cet effet, Sa Majesté audit Patin, de faire visiter par ses procurateurs, commis et préposés, les coches, carrosses, litières, paniers, valises, bateaux et magasins d'iceux, pour reconnaître s'il n'y aura pas été mis, caché ou recélé des lettres ou paquets de lettres pour passer en fraude. Permet pareillement Sa Majesté audit Patin de faire visiter les personnes qui seront dans lesdits coches, carrosses, litières, bateaux, voitures ou sur les chevaux desdits messagers, pour reconnaître aussi s'ils ne seront pas chargés d'aucunes lettres, et du tout sera dressé des procès-verbaux sur lesquels ledit Patin poursuivra l'adjudication desdites amendes, confiscation et les dommages et intérêts au Conseil. Et d'autant que l'appréhension d'encourir la peine desdites amendes pourrait ne pas toucher aucun des voituriers susdits, principalement leurs valets et préposés, attendu leur insolvabilité, veut Sa Majesté que ceux desdits messagers ou voituriers ou leurs dits valets ou préposés qui contreviendraient au présent arrêt, lorsqu'ils se trouveront insolvables pour le payement desdites amendes, soient condamnés au fouet et à la fleur de lys.

Ces prohibitions ont été confirmées dans la suite par d'autres arrêts, lois et règlements dont les principaux sont :

L'arrêt du Conseil du 29 novembre 1681, qui reproduit, en les interprêtant et en les complétant, les dispositions de celui du 18 juin précédent (1) ;

L'arrêt du Conseil du 3 février 1728, qui renouvelle les défenses faites aux messagers de transporter d'autres lettres que celles échangées entre les points extrêmes de leur parcours (2) ; aux voituriers, bateliers, mariniers, marchands, colporteurs, ainsi qu'à toutes personnes quelconques, de porter par eau ou par terre aucunes lettres ni paquets de lettres, à l'exception des lettres de voiture concernant les marchandises dont ils seront chargés ; et qui enjoint aux maîtres des navires, barques, etc., de porter ou envoyer dans les bureaux de poste des lieux où ils sont arrivés toutes les lettres, paquets de lettres et papiers dont ils seraient chargés ; le tout à peine, par chaque contravention, de 1,500 livres d'amende et de tous dépens, dommages et intérêts ; Arrêt du Conseil du 3 février 1728.

L'arrêt du Conseil du 30 mai 1730, qui interdit à tous hôtelliers, cabaretiers, aubergistes et autres personnes, de quelque état et condition qu'elles soient, de recevoir dans leurs maisons aucunes lettres ni paquets de lettres, sans aucun prétexte, à peine de cinq cents livres d'amende et de plus grande peine en cas de récidive (3) ; Arrêt du Conseil du 30 mai 1730.

La loi des 26-29 août 1790, sur la direction et l'administration générale des postes, qui défend (titre III, art. 4, § 50) aux *fermiers des messageries et à tous autres entrepreneurs de voitures ou transports de se charger d'aucune lettre ou papier autres que ceux relatifs à leur service personnel et particulier, et ceux de procédures en sac ;* Loi des 26-29 août 1790.

Le décret des 9-13 avril 1793, concernant les messageries, la poste aux lettres et la poste aux chevaux, qui dispose (art. 7) que *le service de la poste sera fait exclusivement par les agents et les préposés de la nation ;* Décret des 9-13 avril 1793.

Le décret des 23-24 et 30 juillet 1793, relatif à l'organisation des postes et des messageries en régie nationale, dont l'article 6 déclare que *le transport des lettres et des dépêches ne pourra être fait par aucune voiture de messagerie,* supprimant ainsi le privilège dont les messagers étaient demeurés en possession pour le transport de la correspondance entre les points extrêmes de leur parcours. Décret des 23-24-30 juillet 1793.

Ces dispositions, — la jurisprudence de la Cour de cassation est formelle à cet égard (4), — sont encore la base légale du monopole postal en Arrêtés du Directoire confirmant la législation antérieure.

(1) L'arrêt du 29 novembre 1681 interdit aux voituriers et à toutes personnes étrangères à a ferme des postes le transport des *lettres ouvertes* aussi bien que celui des *lettres fermées*.

(2) A. Belloc, les *Postes françaises*, p. 174.

(3) A. Belloc, les *Postes françaises*, p. 179.

(4) Voir notamment l'arrêt de la Cour de cassation du 30 juillet 1818, dans l'affaire Baudot ; voir Dalloz, *Postes*, p. 36 et 19.

France, et les actes plus récents émanés du pouvoir exécutif, tels que les arrêtés du Directoire des 2 nivôse an VI (22 déc. 1797), 7 fructidor an VI (24 août 1798) et 26 ventôse an VII (16 mars 1799), dont le dernier ordonne l'insertion au *Bulletin des lois* des arrêts du Conseil des 18 juin et 29 novembre 1681 ; les arrêtés des consuls des 27 prairial an IX (16 juin 1801) et du 19 germinal an X (9 avril 1802) ne font que reproduire, en les modifiant toutefois sur quelques points, les lois et règlements de l'ancien regime et de la période révolutionnaire.

Arrêté du 27 prairial an IX.

L'arrêté du 27 prairial an IX que l'on regarde souvent, bien qu'à tort, comme la loi fondamentale du monopole postal, n'est, en définitive, qu'un acte du pouvoir exécutif, destiné à rappeler d'anciennes lois et à en assurer l'exécution (1) ; il emprunte aux arrêts du Conseil des 18 juin et 29 novembre 1881 sa force légale ainsi que ses dispositions essentielles : l'interdiction à toute personne étrangère au service des postes de s'immiscer dans le transport des correspondances, la sanction pénale en cas d'infraction, le droit de perquisition accordé à l'administration, enfin la répartition du produit des amendes.

Lois visées par l'arrêté de prairial.

L'arrêté du 27 prairial an IX débute ainsi :

« *Les lois des* 26-29 *août* 1790, (*art.* 4) *et* 21 *septembre* 1792, *et l'arrêté du* 26 *ventôse an VII seront exécutés...* »

L'article 4 de la loi des 26-29 août 1790, ainsi visé dans le préambule de l'arrêté de prairial, est celui du titre III, qui défend aux entrepreneurs de transport de se charger de lettres ou de papiers étrangers à leur service particulier.

La loi du 21 septembre 1792 est celle par laquelle la Convention, au moment de son entrée en session, décida que, jusqu'à ce qu'il en aurait été autrement ordonné, les lois non abrogées seraient provisoirement exécutées. Les arrêts du Conseil des 18 juin et 29 novembre 1681, et les lois subséquentes sur le monopole n'ayant été l'objet d'aucune abrogation, se trouvent ainsi compris dans la législation de l'ancien régime demeurée en vigueur.

C'est précisément pour faire cesser les doutes qui pouvaient s'élever à cet égard que le Directoire fit insérer le texte des arrêts de 1681 au *Bulletin des lois*. Ce fut l'objet des arrêtés des 2 nivôse an VI (22 déc. 1797), 7 fructidor an VI (24 août 1798) et 26 ventôse an VII (16 mars 1799), dont le dernier est visé par l'arrêté du 27 prairial an IX.

§ 2. — Objet du monopole.

Etendue du monopole à l'époque de l'arrêté de prairial.

Les articles 1er et 2 de l'arrêté du 27 prairial an IX précisent en ces termes l'objet du monopole :

Il est défendu à tous les entrepreneurs de voitures libres et à toutes personnes étrangères au service des postes de s'immiscer dans le transport des

(1) Voir dans ce sens Dalloz, *Postes* n° 52 ; *Cass.*, 30 juillet 1818 ; *Orl.*, 21, oct. 1840.

lettres, journaux, feuilles à la main et ouvrages périodiques, paquets et papiers du poids de 1 kilogramme et au-dessous, dont le port est exclusivement confié à l'administration des postes aux lettres.

Art. 2. *Les sacs de procédure, les papiers uniquement relatifs au service personnel des entrepreneurs de voitures et les paquets au-dessus du poids de deux livres sont seuls exceptés de la prohibition prononcée par l'article précédent.*

A l'époque où l'arrêté de prairial fut rendu, le monopole s'appliquait donc d'une manière générale :

1° Aux lettres ;

2° Aux journaux, imprimés et ouvrages périodiques ;

3° Aux paquets et papiers jusqu'au poids de 1 kilogramme.

Restrictions apportées depuis au monopole, en ce qui concerne les journaux et imprimés.

Disons tout de suite qu'en ce qui concerne les journaux et autres imprimés, le monopole de la poste a été d'abord restreint, puis entièrement supprimé :

1° Par l'article 2 de la loi du 25 juin 1856, qui a excepté de la prohibition établie par l'article 1er de l'arrêté de prairial les journaux et ouvrages périodiques non politiques expédiés en paquets de plus de 1 kilogramme ;

2° Par le décret du gouvernement de la Défense nationale du 16 octobre 1870, qui a accordé le même avantage aux journaux politiques ;

3° Par l'article 8 de la loi du 6 avril 1878 (réforme postale) qui a excepté du monopole de la poste les imprimés de toute nature, quel qu'en soit le poids, *à la condition qu'ils soient expédiés, soit sous bandes mobiles ou sous enveloppes ouvertes, soit en paquets non cachetés faciles à vérifier.*

Objet du monopole actuel.

Le monopole de la poste ne porte donc plus actuellement que sur :

1° Les lettres ;

2° Les paquets et papiers au-dessous du poids de 1 kilogramme.

1° Lettres.

Par lettres, il faut entendre tout objet manuscrit ou imprimé, expédié sous enveloppe close ou à découvert, présentant un caractère de correspondance actuelle et personnelle.

Les lettres non cachetées (Cass., 18 fév. 1820, 22 avril 1830, 17 février 1832, 23 novembre 1887), les notes de correspondance sans date, ni signature, ni indication de lieu d'origine (Cass., 13 juin 1839, aff. Roux), les cartes postales rentrent dans le monopole, aussi bien que les lettres missives, closes et cachetées.

2° Paquets et papiers.

Que faut-il entendre par les mots *paquets* et *papiers* du poids de 1 kilogramme et au-dessous, employés par l'arrêté de prairial ?

Ce ne sont pas des lettres missives, car les lettres, sauf celles de date ancienne, rentrent dans le monopole, quel que soit leur poids. Ce ne sont pas non plus des dossiers de procédure, puisque l'arrêté de prairial excepte les dossiers de procédure du monopole, quel que soit leur poids ; ni des objets étrangers à la correspondance, comme les échantillons de marchandises (Cass., 6 déc. 1828), ni des papiers non écrits, comme les registres, qui rentrent dans la catégorie des échantillons ; ni des imprimés, puisque les imprimés ne sont plus soumis au monopole.

Il faut donc entendre par ces mots *paquets* et *papiers* des objets manuscrits qui n'ont pas le caractère de correspondance actuelle et personnelle. Ce sont, par exemple, des manuscrits d'auteur, des épreuves d'imprimerie corrigées, des titres, des documents relatifs à des affaires dont les tribunaux ne sont pas saisis et qui ne peuvent être considérés comme des dossiers de procédure, des lettres de date ancienne, des factures, des polices d'assurance, en un mot tout ce qui rentre dans la catégorie des papiers de commerce ou d'affaires.

Objets manuscrits non compris dans le monopole.

L'article 1er de l'instruction générale énumère les objets qui, bien que manuscrits en tout ou en partie, échappent au monopole de la poste. Ce sont :

Lettres de service des douanes.

1° Les *lettres de service* que les agents *des douanes* transportent sous bande, d'un poste à l'autre, lorsqu'ils sont porteurs d'une feuille signée de leurs chefs, indiquant le nombre et les adresses des lettres dont ils sont chargés (cette exception est déjà mentionnée dans l'instruction générale de 1808) ;

Avertissements des receveurs de l'enregistrement.

2° Les *avertissements des receveurs de l'enregistrement* distribués, ouverts et sans frais, par les soins des maires, *aux redevables de cette administration*, mais sans réciprocité de la part des destinataires [*Décision ministérielle du* 6 *avril* 1831] (1).

Avertissements des percepteurs.

3° Les *avertissements des percepteurs aux contribuables de leur circonscription ;*

Dossiers de procédure.

4° Les *sacs ou dossiers de procédure*(*Arrêté du* 27 *prairial an IX, art.* 2).

L'origine de cette exception se trouve dans l'institution des messagers royaux, chargés spécialement du transport des sacs de procédure échangés entre les tribunaux inférieurs et les parlements (*Édits d'octobre* 1525 *et de janvier* 1573). Ce privilège leur fut confirmé par plusieurs arrêts du Parlement en date des 5 avril 1642, 9 août 1737, 29 avril 1760 et 30 juillet 1763. Le transport des pièces de procédure, quel qu'en soit le poids, n'a, par suite, jamais été compris dans le monopole de la poste.

Il faut toutefois que les pièces soient relatives à une procédure suivie *devant un tribunal*. Les actes notariés, destinés à recevoir les formalités hypothécaires, les citations ou actes extrajudiciaires de sommation envoyés sous enveloppe fermée à l'adresse d'un avoué ne sont pas considérés comme des pièces de procédure [Cass., 6 et 13 nov. 1845 ; Metz, 8 février 1865] (2).

(1) Voir *circulaire* n° 77, du 30 nov. 1836.

(2) Voir à la suite de l'*Instruction générale*, à l'article JURISPRUDENCE, le texte de ces arrêts.

Les dossiers de procédure peuvent circuler sous enveloppe cachetée, lorsque la suscription de ces enveloppes porte les mots *Pièces de procédure*, *Papiers d'affaires*, ou telle indication équivalente par laquelle l'expéditeur invoque l'exception pour le transport libre et renonce à l'inviolabilité du secret de la correspondance (Arrêt de cassation du 30 novembre 1865).

Par voie de conséquence, le même arrêt reconnaît aux agents chargés du contrôle le droit de vérifier le contenu de ces enveloppes cachetées, de saisir tous les actes, pièces ou papiers manuscrits qu'elles renferment et qui ne seraient pas relatifs à une procédure suivie devant un tribunal.

Papiers de service des entrepreneurs de transport.

5° Les *papiers uniquement relatifs au service personnel des entrepreneurs de voitures* (*Arrêté du* 27 *prairial an IX*).

Ce sont ceux destinés aux propres agents de l'exploitation sur la ligne qu'elle dessert, à l'exclusion de toutes autres correspondances pour des personnes avec lesquelles l'entrepreneur entretiendrait des relations commerciales ou privées.

On range encore dans cette catégorie : les *lettres de voiture* (avis au destinataire de la marchandise) (Co., 102), de tout temps exceptées du monopole; les *papiers de bord* pour les navires, c'est-à-dire le *journal de bord* (Co., 234), l'*acte de propriété* du navire, l'*acte de francisation*, le *rôle d'équipage*, le *congé* (permis de navigation); la *patente de santé*, les *chartes-parties* (contrats de louage de navire); le *manifeste* (état de la cargaison); les *connaissements* (reconnaissances données par le capitaine des marchandises chargées sur le navire) (Co., 226); les *acquits à caution*,les *passavants* et les *déclarations en douane*, qui accompagnent les marchandises transportées par terre ou par mer (*Arrêté du* 19 *germinal an X*, 7) ;

Factures.

Les *factures*, pourvu qu'elles ne contiennent que les énonciations indispensables à la livraison des objets mêmes *quelles accompagnent*, à l'exclusion de toute autre mention présentant le caractère de correspondance.

Étiquettes et fiches accompagnant les marchandises.

Les *bulletins*, *fiches* ou *étiquettes*, joints à des marchandises quelconques, fabriquées ou non fabriquées, contenant, soit des numéros d'ordre, soit des indications en chiffres, lettres ou mots nécessaires à la reconnaissance et à la livraison des marchandises, ainsi que les *bordereaux récapitulatifs*, *factures de transport* joints à des colis groupés et contenant les mêmes indications (*Décisions ministérielles des* 14 *février et* 3 *mai* 1876) (1).

Les *étiquettes jointes à des pièces d'étoffe* échangées entre fabricants et ouvriers et sur lesquelles sont inscrites des instructions relatives à la nature du travail à effectuer, mais seulement lorsqu'elles sont transportées par des exprès ou par des personnes spécialement attachées au service des fabricants ou commerçants expéditeurs ou destinataires (*Déc. min. du* 14 *fév.* 1876) (1).

Notes de commission.

Les *notes de commission*, c'est-à-dire les notes donnant mandat au voi-

(1) *Bull. mens.* n° 83, 3e *supp.*, fév. 1876, p. 144, et 88 *supp.*, avril 1876, p. 228.

turier de remettre ou de rapporter un article de messagerie, et les lettres adressées à des tiers ayant pour but d'opérer un chargement sur la voiture du porteur (Cass., 25 mars 1843) ; mais non les commandes de marchandises adressées à des tiers et qui ne donneraient pas mission expresse au voiturier de les rapporter (C. Orléans, 7 fév. 1848).

Les lettres de voiture et papiers relatifs au service personnel des entrepreneurs de transports ne sont exceptées du monopole de la poste qu'autant qu'elles sont ouvertes et non cachetées (*Arrêts du conseil des* 18 *juin et* 29 *nov.* 1681 ; Cass., 27 sept. 1839, 8 août 1840, 11 juin 1842).

§ 3. — Contraventions au monopole.

L'objet du monopole de la poste étant déterminé, nous allons exposer maintenant comment et par qui peuvent être commises les contraventions à ce monopole.

Divers cas de contravention.

Sont en contravention, d'après les arrêts du Conseil d'État des 18 juin et 29 novembre 1681 et d'après l'arrêté du 27 prairial an IX :

Les voituriers, bateliers, piétons, etc. ; en général, toutes personnes étrangères à l'administration des postes qui se chargent du transport ou de la distribution des lettres et des paquets de lettres.

Il y a encore contravention, d'après l'arrêt du conseil du 3 février 1728 et l'arrêté des consuls du 19 germinal an X (art. 7), lorsqu'un capitaine de navire, à son arrivée dans un port de France, ne porte ou n'envoie pas sur-le-champ au bureau de poste du lieu toutes les lettres ou paquets qui lui auraient été confiés, autres que ceux de la cargaison des bâtiments.

Il y a enfin contravention, d'après l'article 1er du même arrêté, dans le fait de tenir, même dans les villes et endroits maritimes, soit bureau, soit entrepôt pour l'envoi, la réception et la distribution des lettres et paquets pour les colonies, soit françaises, soit étrangères.

Ainsi d'après ces différents textes, la contravention consiste dans le fait de transporter, de distribuer ou de recevoir en entrepôt des objets soumis au monopole postal.

Par qui la contravention peut être commise.

Les personnes qui sont dans le cas de commettre la contravention sont :

1° Celles qui font de l'industrie des transports leur profession habituelle, ainsi que leurs préposés ou domestiques ;

2° Ceux qui, sans être voituriers de profession, font habituellement des transports pour leur compte, comme les poulaillers et beurriers dont parlent les arrêts de 1681 ;

3° Les piétons ou commissionnaires ;

4° En général toutes personnes étrangères au service des postes, d'où il suit que les voyageurs qui se chargent, même sans rétribution et par pure complaisance, de porter une lettre à destination, sont en contravention (Cass., 7 août 1818, 17 avril 1828, 8 mai 1841, 1er oct. 1841).

Il y a lieu, au contraire, de considérer comme ne tombant pas sous le coup des prohibitions concernant le monopole postal :

Personnes qui peuvent transporter des lettres sans être en contravention.

1° Les *agents des postes*. Pour ceux-ci le transport ou la distribution des correspondances, même en fraude des droits de l'administration, ne constitue pas la contravention prévue et punie par les lois sur le monopole postal. Si il y a fraude, il y a simplement lieu à l'application d'une peine disciplinaire. On ne saurait toutefois considérer à ce point de vue comme agents des postes les entrepreneurs de transport de dépêches. Ces entrepreneurs ne font pas partie du personnel de l'administration, bien que salariés par elle.

2° Ceux qui n'étant ni voituriers, ni commissionnaires, sont trouvés porteurs de lettres concernant leurs propres affaires et les intéressant personnellement (Grenoble, 30 oct. 1833) ; par exemple, d'une lettre de recommandation, même cachetée (Cass., 14 mai 1842) ;

3° Les *exprès*, c'est-à-dire les personnes chargées, *par mission spéciale*, de porter un ou plusieurs objets de correspondance à destination.

Un commissionnaire agit en qualité d'exprès lorsqu'il porte uniquement une lettre qu'il est chargé de remettre au destinataire.

Un domestique, chargé par son maître de porter une lettre, est un exprès (Cass., 17 juin 1830).

De même le domestique qui, en conduisant la voiture de son maître, porte des lettres écrites à diverses personnes par le maître qui l'en a chargé (Cass., 3 déc. 1843).

Un domestique, envoyé par mission spéciale pour porter une correspondance, peut rapporter la réponse.

On ne peut employer ses domestiques pour le transport de lettres personnelles lorsqu'ils effectuent des voyages réguliers pour d'autres transports (Nancy, 11 nov. 1861; v. Rousseau, *Traité théorique et pratique de la correspondance par lettres missives et télégrammes*, p. 180).

Un instituteur peut, sans qu'il y ait infraction au monopole, remettre une lettre à l'un de ses élèves pour la porter à domicile ; l'enfant agit en qualité d'exprès.

De même un notaire peut faire porter par son clerc des lettres adressées par lui à ses clients.

Un garde champêtre peut être employé comme exprès.

Une lettre n'est pas transportée en contravention lorsqu'elle est remise par son auteur au destinataire ou à une personne habitant la même maison que ce dernier (1).

L'exception concernant les exprès se justifie par des considérations tirées de la raison et de l'équité. Celui qui se sert d'un exprès n'agit pas ainsi pour frustrer le Trésor, ni par économie, mais en général pour faire parvenir un pli urgent dans un délai moindre que celui qu'emploierait la poste pour le porter à destination. Il serait inique d'obliger les particuliers, en pareil cas, à subir les lenteurs du service public; il est vraisemblable d'ailleurs qu'en tout état de cause, la poste n'eût pas été chargée d'une communication qui n'aurait pas rempli son but.

(1) Ad. Frault, *Manuel postal, théorique et pratique*, p. 3 .

Ces considérations ont été excellemment développées dans les considérants d'un arrêt rendu par la cour de Caen, le 21 juin 1826 (aff. Rabot) et rapporté dans Dalloz (*Postes*, p. 72). Il s'agissait, dans l'espèce, d'une lettre envoyée par exprès à un capitaine de navire qui devait mettre le jour même à la voile. « Attendu, dit l'arrêt, que si l'on interdisait en pareilles circonstances la faculté de se servir d'un exprès, il faudrait dire que la poste aux lettres, regardée à juste titre comme un des établissements les plus précieux des temps modernes, deviendrait pour les citoyens une cause insupportable de gêne et d'incommodité dans les occasions les plus importantes ; qu'ainsi, par exemple, le négociant obligé de donner des ordres ou d'acquérir rapidement des instructions pour la réussite d'une opération commerciale, le père alarmé par les accidents graves et subits d'une maladie qui le menacerait de la perte d'un enfant, l'homme placé sous le poids d'une accusation capitale, ayant à faire venir de loin, sous peine de la vie, peut-être, les renseignements justificatifs seuls capables de repousser les charges inopinément survenues pendant le cours d'un débat, seraient contraints de se résigner aux lenteurs du service public, sans pouvoir expédier par un courrier spécial la lettre tendant à obtenir les moyens de pourvoir à des intérêts majeurs ou de procurer du soulagement aux personnes les plus chères ; qu'entendre la loi de cette manière, ce serait la rendre tyrannique et barbare, et la faire agir en sens contraire de son but, qui est la plus grande facilité des relations épistolaires, etc. »

Circonstances qui caractérisent la contravention.

Aux termes de l'arrêté du 27 prairial an IX, la contravention consiste dans le fait de *s'immiscer* dans le transport des objets qui appartiennent au monopole de la poste.

Transports frauduleux accidentels.

Quelques tribunaux avaient conclu de cette expression *s'immiscer* qu'il fallait qu'il y eût fraude *habituelle* des droits de la poste pour constituer la contravention. La cour de cassation a décidé qu'il suffit d'un transport isolé et accidentel, même de la part d'un particulier (Cass., 7 août 1818, 17 avril 1828 ; Limoges, 14 janv. 1836 ; Douai, 27 mai 1840 ; Cass., 25 juillet 1840, 1er oct. 1841, 12 nov. 1842, 29 juin 1843).

Lettres destinées à être mises à la poste.

La contravention n'existe pas par le seul fait d'être trouvé porteur d'une lettre. Car il faut bien transporter soi-même, ou faire transporter depuis son domicile jusqu'au bureau de poste ou jusqu'à la boîte la plus voisine les lettres qu'on veut expédier.

Aussi l'article 3 de la loi du 3 juin 1829 sur l'organisation du service rural décide-t-il que *les dispositions pénales relatives au transport des lettres en contravention ne sont pas applicables à ceux qui font prendre et porter leurs lettres dans les bureaux de poste circonvoisins de leur résidence.*

De même le fait par un particulier de transporter aux gares d'expédition, soit à titre gratuit, soit à titre onéreux, des lettres recueillies en dernière limite d'heure ne constitue par l'immixtion dans le service des postes, prévue et punie par l'arrêté du 27 prairial an IX.

Il n'y a même pas lieu de distinguer à cet égard entre les lettres recueillies avant et celles recueillies après l'expiration du délai fixé par la loi du 16 mars 1887 (Avis du conseil d'État du 5 août 1890) (1).

Présomption de contravention

De même encore le messager trouvé porteur d'une lettre n'encourt aucune pénalité, s'il n'est pas prouvé qu'au moment de la perquisition, il avait déjà dépassé le premier bureau de poste situé sur la route du lieu d'origine de la lettre à celui de sa destination (Cass., 16 fév. 1827, 1er juillet 1830). Il n'y a contravention qu'autant qu'entre le lieu d'où le porteur de la lettre est parti et celui où elle a été saisie, il existe un ou plusieurs bureaux de poste : dans ce cas la fraude est présumée de droit.

Lettres saisies à la frontière.

Si les lettres avaient été saisies à la frontière sur un messager sortant de France ou venant d'un pays avec lequel la France est liée par une convention de poste, la contravention existerait, alors même qu'il n'y aurait pas de bureau français entre le point d'origine et celui de destination des correspondances. Ainsi jugé par la cour de Douai, le 6 septembre 1830 ; par la cour de cassation, les 6 décembre 1828 et 8 avril 1830.

Les arrêts rendus dans le cas qui précède se fondent sur un préjudice causé au trésor français, à raison du partage des taxes qui avait lieu autrefois entre les administrations liées par des conventions de poste. On peut se demander si, maintenant que chaque office garde en entier les taxes qu'il a perçues, il existe encore des motifs suffisants pour considérer comme une contravention le fait pour un voiturier venant de l'étranger et n'ayant pas encore atteint le premier bureau de poste français, d'être trouvé porteur de correspondances. On pourrait soutenir en effet que si ces lettres avaient été expédiées par la poste avec affranchissement, cet affranchissement n'eût en rien profité à l'administration française, qui eût été néanmoins obligée d'assurer leur transport et leur distribution ; que s'il y a eu préjudice causé, c'est uniquement à l'office étranger qui aurait bénéficié de la taxe d'affranchissement.

On peut répondre, d'une part, que les lettres en question auraient pu aussi être expédiées sans affranchissement, auquel cas les taxes perçues sur les destinataires auraient été encaissées par la poste française ; et, d'autre part, qu'il y a solidarité entre les pays limitrophes pour la répression des abus de ce genre. Il existe en effet, dans certaines conventions conclues avec des offices étrangers (France et Belgique, 1879), une clause en vertu de laquelle les administrations contractantes s'engagent à empêcher, par tous les moyens en leur pouvoir, et en tant que leur législation intérieure les y autorise, que les correspondances échangées de part et d'autre de la frontière, ne passent par d'autres voies que celle de leurs postes respectives.

Correspondance locale.

La question de savoir si la correspondance locale, c'est-à-dire les lettres échangées dans l'intérieur d'une même ville, est soumise au monopole de la poste, ne paraît pas avoir été complètement élucidée.

Lorsqu'ont été rendus les arrêts du conseil d'État des 18 juin et 29 no-

(1) *Bull. mens.* n° 8, août 1890, p. 819.

vembre 1681, sur lesquels s'appuie l'arrêté du 27 prairial an IX, la petite poste n'existait pas en France, et les pénalités prévues par lesdits arrêts ne s'appliquaient qu'au transport frauduleux des lettres de ville à ville. D'après les termes mêmes des considérants d'arrêts de la Cour de cassation en date des 15 janvier 1836 et 3 juin 1848, rapportés dans l'Instruction générale sur le service des postes, à l'article *Jurisprudence*, les arrêtés des 2 nivôse an VI, 7 fructidor an VI, 26 ventôse an VII et 27 prairial an IX seraient étrangers à la petite poste, et n'auraient pour objet que de maintenir le privilège de la grande poste pour le transport des lettres de ville en ville.

Privilège de la petite poste. Déclaration du 8 juillet 1759.

Le même arrêt du 15 janvier 1836 semble admettre l'extension du monopole à la correspondance locale; néanmoins il invoque à cet égard le privilège établi en faveur de la petite poste par l'article 7 de la déclaration royale du 8 juillet 1759. En se reportant aux termes de cette déclaration, on peut s'assurer que ledit privilège n'avait pas le caractère d'un monopole : il n'était qu'une permission accordée à M. de Chamousset, l'inventeur de la petite poste, de faire recueillir et distribuer dans Paris des lettres et des paquets de lettres, et d'en percevoir la taxe à son profit; il n'impliquait aucune restriction de la faculté accordée jusqu'alors aux habitants des villes de faire porter leur correspondance locale par qui bon leur semblait : « *N'entendons néanmoins en aucun cas*, dit l'article 7, *empêcher les particuliers de faire porter leurs lettres ou paquets dans la ville ou dans les faubourgs de Paris par telles personnes qu'ils jugeront à propos.* »

L'un des considérants de la déclaration de 1759 est ainsi rédigé : « *Ayant reconnu qu'il serait utile de pourvoir dans Paris,* etc..., *par l'établissement d'une poste intérieure dont chacun serait libre d'user ou de ne pas user...* »

L'interprétation des termes de la déclaration de 1759 a donné lieu à des difficultés. Doit-on en conclure, comme l'ont prétendu certains industriels qui ont tenté, à différentes reprises, d'établir à l'intérieur de Paris de véritables agences postales, que le transport des lettres dans l'intérieur des villes est absolument libre? Une semblable prétention a toujours été repoussée par l'administration et par les tribunaux.

Boites établies par des particuliers en dehors de leur domicile pour le dépôt des correspondances à leur adresse.

En 1869, le directeur d'une agence commerciale, voulant éviter à ses clients les frais d'affranchissement, avait établi dans divers quartiers de Paris, des boîtes à son nom, d'où il faisait enlever, à des heures régulières, par ses préposés, les lettres qu'on venait y déposer à son adresse. Poursuivi pour immixtion dans le transport des lettres, l'inculpé excipait de la faculté laissée aux habitants de Paris par la déclaration de 1759, de faire transporter leurs lettres dans la ville ou dans les faubourgs par telles personnes qu'ils jugent à propos.

Ce moyen de défense fut repoussé par la cour de cassation dans un arrêt qui porte la date du 11 juin 1869 (D. P. 1869, p. 1487; Sirey, 1869, p. 1440). « Attendu, dit l'arrêt, que si la déclaration du 8 juillet 1759 autorise les particuliers à faire porter leurs lettres ou paquets de lettres dans la ville et les faubourgs de Paris par telles personnes qu'ils jugeront à propos, et si cette faculté leur est reconnue en matière de grande et de petite poste, elle ne s'applique qu'aux lettres envoyées par ces particuliers eux-mêmes à d'autres personnes et aux réponses faites par celles-ci (1)... »

D'après l'article 9 de l'arrêté du 27 prairial an IX, c'est l'entrepreneur de transport qui est responsable de la contravention, sauf son recours contre son préposé ou contre l'expéditeur. Les tribunaux font de cette règle une sévère application aux compagnies de chemins de fer.

Responsabilité des entrepreneurs de transport.

Peu importe que l'entrepreneur ait ou non connu la contravention, qu'il soit ou non de bonne foi : il est de règle que la bonne foi n'est pas admise en matière de contravention. La contravention existe par le seul fait matériel de l'infraction, indépendamment de toute intention frauduleuse (Cass., 23 nov. 1837, Bordeaux, 15 juin 1849; Cass., 20 nov. 1841).

Bonne foi non admise.

Sur les chemins de fer, c'est le chef de la gare expéditrice qui est rendu personnellement responsable de toutes les contraventions que fait reconnaître la vérification des colis déposés dans son service, que les lettres soient incluses dans les paquets (Cass., 20 nov. 1851 ; Lyon, 3 déc. 1864) ou placées à l'extérieur en forme d'adresse. Il appartenait au chef de gare ou à ses préposés d'exiger, avant de les recevoir, la vérification des colis (Cass., 23 juill. 1836, aff. Bauchon, v. Dalloz, *Postes*, p. 28).

Chefs de gare.

Ce principe, que l'entrepreneur répond de toute contravention constatée dans ses services de transport, a été invariablement appliqué jusque dans ces dernières années. Il y a été fait récemment une exception pour les colis postaux. Ces colis doivent, aux termes des paragraphes 2 et 3 de l'article V du règlement de détail et d'ordre annexé à la convention du 3 novembre 1880, qui a force de loi en France, être scellés au plomb ou à la cire, avec empreinte ou marque spéciale de l'expéditeur, ce qui exclut pour le transporteur la faculté de les ouvrir et de les vérifier. D'où il suit que le transporteur ne peut être rendu responsable des contraventions au monopole de la poste à l'occasion de lettres ou de papiers manuscrits trouvés inclus dans les colis postaux.

Contraventions constatées sur les colis postaux.

Un arrêt de la cour de cassation du 23 janvier 1885 a relaxé la Compagnie transatlantique des poursuites qui lui avaient été intentées à raison de contraventions aux lois de douane commises sur des colis postaux transportés par ses paquebots. La même solution paraît s'imposer à l'égard des contraventions au monopole de la poste que la vérification de ces colis donne lieu de constater. En fait, aucune suite n'est actuellement donnée aux procès-verbaux de contravention dressés dans ces conditions (2).

(1) Voir les instructions récemment adressées aux chefs de service par la voie du *Bulletin mensuel* (n° 8, août 1890, p. 818), à l'effet de poursuivre la suppression des boîtes aux lettres installées par des particuliers dans différents quartiers des villes, en dehors de leur domicile.

(2) Dans les relations avec l'Allemagne, les colis postaux renfermant des lettres ou notes ayant le caractère de correspondance sont considérés comme ne remplissant pas les conditions prévues par la convention internationale pour être admis au transport, et renvoyés purement et simplement au pays d'origine pour faire retour aux expéditeurs (*Bull. mens.* n° 3, mars 1882, *instr.* n° 228, p. 120).

§ 4. — Constatation et répression des contraventions au monopole postal.

Droit de perquisition et de saisie.

Pour faciliter la répression de la fraude, l'article 3 de l'arrêté du 27 prairial an IX autorise *les directeurs, contrôleurs et inspecteurs des postes, les employés des douanes aux frontières* (1) *et la gendarmerie nationale à faire ou faire faire toutes perquisitions et saisies sur les messagers, piétons chargés de porter les dépêches, voitures de messagerie et autres de même espèce, afin de constater les contraventions ; à l'effet de quoi ils peuvent, s'ils le jugent nécessaire, se faire assister de la force armée.*

Les dénominations de *directeurs*, de *contrôleurs* et d'*inspecteurs* des postes, employées dans l'arrêté du 27 prairial an IX, répondent aujourd'hui à celles de *receveurs*, de *commis principaux* et de *directeurs*. On pouvait conclure de l'expression *faire faire* employée dans l'article 3 que les autres agents des postes pouvaient aussi concourir à la constatation des contraventions ; la question toutefois était controversée. Elle ne l'est plus

Loi du 22 juin 1854.

depuis la loi du 22 juin 1854 (art. 20) aux termes de laquelle *les employés et agents des postes assermentés, et tous les agents de l'autorité ayant qualité pour constater les délits et les contraventions* (par exemple les employés des octrois) *peuvent, concurremment avec les fonctionnaires dénommés dans l'arrêté du 27 prairial an IX, opérer les saisies et perquisitions et dresser les procès-verbaux autorisés par ledit arrêté.*

Exercice du droit de perquisition.

Le droit de perquisition, pour ne pas dégénérer en vexation, doit être exercé avec mesure. Les articles 849 et 850 de l'Instruction générale posent à cet égard certaines règles :

Les perquisitions faites par les agents des postes ne sont autorisées que sur l'ordre du directeur du département ou de la ligne.

Les sous-agents, sauf les brigadiers-facteurs et les entreposeurs en gare, ne peuvent les effectuer seuls.

Les femmes ne peuvent y procéder en aucun cas.

Les inspecteurs, receveurs et distributeurs doivent se faire assister d'un commis ou d'un sous-agent qui opère la perquisition sous leur direction.

Lieux où les perquisitions peuvent être faites.

A moins d'un ordre spécial du directeur, les perquisitions à faire sur les voitures qui transportent des voyageurs par la voie de terre, ne doivent être opérées qu'aux lieux de stationnement.

Sur les chemins de fer, les perquisitions sont faites dans les gares, à l'arrivée des trains.

Personnes soumises aux perquisitions.

Les arrêts du conseil des 18 juin et 29 novembre 1681 autorisaient les perquisitions sur toutes personnes indistinctement. L'arrêté du 27 prairial an IX n'a pas maintenu, sans doute à cause de leur caractère trop inquisitorial, les perquisitions faites directement sur les voyageurs et sur les bagages qu'ils transportent avec eux.

(1) L'article 8 de l'arrêté du 19 germinal an X charge les employés des douanes, lorsqu'ils font la visite d'un navire, de s'assurer si le capitaine et les gens de l'équipage ne sont pas porteurs de lettres ou de paquets qu'ils prétendraient soustraire à la poste.

Les perquisitions ne peuvent donc plus être valablement faites que sur les personnes qui, à raison de leur profession ou de leur commerce, font habituellement des transports d'un lieu à un autre : messagers, commissionnaires, voituriers, rouliers, hôteliers, etc. Les femmes des conducteurs des voitures, voyageant avec leurs maris, y sont également soumises, comme participant à la conduite et au service de ces voitures (Cass., 28 sept. 1836).

Objets soumis à la vérification.

Le droit de vérification s'étend à tous les objets *non accompagnés* transportés par les conducteurs ou messagers, et même aux carnets, portefeuilles et livrets de course qu'ils portent sur eux (circulaire n° 21 du 10 septembre 1854, relative à l'exécution de la loi du 22 juin 1854).

Les perquisitions ne peuvent être opérées sur le domestique d'un négociant chargé accidentellement et à des époques non périodiques du transport par chariot de marchandises appartenant à son maître (Cass., 18 juin 1842).

Cas où les saisies faites sur un particulier sont valables.

Les saisies de lettres faites sur de simples particuliers à la suite de perquisitions opérées dans un but autre que celui de constater les contraventions au monopole, sont valables. Il en serait ainsi, par exemple, si la découverte de lettres transportées en fraude résultait de recherches pratiquées sur la personne ou les effets d'un voyageur par les agents des douanes ou des octrois, en vue d'assurer la perception des droits fiscaux (Cass., 26 mai 1836 ; Douai, 27 mai 1840) ; ou dans un but de police, par la gendarmerie (Cass., 30 mai 1844) ; ou bien encore si la preuve de l'infraction au monopole postal se manifestait fortuitement : par exemple un voyageur, en ouvrant son portefeuille, laissera tomber à terre une lettre qu'il transportait en fraude des droits de la poste ; cette lettre pourra être ramassée et saisie par un agent ayant qualité pour dresser procès-verbal (Cass., 25 juil. 1840 ; 8 mai 1841).

Rédaction des procès-verbaux.

Toute perquisition faite en vertu de l'article 3 de l'arrêté du 27 prairial an IX, ou de l'article 20 de la loi du 22 juin 1854, donne lieu à la rédaction d'un procès-verbal, alors même qu'elle n'aurait donné qu'un résultat négatif.

Si la perquisition a fait découvrir un ou plusieurs objets transportés en fraude, le procès-verbal contient l'énumération et la description de ces objets, ainsi que leurs adresses (*Arrêté du 27 prairial an IX, art.* 5). Il indique également si les objets saisis étaient transportés à découvert ou inclus dans des colis, et le poids de chaque objet.

Chaque objet transporté en fraude constitue une contravention distincte ; toutefois, quel que soit le nombre des objets saisis sur la même personne, il n'est dressé qu'un procès-verbal de perquisition.

Le procès-verbal énonce les nom, prénoms, profession et demeure du contrevenant, et, s'il y a lieu, ceux de l'entrepreneur civilement responsable. Il est signé contradictoirement par l'agent qui a opéré la perquisition et par celui qui en est l'objet : ce dernier a le droit de requérir une copie du procès-verbal ; il est également admis à consigner ses observations sur cet acte. S'il refuse de donner son nom, s'il déclare ne savoir ou ne pouvoir signer, le fait est mentionné au procès-verbal.

Si la perquisition a été faite sur un article de messagerie non accompagné, le colis ou paquet, quel que soit le résultat de la perquisition, doit être refermé en présence de l'agent vérificateur, et l'opération est justifiée par l'application d'une étiquette gommée qui est frappée de l'empreinte du timbre du bureau de la localité ou de la direction, et placée de manière à reconstituer, autant que possible, la fermeture du colis ou du paquet vérifié.

Enregistrement des procès-verbaux. Les procès-verbaux sont remis, avec les lettres et paquets saisis en fraude, aux receveurs des postes des bureaux les plus voisins, qui sont chargés de les soumettre à la formalité de l'enregistrement.

Cette formalité doit être accomplie dans un délai de quatre jours, à partir de la rédaction du procès-verbal, par un receveur à la résidence d'une recette de l'enregistrement. Ce délai expiré, le receveur est passible, en cas de retard, d'une amende de 5 francs (*Lois du 22 frimaire an VII, art.* 20 *et* 34, *et des* 16-17 *juin* 1824, *art.* 10).

Avances des frais. L'administration étant considérée comme partie civile dans les affaires de contravention poursuivies à sa requête, doit faire l'avance des frais de timbre et d'enregistrement des procès-verbaux, ainsi que des frais judiciaires exposés dans les instances auxquelles ces affaires donnent lieu ; le recouvrement de ces frais, ainsi que des amendes prononcées à la charge des contrevenants, est également opéré par ses soins (*Art.* 7 *de l'arrêté du* 27 *prairial)*.

Cette manière de procéder présente l'avantage de faire comprendre dans les produits postaux, au titre des recettes diverses et accidentelles, le montant des amendes prononcées à la charge des contrevenants, montant qui serait confondu, si l'on procédait différemment, parmi les produits divers du budget.

Les frais de timbre et d'enregistrement des procès-verbaux s'élèvent ensemble à la somme de 4 fr. 95, et se décomposent ainsi :

1° *Enregistrement*. Droit fixe de 1 franc en principal (Loi du 22 frimaire an VII, art. 68 § 35°), porté à 2 fr. par la loi du 28 avril 1816 (art. 43 § 16), puis augmenté ensuite de moitié par la loi du 28 février 1872 (art. 4).. 3 fr. »

Double décime et demi (Loi du 23 août 1871, art. 1er, et loi du 30 décembre 1873, art. 2).. 0 75

2° *Timbre*. Droit de timbre de dimension (Loi du 13 brumaire an VII, art. 12), 1 fr. en principal, plus le double décime (Loi du 23 août 1871, art. 2).. 1 20

Total...... 4 fr. 95

L'état des frais est transmis, avec le procès-verbal et les pièces jointes, au directeur du département. Le directeur vise l'état et l'envoie au receveur principal pour qu'il soit mis en fin de mois à l'appui de la comptabilité du receveur qui a fait l'avance. Il transmet le procès-verbal à l'administration avec son avis et les explications qui ont pu lui être données par le contrevenant.

D'après l'article 1er du décret du 2 messidor an XII (21 juin 1804), les objets saisis doivent être *expédiés à Paris, d'où ils ne peuvent être rendus que sur réclamation et à charge de payer* le double *de la taxe ordinaire.* Restitution des objets saisis.

La double taxe est appliquée de la manière suivante : pour les lettres et notes ayant le caractère de correspondance actuelle et personnelle, on perçoit le double de la taxe applicable à une lettre *non affranchie* de même poids, et pour les autres papiers le double de la taxe applicable à un paquet de papiers d'affaires de même poids, *affranchi* d'après le tarif. Application, de la double taxe.

Si les papiers saisis, des imprimés par exemple, contiennent diverses notes manuscrites, la double taxe s'applique, non pas d'après le poids total des papiers, mais seulement d'après le poids des feuilles détachées qui portent les mentions illicites.

Un paquet fermé doit la double taxe des lettres non affranchies d'après son poids total.

Si le destinataire ou l'expéditeur des objets saisis les réclame avant l'envoi du procès-verbal au directeur du département, ces objets lui sont remis par le receveur contre payement de la double taxe.

Le payement est constaté au moyen de chiffres-taxes, appliqués sur l'une des expéditions du procès-verbal.

Si la réclamation des objets saisis se produit alors que le procès-verbal a déjà été transmis au directeur du département, ces objets sont renvoyés par le directeur ou par l'administration, suivant le cas, au bureau qui dessert la résidence du réclamant et qui opère la perception de la double taxe de la manière indiquée ci-dessus (1).

Les arrêts du conseil des 18 juin et 29 novembre 1681 prononçaient une amende de 300 livres pour chaque contravention, laquelle ne pouvait être remise ni modérée pour quelque cause que ce fût. Lorsque le contrevenant était insolvable, l'amende était remplacée par la peine du fouet et de la marque. Pénalités.

L'arrêté du 27 prairial an IX adoucit ces pénalités draconiennes. L'article 5 supprima les peines corporelles, maintint pour l'amende le chiffre de 300 francs comme maximum, et établit un minimum de 150 francs.

Ce minimum que les juges ne pouvaient abaisser dans aucun cas et sous aucun prétexte (article 6), parut encore trop élevé, appliqué à des contraventions souvent commises à l'insu du transporteur. On reconnut qu'il était équitable de tenir compte aux contrevenants des circonstances atténuantes, et de permettre aux juges d'élever au contraire le chiffre de l'amende pour les contrevenants en état de récidive.

En conséquence, l'article 8 du décret-loi du 24 août 1848 a donné aux tribunaux le droit de réduire l'amende à 16 francs, tandis que le maximum peut, aux termes de la loi du 22 juin 1854, être porté jusqu'à 3,000 francs en cas de récidive.

Il y a récidive, d'après la loi de 1854, *lorsque le contrevenant a subi, dans les trois années qui précèdent, une condamnation pour infrac-* Récidive.

(1) *Bulletin mensuel* n° 1, janv. 1886, p. 11.

tion aux lois concernant le transport des correspondances (art. 22).

En cas de condamnation, le tribunal peut ordonner l'affichage du jugement à un nombre d'exemplaires qui ne peut excéder cinquante, le tout aux frais du contrevenant (art. 21).

Droit de transaction attribué à l'administration.

L'administration des postes a été, en outre, autorisée, par une ordonnance du 19 février 1843 (1), *à transiger, avant comme après jugement, sauf approbation du ministre, dans toutes les affaires contentieuses qui concernent son service.*

En vertu de cette autorisation, l'administration propose presque toujours elle-même, après avis des directeurs départementaux, et avant toute poursuite judiciaire, une transaction aux contrevenants.

Procédure pour les transactions.

Les propositions de transaction sont d'abord soumises au ministre, et après approbation (*Déc. min. du* 15 *déc.* 1875) (2), notifiées aux contrevenants par l'intermédiaire des directeurs et des receveurs. La transaction comporte ordinairement le remboursement des frais de timbre et d'enregistrement avancés par l'administration, augmentés, s'il y a lieu, d'une amende, dont le chiffre varie suivant la gravité de la contravention.

Payement des amendes et recouvrement des frais.

Le payement des amendes et le remboursement des frais de timbre et d'enregistrement sont effectués par les contrevenants à la caisse du receveur des postes de leur résidence (*Arrêté du* 26 *prairial an IX, art.* 7). Ce comptable se charge en recette des sommes versées, savoir : de l'amende, plus le double décime et demi, s'il s'agit d'une amende prononcée par les tribunaux (*Lois des* 6 *prairial an VII, art.* 1er ; 14 *juillet* 1855, *art.* 5, *et* 30 *décembre* 1873, *art.* 2), au titre des recettes diverses et accidentelles; des frais de timbre et d'enregistrement, au titre des recouvrements et régularisations d'avances. Il adresse ensuite une copie de la déclaration de versement au directeur, qui la vise et l'envoie au receveur principal, pour qu'elle soit mise à l'appui de la recette.

Le directeur informe l'administration de la conclusion de l'affaire.

Si, dans les quatre jours, la proposition de transaction n'a pas été acceptée, elle est renouvelée; si, après un nouveau délai, elle est restée sans réponse ou a été repoussée, le directeur en donne avis à l'administration qui apprécie s'il y a lieu de poursuivre le recouvrement de l'amende et des frais par les voies judiciaires.

Indigence des contrevenants.

Si le contrevenant est indigent, il peut faire établir sa situation par un certificat délivré, sur papier libre, par le maire de la commune où il réside, et visé par le sous-préfet de l'arrondissement, certificat que le directeur transmet à l'administration avec son avis motivé.

Répartition du produit des amendes.

Conformément au mode de répartition établi par les arrêts du conseil des 18 juin et 29 novembre 1681, l'article 6 de l'arrêté du 27 prairial an IX attribue, sur le produit des amendes pour transport frauduleux de correspondance :

(1) Voir *Instruction générale*, p. 1047.
(2) *Bull. mens.* n° 81, déc. 1875, p. 87.

Un tiers à l'administration,

Un tiers aux hospices des lieux,

Un tiers à celui ou à ceux qui ont découvert la fraude ou coopéré à la saisie : ce dernier tiers est partagé entre les ayants droit par égales portions.

La répartition du produit des amendes est approuvée par décision ministérielle. La portion revenant aux hospices est mandatée par le directeur au nom du trésorier-payeur général du département; celle revenant aux saisissants est mandatée directement à leur profit, sauf le cas où ils appartiennent à l'administration des douanes, à celle des contributions indirectes, aux octrois ou à la gendarmerie : dans ces divers cas, les mandats sont établis soit au nom du receveur des douanes ou des contributions indirectes de l'arrondissement, soit au nom du receveur de l'octroi du lieu, soit au nom du conseil d'administration de la compagnie de gendarmerie du département, suivant la qualité des saisissants.

La dépense est imputée sur les fonds du budget, au chapitre de la 5e section (*Remboursements et restitutions*) intitulé : *Répartition de produits d'amendes.*

Statistique des procès-verbaux de contravention au monopole postal.

ANNÉES.	NOMBRE DES PROCÈS-VERBAUX			MONTANT des TRANSACTIONS.
	Négatifs.	Annulés par l'administration.	Ayant donné lieu à des transactions.	
1878...........	10.547	180	1.503	26.432 50
1883...........	10.900	11	340	4.001 86
1884...........	17.299	18	378	4.001 25
1885...........	13.610	23	132	1.614 15
1886...........	12.999	8	19	804 05
1887...........	12.614	»	17	240 65
1888...........	11.023	1	26	286 »

Il résulte des indications fournies par le tableau ci-dessus que si les perquisitions sont aussi fréquentes qu'autrefois, le nombre des contraventions a diminué : conséquence naturelle de l'abaissement des tarifs.

§ 5. — Le monopole à l'étranger.

En général, les monopoles sont vus d''un œil peu favorable par les économistes; celui de la poste n'a jamais soulevé d'objections sérieuses. En fait, il existe, plus ou moins étendu, dans la plupart des pays civilisés. Mais l'objet du monopole, les conditions d'application, la sanction pénale en cas d'infraction varient suivant la législation particulière à chaque État.

Il n'y a même pas, sous ce rapport, uniformité de régime dans les territoires relevant d'une même souveraineté. Colonies françaises.

Ainsi, la législation en vigueur dans les colonies françaises n'est pas la même que celle de la métropole; la même diversité se rencontre pour le Royaume-Uni et les colonies anglaises.

Sénégal.

Au *Sénégal,* le monopole postal s'applique aux lettres, cartes postales, journaux et imprimés, papiers d'affaires et échantillons de marchandises.

Nouvelle-Calédonie.

Dans la *Nouvelle-Calédonie,* le monopole s'étend de même à tous les objets de correspondance, ainsi qu'aux paquets jusqu'au poids de 1 kilogramme. Toute contravention est punie d'une amende de 25 à 50 francs; en cas de récidive, le contrevenant est passible de un à quinze jours de prison, et de 25 à 100 francs d'amende.

Pays où le monopole s'étend à tous les objets de correspondance.

En *Roumanie,* en *Perse,* dans les îles *Havaï,* dans les républiques américaines de *Costa-Rica,* de *Haïti* et de *San-Salvador,* aux *Philippines,* à *Porto-Rico,* le monopole s'étend aussi à tous les objets de correspondance, y compris les imprimés et les échantillons.

Pays où le monopole est plus restreint. Egypte. Mexique.

En *Égypte,* il s'applique seulement aux lettres, aux imprimés et aux papiers d'affaires.

Au *Mexique,* les lettres, les journaux et imprimés sont seuls compris dans le monopole de la poste.

Belgique.

En *Belgique,* la loi postale du 20 mai 1879 attribue à l'État le monopole du transport des lettres missives, closes et ouvertes, des cartes postales et des prospectus, circulaires, prix courants et avis imprimés portant l'adresse d'un destinataire (art 2). Les commandants des navires arrivant ou relâchant dans les ports de Belgique sont tenus de remettre au bureau de poste le plus voisin les objets de correspondance dont ils sont chargés (art. 3). Ceux qui contreviennent à ces dispositions sont passibles d'une amende de 16 à 300 francs (art. 51).

Grèce.

En *Grèce,* le monopole comprend, comme en Belgique, les lettres, les circulaires et autres imprimés.

Espagne, etc. Autriche.

En *Espagne,* dans le *Luxembourg,* à *Ceylan,* le monopole s'applique au transport des lettres et des journaux ; en *Autriche,* au transport des lettres cachetées et des publications périodiques, sauf celles expédiées par caisses ou par ballots (*Loi du* 5 *novembre* 1837) (1).

Allemagne.

En *Allemagne,* la loi du 28 octobre 1871 attribue à l'État le monopole du transport des lettres et des journaux politiques paraissant plus d'une fois par semaine. Mais, en ce qui concerne les lettres, il n'y a contravention qu'autant qu'il s'agit de plis cachetés, d'un poids inférieur à 250 grammes, transportés, moyennant payement, entre deux localités pourvues de bureaux de poste. Les journaux non politiques peuvent circuler librement; il en est de même des journaux politiques dans un rayon de deux milles autour du lieu de leur publication. Chaque contravention donne lieu à l'application d'une taxe quadruple de celle qui était due, sans que le montant de l'amende puisse être inférieur à 3 fr. 75.

Portugal. Pays-Bas.

En *Portugal,* le monopole s'applique aux lettres et documents judiciaires; aux *Pays-Bas,* aux lettres et manuscrits jusqu'au poids de 500 grammes.

(1) V. *l'Union postale* du 1er juillet 1883.

En *Suisse,* la loi fédérale du 25 mai 1849 attribue exclusivement à la poste le transport des lettres et paquets fermés jusqu'au poids de 5 kilogrammes, le transport régulier des voyageurs sur les routes de terre et le service de la poste aux chevaux. Les contrevenants sont passibles d'une amende qui peut s'élever jusqu'à 750 francs pour chaque infraction et jusqu'à 3,000 francs en cas de récidive (1). Suisse.

Dans la *Grande-Bretagne,* le monopole ne s'applique qu'aux lettres. L'amende encourue pour les transports frauduleux, par l'expéditeur aussi bien que par le transporteur, est de £ 5 par lettre, et de £ 100 par semaine en cas de contravention habituelle et persistante. Grande-Bretagne.

Dans l'*Inde britannique* et dans la plupart des colonies anglaises, ainsi qu'en *Norvège,* au *Japon* et aux *États-Unis,* le monopole n'existe également que pour les lettres. Inde britannique, etc.

Aux *États-Unis,* il est interdit aux particuliers, sous peine d'une amende de 150 dollars, d'établir des services pour le transport des lettres et autres objets de correspondance entre des villes ou des localités pourvues de bureaux de poste. Les expéditeurs des objets transportés en fraude sont passibles d'une amende de 50 dollars. Aucun navire partant des États-Unis ne peut se charger de correspondances, à moins qu'il ne les ait reçues régulièrement de la poste. Les capitaines des navires arrivants doivent pareillement remettre au bureau de poste le plus proche la correspondance qu'ils ont à bord. Le monopole n'existe pas aux Etats-Unis pour la correspondance locale; d'ailleurs, la distribution des correspondances à domicile n'est faite que dans les villes d'une certaine importance (2). Etats-Unis.

En *Danemark,* le monopole existe pour le transport, sous enveloppe close, des lettres, des manuscrits, du papier-monnaie et de la monnaie courante; néanmoins, il est permis de confier ces objets à un intermédiaire quelconque, lorsque la poste ne peut en effectuer le transport sous sa responsabilité et dans le même espace de temps, ou lorsqu'il n'existe pas de service postal organisé dans le lieu d'origine ou dans celui de destination. Danemark.

En *Suède,* le monopole ne s'applique qu'au transport régulier des lettres cachetées entre les localités desservies par la poste de l'Etat. Les particuliers peuvent obtenir, pour une durée limitée ou indéterminée, l'autorisation d'établir des services privés pour le transport des lettres ou des cartes postales entre des localités non desservies par l'administration. Cette autorisation est subordonnée aux conditions que la direction générale des postes juge nécessaires de stipuler dans l'intérêt du public. Si ces conditions ne sont pas remplies, l'autorisation est retirée. Suède.

Il n'existe aucun monopole pour le transport des correspondances, dans le royaume de *Serbie,* ni dans les républiques américaines du *Chili,* de la *Colombie, Dominicaine,* du *Paraguay* et de l'*Uruguay,* ni dans les colonies anglaises de *Lagos* et de *Sainte-Lucie,* ni dans l'État du *Congo.* Pays où la poste n'a pas de monopole.

(1) V. l'*Union postale* du 1er janvier 1881, p. 5.
(2) V. l'*Union postale* du 1er juillet 1883.

§ 6. — Justification du monopole.

En résumé, le monopole de la poste existe à peu près partout, et les rares pays qui font exception à la règle ne sont pas parmi les plus avancés en civilisation, ni parmi ceux qui sont dotés de l'organisation postale la plus perfectionnée.

Cette presque universalité du monopole de la poste constitue déjà une forte présomption en faveur de son utilité, sinon de sa nécessité; mais l'étude des origines et du développement des postes fait découvrir en faveur du monopole des arguments plus décisifs.

Raison d'État. L'existence d'une poste régulièrement organisée est indispensable aux États modernes.

Le pouvoir central a besoin d'être en communication constante avec les autorités et les agents préposés à l'exécution des services publics. Cette correspondance, qui touche à des intérêts de premier ordre, comme la défense du territoire, les relations extérieures, la police intérieure, et qui souvent présente un caractère confidentiel, doit avoir lieu par une voie sûre. Il ne faut pas que le secret de l'État, non plus que celui des particuliers, soit livré à une exploitation toute mercenaire (1). De là la nécessité d'une administration des postes placée dans les mains de l'État et exploitée par ses propres agents.

Raison d'économie. La nécessité d'une poste d'État une fois admise, il n'est pas difficile d'en conclure qu'une institution semblable, qui embrasse le territoire tout entier, qui dispose de moyens d'action puissants, est plus apte que n'importe quelle entreprise particulière à servir d'intermédiaire aux relations commerciales et privées. Il y a une réelle économie, et par suite avantage pour tout le monde à ce que l'État, qui ne peut se reposer que sur lui-même et sur ses agents du soin de sa correspondance, se charge également de celle des particuliers, moyennant une rémunération calculée de manière à couvrir les frais d'exploitation et à laisser en outre un certain bénéfice, qui sert à améliorer le service ou à subvenir à d'autres dépenses publiques.

Raison fiscale. Au point de vue fiscal, la poste apporte au budget de l'État un appoint de ressources qui n'est pas à dédaigner (53 millions de bénéfices nets avec les télégraphes en 1889, tous frais d'exploitation déduits). Si l'on abandonnait le service postal à l'industrie privée, il faudrait créer un nouvel impôt pour compenser la perte du revenu de la poste, et subvenir aux frais du transport de la correspondance officielle.

Raison tirée de l'intérêt des particuliers. Si l'on se place au point de vue des intérêts privés, tout le monde

(1) Rapport de PISON-DUGALLAND au Conseil des Cinq-Cents, sur la loi du 25 frimaire an VIII.

admet qu'ils sont suffisamment sauvegardés, que les relations commerciales et de famille sont convenablement assurées avec le régime du monopole. On conteste ordinairement la compétence de l'État en matière d'exploitation commerciale et industrielle, notamment en matière de transports. En ce qui concerne la poste, il est indéniable que les plus grands progrès, les plus importantes améliorations ont été réalisés sous le régime du monopole et depuis l'exploitation en régie par l'État. Depuis 1792, le nombre des bureaux s'est élevé de 1,200 à 7,000; les diverses parties du territoire ont été mises en relation quotidienne ; 36,000 localités, qui ne bénéficiaient d'aucun service postal, sont aujourd'hui desservies au moins une fois par jour. Les tarifs ont été simplifiés, uniformisés, abaissés à un taux qui, pour les échantillons et certains imprimés, semble ne plus pouvoir être réduit. Les relations internationales ont été étendues, et singulièrement facilitées par la création de l'Union postale universelle. Il est douteux que l'industrie privée, même avec le stimulant de la concurrence, eût fait mieux, se fût montrée aussi soucieuse de l'intérêt du commerce et des particuliers.

Sans doute, on pourrait répondre que l'expérience de l'exploitation par l'industrie privée du service des postes dans un grand pays comme la France, l'Allemagne, la Grande-Bretagne ou les États-Unis n'a pas été faite, et que, dès lors, la supériorité de l'État sous ce rapport n'a pas été pratiquement démontrée. Cependant, il ne paraît pas téméraire d'affirmer que l'industrie privée, réduite à ses seules forces, disposant d'une influence moindre et de moyens d'action moins puissants que l'État, ne fût pas parvenue à donner à la poste ce caractère d'unité et d'universalité qu'elle a aujourd'hui. Ce n'est pas l'industrie privée qui aurait pu obtenir des chemins de fer les avantages que l'État a stipulé en faveur de la poste dans les cahiers des charges des compagnies. Ce n'est pas elle non plus qui eût consacré une large part de ses bénéfices à subventionner de grandes lignes de navigation ou à réduire certains tarifs au-dessous du prix de revient, comme ceux des imprimés et des échantillons, dans le seul but de favoriser l'essor des relations commerciales ou le développement intellectuel du pays.

Préoccupée avant tout de réaliser des bénéfices et de distribuer des dividendes à ses actionnaires, elle eût imprimé à ses services une direction plus mercantile, réduit au minimum ses frais d'exploitation, abaissé à un taux dérisoire le salaire de ses employés. Or, on l'a dit avec raison, apporter la parcimonie dans la rémunération d'un service où tout est de confiance, c'est y semer le germe de la corruption et de l'infidélité (1).

Avec le régime de la libre concurrence, les grandes villes, où l'exploitation est rémunératrice, seraient aussi bien, peut-être mieux desservies qu'elles ne le sont aujourd'hui; les campagnes, où le service postal est onéreux, le seraient mal ou ne le seraient pas. Les communes rurales seraient peut-être encore privées de tout service postal, comme elles

(1) Rapport de Pison-Dugalland au Conseil des Cinq-Cents sur la loi du 25 frimaire an VIII.

l'étaient avant 1830. La taxe des lettres pourrait être plus réduite en moyenne qu'elle ne l'est actuellement; à coup sûr, celle des imprimés, des journaux et des échantillons serait plus élevée. Enfin, au lieu de tarifs uniformes et stables, calculés d'après la moyenne des frais d'exploitation, le commerce serait soumis aux fluctuations incessantes de taxes variant suivant les lieux, les distances et les besoins de la concurrence, comme celles de la télégraphie aux États-Unis.

Dans son *Traité de la science des finances*, M. Paul Leroy-Beaulieu se demande s'il est bon que le service de la poste soit un monopole d'État. A cette question il n'hésite pas à répondre affirmativement :

Il y a deux conditions nécessaires à un bon service postal, c'est le transport rapide et fréquent des correspondances sur toute l'étendue du territoire; c'est ensuite la stricte régularité des départs et des arrivées, des levées et des distributions. Ces deux conditions d'universalité et de régularité sont certainement mieux remplies par une grande association comme l'État que par plusieurs associations privées, ou même que par une seule association privée investie d'un monopole. Si ce service était abandonné à une entreprise particulière, il est probable que certaines localités en souffriraient et seraient plus ou moins négligées, ce qui pourrait avoir des inconvénients politiques et moraux. L'organisation du service des postes peut, d'ailleurs être très simple, se réduire à quelques règles élémentaires et uniformes; il n'y a là rien de compliqué, rien de variable. L'État y a, par conséquent, plus de compétence, il est mieux préparé à remplir cette tâche que les citoyens isolés ou même que les associations. Toutes les fois, dit-on, que la concurrence est impossible dans une industrie, et que la bonne organisation de cette industrie est essentielle à l'essor économique du pays, l'État fait bien de s'en attribuer le monopole. A l'appui de cette thèse, on invoque les plaintes qui se produisent dans toutes les contrées contre l'exploitation des chemins de fer par les compagnies privées. Nous ne sommes pas, en principe, partisan de l'exploitation de tous les chemins de fer par l'État; mais le service des chemins de fer est très compliqué, plein de détails minutieux; celui des postes, au contraire, est très simple et peut être dirigé par des instructions générales. Voilà pourquoi les économistes, tandis qu'ils discutent entre eux sur l'utilité de l'exploitation des chemins de fer par l'État, sont tous d'accord sur la nécessité du monopole des postes (1).

Nous pouvons en toute confiance abriter notre opinion derrière l'autorité d'un économiste qui s'est toujours montré un zélé partisan de l'initiative privée en matière commerciale et industrielle, et un adversaire résolu de l'extension des attributions de l'État.

CONSULTER A CE SUJET :

DALLOZ, *Répertoire de jurisprudence*, t. XXXVI, *Postes*.
AD. FRAULT, *Manuel postal*, théorique et pratique, p. 355 et s.
R. ROUSSEAU, *Traité de la correspondance*, p. 170 et s.

(1) *Traité de la science des finances*, t. I, p. 541.

CHAPITRE III

PRINCIPE DE NON-INTERVENTION DES AUTORITÉS ADMINISTRATIVES ET JUDICIAIRES DANS L'ORGANISATION ET LA MARCHE DU SERVICE DES POSTES

Décret des 26-29 août 1790 et 6-12 septembre 1791.

L'article 1er du titre IV du décret des 26-29 août 1790 dispose que *les assemblées et directoires de département et de district, les municipalités ni les tribunaux ne pourront ordonner aucun changement dans le travail, la marche et l'organisation des services des postes aux lettres, des postes aux chevaux et des messageries. Les demandes et plaintes relatives à ce service seront adressées au pouvoir exécutif.*

L'article 9 du décret des 6-12 septembre 1791 formule la même interdiction d'une manière encore plus impérative :

Il est défendu aux corps administratifs et tribunaux de rien ordonner concernant l'organisation, le travail et la marche du service des postes aux lettres : ils adresseront leurs demandes et leurs plaintes au pouvoir exécutif.

Ces prescriptions étaient surtout nécessaires à une époque troublée où les autorités départementales et municipales, dans l'excès de leur zèle patriotique, s'arrogeaient fréquemment le droit d'arrêter les courriers et de saisir les correspondances.

Aujourd'hui encore, les agents devraient se refuser à déférer aux injonctions des autorités administratives ou judiciaires qui auraient pour objet des modifications temporaires ou permanentes dans l'organisation du service ou des exceptions aux règlements qui régissent le travail des bureaux.

Cette règle n'est pas absolue; mais il ne peut y être dérogé que dans un intérêt d'ordre public, pour faciliter l'action de la justice, ainsi qu'on le verra plus loin.

Instruction générale sur le service des postes.

Les règlements concernant l'ensemble du service de la poste sont contenus dans une *Instruction générale* approuvée par décision ministérielle. Aucune modification essentielle aux dispositions de cette Instruction ne peut y être apportée sans avoir été approuvée par le ministre.

Bulletin mensuel.

Les modifications ou dispositions nouvelles qui y sont introduites sont notifiées aux agents par la voie du bulletin mensuel des postes et des télégraphes.

Les dispositions particulières à certains bureaux ou services font l'objet de circulaires, de lettres ou d'ordres adressés par l'intermédiaire des chefs de service aux agents qu'ils concernent.

La première Instruction générale sur le service des postes a été publiée en 1792. De nouvelles éditions en ont été données successivement en 1808, 1832, 1856, 1868 et 1876. Cette dernière, qui est encore en usage, comprend 1596 articles; elle est suivie du texte des principales lois et des principaux arrêts des tribunaux concernant le service des postes.

Depuis la fusion avec les télégraphes, la publication d'une nouvelle Instruction générale commune aux deux services s'impose. Un travail de cette nature avait été élaboré sous le ministère de M. Cochery; ce travail, qui n'a pas été publié et qui date seulement de quelques années, pourrait être facilement remis au point ou servir de base à un règlement nouveau, dont le service a le plus grand besoin.

Force légale des règlements de la poste.

L'Instruction générale n'est pas seulement un règlement administratif, obligatoire pour les seuls agents des postes; elle peut servir de base à des décisions judiciaires.

On peut citer dans cet ordre d'idées deux arrêts rendus successivement dans la même affaire aux dates du 10 janvier et 24 novembre 1846 par la Cour de Nancy et la Cour de cassation (D. P. 46, II, 119 et 47, I, 69). Il s'agissait de la remise par la poste de lettres adressées à deux négociants portant les mêmes noms, les mêmes prénoms et exerçant la même profession. Le tribunal de commerce de Saint-Dié avait cru pouvoir ordonner la remise de ces lettres à celui des deux qui était le plus anciennement établi dans la localité, contrairement à l'article 521 de l'Instruction générale de 1832, qui voulait que les lettres adressées à des homonymes et dont on ne pouvait distinguer le destinataire véritable fussent ouvertes au bureau de la poste locale, en présence du préposé et des intéressés, avec l'assentiment de ceux-ci.

Le jugement du tribunal fut infirmé par la Cour de Nancy, qui décida qu'il y avait lieu de s'en tenir, en pareil cas, au règlement des postes, attendu « que ce règlement est parfaitement légal, c'est-à-dire rendu dans les limites du pouvoir réglementaire; qu'ainsi il doit être exécuté, sauf aux parties à s'entendre amiablement entre elles avec l'administration, pour en prévenir ou en diminuer les inconvénients ».

La Cour de cassation confirma l'arrêt de la Cour de Nancy.

CHAPITRE IV

INVIOLABILITÉ DES CORRESPONDANCES

§ 1. — Proclamation du principe de l'inviolabilité des correspondances.

Le secret des lettres confiées à la poste est inviolable. L'observation de ce principe s'impose avec d'autant plus de rigueur que la poste est investie d'un monopole.

Il n'a pas toujours été respecté. Depuis le ministère du cardinal de Richelieu jusqu'à la Révolution, l'ouverture des lettres à la poste fut considérée comme un moyen de gouvernement.

« Louis XIV, dit Saint-Simon (1), s'étudiait avec grand soin à être bien informé de ce qui se passait partout, dans les lieux publics, dans les maisons particulières, dans le commerce du monde, dans le secret des familles et des liaisons. Les espions et les rapporteurs étaient infinis... Mais la plus cruelle de toutes les voies par laquelle le roi fut instruit bien des années avant qu'on s'en fût aperçu, et par laquelle l'ignorance et l'imprudence de beaucoup de gens continuèrent toujours encore de l'instruire, fut celle de l'ouverture des lettres. On ne saurait comprendre la promptitude et la dextérité de cette exécution. Le roi voyait l'extrait de toutes les lettres où il y avait des articles que les chefs de la poste, puis le ministre qui la gouvernait jugeaient devoir aller jusqu'à lui, et les lettres entières quand elles en valaient la peine par leur titre et par la considération de ceux qui étaient en commerce. »

Sous Louis XV, le *cabinet noir* reçut une organisation régulière. Ce fut par cette voie que fut découverte la conspiration de Cellamare. On rapporte que Louis XV se faisait lire, par manière de passe-temps, des extraits des correspondances ouvertes à la poste et qui contenaient le récit des intrigues et des scandales particuliers de la cour et de la ville. Ce commerce honteux ne disparut pas entièrement sous le règne de Louis XVI; néanmoins on cite à l'honneur de ce prince un arrêt du Conseil du 18 août 1775, qui proclama, du moins en théorie, le principe absolu de l'inviolabilité des correspondances.

(1) *Mémoires*, t. VIII, p. 131.

Le *travail secret* des postes, qui coûtait annuellement 300,000 livres et était payé sur les fonds du département des affaires étrangères, continua de s'exécuter jusqu'à ce que le crédit qui y était affecté eût été supprimé par un décret de l'Assemblée constituante, le 17 juin 1790.

De tous les abus de l'ancien régime, la violation du secret des lettres à la poste était un de ceux qui devaient le plus révolter la conscience publique, si l'on en juge par le grand nombre des vœux réclamant l'inviolabilité de la correspondance, contenus dans les cahiers des États généraux de 1789 (1).

Dès ses premières délibérations, l'Assemblée constituante manifesta la ferme volonté de faire respecter le secret des lettres. A l'occasion de divers incidents relatifs à des saisies de lettres adressées à des personnes suspectes, saisies opérées par des autorités départementales ou des municipalités trop zélées, elle déclara formellement par ses votes, aux dates des 5 décembre 1789, 10 août 1790 et 10 juillet 1791 (2), que le secret des lettres est inviolable, et que, sous aucun prétexte, il ne peut y être porté atteinte, ni par les individus, ni par les corps.

Elle ne se contenta pas de proclamer le principe ; elle y ajouta une sanction morale et une sanction pénale.

§ 2. — Serment de discrétion des agents des postes.

Décret des 26-29 août 1790.

Par l'article 2 du titre Ier du décret des 26-29 août 1790, l'Assemblée constituante soumit tous les agents des postes à l'obligation de prêter un serment professionnel :

Les commissaires des postes et les administrateurs prêteront serment entre les mains du roi de garder et observer fidèlement la foi due au secret des lettres, et de dénoncer aux tribunaux toutes les contraventions qui pourraient avoir lieu et qui parviendraient à leur connaissance. Les employés dans les postes prêteront sans frais le même serment devant les juges ordinaires des lieux.

Autorités devant lesquelles le serment doit être prêté.

Tout agent ou sous-agent des postes, toute personne appelée, à titre auxiliaire ou temporaire, à prendre part au travail d'un bureau, comme les aides et les gérants intérimaires, doit, avant d'entrer en fonctions, prêter le serment prescrit par le décret des 26-29 août 1790, soit devant le tribunal de première instance de l'arrondissement, soit devant le juge de paix du canton dans lequel il est nommé.

L'agent admis à prêter serment produit au magistrat qui le reçoit sa commission ou sa lettre d'admission.

Droits de timbre auxquels la prestation de serment est assujettie.

D'après le décret de 1790, l'obligation de prêter serment ne devait entraîner aucuns frais ; mais les besoins financiers qui surgirent bientôt ne permirent pas de maintenir la gratuité du serment. La loi du 22 frimaire an VII (art. 68) assujettit à un droit fixe de 15 francs l'enregistrement

(1) V. A. BELLOC, *les Postes françaises*, p. 261.
(2) V. le *Recueil de législation* publié à la suite de l'*Instruction générale*.

de la prestation de serment des employés salariés par l'État; celle du 28 février 1872 (art. 4) a réduit le droit fixe à 3 francs pour ceux dont le traitement, y compris les accessoires, n'excède pas 1,500 francs; la prestation de serment des aides, intérimaires, gérants provisoires et auxiliaires non rétribués par l'État ne donne lieu qu'à la perception d'un droit fixe de 1 franc (*Loi du* 22 *frimaire an VII, art.* 68, §§ 10, 17; *Déc. min. du* 22 *avril* 1839) (1). Ces divers droits fixes ont été augmentés de moitié par l'article 4 de la loi du 28 février 1872. Il faut y ajouter, en outre, le double décime et demi (*Loi du* 23 *août* 1871, *art* 1er, *et du* 30 *déc.* 1873, *art.* 2).

Les agents dont le traitement excède 1,500 francs font lever à leurs frais une expédition de l'acte qui constate leur prestation de serment. Cette expédition est soumise au droit de greffe (1 fr. par rôle au tribunal civil, et 40 centimes par rôle en justice de paix); elle est transmise au chef de service, qui la classe au dossier de l'agent. Ceux dont le traitement, y compris les accessoires, n'excède pas 1,500 francs, ainsi que les gérants provisoires et auxiliaires, sont dispensés de cette formalité. Il se font délivrer un certificat par le juge qui a reçu leur serment, ou font inscrire par le greffier du tribunal, sur la commission ou le titre en vertu duquel ils sont admis, une déclaration qui atteste la prestation du serment. Cette mention, étant considérée comme une simple précaution d'ordre public, doit avoir lieu sans frais (*Déc. min. des* 21 *mai* 1811 *et* 27 *oct.* 1843; *Circ.* n° 231, 6 *fév.* 1844).

Renouvellement de la prestation de serment.

La prestation de serment doit être renouvelée :

1° Lorsqu'un surnuméraire est nommé commis;

2° Lorsqu'un intérimaire devient titulaire de l'emploi qu'il a occupé par intérim;

3° Lorsqu'un agent est nommé commis principal, sous-chef ou chef de section, receveur de bureau composé (*Déc. min. des* 27 *sept.* 1836 *et* 2 *juillet* 1875).

Sanction pénale de l'obligation du serment.

La sanction de l'obligation de prêter serment se trouve dans l'article 196 du Code pénal :

Tout fonctionnaire public qui sera entré en exercice de ses fonctions sans avoir prêté le serment, pourra être poursuivi, et sera puni d'une amende de 16 à 150 francs.

§ 3. — Sanction pénale.

Code pénal de 1791.

Après avoir proclamé le principe de l'inviolabilité du secret des lettres et imposé aux agents des postes le serment de discrétion, l'Assemblée constituante ajouta une sanction pénale à ces dispositions :

Quiconque, dit l'article 3, partie 2, titre Ier, du Code pénal du 25 septembre 1791, sera convaincu d'avoir volontairement et sciemment supprimé une lettre confiée à la

(1) V. la circulaire de l'Administration des postes, n° 195, du 25 septembre 1842. — La perception du droit de timbre, lorsqu'il s'agit de la prestation de serment d'un aide ou d'un intérimaire, n'a lieu que sur la minute de l'acte qui, en vertu de l'article 2 de la loi du 16 thermidor an IV (3 août 1796), doit être dressée par les soins du magistrat chargé de recevoir le serment.

poste, ou d'en avoir brisé le cachet et violé le secret, sera puni de la dégradation civique.

Si le crime est commis, soit en vertu d'un ordre émané du pouvoir exécutif, soit par un agent du service des postes, le ministre qui en aura donné ou contresigné l'ordre, quiconque l'aura exécuté, ou l'agent du service des postes qui, sans ordre, aura commis ledit crime, sera puni de deux années de gêne (1).

Code des délits et peines de brumaire an IV.

On retrouve les mêmes dispositions à l'article 638 du Code des délits et des peines du 3 brumaire an IV; toutefois on constate avec regret que le principe de l'inviolabilité a subi une restriction : « Il n'est porté par le présent article aucune atteinte à la surveillance que le gouvernement peut exercer sur les lettres venant des pays étrangers ou destinées pour ces mêmes pays. »

Le gouvernement révolutionnaire s'était arrogé en effet, par mesure de sûreté publique, le droit de visiter d'abord les lettres adressées aux émigrés (décret du 9 mai 1793), puis toutes celles provenant de l'étranger ou destinées pour l'étranger (loi du 7 septembre 1793). Le Directoire avait pris, par arrêté du 27 nivôse an IV (17 janvier 1796), la même mesure à l'égard des lettres provenant ou à destination des pays occupés par les chouans (2).

Art. 187 du Code pénal de 1810.

Le Code pénal de 1810 consacra sans restriction le principe de l'inviolabilité des correspondances, mais adoucit la rigueur des peines. Son article 187 prononçait une amende de 16 à 300 francs, et l'interdiction des fonctions publiques pendant une période de cinq à dix ans pour les employés des postes ou les agents du gouvernement qui violeraient le secret des correspondances.

Art. 187 du Code pénal de 1832.

Lors de la revision du Code pénal en 1832, ces pénalités furent trouvées insuffisantes. La nécessité d'une répression plus sévère fut soutenue à la Chambre des députés par M. Caumartin : « L'administration des postes, disait-il, s'améliore chaque jour; cependant on ne peut pas se dissimuler que, trop souvent encore, les chefs de l'administration sont dans l'impuissance de prévenir certains délits, certaines infidélités. Ces infidélités ont des conséquences extrêmement graves; elles peuvent compromettre non seulement l'intérêt des familles, mais encore leur honneur. Cette impuissance de l'administration me paraît provenir de l'insuffisance de la législation à cet égard. »

Les Chambres se rallièrent à cette manière de voir, et l'article 187 du Code pénal fut ainsi modifié :

Toute suppression, toute ouverture de lettres confiées à la poste, commise ou facilitée par un fonctionnaire ou un agent du gouvernement ou de l'administration des postes, sera punie d'une amende de 16 à 500 francs et d'un emprisonnement de trois mois à cinq ans. Le coupable sera, de plus, interdit de toute fonction ou emploi public pendant cinq ans au moins et dix ans au plus.

Le Code pénal actuel, à la différence de la législation antérieure à 1810, ne punit, par son article 187, que les violations ou suppressions de lettres

(1) Reclusion très sévère.

(2) V. Belloc, *les Postes françaises*, p. 340.

commises par les fonctionnaires et les agents du gouvernement ou de l'administration des postes, non celles commises par les simples particuliers. Il en résulte que le fait de la violation du secret d'une lettre par un particulier, quelque blâmable qu'il soit, ne constitue pas un délit (Cass., 9 janv. 1863); le particulier pourrait seulement être condamné à des dommages-intérêts par application de l'article 1382 du Code civil, et, en cas de suppression, il pourrait être poursuivi pour vol (Dijon, 16 fév. 1876; Cass., 2 avril 1864) (1).

Cependant le simple particulier qui excite un facteur de la poste à soustraire et à ouvrir des lettres et qui lui donne des instructions à cet effet peut être puni comme complice du délit prévu par l'article 187, tandis qu'il ne serait pas punissable s'il était l'auteur principal du même délit (Cass., 9 janv. 1863).

L'article 187 du Code pénal est applicable non seulement aux agents des postes commissionnés, mais encore à tous ceux qui participent en qualité d'aides ou d'auxiliaires au travail d'un bureau, et qui ont prêté serment en cette qualité (Cass., 12 oct. 1849).

La question s'est posée de savoir si l'article 187 du Code pénal ne concernait que les lettres proprement dites, ou bien s'il s'appliquait aussi aux circulaires et avis imprimés que les commerçants expédient sous bandes mobiles ou sous enveloppe ouverte et auxquels la poste accorde le bénéfice d'un tarif réduit. La Cour de cassation a décidé, dans un arrêt du 13 mai 1870 (2), que le mot lettre doit s'entendre dans son sens le plus large; qu'entre les correspondances manuscrites et les avis imprimés expédiés à découvert il n'y a qu'une différence de forme et de tarif, et non une différence de fond; qu'aucune distinction n'a été faite à cet égard par le Code pénal, et que la suppression par un facteur de circulaires imprimées qu'il est chargé de distribuer constitue le délit prévu et puni par l'article 187.

Art. 173 du Code pénal.

Les peines prononcées par l'article 187 ne sont pas les seules qui puissent atteindre les employés infidèles. Si les lettres violées renfermaient des valeurs dont le préposé s'est emparé, l'article 173 du Code pénal est également applicable (Cass., 23 avril 1813, 14 juin 1850; Paris, 8 nov. 1853; Cass., 19 janv. 1855) (3).

Articles 254 et 255 du Code pénal.

Enfin peuvent également être appliqués aux agents des postes les articles 254 et 255 du Code pénal qui visent les soustractions, destructions

(1) ROUSSEAU, *Traité de la correspondance*, p. 197.

(2) V. le texte de cet arrêt dans l'*Instruction générale*, p. 1153, et l'exposé de la question dans le *Traité de la correspondance* de Rousseau, p. 200 et s. — V. aussi un jugement du tribunal correctionnel de Saint-Etienne (*Bull. mens.* n° 30, mars 1890, p. 429).

(3) L'article 173 est ainsi conçu :

Tout juge, administrateur, fonctionnaire ou officier public qui aura détruit, supprimé, soustrait ou détourné les actes et titres dont il était dépositaire en cette qualité, ou qui lui auraient été remis ou communiqués à raison de ses fonctions, sera puni des travaux forcés à temps.

Tous agents, préposés ou commis, soit du gouvernement, soit des dépositaires publics, qui se seront rendus coupables des mêmes soustractions, seront soumis à la même peine.

et enlèvements de pièces ou procédures criminelles, actes ou effets contenus dans les archives, greffes ou dépôts publics, ou remis à des dépositaires publics en cette qualité (Cass., 2 avril 1864).

Ces articles prononcent:

1° Un emprisonnement de trois mois à un an et une amende de 100 à 300 francs contre les greffiers, archivistes, notaires ou autres dépositaires à la négligence desquels les soustractions, destructions ou enlèvements sont imputables;

2° La peine de la reclusion contre les auteurs des soustractions, destructions ou enlèvements;

3° Celle des travaux forcés à temps lorsque le crime est l'ouvrage du dépositaire lui-même.

Ces articles toutefois ne sont applicables qu'aux suppressions ou détournements commis par les agents des postes dans le but de s'approprier le contenu des correspondances.

Le fait par un employé de supprimer une lettre pour surprendre le secret de la correspondance, de s'abstenir volontairement de la transmettre au destinataire, d'en retarder l'envoi en l'adressant à des tiers ou en la versant au rebut, constitue simplement le délit prévu par l'article 187 du Code pénal (1).

Divulgation du secret des correspondances

En dehors du fait d'ouverture ou de suppression de lettres confiées à la poste, il y a encore violation du secret des correspondances lorsqu'on divulgue leur contenu ou simplement les noms de ceux qui les expédient ou qui les reçoivent : ce dernier bénéfice du principe d'inviolabilité est acquis à tout objet de correspondance circulant par la poste et soumis à la vérification de ses agents.

C'est pour mieux assurer l'inviolabilité du secret des correspondances que l'entrée des locaux où s'exécutent les opérations postales est interdite à toute personne étrangère à l'administration ; que les lettres chargées présumées contenir des valeurs ne peuvent être saisies par les créanciers des personnes auxquelles elles sont adressées (2).

C'est par respect pour le même principe qu'il est interdit aux agents des postes de prendre connaissance des inscriptions portées au verso des cartes postales (*Décision ministérielle du* 15 *février* 1873), même en vue de rechercher les contraventions qui pourraient résulter de l'absence d'un timbre mobile au verso de celles de ces cartes emportant libération ou décharge; de verser en rebut, par application de l'article 729, § 3, de l'Instruction générale, celles qui contiendraient au verso des expressions injurieuses ou des menaces (3).

Art. 378 du Code pénal.

La divulgation du secret professionnel par les agents des postes tombe sous le coup de l'article 378 du Code pénal :

Les médecins, chirurgiens et autres officiers de santé, ainsi que les pharmaciens, les sages-femmes et toutes autres personnes dépositaires, par

(1) *Bull. mens.* n° 9, septembre 1889, p. 538.
(2) Arrêt du Conseil d'État du 6 mars 1874; v. *Instr. générale*, p. 1158.
(3) *Bull. mens.* n° 47, février 1873; *Instr.* n° 80, p. 86 et s.

état ou profession, des secrets qu'on leur confie et qui, hors le cas où la loi les oblige à se porter dénonciateurs, auront révélé ces secrets, seront punis d'un emprisonnement d'un mois à six mois et d'une amende de 100 *à* 500 *francs.*

Cet article a été appliqué, en conformité d'un arrêt de la Cour de cassation du 21 novembre 1874 (1), à une receveuse qui avait lu à haute voix, dans son bureau, en présence des facteurs réunis, la teneur d'une carte postale.

§ 4. — Exceptions au principe de l'inviolabilité des correspondances.

Le principe de l'inviolabilité des correspondances, sanctionné par les articles 187 et 378 du Code pénal, de même que celui de non-intervention des autorités étrangères dans la marche du service des postes, proclamé par le décret des 26-29 août 1790, comportent des exceptions motivées soit par l'intérêt même des correspondants, soit par un intérêt d'ordre public.

1re *exception.* Ouverture des correspondances tombées en rebut.

Ainsi les lettres tombées en rebut sont ouvertes à l'administration centrale des postes pour rechercher le nom des expéditeurs, lorsqu'il n'apparaît pas extérieurement, et qu'il n'existe aucun moyen de les faire parvenir sûrement entre les mains des destinataires.

Nous étudierons plus loin la législation et la réglementation relatives aux rebuts.

2e *exception.* Lettres adressées aux faillis.

Une deuxième exception est consacrée par l'article 471 du Code de commerce: *Les lettres adressées au failli seront remises aux syndics, qui les ouvriront; il pourra, s'il est présent, assister à l'ouverture.*

Cette mesure, prescrite dans l'intérêt des créanciers du failli, est une des conséquences du jugement déclaratif de la faillite, qui *emporte de plein droit, à partir de sa date, dessaisissement pour le failli de l'administration de tous ses biens* (Co. 443).

Tant que dure l'état de faillite, ce sont les syndics, nommés par le tribunal, d'abord à titre provisoire par le jugement déclaratif, puis à titre définitif sur l'avis des créanciers, qui sont chargés, comme mandataires de ceux-ci, de la gestion et de la liquidation des biens du failli. Cette mission les oblige à prendre connaissance de la correspondance qui peut renfermer des valeurs ou fournir des renseignements utiles sur l'actif ou le passif de la faillite. Certains jurisconsultes ont distingué à cet égard entre la correspondance commerciale et la correspondance particulière du failli; la poste n'a pas à s'arrêter à cette distinction ; elle remet aux syndics toutes les lettres et autres objets adressés au failli, mais non ceux adressés à sa femme et à ses enfants (2).

(1) *Bull. mens.* n° 70, janv. 1875, p. 33.
(2) V. Rousseau, *Traité de la correspondance*, p. 211.

Cette remise est effectuée entre les mains des syndics provisoires ou définitifs, sur la signification des jugements qui les nomment ou sur la production soit d'extraits en forme de ces actes, soit de certificats délivrés sur timbre par les greffiers des tribunaux de commerce.

Elle cesse en même temps que la mission des syndics, après la signification d'un extrait du jugement qui annule la déclaration de faillite, homologue un concordat ou dissout l'union des créanciers du failli, ou bien sur la production d'un certificat constatant l'existence et la date de ce jugement. Ces actes sont délivrés sur timbre par le greffier du tribunal de commerce, visés par le juge-commissaire et légalisés par le président.

3e exception. Renseignements demandés par la justice et saisies de correspondances. *a*) Renseignements demandés.

La troisième exception est relative aux renseignements que la justice est en droit de demander au sujet des correspondances expédiées par la poste ou à la saisie des correspondances elles-mêmes.

D'après l'article 9 de l'Instruction générale, lorsqu'un tribunal requiert communication de pièces, registres ou documents relatifs au service, il en est offert un extrait ou une copie certifiée ; si la production des documents originaux est jugée nécessaire, la réquisition du tribunal est conservée à la place de la pièce ou du feuillet communiqué ; avis de la réquisition et de la suite qu'elle a reçue doit être donné au chef du service.

Le mot tribunal employé par l'article 9 de l'Instruction générale ne s'applique qu'à la juridiction répressive. Il n'appartient pas en effet à la juridiction civile ou commerciale d'exiger, dans un intérêt privé, la communication des pièces et documents relatifs au service, ni de requérir la saisie des correspondances elles-mêmes. Les dérogations de cette nature au principe de l'inviolabilité des correspondances ne sont admises qu'en matière criminelle ou correctionnelle, dans un intérêt supérieur d'ordre public (1).

b) Saisies de correspondances Origine du droit de saisie.

Ce n'est pas immédiatement que le droit de saisie des correspondances à la poste a été reconnu à l'autorité chargée de procéder à la recherche et à la poursuite des crimes et des délits.

L'arrêt du Conseil d'État du 18 août 1775, cité plus haut, contenait parmi ses considérants la déclaration « que des lettres interceptées ne peuvent jamais fournir la matière d'une délibération ; que tous les principes mettent la correspondance secrète des citoyens au nombre des choses sacrées dont les tribunaux, comme les particuliers, doivent détourner leurs regards... »

Dans sa délibération du 10 août 1790, l'Assemblée constituante avait décrété, sur la proposition de Mirabeau, *que le secret des lettres est invio-*

(1) Voir, dans ce sens, un arrêt de la Cour de Pau du 2 janvier 1888, infirmant un jugement du tribunal de Tarbes du 31 décembre 1887, et rapporté à la page 680 du *Bull. mens.* n° 12, décembre 1889. Cet arrêt vise la communication des documents du service télégraphique. La même raison existe, croyons-nous, pour décider de même en ce qui concerne les documents relatifs au service postal ; telle est du moins la doctrine actuelle de l'administration. Voir en sens contraire la circulaire n° 382, du 24 juin 1864, dans le *Recueil administratif des télégraphes.*

lable, et que, sous aucun prétexte, il ne peut y être porté atteinte, ni par les individus, ni par les corps.

Enfin le Tribunal de cassation avait déclaré, dans un arrêt du 11 juillet 1792, « qu'il est contraire au principe constitutionnel de l'inviolabilité des lettres de fonder une accusation sur une lettre close et privée dont le secret a été violé. »

En 1816, le principe subsistait encore dans son intégrité, car un arrêt de la Cour de cassation du 6 décembre décidait « qu'une lettre est un dépôt essentiellement secret; que ce qui est écrit n'a que le caractère de la pensée, jusqu'à ce que, par un autre fait que celui de la force majeure, le secret en ait cessé; que, hors les cas déterminés par la loi, ce n'est que par la promulgation qui peut en être faite que ce qu'elle contient peut devenir la base d'une action criminelle ».

Avis du Conseil d'État du 4 février 1829.

En 1829, les parquets de plusieurs tribunaux avaient requis la saisie de correspondances adressées à des prévenus de délits de droit commun, ou ayant été l'objet de tentatives de soustraction de la part d'employés infidèles. L'administration des postes, invoquant le principe de non-intervention proclamé par le décret des 26-27 août 1790 et plaçant au-dessus de toute considération le respect du dépôt qui lui était confié, soutenue d'ailleurs par le ministre des finances, refusa de déférer à ces réquisitions; de là conflit. Le Conseil d'État, par un avis du Comité des finances du 4 février 1829, posa en principe :

1° Que les lettres qui ont fait l'objet d'une tentative de soustraction criminelle, de la part d'un employé des postes, constituant le corps même du délit, peuvent sans doute, aux termes de l'article 35 du Code d'instruction criminelle, être mises sous la main de la justice;

2° Qu'il en est de même des lettres adressées à des prévenus;

3° Mais que les lettres adressées à des tiers qui ne sont en état ni d'accusation, ni de prévention régulière, sont placées sous la garantie de la foi publique; que s'il importe de donner aux magistrats les moyens de convaincre les criminels, des considérations non moins graves, quoique d'une autre nature, exigent l'inviolabilité de la conservation et du secret des lettres...

Autorités chargées de procéder aux saisies. Officiers de police judiciaire.

Ces conclusions passèrent dans la rédaction de l'article 529 de l'Instruction générale de 1832. Elles étaient basées sur les articles 8, 9, 35, 49, 50, 87 à 90 du Code d'instruction criminelle :

Art. 8. *La police judiciaire recherche les crimes, les délits et les contraventions, en rassemble les preuves et en livre les auteurs aux tribunaux chargés de les punir.*

Art. 9. *La police judiciaire sera exercée, sous l'autorité des cours royales et suivant les distinctions qui doivent être établies... :*

Par les gardes champêtres et les gardes forestiers,

Par les commissaires de police,

Par les maires et les adjoints de maire,

Par les procureurs du roi et leurs substituts,

Par les juges de paix,

Par les officiers de gendarmerie,
Par les commissaires généraux de police,
Et par les juges d'instruction.

Art. 35. *Le procureur du roi* (en cas de flagrant délit), *se saisira des armes et de tout ce qui paraîtra avoir servi ou avoir été destiné à commettre le crime ou le délit, ainsi que de tout ce qui paraîtra en avoir été le produit, enfin de tout ce qui pourra servir à la manifestation de la vérité...*

Art. 49. *Dans le cas de flagrant délit, ils* (les juges de paix, les officiers de gendarmerie et les commissaires généraux de police) *feront les visites et les autres actes qui sont audit cas de la compétence des procureurs du roi, le tout dans les formes et suivant les règles établies au chapitre des procureurs du roi.*

Art. 50. *Les maires, adjoints de maire et les commissaires de police recevront également les dénonciations et feront les actes énoncés en l'article précédent, en se conformant aux mêmes règles.*

Art. 87. *Le juge d'instruction se transportera, s'il en est requis, et pourra même se transporter d'office dans le domicile du prévenu, pour y faire la perquisition des papiers, effets et généralement de tous les objets qui seront jugés utiles à la manifestation de la vérité.*

Art. 88. *Le juge d'instruction pourra pareillement se transporter dans les autres lieux où il présumerait qu'on aurait caché les objets dont il est parlé dans l'article précédent.*

Art. 89. *Les dispositions des articles* 35, 36, 37, 38 et 39 *concernant la saisie des objets dont la perquisition peut être faite par le procureur du roi dans les cas de flagrant délit sont communes au juge d'instruction.*

Art. 90. *Si les papiers ou les effets dont il y aura lieu de faire la perquisition sont hors de l'arrondissement du juge d'instruction, il requerra le juge d'instruction du lieu où l'on peut les trouver de procéder aux opérations prescrites par les articles précédents.*

C'est de ces différents textes qu'on a conclu que le juge d'instruction et, dans les cas de flagrant délit, le procureur de la République, ses substituts et ses auxiliaires (c'est-à-dire les juges de paix, les officiers de gendarmerie, les commissaires généraux et les commissaires de police, les maires et leurs adjoints) peuvent opérer dans les bureaux de poste la saisie des correspondances adressées aux accusés et aux prévenus ainsi que les correspondances constituant le corps même d'un délit.

Il faut y ajouter, par assimilation, et conformément à l'article 84 du Code de justice militaire pour l'armée de terre : les adjudants de place, les officiers, sous-officiers et commandants de brigade de gendarmerie, les chefs de poste, les gardes de l'artillerie et du génie, les rapporteurs près les conseils de guerre, en cas de flagrant délit; en second lieu, et conformément à l'article 114 du Code de justice militaire pour l'armée de mer: les sous-aides-majors de la marine, les officiers, sous-officiers et commandants de brigade de la gendarmerie maritime; les chefs de poste, les gardes de l'artillerie de marine, les rapporteurs près les conseils de guerre maritimes en cas de flagrant délit (1).

Consuls.

Les consuls de France, dans les échelles du Levant et dans les pays non chrétiens, exercent, en vertu de la loi du 20 mai 1836, une juridiction criminelle sur leurs nationaux et sont investis des pouvoirs attribués en France aux juges d'instruction. Ils peuvent, en conséquence, pratiquer des saisies de lettres à la poste (art. 4). Ce droit leur est reconnu par deux lettres adressées au ministre des finances par celui des affaires étrangères et par le garde des sceaux aux dates des 12 octobre et 6 novembre 1875 (2).

Préfets et autorités militaires assimilées.

En dehors des autorités mentionnées ci-dessus, *les préfets des départements et le préfet de police, à Paris,* peuvent, aux termes de l'article 10 du Code d'instruction criminelle (3), *faire personnellement ou requérir les officiers de police judiciaire, chacun en ce qui le concerne, de faire tous actes nécessaires à l'effet de constater les crimes, délits et contraventions, et d'en livrer les auteurs aux tribunaux chargés de les punir, conformément à l'article* 8.

C'est seulement à partir de 1851 (Circulaire du ministre de l'intérieur du 8 avril) (4) qu'on s'est avisé que l'article 10 du Code d'instruction criminelle peut reconnaître aux préfets le droit de saisir les correspondances à la poste. Cette interprétation toutefois ne fut pas admise sans opposition. La chambre criminelle de la Cour de cassation ayant, le 23 juillet 1853, cassé un arrêt de la Cour de Paris qui reconnaissait au préfet de police le droit de saisir en cas de flagrant délit, la Cour de Rouen, appelée à se prononcer à son tour sur la question, maintint la validité de la saisie ; et la Cour de cassation, par un arrêt du 21 novembre 1853, rendu toutes chambres réunies, consacra le droit de saisie des préfets : « Attendu, dit l'arrêt, qu'en autorisant le préfet de police à rechercher, en quelque lieu que ce soit, la preuve des infractions et les pièces pouvant servir à conviction, la loi n'a fait aucune exception à l'égard des lettres déposées à la poste et présumées constituer soit l'instrument ou la preuve, soit le corps même du délit... »

L'administration des postes avait déjà, par une circulaire du 10 mai 1851 (n° 60), pris ses mesures pour combler, en ce qui concerne le droit de saisie attribué aux préfets, la lacune que présentait à cet égard l'Instruction générale de 1832. Les dispositions nouvelles formèrent l'article 529 *bis* de cette instruction ; elles ont pris place et figurent dans l'article 700 de l'Instruction générale actuelle :

Le préfet de police, à Paris, et les préfets, dans les départements, agissant en vertu de l'article 10 du Code d'instruction criminelle, ont le droit d'opérer personnellement

(1) *Instr.* n° 387 ; *Bull. mens.* n° 10, octobre 1887, p. 371.

(2) Voir le texte de cette correspondance dans l'*Instruction générale*, p. 1181 et s.

(3) Cet article a été dicté aux rédacteurs du Code d'instruction criminelle par Napoléon Ier, qui voulut donner aux préfets les moyens de rechercher et de prévenir les crimes contre la sûreté de l'État.

(4) Voir le texte de cette circulaire à la suite de la circulaire administrative du 10 mai 1851, n° 60.

ou de requérir les officiers de police judiciaire, chacun en ce qui le concerne, d'opérer, dans les bureaux, des saisies de lettres et de journaux.

Les préfets sont considérés comme agissant *personnellement*, toutes les fois qu'ils font parvenir aux receveurs des postes des réquisitoires directs et signés d'eux (*Circulaire du ministre de l'intérieur du* 8 *avril* 1851).

Si le préfet ne juge pas utile d'intervenir personnellement, il peut requérir le ministère d'un officier de police judiciaire. Il résulte de la circulaire précitée du ministre de l'intérieur qu'en dehors des cas de flagrant délit le préfet doit employer l'intermédiaire du juge d'instruction.

En aucun cas, il ne peut déléguer les pouvoirs qu'il tient de l'article 10 du Code d'instruction criminelle à l'un de ses subordonnés dans l'ordre administratif, par exemple à un sous-préfet (*Circulaire du ministre de l'intérieur du* 22 *février* 1870).

En vertu de l'article 85 du Code de justice militaire pour l'armée de terre, les droits attribués aux préfets par l'article 10 du Code d'instruction criminelle appartiennent également aux commandants et majors de place, aux chefs de corps, de dépôt et de détachement, aux chefs de service de l'artillerie et du génie, aux membres de l'intendance militaire. Les chefs de corps peuvent déléguer les pouvoirs qui leur sont conférés à l'un des officiers sous leurs ordres.

L'article 115 du Code de justice militaire pour l'armée de mer confère les mêmes droits aux majors généraux, majors et aides-majors de la marine, aux chefs de corps, de dépôt et détachement, aux chefs de service et de détail (1).

§ 5. — Forme et procédure des saisies.

Règles à observer pour les saisies.

Les règles à observer pour la forme et la procédure des saisies sont indiquées dans les circulaires de l'administration des postes des 8 avril 1851 (n° 60), 20 mars 1854 (n° 5), 20 janvier 1870 (*Bull. mens.* de mars 1870 *Instr.* n° 26); dans les instructions publiées aux *Bulletins mensuels* de septembre 1874, p. 531; août 1875, p. 330; juin 1879, n° 99, 2e supp., p. 270, *Instr.* n° 241; dans les circulaires du ministre de l'intérieur des 8 avril 1851, 21 fév. 1854; dans les décisions du ministre des finances des 2 février 1854, 23 mai et 11 juin 1867, 6 juillet 1868, 13 juillet 1870 et 25 mars 1872. En voici la substance :

1° Des réquisitoires permanents peuvent être délivrés pour la saisie des imprimés. Un réquisitoire spécial est nécessaire pour chaque saisie de lettres (*Circulaire du ministre de l'intérieur du* 21 *fév.* 1854; *décision du ministre des finances du* 2 *fév.* 1854; *circulaire de l'administration des postes n°* 5, *du* 20 *mars* 1854; *art.* 701 *de l'Instruction générale*).

(1) *Instr.* n° 354; *Bull. mens.* n° 10, octobre 1887, p. 371.

2° Les réquisitoires doivent être adressés *personnellement* aux receveurs dépositaires des objets à saisir (*Décision du ministre des finances du* 11 *juin* 1867); ils peuvent leur être transmis par l'intermédiaire des directeurs départementaux, mais en aucun cas ils ne peuvent être adressés directement aux chefs de service avec invitation de donner eux-mêmes à leurs subordonnés des ordres ou des instructions pour les saisies (*Circ. du* 20 *janv.* 1870, *Bull. mens. mars* 1870, *instr. n°* 26). Le droit de saisir ne peut, en effet, être délégué aux agents des postes, qui sont et doivent rester étrangers à la police judiciaire.

3° Les réquisitoires doivent indiquer avec précision le nom et l'adresse des destinataires des lettres à saisir (*Déc. du min. des finances des* 23 *mai* 1867 *et* 6 *juillet* 1868), ou tout au moins fournir des indices suffisants qui permettent de les reconnaître sans difficulté.

Le même réquisitoire ou la même ordonnance est valable pour autoriser la saisie non seulement des lettres déjà parvenues, mais encore de toutes celles qui parviendraient ultérieurement à la même adresse (*Déc. des ministres des finances, de l'intérieur et de la justice des* 2 *et* 21 *février et* 26 *mars* 1854).

On ne doit pas déférer à une réquisition formulée en termes vagues, par exemple s'appliquant à toutes les lettres d'une écriture semblable à celle d'un fac-simile donné (*Déc. min. du* 23 *mai* 1867 ; *lettre du ministre des finances au ministre de la justice du* 18 *juin* 1872).

4° En aucun cas une saisie ne peut atteindre, dans un bureau de passe, les objets de correspondance transitant en dépêches closes par ce bureau. (*Circ. du ministre de l'intérieur aux préfets du* 22 *fév.* 1870; *circ. de l'administration du* 20 *janvier* 1870, *Bull. mens. n°* 3, *mars* 1870, *instr. n°* 26 ; *art.* 700 *de l'Instruction générale*).

5° Le magistrat chargé d'opérer la saisie doit se présenter dans le cabinet du receveur, et ne peut pénétrer dans le local où se manipulent les lettres (*Instr. n°* 143, *Bull. mens. sept.* 1874, *p.* 531).

S'il s'agit de correspondances à destination des pays étrangers, la saisie peut en être effectuée même dans les bureaux ambulants. Dans ce cas, la réquisition est remise au directeur de la ligne, et c'est également au directeur que sont transmis, sous chargement d'office, par le chef de brigade, les objets dont la saisie a été réclamée. En cas d'urgence, les magistrats et les officiers de police judiciaire peuvent présenter leurs réquisitoires directement aux chefs de brigade des bureaux ambulants en cours de route, et ils ont accès dans les vagons, à la condition de ne pas s'immiscer dans la manipulation des correspondances (1).

6° Le magistrat requérant doit donner reçu des objets saisis; ce reçu, qui énonce le nombre et la taxe de ces objets, reste entre les mains du receveur pour la sauvegarde de sa responsabilité; copie du réquisitoire ou ordonnance est, en outre, adressée au directeur du département; si les objets saisis sont taxés, le montant de la taxe est alloué au préposé

(1) Lettres échangées à la date des 14 mars et 11 août 1884, entre le ministre des postes et des télégraphes et le garde des sceaux.

sur la production de la copie du reçu (*Déc. des min. des finances, de l'intérieur et de la justice, des 21 février et 26 mars* 1854).

Réintégration dans le service des objets saisis.

Les objets saisis, lorsqu'ils ont été ouverts, ne peuvent être réintégrés dans le service qu'après avoir été recachetés par le magistrat qui a ordonné la saisie et scellés soit au moyen d'un timbre portant les mots : *Ouvert par autorité de justice,* soit au moyen du cachet officiel du fonctionnaire qui a pratiqué la saisie, accompagné de la mention : *Ouvert par autorité de justice,* de la main de ce fonctionnaire. Les objets saisis sont, en outre, accompagnés d'une déclaration énonçant qu'il y a lieu de les réintégrer dans le service.

Il est interdit aux receveurs de reprendre les objets saisis, lorsque ces formalités n'ont pas été remplies.

Le rôle des agents des postes, dans les saisies de lettres, est d'ailleurs nettement défini par une lettre adressée le 18 juin 1872, par le ministre des finances, M. de Goulard, au garde des sceaux :

Monsieur et cher Collègue,

Comme suite à votre dépêche du 29 avril dernier, vous avez bien voulu me transmettre, le 3 mai suivant, des renseignements complémentaires au sujet du conflit qui s'est élevé à....., entre l'autorité judiciaire et le service des postes, à l'occasion de saisies de lettres.

Votre département fait, à ce sujet, diverses observations d'où il résulterait :

1° Que le juge de paix avait le droit d'entrer, accompagné de son greffier, dans le cabinet du receveur des postes et de saisir lui-même les lettres et papiers utiles à la manifestation de la vérité, les agents des postes ne pouvant eux-mêmes opérer la saisie ;

2° Qu'il n'était pas indispensable de mentionner dans le réquisitoire de saisie les noms des destinataires, les officiers de police judiciaire pouvant saisir toutes les correspondances qui, d'après l'écriture seule, ou d'après tout autre indice, leur paraissent pouvoir être utiles à la justice.

Permettez-moi de vous faire remarquer que cette manière de procéder serait en opposition formelle avec les instructions émanées du département des finances et qui n'ont pas été modifiées, comme vous paraissez le croire, par la lettre d'un de mes prédécesseurs, en date du 13 juillet 1870, dont vous avez bien voulu m'envoyer copie. D'après les termes mêmes de cette dépêche, l'officier de police judiciaire doit se présenter au cabinet du receveur des postes dépositaire des objets à saisir, et non pas dans le local où se manipulent les dépêches ; c'est donc à ce receveur qu'il appartient de rechercher les correspondances désignées ; mais l'officier de police judiciaire ne doit assister, dans aucun cas, et pour ainsi dire coopérer à l'ouverture des dépêches.

Votre département fait observer, avec raison, que cette saisie ne peut être effectuée par les agents des postes ; mais il n'en est pas moins vrai que le concours de ces agents est indispensable pour remettre l'objet recherché entre les mains du magistrat, qui seul en opère la saisie et en délivre un reçu.

Quant à la teneur du réquisitoire de saisie, les décisions ministérielles des 23 mai 1867 et 6 juillet 1868 portent que cet acte doit indiquer le nom et l'adresse du destinataire de la lettre ou de l'enveloppe close, et qu'il n'y a pas lieu de déférer à un réquisitoire ayant pour objet de faire retenir toutes les lettres d'une écriture semblable à celle d'un fac-simile donné. Enfin, le réquisitoire doit être remis au receveur des postes de la localité qui détient l'objet à saisir, et non au directeur du département.

Les agents des postes ne me paraissent, en ce qui concerne la saisie opérée à...... que s'être conformés aux dispositions précitées; serait-il opportun, et surtout prudent, de les modifier?

Je reconnais avec vous, Monsieur et cher Collègue, que, dans certains cas spéciaux et l'affaire de...... en offre un rare exemple, les règlements adoptés par le département des finances peuvent ne pas donner toutes les facilités désirables à l'action de la justice, mais les inconvénients sont de peu d'importance en présence des garanties dont les règlements entourent le secret des correspondances. Il s'agit là d'un intérêt de premier ordre pour la société, dont la sauvegarde a été attribuée par la loi à l'administration des postes, et qui, en définitive, serait gravement compromis dans le système dont vous proposez l'adoption. Il est évident, en effet, qu'en laissant aux officiers de police judiciaire la faculté d'assister au dépouillement de toutes les dépêches et en ne désignant pas d'une manière précise et par avance, au moyen du réquisitoire, les correspondances dont l'ouverture est indispensable à la manifestation de la vérité, on remettrait non plus seulement à la discrétion des agents des postes, mais à celle des officiers de police judiciaire, toutes les correspondances privées qui n'ont aucun rapport avec celles dont la saisie a été ordonnée.

D'après ces considérations, j'estime qu'il y a lieu de maintenir les règles sur la matière telles qu'elles ont été fixées par mes prédécesseurs.

Agréez, etc.

Le ministre des finances,

Signé: DE GOULARD.

§ 6. — Assignations données aux agents des postes comme témoins.

La question s'est posée de savoir si les agents des postes, appelés comme témoins devant la justice, peuvent, nonobstant le serment de discrétion qu'ils ont prêté, déposer sur les faits dont ils ont eu connaissance dans l'exercice de leurs fonctions.

Cette question a été résolue dans le sens de l'affirmative, du moins en ce qui concerne les affaires correctionnelles et criminelles, par un arrêt de la cour de cassation du 14 mars 1885 (1). Les agents des postes et des télégraphes cités comme témoins doivent, en pareil cas, déférer aux assignations et répondre aux questions posées soit par le président du tribunal, soit par le juge d'instruction. En matière civile ou commerciale, ils peuvent déférer aux assignations, mais ils doivent invoquer le secret professionnel pour s'abstenir de répondre aux questions qui pourraient leur être posées.

Voici dans quelles circonstances l'arrêt précité de la cour de cassation est intervenu :

M. E***, médecin à P***, avait publié dans le *Radical de Vaucluse* un article injurieux contre un de ses confrères, le docteur T***, également médecin à P***. M. T*** n'était pas nommé dans l'article, mais pour qu'il fût facile de le reconnaître, son nom avait été écrit à la main dans la plupart des exemplaires du journal. Les numéros qui portaient cette addition avaient été déposés au bureau de poste de M***.

Présumant que ce dépôt avait été fait par M. E***, le docteur T*** cita son confrère devant le tribunal correctionnel d'Apt et appela comme témoins la receveuse des postes de M*** et le receveur du bureau de P***.

(1) *Gazette des tribunaux*, 25 mars 1885.

La receveuse ne fit aucune difficulté pour déposer; mais le receveur, après avoir prêté serment devant le tribunal, se retrancha derrière le secret professionnel pour refuser de répondre aux questions posées par le président. Condamné à 5 francs d'amende pour refus de témoignage, le receveur en appela; la cour de Nîmes confirma le jugement. L'affaire vint en cassation. La cour suprême confirma à son tour l'arrêt rendu de la cour de Nîmes :

Attendu, *dit l'arrêt,* que tout citoyen doit la vérité à la justice; que ceux qui, aux termes de l'article 378 du Code pénal, sont dépositaires par état ou profession de secrets qu'on leur confie, ne sont pas dispensés d'une manière absolue de cette obligation générale, et que cette dispense d'un devoir social doit être restreinte au cas seulement où les faits sur lesquels ils sont interpellés leur ont été révélés sous le sceau du secret, dans l'exercice de leur profession ou de leur ministère;

Attendu que les agents de l'administration des postes ne rentrent pas dans la catégorie des personnes qui, en vertu de l'article 378 du Code pénal, peuvent n'être pas tenues de fournir leur témoignage à la justice; que si, aux termes du décret des 26-29 août 1790, ils prêtent serment de garder et observer fidèlement la foi due au secret des lettres, ce serment, dont l'utilité est incontestable, ne saurait les dispenser d'accomplir le devoir imposé à tout citoyen par l'article 80 du Code d'instruction criminelle; qu'aucune disposition de loi ne leur accorde ce privilège et qu'ils sont tenus, dès lors, comme toute autre personne, de révéler à la justice, s'ils sont appelés comme témoins, les faits dont ils ont pu avoir connaissance, même dans l'exercice de leurs fonctions; qu'autrement il faudrait admettre, ce qui est contraire à la morale ou à la raison, que l'administration des postes peut assurer l'impunité de faits punissables et soustraire un coupable aux recherches de la justice;

Attendu, il est vrai, que l'article 9 du règlement général de l'administration défend de donner à qui que ce soit communication des pièces, registres, ou de certifier qu'un objet de correspondance a été expédié ou reçu; mais que cette interdiction, prescrite dans l'intérêt des tiers, et dans l'intérêt même des agents des postes, afin de les mettre en garde contre les obsessions dont ils pourraient être l'objet, ne saurait faire obstacle aux droits supérieurs de la justice ; que l'Instruction précitée le reconnaît elle-même, puisqu'elle indique aux préposés de l'administration les mesures qu'ils doivent prendre lorsque la justice demande communication des pièces, registres ou documents relatifs au service ou en fait opérer la saisie....

§ 7. — Saisie de journaux d'origine étrangère.

L'article 14 de la loi du 29 juillet 1881, sur la presse, autorise le ministre de l'intérieur à interdire, après une délibération conforme du conseil des ministres, la circulation en France des exemplaires des journaux publiés à l'étranger.

Les interdictions de cette nature sont notifiées par le ministre de l'intérieur à l'administration, et portées à la connaissance du service par des ordres adressés aux directeurs départementaux et aux directeurs des bureaux ambulants. Les exemplaires des journaux interdits sont dirigés sur le bureau des réclamations, à l'administration centrale, et livrés par ce bureau à un délégué du ministre de l'intérieur.

CHAPITRE V

RESPONSABILITÉ DE L'ADMINISTRATION

§ 1er. — La responsabilité de droit commun n'est pas applicable à l'administration des postes.

La responsabilité de droit commun, telle qu'elle est définie par l'article 1382 du Code civil : « Tout fait quelconque de l'homme qui cause à autrui un dommage, oblige celui par la faute duquel il est arrivé à le réparer », n'est pas applicable à l'administration des postes.

Il en est de même de la responsabilité encourue par les entrepreneurs de transport, aux termes des articles 1783 du Code civil et 103 du Code de commerce, à raison de la perte ou des avaries des objets qui leur sont confiés.

Motif d'ordre général.

Cette doctrine est consacrée par la jurisprudence constante du conseil d'État et du tribunal des conflits : « La responsabilité qui peut incomber à l'État à raison d'un dommage causé à des particuliers par le fait d'une personne concourant à l'exécution d'un service public, ne peut être régie par les principes établis par le Code civil pour les rapports de particulier à particulier ; elle a ses règles spéciales qui varient suivant les besoins du service et la nécessité de concilier les droits de l'État avec les droits privés. Il suit de là que les tribunaux civils ne peuvent en connaître, sauf les cas où la connaissance leur en a été spécialement attribuée par une disposition légale. » (Trib. des conflits, 18 mars 1876 ; *Gazette des tribunaux* du 7 juin 1878) (1).

Motif spécial au service des postes.

En ce qui concerne le service des postes, il existe encore un motif particulier d'en décider ainsi. Le dépôt et la remise de la plupart des objets de correspondance ne sont pas constatés contradictoirement. Il serait bien difficile dès lors à une personne de prouver que telle lettre ordinaire, tel paquet d'échantillon, réclamé comme non parvenu, a bien été confié à la poste ; comme aussi à la poste, de prouver, qu'il a bien été remis au destinataire. Par suite, une action pourrait difficilement être intentée contre l'administration à l'occasion d'un objet de correspondance ordinaire.

(1) É. LAFERRIÈRE, *Traité de la juridiction administrative*, t. II, p. 173 s.

Loi du 5 nivôse an V, art. 14. Perte d'objets non chargés.

Aussi la loi du 5 nivôse an V (25 décembre 1796) dispose-t-elle, dans son article 14, que *Les lettres affranchies et non chargées pour lesquelles il n'est point délivré de bulletin ni payé double port, et leur délivrance ayant lieu sans en exiger de reçu, ne sont susceptibles d'aucune indemnité en cas de perte.*

La même règle s'applique, *a fortiori*, aux cartes postales et aux objets affranchis à prix réduit.

Retards, détériorations et fausses livraisons.

La loi de nivôse an V ne parle que de la *perte* des objets non chargés. Mais *quid* des retards, dont la preuve pourrait résulter de la comparaison des empreintes des timbres des bureaux de départ, d'arrivée ou de passe? *Quid* des cas de détérioration, de spoliation ou de fausse livraison, où la preuve d'une faute imputable à l'administration ne serait pas impossible à faire ? On doit encore admettre que dans ces cas, la poste échappe à toute responsabilité, à moins que la loi n'en ait décidé autrement.

Cette conclusion s'appuie :

Loi du 25 juin 1856, art. 6.

1° Sur le troisième alinéa de l'article 6 de la loi du 25 juin 1856 concernant les objets affranchis à prix réduit, aux termes duquel *l'administration n'est, en aucun cas, responsable des détériorations.*

Loi du 25 janvier 1873, art. 4.

2° Sur l'article 4 de la loi du 25 janvier 1873, où il est dit formellement que la poste *n'est tenue à aucune indemnité, soit pour détérioration, soit pour spoliation des objets recommandés : la perte de ces objets donne seule droit à une indemnité.*

Or si la poste n'est pas tenue d'une indemnité en cas d'avaries ou de spoliation des objets recommandés, *a fortiori* lorsqu'il s'agit de la détérioration ou de la spoliation des objets ordinaires.

Loi du 7 avril 1879, art. 8.

3° Sur l'article 8 de la loi du 7 avril 1879 sur le recouvrement des effets de commerce par la poste, aux termes duquel *la non-responsabilité de l'administration, en cas de retard des objets de correspondance, est étendue aux lettres recommandées contenant les valeurs à recouvrer, à ces valeurs et aux mandats de payement.*

Ainsi, pour le service postal, la non-responsabilité est la règle, la responsabilité l'exception. La responsabilité n'existe que dans les cas et les limites prévues par la loi, et seulement pour les objets dont le dépôt et la remise ont lieu contradictoirement, qui donnent lieu à la perception de taxes spéciales à raison des formalités particulières auxquelles leur transmission est soumise et de la responsabilité même qu'ils entraînent.

L'étendue de cette responsabilité varie suivant la nature des envois.

§ 2. — Responsabilité spéciale de la poste.

Articles d'argent.

Pour les articles d'argent, c'est-à-dire pour les sommes remises à découvert à la poste et qui donnent lieu à la délivrance par le bureau de dépôt, de mandats payables sur des bureaux français ou étrangers, la responsabilité est entière.

Si le mandat est perdu, s'il a été touché sur faux acquit, par suite d'une infidélité ou d'une négligence imputable à ses employés, l'administration se reconnaît responsable de l'intégralité de la somme versée par le déposant et inscrite sur la déclaration du versement.

Mandats de poste français. Décret des 23-24-30 juillet 1793.

La responsabilité intégrale de la poste en matière d'articles d'argent a été établie par l'article 37 du décret des 23-24 et 30 juillet 1793, ainsi conçu :

Toutes sommes et valeurs en assignats, en or et en argent ou non, seront désormais chargées à vue; la régie sera responsable de la totalité de la somme ou valeur chargée et non de celles qui ne l'auront pas été.

Mandats internationaux. Arrangement des 4 juin 1878, 21 mars 1885.

Pour les mandats de poste échangés avec les pays étrangers, l'article 5 de l'arrangement général conclu le 4 juin 1878 à Paris avec divers États de l'Union postale universelle et revisé le 31 mars 1885 à Lisbonne, porte que *les sommes converties en mandats de poste sont garanties aux déposants jusqu'au moment où elles ont été payées aux destinataires ou aux mandataires de ceux-ci.*

La responsabilité des payements sur faux acquit incombe à l'office de destination.

Bons de poste. Loi du 28 juin 1882.

L'administration est également responsable des sommes déposées à ses guichets pour être converties en bons de poste ; mais, d'après l'article 4 de la loi du 28 juin 1882 (1), le payement ne peut avoir lieu que sur la présentation du bon ; d'où il suit que les réclamations basées sur la perte du titre sont non recevables. Le même article déclare l'administration valablement libérée par la possession du titre revêtu d'un acquit conforme au nom du bénéficiaire, ce qui permet d'écarter également toutes les réclamations en cas de faux acquit.

Pour les *valeurs déclarées* et les *objets recommandés*, la responsabilité de l'administration est limitée, parce qu'il s'agit d'envois remis à la poste sous enveloppes closes, et qu'aucune vérification contradictoire du contenu n'est admise, soit au départ, soit à l'arrivée.

Valeurs déclarées Loi du 4 juin 1859, art. 3.

L'article 3 de la loi du 4 juin 1859 dit que *l'administration des postes est responsable, jusqu'à concurrence de 2,000 francs, et sauf le cas de perte par force majeure, des valeurs insérées dans les lettres et déclarées conformément aux dispositions des articles 1 et 2 de la* même *loi.*

Elle est déchargée de toute responsabilité par la remise des lettres dont le destinataire ou son fondé de pouvoir a donné reçu.

Loi du 25 janvier 1873, art. 8.

L'article 8 de la loi du 25 janvier 1873 a étendu ces dispositions aux objets précieux expédiés dans des boîtes et désignés précédemment sous le nom de *valeurs cotées.*

Limite de garantie.

L'article 10 de la même loi a élevé à 10,000 francs le maximum de déclaration des envois et la responsabilité de l'administration.

Valeurs déclarées spoliées.

Aux termes de l'article 3 de la loi du 4 juin 1859, la poste est responsable des valeurs mêmes incluses dans les lettres; sa responsabilité peut

(1) *Bull. mens.* n° 8, août 1882, p. 436.

donc être engagée non seulement en cas de perte des lettres ou boîtes qui contiennent les valeurs, mais encore en cas de spoliation de leur contenu.

La loi dit bien que l'administration est déchargée par la remise des lettres dont le destinataire a donné reçu, et l'administration a voulu se prévaloir de cette disposition pour décliner toute responsabilité à raison des envois spoliés qui avaient été acceptés sans observations par les destinataires. Cette prétention n'a été admise par les tribunaux qu'autant qu'il a été prouvé que les lettres ou boîtes de valeurs déclarées avaient été remises intactes entre les mains des destinataires ; elle a, au contraire, été repoussée lorsque l'état des enveloppes a permis de constater que la spoliation avait dû se produire pendant le passage des objets dans le service. En pareil cas, il appartient évidemment au réclamant de faire la preuve (1).

Cette distinction a été établie par deux arrêts rendus, l'un par la Cour de cassation le 5 février 1873 (D. P. 73, I, 193), l'autre par la cour de Limoges le 3 décembre 1875 (*Gazette des tribunaux* du 16 mars 1876).

Dans la première affaire, il s'agissait d'une lettre de valeur déclarée devant contenir deux billets de banque de mille francs chacun, et reconnue, après ouverture, n'en contenir qu'un seul.

Arrêt de la Cour de cassation du 5 août 1873.

Le poids constaté était de 7 gr. 90 au moment du dépôt, et de 6 gr. 50 seulement au moment de la remise au destinataire ; or, cette différence de 1 gr. 40 représente précisément le poids d'un billet de 1,000 francs. Néanmoins l'action en responsabilité dirigée contre l'administration fut repoussée, parce que la lettre avait été remise au destinataire « *dans un état de parfaite intégrité, les cachets intacts, et les plis de l'enveloppe ne présentant aucune des traces qu'une soustraction aurait dû produire.* » La Cour de cassation, saisie d'un pourvoi, le rejeta, en déclarant que la différence de poids pouvait être le résultat d'une erreur, et qu'elle ne devait pas suffire, à elle seule, pour établir le fait de l'insertion d'une valeur qui aurait disparu, et le délit d'un employé dont l'administration serait responsable.

Arrêt de la cour de Limoges du décembre 1875.

Dans l'affaire portée devant la cour de Limoges, il s'agissait d'une lettre de valeur déclarée de 1,000 francs, parvenue à destination spoliée de son contenu, et dont l'enveloppe portait des traces d'altération.

Considérant, *dit l'arrêt*, que, le 24 novembre 1874, Béchade, voyageur de commerce, déposa au bureau de poste de Quimperlé une lettre chargée adressée à ses commettants, MM. Vézy et Ruchaud, à Limoges, et contenant, en valeur déclarée, un billet de la Banque de France de 1,000 francs ; que ce pli, qui aurait dû parvenir à destination le lendemain, ne fut remis que le 26 novembre, à huit heures du matin, à son adresse, et dans les mains de Vézy qui en donna récépissé au facteur sur le carnet des chargements ; qu'après avoir ouvert la dépêche en présence de deux personnes honorables et s'être aperçu que la valeur annoncée n'y était plus contenue, Vézy rappela le fac-

(1) En Allemagne, quand la fermeture et l'emballage des objets confiés à la poste sont extérieurement intacts lors de la remise au destinataire, et qu'en même temps le poids de l'objet est identique avec celui constaté lors du dépôt, l'administration des postes ne doit aucune indemnité, alors même que, au moment de l'ouverture, le contenu ne correspondrait pas à la déclaration. L'acceptation sans observation par le destinataire établit la présomption que, lors de la remise, la fermeture et l'emballage étaient intacts, et que le poids était le même que celui constaté au moment du dépôt.

teur qui était encore dans la rue, pour se plaindre de l'absence du billet; qu'au dire de cet employé, il s'est écoulé environ cinq minutes entre la remise faite par lui de la dépêche et la réclamation de Vézy;

Considérant que l'insertion dans la dépêche du billet de 1,000 francs s'impose également comme un fait acquis au procès; que l'insertion en a été faite par Béchade dans le bureau de l'hôtel tenu par le sieur Racine, à Quimperlé, et au vu de ce dernier; que la preuve en est encore fournie par la différence du poids, 10 gr. 30 centigr., indiqué sur la dépêche du bureau de départ, et celui de la lettre pesée en l'absence du billet de banque, 8 gr. 90 cent., différence qui représente exactement le poids d'un billet de 1,000 francs; qu'au surplus, ce fait a été reconnu, après enquête, par M. le directeur du département du Finistère qui, dans un rapport adressé à la direction générale, sous la date du 9 décembre 1874, déclare qu'il croit pouvoir « affirmer que la lettre chargée est partie de Quimperlé en bon état et contenant le billet de banque annoncé » ;

Considérant que la réception par un bureau de poste, d'une dépêche renfermant des valeurs déclarées, crée pour cette administration des obligations dont l'étendue se trouve déterminée par le caractère même du contrat qui intervient entre elle et l'expéditeur ; *que cette obligation consiste à remettre à destination, en parfait état d'intégrité, la dépêche qui lui a été confiée;* qu'il s'agit donc maintenant de vérifier en fait, si, pour la dépêche dont s'agit, il a été satisfait à cette obligation;

Considérant, à cet égard, qu'il est établi que la lettre chargée expédiée par Béchade était revêtue de cinq cachets en cire rouge, aux initiales M. B., fermant les divers plis de l'enveloppe; qu'au moment de la remise au bureau de Quimperlé, les cordons de ces cachets étaient intacts sur tous les plis, sans bavures et d'un contour nettement dessiné; que le receveur de ce bureau le déclare positivement, en affirmant qu'il n'eût pas accepté la lettre si ces cachets eussent été dans l'état où ils se trouvent actuellement;

Considérant, au contraire, que la lettre présente en son état actuel des traces manifestes d'altération; qu'ainsi le pli sur lequel a été placé le timbre d'arrivée au bureau de Limoges laisse voir une maculature très prononcée; qu'ainsi encore les deux cachets qui fixent ce pli aux plis supérieur et inférieur laissent voir également les traces d'un travail de manipulation; qu'on ne saurait douter, à la vue de ces altérations, que le pli latéral qui a subi la maculature, a été, après le soulèvement des deux cachets, séparé des deux autres plis supérieur et inférieur, de manière à laisser ouvert un côté de la lettre, par lequel le billet de banque a été soustrait; et qu'ensuite ce même pli, réuni aux deux autres au moyen de la gomme légèrement humectée, les cachets ont été remis en place par l'effet d'une nouvelle fusion;

Considérant que ces actes ont été manifestement perpétrés pendant que la lettre était aux mains des employés de la poste; qu'en effet cette lettre, apportée à Limoges le 25 novembre, à sept heures du soir, par le bureau ambulant de Vierzon, a été reçue par les employés Buard, commis principal, et Hacquard, commis ordinaire; que Buard affirme dans les explications fournies à son administration et consignées au procès-verbal du 15 décembre dernier, « que les cachets du chargement Vézy étaient à l'arrivée en tout semblables et tels qu'ils sont encore; » que, de son côté, Hacquard déclare qu'à l'arrivée de la dépêche au bureau de Limoges, il a positivement remarqué une des taches de cire produites par la superfusion; que de ces deux déclarations il résulte que les maculatures et les taches de cire qui ont été remarquées sur la lettre au bureau d'arrivée et qui n'existaient pas au bureau de départ, ont été nécessairement opérées pendant que la lettre était aux mains des employés de la poste et avant la remise de cette dépêche à destination;

Considérant d'ailleurs qu'on ne saurait admettre que de telles altérations ont été commises après la remise de la lettre aux mains de Vézy; qu'en effet, tous les agents de l'administration déclarent unanimement qu'elles n'ont pu être accomplies que dans des conditions d'isolement absolu et avec une durée de temps considérable; d'où il suit que Vézy n'ayant eu la dépêche en sa possession que pendant cinq minutes et sous les regards de deux personnes qui sont restées à ses côtés dans son bureau, il y avait pour lui impossibilité matérielle d'opérer, en un aussi court espace de temps, le double travail de décollement et de superposition des plis de la dépêche, de soulèvement et de la superfusion des cachets ;

Considérant enfin que l'administration des postes ne peut même pas invoquer la présomption qui résulterait de l'identité du poids de la dépêche au départ et à l'arrivée, puisqu'il est reconnu que la lettre n'a pas été pesée à Limoges, bien que ce soin soit prescrit comme devoir réglementaire ; que l'employé s'est borné à inscrire sur le carnet du facteur le poids constaté au timbre descriptif apposé sur l'enveloppe au bureau de Quimperlé ;

Considérant qu'en de telles circonstances l'administration ne saurait se prévaloir du récépissé donné par Vézy au facteur, et qu'elle oppose à la demande de ce dernier comme une fin de non-recevoir dérivant des dispositions de l'article 3 de la loi du 4 juin 1859 ; qu'en effet ce récépissé, donné pour une dépêche déclarée intacte et du poids de 10 gr. 30 cent., est inapplicable à la dépêche altérée et du poids de 8 gr. 90 cent. remise à Vézy; *qu'en tout cas le consentement donné dans ces conditions est manifestement entaché d'erreur et se trouve vicié*, à ce titre, comme ayant été déterminé par l'affirmation fournie au destinataire par l'administration elle-même que le chargement reçu était régulier, c'est-à-dire par l'affirmation de l'existence de faits qu'elle certifiait faussement avoir été vérifiés par elle ;

« Considérant dès lors qu'il y a lieu, sans s'arrêter à la fin de non-recevoir, de déclarer que l'administration des postes n'ayant pas représenté à destination, *en état d'intégrité*, la dépêche chargée remise au bureau de Quimperlé, est responsable ;

Par ces motifs, etc. »

Cette décision de l'autorité judiciaire est parfaitement équitable, attendu que les conditions dans lesquelles a lieu la remise des valeurs déclarées ne permettent pas toujours au destinataire de s'assurer, par le seul aspect extérieur des envois, de leur intégrité. Ce n'est ordinairement qu'après l'ouverture que l'on s'aperçoit de la disparition du contenu ; or les règlements administratifs ne permettent pas au facteur d'assister à cette ouverture : il ne peut donc pas y avoir de vérification contradictoire.

Pour des motifs analogues, on a reconnu récemment l'utilité de modifier, à l'égard des transports de marchandises, la rédaction de l'ancien article 105 Code du de commerce, aux termes duquel la réception des objets transportés et le payement du prix de la voiture éteignaient toute action contre le voiturier.

Un délai de trois jours a été accordé au destinataire pour faire parvenir au voiturier sa protestation motivée, pour avarie ou perte partielle de la marchandise.

Valeurs déclarées dans le service international.

Dans le service international, la responsabilité encourue par les administrations postales qui participent au service des valeurs déclarées est la même que celle qui résulte des lois des 4 juin 1859 et 25 janvier 1873 dans notre régime intérieur.

Arrangement du 1er juin 1878-21 mars 1885.

L'article 8 de l'arrangement général conclu à Paris, le 1er juin 1878, et revisé à Lisbonne, le 21 mars 1885, porte ce qui suit :

Art. 8. — 1. — *Sauf le cas de force majeure, lorsqu'une lettre contenant des valeurs déclarées a été perdue ou spoliée, l'expéditeur ou, sur sa demande, le destinataire, a droit à une indemnité égale à la valeur déclarée.*

Toutefois, en cas de perte ou de spoliation partielle inférieure à la valeur déclarée, il n'est remboursé que le montant de la perte.

L'obligation de payer l'indemnité incombe à l'administration dont relève le bureau expéditeur. Est réservé à cette administration le recours contre l'administration responsable, c'est-à-dire contre l'administration sur le territoire ou dans le service de laquelle la perte ou la spoliation a eu lieu.

Jusqu'à preuve du contraire, la responsabilité incombe à l'administration qui, ayant reçu l'objet sans faire d'observation, ne peut établir ni la délivrance au destinataire ni, s'il y a lieu, la transmission régulière à l'administration suivante.

Le payement de l'indemnité par l'office expéditeur doit avoir lieu le plus tôt possible et, au plus tard, dans le délai d'un an, à partir du jour de la réclamation. L'office responsable est tenu de rembourser, sans retard, et au moyen d'une traite ou d'un mandat de poste, à l'office expéditeur, le montant de l'indemnité payée par celui-ci.

Il est entendu que la réclamation n'est admise que dans le délai d'un an, à partir du dépôt à la poste de la lettre portant déclaration; passé ce terme, le réclamant n'a droit à aucune indemnité.

2. — *L'administration pour le compte de laquelle est opéré le remboursement du montant des valeurs déclarées non parvenues à destination est subrogée dans tous les droits du propriétaire.*

3. — *Si la perte ou la spoliation a eu lieu en cours de transport entre les bureaux d'échange de deux pays limitrophes, sans qu'il soit possible d'établir sur lequel des deux territoires le fait s'est accompli, les deux administrations en cause supportent le dommage par moitié.*

Il en est de même en cas d'échange en dépêches closes, si la perte ou la spoliation a eu lieu sur le territoire ou dans le service d'un office intermédiaire non responsable.

4. — *Les administrations cessent d'être responsables des valeurs déclarées contenues dans les lettres dont les ayants droit ont donné reçu.*

Objets recommandés. Loi du 25 janvier 1873, art. 4.

En ce qui concerne les objets recommandés, l'administration n'est tenue à aucune indemnité pour le fait de leur spoliation (*art. 4 de la loi du 25 janvier* 1873). Cette différence entre les objets recommandés et les valeurs déclarées, au point de vue de la responsabilité de l'administration, s'explique par la différence de leur conditionnement : les objets recommandés ne sont pas, comme les valeurs déclarées, assujettis à un mode spécial de fermeture en vue de prévenir les spoliations.

La perte des objets recommandés, *sauf le cas de force majeure, donne seule droit, au profit du destinataire, à une indemnité de* 25 *francs.*

L'administration est déchargée, en ce qui concerne les lettres, par leur remise contre reçu soit au destinataire, soit à son fondé de pouvoir; en ce qui concerne les autres objets, par leur remise contre reçu soit au destinataire, soit à une personne attachée au service du destinataire ou demeurant avec lui (Art. 3 de la loi du 25 janvier 1873).

Service international. Art. 6 bis de la Convention de l'Union postale universelle.

Dans le service international, le droit à une indemnité n'existe, comme dans le service intérieur, que dans le cas de perte; mais le montant de l'indemnité est alors de 50 francs :

En cas de perte d'un envoi recommandé et sauf le cas de force majeure, l'expéditeur ou, sur sa demande, le destinataire, a droit à une indemnité de 50 francs.

L'obligation de payer l'indemnité incombe à l'administration dont relève le bureau expéditeur. Est réservé à cette administration le recours contre l'administration responsable, c'est-à-dire contre l'administration sur le territoire ou dans le service de laquelle la perte a eu lieu.

Jusqu'à preuve du contraire, la responsabilité incombe à l'administration qui, ayant reçu l'objet sans faire d'observation, ne peut établir ni la délivrance au destinataire ni, s'il y a lieu, la transmission régulière à l'administation suivante.

Le payement de l'indemnité par l'office expéditeur doit avoir lieu le plus tôt possible et, au plus tard, dans le délai d'un an à partir du jour de la réclamation. L'office responsable est tenu de rembourser sans retard à l'office expéditeur le montant de l'indemnité payée par celui-ci.

Il est entendu que la réclamation n'est admise que dans le délai d'un an, à partir du dépôt à la poste de l'envoi recommandé; passé ce terme, le réclamant n'a droit à aucune indemnité.

Si la perte a eu lieu en cours de transport entre les bureaux d'échange de deux pays limitrophes, sans qu'il soit possible d'établir sur lequel des deux territoires le fait s'est accompli, les deux administrations en cause supportent le dommage par moitié.

Les administrations cessent d'être responsables des envois recommandés dont les ayants droit ont donné reçu et pris livraison.

Par mesure de transition, il est permis aux administrations des pays hors d'Europe dont la législation est actuellement contraire au principe de la responsabilité, d'ajourner l'application de la clause qui précède jusqu'au jour où elles auront pu obtenir du pouvoir législatif l'autorisation d'y souscrire. Jusqu'à ce moment, les autres administrations de l'Union ne sont pas astreintes à payer une indemnité pour la perte, dans leurs services respectifs, d'envois recommandés à destination ou en provenance desdits pays (Art. 6 bis de la convention de l'Union postale universelle.)

La clause exceptionnelle de non-responsabilité, en cas de perte des objets recommandés, est encore invoquée aujourd'hui par les administrations postales du Brésil, du Canada, du Congo, de l'Équateur, des États-Unis, du Guatémala, du Mexique, du Paraguay, du Pérou, de la République Argentine, du Siam.

En dehors de l'Union postale universelle, les offices postaux des colonies australiennes et des îles Viti ou Fidji, n'acceptent pas non plus de responsabilité à raison des objets soumis à la formalité de la recommandation.

Valeurs à recouvrer.

Pour les effets de commerce et autres valeurs dont le recouvrement est confié à la poste, la responsabilité de l'administration est déterminée par les articles 7 et 8 de la loi du 7 avril 1879 :

En cas de perte soit de la lettre recommandée contenant les valeurs à recouvrer, soit des valeurs elles-mêmes, en tout ou en partie, la responsabi-

lité pécuniaire de l'administration ne pourra dépasser la somme de 50 francs, au maximum.

En cas de perte des sommes encaissées par les facteurs, l'administration sera tenue au remboursement intégral des sommes perdues.

La non-responsabilité de l'administration en cas de retard des objets de correspondance est étendue aux lettres recommandées contenant les valeurs à recouvrer, à ces valeurs et aux mandats de payement.

Aucune indemnité ne peut être réclamée de ce chef.

Perte des valeurs à recouvrer ou des sommes encaissées.

En cas de perte, la responsabilité de l'administration est plus ou moins étendue, suivant les cas.

S'agit-il de la perte d'effets à recouvrer, le propriétaire ne peut prétendre à une indemnité supérieure à la somme de 50 francs.

S'agit-il de la perte de sommes encaissées, la poste en assume la responsabilité intégrale.

La raison de cette différence est facile à saisir. Lorsque c'est le titre mis en recouvrement qui vient à s'égarer, il est presque toujours possible à l'expéditeur d'établir un duplicata, à moins qu'il ne s'agisse d'un billet à ordre ou d'une reconnaissance signée du débiteur, dont le recouvrement ne pourrait plus s'opérer par suite de la perte du titre qui constate la créance. Le créancier peut aussi former opposition entre les mains du débiteur au payement du titre perdu.

Au contraire, lorsque le recouvrement a été opéré, la créance est éteinte, et le porteur n'a plus de recours contre son débiteur.

Les sommes recouvrées devant d'ailleurs être converties en mandats de poste, on rentre ici dans le cas prévu par l'article 37 du décret des 23-24-30 juillet 1793, aux termes duquel l'administration est responsable de l'intégralité des sommes qui lui sont remises à découvert pour être transmises comme articles d'argent.

Retards.

L'article 8 de la loi du 7 avril 1879 affirme incidemment la non-responsabilité de l'administration en cas de retard des objets de correspondance en général, et il en fait une application spéciale au cas de retard dans la transmission des valeurs à recouvrer. Cette réserve a une importance particulière lorsqu'il s'agit de valeurs payables à date fixe, comme les lettres de change, les billets à ordre et tous les effets protestables. Aux termes des articles 161 et 162 du Code de commerce, ces effets doivent être présentés le jour même de l'échéance, et le protêt faute de payement doit être fait le lendemain; sinon, le porteur perd tout recours contre les endosseurs et contre le tireur, si ce dernier a fait provision (Co. 168 et 170).

Relations internationales.

L'arrangement général pour le service des recouvrements, conclu le 21 mars 1885 entre plusieurs des États représentés au congrès de Lisbonne, contient, en ce qui concerne la responsabilité des offices postaux, les dispositions suivantes :

ART. 11. — 1. *Sauf le cas de force majeure, en cas de perte d'une lettre recommandée contenant des effets à recouvrer, il est payé au déposant une indemnité de 50 francs dans les conditions déterminées par la convention principale. La réserve contenue au dernier alinéa de l'article 6 bis de cette convention n'est toutefois pas applicable aux envois de recouvrements.*

2. *En cas de perte de sommes encaissées, l'administration au service de laquelle la perte est attribuable est tenue au remboursement intégral des sommes perdues.*

ART. 12. — *Les administrations ne sont tenues à aucune responsabilité du chef de retards dans la transmission soit des lettres recommandées contenant les valeurs à recouvrer, soit de ces valeurs elles-mêmes ou des mandats de payement.*

Différences entre le régime intérieur et le régime international

Les dispositions de l'article 11 de l'arrangement international présentent avec celles de l'article 7 de la loi du 7 avril 1879 une différence qu'il importe de signaler.

Dans le régime intérieur, l'indemnité de 50 francs n'est pas acquise de plein droit à l'expéditeur en cas de perte. L'administration n'est tenue au payement de la somme de 50 francs que lorsque le montant de la valeur ou des valeurs perdues est égal ou supérieur à cette somme, et lorsque le recouvremement des créances est devenu impossible par suite de la perte des titres qui les constatent. Ce serait, croyons-nous, au réclamant à établir la preuve de cette impossibilité. Si la valeur des titres perdus était inférieure à 50 francs, l'administration ne pourrait être tenue au delà de la valeur réelle. En d'autres termes le chiffre de 50 francs est un maximum qui ne peut être dépassé, mais qui peut n'être pas atteint.

Dans le service international, au contraire, l'indemnité de 50 francs a le caractère d'un forfait : elle est toujours due en cas de perte de valeurs à recouvrer et n'est pas susceptible de réduction, quel que soit le montant de ces valeurs. La responsabilité des administrations postales est la même pour les envois de valeurs à recouvrer que pour les objets recommandés.

Colis postaux.

En matière de colis postaux, la responsabilité des administrations postales qui participent à ce transport a été déterminée par l'article 11 de la convention internationale du 3 novembre 1880, conclue à Paris entre divers États membres de l'Union postale universelle. Elle s'applique aux cas de perte et d'avarie.

ART. 1er. *Sauf le cas de force majeure, lorsqu'un colis postal a été perdu ou avarié, l'expéditeur et, à défaut ou sur la demande de celui-ci, le destinataire, a droit à une indemnité correspondant au montant réel de la perte ou de l'avarie, sans toutefois que cette indemnité puisse dépasser 15 francs.*

2. *L'obligation de payer l'indemnité incombe à l'administration dont relève le bureau expéditeur. Est réservé à cette administration le recours contre l'administration responsable, c'est-à-dire contre l'administration sur le territoire ou dans le service de laquelle la perte ou l'avarie a eu lieu.*

3. *Jusqu'à preuve du contraire, la responsabilité incombe à l'administration qui, ayant reçu le colis sans faire d'observation, ne peut établir ni la délivrance au destinataire ni, s'il y a lieu, la transmission régulière à l'administration suivante.*

4. *Le payement de l'indemnité par l'office expéditeur doit avoir lieu le plus tôt possible et, au plus tard, dans le délai d'un an, à partir du jour de la réclamation. L'office responsable est tenu de rembourser sans retard à l'office expéditeur le montant de l'indemnité payée par celui-ci.*

5. *Il est entendu que la réclamation n'est admise que dans le délai d'un an, à partir du dépôt du colis à la poste; passé ce terme, le réclamant n'a droit à aucune indemnité.*

6. *Si la perte ou l'avarie a eu lieu en cours de transport entre les bureaux d'échange de deux pays limitrophes, sans qu'il soit possible d'établir sur lequel des deux territoires le fait s'est accompli, les deux administrations en cause supportent le dommage par moitié.*

7. *Les administrations cessent d'être responsables des colis postaux dont les ayants droit ont pris livraison.*

Ces dispositions sont applicables à la fois au régime intérieur et au régime international; en France, la responsabilité en matière de colis postaux n'a été encourue jusqu'à présent que par les compagnies de chemins de fer et autres entreprises de transport qui ont été substituées à l'administration pour l'exécution de ce service dans les conditions prévues par la convention du 3 novembre 1880 (*Art.* 7 *des conventions conclues par l'État avec les chemins de fer pour l'exécution du service des colis postaux; Loi du* 3 *mars* 1881, *art.* 2; *décret du* 19 *avril* 1881, *art.* 7) (1).

Deux remarques sont à faire au sujet des dispositions précitées de l'article 11 de cette convention.

La première, c'est que le chiffre de 15 francs est un maximum qui ne peut être dépassé, mais qui peut ne pas être atteint; la seconde, c'est que le destinataire perd tout droit à une indemnité lorsqu'il a pris livraison des colis, de même que lorsqu'il a pris livraison des objets recommandés.

Colis grevés de remboursement.

En vertu d'une loi du 25 juillet 1881, les colis postaux peuvent être grevés de remboursement jusqu'à concurrence d'une somme de 100 francs (art. 2).

En cas de perte des sommes encaissées, l'expéditeur d'un colis postal expédié contre remboursement a droit au payement intégral des sommes perdues (art. 3).

Exception de force majeure.

La loi du 4 juin 1859, celle du 25 janvier 1873 et les conventions internationales exonèrent l'administration de toute responsabilité en cas de perte par *force majeure* des objets de correspondance recommandés ou des valeurs confiées à la poste (2).

L'article 1784 du Code civil permet au voiturier d'échapper à toute responsabilité en cas de perte, ou d'avaries par force majeure. La preuve de la force majeure incombe au voiturier.

(1) *Bull. mens.*, n° 36 supp., avril 1881, p. 219.

(2) L'article 8 de la loi du 5 avril 1879 sur le recouvrement des effets de commerce qui détermine la responsabilité de l'administration en cas de perte des envois de valeurs à recouvrer ou de sommes encaissées ne prévoit pas l'exemption tirée de la force majeure; mais cette exception est de droit commun.

De même, lorsque l'administration des postes invoque l'exception de la force majeure pour se soustraire à la responsabilité que font peser sur elle les lois de 1859 et de 1873, il lui appartient d'en faire la preuve (circulaire 1302).

Que faut-il entendre par force majeure ? Si l'on s'en tient aux termes du rapport présenté au Corps législatif par M. O'Quin, sur le projet qui est devenu la loi de 1859, l'exception tirée de la force majeure devrait être restreinte au cas de vol à main armée. La jurisprudence n'a pas confirmé cette interprétation restrictive. D'après elle, la force majeure s'entend de tout évènement qu'on n'a pu ni prévoir, ni prévenir, ni vaincre. *Casus cui provideri, cui prœcaveri, cui resisti non potest*, dit Cujas. Ainsi l'administration des postes est déchargée de toute responsabilité en cas de perte survenue par suite de naufrage (Cass., 26 déc. 1886; Trib. de la Seine, 30 janv. 1867), hors le cas, toutefois, où le sinistre serait imputable à la négligence ou à l'imprudence du capitaine du navire (Paris, 9 juillet 1872, D. P., 1874, 4, 193).

La même définition du cas de force majeure se trouve dans un rapport adressé au ministre des finances, le 6 août 1876, par M. Le Libon, directeur général des postes : « Le cas de force majeure, disait-il, étant l'évènement qu'on n'a pu prévoir et auquel on ne peut résister, il est bien clair que tous les déraillements, incendies, etc., ne rentrent pas dans la catégorie des cas de force majeure. Il est, au contraire, établi par l'expérience que, généralement, de tels événements n'arrivent que par l'effet de la négligence ou de toute autre cause imputable à la faute de personnes qui auraient pu les prévoir ou les prévenir ; que si la poste, en pareil cas, n'est pour rien dans l'évènement, toujours est-il que comme il n'y a pas, en réalité, force majeure, elle demeure responsable envers son commettant, sauf à elle à exercer ensuite son recours contre qui de droit. »

C'est ce qui est arrivé plusieurs fois, à la suite de sinistres maritimes imputables à la négligence des capitaines de navires, et notamment, en 1886, à l'occasion de l'incendie qui a détruit les dépêches à bord du paquebot *la France*. La poste a indemnisé les expéditeurs et a exercé elle-même son recours contre la Compagnie transatlantique.

Il est à remarquer que l'exception de force majeure ne peut être invoquée qu'en cas de perte des objets recommandés ou des valeurs déclarées, qui sont des corps certains, mais non des sommes versées par les particuliers au guichet des bureaux de poste pour être converties en mandats, et qui sont choses fongibles. Ici, la responsabilité de l'administration est absolue : la perte ou le vol ne concernent pas l'expéditeur créancier d'une somme et non propriétaire d'une valeur (1). La poste n'est valablement déchargée que par le payement fait entre les mains du bénéficiaire du mandat qui produit les justifications d'identité exigées par les règlements (C. d'État, 24 juin 1868, p. 727, Lefèvre).

Un grand nombre de législations étrangères, et notamment celles de la

(1) Perriquet, *les Contrats de l'État*, p. 234.

la Belgique, de la Bulgarie, de l'Égypte, de l'Italie, du Luxembourg, n'admettent pas non plus la responsabilité de la poste en cas de force majeure. Au contraire, dans les pays où la poste se charge du service de la messagerie, elle accepte généralement la responsabilité entière des envois qui lui sont confiés. En Allemagne, toutefois, la poste décline toute responsabilité lorsque la perte est le résultat inévitable d'un « accident physique ».

Hypothèse de la suppression de cette exception.

La suppression de l'exception tirée du cas de force majeure a été demandée au congrès postal de Paris, en 1878, par diverses délégations. Cette proposition fut rejetée, grâce aux efforts de la délégation française et à l'intervention personnelle de M. Cochery dans la discussion. Une nouvelle tentative eut lieu au congrès de Lisbonne; elle réussit dans la commission, mais échoua comme la précédente en séance plénière, devant l'opposition énergique des délégués français, qui avaient reçu de M. Cochery les instructions les plus positives pour repousser toute proposition de cette nature.

La résistance opposée dans ces diverses circonstances par les représentants de la France était plutôt motivée par le désir de maintenir dans nos relations internationales un principe consacré depuis longtemps par notre législation intérieure que par la crainte d'un accroissement considérable de responsabilité.

Il résulte, en effet, d'un relevé établi par le bureau des réclamations que, pendant une période de dix années (1880-1889), la poste française ne s'est dispensée de payer, en invoquant le cas de force majeure, qu'une somme de 1,075 francs, à la suite d'assassinats de courriers qui transportaient les dépêches. On peut en conclure que la suppression de l'exception tirée du cas de force majeure n'aggraverait pas d'une manière appréciable la responsabilité du service postal.

Payement des indemnités.

D'après l'article 10 de l'arrêté ministériel du 6 juillet 1859, *le remboursement* du montant des valeurs déclarées perdues ou spoliées *a lieu entre les mains du destinataire.*

A défaut de réclamation de la part du destinataire, dans le délai d'un mois à partir de la perte de la lettre, le remboursement est effectué entre les mains de la personne qui justifie avoir fait le dépôt.

L'article 4 de la loi du 25 janvier 1873 attribue de même au destinataire des objets recommandés l'indemnité de 25 francs due en cas de perte.

Enfin, l'article 20 de l'instruction générale dit également que l'indemnité est acquise, en principe, au destinataire de l'objet perdu ou spolié.

Au contraire, dans le service international, l'indemnité est acquise de préférence *à l'expéditeur;* elle peut être payée au destinataire, si l'expéditeur en exprime le désir.

Cette différence provient de ce qu'autrefois, en France, le destinataire était regardé comme le propriétaire de l'objet de correspondance en cours de transport, tandis que la plupart des législations étrangères attribuent la propriété de cet objet à l'expéditeur. Depuis, la France s'est ralliée à la doctrine la plus générale (Avis du conseil d'État du 6 avril 1883)(1); mais l'article 4 de la loi du 25 janvier 1873 qui donne un droit de préférence au destinataire pour le payement de l'indemnité, n'a pas été modifié.

Subrogation de la poste aux droits du propriétaire.

L'article 6 de la loi du 4 juin 1859 dit que l'*administration des postes, lorsqu'elle a remboursé le montant des valeurs déclarées non parvenues à destination, est subrogée à tous les droits du propriétaire.*

Celui-ci est tenu de faire connaître à l'administration, au moment où elle effectue le remboursement, la nature des valeurs, ainsi que toutes les circonstances qui peuvent faciliter l'exercice utile de ses droits.

D'après l'article 12 de l'arrêté ministériel du 6 juillet 1859, l'acte de subrogation doit être visé pour timbre et enregistré gratis.

Le § 2 de l'article 8 de l'arrangement international des 1er juin 1881-21 mars 1885, concernant le service des valeurs déclarées, dit aussi que *l'administration pour le compte de laquelle est opéré le remboursement du montant des valeurs déclarées non parvenues, est subrogée à tous les droits du propriétaire.*

Le droit de subrogation peut s'exercer utilement lorsque l'auteur du détournement a été découvert et trouvé nanti de tout ou partie des valeurs soustraites.

Ce droit n'existe pas en matière d'objets recommandés ni de colis postaux. La somme fixe qui est attribuée, en cas de perte, au propriétaire de ces objets a plutôt le caractère d'une indemnité en réparation d'un préjudice causé par la faute de l'administration que celui d'une restitution totale ou partielle des valeurs soustraites.

§ 3. — Prescription.

Service intérieur. Loi du 15 juillet 1882. Objets recommandés. Valeurs déclarées. Mandats de poste.

Dans le service intérieur, les réclamations formées à l'occasion de la perte des mandats de poste, des lettres de valeurs déclarées et des objets recommandés, ou de la spoliation des valeurs déclarées, doivent être présentées dans un délai de cinq ans, à partir du jour du dépôt à la poste des sommes ou des objets de correspondance. C'est en effet après cinq ans que *sont définitivement acquises à l'État, lorsque le remboursement ou la remise n'a pas été réclamé par les ayants droit dans ce délai :*

1° *Les sommes versées aux caisses des agents des postes et des télégraphes, ou déposées aux guichets de leurs bureaux pour être remises à destination sous forme de mandats ou autrement ;*

2° *Les valeurs quelconques trouvées ou non dans le service, insérées ou non dans les lettres, et qui n'ont pu être remises aux destinataires.*

Le délai de cinq années court, pour les sommes versées, à partir du jour de leur versement, et pour les autres valeurs, à partir du jour où elles ont été déposées ou trouvées dans le service (Art. 1er de la loi du 15 juillet 1882) (2).

(1) *Bull. mens.* n° 19, juillet 1884, *Instr.* n° 313, p. 801.
(2) *Bull. mens.* n° 8, août 1882, p. 434.

Le délai de prescription était autrefois de huit années ; cette durée avait été fixée par la loi du 31 janvier 1833 pour les articles d'argent, par celle du 5 mai 1855 pour les valeurs trouvées dans le service ou déposées au guichet des bureaux (1).

Pour les sommes converties en bons de poste, le délai de prescription est d'un an seulement (*Loi du 28 juin* 1882). **Bons de poste. Loi du 28 juin 1882.**

Dans les relations internationales, les délais de prescription sont généralement plus courts. Les réclamations ne sont admises que pendant une année, à partir du jour du dépôt des objets recommandés ou des valeurs déclarées à la poste (*Art.* 6 *bis de la convention de l'Union postale universelle ; art.* 8, § 2 *de l'arrangement général relatif à l'échange des valeurs déclarées*). ***Service international.*** **Objets recommandés et valeurs déclarées.**

Pour les mandats internationaux, la durée de la prescription est déterminée par la législation du pays d'origine (*Art.* 5 *de l'arrangement général du* 4 *juin* 1878, *revisé à Lisbonne le* 21 *mars* 1885). **Mandats internationaux.**

En matière de colis postaux, la réclamation, aussi bien dans le service intérieur que dans le service international, doit être formulée dans le délai d'un an, à partir du jour du dépôt (*Convention internationale du* 3 *novembre* 1880 ; *art.* 11, § 5 ; *convention entre le ministre des postes et des télégraphes et les compagnies de chemins de fer et les compagnies maritimes subventionnées. art.* 7 ; *loi du* 3 *mars* 1881).

En matière de transports ordinaires, le nouvel article 108 du Code de commerce fixe également à une année le délai de la prescription pour les actions intentées contre les voituriers à raison des retards, pertes ou avaries.

Il peut être intéressant de chiffrer le montant des sacrifices qu'entraîne annuellement pour l'administration des postes la responsabilité inscrite dans les lois des 23-24-30 juillet 1893, 4 juin 1859 et 25 janvier 1873, ainsi que dans les conventions internationales. **Montant des indemnités payées par l'administration.**

Le tableau ci-après indique le nombre des envois (lettres recommandées, valeurs déclarées, mandats) confiés à la poste, ainsi que le nombre et le montant des remboursements effectués pendant l'année 1888.

(1) En Allemagne le délai de prescription est de six mois pour les valeurs déclarées.

TABLEAU :

NATURE DES VALEURS	SERVICE INTÉRIEUR		SERVICE INTERNATIONAL		TOTAL	
	NOMBRE	MONTANT	NOMBRE	MONTANT	NOMBRE	MONTANT
		fr.		fr.		fr.
Objets recommandés (1)	12,786,688	»	2,759,990	»	15,546,678	»
Valeurs déclarées	5,131,739	1,720,322,351	246,218	184,286,667	5,377,957	1,904,609,018
Mandats de poste (2)	22,764,574	678,133,977	600,434	40,611,261	23,365,008	718,745,238
TOTAUX	40,683,001	2,398,456,328	3,606,642	224,897,928	44,289,643	2,623,354,256
Remboursements :						
Objets recommandés	80	2,000 »	6	300	86	2,300 »
Proportion par rapport au nombre des envois	6,25 / 1,000,000	»	2,2 / 1,000,000	»	5,52 / 1,000,000	»
Valeurs déclarées	92	32,181 78	16	2,385	108	34,566 78
Proportion par rapport au nombre et au montant des valeurs expédiées	17,09 / 1,000,000	30,33 / 1,000,000	65 / 1,000,000	12,9 / 1.000,000	20 / 1,000,000	28,64 / 1,000,000
Mandats	»	»	»	»	50	(3) 3,405 40
Proportion par rapport au nombre et au montant des mandats	»	»	»	»	2,14 / 1,000,000	4,73 / 1,000,000
Total des remboursements					244	60,272 18
Proportion du nombre et du montant des remboursements de toute nature par rapport au nombre et au montant des envois					5,50 / 1,000,000	22,07 / 1,000,000

(1) Le montant des valeurs expédiées dans les objets recommandés n'a pu être chiffré.
(2) Pour les mandats de poste du service intérieur, on a compté les mandats émis, et pour ceux du service international, les mandats reçus.
(3) Dont 807,55 ont été laissés à la charge des agents responsables des faux payements.

En résumé, la responsabilité de la poste a été mise en jeu pour 244 envois, sur un total de 44,289,643, soit en moyenne pour 5,5 envois sur 1 million ; elle a remboursé 60,272 fr. 18 sur les 2,623,254,256 fr. qui lui ont été confiés, c'est-à-dire à peine 23 francs sur 1 million, et l'on n'a pas fait entrer en ligne de compte dans cette proportion les sommes incluses dans les lettres recommandées, dont le montant n'est pas connu.

Ces quelques chiffres témoignent éloquemment en faveur de la sécurité qu'offre la poste pour la transmission des valeurs et de la fidélité de son personnel.

§ 4. — Responsabilité de l'administration en cas de dommages causés par ses préposés dans l'exécution du service.

L'administration des postes est-elle responsable des dommages causés par ses agents dans l'exécution de leur service ?

La négative est généralement admise aujourd'hui. L'article 1384 du Code civil, qui déclare les maîtres et les commettants responsables des dommages causés par leurs préposés ou domestiques dans les fonctions auxquelles ils les ont employés n'est pas applicable à l'État (1). La poste n'encourt de responsabilité, à l'occasion des actes commis par ses agents, que dans la limite prévue par les lois spéciales que nous avons citées plus haut.

La question s'est posée fréquemment de savoir si elle devait répondre des accidents occasionnés par les voitures employées au transport des dépêches.

Au temps des malles-postes, la jurisprudence partageait la responsabilité entre l'administration, responsable du fait de ses courriers, et les maîtres de poste, responsables des fautes commises par leurs postillons (Cass., 22 nov. 1848, S. V., 48, I, 700).

Aujourd'hui qu'il n'y a plus de malles-postes, et que les agents chargés de la conduite des voitures affectées au transport des dépêches sont tous étrangers à l'administration, la responsabilité des accidents incombe uniquement aux entrepreneurs de transport. C'est ce qui résulte d'un arrêt rendu le 25 avril 1887 par le conseil d'État :

Considérant que le sieur Billotet demande que l'État soit condamné à l'indemniser du dommage résultant pour lui de l'accident dont il a été victime, et qui a été causé par la voiture du sieur Bergerot, servant au transport des dépêches entre le bureau de la ville de Gray et la gare ;

Considérant, d'une part, que le sieur Bergerot est un entrepreneur chargé d'exécuter, à ses risques et périls, moyennant un prix fixé, le transport des dépêches, et qu'il ne saurait être considéré, en ce qui concerne les accidents causés par sa voiture, comme le préposé de l'administration des postes ; considérant, d'autre part, que le

(1) V. en ce sens Laferrière, *Traité de la juridiction administrative*, t. I, p. 622 ; t. II, p. 53 et s. ; Sanlaville, *De la responsabilité civile de l'État en matière de postes et de télégraphes*, p. 75 et s.

(2) V. Rousseau, *Traité de la correspondance*, p. 232.

sieur Billotet ne justifie pas que l'accident soit dû à la négligence de l'administration; qu'il suit de là que c'est à bon droit que le ministre des finances a refusé de reconnaître l'État comme responsable de l'accident causé par le sieur Bergerot,

Arrête : Art. 1er. La requête est rejetée.

§ 5. — Compétence. — Actions en responsabilité dirigées contre l'administration.

Devant quelle juridiction doivent être portées les actions en responsabilité dirigées contre l'administration des postes?

La règle à cet égard, est que, sauf les exceptions résultant de lois spéciales, toute action tendant à constituer l'État débiteur doit être portée devant la juridiction administrative représentée par le ministre et le conseil d'État.

Cette règle, consacrée par la jurisprudence constante du conseil d'État, est fondée sur le principe de la séparation des pouvoirs administratif et judiciaire, posé dans notre droit public par plusieurs lois de la période révolutionnaire, parmi lesquelles il y a lieu de mentionner :

1° L'article 1er du décret des 17 juillet-3 août 1790, relatif aux créances arriérées, ainsi conçu :

L'Assemblée nationale décrète, comme principe constitutionnel, que nulle créance contre le Trésor public ne peut être admise parmi les dettes de l'État qu'en vertu d'un décret de l'Assemblée nationale, sanctionné par le roi;

2° L'article 13 de la loi des 16-24 août 1790:

Les fonctions judiciaires sont distinctes et demeurent toujours séparées des fonctions administratives. Les juges ne peuvent, à peine de forfaiture, troubler, de quelque manière que ce soit, les opérations des corps administratifs, ni citer devant eux les administrateurs pour raison de leurs fonctions;

3° Le décret du 16 fructidor an III (2 septembre 1795) :

La Convention nationale, après avoir entendu son comité des finances, décrète qu'elle annule toutes procédures et jugements intervenus dans les tribunaux judiciaires, contre les membres des corps administratifs et comités de surveillance, sur réclamation d'objets saisis, de taxes révolutionnaires et d'autres actes d'administration émanés desdites autorités pour l'exécution des lois et arrêtés des représentants du peuple en mission, ou sur répétition des sommes et effets versés au Trésor public.

Défenses itératives sont faites aux tribunaux de connaître des actes d'administration de quelque espèce qu'ils soient, aux peines de droit, sauf aux réclamants à se pourvoir devant le comité des finances pour leur être fait droit, s'il y a lieu, en exécution des lois, et notamment de celle du 13 frimaire dernier.

Pour la poste, il n'est fait exception à cette règle qu'en matière de valeurs déclarées. Les contestations y relatives sont de la compétence des tribunaux civils (*Loi du 4 juin* 1859, *art.* 3; *Trib. des confl.*, 4 *juillet* 1874, 18 *mars* 1875). Même pour les colis postaux, à l'égard desquels les compagnies de transport ne sont que substituées à l'État pour l'exécution d'un service public, la juridiction administrative est seule compétente pour connaître des contestations qui peuvent s'élever entre ces compagnies et les tiers à l'occasion de l'exécution de ce service (*Art.* 10 *des conventions conclues le* 2 *nov.* 1880 *entre les compagnies et l'État; Loi du* 3 *mars* 1881, *art.* 2 (1); Cass., 11 février 1884, D. P. 1884, I, 97, Gerbaud Sirey, 1884, I, 385.)

Il va sans dire que c'est la juridiction civile qui est seule compétente pour statuer sur les contestations qui peuvent s'élever à l'occasion de l'exécution des clauses des contrats de droit civil passés entre la poste et les particuliers (par exemple les baux des locaux des bureaux de poste.)

§ 5. — Actions en responsabilité dirigées contre les agents des postes.

Qu'arriverait-il si, au lieu de viser l'administration elle-même, les actions en responsabilité étaient dirigées contre ses agents?

Dans ce cas elles ne pourraient être portées devant la juridiction civile qu'autant que l'acte incriminé aurait le caractère d'une faute individuelle dont le fonctionnaire deviendrait personnellement responsable.

Avant 1870, les fonctionnaires et agents de l'administration ne pouvaient être poursuivis pour des faits relatifs à leurs fonctions qu'après une autorisation préalable du conseil d'État, conformément à l'article 75 de la Constitution du 22 frimaire an VIII (12 déc. 1799) : *Art. 75 de la constitution du 22 frimaire an VIII.*

Les agents du gouvernement, autres que les ministres, ne peuvent être poursuivis pour des faits relatifs à leurs fonctions qu'en vertu d'une décision du conseil d'État; en ce cas, la poursuite a lieu devant les tribunaux ordinaires.

Cette règle constitutionnelle avait été modifiée, en ce qui concerne les fonctionnaires et employés des postes, par un arrêté consulaire du 9 pluviôse an X (29 janvier 1802) aux termes duquel « l'administration générale de la poste aux lettres était autorisée à poursuivre ses propres agents devant les tribunaux, sans recourir à la décision du conseil d'État. » *Arrêté des consuls du 9 pluviôse an X.*

Le gouvernement de la Défense nationale, par un décret du 19 septembre 1870, a abrogé l'article 75 de la Constitution de l'an VIII, *ainsi que toutes les dispositions des lois générales ou spéciales ayant pour objet d'entraver les poursuites dirigées contre des fonctionnaires de tout ordre.* *Décret du 19 sept. 1870.*

L'immunité particulière qui couvrait autrefois les fonctionnaires publics a disparu, sans toutefois que la situation ait été sensiblement modifiée à leur égard. Le décret du gouvernement de la Défense nationale n'a eu pour effet que de supprimer la fin de non-recevoir résultant du défaut d'autorisation et de rendre ainsi aux tribunaux judiciaires leur liberté d'action, dans les limites de leur compétence, mais il n'a pu avoir pour conséquence d'étendre ces limites, d'abolir la défense faite aux *Ses conséquences.*

(1) *Bull. mens.* n° 36 supp., avril 1881, p. 300.

mêmes tribunaux par des dispositions autres que celles spécialement abrogées par le décret, de connaître des actes administratifs, ni d'interdire dans ce cas à l'autorité administrative le droit de proposer le déclinatoire et d'élever le conflit (1).

Distinction à faire entre l'acte administratif et la faute personnelle.

En conséquence, depuis le décret du 19 septembre 1870 comme avant la promulgation de ce décret, les agents ne peuvent être rendus responsables vis-à-vis des particuliers, que de leurs fautes personnelles, de leurs délits ou de leurs quasi-délits, mais non des actes d'administration.

De l'acte administratif.

Que faut-il entendre par ce mot : *acte d'administration?*

C'est celui qui est accompli par le fonctionnaire dans la limite de ses attributions et dans l'exercice régulier de ses fonctions, conformément aux instructions qu'il a reçues et aux règlements administratifs, alors même qu'il s'en serait écarté par une erreur d'interprétation toujours possible.

Dans quel cas l'acte accompli par le fonctionnaire dans l'exercice de ses fonctions perd-il le caractère administratif pour revêtir celui d'une faute personnelle?

De la faute personnelle.

La distinction à cet égard est assez délicate; M. Laferrière a essayé de l'établir dans les conclusions qu'il a posées en 1877 devant le tribunal des conflits (Aff. Laumonnier-Cerniol, Trib. des conflits, 5 mai 1877, rapporté dans le *Traité de la juridiction administrative* de Laferrière, t. Ier, p. 594) :

> Si l'acte dommageable est impersonnel, s'il révèle un administrateur, un mandataire de l'État plus ou moins sujet à erreur, et non l'homme avec ses faiblesses, ses passions, ses imprudences, l'acte reste administratif et ne peut être déféré aux tribunaux; si, au contraire, la personnalité de l'agent se révèle par des fautes de droit commun, par une voie de fait, un dol, alors la faute est imputable au fonctionnaire, non à la fonction; l'acte perd son caractère administratif et ne fait plus obstacle à la compétence judiciaire... De même que le magistrat qui rend une décision illégale ne tombe pas sous le coup de la prise à partie, de même l'administrateur qui fait un acte irrégulier n'encourt pas de plein droit une responsabilité personnelle. La responsabilité civile ne s'ajoute à la responsabilité administrative que si l'irrégularité commise par le fonctionnaire constitue en même temps une faute lourde, excédant les risques ordinaires de la fonction, ou si elle révèle une intention mauvaise : *malitiis non est indulgendum* (2).

Pour préciser, nous dirons que la saisie d'un objet de correspondance à la suite d'une perquisition effectuée sur un voiturier, est un acte administratif, et qu'elle conserve ce caractère alors même qu'elle serait irrégulière et résulterait d'une fausse application de l'arrêté du 27 prairial an IX.

Il y a au contraire faute personnelle lorsque l'acte accompli par le fonctionnaire dans l'exercice de ses fonctions se complique d'un fait de négligence ou d'un dol (Req. 4 août 1880, D. P., 81, I, 454; Civ. cass., 23 fév. 1881, D. P., 81, I, 325; Trib. confl., 26 mars 1831, D. P. 82, III, 58;

(1) Arrêt du tribunal des conflits du 26 juillet 1873, affaire Pelletier, rapporté par M. E. Laferrière dans son *Traité de la juridiction administrative*, t. I, p. 589.

(2) M. Laferrière semble établir une distinction entre la faute lourde et la faute légère. Cette distinction nous semble un peu subtile et sujette à contestation.

19 nov. 1881, D. P., 83, III, 23; 18 mars 1882, D. P. 83, III, 83; Req. 29 mars 1882, D. P., 82, I, 325).

Par exemple, le fait de l'employé qui, sciemment ou non, retarde une lettre en l'envoyant en fausse direction (Laferrière, t. Ier, p. 596); celui du facteur qui la livre à un autre domicile que celui indiqué sur la suscription (Trib. des conflits, 4 juill. 1874), sont des fautes personnelles dont les auteurs peuvent être rendus pécuniairement responsables, conformément au principe posé par l'article 1382 du Code civil, et pour lesquels ils peuvent être assignés en dommages-intérêts devant les tribunaux civils (Trib. des conflits, 20 mai 1850, D. P., 50, III, 65; 9 mai 1851, S. V. 51. 7. 582; Cons. d'État, 29 mars 1853, D. P., 63, III, 55; 6 déc. 1855, D. P., 59, III, 34).

Mesures à prendre par les directeurs en cas d'assignations adressées à l'administration ou à ses agents.

Lors donc qu'un agent de son département est assigné devant les tribunaux civils à raison d'un acte accompli dans l'exercice régulier de ses fonctions, ou lorsque c'est l'administration elle-même qui est assignée dans la personne du chef de service ou d'un préposé, pour une affaire impliquant la responsabilité pécuniaire de l'État, le directeur départemental doit en avertir immédiatement le directeur général et attendre ses instructions. Le directeur général apprécie s'il y a lieu de demander le renvoi de l'affaire devant la juridiction administrative. Dans l'affirmative, le préfet, à la requête de l'administration ou du directeur, saisit le tribunal d'un déclinatoire d'incompétence. Si, malgré le déclinatoire proposé, le tribunal se déclare compétent, le préfet devra élever le conflit dans la forme prévue par les ordonnances des 1er juin 1828 et 12 mars 1831.

S'il s'agit d'une assignation en justice de paix ou devant un tribunal de commerce, juridictions devant lesquelles on ne peut élever le conflit, la demande en déclaration d'incompétence est adressée directement au juge de paix ou au président du tribunal par l'administration, et en cas d'urgence par le directeur, qui en réfère ensuite au directeur général.

OUVRAGES A CONSULTER :

LAFERRIÈRE, *Traité de la juridiction administrative*, 1877.

ROUSSEAU, *Traité de la correspondance par lettres missives et télégrammes*, Paris, 1877.

SANLAVILLE, *De la responsabilité civile de l'État en matière de postes et de télégraphes*, 1886.

PERRIQUET, *les Contrats de l'État*.

QUATRIÈME PARTIE

DE LA CORRESPONDANCE OFFICIELLE

Nous allons maintenant aborder l'étude des lois et des règlements qui régissent l'exploitation postale proprement dite.

L'objet essentiel de cette exploitation, c'est le transport de la correspondance officielle et privée.

Comme la poste a été instituée tout exprès pour le transport de la correspondance officielle, et que ce n'est que par la suite qu'elle est venue à se charger de la correspondance privée, nous suivrons l'ordre indiqué par le développement historique de l'institution, et nous nous occuperons d'abord de la correspondance officielle et des franchises postales.

Nous commencerons par un résumé rapide des lois et des règlements qui ont été successivement édictés pour le transport de la correspondance officielle.

Nous étudierons le régime des franchises actuellement en vigueur.

Nous examinerons ensuite les critiques auxquelles il a donné lieu, et nous le comparerons avec les systèmes différents expérimentés à diverses époques en France et à l'étranger.

§ 1. — Historique des franchises postales en France (1).

Origine des franchises.

Le système de l'exemption de taxe pour le transport de la correspondance officielle est aussi ancien que la poste.

L'article 27 de l'édit du 19 juin 1464 de Louis XI, contient, en effet, la disposition suivante :

« Et quant aux paquets envoyez par ledit seigneur ou qui lui seront adressez, lesdits maîtres coureurs seront tenus de les porter en personne sans aucun délay, de l'un à l'autre, *sans en prétendre aucun payement;* ains se contenteront des droits et gages qui leur sont attribuez (2). »

(1) Voir la note publiée sur la question des franchises par l'administration des postes en mars 1864 (Mémoire remis à la section des finances du conseil d'État).

(2) LEQUIEN DE LA NEUVILLE. *Origines des postes chez les anciens et les modernes,* p. 79.

A l'origine, la franchise ne s'applique qu'à la correspondance du roi; mais elle ne tarde pas à s'étendre aux lettres et paquets expédiés ou reçus par les principaux fonctionnaires et officiers de la couronne. Des abus se produisent : un arrêt du Conseil, de janvier 1629, voulant donner satisfaction aux plaintes du général des postes touchant des prétentions mal fondées à l'exemption du port des lettres, ordonne « à toutes personnes de quelque qualité et condition qu'elles soient, de payer leurs lettres et paquets, conformément au règlement (de 1627), à l'exception de monseigneur le chancelier, de messieurs les surintendants des finances, secrétaires d'Estat et intendants desdites finances, pour les paquets seulement concernant le service du roi. »

Arrêt du conseil de janvier 1629. Première liste des fonctionnaires autorisés à correspondre en franchise.

Cet arrêt contient ainsi la première liste officielle des fonctionnaires autorisés à correspondre en exemption de taxe; mais les bornes qu'il avait essayé d'opposer au développement et surtout à l'abus de la franchise postale ne devaient pas être respectées. Plusieurs fois l'autorité royale dut intervenir pour rappeler et confirmer ses prescriptions toujours méconnues. Les nombreux règlements rendus sur la matière n'ont jamais eu d'autre but que de combattre des fraudes et des empiètements très préjudiciables aux intérêts du Trésor, et l'on pourrait dire justement que l'histoire des franchises postales se résume dans celle des abus de franchise.

En 1721, un arrêt du conseil qui porte la date du 17 avril, enjoint à tous ceux qui avaient droit à l'exemption du port de leurs lettres en les contre-signant, de tenir la main à ce que ceux à qui ils confieraient leurs cachets n'en abusent pas, et afin d'assurer l'effet de ces recommandations, Sa Majesté permet « au fermier général des postes et messageries, ses préposés, directeurs et commis, de faire faire, en cas de suspicion, l'ouverture desdites lettres et paquets par les particuliers à qui ils seraient adressés; et s'ils se trouvent en contravention, veut et entend Sa Majesté que les ports en soient payés suivant le tarif, et, en cas de refus de faire l'ouverture desdites lettres et paquets, il y sera pourvu par Sa Majesté sur le compte qui lui sera rendu. »

Taxation et vérification des paquets par les agents des postes.

De là date, pour les agents des postes, le droit de taxer préventivement les dépêches suspectées de fraude, et d'en exiger l'ouverture et la vérification.

On peut citer encore, parmi les arrêts du conseil qui ont eu pour objet de combattre les abus de la franchise :

Arrêt du conseil du 4 nov. 1739. Constatation par procès-verbaux des abus de franchise.

Celui du 4 novembre 1789, qui renouvelle l'autorisation donnée aux préposés des postes de taxer les paquets suspects et d'en requérir l'ouverture dans leurs bureaux; leur ordonne, en outre, de dresser des procès-verbaux en cas d'abus constatés, « pour iceux, vus et rapportés, être par Sa Majesté, sur l'avis du sieur grand-maître et surintendant général des postes, ordonné ce qu'il appartiendra » ;

Arrêt du conseil du 15 janv. 1771. Dépôt des paquets au guichet des bureaux.

L'arrêt du 15 janvier 1771, qui prescrit la remise des paquets expédiés en franchise entre les mains des préposés des postes, et ordonne de taxer ceux qui seraient trouvés dans les boîtes aux lettres;

Arrêt du conseil du 12 août 1789. Restriction de la franchise à la correspondance de service.

L'arrêt du 12 août 1787, qui essaye de restreindre l'usage de la franchise, concédée souvent à titre gracieux ou honorifique, à la seule correspondance motivée par le service public. La reine et les frères du roi donnent l'exemple et renoncent à leur contre-seing. Cette réduction des franchises a pour résultat une augmentation de 1,200,000 livres sur le prix du bail de la ferme des postes, qui est alors porté à 12 millions.

Efforts de l'Assemblée constituante pour restreindre le nombre des franchises.

Dans les premières années de la Révolution, de louables efforts sont faits pour combattre l'abus toujours renaissant des franchises.

Le 24 octobre 1789, l'Assemblée constituante refuse, pour ses membres, la franchise que lui offraient les administrateurs des postes.

Un règlement ministériel du 16 juillet 1790 prescrit l'envoi sous bande de la correspondance des administrations départementales.

Dans la séance du 11 septembre 1790, Dupont de Nemours propose, mais sans succès, de restreindre la franchise à la seule correspondance échangée entre les autorités. Plus tard, deux décrets de l'Assemblée législative, en date des 8 juin et 3 septembre 1792, limitent l'usage de la franchise aux seuls fonctionnaires publics et imposent l'emploi de griffes spéciales pour les contre-seings.

Recrudescence des abus sous la Convention.

Sous la Convention, les abus reparaissent et se multiplient à tel point, que le rapporteur de la commission des postes et des messageries peut dire, à la date du 15 fructidor an IV, que les deux tiers de la correspondance circulent en franchise. Le mal était si profond, qu'on ne crut pas pouvoir y remédier autrement qu'en supprimant la franchise elle-même. La loi du 9 vendémiaire an VI (30 septembre 1797), la même qui replaça pour un instant la poste sous le régime de la ferme, abolit la franchise, sauf pour le *Bulletin des lois*, et décida qu'il sera accordé des indemnités aux bénéficiaires.

Loi du 9 vendémiaire an VI. Suppression de la franchise.

Une indemnité de 750,000 francs, fut en effet accordée aux membres des deux Conseils par la loi du 5 frimaire an VI (25 novembre 1797); pour les fonctionnaires, un arrêté du Directoire exécutif du 27 vendémiaire an VI (18 octobre 1797) remplaça les indemnités par un système plus compliqué, celui des états de crédit, sur lequel nous devons nous arrêter un instant.

Arrêté du 28 vendémiaire an VI.

D'après l'article 1er de l'arrêté du 28 vendémiaire an VI, les particuliers et les fonctionnaires non expressément désignés étaient tenus de payer le port des lettres, paquets et dépêches qu'ils adressaient aux membres du gouvernement, aux autorités et aux fonctionnaires publics, faute de quoi ces lettres et ces paquets tombaient en rebut. Il n'était fait exception qu'en faveur des citoyens indigents et non inscrits, à cause de leur pauvreté, sur les rôles des contributions directes, pour les lettres qu'ils écrivaient au directoire exécutif et aux ministres, à la condition d'en faire certifier l'origine par les commissaires du Directoire près les municipalités des lieux des bureaux de départ. Toutefois, le port même de ces lettres devait être remboursé à l'administration des postes par les autorités à qui elles étaient adressées.

D'après l'article 2, les lettres adressées par les membres du gouvernement, les administrations publiques et les fonctionnaires publics aux particuliers, étaient également soumises à la taxe.

L'article 3 désignait les fonctionnaires autorisés à correspondre, pour affaires de service, sans affranchissement préalable, soit entre eux, soit avec le Directoire exécutif, les ministres et la trésorerie nationale. Les correspondances de cette nature devaient être déposées directement aux guichets des bureaux de poste, accompagnées d'états sommaires appelés *états de crédit*, sur lesquels le prix du port était calculé et porté au débet du compte de ceux qui les avaient écrites; elles étaient ensuite frappées du timbre *Port payé*.

Pour la répression de la fraude, l'arrêté du 27 vendémiaire contenait la disposition suivante :

> S'il arrive que quelques fonctionnaires publics abusent de la faculté qui leur est donnée par le présent, en mettant à la charge de la République des objets qui lui sont étrangers, *leurs noms seront rendus publics*, sans préjudice des autres peines et condamnations auxquels ils suront pu s'exposer. (Art. 9.)

Un arrêté du 27 brumaire an VI (17 novembre 1797), détermina l'imputation et le mode de remboursement des frais de port de lettres qui ne devaient pas être compris dans les comptes ouverts ou états de crédit dont on vient de parler. Ces frais concernaient les dépêches relatives aux procès, la correspondance des administrations centrales des départements, celle des municipalités et celle de la gendarmerie. Arrêté du 27 brumaire an VI.

Les ports de lettres concernant les affaires criminelles et correctionnelles étaient compris dans les frais de la procédure; les taxes en étaient ordonnancées par le président du tribunal et acquittées par les receveurs des domaines, lorsqu'il s'agissait d'un objet rentrant dans les dépenses générales de l'État, ou par le receveur du département, sur le visa de l'administration centrale, lorsque l'objet rentrait dans les dépenses départementales.

Les frais de port des lettres adressées aux tribunaux civils ou de commerce étaient imputés sur les fonds affectés aux dépenses ordinaires des mêmes établissements.

Le port des lettres adressées aux administrations centrales ou aux municipalités par les autorités constituées, autorisées à ne pas les affranchir, rentrait dans les dépenses départementales et était acquitté sur les sous additionnels.

Les lettres et paquets adressés par les autorités constituées et les fonctonnaires publics autorisés à ne pas les affranchir, aux commissaires du Directoire exécutif près les administrations centrales et municipales, étaient passés en dépense de la même manière que ceux adressés à ces administrations elles-mêmes.

Il était tenu un état séparé des frais de port des affiches relatives à l'aliénation des domaines nationaux; le montant de ces frais était à la charge des administrations centrales, qui les comprenaient dans les frais de vente à payer par les adjudicataires.

Enfin l'affranchissement était rendu obligatoire pour les lettres adressées par les particuliers aux officiers, cavaliers et autres personnes employés dans la gendarmerie nationale; faute d'affranchissement, ces lettres étaient versées en rebut.

Avantages théoriques du nouveau système.

Théoriquement, le nouveau système présentait, sur le régime des franchises, de sensibles avantages.

En obligeant les administrations publiques à décompter de leurs frais de port de lettres avec la poste, à charge de remboursement ultérieur, il les amenait, sans compromettre en rien l'expédition de leur correspondance officielle, à contrôler elles-mêmes ces dépenses, et il les intéressait à la répression des abus.

Il restituait à la poste des recettes légitimes qui doivent figurer à son avoir, en regard des dépenses que lui occasionne le transport de la correspondance administrative, pour qu'il soit possible de juger sainement le résultat de son exploitation.

Il maintenait la distinction qui doit exister entre le budget de l'État et ceux des départements et des communes, en imputant sur chacun de ces budgets les frais de la correspondance des services qu'ils alimentent.

Il limitait enfin nettement la subvention de l'État à la correspondance entretenue directement entre ses agents pour son service, et soumettait au droit commun les relations des particuliers avec les autorités ou fonctionnaires publics.

Résultats pratiques défavorables. Rapport de Gaudin aux consuls.

Cependant l'expérience de ce nouveau système, si satisfaisant en théorie, ne paraît pas avoir produit d'heureux résultats, si l'on en juge par le rapport adressé deux ans plus tard aux consuls par le ministre des finances Gaudin :

L'impossibilité reconnue d'anéantir les abus de la franchise avait fait naître l'idée d'y suppléer par une indemnité; mais rien n'était plus difficile à régler que cette indemnité. Les mesures les plus sages furent[1] prises pour la remplacer. Néanmoins il n'en résulta que des inconvénients plus grands encore. Cet essai a prouvé pour toujours que, loin de chercher à augmenter le produit des postes par la taxe des correspondances administratives, il faut se contenter de l'économie immense que leur transport gratuit procure au gouvernement, car c'est bien réellement l'équivalent d'un produit que l'exécution gratuite d'un service indispensable.

Plusieurs règlements sages ont pourvu aux besoins et ont remédié aux abus autant qu'il est possible de le faire.

Ces dispositions doivent être maintenues; mais, comme elles sont et seront longtemps encore susceptibles de variations, de réformes, d'additions, il est de l'intérêt bien entendu du service de confierà l'autorité exécutive la faculté de régler les franchises vis-à-vis de ceux des fonctionnaires publics auxquels il sera indispensable d'en accorder.

Ces vues furent adoptées par le gouvernement, qui adressa un message dans ce sens au Conseil des Cinq-Cents (8 frimaire an VIII, 29 nov. 1799).

La commission du Conseil des Cinq-Cents donna son approbation complète aux propositions du ministre des finances et du gouvernement. Suivant elle, la question des franchises devait être envisagée non au point de vue fiscal, mais au point de vue politique. Ce service, dont l'importance pouvait être évaluée à 6,000,000 de francs, était tellement compliqué, qu'il ne pouvait être réglé par la loi dans tous ses détails. Le législateur devait se borner à poser les bases essentielles et laisser au pouvoir exécutif le soin d'en assurer l'exécution (Rapport de Mathieu, 23 frimaire an VIII (14 décembre 1799).

Loi du 25 frimaire an VIII. Rétablissement de la franchise.

La loi du 25 frimaire an VIII (16 décembre 1799), fit prévaloir les vues du gouvernement.

L'article 13 de cette loi est ainsi conçu :

Les consuls détermineront par un règlement l'usage des franchises et les fonctionnaires qui devront en jouir.

Règlements édictés successivement pour l'application de la loi.

C'est sur ce texte de loi que repose tout le régime actuel des franchises.

Leur usage a d'abord été réglé, en exécution de la loi du 25 frimaire an VIII, par les arrêtés des consuls des 27 prairial an VIII (16 juin 1800) et 15 brumaire an IX (6 novembre 1800), suivis de la nomenclature des fonctionnaires admis à jouir des droits de franchise et de contre-seing.

Cette réglementation a été modifiée à diverses époques : règlement général du 19 août 1808, ordonnances des 6 août 1817, 14 décembre 1825, 17 novembre 1844, 27 novembre 1845 ; décrets du 24 août 1848 et du 4 novembre 1850.

La liste des fonctionnaires admis à jouir de la franchise a été très fréquemment remaniée et successivement augmentée ; elle forme maintenant un volume de 900 pages, le *Manuel des franchises postales.*

L'ordonnance du 17 novembre 1844, modifiée dans quelques-unes de ses parties par l'ordonnance du 27 novembre 1845, le décret du 24 août 1848 et le décret du 11 novembre 1850, est encore aujourd'hui le règlement fondamental pour le transport de la correspondance officielle par la poste.

§ 2. — Régime actuel des franchises.

Droit à la franchise.

D'après l'article 13 de la loi du 25 frimaire an VIII, la franchise devrait appartenir aux seuls fonctionnaires publics.

De même, l'article 1er de l'ordonnance de 1844 mentionne comme ayant droit à la franchise la correspondance des fonctionnaires publics, exclusivement relative au service de l'État ; mais les articles suivants étendent le bénéfice de ce droit à des catégories de personnes et de correspondances que la loi semble n'avoir pas visées.

Ainsi, les articles 8 et 9 accordent la franchise à des envois qui ne sont pas du domaine de la correspondance, tels que le *Bulletin des lois*, le *Bulletin des arrêts de la cour de cassation,* le *Journal officiel*, les budgets, rapports, comptes rendus, messages, discours, proclamations et affiches émanés du gouvernement ou faits en son nom, les rôles des contributions directes, les listes électorales, les poinçons de garantie servant à la fabrication des monnaies, les formules imprimées concernant le service de l'État, les timbres mobiles de l'enregistrement, enfin, un nombre considérable de publications plus ou moins officielles, et même de documents ayant un caractère privé.

L'article 11 permet d'expédier sous le contre-seing des fonctionnaires des correspondances étrangères au service de l'État, tels que celles échangées entre les sociétés savantes.

Bien que ces sociétés n'aient pas un caractère officiel, on a considéré que leur existence répondait à un intérêt général assez marqué pour justifier l'envoi de leur correspondance en franchise.

Étendue de la franchise

Le droit à la franchise est plus ou moins étendu.

La franchise est *illimitée* quand elle s'exerce sans distinction de personnes ni de lieux;

Limitée, quand elle s'applique à des personnes ou à des lieux déterminés;

Réciproque, quand le droit d'expédier ou de recevoir des correspondances en franchise existe pour l'expéditeur et pour le destinataire : c'est ce qu'on appelle *correspondre en franchise;*

Non réciproque, quand ce droit existe seulement pour l'expéditeur ou pour le destinataire : c'est ce qu'on appelle écrire *en franchise sans réciprocité.*

Franchise illimitée :

La franchise illimitée existe, soit à l'expédition et la réception des correspondances, soit à la réception seulement.

A l'expédition et à la réception.

Le président de la République et le directeur général des postes jouissent seuls de la franchise illimitée pour toutes les correspondances qu'ils expédient ou qu'ils reçoivent (Tableau n° 2 du *Manuel des franchises*).

A la réception seulement.

La franchise illimitée à la réception est accordée aux présidents du Sénat et de la Chambre des députés, aux ministres, au sous-secrétaire d'Etat des colonies, ainsi qu'à un certain nombre de hauts fonctionnaires dénommés au tableau n° 1 du *Manuel des franchises :* le grand chancelier de la Légion d'honneur, le gouverneur général de l'Algérie, le président et le vice-président du conseil d'État, le président de la section du contentieux et le secrétaire général du conseil d'État; les premiers présidents de la cour de cassation et de la cour des comptes, les procureurs généraux près les mêmes cours, le gouverneur militaire de Paris, le commandant de la place de Paris, le chef d'état-major général du ministre de la guerre, le préfet de police, les directeurs généraux des administrations financières, le directeur des forêts, le directeur général de la Caisse des dépôts et consignations, le directeur de l'administration des cultes, le président de la commission chargée de préparer les listes des candidats aux bureaux de tabacs, le directeur de l'Imprimerie nationale pour les demandes d'abonnement au *Bulletin des lois* et au bulletin des arrêts de la cour de cassation.

D'autres jouissent de la franchise à la réception pour toutes les correspondances qui leur sont adressées des lieux situés dans leur ressort : ce sont les préfets de la Seine et du Rhône, les commandants de corps d'armée, les procureurs généraux, les procureurs de la République.

La franchise limitée, à l'expédition comme à la réception, est le cas le plus général : le tableau n° 3 du *Manuel des franchises* contient la liste des fonctionnaires autorisés à correspondre en exemption de port avec certaines personnes seulement. Cette liste comprend environ 6,000 catégories de fonctionnaires; en raison du nombre des titulaires de chaque fonction, la franchise limitée s'applique à plus de 120,000 bénéficiaires. Franchise limitée.

D'après l'article 2 de l'ordonnance du 17 novembre 1844, aucune franchise ne peut être accordée qu'en vertu d'une décision du chef de l'État, et lorsque l'intérêt du service l'exige indispensablement. Concession des franchises.

Malgré cette prescription formelle, les franchises ont été pendant longtemps concédées par de simples décisions ministérielles. Depuis le mois de février 1888, on est revenu au mode de concession par décret.

Les paquets expédiés en franchise sont soumis à diverses conditions, en ce qui concerne la forme, le poids et le dépôt à la poste. Ces conditions ont pour but, autant que faire se peut, de prévenir les abus. Conditions auxquelles est subordonné l'exercice de la franchise.

Pour les correspondances adressées aux fonctionnaires jouissant de la franchise à la réception, à raison de leur seule qualité (tableau n° 1 du *Manuel des franchises*), il suffit, pour assurer le droit à l'exemption de port, que la qualité du destinataire soit indiquée sur l'adresse.

Lorsque la franchise résulte de la qualité seule de l'expéditeur (tableau n° 2 du *Manuel*) ou des qualités réunies de l'expéditeur et du destinataire (tableau n° 3), la dépêche ne peut circuler en exemption de taxe qu'à la condition de porter sur la suscription l'énoncé de la qualité de l'expéditeur, suivi de sa signature : c'est ce qu'on appelle le *contreseing*. Contreseing.

Un certain nombre de hauts fonctionnaires sont autorisés à remplacer le contreseing par l'empreinte d'une griffe fournie par l'administration qui en conserve une empreinte modèle (*Décret des 3-20 septembre 1792; art. 14 de l'ordonnance du 17 novembre 1844*).

Des empreintes des griffes en usage sont transmises aux directeurs des départements et aux receveurs des bureaux de la résidence des fonctionnaires.

En principe, le contreseing ne peut être délégué.

Toute dépêche expédiée en contravention à cette disposition est soumise à la taxe.

Lorsqu'un fonctionnaire est hors d'état de remplir ses fonctions pour cause d'absence, de maladie ou pour tout autre motif légitime, le fonctionnaire qui le remplace contresigne la correspondance de service, en énonçant sa qualité d'intérimaire (*Art. 13 à 18 de l'ordonnance du 17 novembre 1844*).

La correspondance relative au service de l'État s'expédie de trois manières : Conditionnement des envois.

1° *Sous bandes* (c'est le cas le plus fréquent);

2° *Par lettres fermées;*

3° *Au moyen de cartes circulant à découvert.*

Correspondance placée sous bandes.

Les lettres et paquets contresignés qui doivent être mis sous bandes ne peuvent être reçus ni expédiés lorsque la largeur des bandes excède le tiers de la surface des paquets.

Lorsque les paquets sont volumineux, ils peuvent être liés au moyen de ficelles faciles à dénouer.

Correspondance par lettres fermées.

Le droit de correspondre en franchise par lettres closes n'appartient d'une manière permanente qu'à un petit nombre de fonctionnaires; il n'est accordé le plus souvent qu'en cas de nécessité : par exemple aux préfets et sous-préfets pour la correspondance relative à des objets de police (*Art.* 22 *de l'ordonnance du* 17 *novembre* 1844).

Les fonctionnaires autorisés éventuellement, mais seulement en cas de nécessité, à expédier leurs correspondances de service par lettres closes doivent, indépendamment de leur contreseing, déclarer sur la suscription, par une note signée d'eux, qu'il y a *nécessité de fermer*.

Lorsque les préfets et les sous-préfets usent de cette faculté, la signature de ladite note et leur contreseing doivent être de la même main (*Art.* 21 *à* 27 *de l'ordonnance du* 7 *novembre* 1844).

Correspondance par cartes circulant à découvert.

En vertu d'un décret du 1er décembre 1888, les fonctionnaires publics ont été, *à titre facultatif, autorisés à faire emploi, pour leur correspondance officielle expédiée en franchise, de cartes simples circulant à découvert, fournies ou fabriquées par les divers départements ministériels ou par les fonctionnaires eux-mêmes.*

Ces cartes doivent avoir, au minimum, neuf centimètres de longueur et six centimètres de hauteur, et, au maximum, quatorze centimètres de longueur et neuf centimètres de hauteur.

Leur poids ne doit pas excéder cinq grammes, ni être inférieur à un gramme et demi.

Le recto est réservé à l'adresse du destinataire, au contreseing du fonctionnaire expéditeur et, au besoin, à la désignation du service ou de l'administration à laquelle appartient le contresignataire. Toutes ces indications peuvent être manuscrites ou imprimées.

Le verso est destiné à recevoir la correspondance officielle.

Il est interdit de joindre, d'attacher ou de coller à ces cartes aucune pièce ou aucun objet quelconque.

Toute carte expédiée en contravention aux dispositions qui précèdent est passible de la taxe des lettres ordinaires (1).

Ce mode de circulation à découvert, pour la correspondance officielle, a été emprunté à la Belgique, où il a été autorisé en vertu d'un arrêté royal daté du 2 juin 1877.

Dépôt à la poste.

Les lettres et paquets devant circuler en franchise sont remis à la main au guichet des bureaux de poste.

A Paris, les fonctionnaires publics sont autorisés à faire déposer leurs

(1) *Bull. mens.* n° 12, décembre 1888, p. 373.

dépêches contresignées au guichet des bureaux de quartier, sans distinction de destination, pourvu que les paquets ne dépassent pas le poids de 120 grammes (*Décision ministérielle du* 29 *juin* 1853).

Ceux qui sont jetés à la boîte sont frappés du timbre *Trouvé à la boîte*, et taxés par le bureau destinataire.

Toutefois, les lettres et paquets adressés à des fonctionnaires ou à des personnes jouissant de la franchise à raison de leur qualité, sans condition de contreseing, peuvent être jetés dans les boîtes aux lettres.

Les lettres et paquets valablement contresignés par des fonctionnaires résidant dans des communes dépourvues d'établissements de poste peuvent être déposés dans les boîtes de ces communes, et même dans les boîtes mobiles des courriers d'entreprise, si ces boîtes doivent être levées par les préposés des bureaux de poste qui desservent la résidence des fonctionnaires expéditeurs.

A chaque tournée, les facteurs ruraux doivent se présenter à la mairie des communes qu'ils desservent pour y déposer et y recevoir la correspondance administrative.

Les bulletins de présence des agents des contributions indirectes et les bulletins de vérification des inspecteurs du même service peuvent également être déposés dans les boîtes aux lettres (1).

Les dépêches contresignées des commissaires de surveillance administrative et des commissaires spéciaux de la police des chemins de fer peuvent, en cas d'urgence et par exception, être remises directement entre les mains des agents des bureaux ambulants ou des courriers convoyeurs, (*Déc. min. des* 30 *janvier* 1864, 23 *août* 1866, 23 *décembre* 1871 *et* 24 *octobre* 1877) au moment du stationnement de ces agents ou courriers dans les gares.

Maximum de poids autorisé.

Le maximum du poids des paquets expédiés en franchise est fixé :

1° A 5 kilogrammes, lorsque le transport de ces paquets doit être opéré, jusqu'à destination, par chemins de fer ou par des services de voiture ;

2° A 2 kilogrammes, lorsque les paquets sont dirigés sur une route desservie, en quelque point que ce soit, par un service d'entreprise exécuté à cheval ;

3° A 1 kilogramme, lorsqu'ils doivent être transportés, sur un point quelconque du trajet à parcourir, par un service à pied.

Les préposés sont autorisés, en cas d'insuffisance des moyens de transport et sauf les exceptions prévues ci-après, à refuser, à présentation, tout paquet contresigné dont le poids dépasserait le maximum fixé.

Toutefois, ils sont tenus d'accepter, sans limitation de poids :

Les paquets revêtus du contreseing, ou expédiés à l'adresse des fonctionnaires jouissant de la franchise pour toutes les correspondances qui leur sont adressées ;

(1) Circulaire n° 44, du 24 février 1835 ; *Bull. mens.* n° 62, octobre 1860, circulaire n° 187, p. 385 ; *Bull. mens.* n° 43, octobre 1872, p. 293.

Les rôles des contributions directes;

Les listes électorales;

Les listes du jury;

Les registres de l'état civil.

Ils requièrent au besoin des moyens exceptionnels de transport, après avoir invité le fonctionnaire expéditeur à faire connaître, dans le cas où plusieurs paquets leur auraient été remis simultanément, s'il est possible d'en répartir l'expédition en plusieurs courriers, et, dans l'affirmative, l'ordre dans lequel ces paquets doivent être expédiés.

Chargement en franchise.

Les lettres et paquets de service circulant en franchise peuvent être expédiés sous chargement, sur la réquisition écrite et signée des autorités ou fonctionnaires qui font l'envoi (*Décret des* 3 *et* 20 *septembre* 1792, *art.* 5; *art* 47 *de l'ordonnance du* 17 *novembre* 1844).

Cette réquisition est conservée au bureau et annexée au registre de dépôt des chargements.

A moins d'une autorisation expresse, les chargements en franchise ne doivent contenir ni or, ni argent, ni billets de banque, ni autres valeurs payables au porteur (*Art.* 16 *de l'arrêté ministériel du* 6 *juillet* 1859).

La perte d'une lettre ou d'un paquet chargé expédié en franchise ne donne droit à aucune indemnité. (*Ordonnance du* 17 *novembre* 1844, *art.* 48).

Les particuliers qui veulent faire charger des lettres ou des paquets à l'adresse des fonctionnaires jouissant de la franchise sans condition de contreseing, acquittent, pour ces lettres ou paquets, le droit fixe de recommandation.

Journaux et publications officiels. Bulletin des lois.

L'expédition en franchise des imprimés et des publications officielles ou non est soumise à certaines conditions particulières.

Les exemplaires du *Bulletin des lois* et du *Bulletin des arrêts de la cour de cassation* sont expédiés sous chargement aux préfets, sous-préfets, cours et tribunaux, autorités militaires, etc.

Le *Bulletin des lois* est transmis aux maires par l'intermédiaire des préfets et des sous-préfets. Ces magistrats adressent à cet effet au receveur du bureau de poste de leur résidence un nombre d'exemplaires égal à celui des communes desservies par les autres bureaux de l'arrondissement.

Messages, discours, etc.

Les publications ou documents officiels tels que messages, discours, etc., destinés aux maires, sont transmis, sans le contreseing des préfets, à chaque receveur, en nombre égal à celui des communes desservies par son bureau.

Journal officiel.

Les exemplaires du *Journal officiel* (édition ordinaire et édition des communes) destinés aux maires sont adressés directement par l'éditeur à chaque bureau de poste en nombre égal à celui des communes qu'il dessert.

Les maires ou leurs délégués donnent reçu, sur le port du facteur, des exemplaires qui leur sont destinés.

Comptes rendus officiels analytiques des séances des Chambres.

Les comptes rendus officiels analytiques de la Chambre des députés et du Sénat, adressés respectivement par les questeurs des deux assemblées aux députés et aux sénateurs, circulent en franchise sous bandes portant les mots : *Questure de la Chambre des députés* ou *Questure du Sénat* (*Décisions ministérielles des* 17 *novembre* 1876 *et* 12 *février* 1877).

Les publications et imprimés non officiels, assimilés à la correspondance de service, et dont la nomenclature est fournie par l'ordonnance de 1844, ainsi que les formules imprimées à l'usage des fonctionnaires publics, payée sur les fonds de l'État et réunies en paquets ne dépassant pas le poids de 500 grammes, doivent être accompagnés d'une déclaration revêtue de la signature du contresignataire et indiquant : Publications et imprimés non officiels.

Le titre de chaque ouvrage,

Le nombre d'exemplaires à expédier,

La qualité du destinataire.

Ces déclarations énoncent, en outre, que l'envoi est fait pour le service de l'État. Elles sont remises, en même temps que les exemplaires de ces publications, au préposé du bureau de poste d'expédition.

Ce préposé les frappe de l'empreinte du timbre à date de son bureau et les envoie au directeur du département, qui, après examen et redressement, s'il y a lieu, les conserve dans ses archives.

Chaque paquet formé de publications et d'imprimés non officiels régulièrement déclarés est frappé, indépendamment du timbre à date, de l'empreinte d'un timbre spécial portant les mots : *Imprimés déclarés*.

Si les paquets ont été remis au bureau de poste sans être accompagnés de la déclaration prescrite, ou si cette déclaration, après avoir été réclamée du fonctionnaire expéditeur, n'a pas été produite, les paquets sont frappés d'un timbre spécial *Imprimés non déclarés*, et taxés par le bureau de destination.

Il y a abus de franchise, d'après l'article 3 de l'ordonnance du 17 novembre 1844 et l'article 6 du decret-loi du 24 août 1848, lorsqu'un fonctionnaire comprend dans des dépêches expédiées en franchise des lettres, papiers et objets étrangers au service de l'État. Abus de franchise.

Les articles 4, 5, 6, 74 à 78 de l'ordonnance de 1844, les articles 6 et 7 du décret-loi du 24 août 1848, et l'arrêté ministériel du 13 décembre de la même année, organisent le contrôle et la répression des abus.

Le contrôle appartient aux agents des postes. *En cas de suspicion de fraude ou d'omission d'une seule des formalités prescrites, ils sont autorisés à taxer provisoirement les dépêches ou à exiger que le contenu de celles qui sont revêtues d'un contreseing quelconque soit vérifié en leur présence par les fonctionnaires auxquels elles sont adressées ou, en cas d'empêchement de ces fonctionnaires, par leurs fondés de pouvoir* (Art. 4 de l'ordonnance du 17 novembre 1844). Droit de contrôle attribué aux agents des postes.

Une vérification sommaire est d'abord exercée au bureau de départ. Contrôle exercé au départ.

Si elle ne révèle que des irrégularités de forme pouvant être rectifiées avant le départ du courrier, le receveur en avertit le fonctionnaire expéditeur.

Si cette rectification ne peut pas être opérée avant le départ, ou s'il y a présomption d'abus, le paquet est frappé des empreintes du timbre T (Taxe à payer) et d'un timbre spécial portant les mots : *Ordonnance du 17 novembre* 1844.

Vérification à l'arrivée.

Le bureau d'arrivée procède différemment, suivant la nature de l'irrégularité. Deux cas sont à considérer.

cas. ches non contresignées ou revêtues d'un contreseing non valable.

Une personne dénommée au *Manuel des franchises* reçoit, en sa qualité de fonctionnaire, une dépêche non affranchie ; cette dépêche n'est pas contresignée, ou bien elle porte un contreseing non valable. Elle est passible de la taxe, soit parce que le destinataire n'est pas autorisé à recevoir en franchise à raison de sa seule qualité ; soit parce qu'il ne jouit de ce privilège que dans les limites de sa circonscription, et que l'objet est originaire d'une localité située en dehors de ces limites ; soit enfin parce que l'expéditeur contresignataire n'a pas franchise avec le destinataire. Dans ces diverses circonstances aucune pénalité n'est encourue par l'expéditeur ; il n'y a pas eu, en effet, d'intention frauduleuse de sa part, ou si cette intention a existé, elle n'est pas assez manifeste pour justifier des poursuites.

Réquisition d'ouverture au bureau de poste. Ordonnance du 27 nov. 1845.

Il est possible que les communications adressées dans ces conditions irrégulières intéressent le service de l'État ; pour sauvegarder cet intérêt, l'ordonnance du 27 novembre 1845 permet au destinataire, après avoir refusé le paquet taxé, d'en requérir l'ouverture, afin de s'assurer si le contenu est relatif au service de l'État. Cette réquisition doit être faite dans les vingt-quatre heures qui suivent l'arrivée ; passé ce délai, le paquet est versé en rebut ou renvoyé au contresignataire. (*Ordonnance du* 27 *novembre* 1845; *décisions ministérielles des* 23 *juillet* 1860 *et* 18 *mars* 1862).

L'ouverture est faite au bureau de poste, en présence du destinataire ou de son fondé de pouvoir. Le receveur doit être présent, à moins d'empêchement absolu. Sans prendre connaissance de la dépêche *in extenso*, il vérifie, par un coup d'œil rapide, si le contenu est relatif ou non au service de l'État. Il écarte avec soin de l'opération et des circonstances qui s'y rattachent toute forme indiscrète ou vexatoire.

Cas de détaxe.

Si la dépêche soumise à l'ouverture ne contient que des papiers relatifs au service de l'État, elle est délivrée sur-le-champ, franche de port. Le receveur obtient le dégrèvement de la taxe en représentant les bandes, enveloppe ou portion d'adresse sur lesquelles le timbre d'origine, le contreseing et la taxe sont apposés ; lorsque ces pièces ne peuvent être produites, elles sont remplacées par un certificat délivré par le fonctionnaire destinataire.

Si le contenu de la dépêche est, en tout ou en partie, étranger au service de l'État, et si le destinataire persiste à refuser d'en acquitter la taxe, les pièces relatives au service sont seules délivrées en franchise ; les autres sont classées dans les rebuts journaliers.

Le résultat des opérations d'ouverture et de vérification est consigné sur un procès-verbal, signé du receveur et du fonctionnaire ou de son fondé de pouvoir.

Le cas échéant, le procès-verbal est joint, avec la réquisition du fonctionnaire, à l'état de détaxe. Il n'est pas enregistré et ne reçoit pas de suite judiciaire. Il n'y a pas, en effet, abus de franchise, puisqu'il n'y a pas franchise entre l'expéditeur et le destinataire. La vérification à la poste de l'objet taxé a lieu dans l'intérêt du service ; il appartient au destinataire de la provoquer, s'il le juge utile. Le procès-verbal dressé à cette occasion sert seulement à justifier l'ouverture et la détaxe éventuelle du paquet. Procès-verbal de vérification.

Dans le cas où la dépêche dont le fonctionnaire destinataire n'a pas requis l'ouverture a été versée en rebut, c'est le bureau des réclamations, à l'administration centrale, qui procède d'office à l'ouverture et, s'il y a lieu, renvoie en franchise au destinataire les paquets concernant le service (*Décret du 11 novembre 1850*).

Un paquet contresigné, adressé sans affranchissement à un fonctionnaire qui ne jouit de la franchise que sous condition de contreseing, a été taxé pour cause d'irrégularité de contreseing ou pour suspicion de fraude. Ici, on n'est plus en présence d'une erreur, il y a présomption d'un abus de franchise, c'est-à-dire d'une fraude intentionnelle pour laquelle l'application de la taxe serait une pénalité insuffisante. Cependant si le fonctionnaire destinataire accepte le paquet et en paye la taxe, l'affaire ne va pas plus loin. Ce n'est que dans le cas où le paquet a été refusé que le receveur des postes du bureau de destination en provoque l'ouverture et la vérification par un avertissement au fonctionnaire destinataire. 2e cas. — Dépêches taxées pour cause d'irrégularité de contreseing, ou pour suspicion de fraude. Avertissement adressé au fonctionnaire destinataire.

Si, vingt-quatre heures après, le fonctionnaire ou son délégué ne s'est pas rendu à la convocation, un second et dernier avertissement lui est adressé.

Si, après un nouveau délai de vingt-quatre heures, ce second avertissement est resté sans effet, le paquet est compris dans les rebuts journaliers (*Arrêté ministériel du 13 décembre 1848, art. 16*).

Un procès-verbal est dressé pour constater la non-comparution ou le refus d'ouverture. Ce procès-verbal est joint à l'état des rebuts.

La durée des délais accordés aux destinataires des lettres et paquets de service soumis à la vérification est portée au double en faveur des fonctionnaires résidant dans les communes rurales.

Si le fonctionnaire se rend à l'invitation, il est procédé en sa présence à l'ouverture de la dépêche contresignée, dans la forme indiquée précédemment pour les paquets non contresignés ou portant un contreseing non valable. Ouverture des paquets.

Lorsque la vérification donne lieu de reconnaître que le contenu présente, en tout ou en partie, le caractère d'une correspondance privée, et que *la fraude du fonctionnaire expéditeur est caractérisée*, les objets étrangers au service sont saisis et transmis au directeur du département, accompagnés d'un procès-verbal dressé en quadruple expédition, signé du receveur et du fonctionnaire ou de son délégué. Constatation d'abus.

Le receveur est dégrevé de la taxe du paquet saisi par un ordre de remboursement que lui délivre l'administration.

Si le fonctionnaire destinataire ne s'est pas rendu à la convocation et que le paquet ait été versé au rebut, la vérification du contenu est faite par le bureau des réclamations qui dresse procès-verbal lorsqu'il y a contravention.

Répression de la fraude.

Avant le décret du 24 août 1848, les procès-verbaux pour abus de franchise n'étaient pas enregistrés. Les correspondances étrangères au service de l'État étaient remises au destinataire contre payement. L'administration se bornait à renvoyer au fonctionnaire contresignataire les paquets frappés de la double taxe, et à signaler l'abus à l'autorité dont relevait ce fonctionnaire.

Proposition Vuitry.

L'insuffisance de ce moyen de répression fut signalée à la Chambre des députés, le 13 avril 1846, par M. Vuitry. M. Vuitry proposait de punir d'une amende de 25 francs les contrevenants aux règlements sur les franchises.

Proposition Saint-Priest.

Cette motion ne fut pas prise en considération, mais, deux ans plu tard, l'Assemblée nationale fut saisie d'une proposition analogue présentée le 17 août 1848, sous forme d'amendement au projet de réforme postale. L'auteur de l'amendement, M. de Saint-Priest, le justifiait en ces termes :

L'administration des postes évalue à plusieurs millions le nombre de lettres transmises franco au moyen de l'abus des contreseings. Nous avons pensé qu'il serait convenable et utile au Trésor de frapper d'une pénalité les fonctionnaires qui s'en rendent coupables, et violent ainsi une loi qu'ils devraient être les premiers à respecter.

Nous vous proposons de punir cette contravention aux lois fiscales des peines portées par la loi de l'an IX contre la fraude commise dans le transport des lettres. Les ordonnances autorisent les directeurs des postes qui soupçonnent la fraude à taxer les paquets, sauf aux fonctionnaires à qui ils sont adressés à les ouvrir devant les directeurs pour établir que le soupçon était mal fondé. Si la contravention existe, procès-verbal en est dressé.

Vous voyez, Messieurs, que la pénalité pourra recevoir son application, et qu'ainsi sa menace est de nature à diminuer beaucoup un pareil abus. Enfin nous vous proposons de décider que toute lettre adressée à une personne jouissant de la franchise par un individu non fonctionnaire devra être envoyée au bureau de poste pour y être soumise à la taxe.

Décret du 24 août 1848.

Cette proposition, adoptée par l'Assemblée nationale, a reçu force de loi avec le décret du 24 août 1848, dans le texte duquel elle a pris place :

Art. 6. — *Il est interdit à tout fonctionnaire ou agent de l'administration d'envoyer dans un paquet administratif, ou de contresigner pour les affranchir des lettres étrangères au service qui lui est confié.*

La contravention à cet article sera punie conformément aux dispositions de la loi du 27 prairial an IX, sur le transport des lettres en fraude.

Art. 7. — *Toute lettre adressée à une personne ayant la franchise, et qui serait destinée à un tiers, sera immédiatement envoyée au bureau de poste pour y être taxée.*

Art. 8. — *Dans tous les cas de contravention prévus par le présent dé-*

cret ou par les lois antérieures dont les dispositions restent en vigueur, les tribunaux pourront, suivant les circonstances, modérer la peine et réduire l'amende à 16 francs.

L'arrêté ministériel du 13 décembre 1848 régla le mode d'exécution de ces dispositions : Arrêté ministériel du 13 déc. 1848.

Art. 13. — *Les contraventions en matière de franchise, auxquelles l'article 6 du décret du 24 août 1848 applique les dispositions pénales de la loi du 27 prairial an IX, à partir du 1er janvier 1849, continueront à être constatées par les directeurs des postes, conformément aux dispositions de l'ordonnance du 17 novembre 1844; seulement les procès-verbaux seront visés pour timbre et enregistrés.*

Art. 14. — *Les poursuites judiciaires seront exercées à la diligence de l'administration, qui transmettra* directement *au procureur de la République les procès-verbaux qui pourraient y donner lieu.*

Les objets étrangers au service, trouvés dans les paquets vérifiés, seront adressés à l'administration, qui les renverra à l'expéditeur ou au destinataire, avec charge de double taxe.

Art. 15. — *L'acquit de la double taxe reste obligatoire et est indépendant des pénalités qui pourraient être prononcées contre le fonctionnaire expéditeur, en vertu des dispositious des articles* 6 *et* 8 *du décret du* 24 *août* 1848.

Art. 16. — *Les paquets taxés en vertu de l'article 4 de l'ordonnance du 17 novembre 1844, et dont les destinataires auront refusé l'ouverture et la vérification, seront adressés, aussitôt après les délais accordés par les articles 74 et 75 de la même ordonnance, à l'administration pour y être ouverts et vérifiés. Les faits résultant de cette vérification seront constatés d'office, et il y sera donné suite par l'administration* (1).

Conformément à ces dispositions, l'administration avait pris la résolution, pour couper court aux abus, de déférer directement les contrevenants aux tribunaux, sans user du droit de transaction qui lui est attribué par l'ordonnance du 19 février 1843.

Mais la question de savoir si ces tribunaux étaient compétents pour statuer sans l'autorisation préalable du conseil d'État, exigée alors pour tous les actes relatifs au service des fonctionnaires publics, par l'article 75 de la Constitution du 22 frimaire an VIII, ayant été soulevée sur plusieurs points, et la section de législation du conseil d'État ayant incliné pour la négative, les poursuites directes furent bientôt abandonnées.

Sous les dates des 15 octobre 1849 et 20 février 1850, le ministre des finances décida : Décisions ministérielles des 15 oct. 1849 et 20 fév. 1850.

1° Qu'aucune contravention ne serait déférée aux parquets sans son autorisation, et qu'après qu'il aurait pris, s'il y avait lieu, l'avis du ministre dont relèverait le fonctionnaire inculpé ;

2° Que l'administration des postes communiquerait les procès-verbaux aux contrevenants pour avoir leurs explications, en indiquant elle-même

(1) *Instruction générale*, p. 1050.

le chiffre de la transaction qu'elle jugerait devoir proposer à l'approbation du ministre.

C'est ce qui a lieu encore aujourd'hui. Les procès-verbaux sont transmis à l'administration et ne sont enregistrés que sur son ordre.

Droits de poste perçus pour la correspondance relative à l'instruction des affaires criminelles et correctionnelles.

Par une exception qui rappelle le régime éphémère de l'an VI, les frais de la correspondance officielle à laquelle donne lieu l'instruction des affaires criminelles et correctionnelles sont compris dans les frais de procédure et remboursés à l'administration des postes.

Pour éviter toute complication, le montant des droits de poste, au lieu d'être calculé d'après la taxe réellement applicable à la correspondance échangée, d'après son poids, est fixé à forfait, suivant un tarif établi par l'article 8 de la loi de finances du 5 mai 1855 : le minimum est de 20 centimes pour les affaires de simple police, et le maximum, de 25 francs pour celles suivies devant les cours d'assises.

Le montant des droits de poste est mis à la charge des condamnés, au même titre que les autres frais de la procédure. Le recouvrement de ces droits est effectué soit par les percepteurs, soit par les receveurs des douanes, des contributions indirectes, de l'enregistrement ou des postes, pour les affaires suivies à la requête de ces administrations.

Les sommes recouvrées par les percepteurs sont rattachées aux recettes des postes à la fin de chaque année, au moyen d'un virement de compte dans les écritures centrales du Trésor (1).

Les directeurs des douanes, des contributions indirectes et de l'enregistrement transmettent, à l'expiration de chaque trimestre, à leurs collègues des postes et des télégraphes, les relevés des droits de poste perçus à l'occasion de l'instruction des affaires correctionnelles suivies à la requête de leurs administrations. Les directeurs départementaux font toucher le montant de ces droits par les receveurs principaux aux caisses des comptables de ces régies financières.

Le montant des droits de poste à recouvrer sur les condamnés pour contraventions aux lois postales est encaissé par les receveurs des postes.

Franchise des militaires. Allemagne.

En Allemagne, la franchise est accordée aux lettres ordinaires adressées aux militaires jusqu'au grade de sergent-major inclusivement, lorsqu'elles sont revêtues de la mention *Lettres de soldat,* et n'excèdent pas le poids de 60 grammes. Les cartes postales portant la même mention sont aussi transportées en exemption de port.

Suisse.

En Suisse, les lettres à destination ou provenant des militaires sous les drapeaux jouissent également de la franchise. Il suffit pour cela que les lettres adressées aux militaires portent l'indication de leur grade et du corps dans lequel ils servent; et que les lettres provenant des militaires soient expédiées par l'intermédiaire des bureaux militaires et frappées d'un timbre spécial.

France.

En France, lors de la discussion de la loi de 1878 sur la réforme pos-

(1) *Bull. mens.* n° 6, juin 1889, *Instr.* n° 384, p. 447.

tale, un député, M. Ménier, proposa un amendement tendant à accorder la franchise aux lettres émanant des soldats et des sous-officiers.

Amendement Ménier (1878). Rejet.

Cette proposition fut repoussée. On a considéré sans doute que l'effectif permanent de l'armée et de la marine s'élevant à près de 600,000 hommes, la franchise accordée aux militaires et aux marins ferait perdre au Trésor une recette appréciable et serait la source de beaucoup d'abus.

Franchise accordée à la correspondance des militaires et marins en campagne.

Mais s'il n'existe pas de motif suffisant pour accorder un pareil privilège aux militaires sous les drapeaux en temps de paix, on n'a pas cru devoir en refuser le bénéfice en temps de guerre à ceux qui exposent leur vie pour la défense du pays.

Loi du 24 juillet 1870.

Par une loi du 24 juillet 1870, la franchise avait été concédée aux militaires et aux marins pour la durée de la guerre contre l'Allemagne.

Loi du 30 mai 1871.

Depuis, elle a été accordée pour l'avenir, d'une manière générale, à tous les militaires et marins en campagne par la loi du 30 mai 1871, dont le texte suit :

Article premier. — *A partir de la promulgation de la présente loi, les lettres à destination des militaires faisant partie des corps d'armée de terre et de mer en campagne leur parviendront en franchise.*

Les lettres envoyées de ces corps d'armée jouiront du même avantage.

Art. 2. — *Cette franchise sera maintenue, même après la fin de la campagne, pour les lettres à destination des militaires ou marins, blessés ou malades, pendant tout le temps qu'ils demeureront dans les hôpitaux ou ambulances.*

Les lettres envoyées de ces hôpitaux ou ambulances jouiront aussi du même avantage.

Art. 3. — *Les mandats envoyés par l'intermédiaire de la poste aux militaires et marins, dans les cas prévus par les deux articles précédents, seront exemptés de frais de timbre et de poste jusqu'à la somme de 50 francs* (1).

La loi du 30 mai 1871 a déjà été appliquée :

1° Au corps expéditionnaire de Tunisie (franchise concédée en mars 1881 (2) et supprimée par décret du 16 juin 1883 (3);

2° Aux militaires et marins du corps expéditionnaire du Tonkin (*Décret du 16 juin* 1883) (4);

3° Aux militaires et marins du corps expéditionnaire de Madagascar (franchise accordée en 1885, et supprimée par décret du 22 novembre 1889 (5);

4° Aux militaires et marins en expédition au Cambodge (octobre 1886) (6).

La franchise s'opère, à l'égard des lettres provenant des militaires ou

(1) *Bull. mens.* n° 29, août 1871, *Instr.* n° 11, p. 321.
(2) *Bull. mens.* n° 35, 2e supp., mars 1881, p. 209.
(3) *Bull. mens.* n° 7, juin 1883, p. 378.
(4) *Bull. mens.* n° 6, juin 1878, p. 380.
(5) *Bull. mens.* n° 6, juillet 1885, p. 230, et n° 51, novembre 1889, p. 605.
(6) *Bull. mens.* n° 12, octobre 1886, p. 444.

marins en campagne, par l'application de l'empreinte du timbre à date du bureau militaire d'origine ou par une mention manuscrite portée sur la suscription par les commandants des colonnes en marche ou par les directeurs des hôpitaux et ambulances.

Pour les lettres à destination des mêmes militaires ou marins, la désignation du grade ou de la qualité des destinataires et du corps d'armée auxquels ils appartiennent suffit pour assurer l'exemption de port.

Franchise internationale.

Dans les relations internationales, la franchise n'est admise, aux termes du deuxième alinéa de l'article 8 de la convention de l'union postale universelle, que pour les *correspondances officielles relatives au service des postes et échangées entre les administrations postales.*

Toutes les autres correspondances ne peuvent être *affranchies qu'au moyen de timbres-poste valables dans le pays d'origine pour payer l'affranchissement de la correspondance des particuliers.*

Ces dispositions rendaient difficile le maintien de la franchise pour la correspondance officielle des fonctionnaires français résidant à l'étranger. On est parvenu cependant à concilier le maintien de cette franchise avec l'application de la convention internationale.

Règlements des 10 déc. 1875 et 27 mai 1876.

Deux règlements émanés du ministre des finances et portant les dates du 10 décembre 1875 (1) et du 27 mai 1876 (2) ont prescrit l'affranchissement gratuit de cette correspondance en timbres-poste français, au départ de France, par les soins des receveurs. A cet effet, les plis officiels sont inscrits sur des bordereaux signés par les fonctionnaires expéditeurs ou leurs délégués. Ces bordereaux portent l'indication du montant des timbres-poste apposés sur les plis. La valeur de ces timbres, déduction faite de la remise, est retranchée du produit brut de la taxe des correspondances. Le receveur fait viser les bordereaux par le directeur départemental, et les joint en fin de mois à sa comptabilité.

En sens inverse, les plis officiels originaires de l'étranger et revêtus d'un contreseing valable en France, ou bien adressés à des fonctionnaires jouissant de la franchise à raison de leur qualité, sont délivrés aux destinataires en exemption de port. Le timbre T dont ils auraient été frappés à l'étranger est biffé par le bureau d'échange français.

Franchise dans les relations franco-coloniales

Ces précautions ne sont pas nécessaires à l'égard de la correspondance officielle échangée entre les fonctionnaires de la métropole et les fonctionnaires coloniaux, attendu que cette correspondance, alors même qu'elle transite par des services étrangers, ne circule qu'en dépêches closes.

Il en est de même de la correspondance officielle des fonctionnaires résidant à l'étranger dans des villes où la France entretient des bureaux de poste, par exemple des dépêches échangées entre le ministère des affaires étrangères et les agents diplomatiques ou consulaires à Constantinople, Smyrne, etc. Ces dépêches peuvent être expédiées sans affran-

(1) *Bull. mens.* n° 80, 3° supp , novembre 1875, p, 642.
(2) *Bull. mens.* n° 86 supp., mai 1876, *instr.* n° 205, p. 274.

chissement et remises en exemption de port aux destinataires, comme dans le service intérieur.

§ 3. — Critiques dirigées contre le régime actuel des franchises.

Développement de la correspondance officielle.

L'importance du mouvement des correspondances transportées en franchise est considérable. Elle a été évaluée approximativement, à diverses époques, au moyen de statistiques portant sur une période de dix journées. Voici le résultat de ces enquêtes :

	NOMBRE	POIDS	TAXE
		kil.	fr.
1862. Lettres	46.590.936	2.966.060	38.996.654
— Imprimés	25.461.991	2.166.822	2.372.808
Totaux	72.052.927	5.132.882	41.369.462
1873. Lettres	44.650.194	2.549.696	38.505.732
— Imprimés	11.884.326	1.110.810	1.632.066
Totaux	56.534.520	3.660.506	40.137.798
1879. Lettres	54.411.024	3.063.067	33.914.700
— Imprimés	9.241.946	1.452.381	1.691.923
Totaux	63.652.970	4.515.448	35.606.623

Difficulté d'un contrôle efficace.

Il est à craindre que beaucoup de ces correspondances ne circulent abusivement en franchise et que le produit de la poste ne subisse de ce chef une perte notable ; malheureusement la répression des abus est difficile.

Théoriquement, l'administration des postes est armée d'un droit de contrôle étendu ; en pratique, ce droit se heurte à des difficultés et à des résistances qui en rendent l'exercice presque impossible.

« Les agents des postes, disait M. Rolland dans son rapport à l'Assemblée nationale, sont certainement maîtres de provoquer une vérification dans les formes que les règlements prescrivent ; quelques-uns l'ont tenté ; en général, il importe de le dire, ce zèle leur a mal réussi. On ne doit pas oublier que les bénéficiaires du droit de franchise sont tous personnages dotés de quelque autorité et que le contrôle paraissant suspecter leur bonne foi, même quand il ne poursuivrait que les agissements de leurs sous-ordres, n'est pas de nature à les laisser sans mauvaise humeur et sans rancune. Il arrive donc aujourd'hui et depuis longtemps déjà qu'une certaine tolérance est passée dans les habitudes. Si l'on veut y réfléchir, on reconnaît en outre qu'elle est inévitable et presque obligée dans l'état présent. »

M. Stourm tenait le même langage en 1860 (1) au ministre des finances : « Les agents des postes, disait-il, sont aux prises avec des difficultés toutes particulières, et en retour de leur zèle et de leur dévouement, ils n'ont en perspective que la mauvaise humeur et le ressentiment de fonctionnaires pris en faute et qui peuvent exercer une grande influence sur leur avenir. Il en résulte pour eux, malgré l'appui que Votre Excellence et mon administration leur prêtent, un découragement tel que le plus grand nombre évite toute cause de dissentiment ; que la préoccupation des intérêts personnels prend le pas sur la défense des droits du Trésor, et que, chaque année, l'Etat perd des sommes considérables par suite des abus de franchise et de contreseing. »

Les difficultés que rencontre l'exercice d'un contrôle rigoureux sur les correspondances circulant en franchise ont été mises en pleine lumière au cours d'une enquête ordonnée en 1850, à la suite du vote de prise en considération par l'Assemblée nationale d'une proposition de M. Étienne, tendant à limiter l'usage de la franchise à la seule correspondance échangée entre les fonctionnaires publics et relative au service de l'État. Le ministre des finances avait prescrit, d'accord avec ses collègues, que toutes les dépêches de service, sans exception, adressées aux fonctionnaires publics dans les chefs-lieux de préfecture et dans quatre autres villes de chaque département choisies parmi les chefs-lieux d'arrondissement et de canton et les simples communes sièges d'établissements de poste, seraient soumises à la taxe pendant cinq jours consécutifs, et ouvertes aux bureaux de poste d'arrivée, en présence des destinataires ou de leurs fondés de pouvoir. Pareille mesure fut ordonnée à Paris, la vérification devant être effectuée contradictoirement par un agent des postes et un employé de confiance des ministères ou adminstrations.

L'exécution ne souleva pas de difficulté à Paris, sauf au palais de l'Assemblée nationale et au parquet du procureur général près la cour d'appel, où l'on se refusa formellement à toute constatation contradictoire. Dans les départements, elle excita, sur certains points, des protestations si vives que, sur l'invitation du ministre des finances, l'administration des postes dut donner l'ordre, par dépêche télégraphique, de la suspendre immédiatement.

Cet ordre mit fin à l'enquête à peine commencée dans quelques départements, forcément ajournée dans les autres, et cet insuccès réagit également sur la proposition de M. Étienne, dont il ne fut plus question à l'Assemblée nationale.

Pour que le contrôle fût efficace, il faudrait un examen approfondi des pièces dont la vérification est prescrite : or, les règlements administratifs, dans l'intention qu'on ne saurait blâmer d'éviter des froissements et d'enlever à ces vérifications tout caractère inquisitorial, interdisent précisément aux agents des postes de prendre connaissance du contenu des dépêches *in extenso* (2). Ils doivent seulement s'assurer, par un coup

(1) Proposition tendant à modifier le système des franchises, adressée le 14 février 1860 au ministre des finances. Ce document se trouve à la bibliothèque de l'administration.

(2) *Instruction générale*, art. 707.

d'œil rapide, si la dépêche est relative ou non au service de l'Etat. C'est là une question dont l'appréciation est souvent délicate. Comment des agents des postes, en général peu familiarisés avec le droit administratif, seraient-ils en état de la trancher après un examen aussi sommaire?

N'y a-t-il pas aussi des inconvénients à livrer à la discrétion des agents des postes le secret des affaires les plus confidentielles des services publics?

Frappés de la difficulté d'exercer un contrôle efficace sur la correspondance circulant en exemption de port, beaucoup de bons esprits et l'administration des postes elle-même ont, à diverses époques, proposé soit la réforme, soit la suppression du régime des franchises, afin de couper court aux abus qui semblent inséparables de ce régime.

§ 4. — Modifications proposées au régime des franchises.

a) Modifications proposées au régime actuel.

Les propositions tendant simplement à réformer le système des franchises ont eu pour objet de restreindre soit le nombre des bénéficiaires, soit le nombre des objets admis à circuler en franchise, soit les facilités accordées pour correspondre en exemption de port.

1° Suppression de la franchise pour la correspondance adressée par les particuliers aux fonctionnaires.

Dans la séance du 11 septembre 1790, Dupont de Nemours avait demandé à l'Assemblée constituante de restreindre absolument l'immunité de taxe aux dépêches de service échangées entre les fonctionnaires publics.

« Personne, disait-il, n'écrit au gouvernement que parce qu'il compte en retirer un avantage. Personne ne reçoit réponse qu'il ne l'ait bien désirée. Il est donc très naturel et très juste que personne ne fasse payer à ses concitoyens les frais d'une correspondance à laquelle il ne se livre ainsi que pour son intérêt ou son plaisir. »

Le 12 messidor an V (30 juin 1797), Dupont de Nemours renouvela sa proposition au conseil des Anciens. « On demande, disait-il, des contributions indirectes : on ne peut pas en imaginer une moins vexatoire, plus naturelle, plus volontaire, portant plus généralement sur les citoyens aisés, et qui coûte moins de frais de perception. Elle n'en coûtera pas un sol, puisque la machine à percevoir est entièrement montée, et que ses frais diminueront précisément par l'effet de la mesure qui augmentera la recette. Elle n'exige aucune poursuite ; le contribuable remercie toujours le percepteur.

« On dit que la franchise des ports procure quelquefois la dénonciation des abus, ou la facilite au moins. Je réponds qu'un abus qui ne vaut pas la peine que l'on dépense dix sous pour s'en plaindre n'est pas un abus très grave.

« Je dis que, s'il est un pauvre citoyen vexé par un abus et qui n'ait pas dix sous pour avertir le gouvernement, la morale publique et privée n'est pas si totalement perdue qu'on ne soit bien sûr qu'il se trouvera quelque autre citoyen, touché de son malheur, qui donnera généreusement les dix sous nécessaires. »

La même proposition a été soutenue, à titre d'amendement à la loi sur l'élévation des taxes postales, du 24 août 1871, par M. Wilson. Reprise le 26 novembre 1873, à titre d'amendement à la loi du budget, par M. de Tillancourt, député à l'Assemblée nationale, elle fut combattue dans la séance du 28 décembre 1873 par le rapporteur du budget et par quelques députés, et rejetée. Les opposants firent valoir que les lettres adressées par les particuliers aux autorités et aux fonctionnaires jouissant de la franchise illimitée à la réception ont pour objet soit des demandes de secours, soit des réclamations de citoyens lésés dans leurs droits ou dans leurs intérêts, soit des communications utiles au gouvernement, et qu'à ces divers titres elles sont dignes d'intérêt.

Dans un rapport présenté au nom de la commission du budget de 1877, M. Cochery avait proposé la même réforme. Il est à peine besoin de faire remarquer que cette réforme pourrait s'opérer par la seule initiative du pouvoir exécutif et sans l'intervention du législateur, car elle ne serait que l'application pure et simple du principe posé dans l'article 13 de la loi du 25 frimaire an VIII.

Quelles seraient, au point de vue budgétaire, les conséquences de cette restriction de la franchise, si elle venait à être décidée ?

D'après une enquête faite en 1872, les lettres et les paquets expédiés annuellement par des particuliers à des fonctionnaires jouissant de la franchise à raison de leur qualité étaient au nombre de 2,716,497, et représentaient une taxe de 2,039,408 francs.

Si, dans l'intérêt de la sûreté publique, on voulait maintenir la franchise pour les communications adressées aux fonctionnaires supérieurs chargés d'y veiller, comme le ministre de la justice, le préfet de police, les procureurs généraux et de la République, communications dont le nombre était évalué à 247,031 et la taxe à 514,284 francs, il y aurait encore pour le Trésor un bénéfice de 1,525,124 francs, représentant la taxe afférente à la correspondance des particuliers qui cesserait de bénéficier de la franchise. Il serait imprudent toutefois de compter sur un accroissement de produits aussi importants, d'abord parce que les tarifs ont été réduits depuis 1872, ensuite parce qu'une grande partie de cette correspondance cesserait probablement d'être expédiée si elle était soumise à la taxe.

2° Réduction du nombre des fonctionnaires jouissant de la franchise.

On a essayé à diverses époques de réduire le nombre des fonctionnaires qui jouissent de la franchise. En général, ces suppressions n'ont pas produit une diminution appréciable de la masse des correspondances transportées gratuitement par la poste. On a eu l'occasion de remarquer, en effet, à la suite de quelques suppressions de cette nature, que la correspondance pour laquelle la franchise directe avait été retirée aux expéditeurs ou aux destinataires continuait de circuler en exemption de port sous le souvert et le contreseing de fonctionnaires intermédiaires.

3° Réduction de la franchise à la correspondance officielle proprement dite.

Dans un rapport adressé, en octobre 1877, au ministre des finances, M. Riant proposait de retirer la franchise aux publications officielles ou non, aux approvisionnements de formules imprimées ainsi qu'aux divers objets étrangers à la correspondance proprement dite des fonctionnaires, dont les articles 8 et 9 de l'ordonnance du 17 novembre 1844 contiennent la longue énumération.

D'après les résultats d'une enquête faite en 1879, ces objets étaient alors au nombre de 9,241,946 et atteignaient un poids de 1,452,381 kilogrammes. S'ils étaient expédiés par messageries, comme le demandait M. Riant, le service postal serait déchargé du transport de colis volumineux et encombrants, mais l'État aurait à pourvoir aux frais de ce transport ; s'ils continuaient à emprunter la voie de la poste, à charge du payement de la taxe, la poste y gagnerait un accroissement de recettes de 1,691,923 francs, mais ce serait le Trésor public qui ferait les frais de cette plus-value. D'une manière comme de l'autre, l'avantage que l'État pourrait retirer d'une pareille mesure semble problématique.

4° Suppression ou restriction de la faculté de correspondre sous pli fermé.

On a proposé enfin, comme moyen de faciliter le contrôle et de prévenir les abus, de supprimer ou de restreindre la faculté accordée à certains fonctionnaires de correspondre en franchise sous pli fermé. On est porté à croire que cette faculté, qui n'est concédée, la plupart du temps, qu'à titre exceptionnel et en cas de nécessité, couvre un grand nombre d'abus. La mention : *Nécessité de fermer*, obligatoire en pareil cas, est devenue une formalité banale, à ce point que beaucoup de fonctionnaires la font imprimer à l'avance sur leurs enveloppes.

En 1870, M. de Tillancourt avait proposé au Corps législatif un amendement à la loi du budget de 1871, tendant à retirer à tout dignitaire ou fonctionnaire de l'empire la faculté de correspondre en franchise par lettre fermée.

Cet amendement fut repoussé sur l'observation faite par M. Vandal qu'une partie de la correspondance d'un grand pays, et notamment les dépêches politiques, militaires, judiciaires, ainsi que les communications relatives au personnel, ne peuvent circuler que dans des conditions les mettant à l'abri des indiscrétions. M. Vandal faisait remarquer que ces indiscrétions sont surtout à craindre des intermédiaires, employés ou gens de service par les mains desquels passe cette correspondance avant son dépôt à la poste ou après sa sortie du service, et qui peuvent être intéressés à pénétrer le secret, plutôt que des agents des postes, pressés par le temps et parfaitement indifférents au contenu des correspondances qu'ils manipulent.

En résumé, il semble que de toutes les propositions qui tendent seulement à restreindre l'usage de la franchise, la seule qui mérite d'être retenue comme susceptible d'une application facile et d'un résultat appréciable, est celle relative à la suppression de l'exemption de taxe accordée aux communications des particuliers à l'adresse de certains fonctionnaires.

b) Propositions tendant à la suppression des franchises.

En présence du peu d'efficacité de ces mesures restrictives, quelques réformateurs ont proposé la suppression radicale de la franchise postale comme le seul moyen efficace de couper court aux abus qu'elle entraîne. Dans cette hypothèse, les frais de port de la correspondance officielle, dont la charge retombe toujours, en définitive, sur le budget de l'Etat, viendraient grossir les recettes encaissées par la poste, soit par voie de remboursement ultérieur, soit au moyen de l'affranchissement préalable en timbres spéciaux.

1° Système des états de crédit.

Le premier système est celui qui a fonctionné en France pendant deux ans, depuis la loi du 9 vendémiaire an VI jusqu'à celle du 25 frimaire an VIII, et dont nous avons exposé le mécanisme : la taxe des dépêches officielles était portée en compte sur des états de crédit et remboursée à la poste par les services dont relevaient les fonctionnaires expéditeurs. En théorie, les avantages de ce système étaient manifestes : en pratique, il entraînait des complications à cause de la nécessité de calculer la taxe des lettres et des paquets, d'ouvrir autant de comptes qu'il y avait de fonctionnaires expéditeurs, de faire régler et solder ces comptes par les administrations dont ils relevaient; aussi dut-on y renoncer après une courte expérience.

C'est le retour à ce système que proposait, dans la séance du 5 juillet 1844 à la Chambre des députés, M. Chegaray, rapporteur du projet de réforme postale déposé par M. de Saint-Priest, lorsqu'il demandait l'ouverture à chaque administration, pour ses ports de lettres, d'un crédit d'ordre dont elle userait sous sa responsabilité, et dont l'emploi pourrait être beaucoup plus facilement contrôlé que ne l'est l'usage du contreseing.

Expérience de ce système en Angleterre.

Ce système fut introduit en Angleterre en 1840, à la suite de la réforme postale. Il était restreint à la correspondance des administrations publiques siégeant à Londres, à Edimbourg et à Dublin, de telle sorte que le nombre des comptes ouverts n'était que de 39; la correspondance échangée entre les fonctionnaires résidant dans les comtés était soumise à la taxe. On dut cependant y renoncer, et depuis 1877 on est revenu au système de la franchise sous la garantie du contreseing. Les adresses à la reine et les pétitions aux membres du Parlement, ces dernières à la condition d'être expédiées sous enveloppes ouvertes, bénéficient seules de la franchise illimitée.

Il est établi, en outre, des relevés statistiques du poids et de la taxe fictive des plis expédiés en franchise pour le compte de chaque service public. D'après le dernier rapport du postmaster général, le poids total de cette correspondance a été, pour l'exercice 1889, de 44,805,002 onces ou 1,269,987 kilogrammes, et la taxe fictive afférente à cette correspondance de £ 179,401 ou 4,520,905 fr 20 (1). Il y a loin de là aux 4,515,448 kilogrammes et aux 35,606,623 francs de ports de lettres que représentait la correspondance officielle transportée en France par la poste, d'après l'enquête de 1879.

(1) Non compris les colis postaux en franchise qui représentaient une taxe de 74,794 fr. 40.

Il ne paraît pas y avoir lieu de revenir au système des comptes ouverts et des états de crédit, qui est condamné par l'expérience de deux grands pays ; mais il existe un autre système qui permettrait d'arriver au même résultat avec moins de complications que le premier. 2e Système de l'affranchissement préalable en timbres spéciaux.

Des timbres-poste d'un type spécial seraient réservés à la correspondance officielle. Ils seraient fournis à titre onéreux par l'administration des postes et portés au compte de chaque département ministériel qui serait chargé de les répartir entre les fonctionnaires de son ressort et d'en surveiller l'emploi. Le contrôle du Parlement, appelé à voter chaque année les crédits nécessaires à l'affranchissement de la correspondance officielle, stimulerait celui des départements ministériels, obligés de se renfermer dans les limites de ces crédits. Chaque service public serait ainsi directement intéressé à la répression des abus.

L'adoption de ce système fut proposée par M. Stourm, directeur général des postes, dans un rapport adressé le 14 février 1860 au ministre des finances. Un projet de loi et de décret fut rédigé à cet effet et soumis le 3 mai 1864 au Conseil d'État, qui procédait alors à une revision de l'ordonnance de 1844. Le Conseil d'État considéra que sa mission se bornait à l'étude des améliorations dont le régime en vigueur était susceptible, mais ne s'étendait pas à l'examen d'un système tout différent et qui ne pouvait être introduit que législativement; que d'ailleurs il résultait des observations fournies par les départements ministériels entendus dans l'enquête que ce système rencontrerait probablement une très vive opposition de leur part. Proposition de M. Stourm en 1860.

L'affranchissement de la correspondance officielle en timbres-poste spéciaux fut de nouveau recommandé, en 1872, dans le rapport sur les postes et les télégraphes adressé à l'Assemblée nationale par M. Charles Rolland. Proposition de M. Ch. Rolland en 1872.

Ce système fonctionne actuellement dans plusieurs pays étrangers, en Espagne, en Danemark, en Suède, aux États-Unis.

En Espagne, l'affranchissement est obligatoire pour toute la correspondance officielle. Celle du roi et des membres de la famille royale, celle des sénateurs et des députés, pendant la durée des sessions, échappe seule à la taxe. Espagne.

L'emploi des timbres spéciaux pour la correspondance de service des fonctionnaires publics a été rendu obligatoire par un décret du 24 septembre 1851; mais il ne dispense pas de la formalité, du contreseing et les correspondances ainsi expédiées restent soumises au contrôle spécial de l'administration des postes qui peut retenir celles paraissant entachées de fraude ou d'abus, et les transmettre, avec un rapport spécial, aux supérieurs hiérarchiques des fonctionnaires expéditeurs.

Chaque dépôt de plis officiels doit être accompagné d'une déclaration du fonctionnaire expéditeur, énonçant le nombre et la classe des timbres appliqués.

En Danemark, la franchise est totalement abolie. Les autorités et Danemark.

les fonctionnaires se servent, pour leur correspondance officielle, de timbres spéciaux, de cartes postales ou d'enveloppes timbrées spéciales qu'ils achètent, moyennant finance, aux bureaux de poste, comme s'il s'agissait de timbres ordinaires. Ces bureaux leur donnent quittance du montant de leurs achats, ainsi que des taxes payées par eux pour les correspondances non affranchies qui leur sont adressées. A la fin de chaque année, les fonctionnaires dressent le compte de leurs frais de port, mettent à l'appui les quittances délivrées par les bureaux, et, après vérification, obtiennent le remboursement de leurs avances.

Ce mode de règlement n'est pas exempt de complications; aussi tend-on à y substituer le système de l'abonnement. Les frais de port de la correspondance officielle sont compris dans les frais de bureau des fonctionnaires, qui sont tenus dès lors d'affranchir cette correspondance au moyen de timbres-postes ordinaires. Ce mode de procéder entraîne logiquement la suppression du contreseing et du contrôle exercé par la poste. La formalité du contreseing reste, au contraire, obligatoire pour la correspondance affranchie en timbres spéciaux.

Suède.

En Suède, l'affranchissement de la correspondance officielle a lieu en timbres-poste spéciaux, et les fonctionnaires ont la faculté de régler leurs comptes par trimestre (1).

États-Unis.

Aux États-Unis, le même système d'affranchissement a été proposé, dès le 4 décembre 1858, par le postmaster général, comme le seul moyen de couper court aux abus de franchise. Il est appliqué aujourd'hui en vertu d'une loi du 31 janvier 1873. Quiconque se sert abusivement d'une enveloppe réservée à la correspondance officielle est passible d'une amende de 300 dollars (Loi du 3 mars 1877); mais il ne paraît pas qu'aucune surveillance effective soit exercée pour la répression de la fraude (2).

La franchise a été maintenue pour le service postal.

Avantages et inconvénients du système des timbres spéciaux.

Comme le système des comptes ouverts ou états de crédit, l'affranchissement de la correspondance officielle en timbres spéciaux offre l'avantage de restituer à la poste des recettes qui devraient lui appartenir et de faire supporter par chaque département ministériel intéressé les frais de port de sa correspondance, conformément à ce principe de comptabilité qui veut que chaque service paye ses frais de régie.

Mais il ne réalise aucune simplification. Ainsi que le faisait remarquer M. Le Libon, directeur général des postes, dans une lettre adressée au ministre des finances le 22 janvier 1877, si ce système venait à être adpoté en France, les fonctionnaires expéditeurs devraient, comme aujourd'hui, contresigner leurs envois pour en attester la provenance; ils devraient, en outre, les affranchir; pour les affranchir, les peser, car presque toutes les

(1) *Union postale*, 1er juillet 1880, p. 131.
(2) Rapport de M. Bizarelli sur le budget des postes et des télégraphes de 1888.

lettres officielles sont *pesantes*. Les agents des postes auraient, comme aujourd'hui, à vérifier la régularité des contreseings, celle des affranchissements, enfin la qualité des expéditeurs et des destinataires.

Quant au contrôle que les départements ministériels et les services publics devraient exercer sur l'emploi des figurines, on ne voit pas bien comment il pourrait être organisé d'une manière efficace dans les localités où les fonctionnaires n'ont auprès d'eux aucun supérieur hiérarchique. Ce serait toujours, en définitive, aux agents des postes qu'incomberait le soin de rechercher et de poursuivre les abus, parce que seul leur contrôle peut s'exercer d'une manière permanente et sur tous les points, sans qu'il en résulte aucuns frais supplémentaires pour l'État.

En résumé, on peut conclure de l'examen comparatif des différents systèmes qu'ils ont chacun leurs avantages et leurs inconvénients; mais qu'un moyen absolument efficace pour limiter strictement le bénéfice de l'exemption de taxe à la correspondance relative au service de l'État est encore à trouver.

§ 5. — Régime des franchises dans quelques pays étrangers.

Il nous reste, pour terminer cette étude, à exposer brièvement les conditions du transport de la correspondance officielle dans les pays qui ont adopté, comme la France, le régime de la circulation en franchise.

En Allemagne, la franchise absolue appartient aux souverains des États confédérés, à leurs femmes ou à leurs veuves. Allemagne.

La seule correspondance officielle admise à circuler en franchise est celle qui concerne le service de l'Empire, du Conseil fédéral et du Reichstag. Les dépêches relatives aux affaires intérieures des États restent soumises à la taxe.

Toute la correspondance admise à la franchise s'expédie sous pli fermé. La franchise s'applique non seulement aux lettres, mais encore aux paquets de messagerie. On a vu que la franchise existe pour les lettres adressées aux militaires et aux marins jusqu'au poids de 60 grammes, à condition que la qualité du destinataire soit indiquée sur l'adresse.

Le Wurtemberg et la Bavière, qui ont gardé leur autonomie postale, conservent également leurs franchises intérieures.

En Belgique, la franchise est accordée aux fonctionnaires sous la condition du contreseing. Les dépêches autorisées à circuler en exemption de port sous enveloppe close doivent être cachetées en présence des préposés des postes, qui sont tenus de constater, de leur main, sur la suscription, qu'elles ne contiennent rien d'étranger au service. Belgique.

Il existe des cartes postales à l'usage spécial de la correspondance officielle. Ces cartes peuvent être déposées dans les boîtes aux lettres (*Décret du 2 juin 1877*).

Les percepteurs des postes sont tenus, sous peine d'une amende, de taxer les correspondances officielles en cas d'irrégularité ou d'abus. Ces correspondances sont passibles d'une taxe double de celle qui serait due d'après le tarif ordinaire et frappées, en outre, à titre de pénalité, d'une taxe supplémentaire de 1 décime. Les procès-verbaux de contravention sont transmis aux ministres dont relèvent les fonctionnaires en cause. Le département des postes, des télégraphes et des chemins de fer est informé des mesures disciplinaires prises à l'égard des contrevenants.

Suisse. En Suisse, la franchise de port est très étendue.

Elle s'applique :

Aux membres de l'assemblée fédérale pendant la durée des sessions;

Aux autorités et fonctionnaires de la Confédération, des cantons, des districts et des arrondissements, aux autorités communales, diocésaines et aux fonctionnaires de l'état civil, mais seulement pour affaires de service;

Aux militaires ;

Aux pauvres ou aux affaires concernant les pauvres.

La suscription des correspondances expédiées en franchise doit être revêtue du contreseing du fonctionnaire expéditeur. L'adresse doit être impersonnelle, c'est-à-dire ne porter que l'indication de la fonction du destinataire.

En cas de suspicion de fraude, les correspondances sont taxées, sauf détaxe ultérieure, si le soupçon est reconnu mal fondé.

La franchise ne s'étend pas aux objets recommandés, sauf aux envois d'argent adressés aux autorités fédérales ou expédiées par elles, aux envois de même nature à l'adresse des militaires, des pauvres ou des établissements de bienfaisance.

Le conseil fédéral peut accorder temporairement la franchise de port dans un but de bienfaisance ou d'utilité publique.

Italie. En Italie, le régime appliqué à la correspondance officielle a subi des variations.

Avant 1874, le bénéfice de la franchise était très étendu : il s'appliquait non-seulement aux plis officiels, mais encore à la correspondance des membres du Parlement.

En 1874, une loi spéciale, pour couper court aux abus, avait prescrit simultanément l'emploi du contreseing et l'affranchissement de la correspondance officielle au tarif ordinaire des lettres, au moyen de timbres spéciaux. Une loi du 15 juillet 1875 avait, en outre, créé des cartes spéciales avec réponse pour la correspondance officielle des maires.

Ce système fut reconnu, après expérience, inutile et coûteux, et l'on est revenu à celui de la franchise sous la garantie unique du contreseing. En principe, l'adresse doit être impersonnelle, sauf pour les plis adressés aux membres du Parlement ou aux fonctionnaires en mission.

Les maires ont droit à la demi-taxe pour leur correspondance de service expédiée sous enveloppe close, et à la franchise entière lorsque cette correspondance est transmise à découvert.

En Autriche, en Hongrie, en Norvège, en Russie, dans le Luxembourg, aux Pays-Bas, en Portugal, la franchise existe également sous la condition du contreseing.

Le tableau ci-après, emprunté à la statistique publiée par le bureau international de Berne pour l'année 1888, indique la proportion du nombre d'objets ayant circulé en franchise, par rapport au nombre total des correspondances transportées par la poste dans le service intérieur des États de l'Europe. Proportion du nombre des envois en franchise par rapport au nombre total des objets de correspondance.

PAYS	NOMBRE DES CORRESPONDANCES EN FRANCHISE			NOMBRE des objets de correspondance de toute nature du service intérieur (1).	PROPORTION pour cent du nombre des objets en franchise par rapport au nombre total des correspondances.
	Lettres.	Autres objets.	Total.		
Allemagne	49.305.900	785.700	50.091.600	1.276.334.800	4
Autriche	38.278.350	798.840	39.077.190	346.786.760	11,3
Hongrie	20.580.000	871.000	21.451.000	102.072.000	21
Belgique	15.742.429	»	15.742.429	245.983.869	6,4
Bulgarie	»	»	999.025	742.262	21
Espagne	8.109.298	»	8.109.298	103.939.789	7,9
France (avec l'Algérie)	58.255.164	10.280.322	68.535.486	1.431.538.751	4,8
Grèce	973.180	104.958	1.078.138	8.762.910	12,2
Italie	26.955.414	6.458.142	33.413.556	352.140.899	9,4
Luxembourg	258.000	25.200	283.200	2.389.830	11,8
Norvège	»	»	1.464.220	15.560.609	8,1
Pays-Bas	»	»	4.925.488	155.956.232	3,1
Portugal	2.033.199	153.668	2.186.867	37.810.092	5,8
Roumanie	2.907.571	»	2.907.571	14.484.748	20
Russie	36.149.384	»	36.149.384	179.864.081	21
Serbie	»	»	619.443	5.387.922	11,5
Suède	999.461	36.728	1.036.189	46.241.867	2,2
Suisse	6.383.224	641.966	7.025.190	89.479.253	7,8

(1) Non compris les envois recommandés, les colis, les valeurs déclarées, les mandats de poste et les remboursements.

CINQUIEME PARTIE

DE LA CORRESPONDANCE PRIVÉE

CHAPITRE PREMIER

CONSIDÉRATIONS GÉNÉRALES SUR LES TARIFS

Des diverses catégories d'objets de correspondance. La poste classe, suivant leur nature et les tarifs qu'elle leur applique, les objets de correspondance en cinq catégories, savoir :

Les lettres,
Les cartes postales,
Les papiers d'affaires,
Les imprimés,
Les échantillons de marchandises.

Raison d'être de la diversité des tarifs. Pourquoi la poste applique-t-elle aux divers objets de correspondance des tarifs différents, alors que les frais de manutention, de transport et de distribution sont les mêmes pour tous ?

La raison en est simple. Pour les correspondances, comme pour les marchandises, les tarifs doivent tenir compte de la valeur relative des objets transportés. De même que les compagnies de chemins de fer ou de navigation n'appliquent pas un seul et même tarif à toutes les marchandises, mais font une différence entre celles de prix et celles de peu de valeur ; de même, le service postal est tenu de graduer les frais de port suivant la valeur des objets qui lui sont confiés. La lettre, qui suppose une communication d'une certaine importance, devra payer plus cher que l'imprimé qui ne contient qu'une offre banale de services, ou le journal qu'on répand par milliers d'exemplaires.

Le principe généralement admis en matière de transports, qu'il ne faut demander à la marchandise que ce qu'elle peut payer, trouve également son application dans la tarification postale. Un tarif unique, basé sur la moyenne des frais d'exploitation, appliqué à tous les objets de correspondance, serait trop élevé pour certains d'entre eux, les journaux par exemple. Le prix de vente en serait doublé ou triplé. Pour les imprimés, les échantillons, le tarif deviendrait prohibitif ; ils cesseraient de circuler par la poste, ce qui nuirait au développement des relations commerciales. Dans les villes, les journaux, les imprimés, les échantillons pourraient être encore expédiés par ballots à des agences qui se chargeraient de leur distribution ; dans les campagnes, on ne pourrait pas recourir à un pareil moyen. La poste seule, avec ses facteurs ruraux et ses tarifs très bas, peut faire pénétrer ces objets jusque dans les hameaux les plus reculés ; mais c'est à la condition de faire peser sur les lettres, qui peuvent la supporter, une taxe supérieure à la moyenne des frais d'exploitation, et d'abaisser, au contraire, le tarif au-dessous du prix de revient pour les imprimés et les échantillons. Ainsi, par une heureuse compensation, ce sont les bénéfices réalisés sur les lettres qui couvrent la perte résultant du transport des autres objets de correspondance ; c'est une véritable subvention accordée au commerce, à l'industrie, à l'instruction publique, car les journaux, les livres, les écrits de toute sorte, répandus à profusion par les soins de la poste, contribuent puissamment à l'instruction des masses, de même que les échantillons de marchandises, les prix courants et les circulaires commerciales donnent l'essor aux transactions.

Fixation des tarifs.

Les tarifs postaux, comme toutes les taxes qui pèsent sur les contribuables, sont fixés par la loi.

Cette fixation a une grande importance au point de vue économique.

Incontestablement, l'État a le droit de se couvrir des frais que lui occasionnent le transport et la distribution des correspondances. On ne peut pas demander qu'il fasse gratuitement le service de la poste, ce qui n'aboutirait qu'à en reporter la charge, par la voie de l'impôt, sur tous les contribuables indistinctement, tandis qu'aujourd'hui chacun d'eux ne supporte cette charge que dans la mesure du profit qu'il en retire. On ne peut pas demander non plus que l'État fasse ce service à perte.

Ce point admis, les tarifs doivent-ils être fixés de manière à couvrir simplement les frais d'exploitation, ou bien de manière à procurer un bénéfice au Trésor ? En d'autres termes, peuvent-ils revêtir le caractère d'un impôt, ou bien doivent-ils représenter seulement l'équivalent du service rendu ?

1er principe les tarifs postaux doivent être modérés.

Dans son *Traité de la science des finances*, M. Leroy-Beaulieu discute cette question avec sa compétence habituelle :

> Pour que le service des postes se fasse au prix de revient, ou du moins pour qu'il n'exige qu'une taxe extrêmement modérée, on allègue des considérations de grande importance : l'utilité de ce service pour le développement commercial et industriel, pour la satisfaction des affections de famille et aussi pour le progrès intellectuel. Ce sont là d'excellentes raisons. Les lettres sont un des véhicules du commerce, d'où il ressort qu'il est utile que le prix n'en soit pas trop élevé ; des droits de poste excessifs sont pour un pays une condition d'infériorité morale et matérielle. Dans un message de 1875, qu'il s'est efforcé de transformer en manifeste et en programme de politique progressive, le général Grant disait qu' « après l'école libre, la poste est le plus grand instructeur du peuple. » Cette maxime même n'est pas complète : la poste est parfois aussi un grand consolateur, et toute réforme qui en met l'usage fréquent à la portée de tout le monde n'est pas seulement matériellement utile ; elle est encore moralement bienfaisante.

En faveur de droits de poste assez élevés pour fournir des revenus nets au Trésor, on invoque la facilité de perception, la popularité de l'impôt ou plutôt l'absence d'impopularité, la nécessité et la difficulté pour un État ayant de grandes charges de trouver ailleurs des ressources équivalentes. Il y a dans cette question deux points de vue : celui des intérêts immédiats du fisc, celui des intérêts généraux et supérieurs de la civilisation. C'est à ce dernier que nous aimons à nous placer. Il n'est pas indifférent, pour la facilité et la fréquence des correspondances, pour le développement intellectuel du monde, pour les satisfactions morales des membres épars de l'humanité, que le prix d'une dépêche postale ou télégraphique, à destination de l'intérieur du pays ou des contrées les plus lointaines, soit réduit de moitié. La réduction du port des lettres est un bienfait vivement ressenti par bien des familles obscures.

La conclusion de ces remarques, c'est que l'État peut tirer un revenu net des postes, pourvu que ce revenu soit très modéré : il ne devrait jamais dépasser 50 0/0 au plus du prix de revient, dans lequel nous ne faisons pas entrer les subventions aux paquebots. Le service des postes doit être regardé principalement comme un service social, très accessoirement comme une source de revenu fiscal (1).

M. Ch. Rolland exprime la même idée dans son rapport à l'Assemblée nationale :

Il n'est pas bon, théoriquement, de constituer les postes en source directe de revenus. La saine économie politique recommande, au contraire, de ne les faire concourir à l'alimentation du budget que par l'impulsion qu'il leur appartient d'imprimer au développement du travail national et à la multiplication de la richesse publique, au moyen de la perfection, de la sûreté, de la rapidité de leur service et de leur bon marché.

Des tarifs exagérés n'ont pas seulement pour effet d'entraver les relations sociales et les relations commerciales ; ils tendent à diminuer les recettes avec le nombre des correspondances, ils provoquent la fraude au détriment du Trésor. L'intérêt du fisc est donc d'accord avec l'intérêt des contribuables pour demander des tarifs aussi modérés que possible. Enfin l'équité veut que l'État, en s'arrogeant le monopole du transport des correspondances, ne fasse pas payer ses services plus cher que ne le ferait une entreprise privée.

Ces diverses considérations nous amènent à penser que les tarifs postaux doivent être combinés de manière à procurer à l'État un léger bénéfice, tous frais d'exploitation payés, afin de couvrir certaines dépenses qui n'entrent pas en ligne de compte dans le budget des postes et des télégraphes (amortissement des dépenses de premier établissement, pensions). Il est bon aussi de conserver une certaine marge pour les améliorations et les réductions de taxes qui peuvent être reconnues nécessaires.

2 principe : les tarifs postaux doivent être simples.

Les tarifs postaux ne doivent pas seulement être *modérés* : ils doivent encore être *simples*. Il faut que la perception puisse se faire aisément ; que le public se rende facilement compte des taxes qu'il doit payer, et que, de leur côté, les employés n'éprouvent aucune difficulté à contrôler l'affranchissement des correspondances.

(1) *Traité de la science des finances*, t. I, p. 542.

3e principe : les tarifs postaux doivent être gradués.

Les tarifs doivent être *gradués*, de manière à tenir compte de l'encombrement, du travail et des frais plus ou moins considérables qui résultent pour la poste du volume et du poids des objets qu'on lui confie ; mais l'échelle de perception, pour chaque catégorie de correspondances, ne doit compter qu'un nombre restreint de degrés, et le premier échelon, c'est-à-dire le minimum de la taxe, doit être suffisamment large pour s'appliquer à la majorité ou à une très grande partie des objets compris dans le tarif, et en même temps assez bas pour que le prix du port ne paraisse exagéré à l'égard d'aucun d'eux.

Les tarifs postaux actuels pour les lettres, les échantillons et les papiers d'affaires peuvent être cités comme des modèles de simplicité ; mais ce n'est qu'après de longs tâtonnements et de nombreuses modifications qu'on est arrivé à ce régime, sans nul doute encore susceptible de perfectionnements et de simplifications.

C'est ce que nous allons examiner, en faisant un rapide historique des variations subies par les tarifs postaux.

CHAPITRE II

TARIFS INTÉRIEURS. — DES LETTRES. — ÉTUDE DES VARIATIONS SUCCESSIVES DU TARIF

Définition.

Nous avons déjà eu l'occasion de définir la lettre à l'occasion du monopole.

Au point de vue postal, on considère comme lettre tout objet manuscrit ou imprimé, placé sous enveloppe ou expédié à découvert, présentant le caractère de correspondance actuelle et personnelle.

Variations du tarif des lettres.

L'étude des variations du tarif des lettres peut se diviser en quatre périodes :

Première période, de 1627 à 1791 : la taxe est en raison composée du nombre des feuilles, du poids et de la distance ;

Deuxième période, de 1792 à 1848 : il n'est plus tenu compte que de deux éléments : la distance et le poids ;

Troisième période : la taxe est fixée d'après le poids, sans égard à la distance, mais en maintenant un tarif plus réduit pour la correspondance locale ;

Quatrième période, de 1878 à l'époque actuelle : l'unité de tarif est réalisée pour toutes les lettres circulant à l'intérieur.

PREMIÈRE PÉRIODE (1627-1791).

Tarif d'Alméras (1627.)

A l'origine, la taxe était débattue et fixée de gré à gré entre les courriers de la poste et les expéditeurs ou les destinataires des lettres.

Le premier tarif officiel a été le règlement établi le 16 octobre 1627 par Pierre d'Alméras, général des postes et relais de France, et chevaucheur de l'écurie de Sa Majesté (1). Ce tarif fixait à 2 sous la taxe des lettres simples, entre Paris et Dijon ; à 3 sous, celui de lettres simples entre Paris et Lyon, Paris et Bordeaux, Paris et Toulouse. La taxe variait de 3 à 5 sous, suivant les relations, pour les petits paquets, c'est-à-dire les lettres composées de plusieurs feuillets, jusqu'au poids d'une demi-once, et de 5 à 8 sous par once pour les gros paquets.

(1) V. Lequien de la Neuville, *Origine des postes chez les anciens et les modernes*, p. 203.

Peu de temps après l'affermage de la poste, une déclaration royale enregistrée au Parlement, le 11 avril 1876, établit un nouveau tarif sur les bases suivantes : Tarif de 1676.

DISTANCE	LETTRES			PAQUETS
	Simples.	Avec enveloppe.	Doubles.	par once.
Au-dessous de 25 lieues...	2 sous.	3 sous.	4 sous.	6 sous.
De 25 à 60 lieues.........	3 —	4 —	5 —	6 —
De 60 à 80 —	4 —	5 —	6 —	12 —
Au-dessus de 80 lieues....	5 —	6 —	9 —	15 —

Trois éléments entraient en ligne de compte dans la graduation de ce tarif : le nombre des feuilles, le poids et la distance.

Pour la distance on avait établi quatre zones ; dans chaque zone, la lettre *simple*, c'est-à-dire celle composée d'une seule feuille, payait le minimum de la taxe ; la taxe était augmentée d'un sou pour les lettres avec enveloppe, de deux sous pour les lettres doubles, c'est-à-dire composées d'une double feuille ; la taxe des paquets étaient proportionnelle au poids.

La taxe de la lettre simple était au minimum de 2 sous, au maximum de 5 ; elle augmentait avec la distance, non pas proportionnellement, mais en suivant une progression décroissante. Si l'on tient compte de la difficulté des communications à cette époque, on doit reconnaître que ce tarif était modéré, peu compliqué, en somme assez bien conçu, et bien supérieur à tous ceux qui furent établis par la suite, jusqu'à la réforme de 1848.

Les dépenses des guerres du règne de Louis XIV firent sentir la nécessité de relever la taxe. La déclaration royale du 8 décembre 1703, qui opéra ce relèvement, en donne pour motif la nécessité d'augmenter le revenu de la ferme, et d'autre part celle de remédier au défaut de proportionnalité de l'ancien tarif, quant aux distances et à la progression du poids. Tarif de 1703.

Et nous étant fait représenter notre dite déclaration et tarif, nous y aurions remarqué plusieurs irrégularités dans la taxe desdits droits, tant par rapport aux lettres simples, dont la taxe ne se trouve pas proportionnée à la distance des lieux, et selon les routes que tiennent les courriers ordinaires, qui doit néanmoins être la véritable règle pour les fixer dans la justice, à cause des frais, qui sont plus ou moins grands selon que les villes sont plus ou moins éloignées, que par rapport à l'once des paquets qui n'a été réglée que sur le pied de trois lettres simples, quoiqu'il en faille six au moins pour composer une once...

Le principe de l'exacte proportionnalité de la taxe par rapport à la distance et au poids, formulé dans la déclaration royale de 1703, était déjà très contestable, attendu que, même à cette époque, les dépenses d'exploitation ne croissaient pas dans la même proportion que les distances et le poids. Du reste, le tarif de 1703, tout en relevant sensiblement les taxes, ne les rendit pas exactement proportionnelles aux distances.

On doubla seulement le nombre des zones ; la taxe de la lettre simple varia entre 3 et 10 sous. Les distances étaient comptées suivant le nombre des postes et les routes réellement suivies par les courriers.

Déclaration royale du 8 juillet 1759.

Le tarif des lettres fut encore augmenté par la déclaration royale du 8 juillet 1759. Les motifs de cette augmentation étaient, d'une part, la nécessité de subvenir aux dépenses résultant de la guerre de Sept ans ; de l'autre, celle de tenir compte de la dépréciation de la valeur de l'argent et du renchérissement de toutes choses, qui se traduisaient par une augmentation des dépenses d'exploitation de la ferme.

Comme le précédent, le tarif de 1759 comprenait 8 zones ; il graduait l'échelle de perception de 4 à 14 sous pour les lettres simples, avec une surtaxe uniforme d'un sou pour les lettres avec une enveloppe.

Les lettres doubles, pesant plus de deux gros et moins d'une demi-once, étaient taxées à 7 sous pour la première zone, et, pour les zones suivantes, à une taxe inférieure de 2 sous au port double.

La taxe des paquets était fixée, par once, à quatre fois le port de la lettre simple.

La distance était calculée d'après la route réellement suivie par les courriers.

Établissement de la petite poste.

La déclaration de 1759 contenait dans son article 7 une innovation importante : c'était l'établissement d'une petite poste à Paris pour les lettres échangées entre les habitants de la ville et des faubourgs. La taxe des lettres et des paquets était fixée à deux sous, jusqu'au poids d'une once ; à 3 sous pour les paquets de 3 à 4 onces ; le port était augmenté d'un sou pour les lettres et paquets à destination ou provenant des lieux situés en dehors des barrières. L'affranchissement était obligatoire.

L'institution de la petite poste fut étendue, par un arrêt du conseil du 31 mai 1786, à toutes les villes qui en étaient dépourvues. Le même arrêt fixa à 2 sous, jusqu'au poids d'une once, la taxe des lettres simples, et à 3 sous la taxe des paquets au delà d'une once.

Compétence judiciaire en matière de tarifs.

L'article 4 de l'ordonnance de 1759 posa le principe, consacré depuis par l'article 3 du décret des 26-29 août 1790, de la compétence des tribunaux ordinaires en matière de contestations relatives à l'application des tarifs.

DEUXIÈME PÉRIODE (1792-1848).

Le tarif de 1759 demeura en vigueur jusqu'à la Révolution. L'article 4 du titre Ier du décret des 26-29 août 1790 décida qu'avant le 1er janvier 1792, date de la mise en régie de la poste, il serait procédé par le Corps législatif à une rectification du tarif.

Décret des 17-22 août 1791.

Cette rectification fit l'objet du décret des 17-22 août 1791. Elle se traduisit par une légère aggravation des taxes établies en 1759. La taxe initiale de 4 sous demeura en vigueur pour les lettres simples, circulant à l'intérieur d'un même département, les lettres circulant dans le même arrondissement ne payant que 3 sous. De département à département, la taxe s'élevait de 5 à 15 sous, suivant la distance, le nombre des zones étant porté à onze.

La distance était calculée, non plus d'après la route suivie, du lieu de départ au lieu d'arrivée, mais à vol d'oiseau, en prenant pour point de départ ou d'arrivée un point fixe dans chaque département, de telle sorte qu'à poids égal, une même taxe était perçue sur toutes les correspondances échangées entre deux mêmes départements.

Pour faciliter l'application de ces dispositions, les articles 5 et 6 prescrivirent l'établissement et l'affichage, dans tous les bureaux, d'une carte et d'un tableau indiquant, pour chaque département, le point central adopté pour servir au calcul des distances, et les distances de chaque point central à tous les autres. Le tableau des distances comprenait ainsi 6,889 cases (83 $\times$ 83). Telles étaient les bases de cette nouvelle tarification préparée par le directoire des postes et présentée par le comité des finances à l'Assemblée constituante comme réalisant un progrès notable sur le tarif précédent dans la voie de la clarté et de la simplification.

Il y avait simplification en effet, malgré l'augmentation du nombre des zones, car le nombre des combinaisons de taxes était limité, et l'établissement d'un barème évitait le calcul des distances et facilitait la perception. Le tarif de 1791 réalisait un autre progrès sur les tarifs antérieurs, en ce qu'il prenait exclusivement pour base de la taxe, dans chaque zone, le poids des lettres.

Les anciens tarifs, en effet, faisaient entrer en ligne de compte le nombre des feuilles composant chaque envoi. Il fallait, pour taxer une lettre, rechercher si elle était simple ou double, et l'on ne parvenait souvent à compter le nombre des feuilles qu'en passant les lettres devant une lumière vive. Pour échapper à la surtaxe qui frappait les lettres doubles, les correspondants augmentaient le format du papier, ou bien plusieurs personnes se réunissaient pour écrire sur la même feuille.

L'adoption du système de la taxe au poids coupa court à toutes ces complications. Le poids de la lettre simple fut fixé à 1 quart d'once (7 grammes environ). Jusqu'à cette limite, on percevait le minimum de la taxe. Au-dessus de 7 grammes, la taxe croissait de quart en quart d'once suivant la progression suivante :

de $\frac{1}{4}$ once à $\frac{1}{2}$ once, 1 fois $\frac{1}{2}$ le port de la lettre simple ;

de $\frac{1}{2}$ à $\frac{3}{4}$ once, 2 ports simples ;

de $\frac{3}{4}$ à 1 once, 3 —

de 1 once à 1 once $\frac{1}{4}$, 4 ports simples,

et ainsi de suite, en ajoutant la taxe d'un port simple par quart d'once en excédent. Les lettres avec enveloppe payaient un sou de plus.

Le tarif des lettres circulant dans l'intérieur de la même ville restait fixé à 2 sous par once.

Fréquentes modifications des tarifs pendant la Révolution.

La détresse des finances et la diminution des recettes encaissées par la régie des postes provoquèrent bientôt de nouveaux relèvements de la taxe. Les remaniements furent si fréquents qu'il serait fastidieux d'en rappeler tous les détails. Nous nous bornerons aux traits saillants.

Décret des 23-24-30 juil. 1793.

Le décret des 23-24-30 juillet 1793 ne fit que reproduire le tarif précédent.

Décret du 27 nivôse an III.

Celui du 27 nivôse an III (16 janvier 1795) releva de 5 à 18 sous l'échelle des taxes pour les lettres simples, la taxe de 5 sous s'appliquant à la correspondance départementale, la commune de Paris comprise.

Loi du 21 prairial an III.

La loi du 21 prairial an III (10 juin 1795) fixa à trois sous par quart d'once la taxe des lettres locales, Paris excepté, et à 5 sous celle des mêmes lettres distribuées *extra muros* dans la banlieue des villes.

Lois du 3 thermidor an III et du nivôse an IV.

La loi du 3 thermidor an III (29 juillet 1795) et celle du 6 nivôse an IV (27 décembre 1795) simplifièrent le tarif en réduisant le nombre des zones à quatre, mais surélevèrent les taxes dans une proportion considérable. Le prix du port de la lettre simple variait, sous l'empire de la loi de nivôse an IV, entre 2 livres 10 sous et 10 livres, suivant la distance ; celui des lettres doubles (une demi-once au plus) était égal au double de la taxe applicable aux lettres simples ; celui des lettres pesant plus d'une demi-once et moins de trois quarts d'once, au triple ; celui des lettres pesant une once, au quadruple, et ainsi de suite, en augmentant d'un port par quart d'once, de telle sorte qu'une lettre du poids d'une once (28 grammes), qui circule aujourd'hui entre Bordeaux et Marseille moyennant une taxe de 30 centimes, coûtait alors 40 francs de port. On percevait 5 livres sur toutes les lettres simples échangées entre Paris et les villes de l'intérieur; 15 sous sur les lettres simples de Paris pour Paris ; 1 livre 5 sous sur celles de Paris pour sa banlieue.

Il est vrai qu'à ce moment la taxe se payait en papier-monnaie, et le discrédit des assignats était tel qu'ils avaient perdu 99 0/0 de leur valeur nominale. Ainsi les 40 livres que coûtait le port d'une lettre du poids d'une once circulant entre Bordeaux et Marseille ne représentaient en réalité que 40 centimes en monnaie métallique ; la taxe de 15 sous pour les lettres locales ne représentait même pas 1 centime, valeur métallique, tant était grande la perturbation apportée dans la situation économique par l'abus des assignats.

Les services publics étaient tombés dans un complet désarroi. Celui de la poste, qui rapportait net 12 millions au temps de la ferme, était devenu une charge pour l'Etat. En 1793, le déficit avait atteint 4 millions : la fraude, qui s'était développée dans de vastes proportions, contribuait encore à tarir les sources des revenus de la régie.

Loi du 6 messidor an IV.

Le Corps législatif, reconnaissant que le service des postes et des messageries présentait un déficit ruineux pour le Trésor national, et qu'il était

Aussi pressant qu'utile d'améliorer ce service, abolit le tarif établi par la loi du 6 nivôse an IV.

Une nouvelle loi, datée du 6 messidor an IV (24 juin 1796), éleva le poids du port simple jusqu'à 1 demi-once (14 grammes) et ramena à l'échelle relativement modérée de 3 à 9 décimes, suivant la distance, la taxe des lettres simples, et à 3 sous par once celles de la ville pour la ville. Les ports étaient payables en mandats, valeur représentative de 10 livres de blé-froment pour chaque franc de taxe.

La loi du 5 nivôse an V fit revivre la taxe de 20 centimes pour la correspondance départementale, établit une taxe de 25 centimes pour les lettres échangées entre départements contigus, créa en outre dix zones dans lesquelles la taxe des lettres simples variait de 3 décimes à 7 décimes et demi, avec une surtaxe de 5 centimes pour celles avec enveloppe. La limite de poids du port simple était d'une demi-once (14 grammes) ; au delà d'une demi-once et jusqu'à trois quarts d'once, il était perçu 15 centimes en sus du port simple ; depuis trois quarts d'once jusqu'à 1 once, 2 décimes en sus ; et progressivement 5 centimes de plus par quart d'once. Les lettres affranchies, adressées aux militaires sous les drapeaux, ne payaient que 15 centimes uniformément. Toutes ces taxes étaient payables en monnaie métallique. Loi du 5 nivôse an V.

Ce tarif fut trouvé insuffisamment rémunérateur. Sur les indications de l'administration des postes, la loi du 27 frimaire an VIII (18 décembre 1799) modifia les bases de la perception. Les tarifs spéciaux pour les correspondances circulant à l'intérieur d'un même département ou échangées entre départements contigus furent supprimés. Le nombre des zones fut ramené à neuf ; la taxe des lettres fut graduée par décime, depuis 2 décimes jusqu'à 1 franc pour les lettres simples. On prit pour base de la taxation, dans chaque zone, les nouveaux poids métriques ; le poids du port simple fut réduit à 7 grammes, c'est-à-dire à l'équivalent du quart d'once. La distance fut calculée suivant la voie la plus courte, d'après les services existants. Les lettres de la ville pour la ville payaient un décime jusqu'à 15 grammes ; les lettres de la banlieue pour la ville et réciproquement, 2 décimes jusqu'à 7 grammes, etc. Loi du 27 frimaire an VIII.

La loi du 14 floréal an X (4 mai 1802) abaissa à 6 grammes le port de la lettre simple. Loi du 14 floréal an X.

Celle du 6 avril 1806 porta le nombre des zones à onze, mesure justifiée par l'extension du territoire français; gradua la taxe de 2 à 12 décimes, pour les lettres circulant de bureau à bureau, et éleva à 15 centimes le prix de port des lettres de Paris pour Paris pesant moins de 15 grammes. Loi du 6 avril 1806.

Le décret du 9 février 1810 éleva à 25 centimes, uniformément, la taxe des lettres affranchies adressées aux militaires sous les drapeaux. Décret du 9 fév. 1810.

La loidu 20 avril 1810 ajouta trois nouvelles zones aux anciennes, augmentation motivée par de nouvelles conquêtes. Loi du 20 avril 1810.

Le dernier tarif proportionnel aux distances qui ait été appliqué en France est celui de la loi du 15 mars 1827. Le nombre des zones fut alors Loi du 15 mars 1827 ramené à onze, la taxe des lettres simples graduée de 20 centimes à 1 fr. 20. Les distances étaient calculées à vol d'oiseau. On percevait un port simple jusqu'à 7 grammes et demi ; de 7 grammes et demi à 10 grammes, demi-port en sus ; de 10 à 15 grammes, 2 ports ; de 15 à 20 grammes, 2 ports et demi, et ainsi de suite, en ajoutant 1/2 port par 5 grammes excédant.

Les lettres de ou pour la Corse étaient passibles de la taxe applicable au parcours sur le territoire continental de la France, plus 1 décime pour le transport maritime.

La taxe des lettres de ou pour la même commune restait fixée à 15 centimes jusqu'à 15 grammes, à Paris (Loi du 24 avril 1806), et à 10 centimes jusqu'à 15 grammes, dans les départements. De 15 à 30 grammes, la taxe était de 2 décimes ; de 30 à 60 grammes, 3 décimes, et ainsi de suite, en ajoutant 1 décime par 30 grammes excédant (Loi du 27 frimaire an VIII, art. 8).

Les lettres déposées dans un bureau de poste pour être portées par les agents de l'administration dans une commune relevant de ce même bureau, ne payaient qu'un droit fixe de 1 décime.

Celles remises à un bureau de poste pour être portées à une distribution relevant du même bureau étaient taxées suivant la progression ci-après :

Au-dessous de 7 grammes 1/2................	2 décimes.
De 7 grammes 1/2 à 15 grammes inclus	3 —
De 15 à 30 grammes exclusivement...........	4 —
Et de 30 en 30 grammes	1 décime en sus.

(*Loi du* 15 *mars* 1827, *art.* 4).

Loi du 3 juin 1829.

Enfin la loi du 3 juin 1829, en établissant un service de poste dans les communes rurales, avait soumis les lettres recueillies ou distribuées dans ces communes à une surtaxe de 1 décime, supprimée plus tard par la loi du 3 juillet 1846.

Complication et inconvénients du tarif en vigueur avant la réforme de 1848.

Telle était l'économie du tarif en vigueur avant la réforme postale de 1848.

Ce tarif présentait de nombreux inconvénients.

Il était compliqué, puisque la taxe était en raison composée de la distance et du poids ; et qu'un double calcul était nécessaire, dans la plupart des cas, pour déterminer le prix du port à percevoir.

Il était cher, puisqu'une lettre de Paris pour Marseille, du poids de 15 grammes, qu'on affranchit aujourd'hui à raison de 15 centimes, coûtait alors 2 fr. 20 de port.

La progression de la taxe avec la distance était une source de difficultés et d'embarras que la logique même ne justifiait pas. On était parti d'une idée fausse, à savoir que les frais, pour chaque lettre confiée à la poste, sont proportionnels à la distance entre le lieu de départ et le lieu d'arrivée. L'application rigoureuse de ce principe était impossible, et l'on avait dû, pour ne pas multiplier à l'infini les combinaisons, graduer les distances et compter tantôt d'après la route réellement suivie par les courriers, tantôt d'après le chemin le plus court, tantôt à vol d'oiseau.

Le principe en lui-même était faux, car les frais de transport ne sont pas le seul élément qui doive entrer en ligne de compte dans le prix de port d'une lettre. Il y a d'autres éléments irréductibles qui sont : le relevage, l'affranchissement ou la taxation, le timbrage, la manipulation, la remise à domicile, dont le coût est invariable, quelle que soit la distance.

La commission parlementaire chargée d'examiner, en 1844, la proposition Saint-Priest avait calculé que de deux lettres ayant à parcourir, l'une 40 kilomètres, l'autre plus de 900, la première, taxée 20 centimes, coûtait à l'administration 9 centimes 3/4 ; la seconde, taxée 1 fr. 20, coûtait 14 centimes 3/4, soit 5 centimes de plus que la première : il y avait donc une véritable iniquité à imposer à la seconde une surtaxe d'un franc. C'était en réalité un impôt progressif en raison de la distance que le tarif par zones faisait peser sur les correspondances, impôt qui venait s'ajouter aux difficultés des relations entre les régions éloignées les unes des autres, alors qu'il eût fallu, au contraire, tendre à les rapprocher par des tarifs modérés.

Les frais de transport, même pris isolément, ne sont pas toujours proportionnels aux distances. Telle correspondance échangée entre deux localités distantes de quelques lieues, mais sans relations directes entre elles, coûtera beaucoup plus que telle autre, échangée entre deux grandes villes très éloignées, mais reliées par des services directs. L'extension du réseau ferré et la circulation à peu près gratuite des dépêches sur les chemins de fer ont encore accentué cette disproportionnalité, à tel point que la distance est devenue un élément négligeable dans l'évaluation des frais de port des lettres.

C'est à un Anglais, Sr Rowland Hill, que revient l'honneur d'avoir mis le premier ce principe en lumière et d'en avoir tiré les conséquences.

La réforme postale en Angleterre.

Avant 1840, le tarif postal anglais comportait, comme le tarif français, plusieurs zones de perception, et la taxe d'une lettre simple variait entre 40 centimes et 1 fr. 70. Une lettre de Londres pour Edimbourg coûtait 1 fr. 40. Rowland Hill reconnut que les frais de transport d'une semblable lettre ne dépassaient pas un trentième de penny (3 millièmes de franc). Il en conclut que le coût du transport n'entrait que pour une très faible part dans les dépenses de la poste, que par suite on pouvait n'en pas tenir compte, et soumettre les lettres à une taxe uniforme, sans égard à la distance à parcourir.

Il reconnut également que, pour pouvoir être applicable à toutes les relations, cette taxe devait être très modérée ; il pensa qu'on pourrait l'abaisser jusqu'à 1 penny (10 centimes), la perte qu'une pareille réduction devait faire subir au Trésor devant être bientôt compensée par l'économie provenant de la simplification du service et par la plus-value résultant de l'accroissement du nombre des correspondances.

Rowland Hill exposa ses idées dans une brochure qui parut en 1837 sous le titre *Post office reforms*. Ce travail, traité avec dédain par les autorités de Saint-Martin le Grand, fut accueilli avec faveur par le public, par la presse et par le pays tout entier. En 1838, une députation qui ne comptait pas moins de 150 membres du Parlement, se rendit auprès du premier ministre, lord Melbourne, pour réclamer l'application d'urgence des mesures proposées par le hardi réformateur (1).

La Chambre des communes nomma une commission pour examiner les propositions de Rowland Hill. Le gouvernement l'appela à la trésorerie, d'où il pouvait diriger l'exécution de ses plans. Au mois de décembre 1839, on fit un premier essai du système : on réduisit à 4 pence (40 centimes), pour tout l'intérieur du Royaume-Uni, la taxe des lettres qui ne pesaient pas plus d'une demi-once (14gr.17). Après cette expérience qui ne dura qu'un mois, la taxe fut abaissée uniformément, à partir du 10 janvier 1840, à 1 penny pour les lettres simples affranchies, à 2 pence pour les lettres non affranchies. On supprima en même temps les franchises parlementaires qui permettaient aux membres du Parlement de recevoir quinze lettres par jour et d'en écrire dix.

Ses résultats.

Voyons quels ont été les résultats de cette grande réforme.

a) Au point de vue du mouvement épistolaire

Rowland Hill avait affirmé que le nombre des lettres doublerait dès la première année. Cette assertion avait été contestée. Le secrétaire du Post office, colonel Maberly, avait délaré que cette prévision ne se réaliserait pas, « quand bien même tout le peuple anglais aurait la franchise ; qu'on aurait beau réduire les tarifs, les pauvres n'écriraient pas plus de lettres, qu'il en serait de même du commerce, qui ne reculait pas devant des tarif élevés ».

Le nombre des lettres, qui avait été de 76 millions en 1839, année qui précéda la réforme, s'éleva, en 1840, à 169 millions, soit une augmentation de 122 0/0. Il a été, pendant l'exercice 1889-1890, le dernier dont les résultats soient connus, de 1,650,100,000, soit une augmentation de 2,071 0/0.

Cette progression montre bien quelle impulsion peut donner au mouvement de la correspondance le bon marché des tarifs.

Aussi les bienfaits de la réforme accomplie par Rowland Hill lui ont-elles valu une légitime popularité, et il a reçu, de son vivant, de nombreux témoignages de la reconnaissance de ses concitoyens. Une souscription ouverte en sa faveur produisit 13,000 livres. Lorsqu'il résigna ses fonctions de secrétaire du Post office, la reine, dans un message spécial à la Chambre des communes, proposa de lui allouer une gratification de 20,000 livres qui fut votée à l'unanimité ; son traitement de 2,000 livres lui fut conservé pendant sa vie durant. Après sa mort, l'Angleterre lui a élevé un tombeau à Westminster, parmi ses grands hommes, et lui a érigé une statue.

b) Au point de vue financier.

Sans diminuer en rien la gloire de Rowland Hill, il est permis de remarquer que la réforme à laquelle il a attaché son nom, et qui a été si féconde par les conséquences qu'elle eut au point de vue social, a donné des résultats moins brillants au point de vue financier. Rowland Hill avait compte pour la première année, sur un déficit de 300,000 livres.

(1) V. l'*Union postale* de 1879, p. 211.

En réalité, le revenu brut du Post office tomba de 2,390,763 livres à 1,359,466, soit une diminution de 43 0/0, et le revenu net de 1,633,764 livres à 500,789, soit une diminution de 69 0/0. Ce ne fut que treize ans plus tard, en 1852, que le revenu brut de la poste atteignit le chiffre d'avant la réforme, et vingt-trois ans plus tard, en 1863, que le revenu net de 1839 put être regagné.

La perte subie par le Trésor a été, pour la première année, de plus de 28 millions de francs ; elle a été depuis s'atténuant d'année en année. Aujourd'hui l'exploitation du service des postes procure à l'administration britannique un bénéfice net de 80,855,233 fr. 20 (£ 3,208,541), en y comprenant les subventions aux paquebots, et de 97,721,927 fr. 20 (£ 3,873,886), en faisant abstraction des subventions, qui ne figuraient pas, en 1839, parmi les dépenses du Post office. Le revenu net a donc plus que doublé depuis cette époque ; mais il a fallu de longues années pour arriver à ce résultat.

M. Paul Leroy-Beaulieu (1) estime que la réforme postale a coûté à l'Angleterre près de 400 millions.

Toutefois, il ne faudrait pas croire que cette diminution momentanée du revenu net des postes ait été une perte sans compensation, même pour le fisc :

Le bas prix des correspondances a dû aider au développement du commerce, faciliter l'essor d'industries qui fussent, sous le régime des anciens tarifs, restées stationnaires, et par mille canaux détournés le Trésor a reçu, comme augmentation du produit des autres taxes, des sommes qui annulaient peut-être ou qui du moins atténuaient notablement la perte qu'il subissait par la longue diminution des recettes postales.

Ce n'est pas toujours, même au point de vue pratique, un bon système que d'isoler absolument un phénomène financier ; toute réduction de droits a des effets directs et des effets indirects, des conséquences immédiates et des conséquences différées : quand on réduit une taxe sur un instrument universel de travail et de production, toute l'économie sociale en éprouve l'influence. La réforme postale a été, sans doute, avec les chemins de fer, les bateaux à vapeur, les télégraphes, l'or de l'Australie et de la Californie, au nombre de ces causes puissantes et diverses, qui ont si magnifiquement accru les échanges dans ces trente-cinq dernières années. »

M. Leroy-Beaulieu fait remarquer, en outre, que l'immense développement de la circulation postale en Angleterre et dans les autres pays ne doit pas être attribué seulement à l'abaissement des tarifs, mais que d'autres causes y ont contribué ; ces causes sont les suivantes :

1° L'accroissement de la population : cet accroissement est plus ou moins considérable, mais il se produit toujours chez les nations laborieuses ; 2° le développement de l'instruction. Il n'y a pas de pays en Europe où l'instruction ne fasse chaque année des progrès et ne s'étende à une plus forte partie de la population. Or, il est bien évident que plus il y a de gens sachant lire et écrire, plus il y a même d'hommes ayant, outre ces connaissances rudimentaires, une certaine culture intellectuelle et morale, plus aussi les correspondances deviennent nombreuses ; 3° le déplacement de la population : quand chacun ne reste plus rivé au foyer domestique, que les enfants s'en vont chercher fortune loin de leurs familles, dans les pays industriels où ces

(1) *Traité de la Science des finances*, t. Ier, p. 535.

déplacements sont fréquents, le nombre des correspondances se ressent naturellement de ces nouvelles habitudes ; 4° la plus grande facilité, la plus grande rapidité dans les transports : quand tout le pays est couvert de routes et de chemins, quand les moyens de locomotion accélérée sont très répandus, qu'il ne faut que quelques heures pour se rendre où il fallait autrefois plusieurs jours, le nombre des correspondances aussi s'accroît dans des proportions considérables; 5° enfin le développement du commerce et des affaires. Cette dernière cause est en quelque sorte la résultante des précédentes.

On ne peut nier que ces différentes causes n'aient contribué, avec le bas prix des correspondances, à rendre dans le Royaume-Uni le nombre des lettres en 1873 treize fois plus considérable qu'en 1839, avant la réforme postale.

Résultats de la réforme postale anglaise, d'après les rapports des postmasters généraux.

ANNÉES	NOMBRE DES LETTRES	REVENU BRUT de la poste.	REVENU NET (4)
		£	£
1839 (1)	75.907.572	2.390.763 (3)	1.633.764
1840 (2)	168.768.344	1.359.466 (3)	500.789
1852	379.501.499	2.422.168 (3)	1.118.004
1863	642.324.618	3.874.299 (3)	1.749.903
1889-90	1.650.100.000	9.474.774	3.878.886

(1) Avant la réforme.
(2) 1re année de la réforme.
(3) Non compris la valeur des timbres-poste imprimés sur les journaux, perçus par l'office du revenu intérieur.
(4) Non compris les dépenses des paquebots, les recettes et les dépenses de la Caisse d'épargne postale.

TROISIÈME PÉRIODE (1848 à 1878).

Réforme postale en France.

En France, l'initiative parlementaire ne tarda pas à saisir les Chambres de propositions tendant à réaliser dans notre tarif une réforme analogue à celle qui s'opérait en Angleterre.

Premières propositions émanées de l'initiative parlementaire. Proposition Lherbette (1839).

Le 24 juillet 1839, un membre de la Chambre des députés, M. Lherbette, demanda au gouvernement de présenter un projet de loi dans ce sens. La proposition fut appuyée par MM. Cibiel et Glais-Bizoin. Le gouvernement répondit, par l'organe du ministre des finances (M. Passy), qu'il y avait lieu d'attendre le résultat de la réforme qu'on allait tenter en Angleterre.

Vœux des conseils généraux.

La question revint souvent à l'ordre du jour de la Chambre pendant les années suivantes, soit à l'occasion de la discussion du budget, soit à l'occasion de rapports sur des pétitions. En 1841, 43, et en 1843, 65 conseils généraux émirent des vœux en faveur d'une réduction de la taxe des lettres.

Proposition Glais-Bizoin (1842).

Le 3 mai 1842, M. Glais-Bizoin demanda, au cours de la discussion du budget, l'application d'une taxe uniforme de 20 centimes.

Proposition St-Priest (1844.)

Le 19 mars 1844, M. de Saint-Priest proposa de réduire le nombre des zones de tarification à deux : la taxe eût été de 20 centimes jusqu'à 40 kilomètres, 30 centimes au delà. La commission chargée de l'examen de la proposition demanda, par l'organe de son rapporteur, M. Chégaray, l'adoption d'un tarif uniforme de 20 centimes. Les articles furent successivement adoptés par la Chambre; mais lorsqu'on vint à voter sur l'ensemble, les voix se partagèrent également et la proposition se trouva repoussée.

Deux autres projets déposés par le gouvernement, le premier le 26 février 1846, le second le 3 janvier 1848, tous deux tendant à réduire à quatre le nombre des zones pour la perception, et à graduer la taxe de 20 à 50 centimes ; une seconde proposition de M. Glais-Bizoin, déposée le 22 février 1847, et tendant à l'adoption d'une taxe uniforme de 20 centimes, ne purent aboutir ; le premier projet du gouvernement fut retiré le 6 mai 1846 ; la proposition Glais-Bizoin, malgré un éloquent plaidoyer du rapporteur, Emile de Girardin, en faveur de la taxe uniforme, fut repoussée après une longue discussion dans la séance du 27 mai 1847 ; enfin la discussion sur le second projet du gouvernement ne put avoir lieu par suite de la révolution du 24 février 1848. 1846. Proposition du gouvernement. 2e Proposition de M. Glais-Bizoin.

Il était réservé au gouvernement républicain de 1848 de réaliser la réforme postale en France. Réforme de 1848.

L'Assemblée nationale fut saisie presque simultanément de deux propositions : l'une, de M. de Saint-Priest, le 19 mai 1848; l'autre, du gouvernement, le 26 du même mois, toutes deux tendant à réduire à 25 centimes uniformément la taxe des lettres simples. Les deux propositions furent renvoyées à une même commission qui choisit pour son rapporteur M. de Saint-Priest. Le projet de la commission fut adopté dans la séance du 24 août 1848. L'Assemblée repoussa plusieurs amendements, parmi lesquels il convient de noter celui de Bastiat, qui demandait une taxe uniforme de 5 centimes jusqu'au poids de 10 grammes, avec l'affranchissement obligatoire et l'abolition du monopole de la poste.

Voici les dispositions du décret du 24 août 1848 qui ont trait à la réforme postale : Décret du 24 août 1848.

Art. 1er. — A dater du 1er janvier 1849, toute lettre du poids de 7 gr. 1/2 et au-dessous, circulant à l'intérieur, de bureau à bureau, sera taxée à 20 centimes.

Les lettres de et pour la Corse et l'Algérie seront soumises à la même taxe :

Art. 2. — Les lettres dont le poids excédera 7 gr. 1/2 et qui ne pèseront pas plus de 15 grammes seront taxées 40 centimes.

Art. 3. — Les lettres et paquets de papier d'un poids excédant 15 grammes n'excédant pas 100 grammes seront taxés à 1 franc.

Les lettres ou paquets dont le poids dépassera 100 grammes seront taxés à 1 franc par chaque 100 grammes ou fraction de 100 grammes excédant.

Le tarif uniforme établi par le décret de 1848 ne s'appliquait qu'aux lettres circulant de bureau à bureau. Maintien des tarifs spéciaux pour la correspondance locale.

Il laissait subsister les tarifs spéciaux applicables à la correspondance locale, savoir :

15 centimes jusqu'à 15 grammes pour les lettres de Paris pour Paris;

10 centimes jusqu'à 15 grammes pour les lettres circulant dans la circonscription d'un même bureau de poste.

Résultats de la réforme de 1848.

La réforme accomplie en France en 1848 a été beaucoup moins hardie et moins profonde que celle qui avait été réalisée en Angleterre en 1840 ; aussi ses effets ont-ils été beaucoup moindres, au double point de vue de la circulation des correspondances et des recettes du Trésor.

a) Au point de vue de la circulation postale.

En 1848, le nombre des lettres transportées par la poste dans le service intérieur avait été de 113,500,000; il s'éleva l'année suivante à 148,600,000, soit une augmentation de 31 0/0, tandis qu'en Angleterre l'accroissement avait été, pour la première année de la réforme, de 122 0/0.

b) Au point de vue des produits.

Le produit de la taxe des lettres et autres objets de correspondance, qui avait été en 1848 de.. 47.816.861 fr.

S'abaissa en 1849 à 36.582.009

Soit une diminution de produit brut de............ 11.234.852 fr. ou de 30 0/0.

Le produit net de l'exploitation descendit de 16,960,773 à 6,862,920 fr., soit une perte de 10,097,853 francs.

Mais, dès 1854, le produit de la taxe des correspondances s'élevait à 50,019,801 francs, dépassant ainsi de plus de 3 millions celui de 1848, et dès 1853, le produit net de l'exploitation postale remontait à 17,176,229 fr., chiffre supérieur à celui du produit net de 1848. Ainsi cinq années suffirent pour combler le déficit causé dans les recettes du Trésor par la réforme postale, tandis qu'en Angleterre il a fallu vingt-quatre ans pour arriver au même résultat.

Nous allons résumer brièvement les modifications apportées aux tarifs postaux depuis la réforme de 1848 jusqu'à celle de 1878.

Loi du 18 mai 1850. Élévation de la taxe de 20 à 25 centimes.

En 1850, on fit un pas en arrière. La loi du 18 mai releva à 15 centimes la taxe des lettres du poids de 7 gr. 1/2 et au dessous, et à 50 centimes la taxe des lettres de 7 gr. 1/2 à 15 grammes. Immédiatement les conséquences de cette mesure se firent sentir sur la circulation postale; le nombre des lettres qui avait été en 1849 de 148,600,000, tomba en 1850 à 148,500,000.

Loi des 7-10 mai 1853. Prime à l'affranchissement.

La loi des 7-10 mai 1853, en abaissant de 5 centimes la taxe des lettres *affranchies* de Paris pour Paris, inaugura le système des primes à l'affranchissement.

Loi du 20 mai 1854. Réduction de la taxe à 20 centimes.

La loi du 20 mai 1854 étendit cette prime aux lettres circulant de bureau à bureau. Elle ramena le prix du port simple à 20 centimes pour les lettres affranchies, et fixa à 30 centimes celui des lettres non affranchies.

Le nombre des lettres intérieures, qui ne s'était élevé, de 1852 à 1853, que de 167,1 millions à 170,4 millions, c'est à dire dans la proportion de 2 0/0, monta en 1854 à 195,9 millions, chiffre qui représente une augmentation de 15 0/0 sur l'année précédente.

Lois des 28 juin 1861 et 2 juillet 1862. Élévation à 10 grammes du poids de la lettre simple.

Les lois des 28 juin 1861 et 2 juillet 1862 fixèrent à 10 grammes le poids maximum de la lettre simple; à 20 grammes celui de la lettre double; au delà de 20 grammes, la taxe était graduée de 20 à 100 grammes et ensuite de 100 en 100 grammes, conformément au tableau suivant :

POIDS DES LETTRES	LETTRES circulant DE BUREAU A BUREAU (Loi du 28 juin 1861)		LETTRES circulant dans la circonscription D'UN MÊME BUREAU (Loi du 2 juillet 1862)	
	affranchies	non affranchies	affranchies	non affranchies
	fr. c.	fr. c.	fr. c.	fr. c.
Jusqu'à 10 grammes............	0 20	0 30	0 10	0 15
De 10 à 20 grammes............	0 40	0 60	0 20	0 40
De 20 à 100 grammes............	0 80	1 20	0 40	0 60
Au delà de 100 grammes et par 100 grammes excédant........	0 80	1 20	0 40	0 60

Ces deux lois établissaient l'uniformité de la progression du poids pour la taxe des lettres, celles de Paris pour Paris exceptées, et fixaient à 50 0/0 la surtaxe applicable aux lettres non affranchies.

Les lettres de Paris pour Paris restaient soumises à un régime spécial. La taxe qui leur était applicable était graduée par décime; elle était de 10 centimes jusqu'à 15 grammes exclusivement, de 15 centimes de 15 à 30 grammes, et augmentait ensuite de 15 centimes par 30 grammes ou fraction de 30 grammes. Les lettres non affranchies étaient passibles d'une surtaxe de 5 centimes. Lettres de Paris pour Paris.

En 1871, la nécessité de faire face aux charges résultant de la guerre entraîna le relèvement de tous les impôts. Les taxes postales durent subir la loi commune.

La loi du 24 août 1871 porta à 25 centimes la taxe des lettres simples circulant de bureau à bureau, et à 15 centimes celle des lettres circulant dans la circonscription d'un même bureau. Le nouveau tarif fut gradué suivant la progression suivante : Loi du 24 août 1871. Relèvement des tarifs.

POIDS DES LETTRES	LETTRES circulant DE BUREAU A BUREAU		LETTRES circulant DANS LA CIRCONSCRIPTION d'un même bureau.	
	affranchies	non affranchies	affranchies	non affranchies
	fr. c.	fr. c.	fr. c.	fr. c.
Jusqu'à 10 grammes............	0 25	0 40	0 15	0 25
De 10 à 20 grammes............	0 40	0 60	0 25	0 40
De 20 à 50 grammes............	0 70	1 20	0 40	0 60
Au-dessus de 50 grammes et par 50 grammes excédant............	0 50	0 75	0 25	0 40

LETTRES DE PARIS POUR PARIS.

	lettres affranchies	non affranchies
Jusqu'à 15 grammes exclusivement.........	0 fr. 15	0 fr. 25
De 15 à 30 grammes......................	0 30	0 50
Au delà de 30 grammes et par 30 gr. excédant.	0 15	0 25

Résultats au point de vue de la circulation des correspondances et des recettes.

Il est assez difficile d'apprécier quels ont été les résultats du relèvement des taxes en 1871, attendu que le nombre des lettres et le produit de la taxe ont subi une réduction par suite de la perte de l'Alsace et de la Lorraine.

En 1869, le nombre des lettres était de 313,360,723; il a été en 1872 de 292,466,678; ce n'est qu'en 1877 que le chiffre de 1869 a été atteint et dépassé.

Si l'on défalque pour la perte de l'Alsace-Lorraine 1/23 de la circulation postale, d'après le chiffre de la population séparée de la France depnis 1871, et si l'on tient compte de la progression normale qui était en moyenne de 9 millions par an, on trouve que le nombre des lettres aurait dû être en 1875 de 325 millions. Le relèvement des taxes a donc eu pour conséquence immédiate un déficit de 33 millions de lettres dans la circulation postale intérieure.

Ce déficit s'est accentué dans les années suivantes, car, en 1873, le nombre des lettres est descendu à 285,350,341, et jusqu'en 1878, il ne s'est accru que dans une très faible proportion.

En 1869, le produit de la taxe des lettres intérieures avait été de... 60.989.454 fr.

En 1872, il s'est élevé à 72.615.276

et a donné une plus-value de..................... 11.625.822 fr. (1)

Cette plus-value représente un accroissement de recette de 20 0/0 seulement, alors que les taxes avaient été relevées de 25 0/0 pour les lettres de bureau à bureau et de 50 0/0 pour la correspondance locale.

En 1873, le produit de la taxe des lettres intérieures est tombé à... 71.033.899 fr.

Ce chiffre ne présente plus, par rapport à celui de 1869, 60.989.454

qu'un excédent de.................................. 10.044.445 fr.

qui eût presque été atteint par le seul effet de la progression du nombre des correspondances, sans les relèvements de taxe opérés en 1871.

Ces relèvements, si nuisibles au développement des relations commerciales et sociales, n'ont donc procuré au Trésor qu'un maigre profit.

QUATRIÈME PÉRIODE. — 1878-1889

Nécessité d'une réduction des tarifs.

La loi du 24 août 1871 n'avait été qu'un expédient momentané, justifié par la nécessité de faire face à tout prix aux charges écrasantes de la

(1) L'augmentation, sur l'ensemble des produits postaux, a été de 13,902,429 francs, au lieu des 20 millions qu'on avait espérés. (Rapport de M. Caillaux.)

guerre de 1870; il avait toujours été tacitement entendu qu'on renoncerait à cet impôt de guerre dès que la situation financière serait devenue meilleure.

L'adhésion donnée par la France au traité de Berne, qui établissait des taxes modérées pour les États compris dans le ressort de l'Union postale universelle, impliquait d'ailleurs un remaniement de nos tarifs intérieurs. Il n'était pas admissible qu'on continuât à payer 40 centimes pour une lettre du poids de 15 grammes expédiée de Paris à destination de Versailles, alors qu'on ne percevait que 30 centimes sur une lettre de même poids à destination de la Russie.

Aussi, en présentant, le 3 juin 1875, à l'Assemblée nationale le projet de loi portant approbation du traité de Berne, M. Léon Say proposa-t-il d'élever la limite de poids pour les deux premiers échelons du tarif des lettres, en fixant à 15 grammes le maximum du poids du port simple, comme dans le service international.

Loi du 3 août 1875 Le poids du port simple est élevé à 15 grammes.

Le projet de loi du gouvernement fut adopté dans la séance du 3 août 1875, et le tarif intérieur fut ainsi établi :

POIDS DES LETTRES	LETTRES circulant DE BUREAU A BUREAU.		LETTRES circulant DANS LA CIRCONSCRIPTION d'un même bureau OU DE PARIS POUR PARIS	
	affranchies	non affranchies	affranchies	non affranchies
	fr. c.	fr. c.	fr. c.	fr. c.
Jusqu'à 15 gr. inclusivement...	0 25	0 40	0 15	0 25
De 15 à 30 grammes....	0 50	0 80	0 25	0 50
De 30 à 50 grammes............	0 75	1 20	0 45	0 75
Au-dessus de 50 grammes et par 50 grammes exédant..........	0 50	0 75	0 25	0 40

C'était assez pour éviter l'anomalie d'un tarif plus élevé à l'intérieur que dans les relations internationales; ce n'était pas assez pour favoriser l'essor de la correspondance et stimuler l'activité des transactions. Notre tarif postal intérieur restait plus élevé que celui de la plupart des nations européennes.

Dès 1876, plusieurs propositions émanant de l'initiative parlementaire furent soumises à la Chambre des députés, en vue de la réduction des tarifs.

Réforme postale de 1878.

L'une de ces propositions, déposée le 7 avril 1876 par MM. Talandier, Bertholon, etc., demandait l'affranchissement obligatoire, la taxe uniforme de 10 centimes par 15 grammes pour les lettres et de 5 centimes pour les cartes postales.

Proposition Talandier. (Taxe à 10 centimes).

Proposition Le Cesne. (Taxe à 15 centimes.)

Une autre proposition, déposée le 29 mai 1876 par MM. Jules Le Cesne, Chevandier, etc., demandait, avec l'affranchissement obligatoire : 1° une taxe de 15 centimes jusqu'à 15 grammes, de 30 centimes de 15 à 30 grammes, avec accroissement de 10 centimes par 10 grammes excédant; 2° une taxe de 10 centimes pour les cartes-postales.

Premier projet du gouvernement. (Taxe à 10 et à 20 centimes).

Le 11 novembre 1876, le gouvernement, par l'organe de M. Léon Say, ministre des finances, déposa un projet de loi proposant la réduction à 20 centimes de la taxe des lettres simples et à 10 centimes de la taxe des cartes postales, en conservant la taxe de 15 centimes pour les lettres de Paris pour Paris, ainsi que pour les lettres circulant dans la circonscription du même bureau.

Rapport de M. Cochery.

Ces trois propositions furent renvoyées à la commission du budget, qui trouva les réductions proposées par le gouvernement insuffisantes et jugea le moment venu de réaliser l'uniformité de tarif à l'intérieur. Le rapporteur, M. Cochery, exprimait en ces termes l'opinion de la commission (Rapport déposé le 31 juillet 1876):

M. le ministre des finances nous proposait de ramener la taxe des lettres circulant de bureau à bureau à 20 centimes et celle des cartes postales à 10 centimes. Nous avons jugé cette réforme insuffisante; elle ne serait pas de nature à donner une satisfaction réelle à notre industrie et à accélérer suffisamment le mouvement de la correspondance. On pouvait discuter peut-être l'opportunité de la mesure; mais dès que cette mesure est reconnue nécessaire, elle doit être complète, de manière à produire tous ses effets.

Nous ne voulons d'autre argument en faveur de notre opinion que celui qui est présenté par M. le ministre lui-même, dans l'exposé des motifs qui sert de préambule au projet de budget pour 1878.

Il faut, dit M. Léon Say, procéder par des abaissements importants quand il s'agit d'impôts de consommation que l'on veut conserver en les rendant plus légers. On doit, dans ce cas, chercher à compenser la perte qui provient de la diminution des tarifs par l'augmentation des produits qui est la conséquence de l'accroissement des quantités imposables. Pour y arriver, il faut, pour ainsi dire, frapper un grand coup et provoquer la consommation par un abaissement considérable des prix.

Le système des réductions progressives s'applique, au contraire, aux impôts qui ne doivent pas être conservés et qu'on n'a pas besoin de perfectionner, puisqu'on veut les abolir. Il est certain qu'un abaissement de 5 centimes sur les cartes postales déterminerait un faible accroissement dans les correspondances. La réduction passerait, pour ainsi dire, inaperçue : elle diminuerait immédiatement les recettes du Trésor et ne trouverait pas sa contre-partie dans l'augmentation sensible de la circulation des lettres.

Le ministre des finances avait évalué à 12 millions, se répartissant sur plusieurs années, la perte qui résulterait de la réduction de la taxe à 20 centimes, et à 15,156,764 francs, pour la première année seulement, la perte qui résulterait de la réduction à 15 centimes.

En acceptant le minimum de 15 centimes, la commission estimait la perte totale à 27,380,892 francs, répartis sur trois années.

A ce propos, M. Cochery s'exprimait ainsi :

« La réforme à 20 centimes entraînerait donc un déficit total de 12 millions, et celle à 15 centimes, de 27 millions ; le rapprochement de ces deux chiffres suffit à démontrer que le sacrifice n'est pas assez considérable pour hésiter à faire une réforme complète en réduisant immédiatement la taxe à 15 centimes. »

La commission se ralliait en conséquence à la proposition de M. Le Cesne, légèrement modifiée, et demandait l'établissement d'un tarif uniforme pour les lettres, avec un minimum de 15 centimes jusqu'à 15 grammes. Pour les cartes postales, le port devait être fixé invariablement à 10 centimes. Les événements du 16 mai et la dissolution de la Chambre ne permirent pas de discuter le projet élaboré par la commission.

Deuxième projet du gouvernement (1877).

A la session suivante, M. Caillaux, ministre des finances, s'appropriant les conclusions de la précédente commission du budget, en fit la base d'un nouveau projet de loi qu'il présenta à la Chambre des députés le 17 novembre 1877.

Discussion du projet de loi.

La commission, par l'organe de son rapporteur, M. Cochery, proposa diverses modifications au projet du gouvernement. La réforme postale fut discutée et votée le 4 mars 1878 à la Chambre des députés, le 2 avril 1878 au Sénat, et promulguée le 6 avril 1878.

Loi du 6 avril 1878.

L'article 1er de la loi du 6 avril 1878, qui concerne les lettres, est ainsi conçu :

La taxe des lettres affranchies est fixée à 15 centimes par 15 grammes ou fraction de 15 grammes.

La taxe des lettres non affranchies est fixée à 30 centimes par 15 grammes ou fraction de 15 grammes.

Résultats de la réforme postale en 1878.

Examinons maintenant quels ont été les résultats de la réforme postale de 1878.

a) Sur la circulation postale.

Pendant l'année 1879, qui suivit la réforme, le nombre des lettres circulant à l'intérieur s'éleva à 403,853,626, tandis que pour l'anné 1877, qui avait précédé la réforme, il n'avait été qu'à 318,659,158. L'augmentation du nombre des correspondances fut de 85,194,468 ou 26 0/0 en deux ans, tandis que, durant la période de 1872 à 1877, elle avait été de 4,365,413 ou de 1 1/3 pour cent par an.

En 1889, le nombre des lettres à l'intérieur a été de 573,459,065, soit une augmentation de 79 0/0 sur 1877, en douze ans, et une augmentation moyenne de 6,6 0/0 par an.

Sur les produits.

Le gouvernement et la commission du budget avaient estimé la perte que la réforme postale devait faire subir au Trésor à 27 millions dont 15 pour la première année.

Le produit de la taxe des lettres à l'intérieur avait été en 1877 de	77,301 657 fr.
Il tomba en 1878 à.	61,978,086
La perte fut donc de.	15,323,571 fr.

pour la première année, conformément aux prévisions du gouvernement et de la commission du budget.

Le produit de la taxe des lettres se releva graduellement, et en 1883, la sixième année de la réforme, il atteignait 78,027,061, dépassant ainsi le chiffre auquel il s'était élevé en 1877.

En 1889, le produit de la taxe des lettres a été de 88,300,678 francs, soit 11 millions de plus qu'avant la réforme, et 27 millions de plus qu'en 1869.

En ce qui concerne le produit net, c'est-à-dire l'excédent des recettes sur les dépenses du service postal, la comparaison est plus malaisée; depuis que la poste et le télégraphe sont fusionnés, les dépenses des deux services sont confondues, et il est devenu impossible d'apprécier séparément les résultats financiers pour chaque service.

En 1877, l'exploitation des postes et des télégraphes avait laissé un produit net de 47,706,293 fr. 81, se décomposant ainsi :

Postes.	46,985,573 fr. 21
Télégraphes.	720,720 60
Total	47,706,293 fr. 81

Le produit net des deux exploitations réunies tomba en 1878 à . . . . 29,343,953 fr.
et en 1879 à . . . . 21,084,699 fr.

Depuis, il s'est relevé graduellement, et en 1888, il atteignait le chiffre de 48,811,146 fr. 25, chiffre supérieur à celui de 1877.

En 1889, le produit net a dépassé 53 millions, chiffre qui n'avait jamais été atteint en France.

Comparaison du tarif intérieur français avec les tarifs étrangers.

Malgré ces réductions successives, le tarif intérieur français est encore notablement plus élevé que ceux en vigueur dans plusieurs Etats étrangers. En Allemagne, en Autriche-Hongrie, la taxe d'une lettre simple n'est que de 12 centimes et demi ; en Angleterre, en Belgique, dans les Pays-Bas, dans le Luxembourg, la Suisse et les Etats-Unis, de 10 centimes seulement. Aussi le nombre des lettres est-il relativement plus élevé dans ces divers pays qu'en France. Sous le rapport de l'activité épistolaire, la France n'occupe pas le rang que semblerait devoir lui assigner sa population, sa civilisation, son commerce.

C'est ce qui ressort du tableau ci-dessous :

Pays.	Population.	Nombre des lettres (1).	Nombre de lettres par habitant.
Grande-Bretagne (1889-90)...	38,368,581	1,650,200,000	43
Suisse (1889)................	2,934,137	87,872,000	29,7
États-Unis (1889-1890).......	62,480,540	1,860,434,665	29,3
Allemagne (1889-1890).......	46,855,704	1,014,659,000	21,6
France (1889)...............	38,218,903	728,324,591	19

(1) Notre but étant de montrer l'influence défavorable qu'exerce sur le mouvement épistolaire dans notre pays un tarif postal relativement élevé, nous aurions dû ne faire figurer dans le tableau ci-dessus que les lettres du service intérieur. Mais les statistiques publiées par le *Post office* anglais et le *Post office* américain ne fournissant pas de renseignements à cet égard, nous avons dû prendre pour terme de comparaison le nombre total des lettres dans chaque pays. Les valeurs déclarées ne sont pas comprises dans ce nombre.

Cette infériorité de notre pays s'explique naturellement par son tarif plus élevé. Il serait désirable que le minimum de taxe pût être réduit à 10 centimes pour les lettres et à 5 centimes pour les cartes postales. La situation budgétaire s'est opposée jusqu'ici à une mesure de ce genre, qui amènerait une diminution très sensible du produit des postes.

Ce produit, en ce qui concerne les lettres circulant à l'intérieur, a été en 1889 de . . . . 88,300,678 fr.

En ce qui concerne les cartes postales, de . . 4,118.117

Total . . . . . 92,418,795 fr.

La réduction de la taxe des lettres à 10 centimes entraînerait une perte d'environ . . . . 29,433,559 fr.

La réduction à 5 centimes de la taxe des cartes postales, une perte de 2,059,058

Le déficit serait donc de . . . . . 31,492,617 fr.

Il serait sans doute bientôt couvert par l'augmentation du nombre des correspondances; mais l'accroissement de la circulation postale entraînerait une augmentation correspondante des frais d'exploitation, et le produit net s'en ressentirait pendant longtemps.

Résultat financier de la dernière réforme postale aux Etats-Unis.

Aux États-Unis, la taxe des lettres à l'intérieur a été réduite de 15 à 10 centimes, à partir du 1er octobre 1883, et le poids du port simple a été porté d'une demi-once à 1 once (28gr.34) à partir du 1er juillet 1885.

En 1882-1883, pendant l'année financière qui précéda la réforme, l'exploitation des postes avait laissé un bénéfice net de 5,372,812 francs.

A partir des exercices suivants, cet excédent de recettes s'est transformé en déficit :

Exercice	1883-1884	27,519,602 (1).
—	1884-1885	43,257,224 (1).
—	1885-1886	43.052,186 (2).
—	1886-1887	28,361,358 (3).
—	1887-1888	27,265,841 (4).
—	1888-1889	40,223,842 (4).
—	1889-1890	36,716,936 (4).
	Total	246,396,989

En tenant compte de la plus-value qui s'était manifestée en 1882-1883, et qui aurait certainement persisté si le tarif avait été maintenu au taux où il était alors, il n'est pas téméraire d'affirmer que la réforme de 1883 a déjà coûté au Trésor américain près de 300 millions de francs.

Un pareil résultat n'est pas pour effrayer les Yankees, habitués au déficit chronique du budget de la poste; déjà l'on agite la question d'une nouvelle réduction de la taxe des lettres à 5 centimes (5).

(1) *Rapport du postmaster général* pour l'année financière 1886-1887, p. 64.
(2) *Rapport du postmaster général* pour l'année financière 1888-1888.
(3) *Rapport du postmaster général* pour 1888 1889.
(4) *Rapport du postmaster général* pour 1889-1890, p. 66 et s.
(5) *Rapport du postmaster général* pour 1889-1890, p. 53.

CHAPITRE III

DES LETTRES (*suite*). — ÉTUDE DU TARIF ACTUEL

Décomposition du tarif.

« Dire que la taxe des lettres est de 15 centimes par 15 grammes, c'est exprimer cette double idée que, jusqu'à 15 grammes, il est dû une taxe invariable de 15 centimes (*lettres simples*), et qu'au delà de 15 grammes, il est dû autant de fois 15 centimes que le poids comporte de quinzaines de grammes (*lettres pesantes*). Donc les éléments constitutifs d'un tarif sont : 1o taux du port simple (taxe et poids afférents au premier degré de l'échelle) ; 2o progression de la taxe (échelle de taxation) (1).

Taxe initiale.

Nous avons déjà dit que notre taxe initiale de 15 centimes etait supérieure au minimum du tarif en vigueur dans plusieurs pays étrangers.

Ainsi la Belgique, les Pays-Bas, le Luxembourg perçoivent 10 centimes par 15 grammes ;

L'Angleterre et les Etats-Unis, 10 centimes jusqu'au poids d'une once (28gr. 34) ;

La Suisse, 10 centimes (taxe fixe) jusqu'à 250 grammes, poids maximum des lettres ;

L'Allemagne, 12 centimes et demi jusqu'à 15 grammes ;

L'Autriche-Hongrie, 12 centimes et demi jusqu'à 20 grammes ;

Le Portugal, 13 centimes (25 reis) jusqu'à 15 grammes ;

L'Espagne, la Bulgarie, la Norvège, le Canada, 15 centimes comme la France.

Le minimum de la taxe est plus élevé qu'en France dans les pays suivants :

Suède (18 centimes jusqu'à 15 grammes) ; Grèce, Italie (20 centimes jusqu'à 15 grammes) ; Danemark (taxe fixe, 20 centimes) ; Russie (21 centimes ou 7 kopeks par loth = 13 grammes et demi).

Rayon local.

Plusieurs pays d'Europe ont conservé une taxe réduite pour la correspondance locale, c'est-à-dire pour les lettres circulant dans la circonscription du bureau d'origine.

En Allemagne, la taxe du rayon local est uniformément de 6 centimes un quart jusqu'au poids maximum de 250 grammes ; en Autriche-

(1) M. Ausault, *Cours d'exploitation postale*, p. 14.

Hongrie, elle est de 6 centimes un quart jusqu'au poids de 20 grammes; en Suisse, elle de 5 centimes pour les lettres dont le poids ne dépasse pas 15 grammes.

Il existe également des taxes réduites pour la correspondance locale en Danemark, en Suède, en Russie, en Espagne.

En France, lors de la discussion du projet de réforme postale en 1878, la Chambre des députés a repoussé un amendement de M. Ganivet, tendant à réduire à 10 centimes la taxe des lettres circulant dans la circonscription du bureau d'origine. Elle a considéré qu'une mesure de ce genre détruirait l'unité de régime qu'elle désirait établir, et constituerait un retour partiel au système des zones qui tend à disparaître de la plupart des États de l'Europe.

Progression de la taxe.

Au-dessus de 15 grammes, il est perçu 15 centimes par 15 grammes ou fraction de 15 grammes. La progression de 10 en 10 grammes eût été plus commode pour les calculs, mais la graduation par 15 grammes était déjà en vigueur dans les relations internationales ; elle l'est également dans le service intérieur de la Belgique, de l'Italie, de l'Espagne, du Portugal, de la Bulgarie. En Russie, l'échelle de perception est graduée de 13 en 13 grammes (loth); au Canada, de demi-once en demi-once; aux Etats-Unis, d'once en once.

Dans d'autres pays, la taxe augmente avec le poids, mais suivant une progression décroissante : il en est ainsi en Angleterre, dans le Luxembourg, aux Pays-Bas, en Suède, en Norvège.

En Allemagne, l'échelle de la taxe ne comprend que deux degrés. On perçoit :

12 centimes et demi jusqu'à 15 grammes ;

25 centimes depuis 15 jusqu'à 250 grammes, poids maximum des lettres.

De même en Autriche, à cette différence près que le poids du port simple peut atteindre 20 grammes.

En Suisse et en Danemark, il n'y a qu'une seule taxe applicable à toutes les lettres, jusqu'au maximum de poids qui est de 250 grammes.

La progression de la taxe proportionnellement au poids des lettres facilite singulièrement la perception et le travail des employés de la poste; en outre, ce système de taxation a été également adopté pour les relations internationales; double motif pour le conserver dans notre service intérieur.

Cependant la progression décroissante de la taxe par rapport au poids est plus équitable, car les frais d'exploitation de la poste ne sont pas en proportion du poids des lettres qu'on lui confie. Il n'en coûte pas plus pour peser, timbrer, taxer ou distribuer une lettre simple qu'une lettre pesante. La rapide progression de la taxe est une entrave à la correspondance commerciale.

Affranchissement facultatif.

La loi de 1878 soumet les lettres non affranchies à une taxe double de celle applicable aux lettres affranchies. C'est cette différence de traitement qui constitue la *prime à l'affranchissement.*

L'affranchissement préalable des lettres par les expéditeurs est facultatif. Il est des cas où le destinataire doit supporter les frais de la correspondance, notamment lorsqu'elle est dans son intérêt. Les amendements et propositions soutenus à diverses époques devant les Chambres et tendant à rendre l'affranchissement obligatoire ont toujours été repoussés (Bastiat, 24 août 1848; Talandier, 4 mars 1878).

En 1886, M. Steenackers, député, a saisi le Parlement d'une proposition de loi tendant à faire répéter contre les expéditeurs, au besoin par voie de contrainte, la taxe des lettres non affranchies ou insuffisamment affranchies refusées par les destinataires.

Une pareille mesure soulèverait les mêmes objections que l'affranchissement obligatoire sans présenter les mêmes avantages, car elle ne débarrasserait pas le service postal des charges et des risques que lui impose le transport des objets taxés.

La proposition de M. Steenackers, adoptée en deuxième lecture par la Chambre des députés, n'a pas encore été discutée par le Sénat.

L'affranchissement obligatoire a existé en France pour la correspondance locale, au début du fonctionnement de la petite poste. Il existe encore en Espagne et en Grèce pour toutes les correspondances circulant à l'intérieur. En Russie, aux Etats-Unis, au Canada, on se contente de ne pas donner cours aux objets qui ne sont pas au moins partiellement affranchis.

L'affranchissement préalable facilite beaucoup la tâche de la poste ; aussi a-t-elle fait tous ses efforts pour le généraliser.

Elle y est arrivée, sans recourir au moyen extrême de l'affranchissement obligatoire :

1° Par la création des timbres-poste ;

2° Par la prime à l'affranchissement.

Création des timbres-poste en 1848. La création des timbres-poste, dont nous parlerons plus loin, a permis aux expéditeurs d'affranchir leurs lettres en dehors des bureaux de poste. Avant 1848, les affranchissements représentaient 10 0/0 du nombre total des lettres; en 1853, cinq ans après la création des timbres-poste, la proportion s'était déjà élevée à 22 0/0.

Prime à l'affranchissement. L'établissement d'une prime à l'affranchissement en 1853 et en 1854 porta immédiatement à 85 0/0 la proportion des affranchissements par rapport au nombre total des lettres. Aujourd'hui cette proportion est supérieure à 99 0/0. En présence de ce résultat, la question de l'affranchissement obligatoire perd beaucoup de son intérêt.

La prime à l'affranchissement était, à l'origine, de 50 0/0 (*Loi du 20 mai* 1854). La loi de 1871 l'avait portée à 60 0/0 ; celle de 1878 l'a élevée à 100 0/0, et avec raison, car les frais d'administration pour les objets non affranchis sont au moins doubles de ceux qu'entraînent les objets affranchis.

La surtaxe qui pèse sur les objets non affranchis doit-elle être fixe ou progressive ?

En France, en Angleterre, en Belgique, en Portugal, en Roumanie, cette surtaxe progresse suivant la même raison que la taxe principale, d'après le poids des lettres. Prime progressive.

D'autres pays se contentent de frapper les lettres non affranchies d'une surtaxe fixe, quel que soit leur poids (Allemagne, Autriche, Pays-Bas, Suède, Norvège), partant sans doute de cette idée que le surcroît de travail occasionné par des lettres non affranchies est toujours le même, qu'elles soient simples ou pesantes. Prime fixe.

Ce point de vue est rationnel; mais s'il est vrai qu'il n'en coûte pas plus pour percevoir une surtaxe de 5 francs qu'une surtaxe de 5 centimes, il est certain aussi que la responsabilité des agents chargés de la perception augmente avec l'importance de la somme. Il faut tenir compte aussi des chances de non-recouvrement : souvent les lettres taxées sont refusées successivement par les destinataires et par les expéditeurs, et finissent, après avoir donné beaucoup de travail, par tomber en non-valeurs : ces considérations justifient suffisamment la surtaxe progressive. Examen des deux systèmes.

La surtaxe fixe semble insuffisante pour provoquer à l'affranchissement préalable qui simplifie le service. Cette simplification importe autant au public qu'à l'administration : c'est elle qui permet de réduire les frais d'exploitation de la poste et d'abaisser les tarifs.

Détail curieux : en Serbie, où l'affranchissement des lettres est facultatif, il n'y a pas de prime à l'affranchissement : la taxe est la même pour les lettres non affranchies que pour les lettres affranchies.

La loi du 29 mars 1889 a affranchi de la surtaxe les lettres adressées aux particuliers par certains fonctionnaires et concernant le service public. Lettres non affranchies adressées à des particuliers par certains fonctionnaires publics. Loi du 29 mars 1889.

Cette exception était réclamée depuis longtemps. Les particuliers destinataires des correspondances de cette nature se plaignaient de l'obligation qui leur était imposée d'acquitter des taxes souvent fort élevées, car les lettres expédiées par les administrations publiques sont souvent accompagnées de pièces et de documents qui les rendent pesantes. Alors que chacun se fait aujourd'hui une loi d'affranchir sa correspondance, le public s'étonnait, à bon droit, que l'État, dans ses rapports avec les particuliers, ne se crût pas tenu à la même obligation, et imposât à ceux-ci une dépense double de celle qu'il s'évitait à lui-même.

Ces considérations déterminèrent M. Granet, alors ministre des postes et des télégraphes, à saisir le Parlement (14 mars 1877) d'un projet de loi dont le principe a été admis par les Chambres, et qui, après certaines modifications, est devenu la loi du 29 mars 1889 (1).

D'après cette loi, *les objets de correspondance non affranchis, exclusivement relatifs au service public, provenant des fonctionnaires dont la désignation sera faite par décret, et adressés avec leur contreseing à des*

(1) Voir le projet de loi déposé par M. Granet le 14 mars 1887 (n° 1640) et le rapport déposé au nom de la commission de la Chambre des députés par M. Georges Cochery le 7 juillet 1888 (N° 2995 — *Journal officiel*, p. 1068).

personnes vis-à-vis desquelles ces fonctionnaires n'ont pas la franchise postale, ne sont passibles que de la taxe d'affranchissement.

Cette taxe est à la charge des destinataires.

La liste des fonctionnaires dont la correspondance jouit ainsi d'un traitement exceptionnel est contenue dans un décret rendu le 16 avril 1889, en exécution de la loi (1). Elle comprend tous les hauts fonctionnaires dénommés au tableau n° 1 du *Manuel des franchises*, et jouissant de la franchise à la réception sans condition de contreseing, plus les préfets. Pour ces derniers, comme pour les commandants de corps d'armée, les procureurs généraux, les procureurs de la République, la réduction de taxe n'est applicable que dans le ressort de leur circonscription.

Insuffisance d'affranchissement.

Les lettres non affranchies étant taxées au double du prix d'affranchissement, quel traitement doit-on appliquer aux lettres insuffisamment affranchies? Logiquement, on devrait les frapper d'une surtaxe égale au double de l'insuffisance d'affranchissement.

C'est ce qui se pratique dans les relations internationales et dans le régime intérieur de la Belgique, de la Bulgarie, du Canada, de la République Argentine, du Brésil, du Chili, de la Grande-Bretagne, de l'Inde britannique, du Japon, du Luxembourg, du Paraguay, de la Perse, du Portugal, de la Roumanie, de la Russie et de l'Uruguay.

La stricte équité, *disait l'exposé des motifs du projet de convention de l Union postale universelle de* 1878, veut que toute peine soit proportionnée à la faute. Or, la faute qui se traduit par un affranchissement incomplet est naturellement moins grave que celle qui consiste dans l'absence complète d'affranchissement. D'où il suit que si la lettre privée de tout affranchissement doit subir le double de la taxe entière, la lettre insuffisamment affranchie ne doit être grevée que du double de la portion d'affranchissement qui fait défaut. Cette règle serait, d'ailleurs, d'autant plus juste que la faute est généralement volontaire dans le premier cas, tandis que, dans le second, elle est généralement accidentelle.

Cette théorie, favorablement appréciée par le congrès, passa dans la rédaction de la convention. L'article 5 décida que les correspondances insuffisamment affranchies seraient passibles d'une surtaxe égale au double de l'insuffisance d'affranchissement.

Dans le service intérieur, il en est autrement. La loi de 1878 ne s'étant pas occupée de la question, on applique l'article 4 de la loi du 24 août 1871 :

En cas d'insuffisance d'affranchissement, la taxe est calculée comme si les lettres n'avaient pas été affranchies, mais il est fait déduction de la valeur des timbres-poste employés.

Ce système, introduit dans notre législation postale par la loi du 20 mai 1854, est en vigueur dans nombre de pays étrangers (Allemagne, Autriche-Hongrie, Danemark, Italie, Norvège, Pays-Bas, Suisse et Suède). La commission du Corps législatif chargée de l'examen de la loi

(1) *Bull. mens.* n° 4, avril 1889, p. 299.

de 1854 avait cru voir dans l'insuffisance d'affranchissement une sorte de tentative de fraude, fondée sur l'espoir qu'une lettre insuffisamment affranchie peut plus facilement passer inaperçue qu'une lettre non affranchie, au milieu des opérations si promptes et si multipliées de la poste.

« Il faut, disait le rapporteur, une sorte de pénalité pour prévenir les tendances à se soustraire à une règle qu'il est si désirable de voir partout s'établir (l'affranchissement préalable et intégral), et cette pénalité sera l'obligation d'acquitter la taxe comme si la lettre n'avait reçu aucun affranchissement partiel, sauf, bien entendu, le prix d'achat du timbre, dont il sera toujours tenu compte au destinataire. »

Cette supposition que l'insuffisance d'affranchissement est inspirée par le désir d'échapper à l'acquittement intégral de la taxe n'est pas fondée dans la plupart des cas. Le plus souvent, au contraire, elle n'est que le résultat d'une erreur assez excusable et provenant soit d'une connaissance imparfaite des tarifs, soit de la difficulté qu'éprouve naturellement le public d'apprécier, sans le secours d'une balance, le poids d'une lettre à un gramme près. Dès lors, on peut admettre que l'assimilation, au point de vue de la taxe, des lettres insuffisamment affranchies aux lettres non affranchies constitue pour les premières une pénalité excessive et dont la rigueur est encore aggravée, pour les lettres pesantes, par la progression de la prime à l'affranchissement.

Avec une surtaxe double de l'insuffisance, la pénalité est toujours proportionnée à la gravité de la faute, c'est-à-dire à la valeur des timbres-poste manquants. Dans l'autre système, au contraire, la surtaxe croît avec le poids de la lettre, alors même que l'insuffisance d'affranchissement n'augmente pas, comme le montre le tableau ci-dessous :

POIDS DES LETTRES	TAXE DES LETTRES		VALEUR des TIMBRES-POSTE apposés	MONTANT de L'INSUFFISANCE d'affranchissement	MONTANT de la surtaxe perçue sur le destinataire
	affranchies	non affranchies			
	fr. c.	fr. c.	fr. c.	fr. c.	fr. c.
De 15 à 30 grammes.	0 30	0 60	0 15	0 15	0 45
De 30 à 45 —	0 45	0 90	0 30	0 15	0 60
De 45 à 60 —	0 60	1 20	0 45	0 15	0 75
De 60 à 75 —	0 75	1 50	0 60	0 15	0 90

Un projet de loi a été déposé le 29 mai 1866 pour faire cesser cette anomalie et pour fixer la surtaxe applicable aux lettres insuffisamment affranchies au double de l'insuffisance, dans le service intérieur comme dans le service international (1). Ce projet, amendé par la commission de

(1) N° 761 de la Chambre des députés.

l'ancienne Chambre des députés, en ce sens que toutes les fois que l'application de la surtaxe fera ressortir une fraction de demi-décime, cette fraction sera forcée jusqu'au demi-décime entier (1), a été voté en seconde lecture par la Chambre des députés le 15 janvier 1889. Il est actuellement en instance au Sénat.

Notons, en passant, qu'aux États-Unis où l'affranchissement est obligatoire, en ce sens qu'il n'est pas donné cours aux objets non affranchis, les correspondances insuffisamment affranchies ne sont passibles que du complément de la taxe due, c'est-à-dire du montant de l'insuffisance d'affranchissement.

Il en est de même en Serbie, où l'affranchissement des lettres est facultatif.

Surtaxes applicables aux lettres expédiées après les levées générales.

Dans les grandes villes, les correspondances déposées à la poste après la dernière limite d'heure fixée pour les levées générales peuvent encore être admises à profiter du départ des courriers pendant un certain délai, moyennant l'acquittement préalable d'un supplément de port dont le montant est déterminé par la loi.

Cette disposition exceptionnelle a pour but de permettre au public d'utiliser, pour le dépôt des lettres urgentes, le temps qui s'écoule entre l'heure normale de la levée des boîtes et l'heure réelle du départ des courriers, et qui est employé dans les bureaux à recueillir les lettres, à les timbrer, à les classer, à en former des dépêches pour les différentes destinations.

En concédant au public cette faculté, on a pris soin d'en restreindre l'usage en exigeant un supplément d'affranchissement qui représente l'équivalent du service rendu, et qui s'oppose à ce que les lettres déposées en dernière limite ne puissent, par leur trop grand nombre, compromettre la régulière expédition des dépêches.

La loi du 9 mai 1863 avait fixé, pour les lettres déposées après la dernière levée, trois délais successifs et trois taxes supplémentaires de :

20 centimes pour le premier délai,
40 — pour le second délai,
60 — pour le troisième.

Le petit nombre des lettres qui acquittaient ces surtaxes a donné lieu de penser qu'elles étaient trop élevées. Elles représentaient respectivement, lors de leur établissement, l'équivalent, le double, le triple de la taxe des lettres ordinaires. La taxe principale ayant été réduite, il n'y avait pas de raison de maintenir pour les taxes supplémentaires un taux aussi élevé.

L'exagération des taxes supplémentaires avait développé à Paris une véritable industrie, celle des commissionnaires, qui se chargeaient, moyennant une rétribution inférieure au tarif de la poste, de porter les lettres des particuliers aux gares, où elles parvenaient encore en temps utile

(1) Rapport de M. Steenackers (n° 1247), déposé le 15 novembre 1886.

pour profiter du départ des bureaux ambulants. C'était autant de recettes qui échappaient au Trésor.

L'administration reconnut qu'elle pouvait, en diminuant les taxes des délais supplémentaires, donner plus de facilités au public, sans inconvénient pour son service et sans préjudice pour ses recettes.

Le 29 mai 1886, M. Granet saisit le Parlement d'un projet de loi tendant à fixer uniformément à 15 centimes la taxe supplémentaire moyennant laquelle les lettres déposées après la dernière levée étaient admises à profiter du départ des courriers. Ce projet, adopté par le Parlement, est devenu la loi du 16 mars 1887. En voici le texte :

ART. 1er. — *Les lettres déposées après les heures fixées pour les dernières levées peuvent être admises, dans le délai déterminé et moyennant une taxe supplémentaire, à profiter du plus prochain départ.*

ART. 2. — *La durée du délai pendant lequel les lettres sont admises à la taxe supplémentaire sera fixée, pour chaque localité intéressée, par un décret inséré au* Bulletin des lois.

ART. 3. — *La taxe supplémentaire, quel que soit le poids des lettres, sera fixée à 15 centimes.*

Les lettres ne seront admises à profiter du délai accordé qu'autant qu'elles porteront le timbre d'affranchissement de la taxe principale et de la taxe supplémentaire.

Des décrets en date des 17 mars (1) et 15 juillet 1887 (2) ont déterminé la durée des délais supplémentaires pour l'admission des lettres après les dernières levées :

A 30 minutes à Paris, Lyon et Grenoble,
A 20 — à Bordeaux,
A 35 — à Marseille,
A 16 — à Saint-Étienne.

La durée de ces délais peut être augmentée par arrêté ministériel, d'après les conditions du fonctionnement du service dans chacun des bureaux intéressés (*Décret du 17 mars 1887, art.* 2).

A Paris, la limite du délai supplémentaire est fixée :

A 6 h. 40 du soir à l'Hôtel des Postes, pour le train rapide de Marseille, et à 7 heures pour les autres courriers;

A 6 h. 30, dans les bureaux voisins de l'Hôtel des Postes;

A 6 h. 15, dans les bureaux où la levée générale pour les départs du soir s'effectue à 5 h. 45 ;

A 6 heures dans ceux où la levée générale s'effectue à 5 h. 30 du soir;

A 5 h. 30, dans les bureaux de la banlieue annexée où la levée générale a lieu à 5 heures.

(1) *Bull. mens.* n° 3, mars 1887, p. 80.
(2) *Bull. mens.* n° 7, juillet 1887, p. 108.

AVERTISSEMENTS EN CONCILIATION

Définition.

Les avertissements en conciliation sont ceux par lesquels les juges de paix invitent les parties à se présenter devant eux, avant toute procédure en justice, en vue de terminer à l'amiable les différends qui les divisent.

La citation, d'après l'article 52 du Code de procédure civile, devait être faite par ministère d'huissier; mais l'usage s'était introduit de remplacer l'huissier par l'intermédiaire de la poste.

Loi du 2 mai 1855.

Cet usage, recommandé par la loi du 25 mai 1838, a été rendu obligatoire par l'article 2 de la loi du 2 mai 1855, qui contient ce qui suit :

Dans toutes les causes, excepté celles qui requièrent célérité, et celles dans lesquelles le défendeur serait domicilié hors du canton ou des cantons de la même ville, il est interdit aux huissiers de donner aucune citation en justice, sans qu'au préalable le juge de paix n'ait appelé les parties devant lui, au moyen d'un avertissement sur papier non timbré, rédigé et délivré par le greffier, au nom et sous la surveillance du juge de paix, et expédié par la poste sous bande simple, scellée du sceau de la justice de paix, avec affranchissement.

A cet effet, il sera tenu par le greffier un registre sur papier non timbré, constatant l'envoi et le résultat des avertissements ; ce registre sera coté et parafé par le juge de paix. Le greffier recevra, pour tout droit et par chaque avertissement, une rétribution de 25 centimes, y compris l'affranchissement, qui sera, dans tous les cas, de 10 centimes.

Ces dispositions ont été modifiées :

Loi du 23 août 1871 et décret du 24 nov. 1871.

1° Par la loi du 23 août 1871, dont l'article 22 dispose que les billets d'avertissement en conciliation seront rédigés sur des feuilles de papier timbré de 50 centimes ;

2° Par le décret du 24 novembre 1871, dont l'article 5 porte la rétribution due au greffier de la justice de paix pour chaque billet d'avertissement en conciliation à 30 centimes, y compris l'affranchissement qui sera dans tous les cas de 15 centimes.

Autrefois la taxe dont étaient passibles les avertissements en conciliation expédiés dans le ressort du canton était la taxe locale, alors même qu'ils étaient à destination d'une localité située en dehors de la circonscription du bureau d'origine. Aujourd'hui, par suite de l'unification de la taxe, cette exception n'existe plus.

Particularités qui distinguent les avertissements en conciliation des lettres ordinaires.

Toutefois les avertissements de l'espèce sont encore soumis, dans le service des postes, à un régime particulier qui les distingue sous plusieurs rapports des lettres ordinaires :

Le dépôt dans un bureau de poste et l'affranchissement préalable des avertissements en conciliation sont obligatoires ;

Ils doivent toujours être expédiés sous bande scellée de sceau de la justice de paix, afin que les receveurs puissent les reconnaître, et vérifier s'ils ont satisfait à la loi du timbre ;

Sur la demande du greffier expéditeur, les receveurs doivent reconnaître le nombre des avertissements qui leur sont présentés par l'apposition de leur signature et du timbre de leur bureau sur les bulletins établis par les greffiers.

Lorsque les avertissements ne remplissent pas les conditions de forme exigées par la loi, ils sont rendus aux greffiers expéditeurs.

Statistique des avertissements en conciliation.

Les receveurs et facteurs-boîtiers tiennent note, jour par jour, du nombre des billets déposés à leur bureau à destination de la circonscription cantonale ; ils en adressent chaque mois le relevé au directeur du département. Les directeurs font connaître mensuellement aussi aux procureurs de la République le nombre des billets d'avertissement expédiés par les juges de paix dans le ressort de chaque arrondissement, afin que ces magistrats puissent s'assurer si les juges de paix se conforment exactement aux prescriptions légales pour les citations en conciliation.

CHAPITRE IV

DES CARTES POSTALES

Origine des cartes postales.

La première idée des cartes postales paraît due à M. de Stephan, le secrétaire d'Etat des postes de l'empire d'Allemagne.

M. de Stephan avait compris que la forme classique de la lettre missive, que les convenances interdisent de trop abréger, n'est pas toujours compatible avec l'activité commerciale et avec la concision du langage des affaires ; il pensait que, parmi tant de lettres confiées à la poste, il en est beaucoup dont le contenu n'est pas en rapport avec la peine et la dépense qu'entraînent la rédaction et l'expédition d'un pli sous enveloppe. De là l'idée d'un mode de correspondance plus simple et moins coûteux pour les communications brèves et urgentes.

Cette idée, M. de Stephan la soumit en 1865 aux délégués des administrations postales allemandes réunis en conférence à Carlsruhe. Il proposait l'émission de *feuilles-postes* destinées à recevoir au recto l'adresse du destinataire, au verso l'objet de la correspondance, et pouvant circuler à découvert moyennant le prix unique d'un silbergros (12 cent. 1/2), sans égard à la distance (1).

Cette proposition ne fut pas accueillie, malgré le retentissement qu'elle eut. Elle fut reprise, en 1869, par le professeur Herrmann, de Vienne, et soumise à l'administration des postes autrichiennes qui l'accueillit favorablement. Cette administration mit, le 1er octobre 1869, les premières cartes postales à la disposition du public, au prix uniforme de 5 centimes (2 kreuzer). Cette innovation obtint immédiatement un grand succès : 2,926,102 cartes postales furent vendues dans les trois derniers mois de 1869.

Les autres États s'empressèrent d'imiter l'administration autrichienne : les cartes postales furent introduites en 1870 dans l'Allemagne du Nord à partir du 1er juillet, et dans les États de l'Allemagne du Sud peu de temps après ; dans le Luxembourg, à partir du 1er septembre; en Angleterre, en Suisse, à partir du 1er octobre ; en Belgique, dans les Pays-Bas, le 1er janvier 1871; en Danemark, le 1er avril 1871 ; en Suède, en Norvège et en Russie, en 1872.

(1) *Union postale* du 1er juillet 1876.

En France, la proposition de mettre des cartes postales à la disposition du public fut faite pour la première fois à l'Assemblée nationale par M. Wolowski dans la séance du 23 août 1871, au cours de la discussion du projet de loi sur le relèvement des taxes postales. Elle ne fut pas accueillie : on craignit alors que les cartes postales ne fissent concurrence aux lettres, et que l'emploi de ce nouveau mode de correspondance à prix réduit, venant à se généraliser, n'amenât une diminution des revenus de la poste, dont on s'efforçait alors de tirer le maximum du rendement dont ils étaient susceptibles. Introduction des cartes postales en France. Proposition de M. Wolowski.

M. Wolowski reproduisit sa proposition lors de la discussion du budget de 1873. Il s'attacha surtout à réfuter l'objection tirée d'une diminution probable du produit de la poste. Il cita l'exemple de l'Angleterre, où le nombre des lettres augmentait en moyenne de 6 0/0 par an depuis l'introduction des cartes postales, tandis qu'auparavant l'augmentation avait été en moyenne de 4 0/0 par an seulement.

L'Assemblée nationale, malgré les objections du ministre des finances (M. Caillaux) et de la commission du budget, éclairée d'ailleurs par les déclarations de M. Rampont, directeur général des postes, que les résultats de l'expérience faite à l'étranger avaient rallié à la proposition Wolowski, vota l'amendement, qui prit place dans la loi de finances du 20 décembre 1872 (art. 22):

L'Administration fera fabriquer des cartes postales destinées à circuler à découvert. Loi du 20 déc. 1872.

Elles seront mises en vente au prix de 10 *centimes pour celles envoyées et distribuées dans la circonscription du même bureau, ainsi que de Paris, dans l'étendue dont les fortifications marquent la limite,* et au prix de 15 centimes pour celles qui circulent en France et en Algérie de bureau à bureau.

L'article 2 de la loi du 6 avril 1878 a réduit uniformément à 10 centimes la taxe des cartes postales. Loi du 6 avril 1878.

Ces deux lois n'ont pas prévu les cas de non affranchissement ou d'insuffisance d'affranchissement.

Ces cas ne se produiraient pas s'il n'était mis en circulation que les cartes fabriquées par l'administration, lesquelles portent le timbre imprimé sur la carte. Mais les particuliers ont été autorisés, par arrêté ministériel du 7 octobre 1875, à émettre des cartes postales dont l'affranchissement peut avoir lieu en timbres-poste ordinaires. L'article 3 de l'arrêté ministériel du 24 novembre 1883 (1) dit bien que ces cartes postales ne pourront être mises en vente que si elles sont munies des timbres-poste nécessaires à leur affranchissement; mais cette disposition peut n'être pas appliquée, ou bien les timbres-poste peuvent se détacher accidentellement. Il a donc fallu suppléer à la lacune que présentent les lois de 1872 et de 1878, en ce qui concerne le traitement à appliquer aux cartes postales non affranchies ou insuffisamment affranchies, et procéder à leur égard par voie d'interprétation ou d'analogie.

(1) *Bull. mens.* n° 11, novembre 1883, p. 540.

Cartes postales non affranchies.

Les cartes postales non affranchies sont considérées comme lettres ; on leur applique en conséquence la taxe des lettres non affranchies (*Arrêté ministériel du* 24 *nov.* 1883, *art.* 13).

Cartes postales insuffisamment affranchies.

Les cartes postales insuffisamment affranchies sont frappées, comme les autres objets de correspondances admis à tarif réduit, d'une surtaxe égale au triple de l'insuffisance d'affranchissement (*Arrêté ministériel du* 24 *nov.* 1883, *art.* 13).

En Angleterre, on exige que les cartes postales émises par l'industrie privée aient le timbre-poste imprimé sur la carte, ce qui exclut l'éventualité de l'absence ou de l'insuffisance d'affranchissement.

Aux États-Unis, on n'admet au tarif réduit que les cartes postales émises par le Post office : les cartes postales fabriquées par l'industrie privée sont taxées comme lettres.

Cartes postales avec réponse payée.

A partir du 1er janvier 1772, l'administration allemande a émis dans son service des cartes postales doubles, composées de deux parties repliées l'une sur l'autre, également affranchies, ayant chacune la dimension et la forme d'une carte postale ordinaire ; l'une est destinée à la communication de l'expéditeur, la seconde, à la réponse du destinataire.

Les cartes postales avec réponse payée ont été introduites en France le 1er juillet 1879, en exécution d'un arrêté ministériel du 21 juin de la même année.

L'utilité des cartes doubles est évidente : l'expéditeur d'une carte postale ne peut, en effet, comme celui d'une lettre, joindre à son envoi les timbres-poste nécessaires à l'affranchissement de la réponse qu'il attend.

Cependant les cartes postales avec réponse payée ne sont, par rapport au nombre total des cartes postales, que dans la proportion d'un quart pour cent dans notre service intérieur. Dans les relations internationales, la proportion s'élève à 4 0/0. En Allemagne, elle est de 1 0/0.

Les cartes postales avec réponse payée ne sont pas admises dans le service intérieur des États-Unis d'Amérique.

Conditions de forme que doivent remplir les cartes postales pour être admises à bénéficier du tarif spécial.

Pour être admises à circuler par la poste au prix du tarif réduit qui leur est accordé par la loi, les cartes postales doivent, sous peine d'être taxées comme lettres, remplir certaines conditions de forme indiquées dans les arrêtés ministériels des 24 novembre 1883, 5 octobre 1888 (1), et 30 avril 1889 (2).

1° Elles ne doivent porter au recto, en dehors des mots *Carte postale* (ou *Réponse*, pour la seconde partie des cartes postales doubles) et *côté réservé exclusivement à l'adresse*, qui figurent sur les cartes fabriquées par l'administration, et sont admis, sans être obligatoires, sur les cartes fabriquées par l'industrie privée, que des mentions ou indications concernant les expéditeurs ou les destinataires, à l'exclusion de toute correspondance personnelle (*Arrêtés ministériels des* 5 *oct.* 1888 *et* 30 *avril* 1889).

(1) *Bull. mens.* n° 10, octobre 1888, p. 327.
(2) *Bull. mens.* n° 5, mai 1889, p. 328.

Cette restriction est nécessaire, car si l'on tolérait la correspondance au recto des cartes postales, l'adresse n'apparaîtrait plus avec une évidence suffisante, et les opérations du tri en seraient retardées.

2° Il est interdit d'attacher ou de joindre aux cartes postales des objets quelconques (*Art. 6 de l'arrêté ministériel du 24 nov. 1883*). Cependant l'article 7 du même arrêté autorise l'adjonction au recto *d'étiquettes gommées indicatives des noms, prénoms, profession et adresses de l'expéditeur ; ainsi que l'apposition de timbres mobiles au verso des cartes postales emportant libération, reçu en décharge.*

3° Les cartes postales fabriquées par l'industrie privée doivent remplir certaines conditions de forme, de poids et de dimensions indiquées dans l'arrêté ministériel du 5 octobre 1888. Ces conditions sont assez larges pour permettre d'expédier au tarif des cartes postales des communications écrites sur des cartes de visite, ou des cartes commerciales.

On exige seulement que les dimensions aient au minimum 9 centimètres en largeur et 6 en hauteur, au maximum 14 centimètres en largeur et 9 en hauteur ; que le poids ne soit pas inférieur à 1 gramme 1/2, ni supérieur à 5 grammes.

Importance du mouvement de la circulation des cartes postales dans divers pays.

La correspondance par cartes postales n'a pas pris en France un développement comparable à celui qu'elle a atteint dans les pays étrangers, ainsi qu'en témoigne le tableau ci-dessus :

	Population.	Nombre de cartes postales (1).	Nombre de cartes postales par habitant.
	—	—	—
États-Unis (1889-90).......	62,480,540	429,515,330	6,9
Allemagne (1889-90)........	46,855,704	267,899,200	5,5
Grande-Bretagne (1889-90)..	38,368,581	217,100,000	5,6
Suisse (1888)...............	2,934,057	11,531,351	3,9
Belgique (1888)............	6,030,843	23,212,202	3,8
Autriche-Hongrie (1888)....	40,727,418	92,208,150	2,2
France (1888)..............	38,218,903	46,419,573	1,2

Cette infériorité s'explique en partie par le taux relativement élevé du tarif français.

Tandis que la taxe des cartes postales est, en France, de 10 centimes, elle n'est que de 6 centimes 1/4 en Allemagne et de 5 centimes en Autriche, en Belgique, en Bulgarie, au Canada, aux États-Unis, dans la Grande-Bretagne, en Hongrie, dans le Luxembourg, dans les Pays-Bas, le Portugal et la Suisse.

L'expérience de ces pays a prouvé que l'on peut, sans craindre de diminuer le nombre des lettres et les produits du Trésor, abaisser la taxe des cartes postales jusqu'à la moitié de celle des lettres simples affranchies. Une semblable réduction ne sera possible en France que lorsqu'on aura reconnu la possibilité d'abaisser à 10 centimes la taxe des lettres ordinaires.

(1) Pour la Grande-Bretagne, la statistique donne le nombre des cartes postales distribuées ; pour les autres pays, le nombre des cartes postales expédiées.

CHAPITRE V

DES PAPIERS D'AFFAIRES

Définition et nomenclature.

On comprend sous la dénomination de *papiers d'affaires* toutes les pièces et documents *manuscrits*, en tout ou partie, qui n'ont pas le caractère de correspondance actuelle et personnelle.

La nomenclature en est donnée à l'article 22 de l'arrêté ministériel du 20 janvier 1885. Ce sont :

1° Les manuscrits d'ouvrages et les épreuves d'imprimerie corrigées, ainsi que les épreuves de dessin corrigées, sur bois ou sur métal.

Les épreuves peuvent contenir, indépendamment des corrections, les mots : *Bon à tirer, Bon à tirer après corrections* ou *Bon à graver, Bon à graver après corrections*, ou encore les mots : *Exact; Rien à modifier* (1), ou *Fournir une nouvelle épreuve*, à l'exclusion de toutes observations ou commentaires, de quelque nature que ce soit ;

2° Les pièces de procédure et les actes de tous genres dressés par les officiers ministériels, les sommations, les réquisitions et titres de toute nature mis ou à mettre à l'appui des actes ou dossiers, les journaux légalisés et enregistrés, les copies ou extraits d'actes sous seing privé, les actes ou extraits d'actes de l'état civil ;

3° Les notes de frais et d'honoraires ;

4° Les factures acquittées ou non, les relevés de comptes ou de factures, bordereaux d'expédition (2) ;

5° Les polices d'assurances, avenants et plaques d'assurances qui en sont le complément ;

6° Les pièces de comptabilité, bordereaux et autres documents de service des compagnies et maisons industrielles ou commerciales ;

7° Les titres de toute nature servant de pièces justificatives ou d'éclaircissements à une affaire quelconque, judiciaire, industrielle ou commerciale ;

8° Les lettres de voiture et connaissements, les récépissés de chemins de fer ;

9° Les ordonnances médicales, les certificats ou documents analogues ;

10° Les partitions et feuilles de musique manuscrites ;

(1) *Bull. mens.* n° 7, juillet 1886, p. 758.

(2) Les factures d'avoir, comme les factures de débit, sont comprises dans la catégorie des papiers d'affaires (*Déc. min. du* 19 *juin* 1886, *Bull. mens.* n° 6, juin 1886, p. 368).

11° Les affiches écrites à la main, en tout ou en partie ;

12° Les cartes et plans, patrons, modèles et dessins à la main;

13° Les lettres de date ancienne ayant perdu le caractère d'actualité et de personnalité;

Et généralement tous les objets et papiers manuscrits ne présentant aucun caractère de correspondance personnelle ou ne pouvant en tenir lieu (1).

Les épreuves d'imprimerie corrigées, que l'article 4 de l'arrêté ministériel du 9 juillet 1856 avait assimilées, pour la taxe, aux imprimés, ont été classées par la loi du 24 août 1871 dans la catégorie des papiers d'affaires, dont elles se rapprochent davantage à cause des corrections manuscrites qu'elles comportent.

Avant 1856, les papiers d'affaires étaient soumis au même tarif que les lettres. Tarif. Loi du 25 juin 1856.

Cette assimilation les soumettait à des taxes exorbitantes ; elle provoquait la fraude, et multipliait les contraventions au monopole de la poste. Il était de l'intérêt du public et du Trésor d'appliquer aux papiers d'affaires un traitement plus libéral. C'est ce que fit la loi du 25 juin 1856.

Le tarif de 1856 pour les papiers d'affaires était basé sur la progression de 1 centime par 10 grammes, comme celui des imprimés et des échantillons, mais avec un minimum de perception de 50 centimes. La loi du 24 août 1871 (art. 7) modifia ce tarif et soumit les papiers d'affaires, comme les échantillons, à une taxe de 30 centimes jusqu'au poids de 50 grammes, avec augmentation de 10 centimes par 50 grammes excédant. Loi du 24 août 1871.

La loi du 3 août 1875 a fixé uniformément à 5 centimes par 50 grammes la taxe des papiers d'affaires, comme celle des échantillons. Loi du 3 août 1875.

Cette réduction de tarif était motivée par l'adhésion de la France au traité d'union postale de Berne, qui autorisait la perception par les États contractants, dans leurs relations entre eux, d'une taxe maxima de 7 centimes au plus par 50 grammes, sans minimum de perception, sur les imprimés, les papiers d'affaires et les échantillons.

L'abandon dans le tarif intérieur, pour les papiers d'affaires, d'un minimum de perception au moins égal au tarif des lettres simples, a eu des conséquences regrettables. Il est souvent fort délicat, dans la pratique, de discerner si tel objet manuscrit présente ou non le caractère de correspondance actuelle et personnelle et, par suite, s'il doit la taxe ordinaire des lettres, ou celle des papiers d'affaires.

C'est pour les factures, bordereaux d'expédition de marchandises et autres documents dont le poids ne dépasse pas celui d'une lettre simple, que la distinction à faire présente le plus de difficultés pour le public et pour les agents. Toutes ces difficultés disparaîtraient, à la grande satis-

(1) On peut y ajouter les livrets de caisse d'épargne et les livrets d'ouvriers, les bulletins scolaires; les compositions et devoirs d'élèves, même corrigés; les mandats de poste, les effets de commerce (*Déc. min. du* 19 *mai* 1886, *Bull. mens.* n° 5, mai 1886, p. 299), et même les actions ou obligations industrielles, nominatives ou au porteur, non accompagnées de coupons échus.

faction de tous, si la taxe des papiers d'affaires comportait, comme avant 1876 en France, comme aujourd'hui encore dans les pays étrangers, un minimum de perception égal au prix de port d'une lettre simple. Le congrès postal de Paris, en 1878, a reconnu la nécessité de rétablir, dans les relations internationales, ce minimum de perception auquel le congrès postal de Berne, en 1874, avait imprudemment renoncé.

Régime appliqué aux papiers d'affaires dans les pays étrangers.

Dans beaucoup de pays étrangers, en Allemagne, en Autriche-Hongrie, au Brésil, en Danemark, dans la Grande-Bretagne, en Grèce, en Norvège, aux Pays-Bas, en Suisse, il n'existe pas de tarif spécial pour les papiers d'affaires. Cette absence d'un tarif spécial pour cette catégorie d'envois ne présente aucun inconvénient, parce que le tarif des lettres est assez réduit pour s'appliquer à tous les objets manuscrits, quels qu'ils soient.

Ainsi la taxe d'une lettre du poids de 250 grammes n'est que de 25 centimes en Allemagne et en Autriche-Hongrie, de 20 centimes en Danemark et de 10 centimes en Suisse.

En Belgique, en Italie, en Portugal, dans le Luxembourg, en Suède, en Russie, en Roumanie, aux États-Unis, où il existe un tarif réduit pour les papiers d'affaires, le minimum de perception n'est jamais inférieur au port d'une lettre simple.

En Angleterre, les papiers d'affaires sont soumis au tarif des imprimés.

Statistique des papiers d'affaires transportés par la poste.

Le nombre des papiers d'affaires transportés par la poste française à l'intérieur a suivi, depuis 1856, une progression très rapide. Il était, en 1856, de 39,747. Il s'est élevé, en 1889, à 15,049,749, et le produit des taxes perçues s'est élevé à 1,697,611 francs, ce qui donne une moyenne de 11 centimes par envoi.

Dans les pays étrangers où il existe un tarif spécial pour les papiers d'affaires, le nombre des objets de correspondance affranchis d'après ce tarif est peu considérable, sauf en Italie. Il est évident que beaucoup de papiers manuscrits qui n'ont pas le caractère de correspondance actuelle et personnelle sont confondus avec les lettres ordinaires, à cause du minimum de perception qui est égal à la taxe d'une lettre simple.

CHAPITRE VI

DES IMPRIMÉS

§ 1. — Anciens tarifs. — Taxe à la dimension.

De tout temps les imprimés paraissent avoir joui d'une réduction sur le tarif ordinaire applicable à la correspondance manuscrite.

On voit en effet, par un article du *Journal de Paris* du 13 nivôse an V, cité par M. Belloc dans son livre sur les *Postes françaises* (1), qu'avant la Révolution, un volume in-octavo, circulant par la poste, ne payait que 12 sous, quelle que fût la distance à parcourir, et que la distribution de 60,000 prospectus coûtait 200 livres, soit moins d'un centime par exemplaire.

Décret des 17-22 août 1791.

Le tarif établi par le décret des 17-22 août 1791 soumit les journaux et autres feuilles périodiques à une taxe de 8 deniers par feuille d'impression, pour les publications quotidiennes, et à 12 deniers pour les autres.

Les livres brochés étaient taxés à un sou la feuille (art. 17).

Les tarifs furent modifiés plusieurs fois ; *loi du* 6 *nivôse an IV* : journaux et écrits périodiques, 1 livre 10 sous ; livres brochés, 2 livres 10 sous par feuille ; — *loi du* 6 *messidor an IV* : journaux et écrits périodiques, 5 centimes dans le lieu de publication, 1 décime pour toutes les autres destinations ; imprimés non périodiques, soumis au tarif des lettres ; — *loi du* 4 *thermidor an IV* (22 juillet 1796) : journaux, 4 centimes la feuille ; livres brochés, catalogues, prospectus sous bandes, 5 centimes par feuille ; moitié de la taxe pour une demi-feuille ; quart de la taxe pour un quart de feuille.

On maintenait toujours une distinction entre les imprimés périodiques et les imprimés non périodiques.

Lois des 15 mars 1827 et du 14 déc. 1830.

Jusqu'en 1856, la taxe des journaux et des imprimés demeura fixée non d'après leur poids, ni d'après la distance à parcourir, mais d'après les dimensions des feuilles d'impression. D'après les lois du 15 mars 1827 et du 14 décembre 1830, le port des journaux et ouvrages périodiques était de 4 centimes par feuille de 30 décimètres carrés ; la taxe était réduite de

(1) *Les postes françaises*, *Recherches historiques*, par M. A. Belloc, p. 353.

moitié lorsqu'ils circulaient dans le département où ils étaient publiés. Le port devait être payé d'avance.

La loi du 16 juillet 1850 confondit les droits de poste avec les droits de timbre ; la perception des uns et des autres était faite par l'administration de l'enregistrement.

Le décret du 17 février 1852 rétablit les droits de poste qui existaient antérieurement à la loi de 1850, indépendamment des droits de timbre.

Inconvénients de la taxe à la dimension.

Le système de la taxe à la dimension était d'une application difficile. Pour fixer le prix de port d'un imprimé, il fallait le retirer de la bande, le déplier, le mesurer en hauteur et largeur, calculer sa superficie. S'il s'agissait d'un livre broché (1), d'une publication accompagnée de dessins, d'accessoires ou d'échantillons (les échantillons étaient taxés au poids), la détermination du port à percevoir présentait encore plus de difficultés.

La loi du 25 juin 1856 apporta une grande simplification dans le service, en appliquant aux imprimés de toute nature, comme aux autres objets de correspondance, le système de la taxe au poids. Ce système avait déjà prévalu dans les conventions de poste conclues par la France avec plusieurs pays étrangers.

Comme les lois précédentes, celle de 1856 et celle du 6 avril 1878 ont maintenu une distinction, au point de vue de la taxe, entre les imprimés périodiques et les imprimés non périodiques.

§ 2. — Régime actuel. — Taxe au poids. — Journaux et ouvrages périodiques

De la périodicité

Sont considérés comme périodiques, au point de vue de l'application des tarifs postaux, les journaux, recueils, annales, mémoires, bulletins, etc., paraissant au moins une fois par trimestre (*Loi du 6 avril 1878, art.* 3) et pour lesquels la durée de publication n'est pas limitée ; ces écrits doivent porter l'indication apparente de la nature de leur périodicité, quotidienne, hebdomadaire, mensuelle ou autre [*Art.* 1er *de l'arrêté ministériel du 20 janvier* 1885 (2).]

Sont soumis à la taxe des imprimés ordinaires :

Les ouvrages publiés par livraisons et dont la publication embrasse une période de temps déterminée ;

Les journaux et écrits périodiques réunis en volume, les feuilletons ou articles littéraires détachés des journaux avec lesquels ils faisaient corps [*Art.* 1er *de l'arrêté ministériel du 20 janvier* 1885 (2).]

Pour rester dans l'esprit de la loi, le tarif de faveur applicable aux écrits périodiques devrait être restreint aux journaux et aux publications relatives aux lettres, aux sciences et aux arts. C'est par suite d'un véritable abus que la réclame commerciale s'attribue le bénéfice de ce tarif, soit en publiant, à des époques déterminées et régulières, des éditions successives de catalogues de librairie, soit en empruntant à des journaux

(1) Les livres reliés n'étaient pas admis autrefois à circuler par la poste.
(2) *Bull. mens.* n° 1, janvier 1885, p. 4.

illustrés leur titre, leur couverture et leur mode d'expédition pour y insérer des prospectus qui n'ont que l'aspect extérieur des écrits périodiques.

Loi du 6 avril 1878. Suppression d'un tarif différentiel pour les journaux politiques et les journaux non politiques.

Le tarif de la loi du 25 juin 1856, faisait une distinction entre les journaux politiques et les journaux non politiques; la taxe, pour les uns et les autres, était graduée à raison de 1 centime par 10 grammes, mais le minimum de perception était fixé à 4 centimes pour les journaux politiques, et à 2 centimes pour les journaux non politiques. La loi du 6 avril 1878 a supprimé cette distinction.

Taxe réduite pour les journaux circulant dans un rayon rapproché du lieu de publication.

Comme celle de 1856, la loi de 1878 fait bénéficier d'une taxe plus réduite les journaux circulant dans le département où est situé le lieu de leur publication; la même réduction s'applique à ceux qui circulent dans les départements limitrophes, à moins que le lieu de publication ne se trouve dans le département de la Seine ou dans celui de Seine-et-Oise.

Pour ces derniers, publiés dans la Seine ou dans Seine-et-Oise, la réduction est de 50 0/0 sur le tarif plein, lorsqu'ils circulent dans le département où ils sont publiés: ainsi, ils ne payent que 1 centime au lieu de 2, jusqu'à 25 grammes; au delà de 25 grammes, 1/2 centime au lieu de 1 centime, par 25 grammes excédant.

Pour les journaux des autres départements, circulant dans le département où est le lieu de leur publication ou dans les départements limitrophes, la réduction est également de 50 0/0 jusqu'au poids de 25 grammes; de 25 à 50 grammes, ils ne payent que 1 centime au lieu de 3; au delà de 50 grammes, la taxe est augmentée de 1/2 centime par 25 grammes au lieu de 1 centime (1).

Cette faveur exceptionnelle a été accordée aux journaux de province sur la proposition de M. Pâris, dont l'amendement a été adopté le 2 avril par le Sénat, et le même jour par la Chambre des députés.

En maintenant, pour les écrits périodiques seuls, le système de la taxation par zones, qui a été abandonné pour tous les autres objets de correspondance, on a voulu protéger la presse départementale, qui n'a généralement d'abonnés que dans un rayon restreint, contre la concurrence de la presse parisienne.

Tarifs différents pour les journaux, suivant le lieu de leur publication.

Il y a donc aujourd'hui trois tarifs différents applicables aux journaux et aux ouvrages périodiques circulant à l'intérieur :

Premier tarif. — 2 centimes jusqu'à 25 grammes, avec augmentation de 1 centime par 25 grammes ou fraction de 25 grammes excédant, pour les journaux publiés dans les départements de la Seine et de Seine-et-Oise et circulant hors du département de leur publication; pour ceux publiés dans les départements autres que ceux de la Seine et de Seine-et-Oise et expédiés à destination de localités situées en dehors du département de leur publication ou des départements limitrophes.

(1) La loi du 6 avril 1878 s'exprime donc mal lorsqu'elle dit d'une manière générale (article 4) que ces journaux payent également *la moitié* du prix fixé par l'article 3. Cela n'est vrai que pour ceux dont le poids n'est pas supérieur à 25 grammes.

Deuxième tarif. — 1 centime jusqu'à 25 grammes, avec augmentation de 1/2 centime par 25 grammes ou fraction de 25 grammes excédant, pour les journaux de la Seine et de Seine-et-Oise, circulant dans le département où ils sont publiés.

Troisième tarif. — 1 centime jusqu'à 50 grammes, avec augmentation de 1/2 centime par 25 grammes ou fraction de 25 grammes excédant, pour les journaux des départements autres que ceux de la Seine et de Seine-et-Oise, circulant dans les départements où ils sont publiés ou dans les départements limitrophes.

Du lieu de publication.

La détermination du lieu de publication a donc une grande importance pour la détermination du tarif applicable aux écrits périodiques ; elle a donné lieu à quelques difficultés d'interprétation.

Certains journaux ayant, par exemple, le siège de leur administration à Paris s'impriment en province. Doit-on considérer comme le lieu de la publication celui où sont situés les bureaux du journal, ou bien celui où il s'imprime ?

Le conseil d'État, saisi de la question, l'a tranchée par deux avis en date des 19 janvier 1881 (1) et 13 juin 1883 (2).

S'appuyant sur l'article 3 de la loi du 6 juillet 1871, relative au cautionnement des journaux, d'après lequel la publication était censée faite au lieu où siégeait l'administration ou la rédaction du journal, quel que fût celui de l'impression ; considérant, en outre, que les lois du 25 juin 1856 et du 6 avril 1878 ont eu pour but d'exonérer la presse départementale d'une partie des charges qui pèsent sur les journaux parisiens, le conseil d'État a émis l'avis qu'on devait considérer, pour l'application du tarif postal, le lieu où les journaux ont le siège de leur administration, lequel est fixe, et non le domicile de l'imprimeur, qui est souvent indépendant de l'administration du journal et peut varier.

Ainsi, un journal qui a son administration à Paris et s'imprime à Rouen bénéficie de la taxe réduite (deuxième tarif) pour tous les exemplaires expédiés de Paris dans le département de la Seine.

Si l'expédition était faite directement de Rouen par les soins de l'imprimeur, tous les exemplaires du journal devraient être affranchis à plein tarif, car la réduction de 50 0/0 ne pourrait s'appliquer ni aux exemplaires à destination du département de la Seine-Inférieure et des départements limitrophes, puisque le département de la Seine-Inférieure n'est pas celui de la publication du journal, ni aux exemplaires à destination du département de la Seine, bien qu'il soit celui de la publication, parce que le transport en aurait été effectué par la poste en dehors de la zone où les journaux ont droit à la réduction (Avis du conseil d'État du 13 juin 1883).

Application de la taxe.

La taxe est perçue, non d'après le poids global de chaque envoi ou paquet, mais d'après celui de chaque exemplaire, pris isolément. Si plu-

(1) *Bull. mens.* n° 33 supp., janvier 1881, p. 67.
(2) *Bull. mens.* n° 7, juillet 1883, p. 416.

sieurs numéros d'un journal ou de journaux de titres différents étaient réunis sur une même feuille, chacun d'eux serait encore passible d'un port distinct (*Art.* 5 *de l'arrêté ministériel du* 20 *janvier* 1885).

Les suppléments, expédiés avec le numéro du journal auquel ils se rapportent, sont pesés avec lui, et la taxe est perçue d'après le poids total. Expédiés isolément, ils sont considérés comme un numéro de journal et taxés en conséquence. Suppléments.

Dans tous les cas, ils ne bénéficient du tarif applicable aux écrits périodiques que s'ils portent l'indication imprimée de supplément, avec une mention rappelant le titre et la date de la feuille principale.

La question s'est posée de savoir si certains imprimés encartés dans les journaux, consacrés à des annonces et paraissant n'avoir aucun lien avec la feuille principale, pouvaient être considérés comme de véritables suppléments et traités comme tels.

Le conseil d'État, consulté, a considéré qu'il n'y avait pas lieu de rechercher si l'imprimé joint au numéro du journal constitue ou non une addition accidentelle et imprévue, s'il est l'œuvre du journal, s'il lui appartient en propre, ni s'il a été imprimé simultanément.

Il suffit, pour qu'il soit traité comme supplément, qu'il rappelle le titre et la date du numéro qu'il accompagne ; il faut, de plus, que les conditions prescrites par les articles 7 et 11 de la loi sur la presse, du 29 juillet 1881, aient été remplies. Ces conditions sont relatives :

1° A la déclaration préalable, au parquet, du titre du journal, de son mode de publication, du nom et du domicile du gérant et de l'imprimeur (il suffit que cette formalité ait été remplie avant la publication de la feuille principale) ;

2° A l'indication obligatoire du nom du gérant au bas de tous les exemplaires du journal.

Le garde des sceaux a partagé cet avis et déclaré qu'il n'est pas possible de rechercher dans quelles conditions le supplément est joint au journal, s'il lui est spécial ni s'il a été imprimé simultanément ; mais que ce supplément doit remplir les conditions imposées à tous les journaux, mentionner le titre du journal et le nom du gérant, et conserver au moins l'apparence matérielle d'une annexe au journal principal (1).

En vue de favoriser la prompte et exacte reproduction des débats parlementaires, une loi du 2 mai 1861 avait accordé l'exemption de port aux suppléments de journaux consacrés « exclusivement à la publication des comptes rendus officiels des séances des Chambres, des exposés des motifs des projets de loi, des rapports de commissions, et des documents officiels déposés sur le bureau des Chambres par le gouvernement. » Suppléments expédiés en exemption de taxe.

La loi du 11 mai 1868, sur la presse, avait étendu l'exemption de port aux suppléments consacrés, pour moitié seulement de leur superficie, à la reproduction des débats ou des documents parlementaires, mais à la condition que ces suppléments ne contiendraient aucune annonce.

(1) Ad. Frault, *Manuel postal, théorique et pratique*, p. 374.

Le 16 février 1878, M. René Brice proposa un amendement au projet de réforme postale, tendant à faire exempter de la taxe les suppléments consacrés *pour moitié au moins de leur superficie à la reproduction des débats des Chambres, des exposés des motifs des projets de lois, des rapports de commissions, des actes et documents officiels, et des cours, officiels ou non, des halles, bourses etmarchés.*

Cet amendement fut adopté par la commission du budget et par la Chambre et prit place à l'article 5 de la loi du 6 avril 1878.

M. René Brice avait proposé également d'abroger l'article 5 de la loi du 11 mai 1868, qui excluait les annonces des suppléments expédiés en exemption de port. Cette proposition fut repoussée, mais l'article 5 de la loi du 11 mai 1868 a été abrogé depuis, comme toute la législation antérieure sur la presse, par l'article 68 de la loi du 29 juillet 1881 (Avis du conseil d'État du 13 décembre 1884).

Pour jouir de l'exemption de port, les suppléments doivent être publiés sur des feuilles détachées du journal (*Loi du* 6 *avril* 1878, *art.* 6), et être expédiés avec la feuille principale. Expédiés isolément, ils sont soumis à la taxe ordinaire (*Art.* 4 *de l'arrêté ministériel du* 20 *janvier* 1885).

Ils ne peuvent dépasser en dimensions et en étendue la partie du journal soumise à la taxe (*Loi du* 6 *avril* 1878, *art.* 6).

Comptes rendus officiels des débats législatifs.

En vertu d'une décision ministérielle du 11 février 1869 (1), les comptes rendus officiels des débats législatifs sont expédiés en exemption des droits de poste par l'imprimeur aux éditeurs des journaux des départements.

Ces éditeurs peuvent de même les réexpédier en exemption des droits de poste à leurs abonnés, à la condition expresse qu'ils soient joints à leurs feuilles. S'ils sont expédiés isolément, ils sont passibles de la taxe des écrits périodiques.

§ 3. — Imprimés non périodiques.

Législation antérieure à 1856.

Avant la loi du 25 juin 1856, les imprimés non périodiques étaient, comme les journaux, taxés d'après la dimension du papier. Le prix du port était de 5 centimes par feuille d'impression de 25 décimètres carrés, 2 centimes 1/2 par demi-feuille; 1 centime 1/4 par quart de feuille.

Tarif spécial pour les avis de faire part pliés en forme de lettre.

Les avis imprimés de faire part de naissance, mariage ou décès, pliés en forme de lettres, étaient, en vertu de la loi du 15 mars 1827, passibles d'une taxe fixe de 5 centimes, lorsqu'ils ne sortaient pas de la circonscription du bureau d'origine, et de 10 centimes lorsqu'ils étaient expédiés de bureau à bureau. Lorsque plusieurs avis étaient imprimés sur la même feuille, un port spécial était dû pour chacun d'eux. Bientôt les cartes de visite, dont l'usage commençait à se répandre, furent soumises à ce même tarif lorsqu'elles étaient placées sous enveloppes.

(1) *Bull. mens.*, n° 8, fev. 1869, p. 270.

Loi du 25 juin 1856.

La loi du 25 juin 1856 fit prévaloir le système de la taxe au poids, admit dans le service postal les livres reliés qui jusqu'alors en avaient été exclus, et maintint deux tarifs pour les imprimés : expédiés sous bandes, ils payaient 1 centime par 5 grammes jusqu'au poids de 50 grammes; 10 centimes depuis 50 jusqu'à 100 grammes; au delà de 100 grammes, le prix du port était augmenté de 1 centime par 10 grammes excédant (Art. 4).

Expédiés sous enveloppe ouverte ou pliés en forme de lettres, les avis de faire part de naissance, mariage ou décès, auxquels l'arrêté ministériel du 9 juillet 1856 adjoignit les prospectus, catalogues, circulaires, prix courants et cartes de visite, étaient taxées à raison de 5 ou 10 centimes par 10 grammes, suivant qu'ils circulaient dans la circonscription postale du bureau d'origine ou en dehors de cette circonscription (art. 7 de la loi); ils formaient ainsi comme une catégorie à part, entre les imprimés auxquels ils se rattachaient par leur nature, et les lettres dont ils se rapprochaient par leur forme.

Loi du 24 août 1871.

La taxe de 5 ou 10 centimes par 10 grammes qui frappait les imprimés pliés en forme de lettre ou placés sous enveloppe était trop élevée. La taxe prévue par la loi de 1856 pour les imprimés sous bande était modérée; mais la loi du 24 août 1871 l'avait majorée de 50 0/0 pour les imprimés du poids de 5 grammes et au-dessous, c'est-à-dire pour un très grand nombre. Notre tarif intérieur, pour les imprimés non périodiques, était devenu, dans certains cas, plus cher que le tarif applicable aux mêmes objets dans les relations avec les pays étrangers voisins. Les commerçants français avaient dès lors intérêt à faire imprimer et affranchir à l'étranger leurs circulaires que la poste française devait ensuite, en exécution des conventions internationales, transporter et distribuer sur son territoire sans avoir rien perçu. Les lois des 29 décembre 1873 et 3 août 1875, qui ne visaient que les imprimés expédiés sous bande, n'avaient pas entièrement fait disparaître cette anomalie d'un tarif intérieur supérieur au tarif international, devenue plus choquante après l'adhésion de la France au traité d'Union postale, qui avait fait adopter le taux de 5 centimes par 50 grammes pour la taxe de tous les imprimés à destination des pays compris dans le ressort de lU'nion.

Loi du 6 avril 1888

La loi du 6 avril 1878 a mis fin à cette situation. Voici les tarifs qu'elle fixe pour les imprimés non périodiques :

Art. 6. — Le port :

1° *Des circulaires, prospectus, avis divers et prix courants, livres, gravures, lithographies, en feuilles, brochés ou reliés;*

2° *Des avis imprimés ou lithographiés de naissance, mariage ou décès, des cartes de visite, des circulaires électorales ou bulletins de vote;*

3° *Et généralement de tous les imprimés expédiés sous bandes, autres que les journaux et ouvrages périodiques,*

Est fixé ainsi qu'il suit, par chaque paquet portant une adresse particulière :

1 centime par 5 grammes jusqu'à 20 grammes,

5 centimes au-dessus de 20 grammes jusqu'à 50 grammes.

Au-dessus de 50 *grammes,* 5 *centimes par* 50 *grammes ou fraction de* 50 *grammes excédant.*

Les bandes doivent être mobiles et ne pas dépasser le tiers de la surface des objets qu'elles recouvrent. Dans le cas contraire, la taxe fixée par l'article suivant est appliquée.

Art. 7. — *Les objets désignés en l'article précédent peuvent être expédiés sous forme de lettres ou sous enveloppes ouvertes, de manière qu'ils soient facilement vérifiés. Dans ce cas, le port est, pour chaque paquet portant une adresse particulière, de* 5 *centimes par* 50 *grammes ou fraction de* 50 *grammes.*

Tarif spécial aux imprimés sous enveloppe.

Ainsi, jusqu'au poids de 20 grammes, les imprimés payent plus ou moins, suivant qu'ils sont expédiés sous bande ou sous enveloppe.

Cette différence de traitement, basée uniquement sur la forme extérieure de l'objet, n'a pas de raison d'être. On ne comprend pas pourquoi la poste soumet à une taxe plus élevée l'imprimé expédié sous enveloppe ouverte, puisqu'il est aussi facilement vérifiable que celui qui circule sous bande. Si une préférence était justifiée, ce serait plutôt en faveur de celui que son enveloppe préserve efficacement des détériorations, tandis que la bande des journaux et autres imprimés peut se déchirer et laisse le passage libre aux lettres et cartes postales qui viennent se fourvoyer dans les objets qu'elle recouvre. En outre, les imprimés sous enveloppes sont plus faciles à manipuler que les imprimés sous bandes.

Imprimés sur cartes expédiées à découvert.

Il est permis de se demander auquel des deux tarifs on doit soumettre les imprimés expédiés sans bandes ni enveloppes, comme les cartes commerciales qui circulent à découvert, portant au recto l'adresse du destinataire. La poste leur applique le plus élevé (*Art.* 19, § 1er *de l'arrêté ministériel du* 20 *janvier* 1885); mais, à part l'intérêt fiscal on n'aperçoit pas bien les raisons qui ont dicté son choix. Avec un seul tarif, la question ne se poserait pas.

Résultats de la loi de réforme postale sur la circulation et sur le produit de la taxe des imprimés.

Le tableau ci-dessous montre quels ont été les résultats de la réforme de 1878, pour la première année, en ce qui concerne la circulation et le produit de la taxe des imprimés.

DÉSIGNATION	JOURNAUX et OUVRAGES PÉRIODIQUES	IMPRIMÉS NON PÉRIODIQUES	TOTAL POUR LES IMPRIMÉS de toute nature
Nombre 1877	192.746.219	195.148.116	387.894.335
Nombre 1878	211.383.486	227.093.334	438.476.820
Augmentation	18.637.267 9 0/0	31.945.218 16 0/0	50.582.485 13 0/0
Produit 1877	5.756.563	7.388.081	13.144.644
Produit 1878	4.473.990	6.965.665	11.439.655
Diminution	1.282.573 22 1/2 0/0	422.416 6 0/0	1.704.989 13 0/0

L'augmentation du nombre des imprimés transportés a été, pour la première année, de 13 0/0, et le produit de la taxe a baissé de 13 0/0; mais le déficit dans le produit n'a été que momentané, et aujourd'hui les recettes provenant de la taxe des imprimés dépassent de plus de 5 millions le chiffre de 1877 (32 0/0.)

Quant au nombre des imprimés, il a plus que doublé dans l'espace de douze ans; l'augmentation moyenne a été de 7 0/0 par an.

DÉSIGNATION	JOURNAUX et OUVRAGES PÉRIODIQUES	IMPRIMÉS NON PÉRIODIQUES	TOTAL
Nombre { 1877	192.746.219	195.148.116	387.894.335
Nombre { 1889	390.984.870	406.252.198	797.237.068
Augmentation	198.238.651 103 0/0	211.104.082 108 0/0	409.342.733 105 0/0
Produit { 1877	5.756.563	7.388.081	13.144.644
Produit { 1889	7.395.921	11.409.175	18.805.096
Augmentation	1.639.358 28 0/0	4.021.094 54 0/0	5.660.452 43 0/0

Si l'on divise le produit de la taxe par le nombre des imprimés ayant circulé par la poste, on trouve, pour chaque objet, une moyenne de port de 0 fr. 23 environ.

Cette moyenne n'est pas rémunératrice.

En 1877, chaque objet de correspondance transporté par la poste coûtait en moyenne 8 centimes à l'État.

Cette moyenne a dû s'abaisser beaucoup depuis la réforme postale, et aujourd'hui le coût moyen d'un objet de correspondance ne doit pas être supérieur à 0 fr. 0,55 (1).

Par conséquent, les 797,237,608 imprimés transportés en 1889 ont dû coûter à la poste environ. . . . . 43.848.068 fr.

Comme elle n'a encaissé que. 18.805.096

l'État a subi de ce chef une perte de. . . . . 25.042.972 fr.

(1) Les dépenses du service postal et du service télégraphique étant actuellement confondues, il est devenu plus difficile d'évaluer le coût moyen d'un objet de correspondance confié à la poste. Cependant, étant donné qu'en 1877 le nombre des correspondances postales était de 865,516,395 et le total des dépenses du service postal de 49,183,372 fr. 92 (moins les subventions aux services maritimes qui s'élevaient à 23,352,128 fr. 85); le nombre des télégrammes, de 12,422,152 et le total des dépenses du service télégraphique, de 18,961,576 fr. 16; qu'en 1889, le nombre des correspondances postales a été de 1,739,515,780; celui des télégrammes, de 40,629,362; le total des dépenses des deux services, de 113,622,120 fr. 22 (moins les subventions aux services maritimes postaux qui s'élevaient à 25,674,457 fr. 29); on peut en conclure, en prenant pour point de départ les chiffres de 1877, que la part respective des deux services dans ce total a été, pour la poste, de 69,817,996 fr. 53, et pour le télégraphe de 43,804,123 fr. 68; en ajoutant au chiffre de 69,817,996 fr. 53 les 25,674,457 fr. 29 de subventions aux services maritimes, le coût moyen d'un objet de correspondance confié à la poste en 1889 ressort à 0 fr. 055 environ. (Les chiffres qui précèdent ne s'appliquent qu'au service métropolitain, l'Algérie non comprise.)

qui représentent le montant de la subvention accordée par la poste à l'instruction publique, à la presse, au commerce et à l'industrie.

§ 4. — Taxe appliquée aux imprimés dans les pays étrangers.

Imprimés périodiques.

Notre tarif intérieur, pour les journaux et les imprimés, est déjà bien réduit, puisque la perte que le transport de ces objets impose au Trésor se chiffre par 25 millions de francs pour une seule année; il existe cependant à l'étranger des tarifs aussi bas, sinon plus bas, notamment pour les journaux. La poste belge les transporte au prix de 1 centime l'exemplaire, jusqu'au poids de 75 grammes; le Luxembourg, de 1 centime jusqu'à 50 grammes; les Pays-Bas, de 1 centime jusqu'à 25 grammes; la poste autrichienne, 1 kreuzer (2 centimes et demi au maximum), jusqu'au poids de 100 grammes).

Dans beaucoup de pays, les journaux expédiés par les éditeurs jouissent d'un tarif de faveur qui est refusé aux envois des particuliers.

Aux Etats-Unis, les premiers ne payent que 5 centimes par livre (452 grammes); ils sont même transmis en franchise de port aux abonnés domiciliés dans le comté où le journal est publié, lorsque le bureau de destination n'est pas doté d'un service de distribution. Pour jouir de ce traitement de faveur, ils doivent être expédiés en sacs scellés du cachet des éditeurs, et affranchis en timbres-poste spéciaux lorsqu'ils sont soumis à la taxe.

En Suisse, les expéditions faites par les éditeurs sont taxées à raison de 1 centime par 50 grammes, non compris le droit fixe de 10 centimes, payable d'avance pour chaque abonnement reçu par l'intermédiaire de la poste.

En Espagne, les particuliers payent 1 centime par exemplaire, quel qu'en soit le poids; les éditeurs, 3 francs par paquet de 10 kilogrammes.

En Italie, la taxe est de 1 centime par 40 grammes pour les éditeurs, 2 centimes par 40 grammes pour les envois des particuliers.

En Allemagne, en Danemark, dans le Luxembourg, les abonnements aux journaux ont lieu, en général, par l'intermédiaire de la poste, qui se récupère des frais de transport au moyen d'un tantième perçu d'avance sur le prix de l'abonnement. En Allemagne, en Autriche, en Suisse, dans le Luxembourg, en Norvège, aux Etats-Unis, les journaux expédiés par les particuliers sont soumis au même tarif que les imprimés ordinaires.

Imprimés non périodiques.

Pour les imprimés non périodiques, le tarif français est l'un des plus réduits qui existent, au moins pour les imprimés d'un faible poids, expédiés sous bande.

A l'étranger, on ne rencontre de taxes aussi réduites qu'en Belgique (1 centime pour les imprimés composés d'une seule feuille, jusqu'au poids de 25 grammes); dans le Luxembourg (1 centime jusqu'à 50 grammes); en Espagne (1/4 de centime par 10 grammes).

Partout ailleurs, le minimum de la taxe est plus élevé :

2 centimes en Suisse, en Italie, aux Pays-Bas ;
3 centimes en Roumanie ;
3 centimes 3/4 en Allemagne ;
5 centimes en Angleterre, en Autriche-Hongrie, en Bulgarie, en Serbie, en Suède, aux États-Unis, au Canada.

Pour les paquets d'imprimés d'un fort poids, le tarif français est, au contraire, plus élevé que celui de bien des pays étrangers. Ainsi, un paquet d'imprimés, ou un livre, du poids de 250 grammes, coûte 25 centimes de port en France ; 10 centimes seulement en Belgique, en Suisse dans le Luxembourg ; 12 centimes 1/2 en Allemagne, en Autriche-Hongrie et en Danemark ; mais le bon marché du tarif, pour les paquets volumineux et pesants, n'a pas une grande importance, car les paquets d'imprimés pesants sont l'exception. Ce qui importe, c'est que l'industriel, le commerçant, l'homme d'affaires puissent répandre à profusion, et jusque dans les hameaux les plus reculés, leurs circulaires, leurs prospectus, leurs prix courants, leurs mercuriales de toute sorte : notre tarif leur en donne libéralement le moyen, non sans dommage toutefois pour les revenus de la poste. Le nombre des imprimés qu'elle transporte est considérable, mais le produit qu'elle en retire n'est pas en rapport avec l'importance d'un pareil mouvement de correspondance ni avec l'effort qu'il nécessite.

Nous savons qu'en 1889 la poste française a transporté 797 millions d'imprimés dont le transport lui a rapporté 18,800,000 francs et lui a coûté 43,800,000 francs ; d'où une perte de 25 millions.

Pendant l'exercice 1889-1890, le post office britannique a transporté 601,200,000 livres, circulaires et journaux (*book-post*). Comme le port d'aucun objet de correspondance n'est inférieur à 5 centimes, le produit de la taxe de ces 601,200,000 imprimés a été au minimum de 30.060.000 fr.

D'autre part, les dépenses du service postal ont été de £ 6,266,263 ou 157,909,837 francs ; le nombre total des objets transportés par la poste, de 2,511,253,000 ; le coût moyen de chaque objet, de 0,062, ce qui donne pour les 601,200,000 imprimés une dépense de. 37.274.400

Donc la perte que le post-office a pu éprouver du fait du transport à prix réduit des livres, journaux, circulaires, etc., a été au maximum de. . . . . 7.214.400 fr.

En présence de ces chiffres et de la différence des tarifs en vigueur dans les deux pays, on s'étonnera moins de ce que le post office britannique, qui exploite plus chèrement que l'administration française, réalise des bénéfices supérieurs aux nôtres ; on ne s'étonnera pas davantage que la poste française ait transporté, en 1889, 793 millions d'imprimés de toute catégorie, dans son service intérieur seulement, alors que le post office n'en a transporté, pendant l'exercice 1889-90, que 601,200,000, y compris ceux du service international.

Le tarif français est donc très libéral ; mais il est compliqué.

Projet de loi de 1887, ayant pour objet la réduction et la simplification du tarif des journaux et des imprimés.

Le 29 juin 1886, M. Granet, ministre des postes et des télégraphes, avait déposé sur le bureau de la Chambre des députés un projet de loi portant réduction de la taxe des journaux et imprimés (1).

Ce projet tendait en même temps à la simplification du régime applicable à ces objets.

Au lieu des trois tarifs en vigueur aujourd'hui pour les journaux et ouvrages périodiques, il ne devait plus y en avoir qu'un seul, le plus réduit des trois : la taxe eût été de 1 centime uniformément jusqu'à 50 grammes, avec augmentation de 1/2 centime par 25 grammes excédant; elle eût été perçue d'après le poids total des paquets et non plus par numéro. Les exemplaires d'un même journal eussent pu être adressés en bloc aux bureaux de poste chargés de les répartir entre les abonnés de leur circonscription, comme cela se pratique en Allemagne et en Suisse.

Pour les imprimés non périodiques, il ne devait plus y avoir également qu'un seul tarif, qu'ils fussent expédiés sous bandes ou sous enveloppes ouvertes ; ce tarif eût été celui qu'on applique aujourd'hui aux imprimés sous bandes.

En un mot, simplification et unification par voie de réduction, telle était l'économie du projet déposé par M. Granet.

Ce projet n'étant pas venu en discussion devant l'ancienne Chambre des députés, est resté sans suite. Il avait été cependant l'objet d'un rapport favorable de la commission du budget de 1887 (2).

Son application eût entraîné pour la poste une diminution de recettes que l'administration évaluait à 1 million au moins et à 2,153,000 francs au plus, tandis que la commission du budget estimait la perte à 1,300,000 ou 1,400,000 francs au moins et 2,500,000 francs au plus.

(1) N° 921. *Journal officiel* de janvier 1887, p. 277.

(2) Rapport de M. Bizarelli, déposé le 6 juillet 1886 (n° 989). — *Journal officiel* de février 1887, p. 377.

CHAPITRE VII

DES ÉCHANTILLONS DE MARCHANDISES

Bien que les échantillons de marchandises ne soient pas, à proprement parler, de la correspondance, ils s'en rapprochent dans une certaine mesure ; ils sont souvent le complément utile et même indispensable des prospectus et des circulaires commerciales; envoyés seuls, ils peuvent même les remplacer entièrement s'ils portent l'indication de leur prix et la marque du fabricant expéditeur. A ce titre, il est rationnel que la poste les admette dans son service.

Motifs pour lesquels ils sont admis dans le service postal.

Anciennement, les échantillons étaient taxés au tiers du tarif des lettres. En leur accordant cette réduction, l'article 16 du décret des 17-22 août 1791 avait spécifié qu'en aucun cas le prix de port ne pourrait être inférieur à celui d'une lettre simple ; précaution sage, encore usitée dans beaucoup de pays étrangers, notamment en Angleterre et en Allemagne, et qu'on eût peut-être bien fait de maintenir en France.

Anciens tarifs.

En 1848, on crut que l'adoption d'une taxe uniforme et réduite pour les lettres permettait de supprimer le régime de faveur dont bénéficiaient les échantillons. A la suite de cette mesure, ils avaient à peu près complètement disparu de la circulation postale. La loi de 1856 les y rappela, en les assimilant aux imprimés, pour la taxe et les conditions d'expédition.

Le tarif de 1856, avec son minimum de 1 centime pour les paquets du poids de 5 grammes et au-dessous, était trop faible, eu égard à la valeur du service rendu. Plus tard, la loi du 24 août 1871, en relevant le minimum de la taxe à 30 centimes, avec augmentation, au delà de 50 grammes, de 10 centimes par 50 grammes excédant, tomba dans l'excès contraire. De 9,754,970 qu'il était en 1869, le nombre des échantillons transportés par la poste était tombé, en 1872, à 3,461,981. La loi du 29 décembre 1873 réduisit de moitié ce tarif excessif ; celle du 3 août 1875 fixa uniformément à 5 centimes par 50 grammes le prix de port des échantillons de marchandises. Cette loi est encore en vigueur aujourd'hui.

Loi du 3 août 1875.

Ces réductions successives de la taxe ont exercé une influence très sensible sur le nombre des envois. De 3,540,092 qu'il était en 1873, il passa tout de suite à 5,267,964 en 1874, et, depuis, il n'a pas cessé de s'accroître. Il a été de 25,731,985 en 1889 (non compris l'Algérie et les échanges internationaux) ; le produit de la taxe a été de 3,808,333 francs.

Admission au tarif des échantillons de presque tous les menus objets.

Ainsi, dans l'espace de seize ans, le nombre des échantillons transportés par la poste s'est accru de plus de 600 0/0. Toutefois, il faut convenir que l'institution a été quelque peu détournée de son but. En admettant les échantillons dans le service postal, moyennant une taxe très modique, on voulait aider à la vulgarisation des produits de l'industrie, en facilitant la circulation des types qu'ils représentent, et provoquer les commandes; on n'avait pas l'intention d'établir pour les objets vendus un nouveau service de transport, en concurrence avec ceux de la messagerie.

C'est cependant ce qui est arrivé.

Certaines maisons de commerce (les grands magasins de nouveautés, par exemple), en sont venues à expédier une grande partie de leurs envois sous la forme d'échantillons. Sous cette étiquette trompeuse, la poste transporte presque tous les objets de petite dimension. Dans le principe, elle exigeait, pour les admettre à la taxe réduite, qu'ils portassent la marque d'un commerçant ou d'un fabricant (*Arrêté ministériel du 4 mars* 1858) (1); c'était une précaution vaine, à laquelle on a depuis longtemps renoncé.

Réclamation de la compagnie des chemins de fer de l'Est.

L'admission, dans le service postal, d'objets qui n'ont pas le caractère d'échantillons véritables et qui n'ont rien de commun non plus avec la correspondance, a provoqué, en 1871, des protestations de la part de la compagnie des chemins de fer de l'Est. Cette compagnie avait saisi de sa réclamation le conseil de préfecture de la Seine. Elle exposait que l'extension donnée au transport par la poste des échantillons tendait à convertir cette administration en une véritable entreprise de messagerie; elle soutenait qu'aux termes de l'article 56 de leur cahier des charges, les compagnies de chemins de fer ne sont tenues au transport gratuit que des *lettres* et des *dépêches*; elle demandait en conséquence au tribunal de décider que la gratuité du transport ne s'appliquait ni aux échantillons, ni aux objets précieux désignés sous le nom de *valeurs cotées*, et de réserver à la compagnie tous ses droits à raison du préjudice que l'administration lui avait causé jusqu'alors en lui faisant transporter gratuitement les objets de cette nature.

Arrêt du conseil d'État du 7 mars 1873.

La prétention de la compagnie a été repoussée, en premier ressort, par le conseil de préfecture de la Seine (*Arrêté du* 18 *juillet* 1871), et, en appel, par le conseil d'État [*Arrêt du* 7 *mars* 1873] (2).

Le conseil d'État a considéré que l'expression *dépêches*, employée par le cahier des charges, comprenait tous les objets dont l'administration des postes est tenue par la loi d'effectuer le transport, avec ou sans monopole.

Limites de poids et de dimensions.

La loi du 25 juin 1856 (art. 10) donne au ministre le droit de déterminer les limites de poids et de dimension des paquets. En vertu de cette autorisation, le ministre des finances avait fixé, par son arrêté du 9 juillet 1856 (art. 6), à 3 kilogrammes le poids maximum des échantillons

(1) *Instruction générale*, p. 1103.
(2) Voir *le Recueil des arrêts du conseil d'État* (Hallay-Dabot), 1873, p. 216.

transportés par la poste, et à 45 centimètres, sur chaque face, la limite de leurs dimensions.

C'était exagéré. La poste se vit bientôt encombrée de véritables colis qu'elle ne pouvait insérer dans les dépêches et qu'elle n'avait pas les moyens de faire transporter ni distribuer.

L'arrêté du 4 mars 1858 ramena à 300 grammes le poids maximum des échantillons, et à 25 centimètres, sur chaque face, la limite de leurs dimensions.

Plus récemment, M. Cochery a élevé, par un arrêté du 31 octobre 1881 (1), à 350 grammes la limite de poids pour les échantillons circulant à l'intérieur, et à 30 centimètres, sur chaque face, le maximum de leurs dimensions.

Par exception, on reçoit les échantillons d'étoffes collés sur papier ou sur carte mince et flexible dont les dimensions n'excèdent, dans aucun sens, 45 centimètres (*Décision ministérielle du* 12 *novembre* 1858) (2).

Objets exclus du transport par la poste.

On n'admet pas à circuler par la poste, comme échantillons, les matières d'or et d'argent, les bijoux et effets précieux : ces objets ne peuvent être expédiés qu'en boîtes closes et scellées, avec déclaration de leur valeur. La bijouterie fausse, les objets dorés ou argentés, le doublé, les passementeries d'or et d'argent peuvent être acceptés comme échantillons.

Sont exclus du transport par la poste les animaux morts ou vivants (cependant on a fait récemment une exception pour les abeilles vivantes) (3), les objets passibles de droits de douane et d'octroi, les matières dangereuses, inflammables ou explosibles, celles qui exhalent une odeur fétide, et généralement toutes celles de nature à blesser les agents, à détériorer les correspondances ou à en compromettre la sûreté (*Arrêté ministériel du* 20 *janvier* 1885, *art.* 28). Depuis 1878, les liquides, les huiles, les corps gras facilement liquéfiables, les matières colorantes, les poudres sont admis sous certaines conditions d'emballage.

Si des paquets d'échantillons ne pouvant, à cause de leurs dimensions, de leur volume ou de leur nature, être admis à circuler par la poste, sont trouvés dans les boîtes ou acceptés au guichet par erreur, ils doivent être rendus aux expéditeurs. Si les expéditeurs sont inconnus, les objets sont envoyés en rebut. S'ils contiennent des matières d'or et d'argent, des bijoux ou effets précieux, des objets passibles de droits de douane ou d'octroi, ils sont transmis, sous chargement d'office, aux bureaux de destination.

Inconvénients résultant de l'admission des échantillons dans le service postal ; ses avantages pour le commerce.

Les échantillons sont, par leur volume, leurs dimensions, leur forme, qui en rendent difficiles le timbrage et l'insertion dans les dépêches, une cause d'embarras pour le service de la poste, surtout pour les bureaux ambulants, où la place est limitée. Tantôt ce sont les adresses qui se dé-

(1) *Bull. mens.* n° 42, 2° *supp.*, octobre 1881, p. 1442.
(2) *Instruction générale,* p. 1104.
(3) *Bull. mens.* n° 2, février 1890, p. 391.

tachent des boîtes ou des enveloppes auxquelles elles n'adhèrent qu'imparfaitement; tantôt ce sont les envois mal conditionnés, placés dans des récipients mal clos ou insuffisamment résistants, dont le contenu se perd ou se détériore en cours de route. L'administration est exposée ainsi à de nombreuses réclamations.

Mais ce sont là de petits inconvénients en regard de l'immense service que rend la poste au commerce en transportant à bas prix des menus objets dont l'expédition par d'autres voies serait plus onéreuse, moins rapide, et occasionnerait aux destinataires plus d'embarras. Ce sont surtout les industries de luxe (les articles de Paris notamment) qui profitent de ces avantages. Les facilités que leur offre le service de la poste, seule en mesure de faire pénétrer leurs produits dans les localités qui ne sont pas à proximité des voies ferrées, sont pour elles un grand bienfait.

Régime des échantions à l'étranger.

C'est la poste française qui transporte le plus d'échantillons. La poste allemande, qui vient immédiatement après elle pour le nombre des envois de cette nature, n'en a reçu, pendant l'exercice 1889-1890, que 12,831,500, c'est-à-dire moitié moins que la poste française.

Ce n'est pas qu'en général le régime appliqué à l'étranger aux échantillons circulant par la poste soit moins libéral que le nôtre, au moins sous le rapport de la taxe perçue.

En Belgique, les échantillons ne payent que 5 centimes jusqu'à 100 grammes; 10 centimes depuis 100 grammes jusqu'à 250 grammes; en Suisse, 5 centimes jusqu'à 250 grammes, 10 centimes de 250 à 500 grammes; en Portugal, 2 centimes et demi, en Roumanie, 3 centimes, en Grèce, en Bulgarie, 5 centimes par 50 grammes; aux Pays-Bas, 5 centimes par 75 grammes; en Italie, 2 centimes par 40 grammes.

En Allemagne et en Autriche-Hongrie, il n'y a qu'un seul tarif: 12 centimes et demi jusqu'à 250 grammes. Il en est de même en Suède (6 centimes jusqu'à 250 grammes); en Danemark (10 centimes jusqu'à 250 grammes); dans le Luxembourg (10 centimes jusqu'à 350 grammes).

En Serbie, la taxe est de 5 centimes jusqu'au poids de 50 grammes; au delà de ce poids, elle s'élève suivant une progression décroissante.

En Angleterre, le post office avait organisé, en 1863, le transport des échantillons à prix réduit; mais le port simple des lettres ayant été élevé jusqu'à 1 once en 1871, on avait pensé que, dans ces conditions, une taxe réduite n'était plus nécessaire pour les échantillons, et on l'avait supprimée. On l'a rétablie, à partir du 1er octobre 1887, sur les bases suivantes :

10 centimes jusqu'à 4 onces (113 grammes);
15 — de 4 à 6 onces (170 grammes);
20 — de 6 à 8 onces (227 grammes);
Limite de dimensions : (12×8×4 pouces).

Le bénéfice de ce tarif est absolument réservé aux échantillons véritables, n'ayant aucune valeur marchande et expédiés par des commerçants. Le nombre des échantillons ayant passé par le post office a été, en 1888-89, de 3 millions (1).

Le nombre restreint des échantillons transportés par les postes étrangères s'explique de deux façons.

Dans la plupart des pays étrangers, la poste n'admet que les objets qui ont le caractère d'échantillons véritables, c'est-à-dire de spécimens. Ce sont des fragments, des objets dépareillés ou détériorés, suffisants pour faire connaître la pièce dont ils proviennent ou le type qu'ils représentent, mais dépourvus par eux-mêmes de toute valeur marchande.

Dans quelques États, notamment en Allemagne, en Suisse, en Autriche-Hongrie, la poste fait le service de la messagerie, et transporte tous les menus objets moyennant une taxe minime (en Suisse 15 centimes jusqu'à 500 grammes). Elle retrouve ainsi, sous forme de petits colis, les objets qu'elle repousse comme échantillons.

Aux Etats-Unis, la poste reçoit, sous le nom d'objets de la 4e classe (*fourth class matter*), des marchandises de toute naturedont le poids peut s'élever jusqu'à 4 livres (1 kil. 808 grammes). Ces objets doivent être emballés de manière à permettre la vérification facile de leur contenu ; aucune communication manuscrite ne doit y être insérée.

La taxe est de 1 cent. l'once (5 centimes par 28 grammes).

(1) 35e rapport du postmaster général.

CHAPITRE VIII

DISPOSITIONS COMMUNES AUX OBJETS ADMIS A CIRCULER PAR LA POSTE AU TARIF RÉDUIT

Loi du 25 juin 1856.

Les lois des 3 août 1875 et 6 avril 1878 ne se sont occupées que de la taxe applicable aux papiers d'affaires, journaux, imprimés et échantillons affranchis. C'est toujours celle du 25 juin 1856 qui détermine le traitement applicable à ces mêmes objets en cas de non affranchissement ou d'affranchissement insuffisant; c'est encore en vertu de cette loi fondamentale que sont fixées les conditions générales de leur admission dans le service postal.

§ 1er. — Affranchissement et taxation.

Affranchissement préalable.

Les imprimés de toute nature, les échantillons et les papiers d'affaires ne sont admis au bénéfice du tarif réduit qu'autant qu'ils ont été préalablement affranchis.

Objets groupés.

Si des objets de natures différentes, — par exemple un imprimé ou un échantillon, — sont réunis sous une même bande ou sous une même enveloppe, ils sont pesés ensemble, et la taxe est perçue d'après le tarif qui doit donner, à raison du poids total, la taxe la plus élevée (*Arrêté ministériel du* 20 *janvier* 1885, *art.* 32).

Par exception, lorsqu'un journal est réuni à un imprimé non périodique, à un échantillon ou à un paquet de papiers d'affaires, chaque objet est pesé séparément et affranchi d'après le tarif qui lui est propre (*Art.* 16 *de l'arrêté ministériel du* 20 *janvier* 1885).

Les morceaux d'étoffe ou de papier teint, annexés à des journaux ou à des imprimés non périodiques et destinés à servir à l'intelligence du texte, ne sont pas considérés comme des objets distincts; il sont pesés en même temps que ceux avec lesquels ils font corps, et le port est perçu d'après le tarif applicable aux imprimés périodiques ou non, suivant le cas (*Arrêté ministériel du* 20 *janvier* 1885, *art.* 7, § 3, *et* 18, § 11).

Non affranchissement

Lorsque des papiers d'affaires, des journaux, des imprimés ou des échantillons sont expédiés sans affranchissement, ils sont passibles de la taxe des lettres non affranchies (*Loi du* 25 *juin* 1856, *art.* 8).

La taxe des lettres, appliquée à des objets généralement pesants, constitue une pénalité très lourde et véritablement excessive si l'on considère que l'absence d'affranchissement résulte presque toujours d'une omission involontaire.

Aussi qu'arrive-t-il? C'est que ces objets, frappés de taxes exorbitantes pour cause de non affranchissement, sont refusés d'abord par les destinataires, puis par les expéditeurs, et tombent finalement en non-valeurs, après avoir imposé à la poste une double transmission.

Répétition de la taxe contre les expéditeurs. Loi du 20 mai 1854.

Il existe bien une disposition de loi (*Art. 2 de la loi du 20 mai 1854*) qui autorise l'administration à répéter contre les expéditeurs, au besoin par voie de contrainte, la taxe des journaux et des imprimés non affranchis, lorsque cette taxe, pour un motif quelconque, n'a pas été acquittée par les destinataires. Le cas échéant, la contrainte doit être décernée par le receveur du bureau expéditeur, visée et déclarée exécutoire par le juge de paix du canton. Cette disposition a été étendue, par l'article 8 de la loi du 25 juin 1856, à tous les objets admis au bénéfice du tarif réduit ; mais elle constitue un moyen extrême, empreint d'un caractère fiscal et vexatoire, peu compatible avec le maintien des bons rapports qui doivent exister entre l'administration des postes et le public.

Aussi n'y recourt-on pas souvent. L'article 1328 de l'Instruction générale sur le service des postes dit que les contraintes ne peuvent être visées pour exécution et remises entre les mains d'un huissier que sur l'ordre du directeur. Le directeur doit se faire rendre compte des circonstances dans lesquelles a eu lieu l'expédition des objets non affranchis. S'il s'agit d'un cas isolé et d'une erreur involontaire, il renvoie purement et simplement les objets au receveur, avec ordre de les verser définitivement en rebut. Si, plus tard, les objets sont réclamés par l'expéditeur, l'administration les lui renvoie, à charge pour lui de payer seulement le montant de la taxe d'affranchissement.

Projet de M. Granet (29 juin 1886)

En fait, l'article 2 de la loi de 1854 est à peu près tombé en désuétude. Le projet de loi déposé le 29 juin 1886 par M. Granet proposait de l'abroger et de ne pas donner cours aux objets autres que les lettres qui ne seraient pas affranchis au moins partiellement. Cette sanction est celle qui est appliquée dans le régime international et dans le service intérieur de plusieurs pays étrangers ; elle offre un moyen très simple et très légitime aussi d'obliger les expéditeurs des objets admis à taxe réduite à les affranchir. Si des raisons d'humanité militent en faveur du maintien de l'affranchissement facultatif pour les lettres, dont la taxe est plus élevée et l'envoi peut présenter un caractère d'urgence et de nécessité pour les indigents, il n'en est pas de même pour les journaux, les imprimés, les échantillons et les papiers d'affaires : les expéditeurs n'ont aucune bonne raison pour se dispenser de les affranchir.

Proposition de M. Steenackers.

La Chambre des députés a été saisie, presque en même temps que du projet de M. Granet, d'une proposition de M. Steenackers, tendant à faire frapper les objets de correspondance non affranchis, à l'exception des lettres et des cartes postales, d'une taxe triple du montant du port dû, avec minimum de 10 centimes, toute fraction de demi-décime devant entraîner le payement du demi-décime intégral.

Le projet de loi du gouvernement n'est pas venu en discussion à la Chambre des députés, bien qu'il ait fait l'objet d'un rapport favorable de la commission du budget; la proposition émanée de l'initiative parlementaire a été adoptée par la Chambre, en seconde lecture, le 15 janvier 1889; elle est actuellement en instance au Sénat.

Des deux systèmes proposés en 1886, c'était bien, semble-t-il, celui proposé par le gouvernement qui était le plus simple et le plus pratique. Il déchargeait la poste de l'obligation de transporter, souvent sans aucune rémunération, les objets volumineux et encombrants; il mettait sur ce point notre régime intérieur en harmonie avec le régime international; il abrogeait une disposition rigoureuse et tombée en désuétude. Le système de M. Steenackers, au contraire, n'amènerait aucune simplification : la poste continuerait de transporter, souvent en pure perte, les paquets non affranchis, car la triple taxe, parfois supérieure à la valeur intrinsèque des objets non affranchis, suffirait pour les faire refuser successivement par les destinataires et les expéditeurs. Enfin il est probable que la poste exercerait son droit de contrainte à l'égard des expéditeurs avec la même discrétion qu'aujourd'hui, parce qu'elle sait qu'exposée à commettre des erreurs, elle a besoin parfois de l'indulgence du public; parce qu'elle est faite pour rendre des services au public, et non pour adresser des avertissements aux contribuables ou pour décerner des contraintes contre des débiteurs récalcitrants.

Insuffisance d'affranchissement.

Les journaux et imprimés, les échantillons et les papiers d'affaires insuffisamment affranchis sont passibles d'une surtaxe égale au triple de l'insuffisance d'affranchissement (*Art.* 8 *de la loi du* 25 *juin* 1856).

La proposition de M. Steenackers, adoptée par la Chambre des députés, maintient ce régime; elle y ajoute simplement cette disposition que, lorsque l'application de la surtaxe fera ressortir une fraction de demi-décime, le demi-décime entier sera dû.

Le projet de M. Granet remplaçait l'application de la triple taxe par celle de la double taxe, en vue d'établir l'unité de régime pour tous les objets de correspondance insuffisamment affranchis, aussi bien dans le service intérieur que dans les relations internationales.

On peut cependant justifier le maintien de la triple taxe par cette considération que, le tarif étant réduit, l'insuffisance d'affranchissement est moins excusable; qu'il est juste d'appliquer une pénalité plus forte, lorsque le défaut d'affranchissement intégral porte sur les objets admis à la modération de port, que quand il se produit sur les lettres.

§ 2. — Conditions d'admission au tarif réduit.

Les conditions générales que doivent remplir les papiers d'affaires, les journaux, les imprimés et les échantillons, pour être admis au tarif réduit, sont fixées, soit par la loi elle-même, soit par le ministre, en vertu des pouvoirs qu'il tient de la loi.

Ces conditions sont contenues explicitement ou implicitement dans les articles 6, 9 et 10 de la loi du 25 juin 1856, dont voici le texte :

Art. 6. — *Les objets compris dans les articles précédents ne peuvent être expédiés que sous bandes mobiles, couvrant au plus le tiers de la surface.*

S'ils sont réunis en paquet, et s'il y a nécessité, ils peuvent être placés sous enveloppe ; cette enveloppe doit être suffisante pour protéger les objets qu'elle recouvre, mais elle doit rester ouverte aux deux extrémités ou être disposée de manière que la vérification du contenu du paquet puisse avoir lieu facilement.

L'administration n'est, dans aucun cas, responsable des détériorations.

Le poids des bandes, enveloppes, ficelles et cachets est compris dans le poids soumis à la taxe.

Art. 9. — *Les imprimés affranchis en vertu des dispositions de la présente loi ne doivent contenir, sauf le cas d'autorisation mentionné dans l'article* 10, *ni chiffre, ni aucune espèce d'écriture à la main, si ce n'est la date et la signature.*

Il est, en outre, défendu d'insérer dans un imprimé, ainsi que dans un paquet d'imprimés, d'échantillons, de papiers de commerce ou d'affaires, aucune lettre ou note ayant le caractère de correspondance ou pouvant en tenir lieu.

En cas de contravention, les imprimés contenant de l'écriture ou un chiffre à la main, ainsi que les lettres ou notes insérées en fraude, sont saisis, et le contrevenant est poursuivi conformément aux dispositions de l'arrêté du 27 *prairial an IX et de la loi du* 22 *juin* 1854.

Art. 10. — *Le ministre des finances détermine par des arrêtés le mode de confection, le maximum du poids et la dimension des paquets confiés au service des postes, ainsi que les délais dans lesquels s'en effectuent le transport et la distribution, soit à domicile, soit au guichet du bureau.*

Il peut autoriser l'inscription, sur certaines classes d'imprimés, de mots ou de chiffres écrits à la main, autres que la date et la signature.

Les conditions d'admission au tarif réduit sont donc relatives, les unes, au conditionnement extérieur des envois ; les autres, à la nature même des communications qu'ils contiennent. Les unes sont des conditions de forme ; les autres, des conditions de fond.

Les premières sont sanctionnées par l'application de la taxe des lettres aux envois irréguliers ;

Les secondes, par des pénalités correctionnelles.

A) Conditions de forme.

L'article 6 de la loi du 25 juin 1856, de même que l'article 6 de la loi du 6 avril 1878, veut que les objets admis à la taxe réduite (sauf ceux affranchis au tarif spécial de l'article 7) soient expédiés sous bandes Loi du 25 juin 1856, art. 6.

mobiles, couvrant au plus le tiers de leur surface; ils peuvent être placés sous une enveloppe ouverte, mais en cas de nécessité seulement.

Ce sont là des dispositions de détail qui sont du domaine de la réglementation, non de la loi. Le législateur aurait dû se borner à poser en principe que tous les objets admis à taxe réduite seront conditionnés de manière à pouvoir être aisément vérifiés, et laisser à l'administration le soin de déterminer le mode de confection des paquets, au mieux des convenances du service et des particuliers.

Loi du 8 juillet 1882, art. 14.

Cette ingérence de la loi dans le domaine de l'administration a obligé celle-ci à mettre en mouvement l'appareil législatif lorsqu'elle a voulu permettre aux particuliers d'expédier des journaux sans bandes, sous un simple tour ou croisé de ficelle (*Loi du* 8 *juillet* 1882, *art.* 14).

L'obligation de restreindre la dimension des bandes au tiers de la surface des objets qu'elle recouvre serait une source de vexations pour le public et de difficultés continuelles pour le service, si elle était appliquée. L'administration l'a si bien compris qu'elle a décidé, le 5 février 1886 (1), que la largeur des bandes timbrées qu'elle fabrique et vend au public ne serait jamais, quelle qu'en fût la dimension par rapport aux objets qu'elle recouvre, un obstacle à l'admission de ces objets au bénéfice du tarif réduit.

La loi ne peut tout prévoir; elle ne peut descendre jusque dans les menus détails d'exécution. Le législateur a été mieux inspiré lorsque, par l'article 10 de la loi du 25 juin 1856, il a donné au ministre le droit de déterminer par des arrêtés le *mode de confection*, le *maximum du poids* et la *dimension* des paquets, ainsi que les *délais* dans lequels doivent s'en effectuer le transport et la distribution.

Mode de confection des paquets.

C'est en vertu de cette délégation de la loi que les arrêtés ministériels des 20 janvier 1885 et 12 mai 1887 (2) ont déterminé les conditions que doivent remplir les objets affranchis à prix réduit.

Les paquets doivent être confectionnés solidement, et en même temps de manière que leur contenu puisse être facilement et promptement vérifié. Les paquets pesants et volumineux peuvent être consolidés par des ficelles disposées de façon à être dénouées aisément (*Art.* 32 *de l'arrêté ministériel du* 20 *janvier* 1885).

Échantillons.

Les échantillons peuvent être placés sous bandes ou sous enveloppes ouvertes, dans des boîtes, étuis ou sacs faciles à ouvrir. Les liquides, les corps gras, les matières colorantes, les poudres sèches sont soumis à des conditions spéciales d'emballage, déterminées par l'article 25 de l'arrêté ministériel du 20 janvier 1885. Les flacons peuvent être hermétiquement clos, pourvu qu'ils soient transparents (3).

Sont également admis à circuler par la poste au prix du tarif réduit:

Les boîtes, étuis ou flacons contenant des échantillons de produits industriels, et scellés au moyen de bandes, étiquettes, capsules métalliques,

(1) *Bull. mens.* n° 2, février 1886, p. 50.
(2) *Bull. mens.* n° 5, mai 1887, p. 122 et 134.
(3) Ad. Frault, *Manuel postal, théorique et pratique*, p. 396.

cachets ou autres attaches constituant la marque de fabrique ou de propriété des commerçants. Cette disposition exceptionnelle a pour but de permettre l'expédition par la voie de la poste d'une catégorie d'échantillons qui doivent rester clos pour garantir le fabricant contre la contre-façon.

En cas de suspicion de fraude, la vérification complète du contenu des paquets peut être effectuée au bureau de destination, en présence du destinataire convoqué à cet effet, soit d'office, soit sur le signalement des bureaux correspondants (*Arrêté ministériel du* 12 *mai* 1887).

Maximum de poids et de dimension.

Sauf les conditions spéciales aux échantillons, le maximum de poids des objets admis à la taxe réduite est fixé à 3 kilogrammes. Ils ne peuvent avoir sur aucune de leurs faces une dimension supérieure à 45 centimètres.

Délais pour l'expédition et la distribution.

Lorsque plusieurs paquets à l'adresse d'un même destinataire et dépassant ensemble le poids de 3 kilogrammes sont présentés simultanément à un bureau de poste et de télégraphe, le receveur peut en répartir l'expédition entre plusieurs courriers successifs et inviter, à cet effet, l'envoyeur à faire connaître l'ordre dans lequel les paquets devront être expédiés.

Dans le cas d'accumulation de dépêches ou d'insuffisance des services établis, les paquets déposés à la poste et affranchis à prix réduit peuvent être retardés d'un, de deux et même de trois ordinaires, soit au bureau où ils ont été déposés, soit dans les bureaux par lesquels ils doivent transiter.

Sont toutefois expédiés et transmis sans retard, dans tous les cas :

1° *Les journaux et écrits périodiques ;*

2° *Les prix courants, mercuriales, cotes de bourse ou d'offices de publicité et de ventes ;*

3° *Les lettres de convocation et avis de passage des voyageurs de commerce ;*

4° *Les avis de naissance, mariage ou décès ;*

5° *Les affiches ;*

6° *Les épreuves d'imprimerie et les papiers d'affaires ;*

7° *Les imprimés relatifs aux élections.*

Tout paquet dont la forme, le poids ou le volume rendrait impossible son transport par les facteurs est conservé au bureau de destination pour y être distribué au guichet.

Sont également réservés pour être distribués au guichet, les paquets qui, bien qu'ils puissent être isolément transportés par les facteurs, ne pourraient cependant, soit en raison de leur nombre, soit en raison du volume des correspondances ordinaires, être portés à domicile par ces agents.

Les receveurs des postes et des télégraphes donnent immédiatement avis aux destinataires de l'arrivée des paquets qui, en raison de leur nombre ou de leur forme, de leur poids ou de leur volume, ne peuvent être portés à domicile par les facteurs, et ils invitent ces destinataires à les faire prendre au bureau (Art. 34 à 37 de l'arrêté ministériel du 20 janvier 1885).

Ces dispositions restrictives ne sont pas applicables aux objets de toute nature admis au tarif réduit, lorsqu'ils ont été recommandés (*Art.* 39).

B) *Conditions de fond.*

Loi du 25 juin 1856, art. 9.

Les conditions de fond et la sanction pénale qui en garantit l'observation sont indiquées à l'article 9 de la loi du 25 juin 1856.

Ces conditions sont au nombre de deux : l'une vise spécialement les imprimés, qui ne doivent contenir, sauf autorisation en vertu de l'article 10, ni chiffre, ni aucune espèce d'écriture à la main, si ce n'est la date et la signature ; l'autre, commune à tous les objets admis à taxe réduite, est l'interdiction d'insérer dans un imprimé, ainsi que dans un paquet d'imprimés, d'échantillons, de papiers de commerce ou d'affaires, aucune lettre ou note ayant le caractère de correspondance ou pouvant en tenir lieu.

1° *Condition* : les imprimés ne doivent contenir ni chiffre ni écriture à la main.

Les imprimés ne doivent contenir ni chiffre, ni écriture à la main... Tel est le principe posé dans la loi. En conséquence, on n'admet au tarif des imprimés que les reproductions obtenues par la typographie, la gravure, la lithographie, la photographie, l'autographie, la polygraphie ou autres procédés analogues (*Art.* 17, § 8°, *de l'arrêté ministériel du* 20 *janvier* 1885), les impressions en relief à l'usage des aveugles (*même arrêté, art.* 18, § 10°) ; mais on ne peut assimiler aux imprimés les reproductions obtenues par la presse à copier, ni par la machine à écrire (1).

Polygraphie.

Il est souvent assez difficile de distinguer les reproductions polygraphiques de l'écriture ordinaire; c'est surtout la parfaite similitude des exemplaires déposés en même temps qui permet de reconnaître les impressions polygraphiques ; il serait désirable que l'on imposât, comme condition de leur admission au tarif réduit, l'obligation du dépôt simultané d'un certain nombre d'exemplaires à la fois, suivant la règle adoptée dans les relations internationales.

Communications manuscrites, non admises en principe ; exceptions.

Les circulaires manuscrites ne sont pas admises à bénéficier du tarif réduit. Par suite d'une tolérance exceptionnelle, les cartes de visite manuscrites portant seulement l'indication des noms, prénoms, qualités ou professions des expéditeurs peuvent être expédiées au tarif des imprimés (*Art.* 18 *de l'arrêté ministériel du* 20 *janvier* 1885); il en est de même des avertissements manuscrits, adressés par les receveurs de l'enregistrement aux redevables de cette administration (*Déc. min. du* 19 *déc.* 1867). Les affiches manuscrites peuvent circuler par la poste au tarif des papiers d'affaires (*Arrêté ministériel du* 20 *janvier* 1885, *art.* 22, § 11).

Additions manuscrites autorisées :

Par la loi ;

Le principe posé dans la loi de 1856, que les imprimés ne doivent contenir ni chiffre ni écriture à la main, n'est pas susceptible d'une application rigoureuse. La loi y a fait elle-même une exception en autorisant, conformément à un long usage, l'addition manuscrite de la date et de la signature. Elle en autorise d'autres, pour la facilité des relations commerciales et privées. Les avis et les circulaires imprimés ont

(1) *Bull. mens.* n° 9, septembre 1889, p. 562, et n° 10, octobre 1889, p. 588.

souvent besoin d'être complétés ou modifiés, après leur tirage; et comme la loi ne saurait prévoir toutes les modifications ou additions dont ils sont susceptibles, elle laisse au ministre le soin d'autoriser l'inscription sur certaines classes d'imprimés, de mots ou de chiffres écrits à la main, autres que la date et la signature (art. 10). Par le ministre.

C'est en vertu de cette délégation de la loi que des arrêtés ministériels ont successivement admis à circuler par la poste au prix du tarif réduit (1) :

Les journaux et autres imprimés, périodiques ou non, marqués de simples traits à la main, destinés à attirer l'attention du lecteur sur certains passages du texte (*Arrêté du* 20 *janvier* 1885, *art.* 7 *et* 18, § 2); Sur les journaux, les livres et les brochures;

Les journaux, sur lesquels ont été inscrites à la main des réflexions ou critiques concernant l'article en regard, et dépourvues de tout caractère de correspondance pour la personne à qui le journal est envoyé [*Déc. min. du* 23 *mars* 1886] (2). Sur les journaux seulement;

Les journaux ou écrits périodiques, expédiés par les éditeurs et portant des mentions ajoutées soit à la main, soit au moyen d'un timbre ou d'un procédé quelconque, sur eux-mêmes ou sur leurs bandes, pour annoncer que l'envoi est fait *à titre gratuit, pour échange,* comme *spécimen,* ou des expressions analogues (*Arrêté ministériel du* 20 *janv.* 1885, *art.* 7, § 2e);

Les journaux dont une partie du texte, consacrée à des prix courants ou à des cours de vente et laissée en blanc, est ensuite complétée par l'addition de chiffres ou de mots écrits à la main et dépourvus de tout caractère de correspondance personnelle [*Déc. min. du* 23 *mars* 1886] (2);

Les circulaires sur lesquelles sont ajoutés, en dehors du texte, soit au moyen d'un timbre, soit à la main, des chiffres ou des mots qui, reproduits uniformément sur tous les exemplaires déposés le même jour à la poste, ne leur ôtent pas le caractère de circulaire et ne présentent aucun indice de correspondance personnelle (*Arrêté ministériel du* 20 *janvier* 1885, *art.* 18, §4); Sur les circulaires et avis imprimés;

A l'exception des prix courants sur lesquels les prix des marchandises et des denrées pouvaient être ajoutés à la main ou par un procédé quelconque (*Arrêtés ministériels du* 9 *juillet* 1856, *art.* 3, § 1er, *et du* 20 *janvier* 1885, *art.* 18, § 5e), la faculté de faire figurer sur les circulaires affranchies à prix réduit des additions manuscrites ou non, était restreinte primitivement à celles qu'il y avait nécessité d'opérer après le tirage des formules soit pour réparer une omission, soit pour rectifier un mot ou un chiffre erroné. Une circulaire imprimée devait présenter par elle-même un sens complet; on n'admettait pas que les indications nécessaires à l'intelligence du texte fussent ajoutées après coup dans des blancs ménagés à cet effet. Prix courants.

Peu à peu on s'est relâché de cette rigueur, et on a successivement admis à bénéficier du tarif réduit :

1° Les avis de faire part et de convocation en cas de décès, sur les- Avis de faire part de décès.

(1) Consulter, à ce sujet, l'article 367 de *l'Instruction générale sur le service des postes* et le *Manuel postal, theorique et pratique* d'AD. FRAULT, p. 374, 392 et s.
(2) *Bull. mens.* n° 1, avril 1886, p. 216.

quels sont ajoutés, par un procédé quelconque, après le tirage, les noms, prénoms, qualité ou profession et âge du défunt, la date du décès, le jour, l'heure et le lieu de la réunion (*Arrêté ministériel du* 20 *janvier* 1885, *art.* 18, § 7);

Prix courants. Catalogues, etc.

2° Les catalogues, prix courants et mercuriales de marchés imprimés, avec l'addition manuscrite des mentions : franco de port, en port dû, escompte... 0/0, remise [*Déc. min. du* 16 *nov.* 1885] (1); celle des poids, mesures ou quantités et des articles ou objets autres que ceux énumérés dans le texte imprimé des formules [*Arrêté ministériel du* 3 *fév.* 1886] (2);

Lettres de convocation.

3° Les lettres imprimées de convocation à une réunion, avec l'indication manuscrite ou non du jour, de l'heure, du lieu et de l'objet de la réunion (*Arrêté ministériel du* 22 *janvier* 1886 (3);

Avis divers.

4° Les avis imprimés destinés à annoncer le passage d'un voyageur de commerce, et dans lesquels le nom du voyageur, les localités qu'il doit visiter, les dates et les endroits où il descend dans ces localités, sont ajoutés à la main;

5° Les formules imprimées ayant pour objet d'annoncer la mise en adjudication de fournitures et sur lesquelles la date de l'adjudication, la désignation des fournitures, les délais accordés pour les rabais, le chiffre du cautionnement, sont indiqués à la main;

6° Les formules imprimées dont se servent les armateurs, courtiers maritimes et autres personnes, pour annoncer les arrivées ou les départs des navires, et dans lesquelles sont ajoutés à la main le nom du bâtiment, la date de l'arrivée ou du départ et la nature du chargement (*Arrêté ministériel du* 3 *février* 1886) (2);

Sont encore admis à circuler au prix du tarif réduit :

Adresse du destinataire reproduite sur les imprimés.

Les circulaires, prix courants, avis divers et autres imprimés sur lesquels l'adresse du destinataire se trouve reproduite extérieurement ou intérieurement (*Arrêté ministériel du* 20 *janvier* 1885, *art.* 18, § 6);

Cartes de visite : mention P. P. C.

Les cartes de visite portant la mention *P. P. C.*, imprimée ou manuscrite [*Déc. min. du* 9 *avril* 1886] (4).

Dédicaces.

Les livres, brochures et, en général, toutes productions littéraires ou artistiques sur lesquelles est portée une dédicace manuscrite, consistant en un simple hommage de l'auteur (*Arrêté ministériel du* 20 *janvier* 1885, *art.* 18).

L'addition manuscrite sur les livres, brochures, photographies, gravures, papiers de musique, et généralement sur toutes productions littéraires ou artistiques, de l'offre ou de l'hommage de personnes autres que l'auteur, est autorisée moyennant l'acquittement préalable d'un port supplémentaire de 10 centimes, représentant le prix d'une carte postale (*Arrêté ministériel du* 20 *janvier* 1885, *art.* 30, § 1er);

(1) *Bull. mens.* n° 11, novembre 1885, p. 337.
(2) *Bull. mens.* n° 2, février 1886, p. 16.
(3) *Bull. mens.* n° 1, janvier 1886, p. 3.
(4) *Bull. mens.* n° 4, avril 1886, p. 228.

2e condition : Défense d'insérer des lettres ou notes ayant le caractère de correspondance personnelle dans les objets affranchis à prix réduit. Exceptions autorisées.

Les additions, manuscrites ou non, permises sur les imprimés en vertu des décisions sus-rappelées, sont de celles qui n'ont pas le caractère de correspondance personnelle, et à ce titre elles satisfont à la deuxième condition imposée par l'article 9 de la loi du 25 juin 1856 (défense d'insérer dans les objets affranchis à prix réduit aucune lettre ou note ayant le caractère de correspondance personnelle).

Il n'en est pas de même des mentions manuscrites permises sur certains avis en partie imprimés, qui sont :

Avertissements aux contribuables

1° Les premiers avertissements, les sommations sans frais, les avis officieux (*Déc. min. du* 31 *mars* 1856 *et arrêté ministériel du* 9 *juillet* 1856, *art.* 3 § 4,) (1), les avis de mutation foncière adressés par les percepteurs aux contribuables de leur circonscription (*Déc. min. du* 11 *août* 1865) (2) les contraintes comminatoires décernées par les agents des poursuites; les avertissements, sommations et avis de même nature expédiés par les trésoriers généraux et receveurs des finances aux contribuables de leur circonscription avec lesquels ils sont en rapport direct pour le recouvrement de l'impôt; à la condition, pour tous les avis de cette nature, de ne contenir que les mentions manuscrites que leur texte comporte, à l'exception de l'indication en marge de la nature et du montant de la dette [*Déc. min. du* 27 *août* 1870];

2° Les avertissements, imprimés ou manuscrits, adressés par les agents de l'enregistrement aux redevables de cette administration [*Déc. min. du* 19 *décembre* 1867] (4);

3° Les avertissements imprimés envoyés par les trésoriers-payeurs généraux et par les receveurs des finances, pour inviter les rentiers à retirer soit les fonds provenant d'inscriptions de rentes vendues en leur nom, soit les titres de rente achetés pour leur compte ou déposés par eux pour mutation, conversion, renouvellement ou réunion [*Déc. min. du* 23 *sept.* 1874] (5);

4° Les avertissements sur procès-verbaux, adressés par les préposés des contributions indirectes aux contrevenants appelés à transiger [*Déc. min. du* 26 *janv.* 1877] (6);

5° Les formules imprimées adressées par les trésoriers-payeurs généraux aux parents des élèves des écoles du gouvernement pour le recouvrement du prix de la pension de ces élèves, à la condition de ne contenir, en dehors de la date et de la signature, que les indications manuscrites que comporte le texte imprimé de ces formules [*Arrêté min. du* 17 *juin* 1885] (7);

6° Les formules imprimées adressées soit par le directeur général de la Caisse des dépôts et consignations, soit par les trésoriers-payeurs gé-

(1) *Inst. générale*, p. 1098.
(2) *Bull. mens.* n° 120, août 1865, circ. n° 371, p. 413.
(3) *Bull. mens.* n° 12, août 1856, circ. n° 21, p. 532.
(4) *Bull. mens.* n° 169, janvier 1868, circ. n° 535, p. 16, et janvier 1873, n° 46, p. 301.
(5) *Bull. mens.* n° 66, *supp.*, septembre 1874, instr. n° 141, p. 553.
(6) *Bull. mens.* n° 95, février 1877, *instr.* n° 228, p. 33.
(7) *Bull. mens.* n° 6, juin 1885, p. 202.

néraux ou les receveurs des finances, aux rentiers de la Caisse nationale des retraites pour la vieillesse, afin de les inviter à retirer leurs titres, à la condition de necontenir, en dehors de la date et de la signature, que les indications manuscrites prévues par le texte imprimé des formules [*Arr. min. du* 31 *octobre* 1886] (1).

Tous ces avis ont incontestablement le caractère d'une correspondance personnelle au destinataire. Mais cette dérogation au principe posé dans le deuxième alinéa de l'art. 9 de la loi du 25 juin 1856 a paru, en ce qui les concerne, justifiée par leur objet même, qui est de faciliter soit le recouvrement de l'impôt et des autres créances de l'État, soit le service de la Dette.

Pour des motifs analogues, le bénéfice du tarif réduit a été étendu :

Avis adressés : Aux débiteurs des communes et des établissements de bienfaisance ;

1° Aux avis officieux adressés par les receveurs des communes et des établissements de bienfaisance aux débiteurs de ces communes ou de ces établissements ;

Aux débiteurs des taxes perçues au profit des associations syndicales autorisées ;

2° Aux avertissements pour recouvrements de taxes ou cotisations, émanés des receveurs ou percepteurs des associations syndicales *autorisées par le gouvernement* [*Déc. min. du* 10 *mars* 1886] (2). Ces associations sont des établissements d'utilité publique ; leurs travaux, qui ont pour objet l'amélioration du régime des eaux ou la mise en valeur de certaines parties du territoire, ont le caractère de travaux publics et peuvent donner lieu à expropriation ; leurs cotisations sont recouvrées, comme les impôts directs, sur des rôles approuvés et rendus exécutoires par les préfets.

Aux destinataires et aux expéditeurs de colis postaux.

3° Aux formules réglementaires par lesquelles les destinataires ou les expéditeurs des colis postaux sont invités à faire retirer soit les colis qui leur sont adressés, soit le montant des remboursements qui leur sont dus, ou sont avisés de la livraison ou des motifs de non-livraison des colis. Il s'agit, ici encore, d'un service public effectué par les compagnies de transport au lieu et place de l'État. Les avis relatifs aux colis postaux doivent être affranchis à raison de 5 centimes par 50 grammes comme les imprimés sous enveloppes [*Arrêté ministériel du* 20 *janvier* 1885, *art.* 19, § 2 *et* 3 ; *arrêtés ministériels des* 3 *février et* 19 *mars* 1886] (3).

Ces divers avis ne sont admis au tarif réduit qu'à la condition de ne contenir que les mentions manuscrites que leur texte imprimé comporte.

Additions imprimées admises sur les cartes de visite ;

Pendant longtemps, on a considéré, comme présentant le caractère de correspondance personnelle les lettres et cartes de visite imprimées, contenant des vœux ou des souhaits à l'occasion d'un événement général, comme le nouvel an, la fête de Noël, ainsi que les cartes de visite portant l'indication des jours et heures de consultation ou de réception ; ces lettres et cartes sont aujourd'hui admises à circuler au tarif réduit, lorsque les

(1) *Bull. mens.* n° 11, octobre 1886, p. 353.
(2) *Bull. mens.* n° 3, mars 1886, p. 195.
(3) *Bull. mens.* n° 4, avril 1886, p. 228.

indications dont il s'agit sont imprimées (*Arrêté ministériel du* 20 *janvier* 1885, *art.* 17, § 3 *et* 18, § 9).

Sur les bandes des journaux.

On admet également les mentions imprimées relatives au service des abonnements, figurant sur les bandes des journaux, ainsi que les réponses insérées, dans le texte même, à des communications provenant des abonnés ou des lecteurs; ces mentions et ces réponses ont incontestablement le caractère d'une correspondance personnelle à l'égard de ceux qu'elles concernent.

Annotations autorisées sur les échantillons affranchis au prix du tarif réduit.

Bien que la faculté donnée au ministre, par l'article 10 de la loi du 25 juin 1856, d'autoriser l'inscription de mots ou de chiffres à la main ne s'applique qu'aux imprimés, elle a été étendue, en fait, aux échantillons. Cette assimilation a été consacrée par la jurisprudence (1).

Déjà la loi du 15 mars 1827 avait autorisé, sur les échantillons, l'inscription de numéros d'ordre.

L'arrêté ministériel du 9 juillet 1856 et la décision ministérielle du 12 mai 1875, dont les dispositions ont été reproduites par l'article 27 de l'arrêté ministériel du 20 janvier 1885, autorisent l'admission au tarif réduit d'échantillons portant soit sur eux-mêmes, soit sur les étiquettes qui les accompagnent, l'indication du nom ou de la raison sociale de l'expédtieur, de son adresse, des numéros d'ordre ou des prix, ainsi que des indications imprimées ou même manuscrites qui ne présentent pas le caractère de correspondance personnelle.

Décision ministérielle du 21 janv. 1887. Mentions ayant le caractère de correspondance personnelle autorisées sur les échantillons et les papiers d'affaires moyennant l'acquittement préalable du prix de port d'une carte postale.

Pour donner plus de facilités aux expéditeurs et pour leur éviter des contraventions, une décision ministérielle du 25 mars 1859 avait autorisé l'addition, sur les échantillons et les papiers d'affaires, de mentions manus crites ayant le caractère de correspondance personnelle, à l'exclusion des notes détachées, moyennant l'acquittement préalable en timbres-poste, sur l'adresse, d'un port supplémentaire représentant la taxe d'une lettre simple.

La décision ministérielle du 12 mai 1875 avait maintenu cette faculté, en réduisant la taxe supplémentaire à percevoir en pareil cas au prix d'affranchissement d'une carte postale.

L'arrêté ministériel du 21 janvier 1887 a confirmé et étendu ces dispositions, en autorisant l'addition *sur les papiers de commerce ou d'affaires, épreuves d'imprimerie corrigées ou échantillons, sur les fiches ou étiquettes imprimées qui accompagnent ces papiers, épreuves ou échantillons, d'annotations imprimées où manuscrites, ayant le caractère de correspondance personnelle, à l'exclusion de toutes* lettres *détachées* (2).

3° Imprimés de valeur.

Il est interdit, sous les peines portées par l'article 9 de la loi du 4 juin 1859 d'insérer dans les objets affranchis à prix réduit des billets de banque ou des valeurs payables au porteur [*Art.* 9 *de la loi du* 25 *janvier* 1873] (3).

(1) Voir l'arrêt de la Cour de Besançon du 13 avril 1870, *Instr. générale*, p. 1178.

(2) *Bull. mens.* n° 1, janvier 1887, p. 33.

(3) Une décision ministérielle du 17 octobre 1856 (*Instr. générale*, p. 1180, et *Bull. mens.* n° 34, octobre 1856, circ. n° 30, p. 591) a exclu du bénéfice du tarif réduit les *billets de loterie*, comme portant des numéros différents et étant le signe représentatif d'une valeur.

§ 3. — Contraventions à l'article 9 de la loi du 25 juin 1856.

Divers cas de contravention.

Il résulte des termes de l'article 9 de la loi du 25 juin 1856 qu'il y a contravention :

1° Dans le fait d'expédier au prix du tarif réduit des imprimés portant des chiffres ou mots manuscrits non autorisés;

2° Dans le fait d'insérer, dans des objets admis à taxe réduite (papiers d'affaires, imprimés ou échantillons) des lettres ou notes ayant le caractère de correspondance personnelle ou pouvant en tenir lieu.

La jurisprudence considère également comme contraventions à l'article 9 de la loi de 1856, et comme tombant sous le coup des peines portées par l'arrêté du 27 prairial an IX et la loi du 22 juin 1854 :

1° Les additions non manuscrites, portées après coup sur les circulaires et avis imprimés (sauf les mentions autorisées en vertu des décisions ministérielles citées plus haut);

2° Les mentions, manuscrites ou non, présentant le caractère de correspondance personnelle, figurant sur les papiers d'affaires;

3° Les mentions non autorisées, manuscrites ou non, placées à l'extérieur des paquets;

4° Les lettres ou notes manuscrites expédiées isolément;

5° Les circulaires et avis entièrement imprimés, présentant par eux-mêmes le caractère de correspondance actuelle et personnelle.

Il est bien entendu qu'il n'y a contravention, dans les divers cas qui précèdent, qu'autant que les envois ont été affranchis au prix du tarif réduit.

1° Additions non manuscrites portées sur les circulaires et avis imprimés.

L'article 9 de la loi du 25 juin 1856 dit que les imprimés affranchis au tarif réduit ne doivent contenir, sauf le cas d'autorisation mentionné dans l'article 10, ni chiffre, ni aucune espèce *d'écriture à la main,* si ce n'est la date et la signature.

Un grand nombre de négociants s'étaient emparés de cette rédaction pour ajouter, *en caractères typographiques*, sur des formules imprimées, des chiffres ou des mots destinés à modifier, en un sens spécial à chaque destinataire, le sens général de ces formules.

Cette interprétation de la loi, qui menaçait de faire circuler, au prix du tarif des imprimés et au préjudice du Trésor, une grande partie de la correspondance commerciale, a été rejetée par la Cour de cassation, dans un arrêt fortement motivé, le 13 avril 1861 (1) :

Attendu qu'il est constaté, en fait, par l'arrêt attaqué, et formellement reconnu par le prévenu lui-même, que P..., au cours de l'année 1859, a adressé par la voie de la poste aux différentes personnes dont les noms sont repris au procès-verbal, et en réclamant pour leur transport le bénéfice de la taxe réduite, des imprimés concernant son industrie et ses rapports avec ses clients;

Qu'il résulte des mêmes constatations et reconnaissances qu'au moyen d'additions faites après coup par des procédés typographiques, ces imprimés ont perdu le carac-

(1) Voir le texte de cet arrêt à la suite de l'*Instruction générale,* p. 1170.

tère de généralité qui leur était attribué, pour rentrer dans la catégorie des correspondances purement personnelles ou individuelles;

Attendu, en droit, que l'article 4 précité, en fixant à un prix réduit le transport des circulaires, prospectus, catalogues, avis divers, prix courants, livres, gravures, lithographies, en feuilles, brochés ou reliés, et en général de tous les imprimés autres que les journaux et ouvrages périodiques, n'a voulu favoriser que la distribution *d'objets destinés à une classe plus ou moins nombreuse de citoyens, sans distinction des personnes, et non en vue de telle ou telle destination en particulier;*

Que cet abaissement de tarif, favorable à l'industrie et au commerce, dont il facilite et multiplie les rapports avec le public, ne saurait être étendu au delà des limites déterminées par le législateur lui-même, sans détruire l'économie de la loi et léser gravement les intérêts du Trésor, qu'elle a pour but de sauvegarder;

Attendu que, pour donner à ces mots, *tous les imprimés*, insérés dans l'article 4 et qui ne sont en quelque sorte que le résumé de la nomenclature qui les précède, la signification qui leur appartient, il convient de ne pas les isoler des catégories spéciales que cet article a voulu protéger, et les rapprocher, au contraire des autres dispositions de la même loi, qui s'expliquent les unes par les autres et se prêtent un mutuel appui;

Attendu, en effet, que l'article 9, qui se réfère nécessairement à l'article 4, dont il fait connaître le sens et la portée, dit expressément que les imprimés affranchis aux termes de l'article 4 ne doivent contenir ni chiffre ni écriture à la main, et qu'il défend, en outre, d'y insérer aucune lettre ou note ayant le caractère d'une correspondance ou pouvant en tenir lieu;

Qu'il faut donc reconnaître que la loi de 1856, pour n'accorder le bénéfice de la taxe réduite qu'aux objets qui présentent un intérêt incontestable de généralité, et le refuser à ceux qui ont le caractère d'une correspondance ou peuvent en tenir lieu, n'a point été déterminée par cette considération *qu'ils seraient imprimés ou manuscrits*, mais bien par leur nature générale ou particulière, et que, si elle s'est servie, dans l'article 4, de l'expression *tous les imprimés*, elle ne l'a employée que d'une manière énonciative, parce que le plus souvent les circulaires ou avis divers sont le produit de procédés typographiques, tandis que les lettres, les correspondances purement personnelles sont presque toujours écrites à la main;

Attendu que cette interprétation de la loi de 1856 ressortirait encore, s'il en était besoin, de l'arrêté pris par le ministre des finances, le 9 juillet de la même année, pour l'exécution de ladite loi, et dont l'article 3, paragraphe 1er, admet à jouir du bénéfice de la modération de taxe accordée pour le transport des imprimés, les circulaires sur lesquelles il est ajouté après le tirage, soit au moyen d'un procédé typographique ou d'un timbre, soit à la main, des chiffres ou des mots qui ne leur ôtent pas leur caractère de circulaires et ne présentent aucun indice de correspondance personnelle; d'où il résulte surbondamment que ce n'est pas le procédé employé, mais bien le contenu de la note qui a motivé la distinction des tarifs;

Que cet arrêté, pris par le ministre, en vertu de l'article 10 de la loi du 25 juin 1856, a, sur la question dont il s'agit, une autorité doctrinale qui a pu être prise en considération par l'arrêt attaqué, etc.

2e Mentions présentant le caractère de correspondance personnelle, sur les papiers d'affaires.

Les mentions, manuscrites ou non, présentant le caractère de correspondance personnelle et figurant sur des documents affranchis au tarif des papiers d'affaires sont parmi les cas les plus fréquents de contravention à la loi du 25 juin 1856. Les infractions de ce genre se sont surtout multipliées depuis la suppression, pour les papiers d'affaires, d'un minimum de taxe égal au prix de port d'une lettre simple, ce qui a permis d'expédier sous enveloppe ouverte, avec un affranchissement de 5 centimes, les factures et bordereaux d'expédition.

Condition essentielle à remplir par les papiers d'affaires pour avoir droit au tarif réduit.

Pour avoir droit à la taxe réduite, les pièces ou documents expédiés comme papiers d'affaires ne doivent pas présenter le caractère d'une correspondance actuelle et personnelle entre l'expéditeur ou le destinataire, ni pouvoir en tenir lieu. Ce sont, en quelque sorte, des documents passifs ; c'est par là seulement qu'ils se distinguent des lettres, puisque, comme les lettres, ils sont manuscrits.

En conséquence, on ne saurait considérer comme des papiers d'affaires, et comme ayant droit, à ce titre, au bénéfice du tarif réduit :

Notes de commission, commandes, avis d'expédition, etc.

Les notes de commission ;

Les commandes ;

Les avis d'expédition de marchandises et autres documents, rédigés souvent à l'aide de formules imprimées dont les blancs sont ensuite remplis à la main, comme pour les factures. Ce sont là des correspondances personnelles qui doivent être affranchies au tarif des lettres (*Art.* 23 *de l'arrêté ministériel du* 20 *janvier* 1885).

Demandes de transfert échangées entre les caisses d'épargne.

Dans un arrêt du 30 décembre 1886 (Aff. Tillet), la cour de Poitiers a jugé que les demandes de transfert échangées entre les caissiers des caisses d'épargne ne doivent pas être considérées comme de simples documents de comptabilité et ne peuvent, sans qu'il y ait contravention à la loi du 25 juin 1856, être affranchies au tarif des papiers d'affaires.

Factures.

Les factures, pour avoir droit à ce tarif, ne doivent contenir d'autres indications manuscrites ou imprimées que celles qui sont autorisées par l'article 23 de l'arrêté ministériel du 20 janvier 1885, savoir : la désignation et le prix des objets vendus, la provenance, le mode d'expédition, ainsi que l'indication de l'escompte et celle de la date du payement qui sont, en quelque sorte, des éléments du prix.

Par contre, on n'admet pas que les factures affranchies à prix réduit soient accompagnées de lettres d'envoi ou de phrases empruntées aux formes de la correspondance ; elles ne doivent contenir ni rappel de commande, ni indication du mode de payement ; que ces mentions soient faites en termes précis ou en termes généraux, qu'elles soient manuscrites ou imprimées.

Ainsi l'administration considère comme autant de contraventions l'indication sur les factures du mode de règlement (Ex. : *Payable en timbres-poste, — payable par mandat poste, — valeur en compte, — contre remboursement*) ; l'avis de traite, formulé expressément ou en termes généraux, suivant le langage usité dans les affaires commerciales (Ex. : *Je fais traite sur vous du montant de ma facture, — Payable en ma traite. — Valeur à telle date*, suivie de la mention *Payable à tant de jours — Payable le..., sans autre avis*) (1).

Arrêt de la Cour de Douai du 17 fév. 1885.

Par un arrêt en date du 17 février 1885 (1), la cour de Douai a condamné à 16 francs d'amende un commerçant qui avait affranchi à prix réduit une facture contenant les expressions : *Valeur à 120 jours, payable le*

(1) Voir pour les indications permises ou prohibées sur les factures affranchies au prix du tarif réduit les *Bull. mens.* n°s 92, novembre 1876, p. 528, et février 1877, n° 95, *suppl. Instr.* n° 230, p. 65.

12 *décembre prochain,* 2,186 *fr.* 65, *valeur en compte.* « Ces mentions, dit l'arrêt (1), ayant pour objet de faire connaître le mode de payement, le délai accordé pour se délibérer et l'indication qu'aucune traite ne devant être présentée, le prix des marchandises figurera au compte du destinataire, tiennent lieu pour l'expéditeur d'une correspondance, le dispensent d'une lettre spéciale. »

La Cour de cassation, statuant, le 10 janvier 1889 (2), sur un pourvoi formé devant elle par l'expéditeur d'une facture contenant les mots : *Valeur au* 15 *septembre* 1887, *sans autre avis*, a jugé que ces expressions sont de nature à constituer un véritable avis de traite et diffèrent par conséquent de celles qu'autorise l'arrêté ministériel du 20 janvier 1885 ; que la mention *Sans autre avis* est relative au mode de payement et tient lieu d'un avis spécial qui n'aurait pu être expédié au débiteur qu'au prix du tarif des lettres. Arrêt de la Cour de cassation du 10 janv. 1889.

En résumé, les factures n'ont droit au bénéfice de la taxe réduite qu'autant qu'elles conservent le caractère de documents de comptabilité, venant à la suite d'un marché conclu ; elles ne doivent pas tenir lieu des correspondances nécessaires à la conclusion de l'affaire.

L'indication pure et simple de la date de payement, permise sur les factures, ne l'est pas sur les relevés de factures. Sur les factures, la date du payement est une indication complémentaire et même constitutive du prix de vente, car l'époque du payement influe sur la détermination du prix. Sur les relevés, elle n'a plus le même caractère, puisque le prix a été déterminé par les factures antérieures ; elle n'est, en réalité, qu'une forme de l'avis de traite, et dès lors elle présente le caractère de correspondance personnelle. Ainsi jugé par la cour de Bordeaux le 27 mai 1885 (Affaire Duc) (3). Relevés de factures.

Les *bordereaux d'expédition* sont assimilés aux factures, pour les conditions de leur admission au tarif des papiers d'affaires : les seules mentions autorisées sur ces documents sont celles de la date et du mode d'expédition, de la désignation des marchandises, de leur provenance et de l'indication du prix (principal et accessoires).

Le deuxième alinéa de l'article 9 de la loi du 25 juin 1856 défend d'*insérer* dans les objets affranchis au prix du tarif réduit, aucune lettre ou note ayant le caractère de correspondance. 3° Annotations à l'extérieur des paquets affranchis à prix réduit.

On a prétendu, en arguant de l'expression *insérer*, qu'il n'y avait pas contravention lorsque les lettres ou notes de correspondance, au lieu d'être à l'intérieur des imprimés, échantillons ou papiers d'affaires, étaient placées extérieurement sur la bande et sur l'enveloppe.

Cette interprétation n'a pas été admise. La cour de Rouen a décidé, par un arrêt en date du 29 avril 1869 (4), que la mention *Prière de faire*

(1) Rapporté dans *la Loi* du 28 août 1885.
(2) *Bull. mens.* n° 2, février 1889, p. 139.
(3) *Bull. mens.* n° 7, juillet 1885, p. 261.
(4) Voir le texte de cet arrêt à la suite de l'*Instruction générale*, p. 1171.

afficher, inscrite sur la bande d'un imprimé, à côté de l'adresse, constituait la contravention prévue par l'article 9 de la loi du 25 juin 1856 :

Considérant, que F... objecte que l'article 9 ne prohibe que l'*insertion* d'une note manuscrite dans un imprimé, mais non son inscription sur l'adresse, parce que, dans ce dernier cas, l'administration, pouvant facilement constater l'insuffisance de l'affranchissement, doit, conformément aux prescriptions de l'article 8, frapper en sus l'imprimé d'une taxe égale au triple de cette insuffisance ;

Mais considérant que l'article 8 est étranger à la difficulté, puisque qu'il ne concerne que le défaut ou l'insuffisance d'affranchissement, et qu'il s'agit, dans l'espèce, d'une annotation manuscrite accompagnant un imprimé ; que la distinction présentée n'est que subtile et ne saurait être accueillie ; que la loi réprimant l'insertion punit, par la force des choses, la suscription, qui est le même fait accompli avec plus de hardiesse ; que, s'il en était autrement, on aurait un moyen sûr de faire circuler, à la faveur d'imprimés, moyennant un affranchissement très réduit, des lettres ou notes tenant lieu de correspondance, ce qui amènerait la désorganisation de la taxe postale ;

Considérant enfin que, d'après F..., il s'agirait d'un délit et qu'il aurait agi de bonne foi, mais que le fait qui lui est reproché n'est constitutif que d'une contravention ; qu'il est ainsi qualifié par l'article 9 lui-même ; que, dès lors, il suffit, pour que la peine soit encourue, que les éléments de l'incrimination existent matériellement ; que, dans tous les cas, l'insertion de la note de correspondance sur l'adresse révèle, tout aussi bien que son insertion dans l'imprimé, l'intention de faire fraude aux droits du Trésor ;

Confirme le jugement du tribunal de Bernay, etc.

4° Lettres ou notes manuscrites expédiées isolément, dans la forme et au tarif des objets admis à prix réduit.

L'article 9 de la loi du 25 juin 1856 défendant l'*insertion* des lettres ou notes de correspondance, la contravention n'est pas douteuse lorsque les lettres ou notes de l'espèce sont frauduleusement dissimulées à l'intérieur des paquets, ou lorsqu'elles sont placées sous la même bande ou la même enveloppe que les imprimés, échantillons ou papiers d'affaires qu'elles accompagnent. Mais y a-t-il contravention lorsque les lettres ou notes, au lieu d'accompagner des objets ayant droit par eux-mêmes à la taxe réduite, sont expédiées isolément, dans la forme et au tarif des imprimés ou des papiers d'affaires ? L'administration l'affirme, parce qu'elle voit une fraude dans le second cas comme dans le premier. L'intention frauduleuse de l'expéditeur est, en effet, probable ; elle devient manifeste lorsqu'il a inscrit sur la bande ou sur l'enveloppe qui recouvre les lettres ou notes manuscrites expédiées dans ces conditions la mention *Papiers d'affaires*, qui dénote l'intention de s'attribuer le bénéfice du tarif réduit.

Par un jugement rendu le 19 juillet 1880 (aff. Rouvet) (1), le tribunal de Bordeaux a vu une contravention dans le fait d'expédier avec un affranchissement de 5 centimes une lettre ouverte et *paraissant faussement* devoir bénéficier des faveurs accordées aux imprimés affranchis au prix du tarif réduit.

D'autres décisions ont été rendues dans le même sens par les tribunaux du Puy (13 juin 1881, affaire Digonnet) ; — de Nevers (1er juin 1882, affaire Cheurlin) ; — de Château-Thierry (7 octobre 1882, affaire Boucher) ; — de Chartres (27 décembre 1882, affaire Cellot ; — de la Seine (23 fé-

(1) *Bull. mens.* n° 32, décembre 1880, p. 1038.

vrier 1883, affaire Silvestre; 8 octobre 1884, affaire Joliot; 4 septembre 1884, affaire Achard; 31 décembre 1884, affaire Couvret).

Plus récemment, la cour de Bourges, confirmant par adoption de motifs un jugement du tribunal correctionnel de Saint-Amand, en date du 27 juillet 1886 (*Gazette des tribunaux*, 12 août 1886), a décidé, au contraire (affaire Gorge, 21 octobre 1886), que l'expédition d'une lettre manuscrite, sous enveloppe ouverte affranchie 5 centimes, c'est-à-dire dans la forme et aux conditions admises pour les papiers d'affaires, devait seulement entraîner l'application d'une surtaxe d'après le tarif des lettres. L'administration n'a pu déférer cet arrêt à la Cour de cassation, parce qu'il n'est venu à sa connaissance qu'après l'expiration des délais de pourvoi.

5° Imprimés ayant par eux-mêmes le caractère de correspondance personnelle.

La distinction que fait la loi lorsqu'elle se sert des expressions : « Il est défendu d'insérer *dans un imprimé*, ainsi que *dans un paquet d'imprimés*, d'échantillons, de papiers de commerce ou d'affaires, des lettres ou notes ayant le caractère de correspondance ou pouvant en tenir lieu, » laisse entendre que la contravention existe aussi bien lorsque les notes dont il s'agit figurent sur l'imprimé lui-même que lorsqu'elles sont détachées et expédiées dans un paquet d'imprimés. Peu importe, d'ailleurs, qu'elles soient manuscrites, ou obtenues à l'aide d'un procédé d'impression quelconque ; il suffit, d'après l'arrêt de la Cour de cassation du 13 avril 1861, qu'elles présentent le caractère de correspondance ou qu'elles puissent en tenir lieu.

Par suite, on a pensé qu'il y a également contravention lorsqu'un avis, entièrement imprimé et affranchi à prix réduit, présente par lui-même le caractère d'une correspondance actuelle et personnelle, et peut tenir lieu d'une lettre.

Il en est ainsi toutes les fois que les avis imprimés, au lieu de s'adresser au public en général, ou à toute une catégorie de personnes, comme les offres de services ou de marchandises qu'un commerçant fait à tous ses clients et même à tout le monde, se réfèrent à des rapports individuels, à des affaires traitées antérieurement entre l'expéditeur et le destinataire.

Cette doctrine s'appuie sur deux arrêts de la Cour de cassation des 14 juillet 1870 et 2 octobre 1873, et sur un arrêt de la cour d'Amiens du 17 mars 1871. Ces arrêts ont considéré comme présentant le caractère de contravention à la loi du 25 juin 1856, l'envoi, au prix du tarif réduit, des avis imprimés que les notaires adressent à leurs clients débiteurs pour leur réclamer le montant de leurs honoraires.

1° ARRÊT DE LA COUR DE CASSATION DU 14 JUILLET 1870.

La Cour,

Attendu que M. D..., notaire à W..., avait été traduit en police correctionnelle pour avoir contrevenu aux articles 4 et 9 de la loi du 25 juin 1856, en affranchissant au prix réduit de 1 centime par exemplaire, réservé aux circulaires, des lettres individuelles et adressées sous bandes, par la voie de la poste, à divers débiteurs en son étude;

Qu'il résulte des procès-verbaux régulièrement dressés par les receveurs des postes aux résidences de Cambrai et de Carnières' et des constatations de l'arrêt attaqué, que ces imprimés renfermaient un avis ainsi conçu :

« Monsieur, je vous prie de faire payer sous huitaine, en l'étude, ce que vous devez.
« Recevez mes salutations empressées.

« D..., notaire. »

Attendu que cet écrit n'est pas une de ces circulaires générales par leur formule et leur objet, auxquelles l'article 4 de la loi du 25 juin 1856 a réservé un tarif de faveur pour donner satisfaction aux nouveaux besoins du commerce et de l'industrie ;

Que ces imprimés renferment, sous les apparences d'une circulaire, des lettres exclusivement personnelles à chacun des destinataires ; que ces lettres se réfèrent à des rapports individuels, à certaines affaires traitées dans l'étude du notaire D..., et qui auraient produit, au profit de ce dernier, les créances particulières dont il réclamait le payement à chacun des destinataires ; que la dette de ceux-ci était distincte et spéciale comme l'objet même auquel elle se rapportait ;

Attendu que la loi de 1856 n'a pas modifié celle du 20 mai 1854, relativement au tarif établi pour les correspondances personnelles ; qu'elle a, au contraire, protégé les intérêts du Trésor contre les fraudes qui auraient pu être tentées pour appliquer aux correspondances individuelles le tarif réduit destiné aux circulaires ayant un caractère de généralité ;

Que, pour atteindre ce but, l'article 9 de la loi du 25 juin 1856 a considéré comme une contravention passible de peines correctionnelles le fait de tracer à la main sur les circulaires des mots autres que la date et la signature, ou d'insérer dans des imprimés ou paquets d'imprimés, des lettres, des notes ayant le caractère de correspondance personnelle ou pouvant en tenir lieu ;

Que si l'arrêté ministériel du 9 juillet 1856, pris en exécution de l'article 10 de la loi du 25 juin de la même année, autorise l'inscription à la main de mots autres que ceux susindiqués, cet arrêté contient la condition expresse que ces inscriptions ne présentent aucun indice de correspondance personnelle ;

Attendu qu'il résulte du texte des articles 4 et 9 combinés de la loi de 1856, et des éléments d'élaboration qui l'ont précédée, que l'article 9 de cette loi considère comme une contravention et punit comme telle le fait d'affranchir au prix réduit et de transmettre par la voie de la poste des imprimés qui, soit par suite de lettres ou notes insérées, soit à *raison du contenu* même de ces prétendues circulaires, sont en réalité des correspondances personnelles soumises à la taxe ordinaire fixée par la loi de 1856 ;

D'où il suit qu'en relaxant D... des poursuites dirigées contre lui, la cour impériale de Douai a faussement interprété et appliqué, et, par suite, violé les articles 4 et 9 de la loi sus-visée ;

Casse et annule.....

2e ARRÊT DE LA COUR D'AMIENS DU 17 MARS 1871.

Attendu que la division fondamentale, en matière de correspondance, repose sur l'essence et le caractère des communications et non sur le mode et la forme du moyen employé ;

Qu'ainsi, au regard de la poste, suivant l'esprit que révèlent les dispositions législatives, il faut distinguer entre les correspondances privées, c'est-à-dire de particulier à particulier, généralement secrètes de leur nature, s'opérant dès lors par lettres fermées, et les communications faites par un particulier au public ou à une généralité d'individus, s'effectuant ordinairement par voie d'imprimés ;

Que la loi du 25 juin 1856, évidemment conçue en ce sens, ainsi que l'indique bien l'article 9, assujettit à la taxe générale tout ce qui a le caractère de correspondance privée, quelle qu'en soit la forme, et n'accorde de taxes réduites qu'aux communications spécifiées notamment aux articles 1 et 4, qui recherchent essentiellement la publicité, et cela pour favoriser, dans l'intérêt général, la diffusion des lumières et les rapports entre les producteurs et les consommateurs ;

Attendu, dès lors, que c'est par une fausse interprétation de la loi que le notaire D... veut faire considérer comme rentrant dans la classe des avis divers indiqués en l'article 4 parmi les circulaires, prospectus, prix courants, avec ou sans échantillons, les imprimés dont il s'agit au procès ;

Que ceux-ci, en effet, *ne s'adressant pas au public en général ou à une fraction du public*, pas même à sa clientèle en masse pour une cause pouvant l'intéresser, mais nominativement à chacun de ceux qui ont des dettes à acquitter en son étude, et dont quelques-uns auraient pu être blessés de recevoir pour pareil objet une lettre de rappel non cachetée ;

Que c'est donc avec raison, au contraire, que l'administration des postes, reconnaissant l'abus que l'on faisait des facilités que, dans un certain ordre de vues, a concédées l'article 4 de ladite loi, a, dans l'intérêt des finances de l'État, cherché à le réprimer en exerçant la poursuite actuelle, basée avec droit sur l'article 9 de la même loi, ainsi que l'a décidé l'arrêt de renvoi ;

Adoptant, au surplus, les motifs des premiers juges,

La Cour met l'appellation à néant, ordonne que ce dont est appel sortira son plein et entier effet, et condamne D... aux dépens, etc.

3e ARRÊT DE LA COUR DE CASSATION DU 2 OCTOBRE 1873.

La Cour,

Attendu, en droit, qu'il résulte du texte des articles 4 et 9 de la loi du 25 juin 1856 combinés, et des éléments d'élaboration qui l'ont précédée, que l'article 9 de cette loi considère comme contravention et punit comme telle le fait d'affranchir au prix réduit et de transmettre par la voie de la poste des imprimés qui, soit par suite de lettres ou notes insérées, soit à raison du contenu même de ces prétendues circulaires, sont en réalité des actes de correspondance personnelle ou pouvant en tenir lieu, lesquels sont soumis à la taxe ordinaire ;

Attendu que la loi de 1856, loin de modifier celle du 20 mai 1854 relativement au tarif établi pour les correspondances personnelles, a, au contraire, protégé les intérêts du Trésor contre les fraudes qui pourraient être tentées pour appliquer aux correspondances individuelles le tarif réduit, *applicable exclusivement aux circulaires ayant un caractère de généralité;*

Attendu, en fait, qu'il résulte des constatations de l'arrêt attaqué et du procès-verbal en date du 14 octobre 1872 que A..., avoué à Nevers, avait adressé par la poste à un destinataire désigné audit procès-verbal, et ce à la taxe réduite, un avis imprimé ainsi conçu :

« Les clients de Me A..., qui peuvent devoir des frais à son étude, sont invités à en solder le montant dans la huitaine.

« Nevers, le............

« Signé, A... »

Attendu que cet écrit n'est pas une des circulaires générales par leur formule et par leur objet auxquelles l'article 4 précité de la loi du 25 juin 1856 a réservé un tarif de faveur; *qu'il renferme, sous les apparences d'une circulaire, une lettre exclusivement personnelle à chacun des destinataires;* que toutes et chacune de ces lettres se réfèrent *à des rapports individuels*, à certaines affaires traitées dans l'étude de l'avoué A..., et qui auraient produit, au profit de ce dernier, les créances dont il réclamait le payement à chacun des destinataires; que la dette de celui-ci était distincte et spéciale, comme l'objet même auquel elle se rapportait;

Attendu qu'il suit de là qu'en relaxant A... des poursuites, la cour d'appel de Bourges a faussement interprété et, par suite, violé les articles 4 et 9 de la loi susvisée;

Par ces motifs, la Cour casse et annule...

Cette jurisprudence a reçu, en quelque sorte, une consécration législative à la suite du rejet, par la Chambre des députés, le 7 mars 1878, d'un amendement de M. Noirot, qui tendait à accorder le bénéfice de la taxe réduite aux circulaires imprimées adressées à des débiteurs et contenant invitation à payer.

On doit également considérer comme présentant le caractère de correspondance personnelle et soumis à la taxe des lettres :

Les avertissements que les agents des compagnies d'assurances adressent aux assurés pour réclamer le montant de primes *échues* (1) (*Cass.* 10 nov. 1877, aff. Lanne, D. P. 1878, I, 132);

Les demandes en règlement de comptes;

Les commandes de marchandises;

Les lettres de convocation individuelle (Je vous prie de passer à mon bureau pour affaire qui vous concerne);

Les avis de traite;

Les demandes d'insertion dans les journaux;

Les réponses à des demandes émanées du destinataire;

Les accusés de réception;

Et en général toutes les communications imprimées qui se réfèrent à des rapports antérieurs ou personnels entre l'expéditeur et le destinataire (2).

En résumé, en admettant certains objets à circuler par la poste avec un tarif réduit, le législateur a voulu aider à la diffusion des lumières et favoriser le développement des relations commerciales, mais non permettre aux commerçants ou aux particuliers de se soustraire au payement de la taxe des lettres, en expédiant frauduleusement, au préjudice du Trésor, une partie de leur correspondance, sous la forme de circulaires, au moyen de formules imprimées.

Pénalités applicables en cas de contravention à la loi du 25 juin 1856.

Les lois anciennes, notamment celle du 15 mars 1827 (art. 9), interdisaient, comme celle de 1856, l'insertion dans les imprimés de la correspondance manuscrite. Mais la seule sanction, en pareil cas, était l'application de la taxe des lettres.

Cette sanction a paru insuffisante. « Plus on abaisse le port des imprimés au-dessous de la taxe des lettres, disait le rapporteur de la loi de 1856 au Corps législatif, M. O'Quin, plus il est nécessaire d'empêcher qu'on ne cherche à les transformer en véritables correspondances. » De là l'application aux contrevenants des pénalités prévues par l'arrêté du 27 prairial an IX et la loi du 22 juin 1854 pour les transports frauduleux de correspondances.

(1) Les premiers avertissements, adressés, avant l'échéance, à tous les assurés indistinctement, sont considérés comme ayant un caractère de généralité suffisant pour pouvoir bénéficier de la taxe réduite.

(2) Sauf les exceptions autorisées pour les cartes de visite contenant des souhaits ou des vœux formulés en termes généraux, ainsi que les mentions relatives au service des abonnements, imprimés sur la bande des journaux.

La contravention peut être constatée soit par le bureau de poste de départ, soit par les bureaux de transit, soit enfin par le bureau d'arrivée, lorsqu'elle a échappé à l'attention de ceux-ci. Constatation des contraventions.

Le receveur du bureau de départ signale l'objet expédié en contravention au bureau d'arrivée en le plaçant sous une étiquette de couleur jaune, dont le talon est détaché et transmis au directeur du département. Signalement au départ.

Le receveur du bureau d'arrivée retient l'objet incriminé et invite le destinataire à se rendre au bureau. Si le destinataire se rend à la convocation, il est invité à faire connaître le nom et l'adresse de l'expéditeur; un procès-verbal est dressé et signé par l'agent rédacteur ainsi que par le destinataire. Si ce dernier refuse de se rendre au bureau, de faire connaître l'expéditeur, ou de signer, il est passé outre à la rédaction du procès-verbal. L'objet incriminé est joint au procès-verbal, à moins que le destinataire ne consente à acquitter la double taxe (*Décret du 2 messidor an XII*). Opérations au bureau d'arrivée.

Si le destinataire est absent ou inconnu, parti sans laisser d'adresse ou décédé, et que le receveur n'ait pu recueillir aucun renseignement propre à faire connaître l'expéditeur, il n'est pas dressé de procès-verbal; l'objet signalé est simplement envoyé en rebut.

Les procès-verbaux sont communiqués, avant enregistrement, au directeur dont relève le bureau d'origine. Ce chef de service les transmet à l'administration, avec son avis et les explications que les contrevenants peuvent lui avoir données. Communication préalable des procès-verbaux à l'administration.

Sur le vu du procès-verbal, l'administration apprécie s'il y a ou non contravention. Dans la négative, les objets saisis sont renvoyés du bureau de destination pour être remis sans taxe au destinataire. Le procès-verbal ne reçoit aucune suite.

Dans le cas contraire, l'administration fixe immédiatement le montant de la transaction à proposer au contrevenant et renvoie le dossier de l'affaire au directeur du département où réside le destinataire, avec l'ordre de faire enregistrer le procès-verbal. Les frais sont avancés par le receveur qui a verbalisé, comme en matière de transport frauduleux de correspondances et d'abus de franchise (1). Enregistrement des procès-verbaux.

Le procès-verbal enregistré est ensuite transmis, par le directeur du département de destination, au directeur du département d'origine, chargé de notifier la proposition de transaction au contrevenant et de l'inviter à venir se libérer. Propositions de transaction.

Les propositions de transaction comportent généralement le remboursement des frais de timbre et d'enregistrement, et le payement d'une amende dont le chiffre varie suivant la gravité de l'infraction. Si la contravention est involontaire, ou s'il existe des motifs particuliers d'indulgence, l'administration se borne à réclamer le remboursement des frais de timbre et d'enregistrement. Conditions des transactions.

Les procès-verbaux ne sont déférés aux tribunaux qu'autant que les Refus de transiger.

(1) *Bull. mens.* n° 1, janvier 1882, instr. n° 221, p. 3.

contrevenants ont repoussé les propositions de transaction qui leur étaient adressées, et si d'ailleurs ils sont solvables.

En 1888, 22,049 procès-verbaux de contravention à la loi du 25 juin 1856 ont été dressés par les agents des postes; 5,508 ont été annulés; 16,541 procès-verbaux enregistrés ont été suivis de transactions qui ont porté sur un chiffre total de 106,716,35. Aucune affaire n'a été déférée à la justice.

Répression des contraventions de même nature à l'étranger. Belgique.

La loi belge du 30 mai 1879, plus précise que la loi française, punit (art. 52) d'une amende de 5 à 25 francs le fait « d'insérer des lettres, même ouvertes, ou des notes pouvant tenir lieu de correspondance actuelle, soit dans les colis expédiés par chemin de fer, par messageries ou autres moyens de transport publics, soit dans les paquets de journaux, d'imprimés, d'échantillons, de marchandises ou de papiers d'affaires expédiés par la poste à prix réduit. » (Art. 29, § 1°). Si la contravention est imputable à une entreprise de transport, le chiffre de l'amende varie entre 26 et 300 francs.

La loi belge défend encore, sous peine d'une amende de 5 à 25 francs, « d'apposer sur les envois postaux expédiés au tarif réduit, ou sur leurs enveloppes, bandes ou emballages, des indications, écritures ou marques ayant le caractère d'une correspondance actuelle ou pouvant en tenir lieu ». (Art. 29, § 2°).

Autres pays.

La législation postale des autres pays ne prévoit l'application d'aucune pénalité ayant un caractère correctionnel en cas d'expédition, au tarif réduit des imprimés, de correspondances passibles de la taxe des lettres : les envois faits dans ces conditions irrégulières sont simplement frappés d'une surtaxe, ou bien il n'y est pas donné cours.

Il faut en conclure ou que la législation postale de ces pays est conçue dans un esprit moins fiscal que la nôtre, ou bien que la fraude a moins d'occasions et d'intérêt de s'exercer, parce qu'il n'existe pas un aussi grand écart entre la taxe réduite et le tarif des lettres, et aussi parce que la taxe perçue pour les papiers d'affaires n'est jamais inférieure au port d'une lettre simple.

Utilité d'un minimum de perception plus élevé pour les échantillons et les papiers d'affaires.

En France, le nombre des contraventions diminuerait beaucoup si l'on fixait pour les papiers d'affaires et pour les échantillons un minimum de taxe égal au prix de port d'une lettre simple. Il en résulterait, en outre, une grande simplification pour le service. Cette réforme deviendra possible et très opportune le jour où la taxe des lettres sera réduite à 10 centimes.

Comparaison résumée du tarif postal français et des tarifs étrangers.

En résumé, il résulte des comparaisons que nous avons été amenés à faire au cours de notre étude sur les tarifs en vigueur en France que de grands progrès ont été accomplis depuis quelques années, mais que néanmoins nous ne sommes pas encore allés aussi loin, dans la voie du bon marché et de la simplification, que la Belgique, la Suisse, l'Angleterre, l'Allemagne, l'Autriche-Hongrie, les États-Unis.

Notre tarif pour les lettres et les cartes postales est encore trop élevé, celui des journaux et des imprimés est trop compliqué, celui des échantillons et des papiers d'affaires aurait besoin d'être relevé, quant au minimum de perception.

Il y a, dans toutes ces imperfections, ample matière pour une nouvelle réforme postale.

CHAPITRE IX

DE LA RECOMMANDATION

Définition.

La recommandation est un mode particulier d'expédition qui permet de suivre la trace des objets de correspondance, depuis le moment de leur dépôt à la poste jusqu'à celui de leur remise entre les mains du destinataire ou de son représentant.

Origine. Ordonnance du 11 janv. 1829.

Ce mode d'expédition a été inauguré en 1829. A la suite de disparitions fréquentes de lettres non chargées, la poste fut amenée à rechercher un mode d'envoi qui permît d'assurer la remise des correspondances, sans obliger le public à recourir à la formalité du chargement et sans engager non plus sa propre responsabilité. On créa alors la recommandation, qui comportait la fermeture des plis à l'aide d'au moins deux cachets en cire, leur dépôt au guichet des bureaux, sans affranchissement préalable, leur inscription sur un registre à souche dont un bulletin était détaché et remis à l'expéditeur, puis sur une liste nominative insérée, avec les lettres, dans un paquet spécial à l'adresse du bureau de destination; enfin leur remise contre reçu au destinataire.

Les lettres recommandées étaient taxées à l'arrivée, suivant le tarif applicable aux lettres ordinaires. En cas de perte, l'administration n'était tenue à aucune indemnité.

Au début, les lettres pour Paris pouvaient seules être soumises à la formalité de la recommandation.

Ordonnance du 21 juillet 1844.

L'ordonnance du 21 juillet 1844 autorisa l'envoi de lettres recommandées à destination de tous les bureaux de poste français de l'intérieur, de l'Algérie et de l'étranger, avec affranchissement préalable facultatif, et munit les facteurs du carnet de livraison destiné à l'émargement des destinataires.

Décret du 24 août 1848.

Le décret-loi du 24 août 1848 soumit (art. 4) les lettres recommandées, comme les chargements, au double port et à l'affranchissement obligatoire. Cette assimilation enlevait, pour ainsi dire, sa raison d'être à la recommandation qui ne différait plus du chargement que par l'absence de garantie en cas de perte. Aussi la loi du 20 mai 1854 confondit-elle les lettres chargées et les lettres recommandées en une seule catégorie de correspondances (art. 3).

Loi du 20 mai 1854.

La loi du 25 janvier 1873 a rétabli la recommandation, en tant que formalité distincte du chargement, et l'a rendue applicable à tous les objets de correspondance. Cette mesure a été prise à la suite de la conclusion, en 1872, d'une convention de poste avec l'Allemagne, qui introduisait le système de la recommandation dans nos relations avec ce pays. Loi du 25 janv. 1873.

Dans sa forme nouvelle, la recommandation présente une réelle utilité. Autrefois, les expéditeurs ne pouvaient s'assurer la remise d'une lettre importante sans être obligés de la sceller de cachets en cire, comme si elle eût contenu des valeurs. La loi du 25 janvier 1873 n'assujettit les lettres recommandées à aucun mode spécial de fermeture. L'article 6 permet d'y insérer des valeurs au porteur; mais nous avons vu que l'administration n'assume aucune responsabilité en cas de spoliation (art. 4); la perte seule donne droit à une indemnité.

La faculté accordée par la loi de recommander les objets de correspondance autres que les lettres et notamment les échantillons, les livres, les gravures, les papiers importants, présente un grand avantage pour le public. Les commerçants et les particuliers obtiennent ainsi, moyennant l'acquittement d'une taxe supplémentaire très minime, les mêmes garanties qu'ils trouvent dans les chemins de fer et les services de messagerie pour le transport des menus objets, c'est-à-dire un récépissé et le droit à une indemnité en cas de perte.

La recommandation procure aux échantillons, aux imprimés et aux papiers d'affaires, d'autres avantages: elle les préserve des détériorations et assure leur transmission dans les mêmes conditions de rapidité que celle des lettres. Le droit de retarder l'expédition des objets affranchis à prix réduit, que la poste tient de l'article 10 de la loi du 25 juin 1856, ne s'applique pas, en effet, à ceux de ces objets qui sont recommandés. De plus, les objets recommandés sont toujours livrés à domicile immédiatement, quels que soient leur poids et leur volume (*Art.* 39 *de l'arrêté ministériel du* 30 *janvier* 1885).

Les cartes postales, les échantillons, les papiers de commerce et d'affaires, les journaux et autres objets circulant à prix réduit restent, en cas de recommandation, soumis aux conditions spéciales qui leur sont imposées (Art. 2 de la loi du 25 janvier 1873).

Les objets recommandés payent, en sus de la taxe qui leur est applicable, selon la classe à laquelle ils appartiennent, un droit supplémentaire que la loi du 25 janvier 1873 avait fixé à 50 centimes pour les lettres et à 25 centimes pour les autres objets. Droit fixe de recommandation

La loi du 26 décembre 1878 a ramené le droit fixe au taux uniforme de 25 centimes pour tous les objets de correspondance. La responsabilité de l'administration est la même pour tous les objets recommandés; d'ailleurs l'abaissement du droit fixe pour les lettres était commandé par la mise en vigueur en France de la convention internationale de Paris, qui n'autorisait qu'une perception additionnelle de 25 centimes sur les lettres recommandées internationales. Loi du 26 déc. 1878.

L'abaissement du droit fixe a eu une influence très sensible sur l'ac- Statistique des objets recommandés.

croissement du nombre des lettres recommandées. Leur nombre qui avait été, pour l'année 1873, de 3,429,716, ne s'élevait encore, en 1878, qu'à 3,455,395, soit un accroissement inférieur à 1 0/0 en cinq ans (1), et à 0,15 0/0 par an.

Il a été, en 1889, de 11,979,499 (1); ce nombre, comparé à celui de l'année 1878, fait ressortir une augmentation de 220 0/0 en onze ans, soit en moyenne de 20 0/0 par an.

Pour les objets autres que les lettres, la progression a été encore plus rapide : leur nombre était de 3,384 la première année; de 300,527 en 1878, de 1,606,656 en 1889.

Le produit du droit de recommandation, qui était de 1,802,829 fr. 25 en 1878, s'est élevé, en 1889, à 3,362,573 fr. 36.

Pays étrangers. Le droit fixe de recommandation est également de 25 centimes en Allemagne, en Autriche-Hongrie, en Belgique, en Bulgarie, en Danemark, en Roumanie; il est de 20 centimes dans la Grande-Bretagne, le Luxembourg; de 10 centimes seulement en Suisse; de 30 centimes en Italie; de 50 centimes aux États-Unis; de 50 centimes en Espagne, et même de 75 centimes pour les paquets dont le poids excède 500 grammes.

Dans la statistique du nombre des objets recommandés transportés par la poste à l'intérieur de chacun des pays de l'Union, l'Autriche-Hongrie venait en première ligne en 1888, avec 30,176,978 envois ; puis l'Allemagne, avec 15,695,800; la Russie, avec 13,943,787; les États-Unis, avec 1,295,791; puis la France avec l'Algérie, en cinquième ligne, avec 12,786,688 envois; l'Italie, avec 12,172,947; la Grande-Bretagne, avec 11,001,035.

(1) Service intérieur, Algérie non comprise.

CHAPITRE X

DES VALEURS DÉCLARÉES

§ 1°. — Notions historiques sur le transport des valeurs par la poste.

Divers modes d'expédition des valeurs par la poste.

Le transport des valeurs par la poste s'effectue de trois manières :

1° *A découvert*, sous la forme *d'articles d'argent* : la poste répond alors de l'intégralité des sommes versées ;

2° *Par lettres recommandées*, sans déclaration des valeurs incluses : la loi n'accorde que 25 francs d'indemnité en cas de perte, et rien en cas de spoliation ;

3° *Par lettres ou boîtes scellées, avec déclaration* des valeurs incluses : la poste est responsable, jusqu'à concurrence du montant de la déclaration.

Origine des articles d'argent. Règlement du 16 oct. 1627

Le premier mode d'envoi est le plus ancien : il a été réglementé pour la première fois par l'acte administratif du 16 octobre 1627, dit *tarif d'Alméras*, qui contient le passage suivant :

> Et d'autant que chacun se licencie de mettre or, argent ou pierreries dans leurs dits paquets, dont ils prétendent rendre responsables nosdits courriers, et à quoi il se peut commettre plusieurs abus, défendons très expressément à tous particuliers qui se voudront servir de ladite voie pour l'envoi de leurs dites lettres et paquets, d'y mettre or, argent, pierreries ou choses précieuses, à peine qu'où il en arriverait faute, nosdits courriers, ni leurs distributeurs n'en demeureront responsables ;
>
> Et néanmoins, pour ne priver le public de cette commodité, et de l'envoi de petites sommes, pour instruction de procès ou autrement, ordonnons à nos commis desdits bureaux de tenir entre eux correspondances de remises et de recevoir les deniers qui leur seront présentés à découvert, dont ils chargeront leurs registres, pourvu qu'ils n'excèdent la somme de 100 livres de chaque particulier, et de se contenter d'un prix raisonnable pour le port d'iceux, à proportion de la distance des lieux (1).

Origine des valeurs cotées. Ordonnance du 23 mars 1632.

Ces dispositions sont confirmées peu de temps après par une ordonnance du 23 mars 1632, qui renouvelle l'interdiction faite aux particuliers d'insérer de l'or, de l'argent, des pierreries ou des objets précieux dans les lettres ou paquets, sous peine de punition exemplaire et de confiscation

(1) LEQUIEN DE LA NEUVILLE, *Origine des postes chez les anciens et les modernes*, p. 203.

des effets. La même ordonnance crée le service des valeurs cotées, en permettant aux particuliers d'expédier d'une province à l'autre de l'or, de l'argent, ou d'autres effets précieux, sous condition de les remettre à découvert et de les faire enregistrer à la poste qui en devient responsable, sauf le cas de vol justifié par les procès-verbaux des juges des lieux où le vol a été commis (1).

Origine chargement. Déclaration du 8 juillet 1759.

Plus tard la déclaration du 8 juillet 1759 (art. 6) (2) permet aux particuliers de faire charger à la poste les lettres et paquets, sans déclaration de la valeur incluse, à condition de payer le double du port ordinaire :

> Voulons que ceux qui jugeront à propos de faire *charger* des lettres, paquets de lettres et papiers, les consignent auxdits fermiers, directeurs et commis, qui en chargeront leurs lettres d'avis, dont ils demeureront déchargés en cas de vol, en rapportant procès-verbal des juges et des officiers des lieux proche desquels les courriers auront été volés, auquel fermier nous attribuons le double port et affranchissement ordonné par ledit tarif, tant pour les paquets chargés dans l'intérieur du royaume que pour ceux qu'il enverra chargés dans les pays étrangers ou qu'il en recevra.

Responsabilité de l'administration en matière de chargement. Arrêt du conseil du 31 mai 1786.

Le texte qui précède n'indique pas d'une manière formelle si la ferme était responsable ni dans quelle mesure elle pouvait l'être, lorsque la perte du chargement était imputable à ses agents.

Le 31 mai 1786, un arrêt du conseil autorise formellement l'insertion dans les lettres chargées des billets de la Caisse d'escompte *ou autres effets quelconques*, et fixe à 150 livres le montant de l'indemnité à payer en cas de perte de ces lettres. Plus tard, le chiffre de l'indemnité sera porté à 300 livres par le décret des 17-22 août 1791 (art. 21).

Ainsi, à l'époque de la ferme, la poste a déjà organisé, sous ses différentes formes, le service du transport des valeurs qu'elle doit étendre et perfectionner plus tard : elle reçoit à découvert des sommes d'argent qu'elle se charge de payer, moyennant une remise proportionnelle, à telle personne désignée par le déposant et dont elle se reconnaît entièrement responsable ; elle accepte de même des objets précieux dont la valeur, préalablement estimée, doit être remboursée intégralement par elle en cas de perte ; elle reçoit enfin, incluses dans les lettres chargées, des valeurs-papiers pour lesquelles elle accepte une responsabilité limitée.

La transmission des sommes reçues en espèces, à découvert, c'est-à-dire le service des articles d'argent, sera étudiée ultérieurement ; nous n'avons à nous occuper présentement que de la transmission des valeurs-papiers et des objets précieux, qui constitue le service des valeurs déclarées.

(1) LEQUIEN DE LA NEUVILLE, p. 237.
(2) *Instruction générale*, p. 999.

§ 2. — Des valeurs déclarées incluses dans les lettres.

On avait cru devoir revenir, pendant la période révolutionnaire, sur l'autorisation donnée, en 1786, d'insérer des valeurs dans les lettres. La loi du 5 nivôse an V contient, en effet, dans son article 5 la disposition suivante : Loi du 5 nivôse an V. Interdiction d'insérer des valeurs dans les lettres. Résultats de cette interdiction.

« Nul ne pourra insérer dans les lettres chargées ou autres ni papier-monnaie, ni or, ni argent, ni bijoux. »

Cette prohibition absolue, mais dépourvue de sanction, ne présentait pas de grands inconvénients à l'époque où la loi de nivôse fut promulguée, la richesse mobilière n'existant pour ainsi dire pas. Une crise financière intense avait presque fait disparaître le papier de crédit. La Banque de France n'avait pas encore été créée, et dans les premières années qui suivirent son établissement, l'émission de ses billets ne dépassait pas le chiffre de 20 millions ; leur circulation était limitée à quelques grandes villes. Les sociétés anonymes, financières ou industrielles, étaient chose à peu près inconnue.

Cinquante ans plus tard, la situation était bien changée. La Banque de France avait porté l'émission de ses billets au chiffre de 600 millions. L'établissement des chemins de fer, la création d'un grand nombre de sociétés de crédit, avaient jeté dans la circulation une multitude de titres au porteur, actions et obligations, dont la transmission ne pouvait guère s'opérer autrement que par lettres, chargées ou non.

Il en était résulté pour la poste une situation fausse et pleine de dangers. Le montant des valeurs qui circulaient ainsi irrégulièrement dans son service était évalué, en 1857, à 2,700 millions, dont 600 millions dans des lettres non chargées. Ces dernières étaient exposées à disparaître sans qu'il fût possible d'en retrouver la trace. En 1857, 3,606 lettres de cette nature avaient été perdues et infructueusement recherchées (1). L'administration pouvait bien, en pareil cas, opposer aux réclamants une fin de non-recevoir, en s'appuyant sur l'article 14 de la loi du 5 nivôse an V ; mais sa responsabilité morale n'en restait pas moins engagée, et la confiance du public dans la probité de son personnel était fortement ébranlée.

Une situation nouvelle appelait une réglementation nouvelle, en harmonie avec le développement de la richesse mobilière. Il fallait régulariser la transmission par la poste des papiers de valeur; rapporter, à l'égard des lettres chargées, la prohibition trop absolue et dépourvue de sanction de la loi de nivôse ; maintenir cette prohibition, en la fortifiant par une sanction pénale, pour les lettres ordinaires seulement ; donner enfin au public toute sécurité pour ses envois au moyen de la faculté de la déclaration et de l'assurance contractée à la poste même. Tel fut l'objet de la loi du 4 juin 1859, due à l'initiative du gouvernement. C'est encore cette loi qui régit, sauf les modifications qui y ont été introduites, en ce qui Loi du 4 juin 1859.

(1) Rapport présenté au Corps législatif sur la loi du 4 juin 1859 par M. O'Quin ; voir le *Moniteur universel* du 5 avril 1859, p. 409.

concerne les tarifs et la limite de déclaration, le transport des valeurs incluses dans les lettres confiées à la poste.

Déclaration préalable.

L'insertion, dans une lettre, de billets de banque ou de bons, coupons de dividende et d'intérêt payables au porteur, est autorisée jusqu'à concurrence de 2,000 francs, et sous condition d'en faire la déclaration.

Cette déclaration doit être portée en toutes lettres, sur la suscription de l'enveloppe, et énoncer en francs et centimes le montant des valeurs expédiées (Art. 1er et 2 de la loi du 4 juin 1859.)

Déclaration facultative.

Ces mots *sous condition d'en faire la déclaration*, contenus dans l'article 1er, sembleraient indiquer que la déclaration des valeurs insérées dans les lettres est obligatoire. Tel était, en effet, le sens de cette expression dans le projet du gouvernement (1). Mais la commission du Corps législatif a pensé, avec raison, que s'il est bon d'obliger le public, dans son propre intérêt, à faire charger les lettres contenant certaines valeurs, il serait excessif de lui imposer l'obligation de déclarer le montant intégral de ces valeurs et même de faire aucune déclaration : le public doit rester libre d'assurer le contenu de ses envois, s'il le juge à propos, et dans la mesure qui lui convient, à la poste ou ailleurs. C'est pourquoi la commission a fait insérer dans le projet de loi une disposition additionnelle qui contredit l'article 1er et qui est devenue l'article 7 :

Les valeurs de toute nature, autres que l'or ou l'argent, les bijoux ou autres effets précieux, peuvent être insérées dans les lettres chargées, sans déclaration préalable.

La loi du 25 janvier 1873 contient une disposition analogue, en ce qui concerne les lettres recommandées (Art. 6).

Un projet de loi soumis à la Chambre des députés par le gouvernement, le 4 juin 1876, et qui tendait à rendre obligatoire la déclaration des valeurs insérées dans les lettres, a échoué devant l'opposition des chambres de commerce et a dû être retiré par le gouvernement.

Maximum de déclaration.

L'obligation de déclarer intégralement ne pourrait être imposée qu'à la condition de supprimer le maximum de déclaration. Ce maximum, fixé à 2,000 francs par la loi de 1859, a été porté à 10,000 francs par celle du 25 janvier 1873 (art. 10) ; mais il y a des cas où la valeur d'un seul titre peut excéder 10,000 francs : le transport n'en pourrait pas être effectué par la poste si la déclaration intégrale était rendue obligatoire, le maximum étant maintenu.

En Allemagne, en Suisse, en Autriche-Hongrie, en Norvège, en Roumanie, en Russie, en Suède, il n'y a pas de limite pour la déclaration des valeurs incluses dans les lettres. En Belgique, le maximum est de 100,000 francs. En Autriche-Hongrie, en Bulgarie, dans le Luxembourg, en Norvège, en Roumanie, en Suède, l'expéditeur est tenu de déclarer exactement le montant de la valeur insérée. En Autriche-Hongrie, toute déclaration d'une somme inférieure à la valeur réelle est punie d'une amende égale au quintuple de la taxe éludée. Dans le Luxembourg, la

(1) Voir l'exposé des motifs du projet de loi présenté par le gouvernement au Corps législatif dans le *Moniteur universel* du 5 mars 1859, p. 256.

déclaration est obligatoire, sous peine d'une amende de 20 à 200 francs.

La loi française punit seulement la déclaration frauduleuse d'une somme supérieure à la valeur réellement insérée. Le délinquant est passible d'un emprisonnement d'un mois à un an de prison, et d'une amende de 16 à 500 francs (*Art.* 5 *de la loi du* 4 *juin* 1859).

Déclaration frauduleuse d'une somme supérieure à la valeur réellement insérée.

L'article 463 du Code pénal est applicable. Par conséquent, les tribunaux peuvent, en cas de circonstances atténuantes, réduire la prison même au-dessous de 6 jours et l'amende au-dessous de 16 francs, ou prononcer séparément l'une de ces peines, ou même subtituer l'amende à la prison.

La commission du Corps législatif, chargée de l'examen du projet de loi, avait manifesté ses préférences pour le système de la présentation des valeurs à découvert, seul moyen de prévenir les manœuvres frauduleuses tendant à faire supporter au Trésor la responsabilité de valeurs non réellement insérées dans les lettres, ainsi que les contestations qui peuvent s'élever entre l'expéditeur et le destinataire à l'occasion de déclarations inexactes.

Les choses se passent ainsi en Autriche. Le contenu des lettres de valeur déclarée peut être vérifié, au moment du dépôt, si l'expéditeur le désire, moyennant une augmentatien de 50 0/0 du droit ordinaire d'assurance. La même vérification peut être effectuée à l'arrivée ; elle a lieu au bureau de poste, contradictoirement entre l'agent des postes et le destinataire.

Un pareil système a toujours été repoussé énergiquement par l'administration française. Le contrôle au départ occasionnerait des pertes de temps. Les employés des guichets, pressés par un public impatient, seraient exposés à commettre des erreurs qui engageraient leur responsabilité personnelle et celle de l'administration.

En fait, les déclarations frauduleuses sont rares, et elles ne sont pas de nature à porter un grave préjudice au Trésor. L'administration, ne vérifiant pas le contenu des envois, n'assume d'autre obligation que celle de les faire parvenir au destinataire dans un état de parfaite intégrité. Ce n'est qu'en cas de perte ou d'altération des enveloppes que sa responsabilité peut se trouver sérieusement engagée.

Le système du dépôt à la poste sous pli cacheté ne paraît pas davantage de nature à faciliter les fraudes de créancier à débiteur, car le débiteur, par sa déclaration inscrite sur l'enveloppe d'une lettre, ne saurait se créer un titre à lui-même, et le créancier, en donnant reçu d'un paquet dont il ignore le contenu, n'acquiesce nullement à cette déclaration. En cas de contestation, les tribunaux appliquent la règle de droit commun, qui oblige le débiteur à rapporter la preuve de sa libération (1).

L'administration interdit à ses facteurs d'assister à l'ouverture des lettres chargées qu'ils distribuent : mais rien n'empêche le destinataire

(1) Rapport de M. O'Quin au Corps législatif.

d'appeler des témoins et d'ouvrir la lettre devant eux, afin de pouvoir opposer, le cas échéant, leur témoignage à une déclaration mensongère de l'expéditeur.

Valeurs susceptibles d'être déclarées.

Quelles sont les valeurs dont la déclaration peut être faite à la poste ?

Ce sont, d'après l'article 1er de la loi de 1859, les billets de banque, les bons, les coupons de dividende ou d'intérêt *payables au porteur*. L'interprétation administrative, conforme, d'ailleurs, à celle de la commission du Corps législatif, veut que les coupons soient échus. L'article 28 de l'Instruction générale sur le service des postes ajoute à cette nomenclature les *chèques* payables au porteur, que la loi de 1859 n'avait pas nominativement désignés, parce que leur usage, importé d'Angleterre, ne s'était pas encore répandu en France (1).

Les actions de plusieurs sociétés financières et industrielles ne sont pas munies de coupons : le payement des dividendes a lieu sur la présentation du titre, et il est constaté par l'opposition d'un timbre spécial dans des cases ménagées à cet effet. Les valeurs de cette nature, incluses dans les lettres, peuvent être déclarées à la poste, mais seulement lorsque le dividende ou l'intérêt qu'elles produisent est échu et immédiatement recouvrable. La déclaration doit porter sur le montant des sommes échues et non sur le capital du titre. La même règle est applicable aux actions et obligations au porteur dont les coupons échus sont laissés adhérents aux titres (*Art. 3 de l'arrêté ministériel du 6 juillet* 1859).

Les titres nominatifs, ceux au porteur dont les coupons ne sont pas échus et les valeurs à ordre, bien que négociables, ne peuvent pas faire l'objet d'une déclaration à la poste. D'ailleurs, en cas de perte de titres semblables, le propriétaire peut sauvegarder ses droits en formant opposition (*Loi du* 15 *juin* 1872).

En résumé, la poste n'admet à la déclaration préalable que les papiers faisant office de monnaie, comme les billets de banque, ou les valeurs immédiatement réalisables, sans formalités ni négociations d'aucune sorte, comme les bons, les chèques au porteur et les coupons échus.

Peut être a-t-on trop restreint le nombre des valeurs auxquelles la poste accorde sa garantie. On aurait pu, sans inconvénients, étendre cette garantie à tous les titres au porteur et même aux titres nominatifs. Le public y trouverait une plus grande sécurité pour les envois de cette nature, dont le transport ne peut guère s'effectuer que par la voie de la poste, et la poste elle-même n'encourrait pas un surcroît de responsabilité appréciable pour des valeurs qu'elle transporte déjà.

En Allemagne, on admet à la déclaration tous les papiers de valeur, mêmes les titres nominatifs. Pour les actions et les obligations, la somme à déclarer est déterminée par le capital des titres, au cours du jour du dépôt.

En Belgique et dans d'autres pays encore, on admet à la formalité de

(1) *Bull. mens.* n° 46, *supp.*, janvier 1873, *instr.* n° 79, p. 68.

la déclaration même les pièces de monnaie incluses dans les lettres, pourvu qu'elles soient fixées à l'intérieur des enveloppes.

La taxe applicable aux lettres de valeurs déclarées se compose : Taxes et droits perçus sur les lettres de valeurs déclarées.

1° Du port de la lettre d'après son poids, suivant le tarif ordinaire des lettres (*Art. 4 de la loi du* 11 *juin* 1859).

2° D'un droit fixe qui, de 20 centimes à l'origine (*Loi du* 29 *mai* 1854, *art.* 3), a été porté à 50 centimes par la loi du 24 août 1871 (art. 5) et ramené depuis à 25 centimes par celle du 26 décembre 1878, en même temps que le droit fixe applicable aux lettres recommandées;

3° D'un droit d'assurance, fixé à l'origine à 10 centimes par 100 francs ou fraction de 100 francs déclarés, porté au double par la loi du 24 août 1871 (art. 8) et ramené au taux primitif par l'article 9 de la loi du 6 avril 1878.

Toutes ces taxes doivent être acquittées avant l'expédition. L'affranchissement des valeurs déclarées est obligatoire, comme celui des lettres recommandées. Affranchissement obligatoire.

L'application de la taxe ordinaire aux lettres contenant des valeurs déclarées n'appelle aucune observation : cette taxe représente le prix du transport, abstraction faite des soins particuliers que nécessite et des risques que fait courir tout déplacement de valeurs. Taxe ordinaire des lettres (Art. 4 de la loi du 4 juin 1859).

Le droit fixe est la rémunération due à raison des soins particuliers dont sont entourés les envois de valeurs et des écritures auxquelles donnent lieu la constatation du dépôt de ces envois à la poste, leur transmission entre les bureaux et leur livraison au destinataire. Ce droit est le même pour les objets recommandés et les valeurs déclarées, parce que les uns et les autres sont soumis aux mêmes formalités, sauf toutefois en ce qui concerne la constatation du poids et de l'empreinte des cachets, qui n'a pas lieu pour les objets recommandés ; ce qui revient à dire que, au seul point de vue des écritures et de la surveillance spéciale, rétribuées par le droit fixe, le traitement des valeurs déclarées ne diffère de celui des objets recommandés que par un surcroît de précautions. Par conséquent, l'application du droit fixe aux valeurs déclarées est pleinement justifiée; cependant ce droit n'est pas universellement perçu. Droit fixe (Loi du 26 déc. 1878).

En Allemagne, les valeurs déclarées, dont le poids ne doit pas dépasser 250 grammes, sont passibles, indépendamment du droit proportionnel d'assurance, d'une taxe unique qui tient lieu à la fois du prix de port et du droit fixe : cette taxe est de 20 pfennig (25 centimes) lorsque la distance à parcourir n'excède pas 75 kilomètres, et de 40 pfennig (50 centimes) lorsque la distance est supérieure à 75 kilomètres. L'affranchissement est facultatif. Les lettres non affranchies sont passibles d'une surtaxe de 10 pfennig (12 centimes et demi). Taxes perçues pour l'affranchissement des valeurs déclarées à l'étranger. — Allemagne.

En Autriche-Hongrie, les lettres de valeur déclarée sont soumises à une taxe spéciale de 12 ou 24 kreuzers (30 ou 60 centimes), suivant la distance, avec surtaxe fixe de 6 kreuzers (15 centimes) en cas de non affranchissement; Autriche-Hongrie.

Suisse.

En Suisse, les lettres de valeur déclarée sont considérées comme articles de messagerie, et le port en est fixé suivant le poids :

A 15 centimes jusqu'à 500 grammes.
25 — de 500 à 2,500 —
40 — de 2,500 grammes à 5 kilogrammes.

Les envois non affranchis sont passibles d'une surtaxe de 15 centimes, lorsque leur poids n'excède pas 2,500 grammes, et de 20 centimes lorsqu'il dépasse 2,500 grammes.

Belgique.

En Belgique, les lettres de valeurs déclarées sont soumises, indépendamment de la taxe ordinaire, d'après leur poids, à un droit fixe de 25 centimes, et l'affranchissement en est obligatoire, comme en France.

Anciens tarifs français. Double port.

Sous l'empire du tarif établi par la déclaration du 8 juillet 1759 et jusqu'à la loi du 20 mai 1854, les lettres chargées étaient passibles, en France, du double port. Le droit fixe est plus logique et plus équitable. Il est destiné à rémunérer un ensemble de formalités, un supplément de travail qui sont les mêmes, quel que soit le poids des objets ; il n'y a donc pas de raison pour que la taxe supplémentaire de chargement ou de recommandation soit progressive, comme le prix de port des objets ordinaires.

Droit proportionnel ou droit d'assurance, plus élevé en France que dans les pays étranger ; conséquences.

Le droit proportionnel est la prime d'assurance en échange de laquelle la poste accorde sa garantie. Logiquement, cette prime doit être proportionnelle au montant des valeurs déclarées, puisque la responsabilité de l'administration croît avec ce montant.

Dans quelques rares pays, parmi ceux où la poste fait le service de la messagerie, la prime d'assurance est graduée d'après un tarif à base décroissante. C'est ainsi qu'en Suisse, on perçoit 3 centimes par 100 francs jusqu'à 1,000 francs et 6 centimes seulement par 1,000 francs excédant. C'est en quelque sorte une prime à la déclaration *intégrale* des valeurs, mais ce mode de taxation ne s'explique guère autrement. Ne pourrait-on pas, en effet, avec autant de raison, adopter le système inverse, en soutenant que plus la somme insérée dans un même envoi est forte, plus elle est exposée à être soustraite, et, plus aussi le taux de la prime devrait être élevé ?

A l'étranger, le taux de la prime d'assurance est généralement plus faible qu'en France. Ainsi nous percevons 1 franc du 1,000, tandis que, pour la même somme de 1,000 francs, on ne perçoit que 50 centimes dans le Luxembourg, 25 centimes aux Pays-Bas, 20 centimes en Autriche-Hongrie, 17 centimes en Allemagne, 10 centimes en Belgique. Le taux de notre prime d'assurance est même supérieur au maximum admis, dans les relations internationales, par l'article 4 de l'arrangement relatif à l'échange des valeurs déclarées, auquel ont adhéré les principaux pays de l'Union. Nous serons sans doute amenés, pour cette raison, dans un avenir prochain, à réduire notre droit proportionnel ; mais il existe un autre motif d'ordre intérieur qui doit nous pousser à accomplir cette réforme spontanément.

Le taux élevé de notre prime d'assurance a pour conséquence de restreindre, non le chiffre réel des valeurs qui circulent dans les lettres, mais le montant des déclarations. Tandis qu'en 1888, le montant des valeurs déclarées à la poste s'est élevé :

En Russie, à	15,885,903,604
En Allemagne, à	11,101,279,287
En Autriche-Hongrie, à	8,474,495,400
En France, il n'a été que de	1,605,305,635

La moyenne des déclarations par lettre était :

En Allemagne, de	1,443
En Russie, de	1,371
En Belgique, de	1,233
En Autriche-Hongrie, de	988
En France, de	407

Il ne faudrait pas conclure de ces chiffres (1) que la circulation des valeurs par la poste n'ait pas la même importance chez nous que dans les autres pays. D'après les évaluations d'une enquête administrative faite en France en 1874, le montant des valeurs incluses dans les lettres était évalué annuellement à 4 milliards, dont 800 millions seulement étaient déclarés. Ce chiffre, même à cette époque, était plutôt au-dessous qu'au-dessus de la réalité, et, depuis lors, le nombre des lettres recommandées et des valeurs déclarées a à peu près triplé. Mais l'élévation du droit proportionnel fait qu'on s'abstient généralement de déclarer les valeurs incluses dans les lettres. On les envoie sous pli recommandé, ou bien l'on se contente de déclarer seulement une partie du contenu, et l'on s'adresse, pour la garantie du surplus, ou même de la totalité, à des compagnies d'assurance dont l'existence est la preuve la plus manifeste de l'exagération des tarifs de la poste.

Concurrence des compagnies d'assurance.

Ces compagnies se chargent, en effet, d'assurer les valeurs contenues dans les lettres, sur le vu du récépissé donné par la poste ; les unes accordent leur garantie sans limitation de somme ; les autres, jusqu'à concurrence d'un maximum déterminé. Les unes exigent une déclaration partielle à la poste (ordinairement 100 francs), parce que les valeurs déclarées sont entourées de plus de soins que les objets recommandés (elles sont pesées, les empreintes des cachets sont relevées, et toute différence de poids, toute altération d'un cachet ou d'un pli de l'enveloppe est signalée par procès-verbal) ; d'autres compagnies se contentent de la simple recommandation des lettres contenant les valeurs assurées. Elles garantissent non seulement les valeurs payables au porteur (billets de banque, coupons échus, etc.), mais encore les obligations industrielles et toutes les valeurs non susceptibles de déclaration à la poste. Le taux de la prime varie suivant les valeurs assurées. Une compagnie, la Bâloise, percevait, en 1872, par 1,000 fr. :

20 centimes sur les titres,
25 — sur les coupons,
50 — sur les billets de banque, espèces, lingots, diamants.

(1) Ces chiffres se rapportent aux lettres du service intérieur seulement, l'échange des valeurs déclarées dans les relations internationales étant soumis à un régime spécial.

Les tarifs des compagnies d'assurance sont donc bien plus avantageux pour le public que ceux de la poste; cependant ils sont suffisamment lucratifs pour les compagnies, grâce à la sécurité à peu près complète qu'offre le transport des objets chargés à la poste (1).

Le vrai moyen pour l'administration de combattre la concurrence que lui font les compagnies d'assurances serait d'abaisser ses tarifs. Nous croyons qu'elle le peut ; nous pensons qu'elle y aurait même intérêt.

Moyen de la combattre.

En étudiant la question de la responsabilité de la poste, nous avons vu que l'administration française n'avait eu à rembourser en 1888 que pour 52,181 fr. 78 de valeurs déclarées perdues dans son service intérieur, alors qu'elle avait encaissé 2,319,774 francs de primes. Une réduction du droit d'assurance est donc parfaitement possible ; seule, elle permettrait de combattre efficacement les industries parasites qui vivent aux dépens de la poste.

Réduction du droit proportionnel sur les valeurs déclarées.

En 1869, la poste avait transporté 1,641,309 lettres de valeurs déclarées, et le total des sommes perçues, à titre de droit proportionnel, sur le montant des déclarations, s'était élevé à 992,776 francs, correspondant à une valeur approximative de 992 millions ; le taux du droit proportionnel était alors de 10 centimes par 100 francs, comme aujourd'hui.

En 1871, le taux du droit fut élevé à 20 centimes par 100 francs. Le nombre des lettres de valeurs déclarées tomba, en 1872, à 1,565,201, tandis que le produit du droit perçu pour la prime d'assurance s'élevait à 1,475,307 francs, correspondant à une valeur approximative de 737 millions. Il y eut ainsi, dès la première année complète d'application de la surtaxe, une diminution de 4,63 0/0 dans le nombre des envois et une augmentation de 48 0/0 dans le chiffre du droit perçu ; mais le *montant des déclarations diminua* dans la proportion de 21,66 0/0.

Le nombre des valeurs déclarées, après avoir suivi une légère progression pendant les années 1873 et 1874, commença à décroître à partir de 1875 ; en 1877, ce nombre était tombé à 1,467,251, et le produit du droit perçu, à 1,368,120 francs, correspondant approximativement à une valeur de 684,060,000 francs. Ces chiffres, comparés à ceux de l'année 1869, font ressortir une diminution de 10 0/0 sur le nombre des envois, une augmentation de 37 0/0 sur le produit du droit proportionnel, et une *diminution* de 31 0/0 sur le montant des sommes déclarées.

En présence de ces résultats défavorables, on reconnut la nécessité de ramener le droit proportionnel sur les valeurs déclarées au taux fixé par la loi de 1859. C'est ce que fit l'acticle 9 de la loi du 6 avril 1878, dite loi de réforme postale. Le résultat de cette mesure ne tarda pas à se faire sentir. Dès 1879, le nombre des envois augmenta de 19 0/0. Il s'est élevé, en 1889, à 4,057,530; il a donc presque triplé depuis 1877 ; le produit du droit d'assurance a été de 1,723,767 fr. 21, ce qui représente une augmentation de 26 0/0, malgré la réduction de 50 0/0 opérée sur le taux de ce

(1) Voir l'article publié dans l'*Union postale* du 1er mars 1885, p. 219, sur les compagnies d'assurance contre les risques de transport par la poste, par M. Charrier, commis de direction des postes et des télégraphes, à Niort.

droit. En même temps, le montant des sommes déclarées s'élevait de 684 millions à 1,665,849,427 francs, c'est-à-dire de 143 0/0.

D'après ces résultats, il est infiniment probable que, sans abaisser notre droit d'assurance à un taux aussi faible que celui de la Belgique ou de l'Allemagne, une nouvelle réduction de 50 0/0 aurait pour conséquence de détourner des compagnies d'assurance une grande partie de leur clientèle. A tarif égal, et même avec un tarif postal légèrement plus élevé que celui des compagnies, le public préférerait certainement assurer l'intégralité de ses valeurs à la poste, ne fût-ce que pour s'éviter des correspondances ou des démarches.

Extension de la faculté de déclaration.

Pour que la mesure fût complète, il faudrait supprimer le maximum de déclaration et permettre au public d'assurer non seulement les billets de banque et autres valeurs payables au porteur, mais encore les titres de rente, les actions et les obligations industrielles pour la somme représentée par le capital des titres, comme le font les compagnies particulières. En un mot, la poste devrait rendre au public, pour le transport des papiers de valeurs, les mêmes services que l'industrie privée, car ce transport est tout à fait du ressort et dans les moyens de la poste, tandis que celui des espèces métalliques et des matières d'or et d'argent est plutôt du domaine de la messagerie.

Ces facilités nouvelles accordées au public n'entraîneraient pour la poste aucun inconvénient ; en provoquant la déclaration intégrale du montant des valeurs insérées dans les lettres, elles lui procureraient une augmentation de recettes. La poste assumerait sans doute une plus grande responsabilité; mais, en réalité, elle ne courrait pas beaucoup plus de risques, étant donné le petit nombre des pertes et des détournements qui se produisent.

Dira-t-on que la déclaration de valeurs considérables, incluses dans une seule lettre, tenterait davantage la cupidité des agents malhonnêtes et serait de nature à provoquer des détournements ? Il serait facile de répondre que les agents des postes n'ignorent pas, dès aujourd'hui, l'importance des valeurs qui leur passent dans les mains, alors même que les plis qui les contiennent sont simplement recommandés, ou déclarés pour une somme de 100 francs seulement. Il n'y aurait pas, en réalité, augmentation du nombre des valeurs transportées par la poste ; il y aurait seulement une garantie plus complète pour le public.

Projet de loi de 1876.

Depuis longtemps préoccupée de la concurrence que lui font les compagnies d'assurance, l'administration avait, en 1876, saisi la Chambre des députés d'un projet de loi tendant à abaisser à 5 centimes par 100 francs le taux du droit proportionnel sur les valeurs déclarées ; à supprimer la limite fixée pour les déclarations ; à étendre la garantie de la poste aux titres de rentes, obligations et actions industrielles, aux chèques et à toutes les valeurs françaises et étrangères au porteur. Malheureusement, le projet de loi contenait, à côté de ces améliorations aussi avantageuses pour le public que pour la poste, d'autres dispositions empreintes d'un caractère exclusif et vexatoire qui soulevèrent les plus vives protestations : telles étaient la prétention d'obliger le public à déclarer l'intégralité des valeurs incluses dans les lettres chargées; celle d'interdire l'insertion des valeurs même dans les lettres recommandées, sous peine d'une amende de 50 à 500 francs; le droit attribué à l'administration de faire ouvrir devant elle les lettres recommandées et chargées, à l'effet de s'assurer si elles ne contenaient pas de valeurs non déclarées (art. 6) (1). Mal accueillies par la commission du budget et les chambres de commerce, ces dispositions entraînèrent le retrait du projet du gouvernement.

Service des valeurs déclarées à l'étranger.

En étudiant la loi de 1859, nous avons été amenés à signaler les points sur lesquels notre service intérieur, pour les valeurs déclarées, diffère du régime appliqué à ces mêmes objets par les administrations postales étrangères. Nous voudrions maintenant généraliser cette comparaison, et résumer, dans un rapide aperçu, les principaux traits de la législation en vigueur dans les divers pays d'Europe. On peut à cet égard les ranger dans deux catégories: ceux où la poste fait le service de la messagerie, et ceux où elle abandonne ce service à l'industrie privée.

Dans les premiers (Allemagne, Autriche-Hongrie, Luxembourg, Roumanie, Suisse), les envois de valeurs déclarées sont plutôt traités comme des articles de messagerie que comme des objets de correspondance. Ils sont assujettis à une taxe spéciale de transport, légèrement supérieure à celle des lettres, fixée tantôt d'après leur poids, tantôt d'après la distance parcourue; ils ne sont pas soumis au droit fixe de chargement. L'affranchissement en est facultatif, et l'administration peut exercer son recours, pour le recouvrement de la taxe due, sur le contenu même des envois. On admet parfois que ce contenu soit vérifié, soit au départ, soit à l'arrivée, en présence des agents des postes. On accepte les valeurs de toute nature, même les espèces monnayées. La déclaration intégrale est souvent obligatoire, et généralement illimitée. La responsabilité de l'administration est entière. Une prime d'assurance, toujours peu élevée, tantôt proportionnelle au montant des envois, tantôt graduée d'après un tarif à base décroissante, est perçue en sus du port. L'expéditeur peut faire suivre le remboursement des valeurs expédiées. Enfin, la remise à domicile est rarement de droit: elle n'a lieu le plus souvent que jusqu'à concurrence d'une certaine somme, et contre paiement d'une taxe de factage.

Dans les pays où les offices postaux ne font pas de messagerie, comme en France, en Belgique, en Italie, en Espagne, en Bulgarie, les valeurs déclarées sont considérées comme des correspondances qui ne diffèrent des lettres ordinaires que par les mesures particulières de protection dont leur transmission est l'objet. Elles acquittent la taxe des lettres ordinaires et le droit fixe applicable aux objets recommandés. L'affranchissement est obligatoire et exigible au départ. Les envois sont toujours présentés clos à la poste, qui se refuse à toute constatation du contenu, soit au départ, soit à l'arrivée. On exclut, en général, de ces sortes d'envois,

(1) Voir le texte du projet de loi dans le *Journal officiel* du 22 juillet 1876, p. 5436.

les objets précieux et les espèces monnayées. La déclaration est facultative et limitée ; l'administration décline toute responsabilité en cas de perte par force majeure. La prime d'assurance est proportionnelle à la somme déclarée. Enfin la distribution, même au domicile des destinataires, a lieu gratuitement.

Ces deux systèmes procèdent de points de vue différents, suivant les principes d'après lesquels l'exploitation postale est conduite. Certains pays, comme l'Allemagne, tendent à monopoliser, au profit de l'État, tous les services de transport ; la poste n'est que l'un des moyens dont il se sert pour arriver à son but : aussi étend-il sans cesse le champ de son action. Les autres, fidèles aux doctrines économiques de l'école libérale, ont abandonné les transports à l'industrie privée, et considérent la poste comme un service spécial, dont l'objet est restreint au transport des correspondances et de quelques menus objets. C'est à ce dernier point de vue que la France s'est placée, depuis que la loi du 9 vendémiaire an VI a mis fin à l'exploitation des messageries par l'État.

Assurance des objets de correspondance en Angleterre.

Les États dont la législation répudie toute responsabilité pour la poste n'admettent naturellement pas la déclaration des valeurs contenues dans les lettres. Il en a été ainsi en Angleterre jusqu'en 1878.

A cette époque, l'Angleterre, ayant adhéré sans réserve au traité de l'Union postale universelle, accorda, dans son service intérieur, une indemnité de 50 francs aux propriétaires des lettres recommandées perdues.

Le 1er mai 1886, un nouveau pas a été franchi. Les expéditeurs ont été admis à assurer le contenu des objets recommandés, en acquittant, indépendamment de la taxe ordinaire et du droit fixe de recommandation, une taxe supplémentaire de 0 fr. 20. L'indemnité, en cas de perte ou de détérioration, peut alors s'élever jusqu'à £ 10 (252 francs). Pour les objets recommandés non assurés, l'indemnité peut s'élexer jusqu'à £ 5. Dans aucun cas, elle ne peut excéder la valeur réelle des objets.

L'allocation de cette indemnité n'est pas considérée comme un droit pour le propriétaire de l'objet perdu ou avarié, mais comme une concession volontaire et gracieuse du postmaster général. Les décisions qu'il prend en pareille matière sont sans appel.

§ 3. — Des valeurs déclarées incluses dans les boîtes.

Déclaration du 8 déc. 1703

Le transport des objets précieux par la poste a été réglementé pour la première fois par l'ordonnance déjà citée du 23 mars 1632. Le prix de port de ces objets fut fixé à 1 sou pour livre, soit à 5 0/0 de leur valeur, par la déclaration royale du 8 décembre 1703.

Lois du 3 juil. 1846 et du 2 juil. 1862.

Ce tarif s'est maintenu sans changement jusqu'au milieu de notre siècle. Il a été réduit à 2 0/0 par la loi du 3 juillet 1846, puis à 1 0/0 par celle du 2 juillet 1862 (art. 29). Les reconnaissances délivrées par la poste aux expéditeurs des objets précieux étaient, en outre, soumises à un droit de timbre de 35 centimes, réduit plus tard à 20 centimes par la loi de finances du 8 juin 1864, et relevé ensuite à 25 centimes par l'article 8 de la loi du 23 août 1871.

Maximum des valeurs.

Le maximum, pour chaque envoi, des valeurs expédiées sous cette forme, était déterminé par l'administration, en vertu de l'article 23 du décret des 17-22 août 1791, ainsi conçu : « L'administration des postes fixera le maximum des sommes qui pourront être expédiées par chaque courrier, de chaque bureau de poste. » En dernier lieu, la valeur des objets précieux chargés à la poste ne pouvait être inférieure à 30 francs, ni supérieure à 1,000 francs.

Présentation à découvert.

Ces objets étaient présentés à découvert. L'estimation en était faite contradictoirement entre l'expéditeur et le receveur : de là le nom de *valeurs cotées* qui leur fut donné.

En cas de débat, l'estimation du receveur prévalait. Les boîtes contenant les objets précieux étaient ensuite refermées par les déposants, en présence de l'agent des postes, et scellées à la fois du cachet de l'expéditeur et du cachet du bureau. Elles devaient être en bois, assez solides pour résister aux chocs et protéger leur contenu contre les détériorations ; elles ne devaient pas mesurer plus de 10 centimètres en longueur, 8 en largeur, 5 en épaisseur, ni peser plus de 300 grammes.

Inconvénients de ce système.

Ce mode d'expédition avait des inconvénients. Les agents des postes étaient peu aptes à estimer la valeur des objets précieux ; les discussions qui pouvaient s'élever à ce sujet entre eux et les expéditeurs, l'apposition des cachets au bureau même, étaient de nature à retarder les opérations du guichet.

D'autre part, le droit de 1 0/0 était trop élevé, comparé à celui qui pesait sur les valeurs incluses dans les lettres.

Loi du 25 janv. 1873.

La loi du 25 janvier 1873 a modifié le tarif et les conditions de l'expédition des objets précieux par la poste. Elle contient, dans son article 8, les dispositions suivantes :

Les bijoux ou objets précieux circulant jusqu'à présent par la poste sous le titre de « valeurs cotées » sont assimilés aux lettres renfermant des valeurs déclarées, quant aux formalités relatives au dépôt, à la déclaration, à la remise au destinataire, à la responsabilité de l'administration, et circuleront à l'avenir sous le titre de « valeurs déclarées. »

Ces objets acquittent le droit fixe de chargement de 50 *centimes et une taxe de* 1 0/0 *de leur valeur, jusqu'à* 100 *francs, et de* 50 *centimes par chaque* 100 *francs ou fraction de* 100 *francs en plus jusqu'à* 10,000 *francs, suivant la déclaration faite par l'expéditeur. Cette valeur ne peut être inférieure à* 50 *francs.*

Ils sont déposés à la poste dans des boîtes closes d'avance, dont les parois doivent avoir une épaisseur d'au moins 8 *millimètres et dont les dimensions ne peuvent excéder* 5 centimètres de hauteur, 8 centimètres de largeur et 10 centimètres de longueur.

En cas de perte ou de détérioration résultant de la fracture de boîtes ne réunissant pas ces conditions, la poste n'est tenue à aucune indemnité.

Le droit de timbre auquel les reconnaissances de valeurs cotées sont assujetties par l'article 2 de la loi du 23 août 1871 est aboli.

Depuis la loi du 25 janvier 1873, les boîtes de valeurs déclarées sont scellées du cachet de l'expéditeur seulement. Leur contenu n'est l'objet d'aucune vérification préalable. Conditionnement des envois.

Le droit fixe de chargement auquel elles sont soumises a été réduit à 25 centimes par la loi du 26 décembre 1878.

Pour donner satisfaction aux vœux du commerce, et notamment des fabricants d'horlogerie, les dimensions de ces boîtes ont été portées à 10 centimètres en tous sens, au maximum, par la loi du 9 avril 1887. Dimension des boîtes. Loi du 9 avril 1887.

Le régime établi par la loi du 25 janvier 1873, bien que supérieur, par certains côtés, au régime précédent, donne encore lieu à de justes critiques. Critique du régime actuel.

D'abord, pourquoi la poste se refuse-t-elle à admettre les valeurs au-dessus de 50 francs? Elle aurait dû se contenter de fixer un minimum de perception, et accepter les déclarations si minimes qu'elles fussent. Le système actuel n'a d'autre effet que de provoquer des déclarations inexactes, et la responsabilité de l'administration se trouve aggravée d'autant. Minimum de valeur peu justifié.

Le droit proportionnel est trop élevé : c'est ce que la statistique démontre avec la dernière évidence. Le nombre des boîtes de valeurs déclarées a été, en 1889, de 1,117,189 (1), et le montant des déclarations s'est élevé à 58,627,097 francs, soit en moyenne à 52.47 par boîte. Droit proportionnel d'assurance trop élevé.

Pour la grande majorité des envois, les expéditeurs ont réduit leurs déclarations au minimum fixé par la loi; vraisemblablement, ils s'assurent, pour le surplus, en dehors de la poste.

On a reconnu, en 1873, que l'ancien droit de 1 0/0 sur les valeurs cotées était trop élevé. On n'a degrevé que de 50 0/0 les sommes au-dessus de 100 francs. C'est insuffisant. Dès l'instant qu'on assimilait les objets précieux aux valeurs-papiers pour le mode de dépôt en paquets clos, pour le droit fixe de chargement, pour le maximum de la déclaration, pour la responsabilité de la poste, il fallait étendre l'assimilation au droit d'assurance. C'était le seul moyen d'engager le public à déclarer la valeur réelle des objets pour lesquels on avait supprimé la formalité de la vérification préalable.

Peut-être objectera-t-on que les boîtes, par leurs dimensions, leur poids, qui n'est plus limité, sont une cause d'embarras pour le service des postes; qu'elles se prêtent mal à la confection des paquets de chargements, et peuvent détériorer les lettres avec lesquelles elles sont en contact.

Rien de plus exact. Mais si c'est à raison de ces inconvénients qu'on a frappé les valeurs déclarées incluses dans les boîtes d'un droit d'assurance aussi élevé, le but qu'on voulait atteindre a été manqué. La déclaration intégrale des valeurs n'étant pas obligatoire, le public échappe en Les boîtes de valeurs déclarées devraient acquitter une taxe de transport, d'après leur poids.

(1) En 1872, la poste, sous l'ancien régime, n'avait transporté que 235,570 boîtes de valeurs cotées.

Le produit du droit perçu sur les valeurs déclarées a été, en 1889, de 596,006 fr. 78.

partie à la taxe en réduisant la somme déclarée au minimum permis. Le seul moyen de tenir compte des inconvénients précités eût été de soumettre les boîtes de valeurs déclarées, comme tous les objets de correspondance, à une taxe proportionnelle à leur poids, taxe que l'expéditeur ne pourrait pas se dispenser de payer. On ne s'explique pas le motif du privilège en vertu duquel ces boîtes sont exonérées de tous frais de port, car on ne saurait considérer comme tels le droit fixe de chargement qui n'est que la rémunération des soins particuliers dont la transmission de tout objet chargé ou recommandé est entouré, ni le droit proportionnel d'assurance qui couvre seulement les risques inhérents à tout déplacement de valeurs. Cette anomalie est devenue encore plus choquante depuis que les dimensions des boîtes de valeurs déclarées ont été augmentées : le poids de ces récipients, ordinairement remplis de matières métalliques, peut s'élever, pour un volume de 1 décimètre cube, à plusieurs kilogrammes.

D'après ces considérations, il semble qu'il y aurait lieu de modifier, sur les bases suivantes, le régime applicable aux objets précieux circulant par la poste :

Établissement d'une taxe proportionnelle au poids des envois (par exemple, 5 centimes par 50 grammes) ;

Maintien du droit fixe de chargement ;

Suppression du minimum de déclaration ;

Réduction du droit proportionnel d'assurance au même taux que celui des lettres.

CHAPITRE XI

DISPOSITIONS COMMUNES AUX OBJETS RECOMMANDÉS ET AUX VALEURS DÉCLARÉES

Dépôt à la poste.

Le dépôt des objets recommandés et des valeurs déclarées doit être effectué au guichet des bureaux de poste.

Les uns et les autres sont inscrits sur un registre à souche dont un bulletin est détaché et remis au déposant.

Cette formalité est importante. Seul, le dépôt au guichet des bureaux engage la responsabilité de l'administration ; l'expéditeur d'une lettre contenant des valeurs payables au porteur et jetée à la boîte peut être poursuivi pour contravention à la loi du 4 juin 1859 ou à celle du 25 janvier 1873, alors même qu'il aurait acquitté en timbres-poste le montant du droit fixe de chargement ou de recommandation.

L'obligation de déposer les lettres chargées au guichet des bureaux est prescrite par l'article 20 du décret des 17-22 août 1791 qui est ainsi conçu :

Ceux qui voudront faire charger des lettres ou paquets les remettront aux préposés des postes qui percevront d'avance le double port, et en chargeront leurs registres.

L'article 3 de la loi du 25 janvier 1873 dit de même que *les objets recommandés sont déposés au guichet des bureaux de poste.*

Avis de réception.

L'expéditeur d'une valeur déclarée ou d'un objet recommandé peut demander, soit au moment du dépôt, soit ultérieurement, qu'il lui soit donné avis de la réception par le destinataire (*Art.* 8 *de l'arrêté ministériel du* 6 *juillet* 1859 ; *art.* 7 *de la loi du* 25 *janvier* 1873).

La formule d'avis est expédiée au bureau destinataire qui consigne, sur cette formule même, les indications relatives au sort de l'objet. L'avis est ensuite retourné au bureau de dépôt, qui communique à l'expéditeur les renseignements fournis par le bureau de destination (1).

Bien que les avis de réception soient l'objet d'une double transmission du bureau d'origine au bureau de destination et *vice versa*, l'arrêté ministériel du 6 juillet 1859 en avait fixé la taxe à 10 centimes, en les assimi-

(1) Voir à ce sujet le *Bull. mens.* n° 37, mai 1881, instr. n° 162, p. 448, n° 8, août 1885, p. 282, et n° 12, déc. 1887, p. 528. — Les demandes d'avis de réception concernant des objets à destination de l'extérieur ne sont admises qu'au moment du dépôt. Les demandes tendant à connaître le sort d'objets recommandés ou de valeurs déclarées déjà expédiés à destination des pays étrangers ou des colonies sont néanmoins reçues au guichet des bureaux ; il leur est donné suite dans la forme adoptée pour les réclamations ordinaires, sans aucuns frais pour les déposants.

lant aux lettres de et pour la même commune, et en s'appuyant sur l'article 8 de la loi du 27 frimaire an VIII.

La loi du 24 août 1871 (art. 6) avait élevé à 20 centimes la taxe des avis de réception; l'article 9 de la loi du 6 avril 1878 l'a réduite à 10 centimes.

On perçoit également 10 centimes sur les avis de cette nature en Belgique, en Bulgarie, dans le Luxembourg et dans les Pays-Bas.

Dans la plupart des pays d'Europe, la taxe est plus élevée: elle est de 25 centimes en Allemagne, en Autriche-Hongrie, en Roumanie ; en Italie (20 cent.), en Danemark (20 cent.); en Russie (21 cent.), en Portugal (13 cent.), en Suède (18 cent.), la taxe est la même que celle des lettres. En Suisse, elle est de 20 centimes.

En Espagne, aux États-Unis, il n'est rien perçu pour le port des avis de réception. La taxe de ces avis est comprise dans le droit fixe de recommandation.

Le post office britannique n'admet pas les avis de cette nature dans son service interne.

Dans la plupart des pays étrangers, en Italie notamment, ce sont les destinataires eux-mêmes qui certifient, en signant l'avis, la réception des objets chargés ou recommandés. L'expéditeur se trouve ainsi nanti d'un récépissé souscrit par le destinataire lui-même.

Dans le système français, c'est le receveur du bureau de dépôt qui, d'après les renseignements transmis par le bureau de destination, signe l'avis adressé à l'expéditeur. L'avis de réception n'est pas placé sous les yeux du destinataire ; il est donné à son insu.

Il est à supposer que bien des expéditeurs hésiteraient à demander un avis de réception s'ils savaient que cet avis dût être signé par le destinataire lui-même, de peur d'éveiller les susceptibilités de celui-ci.

Interdictions ; pénalités, qui les sanctionnent.

L'article 9, § 1°, de la loi du 4 juin 1859, interdit, sous peine d'une amende de 50 à 500 francs, *l'insertion dans les lettres, de l'or ou de l'argent, des bijoux et autres effets précieux.*

L'article 9, § 1er, de la loi du 25 janvier 1873 défend, sous les mêmes peines, *d'insérer dans les lettres ou autres objets recommandés des pièces de monnaie, des matières d'or et d'argent, des bijoux ou autres objets précieux.*

La loi du 25 janvier 1873 n'a pas prévu l'insertion de l'or, de l'argent et des effets précieux dans les objets de correspondance non recommandés, sans doute parce que le législateur n'a pas supposé que les expéditeurs auraient l'imprudence d'insérer, par exemple, des effets précieux dans un paquet d'échantillons ; cependant le cas peut se présenter ; il y a donc une lacune dans la loi. L'or, l'argent et les effets précieux sont exclus des objets recommandés ; ils doivent l'être aussi, et à plus forte raison, des objets non recommandés ; mais il n'était pas inutile de le dire.

Le motif de cette exclusion est double. Les enveloppes des lettres ne sont pas assez résistantes pour que des corps durs, tels que les espèces métalliques ou les bijoux, y puissent être insérés : elles se rompraient sous l'influence des frottements auxquels elles sont exposées en cours de transport ; en outre, la présence des objets précieux, facile à reconnaître au toucher, se trahirait à travers les enveloppes et serait de nature à provoquer les détournements.

Le paragraphe 2° de l'article 9 de la loi du 4 juin 1859 interdit également, *sous peine d'une amende de* 50 *à* 500 *francs, l'insertion des* billets de banque, bons, coupons de dividende ou d'intérêt payables au porteur, *dans les lettres non chargées.*

L'article 9, § 2°, de la loi du 25 janvier 1873, exclut de même les *billets de banque ou valeurs payables au porteur,* des *objets recommandés affranchis au prix du tarif réduit*

Ici encore, la loi, en ne parlant que des objets recommandés, présente une lacune ; la même interdiction doit s'appliquer, *a fortiori,* aux objets non recommandés.

L'article 3 de la loi du 28 juin 1882 considère comme des valeurs payables au porteur les bons de poste qui ne portent pas l'indication du nom du bénéficiaire.

Les valeurs au porteur, actions et obligations, et les titres nominatifs peuvent être insérés dans les lettres ordinaires.

L'article 9 de la loi du 25 janvier 1873 interdit encore :

1° Sous peine d'une amende de 50 à 500 francs, *d'expédier dans les boîtes, comme valeurs déclarées, des monnaies françaises ou étrangères* ;

2° *Sous les peines édictées par l'arrêté du 27 prairial an IX et la loi du 22 juin* 1854, *d'insérer des lettres dans les boîtes contenant des bijoux ou objets précieux confiés à la poste.*

Ces infractions sont devenues possibles depuis que les boîtes de valeur déclarée ne sont plus présentées à découvert au guichet des bureaux.

L'administration peut vérifier le contenu de ces boîtes en présence du destinataire, lorsqu'elle le juge nécessaire.

En édictant des pénalités contre les expéditeurs qui enfreindraient ses prohibitions, la loi du 4 juin 1859 a voulu couper court à un abus qu'une longue impunité avait enraciné, et qui consistait à insérer des valeurs dans les lettres ordinaires ; elle a voulu protéger les expéditeurs contre leur propre imprudence, et soustraire ses propres agents à des tentations dangereuses. Du reste, le service des postes offrant, dans sa variété, les moyens de transmettre des valeurs de toute nature, le public n'a plus d'excuse lorsqu'il cherche à se soustraire au payement d'un service rendu.

Signalement des contraventions.

La recherche des contraventions aux lois du 4 juin 1859 et du 25 janvier 1873 est plus difficile et plus délicate que celle des infractions à la loi du 25 juin 1856 ; les valeurs prohibées étant généralement incluses dans des lettres closes, la présomption de la fraude est souvent difficile à établir. Il importe, en outre, de ne porter aucune atteinte au principe de l'inviolabilité des correspondances et de ne pas arrêter dans leur cours, sur des soupçons mal fondés, des lettres qui peuvent être urgentes.

L'article 13 de l'arrêté ministériel du 6 juillet 1859 prescrit aux receveurs d'adresser *sous chargement d'office, au préposé du bureau de destination, les lettres non chargées que* DES SIGNES EXTÉRIEURS SIGNALERAIENT ÉVIDEMMENT comme contenant de l'or ou de l'argent, des bijoux ou autres effets précieux, des coupons de dividende ou d'intérêt payables au porteur.

La circulaire n° 135, publiée au *Bulletin mensuel* de juillet 1859 (n° 47, p. 246), commentant l'article 13 de l'arrêté ministériel de 1859 et l'ancien article 396 de l'Instruction générale, avait prescrit aux agents des postes de signaler et de transmettre, sous chargement d'office, les lettres scellées de plusieurs cachets en cire ou les objets quelconques qui apparaîtraient *évidemment, soit à la vue, soit au toucher,* renfermer des pièces de monnaie.

Depuis, une instruction, publiée au *Bulletin mensuel* de novembre 1876 (1), a recommandé de procéder avec la plus grande circonspection dans la recherche et le signalement des contraventions de cette nature.

Ainsi la présence de plusieurs cachets en cire au dos d'une lettre, la mention *Recommandée*, un affranchissement supérieur à celui d'une lettre ordinaire, ne doivent pas être considérés, pris isolément, comme des indices suffisants pour faire présumer la contravention.

Ce n'est qu'autant que deux au moins de ces éléments (par exemple la mention *Recommandée,* jointe à la présence de cachets en cire) sont réunis sur une même lettre, ou lorsque l'indication d'une valeur se trouve énoncée sur la suscription, ou bien encore lorsque les valeurs elles-mêmes apparaissent à la vue, par suite d'une déchirure ou de l'ouverture fortuite d'une enveloppe mal close, lorsque enfin des pièces de monnaie se manifestent au toucher, qu'il y a lieu de recourir à la formalité du chargement d'office. En aucun cas, les correspondances ne doivent être retardées (2).

Si des lettres ou des objets, paraissant contenir des valeurs, sont recueillis à la dernière levée de la boîte et que le temps manque pour les soumettre à la formalité du chargement, ces objets sont placés sous une enveloppe de couleur, annexée à la feuille d'avis, et chargés d'office par le premier bureau de passe qui les reçoit. Avis est transmis au directeur du département ou de la ligne.

Établissement des procès-verbaux.

Le receveur du bureau de destination retient l'objet chargé d'office et convoque le destinataire. Si celui-ci se rend à l'invitation, il est prié d'ouvrir l'objet en présence du préposé des postes, après en avoir acquitté la taxe, s'il y a lieu.

Si l'objet ne contient aucune valeur prohibée, il est remis au destinataire, et il n'est dressé qu'un procès-verbal négatif ; dans le cas contraire, le destinataire est invité à faire connaître les nom et adresse de l'expéditeur.

S'il y consent, l'objet et son contenu lui sont remis ; un procès-verbal, indiquant le résultat de l'ouverture, est dressé, séance tenante, en double expédition, et signé du préposé et du destinataire, qui en reçoit une copie s'il le désire.

(1) *Bull. mens.* n° 92, 2° *supp., instr.* n° 223, p. 560.
(2) *Bull. mens.* n° 3, mars 1890, *instr.* n° 302, p. 427.

Si le destinataire refuse de venir au bureau de poste, ou de fournir les renseignements nécessaires, la lettre ou l'objet est conservé par le receveur et scellé, s'il y a lieu, du cachet du bureau ; il est fait mention du refus sur le procès-verbal.

Si le destinataire est absent, inconnu, parti sans laisser d'adresse ou décédé, l'objet argué de contravention est envoyé en rebut, et le bureau des réclamations procède aux vérifications nécessaires, au lieu et place du bureau de destination.

Les procès-verbaux qui constatent des contraventions à la loi du 4 juin 1859 ou à celle du 25 janvier 1873 sont enregistrés immédiatement, à la diligence des receveurs qui les ont dressés, à moins que le montant des valeurs expédiées en contravention ne soit de 5 francs ou inférieur à 5 francs; dans ce cas, les procès-verbaux doivent être communiqués à l'administration avant enregistrement (1).

Transactions.

L'administration est investie, tant par l'ordonnance du 19 février 1843 que par une disposition spéciale de l'article 9 de la loi du 4 juin 1859, du droit de transiger. Le chiffre des transactions à proposer aux contrevenants est déterminé comme suit, d'après une décision ministérielle du 19 juin 1863 (2) :

Pour une valeur de 10 francs et au-dessous, on réclame seulement le remboursement des frais de timbre et d'enregistrement du procès-verbal. Au-dessus de 10 francs, le contrevenant est passible du remboursement des frais avancés, et, en outre, d'une amende dont le montant est de :

3 francs	pour une valeur de	10 à 25	francs
6 —	— au-dessus de . . .	25 à 100	—
9 —	— de.	100	—
12 —	— au-dessus de . . .	100 à 200	—
15 —	— — de . . .	200 à 500	—
21 —	— — de . . .	500 à 1.000	—
30 —	— — de . . .	1.000	—

Lorsque la contravention présente un caractère exceptionnel de gravité, l'administration demeure libre, soit d'élever le chiffre de la transaction, soit de déférer l'affaire aux tribunaux, soit de transiger après jugement. Le taux de l'amende peut aussi être modéré dans certaines circonstances méritant commisération.

Lorsque la valeur incluse dans une lettre est inférieure à 100 francs, les directeurs proposent eux-mêmes la transaction aux contrevenants, et terminent l'affaire sans intervention de l'administration.

Lorsque le destinataire d'un objet présumé contenir des valeurs prohibées a refusé de se rendre au bureau pour l'ouvrir ou de faire connaître l'expéditeur, le procès-verbal est immédiatement transmis, sous chargement d'office, avec l'objet incriminé, par le directeur départemental, au

(1) *Bull. mens.* n° 20, décembre 1879, *instr.* n° 84, p. 764.
(2) Voir le texte de cette décision à la suite de l'*Instruction générale*, p. 1113.

procureur de la République du tribunal dans le ressort duquel est situé le bureau d'origine de l'objet (*Art.* 13 *de l'arrêté ministériel du* 6 *juillet* 1859).

Jurisprudence. La bonne foi n'est pas admise comme cause.

Comme pour les contraventions à l'arrêté du 27 prairial an IX et à la loi du 25 juin 1856, la bonne foi n'est pas admise par les tribunaux comme une excuse en matière de contravention. La culpabilité s'établit par le seul fait matériel de l'infraction aux formalités ou aux conditions prescrites par la loi.

Intention de charger.

En vain l'expéditeur alléguerait-il des instructions données en vue de faire charger à la poste une lettre contenant des valeurs payables au porteur, et qu'un tiers aurait par négligence jetée à la boîte : en ne surveillant pas l'exécution de l'ordre qu'il prétend avoir donné, l'expéditeur a par là même encouru la responsabilité pénale édictée par la loi [C. Paris, 30 juillet 1864] (1).

Acquittement préalable des droits de chargement.

La contravention existe, alors même que la lettre irrégulièrement expédiée aurait été revêtue de timbres-poste d'une valeur équivalente aux droits qui auraient été perçus si elle eût été présentée au chargement. Le chargement d'une lettre contenant des valeurs n'est pas une mesure uniquement destinée à assurer la perception des droits de poste ; le but principal de cette formalité est de constater la remise faite à l'administration d'un paquet dont l'expédition appelle une surveillance spéciale (Arrêt de la Cour de Paris du 28 juin 1866).

Statistique des contraventions des 4 juin 1859 et 25 janv. 1873.

Le nombre des procès-verbaux de contravention aux lois du 4 juin 1859 et du 25 janvier 1873, a étéde 1,335 en 1888 ; 1,005 ont été l'objet de transactions à la suite desquelles il a été versé au trésor 10,664 fr. 50, y compris les droits detimbre et d'enregistrement. Aucune affaire n'a été déférée à la justice.

(1) Voir dans l'*Instruction générale* la jurisprudence, p. 1180, 1181

SIXIÈME PARTIE

DES TARIFS INTERNATIONAUX ET DES RELATIONS INTERNATIONALES EN GÉNÉRAL

CHAPITRE PREMIER

DES RELATIONS INTERNATIONALES ET DE LA CRÉATION DE L'UNION POSTALE UNIVERSELLE

Au fur et à mesure que des services de poste réguliers ont été organisés dans les pays étrangers, la poste française est entrée en relations avec eux. On voit par les termes de l'édit de mai 1630 qu'il existait, à cette époque, des courriers partant à jour fixe de Paris pour l'Angleterre, la Flandre, l'Allemagne et l'Espagne, et de Lyon pour l'Italie et la Suisse (1). Cet édit avait placé les relations postales de la France avec les pays voisins sous l'autorité de conseillers-maîtres des courriers étrangers, à Paris et à Lyon. Ces officiers percevaient pour leur compte les ports des correspondances internationales et avaient le pouvoir de conclure des conventions avec les généraux et courriers-majors des postes étrangères. Édit de mai 1630.

Après la suppression des conseillers-maîtres des courriers étrangers, les rapports internationaux furent régis par des arrangements administratifs conclus directement par les surintendants généraux des postes avec les offices étrangers. Ainsi Louvois conclut, en 1669, une convention avec les princes de la Tour et Taxis ; en 1670, une convention avec l'Angleterre, et dans la même année, une autre convention avec un sieur Grand, traitant au nom du lieutenant des courriers-majors du roi d'Espagne dans le Milanais.

En 1788 (2), les relations avec l'étranger comportaient deux ordinaires par semaine pour l'Angleterre, l'Espagne et le Portugal, trois pour le Luxembourg, quatre pour Berlin et pour la Suisse, six pour l'Autriche et le sud de l'Allemagne, et un service quotidien entre la France et les Pays-Bas autrichiens. État des relations internationales en 1788.

(1) Lequien de la Neuville, *Origine des postes chez les anciens et les modernes*, p. 222.
(2) *Almanach royal* pour l'année 1788.

Décret des 17-22 août 1791.

Par le décret des 17-22 août 1791 (art. 31), l'Assemblée constituante reconnut au pouvoir exécutif le droit d'entamer des négociations avec les offices étrangers pour l'entretien et le renouvellement des traités existants, à charge d'en rendre compte au Corps législatif.

Loi du 5 nivôse an V.

Les anciens traités qui liaient la France avec les offices étrangers ayant été interrompus par les guerres de la Révolution, la loi du 5 nivôse an V autorisa le Directoire exécutif à en passer de nouveaux sur des bases également et réciproquement avantageuses, et de manière que la taxe des lettres de et pour l'étranger fût celle des lettres de l'intérieur, en y ajoutant le prix du remboursement dont l'office français pourrait être chargé envers l'office étranger (art. 8).

Loi du 14 floréal an X.

La loi du 14 floréal an X (4 mai 1802) décida (art. 4) qu'au fur et à mesure qu'il serait conclu de nouvelles conventions, la taxe des lettres pour l'étranger serait perçue selon les progressions établies par cette loi et par celle du 27 frimaire an VIII, et celle des lettres provenant de l'étranger, selon les précédentes lois et proportionnellement aux prix perçus chez l'étranger sur les lettres provenant de la République.

Le même article de loi ajoutait que les taxes à percevoir, au départ et à l'arrivée, sur la correspondance internationale, seraient fixées par le gouvernement, dans la forme des règlements d'administration publique.

Sénatus-consulte des 8-10 sept. 1869.

Un sénatus-consulte des 8-10 septembre 1869, qui consacra divers changements à la constitution impériale du 25 décembre 1852, décida qu'à l'avenir les modifications apportées à des tarifs de douane ou de poste ne seraient obligatoires qu'en vertu d'une loi.

Loi du 16 juillet 1875.

La nécessité de la sanction législative a été maintenue par l'article 8 de la loi constitutionnelle du 16 juillet 1875 pour les conventions de poste qui engagent les finances de l'État : *Le président de la République négocie et ratifie les traités... Les traités de paix, de commerce et les traités qui engagent les finances de l'État ne sont définitifs qu'après avoir été votés par les deux Chambres.*

Tarifs internationaux, avant la constitution de l'Union poste universelle.

Avant 1875, les relations postales de la France avec les pays étrangers étaient réglées par seize conventions différentes. En l'absence de conventions, les taxes à percevoir étaient déterminées en ajoutant à la taxe intérieure française les frais du transit par les offices intermédiaires ou ceux du transport par paquebots français et étrangers ou par bâtiments libres du commerce, conformément aux principes posés par les lois des 5 nivôse an V et 14 floréal an X. Lorsque les correspondances empruntaient l'intermédiaire d'une office lié par une convention avec le pays d'origine ou de destination, elles étaient soumises aux conditions de cette convention.

Il résultait de cette diversité de régimes une très grande complication dans les relations internationales. Les tarifs variaient non seulement de pays à pays, mais, pour chaque pays, suivant la voie employée et suivant la zone dans laquelle étaient compris les bureaux de départ et destination.

Les droits de transit étaient aussi variables que les taxes initiales ou terminales. Chaque intermédiaire cherchait à faire payer ses services au plus haut prix.

Le port des correspondances internationales était très élevé, même dans les relations directes. Ainsi le prix d'une lettre simple de Londres pour Paris coûtait, avant 1836, 2 fr. 90; avant 1843, 2 francs; à partir de 1843, 1 franc (1).

Première simplification résultant de la réforme des tarifs intérieurs.

L'établissement d'une taxe uniforme dans le service postal intérieur de chaque pays fut un premier pas dans la voie de la simplification. Il permit d'adopter un tarif unique dans les relations directes d'État à État, et d'abaisser considérablement le port des lettres simples. Mais il laissa subsister le partage des taxes entre les offices correspondants, partage qui entraînait des décomptes journaliers et donnait lieu à une comptabilité très compliquée.

Principes suivis autrefois en matière de conventions de poste.

Dans toutes les conventions passées par elle jusqu'en 1869, l'administration française s'était attachée invariablement à maintenir intacts deux principes :

Le premier, c'est que le port d'une lettre internationale devait lui rapporter une somme au moins égale à sa taxe intérieure;

Le second, c'est que, dans le partage des taxes entre les offices correspondants, les parts revenant à chacun d'eux devaient être respectivement proportionnelles à la valeur du service rendu. Pour apprécier cette valeur, on comparait l'étendue des deux pays intéressés, les charges de leur budget, le nombre de leurs bureaux de poste, de leurs boîtes aux lettres, de leurs facteurs, celui des lettres expédiées de part et d'autre dans un temps donné; on mesurait le parcours moyen des correspondances internationales sur chaque territoire, et, de l'ensemble de ces éléments, on déduisait une proportion mathématique qu'on appliquait rigoureusement. Cette comparaison était d'ordinaire à l'avantage de la France; elle lui assurait, dans le partage des taxes internationales, une part plus large que celle des autres États. Se fondant sur l'incontestable supériorité de son service postal, à une époque où les étrangers n'avaient pas encore perfectionné le leur; sur l'étendue de son territoire, sur les charges que lui imposaient son service rural, ses lignes de paquebots-poste, la France avait réussi à se faire attribuer, sur le produit des taxes internationales :

5/8 dans les relations avec l'Angleterre;

2/3 dans les relations avec la Belgique, la Suisse, la Sardaigne, le grand-duché de Bade ;

6/10 dans les relations avec la Bavière, etc.

Aussi la balance dans les comptes internationaux était-elle toujours en faveur de la France. Le transit que lui assurait sa position géographique

(1) Rapport de M. Dubost sur la convention du 3 avril 1843 avec la Grande-Bretagne (Circ. n° 210).

était pour elle une autre source de profits; le solde des comptes avec les offices étrangers lui avait rapporté, en 1869, un bénéfice de 5,425,634 fr.

Ce fut l'apogée du système. Il ne pouvait longtemps prévaloir, car les deux principes sur lesquels il reposait n'étaient ni justes ni toujours compatibles.

La prétention de retrouver notre taxe intérieure dans notre quote-part de la taxe internationale était mal fondée. Les frais qu'occasionnent à la poste les correspondances échangées entre deux bureaux de l'intérieur sont plus considérables que ceux que lui imposent l'échange des correspondances internationales. Les premières donnent lieu à trois sortes d'opérations différentes : l'expédition, la transmission et la distribution. Or, dans les relations internationales, ces opérations exigeant le concours d'au moins deux offices, chaque administration est dispensée d'assurer soit l'expédition, soit la distribution, et n'a à sa charge que deux au plus des éléments de la dépense totale.

En vain alléguerait-on que les distances parcourues sont en moyenne plus élevées pour la correspondance internationale que pour la correspondance intérieure; nous avons vu que les frais du transport entrant pour une part minime dans les dépenses du service postal, la distance peut être négligée; il était donc injuste de faire supporter à la correspondance internationale, pour son parcours sur le territoire français, une taxe aussi forte que celle qui grevait la correspondance intérieure.

La prétention de répartir le produit des taxes internationales en parts proportionnelles à la valeur respective du service rendu, et de s'attribuer la meilleure part, avait fini par rencontrer une vive opposition. Quelques États voisins avaient perfectionné leur organisation postale à ce point qu'ils commençaient à nous égaler, s'ils ne nous dépassaient pas. Ils se refusaient d'ailleurs à faire entrer en ligne de compte, dans l'évaluation du service rendu, les dépenses considérables que la France s'imposait, soit pour subventionner des lignes de paquebots qui ne profitaient que dans une faible mesure au trafic postal, soit pour développer l'organisation rurale, dont les correspondances internationales, ordinairement échangées entre les grands centres, ne retiraient qu'un faible avantage. Du reste, la doctrine d'une répartition proportionnelle au service rendu ne pouvait être maintenue concurremment avec le premier principe, qu'à la condition de surélever le prix du port international, même au delà de la somme totale des ports intérieurs des pays correspondants, si tous deux émettaient la prétention de retrouver dans leur quote-part du produit au moins leur taxe interne.

Enfin l'exagération de nos droits de transit tendait à faire déserter la voie de la France par des dépêches qui traversaient autrefois notre territoire, et l'on évaluait, en 1873, à 250,000 francs par an, la perte résultant du détournement du transit anglo-italien par la Belgique et l'Allemagne.

Premières atteintes portées à ces principes.

Les doctrines fiscales soutenues par l'administration française reçurent une première atteinte en 1859 dans nos relations avec l'Espagne, et une seconde, en 1869, dans nos relations avec l'Italie. Les négociateurs étrangers se refusèrent obstinément à traiter avec la France sur d'autres bases que celles de l'attribution intégrale, à chaque office, du produit des taxes qu'il avait perçues.

La guerre avec l'Allemagne, en 1870, rompit les conventions qui nous liaient avec la Prusse, le grand-duché de Bade, la Bavière, le Wurtemberg et l'office des postes de la Tour et Taxis. Ces conventions étaient à l'avantage de la France. Après la paix, l'Allemagne unifiée ne voulut plus traiter avec nous que sur la base d'une parfaite réciprocité de droits et d'obligations. Cette prétention était légitime, les deux pays étant à peu près égaux en étendue, en population, en activité commerciale et industrielle. La convention qui fut signée le 12 février 1872, après de longues et laborieuses négociations, donna gain de cause à l'Allemagne et supprima en même temps le partage des taxes dans les relations franco-allemandes. En vertu de ce principe généralement admis que toute lettre provoque une réponse, et que le nombre de correspondances expédiées de part et d'autre se balance à peu près, chaque office dut garder l'intégralité des taxes qu'il avait perçues, ce qui entraînait la suppression de ces décomptes journaliers et compliqués pour la répartition de chaque port de lettre en parts proportionnelles.

Les conventions conclues avec la Russie, le 1er novembre 1872, avec les États-Unis, le 28 avril 1874, furent pour la France l'occasion de nouveaux sacrifices, et l'édifice de nos traditions en matière de relations postales internationales s'en allait pièce à pièce, lorsque la constitution de l'Union générale des postes leur porta le dernier coup.

Commission internationale de 1863.

Déjà en 1863, s'était réunie à Paris une commission internationale composée de délégués de divers états étrangers. Son but était de formuler des principes généraux appelés à régir les relations des administrations postales entre elles, principes dont on devait poursuivre ensuite l'application uniforme.

C'était en quelque sorte l'extension aux relations postales des doctrines libre-échangistes qui régnaient alors, et tendaient à la suppression des barrières fiscales qui entravaient la libre circulation des idées et des produits.

C'est ce même courant d'idées qui devait réunir à Paris, en 1865, la première conférence télégraphique internationale et aboutir, dès cette époque, à la création de l'union télégraphique.

Les principes adoptés dans la commission postale de 1863 peuvent se résumer ainsi :

Affranchissement facultatif pour les lettres ordinaires ;

Affranchissement obligatoire pour les lettres chargées et les objets admis au bénéfice d'une modération de taxe ;

Envoi en rebut des objets autres que les lettres, en cas de non affranchissement ;

Adoption du système métrique décimal pour la détermination du poids des correspondances internationales ;

Progression de la taxe de 15 en 15 grammes pour les lettres, et de 40 en 40 grammes, pour les autres objets;

Perception d'un droit fixe en sus de la taxe ordinaire sur les lettres chargées, et d'un droit d'assurance proportionnel sur les valeurs déclarées;

Adoption d'un seul tarif pour les relations entre deux pays, sans égard à la voie employée, lorsque les prix de port revenant aux offices intermédiaires rendent la combinaison praticable;

Direction des lettres d'après la voie la plus avantageuse, au gré de l'office d'origine, à défaut de l'indication d'une voie par l'expéditeur lui-même;

Suppression des accusés de réception de dépêches;

Réexpédition gratuite des correspondances par tous les offices qui ont déjà perçu une rémunération à leur profit sur ces correspondances;

Renvoi sans frais des correspondances tombées en rebut;

Décompte à la pièce pour les correspondances échangées à découvert; d'après le poids net global, pour celles circulant en dépêches closes;

Réduction du prix de transit à la moitié de la taxe intérieure du pays traversé, au maximum;

Intérêts acquis à l'office créancier, en cas de retard, dans le payement du solde des comptes internationaux.

Cette déclaration de principes ne sortit pas alors du domaine de la théorie; néanmoins les idées qui avaient été discutées au sein de la commission internationale firent leur chemin; quelques-unes se transformèrent en maximes générales qui reçurent leur application dans les conventions particulières.

Le terrain était préparé, mais l'unification réelle du régime international ne pouvait résulter que d'un congrès de plénipotentiaires dont les résolutions deviendraient obligatoires pour tous les États qui y auraient pris part.

Congrès postal de Berne.

Les premières démarches dans ce sens furent tentées en 1869 par le gouvernement de la Confédération de l'Allemagne du Nord. Interrompues par la guerre de 1870, elles furent reprises par la chancellerie allemande après la conclusion de la paix, et aboutirent à la réunion d'un congrès postal, à Berne, le 15 septembre 1874.

Vingt-deux États y prirent part; vingt-quatre jours de conférences suffirent pour amener une entente complète sur tous les points, et, le 9 octobre 1874, le traité qui constituait l'Union générale des postes était signé.

Traité d'Union générale des postes. 9 octobre 1874.

Voici quelle était l'économie générale de ce traité:

Formation d'une Union générale des postes, composée de tous les États d'Europe, plus de l'Égypte et des États-Unis, et formant, au point de vue postal, un seul territoire dans le ressort duquel la correspondance internationale était soumise à un régime aussi uniforme que le permettaient les convenances monétaires ou autres des pays adhérents, chaque administration appliquant un seul et même tarif à toutes les correspondances qu'elle échangeait avec les autres États de l'Union;

Egalité parfaite de tous les Etats adhérents, au point de vue du droit de vote dans les congrès ;

Fixation de la taxe à percevoir par port à 25 centimes par 15 grammes, pour les lettres, avec faculté de se mouvoir entre 20 et 32 centimes ; à la moitié de ce taux pour les cartes postales ; et à 7 centimes par 50 grammes pour les autres objets de correspondance, avec faculté d'abaisser à 5 centimes et d'élever à 11 centimes ;

Autorisation de percevoir sur les correspondances donnant lieu à un transport maritime excédant 300 milles marins, une surtaxe dont le taux ne devait pas dépasser la moitié de la taxe générale d'affranchissement dans l'Union ;

Rémunération du transit terrestre à raison de 2 francs par kilogramme de lettres et de 25 centimes par kilogramme d'autres objets, ces prix pouvant être doublés pour les parcours supérieurs à 750 kilomètres;

Transit maritime gratuit jusqu'à 300 milles marins, et rémunéré, au delà de 300 milles, à raison de 6 fr. 50 par kilogramme de lettres et de 50 centimes par kilogramme d'autres objets ;

Attribution à chaque office des taxes perçues par lui; suppression absolue des décomptes dans les rapports directs; frais de transit à la charge de l'office expéditeur; règlement de ces frais à l'aide de statistiques semestrielles.

C'était une véritable révolution dans les relations postales internationales. A la multiplicité, à la confusion des taxes et des règles était substituée l'uniformité ; les barrières des frontières étaient renversées ; les taxes, considérablement réduites (1).

Attitude de la France au congrès postal de Berne.

La France s'était fait représenter au congrès de Berne par son directeur général des postes, M. Le Libon, et par deux fonctionnaires éminents de cette administration, M. Besnier, administrateur, et M. Ansault, alors sous-chef du bureau de la correspondance étrangère. Elle avait prescrit à ses délégués de se tenir sur la plus grande réserve ; son adhésion à l'Union postale devait lui imposer, en effet, des sacrifices plus considérables qu'à toute autre puissance, dans un moment où elle avait besoin de toutes ses ressources. Ces sacrifices se chiffraient par une perte annuelle de 5,800,000 fr. : 4,900,000 pour la correspondance étrangère, dont 3,600,000 francs sur les échanges directs, par la suppression des comptes et l'abaissement des taxes, et 1,300,000 francs sur le transit ; 900,000 francs pour la correspondance intérieure, par suite de la nouvelle progression de la taxe des lettres par 15 grammes et de la réduction inévitable du tarif des échantillons et des papiers d'affaires.

Aussi les délégués de la France ne se crurent-ils pas autorisés à signer le traité du 9 octobre, et ils firent au congrès la déclaration suivante :

« La France ne repousse pas la pensée de s'unir plus complètement aux puissances qui ont donné leur adhésion ; mais le gouvernement ne croit

(1) Rapport sur le projet de loi portant approbation des actes du congrès de Lisbonne, par M. G. Cochery, député (*Journal officiel* de juillet 1886, p. 785 et s.).

pas pouvoir, dans les circonstances présentes, donner immédiatement sa signature, et se trouve dans la nécessité de soumettre préalablement à l'Assemblée nationale souveraine les questions que les résolutions du congrès soulèvent. »

Adhésion de la France. Conditions de cette adhésion.

Le gouvernement français ne pouvait, toutefois, s'isoler du concert des autres puissances. Le moment était venu de rompre définitivement avec nos anciennes traditions ; il fallait céder au courant irrésistible qui entraînait l'Europe dans la voie de l'unification et de la modération des tarifs postaux. Notre industrie, notre commerce réclamaient, pour leur correspondance des facilités égales à celles dont jouissaient nos concurrents étrangers. Du reste, en refusant d'adhérer à l'Union constituée à Berne, la France n'aurait pu maintenir intacts les avantages qu'elle retirait des conventions existantes : elle devait s'attendre à ce que ces conventions fussent dénoncées, sans espoir de traiter à l'avenir sur d'autres bases que celles qui venaient d'être admises dans le congrès. On pouvait reculer plus ou moins l'heure des sacrifices; on ne pouvait les éviter.

Le gouvernement le comprit, et, résolu à céder, il ne songea plus qu'à obtenir quelques concessions de nature à atténuer les pertes qu'aurait imposées à la France une adhésion immédiate et absolue aux résolutions du congrès. Des négociations spéciales aboutirent à la conclusion d'un acte additionnel qui subordonna notre adhésion aux conditions suivantes:

Droit pour la France d'ajourner jusqu'au 1er janvier 1876 l'exécution du traité ;

Nécessité de l'unanimité des suffrages pour toute modification nouvelle des tarifs ;

Calcul des distances d'après les parcours réels, et non plus à vol d'oiseau, pour la perception des droits de transit.

Ces concessions obtenues, l'ambassadeur de France à Berne, comte d'Harcourt, signa, le 3 mai 1875, au nom de la France, le traité d'Union générale des postes, qui fut approuvé par l'Assemblée nationale, le 3 août 1875.

Arrangement du 27 janv. 1876.

L'article 17 du traité de Berne avait subordonné l'entrée dans l'Union des pays d'outre-mer autres que les États-Unis, à la condition d'une entente ultérieure entre les puissances contractantes, sur la question de la rémunération du transit maritime.

L'Inde britannique et les colonies françaises ayant demandé, à la fin de l'année 1875, leur entrée dans l'Union, une conférence internationale s'ouvrit à Berne le 17 janvier 1876, et aboutit à un arrangement signé le 27 du même mois.

Cet arrangement fixa le taux des frais de transit par mer à 25 francs par kilogramme de lettres et à 1 franc par kilogramme d'autres objets de correspondance pour les distances excédant 300 milles marins. Il autorisa la perception, à titre de port maritime, sur tous les objets de correspondance ayant à franchir des distances supérieures à 300 milles, de surtaxes égales au principal des taxes admises par le traité de l'Union.

C'était, en quelque sorte, une deuxième zone de tarification pour les pays d'outre-mer compris dans l'Union postale.

Les colonies espagnoles, néerlandaises, portugaises et danoises, plusieurs colonies anglaises, le Japon, le Brésil, la République Argentine y entrèrent successivement aux mêmes conditions.

Il avait été décidé à Berne qu'une deuxième réunion plénière des plénipotentiaires de tous les États de l'Union aurait lieu à Paris pour compléter l'œuvre commencée par le premier congrès postal. Congrès de Paris. 1er mai — 1er juin 1878.

Le deuxième congrès s'ouvrit le 1er mai 1878, sous la présidence de M. Cochery. Grâce au relèvement de ses finances, à la réforme postale accomplie dans son service intérieur, la France pouvait se présenter au congrès de Paris avec une attitude toute différente de celle qu'elle avait tenue à Berne. Lors du premier congrès, elle avait paru s'engager à regret dans la voie réformatrice ouverte par l'initiative d'autres États ; à Paris, elle marcha à la tête du progrès et soutint les propositions les plus libérales.

La convention signée le 1er juin 1878 par les délégués des trente-trois États représentés au congrès de Paris établit, sur des bases fixes, les taxes à percevoir dans le ressort de l'Union, maintint la surtaxe maritime à titre facultatif, supprima la progression des droits de transit terrestre d'après les distances, et facilita l'adhésion de nouveaux membres à l'Union postale, qui put se qualifier, à juste titre, d'universelle.

Deux arrangements signés, l'un, le 1er juin 1878, pour l'échange des lettres avec valeur déclarée; l'autre, le 4 juin 1878, pour les mandats de poste, complétèrent l'œuvre du congrès de Paris.

La convention de Paris et les arrangements spéciaux qui la complètent furent approuvés par la loi du 19 décembre 1878 et entrèrent en vigueur le 1er janvier 1879.

En 1880, une conférence des délégués des États de l'Union s'est réunie à Paris le 9 octobre 1880. Ses travaux ont abouti à la signature d'une convention pour l'établissement d'un service international de colis postaux. Conférence de Paris. 9 oct. — 3 nov. 1880.

Le troisième congrès postal, réuni à Lisbonne le 4 février 1885, a clos ses séances le 21 mars de la même année. Son œuvre se résume dans l'addition de quelques dispositions nouvelles à la convention principale et à l'arrangement relatif à l'échange des valeurs déclarées, dans l'organisation d'un service international de mandats télégraphiques, dans des modifications importantes à la convention du 3 novembre 1880 pour l'échange des colis postaux, dans la conclusion d'un arrangement pour le recouvrement des effets de commerce, et d'un arrangement relatif à l'adoption d'un type de livrets d'identité à l'usage des destinataires des correspondances. Congrès de Lisbonne. 4 fév. — 21 mars 1885.

Les actes du Congrès de Lisbonne ont été approuvés par la loi du 26 mars 1886, et sont entrés en vigueur à partir du 1er avril de la même année. Loi du 26 mars 1886. Fixation des taxes internationales.

L'article 2 de la loi du 26 mars 1886 a donné au pouvoir exécutif le droit de fixer par des décrets insérés au *Bulletin des lois* les droits ou taxes à percevoir en vertu des conventions ou arrangements de l'Union, dans tous les cas où la faculté est laissée aux parties contractantes d'établir le taux de ces droits ou taxes (droit fixe de recommandation, taxe des avis de réception, droit proportionnel sur les valeurs déclarées, etc.).

L'article 3 de la même loi permet au gouvernement de déterminer, dans la même forme, *les conditions de tarif ou autres applicables dans les relations des bureaux français à l'étranger, soit entre eux, soit avec la France et l'Algérie, soit avec les colonies françaises et les pays étrangers.*

Actes constitutifs de l'Union.

Les conventions ou arrangements qui régissent l'Union postale universelle sont au nombre de cinq (1) :

1° La *convention principale*, qui oblige tous les États de l'Union ; elle a été signée à Paris le 1er juin 1878, complétée et modifiée par l'acte additionnel de Lisbonne du 21 mars 1885 ;

2° Quatre conventions ou arrangements spéciaux auxquels ont adhéré un nombre plus ou moins considérable de membres de l'Union et qui sont :

L'*arrangement concernant l'échange des lettres avec valeurs déclarées*, signé à Paris, le 1er juin 1878, et révisé à Lisbonne, le 21 mars 1885 ;

L'*arrangement concernant l'échange des mandats de poste*, signé à Paris le 4 juin 1878, et révisé à Lisbonne, le 21 mars 1885 ;

La *convention concernant l'échange des colis postaux*, signée à Paris le 3 novembre 1880, et révisée à Lisbonne, le 21 mars 1885 ;

L'*arrangement concernant le service des recouvrements*, signé à Lisbonne le 21 mars 1885.

A chaque convention ou arrangement est annexé un règlement administratif qui détermine l'application des principes posés dans la convention ou l'arrangement.

Les conventions et arrangements sont des actes diplomatiques qui ne peuvent être modifiés que du consentement des gouvernements adhérents ;

Les règlements administratifs peuvent être modifiés par une simple entente entre les administrations postales de l'Union.

Nous ne nous occuperons présentement que du régime général de l'Union et de l'échange des valeurs déclarées dans les relations internationales.

(1) Nous ne parlons pas ici de l'arrangement relatif à l'adoption d'un type particulier de livret d'identité. Les signataires de cet arrangement, auquel la France n'a pas adhéré, sont la République Argentine, la Bulgarie, l'Egypte, l'Italie, le Luxembourg, le Mexique, le Paraguay, la Roumanie, la Suisse, l'Uruguay et le Vénézuéla.

Le livret en question contient la photographie et le signalement du titulaire, sa signature et celle du fonctionnaire qui l'a délivré. Les correspondances ordinaires sont remises au destinataire sur la simple production du livret ; celles dont la délivrance n'a lieu que sur reçu sont délivrées et les mandats de poste sont payés sur la remise au bureau de poste d'une quittance détachée du livret et dûment signée du titulaire. (Voir le texte de l'arrangement dans le *Recueil des Documents du Congrès de Lisbonne*, t. II, p. 543).

Nous étudierons les mandats, les recouvrements et les colis postaux internationaux en même temps que les services similaires dans les relations intérieures.

Les dispositions de la convention principale et du règlement qui la complète ont trait :

1° A la constitution de l'Union ;

2° Aux tarifs et autres conditions applicables aux objets de correspondance dans le ressort de l'Union ;

3° Aux relations directes entre les États contractants ;

4° Aux relations indirectes et au transit ;

5° Aux relations avec les pays en dehors de l'Union, par l'intermédiaire des pays de l'Union (1).

(1) Le tableau ci-après permet d'apprécier les résultats de l'entrée de la France dans l'Union postale universelle, au point de vue de la circulation et des produits.

De 1875 à 1889, le nombre des correspondances internationales circulant annuellement par les services de la poste française a triplé. Pendant les vingt années qui ont précédé l'entrée de la France dans l'Union, l'augmentation moyenne annuelle était à peine de 10 0/0 ; depuis 1875, elle est de 24 0/0.

Le produit net (y compris les sommes payées à la France par les offices étrangers, etc., et défalcation faite des remboursements à ces mêmes offices) est en augmentation, malgré la réduction considérable des taxes. En 1875, chaque objet de correspondance international procurait une recette nette de 0 fr. 21 au Trésor français. Aujourd'hui, le produit net moyen est descendu à 0 fr. 08 ; cependant, dans l'ensemble, le montant des recettes nettes accuse une augmentation de 2,710,178 francs de 1875 à 1889, tant la progression du nombre des objets de correspondance a été rapide.

TABLEAU :

ANNÉES	ÉCHANGE DIRECT		TRANSIT		ÉCHANGE DIRECT ET TRANSIT		SOLDE DES COMPTES avec les offices étrangers
	NOMBRE D'OBJETS de correspondance de toute nature.	PRODUIT NET pour la France (1)	NOMBRE D'OBJETS de correspondance de toute nature	PRODUIT NET pour la France (1)	NOMBRE D'OBJETS de correspondance de toute nature	PRODUIT NET pour la France (1)	
1	2	3	4	5	6	7	8
		fr.		fr.		fr.	fr.
1855	22.182.406	6.327.867	7.596.968	2.651.195	29.749.374	8.979.062	2.112.040
1860	29.216.686	8.128.272	9.810.797	2.722.823	39.057.483	10.849.095	2.747.010
1865	39.249.286	10.307.226	13.832 849	4.166.113	53.082 135	14.473.339	4.614.942
1869	50.448.213	12.156.143	16.635.030	4.643.881	67.123.243	16.890.024	5.380.227
1875	67.151.341	14.789.597	21.161.790	4.048.765	88.313.131	18.838.362	5.019.723
Augmentation moyenne annuelle, de 1855 à 1875	2.249.946 10 0/0	423.086 6,6 0/0	678.241 8,9 0/0	69.878 2,6 0/0	2.928.187 9,8 0/0	492.965 5,5 0/0	145.384 6,9 0/0
1876	75.651.486	10.622.544	24.695.260	2.636.998	100.346.746	13.259.542	1.961.154
Augmentation de 1875 à 1876	8.500.145 12,6 0/0	» »	3 533.470 17 0/0	» »	12.033.615 15 0/0	» »	» »
Diminution de 1875 à 1876	» »	4.167.053 18 0/0	» »	1.411.767 34 0/0	» »	5.578.820 29 0/0	3.058.569 156 0/0
1889	182.403.498	17.092.078	83.290.585	4.456.452	265.694.083	21.548.530	(2)
Augmentation moyenne annuelle de 1875 à 1889	8.232.207 12 0/0	164.463 1,1 0/0	4.437.771 21 0/0	29.120 0,7 0/0	12.670.068 14 0/0	193.584 1 0/0	

(1) Total des sommes encaissées par l'administration française, y compris les remboursements des offices étrangers, et défalcation faite des sommes payées par la France à ces mêmes offices.

(2) Le solde des comptes internationaux pour l'année 1889 n'est pas encore connu. Pour l'année 1888, la balance des comptes à fait ressortir à l'avoir de France une somme de 1.941.870 fr. 15

CHAPITRE II

CONSTITUTION DE L'UNION POSTALE UNIVERSELLE

Aux termes de l'article 1er de la convention principale, les États contractants, ainsi que ceux qui adhèrent ultérieurement à l'Union, forment entre eux un seul territoire postal pour l'échange des correspondances entre leurs bureaux de poste. Ressort de l'Union.

Les États qui fondèrent à Berne l'Union générale des postes étaient au nombre de vingt-deux et représentaient une population de 360 millions d'habitants; les États qui signèrent la convention de Paris étaient au nombre de trente-trois et représentaient une population de 653 millions d'habitants : aujourd'hui l'Union postale universelle compte cinquante-cinq adhérents, et son territoire embrasse une superficie de 87,915,680 kilomètres carrés, avec 941,331,319 habitants.

Elle comprend tous les pays civilisés, sauf les colonies anglaises de l'Afrique méridionale et de l'Australie.

En dehors du territoire des États adhérents, le régime de l'Union s'étend encore à d'autres points où ces États entretiennent des services de poste : il en est ainsi, par exemple, pour la principauté de Monaco, où le service postal est fait entre les mains de l'administration française; pour Tanger, Shang-Haï, Zanzibar, où fonctionnent des établissements de poste français et étrangers ; pour certains ports de la Chine ouverts au commerce européen, où l'office britannique de Hong-Kong entretient des agences postales, ainsi que pour les ports de la Corée où fonctionnent des bureaux japonais (XXXII), etc. (1).

Les nouveaux États qui désirent faire partie de l'Union doivent notifier leurs adhésions au gouvernement suisse par la voie diplomatique. Cette notification est transmise par la Confédération suisse à tous les gouvernements de l'Union (C. 18) (1).

Des congrès doivent avoir lieu au moins tous les cinq ans ; ce délai court à partir de la date d'exécution des résolutions adoptées par le congrès précédent. Chaque congrès fixe, avant de se séparer, le lieu de réunion du Congrès suivant. Congrès et conférences.

(1) Les articles de la convention principale de l'Union auxquels il y aura lieu de se référer au cours de ce chapitre sont indiqués entre parenthèses en chiffres arabes. Les articles du règlement sont indiqués en chiffres romains.

Ainsi, le congrès de Lisbonne, dont les décisions sont entrées en vigueur le 1er avril 1886, a fixé à Vienne le lieu où se réunira le prochain congrès postal.

En dehors de ces réunions périodiques, des congrès de plénipotentiaires ou de simples conférences administratives, selon l'importance des questions à résoudre, ont lieu lorsque la demande en est faite ou approuvée par les deux tiers au moins des gouvernements ou administrations, suivant le cas (C. 19).

Pour les conférences, les administrations fixent les lieux de réunion, sur la proposition du bureau international.

Chaque pays peut se faire représenter soit par un ou plusieurs délégués, soit par la délégation d'un autre pays. Mais une même délégation ne peut représenter que deux pays, y compris le sien.

Dans les délibérations, chaque pays dispose d'une seule voix.

Tous les pays de l'Union, quelles que soient l'étendue de leur territoire et leur population, sont ainsi placés vis à vis les uns des autres sur un pied de parfaite égalité. Le vote de la république de Libéria, par exemple, pèse autant dans la balance que celui des États-Unis (C. 19).

Au point de vue de leur situation dans l'Union, les colonies françaises sont considérées comme formant une seule administration; elles disposent ensemble d'un suffrage.

Il en est de même de l'ensemble des colonies espagnoles, danoises, néerlandaises et portugaises.

L'Inde britannique et le Canada, à raison de leur étendue, ont chacun une voix.

Les autres colonies britanniques qui font partie de l'Union ne disposent d'aucun suffrage propre.

Bureau international.

Un bureau international des postes fonctionne à Berne, sous la haute surveillance de l'administration suisse; il sert, en quelque sorte, de lien permanent entre les offices adhérents, dans l'intervalle des congrès ; il est chargé de réunir, de coordonner, de publier et de distribuer les renseignements de toute nature qui intéressent le service international des postes; d'émettre, à la demande des parties en cause, un avis sur les questions litigieuses; d'instruire les demandes en modification des actes du congrès; de notifier les changements adoptés et, en général, de procéder aux études et aux travaux dont il serait saisi dans l'intérêt de l'Union postale (C. 16).

Il publie, en trois langues (française, anglaise et allemande), un journal mensuel, dans lequel sont traitées des questions postales, et qui contient des renseignements de toute nature intéressant l'organisation du service dans les divers États.

Il dresse, tous les ans, une statistique des résultats de l'exploitation du service postal dans chaque pays adhérent à l'Union, d'après les renseignements qui lui sont adressés par les administrations intéressées.

Il prépare les travaux des congrès ou conférences. Il pourvoit aux copies et impressions nécessaires, à la rédaction et à la distribution des amendements, procès-verbaux et autres renseignements.

Son directeur assiste aux séances des congrès ou conférences et prend part aux discussions sans voix délibérative (XXX).

C'est par l'intermédiaire du bureau international que sont transmises toutes les communications que les administrations de l'Union ont à faire à d'autres administrations participantes et qui ont une portée générale.

C'est également par lui que sont communiquées aux offices adhérents es propositions tendant à modifier soit la convention, soit le règlement.

Modifications proposées à la convention.

Les dispositions de la convention principale qui ont trait à la nomenclature des objets admis à circuler par la poste (C. 2), aux tarifs (C. 3, 5, 6), aux conditions du transit, à la responsabilité (C. 6 *bis*), à la faculté accordée aux administrations postales de s'entendre entre elles pour lès relations directes; (C. 3) au retrait des correspondances du service ou à la rectification des adresses (C. 5 *bis*), ne peuvent être modifiées que de l'avis unanime de tous les États contractants.

Les autres dispositions de la convention peuvent être modifiées sur l'avis conforme des deux tiers des suffrages.

Toute modification à la convention doit être consacrée par une déclaration diplomatique, que le gouvernement de la Confédération suisse est chargé d'établir et de transmettre aux gouvernements des pays contractants. »

Proposition de modification au règlement.

Les propositions tendant à modifier le règlement de détail de l'Union doivent, pour devenir exécutoires, réunir l'unanimité des suffrages des administrations participantes, lorsqu'elles ont trait à la détermination des services extraordinaires de transport donnant lieu au payement de frais de transit exceptionnels (III); à la fixation des équivalents des taxes perçues par les pays qui n'ont pas le franc pour unité monétaire (IV), ainsi que des équivalents de poids pour les pays qui ne se servent pas des poids métriques (XXXVI), au délai et au mode de payement des indemnités dues pour la perte des objets recommandés; aux relations que les pays de l'Union peuvent entretenir avec les pays en dehors de l'Union par l'intermédiaire d'offices de l'Union (V).

Les propositions qui visent d'autres dispositions du règlement sont adoptées lorsqu'elles ont réuni soit les deux tiers, soit la majorité absolue des suffrages.

Les résolutions valables sont consacrées par une simple notification du bureau international à toutes les administrations de l'Union.

Interprétation des textes.

Les propositions tendant à interpréter soit la convention, soit le règlement, sont adoptées lorsqu'elles ont réuni la majorité des suffrages; elles sont également exécutoires en vertu d'une simple notification du bureau international aux offices de l'Union.

Dans les questions à résoudre par l'assentiment unanime ou par la majorité des administrations de l'Union, celles qui n'ont point fait parvenir leur réponse dans un délai maximum de six *mois*, à compter de la date de la circulaire du bureau international par laquelle les questions leur sont soumises, *sont considérées comme s'abstenant.*

Toute modification ou résolution adoptée n'est exécutoire que deux mois, au moins, après sa notification.

Langue officielle. La langue officielle du bureau international est la langue française (XXXVII).

Répartition des dépenses du bureau international. *L'administration des postes suisses surveille les dépenses du bureau international, fait les avances nécessaires et établit le compte annuel qui est communiqué à toutes les autres administrations.*

Les dépenses ne doivent pas excéder la somme de 100,000 *francs par an, non compris les frais spéciaux auquel donne lieu la réunion d'un congrès ou d'une conférence. Ils sont supportés en commun par toutes les administrations participantes.*

Pour la répartition des frais, les pays de l'Union sont divisés en sept classes, contribuant chacune dans la proportion d'un certain nombre d'unités, savoir :

1re classe	25 unités.
2e classe	20 —
3e classe	15 —
4e classe	10 —
5e classe	5 —
6e classe	3 —
7e classe	1 —

Ces coefficients sont multipliés par le nombre des pays de chaque classe, et la somme des produits ainsi obtenus fournit le nombre d'unités par lequel la dépense totale doit être divisée. Le quotient donne le montant de l'unité de dépense (XXVIII).

La France est comptée dans la première classe.

Les frais de la gestion du bureau international se sont élevés, en 1890, à 90,724. fr. 79. La part contributive de la France a été de 3,875 francs.

Arbitrages. *En cas de dissentiment entre deux ou plusieurs membres de l'Union, relativement à l'interprétation de la convention ou à la responsabilité d'une administration en cas de perte d'un envoi recommandé, la question en litige est réglée par jugement arbitral. A cet effet, chacune des administrations en cause choisit un autre membre de l'Union qui n'est pas directement intéressé dans l'affaire.*

La décision des arbitres est donnée à la majorité absolue des voix.

En cas de partage des voix, les arbitres choisissent, pour trancher le différend, une autre administration également désintéressée dans le litige (C. 7).

CHAPITRE III

TARIFS ET AUTRES CONDITIONS DU RÉGIME DES CORRESPONDANCES DANS L'UNION POSTALE UNIVERSELLE

Les dispositions de la convention principale s'appliquent aux lettres, aux cartes postales, aux imprimés, aux papiers d'affaires et aux échantillons (C. 2).

§ 1° — Tarifs.

Les tarifs sont fixés par l'article 5 :

1° *Pour les lettres, à 25 centimes en cas d'affranchissement, et au double dans le cas contraire, par chaque lettre, et par chaque poids de 15 grammes ou fraction de 15 grammes;* Échelle des taxes.

2° *Pour les cartes postales, à 10 centimes pour la carte simple ou pour chacune des deux parties de la carte avec réponse payée;*

3° *Pour les imprimés de toute nature, les papiers d'affaires et les échantillons de marchandises, à 5 centimes par chaque objet ou paquet portant une adresse particulière et par chaque poids de 50 grammes ou fraction de 50 grammes, pourvu que cet objet ou paquet ne contienne aucune lettre ou note manuscrite ayant le caractère de correspondance actuelle et personnelle, et soit conditionné de manière à pouvoir être facilement vérifié.*

La taxe des papiers d'affaires ne peut être inférieure à 25 centimes par envoi, et la taxe des échantillons ne peut être inférieure à 10 centimes par envoi.

Ce minimum de taxe est pleinement justifié, pour les papiers d'affaires, par la difficulté de distinguer si les manuscrits rédigés en langue étrangère ont ou n'ont pas le caractère de correspondance personnelle.

Il n'est pas donné cours aux objets, autres que les lettres, qui ne sont pas au moins partiellement affranchis ou qui ne remplissent pas les conditions requises pour jouir de la modération de taxe.

En cas d'insuffisance d'affranchissement, les objets de correspondance de toute nature sont passibles, à la charge des destinataires, d'une surtaxe égale au double du montant de l'insuffisance (C. 5); *les fractions monétaires qui résultent de l'application de ces surtaxes peuvent être arrondies par les administrations qui en effectuent la perception, mais la somme à ajouter de ce chef ne peut excéder la valeur d'un vingtième de franc* (IV, 4).

L'administration française use de cette latitude, en forçant au demi-décime entier toutes les fractions de demi-décime que fait ressortir l'application de la surtaxe aux objets insuffisamment affranchis.

Recommandation. Équivalents taxes et poids).

Tous les objets de correspondance peuvent être recommandés.

Tout envoi recommandé est passible, à la charge de l'envoyeur :

1° *Du prix d'affranchissement ordinaire de l'envoi, selon sa nature;*

2° *D'un droit fixe de recommandation de 25 centimes, au maximum, dans les États européens, et de 50 centimes, au maximum, dans les autres pays, y compris la délivrance d'un bulletin de dépôt à l'expéditeur.*

L'envoyeur d'un objet recommandé peut obtenir un avis de réception de cet objet, en payant d'avance un droit fixe de 25 centimes, au maximum (C. 6).

La France perçoit 25 centimes de droit fixe sur les objets recommandés, 10 centimes sur les avis de réception des objets recommandés à destination de l'extérieur.

Sauf en ce qui concerne le droit de recommandation et la taxe des avis de réception, les prix fixés par l'article 5 s'imposent d'une manière absolue à tous les pays de l'Union. Ceux qui ont le franc pour unité monétaire ne peuvent rien y changer.

Ceux qui n'ont pas le franc pour unité monétaire sont admis à fixer, dans leur monnaie respective les équivalents des taxes déterminées par la convention principale (C. 7). L'article IV du règlement donne le tableau de ces équivalents.

Les mêmes pays ont la faculté d'arrondir les fractions, pour tenir compte de leurs convenances monétaires, sans que la somme à ajouter de ce chef puisse excéder la valeur d'un vingtième de franc (IV).

Par mesure d'exception, les Etats qui ne se servent pas des poids métriques (comme l'Angleterre, les colonies anglaises et les Etats-Unis) ont été autorisés à y *substituer l'once* avoir du poids (28 *gr.* 3465), *en assimilant une demi-once à 15 grammes et deux onces à 50 grammes, et d'élever, au besoin, la limite du port simple des journaux à 4 onces, mais sous la condition expresse que, dans ce dernier cas, le port des journaux ne soit pas inférieur à 10 centimes et qu'il soit perçu un port entier par numéro de journal, alors même que plusieurs journaux se trouveraient groupés dans un même envoi.*

Surtaxes maritimes ou autres.

Il peut être perçu, en sus des taxes et des minima fixés par l'article 5 de la Convention :

1° *Pour tout envoi soumis à des frais de transit maritime de 15 francs par kilogramme de lettres ou de cartes postales et de 1 franc par kilogramme d'autres objets, une surtaxe qui ne peut dépasser 25 centimes par port simple pour les lettres, 5 centimes par carte postale, et 5 centimes par 50 grammes ou fraction de 50 grammes pour les autres objets ;*

2° *Pour tout objet transporté par des services dépendant d'administrations étrangères à l'Union ou par des services extraordinaires dans l'Union et donnant lieu à des frais spéciaux* (comme celui de la malle de l'Inde), *une surtaxe en rapport avec ces frais* (C. 5).

La France ne fait plus usage de cette faculté, non plus que l'Allemagne. Leur tarif est absolument uniforme pour tous les pays de l'Union ou assimilés à l'Union.

§ 2. — Conditions auxquelles les objets de correspondance sont admis à circuler dans le ressort de l'Union.

Les conditions auxquelles est subordonnée l'admission des objets de correspondance, dans le service international, sont énumérées soit dans la convention, soit dans le règlement.

Cartes postales.

Tous les États contractants ne sont pas tenus d'émettre des cartes postales avec réponse payée, mais tous sont tenus de renvoyer les cartes-réponses qu'ils ont reçues des autres pays de l'Union (C. 2).

Comme dans notre régime intérieur, les dimensions maximum des cartes postales sont fixées à 14 centimètres en longueur et 9 centimètres en largeur. Pas de conditions quant au poids.

Le recto est réservé à l'adresse du destinataire, mais l'expéditeur peut y ajouter son nom et son adresse au moyen d'un timbre, d'une griffe ou de tout autre procédé polygraphique.

Le nom et l'adresse du destinataire peuvent être imprimés sur une étiquette collée au recto de la carte postale.

Sauf cette exception et celle du timbre d'affranchissement, il est interdit de joindre ou d'attacher aux cartes postales des objets quelconques (XV).

Imprimés.

Papiers d'affaires.

Sont considérés comme papiers d'affaires et admis, comme tels, à la modération de port consacrée par l'article 5 *de la convention, toutes les pièces et tous les documents, écrits ou dessinés, en tout ou en partie, à la main, qui* N'ONT PAS LE CARACTÈRE D'UNE CORRESPONDANCE ACTUELLE ET PERSONNELLE, *tels que les pièces de procédure, les actes de tout genre dressés par les officiers ministériels, les lettres de voiture ou connaissements, les factures, les différents documents de service des compagnies d'assurance, les copies ou extraits d'actes sous seing privé écrits sur papier timbré ou non timbré, les partitions ou feuilles de musique manuscrites, les manuscrits d'ouvrages* ou de journaux *expédiés isolément, etc.*

Les papiers d'affaires doivent être envoyés sous bande ou dans une enveloppe ouverte (XV).

Les imprimés périodiques ou non sont soumis à un seul et même tarif.

Sont considérés comme imprimés et admis, comme tels, à la modération de port consacrée par l'article 5 *de la convention, les journaux et ouvrages périodiques, les livres brochés ou reliés, les brochures, les papiers de musique, les cartes de visite, les cartes-adresses, les épreuves d'imprimerie, avec ou sans les manuscrits s'y rapportant, les papiers revêtus de points en relief à l'usage des aveugles, les gravures, les photographies, les images, les dessins, plans, cartes géographiques, catalogues, prospectus, annonces et avis divers imprimés, gravés, lithographiés ou autographiés, et, en général, toutes les impressions ou reproductions obtenues sur papier, sur parchemin ou sur carton, au moyen de la typographie, de la lithographie et de l'autographie, ou de tout autre procédé mécanique facile à reconnaître, hormis le décalque ou la machine à écrire.*

Sont considérés comme faciles à reconnaître les procédés mécaniques désignés par les noms de chromographie, polygraphie, hectographie, papyrographie, vélocigraphie, etc.; mais pour jouir de la modération de port, les reproductions obtenues au moyen de ces procédés doivent être déposées aux guichets des bureaux de poste et au nombre minimum de vingt exemplaires parfaitement identiques (XVII).

Imprimés de valeurs.

Sont exclus de la modération de port, les timbres ou formules d'affranchissement, oblitérés ou non, ainsi que tous imprimés constituant le signe représentatif d'une valeur (XVII).

Ces deux dernières dispositions ont une portée très pratique; elles pourraient être utilement introduites dans notre service intérieur.

Différences entre le régime intérieur et le régime international.

Le régime appliqué aux imprimés, dans le service international, diffère sur plus d'un point du régime en vigueur dans le service français.

Dans les relations internationales, les épreuves d'imprimerie, même avec les manuscrits qui s'y rapportent, sont classées dans la catégorie des imprimés, tandis que dans le régime intérieur, elles sont traitées comme papiers d'affaires.

Dans notre service intérieur, nous n'admettons pas au tarif réduit les communications, même entièrement imprimées, qui ont un caractère personnel à l'égard du destinataire. Une pareille prohibition serait d'une application difficile aux imprimés d'origine étrangère, rédigés dans les langues les plus diverses. Aussi le règlement de l'Union se borne-t-il à interdire les annotations *manuscrites* présentant le caractère de correspondance personnelle.

D'après l'article XVII, *le caractère de* CORRESPONDANCE ACTUELLE ET PERSONNELLE *ne peut pas être attribué aux indications ci-après :*

1° *A la signature de l'envoyeur ou à la désignation de son nom ou de sa raison sociale, de sa qualité, du lieu d'origine et de la date d'envoi ;*

2° *A la dédicace ou à l'hommage de l'auteur ;*

3° *Aux traits ou signes simplement destinés à marquer les passages d'un texte pour appeler l'attention ;*

4° *Aux prix ajoutés ou changés à la main sur les cotes ou prix courants de bourses ou de marchés, sur les catalogues, prospectus et avis divers;*

5° *Aux offres et commandes de livres, sur lesquels on aurait indiqué à la main, soit en biffant, soit en soulignant des textes imprimés, les livres qui sont offerts ou demandés ;*

6° *Aux factures et comptes joints aux imprimés et s'y rapportant;*

7° *Aux imprimés portant des corrections d'erreurs typographiques;*

8° *Enfin, aux annotations ou corrections faites sur les épreuves d'imprimerie ou de composition musicale et se rapportant au texte ou à la confection de l'ouvrage.*

Cette énumération est-elle limitative? Nous ne le pensons pas.

Il est à remarquer que les commandes imprimées de livres, admises à circuler au tarif réduit dans le service international, sont considérées, dans le service intérieur, comme des correspondances personnelles.

Les imprimés doivent être soit placés sous bande, sur rouleau, entre des cartons, dans un étui ouvert d'un côté ou aux deux extrémités, ou dans une enveloppe non fermée, soit simplement pliés, de manière à ne pas dissimuler la nature de l'envoi, soit enfin entourés d'une ficelle facile à dénouer. Conditionnement des envois.

Les cartes-adresses et tous imprimés présentant la forme et la consistance d'une carte non pliée peuvent être expédiés sans bande, enveloppe, lien ou pli. Les cartes portant le titre « Carte postale » *ne sont pas admises au tarif des imprimés.* Cartes-adresses.

Pour les imprimés, comme pour les papiers d'affaires, la limite du poids est de 2 kilogrammes. Leurs dimensions ne peuvent excéder 45 centimètres sur aucun de leurs côtés (C. 5). Dispositions communes aux imprimés et aux papiers d'affaires.

Cependant on admet les rouleaux d'imprimerie d'une longueur supérieure à 45 centimètres, lorsqu'ils sont susceptibles d'être contenus dans un cube de 45 centimètres de côté.

Les échantillons de marchandises ne sont admis à bénéficier de la modération de port qui leur est attribuée par l'article 5 *de la convention que sous les conditions suivantes :* Échantillons de marchandises.

1° *Ils doivent être placés dans des sacs, des boîtes ou des enveloppes mobiles, de manière à permettre une facile vérification;*

2° *Ils ne peuvent porter aucune écriture à la main, autre que le nom ou la raison sociale de l'envoyeur, l'adresse du destinataire, une marque de fabrique ou de marchand, des numéros d'ordre, des prix, et des indications relatives au poids, au métrage et à la dimension, ainsi qu'à la quantité disponible, ou celles qui sont nécessaires pour préciser la nature ou la provenance de la marchandise;*

3° Ils ne doivent avoir aucune valeur marchande.

A la différence de ce qui se pratique dans notre régime intérieur, on n'admet à circuler par la poste, dans les relations internationales, que les échantillons véritables, c'est-à-dire les envois ayant réellement le caractère de spécimens : ce sont des fragments, des articles dépareillés ou incomplets, destinés à faire connaître la pièce dont ils proviennent ou le type qu'ils représentent; ou bien des matières textiles, des grains, des farines, expédiés en trop petite quantité pour être considérés comme des envois de marchandises effectués en vertu d'une commande et devant entraîner un payement à la charge du destinataire.

Les coupons de tissus d'une certaine dimension et les objets entiers ne peuvent être expédiés comme échantillons par la poste qu'autant qu'ils ont été lacérés ou détériorés et ont ainsi perdu toute valeur commerciale.

Même les objets dépareillés, tels qu'un bas, un gant, une chaussure, lorsqu'ils sont à destination de l'Allemagne, de l'Autriche-Hongrie, des Pays-Bas, de l'Espagne, de la Suisse, ne peuvent être expédiés isolément qu'autant qu'ils ont été détériorés et mis hors d'usage.

Tous les efforts tentés par l'administration française pour faire prévaloir une interprétation plus libérale des conditions relatives à l'admission des échantillons dans le service international ont échoué devant la résistance des offices étrangers, résistance qui se couvre habituellement du prétexte des droits de douane, mais qui est probablement inspirée aussi par une pensée de protection à l'égard des industries nationales.

L'administration française a été plus heureuse en ce qui concerne l'admission dans le service postal des échantillons de liquides, corps gras, poudres colorantes, etc., qui sont exclus en principe par l'article 5 de la convention, comme étant de nature à salir ou à détériorer la correspondance. Certains offices, comme l'Allemagne, les États-Unis, qui se refusaient autrefois à les laisser circuler dans leur service, les admettent aujourd'hui, sous les conditions d'emballage prescrites dans notre service intérieur. Ces conditions sont indiqués au § 22 des *Observations préliminaires du Tarif international des postes.*

L'article 15 de la convention limite à 250 grammes le poids des échantillons; il fixe le maximum de leurs dimensions à 20 centimètres en longueur, 10 centimètres en largeur et 5 en hauteur.

Des conventions particulières ont élevé ces limites : pour le poids, à 350 grammes; pour les dimensions, à 30 centimètres en longueur, 20 en largeur et 10 en hauteur, dans les relations entre la France, d'une part, et la Belgique, l'Espagne, les États-Unis, la Grande-Bretagne, Gibraltar, la Grèce, le Luxembourg, le Portugal, la République Argentine et la Suisse, d'autre part; mais, en aucun cas, le poids des échantillons de soie grège ou filée ne peut dépasser 100 grammes, ni celui des échantillons de graines de vers à soie, plus de 15 grammes.

Dans les rapports avec les colonies françaises, les limites maxima sont : 350 grammes pour le poids et 30 centimètres, sur chaque face, pour les dimensions, comme en France.

On admet, comme échantillons, dans les relations franco-coloniales, même les objets ayant une valeur marchande, à l'exclusion de ceux qui sont passibles de droits de douane.

§ 3. — Affranchissement.

Conditions de validité des figurines d'affranchissement.

L'affranchissement des envois de toute nature ne peut avoir lieu qu'en timbres-poste valables dans le pays d'origine.

Les cartes postales avec réponse payée font seules exception à cette règle.

A cet égard, les colonies françaises sont considérées comme pays étrangers. Les correspondances qui en sont originaires ne sont pas considérées comme valablement affranchies lorsqu'elles sont revêtues de timbres-poste métropolitains. Il en est de même des lettres de la métropole pour les colonies qui seraient affranchies en timbres-poste coloniaux.

Cette règle, dont le public ne comprend pas toujours les motifs, s'impose comme une conséquence de l'autonomie des colonies en matière financière. Les recettes et les dépenses de leur service postal sont imputées sur les budgets locaux; les colonies ont droit, comme la métropole, à l'intégralité des perceptions correspondant aux affranchissements opérés sur leur territoire; ce serait porter atteinte au principe de la spécialité des budgets et établir une confusion fâcheuse dans les recettes que d'autoriser l'échange des timbres-poste entre la métropole et les colonies. Il serait même utile, à ce point de vue, que les colonies françaises adoptassent chacune un type particulier de timbres-poste, comme les colonies anglaises. Les mêmes motifs, indépendamment de la diversité des systèmes monétaires, s'opposent à ce que la proposition d'adopter un seul type de timbres-poste dans les relations internationales, souvent mise en avant dans la presse et dans le public, puisse aboutir.

L'affranchissement en numéraire n'est pas admis dans les relations internationales.

§ 4. — Interdictions (C. 11).

L'article 11 de la convention réserve aux gouvernements des États contractants *le droit de ne pas effectuer, sur* leur *territoire, le transport ou la distribution tant des objets jouissant de la modération de taxe à l'égard desquels il n'a pas été satisfait aux ordonnances ou décrets qui règlent les conditions de leur publication ou de leur circulation* sur ce territoire, *que des correspondances de toute nature portant ostensiblement des inscriptions interdites par les dispositions légales ou réglementaires en vigueur dans le pays.* Imprimés et autres objets dont la circulation est interdite.

Cette clause restrictive permet l'application de l'article 14 de notre loi du 29 juillet 1881 sur la presse, qui donne au gouvernement français le droit d'arrêter, en vertu d'une décision prise en conseil des ministres, les journaux et écrits périodiques d'origine étrangère.

Elles permettent, de même, à la Russie d'empêcher, chez elle, l'introduction par la poste des imprimés (livres, brochures, réclames, annonces, etc.) publiés en langue russe à l'étranger. L'introduction en Russie de ces imprimés étant soumise à des droits de douane ne peut avoir lieu que par la voie des messageries.

La poste autrichienne s'autorise de la même clause pour ne pas admettre les lettres portant des annonces imprimées sur leurs enveloppes; elle renvoie ces lettres aux pays d'origine.

Il est interdit au public d'expédier par la voie de la poste : Objets précieux ou passibles de droits de douane.

1° *Des lettres ou paquets contenant des pièces de monnaie;*

2° *Des envois quelconques contenant des objets passibles de droits de douane;*

3° *Des matières d'or ou d'argent, des pierreries, des bijoux ou autres objets précieux, mais seulement dans le cas où leur insertion ou expédition serait défendue par la législation des pays intéressés.*

Dans le cas où un envoi, tombant sous l'une de ces prohibitions, est livré par une administration de l'Union à une autre administration de l'Union, celle-ci procède de la manière et dans les formes prévues par sa législation ou par ses règlements (C. 11).

La douane peut, en vertu de cette clause, saisir et confisquer les objets introduits en fraude des droits.

Voici les règles adoptées, en France, à l'égard des correspondances internationales présumées contenir des objets prohibés.

Lettres contenant des valeurs payables au porteur.

La convention de l'Union postale universelle n'interdisant pas l'insertion des valeurs-papiers dans les lettres ordinaires, celles à destination de l'étranger qui sont reconnues contenir des valeurs payables au porteur sont transmises, sous chargement d'office, par le bureau d'origine au bureau d'échange, qui les achemine sur le pays de destination comme lettres ordinaires (*Art.* 830 *de l'instruction générale sur le service des postes*). Les bureaux d'échange doivent procéder de même, pensons-nous, à l'égard des lettres originaires de l'étranger, présumées contenir des valeurs payables au porteur.

Lettres contenant des objets prohibés.

Les agents doivent se refuser à soumettre sciemment à la formalité du chargement ou de la recommandation des lettres contenant des matières d'or ou d'argent, des monnaies, des bijoux, des effets précieux, ainsi que des objets passibles de droits de douane, lorsqu'ils en sont avisés par l'expéditeur ou par une annotion portée sur les enveloppes.

Les lettres et autres objets de correspondance trouvés à la boîte, que des signes extérieurs signalent évidemment comme devant contenir des matières d'or ou d'argent, des monnaies, des bijoux ou effets précieux, ou des marchandises passibles de droits de douane, sont rendus aux expéditeurs ou versés en rebut.

Ceux d'origine étrangère présumés, en raison de leur forme, de leur poids ou de leurs dimensions, contenir des objets prohibés, sont dirigés, chargés d'office, par le bureau d'échange réceptionnaire sur le bureau de destination. Le receveur de ce dernier bureau convoque immédiatement le destinataire pour en faire l'ouverture en présence d'un préposé des douanes ou des contributions indirectes (1).

Si la lettre ou le paquet est reconnu ne contenir aucun objet prohibé, il est immédiatement remis au destinataire, et l'on ne dresse qu'un procès-verbal négatif; dans le cas contraire, les objets expédiés en fraude peuvent être saisis. La contravention est constatée alors par un procès-verbal dressé par l'agent des douanes ou des contributions indirectes; une copie de ce procès-verbal est remise au receveur des postes et des

(1) Voir *Bull. mens.* n° 9, septembre 1890, p. 921.

télégraphes qui la transmet au directeur départemental (*Déc. min. du 24 oct.* 1834) (1).

Si le destinataire ne se présente pas, ou si, après s'être présenté, il refuse soit d'accepter, soit d'ouvrir le paquet à son adresse, le receveur des postes dresse un procès-verbal qui constate ce refus, et il verse le paquet en rebut (*Art.* 843 *et* 844 *de l'Instr. générale*).

Les objets de correspondance versés en rebut, dans ces conditions, sont renvoyés par le bureau des réclamations à l'office d'origine.

Correspondances originaires de la zone franche.

On opère de la même manière à l'égard des objets de correspondance originaires de la zone franche, c'est-à-dire des bureaux français des départements de l'Ain et de la Haute-Savoie, qui sont situés en dehors du rayon des douanes (*Décision min. du* 3 *juin* 1876) (2). Les boîtes de valeurs déclarées, notamment, doivent être l'objet de vérifications assez fréquentes, en dehors même des cas où la bonne foi des expéditeurs serait suspectée (3).

§ 5. — **Réexpédition.**

Correspondances internationales.

La réexpédition est gratuite dans le ressort de l'Union. En conséquence, et sauf l'exception prévue ci-après, *les correspondances* internationales *de toute nature adressées dans l'Union à des destinataires ayant changé de résidence sont traitées par l'office distributeur comme si elles avaient été adressées directement du lieu d'origine au lieu de la nouvelle destination.*

Correspondances du service interne des pays de l'Union.

A l'égard des envois du service interne de l'un des pays de l'Union qui entrent, par suite de réexpédition, dans le service d'un autre pays de l'Union, on observe les règles suivantes :

1° *Les envois non affranchis ou insuffisamment affranchis pour leur premier parcours sont traités comme correspondances internationales et frappés, par l'office distributeur, de la taxe applicable aux envois de même nature directement adressés du pays d'origine dans le pays où se trouve le destinataire ;*

2° *Les envois régulièrement affranchis pour leur premier parcours, et dont le complément de taxe, afférent au parcours ultérieur, n'a pas été acquitté avant leur réexpédition, sont frappés, suivant leur nature, par l'office distributeur, d'une taxe égale à la différence entre le prix d'affranchissement déjà acquitté et celui qui aurait été perçu, si les envois avaient été expédiés primitivement sur la nouvelle destination. Le montant de cette différence doit être exprimé en francs et centimes, à côté des timbres-poste, par l'office réexpéditeur.*

(1) *Instruction générale,* p. 1042.

(2) Voir la liste de ces localités dans le *Bull. mens.* n° 88, *supp.*, juillet 1876, *instr.* n° 210, p. 347 et s. Voir aussi les *Bull. mens.* n°s 86 *supp.*, mai 1876, *instr.* n° 204, p. 272 et 273; n° 19, février 1877, *instr.* n° 227, p. 31.

(3) *Bull. mens.* n° 31, mars 1890, *instr.* n° 393, p. 428.

Dans l'un et l'autre cas, les taxes prévues ci-dessus restent exigibles du destinataire, alors même que, par suite de réexpéditions successives, les envois reviennent dans le pays d'origine.

Lorsque des objets primitivement adressés à l'intérieur d'un pays de l'Union et affranchis en numéraire sont réexpédiés à un autre pays, l'office réexpéditeur doit indiquer, sur l'objet, le montant de la taxe perçue en numéraire.

Les objets de toute nature, mal dirigés, sont, sans aucun délai, réexpédiés par la voie la plus prompte sur leur destination.

Les correspondances de toute nature, ordinaires ou recommandées, qui, portant une adresse incomplète ou erronée, sont renvoyées aux expéditeurs pour qu'ils la complètent ou la rectifient, ne sont pas, quand elles sont remises dans le service avec une suscription complétée ou rectifiée, considérées comme des correspondances réexpédiées, mais bien comme de nouveaux envois, et deviennent, par suite, passibles d'une nouvelle taxe (XX).

CHAPITRE IV

RELATIONS DIRECTES ENTRE LES ADMINISTRATIONS POSTALES DE L'UNION

Suppression de tout décompte entre les offices correspondants.

Les relations directes, d'office à office, ont été bien simplifiées depuis la constitution de l'Union postale.

L'article 9 dispose que chaque administration garde en entier les taxes qu'elle a perçues, soit sur les objets affranchis, soit sur les objets non affranchis.

Il n'y a donc plus lieu, de ce chef, à aucun décompte entre les administrations de l'Union.

En dehors de ce point essentiel, l'article 14 de la convention donne aux différentes administrations le droit de *prendre entre elles les arrangements nécessaires au sujet des questions qui ne concernent pas l'ensemble de l'Union, pourvu que ces arrangements ne dérogent pas à la convention.*

Bureaux d'échange.

En vertu de ces dispositions, les offices de l'Union déterminent, par des conventions particulières ou par une simple entente administrative, ceux de leurs bureaux de poste entre lesquels il doit y avoir un échange régulier et périodique de correspondances, la composition des dépêches, et toutes les dispositions de détail qui ne sont pas prévues par le réglement général de l'Union.

Les bureaux sédentaires, ambulants ou maritimes qui sont ainsi désignés pour correspondre directement avec des offices étrangers, et qui centralisent, au départ et à l'arrivée, la correspondance internationale, sont appelés *bureaux d'échange.*

Les opérations de ces bureaux, pour tout ce qui concerne l'expédition, la confection, la réception et la vérification des dépêches, sont régies par les dispositions des articles VI, VII, VIII, IX, X, XII, XIII, XX, XXI du règlement administratif de l'Union.

Transport des dépêches.

L'article 3 de la convention laisse aux administrations des pays limitrophes ou aptes à correspondre directement entre elles, le soin de déterminer, d'un commun accord, les conditions du transport de leurs dépêches réciproques à travers la frontière, ou d'une frontière à l'autre.

Lorsque les dépêches échangées entre les administrations sont transportées par les chemins de fer, chaque administration supporte les frais de ce transport jusqu'à la limite de son territoire ou jusqu'à un point voisin de la frontière qui est déterminé d'un commun accord.

Ainsi, dans les relations avec l'Espagne, l'administration française assure le transport de ses dépêches jusqu'à Irun, première gare espagnole, et l'Espagne assure le transport de ses dépêches jusqu'à Hendaye, première gare française.

Lorsque les dépêches sont transportées par terre, les frais de ce transport entre les bureaux d'échange frontières sont supportés en commun par les deux administrations intéressées.

En général, chaque office contribue à la dépense proportionnellement à la distance parcourue sur son territoire.

Les indemnités à payer, en cas de résiliation des marchés, sont partagées dans la même proportion.

C'est le mode de répartition qui paraît le plus équitable. Il est appliqué dans nos relations avec la Belgique (*Arrangement des* 22-25 *mars* 1879, art. 1), la Suisse (*Arrangement des* 13-15 *octobre* 1879, art. 1), l'Italie (*Arrangement des* 18-20 *novembre* 1875, art. 1) et l'Espagne (*Convention du* 5 *août* 1859, art. 1 et 2).

Dans les relations avec l'Allemagne (*Convention du* 12 *février* 1872, art. 2), chaque administration assure le transport de ses propres dépêches jusqu'au bureau frontière le plus voisin : par suite, la dépense des services établis sur les routes de terre, entre les bureaux d'échange limitrophes, est partagée par moitié.

Dans tous les cas, les marchés pour le transport des dépêches sont passés par celle des deux administrations correspondantes qui trouve à traiter aux conditions les plus avantageuses ; cette administration communique à l'office coïntéressé un double des marchés conclus par elle ; elle fait l'avance de la totalité des frais, sauf remboursement par l'autre administration du montant de sa part contributive, aux époques et suivant le mode de règlement adoptés d'accord entre les deux offices.

Les transports par mer peuvent être assurés à frais communs ou par un seul des offices correspondants.

Dans les relations entre la France et l'Angleterre, les dépêches échangées entre les deux pays sont transportées au moyen de deux services quotidiens de paquebots-poste entre Calais et Douvres.

D'après l'article 1er de la convention franco-britannique du 24 septembre 1856, chacun des deux États assure à ses frais l'un de ces services quotidiens.

Lorsque les services de transport par mer sont assurés par une seule des deux administrations intéressées, comme c'est le cas entre la France et les États-Unis, ces services sont considérés comme services tiers et donnent lieu, au profit de l'administration qui les entretient, à une bonification à titre de frais de transit, aux conditions déterminées par l'article 4 de la convention (C. 3).

L'article 14 de la convention de l'Union donne aux administrations intéressées le droit de s'entendre mutuellement pour l'adoption de taxes réduites, dans un rayon de 30 kilomètres. Rayons limitrophes.

Cette exception au principe de l'unité des tarifs se justifiait autrefois par la nécessité de combattre la fraude consistant à faire passer en dehors de la voie régulière de la poste les correspondances échangées entre des localités assez rapprochées, situées de part et d'autre des frontières.

Le maintien d'une taxe réduite dans les rayons limitrophes a perdu en partie sa raison d'être, à la suite de l'abaissement des tarifs dans les relations internationales ; cependant la convention de l'Union n'a pas cru devoir supprimer cette exception, pour ne pas porter atteinte à un avantage acquis.

D'après les arrangements spéciaux passés avec les offices belge, suisse et espagnol, la taxe des lettres affranchies échangées entre certains bureaux français situés près de la frontière et les bureaux étrangers, dans un rayon de 30 kilomètres en ligne droite par rapport aux premiers, est établie à raison de 20 centimes dans les relations entre la France, la Belgique et la Suisse, et de 15 centimes dans les relations entre la France et l'Espagne.

La taxe n'est que de 15 centimes pour les lettres de la Belgique à destination de la France, circulant dans le rayon limitrophe.

La taxe des lettres non affranchies est fixée uniformément à 30 centimes par 15 grammes dans le rayon limitrophe.

CHAPITRE V

RELATIONS INDIRECTES ENTRE LES ÉTATS COMPRIS DANS L'UNION POSTALE UNIVERSELLE

§ 1er. — Du transit.

Transit.

Les relations entre les administrations postales des pays non limitrophes doivent nécessairement emprunter le territoire ou les services d'offices tiers, à moins qu'elles ne soient assurées par mer, au moyen de services dépendant de l'un des offices correspondants.

Autrefois, chaque pays intermédiaire cherchait à tirer tout le parti possible de sa situation géographique et à se faire acheter au plus haut prix le concours que d'autres administrations ne pouvaient se dispenser de lui emprunter. Le *transit*, c'est-à-dire le passage des correspondances et des dépêches étrangères par le territoire ou les services d'une ou plusieurs administrations, était rémunéré de la manière la plus variable, suivant le poids, l'étendue du parcours et suivant les offices qui avaient à en faire usage.

Comme en matière de tarifs, la constitution de l'Union postale a substitué ici l'uniformité, la simplicité et le bon marché à la complication, on pourrait dire à la confusion des règles et à la cherté des prix.

La proposition de rendre le transit absolument gratuit a été faite à la commission internationale de 1863, et elle a été renouvelée depuis dans les divers congrès postaux : elle a toujours été repoussée comme trop onéreuse pour les États (la France et l'Angleterre, par exemple) qui entretiennent à grands frais des services maritimes postaux et sont, par leur position géographique, les intermédiaires obligés des relations entre les États de l'Europe et les pays d'outre-mer.

Liberté du transit.

Tout d'abord, l'article 3 pose le principe de la liberté du transit dans le ressort entier de l'Union, c'est-à-dire, en réalité, de l'obligation pour tous les États contractants d'assurer le transit.

Les États contractants sont tenus de prêter leur concours, dès qu'il leur est demandé, pour l'acheminement à travers leur territoire ou par leurs services de navigation, de toutes les dépêches ou des correspondances échangées entre d'autres administrations ; ils sont même obligés par l'article 1er, § 1, du règlement de détail, de transmettre ces correspondances ou ces dépêches par les voies les plus rapides dont ils peuvent disposer pour leurs propres envois.

Le transit est dit *à découvert*, lorsque l'office d'origine comprend ses correspondances pour le pays de destination dans ses dépêches pour l'office intermédiaire. L'office intermédiaire reprend ces correspondances et les insère dans ses propres dépêches pour l'office de destination. Transit à découvert.

Le transit est dit *clos*, lorsque les mêmes correspondances sont insérées, par l'office d'origine, dans des dépêches adressées directement au pays de destination, et qui ne font que passer, sans être ouvertes, par le territoire ou les services de l'office intermédiaire. Transit clos.

Le transit à découvert impose à l'office intermédiaire beaucoup plus de peine et de travail que le transit clos.

Dans le premier cas, cet office est obligé de manipuler une à une les correspondances qui lui sont livrées à destination de pays tiers, comme si elles étaient nées sur son propre territoire.

Dans le second cas, il n'a qu'à transmettre par ses services de transport, de l'une à l'autre de ses frontières, comme de véritables colis, les sacs de dépêches qui lui sont livrés par des administrations tierces.

Cependant la convention de l'Union postale établit les mêmes taux de rémunération pour le transit à découvert que pour le transit clos. Cette anomalie est de peu de conséquence, car le transit à découvert a beaucoup perdu de son importance et tend à disparaître des relations internationales. Il est d'ailleurs obligatoire de former des dépêches closes toutes les fois que le nombre des correspondances est de nature à entraver les opérations d'une administration intermédiaire, d'après la déclaration de celle-ci (II, 3).

On distingue en outre, au point de vue du taux de la rémunération, le transit *territorial* et le transit *maritime*.

Le transit territorial donne droit, au profit de chacune des administrations des pays traversés, à une rémunération fixée uniformément à 2 francs par kilogramme de lettres ou de cartes postales, et à 25 centimes par kilogramme d'autres objets, quelle que soit la distance parcourue sur le territoire d'un même État. Transit territorial.

Le transit maritime est gratuit, toutes les fois qu'il n'excède pas 300 milles marins et que l'administration qui assure le transport par mer a déjà droit, du chef des dépêches ou correspondances passant par ses services, à une rémunération pour le transit territorial. Ainsi l'Italie ne peut réclamer, pour les correspondances qui lui sont livrées par la France à destination des îles Ioniennes, que le transit territorial, parce que la distance de Brindisi à Corfou n'est que de 114 milles marins. Mais elle a droit au transit maritime, indépendamment du transit territorial, lorsque des dépêches ou des correspondances empruntent les services de ses paquebots sur un parcours supérieur à 300 milles marins. Transit maritime. 1° Jusqu'à 300 milles marins.

Le transit maritime, pour les parcours de 300 milles marins et au-dessous, est payé à raison de 2 francs par kilogramme de lettres et de 25 centimes par kilogramme d'autres objets, lorsque l'administration qui assure le transport par mer n'a pas déjà droit au transit territorial. Ainsi des correspondances de la France pour la Norvège, qui sont acheminées par les paquebots norvégiens, de Frederikshaven à Christianssand, sont grevées, au profit de la Norvège, du droit de transit maritime de 2 francs ou de 25 centimes par kilogramme, suivant le cas, bien que le trajet parcouru par ses paquebots norvégiens soit inférieur à 300 milles, parce que la Norvège n'a pas droit au transit territorial pour les correspondances nées ou distribuables sur son territoire.

2° Au-dessus de 300 milles marins.

Au-dessus de 300 milles marins, le transit est toujours rémunéré, et le taux de la rémunération varie suivant les parages dans lesquels s'effectue le transport maritime.

a) Dans l'Océan Atlantique nord, dans les mers de l'Europe et dans la Méditerranée.

Le traité de Berne avait fixé, au maximum, à 6 fr. 50 par kilogramme de lettres et à 50 centimes par kilogramme d'autres objets de correspondance, la rémunération du transit maritime ; ces prix n'étaient applicables qu'à la navigation dans les mers du nord de l'Europe, dans la Méditerranée et dans la partie nord de l'océan Atlantique.

La convention de Paris a réduit à 5 francs par kilogramme le prix du transit pour les lettres. La rémunération de 5 francs par kilogramme, pour les lettres, ou de 50 centimes, pour les autres objets de correspondance, est acquise à chacun des offices qui participent au transport maritime, sans que le total, par kilogramme, des bonifications dues à ces offices puisse excéder les prix ci-dessous.

b) En dehors de ces limites.

En dehors des parcours dans les mers de l'Europe, dans la Méditerranée ou dans la partie nord de l'océan Atlantique, le transit maritime donne droit, au profit des administrations qui l'assurent, à une rémunération qui ne peut excéder 15 francs par kilogramme de lettres et 1 franc par kilogramme d'autres objets. Lorsque le transport maritime est effectué par deux ou plusieurs administrations, cette rémunération est répartie entre elles au prorata des parcours effectués, à moins d'arrangements contraires entre les parties intéressées.

§ 2. — Services extraordinaires pour le transport des dépêches.

Nomenclature des services extraordinaires de transport, donnant lieu à une rénumération exceptionnelle.

Les prix fixés par l'article 4 de la convention ne s'appliquent pas aux transports effectués dans l'Union au moyen de services extraordinaires spécialement créés ou entretenus par une administration, soit dans l'intérêt, soit sur la demande d'une ou plusieurs autres administrations intéressées.

L'article III du règlement de détail donne la liste des services extraordinaires qui rentrent dans cette catégorie. Ce sont :

1° *Ceux qui sont entretenus pour le transport territorial accéléré de la Malle dite* des Indes ;

2° *Celui que l'administration des postes des États-Unis d'Amérique entretient sur son territoire pour le transport des dépêches entre l'océan Atlantique et l'océan Pacifique ;*

3° *Celui qui est établi pour le transport des dépêches par le chemin de fer entre Colon et Panama.*

On désigne sous le nom de *malle des Indes* ou de *malle de l'Inde* l'ensemble des dépêches que l'Angleterre échange, au moyen de ses paquebots, une fois par semaine, avec l'Égypte, les Indes et l'Australie; toutes les deux semaines, avec la Chine et le Japon; toutes les quatre semaines avec l'Afrique orientale. Cette malle emprunte la voie de terre, à partir de Calais, jusqu'au port de la Méditerranée où elle est embarquée sur les paquebots anglais ou débarquée par ces paquebots. Malle de l'Inde (1). Historique.

Avant 1839, la malle anglaise de l'Inde était transportée, sur tout son trajet, par les paquebots britanniques et suivait la route du Cap. Une lettre mettait alors quatre mois pour parvenir d'Europe aux Indes.

En 1835, les Anglais ayant occupé Aden, et la mer Rouge ayant été ouverte à la navigation, le lieutenant Thomas Waghorn démontra la possibilité d'abréger considérablement la durée du trajet, en acheminant la malle par la voie de l'isthme de Suez.

Dans ce but, l'Angleterre conclut avec la France, le 10 mai 1839, une convention aux termes de laquelle nous nous engagions à transporter cette malle sur notre territoire, depuis Calais jusqu'à Marseille, et au moyen de nos paquebots, de Marseille à Alexandrie.

Le service fut inauguré le 13 août 1839. Le trajet de Calais à Marseille exigeait alors 102 heures; la traversée de la Méditerranée devait se faire en 300 heures à l'aller, en 345 au retour. La malle empruntait ensuite le territoire égyptien jusqu'à Suez; elle était transportée par des barques, entre Alexandrie et le Caire (voie du canal Mahmoudieh et du Nil), et par des dromadaires entre le Caire et Suez; à partir de 1858, ce trajet fut effectué par chemin de fer. A Suez, la malle était prise par les paquebots anglais qui la conduisaient à Bombay.

A partir du 1er juin 1843 (convention du 3 avril), les dépêches anglaises pour l'Inde furent transportées à travers la France par les malles-postes, et la durée du trajet par terre fut réduite à 72 heures en été, 89 en hiver. Le 15 avril 1855, la malle pu être transportée par les chemins de fer sur tout le parcours de Calais à Marseille, sauf dans la traversée de Paris et de Lyon.

Jusqu'en 1870, la France resta en possession de ce transit; mais les communications entre Calais et Marseille ayant été interrompues pendant la guerre franco-allemande, le gouvernement britannique dut s'assurer une autre voie pour le passage de la malle.

A partir du 17 septembre 1870, elle fut débarquée à Ostende; de là elle traversait le territoire de la Belgique et de l'Allemagne par Bruxelles, Herbesthal, Cologne, Munich, entrait en Italie par le Brenner et allait s'embarquer à Brindisi, où les paquebots anglais avaient transféré leur tête de ligne postale (2), précédemment fixée à Marseille.

L'achèvement du tunnel du mont Cenis (16 octobre 1871) permit à la

(1) Voir, sur le service de la malle de l'Inde, un article paru dans le *Correspondant* du 25 février 1887.

(2) Dès le 2 octobre 1869, une malle supplémentaire avait été expédiée par le mont Cenis, qu'elle traversait au moyen du chemin de fer à rampes tournantes Brassey-Fall. Cette malle était embarquée à Brindisi.

France de ressaisir ce transit à partir du 6 janvier 1872. Mais elle a dû, pour le conserver, consentir des réductions successives sur les prix de transit payés par l'Angleterre, en même temps qu'elle s'imposait de plus grands sacrifices pour accélérer la marche des trains qui transportent la malle.

Prix de transit. En 1870, l'Angleterre payait à la France, pour le transit territorial de la malle de l'Inde :

35 fr. 31 par kilogramme de lettres,
1 fr. 10 par kilogramme d'autres objets de correspondance.

En 1872, ces prix furent réduits à :

15 fr. 52 pour les lettres,
0 fr. 605 pour les journaux,
1 fr. 21 pour les autres imprimés et les échantillons.

A partir du 1er février 1880, nouvelle réduction : l'Angleterre ne paye plus à la France que :

10 francs par kilogramme de lettres,
0 fr. 50 par kilogramme d'autres objets.

En vertu d'arrangements plus récents (1), ces prix ont encore été abaissés. De 1888 à 1890, l'Angleterre n'a plus payé que :

6 francs pour les lettres,
0 fr. 40 pour les autres objets.

Depuis le 1er janvier 1890, elle paye :

5 fr. 90 pour les lettres.
0 fr. 35 pour les autres objets.

Ce tarif spécial n'est applicable que jusqu'à concurrence du poids des dépêches transportées en 1886 (lettres, 106,203 kilogrammes 420 ; autres objets, 1,021,389 kilogrammes 857), l'excédent devant être rémunéré aux conditions ordinaires du transit territorial, à raison de 2 francs par kilogramme de lettres et de 25 centimes par kilogramme d'autres objets. D'autre part, l'Angleterre garantit à la France un minimum de produit brut de 30,000 £ par an (756,000 fr.). L'Angleterre a obtenu des réductions correspondantes sur les prix du transit italien, qui a été successivement abaissé de 10 francs à 6 fr. 50, à 4 fr. 80, puis à 4 fr 70 pour les lettres; de 0 fr. 50 à 0 fr. 375, à 0 fr. 325 et à 0 fr. 30 pour les autres objets de correspondance.

Délais et moyens de transport. Parallèlement à cette réduction des droits de transit, les conditions du transport ont été améliorées. En 1855, le trajet de Calais à Marseille exigeait 37 heures et demie ; en 1869, 29 heures, pour une distance de 1,105 kilomètres, soit en dernier lieu 38 kilomètres par heure, en moyenne. En 1872, le trajet de Calais à Modane exigeait, pour 1,000 kilomètres,

(1) Le dernier a été approuvé par décision ministérielle du 8 juillet 1889.

22 heures 21, soit 44 kilomètres à l'heure, temps d'arrêt compris. A partir du 1er novembre 1881, par suite de la suppression du transbordement à Paris et de l'emploi de trains extraordinaires sur tout le parcours, la durée du trajet, sur le territoire français, a été réduite à 20 heures et demie, soit 50 kilomètres à l'heure. A partir du 22 novembre 1884, le passage de la malle par le chemin de fer de grande ceinture, depuis la gare de Pierrefitte jusqu'à celle de Villeneuve-Triage, où elle rejoint le réseau de Lyon, a réduit cette durée à 19 h. 25. Elle n'est plus aujourd'hui que de 18 h. 12, ce qui représente une vitesse d'environ 55 kilomètres à l'heure, arrêts compris. Sur le territoire italien, la marche des trains est moins rapide : les 1,199 kilomètres qui séparent Modane de Brindisi sont franchis en 24 heures 41, soit environ 50 kilomètres à l'heure seulement.

Frais d'exploitation.

Cette amélioration des conditions du transport a mis à la charge de notre administration des dépenses qui ont été toujours croissant.

Jusqu'en 1880, le Post office faisait deux expéditions de ses correspondances pour l'Inde et les pays d'Orient : un premier envoi, comprenant surtout les objets volumineux et lourds, était embarqué directement à Southampton sur les paquebots de la compagnie Péninsulaire, et dirigé, par le détroit de Gibraltar, sur Suez, où il rejoignait la deuxième portion de la malle expédiée plusieurs jours après par la voie de Brindisi. A partir de 1880, en échange d'une réduction de nos prix de transit, le Post office s'est engagé à tout diriger par cette dernière voie (1). En même temps, les relations postales avec les pays d'Orient, et surtout avec l'Australie, se sont développées, et le poids total des dépêches transportées par le service exceptionnel de la malle de l'Inde, qui s'était élevé, en 1879, à 331,366 kilogrammes, a atteint en 1888, le chiffre de 1,253,786 kilogrammes. Le poids de chaque malle, à l'aller, est en moyenne de 20 tonnes. Son transport exige l'emploi, à chaque voyage, de 7 ou 8 fourgons spéciaux qu'on nomme *allèges*; chaque allège peut contenir 200 sacs. Les voitures effectuent sans transbordement le trajet de Calais à Brindisi. Au retour, le volume et le poids des dépêches sont naturellement moins considérables.

Pour transporter cette masse de correspondances, l'administration française a dû faire construire, à partir de 1880, de nouvelles voitures allèges. Le nombre de ces voitures est actuellement de 27, non compris les vagons-poste affectés au service du bureau ambulant de Paris à Modane.

Les recettes du transit n'ont pas suivi la même progression que le volume des dépêches et que les dépenses d'exploitation, à cause des réductions successives du taux de la rémunération ; les produits sont, au contraire, notablement inférieurs à ce qu'ils étaient il y a dix ans.

(1) En vertu du dernier arrangement approuvé par décision ministérielle du 8 juillet 1889, le Post office s'est réservé le droit de diriger à l'avenir les imprimés par la voie de Gibraltar, et de faire réexpédier de Brindisi ou de Naples, par les trains ordinaires, les malles de l'Australie pour l'Europe. En même temps, l'administration française a pris à sa charge les frais du transbordement à Calais, évalués à 25,000 francs environ.

Voies concurrentes. La France a toujours attaché du prix à conserver le transit de la malle de l'Inde, et ses voisins ont toujours convoité cet important trafic, non pas à cause du bénéfice immédiat qu'il peut procurer et qui est bien réduit aujourd'hui, mais pour des considérations d'un ordre plus élevé. C'est une opinion généralement établie que les nouvelles voies ouvertes au transport rapide et régulier des correspondances ne tardent pas à déterminer un trafic important de voyageurs et de marchandises.

Le transit de la malle de l'Inde, depuis cinquante ans, a constamment emprunté le territoire français, sauf de 1870 à 1872, par suite de circonstances exceptionnelles. Il devait naturellement nous revenir après le percement du mont Cenis. Lorsqu'elle fut ouverte, la voie du mont Cenis était la route la plus courte pour aller de Londres à Brindisi. Son emploi faisait gagner 202 kilomètres et 26 heures sur celui de la voie du Brenner.

Voie du St-Gothard. Mais le tunnel du Saint-Gothard a été percé ; on a ainsi livré à la circulation une nouvelle voie concurrente plus courte de 75 kilomètres que celle du mont Cenis, passant par Ostende, Bruxelles, Luxembourg, Metz, Strasbourg, Bâle et Milan.

Il y a, en effet, de Londres à Brindisi :

Par Ostende, Cologne et le Brenner.	2,566 km, 5 ;
Par Calais et le mont Cenis	2,364 km, 5 ;
Par Ostende et le Saint-Gothard	2,289 km, 3.

La comparaison, au point de vue de la distance kilométrique, est à l'avantage de la voie du Saint-Gothard, mais cette différence est compensée par la supériorité de la marche des trains français. L'organisation de trains spéciaux d'Ostende à Brindisi exigerait le concours des administrations des chemins de fer de la Belgique, de l'Alsace-Lorraine, de la Suisse et de l'Italie ; il serait difficile à ces administrations de s'entendre pour établir un service capable de lutter de vitesse avec le service franco-italien. Les rampes du Saint-Gothard sont d'un accès difficile ; enfin le trajet de Douvres à Ostende exige 4 heures et demie pour franchir 115 kilomètres, tandis que celui de Douvres à Calais ne demande que 1 h. 45 pour 42 kilomètres. La traversée de la mer du Nord étant pénible par les mauvais temps, cette dernière différence a une réelle importance : il arrive quelquefois que des tempêtes d'une violence exceptionnelle interrompent momentanément la communication entre Douvres et Ostende, et que les dépêches de l'Angleterre pour la Belgique et les pays du Nord doivent transiter par Calais.

D'un autre côté, l'emploi de la voie d'Ostende et du Saint-Gothard pour le transport de la malle de l'Inde exigerait le concours de quatre offices postaux, la Belgique, l'Allemagne, la Suisse et l'Italie, au lieu de deux seulement, la France et l'Italie. Ces quatre offices, obligés de pourvoir à la formation de trains spéciaux, ne pourraient se contenter de la rémunération ordinaire de 2 francs par kilogramme de lettres et de 25 centimes par kilogramme d'autres objets, prévue par l'article 4 de la convention de l'Union ; cependant, même avec ce taux réduit, le transport de la malle par la voie d'Ostende et du Saint-Gothard occasionnerait au Post office une dépense supérieure à celle qui résulte pour lui de l'emploi de la voie franco-italienne (8 francs par kilogramme de lettres au lieu de 10 fr. 60, 1 franc par kilogramme d'autres objets au lieu de 0 fr. 65 ; le poids de ces objets est à celui des lettres dans la proportion de 10 à 1). Enfin, alors même qu'elle devrait emprunter à l'avenir la voie du Saint-Gothard, la malle de l'Inde aurait encore intérêt à passer par la France. Il n'y a en effet de Londres à Brindisi par la voie du Saint-Gothard, que :

2,300 kilomètres, en passant par Amiens, Chaumont.
2,257 kilomètres, en passant par Lille et Nancy.

Voie de Salonique.

Une autre voie concurrente paraît devoir prochainement s'ouvrir pour le transit postal des dépêches échangées avec l'Extrême-Orient, par suite de la mise en exploitation, depuis 1888, de la voie ferrée de Belgrade à Salonique. Cette voie est plus longue que celle de Brindisi et même que celle de Marseille ; mais on sait que les correspondances, comme les voyageurs, recherchent la voie de terre de préférence à la voie de mer, à cause des avantages qu'offre la première sous le rapport de la rapidité, de la régularité et de la commodité des voyages. Il y a tendance à abréger autant que possible la durée des traversées et à choisir comme lieu d'embarquement ou de débarquement, pour les dépêches, les ports les plus rapprochés des pays de destination. C'est pour cela que Brindisi a supplanté Marseille en 1870.

Pour les mêmes motifs, lorsque le port de Salonique a été relié au réseau ferré de l'Europe centrale, on a pensé qu'il pourrait, à son tour, se substituer à Brindisi comme tête de ligne des services maritimes postaux vers l'Extrême-Orient. La distance de Salonique à Port-Saïd n'est, en effet, que de 768 milles seulement, tandis que celle de Brindisi à Port-Saïd est de 943 milles.

En prévision de cette éventualité, le Post office britannique, traitant, en 1888, avec la compagnie Péninsulaire et Orientale pour le renouvellement de la concession du service maritime postal anglo-indien, s'est réservé la faculté de faire passer par Salonique, à l'aller comme au retour, tout ou partie de ses malles actuellement embarquées ou débarquées à Brindisi. De même, le gouvernement français traitant, le 30 juin 1886, avec les Messageries maritimes, avait stipulé l'établissement d'un service annexe de Salonique à Port-Saïd, en coïncidence, dans ce dernier port, avec le passage des paquebots de la grande ligne de l'Indo-Chine. On supposait pouvoir diriger utilement, par cette nouvelle voie, un courrier supplémentaire, vingt-quatre heures après l'envoi principal expédié de Paris sur Marseille.

Ni la France, ni l'Angleterre n'ont eu lieu de se prévaloir de ces clauses de leurs contrats avec les compagnies maritimes. Les routes de Londres et de Paris à Port-Saïd par Salonique sont, en effet, beaucoup plus longues, respectivement, que celles de Londres et de Paris à Port-Saïd par Brindisi et Marseille.

		PARCOURS		TOTAL.
		Par terre.	Par mer.	
		k.	k.	k.
Londres à Port-Saïd,	par Paris et Marseille....	1291.5	2826	4117.5
	par Calais et Brindisi....	2322	1789	4111
	par Ostende et Salonique.	2737.5	1537	4274.5
Paris à Port-Saïd	par Marseille...........	863	2783	3646
	par Brindisi............	1893.4	1746.4	3639.8
	par Salonique...........	2695	1422	4117

Il est vrai que la voie de Salonique comporte un parcours maritime moins considérable que les deux autres, et qu'on va presque deux fois aussi vite par terre que par mer.

Mais, en admettant que l'on pût organiser entre Ostende et Salonique des trains aussi rapides que ceux de la malle de l'Inde, on arriverait à peine à gagner une ou deux heures dans le trajet de Londres à Port-Saïd (1). Entre Paris et Port-Saïd, l'emploi de la voie de Salonique ferait gagner trente heures environ sur la voie de Marseille (2); il ne ferait rien gagner sur celle de Brindisi (3). Une pareille éventualité ne paraît,

(1) De Londres à Ostende par Douvres, la distance est de 237 kil. 5, qu'on parcourt actuellement en .... 6 h. 30'

Entre Calais et Brindisi, il y a 2199 kil. 3, que l'en franchit en 42 h. 35' (vitesse moyenne, 51 kil. 6 à l'heure);

D'Ostende à Salonique, la distance est de 2615 kil. Si les trains marchaient à la vitesse du service spécial de la malle de l'Inde, cette distance serait franchie en 50 h. 40'

Il faut ajouter, pour le transbordement à Ostende........................ 1

— — à Salonique........................ 2

— pour le trajet de Salonique à Port-Saïd (768 milles à raison de 13 à l'heure) 59

Total................ 119 h. 10'

Durée actuelle du trajet de Londres à Brindisi........... 47 h. 35'

Transbordement à Brindisi............................ 2

Parcours de Brindisi à Port-Saïd (930 milles, à raison de 13 à l'heure).. 71 h. 32'

121 h. 7' — 121 h. 7'

En moins par la voie de Salonique.................................. 1 h. 57'

(2) *Voie de Marseille.* — Le paquebot de l'Indo-Chine, qui fait 13 milles à l'heure, arrive normalement à Port-Saïd le vendredi à 10 heures du soir, avec les dépêches expédiées par le train parti de Paris le samedi à 9 h. 15 du soir. Durée totale du trajet... 145 heures.

Voie de Salonique. — La distance de Paris à Salonique est de 2,695 kil. Si l'on pouvait organiser sur ce parcours des trains spéciaux marchant à la vitesse des trains de Paris à Brindisi (50 kil. à l'heure), il faudrait employer pour la franchir.. 54 h.

Auxquelles il faudrait ajouter :

1° Le délai nécessaire pour le transbordement à Salonique.. 2

2° La durée de la traversée de Salonique à Port-Saïd....... 59

Total............. 115 h. — 115 heures.

Différence à l'avantage de la voie de Salonique........................ 30 heures.

(3) *Voie de Brindisi.* — Le service de la malle de l'Inde met actuellement 10 heures pour franchir les 1893 kil. 4 de Paris à Brindisi................ 37 h. 50'

Auxquels il faut ajouter :

1° Le délai nécessaire pour le transbordement à Brindisi............ 2

2° La durée de la traversée de Brindisi à Port-Saïd (13 n. de vitesse). 71 h. 32'

Total................. 111 h. 22'

Par la voie de Salonique on mettrait au moins.... .... 115 h.

Différence à l'avantage de la voie de Brindisi........................ 3 h. 38'

d'ailleurs, pas près de se réaliser ; il s'écoulera encore bien longtemps avant qu'il soit possible de faire circuler des trains rapides sur les lignes hongroises, serbes et turques, encore imparfaitement établies, insuffisamment outillées, et exploitées en voie unique.

Au point de vue du transit postal, l'emploi de la voie de Salonique obligerait l'Angleterre à rémunérer le concours de cinq offices (Belgique, Allemagne, Autriche-Hongrie, Serbie, Turquie), tandis qu'en se servant de la voie de Brindisi, elle ne décompte qu'avec deux offices, l'Italie et la France. En expédiant par Brindisi, la France ne décompte qu'avec l'Italie ; lorsqu'elle fait suivre à ses dépêches la voie de Marseille et de ses propres paquebots, elle n'utilise les services d'aucun office tiers ; par la voie de Salonique, elle aurait à rémunérer le concours de quatre offices. L'établissement d'un service de paquebots français entre Salonique et Port-Saïd, prévu par la convention conclue avec les Messageries maritimes, lui imposerait, en outre, une dépense annuelle de 258,438 francs. Avec la marche actuelle des trains, l'emploi de la voie de Salonique ne réaliserait que dix heures d'avance sur celle de Marseille. Le résultat serait insignifiant. Il ne justifierait pas les sacrifices qu'il nous imposerait, d'autant moins que la France n'a aucun intérêt à détourner du port de Marseille le courant des voyageurs et des dépêches au profit d'une voie concurrente et soumise à l'influence austro-allemande.

L'ouverture de la voie maritime de Salonique à Port-Saïd, au transit des malles à destination de l'Extrême-Orient, ne profiterait qu'aux États de l'Europe centrale (1). Ceux de l'Europe occidentale continueront vraisemblablement à lui préférer la voie de Brindisi ou même celle de Marseille.

Alors même qu'il entrerait dans les vues de l'Angleterre de substituer Salonique à Brindisi, comme tête de ligne de ses paquebots-poste dans la Méditerranée, elle aurait encore intérêt à faire passer ses dépêches par Calais au lieu d'Ostende, ce qui augmenterait de 180 kilomètres le parcours total (2), mais assurerait le transport rapide et régulier de la malle. La France conserverait probablement encore, dans ce cas, le transit de la malle entre Calais et Avricourt.

Il ne semble donc pas que la grande route postale de Calais à Brindisi soit menacée d'une concurrence sérieuse par l'ouverture des chemins de fer de Belgrade à Salonique.

(1) Il a été question récemment de faire partir de Salonique, au lieu de Brindisi, les vapeurs du Lloyd brémois subventionnés par l'Allemagne. Il y a :

		PARCOURS		TOTAL.
		Terrestre.	Maritime.	
		kil.	kil.	kil.
De Berlin à Port-Saïd	par Brindisi	1998	1746	3744
	par Salonique	2067	1422	3489
De Vienne à Port-Saïd	par Brindisi	1517	1746	3263
	par Salonique	1371	1422	2793

(2) De Calais à Salonique par Hirson, Mézières, Nancy, Strasbourg, Vienne, etc., 2,868 kilomètres.

De Londres à Port-Saïd par Calais, Hirson, Salonique, 3,355 kilomètres.

Elle le sera, le jour où l'on prolongera vers l'Inde, à travers la Turquie d'Asie et la Perse, le chemin de fer qui aboutit à Constantinople et qui atteindra bientôt Angora, dans l'Asie Mineure; ou bien lorsque la Russie poussera jusqu'aux frontières de la Chine les lignes de son réseau asiatique, qui ont aujourd'hui pour points terminus Samarcande, Orenbourg et Tioumen.

Chemin de fer du Pacique.

Le chemin de fer transcontinental de New-York à San-Francisco a été compris par le congrès de Berne parmi les services extraordinaires donnant droit à une rémunération spéciale pour le transit postal. Cette décision était justifiée à la fois par la longueur exceptionnelle de cette ligne ferrée et les garanties d'intérêt que le gouvernement des Etats-Unis avait accordées à l'entreprise.

La voie de San-Francisco est employée, concurremment avec celle de Suez, pour le transport des dépêches que l'Europe échange avec le Japon, la Chine et l'Australie. Les prix du transit américain sont : 6 francs par kilogramme de lettres, et 2 francs par kilogramme d'autres objets de correspondance. Le trajet de New-York à San-Francisco s'effectue en 108 heures 45 minutes; en sens inverse, les trains-postes emploient 121 heures pour franchir la même distance (1).

Jusqu'à une époque assez récente, le chemin de New-York à San-Francisco était la seule voie ferrée reliant les deux océans, à travers l'Amérique du Nord. Aujourd'hui, il existe plusieurs lignes concurrentes; le Pacific canadien, ouvert en 1887, commence à disputer à la voie de San-Francisco (Central Pacific) une partie du transit des dépêches échangées entre l'Europe et l'Asie.

Chemin de fer de Colon à Panama.

Le troisième service pouvant donner lieu à des frais exceptionnels est le chemin de fer de Colon à Panama. Cette voie est utilisée pour le transport, à travers l'isthme, des dépêches à destination ou provenant des républiques américaines du Pacifique : elle est le trait d'union entre les paquebots transatlantiques qui aboutissent à Colon et ceux qui, partant de Panama, desservènt le littoral du Pacifique en remontant vers le nord jusqu'à San-Francisco ou en descendant vers le sud jusqu'à Valparaiso. Le gouvernement colombien a fait, du classement de cette voie parmi les services extraordinaires de transport de dépêches donnant lieu à une rémunération spéciale, une condition *sine qua non* de son entrée dans l'union. Les prix du transit sont : 2 fr. 52 par kilogramme de lettres, et 0 fr. 92 par kilogramme d'autres objets de correspondance.

§ 3. — Règlement des frais de transit. — Bases du règlement. — Statistique.

Le payement des frais de transit incombe à l'administration du pays d'origine des correspondances (C. 4.)

Le décompte de ces frais a lieu sur la base de relevés statistiques dres-

(1) Rapport du postmaster général des États-Unis pour l'exercice 1888-1889.

sés, tous les trois ans, pendant les vingt-huit premiers jours de mai ou de novembre (alternativement) de la deuxième année de chaque période triennale, pour sortir leurs effets rétroactivement à partir de la première année (XXII). Voici comment on procède :

Transit à découvert.

Pour le transit à découvert, le bureau d'échange expéditeur inscrit sur une formule du modèle E (1), qu'il insère dans sa dépêche, le poids net en grammes, par pays de destination, des correspondances qu'il livre à l'office intermédiaire, pour être réexpédiées sur d'autres pays de l'Union. Le bureau d'échange de l'office intermédiaire contrôle et rectifie, s'il y a lieu, les déclarations de l'office expéditeur (XXIII). Les poids constatés et acceptés servent de base au décompte de la rémunération due à l'office intermédiaire, d'après la moyenne des prix afférents aux différentes voies par lesquelles les correspondances peuvent être transmises.

Pour établir cette moyenne, l'office intermédiaire dresse préalablement et communique à ses correspondants un tableau modèle D (2) contenant la liste des pays à destination desquels des correspondances peuvent lui être livrées. Il indique, en regard de chaque pays, les diverses voies d'acheminement susceptibles d'être employées, les prix de transit afférents à chacune d'elles, et la moyenne de ces prix.

Ainsi, les offices d'Angleterre, d'Espagne, de Portugal et des pays d'outre-mer peuvent comprendre, dans leurs dépêches pour la France, des correspondances à destination de l'Allemagne. Sur le tableau D qu'elle envoie à chacun de ces offices, la France établira comme suit le prix moyen des frais de transit qui lui sont dus pour ces correspondances :

NUMÉROS D'ORDRE	PAYS DE DESTINATION ou de sortie.	VOIES D'ACHEMINEMENT	PRIX DE TRANSIT PAR KILOGRAMME. Lettres et cartes postales	Autres objets	POUR LE PARCOURS par
			fr. c.	fr. c.	
1	Allemagne.....	Voie de Belgique ou d'Erquelines......	4 00	0 50	France, Belgique.
		Relations directes : (Voies d'Audun-le-Roman, de Pagny, d'Avricourt ou de Belfort)...........	2 00	0 25	France.
		PRIX MOYEN..............	3 00	0 375	

Ces prix sont également applicables aux relations entre les États-Unis et la France.

Si des correspondances pour l'Allemagne étaient comprises dans les dépêches que certains offices d'outre-mer forment pour les agents embar-

(1) Voir les modèles à la suite du règlement de détail de l'Union.
(2) Voir les modèles à la suite du règlement de détail.

qués sur les paquebots français, la France aurait droit, indépendamment du transit territorial, à une bonification pour frais de transit maritime. Le décompte s'établirait de la manière suivante :

NUMÉROS D'ORDRE	PAYS DE DESTINATION ou de sortie	VOIES D'ACHEMINEMENT	PRIX DE TRANSIT PAR KILOGRAMME Lettres et cartes postales	Autres objets	POUR LE PARCOURS par
			fr. c.	fr. c.	
1	Allemagne.....	Voie de Belgique ou d'Erquelines......	19 00	1 50	Mer, France, Belgique.
		Relations directes : (Voies d'Audun-le-Roman, de Pagny, d'Avricourt ou de Belfort)..........	17 00	1 25	Mer, Belgique.
		PRIX MOYEN..............	18 00	1 375	

Transit clos.

Pour le transit clos, le bureau d'échange expéditeur inscrit, sur la feuille d'avis de sa dépêche pour l'office destinataire, le poids net des lettres et cartes postales et celui des autres objets, sans distinction d'origine ni de destination.

Ces indications sont vérifiées par le bureau destinataire qui dresse, à la fin de la période de statistique, un relevé (modèle F) du poids des correspondances reçues dans les dépêches closes, en autant d'expéditions qu'il y a d'offices intéressés, y compris celui du lieu de départ.

Dans les quatre jours qui suivent la clôture des opérations de statistique, les relevés F sont transmis, par les bureaux d'échange qui les ont établis, aux bureaux d'échange de l'office débiteur, pour être revêtus de leur acceptation. Ceux-ci, après avoir accepté les relevés, les transmettent à l'administration centrale dont ils relèvent, chargée de les répartir entre les offices intéressés (XXIV).

Établissement des comptes internationaux.

Chaque office créancier établit le compte des frais de transit qui lui sont dus annuellement, d'après les relevés des poids fournis par les tableaux E et F et multipliés par 13. Dans le cas où le multiplicateur ne se rapporterait pas à la périodicité du service, par exemple pour les dépêches transportées par des paquebots dont les voyages se succèdent tous les quinze jours ou tous les mois à date fixe, les administrations intéressées s'entendraient pour l'adoption d'un autre multiplicateur.

Payement du solde.

Le solde résultant de la balance des comptes réciproques entre deux offices est payé par l'office débiteur à l'office créancier en francs effectifs et au moyen de traites tirées sur la capitale ou sur une place commerciale de ce dernier office (XXV).

L'administration française se sert, pour le règlement de ses comptes avec l'étranger, de l'intermédiaire de la recette principale de la Seine. Si la France est débitrice, le receveur principal est chargé de faire prendre au Crédit lyonnais un chèque d'une valeur égale au montant de la somme due, à laquelle viennent s'ajouter les frais de timbre et de commission. L'ordre de l'administration tient lieu, dans la caisse, de la somme déboursée, jusqu'à ce qu'une ordonnance de payement vienne régulariser la dépense. Si le solde des comptes est à l'avoir de la France, l'administration transmet la traite ou le chèque qu'elle reçoit de l'étranger au receveur principal qui en fait recette et le verse au Trésor comme numéraire, ou bien en fait encaisser directement le montant chez le banquier.

L'établissement, l'envoi et le payement des comptes des frais de transit afférents à un exercice doivent être effectués dans le plus bref délai possible, et, au plus tard, avant l'expiration du premier semestre de l'exercice suivant. En tous cas, si l'office qui a envoyé le compte n'a reçu dans cet intervalle aucune observation rectificative, ce compte est considéré comme admis de plein droit. Cette disposition s'applique également aux observations non contestées, faites par un office sur les comptes présentés par un autre office. Passé ce délai de six mois, les sommes dues par un office à un autre office sont productives d'intérêts, à raison de cinq pour cent l'an et à dater du jour de l'expiration dudit délai. Intérêts de retard.

Les payements des frais de transit pour la première, et au besoin pour la seconde année de chaque période triennale, s'effectuent provisoirement à la fin de l'année, sur les bases de la statistique précédente, sauf règlement ultérieur des comptes d'après les résultats de la statistique nouvelle (XXV). Décompte de certains frais de transit en dehors de la statistique.

Certains frais de transit sont réglés exceptionnellement en dehors de la statistique et d'après le poids net des correspondances, constaté à chaque envoi.

Il en est ainsi, par exemple, pour les dépêches adressées temporairement aux divisions navales ou aux bâtiments de guerre en station aux colonies ou à l'étranger.

Il en est de même pour les dépêches transportées par les services donnant droit à une rémunération exceptionnelle et spéciale (malle de l'Inde, chemins de fer de New-York à San-Francisco et de Colon à Panama), par les paquebots anglais de la *Royal Mail* et de *Pacific steam navigation company;* par les paquebots français de la ligne du Havre à New-York, pour le compte de l'office américain ; par les trains de luxe de l'Orient-express et du Sud-express.

Sont exempts de tous frais de transit territorial ou maritime : la correspondance des administrations postales entre elles, les cartes postales-réponses renvoyées au pays d'origine, les objets réexpédiés ou mal dirigés, les rebuts, les avis de réception, les mandats de poste ou avis d'émission de mandats, et tous autres documents relatifs au service postal (C 4). Objets non soumis aux droits de transit.

Le simple entrepôt, dans un port, de dépêches closes apportés par un paquebot et destinées à être reprises par un autre paquebot, ne donne pas lieu au payement des frais de transit territorial au profit de l'office des postes du lieu d'entrepôt. Dépêches entreposées.

CHAPITRE VI

EXCEPTIONS AU RÉGIME DE L'UNION

§ 1. — Unions restreintes.

Cas d'application de la législation intérieure des États de l'Union.

L'article 15 de la convention de l'Union réserve l'application de la législation intérieure de chaque pays pour tout ce qui n'est pas prévu par cette convention.

Arrangement particulier.

Il réserve également le droit des parties contractantes de maintenir et de conclure des traités, ainsi que de maintenir et d'établir des unions plus restreintes, en vue de l'amélioration des relations postales.

Plusieurs États de l'Union postale universelle ont mis à profit cette faculté pour conclure ou pour maintenir des arrangements particuliers qui font bénéficier les habitants des pays contractants, dans les relations entre ces pays, d'un régime plus favorable que celui de l'Union.

Union austro-allemande.

La plus ancienne de ces unions restreintes est l'union austro-allemande, fondée le 1er juillet 1850 et à laquelle avaient adhéré toutes les administrations postales de la Confédération germanique.

Cette union a survécu à la dissolution de la Confédération, et elle s'étend aujourd'hui aux territoires de l'Allemagne, de l'Autriche-Hongrie et du grand-duché de Luxembourg. Dans tout le ressort de ces territoires, les correspondances circulent à une taxe inférieure à celle de l'Union postale universelle. Ainsi une lettre du poids de 15 grammes peut aller de Hambourg à Trieste, moyennant un affranchissement de 12 centimes et demi.

Convention entre les États-Unis et le Mexique.

Une union analogue a été établie à partir du 1er juillet 1887 entre les États-Unis et le Mexique. Aux termes d'une convention en date du 4 avril 1887, les envois postaux échangés entre les deux pays sont passibles des taxes en vigueur à l'intérieur du pays d'origine. Ainsi le port d'une lettre affranchie de New-York pour Mexico n'est que de 10 centimes, celui d'une carte postale de 5 centimes, etc.

Cette convention procure un avantage immense au commerce des États-Unis. Elle lui permet de faire circuler sur le territoire du pays voisin tous les envois connus sous le nom de *fourth class matter*, c'est-à-dire les marchandises admises à circuler par la poste à raison de 1 cent. (5 centimes) l'once, jusqu'au poids de 4 livres, en paquets faciles à vérifier.

La correspondance officielle qui jouit de la franchise de port dans le service interne d'un pays circule en exemption de taxe dans le pays voisin.

Enfin, les États-Unis et le Mexique se garantissent réciproquement la gratuité du transit sur leurs territoires respectifs.

Convention entre la Belgique et les Pays-Bas.

Une autre convention a été conclue le 10 juillet 1888 entre la Belgique et les Pays-Bas, pour l'adoption d'une taxe réduite sur les imprimés, dans les relations entre ces deux pays. Cette taxe est, pour les journaux et écrits périodiques paraissant au moins une fois par semaine, de :

	de 2 centimes	ou 1 cent.,	jusqu'à 25 gr.
	5 —	ou 2 cents 1/2,	de 25 à 100 gr.
avec augmentation	de 5 —	ou 2 cents 1/2,	par 100 gr. excédant ;

Pour les imprimés non périodiques :

jusqu'à 15 gr.,	de 2 centimes	ou 1 cent.
de 15 à 50 gr.,	de 5 —	ou 2 cents 1/2.
par 50 gr. excédant,	de 5 —	ou 2 cents 1/2.

Convention entre la France et la Tunisie.

Il existe également un régime spécial dans les relations de la France avec la Tunisie.

Le service postal de la régence, comme son service télégraphique, a été créé et développé par la France.

Le premier établissement de poste a été créé en 1847, à la suite du prolongement, jusqu'à Tunis, d'une des lignes de navigation du réseau franco-algérien.

Les premières lignes télégraphiques ont été construites par des ingénieurs français et exploitées par l'administration française, en vertu d'une convention du 19 avril 1861.

Par une autre convention du 20 mars 1888, le gouvernement français a fait remise au gouvernement tunisien du service postal et télégraphique qu'il avait créé, avec tout le matériel nécessaire à l'exploitation (art. 2 et 3). Cette convention est entrée en vigueur le 1er juillet 1888 ; à partir de la même date, la Tunisie s'est constituée en office autonome et a adhéré à l'Union postale universelle.

Par l'art. 4, le gouvernement français a mis à la disposition de l'administration tunisienne le personnel nécessaire pour assurer le fonctionnement du service postal et télégraphique. Les fonctionnaires et agents d'origine française sont payés par le gouvernement tunisien et reçoivent, en sus de leur traitement normal, une indemnité égale à ce traitement ; ils continuent à faire partie des cadres métropolitains, conservent leurs droits à l'avancement, ainsi qu'à la pension, et versent au Trésor français, en fin d'année, le montant des retenues effectuées à cet effet sur leur solde de France, majorée d'un tiers. L'avancement leur est donné par le gouvernement tunisien. Ce gouvernement peut adjoindre au personnel français des agents recrutés sur place, après les avoir fait agréer par notre gouvernement (Art. 4).

Les tarifs et les règlements français sont appliqués à l'intérieur de la régence et dans ses relations avec la France et les colonies françaises (Art. 5).

Toutes les correspondances postales et télégraphiques indiquées par le gouvernement français comme devant jouir de la franchise circulent en exemption de taxe sur le territoire tunisien (Art. 5).

Le gouvernement tunisien est autorisé à se servir gratuitement des paquebots français pour le transport de ses dépêches par mer.

La caisse d'épargne tunisienne fonctionne comme une succursale de la Caisse nationale d'épargne française.

§ 2. — Régime exceptionnel applicable à la correspondance des militaires et marins.

Lettres adressées aux militaires ou marins à l'étranger.

Les taxes fixées par les tarifs internationaux ne sont pas applicables à la correspondance des militaires et marins présents sous les drapeaux ou à bord des bâtiments de l'État, à l'étranger ou aux colonies.

Décret des 23-27 juin 1792.

Par un décret des 23-27 juin 1792, l'Assemblée nationale a décidé que les *lettres adressées aux armées* seraient *taxées* conformément au tarif de 1791, *jusqu'au dernier bureau de poste de la frontière, sans que la taxe puisse être augmentée pour le transport de la frontière aux armées lorsqu'elles seront sur le territoire étranger.*

Loi du 5 nivôse an V.

La taxe des lettres, graduée par zone, était encore relativement élevée; aussi la loi du 5 nivôse an V (art. 13) accorda-t-elle aux lettres adressées aux militaires à l'étranger le bénéfice d'une taxe réduite uniforme qu'elle fixa à 15 centimes par lettre simple affranchie ; les lettres non affranchies restaient soumises au tarif ordinaire des lettres de l'intérieur.

Décret du 9 fév. 1810.

La taxe des lettres simples affranchies, adressées aux militaires ou marins sous les drapeaux ou pavillons, même résidant à l'étranger, fut élevée à 25 centimes par le décret du 9 février 1810, puis réduite à 20 centimes par le décret du 24 août 1848 ; depuis la suppression des zones et la loi du 20 mai 1854, c'est la taxe intérieure métropolitaine qui est applicable aux lettres affranchies à l'adresse des militaires ou marins à l'étranger.

Lettres provenant des militaires ou marins à l'étranger.

Bien que les lois précitées ne visent que les lettres *adressées* aux militaires et marins, l'usage a concédé, par réciprocité, le bénéfice de la taxe intérieure métropolitaine aux lettres simples émanées des militaires et marins en service aux colonies ou dans les pays étrangers.

Correspondance des militaires ou marins d'origine coloniale.

Un décret du 20 mars 1888 (1) a accordé la même faveur aux militaires et marins d'*origine coloniale*, pour les lettres qui leur sont adressées des colonies françaises ou qu'ils expédient à destination de ces mêmes colonies.

(1) *Bull. mens.* n° 7, juillet 1888, p. 156.

Pour bénéficier de la taxe métropolitaine, les lettres à l'adresse des militaires et marins doivent être préalablement affranchies en timbres-poste métropolitains ou coloniaux, suivant le lieu d'origine ou d'entrée dans le service postal ; celles qui sont expédiées sans affranchissement sont soumises au droit commun. Le droit à la taxe réduite résulte de l'indication de la qualité du destinataire sur l'adresse.

Pour les lettres des militaires ou marins, l'affranchissement préalable n'est pas une condition nécessaire de l'admission au tarif réduit : celles qui sont expédiées non affranchies ou insuffisamment affranchies sont taxées d'après le tarif intérieur métropolitain. Le droit à la taxe réduite est justifié par l'empreinte du timbre spécial *Correspondances d'armées*, apposé sur l'enveloppe de ces lettres, du côté de la suscription, par le service d'origine (bureaux coloniaux, bureaux métropolitains à l'étranger, agents des postes embarqués). Il appartient au premier service postal qui prend livraison, de s'assurer, au moyen des attestations dont les lettres sont revêtues par les chefs de corps ou par les conditions dans lesquelles elles lui parviennent, si le droit des lettres expédiées à la taxe réduite est bien établi. Conditions d'admission à la taxe réduite.

Pour les lettres adressées des colonies aux militaires et marins d'origine coloniale, le droit est constaté par l'office colonial d'origine au moyen du timbre *Correspondances d'armées*. Cet office doit s'assurer que les lettres sont bien adressées à des militaires ou marins nés dans la colonie.

Ces mêmes militaires et marins, lorsqu'ils veulent bénéficier de la taxe réduite pour les correspondances qu'ils expédient, doivent inscrire les mots *militaire* ou *marin d'origine coloniale*, soit à côté des timbres-poste (guerre), soit au verso de la suscription (marine). Cette mention est certifiée par l'officier commandant la compagnie, l'escadron, la batterie, ou le détachement (guerre), ou par le commandant ou le chef de corps (marine). Les lettres de cette provenance doivent être, autant que possible, remises à la poste par l'intermédiaire des vaguemestres.

Le bénéfice du tarif métropolitain est acquis à toutes les lettres ordinaires ou recommandées, quel que soit leur poids, sauf à celles qui seraient déposées dans un bureau de poste étranger ou qui porteraient sur l'adresse une mention impliquant la transmission *à découvert* par un service étranger.

CHAPITRE VII

RELATIONS AVEC LES PAYS EN DEHORS DE L'UNION POSTALE UNIVERSELLE

§ 1. — Relations par l'intermédiaire des pays de l'Union.

Échange à découvert.

Les offices de l'Union qui ont des relations avec des pays situés en dehors de l'Union admettent tous les autres offices à profiter de ces relations.

Les correspondances échangées, *à découvert*, entre un pays de l'Union et un pays étranger à celle-ci, par l'intermédiaire d'un office de l'Union, sont, pour le transport dans l'Union, soumises aux conditions du régime commun; pour le transport en dehors de l'Union, elles sont traitées d'après les conventions, arrangements ou dispositions particulières régissant les rapports de poste entre l'office intermédiaire et le pays étranger à l'Union.

Les taxes applicables à ces correspondances se composent de deux éléments distincts, savoir :

1° La taxe de l'Union, fixée par les articles 5, 6 et 7 de la Convention (1) ;

2° Une taxe afférente au transport en dehors des limites de l'Union ; c'est ce qu'on appelle *port étranger* ou *débours*.

La première de ces taxes est attribuée :

a) Pour les correspondances originaires de l'Union à destination des pays étrangers, à l'office expéditeur, en cas d'affranchissement, et à l'office d'échange, en cas de non-affranchissement ;

b) Pour les correspondances provenant des pays étrangers à destination de l'Union, à l'office d'échange, en cas d'affranchissement, et à l'office destinataire, en cas de non-affranchissement.

Le port étranger est bonifié à l'office d'échange, dans tous les cas (C. 12).

Les offices de l'Union qui ont des relations avec des pays étrangers à l'Union fournissent aux autres offices un tableau C, conforme au modèle annexé au règlement, et indiquant, avec les conditions d'envoi (affranchissement facultatif ou obligatoire, valable jusqu'à destination ou

(1) En cas de non-affranchissement, le port à percevoir, pour le transport dans l'Union, est la double taxe pour les lettres ; les autres objets sont frappés d'une taxe égale au prix d'affranchissement.

jusqu'au port de débarquement, etc.), le montant du port étranger qui leur est dû, à raison du transport en dehors de l'Union.

La réexpédition, dans l'intérieur de l'Union, de correspondances affranchies jusqu'à destination, originaires de pays étrangers à l'Union, ne donne lieu à aucun décompte entre les offices intéressés. Réexpédition.

En cas de réexpédition, dans l'intérieur de l'Union, de correspondances non affranchies ou insuffisamment affranchies, originaires de pays étrangers à l'Union, l'office auquel les correspondances sont livrées est débiteur, envers l'office réexpéditeur, du port étranger dont elles sont grevées.

Par exemple, une lettre simple, originaire d'Australie et non affranchie, taxée en France 1 fr. 20, est réexpédiée en Suisse : l'office suisse est redevable envers la France du montant du port étranger dont cette lettre est grevée, soit 50 centimes ; il perçoit ces 50 centimes pour le compte de France et, en outre, pour son propre compte, 50 centimes (taxe de l'Union) : au total 1 franc.

En sens inverse, supposons une lettre simple non affranchie, originaire du Cap, réexpédiée d'Angleterre sur la France. Cette lettre est passible d'une taxe de 80 centimes, dont 50 centimes (taxe de l'Union) sont acquis à la France, et 30 centimes (port étranger) sont à bonifier à l'Angleterre.

Règlement des frais de transit.

Le décompte général des bonifications revenant à l'office intermédiaire, pour le transport en dehors des limites de l'Union, a lieu aux époques fixées pour la statistique triennale, sur la base de relevés établis en même temps que ceux du transit dans l'Union (C. 12).

Transit à découvert

Pour le transit à découvert, le total des bonifications revenant à l'office intermédiaire, à titre de port étranger, est inscrit par le bureau d'échange expéditeur, soit au tableau n° II, soit au tableau n° III de la formule E, suivant qu'il s'agit de correspondances affranchies à destination de pays étrangers à l'Union ou de correspondances non affranchies, originaires de ces pays, suivant que le port étranger a été perçu au départ par l'office d'origine, ou doit être recouvré à l'arrivée par l'office de destination (XXIII).

A l'égard des frais de transit dans l'Union, les correspondances originaires ou à destination d'un pays étranger sont assimilées à celles de ou pour le pays de l'Union qui entretient les relations avec le pays étranger à l'Union, à moins que ces relations n'impliquent l'affranchissement obligatoire et partiel, auquel cas ledit pays de l'Union a droit à la bonification des prix du transit territorial (C. 12).

Échange en dépêches closes et transit clos.

Quant aux correspondances échangées en dépêches closes entre un pays de l'Union et un pays étranger à celle-ci, par l'intermédiaire d'un autre pays de l'Union, le transit en est soumis, savoir :

Dans le ressort de l'Union, aux prix déterminés par l'article 4 de la convention ;

En dehors des limites de l'Union, aux conditions résultant des arrangements particuliers conclus ou à conclure à cet effet entre les administrations intéressées (C. 12).

Les frais de transport dans l'Union et en dehors de l'Union, sont, en règle générale, à la charge de l'office expéditeur ou destinataire. Les bureaux d'échange de cet office dressent eux-mêmes, *pour chaque dépêche expédiée ou reçue, un relevé F qu'ils transmettent à l'office de sortie ou d'entrée, lequel établit, à la fin de la période de statistique, un relevé général en autant d'expéditions qu'il y a d'offices intéressées, y compris lui-même et l'office de l'Union débiteur. Une expédition de ce relevé est transmise à l'office débiteur, ainsi qu'à chacun des offices qui ont pris part au transport des dépêches* (XXIV, 4).

Ces dispositions ne s'appliquent pas actuellement à la France, qui ne correspond plus, par dépêches closes, avec d'autres offices, en dehors de l'Union, que les colonies australiennes. Or, d'après l'arrangement qui règle nos rapports avec ces colonies, les frais de transport sont toujours à la charge de l'office expéditeur.

§ 2. — Relations directes.

Relations avec l'Australie. Arrangement des 26-30 avril 1883.

La plupart des relations postales de la France avec les pays étrangers à l'Union empruntent l'intermédiaire des services anglais (Côte occidentale d'Afrique, colonie du Cap et États de l'Afrique australe, États indigènes de la presqu'île de Malacca, de Bornéo, colonies australiennes).

La France n'entretient de relations directes, en dehors de l'Union, qu'avec les colonies australiennes, au moyen de ses paquebots-postes de la ligne de Marseille à Nouméa. Les conditions de ces relations sont déterminées par un arrangement conclu entre la France et la Grande-Bretagne, qui porte les dates des 26 et 30 avril 1883 (1).

Les principes qui ont servi de base à cet arrangement sont ceux en vigueur dans le régime de l'Union ; les taxes, toutefois, sont plus élevées.

Tarifs.

Les tarifs adoptés de part et d'autres sont les suivants :

	France.	Australie.
Lettres	60 c. par 15 gr.	6. d. par 1/2 once.
Papiers d'affaires...	60 c. jusqu'à 300 gr. ;	6 d. jusqu'à 12 onces;
	au delà de 300 gr.	au delà de 12 onces.
	10 c. par 50 gr.	1 d. par once.
Échantillons	10 c. par 50 gr.	1 d. par once.
Journaux et imprimés.	10 c. par 50 gr.	1 d. par 4 onces.

Le maximum de poids est de 2 kilogrammes pour les papiers d'affaires et les imprimés, et de 350 grammes pour les échantillons ; les dimensions maximum, pour les échantillons, sont 30 centimètres en longueur sur 20 centimètres en largeur et 10 en hauteur.

En cas d'insuffisance d'affranchissement, les objets insuffisamment affranchis sont passibles d'une surtaxe double du montant de l'insuffisance.

(1) *Bull. mens.* n° 5, mai 1883, p. 329.

Les lettres non affranchies sont passibles d'une taxe double de celle des lettres affranchies.

Il n'est pas donné cours aux objets, autres que les lettres, qui ne sont pas au moins partiellement affranchis.

La recommandation s'applique à tous les objets de correspondance et n'entraîne aucune responsabilité pour la poste. Chaque administration détermine à son gré le taux du droit fixe.

Les cartes postales ne sont pas admises ; il en est de même des avis de réception pour les objets recommandés.

Chaque administration garde en entier les taxes qu'elle a perçues et supporte les frais du transport des correspondances qu'elle expédie.

Le taux des frais de transit, par la France, des correspondances originaires d'Australie et *vice versa*, est fixé par l'office qui sert d'intermédiaire. Transit.

Le transit territorial est rémunéré, autant que possible, aux conditions admises dans le régime de l'Union. Quant au transit maritime par paquebots français ou anglais, il est payé à raison de 25 francs par kilogramme de lettres et de 1 franc par kilogramme d'autres objets.

CHAPITRE VIII

DES VALEURS DÉCLARÉES DANS LES RELATIONS INTERNATIONALES

§ 1. — Des valeurs déclarées incluses dans les lettres.

Arrangement général des 1er juin 1878 — 21 mars 1885 (1).

L'échange des lettres avec valeur déclarée n'a lieu, dans les relations internationales, qu'entre les pays de l'Union qui ont adhéré à l'arrangement signé à Paris le 1er juin 1878 et revisé à Lisbonne le 21 mars 1885.

Ces pays sont :

L'Allemagne, l'Autriche-Hongrie, la Belgique, la Bulgarie, le Danemark et les colonies danoises, l'Égypte, l'Espagne, la France et les colonies françaises, l'Italie, le Luxembourg, la Norvège, les Pays-Bas, le Portugal et les colonies portugaises, la République argentine, la Russie, le Salvador, la Serbie, la Suède, la Suisse et la Turquie.

La République dominicaine et le Vénézuéla ont signé l'arrangement; mais leur adhésion n'a pas été suivie d'effet.

La Roumanie, après avoir signé et participé pendant plusieurs années au service international des valeurs déclarées, a dénoncé l'arrangement à partir du 1er avril 1887.

Ce maximum ne peut être inférieur à 10,000 francs. C'est le chiffre adopté par la France dans son service international, aussi bien que dans son service intérieur.

La circulation par la poste des valeurs déclarées, dans le service intérieur des divers États, étant soumise à des règles très variables, le congrès de Paris, pour faciliter les adhésions, s'est abstenu de formuler des règles trop impératives. Il a donné, au contraire, à ses prescriptions une certaine flexibilité, de manière à laisser quelque latitude dans l'application.

Valeurs susceptibles d'être déclarées. Limite de déclaration.

D'après l'article 1er, les valeurs-papiers, incluses dans les lettres, sont seules susceptibles d'une déclaration à la poste. Les offices adhérents s'entendent pour déterminer, dans leurs rapports respectifs, le maximum jusqu'à concurrence duquel les déclarations sont admises.

(1) Les articles de l'arrangement auxquels on aura lieu de se référer au cours du présent chapitre sont indiqués, entre parenthèses, en chiffres arabes ; ceux du règlement sont indiqués, entre parenthèses, en chiffres romains.

Chacun d'eux n'est engagé que jusqu'à concurrence du maximum qu'il a adopté.

Toute déclaration frauduleuse de valeurs supérieures à la valeur réellement insérée dans une lettre est interdite. Déclarations frauduleuses.

En cas de déclaration frauduleuse, l'expéditeur perd tout droit à l'indemnité, sans préjudice des poursuites judiciaires que peut comporter la législation du pays d'origine (6).

Lorsque des circonstances fortuites ou les réclamations des intéressés viennent à révéler l'existence d'une déclaration frauduleuse de valeurs supérieures à la valeur réelle insérée dans une lettre, avis en est donné à l'administration du pays d'origine, dans le plus bref délai possible et, le cas échéant, avec les pièces de l'enquête à l'appui (IV).

La taxe des lettres contenant des valeurs déclarées doit être acquittée à l'avance, et se compose : Taxes et droits perçus.

1° *Du port et du droit fixe applicables à une lettre recommandée du même poids et pour la même destination, — port et droit acquis en entier à l'office expéditeur ;*

2° D'un droit proportionnel d'assurance partagé entre les offices qui assurent le transport. Ce droit est de 10 centimes par 200 francs ou fraction de 200 francs déclarés, dans les rapports entre pays limitrophes ou reliés entre eux par un service maritime direct, et de 25 centimes dans les relations entre les autres pays, avec addition, s'il y a lieu, dans l'un et l'autre cas, du droit d'assurance maritime, attribué aux offices qui assurent le transport par mer, à raison d'un décime par 200 francs pour chacun de ces offices.

Par mesure de transition, l'arrangement laisse aux parties contractantes *la faculté de percevoir un droit autre que celui qui est indiqué ci-dessus, pour tenir compte de leurs convenances monétaires ou autres, moyennant que ce droit ne dépasse pas* 1/2 0/0 *de la somme déclarée* (4).

L'administration française fait usage de cette faculté. Elle perçoit 10 centimes par 100 francs déclarés, dans ses relations avec les pays limitrophes, et 25 centimes par 100 francs, dans ses relations avec les pays non limitrophes, sans préjudice des suppléments de droits pour le transport par mer.

Elle ne pourrait pas, en effet, ne percevoir que 10 centimes par 200 francs dans ses relations avec l'étranger, alors qu'elle prend 10 centimes par 100 francs dans son service intérieur.

L'expéditeur d'une lettre contenant des valeurs déclarées reçoit, sans frais, au moment du dépôt, un récépissé sommaire de son envoi. Avis de réception.

Sauf le cas de réexpédition, les lettres renfermant des valeurs déclarées ne peuvent être frappées, à la charge des destinataires, d'aucun droit postal autre que celui de remise à domicile, s'il y a lieu (4).

Cette clause permet la perception d'un droit de factage dans les pays (l'Allemagne, par exemple) où le service des valeurs déclarées est considéré en quelque sorte comme une branche de la messagerie.

L'expéditeur d'une lettre contenant des valeurs déclarées peut obtenir, aux conditions déterminées par l'article 6 *de la convention du* 1er *juin* 1878, *en ce qui concerne les objets recommandés, qu'il lui soit donné avis de la remise de cette lettre au destinataire.*

Le produit du droit applicable aux avis de réception est acquis en entier à l'office du pays d'origine (5).

Acheminement des valeurs déclarées.

La liberté du transit des valeurs déclarées *est garantie sur le territoire de chacun des pays adhérents,* ainsi que par l'intermédiaire des services maritimes qui en dépendent, *pourvu toutefois que ces offices soient en mesure d'accepter la responsabilité des valeurs à bord des paquebots ou bâtiments dont ils font emploi* (2, 1).

En général, on évite les intermédiaires. Ainsi les valeurs déclarées de la France pour l'Allemagne et *vice versa* ne sont jamais acheminées à travers la Belgique : elles sont toujours comprises dans des dépêches échangées directement entre le pays d'origine et celui de destination.

Lorsque l'échange direct n'est pas possible, l'administration française évite d'employer l'intermédiaire d'offices ou de services maritimes qui n'assument pas la responsabilité des valeurs.

Ainsi les envois de valeurs déclarées échangés avec nos colonies ne peuvent être acheminés que par l'intermédiaire des agents embarqués sur les paquebots français. Ils sont exclus des dépêches transitant par les paquebots anglais.

Les colonies comme Tahiti, Saint-Pierre et Miquelon, qui ne communiquent avec la métropole que par l'intermédiaire de services étrangers n'acceptant pas la responsabilité des valeurs déclarées, ne participent pas à l'échange de ces valeurs.

Transmission à découvert.

En raison de la responsabilité qu'elle entraîne pour tous les offices qui concourent à leur acheminement, et, *à moins d'arrangement contraire entre les administrations intéressées, la transmission des valeurs déclarées échangées entre les pays non limitrophes s'opère à découvert* (2).

Partage des droits d'assurance.

Indépendamment des frais de transit qui sont les mêmes pour les valeurs déclarées que pour les lettres ordinaires, l'*administration du pays d'origine est redevable, à titre de droit d'assurance, envers l'administration du pays de destination et, s'il y a lieu, envers chacune des administrations participant au transit territorial avec responsabilité, d'un droit proportionnel de* 5 *centimes par chaque somme de* 200 *francs ou fraction de* 200 *francs déclarée.*

En outre, s'il y a un ou plusieurs transports par mer donnant lieu à rétribution spéciale, d'après les articles 3 *et* 4 *de la convention du* 1er *juin* 1878, *et susceptibles d'engager la responsabilité des offices qui les effectuent ou les assurent, il est dû à chacun des offices un droit maritime d'assurance de* 10 *centimes par chaque somme de* 200 *francs ou fraction de* 200 *francs déclarée* (3).

Décompte de ces droits.

Les lettres de valeurs déclarées sont inscrites sur une feuille d'expédition (modèle B annexé au règlement). Le bureau d'échange expéditeur porte dans la colonne 7 de cette feuille, à l'avoir de l'office correspondant, la portion du droit d'assurance revenant à cet office et aux offices qui concourent après lui à la transmission. Le second office procède de même à l'égard de son correspondant, et ainsi de suite, jusqu'à l'office de destination.

Réexpédition.

Les lettres de valeurs déclarées, réexpédiées, par suite de changement de résidence des destinataires, sur un des pays contractants, sont grevées, à la charge des destinaires, par l'office distributeur, d'une taxe représentant le droit d'assurance revenant à ce dernier office, et, s'il y a lieu, à chacun des offices intermédiaires qui ont participé à la réexpédition, à moins que la taxe complémentaire n'ait été préalablement acquittée. Lorsqu'elle ne l'a pas été, le premier office intermédiaire qui reçoit une valeur déclarée réexpédiée se crédite du montant de son droit d'assurance vis-à-vis de l'office auquel il livre cette lettre, et ce dernier, à son tour, s'il n'est lui-même qu'un intermédiaire, répète sur l'office suivant son propre droit d'assurance, cumulé avec celui dont il a tenu compte à l'office précédent. La même opération se poursuit dans les rapports entre les différents offices participant au transport, jusqu'à ce que la lettre parvienne à l'office distributeur.

Toute lettre de valeurs déclarées dont le destinataire est parti pour un pays non adhérent à l'arrangement, est renvoyée immédiatement en rebut au pays d'origine, pour être rendue à l'expéditeur, à moins que l'office de la première destination ne soit en mesure de la faire parvenir.

Règlement des comptes.

Chaque administration fait établir mensuellement, par chacun de ses bureaux d'échange et pour tous les envois reçus des bureaux d'échange d'un seul et même office, un état, conforme au modèle C annexé au Règlement, des sommes inscrites sur chaque feuille d'envoi, soit à son crédit, pour sa part et celle de chacune des administrations intéressées, s'il y a lieu, dans les droits d'assurance perçus par l'office expéditeur ; soit à son débit, pour la part revenant aux offices intermédiaires, en cas de réexpédition, dans les droits d'assurance à recouvrer sur les destinataires.

Les états C sont ensuite récapitulés, par les soins de la même administration, dans un compte conforme au modèle D, également annexé au Règlement.

Ce compte, accompagné des états partiels, des feuilles d'envoi, et, s'il y a lieu, des bulletins de vérification y afférents, est soumis à l'examen de l'office correspondant, dans le courant du mois qui suit celui auquel il se rapporte.

Les comptes mensuels, après avoir été vérifiés et acceptés de part et d'autre, sont résumés dans un compte général annuel par les soins de l'administration créditrice, sauf arrangement contraire entre les offices intéressés.

La liquidation du compte général des valeurs déclarées s'opère en même temps que celle du compte annuel des frais de transit ou de port étranger afférents aux correspondances ordinaires; les soldes des deux comptes dont il s'agit sont réduits par balance, toutes les fois qu'ils sont respectivement contraires (XII).

Suspension du service des valeurs déclarées.

Chacune des administrations des pays contractants peut, dans des circonstances extraordinaires de nature à justifier la mesure, suspendre temporairement le service des valeurs déclarées, tant à l'expédition qu'à la réception, et d'une manière générale ou partielle, sous la condition d'en donner immédiatement avis, au besoin par le télégraphe, à l'administration ou aux administrations intéressées (10).

Cette disposition reçoit son application en cas d'interruption de la voie servant à l'échange des valeurs déclarées entre pays non limitrophes : ainsi l'échange des valeurs déclarées entre la France et la Bulgarie a dû être suspendu en 1886, pendant la durée du conflit entre ce dernier pays et la Serbie.

§ 2. — Des valeurs déclarées incluses dans les boîtes.

Difficultés résultant des droits de douane.

Les bijoux et objets précieux qui peuvent circuler par la poste en boîtes closes dans le service intérieur, n'ont pas encore été admis dans les relations postales internationales. Le principal obstacle à cette admission provient des droits de douane ou autres auxquels est soumise l'importation des objets précieux, ainsi que des vérifications auxquelles ces mêmes objets sont assujettis pour assurer le payement des droits.

Cet obstacle toutefois n'est pas insurmontable. Par un décret du 29 mars 1889 (1), les objets précieux ont été admis à circuler par la poste en boîtes closes avec valeur déclarée, dans les relations entre la France et ses colonies, ainsi que dans les relations des colonies françaises entre elles, par la voie des paquebots français et par l'intermédiaire des agents des postes embarqués.

Un régime analogue pourrait être appliqué dans nos relations avec les pays étrangers. L'administration française a saisi le prochain congrès postal d'une proposition dans ce sens.

L'échange des objets précieux par la poste est déjà admis dans les relations entre la Suisse et l'Italie (2).

Décret du 29 mars 1889.

Le décret du 29 mars 1889 s'appuie à la fois sur les lois postales des 25 janvier 1873 et 9 avril 1887, concernant le service des boîtes de valeurs déclarées à l'intérieur; sur celle du 26 mars 1886, portant approbation des actes du congrès de Lisbonne; sur les lois des 19 brumaire an VI et 30 mars 1872, relatives à la garantie des matières d'or et d'argent; enfin, sur celle du 7 mai 1881, édictant un nouveau tarif général des douanes.

Le régime applicable aux objets précieux circulant par la poste, dans

(1) *Bull. mens.* n° 4, avril 1889, p. 283 et s.
(2) Voir l'*Union postale* du 1er mars 1890, p. 52.

les relations franco-coloniales ou intercoloniales, procède donc à la fois de notre législation postale intérieure et internationale, et de notre législation fiscale.

Sont empruntées à notre législation postale intérieure les dispositions du décret du 29 mars 1889 relatives aux dimensions et au conditionnement des boîtes de valeurs déclarées (Art. 4), aux tarifs (Art. 3 et 5), à cette exception près, que le droit proportionnel d'assurance est double de celui qui est perçu dans les relations entre les bureaux de la métropole (2 francs jusqu'à 100 francs déclarés; 1 franc par 100 francs excédant). Comme dans le service intérieur, les boîtes ne sont soumises à aucuns frais de port proprement dits; elles acquittent le droit fixe de chargement; leur poids n'est pas limité. Dispositions empruntées aux lois des 25 janvier 1873 et 9 avril 1887.

Il est interdit, sous les peines portées par la loi du 25 janvier 1873, l'arrêté du 27 prairial an IX et la loi du 22 juin 1854, d'y insérer des pièces de monnaie, des lettres ou notes pouvant tenir lieu de correspondance (*Art.* 7).

Sont empruntées au régime international des valeurs déclarées les dispositions du décret relatives au montant des déclarations, au partage, entre ces offices, du droit proportionnel d'assurance, ainsi qu'au payement des indemnités en cas de perte ou de spoliation. Dispositions empruntées au régime des valeurs déclarées, dans les relations internationales.

La déclaration faite par l'expéditeur ne peut dépasser 10,000 francs par envoi; mais il n'est pas fixé de minimum, comme dans le service intérieur (*Art.* 2).

Le droit proportionnel d'assurance est ainsi réparti :

Un quart à l'office d'origine;

Un quart à l'office destinataire;

Moitié à l'administration métropolitaine qui assure le transport maritime (*Art.* 11).

En cas de perte ou de spoliation, le droit à l'indemnité est acquis de préférence à l'expéditeur, ou, sur sa demande, au destinataire. Le payement doit avoir lieu dans le délai d'un an, au plus tard, à dater du jour de la réclamation. Toute réclamation formulée plus d'un an après le dépôt à la poste est frappée de déchéance (*Art.* 8).

Les objets précieux expédiés sous la forme de valeurs déclarées, dans les relations franco-coloniales, sont exempts du droit de statistique établi par la loi du 22 janvier 1872. Dispositions spéciales ayant pour objet le recouvrement des droits fiscaux.

Ils sont soumis, à l'importation en France, aux droits de douane, d'après le tarif général du 7 mai 1881, ainsi qu'aux droits de garantie, d'après les lois des 19 brumaire an VI, 30 mars 1872 et 31 décembre 1873 (*Art.* 12).

Les envois de France pour les colonies sont centralisés aux bureaux de Saint-Nazaire, de Bordeaux ou de Marseille, suivant leur distination, pour y attendre les départs des paquebots. Expédition de France.

Remboursement éventuel des droits de garantie.

L'expédition de ces envois n'est soumise à aucun droit fiscal. Mais les exportateurs des ouvrages neufs d'or et d'argent fabriqués en France peuvent, aux termes de la loi du 30 mars 1872, obtenir le remboursement des droits de garantie. A cet effet, ils présentent les boîtes contenant les objets à expédier au bureau de garantie dans le ressort duquel ils résident, accompagnés d'une double déclaration par laquelle ils s'engagent à acquitter de nouveau les droits, dans le cas où les boîtes n'auraient pas été livrées aux destinataires.

Le bureau de garantie, après s'être assuré de la conformité de la déclaration avec le contenu de la boîte, et de l'apposition des marques attestant l'acquittement des droits, scelle la boîte de son cachet, inscrit sur chaque ampliation le montant de la somme à restituer, adresse une de ces ampliations, avec la boîte elle-même, au bureau de poste, qui donne cours à l'envoi dans la forme ordinaire. Dès que la boîte a quitté le bureau d'origine, le receveur certifie l'expédition sur la déclaration qui lui a été remise et renvoie cette pièce au bureau de garantie chargé de rembourser le montant des droits.

Si, pour une cause quelconque, la boîte n'était pas livrée au destinataire et revenait au bureau d'origine, le receveur des postes l'adresserait au bureau de garantie pour assurer le recouvrement, sur l'expéditeur, des droits restitués.

Expédition des colonies sur la France.

Les objets précieux étant, à leur entrée en France, assujettis au payement des droits de douane et de garantie, les boîtes de valeurs déclarées expédiées des colonies à destination de la métropole sont dirigées par les agents des postes embarqués, suivant le lieu d'origine des envois et la voie employée, pour leur transmission, sur les recettes principales des villes de Nantes, de Bordeaux ou de Marseille, où fonctionnent des bureaux de douane et de garantie, pour y être soumises à une double vérification.

Vérification par la douane.

Aussitôt après réception d'une boîte de valeurs déclarées originaire des colonies, le receveur principal prévient la douane. Un agent de cette administration se rend au bureau de poste, vérifie le contenu de la boîte, la scelle de son cachet, et remet au préposé des postes un bulletin indiquant le montant des droits.

Le receveur principal fait ensuite porter le bulletin et la boîte au bureau de garantie, qui vérifie à son tour le contenu de l'envoi.

Vérification par le bureau de garantie.

Si les ouvrages importés, reconnus frauduleux, ne pouvaient être introduits en France, la boîte serait refermée et renvoyée au bureau de poste, qui la réexpédierait, par le plus prochain courrier, à l'office colonial d'origine, accompagnée d'une note explicative. Le bulletin serait rendu à la douane.

Lorsqu'il a été constaté, au contraire, que l'envoi peut être admis, le bureau de garantie ajoute sur le bulletin le montant des droits d'essai et de garantie, scelle la boîte de son cachet et la renvoie, avec le bulletin complété, au bureau de poste.

Envoi au bureau destinataire.

Le receveur principal achemine la boîte sur sa destination, avec un bordereau indiquant le détail des droits fiscaux à payer par le destinataire. Il fait consigner le montant de ces droits, respectivement à la recette des douanes et au bureau de la garantie, et conserve les reçus en caisse, en attendant la régularisation de l'avance.

Si, par suite du refus du destinataire ou pour toute autre cause, la boîte n'était pas distribuée, elle serait réexpédiée sur la colonie d'origine par l'intermédiaire du bureau de poste d'entrée. Ce bureau, après avoir fait oblitérer par le bureau de garantie les marques justificatives du payement des droits, établirait un certificat de réexportation sur le vu duquel il obtiendrait le remboursement des taxes de douane et de garantie qu'il a avancés. Boites non distribuées.

Quant à la taxe d'essai, qui reste acquise à l'essayeur, elle serait portée au débit de la colonie d'origine, dans la colonne 8 de la feuille d'expédition (modèle B) des valeurs déclarées. Le receveur se dégrèverait du montant de l'avance en la portant en dépense comme opération de trésorerie sous le titre : *Avances à charge de recouvrements et de régularisation.* Au commencement du mois suivant, il adresserait le relevé du montant des droits avancés, par l'intermédiaire du directeur du département, à l'administration centrale (bureau de l'ordonnancement), qui ferait délivrer, au nom du receveur, un mandat de dépense publique d'égale somme. Le comptable porterait ce mandat en dépense et balancerait le compte des opérations de trésorerie par une recette d'ordre équivalente, au titre des *Remboursements et régularisations d'avances.*

Lorsque le destinataire prend livraison de la boîte en acquittant les droits de douane, de garantie et d'essai, le receveur du bureau distributeur encaisse le montant de ces droits, en fait recette au compte des opérations de trésorerie, sous le titre : *Fonds reçus des receveurs des postes,* et adresse le bordereau acquitté, avec un récépissé de fonds de subvention d'égale somme, à son collègue du bureau de poste d'entrée. Ce dernier avise le service de la garantie du recouvrement des droits, en fait dépense à la fois comme *Fonds remis aux receveurs des postes* et comme *Avances à charge de recouvrements et de régularisation,* et recette au titre des *Recouvrements et régularisation d'avances.* Grâce à ce jeu d'écritures, les droits perçus par la poste dans un lieu sont encaissés par la douane dans un autre, sans déplacement effectif des fonds; le comptable des postes qui a perçu est chargé en recette d'une somme équivalente au montant des droits, et celui qui a fait l'avance se trouve dégrevé d'autant; mais la recette n'apparaît avec son véritable caractère que dans la comptabilité des bureaux de douanes et de garantie auxquels appartient le recouvrement des droits fiscaux. Boîtes livrées aux destinataires. Recouvrement des droits.

SEPTIÈME PARTIE

FONCTIONNEMENT DU SERVICE POSTAL

Nous connaissons les lois et les règlements qui forment la base de l'exploitation postale ; nous connaissons les tarifs et les conditions du régime général qu'elle applique aux objets de correspondance ; nous allons maintenant étudier son fonctionnement.

Les principaux organes de ce fonctionnement sont les bureaux de poste.

Nous nous occuperons tout d'abord de la création et de l'installation des établissements de poste ; puis nous suivrons les opérations qui s'exécutent soit à l'intérieur des bureaux, soit à l'extérieur. Les opérations essentielles du service postal sont : l'affranchissement des correspondances, leur dépôt à la poste, l'expédition et le transport des dépêches, la distribution.

CHAPITRE PREMIER

CRÉATION DES BUREAUX SÉDENTAIRES

§ 1er. — Bureaux à la charge de l'État.

Principe adopté par l'administration française.

Lorsqu'on étudie la procédure suivie en France pour la création des bureaux, on ne peut qu'être frappé du soin scrupuleux avec lequel l'administration s'attache à tenir compte des vœux et des convenances particulières des populations.

Déjà l'instruction générale de 1792, en traçant aux directeurs les règles à suivre pour la formation de l'arrondissement postal des bureaux de nouvelle création, leur recommandait avant tout de consulter les communes intéressées (p. 104) :

« Ce n'est absolument, disait le premier règlement des postes, que sur le vœu prononcé et notifié des communes que les arrondissements des bureaux doivent être formés. Le Directoire défend expressément à tous directeurs et autres employés de rien préjuger à cet égard, et surtout de chercher à influencer les communes pour les conserver dans l'arrondissement de leur bureau, ou pour les y faire comprendre. Le lieu qui, par sa proximité d'un bureau de poste, semblerait devoir être compris dans l'arrondissement de ce bureau, a souvent, par ses relations de commerce ou autres, beaucoup plus de facilité à faire porter et retirer ses lettres à un autre bureau bien plus éloigné de lui; et ce serait exposer sa correspondance à un retard préjudiciable que de donner avis, sans son consentement, aux correspondants d'un nouveau bureau, de la diriger par ce bureau. »

Bien que les communes ne soient plus, comme en 1792, obligées d'envoyer elles-mêmes chercher leurs correspondances aux bureaux voisins, la tradition de respecter leurs préférences s'est perpétuée. Ces préférences ne sont pas toujours d'accord avec l'intérêt du service postal et celui des finances de l'État. Ce que les habitants de la campagne apprécient dans le facteur rural, c'est moins le messager de leur correspondance que le commissionnaire fidèle que l'on charge de rapporter de la ville voisine des comestibles, des médicaments, des provisions de toute sorte, d'appeler un médecin, etc.

Le point de départ de toute étude pour la création d'un bureau de poste, c'est une délibération du conseil municipal de la commune qui sollicite cette création. Les conseils municipaux des communes qui paraissent, à raison de leur situation topographique, pouvoir être rattachés au nouveau bureau, sont également consultés. Les délibérations des conseils municipaux doivent être réclamées et reçues par l'intermédiaire de l'autorité préfectorale. Études pour la création des bureaux de poste.

Lorsque ces délibérations lui sont parvenues, le directeur départemental procède à l'étude de la création du bureau, et dès que cette étude est terminée, il transmet à l'administration tous les renseignements qu'il a recueillis à ce sujet, en les résumant sur une formule spéciale de rapport (modèle n° 534).

Le tableau n° 1 de cette formule prévoit toutes les indications relatives à l'importance et à la situation de la commune pour laquelle la création est demandée : superficie, population, produits postaux, commerce, industrie et établissements divers, distance du bureau de poste qui dessert la commune et du bureau le plus rapproché. Le directeur fait connaître, en outre, si la commune se trouve déjà sur le passage d'un courrier, ou si elle possède une station de chemin de fer.

Le tableau n° 2 indique la population et les produits postaux des communes qui paraissent avoir intérêt à être desservies par le nouvel établissement de poste, leur distance du bureau qui les dessert ainsi que de celui dont la création est demandée, enfin l'avis exprimé par leurs conseils municipaux.

L'administration ayant pris pour règle de respecter, autant que possible, les vœux des populations, les directeurs ne doivent comprendre dans ce tableau que la commune impétrante et celles qui se sont associées à sa demande.

Il arrive parfois que des communes très rapprochées du bureau projeté, qui auraient intérêt à être desservies par lui, s'y refusent, par esprit de rivalité, ou bien pour des considérations tout à fait étrangères au service postal, parce qu'elles désirent conserver, par l'intermédiaire de leur facteur, des relations avec une localité plus importante, telle qu'un chef-lieu de canton ou d'arrondissement. L'administration tient un compte, exagéré peut-être, de ces préférences, et elle ne rattache une commune d'office à un bureau que dans des cas tout à fait exceptionnels, par exemple lorsque, pour la desservir, le facteur parti de l'ancien bureau d'attache devait traverser le territoire de la commune siège d'un nouvel établissement de poste.

Évaluation des produits et des dépenses.

Après avoir déterminé la circonscription du bureau projeté, le directeur s'occupe de dresser le devis des recettes et des dépenses.

Les recettes sont évaluées au moyen de relevés statistiques du nombre et de la taxe des objets de correspondance de toute nature reçus, pendant deux semaines, dans chacune des communes qui doivent faire partie de la circonscription nouvelle. Le produit annuel s'obtient en multipliant par 26 le total des produits de la quinzaine.

Les dépenses résultant de la création du nouveau bureau comprennent :

Le traitement du titulaire ;

Les frais généraux et allocations éventuelles ;

Les dépenses de matériel;

Les frais du transport des dépêches;

Ceux résultant de la réorganisation du service de la distribution des correspondances.

Traitement du titulaire.

Le traitement du titulaire est calculé à raison de 800 francs (traitement de début des receveurs), s'il s'agit d'une recette; de 850 (traitement fixe des facteurs boîtiers) s'il s'agit d'un établissement de facteur-boîtier.

Frais généraux et allocations éventuelles.

Les frais généraux et allocations comprennent :

L'indemnité de service de nuit, évaluée, en moyenne, à 60 francs;

L'indemnité de 30 francs par bureau attribuée à l'inspecteur chargé de la vérification.

Matériel du bureau.

Les dépenses de matériel comportent :

Des frais de régie pour le titulaire, fixés à raison de à 150 ou de 100 fr., suivant qu'il s'agit d'un receveur ou d'un facteur-boîtier ;

La fourniture des imprimés, timbres et cachets, évaluée en moyenne à 95 francs.

Transport des dépêches.

Le directeur formule sur un imprimé (modèle n° 217), ses propositions pour le transport des dépêches du nouveau bureau. Il indique le mode d'exploitation (à pied, à cheval ou en voiture), le nombre d'ordinaires par jour, la distance à parcourir, après s'être renseigné à ce sujet auprès de l'ingénieur en chef du département, le temps nécessaire pour accomplir le trajet, l'horaire de la marche du courrier, et la dépense probable; s'il existe déjà des services de transport de dépêches ou des services de voitures publiques passant par la commune à desservir, il en tient compte pour l'établissement de ses propositions; il tient compte également des économies qui peuvent résulter de la suppression de certains services par suite de l'organisation nouvelle. Il joint à ces renseignements un tracé indiquant :

A l'encre noire, les services liés à la combinaison et maintenus ;

A l'encre rouge, les services nouveaux;

A l'encre noire, bâtonnés de croix rouges, les services à supprimer.

Les heures de marche des services doivent être indiquées avec soin.

La dépense à prévoir pour la distribution à domicile est celle qui résulte de la formation du nouvel arrondissement postal, avec les modifications qu'elle entraîne dans les circonscriptions des bureaux dont certaines communes doivent être détachées. Distribution à domicile.

Le directeur formule d'abord ses propositions, pour la formation de l'arrondissement postal du nouveau bureau, sur un imprimé (modèle n° 799) en usage pour les études en vue de modifications à apporter dans l'organisation du service de la distribution à domicile. Il indique dans les tableaux *ad hoc* de cet imprimé les heures de réception et d'expédition des courriers, l'organisation des tournées locales et rurales du nouveau bureau, l'heure du départ des facteurs, celle de leur passage dans les communes et celle de la levée des boîtes aux lettres qu'ils ont à visiter, la distance d'une boîte à l'autre, la longueur de chaque tournée, et le traitement à attribuer au titulaire. Il indique enfin, au tableau n° 1, la dépense qui doit résulter de la création des emplois de facteur pour desservir la circonscription du nouveau bureau.

Le directeur remplit une formule semblable pour chacun des bureaux dont la circonscription serait modifiée par la création projetée, avec tous les détails que cette formule comporte : les tableaux n°s 6 et 6 *bis* donnent la comparaison de l'organisation en vigueur et de l'organisation proposée, les traitements anciens et nouveaux attachés aux emplois. Au tableau n° 1, le directeur fait ressortir, s'il y a lieu, l'économie qui doit résulter de la suppression de certaines tournées ou de la réduction du parcours des tournées maintenues.

Les propositions concernant la réorganisation du service de la distribution sont accompagnées :

Des bulletins d'itinéraires des facteurs dont les emplois seraient créés ou les tournées modifiées;

De deux tracés à l'échelle de la carte d'état-major, indiquant l'un, à l'encre noire, l'organisation existante, l'autre, à l'encre rouge, l'organisation proposée, avec les numéros d'ordre des tournées.

Les dépenses résultant des créations d'emplois et des augmentations de traitement sont compensées avec les économies résultant des suppressions d'emplois et des réductions de traitement; la différence représente les frais que doit entraîner, pour le service de la distribution à domicile, la création du nouveau bureau. C'est ce chiffre que le directeur reporte à la première partie du tableau n° 5 de la formule n° 534.

Le total des dépenses présumées est ensuite balancé avec le total des produits, et la différence entre les deux sommes fait ressortir un excédent de dépense ou de recette. En réalité, la création d'un bureau se traduit toujours par une dépense, puisque les recettes attribuées au nouvel établissement sont prélevées sur celles des bureaux existants.

Appréciation des avantages devant résulter de la création.

Le directeur consigne sommairement, à la fin de son étude, ses observations sur les avantages qui résulteraient de la création du bureau pour la commune demanderesse et pour celles qui seraient desservies par le nouvel établissement (avance dans la distribution, distributions supplémentaires, deuxièmes levées de boîtes, possibilité pour les habitants de répondre le jour même aux correspondances reçues) ; il y joint :

Pièces à joindre aux études.

1° La délibération du conseil municipal qui sollicite la création du bureau, ainsi que les avis des conseils municipaux de toutes communes qui ont été consultées;

2° Un croquis à l'échelle de $\frac{1}{160,000}$, indiquant les communes situées dans un rayon de 12 kilomètres de la commune demanderesse et les bureaux de poste existant dans le même rayon qui desservent ces communes, avec le tracé et le numéro d'ordre des tournées;

3° Une attestation de l'agent voyer en chef du département faisant connaître, en kilomètres ou en mètres, la distance de la commune demanderesse du bureau qui la dessert et du bureau le plus rapproché;

4° Des relevés statistiques des produits postaux des communes appelées à faire partie de la circonscription du bureau projeté;

5° Les études de réorganisation du service de la distribution à domicile, avec les tracés et bulletins d'itinéraires qui y sont annexés;

6° Deux expéditions de la formule n° 217 contenant les propositions pour l'organisation du transport des dépêches.

Examen et classement des demandes par l'administration.

Le directeur transmet ensuite son étude à l'administration (bureau de l'organisation du service local).

Le bureau de l'organisation contrôle les indications et les propositions du directeur, notamment en ce qui concerne la réorganisation du service de la distribution, et fait vérifier par le bureau de la correspondance intérieure celles qui sont relatives au transport des dépêches.

Le bureau de l'organisation classe, par ordre d'importance et par degré d'urgence, les demandes de création. Les éléments d'appréciation lui sont fournis par l'étude même du directeur; le rang du classement est déterminé par le nombre des points attribué à la demande, d'après des coefficients déterminés comme suit :

Population de l'arrondissement postal à former : 2 points par 100 habitants ;

Produits postaux des communes devant faire partie de cet arrondissement : 10 points par 100 francs ;

Distance de la commune demanderesse du bureau le plus rapproché : 4 points par kilomètre au delà de 4 kilomètres.

La commune bénéficie, en outre, de 25 points, si elle est chef-lieu de canton (aujourd'hui, d'ailleurs, tous les chefs-lieux de canton de la France continentale sont pourvus de bureaux de poste), et de 50 points, si elle est dotée d'un bureau télégraphique.

On remarquera que c'est surtout l'importance des produits postaux qui influe sur le classement.

Il semble qu'on pourrait tenir plus de compte de la distance : les créations de bureaux concourraient, dans une plus large mesure, à l'amélioration du service de la distribution dans les campagnes et feraient disparaître les facteurs de relais.

Création des bureaux.

La demande une fois classée, le bureau est créé lorsque la commune vient en rang utile pour profiter des créations prévues par les lois de finances.

Lorsque cette éventualité se produit, le bureau de l'organisation provoque une décision ministérielle portant création du bureau, en principe, c'est-à-dire sous la réserve que, dans un délai de six mois, la commune aura satisfait à l'obligation qui lui incombe de fournir gratuitement, pendant dix-huit ans, un local pour l'installation du bureau et pour le logement du receveur.

Des ampliations de la décision sont transmises au bureau du personnel, qui fait nommer le titulaire, au bureau de l'ordonnancement, chargé d'ouvrir les crédits nécessaires au fonctionnement du bureau, et au troisième bureau de la division du matériel, à qui il appartient de donner suite aux propositions concernant le choix et l'appropriation du local.

Les conditions que doivent remplir les locaux sont indiquées dans l'instruction n° 382, publiée au *Bulletin mensuel* n° 2 du mois de février 1889 (p. 121 s.).

Choix des locaux. Conditions qu'ils doivent remplir.

Les bureaux doivent, autant que possible, être placés au centre des localités desservies, présenter un accès facile aux piétons et aux voitures, et se trouver sur le passage des courriers.

Sauf exceptions motivées et dont l'appréciation est réservée à l'administration centrale, les locaux doivent comprendre, outre les pièces réservées au service, celles destinées au logement du receveur.

Le logement personnel doit toujours être entièrement distinct de l'emplacement affecté au service.

Les bureaux simples ne comportent, pour le service proprement dit, qu'une pièce servant de bureau, indépendamment de la salle d'attente.

La salle d'attente doit ouvrir de plain-pied sur la voie publique.

La boîte aux lettres est placée de telle sorte que son ouverture, située à une hauteur d'environ 1m,30 du sol, soit facilement accessible au public, et que le couloir communiquant à cette ouverture tombe directement dans la boîte.

La levée doit pouvoir s'effectuer directement de l'intérieur du bureau.

Les logements attribués aux receveurs des bureaux simples doivent comprendre au moins trois pièces principales, une cuisine et les dépendances nécessaires, telles que cellier ou cave, grenier, cabinets d'aisances spéciaux.

Les pièces affectées au service doivent être bien claires ; il est essentiel qu'elles puissent être facilement aérées.

Autant que possible, toutes les pièces de l'appartement personnel doivent être abordables sans traverser la salle d'attente; le bureau doit toujours être complètement indépendant.

Dans le cas où les immeubles ne sont pas entièrement affectés au service et au logement du titulaire, des dispositions particulières doivent être prises pour éviter toute communauté.

Il est essentiel que les immeubles occupés par les agents de l'administration ne laissent rien à désirer au point de vue hygiénique. Ces locaux doivent également présenter toutes les précautions voulues de sécurité; il convient d'obtenir des propriétaires que les fenêtres des rez-de-chaussée soient munies de barreaux de fer ou, à défaut, de volets solidement blindés.

Lorsque le local présenté par une commune pour un bureau de nouvelle création satisfait à toutes les conditions qui précèdent, le directeur transmet à l'administration (division du matériel, troisième bureau) :

1° Le plan complet du local avec ses dépendances:

2° Un croquis de la localité indiquant l'emplacement du local offert et celui des principaux établissements de la commune;

3° Le relevé (sur formule n° 1561) des renseignements recueillis par le fonctionnaire chargé de visiter le local (1).

(1) Ces renseignements portent notamment sur les points suivants :

Le nouveau local se trouve-t-il au centre du pays?
Est-il sur le passage des courriers?
L'abord en est-il facile aux piétons et aux voitures?
Le bureau ouvre-t-il de plain pied sur la voie publique?
Donne-t-il, ainsi que la salle d'attente, directement sur la rue?
Est-il spacieux et bien éclairé?
Est-il parfaitement salubre?
Suffira-t-il, le cas échéant, pour l'installation du service télégraphique?
La maison est-elle exclusivement occupée par le titulaire du bureau?
(S'il y a d'autres locataires, indiquer leur profession).
Le bureau et l'appartement du titulaire sont-ils bien distincts?
De combien de pièces se compose le tout?
Toutes les pièces de l'appartement sont-elles abordables
1° Sans traverser le bureau?
2° Sans traverser la salle d'attente?
Combien de pièces affectées au service?
La clôture de ces pièces est-elle suffisante?
Mode de clôture de ces pièces.

Lorsque le local offert par la commune a été accepté par l'administration, la municipalité doit prendre l'engagement de mettre à la disposition du service, pendant toute la durée qui lui a été imposée, ce local ou tout autre qu'elle pourrait être autorisée à lui substituer, avec l'agrément de l'administration: elle garantit et s'engage à maintenir la salubrité et la sécurité du local affecté au service et au logement du titulaire; elle doit également s'engager, pour le cas où les exigences du service nécessiteraient l'agrandissement du bureau ou de la salle d'attente, à faire effectuer les travaux nécessaires ou à fournir un autre local de dimensions suffisantes; enfin elle doit prendre à sa charge les obligations légales qui incombent au bailleur.

Mise en activité des bureaux.

Dès que le directeur peut prévoir l'époque de l'achèvement des travaux de construction et d'appropriation, il propose une date pour la mise en activité du nouvel établissement de poste.

C'est le bureau de la correspondance intérieure qui fixe cette date, après avoir pris les mesures nécessaires pour assurer le transport des dépêches et donné les ordres de service relatifs à la mise en correspondance du nouvel établissement de poste avec les bureaux sédentaires et ambulants.

A la date fixée, l'inspecteur procède à l'installation du titulaire.

Création des bureaux composés.

Telle est la procédure suivie pour la création des bureaux simples. Elle n'est pas applicable à la création des bureaux composés. Ces bureaux sont établis, soit par la conversion des recettes simples qui occupent les premiers rangs dans le classement par ordre d'importance des établissements de poste, soit par la création d'emblée de bureaux succursales dans les grandes villes.

Autrefois le budget des postes prévoyait chaque année les crédits nécessaires pour la conversion de dix recettes simples en bureaux composés. En 1885, le nombre des conversions a été réduit à 5.

Depuis, aucun crédit n'a été prévu pour cet objet.

De 1880 à 1885, le Parlement a accordé les ressources nécessaires pour la création d'emblée d'un certain nombre de bureaux composés dans les grandes villes. De 1886 à 1890, aucune allocation n'a été affectée à des créations de cette nature; en 1891, l'administration a obtenu les crédits nécessaires pour la création de deux bureaux à Paris.

Jusqu'en 1878, on créait annuellement 60 recettes simples. En 1879, le nombre des créations fut porté à 100; en 1881, il s'éleva à 250. Il a été

Les valeurs seront-elles en sécurité ?
Durée du nouveau bail.

RENSEIGNEMENTS STATISTIQUES

A FOURNIR PAR LE DIRECTEUR

Chiffre de la population desservie par le bureau.
Nombre de facteurs locaux et ruraux.
Nombre d'aides ou d'auxiliaires attachés au bureau.
Nombre de bureaux correspondants.

ramené à 150 en 1882 et 1883, à 100 en 1884, 1885 et 1886, à 25 de 1887 à 1890. En 1891, il a été reporté à 150.

Coût moyen d'un bureau succursale dans une grande ville.

Il serait désirable que l'on pût augmenter dans des proportions plus fortes le nombre des bureaux mis à la disposition du public. Certaines grandes villes, comme Amiens, Limoges, Dijon, Roubaix (qui renferme plus de 100,000 habitants), n'ont qu'un seul bureau de poste. C'est insuffisant.

Malheureusement l'établissement des bureaux entraîne pour le budget de lourdes charges.

La dépense résultant de la création d'un bureau dans une ville peut être évaluée, en moyenne, à 22,075 francs, savoir :

Traitement du receveur	3.500 francs.
— de 2 commis titulaires	4.200 —
— de 4 commis auxiliaires	6.800 —
— 1 gardien de bureau	1.400 —
— 1 facteur leveur de boites	1.250 —
Frais de régie	600 —
— de transport des dépêches	1.000 —
Loyer	3.000 —
Habillement du gardien de bureau	82 —
— du facteur	71 —
Indemnité de chaussure du facteur	30 —
Impressions	100 —
Sacs à dépêches	20 —
Timbres et cachets	22 —
Total	22.075 francs.

Coût moyen de la transformation d'une recette simple en bureau composé.

La conversion d'un bureau simple en bureau composé entraîne une dépense évaluée en moyenne à 12,712 francs, savoir :

Augmentation de traitement pour le receveur	2.300 francs.
Traitement de 4 commis auxiliaires	6.800 —
— d'un gardien de bureau	1.400 —
Augmentation de traitement pour 3 facteurs locaux qui passent facteurs de ville (traitement moyen porté de 770 à 1.250)	1.440 —
Augmentation de frais de régie	390 —
Habillement du gardien de bureau	82 —
Augmentation du loyer	300 —
Total	12.712 francs.

Prévisions budgétaires pour la création d'une recette simple.

Les dépenses résultant de la création d'une recette simple figurent au budget de 1891, pour 3,053 francs par bureau, savoir :

Traitement du receveur	1.200 francs.
Frais de régie	150 —
Indemnité de service de nuit	60 —
Traitement d'un facteur local	770 —
Habillement du facteur	71 —
Indemnité de chaussure du facteur	30 —
Impressions	100 —
Timbres, cachets et accessoires	22 —
Sacs à dépêches	20 —
Transport des dépêches	600 —
Frais d'inspection	30 —
Total	3.053 francs.

Lorsque l'établissement de poste à créer doit être géré par un facteur-boîtier, la dépense est réduite de 1,170 francs (suppression du traitement du receveur; taux de l'abonnement pour frais de régie abaissé à 100 fr.; traitement du facteur porté à 850 francs). Facteurs-boîtiers.

En présence de la multiplicité des demandes et de l'impossibilité de donner suite à toutes celles qui paraissent justifiées, l'administration a dû rechercher les moyens de répondre, dans une certaine mesure, aux vœux des populations, sans imposer à l'État des dépenses nouvelles.

§ 2. — Bureaux à la charge des communes.

Arrêtés ministériels des 3 mars 1877 et 15 juin 1879.

Une décision du 3 mars 1877 a d'abord autorisé la création d'établissements de facteurs-boîtiers dits municipaux, gérés par des sous-agents dont le traitement était payé par l'administration. Les communes devaient, de leur côté, fournir gratuitement le logement, le chauffage et l'éclairage (1). Les établissements de facteur-boîtier municipal ne pouvaient d'ailleurs être créés que dans des localités situées sur le parcours d'un courrier de terre ou possédant une station de chemin de fer, de manière à n'occasionner aucune dépense nouvelle pour le transport des dépêches. Le nombre des créations de cette nature était limité à 20 par année.

Arrêtés ministériels des 30 mars et 15 juin 1879.

Cette institution a été modifiée et complétée par deux arrêtés ministériels, l'un du 30 mars 1879 (2), l'autre du 15 juin (3) de la même année.

Ces arrêtés donnent à toutes les communes la possibilité d'obtenir immédiatement soit un établissement de facteur-boîtier, soit une recette de plein exercice, qu'elles soient ou non situées sur le passage d'un courrier, dotées ou non d'une station de chemin de fer, pourvu qu'elles prennent à leur charge tous les frais devant résulter de la création nouvelle.

Ces frais sont les suivants :

Dépenses à la charge des communes.

1° S'il s'agit d'une recette, traitement du titulaire de l'emploi; traitement des facteurs chargés de la distribution à domicile, déduction faite de la dépense que comportait l'ancienne organisation;

Dépense non susceptible de réduction.

2° Fourniture des timbres, cachets, imprimés, émoluments accessoires du receveur (service de nuit), frais d'inspection du bureau, le tout fixé à 185 francs.

S'il s'agit d'un établissement de facteur-boîtier, la commune a seulement à rembourser le traitement du titulaire (850 francs), dont il y a lieu de déduire ce que coûtait la distribution à domicile dans la commune, avec l'ancienne organisation.

3° Transport des dépêches, payé directement par la commune à un entrepreneur agréé par le directeur du département, et tenu d'effectuer

(1) Rapport présenté par M. L. Riant au ministre des finances, octobre 1877, p. 18; *Bull. mens.* n° 97, avril 1877, p. 142.
(2) *Bull. mens.* n° 12, avril 1879, p. 276 et s.
(3) *Bull. mens.* n° 14, 2° *supp.*, juin 1879, p. 479 et s.

le service conformément aux clauses et conditions du cahier des charges des courriers d'entreprise.

4° Fourniture, appropriation, entretien et réparation des locaux nécessaires au fonctionnement du service et au logement du titulaire.

Les locaux affectés au service postal doivent remplir les conditions exigées pour l'installation des bureaux, c'est-à-dire être situés au rez-de-chaussée, dans une rue de facile accès pour les piétons et les voitures, et disposés de manière que le travail de la manipulation des lettres ne puisse être vu du dehors. A cet effet, la pièce réservée au public doit être séparée du local consacré aux opérations par une cloison pleine dans sa hauteur ou surmontée, à partir de 1m,80 du sol, d'un grillage muni d'un rideau fixe ; dans cette cloison ou ce grillage est pratiqué un guichet de 35 centimètres en largeur et de 40 centimètres en hauteur.

Les locaux affectés au logement du titulaire du bureau doivent être suffisamment spacieux pour un ménage, convenablement clos et couverts, placés à l'abri de l'humidité et des intempéries.

Le plan, établi aux frais de la commune à l'échelle de 2 centimètres par mètre, est soumis par le directeur départemental à l'acceptation de la 3e division du matériel et de la construction.

La commune doit supporter les frais de chauffage et d'éclairage du bureau.

5° Établissement d'une boîte aux lettres dont l'orifice ouvre sur la voie publique, à 1m,30 du sol environ, installée de telle sorte que les levées puissent être faites de l'intérieur du bureau ; cette boîte doit être proportionnée au nombre de lettres qu'elle doit contenir, solidement confectionnée, munie d'une serrure avec sa clef et d'un appareil indicateur des levées, du système Thiéry (prix 31 francs); elle doit être accessible au public, le jour comme la nuit, pour le dépôt des lettres.

6° Fourniture des objets de matériel indispensables pour l'exécution du service postal et indiqués ci-après :

Balances et boîtes de poids, avec division spéciale pour le tarif de la poste ;

Pendule, montre ou cartel ;

Tables, chaises, armoires, casiers servant à l'exploitation ;

Brosses ou tampons pour le timbrage des correspondances ;

Encre à timbrer, papier, sacs à dépêches, ficelle, cire ; abonnement au *Bulletin mensuel* (prix 5 francs). Le Bulletin doit être relié, chaque année, aux frais de la commune (1).

Un inventaire des objets fournis par la commune est établi, par ses soins, en trois expéditions : la première est destinée au maire, la seconde au directeur des postes et des télégraphes du département, la troisième au titulaire du bureau. Celui-ci reste responsable de la disparition ou de la détérioration de ces objets.

Le chauffage et l'éclairage, ainsi que les fournitures de bureau, encres, papiers, sacs, cire, ficelle, peuvent être fournis, soit en nature, soit au

(1) Les receveurs et les facteurs-boîtiers municipaux n'ont pas de frais de régie.

moyen d'une allocation pécuniaire annuelle, fixée de gré à gré avec le titulaire, et dont la quotité est notifiée par le maire au directeur du département.

Ces obligations font l'objet d'un engagement souscrit par la commune et approuvé par le préfet. La création du bureau est ensuite autorisée par une simple décision du directeur général.

Les concessions d'établissements de poste municipaux peuvent être retirées lorsque les communes ne remplissent pas tous leurs engagements.

Caractère temporaire de ces dépenses.

La création d'un établissement de facteur-boîtier municipal ou d'une recette des postes municipale n'empêche pas la commune qui l'obtient de conserver son rang dans le classement des demandes de bureau de poste. Lorsqu'elle vient en ligne pour obtenir une recette aux frais de l'État, elle est exonérée des charges qu'elle s'était imposées, sauf celle de la prestation gratuite du local, qui incombe, d'une manière générale, à toutes les communes, pour une période de dix-huit ans.

C'est ce que M. Cochery rappelle dans une circulaire adressée aux préfets, le 15 juin 1879, en leur notifiant les nouvelles facilités accordées aux communes par son arrêté du même jour, relatif à la concession des recettes dites municipales. Le ministre y fait ressortir, avec beaucoup d'habileté, que le sacrifice qu'elles s'imposent dans ce but n'est que temporaire; que la création d'un bureau amenant toujours un accroissement de la correspondance, elles ont intérêt à s'imposer ce sacrifice, parce qu'elles améliorent leur rang dans le classement, et avancent ainsi le moment où elles auront droit à une recette aux frais de l'État.

Nombre restreint des établissements de poste dits municipaux.

Cependant le nombre des demandes de concession d'établissements de poste dits municipaux a toujours été assez restreint. Sur 6,974 bureaux de poste existant en France au 31 décembre 1889, on comptait seulement 29 recettes et 108 établissements de facteur-boîtier dont les dépenses étaient payées par les communes.

Le peu d'empressement des munpicialités à profiter des facilités qui leur sont offertes par les arrêtés ministériels des 30 mars et 15 juin 1879, s'explique d'ailleurs par les charges de toute nature qui pèsent sur les communes.

Grevées, pour la plupart, de centimes additionnels destinés à subvenir aux dépenses de l'instruction publique, à des travaux d'utilité communale ou à couvrir l'intérêt des emprunts qu'elles ont contractés, il ne leur reste plus guère de ressources disponibles pour les appliquer aux charges assez lourdes qu'entraînent la création et l'entretien d'un bureau de poste. C'est donc par d'autres moyens qu'il conviendrait de multiplier le nombre des bureaux et de mettre la poste plus à portée du public des campagnes.

Comparaison du nombre des bureaux en France et à l'étranger.

Si l'on jette les yeux sur la statistique publiée par le bureau international de Berne, on est frappé de l'infériorité de la France vis-à-vis de plusieurs pays étrangers, sous le rapport du nombre des bureaux de poste.

Sans parler de la grande République américaine, où l'on comptait, au

30 juin 1890, 62,401 bureaux, nombre en rapport d'ailleurs avec l'immensité du territoire à desservir, on remarque que les pays d'Europe comparables au nôtre par leur superficie ou par leur population, nous dépassent de beaucoup par le nombre de leurs établissements de poste : la Grande-Bretagne, avec l'Irlande, comptait, au 31 mars 1890, 18,359 bureaux ; l'Allemagne, à la même date, 23,410 (y compris ceux de la Bavière et du Wurtemberg) ; l'Autriche-Hongrie, en 1890, 8,585. La France, non compris l'Algérie, n'avait, au 1er janvier 1890, que 6,974 bureaux de toute catégorie. La petite Suisse en comptait, en 1878, 3,143.

On trouve donc :

En Suisse,	un bureau	en moyenne	pour..........	930	habitants.
Aux États-Unis,	—	—	....	1.001	—
En Allemagne,	—	—	....	2.001	—
En Angleterre,	—	—	....	2.089	—
En Autriche-Hongrie,	—	—	....	4.744	—
En France,	—	—	....	5.480	—

Si l'on considère l'étendue du territoire à desservir, on trouve :

En Suisse,	un bureau	par........................	13	kil. carrés.
En Angleterre,	—	....	17	—
En Allemagne,	—	....	24	—
En Autriche-Hongrie,	—	....	72	—
En France,	—	....	76	—
Aux États-Unis,	—	....	147	—

Proportion du nombre des bureaux secondaires, par rapport au nombre total.

Il est incontestable que dans plusieurs pays étrangers, aux États-Unis, en Allemagne, en Angleterre, en Suisse, le budget de l'administration des postes est plus largement doté que le nôtre; mais cette circonstance ne suffirait pas à expliquer une différence aussi considérable, si l'on ne savait que, parmi les très-nombreux bureaux ouverts au public dans les pays précités, beaucoup ne sont que des établissements secondaires, gérés économiquement par des agents auxiliaires et participant seulement aux opérations les plus simples du service postal.

Angleterre.

En Angleterre, les *head-offices*, au nombre de 927, jouissent seuls d'une autonomie complète pour la comptabilité; indépendamment de ces bureaux, on en compte 9,000 environ, relevant des premiers, qui participent au service des mandats de poste et sont constitués en agences de la caisse d'épargne postale; le reste, les *suboffices* sont chargés seulement de la vente des timbres-poste, de l'expédition et de la distribution des correspondances; ils sont gérés par de petits commerçants (épiciers, papetiers, etc.) qui fournissent le local et sont rétribués au moyen de remises.

Allemagne.

En Allemagne, il y avait, au 31 mars 1890, sur le territoire administré par l'office des postes impériales (c'est-à-dire non compris la Bavière et le Wurtemberg), 3,928 bureaux de plein exercice environ; on comptait, en outre, 6,445 agences postales relevant des bureaux les plus rapprochés et ouvertes aux opérations de toute catégorie; enfin 10,348 offices auxiliaires. Ces offices, créés à partir de 1880, sont chargés, dans les communes rurales, de la vente des timbres-poste et autres estampilles de valeur, de l'expédition et de la distribution des correspondances ordinaires, et servent seulement d'intermédiaires pour l'expédition des objets recommandés, des envois de valeurs à recouvrer, des mandats de poste et des télégrammes. Il n'est alloué aux titulaires aucun traitement proprement dit, mais seulement quelques indemnités pour frais de service. Le local est fourni par eux. Le transport des dépêches a lieu sans frais, par les soins des facteurs ruraux, lorsque les localités pourvues d'offices auxiliaires ne sont pas situées sur le passage des courriers ou sur des voies ferrées.

On est arrivé, en multipliant ces bureaux de poste rudimentaires, en améliorant, d'autre part, le service de la distribution, à augmenter de 150 0/0, en sept ans, la circulation postale dans les communes rurales. Pour accroître encore les facilités accordées aux populations des campagnes, les facteurs ruraux ont été munis de formules de mandats, d'ordres de recouvrement, de bulletins d'expédition de colis postaux, et pourvus d'un carnet sur lequel les expéditeurs inscrivent eux-mêmes leurs envois de valeurs et autres. Ainsi, indépendamment des très nombreux bureaux établis à poste fixe dans les localités rurales, les facteurs font, en quelque sorte, office d'agences postales ambulantes, de telle sorte que les habitants de toutes les parties du territoire de l'empire sont à même de faire sur place des opérations de toute nature, sans dérangement ni perte de temps.

Moyens pratiques pour augmenter le nombre des bureaux de poste en France.

C'est par ces moyens pratiques et peu coûteux que l'Allemagne a porté son service rural à un remarquable degré de perfection. Les facteurs ruraux, dont quelques-uns sont pourvus de voitures, sont devenus de véritables messagers qui relient aux bureaux de poste principaux des milliers de bureaux satellites.

Les avantages qui résultent de cette combinaison sont immenses pour les populations rurales : accélération dans l'arrivée des correspondances, délais plus longs pour l'expédition, possibilité pour toutes les localités de recevoir et d'expédier des colis de messagerie, à quelque distance qu'elles soient du réseau ferré.

C'est par des moyens analogues que nous pourrions, nous aussi, achever l'organisation si bien commencée du service postal dans nos campagnes. Notre institution des facteurs ruraux a produit d'admirables résultats; elle a servi de modèle aux autres pays; mais, pour porter tous ses fruits, elle doit être complétée, comme en Allemagne, comme en Angleterre, par la création de bureaux secondaires, à attributions limitées, dont les facteurs deviendront les messagers. On pourrait même alléger la tâche des facteurs ruraux en confiant, dans une certaine mesure, la distribution dans l'agglomération des communes sièges de bureaux secondaires, soit aux gérants de ces bureaux, soit à des auxiliaires. Ceux-ci, moyennant une faible rétribution, se chargeraient de délivrer immédiatement les correspondances ordinaires apportées par le facteur rural, de manière que la remise pourrait s'en effectuer partout de bonne heure et presque simultanément, tandis qu'aujourd'hui les localités rurales ne sont desservies que successivement et toujours tardivement lorsqu'elles sont placées à la fin des tournées.

Ces bureaux secondaires devraient être très nombreux et partant, établis à peu de frais. Il faudrait abandonner le type de la recette de plein exercice, coûtant 3,000 francs par an à l'État, occupant un immeuble spécial, gérée par un fonctionnaire qui parle au public derrière une trappe de 35 centimètres de côté, et auquel toute occupation lucrative est interdite en dehors de son emploi. Les bureaux à service complet sont déjà nombreux en France.

Quelques créations peuvent encore être utilement faites dans certaines localités bien choisies; mais, dans la plupart des cas, les services que pourraient rendre les bureaux de plein exercice sollicités par les communes, ne seraient pas en proportion avec les charges qu'ils imposeraient à l'État. Du reste, quand même ses ressources financières lui permettraient de créer annuellement 150 recettes, la France n'arriverait jamais, par ce moyen, à égaler les pays étrangers pour le nombre des bureaux. Les crédits budgétaires qu'on pourrait affecter à ces créations seraient, semble-t-il, plus avantageusement employés à doter notre pays d'un réseau de bureaux secondaires analogues aux suboffices de l'Angleterre ou aux offices auxiliaires de l'Allemagne.

Bureaux auxiliaires de poste. Décret du 7 avril 1887.

Il y a quatre ans, l'administration a paru entrer dans cette voie. Un décret du 7 avril 1887 (1), rendu sur la proposition de M. Granet, a autorisé la création de bureaux auxiliaires des postes dans toutes les communes qui en font la demande et s'engagent à en supporter les dépenses. Les conditions d'établissement et de fonctionnement de ces bureaux ont été déterminées par l'arrêté ministériel du 9 avril 1887.

Création des bureaux auxiliaires.

Les demandes de concession des bureaux auxiliaires doivent émaner des communes; les demandes faites par des particuliers sont transmises au maire de la commune intéressée pour être soumises au conseil municipal, les communes seules pouvant contracter les engagements nécessaires et présenter à l'agrément de l'administration la personne qu'elles désirent voir charger de la gérance du bureau.

Les chefs de service avisent immédiatement l'administration des demandes qui leur parviennent directement et transmettent ensuite, à bref délai, le dossier complet de l'étude à laquelle ils ont procédé. Cette étude doit porter, pour toutes les demandes, sur les points suivants :

1° *Indication de la recette de plein exercice à laquelle le bureau auxiliaire doit être rattaché* (c'est toujours celle qui dessert la commune demanderesse) ;

2° *Heures de passage du facteur rural au bureau auxiliaire;*

3° *Possibilité de relier le bureau auxiliaire*, par l'intermédiaire d'un courrier de terre passant dans la commune, ou par la voie de fer, pour l'expédition des correspondances ordinaires seulement et sans réciprocité,

(1) Voir *Bull. mens.*, n° 7, juillet 1877, p. 163.

soit au bureau d'attache, soit à d'autres bureaux, ambulants ou sédentaires, soit même à un courrier convoyeur; indication des avantages qui résulteraient de la mise en correspondance directe;

4° *Transfert de la boîte rurale au bureau auxiliaire.* — L'article 2 de l'arrêté ministériel du 9 avril 1887 met ce transfert à la charge de la commune; toutefois, si la commune veut faire établir une boîte aux lettres au nouveau bureau, rien ne s'oppose à ce que l'ancienne boîte rurale soit conservée comme boîte supplémentaire et visitée tous les jours par le facteur rural.

En cas de mise en correspondance du bureau auxiliaire avec d'autres bureaux, la boîte supplémentaire pourrait être levée, avant les départs, par le gérant. L'administration le munirait d'une clef supplémentaire, et la commune aurait à le pourvoir d'un sac ou d'une sacoche. La visite quotidienne de la boîte par le facteur rural continuerait, même dans ce cas, à être de rigueur;

5° *Choix du gérant.* — Les gérants des bureaux auxiliaires sont recrutés sur place et pris, autant que possible, parmi les anciens militaires et les fonctionnaires retraités. Ils sont proposés par les municipalités et agréés par le directeur du département; leur salaire est fixé et payé par les communes intéressées (*Art.* 1er *de l'arrêté ministériel du* 9 *avril* 1887).

Les directeurs instruisent la candidature des gérants auxiliaires au moyen de la feuille de renseignements du modèle en usage pour les agents et les sous-agents. Cette feuille est établie en double expédition : un exemplaire est transmis au bureau du personnel, tandis que l'autre est annexé à l'étude de création transmise au bureau de l'organisation; le cas échéant, elle fait mention du salaire attribué par la commune au gérant.

L'expédition transmise au bureau du personnel doit être accompagnée d'un extrait du casier judiciaire du candidat et d'un certificat de bonne vie et mœurs, constatant, en outre, qu'il est de nationalité française.

Dans le cas où les renseignements recueillis ne seraient pas favorables à tous les points de vue et ne permettraient pas, par suite, de confier le service à la personne présentée par la municipalité, le directeur en aviserait le maire, en l'invitant à faire choix d'un autre gérant.

Si la demande de bureau auxiliaire ne contient aucune proposition pour le choix du gérant, le maire de la commune est invité à faire cette proposition à bref délai.

6° *Local.*— La fourniture du local incombe à la commune; mais l'administration n'impose aucune règle aux municipalités pour le choix de ce local, ni aucun aménagement spécial. Le service peut être installé dans la maison du gérant, sans travaux d'aménagement spécial d'aucune sorte (1). Il est à désirer cependant que le local soit situé au rez-de-chaussée et d'un accès facile pour le public. Il convient de joindre au dossier le plan du

(1) Circulaire ministérielle aux préfets du 17 mai 1887.

local choisi (pièce affectée au bureau seulement), avec l'indication de l'emplacement de chacune des parties du mobilier postal.

Le directeur peut demander à la municipalité de faire entourer d'une barrière en bois la partie de la pièce affectée au service, si des circonstances spéciales lui donnent lieu de supposer que cette installation soit nécessaire pour assurer l'inviolabilité du secret dû à toutes les opérations postales.

7° *Mobilier du bureau.* — La municipalité doit fournir au gérant : une table à tiroirs fermant à clef, surmontée d'un casier, des balances avec poids, un tableau en bois portant l'inscription *Bureau auxiliaire de poste*, en lettres noires de 15 centimètres de hauteur, sur fond gris, ainsi que les menues fournitures de bureau : tampons, encres à timbrer et à écrire, ficelle, cire à cacheter, etc.).

8° *Distribution à domicile.* — Cette partie du service n'est confiée qu'exceptionnellement aux gérants auxiliaires et *pour les correspondances ordinaires seulement*, sauf le cas où il existerait à l'égard de ces correspondances une présomption de contravention. On doit cependant examiner, pour toutes les demandes de bureau auxiliaire, l'hypothèse de la concession de la distribution à domicile, indiquer les avantages que la commune en retirerait, les bureaux sédentaires ou ambulants qui devraient faire dépêche pour le bureau auxiliaire, la voie par laquelle ces dépêches parviendraient à destination, ainsi que les heures d'arrivée; si la distribution pourrait être faite par le gérant ou devrait être confiée à une autre personne.

Le dossier, ainsi établi, est transmis à l'administration (bureau de l'organisation du service local).

Lorsque le directeur général a pris la décision portant création d'un bureau auxiliaire, cette décision est notifiée au directeur, qui, de son côté, la porte à la connaissance du maire, par l'intermédiaire du préfet.

Le directeur adresse à la personne proposée pour gérant une lettre qui l'autorise à en remplir les fonctions, et sur le vu de laquelle elle est admise à prêter serment devant le juge de paix du canton.

Cette formalité accomplie, le gérant doit se présenter au receveur du bureau de plein exercice dont il relève, pour être mis au courant des opérations qu'il aura à effectuer.

Le chef de service départemental s'assure que les objets de matériel nécessaires ont été fournis par la commune, et il s'entend avec la municipalité pour déterminer la date à laquelle le bureau auxiliaire pourra fonctionner.

Cette date est fixée par l'administration, sur la proposition du directeur, qui doit faire connaître si le gérant possède les connaissances nécessaires pour la gestion de son bureau.

Au jour dit, il est procédé à l'installation du gérant, soit par un inspecteur de la direction départementale, soit par le receveur du bureau d'attache.

Le nombre des bureaux auxiliaires de poste était de 47 seulement, au 31 décembre 1889. On peut dire que l'institution n'a pas réussi. La cause doit en être attribuée, non pas à l'idée elle-même, qui est très pratique, mais plutôt aux procédés d'exécution. Nombre restreint des demandes de création de bureaux auxiliaires.

On a voulu laisser aux communes l'initiative et les frais de création des bureaux auxiliaires.

Les communes n'ont pas pris cette initiative et elles ne se sont pas souciées non plus d'assumer la charge d'une dépense qui, en bonne justice, incombe à l'État. Le service des postes est d'intérêt général. C'est à l'État, qui en perçoit tous les revenus, à en faire tous les frais; et tant qu'il continuera à réaliser 50 millions de bénéfices nets par an, il aurait mauvaise grâce à reporter sur les communes une part, si minime qu'elle fût, de la dépense nécessaire au perfectionnement du service postal dans les campagnes. L'institution des bureaux auxiliaires semble d'ailleurs peu connue, bien que les préfets aient été chargés, par une circulaire du 17 mai 1887, d'appeler l'attention des municipalités sur les avantages qui résultent pour elles du décret et de l'arrêté ministériel des 7 et 9 avril 1887, et à faire insérer ces documents dans le Recueil des actes administratifs de leur département.

Si l'Allemagne avait laissé à l'initiative et à la charge des municipalités l'établissement de ses offices auxiliaires, elle ne compterait pas aujourd'hui plus de 10,000 bureaux de cette catégorie. C'est l'administration supérieure allemande qui a procédé aux études et poursuivi l'achèvement du nouveau réseau postal, d'après un plan d'ensemble, en créant en moyenne 1,000 offices auxiliaires par an. Les dépenses de ces bureaux sont d'ailleurs insignifiantes. Les gérants ne sont pas rétribués : on accorde seulement à certains d'entre eux une indemnité de 50 marks par an (62 fr. 50), pour l'achat et l'entretien du matériel de bureau, et on leur abandonne la taxe de factage sur les journaux et les colis qu'ils distribuent.

Il y a lieu de présumer qu'en France on trouverait également dans les localités rurales des candidats nombreux pour se charger de la gestion d'un bureau de poste auxiliaire, sinon sans aucune rétribution, au moins au prix d'une indemnité annuelle très modique. Les débitants de tabac, qui sont au nombre de 28,860; les receveurs buralistes, qui sont assermentés et sont au nombre de 14,000, fourniraient au besoin le personnel nécessaire. Les fonctions de gérant pourraient encore être confiées soit à des chefs de gare, comme en Allemagne, soit à des petits commerçants, comme en Angleterre, soit à des cultivateurs aisés ou à des industriels, à des fonctionnaires retraités, moyennant une rétribution très faible et même nulle, tant l'attache officielle a encore de prestige dans les campagnes. Le choix de l'administration pour la gestion d'un bureau serait considéré comme une marque de confiance qui serait cotée à un très haut prix.

Mais il faudrait que l'administration prît l'initiative, qu'elle fît désigner par les directeurs, après une étude d'ensemble, les localités où devraient être établis les bureaux auxiliaires, et qu'elle prît à sa charge la rétribution des gérants.

En admettant que chaque bureau auxiliaire coûtât 200 ou 300 francs à l'administration, on aurait pu, avec l'allocation de 450,000 francs portée au budget de 1891 pour la création de 150 recettes de plein exercice, ouvrir de 1,500 à 1,800 bureaux auxiliaires. Il suffirait de continuer ainsi pendant quelques années pour qu'au bout de peu de temps, notre réseau postal secondaire n'eût rien à envier à ceux de l'Allemagne, de l'Angleterre et de la Suisse.

CHAPITRE II

BAUX ET LOCATIONS. — INSTALLATION ET RÈGLEMENT INTÉRIEUR DES BUREAUX

§ 1. — Baux et locations.

L'initiative des études ou des démarches relatives au choix des locaux, à la conclusion et au renouvellement des baux, appartient aux directeurs départementaux. Intervention des directeurs.

Les directeurs doivent se préoccuper de l'échéance des baux au moins un an avant l'expiration des traités.

Lorsque les installations sont satisfaisantes, ils peuvent se borner à proposer le renouvellement des baux en cours. Ils s'assurent au préalable qu'il n'est pas possible de trouver dans la localité un autre immeuble également convenable pour l'installation des services, à des conditions de prix moins onéreuses. Renouvellement des baux.

Dans ce cas, le dossier du renouvellement du bail peut se composer seulement :

1° De la formule de questionnaire n° 1561 ;

2° De deux expéditions du nouveau projet de bail, signées du propriétaire.

En transmettant les dossiers à l'administration, le chef de service doit donner l'assurance qu'aucun autre local remplissant les conditions voulues et d'un prix moins élevé n'est disponible dans la localité.

Dans le cas où les nécessités du service ou l'insuffisance du logement particulier rendent indispensable le déplacement du bureau, les directeurs départementaux doivent faire rechercher par les receveurs, et profiter également des tournées des inspecteurs pour faire rechercher par ceux-ci des locaux réunissant toutes les conditions voulues pour assurer le bon fonctionnement du service et procurer aux titulaires un logement sain, convenable et suffisant pour les besoins d'une famille. Déplacement des bureaux.

Les études de déplacement doivent être faites avec le plus grand soin, et comprendre toutes les propositions susceptibles d'être acceptées par l'administration.

Le dossier de chaque proposition doit contenir :

1° La formule de renseignements n° 1561 ;

2° Deux expéditions du nouveau projet de bail, signées seulement du propriétaire;

3° Un plan du local actuel et du local proposé;

4° Un croquis de la localité, indiquant l'emplacement du local actuel et des immeubles offerts, ainsi que des principaux établissements de la localité;

5° Un certificat du maire attestant la convenance de l'emplacement, au point de vue de l'intérêt général;

6° Une déclaration du contrôleur des contributions directes, au sujet de la valeur locative de l'immeuble proposé;

7° Une déclaration d'un médecin désigné par le directeur, constatant que le local est sain et salubre.

Les renseignements que comporte la formule n° 1561 doivent être contrôlés par le fonctionnaire qui a été chargé de visiter le local. Ils doivent être résumés dans un rapport d'ensemble, présenté par le chef de service départemental, avec ses conclusions motivées.

Condition des baux.

Tous les baux sont conclus au nom de l'État, représenté, dans chaque département, sauf à Paris, par le directeur chef du service.

En principe, la durée des baux ne doit pas être supérieure à neuf années; mais il peut être dérogé à la règle :

1° Quand il paraît certain que les lieux loués se prêteront à l'extension éventuelle des services;

2° Lorsque la location est faite dans des conditions particulièrement avantageuses;

3° Lorsque l'administration a dû prendre à sa charge les frais d'appropriation et d'installation.

Rédaction des baux.

Les baux sont l'objet d'actes sous seing privé, établis en triple expédition. Les directeurs doivent s'attacher d'une manière toute particulière à faire prévaloir la rédaction du modèle adopté par l'administration (1).

Les renvois doivent être signés ou parafés ; les ratures sont approuvées.

Les abréviations, les surcharges doivent être évitées.

L'emploi des chiffres n'est pas prohibé ; mais il prête aux altérations. Il est donc préférable d'exprimer les dimensions, quantités et durées en toutes lettres.

Il n'est pas nécessaire que l'acte sous seing privé soit écrit par l'une des parties contractantes, mais il est bon que les parties fassent précéder leur signature de ces mots, écrits de leur main : « *Approuvé l'écriture ci-dessus.* »

L'écriture de l'acte doit être bien formée et parfaitement lisible.

Assurance.

Il n'est pas d'usage de faire assurer les immeubles dont l'État est propriétaire ou qu'il prend en location. Le nombre de ces immeubles

(1) Voir, pour la rédaction des baux, l'instruction n° 382 publiée au *Bulletin mensuel*, n° 2 de février 1889.

est assez grand pour permettre à l'État d'être son propre assureur, grâce à la division des risques.

Il appartient, toutefois, aux agents de l'administration de prendre, sous leur responsabilité, les dispositions particulières qu'ils jugent convenables pour leur logement et leur mobilier personnel (1).

Congés.

Le bail cesse de plein droit à l'expiration du terme fixé, lorsqu'il a été fait par écrit, sans qu'il soit nécessaire de donner congé (Code civil, art. 1737) (2).

Lorsqu'il y a lieu de donner congé, conformément à une clause insérée dans le bail, ce congé doit être signifié par huissier, à moins que le bailleur auquel il aurait été donné verbalement ou par simple écrit ne consente à en accuser réception par lettre.

Enregistrement.

Les baux passés pour le compte de l'État et dont le prix est payé directement par le Trésor, doivent être enregistrés gratis, par application de l'article 70, § 2, n° 1, de la loi du 22 frimaire an VII. Cette disposition, toutefois, n'est applicable qu'aux actes dont les droits tombent à la charge de l'État; en conséquence, les actes de sous-location consentis par l'administration en faveur de tiers donnent lieu à la perception des droits d'enregistrement, qui sont à la charge des sous-locataires.

L'article 20 de la même loi fixe à vingt jours le délai d'enregistrement. Ce délai ne court que du jour de l'approbation administrative, et même du jour où l'acte approuvé est revenu entre les mains du fonctionnaire chargé d'en assurer l'exécution et qui doit, en conséquence, le revêtir d'une attestation signée de lui et indiquant le jour de cette réception.

Frais de timbre.

Le timbre des actes passés entre l'État et les particuliers est à la charge de ceux-ci; celui des quittances fournies à l'État ou délivrées en son nom est à la charge des particuliers qui les donnent ou les reçoivent (*Loi du 13 brumaire an VII, art.* 29).

Pénalité en cas d'inexécution des travaux.

Il a paru nécessaire, pour sauvegarder les intérêts de l'administration, d'imposer aux propriétaires une pénalité en cas d'inexécution des travaux dans le délai indiqué.

Sauf exceptions spéciales, la quotité de cette pénalité, par jour de retard, doit représenter, en moyenne, la valeur de quatre jours du prix de location admis par l'administration.

État de lieux.

Des états de lieux sont dressés au commencement de la prise de possession des locaux, quand bien même les travaux d'appropriation ne seraient pas entièrement achevés. Cette formalité, qui implique le concours du propriétaire, donne à l'administration le moyen d'appliquer la clause pénale prévue au bail, en cas d'inexécution des travaux dans le délai indiqué. Dans ce dernier cas, un état de lieux complémentaire doit être dressé après l'achèvement complet des travaux.

A moins d'exceptions que l'administration seule peut autoriser, les états de lieux doivent être rédigés aux frais des propriétaires et conformé-

(1) Voir *Risques locatifs*, C. 1733-1734.

(2) *Tacite reconduction.* (C, 1738; voir aussi C. 1759). — La vente de l'immeuble (C. 174); la mort du bailleur (C. 1742), ne sont pas des causes de résiliation. — *Cession de bail* et *sous-location* (C. 1717).

ment aux indications du modèle fourni par l'administration. Ils sont établis en quatre expéditions : l'une est envoyée à l'administration, deux autres sont conservées dans les archives du bureau et de la direction départementale; la quatrième est remise au propriétaire.

Comptabilité des loyers. En général, les loyers des bureaux sont payables par trimestre ; dans quelques départements cependant, ils le sont par semestre.

Pour faciliter la liquidation, les directeurs départementaux doivent s'attacher à obtenir des propriétaires que le payement ait lieu à l'époque des échéances régulières, c'est-à-dire au commencement des mois de janvier, avril, juillet et octobre.

Dans le cas où, par suite d'usages locaux, les baux sont contractés à des époques qui ne correspondent pas aux échéances régulières, le premier terme du loyer est calculé au prorata du temps compris entre la date d'exécution du bail et l'échéance du trimestre ou semestre régulier, de manière à rétablir l'harmonie dans les liquidations ultérieures.

Lorsque, par suite de circonstances particulières, la date d'échéance ne concorde pas avec celle de la clôture de l'exercice, la dépense est imputable, intégralement, sur l'exercice auquel appartient le dernier jour du terme échu (*Décret du* 11 *août* 1890) (1).

§ 2. — Installation des bureaux.

Appropriation des locaux. D'une manière générale, l'appropriation des locaux loués par l'administration est à la charge des propriétaires; la fourniture et l'installation du mobilier d'exploitation sont à la charge des receveurs. Toutefois le mobilier et les appareils télégraphiques sont fournis par l'administration.

Boîte aux lettres. La fourniture et la pose des boîtes aux lettres incombent aux receveurs, lorsqu'il n'est pas possible de les obtenir du propriétaire.

L'ouverture de la boîte aux lettres correspond par un couloir à une boîte intérieure. Ce couloir est construit de manière à faciliter la chute des lettres dans la boîte, à empêcher qu'elles ne puissent être extraites du dehors, à les protéger contre toute avarie et toute indiscrétion.

La boîte intérieure a une dimension proportionnée au nombre de lettres qu'elle doit recevoir. Elle est à demeure, solidement confectionnée et disposée de telle sorte que la levée puisse s'effectuer de l'intérieur du bureau. Elle est fermée à clef dans l'intervalle des levées.

Les heures fixées pour la levée des boîtes peuvent également être indiquées par l'appareil Thiéry, dont la fourniture est faite directement par le fabricant sur la demande et aux frais des communes.

L'indicateur modèle Thiéry est obligatoire pour les nouveaux bureaux à créer, soit sur les fonds de l'État, soit aux frais des municipalités. Le prix de cet indicateur est mis à la charge des communes.

Salles d'attente. Les dimensions de la salle d'attente et le nombre des guichets sont en rapport avec l'importance du bureau. Les salles d'attente doivent être

(1) *Bull. mens.* n° 12, décembre 1890, p. 1050.

bien éclairées, les guichets d'accès facile et d'aspect convenable; un ou plusieurs cadres sont disposés pour recevoir les avis et affiches concernant le service et intéressant le public.

Les salles d'attente sont pourvues, par les soins des receveurs, de sièges, de tables, d'encriers, de plumes en nombre suffisant pour que les expéditeurs puissent préparer les télégrammes, cartes et mandats dont ils veulent effectuer le dépôt.

Les cloisons qui séparent le public du service et dans lesquelles sont pratiqués les guichets sont pleines au moins jusqu'à hauteur d'appui. Au-dessus, elles peuvent être vitrées ou grillagées, élevées jusqu'au plafond ou limitées à une hauteur intermédiaire qui ne doit pas être inférieure à 2^{m}, 30.

Les guichets doivent être assez larges pour que le public puisse communiquer facilement avec les employés du service. Ils sont munis d'une double tablette régnant à l'intérieur du bureau et à l'extérieur dans la salle d'attente.

Emplacement réservé pour l'échange des dépêches avec les courriers.

La livraison des dépêches doit pouvoir se faire de telle sorte que les courriers n'aient pas à pénétrer dans le bureau. A cet effet, il peut être affecté aux courriers soit une salle spéciale, soit un emplacement prélevé sur le bureau, communiquant avec le dehors et limité par une barrière.

Les pendules ou cartels qui indiquent l'heure de Paris doivent être placés de manière à être vus du public.

§ 3. — Règlement intérieur des bureaux.

Les opérations de tout établissement de poste sont assujetties à un règlement arrêté par le directeur, le titulaire du bureau entendu.

Ce règlement est conservé à la direction, au dossier de l'établissement de poste qu'il concerne. Une copie en est délivrée au bureau intéressé; une autre est adressée à l'administration. Un extrait, contenant l'indication des heures d'ouverture, des heures de clôture des affranchissements pour chaque expédition de dépêches, des heures d'arrivée et de départ des courriers, avec les principaux points desservis par chacun d'eux, est affiché à l'extérieur du bureau, dans un cadre grillagé, placé auprès de la boîte aux lettres.

Heures d'ouverture des bureaux. Recettes composées; recettes simples fusionnées.

Les recettes composées, fusionnées ou non, sont ouvertes au public de 7 heures du matin en été et de 8 heures du matin en hiver (novembre, décembre, janvier, février) à 9 heures du soir.

Il en est de même des recettes simples fusionnées avec un bureau télégraphique de l'État à service complet.

Les recettes fusionnées avec un bureau télégraphique de l'État à service limité sont ouvertes de 7 heures du matin, en été, 8 heures du matin, en hiver, à 7 heures du soir, sauf interruption de midi à 1 heure du soir. Les heures d'ouverture et de fermeture sont les mêmes pour les recettes simples, fusionnées avec un service télégraphique municipal; sauf interruption de midi à 2 heures. Une indemnité est allouée aux receveurs des bureaux mixtes simples qui ont à recevoir et à expédier des courriers de midi à 2 heures (1).

Recettes simples non fusionnées.

Les recettes simples non fusionnées sont ouvertes au public pendant dix heures les jours ouvrables. Cette durée peut être réduite d'une heure en hiver. Elle est partagée en deux vacations déterminées par le règlement particulier à chaque établissement, d'après la marche des courriers et les convenances locales : dans les bureaux mixtes, l'intervalle des deux vacations est toujours placé entre midi et 2 heures.

Service des dimanches et jours fériés.

Les dimanches et jours fériés (2), les guichets postaux des bureaux composés sont fermés à 6 heures du soir (3). Dans les bureaux simples non fusionnés, la durée totale des vacations est diminuée de quatre heures aux moments de la journée indiqués par les convenances du service, après entente, s'il y a lieu, avec les autorités locales. Les bureaux mixtes simples, chargés d'un service télégraphique de l'État limité ou d'un service télégraphique municipal, restent ouverts au public de 7 heures du matin, 8 heures en hiver, à 10 heures du matin, et de midi à 3 heures du soir.

Dans tous les bureaux qui ont plusieurs distributions ou plusieurs levées de boîtes supplémentaires, le nombre de ces distributions et de ces levées est réduit, les dimanches et jours fériés, dans la mesure indiquée par les besoins du service ; dans tous les cas, la dernière distribution et la dernière levée sont supprimées.

Établissements de facteur-boîtier.

Les heures d'ouverture au public des établissements de facteur-boîtier sont fixées par le directeur, suivant la marche des courriers et les exigences du service de la distribution à domicile.

Bureaux auxiliaires.

L'administration n'intervient pas dans la détermination des heures d'ouverture des bureaux auxiliaires au public. Ces heures sont fixées par les municipalités, au mieux des intérêts des habitants ; mais le gérant doit toujours être présent à son bureau, lors du passage du facteur et des courriers par l'intermédiaire desquels il reçoit ou expédie des correspondances.

Le tableau des heures d'ouverture, signé par le maire, est affiché à l'extérieur ; une expédition est conservée à la direction ; une autre expédition est adressée à l'administration (bureau de l'organisation du service local).

Les réclamations au sujet des heures d'ouverture des bureaux auxiliaires sont transmises aux maires des communes intéressées, auxquels il appartient d'y donner suite. Avis en est donné aux réclamants.

(1) Circulaires des 3 et 27 décembre 1890.

(2) Les jours fériés sont : Noël, l'Ascension, l'Assomption et la Toussaint (*Arrêté du 29 germinal an X*) ;

Le 14 juillet, jour de la fête nationale (*Loi du 6 juillet 1880*) ;

Le lundi de Pâques et le lundi de la Pentecôte (*Loi du 8 mars 1886*).

(3) Circulaire du 28 octobre 1890.

CHAPITRE III

AFFRANCHISSEMENT DES CORRESPONDANCES

§ 1. — Notions générales.

Il y a affranchissement lorsque le prix du port des objets de correspondance confiés à la poste est payé d'avance par l'expéditeur. Définition.

L'affranchissement est *facultatif* lorsque l'expéditeur peut, à son choix, acquitter le port de l'envoi ou le laisser, en tout ou en partie, à la charge du destinataire.

L'affranchissement est *obligatoire* lorsque l'expéditeur doit acquitter d'avance une taxe pour que l'objet qu'il envoie soit dirigé sur sa destination.

On a vu que, dans le service intérieur, l'affranchissement est facultatif pour tous les objets de correspondance, à l'exception des billets d'avertissement en conciliation, des objets recommandés, des valeurs déclarées, et des avis de réception des objets recommandés ou des valeurs déclarées. Dans le ressort de l'Union postale, l'affranchissement est facultatif pour les lettres ordinaires, partiellement obligatoire pour les autres objets de correspondance, en ce sens qu'ils ne sont expédiés que s'ils sont affranchis au moins en partie, et entièrement obligatoire pour les objets recommandés et les valeurs déclarées.

L'affranchissement est tantôt obligatoire, tantôt facultatif, suivant les pays et les voies employées, pour les correspondances de toute nature à destination des offices étrangers à l'Union avec lesquels la France n'est liée par aucune convention de poste.

Dans le service intérieur, l'affranchissement a lieu en timbres-poste ou en numéraire ; dans le service international, il a lieu en timbres-poste exclusivement.

§ 2. — Affranchissement en timbres-poste.

Les timbres-poste sont des figurines d'une valeur conventionnelle, fabriquées et vendues par l'administration et dont l'apposition sur les objets de correspondance en opère l'affranchissement. Origine des timbres-poste. Billets de port payé imaginés par M. de Vélayer.

La première idée du timbre-poste est attribuée à M. de Vélayer, maître des requêtes, qui avait obtenu, en 1653, un privilège pour l'établissement d'une petite poste à Paris. Cet essai ne réussit pas alors, et la petite poste ne fut définitivement établie à Paris que cent ans plus tard.

Le système de poste locale établi par M. de Vélayer comportait l'affranchissement obligatoire au moyen de *billets de port payé*, que les expéditeurs pouvaient se procurer à l'avance :

Instruction pour ceux qui voudront escrire d'un quartier de Paris à un autre, et avoir réponce promptement deux et trois fois le jour sans y envoyer personne, par le moyen de l'establissement que Sa Majesté a permis estre faict par ses lettres, vérifiées au parlement, pour la commodité du public et expédition des affaires.

On faict asçavoir à tous ceux qui voudront escrire d'un quartier de Paris en un autre, que les lettres, billets ou mémoires seront fidellement portés et déligemment rendus à leur adresse et qu'ils en auront promptement responce, pourveu que lorsqu'ils escriront ils mettent avec leurs lettres un billet qui portera *port payé*, parce que l'on ne prendra point d'argent, lequel billet sera attaché à ladite lettre ou mis autour de la lettre, ou passé dans la lettre, ou en telle autre manière qu'ils trouveront à propos, de telle sorte néantmoins que le commis le puisse voir et l'oster aysément.

Chacun estant adverty que nulle lettre ny response ne sera portée qu'il n'y ayc avec icelle un billet de port payé dont la datte sera remplie du jour et du mois qu'il sera envoyé, à quoy il ne faudra manquer si l'on veut que la lettre soit portée.

Le commis général qui sera au Palais vendra de ces billets de port payé à ceux qui voudront en avoir pour le prix d'un sol marqué et non plus, à peine de concussion, et chacun est adverty d'en achepter pour sa nécessité le nombre qu'il lui plaira, afin que lorsque l'on voudra écrire, l'on ne manque pas pour si peu de chose à faire les affaires.

La première raison de ces billets est que, puisque le principal sujet de cet establissement est pour avoir prompte responce, cela ne se pourroit pas si les commis qui porteront lesdites lettres dans les maisons estoient obligés d'attendre partout le payement du port d'icelles.

La seconde raison vient de ce que, comme l'on écrit d'ordinaire plus tost pour ses affaires que pour les affaires d'autruy, il est plus juste que celui qui escrit paye le port que celuy auquel ladite lettre est adressée, et mesme s'il veut responce, il peut en ce cas envelopper dans sa lettre un autre billet de port payé afin que celuy qui le sert le face plus librement quand il verra qu'il ne lui coustera rien.

Première émission de timbres-poste en Angleterre.

Sous sa forme actuelle, le timbre-poste a vu le jour en Angleterre, en même temps que la réforme postale, dont il était le complément indispensable.

Sans le timbre-poste, le *penny postage* aurait été impraticable ou extraordinairement onéreux pour le trésor (1).

L'exemple de l'Angleterre fut suivi en 1843 par le Brésil, en 1844 par Genève, en 1845 par la Finlande, en 1846 par les États-Unis d'Amérique.

Introduction des timbres-poste en France.

En France, l'adoption du système des timbres-poste fut proposée, en 1844, par la commission de la Chambre des députés chargée de l'examen de la proposition Saint-Priest sur l'abaissement de la taxe des lettres (Rapport de M. Chégaray, 5 juillet 1884).

Elle ne fut réalisée qu'en 1849, en même temps que la réforme postale.

L'article 5 du décret-loi du 24 août 1848 autorisait l'administration à « faire vendre, au prix de 20 centimes, 40 centimes et 1 franc des timbres ou

(1) *Cours d'exploitation postale*, par M. Ansault.

cachets dont l'apposition sur une lettre suffira pour en opérer l'affranchissement. »

Les lois de tarifs des 15 mai 1850 et 20 mai 1854 (art. 1er) ont autorisé l'émission des timbres-poste nécessaires à l'affranchissement de toutes les correspondances.

Aujourd'hui les timbres-poste mis en vente par l'administration sont de quinze valeurs différentes, distinguées chacune par une couleur particulière : 1, 2, 3, 4, 5, 10, 15, 20, 25, 30, 40, 50, 75 centimes, 1 franc et 5 francs.

Autorisation de marquer les timbres-poste. Décision ministérielle du 15 nov. 1876.

Le public est autorisé, par une décision ministérielle du 15 novembre 1876 (1), à marquer les timbres-poste dont il fait usage au moyen de signes distinctifs (initiales ou autres) obtenus à l'emporte-pièce. Ces marques ont pour but de prévenir les détournements qui pourraient être commis au préjudice des maisons de commerce qui emploient une grande quantité de timbres-poste.

Elles doivent porter sur la partie supérieure de la figurine, être disposées de manière à ne pas altérer le chiffre exprimant la valeur, et ne pas excéder le tiers de la surface du timbre-poste.

Les figurines dont les marques à l'emporte-pièce ne remplissent pas ces conditions, sont considérées comme ayant perdu toute valeur, et les objets de correspondance qui en sont revêtus sont taxés comme non affranchis.

Timbres-poste non mobiles.

Les timbres, au lieu d'être mobiles, peuvent être imprimés directement sur les cartes, bandes ou enveloppes destinées à circuler par la poste.

Cartes postales timbrées.

Depuis le 1er mai 1878, l'administration émet des cartes postales portant le timbre imprimé sur la carte. Les administrations étrangères nous avaient depuis longtemps devancés pour ce perfectionnement.

En France, les cartes postales sont vendues au public au prix du timbre-poste de 10 centimes imprimé sur la carte.

Il n'en est pas ainsi en Angleterre, du moins pour les cartes postales circulant à l'intérieur. La taxe des cartes postales est de 5 centimes à l'intérieur, mais le post office perçoit, en sus de cette taxe, pour se couvrir des frais de fabrication, un droit qui est de 2 centimes 1/2 sur chaque carte vendue isolément, et qui s'abaisse à 2 centimes lorsqu'elles sont prises par paquets de dix au minimum.

Enveloppes et bandes timbrées

Depuis longtemps les administrations postales des pays étrangers mettent à la disposition du public des enveloppes et des bandes timbrées.

En France, c'est seulement depuis la loi du 20 avril 1882 (2), que le service des postes est autorisé à mettre en vente des enveloppes et des bandes de cette nature. La même loi concède aux particuliers la faculté de faire imprimer par l'administration le timbre d'affranchissement sur des enveloppes ou des bandes. L'article 3 autorise le gouvernement à

(1) *Bull. mens.* n° 92, *supp.*, nov. 1876, *Instr.* n° 222, p. 552.
(2) Voir *Bull. mens.* n° 4, avril 1882, p. 169.

fixer par décret la taxe supplémentaire à percevoir, en sus du prix du timbre, pour la valeur du papier des enveloppes et des bandes fabriquées par l'administration, ainsi que les prix et conditions du timbrage des bandes et enveloppes présentées par le public à l'impression.

En vertu de cette disposition, deux décrets en date des 10 août (1) et 7 novembre 1882 (2) ont fixé :

A 1 centime, en sus du timbre, le prix de vente de chaque enveloppe timbrée à 15 centimes ;

A 1/2 centime, en sus du timbre, le prix de vente de chaque enveloppe timbrée à 5 centimes ;

1 centime, par trois bandes, le prix de vente des bandes timbrées, en sus de la valeur du timbre.

Le format des bandes et des enveloppes timbrées vendues au public est déterminé par arrêté ministériel.

Les enveloppes à 15 centimes sont de trois formats différents ; les enveloppes à 5 centimes, de deux formats, l'un pour cartes de visite (arrêté ministériel du 7 novembre 1882) (2) ; l'autre de plus grandes dimensions pour circulaires commerciales, les factures, etc. (*Arrêté ministériel du* 2 *septembre* 1889) (3).

Les bandes timbrées sont de 2 ou de 3 centimes ; le format est le même pour les trois catégories (*Arrêtés ministériels du* 8 *septembre* 1882 (3) *et du* 7 *novembre* 1882 (4).

Le décret du 10 août 1882 fixe à 2 francs, par mille enveloppes, à 1 franc, par mille bandes présentées par les particuliers, le prix de l'impression du timbre.

Prix de vente des enveloppes et bandes timbrées à l'étranger.

En Angleterre, le post office vend au public des enveloppes timbrées à 1 penny, de trois formats différents, et des bandes timbrées à 1/2 penny et à 1 penny. Le prix de chaque enveloppe ou bande, vendue isolément, est de 1/4 d. (2 c. 1/2) en sus du timbre ; ce prix est réduit pour les enveloppes et les bandes vendues en nombre.

Le post office vend aussi au public des enveloppes en papier-toile pour lettres recommandées. Ces envelopes sont revêtues d'un timbre de 20 centimes représentant le droit fixe de recommandation. Le prix de vente, en sus du timbre, est, pour une enveloppe de 2 centimes et demi, de 7 centimes et demi ou de 10 centimes, suivant le format. Une réduction est accordée sur un paquet de 12 enveloppes. En cas de perte d'une lettre recommandée contenant de l'argent, des billets de banque, des lettres de change, des coupons, des bons de poste, le propriétaire n'a droit à une indemnité qu'autant que la lettre était placée dans une enveloppe spéciale vendue par le post office.

En Belgique, la poste met en vente des enveloppes timbrées à 10 centimes de deux formats, au prix de 1 centime pièce.

(1) *Bull. mens.* n° 8, août 1882, p. 442.
(2) *Bull. mens.* n° 12, novembre 1882, p. 599.
(3) *Bull. mens.* n° 8, août 1889, p. 527.
(4) *Bull. mens.* n° 9, septembre 1882, p. 540.

En Allemagne, il y a des enveloppes timbrées à 10 pfennig (12 centimes 1/2) et des bandes timbrées à 2 pfennig (3 centimes 3/4). Le prix de vente, en sus du timbre, est de 1 pfennig (1 centime 1/2) par enveloppe, et de 50 pfennig (62 centimes 1/2) par 100 bandes.

En Suisse, la poste émettait autrefois des enveloppes timbrées à 5, 10 et 25 centimes, qu'elle vendait au prix du timbre d'affranchissement. Ces enveloppes avaient alors un grand succès auprès du public. En 1877, l'administration, pour se couvrir des frais de fabrication, décida de vendre les enveloppes à raison de 1 centime la pièce, en sus du prix du timbre. Le nombre des enveloppes timbrées achetées par le public diminua dans une telle proportion, que le département des postes cessa, à partir de 1884, d'en fabriquer. Les bandes timbrées sont fabriquées au prix de 26 fr. 50 par mille feuilles.

Aux États-Unis, le post office débite des enveloppes timbrées de différents formats à 1, 2, 3, 5, 6, 10, 15, 30 et 90 cents; des bandes timbrées à 1 et 2 cents. Quiconque achète à la fois au moins 500 enveloppes timbrées d'une même valeur, peut demander, sans augmentation de prix, que l'administration fasse imprimer, sur l'angle gauche supérieur de ces enveloppes, son nom et sa résidence.

Il résulte de cet exposé que l'administration française livre au public les bandes et les enveloppes timbrées à un prix généralement inférieur à celui que perçoivent les offices postaux étrangers.

Statistique.

En 1889, le nombre des enveloppes timbrées vendues par l'administration a été de 15,135,372; celui des bandes timbrées, de 21,689,983.

Le nombre des enveloppes présentées au timbrage par le public a été de 237,000; celui des bandes, de 181,000.

Cartes lettres.

En 1882, en exécution d'un arrêté royal du 5 décembre de la même année, l'administration belge a émis, sous le nom de *cartes-lettres*, des feuilles de papier timbrées à 10 centimes, pliées en deux et gommées sur les bords qu'il suffit d'humecter pour obtenir une fermeture complète, sans le secours d'aucune enveloppe. Un perforage, pratiqué le long des bords gommés, permet au destinataire d'ouvrir la lettre sans la déchirer, en détachant seulement les bords.

Les cartes-lettres ont été introduites en France par arrêté ministériel du 24 mai 1886 (1). Ces cartes sont livrées au public au prix de 15 et de 25 centimes, montant du timbre-poste imprimé sur le revers de la carte, du côté reservé à la suscription. Il est permis d'insérer dans les cartes-lettres tout objet dont l'insertion est autorisée dans les lettres ordinaires.

Cette innovation paraît appréciée du public; en 1889, 7,119,846 cartes-lettres, dont 7,041,648 à 15 centimes, ont été débitées.

Vente des timbres poste

Au début, la vente des figurines d'affranchissement était exclusivement

(1) Bull. mens. n° 5, mai 1886, p. 247.

réservée aux agents des postes : receveurs, distributeurs et facteurs (*Art. 9 et 18 de l'arrêté ministériel du 13 décembre 1883*). Ces agents n'avaient droit à aucune remise.

L'interdiction faite aux personnes étrangères à l'administration de participer à la vente des timbres-poste était sans doute motivée par la crainte de faciliter l'introduction dans le service, de figurines ayant déjà servi, ce genre de fraude ne tombant pas alors sous le coup de la loi répressive.

Cette lacune dans notre législation pénale ayant été comblée en 1849, une décision ministérielle du 21 janvier 1850 (1) autorisa, d'abord à titre facultatif, les débitants de tabac à participer à la vente. La même décision étendit la mesure aux entreposeurs de dépêches et aux boîtiers.

Une décision ministérielle du 3 juin 1854 (2) rendit la vente des timbres-poste obligatoire pour les débitants de tabac, et alloua à tous les préposés chargés de cette vente une remise de 2 0/0 sur la valeur des figurines. Le taux de cette remise a été réduit à 1 0/0 par une décision ministérielle du 16 décembre 1861 (3).

Les vaguemestres civils et militaires, certains commerçants ou particuliers spécialement autorisés, et, depuis 1880 (4), les bureaux télégraphiques non fusionnés participent également à la vente des timbres-poste.

Approvisionnement des receveurs et des débitants.

Dans chaque département, le receveur principal centralise les demandes d'approvisionnement formées par les receveurs ; il est, de plus, chargé de répartir entre eux les envois de timbres-poste qu'il reçoit en bloc du garde-magasin central (5).

Les receveurs se chargent en recette, du montant des timbres et autres figurines, aussitôt qu'ils leur parviennent, déduction faite de la remise qui leur est allouée.

Les receveurs approvisionnent à leur tour les facteurs, débitants de tabac et autres vendeurs intermédiaires. Les receveurs des bureaux de poste ou mixtes doivent toujours être pourvus d'un approvisionnement au moins égal au chiffre de la consommation moyenne d'un mois ; les receveurs des bureaux télégraphiques non fusionnés, au chiffre de la vente moyenne de deux jours. Le minimum de la valeur de l'approvisionnement est fixé à 10 francs pour les entreposeurs, les facteurs de ville, ainsi que pour les débitants de tabac dans les localités d'au moins 1,000 habitants ; à 5 francs pour les débitants de tabac dans les localités ayant moins de 1,000 habitants, pour les facteurs locaux et ruraux et pour les gardiens d'entrepôt.

Les débitants et les gérants des bureaux télégraphiques, résidant dans des communes non pourvues de bureaux de poste, sont approvisionnés par l'intermédiaire des facteurs ruraux. Ces facteurs sont munis, à cet

(1) Circulaire n° 28, du 25 janvier 1850.
(2) Circulaire n° 13, du 13 juin 1854.
(3) *Instruction générale*, p. 1111.
(4) Voir *Bull. mens.* n° 107, avril 1878, *Instr.* n° 265, p. 137.
(5) Voir pour plus de détails les articles n° 257 à 278 de l'*Instruction générale* et le *Traité des Recettes des postes* de MM. Rouland et Bouguet, p. 53 et s.

effet, d'un carnet sur lequel les débitants inscrivent leurs demandes et donnent décharge des timbres-poste reçus.

Les receveurs s'assurent que l'approvisionnement des débitants qui relèvent de leur bureau est toujours au complet. Les brigadiers-facteurs y veillent également.

Un arrêté ministériel du 12 mai 1887 (1) a autorisé la mise en vente à prix réduit et même la livraison gratuite au public de cartes postales, cartes-lettres et enveloppes timbrées achetées à l'administration et revêtues ensuite d'annonces, sous les conditions suivantes : Cartes-lettres, cartes postales et enveloppes-annonces.

Les cartes ou enveloppes doivent porter l'indication apparente, sur la suscription, du prix réduit auquel elles sont vendues ou de la gratuité, suivant le cas ;

Les autorisations nécessaires sont données par l'administration centrale et peuvent être retirées en cas d'abus ou d'inconvénients constatés ;

Les receveurs des postes et des télégraphes ne peuvent participer à la vente ;

Les agences autorisées doivent tenir écritures de leurs achats à la poste et de leurs livraisons aux dépositaires ; leur comptabilité est soumise, ainsi que leur approvisionnement de formules timbrées, à la vérification des agents de l'administration ;

Tout tirage d'annonces doit être communiqué en épreuve à l'administration, et la mise en circulation est toujours subordonnée à l'autorisation préalable.

L'invention des timbres-poste a beaucoup simplifié le service et la comptabilité. Simplification résultant de l'emploi des timbres-poste.

Avant 1849, on exigeait, pour le contrôle de la perception des taxes, que toutes les lettres affranchies fussent inscrites, comme le sont aujourd'hui les chargements, sur des listes nominatives, lesquelles étaient transmises par les bureaux expéditeurs aux bureaux destinataires et vérifiées par ceux-ci.

Depuis l'emploi des timbres-poste, les objets ordinaires affranchis n'ont plus besoin d'aucune inscription ; le produit de la taxe est porté en bloc dans les recettes, au moment de la prise en charge, par le receveur, de chaque envoi de timbres-poste.

Mais la vigilance de l'administration doit être toujours en éveil pour déjouer les manœuvres frauduleuses qui consistent soit dans le réemploi de timbres-poste ayant déjà servi, et dont on s'efforce de faire disparaître les traces d'oblitération, soit dans l'émission de timbres-poste contrefaits. Timbres-postes frauduleux.

La législation est venue au secours de l'administration, en édictant des pénalités sévères contre ces deux genres de fraude.

Ces pénalités sont inscrites dans la loi du 16 octobre 1849, qui punit le réemploi des timbres ayant déjà servi, et dans l'article 142 du Code pénal, modifié par la loi du 13 mai 1863, qui punit leur contrefaçon.

(1) *Bull. mens.* n° 5, mai 1887, p. 121.

Emploi de timbres-poste ayant déjà servi.

Quiconque aura sciemment fait usage d'un timbre-poste ayant déjà servi à l'affranchissement d'une lettre, sera puni d'une amende de 50 *à* 1,000 *francs.*

En cas de récidive, la peine sera d'un emprisonnement de cinq jours à un mois et l'amende sera doublée.

Sera punie des mêmes peines, suivant les distinctions sus-établies, la vente ou tentative de vente d'un timbre-poste ayant déjà servi.

L'article 463 *du Code pénal sera applicable dans les divers cas prévus par le présent article de la loi.*

(Loi du 16 octobre 1849).

Caractère des infractions à la loi du 16 oct. 1849.

Les infractions à la loi du 16 octobre 1849 diffèrent des autres contraventions aux lois postales. L'emploi d'un timbre-poste ayant déjà servi n'est pas une simple fraude préjudiciable seulement au Trésor : c'est en quelque sorte une violation de la foi publique qui rentre dans la catégorie des délits dont la répression intéresse la société tout entière. De là les conséquences suivantes :

1° Tandis qu'il suffit, pour constituer les contraventions à l'arrêté du 27 prairial an IX, à la loi du 25 juin 1856 ou à celle du 4 juin 1859, et pour motiver l'application des pénalités prévues par ces lois, du fait matériel de l'infraction, abstraction faite de toute intention frauduleuse et nonobstant la bonne foi du contrevenant ; la loi du 16 octobre 1849, au contraire, ne punit l'emploi ou la vente de timbres-poste ayant déjà servi qu'autant que l'acte a été commis sciemment, c'est-à-dire avec les circonstances de préméditation frauduleuse nécessaires pour constituer le délit.

2° L'administration n'est pas autorisée à transiger sur les contraventions de l'espèce : une transaction n'est admissible que lorsque les poursuites ont pour objet la réparation d'un préjudice matériel ; lorsqu'elles tendent principalement à satisfaire la vindicte publique, les tribunaux seuls ont qualité pour atténuer la peine ;

3° Dans les affaires de contravention ordinaires, l'administration poursuivante est considérée comme partie civile, fait l'avance des frais et en opère le recouvrement. Il en est ainsi pour les contraventions à l'arrêté de prairial, aux lois des 25 juin 1856 et 4 juin 1859. Au contraire, pour les infractions à la loi du 16 octobre 1849, les procès-verbaux sont enregistrés en débet, les frais de poursuite sont imputés sur les fonds généraux du ministère de la justice, et le recouvrement de ces frais, ainsi que des amendes qui peuvent être prononcées, est opéré par les soins des percepteurs des contributions directes (1).

Contrefaçon des timbres-poste.

La contrefaçon des timbres-poste rentre dans la catégorie des faux prévus par la loi :

Ceux qui auront contrefait les timbres-poste ou fait usage sciemment de

(1) Circulaire du 25 avril 1851, n° 58.

timbres-poste contrefaits seront punis d'un emprisonnement de deux ans au moins et de cinq ans au plus.

Les coupables pourront, en outre, être privés de leurs droits civils pendant cinq ans au moins et dix ans au plus, à compter du jour où ils auront subi leur peine.

Ils pourront aussi être mis, par l'arrêt ou le jugement, sous la surveillance de la haute police pendant le même nombre d'années.

Les dispositions qui précèdent seront applicables aux tentatives de ces mêmes délits.

(Code pénal, art. 142, Loi du 13 mai 1863.)

Constatation des infractions.

Lorsqu'il est reconnu qu'un timbre-poste appliqué sur un objet de correspondance est contrefait, ou a déjà servi, il ne doit pas être oblitéré; l'objet est taxé comme une lettre non affranchie du même poids, et transmis, sous chargement d'office, au bureau de destination; avis en est donné au directeur du département ou du service.

Rédaction des procès-verbaux.

Le destinataire de l'objet incriminé est convoqué au bureau de poste, invité à acquitter la taxe de cet objet et à faire connaître les nom et domicile de l'expéditeur; ces renseignements sont consignés sur un procès-verbal que le destinataire est invité à signer et dont il lui est donné copie, s'il le demande. Dans tous les cas, l'enveloppe ou la portion de la lettre qui porte le timbre-poste frauduleux est conservée pour être jointe au procès-verbal.

Si le destinataire est absent, inconnu, parti sans laisser d'adresse ou décédé, ou bien s'il refuse de venir au bureau, d'acquitter la taxe, de donner les renseignements demandés ou de signer le procès-verbal, il est passé outre à la rédaction de cet acte.

Lorsque l'objet de correspondance revêtu d'un timbre-poste frauduleux est à destination de l'étranger, le procès-verbal est dressé par le bureau d'origine ou par le bureau d'échange.

Transmission à la justice.

Le directeur du département saisit la justice, sans intervention de l'administration, en adressant le procès-verbal et la pièce saisie au procureur de la république du ressort de la résidence du délinquant.

Si l'auteur du délit est un militaire ou un marin, le dossier de l'affaire est transmis à l'administration, qui saisit directement l'autorité militaire (général commandant le corps d'armée ou préfet maritime).

Le directeur communique les procès-verbaux à l'administration, toutes les fois qu'il peut y avoir doute sur l'existence du délit.

Statistique des infractions à la loi du 16 oct. 1849.

Pour 1888, la statistique des contraventions relève 410 affaires de timbres-poste frauduleux; sur ce nombre, 48 procès-verbaux ont été annulés par l'administration; 362 ont été déférés à la justice; il y a eu 238 ordonnances de non-lieu, 16 acquittements, 108 condamnations à des amendes.

§ 3. — Affranchissement en numéraire.

Les lettres ordinaires ou chargées sont toujours affranchies en timbres-poste. Il en est de même des autres objets de correspondance, lorsqu'ils sont à destination de l'extérieur.

Cas où l'affranchissement en numéraire est applicable.

Dans le service intérieur, les journaux, échantillons, imprimés, papiers d'affaires, peuvent être affranchis, d'après l'article 247 de l'Instruction générale, en timbres-poste ou en numéraire, suivant la volonté des expéditeurs ou suivant les convenances du service, lorsque cette volonté n'est pas exprimée.

D'après l'article 4 de la loi du 6 avril 1878, la perception de la taxe des journaux, qui peut comporter des fractions de centime, se fait en numéraire lorsqu'ils sont expédiés en nombre, et le centime entier n'est dû que pour la fraction de centime du port total.

En fait, l'affranchissement en numéraire n'a plus lieu et n'offre plus d'intérêt que pour les imprimés expédiés en nombre ou pour les journaux déposés en dernière limite d'heure.

Imprimés expédiés en nombre.

L'affranchissement en timbres-poste simplifie la comptabilité des recettes et offre plus de garantie pour la perception régulière des taxes que l'affranchissement en numéraire. Néanmoins, ce dernier mode d'affranchissement ne paraît pas pouvoir être supprimé complètement. Les receveurs doivent l'employer lorsque des imprimés leur sont présentés en grandes quantités à la fois, et qu'ils n'ont ni le temps ni le nombre de figurines nécessaires pour en opérer l'affranchissement dans la forme ordinaire. Il en est ainsi, par exemple, pour les circulaires électorales et les bulletins de vote, qui sont souvent déposés en grand nombre, et dont l'expédition ne peut être différée sous aucun prétexte.

La perception de la taxe due est alors constatée par l'empreinte, sur la bande ou enveloppe de l'imprimé, du côté de la suscription, d'un timbre portant les initiales *P P* (port payé) ou, dans les grands bureaux, d'un timbre à date spécial, portant en exergue les mots *Imprimés P P* (1).

Les objets affranchis en numéraire sont inscrits, en nombre, sur une feuille d'expédition (modèle n° 1257) qui est transmise au bureau correspondant avec l'indication de la taxe perçue, et dont la présence est

(1) Les formules d'avertissement que les receveurs de l'enregistrement adressent aux redevables de cette administration sont préalablement affranchies en numéraire à la recette principale de la Seine, où elles reçoivent l'empreinte d'un timbre *Imprimés PP*, sans date.

L'administration de l'enregistrement acquitte la taxe et répartit ensuite les formules affranchies entre ses préposés qui ont à en faire emploi. Ce mode d'affranchissement s'applique annuellement à 3 millions d'avertissements.

En vertu d'une autorisation exceptionnelle de l'administration, les circulaires imprimées que les bureaux de bienfaisance de Paris adressent aux personnes domiciliées dans leurs arrondissements respectifs sont affranchies gratuitement, à la recette principale de la Seine, au moyen de l'application du timbre *Imprimés PP*. Pour jouir de cette faveur, les circulaires dont il s'agit doivent porter l'empreinte du cachet officiel du bureau de bienfaisance et être déposées par des personnes spécialement autorisées. Cette catégorie d'envois a reçu, dans le service postal, le surnom caractéristique de *mendiants*.

constatée sur la feuille d'avis de la dépêche adressée à ce bureau. Cette taxe est reportée, au bureau d'origine, sur un état mensuel (modèle n° 1260), qui est joint en fin de mois, à la comptabilité de ce bureau, à l'appui de la recette. Le contrôle des perceptions inscrites sur cet état s'opère à la direction, à l'aide du rapprochement des feuilles n° 1257, renvoyées, après vérification, par les bureaux destinataires.

Journaux déposés en dernière limite d'heure.

Les journaux dont les éditeurs sont autorisés à effectuer le dépôt en dernière limite d'heure (voir ci-après, page 486) doivent avoir été préalablement affranchis.

Dépôt et affranchissement préalable des bandes.

La taxe est perçue d'avance et la perception est constatée sur les bandes destinées à l'envoi. Le dépôt de ces bandes à la poste doit s'effectuer dans la matinée, la veille du jour de l'expédition. Elles sont divisées par catégories, suivant le taux d'affranchissement et par paquet de 100 au maximum ; elles doivent porter chacune le titre imprimé du journal et l'adresse du destinataire, imprimée ou manuscrite, sans rature ni surcharge.

Lorsqu'une même bande est destinée à contenir plusieurs exemplaires, le nombre des exemplaires est indiqué en chiffres par l'éditeur, à l'angle gauche supérieur de cette bande.

Ne sont pas admis dans le service les journaux placés sous des bandes timbrées d'avance, lorsque la suscription primitive de ces bandes a été effacée pour faire place à une nouvelle adresse.

Bordereau des taxes à payer.

Chaque dépôt de bande est accompagné d'un bordereau qui énonce la destination des journaux (France ou étranger), le nombre des bandes à timbrer et le montant des taxes à payer.

Ce bordereau, signé par l'éditeur ou son représentant et certifié exact par le receveur, est frappé du timbre à date du jour du dépôt et conservé au bureau. Les ratures, surcharges ou rectifications opérées sur les bordereaux doivent être approuvées par l'éditeur ou son représentant et par le receveur.

Mode de perception de la taxe.

D'après l'article 12 de l'arrêté ministériel du 20 janvier 1885, la perception des droits d'affranchissement, sur les bandes timbrées à l'avance, a lieu en numéraire, pour les exemplaires à expédier isolément à destination de l'intérieur, et en timbres-poste, pour les exemplaires destinés à être expédiés en nombre sous une même bande, ainsi que pour ceux à destination de l'étranger ou des colonies.

Les éditeurs sont autorisés à employer, pour l'affranchissement des journaux à expédier en dernière limite d'heure, des bandes timbées vendues par l'administration, ou des bandes fabriquées par l'industrie privée et timbrées conformément aux dispositions de l'arrêté ministériel du 8 septembre 1882.

Les bandes à affranchir en timbres-poste et les bandes timbrées sont présentées au bureau en même temps que les bandes à affranchir en numéraire, mais en paquets distincts (France et étranger) : elles sont mentionnées sur le bordereau dans des colonnes spéciales.

Lorsque l'affranchissement a lieu en numéraire, les bandes sont frappées de l'empreinte d'un timbre portant, en exergue, les mots *Journaux P P*, et, au centre, l'indication de la date réelle de l'expédition du journal.

Ce timbre ne vaut affranchissement que pour le départ du lieu de publication des journaux, pour un seul exemplaire et pour les envois faits directement par les éditeurs, sous bande portant le nom du journal imprimé et l'adresse du destinataire imprimée ou manuscrite.

Lorsque l'affranchissement a lieu en timbres-poste, les figurines nécessaires sont apposées par les soins des receveurs et oblitérées au moyen du timbre ordinaire portant la date de l'expédition.

Lorsque la taxe des journaux à destination de l'intérieur, réunis sous une même bande, comporte un demi-centime en sus des timbres-poste employés à l'affranchissement, la perception de ce demi-centime se fait en numéraire ; elle est constatée sur la bande par les mots : *Un demi-centime en plus* portés soit à la main, soit au moyen d'un timbre. La somme des demi-centimes non représentée en timbres-poste est portée à part sur le bordereau de dépôt.

Suppléments de journaux.

Lorsque les journaux à déposer en dernière limite d'heure doivent être accompagnés de suppléments auxquels l'exemption de port stipulée par l'article 5 de la loi du 6 avril 1878 n'est pas applicable, la taxe est perçue en même temps que celle de la feuille principale. Le timbre apposé à l'avance fait foi pour la perception totale.

Le bordereau doit mentionner que le journal comprend un supplément.

Imprimés encartés.

Les éditeurs sont autorisés à insérer des imprimés ordinaires dans les journaux affranchis au moyen du timbrage préalable des bandes et déposés en dernière limite d'heure, à la condition d'acquitter d'avance, en numéraire ou en timbres-poste, le port dont ces objets sont passibles. Dans ce cas, la perception du port est constatée, au bureau d'origine, par l'application des timbres d'affranchissement ou d'oblitération, selon le cas, à l'angle droit supérieur de l'imprimé.

A la recette principale de la Seine, on se contente de frapper les bandes préalablement déposées du timbre *Imprimés PP*, qui vaut affranchissement pour le journal et l'imprimé encarté.

Bandes non employées.

Les taxes perçues pour des bandes qui n'auraient pas été employées sont restituées aux éditeurs sur leur demande. Ces bandes sont mises à l'appui des bordereaux, et le montant en est déduit de la somme à payer.

(*Art.* 9 *à* 15 *de l'arrêté ministériel du* 20 *janvier* 1885.)

Prise en charge des taxes perçues.

Les bordereaux des éditeurs servent de pièces justificatives pour la constatation des sommes perçues en numéraire sur les journaux déposés en dernière limite d'heure. Le montant des perceptions est reporté, à la date où elles ont lieu, sur l'état des affranchissements (n° 1260). Chaque dépôt de bandes donne lieu à une inscription qui relate le nom du journal expéditeur.

(*Règlement ministériel du* 12 *janvier* 1872 (1) ; *arrêté ministériel du* 20 *janvier* 1885, *art.* 9 *à* 16).

(1) *Bull. mens.* n° 35, février 1872, p. 32.

En cas d'insuffisance du personnel de leur bureau, ou lorsque le timbrage préalable des bandes ne peut avoir lieu pendant le cours des vacations ordinaires, les receveurs sont autorisés à le faire effectuer par des auxiliaires, ou, en dehors des vacations, par le personnel dont ils disposent. Ce travail supplémentaire est rémunéré à raison de 30 centimes par 1,000 bandes (*Décision ministérielle du* 6 *août* 1884). La rétribution acquise aux ayants droit leur est avancée par les receveurs, sur les fonds de leur caisse; les comptables sont ensuite couverts de cette avance par un mandat de remboursement qui leur est délivré par l'administration. La liquidation a lieu par les soins du bureau des franchises. Timbrage à l'extraordinaire.

A la recette principale de la Seine, l'affranchissement préalable, au moyen de timbres-poste des bandes des journaux et imprimés, est confié à des sous-agents qui sont chargés à la fois de coller et d'oblitérer ses figurines. Il leur est alloué, pour ce travail, un tiers de la remise de 1 0/0. Les deux autres tiers sont partagés également entre le receveur principal et les agents de la recette principale.

CHAPITRE IV

DÉPOT DES CORRESPONDANCES A LA POSTE. — RETRAIT DES CORRESPONDANCES ET RECTIFICATION D'ADRESSES

§ 1. — Dépôt au guichet des bureaux.

Correspondance officielle des fonctionnaires.

En principe et sauf les exceptions autorisées, les lettres et les paquets de service expédiés par les fonctionnaires résidant dans les localités pourvues d'établissements de poste doivent être déposés au guichet de ces bureaux.

Chargements.

Le dépôt au guichet est également obligatoire pour les objets recommandés et les valeurs déclarées.

Conditionnement des envois de valeurs déclarées.

Les enveloppes ou boîtes de valeurs déclarées doivent être scellées de cachets en cire fine, avec empreinte reproduisant un signe particulier à l'expéditeur. Ces envois sont pesés ; le poids et l'empreinte des cachets sont constatés sur les lettres et les boîtes elles-mêmes, comme sur le registre de dépôt et sur le récépissé remis à l'expéditeur.

Les systèmes différents qui ont été proposés par divers inventeurs pour la fermeture des enveloppes contenant des valeurs déclarées et qui consistent généralement dans la substitution de cachets métalliques aux cachets de cire n'ont pas été admis par l'administration. La législation intérieure ne fait pas, toutefois, une obligation du scellement à la cire pour les envois de valeurs déclarées. Mais l'emploi de la cire est prescrit par l'article 3 du règlement annexé à la convention de l'Union postale universelle ; cet article ne pourrait être modifié que sur l'avis conforme des deux tiers des administrations participantes.

Formalités qui accompagnent le dépôt. Objets chargés ou recommandés.

Les articles 292 à 295, 316 à 317 de l'Instruction générale font connaître les empreintes et les mentions qui doivent figurer sur les objets chargés et recommandés, ainsi que les indications à porter sur le registre de dépôt.

Dans les grands bureaux, on se sert, pour les valeurs déclarées, d'un timbre appelé *collecteur*, qui réunit les indications fournies par le timbre à date, le timbre *chargé*, et le timbre descriptif des poids et empreintes à celle du numéro d'inscription au registre de dépôt. Rien de semblable n'existe pour les objets recommandés.

Plusieurs administrations étrangères, l'Allemagne entre autres, font usage, pour ces objets, d'étiquettes gommées qui sont détachées du registre de dépôt, et apposées sur les enveloppes. Ces étiquettes portent imprimé, d'une manière bien apparente, le nom du bureau expéditeur, le numéro du registre de dépôt, et le mot *Recommandé*, ou toute autre mention équivalente. Ce système contribue à accélérer le travail d'inscription des chargements sur les feuilles d'expédition; il rend surtout des services dans les bureaux ambulants, où le temps fait généralement défaut.

L'affranchissement des objets chargés et recommandés, la perception des taxes, le numérotage des envois, l'application des empreintes des timbres, et, s'il s'agit de valeurs déclarées, le pesage et l'indication des poids et des cachets sur les envois, le report de ces indications sur le registre de dépôt, la mention sur ce même registre du nom et de l'adresse de l'expéditeur et du destinataire, enfin la rédaction et la délivrance des récépissés; tout ce travail, qui doit être fait séance tenante, en présence des déposants, leur impose parfois une attente assez longue aux heures où le public afflue aux guichets des bureaux de poste.

En 1883, l'administration avait pensé que l'emploi du système polygraphique permettrait de diminuer le temps consacré aux inscriptions sur le registre de dépôt, tout en donnant au public des récépissés plus complets et plus détaillés de ses envois. Essai du système polygraphique.

Des registres de dépôt d'un nouveau modèle avaient été mis en usage. Les inscriptions faites à la plume, sur un feuillet qu'on détachait du registre pour le remettre au déposant, étaient reproduites sur un second feuillet, à l'aide d'un papier chimique intercalé entre les deux feuilles. Ce système, emprunté à l'Angleterre, n'a pas donné les résultats qu'on en attendait et a dû être abandonné. L'idée était heureuse, mais le procédé d'exécution trop imparfait. Les reproductions obtenues à l'aide du papier chimique s'effaçaient promptement et les registres devenaient difficiles à consulter.

En 1877, l'administration a mis à la disposition des maisons de banque ou de commerce qui expédient habituellement un grand nombre de chargements des bordereaux, remplacés, depuis 1883, par des carnets (1). Ces carnets sont disposés comme les registres de dépôt; les inscriptions faites à la plume par l'expéditeur sont reproduites, en duplicata, par le procédé polygraphique. Le primata, détaché du carnet, est annexé au registre de dépôt et conservé au bureau. L'employé du guichet, après avoir pointé les inscriptions, signe le carnet, et y applique l'empreinte du timbre à date du bureau; il remet, en outre, à l'expéditeur un récépissé détaché de son registre de dépôt, indiquant le nom du déposant, le nombre des chargements reçus et la lettre distinctive du carnet. Carnets d'expédition pour les chargements déposés en nombre.

En Belgique et en Angleterre, la poste met à la disposition du public des listes ou bordereaux que les expéditeurs doivent remplir, en double expédition dont l'une est conservée par le bureau de dépôt. Système belge et anglais

En Suisse, la poste vend au public des carnets pour l'expédition des chargements. Le prix de ces carnets, dans le service intérieur, dépend du Système suisse.

(1) Voir *Bull. mens.* n. 7, juillet 1883, *Instr.* n° 270, p. 420.

nombre des récépissés, taxés à raison de 3 centimes chacun ; on y ajoute les frais de la reliure. Les carnets servant à l'expédition des chargements dans le service international sont vendus au prix de la reliure seulement.

Système allemand.

En Allemagne, des livres de quittances, pour l'inscription des chargements ou des sommes à convertir en mandats de poste, sont fournis gratuitement aux magistrats, aux corporations, aux établissements publics et aux personnes jouissant d'un certain crédit.

Les expéditions ne sont faites qu'en simple expédition sur les carnets suisses et allemands. Ces carnets tiennent lieu seulement de récépissés pour les déposants ; ils ne dispensent pas les agents des postes du travail d'écritures que nécessite la description individuelle des objets sur les registres conservés dans les bureaux.

Casier des chargements.

Pendant leur séjour au bureau, les chargements sont renfermés dans un casier dont la clé reste en les mains du receveur ou de l'employé chargé du service.

Chaque fois que la clé change de mains, l'employé qui la reçoit vérifie le nombre et l'état des chargements renfermés dans le casier, et émarge le registre où sont inscrits les chargements.

Les objets chargés ou recommandés ne peuvent passer des mains d'un agent dans celles d'un autre agent que contre émargement. A défaut de cet émargement, la responsabilité matérielle du dernier détenteur de l'objet chargé ou recommandé est engagée, en cas de perte ou de spoliation.

Objets affranchis à prix réduit.

Les journaux et autres imprimés, les échantillons et les papiers d'affaires peuvent être déposés au guichet ou dans les boîtes spéciales des bureaux de poste, ou bien remis à la main aux facteurs locaux ou ruraux, au moment de leur passage dans les localités dépourvues d'établissements de poste. Le dépôt de ces objets dans les boîtes aux lettres supplémentaires ou rurales n'est pas admis, à cause des difficultés qui en résulteraient pour le relevage.

Le dépôt dans les bureaux doit être effectué, sous peine de remise au départ suivant, dans le délai fixé par le règlement intérieur de chaque établissement de poste.

Journaux déposés en dernière limite d'heure.

Les éditeurs de journaux peuvent obtenir l'autorisation de déposer leurs exemplaires jusqu'à la dernière limite d'heure, soit aux bureaux sédentaires, soit aux bureaux ambulants en partance dans les gares.

Cette autorisation est accordée, à Paris, par l'administration ; dans les départements, par les directeurs. Elle est subordonnée aux conditions suivantes :

1° Les journaux doivent être affranchis au moyen du timbrage préalable des bandes ;

2° Les éditeurs doivent effectuer le classement des exemplaires déposés en dernière limite d'heure : ils se conforment, à cet égard, aux indications qui leur sont données soit par les directeurs, soit par l'administration. A Paris, les éditeurs sont pourvus d'un carnet de tri spécialement affecté à leur usage. Ils sont tenus de former autant de paquets distincts qu'il y a de *rayons* et de bureaux chargés de la distribution à Paris, de *côtés* ou de divisions principales dans les bureaux ambulants et les bureaux-gares, enfin de courriers convoyeurs partant de l'hôtel des postes. En outre, toutes les fois que les exemplaires pour un même bureau atteignent ou dépassent le nombre de six, ils doivent former une liasse spéciale pour ce bureau.

3° Les paquets et les exemplaires isolés sont apportés, au bureau chargé de l'expédition, dans un ou plusieurs sacs scellés du cachet de l'éditeur. En cas d'arrivée du porteur après la limite extrême du délai fixé, le receveur ou le chef de brigade peut refuser le dépôt.

Les erreurs commises par les éditeurs, dans le tri préalable des journaux, leur sont signalées au moyen de procès-verbaux spéciaux, transmis par l'intermédiaire des directeurs, s'il s'agit de journaux publiés dans les départements, centralisés par les directeurs des bureaux ambulants et transmis par l'intermédiaire de l'administration, s'il s'agit de journaux publiés à Paris.

Pour soulager le service de l'expédition des imprimés à la recette principale de la Seine, l'administration a autorisé le dépôt préalable des bandes ou étiquettes servant à l'envoi des prospectus et catologues des grands magasins de nouveautés. L'affranchissement à lieu en timbres-poste qui sont immédiatement oblitérés. Les magasins de nouveautés doivent rendre les bandes et étiquettes avec les prospectus triés par département, dans un délai d'un mois au plus. La recette principale n'a plus qu'à insérer les paquets dans des sacs étiquetés à l'adresse des bureaux chefs-lieux des départements; le seul inconvénient du système est le désaccord qui existe entre la date indiquée par l'empreinte du timbre oblitérant, sur les prospectus, et la date réelle de l'envoi.

§ 2. — Dépôt dans les boîtes aux lettres.

Dans les localités pourvues de bureaux de poste, les lettres ordinaires doivent être déposées dans les boîtes aux lettres, à moins que leurs dimensions n'y fassent obstacle. Dépôt à la poste des lettres ordinaires.

Dans les localités non pourvues de bureaux de poste, elles peuvent être déposées dans les boîtes aux lettres, ou remises à la main aux facteurs locaux et ruraux.

Autrefois il n'y avait de boîtes aux lettres que dans les bureaux de poste; il y avait, en outre, quelques boîtes supplémentaires dans les grandes villes. Boîtes aux lettres.

La loi des 3-10 juin 1829, en créant le service rural, obligea l'administration à faire recueillir, dans toutes les communes non pourvues d'établissement de poste, les correspondances administratives et particulières. Boîtes rurales.

Pour se conformer à la loi, l'administration a fait placer, dans chaque commune, une boîte aux lettres qu'elle fournit, entretient et répare à ses frais. Cette boîte est établie au centre de la localité, et, de préférence, à la mairie. Autant que possible, elle est enclavée dans un mur, à l'exposition du nord. Elle est fermée au moyen d'une serrure dont le facteur à la clé.

Entretien des boîtes rurales.

La remise en peinture des boîtes rurales est confiée aux facteurs, à raison de 1 fr. 25 par boîte.

Les réparations sont exécutées, à la diligence des receveurs, par des ouvriers de la localité. Avant l'exécution des travaux, le prix doit être débattu, et s'il paraît trop élevé, il en est référé au directeur, qui statue. Les réparations ne doivent, dans aucun cas, modifier la forme des boîtes ni changer la nature des matériaux qui servent à les établir. Les boîtes hors de service sont, après leur remplacement, renvoyées, sous forme de dépêches, au dépôt central du matériel.

Les mémoires des frais d'entretien des boîtes rurales sont certifiés, pour l'exécution des travaux. par les maires, si les boîtes sont situées hors des communes sièges d'établissements de poste. Ils sont acquittés par les receveurs, transmis ensuite au directeur qui les remet au receveur principal, avec ordre d'en rembourser immédiatement le montant au préposé qui a fait l'avance. Le receveur principal renvoie les mémoires, frappés de son timbre à date, au directeur qui délivre un ordre de remboursement au nom de ce comptable et adresse les mémoires à l'administration pour obtenir la régularisation de la dépense. Cette transmission a lieu aux dates des 7 janvier, 7 avril, 7 juillet et 7 octobre de chaque année; elle est accompagnée d'un relevé récapitulatif des mémoires des travaux effectués pendant le trimestre précédent.

Réparations à la charge des communes.

En cas d'avarie accidentelle ou de dégât, la réparation des boîtes rurales est mise à la charge des communes, par application de l'article 1er de la loi du 10 vendémiaire an IV, aux termes duquel *chaque commune est responsable des délits commis à force ouverte ou par violence sur son territoire, par des attroupements ou rassemblements armés ou non armés, soit envers les personnes, soit contre les propriétés nationales ou privées, ainsi que des dommages-intérêts auxquels ils donneront lieu.*

Boîtes supplémentaires fixes.

L'établissement de boîtes supplémentaires peut être concédé aux communes qui en font la demande.

Les boîtes supplémentaires urbaines sont placées à l'extérieur des édifices publics, et, toutes les fois que la commune y consent, dans les débits de tabac. Ce dernier mode d'installation tend à se généraliser dans les villes; c'est celui qui présente le plus de sécurité pour les correspondances, les boîtes étant sous la garde permanente des débitants.

Boîtes mobiles des gares.

L'administration concède également, sur la demande des localités intéressées, l'établissement, à l'extérieur des stations de chemins de fer, de boîtes mobiles en tôle, assujetties par un cadenas, dont la clé est entre les mains de l'agent ou du courrier d'entreprise chargé de l'échange des dépêches.

Les boîtes supplémentaires sont fournies par l'État; mais elles sont payées, posées, entretenues et, au besoin, remplacées par les communes qui en ont fait la demande (1). Les maires sont invités, le cas échéant, à faire effectuer les réparations nécessaires; en cas de refus, les boîtes sont fermées. Celles qui sont hors de service sont rendues aux communes.

A Paris, par exception, les boîtes supplémentaires sont placées et entretenues aux frais de l'administration.

Des boîtes mobiles sont attachées aux voitures des courriers d'entreprise chargés du transport des dépêches par terre; l'achat de ces boîtes est à la charge des courriers.

Concession des boîtes supplémentaires.

Il peut arriver que les demandes en concession de boîtes supplémentaires soient provoquées par des particuliers qui prennent la dépense à leur charge. Même dans ce cas, elles doivent être formulées par les maires. C'est la commune seule qui peut s'engager vis à vis de l'administration ; c'est à la commune seule que la boîte peut être concédée.

Les demandes sont instruites par les directeurs départementaux. Ces chefs de service font connaître aux maires des communes intéressées les conditions de la concession et s'assurent de leur adhésion ; ils étudient les mesures à prendre pour assurer le relevage. Ils transmettent leurs propositions à l'administration, sous le timbre du bureau de l'organisation du service local, s'il s'agit de boîtes supplémentaires fixes; sous le timbre du bureau de la correspondance intérieure, s'il s'agit de boîtes mobiles.

En raison de la situation budgétaire, l'administration ne concède plus de boîtes supplémentaires qu'autant que leur fonctionnement n'entraîne aucune dépense à la charge du budget.

Si l'établissement d'une boîte supplémentaire est de nature à augmenter le parcours d'un facteur local ou rural et par suite son traitement, la boîte n'est concédée que si la commune intéressée s'est engagée à payer au facteur une indemnité correspondant au parcours supplémentaire que la levée lui impose, d'après le taux de 7 centimes 1/4 par kilomètre. Cette indemnité est payée directement au facteur par la commune.

Lorsque l'administration n'a ni sous-agent, ni courrier d'entreprise présent à une gare au moment du passage des trains, la boîte mobile peut être présentée par un agent du chemin de fer aux bureaux ambulants, aux courriers convoyeurs ou aux courriers auxiliaires voyageant dans ces trains. Autrefois les compagnies consentaient à se charger gratuitement de ce service ; depuis quelques années, elles ne prêtent leur concours que moyennant une indemnité, fixée à 30 francs par an. Cette indemnité est payée par les communes à l'administration, qui en rembourse le montant aux compagnies de chemins de fer.

Les décisions portant concession de boîtes supplémentaires sont notifiées aux directeurs par l'administration. Les directeurs en informent les maires, en les invitant à verser le prix des boîtes en un mandat de poste au nom du fournisseur de l'administration.

Lorsque le directeur est avisé par l'administration (division du maté-

(1) Le prix des boîtes supplémentaires est indiqué à l'article 1255, renvoi (1) de l'*Instruction générale*.

riel) de l'envoi d'une boîte supplémentaire fixe, il arrête la date de la mise en activité de la boîte, donne les instructions nécessaires pour en effectuer la levée et prévient l'administration (bureau de l'organisation).

Pour les boîtes mobiles, c'est l'administration (bureau de la correspondance intérieure) qui fixe la date de mise en activité et avise le directeur, lequel adresse aux agents intéressés les instructions nécessaires pour assurer le fonctionnement de la boîte.

Déplacement des boîtes.

Aucune boîte ne peut être établie ou déplacée à l'insu de l'administration.

Toute demande de déplacement de boîte est transmise, par le titulaire du bureau dont elle dépend, au directeur du département, qui statue s'il n'en doit résulter ni surcroît de parcours important pour le facteur, ni augmentation de dépense ; le directeur informe l'administration des ordres qu'il a donnés.

Si la demande de déplacement est formée par un particulier ou par le préposé du bureau qui dessert la localité, le directeur doit demander l'avis du maire de la commune.

Modèle de boîtes aux lettres.

Les boîtes supplémentaires fixes sont de trois modèles différents, et les boîtes mobiles, de deux modèles différents, suivant le nombre des correspondances qu'elles sont destinées à recevoir.

Indicateur des levées.

La porte des boîtes fixes est munie d'un indicateur mécanique des levées faites. Celles qui ne sont pas encore munies d'indicateurs mécaniques sont percées d'un trou derrière lequel, à chaque levée, le facteur place un carton indiquant, en dehors, le numéro d'ordre de la levée qu'il vient de faire, si la boîte est levée plusieurs fois par jour, ou le jour de son passage, si la boîte n'est levée qu'une fois.

Lettres-timbres.

Sur la paroi intérieure de la porte est scellée, à demeure, une lettre-timbre dont l'agent qui visite les boîtes doit rapporter l'empreinte.

Un modèle particulier de lettres-timbres est affecté à chaque espèce de boîtes (1).

Les boîtes supplémentaires rurales portent la même lettre que la boîte de leur commune ; elles s'en distinguent par un numéro d'ordre, placé au-dessous de cette lettre.

Les timbres alphabétiques des boîtes supplémentaires et rurales sont fournis par l'administration. Un approvisionnement est constitué, pour les besoins du service, à la direction de chaque département.

Aucun facteur ne peut déplacer une lettre-timbre, pour quelque cause que ce soit, sans en avoir reçu l'ordre formel.

Les lettres-timbres détériorées ou restées sans emploi sont transmises au directeur qui les renvoie à l'administration.

Clés des boîtes.

Les receveurs doivent toujours avoir une clé de rechange des boîtes rurales, des boîtes supplémentaires fixes ou mobiles, enfin des boîtes mobiles transportées ou levées par les courriers convoyeurs ou auxiliaires de leur résidence.

(1) Voir ces modèles à l'appendice n° 8 de l'*Instruction générale*.

Il est interdit de faire confectionner des clés de boîte. Les clés hors de service sont renvoyées à la direction du département qui est approvisionnée, par le dépôt central du matériel, d'une collection complète des clefs des boîtes de toute nature en service dans le département. Les clés hors de service ou perdues sont remplacées par la direction qui décide s'il y a lieu d'en faire payer le prix aux agents responsables. Ce prix est de 80 centimes.

Statistique.

Si l'on veut établir une comparaison entre les divers États de l'Europe pour le nombre des boîtes aux lettres mises à la disposition du public, on trouve qu'en 1888, l'Allemagne tenait la tête avec 77,987 ; ensuite venait la France avec 59,470 (y compris l'Algérie), la Grande-Bretagne avec 37,783, l'Italie avec 16,259, l'Autriche-Hongrie avec 18,295, la Russie avec 6,490, la Belgique avec 6,871.

Si l'on recherche la proportion du nombre des boîtes aux lettres par rapport à la population des États, on trouve :

En Suisse	1 boîte par	452	habitants et par	6.3	kil.
En Allemagne	—	601	—	6.9	—
En France (avec l'Algérie)	—	707	—	19	—
En Belgique	—	946	—	4.6	—
En Angleterre	—	1.010	—	8.3	—
Aux États-Unis	—	1.187	—	245	—
En Italie	—	1.761	—	17	—
En Autriche-Hongrie	—	2.236	—	17	—
En Russie	—	10.454	—	2.133	— (1)

§ 3. — Levée des boites aux lettres.

Levée des boites des bureaux.

Les levées de la boîte sont effectuées, dans les bureaux simples, par le préposé, et, dans les recettes composées, par les agents que désigne le receveur. Elles ont lieu aussi souvent que l'exigent la quantité des objets déposés, le nombre des distributions ou des expéditions de courriers.

Dans l'intervalle des levées, la clé de la boîte est retirée et reste aux mains du titulaire du bureau ou de son délégué.

Clôture des opérations.

Les boîtes des bureaux sédentaires doivent être levées, une dernière fois, quinze minutes au moins avant le départ ou le passage de chaque courrier ; en principe, et sauf exception spécifiée au règlement intérieur, lorsque le départ ou le passage d'un courrier n'a lieu qu'entre 10 heures du soir et 6 heures du matin en hiver, ou 5 heures en été, la dernière levée du jour est faite à 9 heures, à moins que le bureau ne soit chargé d'un travail de passe.

Les opérations du guichet, pour chaque courrier, sont closes un quart d'heure, au moins, avant la dernière levée qui précède le départ ou le passage de ce courrier.

(1) Au 31 décembre 1889, le nombre des boites aux lettres était, en France, de 60,008, non compris l'Algérie, dont 6,216 boîtes mobiles. En Allemagne, le nombre des boites aux lettres était, au 31 mars 1890, de 80,941.

Acceptation, jusqu'à la dernière limite d'heure, de certaines correspondances officielles.

Les receveurs doivent cependant accepter, jusqu'à la dernière limite d'heure et au moment le plus rapproché possible du départ des courriers, la correspondance des généraux commandants de corps d'armée, des préfets, des sous-préfets, des procureurs généraux, des procureurs de la République, des commandants des régions ou subdivisions de régions militaires, des commandants de gendarmerie, enfin des préposés du service télégraphique, lorsqu'ils agissent pour le compte et pour le service du gouvernement.

Levée des boîtes supplémentaires et des boîtes rurales.

Les boîtes supplémentaires des communes sièges d'établissements de poste sont levées, selon les convenances locales, soit par des releveurs spéciaux, porteurs d'une sacoche en cuir, soit par des facteurs de ville ou locaux qui recueillent les lettres dans un compartiment de leur boîte de distribution, soit enfin par des facteurs ruraux, qui placent ces lettres dans leur portefeuille, avec celles qu'ils rapportent au bureau.

Les boîtes rurales, ordinaires ou supplémentaires, sont levées par les facteurs ruraux.

Parts des facteurs leveurs de boîtes.

Les facteurs leveurs de boîtes sont munis d'un part, sur lequel ils prennent l'empreinte des lettres-timbres des boîtes qu'ils sont chargés de lever.

Bulletins de visite des brigadiers-facteurs.

En dehors de ce moyen de contrôle, l'administration peut encore s'assurer de l'exactitude avec laquelle s'exécute le service de la levée des boîtes, à l'aide des bulletins de visite que les brigadiers-facteurs y déposent, au cours de leurs tournées, ainsi que des bulletins de présence des agents des contributions indirectes.

Bulletins de présence des agents des contributions indirectes.

Les employés ambulants de cette administration sont tenus, lorsqu'ils sont en tournée, d'apposer leur visa sur des registres à souche dont les débitants de tabac sont pourvus (1). Des bulletins dits *de présence* doivent, immédiatement après le visa, être détachés du registre et jetés dans la boîte aux lettres de la commune par le débitant, de manière à constater le jour et l'heure du passage des employés des contributions. Ainsi que toutes les correspondances extraites des boîtes rurales, les bulletins de visite reçoivent l'empreinte des lettres-timbres de ces boîtes et celle du timbre à date du bureau ; comme d'ailleurs ils sont expédiés sous simple pli, de manière que le cachet ne fasse pas obstacle à la vérification du contenu, les receveurs des postes ont été autorisés, après entente avec l'administration des contributions indirectes, à en prendre connaissance.

Par ces moyens, un double contrôle a été établi : l'apposition de l'empreinte des lettres-timbres prouve à l'administration des contributions indirectes que ses employés ne se sont pas procuré frauduleusement des bulletins de présence pour les jeter à la boîte du bureau de poste de leur résidence, et qu'ils se sont réellement transportés dans les communes de leur tournée. D'autre part, les receveurs, en prenant connaissance des bulletins qui portent le jour et l'heure du visa, s'assurent que les facteurs ruraux lèvent les boîtes aux jours et heures fixés ; ceux qui seraient tentés de ne pas se rendre dans les communes de leur tournée sont ainsi

(1) Voir la circulaire n° 44 du directeur général des postes, du 21 février 1835.

tenus en haleine par la crainte que des bulletins de présence ne soient déposés dans les boîtes précisément le jour où ils n'y seraient pas.

Levée des boîtes mobiles des gares.

Les boîtes mobiles des gares peuvent être levées par les entrepreneurs ou les gardiens d'entrepôt, chargés d'en extraire les correspondances et d'en former des enveloppes-dépêches. Dans les gares où il n'y a ni entreposeur ni gardien d'entrepôt, les boîtes sont présentées, au passage des trains, à la portière des bureaux ambulants ou des compartiments occupés par les courriers convoyeurs ou auxiliaires, par les courriers d'entreprise présents à la gare ou à la station ; à défaut de courrier d'entreprise, la boîte est présentée par un agent du chemin de fer.

Levée des boîtes mobiles des courriers d'entreprise.

Les boîtes mobiles des courriers d'entreprise sont levées par tous les bureaux situés sur le passage de ces courriers. Les lettres qu'elles renferment sont frappées, du côté de la suscription, du timbre à date de ces bureaux et d'un timbre BM. Le receveur conserve les lettres distribuables par son bureau, ainsi que celles à destination des bureaux précédemment desservis ou qui doivent être dirigées par l'intermédiaire de ces bureaux. Il réintègre dans la boîte les lettres à destination des bureaux suivants de la route ou qui doivent être acheminées par ces bureaux.

Télégrammes pneumatiques déposés dans les bureaux de Paris pour être dirigés sur les gares et acheminés ensuite par la poste, sur les départements ou l'étranger.

Le public est admis à déposer aux guichets des bureaux télégraphiques de Paris ou à jeter dans les boîtes à télégrammes de ces bureaux, des cartes-télégrammes ou télégrammes fermés, à destination des départements, de l'Algérie ou de l'étranger. Cette mesure a pour but de permettre aux habitants de Paris d'expédier des correspondances urgentes après les dernières levées des boîtes aux lettres pour les départs du soir.

Les cartes-télégrammes et les télégrammes fermés sont acheminés par la voie pneumatique sur le bureau de poste le plus voisin de la gare qui dessert le lieu de destination. Après leur entrée dans le service postal, les cartes-télégrammes sont considérées comme cartes postales, et les télégrammes fermés, comme lettres. Ces objets sont, en conséquence, soumis, en sus de la taxe télégraphique qui leur est propre (30, 50 ou 60 centimes, selon le cas), à l'affranchissement postal. Ils doivent être préalablement revêtus, par les expéditeurs, de timbres-poste représentant la taxe ordinaire des cartes postales (10 centimes), s'il s'agit de cartes-télégrammes, ou la taxe des lettres (15 ou 25 centimes, suivant le cas), s'il s'agit de télégrammes fermés.

§ 4. — Timbrage des correspondances.

Application du timbre à date.

Toute lettre, tout objet de correspondance quelconque, trouvé dans une boîte, rapporté par les facteurs ou reçu au guichet, doit être frappé lisiblement, du côté de la suscription, du timbre à date du bureau, avant toute autre opération, et au moment même où il entre dans le service.

Tout objet de correspondance extrait d'une boîte rurale doit recevoir, en outre, l'empreinte de la lettre-timbre de cette boîte (1).

(1) Circulaire n° 123, du 1er janvier 1828.

Lorsque les objets de correspondance ne peuvent être expédiés ou distribués le jour même de leur dépôt, suivant qu'ils sont à destination du bureau d'origine ou d'un autre bureau, les préposés y appliquent une seconde fois le timbre à date de leur bureau, du côté opposé à l'adresse. L'empreinte du timbre à date peut aussi être remplacée; dans ce cas, par celle d'un timbre *Après le départ*, qui porte le numéro d'ordre de l'établissement de poste.

Relevé des empreintes du timbre à date.

Chaque jour, avant les opérations, le receveur, le chef de brigade ou le facteur-boîtier doit composer ou faire composer sous ses yeux la date de son timbre, au moyen des caractères mobiles dont il est pourvu.

Chaque jour, avant toute opération, l'exactitude de la date du timbre est constatée sur un relevé ou sur un registre.

Séparation des objets affranchis des objets non affranchis.

Les objets affranchis au moyen de timbres-poste sont, aussitôt après l'application du timbre à date, séparés des objets non affranchis.

Les timbres-poste sont examinés avec soin; s'ils sont reconnus réguliers, ils sont annulés au moyen de l'application du timbre à date du bureau; l'empreinte doit porter à la fois sur le timbre-poste et sur l'objet affranchi.

Objets insuffisamment affranchis.

Lorsque les timbres-poste apposés sur un objet de correspondance représentent une somme inférieure à la taxe due, le receveur applique sur cet objet, du côté de l'adresse, le timbre T (à taxer) et, si l'objet est à destination de l'intérieur, le timbre *Affranchissement insuffisant.*

S'il est à destination de l'étranger, le receveur y applique seulement le timbre T ; le montant de l'insuffisance d'affranchissement est exprimé en chiffres noirs très apparents, en francs et centimes, à côté des timbres-poste. Lorsque des correspondances sont revêtues de timbres-poste non valables en France, le bureau d'origine doit inscrire, à côté de ces timbres, le signe 0 (zéro) pour indiquer qu'il ne doit pas en être tenu compte.

Il indique, à l'angle gauche supérieur de la suscription, et en chiffres ordinaires, sur les lettres non affranchies ou insuffisamment affranchies à destination de l'extérieur, qui dépassent le poids de 15 grammes, le nombre de ports dont ces lettres sont passibles, d'après la progression de 15 en 15 grammes. Il indique, de même, sur les envois de papiers d'affaires, d'échantillons et d'imprimés à destination des pays de l'Union ou assimilés à l'Union et de l'Australie, insuffisamment affranchis et dépassant le poids de 50 grammes, le nombre de ports dus, d'après la progression de 50 en 50 grammes.

Timbres-poste isolés.

Les timbres-poste, trouvés isolément dans les boîtes, sont appliqués de nouveau, s'il est possible, sur les lettres dont ils devaient opérer l'affranchissement.

S'il y a impossibilité de découvrir la lettre à laquelle ils appartiennent, ils sont envoyés à l'administration, par l'intermédiaire du directeur, collés sur une formule de procès-verbal, dans un cadre réservé à cet effet.

§ 5. — Signalement des contraventions aux lois sur le timbre ou aux droits indirects.

Les contraventions aux lois sur le timbre ou aux droits indirects que les préposés des postes viennent à constater dans les objets circulant par la poste et soumis à leur vérification, sont signalées par eux aux préposés de l'enregistrement ou de la régie, auxquels il appartient de dresser procès-verbal, s'il y a lieu.

Les contraventions dont il s'agit sont relatives :

A l'absence de timbre sur les factures acquittées, quittances ou autres titres emportant libération, reçu ou décharge de sommes supérieures à 10 francs (*Art.* 18 *et* 20 *de la loi du* 23 *août* 1871) ;

Aux avertissements en conciliation donnés sur papier non timbré (*Art.* 4 *de la loi du* 23 *août* 1871) ;

Aux circulaires ou avis relatifs à l'émission de titres de rente ou effets publics des gouvernements étrangers, lorsque ces avis ou circulaires ne font pas mention de la déclaration préalable à l'enregistrement, obligatoire d'après l'article 2 de la loi du 25 mai 1872 ;

Aux envois de cartes à jouer neuves, qui ne sont pas revêtus de la bande de contrôle de la régie des contributions indirectes (*Décret du* 13 *fructidor an XIII, loi du* 1er *septembre* 1871 *et décision du ministre des finances du* 12 *mars* 1872).

En l'absence d'un receveur de l'enregistrement ou des contributions indirectes dans la résidence, le receveur retient l'objet et signale le fait au directeur départemental qui en réfère à son collègue de l'enregistrement ou de la régie.

§ 6. — Retrait de correspondances et rectification d'adresses.

Le retrait des correspondances confiées à la poste ou la rectification de leurs adresses soulève une question importante, celle de la propriété des correspondances en cours de transport.

De la propriété des correspondances en cours de transport.

La jurisprudence est depuis longtemps fixée sur ce point qu'une lettre devient la propriété du destinataire aussitôt qu'elle lui a été délivré. Mais on n'a pas toujours été d'accord sur la question de savoir à qui appartient la lettre, depuis le moment où elle a été remise à la poste jusqu'à celui où elle passe dans les mains du destinataire.

Les tribunaux, saisis de la question à l'occasion de la perte de correspondances dont la poste n'est pas responsable ou du moins n'est responsable que partiellement, lui ont donné des solutions différentes, selon que l'envoi par la poste a été le fait spontané de l'expéditeur, ou qu'il a été effectué sur l'ordre du destinataire.

« Lorsqu'un individu envoie des valeurs par la poste sans qu'elles lui aient été demandées, et sans prendre les précautions nécessaires pour éviter, autant qu'il est possible, la perte de sa lettre, il est incontestablement responsable de la perte survenue. A quel titre, en effet, ferait-on

Solutions différentes données par les tribunaux.

peser sur le destinataire la responsabilité de cette perte? Rien ne pourrait justifier cette conséquence. C'est en ce sens qu'il a été décidé que le débiteur qui envoie à son créancier, sans y avoir été autorisé, des billets de banque mis dans une lettre non recommandée, n'est pas libéré en cas de perte, parce que c'est à lui qu'incombaient les précautions à prendre pour la réalisation du paiement (Lyon, 16 mars 1854, D. P. 55, 2. 141).

« Mais si le destinataire a demandé qu'on lui envoyât par la poste telle valeur indiquée, on doit reconnaître que la perte survenue pendant le trajet est à sa charge. C'était à lui à prévoir les risques et à les prévenir en donnant des instructions. Ainsi, il a été jugé que le propriétaire de billets de banque, qui a demandé que le dépositaire de ces valeurs les lui envoyât par la poste, ne peut, sous prétexte du défaut de recommandation de la lettre d'envoi, prétendre que la perte est à la charge de celui-ci, s'il n'avait pas demandé cette précaution (Paris, 18 mai 1850, D. P. 50, 2. 153).

« Cette distinction a été encore consacrée par un arrêt de la Cour de cassation du 1er juillet 1857, qui a décidé, en outre, que l'omission de la recommandation ne constituait pas une faute, si ce mode d'envoi était conforme à l'usage adopté dans le commerce. Il s'agissait, dans l'espèce, de valeurs à ordre, et, dans l'usage, les valeurs au porteur étaient seules recommandées (1). »

Ancienne doctrine de l'administration des postes.

L'administration des postes, elle, ne s'est jamais arrêtée à ces distinctions. Elle considérait autrefois les correspondances, en cours de transport, comme étant la propriété exclusive des destinataires. Notre législation postale avait consacré ce principe : la loi du 5 nivôse an V (art. 14); l'arrêté du 6 juillet 1859 (art. 10); la loi du 25 janvier 1873 (art. 4), disposent qu'en cas de perte des valeurs, l'indemnité est due de préférence au destinataire.

La propriété des lettres, toutefois, n'était pas censée transférée au destinataire, à l'instant même de leur dépôt à la poste, mais plutôt au moment où elles quittaient le lieu d'origine. Ainsi, les expéditeurs pouvaient encore disposer de leurs envois en les réclamant au bureau de dépôt, jusqu'au moment de la clôture des dépêches, ou aux bureaux ambulants même, une demi-heure au moins avant le départ. Ces délais passés, la poste ne se reconnaissait plus le droit d'arrêter le cours des lettres.

Avis du conseil d'État du 6 août 1883.

Ce système comportait une certaine part d'arbitraire. Il a été renversé par un avis émis par la section des finances du conseil d'État, le 6 août 1883 (2), dans les termes suivants :

Considérant qu'en recevant un objet qui lui est confié, l'administration des postes n'a pas à rechercher quel en est le propriétaire et qu'elle se borne à accepter de l'expéditeur qui est nanti de cet objet le mandat de le transporter et de le remettre au destinataire ;

Considérant qu'il se forme ainsi, et sans aucune intervention du destinataire, un lien de droit entre l'expéditeur mandant et l'administration mandataire ;

Considérant qu'il est de l'essence du mandat d'être révocable au gré du mandant et que celui-ci peut toujours modifier les instructions qu'il a données à son mandataire, tant qu'elles n'ont pas été exécutées ;

(1) ROUSSEAU, *Traité de la correspondance*, p. 111.
(2) *Bull. mens.* n° 19, juillet 1884, *Instr.* n° 314, p. 803.

Considérant, d'autre part, que le contrat du mandat impliquant le consentement du mandataire, le laisse libre de ne donner ce consentement qu'aux conditions qu'il juge nécessaires et que ces conditions lient le mandant qui les a acceptées même tacitement;

Considérant que, dans l'espèce, la légitimité de ces conditions pourrait d'autant moins être contestée que, tout en respectant le droit de l'expéditeur, elles ont seulement pour objet d'en réglementer l'exercice, dans le double but de prévenir les fraudes et d'empêcher qu'il soit apporté des entraves au fonctionnement d'un grand service public ;

Est d'avis :

Que l'expéditeur d'un objet confié à la poste a le droit d'en réclamer le retrait et la remise entre ses mains, tant que cet objet n'a pas été délivré au destinataire, mais qu'il appartient à l'administration des postes de réglementer les conditions dans lesquelles ce droit peut être exercé.

Ainsi le conseil d'État ne s'est pas arrêté à rechercher qui, du destinataire ou de l'expéditeur, doit être considéré comme propriétaire de la lettre en cours de transport. Il a vu seulement que la poste reçoit de l'expéditeur un mandat qui peut être révoqué ou modifié dans ses conditions, tant qu'il n'a pas été exécuté par le mandataire ; la lettre reste donc à la disposition de l'expéditeur jusqu'à sa livraison entre les mains du destinataire (1).

Décision de principe du congrès postal de Lisbonne.

C'est à ce même point de vue que s'est placé le congrès postal de Lisbonne (2). Mais en reconnaissant aux expéditeurs le droit de disposer des correspondances en cours de transport, l'article 5 *bis* de la convention de l'Union postale universelle laisse aux États dont la législation intérieure est contraire à ce principe la faculté de se soustraire à son application. Depuis le congrès de Lisbonne, quelques-uns des États dissidents se sont ralliés à la doctrine qui a prévalu, après avoir réformé leur législation intérieure. D'autres, comme l'Angleterre, continuent de s'y montrer réfractaires.

Réglementation actuelle.

En consacrant le droit de l'expéditeur d'opérer le retrait des objets de correspondance ou d'en modifier l'adresse, tant qu'ils n'ont pas été livrés au destinataire, l'avis du conseil d'État reconnait à la poste celui d'en réglementer l'exercice, dans le double but de prévenir les fraudes et d'éviter que le service ne soit entravé. Voici les dispositions qui ont été adoptées à cet effet.

Retrait des correspondances aux bureaux d'origine. a) Par les fonctionnaires expéditeurs.

Lorsqu'un fonctionnaire se présente en personne pour retirer une lettre ou un paquet contresigné qu'il a fait déposer au bureau, la lettre ou le paquet lui est aussitôt rendu, pourvu qu'il soit connu et que l'objet n'ait pas encore été expédié.

S'il envoie quelqu'un à sa place, la lettre ou le paquet n'est remis à

(1) L'art. 15 de la convention conclue à Berne le 14 octobre 1890, pour fixer les bases d'une législation uniforme en matière de transports internationaux par chemins de fer, reconnait à l'expéditeur le droit de disposer de la marchandise tant que la lettre de voiture n'est pas parvenue entre les mains du destinataire. (V. le projet de loi portant approbation de cette convention au *Journal officiel* du 2 février 1891, p. 484).

(2) *Documents du congrès postal de Lisbonne*, t. II, p. 140, 305.

son représentant qu'autant que celui-ci présente une réquisition écrite et signée du fonctionnaire, laquelle reste entre les mains du receveur pour la garantie de sa responsabilité.

b) Par les particuliers.

Si c'est un particulier qui demande à retirer une lettre qu'il a déposée à la poste et qui n'a pas encore été expédiée, il faut :

1° Qu'il justifie de son identité,

2° Qu'il représente un fac-simile de la suscription, et, le cas échéant, du cachet ou de la griffe dont la lettre porte l'empreinte.

3° Que, par une réclamation écrite, il se déclare l'auteur de la lettre et s'engage à demeurer garant et responsable, envers qui de droit, de tous les effets de la suppression ou du retard de la lettre;

4° Que la lettre soit ouverte, afin que le préposé puisse s'assurer de l'identité de la signature de la lettre avec la signature du réclamant.

Les timbres-poste servant à l'affranchissement des lettres retirées du service ne sont pas oblitérés, mais, si l'annulation a déjà été faite, le prix n'en est pas remboursé.

Lorsque la demande de retrait du service concerne un chargement ou un objet recommandé, le réclamant doit produire, en outre, le bulletin de dépôt.

Ce bulletin est annexé au registre de dépôt, sur lequel il est pris note du retrait du chargement ou de l'objet recommandé, en regard de son inscription.

Rectification d'adresses de correspondances non expédiées.

Lorsqu'une personne demande à rectifier l'adresse d'une lettre qui n'a pas encore été expédiée, et dont elle est l'auteur, cette lettre peut, après justification de son identité, lui être communiquée, sur la présentation d'un fac-simile de la suscription, et, le cas échéant, du cachet ou de la griffe dont la lettre porte l'empreinte.

Si le réclamant n'est pas l'auteur de la lettre, il doit, en outre, produire une réquisition écrite et signée de ce dernier.

Dans tous les cas, la rectification est faite sans déplacement, et la réquisition est conservée au bureau.

Les formalités à remplir, pour obtenir la rectification de l'adresse d'une lettre, sont moins nombreuses que lorsqu'il s'agit de retirer une lettre du service; on peut se demander toutefois si les précautions sont suffisantes lorsque la rectification touche au nom du destinataire.

Retrait des correspondances ou rectification des adresses aux bureaux ambulants en partance.

Les mêmes facilités peuvent être accordées au public pour la rectification des adresses ou le retrait des lettres déjà parvenues aux bureaux ambulants en partance; les lettres sont retirées, ou leur adresse est rectifiée, sur la présentation d'un bulletin délivré par le receveur du bureau sédentaire de la localité, portant la signature du réclamant, et constatant, à la fois, l'identité de l'expéditeur et les renseignements propres à faire trouver les objets. Le réclamant appose une seconde fois sa signature, en présence du directeur ou du chef de brigade, sur le même bulletin.

Une demi-heure avant le départ du bureau ambulant, aucune réclamation n'est plus admise.

S'il s'agit de correspondances en cours de transport, le réclamant doit justifier de son identité au bureau d'origine ; il doit également fournir la déclaration écrite et signée dont il est question ci-dessus, à moins qu'il ne s'agisse d'une rectification ne touchant pas au nom de l'expéditeur ; il doit produire, dans tous les cas, un spécimen de l'enveloppe avec fac-simile de la suscription, empreinte des cachets, griffe, etc., et reproduction exacte des corrections ou signes figurant soit au recto, soit au verso de l'enveloppe. La réclamation de l'expéditeur est transmise au bureau de destination soit par la poste, soit par le télégraphe, toujours aux frais du réclamant.

Retrait ou rectification d'adresses de correspondances en cours de transport.

Lorsque la demande est destinée à être transmise par la poste, le réclamant doit fournir un double spécimen de l'enveloppe. L'un de ces spécimens est adressé, sous recommandation, au bureau destinataire de l'objet qui est réclamé ou dont on demande à rectifier l'adresse. En ce qui concerne les correspondances à destination de pays étrangers dont les administrations admettent le droit, pour l'expéditeur, d'en disposer, l'envoi du spécimen est fait, suivant les distinctions établies à cet égard, soit au bureau étranger destinataire, soit à l'office étranger dont ce bureau relève, soit enfin à l'administration centrale, chargée de le transmettre à l'administration du pays de destination.

Transmission des demandes par la poste.

Si la demande de retrait ou de rectification concerne un objet à destination d'un pays d'outre-mer, il y a lieu de s'assurer si cet objet n'a pas encore quitté la France. Dans la négative, il est préférable d'adresser la demande d'abord au bureau d'échange français chargé de centraliser les correspondances pour le pays de destination.

Lorsque la demande de retrait ou de rectification d'adresse doit être transmise par la voie télégraphique, le télégramme est transmis directement au receveur du bureau de destination, si l'objet est adressé à l'intérieur du territoire français. Si l'objet est adressé hors du territoire français, le télégramme est transmis soit au bureau de destination, soit à l'office central dont ce bureau relève, suivant les distinctions établies pour les demandes à expédier par la poste. Dans certaines relations, il y a lieu de recourir à l'intervention de l'administration centrale française pour faire parvenir le télégramme à l'office du pays de destination. Le télégramme peut aussi être adressé au bureau d'échange français, si la réclamation concerne une correspondance à destination d'un pays d'outre-mer et que cette correspondance n'ait pas encore quitté la France.

Transmission par le télégraphe.

Les demandes de retrait, par le télégraphe, ne sont pas admises toutes les fois qu'il n'est pas possible de signaler *d'une manière absolument précise et de façon à éviter toute erreur* la correspondance à renvoyer à l'expéditeur. Il en est de même, en pareille éventualité, des demandes de rectification d'adresses, si la rectification demandée touche au nom du destinataire.

Au reçu de la lettre ou du télégramme, le préposé du bureau destinataire recherche l'objet de correspondance qui lui est signalé et fait droit à la demande de l'expéditeur.

S'il s'agit d'un retrait, l'adresse est complétée par une annotation à l'encre rouge ainsi conçue: *Réclamé par l'expéditeur, renvoi au bureau de...* Tout objet ordinaire est envoyé sous chargement d'office. S'il s'agit d'une rectification d'adresse, la modification réclamée est faite immédiatement, sauf toutefois dans les relations internationales, où le bureau de destination se borne à retenir l'objet signalé et attend, pour faire droit à la demande, l'arrivée du fac-simile expédié par la poste.

Aussitôt après l'arrivée au bureau d'origine de l'objet réclamé, l'expéditeur est avisé d'avoir à se présenter, dans les 24 heures, pour en prendre livraison. Si, à l'expiration de ce délai, le réclamant ne s'est pas présenté, l'objet est renvoyé à sa destination primitive.

CHAPITRE V

TRI ET EXPÉDITION DES CORRESPONDANCES

§ 1. — Considérations générales.

Le choix de la direction à donner aux correspondances et l'organisation des moyens de transport constituent l'une des parties les plus essentielles de la poste. Ils impliquent la connaissance complète des voies de communication, l'emploi judicieux des moyens que peuvent offrir les chemins de fer et autres services de transport organisés, et, en l'absence de semblables services, l'établissement de courriers spéciaux partout où il est nécessaire pour assurer la transmission des dépêches de la manière la plus sûre et la plus économique. Organisation du service des correspondances, réservé à l'administration centrale.

Aussi l'administration centrale s'est-elle réservée de régler elle-même l'acheminement des correspondances et la marche des courriers. C'est le bureau de la correspondance intérieure qui est chargé de ce soin pour les relations des bureaux de l'intérieur entre eux. Le bureau de la correspondance étrangère a des attributions analogues, en ce qui concerne les relations internationales. C'est de ces deux bureaux que partent tous les ordres relatifs à la direction des correspondances et au transport des dépêches. Ces ordres sont adressés, sauf le cas d'urgence, aux agents qu'ils concernent par l'intermédiaire des chefs de service qui en gardent note au dossier des établissements de poste intéressés.

Le rôle des directeurs, en matière d'organisation de correspondances, consiste à faire les études préparatoires et à soumettre des propositions à l'administration, soit sur sa demande, soit spontanément, lorsque des modifications leur paraissent pouvoir être utilement introduites dans l'acheminement des dépêches ou dans la marche des courriers. Attributions restreintes des directeurs, en matière d'organisation de correspondances.

Ce n'est que dans les cas urgents, par exemple lorsque les routes habituellement suivies sont accidentellement et soudainement interrompues, que les chefs de service prennent, sous leur responsabilité et sous condition d'en rendre compte immédiatement à l'administration, toutes les mesures propres au rétablissement des communications. Ils peuvent, à cette fin, passer des marchés provisoires pour assurer la transmission des dépêches et modifier temporairement la direction à donner aux correspondances. Leur action s'étend, en pareil cas, à tous les services de transport Cas où les directeurs départementaux.

qui ont, dans le département, un point d'attache ordinaire ou un arrêt forcé. Si les mesures à prendre intéressent un bureau ambulant, le chef du service départemental avise le directeur de la ligne en même temps que l'administration.

En prévision de cette éventualité et pour l'étude générale de ses propositions, le directeur doit posséder les documents officiels relatifs au service des chemins de fer qui desservent sa circonscription. Il lui est recommandé de se tenir au courant, par ses rapports personnels avec les agents supérieurs des compagnies à sa résidence, du tracé et des époques probables d'ouverture de sections de ligne, des services provisoires de jour et de nuit; de l'époque et de la nature des changements accidentels ou périodiques de marche, etc. Toutefois l'initiative des directeurs, en pareille matière, ne peut guère s'exercer utilement qu'à l'égard des lignes d'intérêt local.

Attributions plus étendues des directeurs supérieurs en Allemagne.

En Allemagne, l'initiative des chefs de service est beaucoup plus grande. Ce sont les directeurs supérieurs qui règlent, chacun dans son ressort, les conditions de l'acheminement des correspondances et du transport des dépêches, en s'entendant, au besoin, à ce sujet, avec leurs collègues des directions voisines. Cette décentralisation n'offre pas d'inconvénients : les circonscriptions des directions allemandes sont plus vastes que les départements français, et les attributions des directeurs supérieurs s'étendent à la fois au service sédentaire et au service ambulant; ils peuvent même entrer en relations avec les offices étrangers; enfin le réseau des chemins de fer allemands est moins concentré que le réseau français : les lignes, au lieu de converger vers un point unique, se groupent autour de plusieurs centres régionaux, sièges d'administrations locales des chemins de fer avec lesquelles les directeurs supérieurs des postes peuvent entrer en relations directes; il est donc plus facile à ces fonctionnaires d'organiser un système complet de communications dans l'intérieur de leur circonscription et de régler, de concert avec leurs collègues des circonscriptions voisines, la marche des services de transport sur les grandes artères.

En France, au contraire, les circonscriptions départementales sont relativement petites, les lignes de grande communication échappent à l'action des directeurs départementaux qui n'ont, d'ailleurs, ni autorité sur le service ambulant, ni relations avec les administrations étrangères. Le réseau des chemins de fer est très concentré; la plupart des lignes à grand trafic convergent vers Paris, où est le siège de presque toutes les compagnies. Les communications de service entre la poste et ces compagnies ne peuvent donc s'établir qu'à Paris. L'administration centrale des postes, qui recueille, de première main, tous les renseignements relatifs à la marche des trains sur le réseau français, est donc seule en mesure de coordonner ces renseignements et d'en tirer le meilleur parti possible pour l'organisation du transport des dépêches par voie ferrée. Quant aux services établis sur les routes de terre, leur marche est entièrement subordonnée à celle des trains de chemins de fer dont ils sont en quelque sorte les affluents et les prolongements; on conçoit dès lors que l'administration se soit encore réservé de régler les conditions de leur établissement et de leur fonctionnement, bien que ces services n'aient plus, depuis le développement du réseau ferré, qu'un caractère local. Enfin les communications internationales ne pouvant être établies que d'accord avec les offices étrangers, et l'administration centrale étant seule en relations avec ces offices, est aussi seule en mesure de régler les conditions de l'acheminement des correspondances à destination ou provenant de l'extérieur.

§ 2. — Tri des correspondances et confection des dépêches.

Tri des correspondances.

Après avoir été frappées du timbre à date et, s'il y a lieu, des autres timbres prescrits par les règlements, les correspondances extraites des boîtes aux lettres ou remises au guichet des bureaux sont triées par destination. Celles qui ne sont pas distribuables dans la circonscription du bureau d'origine sont comprises dans des *dépêches* que ce bureau forme pour d'autres bureaux en correspondance avec lui. Il insère dans chacune de ces dépêches tous les objets que le bureau correspondant est en mesure de distribuer lui-même, ou de diriger à son tour dans les meilleures conditions possibles sur le lieu de leur destination.

Échange des dépêches entre les bureaux de poste.

On ne peut, en effet, mettre tous les bureaux de poste en relations directes les uns avec les autres.

En règle générale, les relations directes n'existent que lorsque le mouvement des correspondances justifie l'échange de dépêches entre les bureaux. Dans tous les autres cas, la transmission des correspondances du lieu de départ pour le lieu d'arrivée emprunte l'intermédiaire d'un ou de plusieurs services tiers qu'on appelle, pour ce motif, des bureaux de *passe*. Les bureaux ambulants et les bureaux-gares sont essentiellement des bureaux de passe.

Dépêches expédiées par les bureaux de Paris.

Ainsi la recette principale de la Seine déverse sur les bureaux ambulants une partie des correspondances pour les départements qui sont extraites des boîtes aux lettres de son périmètre ou qu'elle reçoit de ses bureaux satellites de Paris et de ses autres correspondants. Le reste est compris soit dans les dépêches directes qu'elle forme, à diverses moments de la journée pour les bureaux des communes suburbaines ou des départements voisins, au nombre de 450 environ, qui constituent sa *banlieue*, soit dans les envois qu'elle adresse chaque soir, au nombre de 150, aux recettes principales et aux bureaux des villes importantes des départements plus éloignés, pour soulager le service des ambulants de nuit. Les imprimés non urgents ne sont pas non plus dirigés sur les ambulants : ils sont envoyés, triés par départements, aux recettes principales, chargées de les répartir entre les bureaux destinataires; cette combinaison dégage à la fois le service de Paris et le service ambulant. Pour les correspondances à destination de l'extérieur, la recette principale de la Seine est constituée en bureau d'échange : elle forme, d'une partie de ces correspondances, des dépêches directes pour les ambulants belges, allemands, russes, etc., pour les capitales et les principales villes étrangères, pour les agents des postes embarqués sur les paquebots; elle dirige le reste sur les ambulants français. En moyenne, la recette principale des postes à Paris forme et expédie 1,150 dépêches par jour. En sens inverse, elle reçoit des dépêches des bureaux ambulants, de certains bureaux de Paris et des bureaux dits de la banlieue, ainsi que des bureaux d'échange étrangers et des agents embarqués sur les paquebots.

Les bureaux de quartier de la capitale ne correspondent directement avec les ambulants que pour l'expédition des chargements. Ils séparent en cinq liasses, suivant les destinations (ancien *Paris*, — communes *annexées* à Paris, — *banlieue*, — *passe-Paris* (bureaux des départements non compris dans la banlieue) — *étranger*) la masse des correspondances extraites de leurs boîtes ou des boîtes de leur périmètre ; ils en forment des dépêches que chacun d'eux adresse, huit fois par jour, à un bureau intermédiaire appelé bureau *de passe*, auquel il est relié par une ligne de tilburys. Les bureaux de passe de Paris, au nombre de 14, centralisent ainsi les correspondances originaires des bureaux de quartier ; ils font le tri par ambulant des objets en passe-Paris (1); pour le reste ils se bornent à transmettre aux diverses sections de la recette principale, en même temps que les leurs et sans les trier, les liasses de correspondances reçues de leurs satellites pour Paris ancien et nouveau, pour sa banlieue et pour l'étranger. En sens inverse, les bureaux de Paris de la zone annexée chargés d'un service de distribution reçoivent seuls des dépêches des bureaux ambulants et de la recette principale.

Dépêches expédiées et reçues par les bureaux des départements.

Le nombre des dépêches que les bureaux sédentaires des départements échangent soit entre eux, soit avec les ambulants, dépend à la fois de leur situation, du mouvement de la correspondance et de la marche des trains ou des courriers. Sauf quelques établissements de poste de Seine-et-Oise et de Seine-et-Marne, tous les bureaux d'un même département échangent des dépêches avec la recette principale du chef-lieu.

Les établissements de poste qui correspondent entre eux s'adressent chaque jour une ou plusieurs dépêches, suivant le nombre des ordinaires que compte chaque service de la voie de terre ou de la voie de fer. Dans ce dernier cas, les envois expédiés dans le cours d'une même journée se distinguent entre eux par un numéro d'ordre.

Correspondance non réciproque.

Quelquefois la correspondance n'est pas réciproque : un bureau peut former des dépêches pour un autre bureau sans en recevoir de lui.

Tableaux indicateurs de la direction à donner aux correspondances.

Chaque établissement de poste est pourvu, par les soins du bureau de la correspondance intérieure, d'un tableau indicateur de la direction à donner aux correspondances pour toutes destinations; ce tableau doit être tenu au courant de toutes les modifications prescrites par l'administration.

Chaque bureau possède en outre :

(1) Quatre bureaux de Paris, sans être constitués en bureaux de passe, adressent des dépêches aux bureaux ambulants.

1° Un tableau des correspondances indiquant les bureaux avec lesquels il est en relations directes, le mode de transmission et l'heure d'expédition des dépêches qu'il échange avec eux ;

2° Pour chacun des établissements de poste avec lesquels il est en relations, le relevé nominatif des communes, villages, hameaux, fermes, maisons isolées et autres lieux habités ayant un nom particulier et faisant partie de l'arrondissement postal de ces bureaux.

Confection des dépêches.

Les articles 461 à 470 de l'Instruction générale sur le service des postes indiquent, avec tous les détails nécessaires, les règles à suivre pour la mise en liasses des correspondances, la confection des paquets de chargements, la rédaction des feuilles d'avis, celle des parts, la fermeture et l'expédition des dépêches (1). Quelques points sont à noter.

Feuilles d'avis.

Chaque dépêche, sauf celles des entreposeurs en gare, des gardiens d'entrepôt, des courriers convoyeurs ou auxiliaires chargés d'un service de manipulation, doit être accompagnée d'une *feuille d'avis* indiquant, s'il y a lieu, la présence des objets affranchis en numéraire, des correspondances réexpédiées taxées, des chargements et des objets recommandés, des documents de service ou de comptabilité dont on veut suivre la trace, des dépêches supplémentaires ou entrantes, etc.

Lorsque plusieurs envois ont lieu chaque jour d'un bureau sur un autre, les feuilles d'avis qui accompagnent les dépêches reçoivent, à la main, un numéro indicatif de l'envoi, suivant l'ordre des expéditions.

La feuille d'avis qui accompagne les dépêches échangées, par correspondance directe, entre une recette et un établissement de facteur-boîtier, sert à constater, au recto, le détail du contenu de la dépêche expédiée par le receveur, et, au verso, le détail du contenu de la dépêche expédiée par le distributeur.

Une même feuille suffit donc pour l'aller et le retour du même courrier.

Un tableau particulier des feuilles d'avis des bureaux de recette pour les établissements de facteur-boîtier correspondants sert à accuser réception du versement que le distributeur effectue, chaque jour, en l'acquit de son compte.

Les feuilles d'avis des dépêches échangées entre les établissements de poste auxiliaires et leurs bureaux d'attache comportent des tableaux réservés à l'inscription des envois de timbres-poste et de chiffres-taxes, des versements en espèces et des pièces échangées entre le gérant et le receveur. Elles sont signées successivement par le facteur rural qui est d'intermédiaire obligé de la correspondance entre le bureau auxiliaire et le bureau d'attache, et par le préposé destinataire.

Paquets de chargement.

Avant la fermeture des dépêches, les valeurs déclarées et les objets recommandés qui doivent y être insérés sont extraits du casier qui les

(1) Voir aussi le *Traité sur le service des recettes des postes*, par MM. ROULAND et BOUGUET, p. 84 et s.

renferme et inscrits nominativement sur une feuille d'expédition, en commençant par les valeurs déclarées et en indiquant très-exactement les noms, prénoms et qualités des destinataires.

Les enveloppes chargées pour le service des recouvrements sont réunies en un paquet distinct, et portées, en nombre seulement, sur la feuille d'expédition des chargements, dans un cadre spécial.

Dans le service international, les objets recommandés sont inscrits sur la feuille d'avis elle-même, à moins que leur nombre habituel n'entraîne l'emploi de listes spéciales.

La feuille d'expédition des chargements forme, avec les objets qu'elle accompagne, un paquet spécial, qui est scellé à la cire et annexé à la feuille d'avis au moyen d'un cachet placé sur les deux bouts de la ficelle qui entoure le paquet.

Dans les relations internationales, les valeurs déclarées et les objets recommandés forment des paquets distincts. Ces paquets sont placés, avec la feuille d'avis, au centre de la dépêche.

Dans les bureaux composés, aucun objet n'est inséré dans les paquets de chargements et d'objets recommandés, et ces paquets eux-mêmes ne sont insérés dans les dépêches qu'avec le concours de deux agents, dont l'agent dirigeant le service. Ce concours est constaté par l'apposition de leurs signatures sur le registre d'expédition des chargements, en regard du nom de chacun des bureaux destinataires correspondants.

La présence des chargements ou des objets recommandés, dans la dépêche, est signalée par l'apposition, sur la feuille d'avis, du timbre *Chargé*.

Le nombre des paquets chargés et recommandés renfermés dans les dépêches ou placés en dehors des dépêches, à destination de Paris ou des bureaux ambulants, est indiqué, dans un tableau spécial, sur les feuilles d'avis qui accompagnent ces dépêches.

Lorsque des objets chargés ou recommandés sont trop volumineux pour entrer dans les dépêches, il en est formé des dépêches supplémentaires.

Dans ce cas, la feuille d'expédition porte, en égard de l'inscription des chargements ou des objets recommandés non compris dans la dépêche, les mots : *Formant dépêche séparée n°.....* ; la feuille d'avis indique, dans un tableau spécial, le nombre des paquets en dehors de la dépêche.

Bulletin d'expédition des pièces de service ou de comptabilité.

Certaines pièces de service ou de comptabilité, dont il est nécessaire d'assurer la transmission régulière, sont inscrites sur un bulletin d'expédition, de couleur jaune. Cette précaution évite le recours à la formalité du chargement d'office. La présence de ce bulletin est signalée dans un cadre de la feuille d'avis ménagé à cet effet.

Fermeture des dépêches.

Les dépêches sont placées soit dans une enveloppe de papier, soit dans un sac ; elles sont scellées à la cire extérieurement et ficelées intérieurement, de manière que les liasses qui les composent soient retenues en un seul paquet.

Dépêches supplémentaires.

Lorsque le nombre ou le volume des correspondances oblige à faire une dépêche supplémentaire, mention de cette circonstance est faite sur la feuille d'avis.

Dépêches entrantes.

Les dépêches closes échangées entre deux établissements de poste en correspondance peuvent être transmises *à découvert*, soit directement, c'est-à-dire par le même courrier ou par plusieurs services de courriers se succédant sans intervalle, soit par entrepôt.

Lorsqu'une dépêche ne peut être acheminée directement, l'administration peut, en vue de diminuer les manipulations et les chances de perte dans les services intermédiaires (bureaux sédentaires ou ambulants, bureaux-gares, entrepôts et courriers), prescrire au bureau expéditeur d'insérer cette dépêche dans une autre pour un bureau intermédiaire qui sera chargé de donner cours à la première : la première dépêche est dite *entrante* de la seconde. Le bureau intermédiaire, à son tour, réexpédie la première dépêche entrante dans son propre envoi pour le bureau de destination, ou, s'il y a lieu, pour un second bureau intermédiaire qui procédera de la même manière, et ainsi de suite, jusqu'à destination. Chacun des bureaux qui se transmettent successivement la dépêche entrante l'inscrit sur sa feuille d'avis pour le bureau auquel il la réexpédie.

Lorsque des dépêches entrantes dans une autre et pour des destinations diverses ne peuvent, en raison de leur nombre, être inscrites nominativement au tableau *ad hoc* de la feuille d'avis, elles sont portées sur un bulletin descriptif qui est mentionné audit tableau et fixé à la feuille d'avis.

Parts.

Le nombre, l'origine et la destination des dépêches sont inscrits sur des feuilles de route appelées *parts*, dont les courriers sont munis.

CHAPITRE VI

TRANSPORT DES DÉPÊCHES PAR LES VOIES FERRÉES. — DROITS DE LA POSTE SUR LES CHEMINS DE FER

§ 1. — Transport des dépêches avant la création et pendant la période de construction des chemins de fer.

Premiers courriers à cheval.

Avant la création des chemins de fer, le transport des dépêches sur les grandes routes était assuré par des courriers allant d'abord à cheval, puis transportés dans des voitures spéciales appelées *malles-postes.*

Au début de leur institution, la marche des courriers n'avait rien de régulier. A partir de 1622, on commença à les expédier à jour fixe ; il y eut d'abord deux départs par semaine, ou, comme on dit encore en langue postale, deux *ordinaires* par semaine de Paris pour les provinces. Les courriers allaient à cheval, de relais en relais ; leurs dépêches étaient réunies en un paquet appelé *malle,* qu'ils portaient en croupe et dont le poids ne devait pas excéder 100 livres.

Création des malles-postes.

Le décret des 23-24-30 août 1793 créa les malles-postes ; c'étaient des voitures à quatre roues, destinées à transporter à la fois les dépêches, le courrier et quelques voyageurs ; elles devaient marcher à la vitesse d'au moins deux lieues à l'heure. Les malles-postes ne circulaient que sur les grandes routes ; sur les routes de traverse, le service était assuré de la manière la plus économique, et généralement à l'entreprise. Si l'on se reporte aux conditions du dernier bail de la poste aux lettres du 1er prairial an VI, on voit que les services étaient quotidiens sur les grandes routes et les routes d'embranchement desservant un chef-lieu de département ou un bureau dont le produit net atteignait 10,000 fr. par an ; semi-quotidiens sur les routes désservant des bureaux dont le produit net était d'au moins 500 francs ; pour les bureaux dont le produit était inférieur à 500 francs, ils pouvaient être réduits à deux ordinaires par décade.

Accélération du service.

A partir du 1er janvier 1828, tous les bureaux de poste français furent mis en correspondance journalière. Il en résulta une augmentation de dépense de 3,500,000 francs, qui était déjà couverte à la fin de l'année 1829 par l'accroissement des produits. La vitesse des malles fut portée à 4 lieues à l'heure. A la suite d'une convention conclue avec la Belgique, le 27 mai 1826, Paris pouvait communiquer avec Bruxelles en dix-neuf heures.

Des services accélérés par estafettes furent établis, au mois de novembre 1836, sur d'autres routes : la durée du trajet fut réduite alors à dix-huit heures entre Paris et Calais, et à treize heures entre Paris et le Havre.

Suppression graduelle des malles-postes et des relais.

Les malles-postes disparurent successivement, au fur et à mesure de l'établissement des voies ferrées. En 1847, il existait encore onze services de malles-postes, dits de 1re section, partant de Paris, et dix-sept services, dits de 2e section, partant des principales villes, après l'arrivée du courrier venant de Paris. Le parcours effectué annuellement parces malles était de 7,430,000 kilomètres.

Pendant la période de construction des chemins de fer, le service fut quelquefois organisé d'une manière mixte ; les malles étaient transportées sur des plates-formes de vagon jusqu'aux points extrêmes des lignes ouvertes à l'exploitation ; de là, elles suivaient les routes de terre.

Après l'achèvement des grandes lignes, les malles disparurent tout à fait : elles furent remplacées par les bureaux ambulants. La dernière malle, de Toulouse à Montpellier, cessa de circuler le 23 août 1857. Les relais de poste subsistèrent plus longtemps ; les derniers furent supprimés par une décision ministérielle du 4 mars 1873.

Résultats de la création des chemins de fer, au point de vue des transports postaux.

La révolution opérée dans l'industrie des transports et dans le régime économique par l'établissement des chemins de fer eut son contre-coup sur le service de la poste.

Jusque-là la poste avait assuré le transport de ses dépêches sur les grandes routes par ses propres moyens ; sur les routes de traverse, elle avait généralement recours au système de l'entreprise par voie d'adjudication publique, système très favorable aux intérêts du Trésor, grâce à la concurrence qui s'établissait entre les soumissionnaires.

La création des chemins de fer modifia profondément cet état de choses.

L'établissement d'une voie ferrée a toujours pour effet de monopoliser entre les mains de l'exploitant presque tous les transports, au moins ceux qui doivent s'effectuer rapidement, comme celui des dépêches ; de supprimer par conséquent la concurrence sur le parcours de la ligne. La poste se serait donc trouvée, par le fait de la création des chemins de fer, à la merci des compagnies concessionnaires, si l'État n'avait pris soin d'insérer, dans les cahiers des charges de ces compagnies, des clauses qui lui assurent, dans une certaine limite, la gratuité, et au delà de cette limite, le bénéfice de tarifs réduits pour le transport de ses dépêches par les voies ferrées.

Premiers cahiers des charges des compagnies. Absence de stipulations en faveur de la poste.

Au début, toutefois, cette précaution n'avait pas été prise. On ne parut pas comprendre toute l'importance de la révolution économique que les chemins de fer allaient opérer. Les cahiers des charges des premières concessions : Saint-Étienne à Lyon (1826), Andrezieux à Roanne (1828),

Alais à Beaucaire (1833), Paris à Saint-Germain (1835), Alais à la Grand-Combe (1836), Paris à Versailles (rive droite et rive gauche, 1837), Montpellier à Cette (1837), ne contenaient aucune stipulation en faveur de la poste.

C'était une faute grave dont on ne tarda pas à apercevoir les conséquences.

Principe de la gratuité du transport des dépêches posé en 1837.

Lors des concessions qui suivirent (Bordeaux à la Teste, Mulhouse à Thann, 1837 ; Strasbourg à Bâle, 1838 ; Paris à Orléans, Paris à Rouen, 1840; Rouen au Havre, 1842), on posa le principe de la gratuité du transport des dépêches et des agents de la poste; mais les termes dans lesquels ce principe fut formulé ne permirent pas d'en tirer tous les avantages qu'il comportait.

Insuffisance des premières stipulations. Concession gratuite d'un coffre et d'une place pour le courrier (1837-1842).

« Les lettres et dépêches convoyées par un agent de l'administration, était-il dit dans les cahiers des charges, seront transportées *gratuitement* sur toute l'étendue du chemin de fer. A cet effet, la compagnie sera tenue de réserver, à chaque départ de voyageurs, à l'arrière du train des voitures, un *coffre* suffisamment grand et fermant à clé, ainsi qu'une place convenable pour le courrier chargé d'accompagner les dépêches. »

Ces stipulations étaient absolument insuffisantes. On n'avait pas prévu, on ne pouvait guère prévoir l'immense essor que donnerait à la correspondance la facilité des communications. Aussi, quand, la construction des lignes terminées, on voulut, en 1844, passer du droit écrit à la pratique, on se trouva aux prises avec les exigences des compagnies de chemins de fer. Les cahiers des charges ne contenaient aucune clause pour le transport des malles-postes, ni pour celui des bureaux ambulants qui commencèrent à remplacer les malles-postes en 1844 ; en outre, les compagnies refusaient de tenir compte des convenances du service postal dans la fixation des heures de marche de leurs trains. Il fallut entrer en négociations avec elles, conclure des conventions onéreuses qui coûtaient annuellement à la poste 300,000 francs pour le transport des malles entre Paris et Orléans (1), 600,000 francs pour le même service entre Strasbourg et Bâle, 200,000 francs pour le transport des premiers bureaux ambulants entre Paris et Rouen, etc.

Clauses plus favorables introduites dans les cahiers des charges à la faveur de concessions nouvelles.

Heureusement pour la poste, la concession des lignes de prolongement et la fusion des compagnies secondaires permirent à l'État d'introduire dans les nouveaux cahiers des charges, au fur et à mesure des besoins reconnus, les stipulations jugées nécessaires.

Usage gratuit d'un compartiment de voiture dans tous les trains. (1844).

Dans la concession des lignes du Centre (1844), le coffre à dépêches est remplacé par un compartiment spécial de voiture dont l'usage gratuit est concédé à la poste dans tous les trains de voyageurs et de marchandises, et dont la forme et les dimensions sont réglées par l'administration.

Tarif réduit pour la formation des trains spéciaux quotidiens requis par la poste.

L'administration peut, en outre, requérir la formation de *convois spéciaux* comprenant des *voitures spéciales* lui appartenant et entretenues par

(1) Cahier des charges arrêté entre le Conseil d'administration des postes et la Compagnie du chemin de fer de Paris à Orléans, aux dates des 18-23 décembre 1844; approuvé par le ministre des finances le 31 décembre 1844.

elle, à la condition de payer à la compagnie 75 centimes par kilomètre pour la première voiture, 25 centimes pour la seconde.

En 1845 (loi du 15 juillet), le cahier des charges de la compagnie du Nord réserve à la poste l'usage gratuit d'un compartiment dans chaque train, fixe à 15 centimes, par kilomètre, le taux de l'indemnité à payer pour le transport des bureaux ambulants, à 75 centimes, par kilomètre, celui de l'indemnité à payer pour les convois spéciaux requis par la poste (Sommes payées à la compagnie en 1858, 613,623 francs).

Train journalier de la poste. (1850).

En 1850, les cahiers des charges des lignes de Bordeaux et de Nantes réservent à la poste la libre disposition d'un *train régulier et journalier* dit *train de la poste*, par lequel le transport des dépêches est fait dans les voitures de la compagnie.

Usage gratuit de deux compartiments dans tous les trains (1851).

En 1851, le cahier des charges de la ligne de Lyon à Avignon concède à la poste l'usage gratuit de *deux* compartiments d'une *voiture de 2e classe* et lui donne la faculté de remplacer ces deux compartiments par *une ou deux voitures spéciales*, en payant à la compagnie 25 centimes par kilomètre, avec augmentation proportionnelle pour les trains rapides.

Admission gratuite d'un vagon-poste dans chaque train (1854).

Le cahier des charges de Paris à Lyon (avril 1854) impose au concessionnaire le transport gratuit d'une voiture spéciale dans tous les trains, établit la gratuité complète pour les transports effectués par le train journalier de la poste, fixe à 75 centimes pour la première voiture, à 25 centimes pour les voitures supplémentaires, la rétribution kilométrique due à la compagnie pour les convois spéciaux quotidiens; porte à 40 kilomètres, au minimum, temps d'arrêt compris, la vitesse de marche des trains-poste et des convois spéciaux; réserve le transport gratuit, par tous les trains de voyageurs, de tout agent des postes porteur d'un ordre de service délivré par l'administration.

Ces dispositions ont servi de modèle à la rédaction de l'article 56 du cahier des charges type, annexé aux conventions conclues en 1857 avec les grandes compagnies, lors de l'incorporation au réseau de ces compagnies d'un grand nombre de lignes secondaires.

Les droits de la poste, sur les chemins de fer, varient suivant la nature des concessions. On distingue à cet égard les chemins de fer d'intérêt général, les chemins de fer d'intérêt local et les tramways.

§ 2. — Droit de la poste sur les chemins de fer d'intérêt général.

Actes qui déterminent les droits de la poste sur les chemins de fer d'intérêt général.

Les chemins de fer d'intérêt général sont concédés par l'État.

Les droits de la poste, sur ces chemins, sont fixés par l'article 56 du cahier des charges type annexé aux conventions conclues avec les grandes compagnies en 1857 et en 1859.

Les stipulations inscrites en faveur de la poste, dans l'article 56 du cahier des charges, ont été complétées ou modifiées :

1° Par un arrangement relatif aux transports postaux non prévus par le cahier des charges, intervenu entre l'administration et les compagnies en 1864 ;

2° Par de nouvelles conventions conclues par l'État avec les compagnies et approuvées par des lois qui portent la date du 20 novembre 1883;

3° Par des arrêtés pris par le ministre des postes et des télégraphes, en vertu de la loi du 29 novembre 1850 sur la correspondance télégraphique privée et du décret du 27 décembre 1851 sur la police des lignes télégraphiques.

Nous adopterons, pour l'examen de ces clauses, l'ordre indiqué par l'article 56 du cahier des charges, en signalant, au fur et à mesure, les modifications apportées à certaines de ces dispositions par des conventions ultérieures.

Trains ordinaires.

1° *A chacun des trains de voyageurs et de marchandises circulant aux heures ordinaires de l'exploitation, la compagnie sera tenue de réserver gratuitement deux compartiments spéciaux d'une voiture de deuxième classe, ou un espace équivalent, pour recevoir les lettres, les dépêches et les agents nécessaires au service des postes, le surplus de la voiture restant à la disposition de la compagnie.*

Les lettres, les dépêches... On ne s'explique pas bien la distinction que le cahier des charges a voulu établir entre les lettres et les dépêches, à moins qu'il n'ait voulu désigner, d'une part, les lettres que les agents ambulants manipulent à découvert, et, d'autre part, les correspondances qui sont transportées en dépêches closes.

Interprétation du mot *dépêche*.

L'interprétation du mot *dépêche* a été donnée, le 7 mars 1873, par le conseil d'État, à l'occasion du procès intenté par la compagnie de l'Est à l'administration des postes. La compagnie soutenait que la gratuité prévue par le cahier des charges ne s'appliquait qu'à la correspondance et non aux échantillons de marchandises et aux objets précieux. Le conseil d'État a jugé que tous les objets dont la poste est tenue de se charger, en exécution des lois qui régissent son exploitation, même ceux pour lesquels elle n'a pas de privilège exclusif, sont compris dans l'expression *dépêches* et appelés à bénéficier du transport gratuit, au même titre que la correspondance proprement dite.

Les agents nécessaires au service des postes... Ce sont les agents et les sous-agents des bureaux ambulants, les courriers convoyeurs et auxiliaires. Ce personnel est muni de cartes d'identité, qu'il doit représenter à toute réquisition des agents des compagnies, en cours de voyage.

L'administration n'use pas des droits que lui confère le cahier des charges dans tous les trains, mais seulement dans ceux qui circulent à des heures favorables pour la transmission des dépêches. Dans ceux mêmes qu'elle utilise, les courriers convoyeurs ou auxiliaires n'occupent le plus souvent qu'un seul compartiment ; le deuxième n'est requis qu'en cas de nécessité.

Services confiés aux conducteurs des trains.

Lorsqu'il n'y a pas intérêt à faire manipuler les correspondances en cours de route, le soin d'accompagner les dépêches peut être confié au conducteur du train. Le taux de l'indemnité à payer aux compagnies de chemins de fer, pour des services de cette nature, est réglé après entente entre elles et la poste, ordinairement sur les bases suivantes :

30 francs par mois et par train, pour un transport effectué entre deux stations et ne comportant aucun échange de dépêches entre les points extrêmes du parcours ;

50 francs par mois et par train, pour un transport effectué dans un seul sens, avec échange de dépêches en route.

Parfois il est alloué une indemnité mensuelle de 50 francs pour l'aller et le retour d'un service effectué le même jour, sans échange de dépêches en route.

Adjonction de vagons-poste aux trains ordinaires.

2° *Si le volume des dépêches ou la nature du service rend insuffisante la capacité de deux compartiments à deux banquettes, de sorte qu'il y ait lieu de substituer une voiture spéciale aux vagons ordinaires, le transport de cette voiture sera également gratuit.*

L'administration des postes use largement de cette faculté pour faire circuler des bureaux ambulants sur toutes les grandes lignes, dans les express et autres trains favorables à la transmission rapide des dépêches. Sur certaines lignes importantes, indépendamment des services fonctionnant dans le train journalier de la poste dont il sera question plus loin, il existe souvent deux et même trois services de bureaux ambulants par jour (Paris à Bordeaux, Bordeaux à Cette, Paris à Marseille, etc.).

Certains services de bureaux ambulants fonctionnant dans les trains ordinaires des compagnies ont même pris une telle extension qu'une seule voiture est devenue insuffisante pour contenir toutes les dépêches qu'ils ont à transporter et pour en opérer le tri en route.

Arrangement de 1864.

Le cas n'ayant pas été prévu par le cahier des charges, l'adjonction de voitures supplémentaires de la poste dans les trains ordinaires a fait l'objet d'une entente entre l'administration des postes et les compagnies, aux conditions relatées dans une correspondance échangée entre les ministres de l'agriculture et des finances aux dates des 25 juin et 27 juillet 1864.

D'après les termes de cette correspondance, l'administration des postes doit payer aux compagnies une rémunération de 50 centimes par kilomètre, lorsqu'elle ajoute une seconde voiture à celle dont le transport gratuit lui est concédé dans les trains ordinaires, et de 25 centimes pour chacune des autres voitures en sus de la seconde. Mais la mise en circulation de voitures supplémentaires, dans ces trains, est entièrement subordonnée à l'agrément des compagnies. La compagnie de Lyon, par exemple, s'est toujours refusée à admettre, même à prix d'argent, l'adjonction d'un deuxième bureau ambulant au train rapide n° 7 de Paris à Marseille. Il en résulte que les correspondances pour un grand nombre de localités de la région du sud-est de la France et de la Corse, les dépêches pour les pays d'outre-mer et, d'une manière générale, les paquets de service dont le poids excède 50 grammes, les échantillons, certains imprimés, qui auraient intérêt à être acheminés par ce train, en sont forcément exclus. Cette situation provoque depuis longtemps de la part des populations intéressées des réclamations fondées auxquelles l'administration se trouve dans l'impossibilité de donner satisfaction. Il serait vivement à désirer que l'adjonction de vagons-poste supplémentaires dans les trains ordinaires fût reconnue comme un droit pour la poste, au lieu d'être une faculté subordonnée au bon plaisir des compagnies de chemin de fer.

L'administration ne fait d'ailleurs qu'exceptionnellement usage de la faculté résultant de la convention de 1864 pour faire circuler d'une manière permanente une seconde voiture dans les trains ordinaires des compagnies. Seul, le service ambulant de jour de Paris à Calais, qui fonctionne dans les trains express de jour n°s 7 et 32, emploie régulièrement deux vagons-poste. Le transport de la seconde voiture est d'ailleurs gratuit, par suite d'arrangements particuliers intervenus entre l'administration et la compagnie du Nord. Dans les autres convois, — en dehors des trains journaliers de la poste, où l'administration peut faire circuler gratuitement le nombre de voitures nécessaires — la nécessité de placer un second vagon-poste est motivée par des circonstances exceptionnelles, par exemple l'arrivée d'un paquebot, avec un nombre considérable de dépêches dont il faut opérer sans retard la réexpédition et le tri en route. En pareil cas, le chef de brigade requiert, en temps utile, le chef de la gare expéditrice de faire atteler au train un vagon supplémentaire. Les réquisitions de cette nature sont produites par les compagnies à l'appui des mémoires qu'elles adressent, tous les trimestres, à l'administration des postes, pour le règlement des frais de transport qui leur sont dus.

A défaut d'un vagon-poste supplémentaire, les dépêches qui ne peuvent entrer dans le bureau ambulant, sont entreposées, toujours avec le consentement des compagnies, dans des fourgons à bagages; l'indemnité de location qui est due en pareil cas est réglée sur le pied de 3 centimes par kilomètre, que le fourgon soit occupé en totalité, ou seulement en partie, par les dépêches.

Changements dans la marche des trains.

Lorsque la compagnie voudra changer les heures de départ de ses convois ordinaires, elle sera tenue d'en avertir l'administration des postes quinze jours à l'avance.

En exécution de cette disposition, toutes les modifications projetées dans la marche des trains (services d'été, services d'hiver, ouvertures de lignes, etc.), sont communiquées par les compagnies à l'administration des postes (bureau de la correspondance intérieure), en même temps qu'au ministère des travaux publics.

Cette précaution est indispensable pour permettre à l'administration de préparer la réorganisation de ses services d'après la nouvelle marche des trains. Le changement dans l'horaire des chemins de fer implique des modifications correspondantes dans celui des courriers de la voie de terre. L'ouverture d'une nouvelle voie ferrée, la création d'un nouveau train express favorable au rapide acheminement des correspondances et qui doit, par suite, être utilisé, entraînent dans l'organisation des services postaux de toute une région des remaniements profonds : il faut placer des *courriers* convoyeurs ou auxiliaires, parfois des bureaux ambulants dans des trains nouveaux, établir sur les routes de nouveaux services, augmenter le nombre des ordinaires ou modifier les horaires des services existants, créer ou supprimer des dépêches; tout cela constitue un travail d'organisation minutieux et complexe dont l'étude et la préparation réclament du temps.

3° *Un train spécial régulier, dit* train journalier de la poste, *sera mis gratuitement, chaque jour, à l'aller et au retour, à la disposition du ministre des finances, pour le transport des dépêches sur toute l'étendue de la ligne.* Train journalier de la poste.

4° *L'étendue du parcours, les heures de départ et d'arrivée, soit de jour, soit de nuit, la marche et le stationnement de ce convoi, sont réglés par le ministre des travaux publics et le ministre des finances, la compagnie entendue.*

En fait, c'est la compagnie qui établit les projets d'horaires pour les trains-poste, comme pour les autres trains, en tenant compte des conditions particulières de l'exploitation sur chaque ligne, sauf les modifications qui peuvent être imposées par l'administration des postes.

L'administration dispose sans restriction des trains-poste pour le transport gratuit de ses dépêches.

Elle peut y faire atteler autant de voitures spéciales que les besoins du service postal l'exigent.

D'autre part, les compagnies ont le droit d'utiliser ces mêmes trains pour le transport des voyageurs et des marchandises.

Souvent les grandes lignes d'un même réseau s'embranchent sur un tronc commun. Ainsi la section de Paris-Orléans est parcourue par les trains-poste des lignes de Paris à Nantes, Paris à la Rochelle, Paris à Bordeaux, Paris à Agen et Paris à Toulouse.

En droit strict, l'administration ne peut exiger la formation que d'un seul train-poste sur la section de Paris à Orléans. Si l'on voulait s'en tenir à la lettre du cahier des charges, il faudrait que tous les bureaux ambulants de Paris à Nantes, Paris à la Rochelle, Paris à Bordeaux, Paris à Agen et Paris à Toulouse fussent transportés dans le même train sur ce parcours commun, et par des trains spéciaux à partir des points de bifurcation. Cela gênerait le service des compagnies qui tiennent à utiliser les trains-poste sur tout leur parcours, pour le transport des voyageurs et des messageries. Elles consentent par suite au dédoublement de ces trains sur les parcours communs, et l'administration peut ainsi avoir à exercer les droits que lui concèdent les § 3 et 4 de l'article 56 du cahier des charges, sur plusieurs convois circulant le même jour, dans le même sens, sur une même section de voie ferrée.

Tous les trains-poste qui partent de Paris circulent de nuit sur les chemins de fer. L'obligation d'établir des trains de nuit correspondants, sur les embranchements peu importants, est onéreuse pour les compagnies qui préfèrent quelquefois payer à l'administration les frais d'un service de transport de dépêches en voiture, parallèle à la voie ferrée. Ces frais, toutefois, n'incombent pas entièrement aux compagnies ; la poste y contribue pour une portion équivalente à la dépense que lui auraient coûtée l'organisation du service par chemin de fer et le transport des dépêches entre les bureaux de poste et les stations de la ligne qui les dessert (1).

L'administration des postes ne peut d'ailleurs exiger l'organisation d'un train-poste de nuit dans les conditions indiquées aux § 3 et 4, sur toutes les lignes d'intérêt général. Les conventions de 1883, en ajoutant au réseau des compagnies un grand nombre de lignes nouvelles peu productives, ont stipulé qu'aucune circulation de trains ne pourrait être exigée sur ces lignes entre 10 heures du soir et 6 heures du matin, tant que la recette kilométrique locale n'atteindrait pas 15,000 francs par kilomètre, à moins que l'administration ne prît à sa charge les frais de l'organisation du service de nuit auxquels la circulation prescrite pourrait donner lieu (2).

Trains spéciaux quotidiens supplémentaires.

5° *Indépendamment de ce train, il pourra y avoir tous les jours, à l'aller et au retour, un ou plusieurs convois spéciaux, dont la marche sera réglée comme il est dit ci-dessus. La rétribution payée à la compagnie pour chaque convoi ne pourra excéder soixante-quinze centimes par kilomètre parcouru, pour la première voiture, et vingt-cinq centimes, pour chaque voiture en sus de la première.*

6° *La compagnie pourra placer dans les convois spéciaux de la poste des voitures de toutes classes, pour le transport, à son profit, des voyageurs et des marchandises.*

7° *La compagnie ne pourra être tenue d'établir des convois spéciaux ou de changer les heures de départ, la marche ou le stationnement de ces convois, qu'autant que l'administration l'aura prévenue, par écrit, quinze jours à l'avance.*

L'administration des postes a usé plusieurs fois de la faculté que lui donnent les dispositions des paragraphes ci-dessus pour demander aux compagnies de chemins de fer l'établissement de trains spéciaux réguliers et quotidiens. Tels sont les trains 279 et 280, qui circulent entre Mâcon et Modane ; 205 et 204, entre Lyon et Ambérieux ; 7 et 32, entre Paris et Calais, en correspondance avec le service maritime de jour entre la France et l'Angleterre.

L'administration a obtenu, toutefois, de la compagnie de Lyon une réduction de 75 à 50 centimes par kilomètre pour les trains spéciaux circulant entre Mâcon et Modane. Cet arrangement a été approuvé par le ministre des finances le 16 décembre 1875.

Trains spéciaux extraordinaires.

8° *Néanmoins, toutes les fois qu'en dehors des services réguliers, l'administration requerra l'expédition d'un convoi extraordinaire, soit de jour, soit de nuit, cette expédition devra être faite immédiatement, sauf l'observation des règlements de police. Le prix sera ultérieurement réglé de gré à gré ou à dire d'experts, entre l'administration et la compagnie.*

(1) Il existe actuellement 16 services de transport de dépêches dans ce cas. Les compagnies de chemins de fer contribuent à la dépense pour une somme totale de 231,194 francs.

(2) Article 14 des conventions avec le Nord, P.-L.-M., le Midi; 13 des conventions avec l'Est et l'Ouest, 15 de la convention avec l'Orléans.

En principe, ces trains ne doivent comporter que les voitures de la poste et les fourgons placés réglementairement à la tête et à la queue des convois. Cependant la compagnie des vagons-lits a été autorisée à adjoindre un ou deux sleeping-cars aux trains spéciaux circulant entre Calais et Modane pour le service de la malle de l'Inde, à la condition que le taux de la redevance kilométrique à payer par l'administration aux compagnies serait réduit de 25 centimes par sleeping-car ajouté aux trains spéciaux (Proposition des compagnies de chemins de fer, approuvée le 27 décembre 1878 par le sous-secrétaire d'État des finances).

Depuis la convention de 1864, citée plus haut, le taux de la rémunération à payer aux compagnies est fixé à 5 francs par kilomètre ; c'est le tarif applicable aux convois extraordinaires requis par les particuliers.

L'administration ne se sert habituellement de trains extraordinaires que pour le transport de la malle de l'Inde.

Construction et entretien des vagons-poste. Limite de poids.

9° *L'administration des postes fera construire à ses frais les voitures qu'il pourra être nécessaire d'affecter spécialement au transport et à la manutention des dépêches. Elle réglera la forme et les dimensions de ces voitures, sauf l'approbation, par le ministre des travaux publics, des dispositions qui intéressent la régularité et la circulation. Elles seront montées sur châssis et sur roues. Leur poids ne dépassera pas huit mille kilogrammes, chargement compris. L'administration des postes fera entretenir à ses frais ses voitures spéciales; toutefois l'entretien des châssis et des roues sera à la charge de la compagnie.*

La limite de 8,000 kilogrammes, indiquée dans le cahier des charges, n'est plus en rapport depuis longtemps avec les principes adoptés pour la construction du matériel roulant sur les voies ferrées. L'augmentation de la vitesse de marche des trains exige une plus forte adhérence des véhicules aux rails ; les compagnies de chemins de fer ont été amenées, par suite, à augmenter progressivement le poids des trucks et des roues, de telle sorte que certains vagons-poste dépassent, même à vide, le poids de 8,000 kilogrammes. Cette situation n'est pas spéciale aux voitures de la poste. Sur le réseau de Lyon, le poids des voitures à voyageurs de 1re classe, à trois essieux, en service sur les grandes lignes, atteint 14,500 kilogrammes à vide et 16,500 kilogrammes à pleine charge.

Les compagnies de chemin de fer n'ont jamais élevé de difficultés au sujet du poids des bureaux ambulants remorqués dans les trains-poste, où l'administration peut faire atteler gratuitement le nombre de voitures qu'elle juge convenable ; mais l'adjonction au train rapide de Paris à Marseille de vagons-poste excédant la limite fixée par le cahier des charges a donné lieu à de longues contestations entre l'administration et la compagnie de Lyon, auxquelles a mis fin, le 7 mars 1878, un arrêté du conseil de préfecture de la Seine (1). La compagnie réclamait à la poste une indemnité s'élevant à plusieurs millions pour l'excédent de

(1) Voir le texte de cet arrêté dans le *Bulletin annoté des chemins de fer*, rédigé sous la direction de M. Lamé Fleury, 11e année, 2e livraison, p. 78.

poids que cette administration lui avait fait transporter depuis le 7 mars 1867, d'après les prix applicables au transport des marchandises en grande vitesse. Sans contester à la compagnie le droit de refuser le transport des vagons-poste dépassant le poids de 8,000 kilogrammes, le conseil de préfecture a rejeté sa demande, par le motif qu'ayant une fois consenti à effectuer ce transport, elle n'était plus fondée à réclamer aucune rétribution pour l'excédent de poids.

A la suite de cette décision, l'administration des postes dut faire construire des vagons d'un modèle plus petit pour les faire circuler dans les trains express non postaux.

Au moment de la conclusion des conventions de 1883, les compagnies de Lyon, du Nord, de l'Est, d'Orléans et de l'Ouest, dans des lettres qui portent les dates des 26 mai (P.-L.-M.), 5 juin (Nord), 10 juin (Est), 28 juin (Orléans), 17 juillet (Ouest) et qui ont été reproduites à la suite du rapport de M. Rouvier sur les conventions, ont renoncé à se prévaloir de la limite de 8,000 kilogrammes fixée par le cahier des charges pour le poids des vagons-poste, et ont admis que cette limite fût portée à 10 tonnes.

Tout récemment, la compagnie de Lyon a consenti, moyennant le payement d'une indemnité annuelle de 15,000 francs, à ce que l'administration remplaçât par un vagon-poste de grand modèle, de 7 mètres 200 de longueur, le vagon léger de 6 mètres 800 qui était transporté jusque-là dans le train rapide, afin de permettre l'acheminement par ce train des lettres à destination de l'Algérie. Cet arrangement a été approuvé par une décision ministérielle du 16 mars 1889.

Vitesse de marche des trains-poste.

11° *La vitesse moyenne des convois spéciaux mis à la disposition de l'administration des postes ne pourra être moindre de quarante kilomètres à l'heure, temps d'arrêt compris ; l'administration pourra consentir une vitesse moindre, soit à raison des pentes, soit à raison des courbes à parcourir, ou bien exiger une plus grande vitesse, dans le cas où la compagnie obtiendrait plus tard, dans la marche de son service, une vitesse supérieure.*

Ce minimum de 40 kilomètres à l'heure a été fixé à une époque où l'on n'avait pas encore réussi à imprimer aux convois des chemins de fer les vitesses qui ont été réalisées depuis. Cette clause a obligé l'administration des postes à payer à la compagnie du Nord, pour obtenir une marche plus rapide des quatre trains n°s 7, 32, 31 et 10 portant les malles échangées entre la France et l'Angleterre, une indemnité d'accélération de vitesse, fixée à raison de 75 centimes par kilomètre parcouru entre Paris et Calais (*Décision ministérielle du 17 novembre 1860, approuvant une délibération du conseil des postes du 27 juillet de la même année*).

Trains spéciaux établis par la compagnie des vagons-lits et par la compagnie transatlantique.

L'administration des postes utilise, pour les transports de dépêches, les services extraordinaires que la compagnie internationale des vagons-lits a établis sur les chemins de fer français. Ces services sont : l'*express-orient*, qui circule tous les jours entre Paris et Vienne et deux fois par semaine entre Vienne et Constantinople ; le *sud-express*, qui fonctionne deux fois par semaine entre Paris et Lisbonne, où il coïncide avec le passage des paquebots anglais des lignes du Cap et de l'Amérique du Sud.

La compagnie des vagons-lits a consenti à transporter gratuitement les dépêches françaises par ces deux trains, à la condition que l'administration des postes lui abandonnerait la totalité des droits de transit payés à elle-même par les offices étrangers pour celles de leurs dépêches qui sont acheminées par l'express-orient (Convention du 2 juin 1883), et la moitié des droits de transit payés par ces mêmes offices pour celles de leurs dépêches qui sont dirigées par le sud-express (Convention des 27-28 janvier 1888).

Le total des sommes payées à la compagnie des vagons-lits s'est élevé, en 1889, à 35,085 fr. 07, savoir : 18,666 fr. 60 pour le service de l'express-orient, 16,418 fr. 47 pour celui du sud-express.

L'administration utilise aussi, mais gratuitement, les trains que la compagnie transatlantique fait circuler sur les réseaux de l'Ouest et d'Orléans, en correspondance avec les départs et les arrivées de ses paquebots, au Havre et à Saint-Nazaire.

Transport du personnel.

12° *La compagnie sera tenue de transporter gratuitement, par tous les convois de voyageurs, tout agent des postes* chargé d'une mission ou d'un service accidentel *et porteur d'un ordre de service régulier, délivré* à Paris par le directeur général des postes. *Il sera accordé à l'agent des postes en mission une place de voiture de deuxième classe, ou de première classe, si le convoi ne comporte pas de voitures de deuxième classe.*

Ces dispositions ont été complétées par des arrêtés spéciaux, pris par le ministre des postes et des télégraphes en exécution de la loi du 29 novembre 1850 et du décret du 27 décembre 1851, arrêtés qui déterminent les conditions auxquelles les compagnies sont autorisées à établir les communications électriques nécessaires à leur exploitation (1). Ces conditions, qui ont été acceptées par les six grandes compagnies (celle de l'Est pour les lignes construites ou exploitées depuis le 30 mars 1882 seulement), par l'administration des chemins de fer de l'État et par un certain nombre de compagnies secondaires, sont les suivantes :

Art. 14. — *La compagnie transportera gratuitement, par tous les trains de voyageurs, tout fonctionnaire, agent, sous-agent ou ouvrier d'équipe du service des postes et des télégraphes* voyageant sur le réseau pour le contrôle ou pour l'exécution d'un service, *ou chargé d'une mission ou d'un service accidentel, et porteur, à Paris, d'un ordre de service régulier délivré par le ministre des postes et des télégraphes ; en province, soit de cet ordre, soit d'une demande signée par le chef du service départemental; la gare de départ pourra retenir le document présenté et, dans ce cas, elle devra y substituer un permis.*

Art. 15. — *Il sera accordé à l'agent du service des postes et des télégraphes en mission une place de voiture de première ou de deuxième classe, selon son grade, ou de première classe si le train ne comporte pas de voi-*

(1) Voir le texte complet de ces arrêtés dans le *Bull. mens.* n° 4, avril 1887, p. 94.

ture de deuxième classe, et aux ouvriers d'équipe, une place de voiture de troisième classe.

Art. 16. — *Les agents que leur service obligera à des voyages répétés pourront recevoir une carte de circulation d'une classe en rapport avec leur situation hiérarchique.*

Cette carte leur sera délivrée par la compagnie, sur la demande du ministre des postes et télégraphes.

Des cartes de circulation semblables sont délivrées aux administrateurs des postes et des télégraphes, aux inspecteurs généraux et à leurs adjoints, pour tout le réseau ; aux directeurs des bureaux ambulants, aux directeurs départementaux, aux inspecteurs et aux brigadiers-facteurs, pour les parcours compris dans les limites de leurs circonscriptions respectives.

Art. 17. — *Les facteurs du service des postes et télégraphes, circulant pour les besoins de leur service, seront admis gratuitement dans les trains de voyageurs, sur la présentation d'une feuille de route délivrée par le directeur des postes et télégraphes du département.*

Il leur sera accordé une place de troisième classe.

Location de bâtiments ou de terrains appartenant aux compagnies.

13° *La compagnie sera tenue de fournir, à chacun des points extrêmes de la ligne, ainsi qu'aux principales stations intermédiaires qui seront désignées par l'administration des postes, un emplacement sur lequel l'administration pourra faire construire des bureaux de poste ou d'entrepôt de dépêches et des hangars pour le chargement et le déchargement des malles-postes. Les dimensions de cet emplacement seront, au maximum, de 64 mètres carrés dans les gares des départements, et du double à Paris.*

14° *La valeur locative du terrain ainsi fourni par la compagnie lui sera payée de gré à gré ou à dire d'experts.*

15° *La position sera choisie de manière que les bâtiments qui y seront construits, aux frais de l'administration des postes, ne puissent entraver en rien le service de la compagnie.*

Décision ministérielle du 30 juillet 1857.

Ces dispositions ont été complétées par une décision ministérielle du 30 juillet 1857, qui fixe le prix du loyer à payer par l'administration, pour la location des bâtiments ou terrains appartenant aux compagnies, à 10 francs par mètre superficiel, pour les locaux situés au rez-de-chaussée; 15 francs par mètre, pour les bâtiments comprenant un rez-de-chaussée et un entresol; 1 franc par mètre, pour les terrains loués, avec minimum de 40 francs par gare.

Service des entrepôts de dépêches.

Le service des entrepôts de dépêches peut être confié à des agents de chemins de fer, moyennant une indemnité de 200 ou 300 francs par an et par entrepôt, payée par l'administration à la compagnie.

Appareils pour l'échange des dépêches sans arrêt des trains.

16° *L'administration se réserve le droit d'établir à ses frais, sans indemnité, mais aussi sans responsabilité pour la compagnie, tous poteaux ou appareils nécessaires à l'échange des dépêches sans arrêt de train, à la condition que ces appareils, par leur nature ou leur position, n'apportent pas d'entraves aux différents services de la ligne ou des stations.*

Cette clause n'a reçu, jusqu'à ce jour, qu'une application très restreinte. Les difficultés d'ordre technique que présente l'échange des dépêches sans arrêt des trains ont été résolues : la dépense qu'entraîne l'établissement des appareils a empêché d'en faire usage. Il n'existe, à notre connaissance, qu'une station du réseau français où l'échange sans arrêt des trains ait été mis en pratique.

Admission des agents des postes dans les gares.

17° *Les employés chargés de la surveillance du service, les agents préposés à l'échange ou à l'entrepôt des dépêches auront accès dans les gares ou stations, pour l'exécution de leur service, en se conformant aux règlements de police intérieure de la compagnie.*

Interprétation des clauses du cahier des charges.

L'article 69 du cahier des charges des grandes compagnies dispose que *les contestations qui s'élèveraient entre la compagnie et l'administration, au sujet de l'exécution et l'interprétation des clauses* dudit cahier des charges, seront jugées administrativement par le conseil de préfecture, sauf appel au conseil d'État.

§ 3. — Droits de la poste sur les chemins de fer d'intérêt local et les tramways.

Loi du 11 juin 1880.

Les chemins de fer d'intérêt local sont concédés par les départements et les communes. Les tramways sont concédés par l'État, les départements ou les communes, sur les voies dépendant du domaine public (*Loi du* 11 *juin* 1880). Les uns et les autres peuvent recevoir des subventions de l'État.

D'après l'article 17 de la loi du 4 juin 1880, qui a remplacé la loi du 12 juillet 1865 sur les chemins d'intérêt local, les lignes recevant une subvention de l'État peuvent seules être assujetties envers lui à un service gratuit ou à une réduction du prix des places.

Ancien cahier des charges type des chemins de fer d'intérêt local.

L'ancien cahier des charges type des chemins de fer d'intérêt local (art. 56) réservait à l'administration des postes l'usage gratuit, dans chaque train, de deux compartiments de voiture de deuxième classe, ou un espace équivalent, pour recevoir les lettres, les dépêches et les agents nécessaires au service des postes, et, en cas d'insuffisance de ces deux compartiments, le transport gratuit d'un voiture spéciale.

Ces dispositions ont fait place à un régime moins avantageux pour la poste, si l'on s'en rapporte aux clauses relatives à ce service, insérées dans le cahier des charges type annexé au décret portant règlement d'administration publique du 6 août 1881 (1) :

Nouveau cahier des charges type annexé au décret du 6 août 1881.

ART. 56. *Le concessionnaire sera tenu de réserver, dans chacun des trains circulant aux heures ordinaires de l'exploitation,* un compartiment *spécial de la deuxième classe, ou un espace équivalent, pour recevoir les*

(1) *Journal officiel* du 11 août 1881. — *Bulletin des lois* de 1881, partie principale, n° 668, p. 958. — *Bull. mens.* n° 40, 2e *supp.*, août 1881, p. 930.

lettres, les dépêches, ainsi que les agents du service des postes. L'espace réservé devra être fermé, éclairé et situé à l'étage inférieur des voitures.

L'administration des postes aura le droit de fixer, à une voiture déterminée de chaque convoi, une boîte aux lettres dont elle fera opérer la pose et la levée par ses agents.

Elle pourra installer à ses frais, risques et périls et sous sa responsabilité, des appareils spéciaux pour l'échange des dépêches, sans arrêt des trains.

L'administration des postes pourra aussi : 1° requérir un second compartiment, dans les conditions indiquées au paragraphe 1er ; 2° requérir l'introduction de voitures spéciales lui appartenant dans les convois ordinaires du chemin de fer, à condition que les dimensions et le poids, par essieu, de ces voitures ne dépassent pas les dimensions et le poids à pleine charge du modèle le plus grand et le plus lourd qui sera affecté au service régulier du chemin de fer.

Les prix des transports qui pourront être requis dans les conditions ci-dessus, seront payés par l'administration des postes conformément aux tarifs homologués, sauf dans le cas où l'État se serait engagé à fournir au concessionnaire une subvention par annuités. Dans ce cas, la mise à la disposition du service des postes d'un compartiment, en conformité du paragraphe 1er du présent article, sera effectuée gratuitement. Le prix de tous autres transports faits par le concessionnaire sur la réquisition de l'administration des postes est, dès à présent, fixé à la moitié des tarifs homologués.

Les agents des postes et des télégraphes en service ne seront également assujettis qu'à la moitié de la taxe, dans le cas où la ligne serait subventionnée par le Trésor.

L'administration des postes pourra enfin exiger, le concessionnaire et le département entendus, et après s'être mis d'accord avec le ministre des travaux publics, qu'un train spécial, dans chaque sens, soit ajouté au service ordinaire.

Dans ce cas, que le chemin de fer soit subventionné ou non, le montant intégral des dépenses supplémentaires de toute nature que le service spécial aura imposées au concessionnaire, déduction faite des produits qu'il pourra en retirer, lui sera payé par l'administration des postes, suivant le règlement qui en sera fait de gré à gré ou par deux arbitres. En cas de désaccord des arbitres, un tiers arbitre sera désigné par le conseil de préfecture.

Les employés chargés de la surveillance du service des postes, les agents préposés à l'échange ou à l'entrepôt des dépêches et à la levée des boîtes, auront accès dans les gares ou stations, pour l'exécution de leur service, en se conformant aux règlements de police intérieure du chemin de fer.

Si le service des postes exige des bureaux d'entrepôt de dépêches dans les gares et stations, le concessionnaire sera tenu de lui fournir l'emplacement nécessaire ; cet emplacement sera déterminé sous l'approbation du ministre des travaux publics. L'administration des postes en payera le loyer, dans le cas où le chemin de fer ne serait pas subventionné par l'État.

Lorsque le concessionnaire voudra changer les heures de départ des convois ordinaires, il sera tenu, dans tous les cas, d'avertir l'administration des postes quinze jours à l'avance.

Cahier des charges type des tramways.

Pour les tramways, les stipulations relatives au service des postes font l'objet de l'article 36 du cahier des charges type, également annexé au décret du 6 août 1881.

ART. 36. *Le concessionnaire sera tenu de recevoir dans ses voitures, aux heures des départs réguliers, les sacs de dépêches de la poste, escortés ou non d'un convoyeur. Les sacs seront déposés dans un coffre fermant à clé. Le convoyeur aura droit à une place réservée aussi près que possible de ce coffre.*

L'administration des postes aura, en outre, le droit de fixer aux voitures de l'entreprise une boîte aux lettres dont elle fera opérer la pose et la levée par ses agents.

Les prix des transports ci-dessus seront payés par l'administration des postes conformément aux tarifs homologués, sauf dans le cas où l'État se serait engagé à fournir au concessionnaire une subvention par annuités. Dans ce cas, les sacs de dépêches et le convoyeur devront être transportés gratuitement.

Le concessionnaire pourra être tenu de fixer, d'après les convenances du service des postes, l'heure de ses départs dans chaque sens.

Le montant des dépenses supplémentaires de toute nature que ce service spécial aura imposées au concessionnaire, déduction faite du produit qu'il aura pu en retirer, lui sera payé par l'administration des postes, que l'entreprise soit subventionnée ou non par le Trésor, suivant le règlement qui en sera fait de gré à gré ou par deux arbitres. En cas de désaccord de ces arbitres, un tiers arbitre sera désigné par le conseil de préfecture.

Circulaire ministérielle du 25 août 1881.

Dans une circulaire adressée aux préfets, à la date du 25 août 1881 (1), M. Cochery considère ces stipulations comme le minimum des obligations auxquelles il est indispensable que les compagnies soient astreintes pour assurer l'exécution du service postal ; minimum insuffisant d'ailleurs pour permettre de donner à ce service une extension souvent sollicitée. Il invite en conséquence les préfets à intervenir auprès des conseils généraux et municipaux pour obtenir l'insertion dans les cahiers des charges de clauses obligeant les concessionnaires à consulter l'administration des postes pour la fixation des heures de marche de leurs trains ; à transporter gratuitement les facteurs, etc.

Conventions avec les compagnies de tramways pour le transport des facteurs.

Le transport des facteurs de la poste dans les voitures des tramways ou des chemins de fer d'intérêt local est aussi profitable au service postal qu'aux sous-agents eux-mêmes. Par ce moyen, les facteurs ruraux, attachés aux bureaux des grandes villes, peuvent être rendus plus rapidement et sans fatigue jusqu'au point où commence leur service de distribution ;

(1) Voir le texte de cette circulaire au *Bull. mens.* d'août 1881, n° 40, 2e *supp.*, p. 926.

la remise des correspondances dans les communes rurales se trouve accélérée d'autant. Il n'est pas moins utile que les facteurs de ville puissent se servir des tramways soit pour se rendre du bureau sur leur quartier de distribution, lorsque ce quartier est éloigné, soit pour faire le trajet de leur domicile au bureau.

A défaut de clauses spéciales prévoyant le transport gratuit des facteurs dans les cahiers des charges des compagnies de tramways, l'administration a pris, avec plusieurs d'entre elles, des arrangements qui lui assurent, pour ces transports, une réduction sur les prix des tarifs ordinaires.

La principale de ces conventions est celle passée avec la compagnie générale française de tramways le 18 janvier 1888. Cette convention contient les stipulations suivantes :

Convention avec la compagnie générale française de tramways.

1° *Les facteurs, ouvriers commissionnés et autres sous-agents de l'administration des postes et des télégraphes, revêtus de leur uniforme ou d'un insigne extérieur distinctif, seront admis, dans toutes leurs courses de service, soit en se rendant à leur bureau, soit en tournée ou distribution, soit en rentrant de leur bureau à leur domicile, sur les voitures de la Compagnie générale française de tramways, et circuleront sans qu'aucune rétribution leur soit réclamée sur toute l'étendue des réseaux en exploitation* au Havre, à Marseille, Nancy, Orléans, Tours.

Toutefois, en ce qui concerne le réseau en exploitation à Marseille, les facteurs des postes et des télégraphes seuls seront admis dans les voitures de la compagnie, sans autre condition que celle d'être revêtus de leur uniforme.

Les facteurs auxiliaires qui n'ont pas l'uniforme complet devront être porteurs d'un képi et munis de leur sacoche.

Quant aux ouvriers commissionnés du service technique et aux autres sous-agents auxiliaires de l'exploitation non commissionnés, ils devront être porteurs d'une carte impersonnelle, ainsi que d'un insigne extérieur distinctif.

A cet effet, la compagnie remettra 45 cartes impersonnelles au directeur des postes et des télégraphes de Marseille.

Les ouvriers du service technique, porteurs de cartes impersonnelles, n'en jouiront pas les dimanches et jours de fête, si, indépendamment de leurs cartes et des insignes extérieurs indiquant leur profession, ils ne sont porteurs d'un bulletin spécial émanant du directeur des postes et des télégraphes de Marseille, ou de son représentant, délivré le même jour et indiquant leur mission ;

2° *Ils voyageront sur la plate-forme d'avant des voitures fermées et pourront prendre place sur les banquettes de voyageurs dans les voitures ouvertes, et seulement en 2e classe lorsque les voitures comporteront deux classes ;*

3° *A Marseille, sur les lignes de l'intérieur de la ville* (c'est-à-dire celles du Prado et de la Corniche exceptées), *ainsi qu'au Havre de 11 h. 30 du matin à 1 heure du soir, et, dans l'après-midi, de 6 h. 30 à 8 heures, il ne sera admis que quatre facteurs au maximum dans la même voiture. Pen-*

dant les autres heures de la journée, ce maximum pourra s'élever à huit facteurs auxiliaires ou ouvriers commissionnés. La même restriction n'existe pas pour Nancy, Orléans et Tours;

4° En échange de ce service, l'administration des postes et des télégraphes s'engage à payer à la Compagnie générale française de tramways, à titre d'abonnement annuel, la somme de quinze mille francs (15,000 *fr.*)*;*

5° La présente convention, dont les effets commenceront à courir le premier janvier mil huit cent quatre-vingt-huit, est souscrite pour une durée de six années.

Toutefois, l'administration et la compagnie se réserveront réciproquement la faculté de la résilier ou d'en provoquer la révision à la fin de chaque année. Pour user de ce droit, il leur suffira d'un avis donné par écrit au moins six mois à l'avance.

Des conventions analogues ont été conclues avec les compagnies suivantes :

Tramways de Rouen (convention du 12 janvier 1889), conclue pour 6, 9, 12 ans ; transport gratuit des facteurs de la poste et du télégraphe, sans que le nombre des sous-agents puisse excéder quatre par voiture ; droit de placer une boîte aux lettres à chaque voiture ; prix de l'abonne-annuel, 3,600 francs ; Tramways de Rouen.

Tramways de Boulogne-sur-Mer (convention du 3 septembre 1889), pour le transport gratuit des facteurs du télégraphe ; conclue pour six ans, moyennant un abonnement de 300 francs par an payé par l'administration ; Tramways de Boulogne-s.-mer.

Chemins de fer à voie étroite de Saint-Étienne à Firminy, Rive-de-Gier et leurs extensions (convention conclue le 24 janvier 1890, pour douze ans ; prix de l'abonnement, 1,800 francs). Chemins de fer à voie étroite de Saint-Étienne et extensions.

A Lyon et à Bordeaux, l'administration rembourse à quelques facteurs le prix de leur place dans les voitures des tramways.

§ 4. — Sommes payées par la poste aux compagnies de chemins de fer ; évaluation du service rendu à la poste.

Les sommes payées par la poste aux compagnies de chemins de fer se sont élevées, en 1889, à la somme de 1,230,649 francs, se décomposant ainsi : Sommes payées aux compagnies.

Indemnités payées pour le service des conducteurs de train et des entrepôts de dépêches	97.384 fr.
Pour le service des boîtes mobiles	4.080
Transport d'un second vagon-poste dans les trains ordinaires.	228.085
Trains spéciaux quotidiens (Paris à Calais, Lyon à Ambérieux, Mâcon à Modane) ; indemnité d'accélération pour les trains de Paris à Calais. Service de la malle de l'Inde	886.100
Transport d'un vagon-poste de grand modèle dans le train rapide de Paris à Marseille	15.000
	1.230.649 fr.

Évaluation du service rendu.

Quant à la valeur réelle du service rendu à la poste par les chemins de fer, elle est plus difficile à estimer. Dans son rapport au ministre des finances sur le service des postes, M. Vandal la fixait à 63,314,000 francs par an ; M. Peytral, dans un discours prononcé à la Chambre des députés, le 13 novembre 1888, la réduit à 25 ou 30 millions. Une statistique parue au mois de février 1884 dans le *Bulletin officiel du ministère des travaux publics* (p. 138) la fixe à 53,031,026 francs. L'administration des postes a calculé, en mars 1883, que si l'on appliquait au transport de ses bureaux ambulants les prix que réclament les compagnies pour les frais de traction des vagons appartenant à des particuliers, prix variant entre 0 fr. 781 et 2 fr. 20, suivant les compagnies, et dont la moyenne générale est 1 fr. 096 par kilomètre, impôt déduit; si, d'autre part, elle devait payer la location des compartiments occupés par ses courriers au tarif plein des voyageurs (0 fr. 075 par place et par kilomètre, ou 0 fr. 75 par compartiment et par kilomètre, impôt non compris), elle aurait à verser annuellement aux compagnies une somme supérieure à 67 millions (1). Toutefois, on ne saurait, en bonne justice, assimiler les transports des dépêches et des agents de la poste à des transports ordinaires. Il est bien certain que si les cahiers des charges n'avaient rien stipulé en sa faveur, la poste aurait obtenu, en traitant de gré à gré avec les compagnies, de larges réductions sur les tarifs appliqués au commerce et aux particuliers. C'est, du reste, ainsi que les choses se sont passées en 1864, lorsqu'il s'est agi de régler, par convention spéciale, le taux de la rémunération applicable à des transports non prévus par le cahier des charges.

Sommes payées aux chemins de fer par le post office britannique.

En Angleterre, où l'étendue du réseau ferré n'est pas inférieure de beaucoup à celle du réseau français (32,000 kilomètres en Angleterre, 36,000 en France), mais où le prix des transports postaux est réglé de gré à gré entre le post office et les compagnies, il a été payé à celles-ci, pour l'exercice 1889-1890, une somme de £ 905,968, soit 22,830,393 francs. On peut conclure de cet exemple que l'évaluation faite par M. Peytral du prix du service rendu à la poste par les chemins de fer français est celle qui se rapproche le plus de la vérité (2).

(1) Parcours annuel des bureaux ambulants :

17.361.955 kil. × 1 fr. 096 = 19.928.702.........	19.028.702 francs.
Parcours annuel des courriers convoyeurs et auxiliaires :	
63.273.580 kil. × 0 fr. 75 = 48.205.185..........	48.205.185 —
Total...........	67.233.887 francs.

Cette évaluation n'est plus en rapport avec le parcours actuel des services de transport de dépêches par chemins de fer.

Au 31 décembre 1889, le parcours des bureaux ambulants était de :

18.415.710 kil. × 1 fr. 096 = 20.183.618 fr. 16....	20.183.618 fr. 16
Le parcours des courriers convoyeurs et auxiliaires, de 74.505.515 kil. × 0 fr. 75 = 55.879.136 fr. 25......	55.879.136 fr. 25
Prix des transports postaux d'après les tarifs ordinaires..	76.062.754 fr. 41

(2) C'est aussi l'opinion de M. Camille Pelletan, qui évalue à 25 millions le service rendu à la poste par les chemins de fer (Rapport sur le budget de 1891, ministère des travaux publics, avances aux compagnies de chemins de fer pour garanties d'intérêts). *Journal officiel* du 20 mars 1890, p. 156.

Les charges imposées aux chemins de fer français en faveur de la poste et d'autres services publics par les actes de concession sont d'ailleurs pleinement justifiées par les sacrifices que l'État s'est imposés et s'impose encore pour le développement de notre réseau ferré. Ces sacrifices se chiffrent : Justification des charges imposées aux compagnies de chemins de fer en faveur de la poste.

1° Par 3,300 millions de subventions accordées aux compagnies, et qui constituent de la part de l'État un don gratuit (1);

2° Par 1,085 millions avancés à titre de garantie d'intérêt pour les capitaux engagés dans leurs entreprises, et qui constituent un prêt (54 millions payés aux compagnies en 1889) (2).

En Angleterre, les compagnies exploitent à leurs risques et périls : elles n'ont reçu de l'État ni subvention ni garantie d'intérêt.

§ 5. — Relations entre la poste et les chemins de fer dans quelques pays étrangers.

Le régime applicable aux transports postaux sur les chemins de fer, dans les pays étrangers, est soumis à des conditions très diverses. Ces conditions sont plus ou moins favorables à la poste, suivant que la législation a été plus ou moins prévoyante, que les avantages accordés aux concessionnaires ont été plus ou moins considérables, que les clauses insérées dans les actes de concession ont été plus ou moins précises (3).

Dans quelques républiques de l'Amérique, où le réseau ferré est peu développé, où le mouvement de la correspondance est restreint, comme au Brésil, au Mexique, au Pérou, dans la République Argentine, les cahiers des charges des chemins de fer se bornent à stipuler, d'une manière générale, le transport gratuit des dépêches et des agents qui les accompagnent. Il en est de même au Canada, en Espagne, aux Pays-Bas (Lois des 21 août 1859 et 9 avril 1875).

Dans la plupart des pays d'Europe, aux États-Unis, dans l'Inde britannique, où les transports postaux ont une importance considérable, les stipulations de la loi ou des actes de concession sont plus précises. Le volume des dépêches et l'organisation du service nécessitent souvent l'adjonction aux trains d'une ou de plusieurs voitures spécialement aménagées pour le tri des correspondances en route.

La construction et l'entretien de ces voitures sont ordinairement à la charge de la poste; souvent aussi ce sont les compagnies de chemins de fer qui doivent les fournir ou les entretenir, soit à leurs frais, soit à charge de remboursement par les offices postaux.

En général, des avantages sont accordés à la poste pour ses transports. Ces avantages consistent dans la gratuité, partielle ou totale, ou dans des réductions de prix sur les tarifs ordinaires.

(1) Voir le *Bulletin officiel du Ministère des travaux publics*, juillet 1890, p. 76.

(2) *Rapport de M. Camille Pelletan sur le Budget de 1891* (Ministère des travaux publics, avances aux compagnies de chemins de fer pour garanties d'intérêt). *Journal officiel* du 20 novembre 1890, p. 155.

(3) Voir l'étude qui a paru à ce sujet dans le journal l'*Union postale*, t. VI et VII (années 1881 et 1882).

Autriche. En *Autriche*, les administrations des chemins de fer peuvent être tenues de construire et d'aménager le matériel roulant nécessaire au service postal, de pourvoir à son éclairage et à son entretien. Cette prestation gratuite est limitée à un vagon-poste par train ; s'il y a lieu d'y adjoindre un vagon supplémentaire, la poste doit payer à la compagnie une indemnité de 6 à 17 kreuzer (15 à 43 centimes et demi) par kilomètre.

Égypte. En *Égypte*, la fourniture et l'entretien gratuits des vagons-poste sont à la charge des compagnies. Le chargement ne doit pas excéder 2,500 kilogrammes par vagon ; l'excédent de poids, s'il y a lieu, est transporté au moyen de voitures supplémentaires, au prix du tarif ordinaire.

Roumanie. En *Roumanie*, les compagnies concessionnaires fournissent gratuitement à la poste le matériel roulant nécessaire à ses transports.

Danemark. En *Danemark*, les voitures postales sont construites et entretenues par les chemins de fer et louées à la poste à raison de 1 couronne (1 fr. 38) à 1 cour. 33 öre (1 fr. 84) par lieue parcourue. La poste peut demander aussi que des compartiments de vagon soient mis à sa disposition ; l'indemnité varie alors entre 4 et 6 öre (5 à 6 centimes) par pied anglais de surface et par lieue parcourue. Si un vagon ne suffit pas pour transporter les dépêches, l'excédent est payé par la poste au prix du tarif de la grande vitesse.

États-Unis. Aux *États-Unis*, les compagnies procurent à la poste, moyennant indemnité, des vagons spéciaux ou des compartiments de vagon construits et aménagés d'après les indications du postmaster général. La loi fixe comme suit le maximum des indemnités à payer, par mille et par année, d'après la longueur des lignes, pour les frais de construction, d'ameublement et de traction :

50	dollars pour un	poids de	200	livres.
75	—	—	500	—
100	—	—	1.000	—
125	—	—	1.500	—
150	—	—	2.000	—
175	—	—	3.500	—
288	—	—	6.000	—
25	par 2.000 livres	excédant	5.000	—

Le poids moyen est établi, sur chaque ligne, d'après le relevé des transports effectués pendant une durée de 30 jours ; ce relevé sert pour quatre années consécutives.

Lorsque les dimensions des vagons-poste excèdent la longueur ordinaire des voitures affectées au service du chemin de fer, le post office doit payer aux compagnies une indemnité supplémentaire qui est, par mille et par an, de :

25	dollars pour	les bureaux ambulants	mesurant	40	pieds de longueur.
30	—	—	—	45	—
40	—	—	—	50	—
50	—	—	—	de 55 à 60	—

Le taux légal des indemnités dues aux compagnies est un maximum qui est susceptible de réduction, après entente entre le post office et les compagnies. En 1876, le postmaster général a obtenu une réduction de 10 0/0 sur le tarif légal ; en 1878, une nouvelle réduction de 5 0/0. Malgré ces réductions, le service des transports par voie ferrée entraîne pour le post office américain des dépenses considérables.

D'après les renseignements fournis par le dernier rapport du postmaster général (1), le total des sommes payées aux compagnies pour l'exercice 1889-1890 a été de 22,610,128 dollars 31 c. ou 118,703,173 fr. 62. Pendant l'exercice précédent, la dépense s'était élevée à 112 millions. Ces sommes s'appliquent non seulement aux frais de transport proprement dits, mais encore à ceux de construction, d'entretien, de chauffage et d'éclairage du matériel roulant de la poste. Au 30 juin 1889, la longueur du réseau ferré était de 150,381 milles (241,823 kilomètres) ; le nombre de milles parcourus pendant l'exercice 1888-1889 par les véhicules postaux s'est élevé à 204,192,489 milles (328,545,715 kilomètres), longueur près de quatre fois égale à celle des parcours effectués par les bureaux ambulants et les courriers sur le réseau français. Le nombre des bureaux ambulants était alors de 490, dont 396 en service et 94 en réserve ; celui des compartiments aménagés de 2,165, dont 1,680 en service et 485 en réserve.

En *Russie*, les vagons affectés au transport des dépêches sont construits par les compagnies, aux frais de l'administration. L'entretien et l'aménagement sont à la charge des compagnies ; le mobilier, à la charge de la poste. Si l'importance du service ne justifie pas l'emploi de voitures spéciales, on se sert de compartiments d'une longueur maximum de 3 toises (la largeur étant celle de la voiture), aménagés aux frais des compagnies, et meublés par les soins de la poste. Les envois postaux et les agents chargés d'accompagner ou de manipuler les dépêches sont transportés gratuitement. Russie.

Dans les autres pays, les obligations légales ou contractuelles des compagnies ne portent que sur les transports ; elles ne s'étendent pas à la fourniture du matériel. En général, les lois ou les actes de concession stipulent la gratuité des transports ; nulle part cependant cet avantage n'est assuré à la poste d'une manière absolue : il est limité quant au volume ou au poids des dépêches transportées dans chaque train, ou restreint à certaines parties du réseau. En *Angleterre,* tous les transports effectués pour le compte du post office sont payés aux compagnies, sans exception.

En *Belgique*, le transport des bureaux ambulants, des dépêches et des agents nécessaires au service des postes est gratuit sur les chemins de fer de l'État. Les agents de l'exploitation peuvent même être chargés d'accompagner les dépêches en route et d'en assurer l'échange aux stations. Sur les lignes privées, la poste doit payer le service rendu par les concessionnaires. Ainsi la compagnie française du Nord reçoit, pour le parcours de quatre trains employés sur les lignes de Charleroi à Erquelines et de Belgique.

(1) Page 48.

Namur à Liège, qu'elle exploite en Belgique, une indemnité de 10 centimes et demi par kilomètre parcouru (45 francs par jour et 16,425 francs par an). Le service des courriers convoyeurs, ainsi que l'échange des dépêches, sur les lignes privées, est à la charge de l'administration des postes.

Portugal. En *Portugal*, la loi postale du 7 juillet 1880 stipule le transport gratuit des bureaux ambulants; à défaut de bureaux ambulants, la prestation gratuite de deux compartiments dans chaque train et enfin le transport, également gratuit, du personnel et du matériel des postes, des télégraphes et des phares. Mais cette loi n'est applicable qu'au réseau de l'État et aux lignes privées qui seront concédées à l'avenir. Sur les lignes concédées antérieurement à la loi, la gratuité existe pour le transport des dépêches, mais le droit d'obliger les compagnies à adjoindre à leurs trains des bureaux ambulants avec leur personnel a été contesté à la poste.

Suisse. En *Suisse*, la loi fédérale du 23 décembre 1872 stipule le transport gratuit, sur les chemins de fer, des correspondances et des objets de messagerie jusqu'au poids de 5 kilogrammes, des agents des postes préposés au service des dépêches et des agents chargés de l'inspection. Les frais d'établissement et d'entretien des bureaux ambulants sont payés par le département des postes. Aucun train-express ne peut contenir plus d'un vagon-poste à deux essieux, à l'exception toutefois des trains accouplés qui doivent bifurquer à un point du parcours où la durée de l'arrêt ne permet pas d'effectuer le transbordement. Si des colis postaux ne peuvent trouver place dans les vagons-poste ou dans les fourgons ordinaires à bagages, les compagnies doivent fournir gratuitement l'emplacement nécessaire pour les entreposer. En cas d'adjonction aux trains de vagons ou de fourgons supplémentaires spéciaux, l'administration paye aux compagnies une indemnité de 10 centimes par kilomètre-essieu. La poste a le droit d'adapter une boîte mobile à tous les trains.

Allemagne. En *Allemagne*, les rapports entre la poste et les chemins de fer sont régis par la loi du 20 décembre 1875. Cette loi ne s'applique qu'aux chemins de fer d'État et aux concessions nouvelles; mais aujourd'hui, les chemins de fer appartenant aux États comprennent les 7/8 du réseau. Aux termes de la loi, le département des postes a le droit de placer dans chaque train, à titre gratuit, un bureau ambulant pour le transport des correspondances, des colis jusqu'à 10 kilogrammes, et des agents nécessaires au service. Les colis volumineux peuvent être exclus des trains express s'il est possible de les acheminer par d'autres convois. Si l'importance du service exige l'emploi de plus d'un vagon-poste, ou la location de fourgons-allèges du chemin de fer, la poste doit payer une indemnité fixée, par kilomètre-essieu, à raison de 8 pfennig (10 centimes), pour les voitures lui appartenant, et de 10 pfennig (12 centimes 1/2), pour les vagons à marchandises ou les compartiments de voyageurs loués par elle. Si la nature du service ne comporte pas l'adjonction au train d'un bureau ambulant, le service peut s'effectuer dans un compartiment de voiture spécialement aménagé. Le département des postes rembourse les frais d'aménagement et paye, en outre, une indemnité de location de

1 mark (1 fr. 25) par vagon de voyageurs et par jour, plus 1 pfennig (1 centime 1/4) par kilomètre parcouru ; l'indemnité est portée au double pour les compartiments aménagés dans des vagons à marchandises. Le taux de l'indemnité est fixé comme s'il s'agissait d'un vagon entier. Il est réductible dans la mesure de la partie non occupée de la voiture. Les envois postaux peuvent encore être confiés, sans rémunération, et comme charge d'emploi, aux conducteurs des trains.

Au 31 mars 1890, la poste allemande (non compris les services bavarois et wurtembergeois) possédait 1,275 vagons et disposait de 770 compartiments aménagés dans les voitures des chemins de fer.

Grèce.

En *Grèce*, les compagnies de chemins de fer sont tenues de réserver gratuitement, dans tous les trains, *une voiture* pour le transport des dépêches et des agents.

Italie.

En *Italie*, la poste a droit à la prestation gratuite d'un compartiment dans tous les trains. S'il y a nécessité, elle peut y placer un bureau ambulant; la traction de ce bureau est gratuite, s'il n'excède pas le poids de 4,000 kilogrammes ; au delà de 4,000 kilogrammes jusqu'à 8,000 kilogrammes, le prix du transport est payé à la compagnie du chemin de fer au taux prévu par le tarif général ; au delà de 8,000 kilogrammes la compagnie peut se refuser à effectuer le transport.

Luxembourg.

Dans le *Luxembourg*, l'administration a droit, dans les trains ordinaires de voyageurs, au transport gratuit des dépêches, des paquets officiels et des employés de service. Elle pourvoit à ses frais à la construction et à l'entretien de ses voitures. Si elle ne place pas de bureau ambulant dans un train, elle a le droit d'occuper un compartiment à titre gratuit. Si elle a besoin de plus d'un compartiment, elle paye une indemnité fixée d'après le parcours effectué, après entente avec la compagnie du chemin de fer.

Inde britannique.

Dans l'*Inde britannique*, le gouvernement, en accordant des garanties d'intérêt aux entreprises des chemins de fer, s'est réservé le transport gratuit des dépêches et des agents chargés de la surveillance du service postal. Mais il n'en doit pas moins payer une indemnité aux compagnies lorsqu'il leur demande de réserver dans leurs trains l'emplacement nécessaire pour effectuer le tri des correspondances ; le taux de cette indemnité est de 18 pies (1) par mille et par voiture, avec réduction proportionnelle lorsqu'un espace moindre est requis. Les frais d'aménagement sont remboursés aux compagnies, à raison de 4 1/2 0/0 par an de la dépense. Les facteurs ruraux en cours de tournée sont transportés gratuitement.

Grande-Bretagne

En *Angleterre*, le postmaster général est autorisé, par un acte du parlement, à requérir des compagnies les trains, les voitures ou les compartiments de voiture nécessaires au service postal, ainsi que l'exécution des travaux d'aménagement pour faire opérer le tri des correspondances en route. Le taux des indemnités à payer aux compagnies est réglé d'accord entre l'administration et les compagnies ou à dire d'experts. Lorsqu'il n'y a pas de manipulation à effectuer dans les trains, le convoyeur paye sa place; les dépêches dont il a la garde sont transportées en fran-

(1) 1 roupie = 16 annas = 192 pies = 2 fr. 38, valeur nominale.

chise jusqu'à la limite de poids admise pour les bagages des voyageurs; l'excédent est taxé au tarif ordinaire de la grande vitesse.

Droit de la poste d'intervenir dans le règlement de la marche des trains.

Nous n'avons pas parlé jusqu'ici des droits de la poste en ce qui concerne la fixation des heures de marche des trains. Ces droits sont, en général, assez limités. En *Allemagne*, en *Suisse*, aux *États-Unis*, la poste ne peut qu'utiliser les trains existants, sans exercer aucune action sur leur marche. En *Danemark*, en *Egypte*, en *Italie*, en *Angleterre*, l'établissement des convois spéciaux pour le transport des dépêches fait l'objet d'arrangements particuliers avec les compagnies. En *Belgique*, comme en France, la poste peut disposer gratuitement, sur chaque ligne, d'un train journalier dont la marche est réglée en conformité des besoins du service postal. Dans l'*Inde britannique*, le gouvernement s'est réservé, en faveur de la poste, le droit de fixer l'horaire de certains trains. Aux *Pays-Bas*, la marche des trains doit être approuvée par le gouvernement, ce qui permet à la poste de faire valoir, à chaque changement d'organisation proposé par les compagnies, les modifications favorables à son propre service. En *Grèce* et en *Russie*, les horaires de la marche des trains sont soumis à l'approbation de l'administration des postes.

En *Roumanie*, en *Russie*, en *Suisse*, les chemins de fer doivent fournir les locaux nécessaires à l'exécution du service postal dans les bâtiments des gares et des stations. Aux *Pays-Bas*, comme en France, les chemins de fer ont droit, en pareil cas, à une indemnité; en Allemagne enfin, le prix du loyer à la charge de la poste est fixé à raison de 7 0/0 des frais de construction et de la valeur du terrain.

CHAPITRE VII

SERVICE AMBULANT

§ 1er — Bureaux ambulants. — Historique et organisation.

C'est en Belgique que les premiers bureaux ambulants commencèrent à circuler sur les voies ferrées, en 1841. Historique.

En France, l'expérience en fut faite, dès 1844, sur la ligne de Paris à Rouen : ce service embryonnaire consistait dans un simple coffre à dépêches, placé dans un fourgon à bagages ouvert à tous les vents, et auquel on ajouta plus tard des tablettes et des casiers.

Une décision du ministre des finances Lacave-Laplagne, qui porte la date du 29 janvier 1845, régularisa cet essai et créa deux bureaux ambulants pour la transmission, la taxation et le contrôle des correspondances entre Paris et Rouen. Aux termes du cahier des charges de la compagnie du chemin de fer, les vagons affectés à ce service devaient être construits par elle et d'après les plans fournis par l'administration. Il lui était alloué pour la construction, l'entretien et le transport une indemnité annuelle de 200,000 francs. Les nouveaux bureaux entrèrent en activité le 1er mai 1845. En 1846, des bureaux analogues furent établis sur les lignes de Strasbourg à Mulhouse, de Paris à Valenciennes et de Paris à Tours.

A partir de ce moment, le développement du service ambulant a marché de pair avec celui des chemins de fer. Une décision ministérielle du 8 août 1854 a réparti les bureaux ambulants en lignes correspondant à peu près aux réseaux des grandes compagnies.

Les bureaux ambulants sont les grandes artères de la circulation postale. Ils font le tri de toutes les correspondances qui leur sont livrées au départ, ou qu'ils drainent sur leur passage, pour en former des dépêches à destination de tous les bureaux de la région qu'ils traversent. Avant la création de ces ateliers de tri mobiles, le nombre des dépêches que les bureaux sédentaires échangeaient entre eux était beaucoup plus considérable qu'aujourd'hui. Les courriers, en effet, ne manipulaient que des dépêches, et non des lettres. Paris correspondait avec toutes les recettes des postes de France et avec toutes les distributions situées sur le parcours des malles-postes. Le tri des objets expédiés en passe ne Fonctions des bureaux ambulants.

s'effectuait guère qu'à l'hôtel des postes à Paris et dans quelques grandes villes, et la durée de ce travail venait s'ajouter aux délais du transport. Aujourd'hui la grande masse des correspondances transite à découvert par les bureaux ambulants. Le tri s'opère en marchant, si bien que le travail est terminé en même temps que la distance a été franchie.

Leurs avantages.

Avec le service ambulant, la rapidité des communications postales s'est accrue non seulement de toute la vitesse propre aux chemins de fer, mais encore de l'économie du temps consacré autrefois à la manipulation. Les bureaux sédentaires ont été dégagés; leur travail a été simplifié, surtout celui de la recette principale de la Seine. Les délais accordés au public pour le dépôt de sa correspondance ont été augmentés. L'expédition immédiate des journaux du soir et du matin par tous les trains a été rendue possible; le tri effectué par les bureaux ambulants montant vers Paris a permis d'accélérer les travaux préparatoires à la distribution dans la capitale, et d'assurer la réexpédition immédiate des correspondances pour les localités situées au delà.

Organisation générale du service.

Paris étant le centre principal du réseau ferré est aussi le principal point d'attache des lignes de bureaux ambulants.

En général, chaque ligne est desservie au moins deux fois : une fois, par des bureaux qui partent de Paris le matin avec les express de jour et effectuent leur retour dans l'après-midi du lendemain; une seconde fois, par des bureaux qui partent de Paris le soir, avec les trains-poste de nuit, et effectuent leur retour dans la matinée du surlendemain. Les uns et les autres sont en relations entre eux au moyen d'un double jeu de correspondances : les ambulants de jour remontant (1) vers Paris font dépêche pour chacun des bureaux ambulants de nuit qui quittent Paris dans la soirée, et réciproquement les ambulants de nuit montants, arrivant à Paris le matin, font dépêche pour les ambulants de jour descendants; de telle sorte que la masse des correspondances en *passe-Paris* ne fait que transiter en dépêches closes par la recette principale de la Seine sans s'y arrêter.

Bureaux ambulants de jour.

Les ambulants de jour descendants (1) emportent les correspondances recueillies à Paris depuis la 7e levée de la veille, qui correspond à l'expédition par les trains-poste de nuit, et celles comprises dans les dépêches qui leur sont adressées par les ambulants de nuit montants; outre ce stock déjà appréciable, ils reçoivent l'énorme contingent fourni par les journaux du matin. Quelques-uns sont encombrés au point qu'un vagon-poste ne suffit plus pour contenir la masse des correspondances et le personnel. Mais comme les express de jour ne sont pas des trains-poste, l'administration ne pourrait y faire atteler une seconde voiture que dans les conditions prévues par la convention de 1864, c'est-à-dire avec l'agrément des compagnies et à charge de leur payer l'indemnité prévue de 50 centimes par kilomètre. Elle préfère dédoubler les services, en profitant du

(1) On appelle trains *descendants* ceux qui s'éloignent de Paris; trains *montants* ceux qui se dirigent vers Paris. Les premiers portent des numéros impairs; les seconds des numéros pairs.

droit qu'elle tient du cahier des charges de faire circuler gratuitement un vagon-poste dans chaque train. C'est dans ce but qu'elle a créé, il y a quelques années, les ambulants de nuit de *Paris à Amiens, à La Roche, à Orléans*, qui, partant de Paris entre 11 h. 5 du soir et 1 heure du matin, permettent d'écouler une grande partie des correspondances recueillies à la 8e levée sur les réseaux du Nord, de Lyon et d'Orléans. En outre, sur les lignes importantes où circulent plusieurs express de jour, on a multiplié les services de bureaux ambulants. Ainsi, sur la ligne de Paris à Lyon, des services de cette nature fonctionnent dans les express no 15 (ambulant de *Paris à Dijon*, départ de Paris à 6 h. 25 du matin) ; no 1 (ambulant de *Paris à Lyon* 1°, départ à 8 h. 50) ; no 3 (ambulant de *Paris à Marseille* 1°, départ à 11 h. 15). Ce dernier bureau ambulant est encore très encombré et doit entreposer une partie de ses dépêches dans un fourgon loué à la compagnie.

Bureaux ambulants de nuit.

Les ambulants fonctionnant dans les trains de nuit reçoivent, à leur départ de Paris, les objets compris dans les dépêches des ambulants de jour montants; toutes les correspondances pour les départements et l'étranger recueillies par les bureaux de la capitale depuis la dernière expédition du matin jusqu'à la 7e levée qui s'effectue entre 4 h. 1/2 et 6 heures du soir ; les journaux qui s'impriment à Paris dans la journée ; enfin les correspondances provenant des bureaux de la banlieue qui sont en relation directe avec la recette principale de la Seine. Le volume énorme de cette masse d'objets, le travail considérable qu'elle impose aux bureaux ambulants de nuit, exigent la mise en œuvre de moyens d'action de plus en plus puissants, en personnel et en matériel ; heureusement, les services ambulants de nuit partant de Paris fonctionnent presque tous dans les trains-poste; leur développement n'est donc pas entravé par les clauses du cahier des charges (1). On a pu, en conséquence, renforcer le personnel des brigades, et doubler le nombre des voitures affectées à la manipulation des correspondances ou à l'entrepôt des dépêches.

Vagons jumelés.

Tout d'abord, on a mis à la disposition des bureaux les plus chargés des vagons-poste *jumelés*, c'est-à-dire réunis deux à deux au moyen d'un pont-levis jeté de l'un à l'autre et d'un soufflet, de manière à les maintenir en communication pendant la marche du train. Ce système primitif aurait besoin d'être amélioré. Il serait désirable que l'on pût substituer aux vagons accouplés des voitures de dimensions en rapport avec le personnel des brigades et le volume des dépêches à manipuler. L'Allemagne est entrée dans cette voie. Aux États-Unis, les vagons-poste mesurent jusqu'à 18 mètres de long. Les compagnies de chemins de fer français, qui font circuler dans leurs express les plus rapides des wagons de luxe de 22 mètres, ne feraient sans doute pas d'objections à

(1) Il faut faire exception toutefois pour le bureau ambulant qui fonctionne dans le train rapide de Paris à Marseille (no 7, départ de Paris à 7 h. 15 du soir). Ce service, qui ne dispose que d'un seul vagon-poste, n'a pu recevoir les développements que réclamait le rapide acheminement des correspondances de la région du Sud-Est. Cet unique vagon, où se meut un personnel de 8 agents (1 chef de brigade, 1 commis principal, 5 commis et 1 gardien de bureau) est très encombré.

l'admission de bureaux ambulants de grandes dimension dans les trains-poste. L'emploi de vagons spacieux, bien éclairés, pourvus de moyens de chauffage perfectionnés, serait aussi profitable à la bonne exécution du service qu'à la santé du personnel.

Dédoublement des services.

Sur les grandes artères du réseau, la masse des correspondances s'est tellement accrue que les vagons jumelés eux-mêmes sont devenus insuffisants. Il a fallu dédoubler les services et placer dans un même train-poste ou dans des trains successifs deux ou plusieurs bureaux ambulants qui se partagent le tri des correspondances pour les bureaux de la route et des lignes d'embranchement. Dans le train-poste n° 37, de Paris à Avricourt, deux services ambulants fonctionnent simultanément entre Paris et Châlons : l'un, dit de *Paris à Châlons*, travaille les correspondances pour les bureaux de sa route et des embranchements; l'autre, dit de *Paris à Avricourt* 2°, manipule les correspondances pour les bureaux situés au delà de Châlons, l'Alsace-Lorraine, l'Allemagne du Sud, l'Autriche et les pays d'Orient. Le personnel de Paris à Châlons comprend : 1 chef de brigade, 1 commis principal, 4 commis et 1 gardien de bureau ; il fonctionne dans un seul vagon, insuffisant déjà et disposera prochainement d'une seconde voiture. Le personnel de l'ambulant de Paris à Avricourt 2° se compose de : 1 chef de brigade, 3 commis principaux, 6 commis ordinaires, 1 agent trieur, 3 gardiens de bureau; il occupe trois vagons-poste. Dans les deux premiers, qui sont accouplés, s'effectue la manipulation des correspondances pour la route de Châlons à Avricourt. Le chef de brigade surveille l'ensemble du travail, trie les objets livrables en gare, dresse les procès-verbaux, pointe la mise en sacs des chargements, fait les recherches pour les adresses douteuses, etc. Dans chaque vagon, un commis principal procède à l'expédition des chargements. Dans la troisième voiture fonctionne, d'une manière distincte, le service de l'étranger, sous la direction du troisième commis principal.

Les ambulants de *Paris à Troyes*, *Paris à Tergnier*, *Paris à Angers*, *Paris au Creuzot*, ont été créés, comme celui de Châlons, pour dédoubler et dégager d'autres services trop tendus : ces services sont ceux de *Paris à Belfort*, *Paris à Erquelines* 2°, *Paris à Brest*, *Paris à Clermont*.

Sur la ligne principale du réseau du Nord, de Paris à Lille, la route, jusqu'à Creil, fait partie de la banlieue de Paris ; de Creil à Amiens, elle est desservie par l'ambulant de *Paris à Amiens* qui part de Paris à 11 heures 5 du soir ; entre Amiens et Douai, elle est partagée entre les bureaux de *Paris à Lille* et de *Paris à Valenciennes*, remorqués tous deux dans le train-poste n° 35, parti de Paris à 8 heures 30 du soir.

Sur la ligne de Paris à Bordeaux, trois bureaux ambulants sont transportés dans le train-poste n° 25. Celui de *Paris à La Rochelle*, qui fonctionne dans une seule voiture, fait la route de Tours à Poitiers, où il est décroché; celui de *Paris à Bordeaux* 2° emploie deux vagons-poste et fait la route depuis Poitiers jusqu'à Bordeaux exclusivement; le troisième, dit de *Paris aux Pyrénées*, qui travaille également dans deux vagons, confectionne des dépêches pour Bordeaux et les au-delà, ainsi que pour l'étranger. Une allège, commune aux deux services, leur sert de décharge; elle reçoit les sacs de dépêches, au fur et à mesure qu'ils sont confectionnés par les bureaux ambulants; elle contient, en outre, les envois de la recette principale de la Seine pour les chef-lieux de département, l'Espagne, le Portugal et les pays d'outre-mer.

Sur la ligne de Paris à Lyon circulent cinq bureaux ambulants de nuit, non compris celui de Paris à La Roche, dont la fonction est d'écouler sur le réseau les correspondances recueillies à Paris à la 8e levée, afin de dégager les services du matin. Le premier de ces bureaux ambulants, celui de *Paris à Marseille* 2°, part à 7 heures 15 du soir de la gare de Lyon, avec le train rapide. Il n'est chargé d'aucun travail de route. Il fait dépêche pour Lyon et pour sa banlieue, et pour une partie des bureaux de la région du sud-est de la France, au delà de Lyon. Ensuite partent de Paris, à 7 heures 50 du soir, dans le train-poste n° 9, les ambulants de *Paris à Pontarlier* et de *Paris à Lyon* 2°, avec chacun deux vagons-poste. Ceux de Paris à Pontarlier ne sont pas accouplés : l'un, où se fait le travail des correspondances pour la route de Dijon à Pontarlier et quelques cantons de la Suisse occidentale, est décroché à Dijon, d'où il continue sa route vers l'est avec le chef de brigade, par train n° 121, tandis que le second, chargé, sous la direction du commis principal, des routes de Mâcon à Genève et à Modane et du tri des correspondances pour l'Italie, continue jusqu'à Bourg avec le train 285.

Le bureau ambulant de *Paris à Lyon* 2° part de Paris en même temps que le précédent, avec le train-poste n° 9. Il travaille dans deux vagons jumelés et fait la route depuis Nuits-sous-Ravières jusqu'à Lyon. A Dijon, il quitte le train n° 9 pour passer dans le train n° 11, parti de Paris à 9 h. 15 du soir avec l'ambulant de *Paris à la Méditerranée*. Ce dernier fonctionne également dans deux vagons accouplés ; il est pourvu, en outre, d'une voiture-allège où il entrepose ses propres dépêches et celles de la recette principale de la Seine pour les chefs-lieux de département et l'Italie. Il travaille les objets encombrants exclus du train rapide et les correspondances pour les bureaux au delà de Lyon, qui ne sont pas desservis par ce train. Enfin l'ambulant de *Paris à Clamecy*, parti de Paris à 8 h. 10 du soir par le train 57, fait dépêche pour les bureaux de la route de Melun à Tonnerre.

Services de prolongement sur les lignes à grand parcours.

Sur les lignes à grand parcours, les mêmes trains ne sont pas desservis, de bout en bout, par les mêmes services de bureaux ambulants. Ainsi, sur le réseau d'Orléans, les brigades parties de Paris avec les ambulants de *Paris à Agen* et *Paris à Toulouse* s'arrêtent respectivement à Limoges et à Saint-Yrieix ; à partir de ces deux points, le service est repris, dans les mêmes vagons, par le personnel des brigades de *Limoges à Agen* et de *Limoges à Toulouse*.

Sur la ligne de Paris à Marseille, les bureaux ambulants partant de Paris sont remplacés, au delà de Lyon, par ceux de la ligne de Méditerranée, qui fonctionnent dans des vagons différents, afin de pouvoir commencer, en gare de Perrache, le travail des correspondances fournies par la ville de Lyon, ou provenant des lignes d'embranchement qui y aboutissent.

Lorsque deux services de bureaux ambulants se font suite, le premier prépare le travail du second, soit en confectionnant des dépêches closes pour les principaux bureaux situés au delà de sa station terminale, soit en formant des liasses de lettres pour les bureaux desservis par les premières stations où s'arrête le second bureau ambulant; ce dernier n'a plus qu'à insérer ces liasses dans ses propres dépêches.

Ainsi l'ambulant de Paris à Marseille 2° et celui de la Méditerranée préparent le travail des bureaux de *Lyon à Marseille rapide* et de *Lyon à Marseille* 1° qui leur font suite, à partir de Lyon, dans les trains 7 et 11. L'ambulant de Lyon à Marseille 1° reçoit, à son départ de Lyon, l'énorme contingent des dépêches provenant des routes du Mont-Cenis à Mâcon, d'Ambérieux, de Grenoble, et à Chasse celui de la route de Saint-Etienne : il doit en opérer très rapidement le tri pour en extraire les correspondances à livrer à Vienne, station très rapprochée : il lui serait matériellement impossible d'arriver à temps s'il avait encore à manipuler toutes les correspondances venant de Paris. A son tour, l'ambulant de Lyon à Marseille 1° prépare le travail du bureau ambulant de *Tarascon à Cette* 2° (train n° 871), pour lequel il confectionne des liasses de lettres. Paris aux Pyrénées fait de même pour les ambulants de jour des routes de *Bordeaux à Irun* et de *Bordeaux à Cette*.

Services sur les lignes transversales. Le service ambulant est moins développé sur les lignes transversales que sur les lignes partant de Paris. Les bureaux les plus importants des lignes transversales sont ceux de *Bordeaux à Cette* et de *Cette à Tarascon*. Ceux de *Lille à Calais*, de *Serquigny à Rouen*, de *Nantes à Quimper*, de *Périgueux à Gannat*, de *Marseille à Nice*, de *Dijon à Besançon*, n'ont pour la plupart qu'une importance restreinte. La création de bureaux ambulants entre Toulouse et Pau, Bordeaux et La Rochelle, Saint-Germain-des-Fossés et Lyon, Marseille et Cette (par Arles), Vesoul et Nancy, Tours et Nevers, a été étudiée; mais l'insuffisance des crédits budgétaires n'a pas permis de donner suite à ces projets.

§ 2. — Fonctionnement du service dans les bureaux ambulants.

Roulement des brigades. Le personnel de chaque service de bureau ambulant est constitué à une ou plusieurs brigades, suivant la longueur du parcours et la durée des voyages. Le service de Paris à Brest, dont le trajet est le plus long, fonctionne avec cinq brigades. Le type le plus ordinaire est celui du bureau ambulant à quatre brigades. Sur les services de nuit de Paris à Pontarlier, Paris à Lyon 2°, Paris à Clermont, etc., chaque brigade prend son service en gare de Paris vers 3 heures de l'après-midi, et termine son travail dans la matinée du lendemain. Elle repart le soir du second jour pour effectuer son retour à Paris dans la matinée du troisième ; elle est ensuite de repos pendant le reste de la journée et pendant le quatrième jour tout entier. Sur les services de jour à quatre brigades (Paris à Lyon 1°, Paris à Moulins, etc.), les agents partent le matin de Paris et arrivent le soir au point extrême de leur parcours; ils en repartent le lendemain matin et sont de retour à Paris dans la soirée ; ils jouissent ensuite de deux jours complets de repos.

Sur les lignes à trois ou à deux brigades, le roulement s'effectue suivant les convenances du service et des agents. Toutes les fois que la marche des trains le permet, les agents préfèrent effectuer l'aller et le retour d'un voyage dans la même journée ou la même nuit (par exemple Paris à Epernay, Paris à Châlons, Paris à Troyes, etc.), et même voyager deux jours de suite, pour jouir ensuite de deux journées complètes de repos.

Chaque brigade est dirigée par un chef ou un commis principal; elle se compose, en outre, d'un à 7 commis ambulants ou agents trieurs, 1 ou 2 gardiens de bureau. Sur les lignes importantes, un commis principal, parfois deux, sont adjoints au chef de brigade pour l'assister dans la surveillance et le travail des chargements. Les commis ambulants et agents secondaires sont chargés du tri des correspondances ordinaires; les gardiens de bureau en effectuent le timbrage, dans la mesure du possible; ils cachettent les dépêches, en opérent l'échange, aux points d'arrêt, ou le lancement, aux stations où le train ne s'arrête pas. Attributions des agents qui composent les brigades.

Lorsque la brigade dispose de deux vagons, le chef de brigade prend place dans l'un, et un commis principal dans l'autre; un gardien de bureau est attaché à chacun d'eux. Le travail est réparti entre les deux voitures, suivant la nature du service. Tantôt les *côtés* (1) de la route sont partagés entre les deux vagons; tantôt le tri de la route est faite dans l'un, le tri de l'étranger dans l'autre; ou bien le tri général des lettres a lieu dans la première voiture et le tri des imprimés et des échantillons dans la seconde. Lorsque le travail n'est pas également réparti sur tous les points de la route, on se borne à renforcer la brigade d'un ou deux agents, dans la partie du trajet où leur concours est nécessaire, ce qui se produit ordinairement dans le voisinage de Paris. Un commis part de Paris avec une brigade qu'il quitte en route pour effectuer son retour dans le train montant avec une autre brigade partie de Paris avant lui. Les services de cette nature sont dits *à cheval.*

Chaque brigade est pourvue d'un registre sur lequel le chef transcrit, au fur et à mesure de leur notification, les ordres de service reçus de l'administration. Elle dispose, pour son travail de route, d'un répertoire général des dépêches à recevoir ou à expédier à chaque station; ce document, qui est établi par les soins du bureau de la correspondance intérieure, indique la composition des dépêches à expédier. Les bureaux ambulants sont pourvus, en outre, d'exemplaires des tris généraux du matin et du soir, du tri de l'étranger, du dictionnaire des postes, des carnets indicateurs des communes comprises dans les départements qu'ils desservent, de la nomenclature des rues de Paris, de l'almanach Bottin, de la liste des abonnés du commerce et des maisons de banque de la capitale qui reçoivent leurs chargements par un service spécial de distribution en voiture. Des registres spéciaux sont consacrés à la constatation de l'absence et de Documents de service.

(1) On appelle *côté,* dans un bureau ambulant, l'ensemble des cases affectées au tri des correspondances pour un groupe de bureaux rattachés à une station ou à plusieurs stations successives.

la rentrée des dépêches; au signalement des fausses directions relevées à la charge des agents de la brigade (un compte est ouvert à chacun d'eux); à l'expédition des chargements, à l'inscription des objets sans adresse ou à adresse incomplète qui sont versés en rebut.

Présence des agents à la gare avant le départ. Feuille de service.

Les agents qui voyagent dans les bureaux ambulants de nuit partant de Paris doivent être présents à la gare 5 heures environ avant le départ de leur train. Le chef de brigade se rend d'abord dans les bureaux de la direction pour prendre connaissance des ordres de service; il reçoit du directeur deux expéditions d'une feuille de rapport qui est émargée par tous les agents de la brigade, et sur laquelle le chef rend compte, à l'issue du voyage, des incidents qui se sont produits en route. Pendant la marche, l'une de ces feuilles est affichée à l'intérieur du vagon-poste, près de la portière, pour les besoins du contrôle que les compagnies de chemins de fer sont en droit d'exercer.

Réception des dépêches.

Vers trois heures et demie, arrivent les premières dépêches envoyées par la recette principale de la Seine et par les bureaux de passe de Paris. Cinq ou six envois suivent le premier, à des intervalles de plus en plus rapprochés; les dépêches sont chargées dans des fourgons expédiés de l'hôtel des postes, sous la surveillance des agents de la section du transbordement; elles sont accompagnées par un chargeur-escorteur muni d'un double part. La première partie de ce part est émargée par le brigadier-chargeur de la ligne qui reçoit les dépêches en gare, et reste entre les mains de l'escorteur; la seconde est destinée à la décharge du brigadier qui livre les dépêches aux vagons en partance: l'empreinte de la lettre distinctive de la brigade destinataire est apposée en regard de chaque inscription.

Travail en gare: tri général.

Aussitôt après l'ouverture des premières dépêches reçues commence le tri général, ou tri par *côtés*, qui s'effectue dans le bureau ambulant même, avec le concours d'agents sédentaires de la ligne. Après le départ du train, le tri général est continué par les seuls agents de la brigade; il doit être terminé en temps utile pour permettre la livraison des dépêches à la première station desservie.

Tri par bureaux correspondants.

Lorsque le tri général a pris fin, chaque agent s'occupe du tri par bureau destinataire des correspondances comprises dans le *côté* dont il est chargé. La répartition des côtés entre les agents de la brigade est modifiée tous les six mois, par voie de roulement, afin d'égaliser autant que possible le travail et de familiariser le personnel avec toutes les divisions du casier de tri.

Travail des chargements.

Le tri des chargements, qui constitue la partie la plus délicate du travail des bureaux ambulants, est réservé au chef de brigade ou au commis principal. Sur les services importants, le nombre des objets chargés ou recommandés manipulés, dans un seul voyage aller et retour, s'élève jusqu'à 3,000. Le chef de brigade fait l'ouverture des paquets de chargements contenus dans les dépêches reçues, et inscrit les objets sur les feuilles d'expédition à l'adresse des bureaux de destination. Cette inscription est nominative pour les valeurs déclarées, les chargements en franchise et les objets recommandés ordinaires; elle se fait en nombre pour les envois de valeurs à recouvrer. Le chef de brigade inscrit aussi, mais en nombre seulement : 1° sur une fiche de réunion, au fur et à mesure qu'il les a reconnus, les chargements contenus dans les dépêches reçues ; 2° sur les registres d'expédition, au fur et à mesure qu'il ferme ses paquets, les chargements à comprendre dans chacune des dépêches que le bureau ambulant expédie. Il peut, à l'aide de ces deux documents, et avant la fermeture des paquets pour chaque station, s'assurer si le nombre des chargements reçus concorde avec celui des chargements expédiés et des chargements restants. Avant la fermeture des dépêches, il se fait donner les feuilles d'avis des bureaux pour lesquels il a des chargements à expédier; il y applique le timbre *Chargé*, il y attache les paquets de chargements, et les rend au commis chargé de la fermeture des dépêches contre émargement de cet agent au registre d'expédition. En insérant les paquets dans les dépêches, le commis énonce à haute voix le nom de chaque bureau destinataire, qu'il fait suivre du mot *Chargé*, prononcé également à haute voix. Le chef de brigade pointe alors le registre d'expédition qu'il émarge à son tour pour témoigner qu'il a vu insérer le paquet dans la dépêche.

A la fin du voyage, le chef de brigade totalise, sur la fiche de réunion, les chargements reçus, et sur le registre d'expédition, les chargements expédiés. Les deux totaux doivent être identiques.

Échange des dépêches en route.

L'échange des dépêches aux stations est fait par le gardien de bureau, sous la surveillance d'un agent. On se borne à compter de part et d'autre le nombre des sacs ou des paquets ; aucune décharge n'est donnée soit au gardien de bureau ambulant, soit à l'entreposeur ou au courrier qui se présente à la portière du vagon; aucune dépêche n'est incrite sur un part ou bulletin de livraison, sauf les envois supplémentaires. En cas de manque, il est dressé procès-verbal.

Les gardiens de bureau ambulant procèdent au lancement des dépêches aux stations où le train ne s'arrête pas. Cette opération n'est pas sans inconvénient ni sans dangers. Il est arrivé que des agents du chemin de fer, circulant sur la voie pour les besoins du service, ont été atteints et blessés par les sacs projetés hors des vagons avec toute la vitesse du train en marche ; souvent les sacs, en heurtant contre des obstacles, sont rejetés sur la voie et broyés par les roues du train. Aussi n'a-t-on recours au procédé du lancement qu'à défaut d'une autre combinaison praticable.

Dans tous les autres cas, les dépêches à livrer aux gares où l'ambulant ne s'arrête pas sont laissées à l'entrepôt de la station la plus voisine, et reprises par les courriers en service dans les premiers trains omnibus qui font suite.

Les bureaux ambulants d'une même ligne ou d'une même section de ligne peuvent échanger des dépêches entre eux pendant la route. Ceux qui fonctionnent dans le même train ou dans des trains se succédant à peu d'intervalle et marchant dans le même sens s'adressent à certaines stations des dépêches dites de *rebuts*, comprenant les correspondances qu'ils ont reçues à tort l'un pour l'autre. Ceux qui marchent en sens inverse échangent, aux points de *croisière*, les correspondances que chacun d'eux a reçues pour la route déjà parcourue, et qu'il n'est plus en mesure de diriger utilement. Le même moyen peut être employé pour reporter une partie du travail d'un bureau descendant trop chargé sur un bureau montant, et réciproquement : ou bien encore pour porter au devant d'un service ambulant des dépêches qu'il n'aurait pas le temps de travailler si elles lui étaient livrées sur place, à la station d'origine. Ainsi les ambulants de la Méditerranée, qui fonctionnent entre Lyon et Marseille dans les trains descendants, ont à trier, dans un délai relativement court, les correspondances pour les bureaux desservis par leur propre ligne, par ceux des routes de Tarascon à Cette, de Marseille à Nice, de la Corse et de l'Algérie. Ils ont à recevoir, par la ligne de Tarascon, une masse de dépêches provenant de la région du Midi, dont ils ne pourraient pas achever le tri avant leur arrivée à Marseille. Pour faciliter leurs opérations, les ambulants montants de Marseille à Lyon prennent ces dépêches, à leur passage à Tarascon, et les portent jusqu'à Valence, où elles sont reprises par les ambulants descendants, qui disposent ainsi de plus de temps pour leur travail. Ce rebroussement imposé aux dépêches n'offre pas d'inconvénient, lorsque les mouvements s'effectuent par les trains de nuit; en emportant les correspondances dans un sens opposé à leur destination, on obtient même ce résultat, qui semble paradoxal au premier abord, d'accélérer leur transmission.

Au fur et à mesure que des dépêches sont livrées à l'ambulant, la réception en est constatée par un signe en regard du nom de chaque bureau correspondant, sur le tableau de pointage mensuel, dans des colonnes réservées à cet effet. Une colonne sert pour chaque voyage.

En cas d'absence de dépêches, de feuilles d'avis, de chargements ou d'objets recommandés, le chef de brigade transmet les procès-verbaux qui constatent ces irrégularités au directeur de la ligne par le premier courrier allant vers la direction.

Retard des trains descendants.

Lorsqu'un bureau ambulant descendant éprouve dans sa marche un retard de plus de deux heures, le chef de brigade prévient, par un télégramme indiquant les causes et la durée présumée du retard, les receveurs des bureaux désignés par l'administration, ainsi que les directeurs ou les chefs de brigade des bureaux ambulants correspondants. Au reçu de la dépêche télégraphique, les receveurs principaux informent les directeurs et les préfets du retard de la dépêche de Paris et en préviennent le public par un avis affiché à l'extérieur de leur bureau ; les receveurs des autres bureaux font de même à l'égard des autorités et du public.

La même règle est suivie par les ambulants des lignes d'embranchement reliés aux services partant de Paris, lorsqu'ils sont retardés dans leur marche pour une cause quelconque. Mais lorsque ces mêmes bureaux d'embranchement, par suite d'un retard dans l'arrivée du bureau ambulant correspondant, n'ont pas reçu la correspondance de Paris à leur départ, leur marche étant d'ailleurs régulière, le chef de brigade se borne à en informer les receveurs des bureaux de la ligne par une annotation sur la feuille d'avis.

Accidents.

En cas d'accident, le chef de brigade requiert des compagnies la transmission des dépêches télégraphiques qu'il adresse au directeur de la ligne ou aux bureaux correspondants. Il veille à ce que le vagon-poste ou les dépêches soient transportés par les premiers trains ordinaires ou extraordinaires qui viennent à être formés; mais il ne peut requérir l'expédition de trains extraordinaires que dans des cas déterminés à l'avance par des instructions précises de l'administration (1).

Agents blessés en service. Mesures à prendre par les chefs de brigade et les directeurs.

Si des agents ont été blessés dans l'accident, les premiers soins peuvent leur être donnés au moyen des boîtes de secours dont tous les bureaux ambulants sont pourvus. Il est recommandé en outre :

De faire reconnaître immédiatement les blessures ou contusions par le commissaire de surveillance administrative de la gare la plus rapprochée du lieu de l'accident ;

De faire constater sans retard l'état des blessés par un médecin assermenté ;

D'aviser les représentants de la compagnie, au moment même de l'accident, des conséquences immédiates qu'il a pu avoir pour le personnel, ou de les avertir dès que les conséquences se produisent ultérieurement ;

De donner enfin avis de l'accident à l'administration, d'abord par une dépêche télégraphique sommaire (2), puis par un rapport détaillé. Ce soin incombe au directeur. Il adresse son rapport, en double expédition, l'une au bureau du personnel, l'autre à celui de la correspondance intérieure. En cas de détérioration du matériel, un rapport est également adressé à la 1re division (3e bureau).

Le but de ces prescriptions, en ce qui concerne le personnel, est de prévenir toute contestation ultérieure sur la réalité des blessures ou des contusions reçues par les agents. Leur exécution permet aux compagnies de faire, en temps opportun, comme c'est leur droit strict, les constatations nécessaires ; à l'administration, de prendre en main la défense des intérêts de son personnel, de provoquer auprès des compagnies l'expertise contradictoire des dommages causés, et d'assister les victimes de l'accident dans la négociation amiable, s'il y a lieu, de l'indemnité à laquelle elles peuvent prétendre. Elle sauvegarde enfin les droits éventuels des agents blessés à une pension de retraite exceptionnelle, par application de l'article 11 de la loi du 9 juin 1853, dans le cas où ces agents se trouveraient, par la suite, dans l'impossibilité de continuer leurs fonctions (3).

Service montant.

Au retour sur Paris, les opérations s'effectuent d'après les mêmes

(1) *Bull. mens.* n° 46, *instr.* n° 74, janvier 1873, p. 9.

(2) Une dépêche télégraphique doit également être adressée à l'inspecteur général de la région, chargé, s'il y a lieu, de défendre amiablement les intérêts des agents blessés (*Bull. mens.* n° 10, *circ.* du 18 octobre 1890, p. 553).

(3) *Circ.* du 13 décembre 1869 et du 20 février 1889 ; *Bull. mens.* n° 2, février 1889, p. 140.

règles que pour le service descendant, mais la nature du travail est un peu différente.

La tâche des bureaux ambulants descendants consiste surtout dans le travail de route, réparti par côtés entre les agents. Pour les bureaux montants, le travail de route est, en général, la moindre partie de leur tâche (1); la plus considérable consiste dans le tri des correspondances pour Paris, la banlieue et les passe-Paris (bureaux non desservis par l'ambulant et par la recette principale de la Seine).

Chaque ambulant montant fait dépêche pour chacun des 11 rayons de distribution de Paris et des bureaux distributeurs de la zone annexée; pour le rayon central (objets taxés, objets à adresses insuffisantes, lettres pour les sénateurs et les députés), pour les diverses sections de la recette principale de la Seine (poste restante, contreseings, départ et banlieue, étranger).

Les dépêches adressées à chacun des rayons de distribution de l'ancien Paris ne comprennent que les chargements, les lettres et les imprimés urgents; les imprimés non urgents et les échantillons, également triés par rayon, sont mis dans des sacs à part. Chaque bureau ambulant montant adresse, en outre, des dépêches à quelques bureaux importants de la banlieue de Paris, ainsi qu'à tous les ambulants descendants, comme il a été dit plus haut.

Tout retard important dans la marche des bureaux ambulants montants est signalé par le chef de brigade au moyen d'une dépêche télégraphique adressée à l'administration.

Opérations à l'arrivée à Paris.

Aussitôt après l'entrée en gare d'un bureau ambulant arrivant à Paris, les dépêches pour toute destination sont expédiées, par les fourgons de l'administration, sur la recette principale de la Seine (sauf quelques envois qui, par exception, sont transmis directement sur la gare de réexpédition). Le chargement s'opère sous la surveillance des chefs de brigade, commis principaux et brigadiers-chargeurs; la livraison donne lieu aux mêmes formalités qu'au départ.

Si, par suite de circonstances exceptionnelles, le travail d'un bureau ambulant n'est pas terminé en arrivant en gare, ce bureau doit livrer d'abord les dépêches à réexpédier immédiatement en passe-Paris.

A l'issue de chaque voyage, le chef de brigade remet à la direction :

1° Deux relevés des dépêches manquantes et des dépêches reçues indûment, l'un pour l'aller, l'autre pour le retour;

2° Les deux expéditions du rapport de voyage, sur lesquelles il mentionne tous les incidents graves survenus en cours de route (manques de dépêches ou de chargements, retards importants, manques de coïnci-

(1) Certains bureaux ambulants ne font aucun travail de route, par exemple celui de Lyon à Paris 2° (train n° 4) : le personnel effectue dans l'un des vagons le tri des lettres pour Paris, la banlieue et les passe-Paris; dans l'autre, le tri des imprimés et échantillons. Le service de la route est fait, entre Lyon et Dijon, par l'ambulant de la Méditerranée, dans le même train; entre Dijon et Paris, par celui venant de Pontarlier, en train 6. Les ambulants de Paris à Tergnier (train 33), Besançon à Dijon (train 192) dont le trajet est très court, ne livrent aucune dépêche à l'aller; ils font, au retour, tout le travail de route.

dence, déraillements et autres accidents, etc.) et transcrit intégralement le texte des télégrammes qu'il a envoyés.

L'une de ces deux expéditions est transmise par le directeur à l'administration centrale (bureau de la correspondance intérieure), l'autre est conservée par lui et sert à la liquidation, en fin de mois, des indemnités dues aux agents, à raison du nombre des voyages effectués.

Les indemnités dues pour les voyages accidentels des agents envoyés en renfort sont liquidées sur la proposition des directeurs qui adressent à cet effet à l'administration des états de frais spéciaux par voyage et par agent. Ces états, accompagnés des ordres de mission, sont signés par les intéressés, certifiés exacts par les directeurs, et vérifiés en dernier lieu par le bureau de la correspondance intérieure, qui est chargé de la liquidation.

Indemnités aux agents envoyés en renfort.

Il existait en France, au 31 décembre 1890, 88 services de bureaux ambulants, parcourant quotidiennement (aller et retour) 50,454 kilomètres.

Situation du service ambulant en 1889.

Le personnel se composait de 7 directeurs, 11 inspecteurs et sous-inspecteurs, 238 chefs de brigade, 122 commis principaux, 1,051 commis ou agents trieurs, 377 gardiens de bureau, 116 chargeurs, 8 sous-agents de matériel ; au total, 1,930 agents ou sous-agents.

Le matériel roulant comprenait 400 wagons-postes.

§ 3. — Travail des courriers convoyeurs et auxiliaires.

Les courriers convoyeurs et auxiliaires sont préposés au transport et à l'escorte des dépêches closes échangées entre les bureaux sédentaires situés à proximité des voies ferrées ; presque tous sont également chargés de la manipulation des correspondances en route.

Attributions des courriers convoyeurs et auxiliaires.

Ils doivent être présents à leur bureau d'attache ou à la gare tête de ligne de leur service, dix minutes avant l'heure fixée pour le départ.

Les courriers convoyeurs et auxiliaires sont pourvus :

Objets de matériel et documents dont ils sont pourvus.

1° D'un nécessaire contenant un timbre à date et ses accessoires, des enveloppes à dépêches et autres imprimés à leur usage ;

2° D'une clef des boîtes mobiles ;

3° D'un casier portatif en toile, muni de crochets permettant de le suspendre aux supports des filets à bagages ;

4° D'un carnet indiquant, pour chacune des stations de la route à parcourir, les dépêches à livrer ou à recevoir ;

5° D'une nomenclature des communes desservies par les bureaux avec lesquels ils sont en correspondance.

Travail de route des courriers convoyeurs et auxiliaires.

Les courriers convoyeurs ou auxiliaires ne manipulent que les lettres ordinaires et les cartes postales recueillies dans les boîtes mobiles ou à la main, à la portière de leurs compartiments, ainsi que celles reçues des bureaux sédentaires, des courriers en service sur les chemins de fer ou des entreposeurs, à l'exclusion des autres objets de correspondance et des lettres chargées et recommandées. Les dépêches qu'ils échangent avec leurs correspondants, conformément aux instructions reçues de l'administration (bureau de la correspondance intérieure), sont placées sous des enveloppes de papier, fermées à la gomme. Si une seule enveloppe ne suffit pas pour contenir tous les objets recueillis à destination d'un même correspondant, il est fait usage d'une seconde et même d'une troisième enveloppe; ces enveloppes sont numérotées et réunies par un croisé de ficelle. Les courriers peuvent aussi être chargés d'acheminer sur leur destination les journaux ou paquets de journaux déposés en gare par les éditeurs autorisés. S'ils n'ont rien à transmettre à un correspondant, ils remplaçent l'enveloppe-dépêche par un bulletin négatif.

Les lettres à destination des bureaux desservis par les stations déjà parcourues, les journaux, imprimés et paquets en franchise trouvés dans les boîtes sont placés, à moins d'ordre contraire, dans l'enveloppe à destination du bureau point d'arrivée ; les lettres à destination de l'arrondissement postal dans lequel elles ont été recueillies sont déposées dans la boîte la plus voisine, où elles sont reprises par le premier courrier convoyeur marchant en sens inverse.

Services rendus par les courriers convoyeurs et auxiliaires.

Les courriers convoyeurs et auxiliaires ne rendent pas les mêmes services que les bureaux ambulants. On ne peut pas demander à des sous-agents qui ne présentent que des garanties incomplètes d'aptitude, et qui d'ailleurs opèrent seuls, un travail de manipulation aussi compliqué que celui qui est confié à des brigades d'agents travaillant en commun. Néanmoins, en l'absence de bureaux ambulants sur les lignes d'embranchement et même sur les grandes lignes, les courriers convoyeurs et auxiliaires y suppléent, dans une certaine mesure ; souvent aussi, ils les complètent, lorsqu'ils fonctionnent dans des trains omnibus suivant de près ou précédant immédiatement les express dans lesquels sont attelés des bureaux ambulants. Ils reprennent, à la dernière station où les a laissées l'ambulant, les dépêches à livrer aux stations où celui-ci ne s'arrête pas, ce qui évite l'opération toujours dangereuse du lancement ; ou bien ils apportent jusqu'à la gare où l'express doit s'arrêter, les dépêches originaires des bureaux sédentaires reliés à d'autres stations.

Emploi de deux compartiments de voiture.

Dans les services les plus chargés, où deux compartiments d'un vagon de deuxième classe sont mis à la disposition des courriers convoyeurs, ces sous-agents opèrent leur tri dans l'un, et entreposent une partie de leurs dépêches dans l'autre. Le deuxième compartiment doit être fermé à clef, si c'est possible ; sinon, le courrier en interdit l'accès au moyen d'une chaînette qu'il passe autour de la poignée de la portière et de la main courante, et qu'il serre à l'aide d'un cadenas dont il est également pourvu ; les glaces des portières sont maintenues relevées au moyen de coins en bois placés dans les rainures des châssis, de manière qu'il soit impossible de les ouvrir du dehors (1).

(1) Circulaire n° 60, du 12 avril 1879.

Utilité de la transformation des services de courriers convoyeurs les plus importants en petits bureaux ambulants.

L'installation des courriers convoyeurs est très imparfaite. Pour timbrer les correspondances, pour confectionner les dépêches, ces sous-agents n'ont d'autre point d'appui que les banquettes de leurs compartiments. Leur matériel peut tomber à terre, les lettres sont exposées à se fourvoyer sous les coussins. Il faudrait pourvoir les services importants d'un emplacement convenablement aménagé ; pour cela, faire abattre la cloison qui sépare les deux compartiments, les garnir de casiers verticaux, y placer une table avec des sièges.

On ferait ainsi de petits bureaux ambulants, d'un type analogue à celui dont l'embranchement du Mans à Châteaubriant fournit en France l'unique spécimen (1), mais qui est très usité à l'étranger. Le travail de manipulation, qui serait étendu aux chargements et à tous les objets de correspondance, devrait être confié à un ou deux commis ; le sous-agent serait maintenu pour faire office de gardien de bureau. Il en résulterait une dépense assez élevée, sinon pour les frais d'aménagement et d'entretien du matériel emprunté aux chemins de fer, qui seraient naturellement à la charge de l'administration, du moins pour les traitements et indemnités des emplois dont la création serait nécessaire.

Roulement de service des courriers convoyeurs.

Les courriers convoyeurs ne sont pas spécialisés par ligne ; on les affecte à tour de rôle, par voie de roulement, au service de chacune des sections de chemins fer qui aboutissent au lieu de leur résidence.

Ce système permet d'économiser le personnel et de répartir également, entre les courriers d'une même résidence, les conditions du travail, les repos et les fatigues.

Statistique.

On comptait, au 31 décembre 1890, 2,243 services de transport de dépêches exécutés par 484 courriers convoyeurs et 831 courriers auxiliaires ; les salaires des courriers auxiliaires s'élevaient, en bloc, à 815,000 francs. Le parcours journalier des uns et des autres était de 218,057 kilomètres.

(1) Ce petit service utilise deux demi-wagons aménagés aux frais de l'administration.

CHAPITRE VIII

TRANSPORT DES DÉPÊCHES PAR TERRE

§ 1. — Mode de concession des services et études d'organisation.

Décret des 6-12 sept. 1791.

L'article 8 du décret des 6-12 septembre 1791 a autorisé l'*administration à faire tous les traités et adjudications nécessaires* pour le *transport des dépêches.*

Décret des 23-24-30 juillet 1793.

D'autre part, le décret des 23-24 et 30 juillet 1793, en établissant des malles-postes sur les routes pourvues de relais, a décidé que *partout ailleurs, le service sera rempli de la manière que l'administration jugera la plus expéditive, la plus sûre et la plus économique* (art. 9).

Dispositions générales. Intervention des directeurs départementaux.

En exécution de ces lois, l'administration fait exécuter à l'entreprise la plupart des services de transport de dépêches par terre et les quelques services par eau qui relient les îles du littoral au continent ; les services qui doivent être exécutés à pied peuvent être confiés, lorsque l'administration y trouve avantage, à des sous-agents, à titre de charge d'emploi, ou à des postulants facteurs, moyennant une indemnité fixée à raison de 29 centimes par heure de jour et 48 centimes par heure de nuit. L'administration peut aussi établir un échange de dépêches entre bureaux voisins, au moyen des facteurs ruraux attachés à ces bureaux, et qui, dans le cours de leurs tournées, se portent à la rencontre l'un de l'autre; ce mode de correspondance est d'ailleurs très rare.

Les services exécutés à l'entreprise sont mis en adjudication avec publicité et concurrence, conformément à l'article 1er du décret du 18 novembre 1882 sur les marchés passés au nom de l'État.

On ne traite de gré à gré que lorsqu'il paraît certain qu'une adjudication ne produirait aucun résultat utile, et qu'on croit pouvoir obtenir de meilleures conditions en s'entendant directement avec un entrepreneur.

Les directeurs conservent dans leurs archives les dossiers de tous les services de transport de dépêches qui ont dans leur département un point d'attache ; la principale pièce de ces dossiers est le cahier des charges du service. Quatre mois avant la date d'expiration des marchés en cours, les directeurs doivent transmettre à l'administration les renseignements relatifs soit à la réadjudication de l'entreprise, soit aux modifications que peut comporter l'organisation en vigueur. Leurs propositions sont formulées sur l'imprimé modèle n° 217, comme ceux de même nature qu'ils sont amenés à faire à l'occasion des demandes de création de bureaux. Il en est de même pour les études auxquelles ils procèdent soit d'office, soit sur la demande des localités intéressées.

En général, les directeurs doivent s'attacher, dans les réorganisations, à concilier, autant que possible, le ménagement des droits acquis avec l'intérêt bien entendu du Trésor et du public. Il leur est recommandé, en outre, d'éviter la création ou le maintien d'entrepôts, de dépêches et de rechercher les moyens d'assurer l'échange direct entre les courriers.

Si le projet intéresse un département limitrophe, le directeur s'entend avec son collègue de ce département.

§ 2. — Forme des adjudications.

Concurrence limitée.

Aux termes de l'article 5 du décret du 18 novembre 1882, *les adjudications publiques, relatives à des fournitures, travaux, transports, exploitations ou fabrications qui ne peuvent être sans inconvénient livrées à une concurrence illimitée, sont soumises à des restrictions permettant de n'admettre que les soumissions qui émanent de personnes reconnues capables par l'administration, au vu des titres exigés par le cahier des charges et préalablement à l'ouverture des plis renfermant les soumissions.*

Cette disposition restrictive est appliquée aux adjudications pour le transport de dépêches. En admettant à soumissionner indistinctement tous ceux qui se présenteraient, on risquerait d'adjuger les services à des entrepreneurs peu sérieux qui les abandonneraient par la suite.

Conditions requises des candidats.

On préfère n'admettre à concourir que les personnes présentant des garanties d'aptitude et de solvabilité suffisantes, et capables de mener à bien l'entreprise.

Les candidats doivent être de nationalité française, savoir lire et signer. Ils doivent produire un certificat des autorités locales constatant qu'ils remplissent les conditions voulues sous ces divers rapports.

Publication des services.

Les directeurs sont chargés de la publication des services par entreprise à adjuger ou à réadjuger dans leur département.

A cet effet, il leur est envoyé un modèle du cahier des charges de chaque entreprise avec les conditions particulières qu'il comporte. A la réception de cette pièce, le directeur adresse les instructions nécessaires à chacun des bureaux désignés pour recevoir les demandes des personnes qui désirent soumissionner, ainsi que les soumissions des candidats admis à prendre part à l'adjudication, en y joignant un cahier des charges de l'entreprise et son annexe, une formule de procès-verbal destinée à la réception des demandes des candidats à l'adjudication, enfin des affiches, qui devront être placées à la porte du bureau destinataire et à la mairie de la localité.

Le directeur peut ajouter aux bureaux désignés par l'administration pour recevoir les demandes des candidats et les soumissions, tous ceux où il suppose qu'une concurrence pourra s'établir, et leur faire adresser, en conséquence, les instructions nécessaires, même en dehors de son département, en se concertant avec son collègue.

Demandes d'admission à soumissionner.

Les demandes sont remises ouvertes aux préposés des bureaux désignés pour les recevoir. Elles doivent être accompagnées des certificats délivrés par l'autorité municipale. Un récépissé détaché du procès-verbal est remis à chaque déposant. A la date fixée par leurs instructions, les receveurs transmettent au directeur les demandes qui leur ont été remises et y joignent les renseignements qu'ils ont recueillis sur le compte de chaque candidat. Le directeur contrôle ces renseignements et adresse les demandes, avec son avis, à l'administration qui statue. Les directeurs font remettre à chacun des intéressés, sur reçu, l'avis de la décision qui le concerne. Cette décision, quelle qu'elle soit, n'est jamais motivée. Les soumissions ne sont acceptées que jointes aux autorisations.

Forme des soumissions.

Toute soumission, pour être valable, doit être écrite sur papier timbré et signée par le soumissionnaire admis à prendre part à l'adjudication ou, à défaut, par son mandataire spécial, en vertu d'une procuration notariée jointe à la soumission.

Les soumissions peuvent être collectives ; dans ce cas, elles engagent solidairement tous les contractants ; mais les soumissionnaires doivent désigner l'un d'entre eux pour les représenter auprès de l'administration, avec pouvoir de signer valablement toutes les pièces relatives à l'adjudication et d'acquitter les mandats de payement.

Les soumissions doivent indiquer un prix annuel bien déterminé, exprimé en francs et en toutes lettres, sans addition de centimes ; celles qui contiendraient des clauses restrictives, conditionnelles, ou qui ne donneraient pas la désignation exacte du service, seraient considérées comme nulles et non avenues.

Il n'est pas tenu compte, dans la liquidation du prix du marché, des centimes que les soumissionnaires, contrairement aux dispositions ci-dessus, auraient fait entrer dans l'énonciation de leurs offres.

Dépôt des soumissions.

Les soumissions doivent, à peine de nullité, être remises cachetées entre les mains des receveurs ou autres préposés des postes désignés à cet effet, tous les jours, de dix heures du matin à quatre heures du soir, dans le délai indiqué par les affiches.

Il en est délivré un récépissé extrait d'un procès-verbal à souche, après que le soumissionnaire ou son mandataire a pris connaissance du cahier des charges.

Les soumissions, une fois déposées, ne peuvent plus être retirées et demeurent acquises à l'administration ; toutefois, jusqu'au moment fixé pour la clôture du procès-verbal, il peut être reçu de nouvelles soumissions de la part des mêmes soumissionnaires, qui conservent ainsi la faculté d'abaisser leurs premières offres.

Clôture du procès-verbal.

Le procès-verbal est clos le dernier jour de la publication, à quatre heures du soir. Ce délai expiré, il n'est plus reçu de soumission.

Aussitôt après l'expiration du délai fixé pour la réception des soumissions, le préposé renvoie au directeur, qui a fait publier le service, le procès-verbal accompagné des soumissions et de l'une des affiches dont il a eu soin de faire certifier l'apposition par l'autorité locale.

Adjudication.

Les soumissions sont ensuite transmises par le directeur à l'administration centrale (bureau de la correspondance intérieure), où elles sont ouvertes. L'adjudication est prononcée par le ministre, non en séance publique, parce que les soumissions, étant déposées simultanément dans des lieux et parfois dans des départements différents, l'ouverture des plis qui les contiennent ne peut avoir lieu séante tenante, comme le voudrait l'article 13 du décret du 18 novembre 1882.

L'adjudication est prononcée en faveur de celui des soumissionnaires admissibles qui a demandé le prix le moins élevé.

Dans le cas où plusieurs soumissions contiendraient le même prix et où ce prix serait le moins élevé, un nouveau concours serait ouvert entre es sou missionnaires à prix égal.

Si les soumissionnaires se refusaient à faire de nouvelles offres, ou si les prix demandés ne différaient pas encore, le sort en déciderait (*Décret du 18 nov.* 1882, *art.* 14).

Notification du résultat de l'adjudication.

Les soumissions déposées engagent irrévocablement les soumissionnaires; toutefois, l'administration se réserve le droit de donner ou non suite à l'adjudication, qui ne devient définitive qu'après avoir été approuvée par le ministre et notifiée à l'adjudicataire.

Le directeur informe l'adjudicataire de la décision du ministre et la notifie, en même temps, aux préposés des bureaux placés sur le parcours du courrier d'entreprise, en leur envoyant un extrait du cahier des charges dont ils auront à surveiller l'exécution. Le directeur adresse au receveur de la localité où réside l'adjudicataire, deux exemplaires du cahier des charges dont l'un doit être signé par l'adjudicataire et faire retour à l'administration, l'autre rester entre les mains de l'adjudicataire, après avoir été timbré (droit de timbre, 5 fr. 40 pour trois feuilles) ; une copie du marché, qui doit être timbrée au droit de 1 fr. 50 (1 fr. 80 avec les décimes), et qui est destinée à être annexée au premier mandat de payement; enfin, la soumission elle-même, qui doit faire retour à l'administration, après avoir été enregistrée au droit gradué indiqué par l'article 2 de la loi du 28 février 1872, à raison de :

Enregistrement des marchés.

5 fr.	en principal pour une somme		de.....	5,000 fr. et au-dessus.
10 fr.	—	—	de.....	5,001 à 10,000 fr.
20 fr.	—	—	de.....	10,001 à 20,000 fr.

Au delà de 20,000 fr., 20 fr. par 20,000 fr. excédant; plus le double décime et demi (*Lois des* 6 *prairial an VII*, 23 *août* 1871, *art.* 1er, *et* 30 *décembre* 1873, *art.* 2).

Le droit est perçu sur la somme totale des annuités réunies.

Les frais de timbre et d'enregistrement sont à la charge de l'entrepreneur (*Art.* 11 *du cahier des charges*).

§ 3. — Conditions des marchés.

Cautionnement.

Les services adjugés en voiture ou à cheval sont soumis à un cautionnement égal au dixième du prix annuel du marché, toutes les fois que ce prix dépasse *mille* francs. L'adjudicataire doit verser ce cautionnement en numéraire, avant son entrée en activité (*Art.* 18 *du cahier des charges*).

Le cautionnement est remboursé, à l'expiration du bail, ou lors de la cessation du service, sur un certificat de non opposition délivré par le directeur, qui s'assure qu'il n'y a aucune répétition à exercer.

Durée des marchés.

La durée des marchés de transport de dépêches est fixée à six années; mais l'adjudicataire seul est lié par cette clause : l'administration se réserve, en effet, le droit de résilier à toute époque, sans indemnité pour l'entrepreneur (*Art.* 1 *et* 14 *du cahier des charges*).

Cette réserve est utile, car l'administration peut trouver avantage, à un moment donné, à modifier l'organisation existante. L'ouverture d'une voix ferrée peut aussi, pendant la durée d'un marché, enlever toute son utilité à un service de transport de dépêches établi sur la voie de terre.

Itinéraire.

L'itinéraire, une fois arrêté, ne peut être modifié sans l'assentiment de l'administration.

L'adjudicataire doit porter, à l'aller comme au retour, toutes les dépêches qui lui sont remises par les préposés des postes de la route, tant pour les bureaux situés sur cette route que pour les lieux au delà.

Il est tenu également de desservir tous les nouveaux bureaux que l'administration viendrait à créer dans les communes situées sur son passage, quelle que soit l'augmentation de parcours qui puisse en résulter.

Toutes les fois que, par suite de déplacement, un bureau ne se trouve pas situé hors de la circonscription de la commune, l'adjudicataire reste tenu de s'y rendre.

L'administration se réserve la faculté de changer, suivant les besoins du service, le point de départ ou d'arrivée du courrier et de le fixer soit au bureau de poste, soit à la station du chemin de fer établie dans la même localité ou qui pourrait y être établie ultérieurement, soit encore à la station la plus voisine de cette localité, toutes les fois que la distance qui sépare le bureau de poste de la station n'excède pas deux kilomètres.

Le courrier doit, si l'administration le juge à propos, effectuer directement l'échange des dépêches aux gares des chemins de fer avec les bureaux ambulants, les courriers convoyeurs ou les conducteurs des trains, et, sur la voie de terre, avec les autres courriers qu'il rencontre; il peut, en outre, être chargé d'expédier et de recevoir les autres courriers aboutissant à la même station que lui, de porter la boîte de cette station aux bureaux ambulants ou aux courriers convoyeurs, ou bien encore être tenu, à son arrivée à la station et avant son départ, de surveiller l'entrepôt des dépêches pendant les quelques minutes nécessaires au préposé pour effectuer l'échange des dépêches sur la voie (*Art.* 1er).

Outre les ordinaires prévus, l'administration peut en établir d'autres, à l'exécution desquels l'entrepreneur est tenu de pourvoir, si elle ne préfère les mettre en adjudication ; elle peut également modifier l'itinéraire prescrit ; mais en cas d'augmentation de parcours, il est alloué à l'entrepreneur une augmentation de salaire proportionnelle, calculée d'après les renseignements fournis par l'administration des ponts et chaussées (*Art.* 3). Augmentation du nombre des ordinaires. Modification de l'itinéraire.

L'administration détermine, à l'avance, la durée totale du délai accordé à l'entrepreneur pour faire sa course, y compris les stationnements dans les bureaux intermédiaires. Temps accordé pour la route.

Ce délai, une fois fixé, ne peut être abrégé sans le consentement de l'entrepreneur; mais l'administration peut l'augmenter, si elle le juge convenable (*Art.* 2).

Les heures d'arrivée aux bureaux intermédiaires, tant à l'aller qu'au retour, sont fixées par le directeur, d'après la déclaration de l'adjudicataire, avant son entrée en activité, et ne peuvent plus être changées ensuite qu'avec l'autorisation de l'administration. L'administration peut les modifier suivant les besoins du service, sans toutefois que la marche puisse être croisée, si elle ne l'était déjà au moment de la mise en adjudication (*Art.* 2 *et* 3). Horaire du service.

§ 4. — Exécution et surveillance du service.

Les services de transport, adjugés pour être faits en voiture, ne doivent pas être exécutés autrement. Néanmoins, dans le cas dûment constaté où la route ordinaire se trouverait impraticable aux voitures, l'entrepreneur doit faire porter, soit à cheval, soit même à pied, les dépêches au transport desquelles il est tenu de pourvoir dans tous les cas (*Art.* 6). Services en voiture.

Les voitures servant au transport des dépêches sont la propriété de l'entrepreneur : elles sont montées sur ressorts et pourvues d'un coffre exclusivement réservé aux dépêches et fermant au moyen d'une serrure de sûreté. Le coffre, placé à la portée du courrier, doit toujours s'ouvrir sur le devant de la voiture et être d'une capacité suffisante pour contenir toutes les dépêches, les garantir du mauvais temps et de tous les accidents. Le parcours et les bureaux de poste directement desservis sont indiqués, en caractères bien apparents, soit sur le panneau de la voiture, soit sur une plaque mobile fixée mécaniquement et bien en vue (*Art.* 6). Matériel d'exploitation.

L'entrepreneur est tenu d'adapter à sa voiture une boîte aux lettres, fixée au moyen d'un cadenas et placée à portée de la vue du courrier. Cette boîte est fournie par l'administration ; les frais d'achat, d'entretien et de renouvellement sont à la charge de l'entrepreneur (*Art.* 6). Boîtes mobiles.

Le courrier doit conduire sa voiture à la porte du bureau de poste. Il est tenu de suivre, avec les dépêches, la ligne de parcours dans toute son étendue, sans pouvoir changer de voiture ni stationner, en quelque lieu que ce soit, si ce n'est pour relayer, faire l'échange des dépêches ou permettre au public de déposer des lettres dans la boîte mobile.

A certains endroits du parcours, qui sont déterminés par le directeur du département, et qui ne peuvent excéder le nombre de deux par myriamètre, le courrier est tenu de s'arrêter une minute pour recevoir les lettres que le public aurait à déposer dans sa boîte.

La boîte est présentée par le courrier à la visite des receveurs et des facteurs-boîtiers des bureaux situés sur sa route (*Art.* 6).

Boîtes mobiles transportées par les entrepreneurs libres.

En vertu d'une décision ministérielle de juillet 1877 (*Circulaire n° 56, du 15 juillet*), l'administration peut autoriser le transport, par les entrepreneurs de voitures publiques non chargés d'un service postal, de boîtes mobiles fonctionnant dans les mêmes conditions que celles placées aux voitures des courriers.

Ces boîtes sont fournies par l'administration ; elles sont payées par les communes intéressées, qui s'entendent directement avec les entrepreneurs chargés d'en assurer le fonctionnement, de manière qu'il n'en résulte aucune dépense pour l'administration.

Les entrepreneurs s'engagent, de leur côté, à faire régulièrement, chaque jour, le service de ces boîtes, c'est-à-dire à les présenter, soit en route, soit aux points d'arrivée ou de départ, aux agents des postes chargés d'en extraire ou d'y déposer des correspondances.

Les conducteurs des voitures sont tenus de laisser l'usage des boîtes mobiles aux habitants de toutes les communes qu'ils traversent et où ils font un temps d'arrêt, quand bien même ces communes ne contribueraient pas aux frais de ces boîtes.

Bien que gratuit en ce qui concerne l'administration, le service des boîtes mobiles transportées par des voitures publiques est surveillé par les agents des postes. Il est tenu note des irrégularités qui se produisent ; avis en est donné aux localités intéressées.

La concession des boîtes mobiles, dans les conditions déterminées ci-dessus, n'engage en rien l'administration pour l'avenir ; c'est-à-dire que si les communes cessent de subventionner les entrepreneurs des voitures publiques, si ces entrepreneurs refusent de continuer le service de ces boîtes, ou s'ils fournissent un mauvais service, ou bien si, pour une cause quelconque, ces boîtes deviennent préjudiciables à la régulière exécution du service, elles sont retirées.

Boîtes mobiles municipales.

L'administration peut également autoriser le transport, par les entrepreneurs des services de dépêches exécutés en voiture, de boîtes mobiles dites *municipales*, établies dans les communes rurales qu'ils traversent, indépendamment des boîtes mobiles adaptées aux panneaux des voitures de ces courriers.

Les frais d'achat, d'installation et de transport des boîtes mobiles municipales sont à la charge des communes.

Les entrepreneurs doivent s'engager par écrit à faire régulièrement le service de ces boîtes, c'est-à-dire à les prendre chaque jour au moment de leur passage aux points où elles sont installées, à les transporter dans le coffre de leur voiture réservé aux dépêches, à les présenter aux agents des postes désignés pour en effectuer la levée et, enfin, à les replacer, à leur retour, au point d'installation. Lorsque la levée doit avoir lieu à un bureau intermédiaire de la route, les boîtes sont conservées à ce bureau jusqu'au retour du courrier.

Par le même engagement, l'entrepreneur s'oblige à assurer le service des boîtes mobiles municipales qui viendraient à être concédées par l'administration à d'autres localités du parcours, sans exiger, pour leur transport, une indemnité supérieure à celle qu'il a acceptée pour la première boîte concédée.

Dans aucun cas, l'entrepreneur ne peut se prévaloir du temps qu'exige le service des boîtes mobiles municipales pour justifier les retards qui seraient constatés dans la marche de ses courriers. Afin de ne pas multiplier les arrêts, ces boîtes sont établies, autant que possible, aux points de stationnement ordinaire des voitures.

La concession des boîtes municipales peut être retirée :

1° Si la commune bénéficiaire est dotée d'un établissement de poste ;

2° Si elle cesse de payer à l'entrepreneur la rémunération convenue;

3° Si, à un moment donné, l'entrepreneur ou son successeur refuse de continuer le service de la boîte;

4° Si le transport des dépêches en voiture est, pour une cause quelconque, supprimé ou transformé en un service à cheval ou à pied;

5° Enfin, si, par suite de l'extension prise par le service des dépêches, de modifications survenues dans l'organisation de ce service, de réduction dans la durée de l'arrêt des trains ; ou pour un motif quelconque, la boîte mobile concédée devient une entrave à la régularité du transport ou de l'échange des dépêches.

Services à cheval.

Les services à cheval sont en très petit nombre. Quelques-uns sont exécutés en voiture ; ils ne peuvent pas l'être à pied. Les dépêches doivent être accompagnées, sur toute la ligne, par le même courrier ; elles sont placées dans des valises ou portemanteaux en cuir, ayant chaînes et cadenas (*Art.* 7).

Services à pied.

L'entrepreneur d'un transport à pied doit faire sa course personnellement, à moins qu'il n'ait obtenu l'autorisation de se faire remplacer temporairement, ou qu'il n'exploite son service à cheval ou en voiture. Les dépêches doivent être renfermées dans un sac fermant à clef.

L'entrepreneur d'un transport de dépêches à pied peut être tenu de lever les boîtes aux lettres rurales situées sur son passage, et, dans ce cas, il doit prêter le serment prescrit par la loi.

Un courrier à pied peut, au besoin, s'adjoindre un aide à ses frais, en le faisant agréer par le directeur du département (*Art.* 8).

Sacoches-boîtes.

Les adjudicataires des services de transport de dépêches à cheval ou à pied sont tenus de se munir à leurs frais d'une sacoche-boîte dans laquelle les particuliers sont admis à déposer des lettres. Cette sacoche est fournie par l'administration, moyennant le prix de 10 fr. 50. (*Déc. ministérielle du 17 décembre 1872*) (1) (*Art. 8 du cahier des charges*).

Obligations communes à tous les courriers d'entreprise.

Le service ne peut être exécuté que par des gens connus, bien famés, sachant lire et signer, et agréés préalablement par le directeur du département dans lequel l'entrepreneur touche son salaire.

Les courriers d'entreprise portent l'écusson et le costume déterminés par les règlements. Les courriers conducteurs de messageries, ayant un uniforme spécial, ne sont tenus de porter que l'écusson.

Surveillance du service.

Les entrepreneurs de transport de dépêches sont soumis à la surveillance de tous les directeurs, inspecteurs et brigadiers-facteurs, et de tous les préposés des établissements de poste avec lesquels leur service les met en relations.

Les receveurs, distributeurs, entreposeurs en gare et gardiens d'entrepôt surveillent, sans y participer, le chargement et le déchargement des dépêches. Ils signalent au directeur du département toute infraction aux clauses du cahier des charges, et si le matériel ou le courrier n'offre pas les garanties nécessaires, ils peuvent refuser les dépêches, et les expédier par exprès, aux frais de l'entrepreneur.

Présence des courriers aux bureaux de départ.

Les courriers sont tenus d'être présents au bureau expéditeur dix minutes avant l'heure réglementaire du départ.

Par contre, lorsque leur expédition est subordonnée à l'arrivée ou au passage d'autres courriers, ils sont tenus de les attendre, sans pouvoir prétendre à aucune indemnité.

Faute par un courrier de se présenter au bureau de départ en temps utile, il peut être pourvu à son remplacement, à ses frais et risques, par tous les moyens à la disposition du préposé des postes.

Il en est de même, en cas d'oubli ou d'échange erroné d'une dépêche, ou bien lorsque, par le fait d'un courrier, une coïncidence se trouve manquée.

Exprès.

Toutes les fois que, par suite d'insuffisance des services établis, de force majeure, d'erreur dans la remise des dépêches, de retard des courriers ou d'infraction grave aux conditions du cahier des charges, le transport des dépêches ne peut être effectué, en tout ou en partie, par les moyens ordinaires, il est assuré par exprès.

En prévision de ces éventualités, les receveurs doivent, autant que possible, avoir sous la main, à défaut des sous-agents attachés à leur bureau, un homme prévenu qu'on peut, même la nuit, et moyennant un prix au kilomètre convenu d'avance, charger d'une dépêche pour une destination quelconque. Les frais de la course sont avancés à l'exprès par le receveur expéditeur, sur les fonds de sa caisse.

Avance des frais.

Le préposé qui a expédié un exprès en donne immédiatement avis au directeur du département qui, en cas de faute imputable à un agent des postes ou à un courrier d'entreprise, fait rembourser les frais de la course par l'agent ou le courrier fautif.

(1) *Bull. mens.*, n° 46, janvier 1873, p. 41.

Dans le cas contraire, le remboursement au profit du receveur qui a fait l'avance est demandé à l'administration, dans les premiers jours du mois qui suit celui de la dépense ; pour les frais de transport extraordinaires et périodiques d'une durée indéterminée, la régularisation est demandée dans les premiers jours du mois qui suit le trimestre pendant lequel ils ont eu lieu. La liquidation est opérée par les soins du bureau de la correspondance intérieure, sur la production d'états de frais certifiés par les directeurs. Remboursement.

La remise des dépêches s'effectue par les soins des préposés des postes ou agents délégués par eux, en dehors du local réservé aux opérations. Les dépêches doivent être prêtes aux heures fixées, soit pour l'expédition, soit pour le passage des courriers. Remise des dépêches.

Les dépêches sont inscrites sur une feuille de route appelée *part*, que le courrier reçoit des mains du préposé du premier bureau de la route et qu'il doit rapporter, à son retour, à ce même bureau. Parts.

Le part contient la désignation du service et du nom de l'entrepreneur, le tableau des dépêches à recevoir et à livrer, l'indication de la distance à parcourir, du temps accordé pour la course et du temps réellement employé, des heures normales et réelles du départ, de l'arrivée et du passage dans les bureaux intermédiaires; il mentionne les causes de retard, les manques de dépêches et les accidents éprouvés en route. Il est signé par les préposés des bureaux de départ et d'arrivée, ainsi que par le courrier.

A l'expiration de chaque quinzaine, les parts des courriers sont transmis, par les receveurs des bureaux points d'attache des services de transport de dépêches, à la direction départementale où ils sont vérifiés par les brigadiers-facteurs.

En outre, il est tenu, dans chaque recette, établissement de facteur-boîtier ou entrepôt, un registre d'expédition ou de réception des dépêches qui doit être émargé par les courriers. Registre d'expédition des courriers.

Les courriers ne doivent recevoir le part et émarger le registre qu'après avoir compté les dépêches, vérifié leur destination et s'être assurés qu'elles sont en bon état et que les étiquettes sont bien lisibles.

Dans le cas, naturellement fort rare, où le préposé expéditeur de dépêches présumées contenir des valeurs importantes reconnaît, en raison de circonstances locales exceptionnelles, la nécessité de faire accompagner ces dépêches, pour en garantir le transport contre une attaque à prévoir, il invite, par écrit, le maire à requérir l'escorte de la force armée. Escorte des dépêches.

Si le maire ne peut lui procurer cette escorte, le préposé en requiert la déclaration écrite.

Le commandant de l'escorte n'est valablement déchargé de ce service qu'en rapportant un certificat du courrier, constatant qu'il a été réellement accompagné jusqu'au lieu où il devait l'être.

En cas d'accident éprouvé par les dépêches, le courrier en recueille avec soin les débris pour les déposer au bureau de poste le plus voisin du Accidents.

lieu de l'accident. Un procès-verbal détaillé est dressé par le préposé de ce bureau.

Vols de dépêches.

Si la dépêche a disparu, en tout ou en partie, par vol commis avec violence ou par tout autre accident de force majeure, l'agent des postes qui en reçoit avis doit, en outre, faire dresser, au plus tôt, procès-verbal du fait, par le maire de la commune où a eu lieu le vol ou l'accident. Il requiert la délivrance d'une copie de ce procès-verbal et la transmet au directeur du département ou du service dont il relève.

Cette formalité est indispensable, pour dégager la responsabilité non seulement du courrier, mais de l'administration elle-même, en lui permettant d'opposer l'exception de force majeure aux actions qui pourraient être dirigées contre elle à raison de la perte d'objets de correspondance chargés ou recommandés.

Visite des courriers par les employés des douanes ou des octrois.

L'article 45 de la loi du 28 avril 1816 dispose que *les courriers ne peuvent être arrêtés à leur passage sous prétexte de la perception des droits indirects; mais ils seront obligés de les acquitter sur les objets qui y sont sujets.*

A cet effet, les employés pourront accompagner les malles et assister à leur déchargement.

La circulaire n° 77, du 30 novembre 1836, a interprété ces dispositions en ce sens que l'exemption du droit de visite par les agents des douanes ou des octrois ne s'applique qu'aux malles, c'est-à-dire aux dépêches, mais que les courriers restent soumis au droit commun quant à leurs personnes, ainsi qu'aux bagages et marchandises qu'ils transportent. Ces bagages et marchandises peuvent être vérifiés au moment de leur passage devant les bureaux de douane ou à l'entrée des villes.

Quant aux dépêches, elles ne peuvent être visitées qu'en vertu d'une autorisation spéciale du directeur général, donnée sur la réquisition de l'administration des douanes ou de l'autorité municipale dont les droits sont présumés violés par une fraude intentionnelle; cette visite a lieu au bureau de la localité désignée par l'autorisation. A cet effet, les courriers doivent se faire accompagner par les agents des douanes ou de l'octroi préposés à la vérification.

Retards.

Indépendamment de la mention qui en est faite sur les parts, les retards des courriers sont signalés sur des relevés mensuels qui en indiquent la cause. Les irrégularités diverses font l'objet de procès-verbaux auxquels les entrepreneurs sont tenus de répondre. Les relevés et les procès-verbaux sont transmis par le directeur, avec ses observations, à l'administration, au bureau de la correspondance intérieure. Ce bureau provoque, s'il y a lieu, l'application des mesures disciplinaires encourues par les courriers fautifs.

Pénalités.

Tout retard non justifié, constaté soit aux points extrêmes du parcours, soit aux bureaux intermédiaires, rend l'entrepreneur d'un service de transport de dépêches passible de la retenue d'une somme égale à une journée du prix du marché par chaque heure de retard, et d'une retenue proportionnelle pour les fractions d'heure.

Toutes les fois que, par suite de retard, d'oubli ou d'échange erroné de dépêches, de manque de coïncidence imputables à la faute d'un courrier, il a été fait usage d'un exprès, l'entrepreneur est passible d'une retenue d'un jour de salaire par heure de retard dans l'arrivée des dépêches à destination, sans préjudice du remboursement des frais du transport extraordinaire, qui sont à sa charge.

La perte ou l'avarie d'une dépêche rend l'entrepreneur passible d'une retenue de 5 francs au moins à 100 francs au plus, par chaque dépêche; il reste, en outre, responsable tant du montant des taxes des lettres que du montant des groups et autres objets perdus ou avariés, ainsi que des indemnités dues à des tiers pour les chargements.

L'oubli du part ou sa perte donne lieu à une retenue de 1 franc à 10 francs. La surcharge frauduleuse du part est punie d'une retenue dont le chiffre peut s'élever à 100 francs (*Art.* 16).

Le produit des retenues infligées aux entrepreneurs de transport de dépêches par mesure disciplinaire est versé au trésor pour le service des pensions civiles, en exécution de la loi du 9 juin 1853. Application des retenues encourues.

Les décisions prescrivant ces retenues sont notifiées aux directeurs qui en prennent note au registre matricule des salaires des courriers d'entreprise, pourqu'il en soit tenu compte sur les premiers mandats délivrés au profit de ces courriers.

Le prix du marché est payé mensuellement. L'entrepreneur touche, à la fin de chaque mois, le prix du service effectué pendant le mois précédent, sous déduction, le cas échéant, des retenues encourues, à moins qu'il n'y ait lieu de suspendre le payement pour cause de mauvais service ou d'inexécution d'une clause quelconque du cahier des charges. Liquidation des sommes dues aux entrepreneurs.

Dans aucun cas, l'entrepreneur n'a droit à un secours ni à une indemnité (*Art.* 12.)

§ 4. — Résiliation et cession des marchés.

La résiliation des marchés de transport de dépêches est prononcée par l'administration, soit d'office, soit sur la demande des adjudicataires.

L'administration peut l'accorder à un entrepreneur, dans certains cas, par exemple à la suite de l'ouverture d'une voie ferrée dont la concurrence enlève au service par terre la majeure partie des ressources qu'il tirait du transport des voyageurs et des marchandises.

La résiliation peut être prononcée d'office, pour cause de modification dans l'organisation du transport des dépêches, par mesure disciplinaire ou à la suite du décès de l'entrepreneur.

Toute condamnation judiciaire, toute contravention aux lois sur le transport des lettres, toute fraude en matière de douanes, la faillite ou la Résiliation par mesure disciplinaire.

déconfiture de l'entrepreneur, l'ivresse, l'insubordination, la désobéissance aux ordres des agents de l'administration, toute cession non autorisée, entraînent la résiliation du marché. Des retards fréquents dans la marche, des négligences réitérées ou des contraventions à une disposition quelconque du cahier des charges peuvent également entraîner la résiliation du marché. L'administration peut toutefois, si elle le juge à propos, commuer la peine de la résiliation en une amende dont elle fixe le chiffre.

Lorsque la résiliation d'un marché a été prononcée par mesure disciplinaire, l'entrepreneur est rendu responsable de l'excédent de dépense qui peut résulter tant de l'exécution provisoire que de la réadjudication du service. L'administration fait prendre par le ministre une décision en vertu de laquelle l'entrepreneur est constitué débiteur envers le Trésor de cet excédent de dépense. Les sommes auxquelles il peut avoir droit sont retenues, et l'agent judiciaire du Trésor prend les mesures nécessaires pour faire saisir le cautionnement, avec les intérêts échus.

Dans le cas où un entrepreneur est titulaire de plusieurs services, l'administration peut exercer son recours sur les mandats et les cautionnements afférents à ces divers services (*Art.* 17).

Résiliation pour cause de décès du titulaire.

En cas de décès, le traité est résilié, à partir du lendemain du jour du décès, s'il s'agit d'un service à pied.

S'il s'agit d'un service en voiture ou à cheval, les héritiers de l'entrepreneur décédé doivent continuer l'exécution du service aux conditions du marché souscrit par l'entrepreneur décédé, et jusqu'à l'époque de la réadjudication du service, sans que la durée de cette obligation puisse excéder quatre mois.

Sur la demande de la veuve ou des héritiers de l'entrepreneur décédé, l'administration peut leur accorder la continuation du marché (*Art.* 15).

Marchés provisoires.

En cas de décès ou de faillite d'un entrepreneur, si les héritiers ou le sydicat ne continuent pas le service, le directeur conclut, aux meilleurs conditions possibles, un marché provisoire avec un entrepreneur et fait approuver ce marché par l'administration. Il fait de même, en cas de résiliation par mesure disciplinaire, de changements dans la marche des trains entraînant la création immédiate de nouveaux services de transport de dépêches, ou encore lorsqu'un service arrive à fin de bail sans que le marché ait pu être renouvelé à temps. Dans ce dernier cas, le directeur donne, à prix égal, la préférence à l'entrepreneur sortant, si d'ailleurs le service de cet entrepreneur a été satisfaisant.

Cessions de marchés.

Les directeurs sont chargés de transmettre au directeur général, avec leur avis motivé, les demandes de cession formées par les entrepreneurs.

Les demandes doivent être établies sur papier timbré et accompagnées du projet d'acte de cession également sur papier timbré ; l'entrepreneur doit motiver sa demande et déclarer qu'il reste responsable, vis-à-vis de l'administration, des actes du cessionnaire ; sous peine de rejet, l'acte ne doit contenir aucune clause d'indemnité au profit du cédant (*Art.* 13).

Les demandes de résiliation formées par les entrepreneurs sont soumises aux mêmes formalités et au même mode d'instruction.

Les cessions de marché, autorisées par l'administration, sont soumises à l'enregistrement, au droit fixe de 3 francs (pour le cahier des charges) et au droit gradué (pour l'acte de cession) en raison de la caution du cessionnaire par le cédant (1).

Juridiction compétente en cas de contestation.

Toutes les difficultés auxquelles peuvent donner lieu l'exécution et l'interprétation des clauses et conditions du cahier des charges sont jugées administrativement, sauf appel au conseil d'État (*Art.* 4).

§ 6. — Statistique.

Statistique des services de transport de dépêches par terre.

On serait peut-être tenté de croire que le développement du réseau des chemins de fer a eu pour conséquence une diminution correspondante dans le parcours effectué par les courriers d'entreprise. Il n'en a rien été cependant.

En 1815, le parcours annuel des services par poste était de 463,733 postes ou de 7,419,728 kilomètres (à raison de 16 kilomètres en moyenne par poste)

En 1829, les mêmes services avaient parcouru 737,114 postes, ce qui représente un parcours d'environ 11,793,824 kilomètres.

En 1815, le parcours annuel des services de transport de dépêches par entreprise était de 3,960,528 lieues ou 15,842,112 kilomètres. En 1829, lorsque tous les services furent rendus quotidiens, le parcours annuel s'éleva à 5,589,573 lieues ou...................... 21.318.292 kilom.

En y ajoutant.................................. 11.793.824 —

pour les services de poste, on arrive à un total de . 33.112.116 kilom.

En 1866, le parcours annuel des courriers de la voie de terre, abstraction faite des services par voie ferrée, s'élevait à.............................. 51.700.000 kilom.

En 1878, il n'était plus que de .... 44.858.265 —

Depuis, il s'est relevé, et, au 31 décembre 1890, il était de 48,832,420 kilomètres (2), bien que, depuis 1878, le parcours des courriers et des bureaux ambulants sur les chemins de fer se soit élevé de 60,072,095 kilomètres à 98,006,515 kilomètres.

On peut être surpris, au premier abord, de ces résultats coïncidant avec le développement des chemins de fer. Mais, s'il est vrai que l'ouverture des voies ferrées entraîne la suppression des services de transport de

(1) *Bull. mens.*, n° 3, mars 1890, p. 435.
(2) Situation du réseau de la voie de terre au 31 décembre 1890 :

	NOMBRE de services.	PARCOURS KILOMÉTRIQUE. Journalier.	Annuel.	DÉPENSE.
En voiture.....	2.214	88.350	30.037.750	»
A cheval.......	23	832	303.680	»
A pied..	4.570	50.386	18.390.890	»
Total.......	6.807	139.508	48.832.320	6.369.432

dépêches circulant sur les routes parallèles à ces voies ; elle a aussi pour conséquence l'établissement de services nouveaux, destinés à relier les bureaux de poste aux chemins de fer; la dépense qui résulte de ces services nouveaux vient en atténuation de l'économie produite par la suppression des services anciens; en outre, les services anciens n'avaient qu'un ordinaire par jour, deux au plus, tandis que la poste utilise journellement plusieurs trains, dans chaque sens, sur les voies ferrées : il en résulte donc une circulation beaucoup plus active, et le parcours kilométrique reste à peu de chose près le même.

Le nombre des grands services, exécutés en voiture ou à cheval, a beaucoup diminué ; celui des petits services, dits de navette, exécutés le plus souvent à pied, entre les gares et les bureaux, s'est considérablement accru. La dépense totale n'a cessé d'augmenter, jusque dans ces dernières années. Depuis deux ans, elle tend cependant à diminuer.

En 1815, les services par poste coûtaient annuellement 2,545,537 fr., soit 5 fr. 49 par poste; en 1829, 6,634,160 francs, soit 9 francs par poste.

Les services par entreprise coûtaient, en 1815...	1.436.943	francs.
En 1829....................................	2.149.000	—
En 1866....................................	5.710.000	—
Au 31 décembre 1890..........................	6.369.432	—

La dépense	par kilomètre	était, en 1815, de....	0,09	centimes.
—	—	en 1819, de....	0,092	—
—	—	en 1866, de....	0,11	—
—	—	en 1890, de....	0,13	—

Cette augmentation a pour cause l'élévation constante du taux des salaires, du prix des chevaux et des fourrages.

§ 7. — Du transport des dépêches par terre dans quelques pays étrangers.

Allemagne. Même après l'établissement des chemins de fer, la poste allemande a continué d'effectuer, pour son compte et concurremment avec l'industrie privée, le transport des voyageurs et des marchandises sur les routes de terre.

Les services établis dans ce but, et qui sont chargés en même temps du transport des dépêches sont de plusieurs catégories, suivant l'importance du trafic. On distingue :

1° Les *services de voyageurs* établis par la poste ;

2° Les *services libres de voyageurs*, utilisés par la poste;

3° Les *services en carrioles* ou *malles-postes ;*

4° Les *services de marchandises ;*

5° Les *services de messagers ;*

6° Les *facteurs ruraux* à voitures et les facteurs ruraux à pied.

L'exécution des services de voyageurs établis par l'administration est confiée à des entrepreneurs appelés *maîtres de poste*, titulaires des relais, en vertu de contrats passés avec l'État. Les voitures servant à l'exploitation sont fournies et entretenues par l'administration, sauf toutefois celles dites de supplément, qui sont fournies par les maîtres de poste, moyennant une allocation déterminée ; les maîtres de poste doivent se pourvoir des chevaux et des postillons nécessaires. Les postillons sont assermentés et agréés par l'administration ; ceux qui ont de bons états de service peuvent obtenir des emplois de sous-agents des postes. Les indemnités allouées aux entrepreneurs, pour la conduite des voitures principales et supplémentaires, sont calculées à raison de tant par cheval et par kilomètre. Des suppléments, peuvent être acccordés à certains relais, à raison de la cherté des fourrages.

Le prix des places est fixé à raison de 12 centimes 1/2 par kilomètre ; le produit, ainsi que celui des taxes pour excédents de bagages, est acquis à la caisse postale. A la fin de l'année 1885, 4,396 diligences appartenant à la poste impériale circulaient sur les grandes routes.

Sur les parcours dont l'exploitation par des voitures de la poste serait peu rémunératrice, l'administration traite avec des entrepreneurs libres pour le transport des dépêches et des colis, moyennant une indemnité qui représente environ 11 pfennig (13 centimes 3/4) par kilomètre.

Les *malles-postes* sont des voitures légères à quatre roues, fournies par les maîtres de poste pour le transport des envois postaux et de un ou deux voyageurs, sur les routes où le peu d'importance des localités ne justifierait pas la création d'un service régulier de voyageurs, et où il n'existe pas d'entrepreneurs libres.

Les services de *marchandises*, pour lesquels on emploie des équipages appartenant aux postes impériales, et dont l'exécution est aussi confiée aux maîtres de poste, sont établis sur les routes où le trafic des colis a une importance telle que les services de voyageurs ne pourraient y suffire.

Les services de *messagers* à pied servent à entretenir des correspondances entre les petits offices de poste ruraux, pour le transport des correspondances et des colis. Lorsque le poids à transporter dépasse 20 kilogrammes, les messagers se font assister par des auxiliaires recrutés soit à leurs frais, soit par les offices de poste pour le compte de la caisse postale.

Les *facteurs ruraux* jouent, dans les relations des bureaux secondaires soit entre eux, soit avec les offices principaux dont ils relèvent, le même rôle que les messagers. Quelques-uns sont pourvus de voitures légères servant au transport des colis et d'un ou deux voyageurs. Ces voitures sont construites et entretenues par l'administration ; la fourniture et l'entretien du cheval et des harnais sont à la charge du facteur auquel l'administration avance les frais d'achat et alloue une subvention annuelle de 800 marks (1,000 fr.).

A la fin de l'année 1885, le parcours total annuel des services de toute nature, établis sur routes pour le service de la poste, se chiffrait par 67,643,629 kilomètres, se décomposant ainsi :

		Nombre.	Kilomètres parcourus.
Services de voyageurs		1.124	19.973.974
Services libres de voyageurs		1.316	16.362.756
Services de malles-postes		129	1.505.483
Services de marchandises		49	410.271
Messagers à pied		2.121	12.579.917
Facteurs ruraux	à pied	1.930	8.503.070
	en voiture	1.224	8.308.158
Totaux		7.893	67.643.629

En 1887, l'administration des postes allemandes possédait 4,481 voitures, 1,685 traîneaux, 2,016 carrioles de facteurs ruraux; 2,720 voitures et 1,061 traîneaux étaient la propriété des maîtres de poste (1).

Les marchés pour le transport des dépêches sont passés par les directeurs supérieurs. Ces fonctionnaires n'en réfèrent à l'administration que dans le cas d'augmentation de dépense.

D'après le budget de l'empire pour l'exercice 1885-1886, le service des transports postaux sur routes, y compris les frais de construction et d'entretien des voitures, nécessitait une dépense supérieure à 20 millions.

Si l'on voulait établir une comparaison avec le coût du service français, il faudrait défalquer du coût du service allemand les recettes provenant du prix des places des voyageurs transportés par les voitures de la poste; mais l'exploitation du service allemand est conduite d'après des principes trop différents de ceux qui ont prévalu chez nous pour qu'il soit possible de la mettre en parallèle avec notre organisation. On s'est dit en France qu'il fallait laisser les transports à l'industrie privée, tandis qu'en Allemagne il y a tendance à les monopoliser au profit de l'État. Ici, les chemins de fer sont concédés et les routes sont abandonnées à la libre concurrence ; là presque toutes les voies de communication, depuis les chemins de fer jusqu'aux routes vicinales où circulent les carrioles de la poste, sont exploitées par l'État ; application redoutable et logique de ces doctrines socialistes qui ont pris faveur au delà du Rhin, jusque dans les sphères gouvernementales, et qui tendent à faire de l'État l'agent presque unique de la circulation des idées, des hommes et des produits, le régulateur suprême de l'activité nationale (2).

Suisse. En Suisse, la loi attribue à la poste non seulement le monopole des correspondances, mais encore celui des voyageurs. Les services qui fonctionnent pour son compte sur les routes de terre sont de trois sortes :

(1) *Union postale* du 1er mai 1889, p. 71. Ces chiffres ne s'appliquent qu'au service des postes impériales, à l'exclusion de la Bavière et du Wurtemberg. La statistique postale de 1889 donne, pour toute l'Allemagne, un chiffre de 20,424 voitures, dont 11,805 appartenaient aux administrations postales. Le parcours kilométrique annuel s'élevait à 83,092,510 kilomètres.

(2) Voir, sur l'organisation des courses postales établies en Allemagne, les études publiées dans les numéros de l'*Union postale* du 1er février 1881 (t. VI, p. 391) et du 1er mars 1887 (t. XII, p. 38 et s.).

1° Les services *concessionnés*, dont les entrepreneurs sont tenus non seulement au transport gratuit, pour le compte de la poste, des correspondances et des articles de messagerie, jusqu'au poids de 5 kilogrammes, mais encore au payement, dans certains cas, d'une redevance. Le transport a lieu aux risques et périls des entrepreneurs auxquels revient, en compensation, le total des recettes des voyageurs;

2° Les services *subventionnés*, à l'entretien desquels le département des postes contribue au moyen d'un subside. La voiture est, en général, fournie à l'entrepreneur; dans le cas contraire, elle lui est prêtée par l'administration, moyennant un prix de location. D'ordinaire, le postillon reçoit l'uniforme gratuitement.

3° Les services *en régie*. Les voitures sont accompagnées d'un conducteur ou d'un postillon dont le maître de poste est responsable. L'un et l'autre relèvent disciplinairement de l'administration. Le maître de poste reçoit, pour le transport de la voiture principale, une indemnité annuelle fixe. S'il emploie des voitures supplémentaires, l'administration l'indemnise soit au moyen d'une allocation fixée d'après un tarif, soit par l'abandon du prix des places. Sur certaines routes où circulent des voitures non accompagnées de conducteurs, le maître de poste participe aux recettes des voyageurs jusqu'à concurrence de 50 0/0 (1).

En *Belgique*, le transport des dépêches sur la voie de terre est assuré au moyen des *malles-postes*, des *messageries* et des *piétons*. Belgique.

Les services de *malles-postes* sont organisés et subventionnés par l'administration pour compléter ceux des chemins de fer; ils sont concédés à des particuliers par voie d'adjudication, en vertu de marchés dont la durée est de trois à cinq ans. Les entrepreneurs font à leur profit le transport des voyageurs et des marchandises; toutefois ils sont tenus d'effectuer, pour le compte des chemins de l'État, celui des colis postaux, moyennant une rétribution de 10 centimes par colis.

Les *messageries* comprennent les services de transport par voitures de toute espèce (diligences, omnibus, fourgons, etc.), établis par des particuliers dans un but d'intérêt privé et que l'administration utilise pour le transport des dépêches, en vertu d'un droit que lui assurent les arrêtés de concession de ces entreprises. Celles-ci reçoivent, de ce chef, une indemnité annuelle de 5 francs par kilomètre de parcours utilisé.

Le transport des dépêches par *piétons*-entrepreneurs est confié, autant que possible, aux facteurs surnuméraires et fait l'objet de contrats d'une durée non limitée et résiliables à volonté (2).

(1) *Union postale* du 1er janvier 1881, t. VI, p. 4 et s.
(2) *Union postale* du 1er mai 1881, t. VI, p. 96.

CHAPITRE IX

TRANSPORT DES DÉPÊCHES PAR MER

§ 1. — Transport des dépêches échangées avec les îles du littoral.

Mode de concession.

Nous n'avons que peu de choses à dire des services de transport de dépêches par eau, établis pour relier les îles du littoral à la France continentale. Ces services, au nombre de quinze, coûtant ensemble 72,293 francs, sont assurés au moyen de marchés par adjudication, comme les transports de dépêches par terre.

Il y a lieu de déduire de cette somme de 72,293 francs, la part contributive des départements et des services publics intéressés au maintien de ces communications.

Contribution des services publics, des départements et des communes intéressées.

Ainsi, sur les 16,980 francs que coûte annuellement le transport des dépêches entre le Conquet et l'île d'Ouessant, 4,717 fr. 40 seulement représentent la part contributive de l'administration des postes qui paye le service. Le reste est à la charge des ministères des travaux publics et de la marine, et du département du Finistère. La quote-part des ministères des travaux publics et de la marine est déduite des payements effectués par l'administration des postes et des télégraphes qui en fait l'avance, au moyen d'un virement dans les écritures centrales du ministère des finances ; celle du département du Finistère est versée au Trésor et figure parmi les produits divers du budget, comme recette accidentelle.

De même, le service établi entre la Barre-de-Mont et l'île d'Yeu, qui coûte 18,000 francs par an, est en partie à la charge des ministères des travaux publics et de la marine, en partie à celle du département de la Vendée et de la commune de l'île d'Yeu.

Au contraire, le service de Toulon aux îles d'Hyères est assuré en exécution d'un marché passé par l'administration de la guerre ; la poste contribue à la dépense pour une somme de 2,594 francs.

§ 2. — Transport des dépêches échangées avec les pays d'outre-mer. Obligations de la marine marchande.

Jusqu'à la fin du XVIIIe siècle, il n'y eut pas de services régulièrement organisés pour le tra nsport des dépêches par mer.

Une ordonnance du 4 juillet 1780, confirmée plus tard par un arrêt du conseil en date des 28 juin et 5 juillet 1783 (art. 3), imposa aux capitaines de la marine marchande l'obligation de transporter *gratuitement* les lettres adressées au lieu de destination de leurs navires, tant des ports de France pour les colonies que des colonies pour les ports de France. Il leur était interdit d'appareiller desdits ports « sans avoir reçu préalablement du directeur ou préposé de la poste du lieu, les lettres et paquets renfermés dans un coffre cacheté, et sans s'être muni d'un certificat signé par lui, constatant la remise dudit coffre, ainsi que la quantité des lettres et paquets y contenus. »

Ordonnance du 4 juillet 1780. Arrêt du conseil des 28 juin — 5 juillet 1783. Transport gratuit.

Cette obligation du transport des correspondances, imposée à la marine marchande, fut maintenue par l'article 36 du décret des 17 et 22 août 1791, mais non plus à titre gratuit :

Décret des 17-22 août 1791.

Art. 26. — *Les commandants de navires partant pour les colonies ou des colonies pour la France, seront tenus de se charger des lettres et paquets qui leur seront remis par le directeur des postes du port de leur départ, et de les remettre, aussitôt leur arrivée, au bureau de poste du lieu de leur débarquement.*

Il leur sera payé, en France, 2 sols par chaque lettre ou paquet qu'ils recevront des préposés de l'administration ou remettront au bureau de la poste.

Ces dispositions furent confirmées par les articles 11 du décret des 23-24 et 30 juillet 1793, 31 de la loi du 5 nivôse an V, et expressément renouvelées par l'arrêté des consuls du 19 germinal an X (9 avril 1802). Cet arrêté étend les obligations dérivant des lois précitées à tous les capitaines de navires naviguant entre la France et les pays d'outre-mer.

Arrêté du 19 germinal an X. Obligations des capitaines de navires.

L'article 3 prescrit, en outre, au capitaine de tout navire en chargement dans un des ports de la République, de faire connaître, un mois d'avance, au moins, au préposé des postes du lieu, le jour présumé du départ de son bâtiment. Ce délai a été réduit depuis à 48 heures (*Déc. min. du 8 avril* 1854).

Déclaration de partance.

Le capitaine ne peut appareiller sans s'être muni d'un certificat du préposé, constatant la remise des dépêches et la quantité de lettres et de paquets y contenus, ou déclarant qu'on n'a pas à lui en remettre.

Certificat délivré par la poste.

Il doit remplir les mêmes formalités dans les ports des colonies ou de l'étranger, lorsqu'il part pour la France. A son arrivée, il fait viser le certificat qui lui a été délivré, par le principal agent maritime du port, et le remet au bureau de poste du lieu, qui lui en donne reçu.

Indépendamment de la rétribution de 10 centimes par lettre simple allouée aux capitaines de navires, le décret du 12 juillet 1856 (1) leur attribue 1 franc par kilogramme ou 1 centime par décagramme de journaux et autres imprimés.

Rétribution allouée aux capitaines.

Dans les relations avec l'Angleterre, l'Espagne, Gibraltar, Malte, Chypre et les établissements de poste espagnols de la côte du Maroc, le taux de la rémunération à payer aux capitaines des bâtiments libres est

(1) *Bull. mens.*, n° 11, juillet 1856, *circ.* n° 19, p. 512.

fixé à 5 francs par kilogramme de lettres et de cartes postales, et à 50 centimes par kilogramme d'autres objets de correspondance. Cette rénumération leur est payée sur-le-champ par les receveurs des bureaux de poste des lieux de départ (1).

Payement et liquidation

Les capitaines donnent reçu des sommes qui leur sont payées par les receveurs ; ces reçus sont transmis, en fin de mois, au directeur, qui demande à l'administration (bureau de l'ordonnancement), la régularisation de la dépense.

Lois du 29 janv. 1881 et du 31 juillet 1890 sur la marine marchande. Navigation au long cours.

Ce régime a été modifié par la loi du 29 janvier 1881 sur la marine marchande, en ce qui concerne les bâtiments naviguant au long cours.

Sont réputés voyages au longs cours ceux qui se font au delà des limites ci-après :

Au sud, le 30e degré de latitude nord ;

Au nord, le 72e degré de latitude nord ;

A l'ouest, le 15e degré de longitude ;

A l'est, le 44e degré de longitude.

En conséquence, les bâtiments français ne naviguant pas au long cours sont ceux dont le parcours est limité aux ports de la mer Méditerranée, de la mer Noire, de la mer Baltique, de la mer du Nord, de l'océan Glacial (côtes d'Europe), de l'océan Atlantique (côtes d'Europe et du Maroc). — L'Islande, les Açores, Madère et les Canaries sont en dehors de ces limites.

Primes à la navigation.

L'article 9 de la loi du 29 janvier 1881 accorde à la marine marchande, à titre de compensation des charges qui lui sont imposées pour le service de guerre (inscription maritime, droit de réquisition des navires), des primes à la navigation et à la construction. L'application du régime établi par la loi du 29 janvier 1881 était limitée, dans le principe, à dix années, à dater de la promulgation ; ce régime devait donc cesser de produire ses effets à partir du 29 janvier 1891 ; mais il a été prorogé, pour un an, par la loi du 31 juillet 1890, et durera par conséquent jusqu'au 29 janvier 1892.

La prime à la navigation est accordée aux seuls bâtiments naviguant au long cours, à l'exception toutefois de ceux qui reçoivent une subvention de l'État. Elle est fixée, pour les navires de construction française et sortant des chantiers, à 1 fr. 50 par tonne de jauge nette et par 1,000 milles parcourus, et décroît d'année en année de :

0 fr. 075 pour les navires en bois ou composites ;
0 fr. 05 pour les navires en fer.

Elle est réduite de moitié pour les navires de construction étrangère, et augmentée de 15 0/0 pour les navires à vapeur construits sur plans approuvés par le ministre de la marine. Depuis le 30 janvier 1891, les

(1) La loi des 3-7 mai 1853 mettait, dans les relations avec les colonies françaises, la rémunération du capitaine à la charge du bureau du lieu de débarquement. Cette loi est virtuellement abrogée depuis l'adhésion des colonies françaises à la convention de l'Union postale universelle, qui met les frais de transport à la charge du pays d'origine.

navires de construction étrangère, francisés postérieurement à la date du 29 janvier de la même année, n'ont plus droit à la prime.

Obligations corrélatives envers la poste.

L'article 10 de la loi du 29 janvier 1881 impose, par contre, à tout capitaine de navire bénéficiant de la prime, le transport gratuit des correspondances qui lui sont confiées par la poste ou qu'il est chargé de remettre à la poste, en vertu des prescriptions de l'arrêté des consuls du 19 germinal an X, et même le transport gratuit des agents des postes qui seraient chargés d'accompagner les dépêches.

Décret du 17 août 1881.

L'article 25 du règlement d'administration publique du 17 août 1881, pour l'application de la loi sur la marine marchande, contient les dispositions suivantes :

ART. 25. *Le ministre des postes et des télégraphes peut, toutes les fois qu'il le juge utile, requérir l'embarquement, pour accompagner les dépêches, d'un agent des postes sur un navire bénéficiant de la prime, soit au départ de France, soit sur tout autre point du parcours. Cet agent est chargé de la réception, de la conservation et de la livraison des dépêches, valises et correspondances.*

ART. 26. *L'agent des postes est traité comme les passagers de première classe ou, à défaut d'installation pour passagers de première classe, comme les officiers du bord. Ses frais de nourriture sont remboursés conformément aux prix du tarif du navire. Il est mis à sa disposition un local fermant à clé, en lieu sûr et convenable, pour l'entrepôt des dépêches.*

L'agent des postes peut disposer d'une embarcation convenablement armée, pour l'embarquement ou le débarquement des dépêches, toutes les fois que les besoins du service public l'exigent.

Ces dispositions ont reçu leur exécution sur la ligne libre de Bordeaux à Buenos-Ayres (départ de Bordeaux le 20 de chaque mois), exploitée, sans subvention de l'État, par la compagnie des Messageries maritimes : un agent des postes est embarqué sur les paquebots de cette ligne.

Contrôle de l'accomplissement des obligations de la marine marchande.

Le contrôle de l'accomplissement des obligations imposées envers la poste aux capitaines des bâtiments du commerce, incombe aux commissaires de l'inscription maritime. Le commissaire ne doit délivrer le rôle d'équipage du navire que sur la production d'un *part* fournissant la preuve que le capitaine s'est mis en règle vis-à-vis de la poste.

Parts.

Le part est dressé en double expédition et signé du receveur et du capitaine ou de l'officier qui prend livraison des dépêches ; l'une des expéditions est conservée au bureau de poste ; l'autre est remise au capitaine qui doit la conserver jusqu'à son retour.

Le part reçoit l'indication des dépêches ou valises remises au capitaine, ainsi que celle de leur origine et de leur destination. Si le receveur n'a pas de dépêches à expédier, il n'en est pas moins délivré au capitaine un part négatif.

A moins d'instructions spéciales de l'administration, il est interdit d'expédier par les bâtiments du commerce des lettres de valeurs déclarées ou des objets recommandés.

En cours de voyage, le capitaine inscrit sur son part les dépêches qui lui sont remises dans les différentes escales qu'il visite; à son retour, il remet au bureau de poste du premier port français où il aborde, toutes les dépêches ou correspondances dont il est porteur, qu'elles soient à destination de la France ou à destination des pays étrangers. Il lui remet, en même temps, le part qui lui a été confié.

Certificat délivré par le bureau de poste du lieu de débarquement.

Après s'être assuré, par l'examen de cette pièce, que le capitaine a régulièrement livré, contre reçu, toutes les dépêches qui lui avaient été confiées, au départ de France ou en cours de voyage, le receveur lui délivre un certificat attestant que le capitaine s'est ponctuellement acquitté des obligations imposées par l'arrêté du 19 germinal an X et par la loi du 29 janvier 1881. Ce certificat est ultérieurement transmis par l'armateur au ministère de la marine et des colonies, comme pièce justificative à joindre au dossier de liquidation du solde de la prime.

§ 3. — Services de paquebots-postes. — Constitution du réseau.

Premiers services de paquebots-postes.

Si l'on ne se servait que des bâtiments du commerce pour le transport des dépêches échangées avec les pays d'outre-mer, les relations postales avec les colonies et certains pays étrangers ne seraient entretenues que d'une manière très imparfaite; aussi les nations maritimes ont-elles reconnu de bonne heure la nécessité de s'assurer des moyens de communication réguliers sur mer comme sur terre : de là l'origine des paquebots-postes.

On voit, dans Lequien de la Neufville, que dès le XVIIe siècle, l'Angleterre entretenait un service de paquebots entre Douvres et Calais.

Service entre la France et l'Amérique (1783-1887).

Après la guerre d'Amérique, l'établissement d'une ligne régulière de navigation parut un moyen efficace de resserrer les liens qu'une confraternité d'armes avait établis entre la France et la nouvelle république des États-Unis : un arrêt du conseil, qui porte la date des 28 juin et 5 juillet 1783, en décida la création. Le gouvernement français traita, pour l'exécution, avec un sieur Le Coulteux, qui se chargea d'effectuer un voyage par mois entre Port-Louis et New-York. La taxe des lettres transportées par les paquebots était fixée à 20 sols (1).

Les États-Unis ne s'associèrent à cette entreprise que par des encouragements. Toute la charge retomba sur le budget de la France; elle parut bientôt trop lourde. Chaque expédition de paquebot coûtait 30,000 francs et ne rapportait, y compris les produits de la poste, que 5,500 francs; il en résultait, pour le ministère de la marine, une perte de 300,000 francs par an environ.

Son extension.

Cependant l'utilité reconnue de cet établissement et l'espoir d'en augmenter les produits, en l'étendant aux colonies françaises, provoquèrent un arrêt du conseil du 14 décembre 1786, qui décida la réduction de douze à huit du nombre des paquebots affectés à la ligne des États-Unis, la

(1) *Circulaire* du 15 mai 1784.

mise en service de douze bâtiments nouveaux pour les îles sous le Vent et de quatre pour les îles de France et Bourbon.

Les frais d'établissement et d'expédition de ces vingt-quatre paquebots donnèrent lieu à une augmentation de contribution de la part de l'administration des postes, et par suite à une augmentation du tarif sur les lettres à destination ou provenant des colonies. Le commerce éleva de vives réclamations contre cette augmentation du tarif et contre le monopole des lettres coloniales. Ces réclamations furent accueillies par les parlements de Bordeaux, de Rennes, de Paris, d'Aix et de Rouen, et suivies de lettres patentes qui ne furent enregistrées d'ailleurs dans aucune de cours.

Le 5 juillet 1788, un arrêt du conseil supprima le service par raison d'économie. Les quatorze paquebots qui constituaient alors la flotte de la compagnie concessionnaire furent remis au roi avec leurs canons, armes, munitions, agrès et apparaux (*Art.* 7). Sa suppression.

Diverses tentatives furent faites dans la première moitié du XIXe siècle pour le rétablissement des courriers transatlantiques. Le 17 août 1827, l'administration traitait, pour deux ans, avec un sieur Gautier, pour un service mensuel entre Bordeaux et la Vera-Cruz, par la Martinique et Haïti. L'entrepreneur s'engageait à mettre en ligne cinq navires de 200 à 300 tonneaux; les départs avaient lieu le 20 de chaque mois; la durée des voyages était fixée à cinquante jours. La subvention était de 5,000 francs par traversée. Premiers paquebots à vapeur : Ligne du Mexique (1827-1832).

En 1829, nouveau traité pour quatre ans, avec un sieur Balguérie. La subvention était réduite à 7,500 francs par voyage complet, soit 90,000 fr. par an. L'exécution du service fut suspendue quelques mois avant l'expiration du marché, par décision ministérielle du 19 septembre 1832, à cause des mesures quarantenaires prises à l'égard des paquebots dans les ports mexicains. Ligne de l'Amérique du Sud (1829).

En 1829, des services de paquebots réguliers furent établis entre la France et l'Amérique du Sud, en exécution de l'article 24 du traité de commerce et de navigation conclu avec le Brésil le 8 juin 1826. Les frais devaient être supportés en commun par la France et le Brésil. Une loi du 4 juillet 1829 autorisa la création de deux lignes nouvelles de paquebots du Havre sur le Brésil et sur Buenos-Ayres (1). Ce service fut mis en adjudication le 15 décembre 1829, en même temps que l'État procédait à la réadjudication de la ligne mexicaine. L'entrepreneur devait employer des paquebots de 200 à 300 tonneaux.

Un autre service de navigation entre la France et la Colombie fut mis en adjudication en mai 1830, mais sans résultat. Il devait y avoir un voyage, tous les deux mois, du Havre ou de Bordeaux sur Carthagène, par la Martinique.

Ces premiers essais ne réussirent pas, parce que la subvention Insuccès de ces premières tentatives.

(1) Rapport de la commission du Corps législatif dans le *Moniteur* du 21 juin 1865, p. 1605.

(300,000 francs en 1831 pour les trois lignes de la Vera-Cruz, de Rio-de-Janeiro et de Buenos-Ayres) était trop faible; la durée des concessions était aussi trop courte. Le gouvernement, qui réservait la navigation postale à la marine de l'État, n'avait eu d'autre but, en mettant en adjudication les services des paquebots, que de se donner le temps de construire le matériel naval nécessaire pour assurer leur exécution.

Exploitation en régie par l'État. Service de la Manche.

Depuis longtemps l'administration des postes assurait, avec ses propres moyens, un service quotidien par bateaux à vapeur entre Calais et Douvres.

Méditerranée.

Une loi du 2 juillet 1835 autorisa le gouvernement à faire construire les paquebots nécessaires pour entretenir des relations postales régulières par mer avec l'Italie et les pays du Levant. Cette initiative de l'État paraissait indispensable pour développer en France la navigation à vapeur, encore à ses débuts. Il s'agissait de renouveler le matériel de notre marine marchande. Comme pour les chemins de fer, l'industrie privée hésitait à engager ses capitaux dans des entreprises dont le succès paraissait incertain.

Résultats de l'exploitation par l'État au point de vue financier.

L'exploitation en régie des services de paquebots-postes donna des mécomptes. Au lieu des profits qu'on attendait, elle se solda par des déficits qui atteignirent en treize ans la somme de 37 millions (1).

En 1850, les charges, déduction faite du produit du transport des voyageurs et des marchandises, s'élevèrent à 3,338, 919 francs.

Rétrocession des services de paquebots-postes à l'industrie privée.

L'Assemblée nationale s'émut de cette sitation : par ses votes, en date des 18 et 19 avril 1849, elle décida que l'exploitation des lignes de paquebots-postes serait rendue à l'industrie privée. Une commission, chargée par un arrêté ministériel du 2 mars 1850 d'étudier la question, proposa la remise du matériel entre les mains d'une société particulière à laquelle serait allouée une subvention basée sur l'écart probable entre les dépenses nécessaires et les produits présumés. Conformément à ces conclusions,

Méditerranée.

l'État conclut, le 28 février 1851, avec les *Messageries nationales* une convention par laquelle cette compagnie s'engagea à reprendre le matériel naval et à exploiter les lignes de la Méditerranée, moyennant une subvention annuelle de 3 millions. Cette convention fut approuvée par la loi du 8 juillet 1851.

Corse.

Une loi des 17 juin, 1er et 10 juillet 1850 rétrocéda également à une société privée, la compagnie *Valery*, le service postal entre la France et la Corse, qui était exploité en régie depuis l'année 1841 ; un décret du

Manche. Algérie.

2 février 1855 remit à la compagnie *Clebsattel et Churchward* l'exécution du service de Calais à Douvres ; le service entre la France et l'Algérie, assuré par la marine de l'État jusqu'au 1er janvier 1842, fut à partir de cette date confié à l'industrie privée ; enfin il en fut de même pour les grands services transatlantiques, lorsque l'État eut démontré son impuissance à les assurer lui-même.

Services transatlantiques. Nouvelles tentatives.

En 1840, le gouvernement avait obtenu des Chambres les crédits nécessaires à l'établissement de communications rapides entre la France

(1) Rapport de la commission instituée par l'arrêté ministériel du 2 mars 1850.

et les deux Amériques. 28 millions furent mis à la disposition du ministre de la marine pour la construction de 18 paquebots-postes ; trois lignes devaient être créées :

Du Havre sur New-York ;

De Bordeaux et de Marseille sur les Antilles et l'Amérique centrale ;

De Saint-Nazaire sur Rio-de-Janeiro et Buenos-Ayres.

Après cinq années d'essais, on s'aperçut que les navires construits par l'État étaient trop lourds pour lutter de vitesse avec les paquebots anglais. Seule, la ligne des États-Unis fut inaugurée ; mais la compagnie qui la desservait avec un matériel prêté par l'État dut abandonner l'entreprise au bout de quelques mois.

Loi du 17 juin 1857.

Douze ans plus tard, l'exemple des services de la Méditerranée, dont l'exploitation prospérait entre les mains de la compagnie des Messageries maritimes, encouragea l'État à confier également à l'industrie privée les grandes lignes transatlantiques. Une loi du 17 juin 1857 autorisa le ministre des finances à s'engager, au nom de l'État, à payer pendant vingt ans une subvention annuelle de 14 millions pour l'exploitation de trois services de correspondances entre la France et :

1° New-York ;

2° Les Antilles, le Mexique, Colon-Aspinwall et Cayenne ;

3° Le Brésil et Buenos-Ayres.

Concession des nouvelles lignes.

Les deux premiers, concédés d'abord à la société *Marziou*, par décret du 17 juin 1857, furent rétrocédés à la compagnie générale maritime, appelée depuis *compagnie générale Transatlantique*, par la convention du 24 avril 1861 ; le troisième fut concédé à la compagnie des *Messageries maritimes*.

Ainsi l'exploitation directe par l'État des grandes lignes de paquebots n'avait donné partout que des mécomptes ; ce ne fut qu'à partir de la rétrocession de ces services à l'industrie privée, aidée du concours financier de l'État, que la navigation à vapeur prit tout son essor en France.

Service de l'Indo-Chine. Loi du 3 juillet 1861.

A la suite de l'expédition de 1860, qui ouvrait au commerce européen les ports de la Chine, et après l'occupation par la France de la Cochinchine, le gouvernement impérial chercha à nouer des relations régulières entre la France et l'Extrême-Orient. La création d'une grande ligne de navigation reliant le port de Marseille aux points les plus importants des mers de l'Inde, de la Chine et du Japon parut le moyen le plus propre à atteindre ce but. La compagnie des Messageries maritimes était seule en mesure de se charger de l'exécution du service sans trop de délai ; elle en obtint la concession, par la convention du 22 avril 1861, approuvée par la loi du 3 juillet suivant. Une autre convention du 15 janvier 1861, approuvée par la loi du 23 juin de la même année, concéda encore à la compagnie des Messageries maritimes une ligne nouvelle, allant de Marseille à Nouméa et desservant également l'Australie.

Ligne d'Australie. Loi du 23 juin 1881.

Renouvellement des concessions des compagnies Transatlantiques

Les concessions des Messageries maritimes ont été renouvelées ou prorogées à plusieurs reprises, et notamment en 1876 et en 1886, en vertu de conventions signées respectivement le 15 juillet 1875 et le

Et des Messageries maritimes (1883-1886).

30 juin 1886 et approuvées par les lois des 2 août 1875 et 7 juillet 1887. La dernière a augmenté le réseau des Messageries d'une ligne nouvelle, celle de Marseille à la Réunion par la côte orientale d'Afrique.

Adjudication des lignes d'Algérie à la compagnie Transatlantique (1879).

La compagnie Transatlantique a obtenu également la continuation de ses marchés à la suite de la mise en adjudication, en 1883, des services des États-Unis et des Antilles. Cette compagnie est, en outre, concessionnaire, depuis 1880, des lignes postales entre la France et l'Algérie.

Service de la côte occidentale d'Afrique (1889).

Enfin, le service de la côte occidentale d'Afrique a été adjugé, le 6 mai 1889, aux compagnies des *Chargeurs Réunis* et *Fraissinet*.

État actuel du réseau.

Actuellement le réseau de nos lignes de paquebots-postes est réparti en cinq concessions distinctes. Les concessionnaires sont :

La compagnie des *Messageries maritimes*, pour les lignes de la Méditerranée, de l'Indo-Chine, de l'Australie, de la côte orientale d'Afrique, du Brésil et de la Plata ;

La compagnie *générale Transatlantique*, pour le réseau des États-Unis, des Antilles et du Mexique et pour les lignes d'Algérie et de Tunisie ;

Parcours annuel et subventions.

La compagnie *Insulaire de navigation à vapeur*, pour les lignes de la Corse;

Les compagnies anglaises du *South Eastern Railway* et du *London Chatham and Dover Railway*, pour le service de la Manche ;

Les compagnies des *Chargeurs Réunis* et *Fraissinet*, pour le service de la côte occidentale d'Afrique.

96 paquebots sont affectés à l'ensemble du réseau ; ils développent une force nominale de 41,140 chevaux-vapeur ; leur tonnage brut se chiffre par 252,451 tonneaux, et leur tonnage net par 155,740 tonneaux.

RÉSEAUX		PARCOURS annuel en lieues marines	SUBVENTIONS	TAUX MOYEN par lieue marine
		l. m.	fr. c.	fr. c.
Messageries maritimes.	Méditerranée.......	58.240	792.491 15	14,806
	Indo-Chine.........	208.442 ⅔	6.670.144	32 »
	Côte or. d'Afrique..	52.336	1.041.920	19,90
	Australie..........	99.792	3.085.824	30,92
	Brésil et Plata.....	49.360	878.904 16	17,806
Compagnie générale transatlantique.	États-Unis.........	110.482 ⅔	5.480.000	49,60
	— Prime à la vitesse (1)........	»	1.082.017 56	»
	Antilles et Mexique.	176.032	4.478.000	25,44
	— Prime à la vitesse (1)........	»	130.500	»
Algérie et Tunisie.............		262.634 ⅔	880.000	3,35
Corse.........................		50.700	355.000	7 »
Manche........................		5.353 ⅓	100.000	18,68
Côte occidentale d'Afrique......		50.856	497.978	9,79
Totaux et moyennes........		1.124.229 ⅓	25.472.778 87	22,65

(1) Montant des primes payées pour l'exercice 1888-1889.

Après ce rapide exposé de la constitution de notre réseau maritime postal nous allons examiner les diverses questions qui se rattachent à la concession, à l'exploitation et à la surveillance des services de paquebots-postes.

§ 4. — Concession des lignes de paquebots-postes.

D'après l'exposé qui précède, les services de paquebots-postes peuvent être exploités de trois manières différentes :

Divers modes d'exploitation des services maritimes postaux.

1° En régie par l'État ;

2° Par des entreprises libres, ne recevant de la poste qu'une rémunération équivalente au service rendu pour le transport de la correspondance ;

3° Par des compagnies privilégiées, subventionnées par l'État.

Le premier système a été abandonné à raison des charges qu'il faisait peser sur le budget et de l'incompétence de l'État en matière commerciale.

Le système de la libre concurrence a été reconnu insuffisant pour assurer l'exécution du service postal dans les conditions de régularité et de célérité voulues;

Critiques dirigées contre le système des subventions.

Le système de l'exploitation par des compagnies privilégiées a été expérimenté avec succès en France et dans les pays étrangers. Néanmoins, le principe des subventions a été souvent critiqué comme onéreux pour l'État et comme étant de nature à entraver l'essor de la marine libre.

Leur utilité au point de vue politique et commercial.

La première critique serait fondée si la subvention était destinée uniquement à payer le transport des dépêches postales. On a calculé, en effet, que la valeur du service rendu à la poste par les paquebots des compagnies subventionnées n'excédait pas 2 millions de francs ; faible bénéfice en regard des 25 millions payés à ces compagnies sur le budget de la poste. A ne considérer que le point de vue exclusivement postal, il y aurait avantage à supprimer les subventions et à confier les dépêches aux bâtiments libres du commerce ou aux paquebots étrangers. Mais le service postal est plutôt le prétexte que la véritable raison des subventions. Elles ont surtout pour but de relier à la métropole, par des communications exclusivement françaises, nos établissements d'outre-mer, d'assurer le transport du personnel et du matériel nécessaires à la défense et à l'administration de nos colonies, de soutenir notre influence au loin par la présence fréquente de notre pavillon, d'ouvrir enfin des débouchés au commerce, en frayant la route à l'industrie privée, en la soutenant contre la concurrence étrangère dans des circonstances où, livrée à ses seules forces, elle ne pourrait affronter la lutte.

En 1861, avant la création du service de l'Indo-Chine, le commerce général de la France avec les pays de l'Extrême-Orient (Indes françaises, anglaises, néerlandaises, Indo-Chine, Chine et Japon, Philippines) se chiffrait par 114 millions (importations et exportations réunies) ; en 1881 il était de 557 millions, en 1888 de 540 millions.

En 1859, avant la création du service subventionné sur l'Amérique du Sud, le commerce général de la France avec le Sénégal, le Brésil, l'Uruguay, la République argentine se chiffrait par 247 millions ; il était de 571 millions en 1881, et de 672 millions en 1888.

Les subventions aux compagnies maritimes ont donc puissamment contribué à l'essor de notre commerce extérieur; les sacrifices qu'elles ont coûtés au Trésor ont été largement compensés par l'augmentation des recettes douanières et par le développement de la richesse nationale.

Lorsque le courant commercial est établi, la subvention peut être supprimée ou tout au moins réduite. Ainsi l'État a profité du renouvellement des concessions de la compagnie des Messageries maritimes, en 1886, pour retirer la subvention à la ligne de Marseille à Constantinople et à l'un des deux voyages mensuels effectués par les paquebots de cette compagnie entre Bordeaux et la Plata. Ces services n'en ont pas moins été maintenus par la compagnie à titre libre. Sur la plupart des lignes, le taux de la subvention a été réduit, tandis que les charges du concessionnaire étaient accrues par les augmentations de vitesse qui lui étaient imposées.

Protection accordée au commerce et à la marine marchande contre la concurrence étrangère.

Parfois le maintien de la subvention s'impose malgré l'activité des relations commerciales : il en est ainsi dans nos rapports avec les États-Unis, où le mouvement des échanges se chiffre par 650 millions (commerce général en 1888, importations et exportations réunies). Mais cette situation nous est disputée par des rivaux redoutables, et elle serait sérieusement menacée sans le concours financier que l'État prête à la compagnie Transatlantique. La concurrence anglaise et allemande est même devenue si pressante que la subvention allouée à la compagnie française a dû être augmentée, contrairement à ce qui s'est passé pour les autres lignes : il a été porté, en 1883, de 3,644,000 à 5,480,000 francs. Les sacrifices de l'État ne se sont pas arrêtés là. La loi du 24 juin 1883 a attribué au concessionnaire des primes à la vitesse, pouvant s'élever annuellement jusqu'à 1,200,000 francs. Ces sacrifices n'ont pas été stériles. Ils ont provoqué la construction de ces magnifiques paquebots transatlantiques qui sont l'ornement de notre marine marchande, et qui seraient, en cas de guerre, d'un puissant secours pour notre marine militaire ; ils ont conservé à la ligne française du Havre à New-York un trafic qui, sans eux, aurait déserté le pavillon français pour enrichir nos concurrents étrangers.

Réduction graduelle du taux des subventions.

Cet exemple est d'ailleurs isolé : sur toutes les lignes de paquebots-postes, à l'exception de celle des États-Unis, le taux des subventions postales a subi une diminution constante.

Dans la Méditerranée, il était à l'origine de 28 fr. 53 par lieue marine ; il n'est plus aujourd'hui que de 14 fr. 806.

Il a été abaissé, par des réductions successives, dans les mers de l'Inde et de la Chine, de 59 à 32 francs ;

Sur la ligne du Brésil et de la Plata, de 46 fr. 12 à 17 fr. 806 ;

Dans les relations avec l'Algérie, de 9 fr. 619 à 3 fr. 35 ;

Sur les lignes de la Corse, de 21 fr. 03 à 7 francs.

En moyenne, le taux de la subvention par lieue marine, qui était de 37 fr. 98 en 1866, n'est plus aujourd'hui que de 22 fr. 65. Le prix du service rendu a donc notablement diminué, bien que la qualité de ce service ait été améliorée sous le rapport de la rapidité, du tonnage et de la bonne installation des navires.

Un autre grief articulé contre les subventions maritimes, c'est qu'elles favorisent certaines entreprises au détriment de la marine libre, dont elles paralysent l'essor et l'initiative.

La subvention n'est pas une faveur.

La subvention n'est pas une faveur. Elle est la compensation des charges imposées pour l'exécution d'un service public, et qui résultent de la rapidité et de la régularité inhérentes à ce service.

Charges qu'elle est destinée à couvrir.

La vitesse coûte cher. On a dit que sur mer la dépense augmentait dans la proportion du carré de la vitesse pour le combustible et du cube pour les machines. C'est ce qui explique le chiffre relativement élevé des subventions allouées aux lignes de paquebots.

Indépendamment de la rapidité, le service postal exige une grande régularité ; cette condition essentielle est peu compatible avec la latitude que réclament les opérations du commerce maritime. Tandis que les bâtiments libres peuvent régler leur marche suivant les convenances de leur trafic, les paquebots-poste doivent suivre invariablement les itinéraires qui leur sont tracés, partir à jour fixe et s'arrêter le temps prévu dans les escales intermédiaires, qu'il y ait ou non du fret à recueillir, quels que soient l'état de la mer, les conditions favorables ou défavorables au point de vue commercial, sanitaire ou politique, des régions à desservir.

La subvention n'est que le prix d'un service rendu.

Telles sont les considérations qui justifient les subventions maritimes. Elles ne constituent pas de purs avantages pour les compagnies qui les reçoivent ; elles ne sont que la juste compensation des sacrifices qui impose à tout concessionnaire d'une ligne postale l'obligation de marcher vite et d'opérer dans des délais courts et fixes.

Exemple de l'Angleterre.

La meilleure preuve de l'utilité des subventions, c'est l'exemple donné par l'Angleterre, la première puissance maritime du monde, qui dépense plus de 12 millions pour ses services de paquebots-poste, sans parler des sacrifices que plusieurs de ses colonies s'imposent dans le même but, et qui atteignent ensemble un chiffre presque égal à celui de la métropole.

Les subventions n'ont pas paralysé l'essor de la marine marchande ; elles ont seulement stimulé les efforts et l'initiative de l'industrie libre. C'est bien l'industrie privée qui, fortifiée par l'appui et le contrôle de l'État, a créé nos grands services de navigation et les a dotés d'un matériel naval perfectionné, qui a porté leur organisation à un degré de perfection dont la marine marchande, livrée à ses seules ressources, n'eût jamais atteint le niveau sous le rapport de la rapidité, de la régularité, de la bonne installation des navires.

Les services subventionnés n'ont pas empêché la création et le développement des lignes libres ; ils leur ont plutôt servi de régulateurs et de modèles ; et pour ne citer qu'un exemple, la compagnie des Chargeurs réunis, dont les navires effectuaient, il y a quelques années, deux services bimensuels sur le Brésil et sur la Plata, en concurrence avec les paquebots subventionnés des Messageries maritimes, vient de rendre ces deux services hebdomadaires.

Ainsi le régime combiné des subventions et des primes à la marine marchande a donné à notre navigation à vapeur un remarquable essor, et il a permis à la poste de multiplier ses moyens de communication avec les pays d'outre-mer.

Mode de concession.

L'utilité des subventions étant admise pour les services maritimes postaux, on peut se demander quel est le meilleur mode de concession, celui de l'adjudication ou celui de la concession directe.

L'État a fait l'expérience des deux systèmes ; les lignes transatlantiques, les services de la Corse, de l'Algérie et de la côte occidentale d'Afrique ont été concédés à la suite d'adjudications ; le réseau des Messageries maritimes et le service de la Manche, en vertu de marchés de gré à gré. De pareilles entreprises exigent la réunion d'un capital considérable, d'un matériel immense, l'établissement d'agences et de correspondants à l'extérieur, en un mot des moyens d'action tels qu'elles ne sont accessibles qu'à bien peu de concurrents.

L'importance des intérêts engagés dans l'exploitation des services maritimes postaux ne permet d'admettre aux adjudications que les soumissionnaires présentant les garanties et les ressources nécessaires pour mener à bien l'entreprise. D'autre part, lorsque l'État traite de gré à gré, il commence par provoquer des offres de la part des sociétés aptes à se charger du service, et il ne conclut qu'après avoir débattu les conditions du marché, de telle sorte que, pour les grands réseaux de paquebots-poste, les deux systèmes de l'adjudication et de la concession directe ne diffèrent pas beaucoup dans les procédés d'application ni dans les résultats.

Comparaison des résultats donnés par l'adjudication et par la concession directe.

Lorsque l'État mit en adjudication les lignes transatlantiques en 1883, il avait divisé la concession en deux lots. Un seul concurrent se mit en ligne pour le premier, en dehors de l'ancien concessionnaire ; personne ne se présenta d'abord pour le second, et il fallut remanier le cahier des charges pour décider l'entrepreneur sortant à faire des offres. Ce fut, en définitive, la compagnie Transatlantique qui resta en possession de l'ensemble des services, à des conditions de prix sensiblement égales à celles de l'ancien marché.

Pour les services de la Corse, la première mise en adjudication, en 1882, n'amena pas de résultat, à cause de l'abstention volontaire des compagnies admises à soumissionner ; la seconde mise en adjudication ne provoqua qu'une seule soumission.

Pour les concessions des Messageries maritimes, l'État, éclairé par l'expérience qu'il venait de faire, entra en négociations avec la compagnie, et s'assura, par un traité de gré à gré, une réduction de 3 millions sur le chiffre de l'ancienne subvention.

La mise en adjudication des lignes de l'Algérie en 1879, celle des services de la côte occidentale d'Afrique en 1889, ont provoqué des offres avantageuses pour l'État, parce qu'il s'agissait de services restreints, n'exigeant que des moyens d'action en rapport avec les ressources dont disposent ordinairement les sociétés de navigation libres. Il est donc permis de conclure, des exemples qui précèdent, que le système de l'adjudication, si favorable en principe aux intérêts du Trésor, perd une partie de ses avantages lorsqu'on l'applique à des concessions de l'importance de celles de la compagnie des Messageries maritimes ou de la compagnie Transatlantique.

Tantôt le chiffre de la subvention est déterminé d'après le nombre de lieues marines parcourues ; le marché fixe alors le taux de la subvention par lieue marine ; c'est le système adopté pour les concessions de la compagnie des Messageries maritimes. Détermination du chiffre de la subvention annuelle.

Tantôt le prix du service est un chiffre ferme, fixé pour une année entière, sans égard aux inégalités qui peuvent se produire dans le nombre annuel des voyages et des parcours, sauf le cas où les itinéraires viendraient à être modifiés ; c'est le système des concessions de la compagnie Transatlantique, des services de la Corse et de la Manche.

La subvention est liquidée, pour chaque service, par douzième échu, sur la production d'un certificat délivré par le commissaire du gouvernement du port d'attache, qui constate que le service a été régulièrement accompli. On déduit, le cas échéant, le montant des retenues proportionnelles pour les parcours non effectués ou des amendes pour infractions aux clauses du cahier des charges. Liquidation des subventions

§ 5. — Conditions générales des marchés.

En général, le cahier des charges impose le versement d'un cautionnement qui garantit l'exécution régulière du service et permet à l'État d'exercer son recours contre l'entrepreneur, dans le cas où il ne remplirait pas ses engagements. Le cautionnement est de 1 million pour le service des États-Unis, de 1 million pour celui des Antilles, de 350,000 francs pour ceux de l'Algérie, de 200,000 francs pour celui de la Corse, et de 100,000 francs pour chacune des deux lignes de la côte occidentale d'Afrique. Cautionnement.

Le cautionnement peut être remboursé à l'entrepreneur, en tout ou en partie, lorsqu'il a justifié de la possession d'un matériel naval dont la valeur couvre toute espèce de reprises. Dans ce cas, c'est le matériel lui-même qui est affecté, par contrat hypothécaire et jusqu'à due concurrence, à la garantie de l'État. Remboursement du cautionnement.

La durée des marchés pour l'exécution des services maritimes postaux est de douze à quinze ans. Il faut au concessionnaire un délai suffisant pour amortir les capitaux engagés dans la construction du matériel naval. Durée des marchés.

En général l'État s'interdit, lorsqu'il traite avec une compagnie, d'en subventionner une autre sur les parcours concédés. Privilèges du concessionnaire.

§ 6. — Obligations relatives au service postal.

Transport des dépêches et des colis postaux.

L'entrepreneur s'engage à transporter gratuitement les dépêches sur les lignes concédées, ainsi que sur toute ligne soit parallèle, soit de prolongement ou d'embranchement, qu'il ajouterait aux services qui font l'objet du marché, pendant tout le temps qu'il maintiendrait ces lignes.

Il est tenu, en outre, de se charger du transport des colis postaux dans les conditions déterminées par la législation en vigueur.

Transport et nourriture des agents des postes.

Si l'administration juge à propos de confier l'exécution du service postal, en cours de route, à un agent des postes, l'entrepreneur est tenu d'affecter gratuitement, sur chaque paquebot, une cabine de 1re classe au logement de cet agent, et un local contigu pour lui servir de bureau. Un autre emplacement, dans un lieu sûr et convenable, fermant à clé, est réservé pour l'entrepôt des dépêches.

L'agent des postes est nourri à la table des passagers de première classe ou à la table du capitaine, quand la table des passagers n'existe pas, moyennant moitié des prix du tarif.

Embarcation pour le service des dépêches.

Une embarcation convenablement armée est mise à sa disposition, mais seulement pour les besoins du service.

Aucune personne autre que le capitaine ou l'un de ses officiers n'a le droit de profiter de cette embarcation, dès que les dépêches y sont embarquées.

Si le bâtiment est forcé de mouiller en rade par suite du mauvais temps, l'agent des postes peut exiger qu'on mette à sa disposition celle des embarcations du bord tenant le mieux la mer. Dans cette circonstance, un officier doit en prendre le commandement.

Obligations et responsabilité du capitaine en l'absence d'un agent des postes.

S'il n'est point placé d'agent des postes à bord d'un paquebot ou si cet agent se trouve, pendant le cours du voyage, empêché par une cause quelconque de continuer son service, le commandant du bâtiment devient responsable des dépêches, au même titre qu'un agent des postes, sans avoir droit à une indemnité à raison de ce fait.

L'administration se réserve, pour les cas énoncés ci-dessus, de prendre telles mesures qu'elle jugerait convenables pour assurer la conservation et l'inviolabilité des dépêches.

Les cahiers des charges des services de l'Algérie, de la Corse et de la côte occidentale d'Afrique contiennent, au point de vue de la responsabilité, des dispositions plus précises.

Il y est dit qu'en cas de perte d'un ou plusieurs sacs de dépêches, l'adjudicataire est tenu, envers l'administration des postes et des télégraphes, à la même responsabilité que cette administration elle-même vis-à-vis du public.

Transport des dépêches entre les ureaux de poste et les lieux d'embarquement et de débarquement.

L'entrepreneur doit pourvoir, dans tous les ports d'escale, au transport des dépêches et de l'agent des postes, entre les points d'embarquement et de débarquement à terre et les bureaux où doivent s'effectuer l'échange des dépêches.

Il n'est reçu à bord que les dépêches et les correspondances remises à l'agent des postes pour entrer dans le service postal, et les papiers de service comprenant les connaissements et les expéditions de navires, ainsi que la correspondance de l'entrepreneur avec ses agents, et de ceux-ci avec lui. Les lettres et paquets formant cette correspondance doivent être placés sous bande, mais restent entre les mains du capitaine. Monopole postal.

En cas de suspicion de fraude, l'agent des postes a le droit d'exiger l'ouverture des lettres et paquets, et procède, à bord et en présence du capitaine, à un examen sommaire de leur contenu.

Conformément aux dispositions de l'arrêté du 27 prairial an IX, il est interdit à l'entrepreneur de transporter des plis cachetés.

Toute contravention aux lois sur le transport des lettres, commise par l'entrepreneur ou par ses agents, est punie conformément à ces lois.

En cas de récidive, et si les circonstances démontraient que la contravention dût être attribuée à l'un des agents de l'entrepreneur, cet agent, sur la demande du ministre, devrait être destitué, sans préjudice des peines qu'il aurait encourues.

Toutes les fois qu'un fonctionnaire des postes et des télégraphes, un agent spécial désigné par le ministre ou un agent de l'inspection des finances est envoyé en mission, il lui est accordé gratuitement un passage de première classe, nourriture non comprise. Transport des agents en mission.

§ 7. — Obligations relatives à d'autres services publics.

En dehors du service postal, les cahiers des charges imposent aux concessionnaires des obligations importantes pour le transport des passagers et du matériel de l'État. L'État peut même disposer entièrement des paquebots, en cas de guerre ou dans toute autre circonstance grave.

En général, les fonctionnaires militaires et civils et toutes personnes voyageant avec l'agrément du gouvernement, motivé par un intérêt public, sont admis, avec leur famille et leur suite, sur les paquebots-poste, à 30 0/0 de rabais sur les prix du tarif ordinaire, sans que leur nombre puisse excéder le quart des places disponibles, si l'entrepreneur n'a pas été prévenu huit jours à l'avance. Transport des passagers de l'État.

L'État dispose, en outre, sur chaque paquebot, d'un certain nombre de places d'entrepont, au prix de 7 francs par place et par jour, nourriture comprise.

Sur les lignes d'Algérie et de la Corse où les passagers de l'État sont très nombreux, les cahiers des charges fixent les tarifs de transport pour ces passagers.

Les passagers de l'État sont admis à bord des paquebots :

En France, sur la réquisition du directeur général des postes et des télégraphes, transmise par le commissaire du gouvernement. Réquisitions de passage.

Dans les colonies, sur celle des gouverneurs ou des commandants des divisions ou stations navales ;

A l'étranger, sur celle des agents diplomatiques ou consulaires.

Transport du matériel de l'État.

Les compagnies sont tenues de recevoir à bord de leurs paquebots, quand elles en sont requises et jusqu'à concurrence du dixième du tonnage, les armes et approvisionnements de diverses natures destinés au service de l'État. L'État bénéficie, pour ces transports, d'un rabais de 30 0/0 sur les prix du tarif commercial. En cas d'embarquement de munitions de guerre, toute la responsabilité des risques qu'elles peuvent occasionner demeure à sa charge. Si l'État fait accompagner ces munitions par un agent spécial, les compagnies doivent suivre ses indications pour l'arrimage à bord et les précautions à prendre.

Il est d'ailleurs bien entendu qu'elles ne sont obligées de recevoir que les quantités d'objets qui peuvent être contenues dans l'emplacement disponible à bord des paquebots, au moment où elles sont prévenues.

Transport des fonds de l'État.

Les compagnies sont tenues, en outre, de transporter gratuitement les fonds que le Trésor public a à expédier d'un point à un autre des lignes concédées, en se conformant, pour la réception et la conservation à bord, ainsi que pour la remise à l'arrivée, aux mesures d'ordre et de prévoyance prescrites par le ministre des finances.

Réquisition du matériel naval en cas de guerre.

En cas de guerre maritime ou d'hostilités sur un point quelconque des mers parcourues par les paquebots, le gouvernement supporte les chances de guerre qui peuvent en résulter, à moins qu'il n'ait mis les compagnies en demeure de cesser leur service; après cette mise en demeure, elles ont néanmoins la faculté de le continuer le service, en tout ou en partie, à leurs risques et périls.

Le temps de la cessation totale ou partielle est, au choix des compagnies, compris ou non compris dans la concession.

Si le service est suspendu, l'État a la faculté de prendre possession immédiate des bâtiments demeurés sans emploi, avec tout leur matériel et leurs approvisionnements.

Il est fait du tout une estimation par une commission composée de deux personnes désignées par le ministre et de deux autres personnes au choix de la compagnie intéressée.

Ces quatre personnes, à la majorité des voix, en désignent une cinquième, à laquelle la présidence est dévolue. En cas de partage des voix, cette désignation doit être faite par le tribunal civil du siège de la compagnie.

La guerre terminée, les bâtiments, le matériel et les approvisionnements sont remis, lors de la reprise du service, sur une estimation semblable, qui tient compte des dépréciations, des pertes ou des plus-values pour une cause quelconque.

Au préalable, l'État doit faire réparer les navires pour qu'ils puissent exécuter le service postal et commercial.

Il est dû aux compagnies, pour tout loyer, une somme annuelle représentant l'intérêt, à 5 0/0, du capital réglé par la commission arbitrale, et la part des frais restant à sa charge. La subvention est suspendue pendant toute la durée de l'interruption du service.

Si l'État n'usait pas de la faculté qui lui est donnée de prendre possession des bâtiments, du matériel et des approvisionnements des compagnies, il aurait à payer, tant à titre d'intérêts du capital qu'à titre de dépréciation des bâtiments, du matériel et des approvisionnements, et pour couvrir les compagnies des frais restant à leur charge, une indemnité qui serait réglée par la commission arbitrale.

Indemnité à payer par l'État, dans le cas où il n'use pas du droit de réquisition.

Dans tous les cas, la guerre terminée, le ministre peut relever les compagnies des obligations du marché, si les événements de la guerre les ont mises dans l'impossibilité de reprendre le service.

Modifications aux contrats, pouvant résulter du cas de guerre.

De leur côté, les compagnies auraient la faculté de se refuser à exécuter immédiatement le traité, si les bâtiments livrés par elles à l'État ne leur étaient pas rendus en assez grand nombre pour permettre d'effectuer un service complet. Dans ce cas, la date de la reprise totale ou partielle des services serait fixée après entente entre le ministre et les compagnies.

En toute circonstance politique extraordinaire, même en dehors du cas de guerre maritime, le gouvernement peut acheter ou prendre à fret un ou plusieurs paquebots. Dans les mêmes circonstances et en cas d'urgence, les gouverneurs, dans les colonies, lorsqu'ils ont à opérer des mouvements de troupes, peuvent requérir l'embarquement de ces troupes sur les navires de l'entrepreneur.

Achat ou affrètement des paquebots par l'État.

Dans ces deux cas, l'indemnité de vente ou d'affrètement, ainsi que celle due pour les dommages que l'entrepreneur pourrait en éprouver dans l'exécution de son service, sont réglées par la commission arbitrale.

§ 8. — Exploitation commerciale.

L'entrepreneur a le droit de transporter, pour son compte, des passagers et des marchandises. Le produit des passages et du fret lui appartient.

Tarifs commerciaux.

Lors des premières concessions des services maritimes postaux, l'État s'était fait une règle de ne pas intervenir dans les conditions des transports effectués pour le compte du commerce. Le concessionnaire était libre de diriger, comme il l'entendait, à ses risques et périls, l'exploitation commerciale de son entreprise.

Dans les cahiers des charges les plus récents, on a introduit certaines restrictions à ce principe de non-intervention, dans le but de protéger l'industrie nationale contre la concurrence étrangère.

Le gouvernement n'a pas été, comme certains États étrangers, jusqu'à vouloir fixer lui-même ou homologuer les tarifs. Le cours des frets est, en effet, sujet à trop de variations : il dépend de trop d'éléments divers (lois de l'offre et de la demande ; moyens de transport disponibles ; abondance ou rareté de la marchandise ; situation respective des marchés de production ou de consommation, etc.) pour pouvoir être réglementé d'avance et d'aussi loin par des fonctionnaires métropolitains.

On laisse donc à l'entrepreneur le soin de déterminer lui-même le prix des passages et le taux du fret ; toutefois, les marchandises d'origine française ne peuvent être taxées à des prix supérieurs à ceux appliqués aux marchandises similaires d'origine étrangère, embarquées au départ de France, pour la même destination, sur les mêmes paquebots, pas plus que les marchandises de provenance étrangère, à destination des ports français, ne peuvent être taxées à des prix supérieurs à ceux appliqués aux marchandises similaires de même provenance, destinées à être réexpédiées par transbordement sur des ports étrangers, après l'arrivée en France.

Approvisionnement de combustible.

A conditions égales, l'approvisionnement en combustible doit, dans les ports de France, être constitué de préférence en charbons d'origine française.

Interdiction à l'entrepreneur de trafiquer pour son compte.

Les cahiers des charges interdisent à l'entrepreneur et à tout agent du bord de faire aucune opération commerciale soit pour leur compte, soit en participation, sur les lignes concédées.

S'il était permis à l'entrepreneur de trafiquer pour son compte, il pourrait, à la faveur de la subvention, ruiner ses concurrents; l'établissement du service deviendrait nuisible aux intérêts du commerce qu'il a au contraire pour mission de protéger.

Préférence à accorder, à conditions égales, aux expéditions du commerce français.

Le concessionnaire doit se renfermer dans son rôle de transporteur, prendre les chargements qui lui sont offerts, sans exclusion ni faveur; toutefois, à conditions égales, il est tenu d'accorder la préférence aux expéditions du commerce français.

Les directeurs et les administrateurs des compagnies maritimes subventionnées doivent être de nationalité française.

§ 9. — Matériel naval.

Effectif des navires.

Les cahiers des charges ne fixent pas le nombre des paquebots à entretenir pour l'exécution de chaque service : il appartient à l'entrepreneur de se pourvoir d'un matériel suffisant ; en aucun cas il n'est admis à exciper du manque de bateaux.

En cas de perte d'un paquebot, l'entrepreneur doit le remplacer dans un délai de dix-huit à vingt mois ; en attendant, il est autorisé à se servir d'un navire pouvant ne pas remplir d'une manière absolue toutes les conditions exigées, mais fournissant au moins la vitesse réglementaire.

Les paquebots affectés au service postal ne peuvent en être distraits sans l'autorisation du ministre.

Les contrats contiennent de nombreuses clauses relatives à la nationalité, au tonnage et à la vitesse des navires ; à la sécurité et au bien-être des passagers ; au service de guerre. L'État se réserve de surveiller les travaux de construction et de réparation des paquebots ; il prononce leur admission dans la flotte postale ; il détermine la composition des équipages ; il peut, à toute époque, faire procéder à l'inspection du matériel en service, pour s'assurer de son bon état d'entretien.

Nationalité des navires.

Les navires doivent être la propriété de l'entrepreneur.

Ils naviguent sous pavillon français et portent, en service, le pavillon postal.

Ils doivent être de construction française ou avoir été francisés avant la date des adjudications ; pour les navires neufs, on exige, depuis 1883, qu'ils aient été construits en France ; les grosses réparations, les remplacements de chaudières doivent aussi, à moins de circonstances de force majeure ou d'autorisation ministérielle, être effectués dans des chantiers situés en France. Il est utile, dans l'intérêt de la défense nationale, de développer en France l'industrie des constructions navales ; il n'est pas admissible, d'ailleurs, que les subventions de l'Etat servent à alimenter les chantiers étrangers.

Les cahiers des charges fixent le tonnage minimum de déplacement des paquebots à pleine charge. Tonnage.

La vitesse des paquebots n'a cessé de s'accroître avec les progrès de la navigation à vapeur. Mais ces progrès eux-mêmes ont été provoqués ou stimulés par les obligations imposées aux compagnies concessionnaires des services postaux. A chaque renouvellement de marché, l'État a exigé une augmentation de la vitesse, ainsi qu'en témoigne le tableau comparatif suivant : Vitesse.

LIGNES	VITESSE MINIMUM OBLIGATOIRE	
	CONTRATS PRIMITIFS	CONTRATS ACTUELS
	Nombre de milles à l'heure	Nombre de milles à l'heure
Méditerranée	9,5 et 10	12 et 13
Indo-Chine (ligne principale)	9,5	13
Brésil et Plata	9	14
Etats-Unis	11,5	15
Antilles (lignes directes)	9 et 10,5	11,5

Autrefois, la traversée de l'Atlantique, du Havre à New-York, exigeait 11 jours ; elle se fait aujourd'hui en 7 jours et demi.

Si la vitesse fixée par le contrat n'est pas atteinte, l'entrepreneur est passible de pénalités. Ces pénalités consistent dans des retenues pratiquées sur la subvention. Le taux en est fixé à Pénalités pour insuffisance de vitesse.

8 francs par tonne de jauge brute et par dixième de nœud en moins sur la vitesse réglementaire pour la ligne des États-Unis ;

500 francs par traversée et par dixième de nœud en moins pour les lignes des Antilles ;

5 0/0 de la subvention, pour un nœud en moins, sur le réseau des Messageries maritimes et les lignes de la côte occidentale d'Afrique (retenues proportionnelles pour les fractions de nœud).

Le calcul des vitesses porte, non pas sur chaque traversée prise isolément, mais sur la moyenne des vitesses réalisées annuellement sur chaque ligne, pour établir une compensation entre les retards et les avances dus à l'influence des beaux ou des mauvais temps. Les arrêts imposés par des circonstances de force majeure (avaries de machine, brumes, etc.) sont déduits de la durée des traversées.

Lorsque, pendant dix voyages consécutifs (lignes transatlantiques) ou pendant une année (Messageries maritimes et côte occidentale d'Afrique), un paquebot n'a donné qu'une vitesse inférieure à la moyenne, il peut être rejeté comme impropre.

Primes à la vitesse.

Mais les contrats pour l'exécution des services maritimes postaux ont tous une longue durée, pendant laquelle leurs clauses demeurent invariables, tandis que les progrès de la navigation sont incessants. Le minimum de vitesse stipulé au moment de la conclusion d'un traité cesse bientôt d'être en rapport avec les perfectionnements réalisés dans la construction des navires. Les clauses pénales inscrites dans les cahiers des charges, suffisantes pour assurer la stricte exécution des obligations imposées au concessionnaire, ne le sont pas pour maintenir la flotte postale à la hauteur des progrès de la science. Assuré contre la concurrence par sa situation privilégiée, l'entrepreneur hésitera peut-être à s'imposer les dépenses considérables que nécessite la transformation de son matériel. Il faut l'intéresser lui-même à cette transformation, et pour cela, lui allouer un supplément de subvention quand la rapidité de marche de ses paquebots est supérieure au minimum exigé par le contrat : tel est l'objet des primes à la vitesse.

Application du système des primes aux lignes transatlantiques.

Le système des primes à la vitesse a été inauguré, croyons-nous, par l'Angleterre. On le trouve appliqué dans les contrats du post office avec la *Royal mail*, en 1863, et avec la compagnie *Péninsulaire* et *Orientale*, en 1867. Il est surtout utile sur les lignes où le mouvement des passagers est considérable et la concurrence très active. Tel est le cas pour les services transatlantiques. Dix à douze compagnies, de nationalités diverses, se disputent le trafic entre l'Europe et l'Amérique du Nord, et sollicitent les préférences des voyageurs par des progrès incessants dans la vitesse et la bonne installation de leurs navires. Dans cette lutte, la compagnie transatlantique s'était trouvée distancée par ses rivales anglaises et allemandes, et c'est pour rendre au service français son ancienne supériorité que la loi du 24 juillet 1883 a alloué au concessionnaire des lignes de New-York et des Antilles des primes calculées, pour la première de ces lignes, à raison 12 francs par tonne de jauge brute et par dixième de nœud d'accélération de vitesse, au delà de 15 nœuds; pour les secondes, à raison de 500 francs par traversée et par dixième de nœud d'accélération de vitesse, au delà de 12 nœuds.

L'article 45 du cahier des charges des lignes des États-Unis et des Antilles indique le mode de liquidation des primes à la vitesse. Pour les trois premières annuités de la concession, de 1886 à 1889, elles se sont élevées, au total, à 3,082,851 fr. 20.

Ce régime nouveau a provoqué la construction, par la compagnie transatlantique, de quatre grands paquebots affectés aujourd'hui à la ligne des États-Unis, et qui tiennent le premier rang parmi les navires de notre flotte marchande : ils mesurent 152 mètres de long, déplacent 10,000 tonneaux, ont donné aux essais une vitesse de 18^{n},4, et fournissent couramment en service 16 nœuds et demi. Mais ces résultats, si brillants qu'ils soient, menacent d'être bientôt dépassés par les progrès réalisés sur les lignes concurrentes ; et la compagnie transatlantique, jalouse de conserver son avance, a mis en chantier à Saint-Nazaire un paquebot qui surpassera encore les précédents en dimensions et en rapidité. Ses résultats.

Les paquebots doivent être pourvus de tous les moyens propres à assurer la sécurité des voyageurs et des dépêches : cloisons étanches, embarcations, bouées, ceintures de sauvetage en nombre égal à celui des passagers qu'ils peuvent recevoir et des hommes de l'équipage ; la composition de l'équipage, les dimensions des ancres, câbles, chaînes, sont déterminées par le ministre, sur la proposition de l'entrepreneur et sur l'avis du département de la marine. Clauses relatives à la sécurité et au bien-être des passagers.

A la vitesse et à la sécurité, qualités essentielles, doit s'ajouter un certain confort indispensable pour des navires placés sous le contrôle de l'État et destinés au transport de son personnel. Les cahiers des charges stipulent en conséquence que ces navires seront installés comme les meilleurs paquebots français ou étrangers naviguant sur la même ligne ; ils doivent comprendre des installations pour des passagers de trois classes, pourvues de tous les objets nécessaires à l'usage des voyageurs.

En cas de guerre, l'exploitation commerciale des services maritimes peut être suspendue ; les communications postales peuvent être interrompues : mais les paquebots ont encore un rôle à jouer dans l'œuvre de la défense nationale. Les uns seront utilisés pour le transport des troupes, comme ils l'ont été dans le passé, lors des expéditions de Crimée, du Mexique, de la Tunisie et du Tonkin ; les plus rapides seront armés comme croiseurs et deviendront de précieux auxiliaires pour notre flotte de guerre. Service de guerre.

En prévision des services que les paquebots sont appelés à rendre dans les guerres futures, les cahiers des charges des lignes transatlantiques et des Messageries imposent aux concessionnaires l'obligation de communiquer au ministre, au début de la construction, les plans des emménagements. Le ministre fait étudier les dispositions à prendre en vue de l'établissement rapide, en temps de guerre, de pièces d'artillerie à bord des paquebots. Il a le droit d'exiger les consolidations partielles de la coque qu'il juge utiles dans les emplacements prévus pour l'établissement de cette artillerie. Il peut aussi exiger la mise en place des organes destinés à l'attache et à la manœuvre des pièces, des pavois mobiles pour la facilité du tir et des passages de poudres et munitions à travers les ponts, tant que ces dispositions ne sont pas de nature à gêner le service habituel du bord. Les consolidations et installations précitées ne peuvent être exigées Communication préalable des plans des navires.

que pour un nombre maximum de six pièces, dont le poids et les efforts de réaction ne dépassent pas ceux de la pièce de 14 centimètres du modèle supérieur.

Pour les anciens navires déjà construits, l'entrepreneur a seulement à communiquer les plans des emménagements, afin que le ministre de la marine puisse faire étudier, à l'avance, les dispositions à prendre pour leur appropriation au service de guerre.

Si le ministre croyait nécessaire ou possible de faire établir, dès le début de l'entreprise ou en cours d'exécution, une partie de ces installations, sans toutefois amener aucun retard dans le service, les dépenses seraient à la charge de l'État.

Les cahiers des charges ou les contrats conclus récemment par les États étrangers avec leurs compagnies postales contiennent des stipulations analogues (Services transatlantiques anglais; Lloyd brémois; Lloyd austro-hongrois; compagnie transatlantique espagnole).

§ 10. — Exécution des voyages.

Fixation des itinéraires.

Le tracé général des lignes, l'étendue des parcours en lieues marines sont déterminés par les cahiers des charges. Mais le ministre se réserve la faculté de modifier, suivant les besoins, les itinéraires primitifs; de supprimer des escales ou d'en établir de nouvelles (Messageries maritimes), même d'augmenter le nombre des ordinaires sur les parcours concédés, de créer des parcours annexes se rattachant aux lignes principales (lignes transatlantiques, côte occidentale d'Afrique), ou d'établir des services sur des points autres que ceux prévus au cahier des charges (Corse, Algérie). Dans ces divers cas, la subvention est augmentée ou diminuée proportionnellement au nombre des lieues marines ajoutées ou retranchées (Messageries maritimes, lignes transatlantiques, Corse, côte occidentale d'Afrique), ou bien elle est fixée à nouveau soit à l'amiable, soit à dire d'experts (Algérie).

Le ministre détermine à l'avance, sur la proposition de l'entrepreneur, les heures de départ et d'arrivée des paquebots, tant aux points extrêmes qu'aux points intermédiaires, en tenant compte des besoins du service pour les dépêches, les voyageurs et les marchandises.

L'itinéraire, une fois réglé, est obligatoire dans toutes ses parties et ne peut plus être modifié sans l'autorisation préalable du ministre.

Sursis aux départs.

Les départs de France ne peuvent avoir lieu avant l'arrivée des dépêches de Paris. Toutefois, le retard qui viendrait à résulter de cette circonstance et à raison duquel l'entrepreneur n'a droit à aucune indemnité ne peut excéder douze heures sans son consentement.

Dans les ports d'escale hors de France, les consuls ou les gouverneurs des colonies peuvent demander qu'il soit sursis au départ des paquebots. Les réquisitions de cette nature sont remises aux agents des postes embarqués, et, en l'absence d'agents des postes, aux capitaines.

Tout retard dans l'heure du départ, tant des points extrêmes que des points intermédiaires, hors les cas de force majeure dûment constatés et ceux où les paquebots ont été retenus temporairement par l'autorité compétente, en vertu d'une réquisition motivée, rend l'entrepreneur passible d'une amende dont le taux varie, suivant les lignes, depuis 20 jusqu'à 100 francs par heure, pour les six ou douze premières heures, et de 40 à 1,000 francs par heure pour les heures suivantes. Retards.

S'il est prouvé que le retard a eu pour cause l'embarquement tardif des marchandises, ces amendes peuvent être doublées.

Dans le cas où le retard apporté au départ d'un paquebot dépasse vingt-quatre heures, le commissaire du gouvernement, et, à son défaut, les agents des postes prennent, de concert avec les autorités locales, l'entrepreneur entendu, les mesures nécessaires pour assurer le service des dépêches, et tous les frais résultant des dispositions prises sont mis à la charge de l'entrepreneur.

Lorsque, pour une cause quelconque, les dépêches ne peuvent être expédiées que par le paquebot effectuant le départ réglementaire postérieur au départ non accompli, le nombre de milles qui n'a pas été parcouru dans ces conditions donne lieu à une réduction proportionnelle de la subvention.

Les paquebots ne peuvent, à moins de modification de service exceptionnellement autorisée par le ministre, faire escale ou relâche en des points non prévus par les itinéraires. Relâches non autorisées. Cas de force majeure.

S'ils se trouvent contraints, par suite de mauvais temps ou autre cause de force majeure, de relâcher sur tout autre point, le cas de force majeure est constaté par un procès-verbal, dont une copie est remise à l'agent des postes, ou, à défaut d'agent des postes, au commissaire du gouvernement.

En l'absence d'un agent des postes, si la relâche a lieu dans un port étranger, le procès-verbal doit être certifié par le consul de France.

En cas de relâche non justifiée par des circonstances de force majeure, l'entrepreneur est passible d'une amende fixée à 500 francs ou 1,000 fr., suivant les lignes, pour une première relâche, et à 1,000 ou 2,000 francs, en cas de récidive ; à la troisième infraction, l'amende peut être portée à 5,000 francs.

Dans le cas prévu par le paragraphe précédent, s'il a été embarqué ou débarqué des marchandises ou des voyageurs, les amendes peuvent être doublées.

Ces prescriptions rigoureuses ne sont pas entièrement applicables aux lignes que les compagnies des Chargeurs réunis et Fraissinet exploitent sur la côte occidentale d'Afrique, avec une subvention très faible. Ces services ont plutôt un caractère commercial que postal ; comme les lignes anglaises et allemandes, avec lesquelles ils sont en concurrence, ils ont pour but l'exploitation des richesses naturelles de la région où ils opèrent ; ils peuvent être desservis à faible vitesse ; il convient donc de laisser à l'exploitant la latitude que réclament les besoins du trafic. Latitude accordée aux concessionnaires de la côte occidentale d'Afrique.

Par suite, le cahier des charges permet aux concessionnaires de desservir, à titre facultatif, des escales non prévues par l'itinéraire officiel, à la condition qu'il n'en résulte aucune augmentation de la durée des traversées, ni aucun changement dans la périodicité des départs des points extrêmes. Les concessionnaires disposent, pour desservir les escales facultatives, du temps gagné soit par une augmentation de la vitesse au delà du minimum obligatoire, soit par une abréviation de la durée des séjours dans les escales réglementaires.

§ 11. — Service postal à bord des paquebots.

Fonctions de l'agent des postes embarqué sur un paquebot.

L'agent des postes embarqué à bord d'un paquebot fait office de bureau ambulant et de bureau d'échange. Il reçoit, à son départ de France, des dépêches de la recette principale de la Seine, du bureau du port d'attache de la ligne, des bureaux ambulants y aboutissant ; dans les escales de la route, des dépêches des bureaux coloniaux et étrangers ; il fait le tri des correspondances qu'elles contiennent et en forme de nouvelles dépêches qu'il livre en route ou à son retour au port d'attache. Il dirige, de même, les correspondances qui lui sont remises, pendant le cours du voyage, par les passagers, par les vaguemestres des bâtiments de l'État qu'il rencontre, ainsi que les lettres extraites de la boîte mobile du paquebot. Il est chargé de la livraison des dépêches closes que les bureaux français métropolitains échangent avec les offices coloniaux et étrangers, ou que ces offices échangent entre eux par la voie des paquebots-poste français ; des valises diplomatiques adressées par le ministre des affaires étrangères aux représentants de la France, et réciproquement, ou des plis que ceux-ci échangent entre eux ; enfin des dépêches adressées aux divisions navales ou aux bâtiments en station aux colonies et à l'étranger. Ces dépêches ou valises sont inscrites sur son part ; il s'en fait donner reçu.

Patron du canot des dépêches.

L'agent des postes est assisté, dans la partie matérielle de son travail, par un matelot du bord, qui est chargé du timbrage des correspondances, de la manutention des sacs de dépêches et de la conduite du canot affecté à leur transport. Le concours de ce matelot est rémunéré au moyen de l'indemnité de frais d'aide allouée à l'agent embarqué.

Vente de timbres-poste et autres formules d'affranchissement.

L'agent des postes tient à la disposition des passagers et de l'équipage des timbres-poste, des cartes postales et des cartes-lettres ; l'approvisionnement nécessaire en figurines et formules d'affranchissement lui est fourni par le receveur du bureau du port d'embarquement.

Service des articles d'argent.

Il délivre des mandats-cartes et des mandats d'abonnement aux journaux français (1). Il paye les mandats français de la somme de 50 francs et au-dessous, adressés aux marins des navires de guerre rencontrés partout ailleurs que dans les ports où fonctionne un service français de poste ou de trésorerie, pourvu que ces mandats ne soient entachés d'aucune irrégularité de nature à en suspendre le payement et qu'ils lui soient pré-

(1) *Bull. mens.* n° 16, août 1879, *instr.* n° 72, p. 546.

sentés par les vaguemestres (1). Il dispose, pour ces payements, indépendamment des fonds provenant de la vente des timbres-poste ou de l'émission des mandats, d'une avance fixe de 500 francs qui lui est fournie par le bureau français du port d'attache. Il rend compte, à son retour à ce bureau, des opérations effectuées pendant la durée du voyage, et verse entre les mains du receveur le solde en numéraire, ainsi que les timbres-poste non vendus.

Situation de l'agent des postes à bord.

L'agent des postes a un caractère officiellement reconnu par toutes les personnes du bord, ainsi qu'une autorité entière et exclusive pour tout ce qui concerne la réception et la transmission des dépêches.

Rapports de l'agent des postes avec les passagers et le commandement.

A bord, son attitude doit être réservée, aussi bien dans ses rapports avec les passagers qu'avec le commandement. L'urbanité, le tact et l'esprit de conciliation sont indispensables à l'accomplissement de sa mission de contrôle. Il doit s'abstenir de toute observation ou protestation sur les faits non prévus par le cahier des charges; signaler, dans son rapport, les actes de la compagnie qui lui paraîtraient irréguliers, en laissant à l'administration le soin d'y donner la suite qu'ils comportent; n'engager aucune discussion verbale avec le capitaine, qui est investi d'une autorité absolue pour tout ce qui concerne la discipline et le régime intérieur. Si son caractère officiel est méconnu, si les prescriptions du cahier des charges ne sont pas observées, l'agent des postes se borne à protester dans une forme modérée et à saisir l'administration de ses griefs (*Circ. du* 10 *fév.* 1864). Si des circonstances donnent lieu à une interprétation contestée des obligations de la compagnie, l'échange d'observations qui s'établit entre l'agent des postes et le commandant doit revêtir la forme d'une correspondance officielle qui est jointe au rapport de voyage (*Circ. des* 3 *janvier et* 26 *mars* 1865).

Les procès-verbaux destinés à justifier les infractions ou irrégularités résultant d'accidents de force majeure (arrêts forcés dans la navigation, retards dans les heures de départ, prolongations d'escales, escales non desservies, relâches imprévues, etc.) sont signés par le commandant et un autre officier du bord, et visés par l'agent des postes, qui les annexe à son rapport.

Ses obligations dans les ports d'escale.

Dès l'arrivée du paquebot dans les ports d'escale, l'agent des postes surveille le débarquement des dépêches, qui s'opère à l'aide des moyens mis à sa disposition par le bord ou l'agence locale de la compagnie. Il opère lui-même la livraison de ses dépêches aux bureaux de poste coloniaux ou étrangers; il est tenu de se mettre personnellement et sans retard en rapport avec le gouverneur de la colonie ou le représentant de la France, dans les ports étrangers; il remet en mains propres aux ministres, consuls ou agents consulaires les valises diplomatiques dont il est chargé.

Fixation et notification des heures de départ.

Généralement, la durée prévue pour le départ des paquebots dans les escales est considérée comme un maximum qui peut être abrégé, s'il ne

(1) *Bull. mens.* n° 5, mai 1887, *instr.* n° 352, p. 124.

doit pas en résulter d'inconvénient, et après entente avec le commandant, le représentant local de la compagnie et l'agent des postes embarqué. L'agent embarqué porte lui-même cette heure à la connaissance de la poste locale, ainsi qu'à celle des autorités coloniales, des agents diplomatiques et consulaires.

Interruption des voyages.

Dans les cas où, par suite d'un accident éprouvé par un des bâtiments de l'entreprise, le voyage commencé ne peut s'achever, l'agent des postes est chargé, si faire se peut, et en s'entendant à ce sujet avec le capitaine et les agents de l'entrepreneur, d'assurer le transport des dépêches par le premier paquebot français ou étranger se rendant au lieu de sa destination ou en communication avec les points intermédiaires ou correspondants. Les frais de ce transport extraordinaire sont à la charge de l'entrepreneur et retenus par l'administration sur le payement de la subvention afférente à la traversée interrompue.

Si le départ normal du point extrême de la ligne ne se trouve pas assuré, et si l'acheminement des dépêches ne peut avoir lieu que par le paquebot accomplissant le voyage réglementaire suivant, le parcours non effectué dans ces conditions donne lieu à une réduction proportionnelle de la subvention.

Rapport de voyage.

De retour à son port d'attache, l'agent des postes embarqué rédige un rapport de voyage dans lequel il relate les incidents de la navigation, et rend compte de tous les faits relatifs au service postal et à l'exécution des clauses du cahier des charges par la compagnie concessionnaire; il y mentionne également les circonstances qu'il juge de nature à intéresser l'administration, concernant la situation politique, administrative, commerciale ou sanitaire des pays visités ; il y joint un relevé de la marche du paquebot dont les résultats, après avoir été communiqués à la compagnie concessionnaire et acceptés par elle, servent de base, le cas échéant, à la liquidation, en fin d'année, des primes à la vitesse ou à l'application des pénalités prévues par le cahier des charges.

Le rapport de voyage est établi en double expédition : l'une est transmise à l'administration (bureau des services maritimes); l'autre est conservée dans les archives du commissariat.

Exécution du service postal à bord des paquebots non pourvus d'agents embarqués.

Lorsqu'il n'y a pas d'agent des postes à bord des paquebots, ou lorsque cet agent est empêché par une cause quelconque de continuer son voyage, le capitaine devient responsable des dépêches; mais il n'est chargé ni de la manipulation des correspondances ni d'aucune opération impliquant un maniement de fonds.

§ 12. — Surveillance.

Surveillance des services maritimes postaux subventionnés.

L'exploitation des services maritimes subventionnés est placée sous la surveillance des commissaires du gouvernement, dans les ports d'attache, et des agents des postes, en cours de navigation.

Commissaire du gouvernement.

Le commissaire du gouvernement veille à l'exécution générale du marché, signale à l'administration toutes les infractions qui viennent à se produire et requiert, s'il y a lieu, l'application des pénalités encourues.

Au moment de l'expédition des paquebots, il peut s'assurer que le tirant d'eau fixé pour la pleine charge n'est pas dépassé, et que l'équipage est au complet; il constate l'heure du départ du bâtiment.

Le commissaire du gouvernement et les agents des postes peuvent, lorsqu'ils le jugent convenable, exiger la communication du journal du bord. Communication du journal de bord.

Il est ouvert, sur chaque paquebot, un registre dit *des réclamations*, préalablement coté et parafé par le commissaire du gouvernement, et sur lequel les passagers ont la faculté de formuler leurs plaintes en les signant. Registre des réclamations.

Ce registre est tenu à la disposition de tout requérant par l'officier du bord, qui en est dépositaire. Au retour de chaque voyage, une copie, certifiée conforme, des plaintes régulièrement signées, est transmise à l'administration, soit par l'agent des postes embarqué, soit par le commissaire du gouvernement, qui ont toujours le droit d'exiger la communication du registre des réclamations.

Une affiche, apposée dans les salles affectées aux passagers des diverses classes, fait connaître l'officier auquel le registre des réclamations est à demander.

Une commission de surveillance, composée de personnes appartenant à la marine militaire, aux administrations publiques et au commerce, est constituée dans chacun des ports d'attache. Commissions de surveillance.

Dans les visites et vérifications que le commissaire du gouvernement fait à bord des paquebots, toutes les fois qu'il le juge nécessaire, il peut réclamer le concours de chacun des membres de cette commission.

La commission prononce sur toutes les décisions prises par le commissaire du gouvernement, et dont l'entrepreneur croit devoir appeler devant elle.

Toutes les difficultés auxquelles peut donner lieu l'exécution ou l'interprétation des clauses du cahier des charges sont jugées administrativement, c'est-à-dire par le ministre, sauf appel au conseil d'Etat. Interprétation des clauses des marchés.

Les travaux de construction, d'appropriation ou d'entretien du matériel naval sont surveillés par les ingénieurs de la marine en résidence dans les principaux ports d'attache des lignes de paquebots-poste (le Havre, Saint-Nazaire, Bordeaux, Marseille) ; les chantiers et ateliers leur sont ouverts en tout temps, et ils peuvent se faire communiquer les plans et marchés. Contrôle technique du matériel naval.

Ce contrôle est centralisé par un capitaine de vaisseau résidant à Paris, qui transmet à l'administration les rapports mensuels des ingénieurs. Cet officier supérieur est en même temps chargé de la présidence des commissions spéciales d'examen et de recette.

Aucun paquebot neuf ou ayant été l'objet d'importants travaux de réfection ne peut être admis dans le service postal qu'après avoir été reçu Recette des paquebots par une commission qui est toujours composée, indépendamment du capitaine de vaisseau, président, de l'ingénieur de la marine qui a surveillé les travaux et du commissaire du gouvernement du port d'attache.

Cette commission procède à des essais en mer aussi étendus qu'elle le juge convenable, et elle s'assure que les paquebots satisfont à toutes les conditions imposées par le cahier des charges sous le rapport du tonnage, de la vitesse de marche, de la sécurité et des emménagements.

CHAPITRE X

DISTRIBUTION DES CORRESPONDANCES. — ORGANISATION DU SERVICE

§ 1. — Opérations à l'arrivée des courriers dans les bureaux de destination.

A l'arrivée du courrier, les bureaux destinataires procèdent immédiatement à la reconnaissance et à la vérification extérieure des dépêches qui leur sont livrées ; ils en font ensuite l'ouverture et en vérifient le contenu.

L'absence, le mauvais état ou la livraison erronée d'une dépêche ; l'absence de la feuille d'avis ou du paquet des chargements ; l'absence, le mauvais état ou la non inscription d'un objet chargé ou recommandé sur cette feuille ; toute erreur ou irrégularité dans l'affranchissement des correspondances ou dans la direction qui leur est imprimée donnent lieu à l'établissement de procès-verbaux spéciaux.

Ces opérations, qui sont réglementées par les articles 508 à 595 de l'Instruction générale sur le service des postes, sont du domaine exclusif de l'exécution pratique de ce service ; elles ne soulèvent aucune question intéressant soit la législation, soit l'organisation. Nous ne croyons donc pas devoir nous y arrêter davantage, et nous passons immédiatement à la distribution des correspondances.

La distribution est un service essentiellement local, et, à ce titre, semblerait devoir être de la compétence exclusive des directeurs départementaux. Cependant les modifications dans le nombre des distributions ou des quartiers de distribution, les changements dans l'organisation des tournées rurales et, en général, toutes les mesures de nature à engager une dépense ne peuvent être autorisées que par l'administration centrale.

§ 2. — Distribution urbaine.

Dans les villes sièges de bureaux composés, les correspondances sont portées à domicile par des facteurs de ville (1). Origine de ce service

(1) Le dernier bail de la ferme des postes, en l'an VI, stipulait que les lettres seraient portées par les facteurs dans toutes les villes desservies par des bureaux dont le produit net était de 2,000 francs au moins, et qui étaient érigés en directions centrales (A. Belloc, *les Postes françaises*, p. 306).

L'organisation de ce service est arrêtée par le directeur du département, sur la proposition du receveur.

Quartiers de distribution.

La distribution s'effectue par quartier; chaque quartier est distingué par un numéro d'ordre qui n'implique, pour les facteurs, aucune priorité hiérarchique; la division en quartiers doit être combinée de telle sorte que chaque distribution puisse être terminée à peu près à la même heure dans toutes les parties de la ville.

Les chefs et sous-chefs facteurs participent au service de la distribution. Leur quartier est de médiocre étendue, de manière qu'ils puissent, autant que possible, partir les derniers et rentrer les premiers au bureau à l'issue de leur tournée.

Bulletins d'itinéraire.

L'ordre suivant lequel s'effectue la distribution, dans chaque quartier, est indiqué sur un bulletin d'itinéraire remis au facteur, et dont le type est déposé à la direction du département; ce bulletin donne la nomenclature de toutes les rues ou parties de rue desservies, dans l'ordre de marche indiqué par l'arrêté d'organisation.

Dans les villes importantes, les facteurs sont répartis en plusieurs brigades desservant tour à tour les mêmes quartiers. Chaque brigade est distinguée par une lettre de l'alphabet.

Organisation du service dans les grandes villes.

Dans les villes dotées de plusieurs établissements de poste, comme Lyon, Marseille, Bordeaux, Lille, le service de la distribution est centralisé au bureau principal.

Distribution dans Paris. Décentralisation à l'origine.

A Paris, ce service, décentralisé à l'origine, a été centralisé en 1837 à l'hôtel des postes; aujourd'hui on applique un système mixte.

Après l'organisation de la petite poste en 1759, Paris avait été divisé en neuf circonscriptions de distribution, pourvues chacune d'un bureau. Chaque bureau desservait les rues comprises dans sa circonscription. Les facteurs attachés à chaque bureau se partageaient la circonscription par quartiers. Pour éviter les retards et les fausses directions, on avait établi une règle toujours observée depuis, à savoir que les grandes rues seraient desservies entièrement par le bureau dans la circonscription duquel elles étaient comprises pour la plus grande partie.

Un bureau central situé, place de l'Ecole, servait de lien entre les autres bureaux de Paris.

Le nombre des facteurs, fixé d'abord à 117, fut bientôt reconnu insuffisant et porté à 200.

Il se faisait alors trois distributions par jour, la première à 8 heures du matin, la seconde vers midi, la troisième à 5 heures.

Dans la banlieue de Paris, il y avait deux distributions par jour, depuis Pâques jusqu'à la Saint-Martin, et une seulement depuis la Saint-Martin jusqu'à Pâques (1).

(1) A. Belloc, *les Postes françaises*, p. 197 et s.

Par la suite, le nombre des distributions à Paris fut porté à six en été et à cinq en hiver. Le tri, par bureau distributeur, des correspondances apportées par les courriers des départements et de l'étranger ne pouvait pas alors se faire en route; ce travail ne commençait qu'après l'arrivée à l'hôtel des postes : il fallait ensuite diriger les correspondances sur les bureaux de quartier chargés de les distribuer; la remise à domicile n'était parfois pas terminée avant 5 heures du soir. Lenteur de la distribution des courriers des départements.

Pour accélérer ce service, on remplaça, à partir du 1er septembre 1823, les piétons par des facteurs à cheval, ce qui permit d'achever la remise à domicile, avant midi, des lettres apportées par les courriers des départements. Le nombre des distributions fut alors porté à sept par jour, en toute saison, dans Paris, et à six par jour, dans la banlieue. Facteurs à cheval (1823).

En 1837, on obtint encore une plus grande célérité au moyen de la centralisation de toutes les correspondances arrivantes à l'hôtel des postes. Les facteurs, partis de l'hôtel, furent transportés en omnibus jusque sur leurs quartiers de distribution. On gagna, en outre, à ce système, l'avantage de pouvoir réparer, séance tenante, les fausses directions. La distribution des lettres venant des départements put être terminée à neuf heures et demie du matin au plus tard. Centralisation du service à l'hôtel des postes (1837

En 1856, une décision du 22 juillet créa 40 emplois de facteurs, et sépara le service de la distribution des lettres de celui des objets affranchis à prix réduit.

En 1860, après l'annexion des communes de la banlieue comprises dans l'enceinte des fortifications, le service de la distribution demeura centralisé dans l'ancien Paris ; les bureaux de la zone annexée restèrent chargés de la distribution dans leurs circonscriptions respectives. Système mixte, adopté en 1860.

L'ancien Paris est divisé pour le service de la distribution en onze *rayons* ou secteurs qui ont leur sommet près de l'hôtel des postes, tandis que leur base s'appuie sur le périmètre tracé par la ligne des anciens boulevards extérieurs. Dans la zone annexée, c'est-à-dire dans la couronne comprise entre le périmètre des anciens boulevards extérieurs et l'enceinte fortifiée, vingt et un bureaux se partagent le service de la distribution à domicile. Chaque rayon, chaque circonscription de bureau distributeur dans la zone annexée se subdivise en un certain nombre de quartiers. Le nombre de ces quartiers est de 216 pour l'ancien Paris, et de 101 pour la zone annexée, soit au total de 317; ils sont desservis par quatre brigades de facteurs, de sorte que le nombre de ces sous-agents est de 1,268. En outre, dans l'ancien Paris, la distribution des imprimés et des échantillons est confiée à deux brigades spéciales de 216 facteurs chacune. Circonscriptions de distribution.

Chaque rayon de distribution, dans l'ancien Paris, est dirigé par deux commis principaux ou commis qui alternent entre eux pour le service et prennent le titre de chef de rayon. Ils sont assistés par des chefs facteurs, des sous-chefs facteurs et des aides sous-chefs, à raison d'un par brigade et par rayon (1); 8 facteurs assistants sont chargés, dans chaque rayon,

(1) Dans les bureaux annexés, il y a un chef facteur par brigade.

d'aider au classement des correspondances et de remplacer les distributeurs absents.

Un rayon central, pourvu d'un nombreux personnel d'agents manipulateurs, trie par rayon et par bureau distributeur de la zone annexée les correspondances pour Paris reçues, sans classement préalable, des bureaux de la banlieue, des bureaux de passe de Paris et de l'étranger. Il est également chargé de diriger les lettres à adresses douteuses ou incomplètes.

Nombre et heures des distributions à Paris.

Sept distributions de lettres sont effectuées à Paris les jours ordinaires; à 7 h. 30, 9 heures et 11 h. 30 du matin; à 1 h. 30, 3 h. 30, 5 h. 30 et 7 h. 30 du soir. Les quatrième et sixième distributions n'ont pas lieu les jours fériés. Quatre distributions spéciales d'imprimés ont lieu, dans l'ancien Paris, à 6 h. 25, 8 heures du matin, 5 h. 30, 7 h. 30 du soir; les deux dernières sont supprimées les jours fériés. Pendant l'intervalle de leurs tournées, les facteurs d'imprimés participent au timbrage des journaux à la section des affranchissements dite des *périodiques*.

La première distribution des lettres est la plus importante, puisqu'elle comprend la majeure partie des correspondances apportées par les ambulants de nuit. Elle est effectuée par trois brigades. Les troisième et septième distributions sont confiées à deux brigades; les quatre autres sont effectuées par une seule brigade. Le recouvrement des effets de commerce est réservé aux facteurs de la deuxième distribution, la moins chargée de toutes.

A la première distribution, l'une des trois brigades, dite *de tri*, classe par quartier les objets reçus du rayon central ou compris dans les dépêches adressées à chaque rayon par les ambulants de nuit.

Une seconde brigade, dite *en case*, trie les correspondances par rue et par numéro. La première se rend à pied sur ses quartiers de distribution. La seconde, qui part un quart d'heure après la première, y est transportée en voiture. Une ligne d'omnibus est affectée à chaque rayon, sauf au onzième, le plus voisin de la recette principale. Enfin la troisième brigade dite d'*aide*, ne coopère pas aux travaux préparatoires et se rend directement sur les quartiers de distribution. Elle y attend, avec la brigade de tri, l'arrivée des facteurs transportés en omnibus, qui leur apportent à toutes deux leur contingent de lettres à distribuer.

En résumé, le système adopté pour la distribution des correspondances dans Paris est mixte ; centralisation pour l'ancien Paris, décentralisation pour les quartiers excentriques annexés en 1860. Cette solution, adoptée en 1860, tend à démontrer l'impossibilité de concentrer en un seul bureau la distribution des correspondances dans les villes très étendues, et plaide en faveur de la décentralisation. C'est ce dernier système qui est appliqué à Londres et à Berlin.

Distribution à Londres.

A Londres, la distribution des correspondances resta centralisée au *General post office* jusqu'en 1856. C'est même sur l'organisation anglaise que M. Conte avait pris modèle, lorsqu'il centralisa la distribution à l'hôtel des postes dans Paris, en 1837. Mais ce système ne pouvait subsister avec l'extension prodigieuse de la métropole britannique. Aujourd'hui la superficie de Londres embrasse 230 milles carrés (59,444 hectares). On a divisé cette surface en douze districts, subdivisés eux-mêmes en 90 sous-districts, qui constituent, au point de vue de la distribution des correspondances, comme autant de villes distinctes.

Des dépêches directes sont adressées par les bureaux ambulants au bureau principal de chaque sous-district, chargé de la distribution dans sa circonscription.

Pour faciliter le classement des correspondances à destination de la capitale, il est recommandé au public de ne pas omettre d'indiquer sur les adresses les initiales du district de distribution.

La plupart des quartiers urbains ont douze distributions par jour, la première commençant vers 7 h. 30 du matin, la dernière vers 8 h. 30 du soir. Dans les quartiers excentriques, le nombre des distributions varie de trois à dix. Tout service de distribution est suspendu le dimanche. Le nombre des facteurs de lettres est de 4,848.

Distribution à Berlin.

A Berlin, c'est également le système de la décentralisation qui a prévalu. Sur les 95 bureaux de poste dont cette ville est pourvue, 47 sont chargés d'un service de distribution et correspondent directement avec les ambulants. Le classement des correspondances pour Berlin est fait dans les trains montants, avec le concours d'agents trieurs envoyés de la capitale au-devant des bureaux ambulants (1).

Malgré ce renfort, le tri n'est pas toujours terminé à l'arrivée des trains en gare de Berlin. Les dépêches sont acheminées sur les bureaux destinataires par les voitures de la poste, par le chemin de fer de ceinture ou par le métropolitain. La nuit, tous les arrivages sont réunis au bureau central, d'où ils sont réexpédiés dans la matinée par les premières courses des carrioles. Les correspondances non triées sont aussi dirigées sur la poste centrale.

Onze distributions de lettres sont faites à Berlin; elles ont lieu respectivement à 7 h. 1/4, 9 h. 1/4, 10 h. 3/4, midi, 1 heure, 2 heures, 3 heures, 4 heures, 5 heures, 6 heures et 7 heures dans le rayon de la poste centrale, et à des heures un peu plus tardives dans les quartiers plus éloignés. Dans les parties encore peu habitées, il n'y a que 6 distributions.

Les chargements, les mandats de poste sont portés à domicile par des facteurs spéciaux choisis avec soin; il n'y a que 4 distributions pour ces objets. Les dimanches, le nombre des distributions est réduit à 2.

On compte 954 facteurs distributeurs, 189 leveurs de boîtes, 1,475 piétons auxiliaires, 390 conducteurs de voitures, 134 distributeurs de paquets, 553 sous-agents employés dans les bureaux, 105 chargeurs aux gares.

Relations des bureaux distributeurs entre eux.

Pour la correspondance locale, les 47 bureaux distributeurs communiquent entre eux au moyen de onze lignes de voitures qui rayonnent du centre vers la périphérie. Les départs, pour chaque ligne, ont lieu d'heure

(1) Les ambulants font de même le tri préalable des correspondances pour les grandes villes telles que Breslau, Hambourg, Leipzig, Dantzig, Kiel, Kœnigsberg.

en heure de la poste centrale, depuis 5 heures du matin jusqu'à 10 heures du soir; les levées et les distributions se font respectivement avant et après le passage des voitures.

Autrefois les onze lignes étaient desservies uniquement par des voitures légères (*Briefcarriole*) qui transportaient les dépêches échangées entre les bureaux ou reçues des ambulants. Le tri des correspondances de Berlin pour Berlin se faisait à la poste centrale; seuls, les bureaux situés sur une même ligne de voitures correspondaient directement entre eux. La majeure partie des lettres locales subissait donc, en cours de transmission, un temps d'arrêt qu'on a cherché tout récemment à supprimer ou à réduire au minimum, en introduisant le système des bureaux ambulants dans le service postal de la capitale (1). A cet effet, depuis 10 heures du matin jusqu'à 7 heures du soir, c'est-à-dire pendant les heures où les affaires sont le plus actives, les carrioles on été remplacées par des voitures spéciales (*Strassenposten*) en forme d'omnibus, attelées de deux chevaux, garnies intérieurement de casiers et permettant à un agent ou deux d'effectuer le tri des correspondances pendant la marche. Ce tri est très simple : l'agent classeur fait un seul paquet des correspondances en passe-Berlin, et autant de paquets qu'il y a de lignes de voitures, des correspondances pour Berlin; en service montant, il fait le tri des dépêches directes pour les bureaux desservis par sa ligne. Les voitures partent, en général, des points extrêmes de leur parcours, 10 minutes après l'heure écoulée, soit à 10 h. 10, 11 h. 10, midi 10, etc. La course dure environ 22 minutes; les voitures s'arrêtent pendant 10 minutes à la poste centrale pour l'échange des dépêches; cet échange terminé, elles se remettent en mouvement et se dirigent vers les points terminus de leurs lignes respectives, où elles arrivent à 11 h. 5, midi 5, 1 h. 5, etc.

Bureaux ambulants de rues.

Ainsi le transport et la manipulation des lettres échangées entre les bureaux situés à des extrémités opposées de la ville exige à peine 1 heure. Si l'on ajoute les délais nécessaires pour le relevage et la distribution, qui s'opèrent d'heure en heure, on voit que les communications par la poste entre les quartiers les plus éloignés l'un de l'autre n'exigent pas plus de 3 heures au maximum.

Délai pour l'échange des correspondances de Berlin pour Berlin.

Pour les lettres mises aux boîtes des bureaux ou des voitures elles-mêmes, le délai peut être réduit à une heure, notamment lorsque la lettre est remise à la voiture qui dessert le bureau de destination.

Supposons au contraire une lettre mise à la poste à Paris, dans une boîte supplémentaire relevée par un bureau de la zone annexée, vers 7 heures du matin, c'est-à-dire après la levée, et distribuable par un autre bureau de la même zone. Cette lettre sera comprise dans la dépêche que le bureau d'origine envoie à son bureau de passe vers 10 heures du matin. Elle stationnera pendant un quart d'heure à ce bureau et n'arrivera à l'hôtel des postes qu'entre 10 h. 30 et 10 h. 45 pour y être manipulée. Elle quittera la recette principale à 11 h. 20 et sera distribuée entre midi et 1 h. 1/2; elle restera donc environ 6 heures entre les mains de la poste,

Délai pour l'échange des correspondances de Paris pour Paris.

(1) Voir l'*Union postale* du 1er mai 1890, p. 74 et s.

depuis le moment de son dépôt jusqu'à celui de sa remise au destinataire. Si cette lettre avait été jetée à la boîte du bureau d'origine quelques minutes avant la dernière levée, c'est-à-dire un peu avant 9 h. 30 du matin, il se serait encore écoulé, depuis le moment du dépôt jusqu'à celui de sa remise, de trois heures et demie à quatre heures. Pour les lettres mises à la boîte dans l'ancien Paris et distribuables par la recette principale, ces délais pourraient être abrégés d'une heure ou deux.

Comparaison.

En général, la transmission des correspondances de Paris pour Paris exige une heure à deux heures de plus que la transmission des correspondances de Berlin pour Berlin. Cette situation défavorable tient au nombre restreint des distributions et des levées qui se font à Paris (7 par jour au lieu de 12 à Berlin), plus encore qu'à la superficie plus considérable de Paris (7,500 hectares à Paris, 6,000 à Berlin) et à l'absence d'un service de manipulation ambulante comme celui qui fonctionne à Berlin.

L'établissement d'un service ambulant dans Paris ne rendrait que peu de services avec l'organisation actuelle; ce seraient surtout les correspondances de la zone annexée qui en bénéficieraient. Le service ambulant urbain ne peut en effet donner tous ses avantages qu'autant que la distribution est décentralisée.

Hypothèse de la décentralisation du service de la distribution dans Paris.

On a souvent réclamé pour la distribution des lettres à Paris le retour au système de la décentralisation, abandonné depuis 1837. On a proposé de renoncer à l'ancienne division de la capitale par rayons et circonscriptions de bureaux annexés, qui ne correspond pas avec la division administrative et à laquelle le public n'est pas initié, pour y substituer la division par arrondissements, connue de tout le monde. On pourrait, de la sorte, amener le public français, comme le public anglais ou le public allemand, à indiquer sur les adresses de ses lettres la circonscription du bureau distributeur, ce qui faciliterait beaucoup le travail des agents trieurs. Il y aurait un bureau distributeur par arrondissement. Les vingt bureaux distributeurs seraient mis en correspondance réciproque avec les bureaux ambulants et entre eux. La manipulation des lettres de Paris pour Paris, qui se fait actuellement à l'hôtel des postes, au rayon central, serait reportée sur les bureaux d'arrondissement, à moins qu'on n'adoptât le système ambulant pratiqué à Berlin. La décentralisation entraînerait la réorganisation du transport des dépêches dans Paris ; pour mettre les bureaux d'arrondissement en correspondance directe avec toutes les gares et avec leurs bureaux satellites, il faudrait renforcer les moyens d'action sur toutes les lignes; par contre, les courses des voitures affectées au transport des facteurs seraient supprimées. Le personnel nécessaire à l'organisation du service de la distribution dans les bureaux d'arrondissement serait prélevé sur celui de la recette principale. Mais il faudrait aussi mettre à la disposition de ces bureaux des locaux pour recevoir leur nombreux personnel de facteurs, tandis qu'une partie des salles récemment construites et aménagées à grands frais à l'hôtel des postes deviendraient inutiles. Il y aurait de ce chef une augmentation très considérable des dépenses actuelles, sans parler des frais de premier établissement pour l'appropriation des nouveaux locaux et la transformation d'une partie du matériel roulant.

Abstraction faite de la pénurie des ressources budgétaires, qui est l'obstacle ordinaire à toutes les grandes réformes en matière postale, on peut se demander si les avantages qui résulteraient d'un changement de système dans le service de la distribution à Paris seraient assez grands pour compenser les inconvénients très sérieux qu'il entraînerait, au moins temporairement. La nouvelle division adoptée pour le classement des lettres n'entrerait que peu à peu dans les habitudes des agents chargés du tri des correspondances; jusqu'à ce qu'ils fussent familiarisés avec les nouvelles divisions, leur travail serait défectueux. Les erreurs commises seraient d'autant plus préjudiciables qu'elles ne pourraient pas, comme aujourd'hui, être réparées séance tenante, par l'échange entre les rayons des correspondances mal dirigées.

Un changement de système ne serait désirable que s'il coïncidait avec une augmentation du nombre des distributions et des levées de boîtes, de manière à procurer une réelle accélération à la correspondance locale de Paris. Mais, pour cela, il faudrait augmenter considérablement le personnel des facteurs et le nombre des courses de voitures; les dépenses seraient accrues dans une proportion tellement considérable qu'une réforme de cette nature paraît condamnée à un ajournement presque indéfini.

§ 3. — Distribution locale et rurale.

Absence d'un service régulier avant 1830.

Avant 1830, la distribution à domicile n'existait pas, en dehors des bureaux composés et de la banlieue de Paris. 35,587 communes, dont 1,300 chef-lieux de canton, étaient privées de tout service postal. Les municipalités rétribuaient elles-mêmes des piétons qu'elles envoyaient, une ou deux fois par semaine, retirer aux bureaux de poste les plus voisins les plis à l'adresse des fonctionnaires. Quant aux particuliers, ils devaient aller chercher eux-mêmes, ou faire prendre par des commissionnaires, les lettres qui leur étaient destinées. Chaque année, 300,000 lettres pour des personnes résidant dans les localités rurales tombaient en rebut, faute d'avoir été réclamées.

Loi des 3-10 juin 1829. Création du service rural.

Une loi, qui porte la date des 3-10 juin 1829, décida (art. 1er) qu'*à partir du 1er avril suivant, l'administration ferait transporter, distribuer à domicile et recueillir, de deux jours l'un au moins, dans les communes où il n'existait pas d'établissement de poste, les correspondances administratives et particulières, ainsi que les journaux, ouvrages périodiques*, etc.

La dépense qui devait en résulter pour le budget de l'État était évaluée par l'exposé des motifs du projet de loi à 3 millions par an, dont 600,000 francs pour frais de premier établissement et 2,400,000 francs pour le salaire de 5,000 facteurs ruraux, rétribués à raison de 4 centimes par kilomètre parcouru (1).

(1) Le budget de 1830 prévoit seulement un crédit de 1,586,623 fr. 70 pour le salaire des facteurs ruraux.

Pour couvrir la dépense, l'article 2 de la loi des 3-10 juin 1829 établit, sur les lettres distribuées ou recueillies par les facteurs ruraux, une surtaxe fixe de 10 centimes, appelée *décime rural*, et ordonna le versement au Trésor des sommes allouées au budget des communes pour le salaire des messagers-piétons. Ces sommes s'élevaient à 916,000 francs. L'article 5 de la loi décida, en outre, que la subvention des communes n'aurait lieu que dans la proportion nécessaire pour élever les recettes au niveau des dépenses et qu'elle cesserait, dans tous les cas, à partir du 1er janvier 1833.

Décime rural.

La loi du 21 avril 1832 rendit le service quotidien, en principe, dans les communes rurales, à partir du 1er juillet de la même année, mais cette amélioration ne devait être réalisée que successivement, en raison des besoins des localités, constatés par des délibérations des conseils municipaux et l'avis des préfets et sous-préfets. Le 1er janvier 1863, toutes les communes rurales de la France continentale étaient desservies quotidiennement.

Service quotidien.

La loi du 3 juillet 1846 supprima le décime rural. En 1843, le produit de ce décime s'élevait à 1,900,000 francs, tandis que le service rural coûtait 3,400,000 francs.

Suppression du décime rural.

Il n'était pas possible, alors qu'on organisait un service de distribution dans les communes dépourvues d'établissements de poste, de priver du même avantage les localités qui en étaient pourvues. L'administration alloua, en conséquence, une indemnité, sous forme d'abonnement, aux receveurs des bureaux simples, à charge pour eux de faire opérer la distribution des lettres dans leurs communes. Ce mode de procéder ayant donné lieu à des abus, une décision ministérielle du 11 juillet 1844 (1) supprima l'indemnité et confia la distribution à des sous-agents commissionnés par l'administration; c'est ainsi que furent institués les facteurs locaux.

Organisation du service de distribution locale.

Ces sous-agents recevaient d'abord un salaire fixe qui était, au minimum, de 150 francs par an; à partir de 1851, ils furent rétribués de la même manière que les facteurs ruraux (2).

Salaire des facteurs locaux.

Au début, les facteurs locaux et ruraux ne subissaient aucune retenue sur leur salaire et ne pouvaient prétendre à une pension de retraite. La loi du 9 juin 1853 les admit au bénéfice de la pension, au même titre que les autres agents et sous-agents des postes.

Le taux de la rétribution kilométrique des facteurs locaux et ruraux, fixé d'abord à 4 centimes, parut bientôt trop faible.

Améliorations successives du traitement des facteurs locaux et ruraux.

L'allocation d'une haute paye de 50 francs aux plus anciens et aux plus méritants (*Décision ministérielle du 14 juillet* 1851) (3) fut le premier pas fait dans la voie d'une amélioration que les difficultés du recrutement rendaient nécessaire autant qu'elle était équitable.

(1) *Circulaire* n° 24 du 30 juillet 1844.
(2) — n° 42 du 16 septembre 1850.
(3) — n° 69 du 29 juillet 1851.

A partir de 1854, le taux de la rétribution kilométrique fut porté à 5 centimes.

En 1858, augmentation de crédit de 1,200,000 francs pour l'élever à 6 centimes.

En 1875, concession d'une deuxième haute paye de 50 francs pour les facteurs ayant 20 ans de service et 50 ans d'âge, la première étant dès lors acquise à 15 ans de service et 45 ans d'âge.

En 1877, allocation par l'Assemblée nationale d'un supplément de crédit de 1,700,000 francs (amendement Rouveure) qui permit d'élever à 6 centimes et demie par kilomètre le taux du salaire, et de créer une troisième haute paye. Les hautes payes étaient dès lors accordées sans condition d'âge :

La première, après 10 ans de service;
La deuxième, — 15 —
La troisième, — 20 —

Sous le ministère et sur la demande de M. Cochery, les Chambres accordèrent de larges augmentations de crédit, qui permirent de relever successivement le taux de la rétribution kilométrique à 6 centimes 3/4 en 1881, à 7 centimes en 1882, à 7 centimes 1/4 en 1883.

Enfin, en 1890, une allocation supplémentaire de 300,000 francs (amendement le Gavrian) a permis de porter à cinq le nombre des hautes payes, qui s'échelonnent de la manière suivante :

1re haute paye	25 francs	après	5 ans	de service.
2e	—	50	—	10	—
3e	—	100	—	15	—
4e	—	150	—	20	—
5e	—	200	—	25	—

Soumises à la retenue et cumulées avec le salaire proprement dit pour la liquidation des pensions de retraite, les hautes payes ne sont accordées qu'aux facteurs bien notés, sur l'avis des directeurs, qui adressent des propositions à cet effet à l'administration, les 20 mai et 20 novembre de chaque année.

ANNÉES	NOMBRE DE FACTEURS boîtiers, locaux et ruraux	CRÉDITS ALLOUÉS AU BUDGET (traitement et haute paye)	MOYENNE par FACTEUR
		fr.	fr. c.
1830	5.000	1.586.623	317 32
1845	9.430	4.036.200	427 11
1861	15.960	7.989.000	500 87
1866	16.406	8.693.180	530 »
1877	19.010	13.266.800	697 88
1891	23.940	18.766.629 (1)	783 90

(1) Dont 1,292,280 francs pour les hautes payes.

En outre, l'habillement est fourni gratuitement, depuis 1883, aux facteurs locaux et ruraux ; d'où une dépense annuelle de 67 francs par facteur rural, de 71 francs par facteur local ; chaque sous-agent reçoit, en outre, une indemnité de 30 francs par an pour frais de chaussure.

Organisation du service de la distribution dans les communes rurales.

En principe, les communes rurales sont desservies par les bureaux les plus rapprochés ; une commune ne peut, sur sa demande, être desservie directement par un bureau dont elle est éloignée de plus de 10 à 12 kilomètres.

A moins de nécessité impérieuse du service ou du budget, les communes, une fois attachées à un bureau de poste, ne peuvent être distraites de l'arrondissement rural de ce bureau sans leur adhésion exprimée par l'organe de leurs conseils municipaux.

Ordre de la distribution dans les communes rurales.

L'ordre de la distribution à domicile, dans les communes rurales, est déterminé par leur importance au point de vue postal, c'est-à-dire par le produit de la taxe des lettres, ou bien en conséquence de leur proximité du bureau qui les dessert. A moins d'empêchements topographiques, la priorité doit être acquise aux communes dont les produits sont le plus élevés.

Propositions de modifications à l'organisation du service rural.

Les directeurs sont chargés de l'étude des modifications à apporter à l'organisation des tournées rurales. Les rapports qu'ils adressent à ce sujet à l'administration, soit dans un but d'amélioration, soit en vue de la création de nouveaux établissements de poste, sont établis sur des formules du modèle n° 799, disposées de manière à réunir, sous forme de tableaux, tous les éléments nécessaires d'appréciation. Ces tableaux font ressortir :

1° Le résultat de la proposition au point de vue financier ;

2° La superficie et la population de la commune siège du bureau ;

3° Les heures de réception et d'expédition des courriers ;

4° La superficie, la population et les produits des communes dont le service doit être modifié ;

5° La comparaison du service existant et du service proposé.

Chaque rapport est accompagné des bulletins d'itinéraires des facteurs et de deux croquis à l'échelle du 80,000e, tracés d'après la carte de l'état-major, et dont l'un indique, à l'encre noire, les itinéraires suivis par les facteurs; l'autre, à l'encre rouge, les itinéraires proposés.

Deuxième levée des boîtes rurales.

On doit s'attacher, dans les remaniements de tournées, à faire repasser, autant que possible, le facteur par les localités déjà visitées, pour y opérer une seconde fois la levée des boîtes aux lettres, de manière à permettre aux habitants de répondre le jour même aux lettres reçues.

Pour les communes situées à l'extrémité des tournées, on peut prescrire au facteur de repasser par le chef-lieu de la commune après la distribution dans les écarts, afin de lever une seconde fois la boîte aux lettres, ou de séjourner dans la commune pendant une heure au plus.

Le nombre des communes rurales qui ont été dotées d'une deuxième levée de boîte s'élève aujourd'hui à 13,750.

On doit éviter, dans les propositions ayant pour objet la réorganisation du service rural, de constituer des tournées comportant un parcours et, par suite, un traitement trop faibles, pour lesquelles on trouverait difficilement des titulaires.

Résidence des facteurs ruraux.

La résidence des facteurs ruraux est fixée dans la commune siège du bureau, à moins d'autorisation accordée sur la proposition du directeur. La résidence des facteurs peut être fixée dans la commune située au point extrême de leur tournée, lorsque l'arrivée du courrier de Paris, qui commande habituellement l'heure du départ des facteurs ruraux, n'a lieu qu'au milieu de la journée. Les facteurs, en se rendant le matin au bureau, font une première levée des boîtes aux lettres ; ils effectuent la distribution, en même temps que la seconde levée des boîtes, en retournant du bureau à leur résidence. Cette combinaison, qui présente l'inconvénient de laisser séjourner les correspondances au domicile du facteur, doit, autant que possible, être évité.

Facteurs de relais.

Les communes rurales trop éloignées du bureau pour être visitées, dans leur entier, par des facteurs ruraux partant de ce bureau, peuvent être desservies par des *facteurs de relais*, dont le directeur propose de déterminer la résidence et le point de correspondance avec les facteurs partant du bureau.

Toutefois, comme les facteurs de relais échappent à la surveillance directe des receveurs, on ne doit créer d'emplois de cette nature que dans le cas d'impossibilité absolue de desservir une commune d'une autre manière.

Les modifications à apporter à la distribution dans les écarts de commune, sans changement d'arrondissement rural, peuvent être effectuées d'office par les directeurs, si d'ailleurs elles n'entraînent pas celle des salaires attribués aux tournées, et à charge d'en demander, aussitôt que possible, la régularisation à l'administration.

Organisation des tournées locales.

La distribution à domicile dans les communes sièges de bureaux simples est organisée en tournées confiées à des facteurs locaux.

Les facteurs ruraux peuvent aussi être chargés, en tout ou en partie, du service local, et même de la distribution dans certains quartiers des villes sièges de bureaux composés, qui ne sont pas desservis par des facteurs de ville.

L'itinéraire des facteurs locaux est réglé par le directeur, le titulaire du bureau entendu.

État d'organisation du service local et rural.

L'organisation du service de la distribution locale et rurale est constatée, pour chaque établissement de poste, sur un état arrêté par l'administration ; un exemplaire est conservé à la direction, ainsi qu'au bureau intéressé. Cet état indique, dans des tableaux, les heures de réception et d'expédition des courriers; celles du départ des facteurs, celles de leur passage dans les communes ou les localités pourvues de boîtes aux lettres, l'étendue des tournées, les traitements des facteurs, etc.

L'ordre à suivre pour la distribution, dans chaque tournée, est indiqué sur des bulletins d'itinéraires dont les types sont conservés à la direction, et dont un exemplaire est remis à chaque facteur intéressé.

Ces bulletins donnent, pour chaque tournée rurale, la nomenclature complète des écarts de commune, dans l'ordre que le facteur devrait observer pour les desservir, s'il avait des objets de correspondance pour chacun d'eux ; et pour les tournées locales, la nomenclature des rues, parties de rues, maisons isolées, dans l'ordre suivant lequel elles doivent être visitées.

L'étendue des tournées est déterminée par la distance en kilomètres, mesurée par la route la plus directe, du bureau au chef-lieu de la première commune à desservir, et ainsi de suite, de commune en commune, jusqu'au retour au bureau, en y ajoutant un certain nombre de kilomètres pour les écarts à desservir, suivant les conditions économiques et topographiques de la tournée. **Étendue des tournées.**

Pour les facteurs locaux, l'étendue des tournées est déterminée par le temps employé à les parcourir, étant admis qu'une heure de service équivaut à quatre kilomètres.

A moins d'impossibilité matérielle, les tournées des facteurs ne doivent pas excéder 32 kilomètres ou 8 heures de marche par jour. Si, dans un remaniement de tournée, la distance parcourue par un facteur vient à être diminuée, le facteur conserve le traitement dont il jouit, jusqu'à ce qu'il puisse être appelé dans la même résidence, ou dans un autre bureau du département, si la constitution des cadres de cette résidence ne le permet pas, à une tournée comportant un traitement équivalent ou supérieur.

Le successeur n'a droit qu'au traitement normal indiqué à l'état d'organisation.

Lorsque le parcours des facteurs locaux ou ruraux se trouve, pour une cause quelconque, augmenté d'une façon normale, le directeur procède à la révision de la tournée dans les conditions suivantes : il fait établir, pendant dix jours, par le titulaire du bureau dont dépend la tournée à réviser, le relevé exact des localités que les facteurs ont réellement à visiter chaque jour, avec l'indication des distances intermédiaires entre chacune d'elles. Revision des tournées.

Chaque relevé est certifié conforme par les autorités municipales des communes desservies, et revêtu du cachet des mairies.

Le directeur fait vérifier les distances par les agents voyers du département. Le dixième de la somme des parcours effectués pendant la période de révision représente l'étendue normale de la tournée.

Si le traitement du facteur est inférieur à celui que comporte la tournée, le directeur en demande le relèvement à l'administration.

Les augmentations de parcours qui se produisent accidentellement ou temporairement dans l'étendue des tournées (établissement de chantiers de travaux, interception des routes ordinaires, détours imposés par des crues d'eaux, inondations, ruptures de ponts ou de digues, accumulation de neiges, etc.) donnent lieu, au profit des facteurs intéressés, à des indemnités supplémentaires basées sur le taux de 7 centimes 1/4 par kilomètre. **Augmentations accidentelles de parcours.**

Frais de passage d'eau.

Des indemnités peuvent également être allouées aux facteurs qui ont habituellement à traverser des ponts à péage, ou qui sont forcés d'employer, moyennant rétribution, le secours de bacs, perches, cerceaux, etc.

Toutes les fois que le passage s'effectue dans des *bacs* ou *bateaux*, la dépense n'est régulière qu'autant que ces bacs ou bateaux sont dûment affermés *pour l'usage public.*

Le droit d'adjuger aux communes et aux particuliers les passages d'eau jugés utiles *pour l'usage public* appartient exclusivement à l'État, pour lequel intervient l'administration des contributions indirectes.

L'établissement de bacs et bateaux non employés *à un passage public* ne peut être autorisé que pour l'usage d'un seul particulier. Les propriétaires autorisés à se servir de *bateaux particuliers* pour leur usage personnel ne peuvent, sous aucun prétexte, les employer à transporter une personne étrangère *moyennant rétribution.*

Il n'est accordé aucune allocation aux facteurs ruraux pour leur passage dans des bateaux particuliers.

On assimile aux passages d'eau proprement dits toute aggravation de service résultant des obstacles que des eaux courantes, dormantes ou congelées opposent à la libre marche des facteurs ruraux. Ainsi, on alloue des indemnités à ceux qui sont obligés de dévier de la ligne directe, pour ceux qui franchissent des terrains inondés ou obstrués par les neiges, soit à pied, soit à l'aide d'autres moyens tels que perches à sauter (Vendée), échasses (Landes), cerceaux aux pieds (Jura), etc., de même que pour ceux qui entretiennent à leurs frais une petite embarcation ou yole (Vendée).

Les indemnités pour frais habituels de passage d'eau sont liquidés régulièrement par semestre, sur la production de certificats délivrés par les directeurs. Cette liquidation est faite par les soins du bureau de l'organisation du service local.

Les frais accidentels résultant de déviations occasionnées par suite d'inondations, accumulation de neiges, ou de tout autre motif ayant pour résultat d'augmenter le parcours des facteurs, sont avancés par les receveurs aux intéressés, immédiatement après l'événement, ou, au plus tard, en fin de mois. Le directeur réunit les quittances et, après les avoir certifiées, il les transmet dans les premiers jours de chaque mois, avec un relevé, à l'administration (bureau de l'organisation du service local) qui fait régulariser la dépense.

Mesures exceptionnelles pour assurer le service des stations balnéaires, etc.

Pour les localités où se produit annuellement une grande affluence d'étrangers (stations balnéaires, lieux de marchés, de foires, de campement, etc.), le directeur doit faire connaître, deux mois à l'avance, à l'administration (bureau de l'organisation) les mesures propres à assurer le service des bureaux, la levée des boîtes et la distribution à domicile. Les propositions de cette nature sont établies sur des formules de rapport qui indiquent le surcroît de travail à prévoir, les levées de boîtes ou distributions supplémentaires qui doivent être établies temporairement, les auxiliaires à adjoindre au personnel des bureaux et aux facteurs, les indemnités à allouer, etc.

Après approbation de la dépense, l'administration notifie la décision prise au directeur et lui ouvre en même temps les crédits nécessaires pour assurer le service exceptionnel pendant toute la durée de la saison. Le directeur liquide, à la fin de chaque mois, les indemnités acquises aux agents titulaires et auxiliaires, sur la provision qui lui a été allouée.

Lorsqu'il y a lieu de créer des bureaux temporaires, les études et propositions en sont faites comme s'il s'agissait de bureaux permanents.

Les élections générales sont l'occasion d'un surcroît de travail appréciable pour le service des postes. Un crédit supplémentaire est habituellement alloué par les Chambres pour rémunérer ce surcroît de travail. En 1889, il s'est élevé à 577,000 francs. Il a été réparti entre les agents et sous-agents dont la tâche avait été notablement aggravée ou qui avaient été signalés par les directeurs départementaux comme ayant fait preuve de zèle et de dévouement. Il a été alloué, à cette occasion : Surcroît de travail occasionné par les élections.

15 francs aux facteurs (indemnité portée à 20 francs lorsque l'élection avait donné lieu à un second tour de scrutin),
40 — aux brigadiers-facteurs,
30 — aux commis principaux,
40 — aux commis ordinaires et aux receveurs de bureaux simples.

En cas d'insuffisance du personnel attaché à leur bureau, les receveurs sont autorisés à s'adjoindre des auxiliaires pour assurer sans retard l'affranchissement, la transmission et la distribution des imprimés relatifs aux élections. Ces auxiliaires ne peuvent être recrutés parmi les agents de l'autorité publique ou municipale, auxquels il est interdit par la loi du 30 novembre 1875 (art. 7) de distribuer des bulletins de vote, professions de foi et circulaires électorales.

Les personnes appelées à concourir accidentellement au service de la distribution à domicile doivent être munies d'un certificat constatant qu'elles ont prêté serment. Ce certificat leur sert en quelque sorte de passeport (1).

Le parcours effectué en 1889 par les facteurs ruraux s'est élevé à 234,364,675 kilomètres. Statistique du service rural en France.

En 1889, il y avait 23,506 tournées locales et rurales se décomposant ainsi, d'après leur étendue :

321 de 15 kilomètres et au-dessous;
1,447 de 16 à 20 kilomètres ;
4,828 de 20 à 25 —
7,074 de 25 à 28 —
9,836 au-dessus de 28 kilomètres.

La moyenne des tournées est d'environ 28 kilomètres. Les tournées qui dépassent 32 kilomètres sont dédoublées dès que la situation budgétaire

(1) *Bull. mens.* n° 68, mai 1876, *instr.* n° 200, p. 236; et n° 8, août 1885, *instr.* n° 336, p. 272.

le permet; mais, par suite du développement de la correspondance, de la diffusion des journaux et des imprimés, les tournées s'allongent sans cesse.

En 1887, les localités pourvues de bureaux de poste (au nombre de 6,685) renfermaient 19,933,414 habitants desservis par 10,922 facteurs. Parmi les communes sièges de bureaux,

757	avaient	1	distribution	par jour.
4.010	—	2	distributions	—
1.460	—	3	—	—
422	—	4	—	—
36	—	5	—	—

Parmi les 29,446 communes non pourvues de bureaux de poste,

27.995	jouissaient de	1	distribution	par jour.
1.407	—	2	distributions	—
41	—	3	—	—
3	—	4	—	—

Enfin, 16.537	communes	avaient	1	levée de boîtes	par jour.
14.142	—	—	2	levées de boîtes	—
2.308	—	—	3	—	—
1.552	—	—	4	—	—
739	—	—	5	—	—
394	—	—	6	—	—
211	—	—	7	—	—
113	—	—	8	—	—
52	—	—	9	—	—
54	—	—	10	—	—
23	—	—	11	—	—
38	—	—	12	—	—
2	—	—	13	—	—
6	—	—	14	—	—
2	—	—	15	—	—
1	—	—	16	—	—
2	—	—	17	—	—
1	—	—	19	—	—
2	—	—	20	—	—
1	—	—	22	—	—

Le service rural dans les pays étrangers.

L'organisation du service rural en France a servi de modèle aux autres pays. Les progrès qui ont été accomplis sous ce rapport à l'étranger sont de date relativement récente.

En Europe, trois pays seulement peuvent être comparés au nôtre pour le développement de leur service rural : ce sont la Belgique, la Grande-Bretagne et l'Allemagne. Dans les autres pays, le service rural n'existe pas, ou bien il n'est organisé que d'une manière incomplète. En Hongrie, la distribution dans les communes rurales ne se fait que deux fois par semaine. En Italie, le service rural n'est pas encore étendu à toutes les parties du territoire, mais l'administration fait tous ses efforts pour le développer. Même en Angleterre, la distribution à domicile ne s'étend par toujours aux maisons isolées des districts ruraux. Les lettres pour les habitants de ces maisons sont déposées chez des personnes domiciliées dans le rayon de distribution. Aux États-Unis, la distribution à domicile n'a lieu, quant à présent, que dans les villes ayant au moins 10,000 habitants ou fournissant une recette totale de 10,000 dollars. En 1889, Chicago, qui renferme plus de 1 million d'habitants, n'avait que quatre distributions par jour; Denver, ville de 60,000 âmes, n'en avait qu'une seule (1). Il ressort toutefois du dernier rapport du postmaster général, que l'administration a mis à l'étude la question de l'organisation du service rural.

Belgique.

En Belgique, la distribution, dans les communes rurales, a été établie en 1836, et dès 1842 ce service est devenu quotidien. Le décime rural a été supprimé en 1847.

En 1875, 487 communes, non pourvues de bureau de poste, étaient dotées de deux distributions; 1,425, de deux levées de boîtes. Les facteurs ruraux sont chargés, en Belgique, de la remise à domicile des colis postaux jusqu'au poids de 5 kilogrammes.

Grande-Bretagne.

En Angleterre, la distribution dans les localités rurales et dans les écarts des paroisses est confiée soit aux *rural messagers*, sorte de messagers qui transportent les dépêches des bureaux secondaires, soit aux *postmen* ou facteurs dont quelques-uns sont montés, soit à des auxiliaires attachés aux bureaux secondaires. Les uns et les autres sont chargés de recueillir et de livrer les colis postaux, jusqu'au poids de 11 livres.

Allemagne.

L'Allemagne dispute à la France l'honneur d'avoir organisé la première la distribution des correspondances dans les campagnes. Il paraît que dès 1824, il existait en Prusse, sur quelques points, des services de cette nature fonctionnant régulièrement plusieurs jours par semaine. Ce qui est certain, c'est que les progrès de cette institution furent moins rapides qu'en France, car, au 31 mars 1881, on ne comptait encore, pour toute l'Allemagne, que 12,639 facteurs ruraux.

A partir de 1881, le service rural a été l'objet d'une réorganisation complète, combinée avec la création de plus de 10,000 établissements de poste auxiliaires.

Ces établissements auxiliaires sont reliés à leurs bureaux d'attache soit par les services ordinaires de transport de dépêches de la voie ferrée et des routes de terre, soit par des messagers à pied, soit enfin par des facteurs ruraux, pourvus ou non de voitures.

L'institution des facteurs à voitures a permis non seulement d'accélérer la distribution des correspondances dans les campagnes, mais encore de favoriser les relations des localités rurales, soit entre elles, soit avec les villes voisines, en mettant à leur disposition des moyens de transport peu coûteux pour les marchandises et les voyageurs.

Tous les facteurs ruraux, en Allemagne, livrent à domicile, contre payement de la taxe de factage, les colis postaux jusqu'au poids de 5 kilogrammes; tous sont munis non seulement de timbres-poste, de

(1) Rapport du postmaster général des États-Unis pour l'exercice 1888-1889.

cartes postales et d'enveloppes timbrées, mais encore de formules de mandats, d'ordres de recouvrements, de bulletins d'expédition de colis postaux, etc. Ils reçoivent obligatoirement les télégrammes, les envois de fonds, les objets recommandés, les valeurs déclarées, les colis postaux et tous les objets donnant lieu à la délivrance d'un récépissé. Ils sont munis, à cet effet, d'un carnet dont un bulletin est détaché et remis à l'expéditeur pour lui servir de reçu provisoire et pour être échangé plus tard contre un récépissé définitif. Les habitants des campagnes ont ainsi la possibilité de faire des opérations postales de toute nature, sans déplacement.

A d'autres égards, le service rural allemand est un peu moins complet que le nôtre; ainsi les valeurs déclarées ne sont remises à domicile qu'autant que leur montant n'excède pas 500 francs, et moyennant la perception d'une taxe de factage de 12 centimes et demi. Les lettres, journaux, paquets à destination des localités pourvues d'offices auxiliaires ne sont pas immédiatement remis aux destinataires. Le facteur rural les consigne à son premier passage à ces offices, où ils sont tenus à la disposition de ceux qui viennent les réclamer. S'ils n'ont pas été retirés, le facteur rural les reprend à son retour et les porte à domicile.

En 1884, sur 296 millions d'objets ainsi consignés, 39 millions ont été retirés par les destinataires et 257 millions portés à domicile.

Au 31 décembre 1887, il y avait en Allemagne (non compris la Bavière et le Wurtemberg qui s'administrent à part) 21,000 districts ruraux desservis par 24,394 facteurs, y compris 1,965 aides pour le service du dimanche.

Le parcours de ces sous-agents s'élevait à 176,294,623 kilomètres et se décomposait ainsi :

Services en voiture	14.823.384 kilom.
— à pied	161.471.239 —
Total	176.294.623 kilom.

La dépense s'élevait à 12,277,000 marks (15,346,250 fr.), non compris 1,298,551 marks (1,623,188 fr.) pour frais de traction des voitures.

Au 31 mars 1888, les services en voiture employaient 1,845 véhicules et desservaient 10,362 localités.

10.320	districts ruraux	compren.	51.665	localit., avaient	2	distr. et	2	lev. de boîtes	par jour.
791	—	—	1.940	—	2	—	3	—	—
1.567	—	—	4.502	—	2	—	4	—	—
102	—	—	102	—	3	—	3	—	—

CHAPITRE XI

EXÉCUTION DU SERVICE DE LA DISTRIBUTION A DOMICILE

§ 1. — Travaux préparatoires à la distribution.

Application du timbre à date sur les correspondances à l'arrivée.

Tout objet de correspondance extrait d'une dépêche doit recevoir, du côté opposé à la suscription, l'application du timbre à date du bureau immédiatement après l'ouverture de la dépêche (1).

Les correspondances originaires des pays étrangers ou des colonies sont frappées par les bureaux d'échange de l'empreinte de leur timbre à date, du côté de la suscription : c'est ce qu'on appelle le timbre d'*entrée*.

Les bureaux d'échange sont spécialement chargés de vérifier l'affranchissement des correspondances originaires de l'étranger ; ils indiquent, sur la suscription, en francs et centimes, les taxes et surtaxes dont ces correspondances sont passibles.

Taxation des objets non affranchis ou insuffisamment affranchis. Chiffres-taxes.

Le prix du port à percevoir sur les objets non affranchis ou insuffisamment affranchis est exprimé par des étiquettes gommées, appelées chiffres-taxes, qui sont collées sur la suscription des objets.

Les chiffres-taxes sont de onze valeurs différentes : 1, 2, 3, 4, 5, 10, 15, 30, 60 centimes, 1 franc et 5 francs. Ils sont imprimés par l'administration, qui en approvisionne les receveurs dans la même forme que les timbres-poste. Comme les timbres-poste, ils sont pris en charge par les comptables, pour le montant de la valeur qu'ils représentent, au moment même où ils leur parviennent. Aucune taxe ne peut être régulièrement perçue sur le destinataire d'un objet de correspondance si elle n'est représentée par un ou plusieurs chiffres-taxes d'une valeur équivalente.

Autrefois les taxes dont les correspondances étaient passibles étaient indiquées, par les bureaux expéditeurs, au moyen de chiffres tracés à la main ou par l'empreinte d'une griffe apposée, du côté de la suscription, sur les objets non affranchis ou insuffisamment affranchis. Le bureau expéditeur chargeait la feuille d'avis pour le bureau destinataire du montant des taxes qu'il avait créées, et ce dernier en devenait comptable,

(1) *Circulaire* du 15 décembre 1825, n° 55.

sauf les différences en plus ou en moins qu'il avait constatées. Ces différences donnaient lieu à la déclaration soit de *plus trouvés*, soit de *moins trouvés*, soit encore de *bons trouvés*, lorsque le bureau destinataire taxait lui-même des correspondances non affranchies ou insuffisamment affranchies qui avaient échappé à l'attention du bureau expéditeur.

Ce système offrait l'avantage de faire contrôler les opérations des bureaux les uns par les autres, et il développait entre eux une émulation profitable aux intérêts du Trésor.

Toutefois, ce contrôle réciproque ne pouvait exister pour les correspondances nées et distribuables dans la circonscription d'un même bureau, à l'égard desquelles ce bureau se trouvait à la fois le créateur et le percepteur de la taxe. En vue de prévenir les abus qui pouvaient résulter de cet état de choses, une décision ministérielle créa, le 14 octobre 1858, les chiffres-taxes, dont l'application était nécessaire pour justifier la perception de taxes sur la correspondance locale.

L'emploi de ces figurines étant de nature à simplifier la comptabilité, une décision ministérielle du 28 février 1882 (1) l'a étendu à toutes les correspondances non affranchies ou insuffisamment affranchies, qu'elle qu'en soit l'origine.

Remise aux facteurs des correspondances à distribuer.

Au fur et à mesure que les objets extraits des dépêches ont été reconnus et timbrés, ils sont remis, selon le cas, aux agents chargés, soit de les conserver en instance ou au guichet, soit de les réexpédier immédiatement ou de les distribuer à domicile.

A ces objets de correspondance sont réunis ceux qui ont été trouvés dans les boîtes ou rapportés par des facteurs.

La boîte du bureau doit toujours être levée avant la clôture des travaux préparatoires à chaque distribution.

Les objets à distribuer sont remis aux facteurs qui en font le tri par quartier de distribution.

Chaque facteur dispose ensuite, par ordre de rues et de numéros de maisons, suivant l'itinéraire qui lui a été tracé, les correspondances à distribuer dans son quartier.

Objets taxés.

Les objets taxés sont remis séparément au facteur-chef ou à un facteur désigné par le receveur; ce facteur, après les avoir reconnus, en devient responsable. Il les répartit ensuite entre les autres facteurs; chacun d'eux devient à son tour responsable du montant des taxes qu'il est chargé de recouvrer.

Chargements.

Les objets chargés et recommandés, après vérification de leur état extérieur, après constatation du poids et des empreintes pour les valeurs déclarées, sont inscrits en nombre sur un registre divisé en deux parties, l'une pour l'entrée, l'autre pour la sortie. Les entrées et les sorties sont totalisées en fin de journée; le nombre des chargements reçus doit concorder avec celui des chargements distribués, réexpédiés ou en instance au bureau.

(1) *Bull. mens.* n° 3, mars 1882, *instr.* n° 229, p. 121.

Les chargements sont ensuite décrits individuellement sur les carnets de distribution des facteurs. Un carnet spécial est affecté au service du guichet. Les carnets des facteurs sont visés par le receveur ou par son délégué avant l'entrée en distribution.

Les facteurs émargent le registre d'entrée et de sortie des chargements en regard de l'indication de leur quartier de distribution, après s'être assurés du nombre, de l'état et de l'identité des objets qu'ils ont reçus.

Travaux préparatoires à la recette principale de la Seine.

A la recette principale de la Seine, chaque chef de rayon fait l'ouverture des dépêches et des paquets de chargements reçus des bureaux ambulants et du rayon central. Il est assisté, dans ce travail, par le chef et le sous-chef facteur, et, à la 1re distribution, par des commis auxiliaires appelés *californiens*. Les chargements sont inscrits, en nombre, d'abord sur un registre d'entrée et de sortie, puis sur bulletin de livraison divisé en autant de cases qu'il y a d'émargements à recevoir. Ils sont ensuite individuellement décrits sur les carnets des facteurs par les commis auxiliaires à la première distribution, par les facteurs eux-mêmes aux distributions suivantes.

Le nombre des chargements manipulés à la recette principale de la Seine, à la première distribution, s'élève à 22,000 environ. Ceux adressés à 122 maisons de commerce ou de banque dont les bureaux ambulants ont la liste, sont dirigés sur le rayon central qui en assure la livraison à domicile au moyen d'un service en voiture.

Équipement des facteurs.

Les facteurs de ville et les facteurs locaux sont pourvus d'une boîte, et les facteurs ruraux d'un portefeuille, dans lequel ils placent les objets de correspondance à distribuer.

Les chargements sont placés, avec le carnet de distribution, dans une enveloppe en cuir verni, fermant avec un bouton, et ayant sous la même forme, une dimension un peu supérieure à celle du carnet.

L'enveloppe est solidement attachée, par une chaînette en métal, à la boîte ou au portefeuille du facteur, et elle n'en est retirée qu'au moment de la présentation des chargements aux destinataires.

L'enveloppe mobile peut être remplacée par une poche en cuir, fixée ou cousue à la boîte, ou par un portefeuille en cuir, porté en bandoulière.

Inspection des facteurs avant leur départ du bureau.

Les facteurs ne doivent pas quitter le bureau sans que le préposé se soit assuré qu'ils portent la tenue prescrite; qu'ils sont pourvus de l'approvisionnement réglementaire en timbres-poste (5 ou 10 fr.), chiffres-taxes (10 chiffres-taxes), cartes postales (10 cartes) et bulletins d'épargne (10 bulletins) ; que leur équipement et les objets de matériel dont ils doivent être porteurs, boîtes, sacs, portefeuilles, clés de boîtes aux lettres, encre à écrire ou à timbrer, spatule, etc., sont en parfait état d'entretien.

Les chiffres-taxes ne sont pas payés par les facteurs; ils sont avancés par le receveur dans la comptabilité duquel ils figurent avec la mention : *Avance aux facteurs.*

§ 2. — Règles générales relatives au service de la distribution à domicile.

Ordre dans lequel doit s'effectuer la distribution.

Chaque facteur doit commencer sa distribution immédiatement après sa sortie de bureau ou son arrivée sur son quartier, et la continuer dans l'ordre indiqué par son bulletin d'itinéraire sans préférence, interruption, ni contremarche, jusqu'à la fin de sa tournée.

L'objet confié à la poste, portant l'indication du domicile du destinataire, doit être porté au domicile indiqué et ne peut être remis qu'à ce domicile, à moins que le destinataire n'ait annoncé, par écrit, son changement de résidence, ou que ce changement ne soit de notoriété publique, ou bien enfin, qu'il n'y ait erreur bien constatée dans l'indication du domicile.

Livraison des objets aux destinataires ou à leurs fondés de pouvoirs.

En principe, la distribution d'un objet de correspondance doit avoir lieu entre les mains du destinataire lui-même ou de son fondé de pouvoirs, muni d'une procuration établie sur papier timbré, et dont la signature doit être légalisée. A défaut d'une procuration spéciale, le fondé de pouvoirs peut obtenir la remise des correspondances en produisant un extrait timbré de la procuration générale qui lui a été donnée pour gérer les affaires du destinataire. La procuration ou l'extrait est conservé dans les archives du bureau.

Destinataires absents. — Avis télégraphiques de procuration.

En l'absence du destinataire, la remise des objets de correspondance ordinaires, chargés ou recommandés, peut encore avoir lieu sur l'avis télégraphique qu'une procuration a été remise au bureau de poste de la localité où réside momentanément le destinataire.

Le receveur de ce bureau en informe son collègue qui détient les objets en instance, par un télégramme ainsi conçu :

Receveur postes *à Receveur*
Pouvoir remettre à
adressé de *à*

La procuration est ensuite expédiée par la poste, sous recommandation. Le receveur qui détient les objets en instance les délivre à la personne indiquée ; il conserve le télégramme et la procuration qui lui parvient ultérieurement.

Objets recommandés et valeurs déclarées.

La remise entre les mains du destinataire lui-même ou d'un fondé de pouvoirs régulièrement autorisé n'est indispensable que pour les lettres recommandées et pour les valeurs déclarées, parce qu'aux termes de la loi, la poste n'est valablement déchargée, pour les envois de cette nature, que par le reçu donné par le destinataire lui-même ou par son fondé de pouvoirs (*Loi du 4 juin 1859, art. 3 ; loi du 25 janvier 1873, art. 3*). La justification de l'identité du destinataire, obligatoire lorsque la remise est effectuée au guichet du bureau de poste, n'est pas réclamée, dans la pratique, pour les objets présentés à domicile par les facteurs. On considère, en effet, qu'en remettant ces objets au destinataire à son domicile même, cette dernière circonstance établit suffisamment son identité.

Distribution des objets taxés.

Pour les objets recommandés autres que les lettres, il suffit que le reçu ait été donné par une personne attachée au service du destinataire ou demeurant avec lui (*Loi du* 25 *janvier* 1873), ou par le concierge de la maison (*Art.* 665 *de l'Instruction générale sur le service des postes*).

Le destinataire a le droit de vérifier l'état extérieur des objets, avant d'en donner reçu. Mais l'administration défend expressément à ses préposés et à ses facteurs d'assister à l'ouverture des objets chargés ou recommandés qu'ils distribuent.

Ils doivent refuser de se prêter, sur la demande du destinataire, à toute constatation de l'état extérieur de ces objets ou de leur contenu.

Objets non chargés ni recommandés.

Pour les objets non chargés ou non recommandés, y compris les lettres, la remise en est régulièrement opérée lorsqu'elle a lieu au domicile indiqué sur l'adresse, à la personne qui a déclaré en être le destinataire ou être chargée par le destinataire de les retirer des mains du facteur.

La remise des correspondances au destinataire ou à la personne chargée par lui de les recevoir doit se faire à l'entrée de la maison d'habitation.

Le facteur ne doit monter aux étages supérieurs que pour la distribution des chargements et des objets recommandés.

Si le destinataire n'a commis personne au soin de recevoir sa correspondance, il est tenu de descendre pour la recevoir lui-même.

Obligations des concierges.

Lorsqu'il existe un concierge dans la maison, c'est, par suite d'un accord tacite et d'un usage constant, entre ses mains que sont remises toutes les correspondances adressées aux locataires de la maison.

Le concierge est considéré, à ce point de vue, comme le mandataire des locataires. Il est tenu, non seulement de recevoir leur correspondance des mains du facteur, mais encore de la leur monter au moins une fois par jour. S'il s'y refuse, il est passible de dommages-intérêts, et le propriétaire peut être condamné comme civilement responsable. La jurisprudence du tribunal civil de la Seine est constante sur ce point.

Dans certaines grandes villes, à Lyon, par exemple, l'usage s'est introduit pour les facteurs de monter les correspondances aux étages supérieurs des maisons. Cette coutume est fâcheuse, car elle est de nature à entraîner un surcroît de travail et de fatigue pour les facteurs et des retards dans la distribution.

A Londres, où il existe un très grand nombre de maisons particulières, ces maisons sont, en général, pourvues de boîtes aux lettres, dans lesquelles les facteurs glissent, sans perdre de temps et presque sans s'arrêter, les correspondances adressées aux habitants. Il en résulte une grande accélération dans la distribution. A Berlin, au contraire, où les maisons ont, en général, plusieurs étages, l'usage s'est établi de placer des boîtes aux lettres à la porte des appartements. C'est une cause de retard pour les facteurs, obligés de monter aux étages supérieurs pour y déposer les correspondances (1).

Payement des taxes.

L'article 7 de la loi du 22 avril 1791, qui prescrit au débiteur de faire l'appoint, aura son entière application à la poste. Le port des lettres et paquets sera payé comptant : il sera libre à tous les citoyens de refuser chaque lettre ou paquet au moment où ils lui seront présentés et avant de les avoir décachetés.

Ces dispositions, contenues dans l'article 19 de la loi du 5 nivôse an V, sont reproduites de l'article 14 du décret des 17-22 août 1791.

En conséquence, il est défendu aux facteurs de faire aucun crédit : ils doivent se faire payer comptant le port des correspondances taxées.

Le droit de refuser les correspondances qui leur sont adressées implique pour les destinataires celui de vérifier leur état extérieur et leur origine. Toutefois, les lettres taxées sur la suscription ou au dos desquelles existent des annotations imprimées ou manuscrites, des chiffres, des caractères ou autres signes propres à en faire connaître le contenu, ne sont mises en distribution qu'après avoir été placées, par les soins des préposés des bureaux de destination, sous des enveloppes servant à masquer ces diverses indications. Les préposés reproduisent sur ces enveloppes, qu'ils frappent du timbre à date et ferment du cachet de leur bureau, les noms et domiciles des destinataires mentionnés sur la suscription des lettres, et y portent la taxe dont elles sont passibles.

La même disposition est applicable aux cartes postales taxées ou surtaxées pour cause de non-affranchissement ou d'insuffisance d'affranchissement.

Détaxes.

Un objet de correspondance qui a été taxé à tort peut être détaxé, soit par le bureau destinataire, soit par l'administration.

Lorsqu'une demande en détaxe ou en réduction de taxe est basée sur le poids d'une lettre, la réclamation n'est admise qu'autant que cette lettre n'a pas été ouverte ou qu'elle ne l'a été qu'en présence du préposé.

Les demandes en réduction de taxe, basées sur une fausse application des tarifs, sont admises, lors même que les lettres ont été ouvertes et lues. Dans ce cas, l'enveloppe ou la portion de suscription sur laquelle portent le timbre d'origine, les chiffres du poids et de la taxe, le nom du lieu de destination, doit toujours être représentée au bureau.

Les lettres d'attrape, c'est-à-dire les lettres écrites dans l'intention manifeste de se moquer ou de nuire, peuvent être détaxées ; mais par l'administration seulement.

Les préposés des postes sont autorisés à opérer immédiatement la détaxe des correspondances originaires des bureaux français ou de l'Union postale universelle, toutes les fois qu'il y a eu erreur dans l'application de la taxe. Les demandes en détaxe doivent être formées dans le délai d'un mois, à partir de l'arrivée des correspondances au bureau destina-

(1) *Union postale*, 1er mai 1882, p. 99.

taire ; passé ce délai, les demandes doivent être adressées aux directeurs. Les receveurs se dégrèvent du montant des taxes remboursées par eux en les inscrivant sur un état de détaxe qui est émargé par les destinataires et à l'appui duquel sont jointes les enveloppes ou parties de lettres contenant la suscription des objets taxés.

Dégrèvement des comptables.

Les demandes en détaxe peuvent être transmises par l'intermédiaire des facteurs, ou adressées à l'administration.

Dans le premier cas, l'objet à détaxer est remis au facteur, et si la réclamation est reconnue fondée, le montant de la taxe indûment perçue ou du trop perçu est remboursé à l'ayant droit, par l'intermédiaire du facteur. Ce montant est inscrit sur un bulletin de remboursement qui est émargé par le réclamant et joint à l'état de détaxe.

Dans le second cas, si l'administration croit devoir accorder la détaxe, elle délivre elle-même un ordre de remboursement qu'elle fait parvenir au réclamant soit directement, soit par l'intermédiaire du bureau de poste qui le dessert.

Refus des objets de correspondance.

Le droit qui appartient au destinataire de refuser les objets de correspondance qui lui sont adressés doit s'exercer au moment de la présentation et avant l'ouverture.

Le destinataire constate son refus par la mention *Refusé*, écrite de sa main, au verso.

Si, par un motif quelconque, cette formalité ne peut être remplie, la mention *Refusé* est inscrite par le facteur.

Chargements refusés pour cause de violation présumée.

Lorsqu'un objet chargé ou recommandé a été refusé sur le soupçon de violation, et que le destinataire a formulé son refus par écrit, l'objet et la déclaration du destinataire sont adressés, sous chargement d'office, au directeur du département qui les transmet, à son tour, au procureur de la République, avec tous les renseignements de nature à faciliter l'examen de l'affaire.

Reprise des objets de correspondance.

Les correspondances sont considérées comme régulièrement distribuées dès qu'elles sont sorties des mains du facteur et que le montant de la taxe en a été acquitté. Elles ne peuvent plus être reprises par les facteurs, à moins qu'il ne soit constaté qu'elles n'étaient pas destinées aux personnes auxquelles elles ont été remises.

Lorsque, par suite de méprise, de vice d'adresse ou de similitude de noms, une lettre a été ouverte par une personne à qui elle n'était pas destinée, cette circonstance est mentionnée au verso de la lettre par une déclaration signée de la personne qui a commis l'erreur.

Si la personne ne sait pas écrire, si elle refuse de faire la déclaration prescrite ou de la signer, mention en est faite au verso de la lettre par le facteur ou l'agent qui l'a reprise.

Constatation des motifs de non-distribution.

Dans tous les cas où un objet de correspondance ne peut être distribué, que le destinataire soit inconnu, absent, parti sans laisser d'adresse, décédé, etc., la cause de non-distribution est constatée au verso de la lettre par une mention sommaire, écrite de la main du facteur.

Cette indication, faite séance tenante, n'est pas toujours lisible ; elle est parfois inintelligible lorsqu'elle est rédigée dans une langue étrangère, ce qui peut arriver pour les correspondances internationales tombées en rebut à l'étranger.

Frappée de cet inconvénient, l'administration allemande avait proposé aux autres offices de l'Union postale, en 1886, d'adopter un mode de procéder uniforme pour la constatation des motifs de non-distribution; il s'agissait d'apposer au verso des correspondances de petites étiquettes gommées portant imprimées, suivant le cas, les mentions *inconnu*, *décédé*, *parti*, etc. dans la langue du pays de destination, avec une traduction sublinéaire en français.

Cette proposition a été combattue : on a fait remarquer qu'il faudrait, si elle était adoptée, faire imprimer des étiquettes de différents modèles et en munir tous les facteurs.

La majorité des offices de l'Union s'est ralliée à une contre-proposition de l'administration française qui a été introduite dans le règlement de détail, à l'article XXI, § 4.

Avant de renvoyer à l'office d'origine les correspondances non distribuées pour un motif quelconque, l'office destinataire doit indiquer, d'une manière claire et concise, en langue française, au verso de ces objets, la cause de non remise dans la forme suivante : Inconnu, refusé, parti, non réclamé, décédé, etc. *Cette indication est fournie,* autant que possible, *par l'application d'un timbre ou l'apposition d'une étiquette. Chaque office a la faculté d'y ajouter la traduction dans sa propre langue de la cause de non-remise, et les autres indications qui lui conviennent.*

En France, les motifs de non-distribution sont toujours indiqués à la main au verso des correspondances. Les indications sont moins lisibles, mais elles offrent moins de chances d'erreurs que celles qui seraient fournies au moyen d'un timbre ou d'une étiquette.

Rentrée des facteurs au bureau à l'issue de leur distribution.

Les facteurs ne doivent jamais, sous aucun prétexte, rentrer à leur domicile avant d'avoir rapporté au bureau les lettres qu'ils n'ont pu distribuer, ainsi que le montant de la taxe de celles qu'ils ont livrées.

La rentrée au bureau, immédiatement après la tournée, est obligatoire, alors même que toutes les lettres auraient été distribuées et qu'il n'y aurait pas de recette à compter.

Les boîtes ou portefeuilles des facteurs doivent être rapportés au bureau pour y séjourner dans l'intervalle d'une distribution à l'autre et être visités par le préposé du bureau auquel ces facteurs sont attachés.

Contrôle exercé par les chefs et sous-chefs-facteurs.

Les chefs-facteurs et les sous-chefs-facteurs assistent au retour des facteurs de ville, constatent l'heure de leur rentrée, vérifient leurs rebuts, reçoivent d'eux le produit de la taxe des objets distribués et en remettent le montant aux mains du receveur ou de l'agent délégué, en même temps que les objets non distribués. L'argent versé, réuni au montant des taxes des objets non distribués, doit reproduire le montant total des déclarations des facteurs de ville, portées au calepin du facteur-chef.

Chaque facteur local ou rural rend compte individuellement de sa recette dans la même forme, au préposé du bureau ou à son représentant.

Par exception, les facteurs de Paris, attachés à la recette principale de la Seine, sont dispensés de rentrer à l'hôtel des postes après leur distribution terminée; ils remettent au bureau de poste le plus rapproché de leur quartier les objets qu'ils n'ont pu distribuer. Ce bureau leur rembourse le montant des taxes dont ces objets peuvent être grevés, et les dirige soit sur la recette principale, soit sur leur destination nouvelle. C'est seulement lorsqu'ils se rendent à l'hôtel des postes pour une autre distribution que les facteurs de Paris versent entre les mains du chef-facteur, en numéraire, l'intégralité du produit des taxes qu'ils étaient chargés de recouvrer.

Nouvelle application de l'empreinte du timbre à date sur les objets non distribués.

Tout objet non distribué par les facteurs est frappé du timbre à date du bureau, chaque fois qu'il est remis en distribution. Les facteurs ne doivent pas concourir à l'application de ce timbre.

Lettres recueillies dans les hôtels.

Le dernier jour de chaque mois, les receveurs font recueillir dans les hôtels de leur résidence les lettres distribuées dans le cours du mois précédent et qui, à cette époque, c'est-à-dire au bout d'un mois entier de séjour et moins de deux, n'ont pas été remises aux voyageurs destinataires.

Dans les villes de bains de mer et les stations thermales, les lettres ne sont recueillies qu'à la fin de la saison.

§ 3. — Dispositions spéciales au service rural (1).

Parts.

Les facteurs ruraux et les facteurs locaux dont le service n'est pas limité à la partie agglomérée de la commune siège du bureau, sont munis d'un part.

Le part indique, pour chaque tournée, les heures réglementaires et les heures réelles du départ du facteur et de son retour; il fait ressortir, par conséquent, la durée normale et la durée réelle de la tournée; il explique les motifs des retards importants.

Les facteurs doivent parcourir quatre kilomètres à l'heure, y compris les temps d'arrêt consacrés à la distribution et à la levée des boîtes.

Les parts des facteurs ruraux et locaux contiennent divers tableaux.

Levée des boîtes.

Le premier est destiné à recevoir les empreintes des lettres-timbres des boîtes que ces sous-agents sont chargés de visiter. Le facteur indique, en regard de chaque empreinte, l'heure de la levée; il applique l'empreinte de la lettre-timbre sur les correspondances extraites de la boîte; il indique, sur son part, le nombre de celles qu'il a distribuées en cours de tournée.

Correspondances remises à la main aux facteurs.

Lorsque des objets de correspondance sont remis à la main au facteur, il les frappe d'un timbre OR (origine rurale) ou OL (origine locale) dont il est muni; il applique l'empreinte de ce timbre dans la première colonne du tableau n° 1 de son part, au-dessous de l'empreinte de la dernière boîte

(1) Toutes les dispositions de ce paragraphe sont applicables aux facteurs locaux dont le service n'est pas limité à la partie agglomérée de la commune siège du bureau.

levée, et indique, en regard, le nombre des lettres qui lui ont été remises de cette manière et qu'il a distribuées en cours de tournée.

Lettres recueillies et distribuées en cours de tournée.

Le facteur doit distribuer immédiatement les lettres simples, c'est-à-dire pesant moins de 15 grammes, qu'il a recueillies lui-même, à destination de localités comprises dans sa tournée et non encore desservies. Si ces lettres sont affranchies, le facteur annule les timbres-poste dont elles sont revêtues à l'aide de son timbre OR ou OL. Si elles ne sont pas affranchies, il y appose les chiffres-taxes nécessaires et annule ces chiffres-taxes de la même manière.

Les lettres pesant plus de 15 grammes, les paquets contresignés, les objets affranchis à prix réduit doivent toujours être rapportés au bureau, alors même qu'ils seraient distribuables dans des localités comprises dans la tournée du facteur et non encore visitées par lui, sauf le cas d'autorisation contraire, donnée exceptionnellement par le directeur.

Commissions dont les facteurs ruraux sont autorisés à se charger à titre officieux.

Les facteurs ruraux sont autorisés à recevoir, en cours de tournée, les télégrammes à expédier par le bureau d'attache, pourvu qu'il n'en résulte aucun arrêt ni aucun retard dans le service de la distribution (1).

Ils peuvent également se charger des sommes d'argent qui leur sont remises pour être converties en mandats de poste, des valeurs déclarées, des objets à recommander, des envois de valeurs à recouvrer, etc.; mais dans ces divers cas, ils n'agissent qu'à titre officieux, et comme mandataires privés des expéditeurs ; leurs actes n'engagent pas la responsabilité de l'administration. En Allemagne, au contraire, les facteurs ruraux font toutes ces opérations à titre officiel.

Il pourrait en être de même en France. La responsabilité de la poste n'en serait pas sensiblement aggravée, pas plus qu'elle ne l'a été quand elle a autorisé la distribution à domicile des valeurs déclarées ou le recouvrement des effets de commerce dans les localités rurales. Il suffirait de munir les facteurs ruraux, comme en Allemagne, d'un carnet de commission sur lequel les expéditeurs pourraient inscrire eux-mêmes les envois. Un bulletin détaché du carnet serait remis à l'expéditeur, pour être échangé plus tard contre un récépissé définitif.

Passage obligatoire aux mairies.

A chaque tournée, le facteur rural doit se présenter à la mairie des communes qu'il dessert pour y déposer et y recueillir la correspondance administrative.

Les plis officiels, à l'adresse du maire, les exemplaires du *Bulletin des lois*, du *Recueil des actes administratifs du département*, etc., sont indiqués, en nombre, sur le part, au tableau n° 3, et livrés, contre reçu, au maire ou à la personne chargée de recevoir la correspondance.

Rencontre avec les facteurs de relais.

Les parts des facteurs de relais sont préparés au bureau dont relèvent ces sous-agents, et remis, avec les objets à distribuer par eux, à un facteur parti du bureau qui correspond, en un point de sa tournée, avec le facteur de relais. Celui-ci émarge le part de son correspondant (tableau n° 4), lui

(1) *Bull. mens.* n° 6, octobre 1878, *instr.* n° 33, p. 309.

rend le part qu'il a reçu la veille, en même temps que les objets qui n'ont pu être remis aux destinataires. Les chargements à distribuer par le facteur de relais sont inscrits à la fois sur son carnet de livraison et sur celui du facteur parti du bureau.

Au retour des facteurs, les receveurs ou les agents chargés de les recevoir vérifient avec soin, en même temps que les correspondances rapportées, les indications des parts. Leur attention se porte surtout sur les empreintes des lettres-timbres des boîtes. Vérification et classement des parts.

Les parts sont classés au bureau d'attache et transmis, en fin de mois, à la direction, où ils sont vérifiés par les brigadiers-facteurs. Les directeurs les adressent ensuite à l'administration, où ils peuvent être consultés et fournissent des renseignements précieux pour les études d'organisation des tournées rurales ou les enquêtes sur le service de la distribution.

Parfois les correspondances à destination des habitants des communes rurales sont remises dans une valise ou sacoche dont le bureau distributeur et le destinataire ont seuls la clé. Ces valises sont portées, soit par des facteurs, soit par des courriers d'entreprise, soit encore par des personnes attachées au service du destinataire et qui sont chargées de retirer la correspondance au bureau. Correspondances renfermées dans des valises.

En Angleterre, ce mode de distribution est très fréquemment employé. Les *surveyors* peuvent autoriser les habitants de la campagne à recevoir leurs correspondances dans des valises particulières (*private bags*) qui leur sont portées chaque jour par les facteurs ou les courriers. Le prix d'acquisition de ces valises, dont le poids ne doit pas dépasser une livre, est payé par les abonnés. Ils acquittent, en outre, à titre d'abonnement, un droit annuel de 1/2 guinée lorsque les valises sont transportées par les facteurs ruraux, de 2 guinées lorsqu'elles sont prises par les courriers.

§ 4. — Distribution au guichet des bureaux.

Sont conservés pour être distribués au guichet des bureaux : Correspondances dont la distribution a lieu au guichet des bureaux.

1° La correspondance administrative et particulière des fonctionnaires dénommés aux articles 64 et 68 de l'ordonnance du 17 novembre 1844 sur les franchises ;

2° Les correspondances adressées aux particuliers qui demandent, à titre onéreux, l'autorisation de les retirer au bureau de poste ;

3° Les paquets contresignés (*Ordonnance du* 17 *novembre* 1844, *art.* 64, 65, 66), et les objets affranchis à prix réduit (*Arrêté ministériel du* 9 *juillet* 1856, *art.* 9 ; *arrêté ministériel du* 20 *janvier* 1885, *art.* 36 *et* 37) qui ne peuvent, en raison de leur nombre, de leur forme, de leur poids ou de leur volume, être transportés à domicile par les facteurs (Voir à ce sujet la 5e partie, ch. VIII, p. 343) ;

4° Les correspondances adressées poste restante, ainsi que celles adressées aux voyageurs, aux passagers d'un bâtiment attendu dans un port de mer, aux patrons et mariniers d'un bateau circulant sur un fleuve ou un canal, quand la suscription de ces objets n'indique pas de domicile;

5° Les correspondances adressées aux militaires, aux marins, aux personnes recueillies dans les hôpitaux, aux prisonniers, enfin aux pensionnaires de tout établissement autorisé à retirer à un bureau de poste, par les soins d'un vaguemestre, la correspondance du personnel de cet établissement ;

6° Sont également distribués au guichet les objets apportés par un courrier important qui a été retardé accidentellement et qui ne peut être immédiatement distribué par les facteurs.

Correspondance des fonctionnaires.

La correspondance particulière et administrative des préfets, des commandants de corps d'armée et des généraux commandant les divisions militaires, doit, sans exception, être remise, au moment de l'ouverture des dépêches, aux destinataires ou aux personnes accréditées pour les retirer.

Les fonctionnaires ci-après désignés peuvent également faire retirer leur correspondance particulière et administrative avant la distribution générale, savoir :

1° Les présidents des cours d'appel et des tribunaux de première instance:

2° Les procureurs généraux;

3° Les procureurs de la république;

4° Les sous-préfets;

5° Les généraux de brigade commandant les subdivisions militaires;

6° Les intendants militaires;

7° Les maires;

8° Les trésoriers-payeurs généraux des finances;

9° Les commandants de gendarmerie;

10° Les commandants de place;

11° Les receveurs particuliers des finances;

12° Les sous-intendants militaires;

13° Les chefs de corps.

(*Art.* 67 *et* 68 *de l'ordonnance du* 17 *novembre* 1844).

Lorsque ces fonctionnaires jugent à propos d'user de cette faculté, ils doivent faire connaître par écrit, au receveur des postes, la personne qu'ils entendent charger du soin de retirer leur correspondance.

Les autres fonctionnaires reçoivent leur correspondance particulière et administrative par la distribution ordinaire et sans aucune préférence ni distinction.

Toutefois, dans les villes où les receveurs sont autorisés à faire, au guichet de leur bureau, à titre onéreux, une distribution exceptionnelle en faveur des négociants, tous les fonctionnaires publics et chefs de service non désignés dans les articles 67 et 68 de l'ordonnance du 17 novembre 1844 peuvent réclamer le même avantage, à titre gratuit, mais seulement pour leur correspondance administrative.

Paquets contre signés, volumineux, ou pesants.

Tout paquet contre signé, dont la forme, le poids ou le volume rendrait impossible son introduction dans la boîte, ou dans le portefeuille des facteurs de ville ou des facteurs ruraux, ou son transport par le moyen de ces agents, est conservé au bureau de destination, pour y être distribué au guichet.

Sont également réservés, pour être distribués au guichet du bureau, les paquets contresignés qui, bien qu'ils puissent être introduits isolément dans les boîtes ou portefeuilles des facteurs, ne pourraient cependant y trouver place, soit en raison de leur nombre, soit en raison du volume des correspondances ordinaires.

Les directeurs donnent immédiatement avis aux fonctionnaires destinataires de l'arrivée des paquets que leur forme, leur poids ou leur volume, empêche de faire porter à domicile par les facteurs, et ils invitent ces fonctionnaires à les envoyer prendre au bureau.

(*Art.* 64 *à* 66 *de l'ordonnance du* 17 *novembre* 1844).

Les objets de correspondance adressés poste restante sont remis aux destinataires, sur la justification de leur identité. Poste restante.

Les anciens réglements étaient peu exigeants sur le mode de justification. Une enveloppe de lettre précédemment reçue, une quittance de loyer, une carte de visite, suffisaient pour obtenir la délivrance des objets adressés poste restante sous un nom conforme à celui indiqué dans la pièce produite. Aujourd'hui on exige des justifications plus sérieuses, au moins pour les objets chargés et recommandés; le réclamant doit produire une pièce authentique telle que diplôme, passeport, permis de chasse, livret, titre de propriété, etc.

Lorsque des lettres sont adressées poste restante sous des initiales, il suffit, pour obtenir la remise, que le réclamant énonce les initiales dans l'ordre indiqué sur la suscription. Il ne peut être reçu d'objets chargés ou recommandés adressés sous des initiales.

Les correspondances adressées aux sous-officiers, soldats et marins présents sous les drapeaux et pavillons ne peuvent leur être remises que par l'intermédiaire des vaguemestres. Vaguemestres.

Les officiers de tout grade et assimilés reçoivent individuellement les lettres qui leur sont adressées à leur domicile particulier ou poste restante [*Décret du* 28 *décembre* 1883, art. 203] (1).

Il en est de même des employés militaires et autres personnes, munis d'une autorisation délivrée par l'autorité qui nomme le vaguemestre.

Les militaires en congé ou voyageant isolément peuvent aussi recevoir leur correspondance soit à domicile, soit au bureau, sur l'exhibition de leur feuille de route ou de toute autre pièce établissant leur position ou leur identité.

L'institution des vaguemestres militaires est régie par le décret du 28 décembre 1883, portant règlement sur le service intérieur des corps de troupes. La vaguemestre est, en quelque sorte, un facteur spécial désigné par l'autorité militaire. Il est choisi par le chef de corps parmi les sous-

(1) *Bull. mens.* n° 15, mars 1884, p. 673.

officiers, et placé sous la surveillance immédiate du major. Il est muni d'une commission délivrée par le conseil d'administration du régiment. Un double de cette commission reste entre les mains du receveur des postes de la localité où le vaguemestre exerce ses fonctions; elle est rendue à l'autorité militaire, en cas de mutation du vaguemestre ou de changement de garnison. En cas d'absence ou d'empêchement, le vaguemestre est remplacé par un sous-officier muni d'une autorisation temporaire.

Le vaguemestre retire, chaque jour, à la poste les correspondances pour le conseil d'administration, les officiers, sous-officiers et soldats du corps dont il fait partie. Il paye comptant la taxe des lettres et paquets non affranchis ou insuffisamment affranchis.

Il tient un registre (1) qui est coté et parafé par le major, et divisé en deux parties : la première est destinée à l'inscription des chargements à l'adresse des officiers, sous-officiers et soldats. Cette inscription est faite, séance tenante, à la poste, par le vaguemestre. La signature de l'agent des postes, apposée dans une colonne spéciale du registre, constate la recette du vaguemestre ; celle des militaires opère sa décharge. Les chargements destinés aux caporaux et soldats leur sont remis par le vaguemestre, en présence du sergent de semaine qui signe avec eux sur le registre, et en informe l'officier de semaine; si les militaires ne savent pas écrire, ils font une croix, et l'officier et le sergent de semaine signent au registre pour certifier que la remise a été faite.

Le vaguemestre doit, en outre, chaque fois qu'il reçoit dans un bureau de poste des lettres chargées à l'adresse des officiers, sous-officiers et soldats, en dresser, séance tenante, un état nominatif qui est signé par l'agent des postes et qui est remis à l'adjudant de semaine, pour être annexé au rapport. L'adjudant en donne lecture aux sergents-majors qui en rendent compte aux capitaines et aux officiers de semaine. Les capitaines veillent à ce que la remise des lettres adressées aux sous-officiers et soldats placés sous leurs ordres soit faite avec la plus scrupuleuse exactitude.

Si aucun objet recommandé n'a été remis au vaguemestre, un état négatif n'en est pas moins dressé, signé par l'agent des postes et remis par le vaguemestre à l'adjudant de semaine.

La seconde partie du registre du vaguemestre est destinée à l'inscription des objets chargés et des sommes expédiées par les militaires, et à la décharge qui en est donnée au vaguemestre par les déposants, contre remise des récépissés de la poste.

Le registre du vaguemestre est vérifié et visé chaque semaine par le major et par le receveur des postes.

Les correspondances qui n'ont pu être distribuées par les vaguemestres sont rapportées à la poste après un délai de huit jours au plus, et la taxe des objets non affranchis ou insuffisamment affranchis leur est remboursée. Le motif de non distribution doit être inscrit au dos des objets. Si les militaires sont inconnus, la mention doit en être certifiée par le trésorier du corps ou par le commandant du détachement.

(1) Le modèle de registre est donné à l'appendice n° 30, p. 917 de l'*Instruction générale*.

Le service des vaguemestres civils est assimilé à celui des vaguemestres militaires [*Décisions des ministres des finances et de l'intérieur des* 5 *et* 11 *juillet* 1855] (1).

Les receveurs signalent aux directeurs toutes les irrégularités qu'ils remarquent dans le service des vaguemestres.

Boîte des abonnés.

Les particuliers peuvent être autorisés, lorsque les convenances du service le permettent, à retirer leurs correspondances au guichet des bureaux de poste.

Cette autorisation est accordée par le directeur du département, sur la proposition du titulaire du bureau. Elle peut être retirée en cas de contestation ou d'abus.

Elle est subordonnée au payement d'un droit d'abonnement dont le montant est, en général, de 25 francs par an, et dont le produit, dans les bureaux composés, est partagé par moitié entre le receveur d'une part, et les commis et surnuméraires d'autre part. A Paris, le prix de l'abonnement est de 60 francs.

Lorsque la distribution, à titre exceptionnel, au guichet est réclamée par suite d'insuffisance du service de la distribution à domicile, elle doit avoir lieu gratuitement.

Dans certaines villes, l'administration a fait installer, pour les abonnés autorisés à retirer leur correspondance au guichet, des casiers du système *Yale* ou américain, dont les cases restent ouvertes du côté du bureau, et sont fermées extérieurement par des portes dont les clés restent entre les mains des abonnés, ce qui permet à ceux-ci de retirer leur correspondance sans l'intervention des employés. Ce système a été inventé aux États-Unis, où le service de la distribution à domicile n'existait autrefois que dans un petit nombre de villes. Il a été introduit en France et dans divers pays étrangers.

En Suisse, les boîtes du système Yale sont mises à la disposition du public moyennant un prix de location qui est de 1 fr. 50 par mois; pour les casiers ordinaires, le prix de l'abonnement est de 1 franc par mois.

En Angleterre, le prix de l'abonnement à une boîte particulière est de 1 guinée par an dans les bureaux où ce droit est perçu au profit de la caisse postale; il ne peut dépasser le prix annuel de 1 guinée dans les bureaux où l'abonnement est perçu à son profit par le chef du bureau.

Correspondances adressées en gare.

Il y a lieu de mentionner encore, comme faisant exception à la règle générale de la distribution à domicile, certaines correspondances que les destinataires sont autorisés à se faire adresser en gare. Les autorisations de cette nature ne sont accordées que pour le service de la presse. Voici quelle en est l'origine.

En 1854, la maison Hachette, concessionnaire des bibliothèques des gares de chemins de fer, demanda et obtint que les journaux adressés à ses bibliothécaires leur fussent remis, de la main à la main, par les agents des postes en service dans les chemins de fer.

(1) *Instr. générale*, p. 1089 et suiv.

Plus tard, des autorisations semblables furent sollicitées par des éditeurs, des libraires ou des marchands de journaux ; l'administration, pour ne pas s'exposer au reproche de constituer un privilège exclusif au profit d'une seule maison, crut devoir les accorder.

D'autres éditeurs de journaux réclamèrent ensuite le même avantage pour les correspondances qui leur étaient adressées. Ces correspondances émanent ordinairement d'agences de publicité, et contiennent les éléments nécessaires à la rédaction des journaux qui paraissent le matin ; elles arrivent souvent aux gares pendant la nuit.

De concession en concession, l'autorisation de recevoir des journaux ou des correspondances en gare a été accordée à

763 bibliothécaires,
271 libraires.
110 éditeurs de journaux de province.

152 éditeurs de journaux ont été également autorisés à expédier directement des gares leurs envois à l'adresse des bibliothèques des chemins de fer ou des marchands de journaux de province (1).

Ces autorisations sont subordonnées aux conditions suivantes :

Les demandes d'expédition ou de retrait en gare doivent avoir pour objet le service de la presse ;

Les demandes doivent faire connaître le nom des expéditeurs et destinataires ;

Les correspondances, autres que les journaux, doivent émaner d'agences de publicité établies à Paris ou dans des villes importantes ;

Elles doivent être affranchies et placées sous des enveloppes de couleur rose, portant en caractères très apparents la mention : *A livrer en gare, hors sac* ;

Elles ne peuvent être expédiées que par les trains où le service des dépêches est confié à des agents des postes ;

Elles sont remises aux entreposeurs et gardiens d'entrepôt, et, s'il n'existe pas d'entrepôt, aux destinataires eux-mêmes, à l'arrivée des trains.

Ce service exceptionnel n'impose aucune dépense supplémentaire à l'administration ; il exige seulement une attention particulière de la part des agents qui sont appelés à manipuler les correspondances livrables en gare.

Quoi qu'il en soit, il constitue un avantage fait à quelques personnes, en dehors des conditions normales du service, et l'on s'est demandé s'il ne serait pas équitable qu'il fît l'objet d'une rémunération exceptionnelle à la charge de ceux qui en profitent.

En Allemagne, les personnes autorisées à retirer leurs correspondances en gare, à l'arrivée des trains, doivent acquitter, en sus de la taxe ordinaire des lettres applicable à ces correspondances, un droit d'abonnement de 15 francs par mois.

(1) Ces chiffres se rapportent à l'année 1885.

§ 5. — Cas particuliers de distribution.

La distribution des correspondances, soit au guichet, soit à domicile, présente quelques cas délicats que nous allons examiner.

Lorsque le destinataire d'une valeur déclarée ou d'une lettre recommandée ne sait pas signer, l'objet ne peut lui être remis qu'au bureau, en présence de deux témoins connus du préposé et étrangers au service des postes. Les témoins émargent au carnet de distribution du guichet, au lieu et place du destinataire. Destinataires illettrés.

A défaut de témoins, le destinataire d'un objet chargé ou recommandé peut en obtenir la remise, en produisant un certificat du maire ou du commissaire de police constatant son identité et attestant qu'il est dans l'impossibilité de signer; ce certificat est conservé dans les archives du bureau.

Les personnes illettrées qui habitent des communes rurales peuvent recevoir les valeurs déclarées ou les lettres recommandées à leur adresse des mains des facteurs, en présence du maire, de l'adjoint ou d'un conseiller municipal de la commune qui certifie, par l'apposition de sa signature et du cachet de la mairie, sur le carnet du facteur, que l'objet a été délivré devant lui au véritable destinataire (1).

La loi ne s'est pas occupée d'une manière spéciale de la capacité des aveugles; cependant la jurisprudence admet que lorsqu'un aveugle manifeste sa volonté par un acte entièrement écrit de sa main et signé de lui, sa signature est valable (qu'il ait agi pour lui-même ou en qualité de tuteur); lorsque, au contraire, il a apposé sa signature au bas d'un acte sous seing privé quelconque, écrit de la main d'un étranger, elle est nulle. Aveugles.

Les aveugles ne peuvent donc donner valablement décharge sur le carnet des facteurs; les chargements qui leur sont adressés ne doivent être livrés qu'à leurs mandataires dûment autorisés, en vertu d'un procuration notariée ou d'une procuration sous seing privé, entièrement écrite de leur main, signée d'eux, et légalisée.

Cependant les chargements adressés à des aveugles pourraient être remis aux destinataires eux-mêmes, s'ils demandaient, par une déclaration écrite, datée et signée de leur main, que toutes les correspondances qui leur seront adressées fussent remises à eux-mêmes, en énonçant qu'ils entendent, bien qu'aveugles, signer le carnet du facteur, sous leur seule responsabilité.

Il peut se faire que l'adresse d'un objet de correspondance porte un nom commun à plusieurs personnes habitant la même localité, sans que la suscription de l'objet contienne aucune indication propre à en faire attribuer la propriété à l'une d'elles. Les articles 81 de l'Instruction générale Correspondances adressées à des homonymes.

(1) *Bull. mens.* n° 33, *supp.* janvier 1881, *instr.* n° 142, p. 52.

de 1808, 521 de l'Instruction générale de 1832, 828 de l'Instruction générale de 1856, prescrivaient, en pareil cas, au directeur des postes (c'est-à-dire au receveur) de convoquer à son bureau toutes les personnes portant le nom indiqué sur la lettre; la lettre était ouverte en leur présence par l'une d'elles ou par le directeur.

Si l'une des personnes présentes s'opposait à l'ouverture, la lettre était retenue jusqu'à ce qu'un jugement eût décidé à qui elle devait être remise; si le directeur était autorisé à faire l'ouverture, il se bornait à lire le nom de l'expéditeur et à remettre la lettre à celui qui s'en déclarait le destinataire, du consentement des autres parties. En cas d'opposition, la lettre était refermée et scellée du cachet du bureau, puis versée en rebut.

Ces dispositions, dont l'application est encore réglementaire en Belgique, n'ont pas été reproduites dans l'article 691 de l'Instruction générale actuelle. Cette instruction ne recommande plus la convocation des homonymes et l'ouverture de la lettre au bureau de destination, sans qu'on puisse, toutefois, conclure de son silence, que cette manière de procéder a été proscrite. L'article 691 se borne à inviter le préposé à envoyer la lettre en rebut journalier, *après avoir épuisé tous les moyens de la remettre sûrement au véritable destinataire.*

En pareil cas, on ne doit pas avoir égard aux prétentions élevées par certaines personnes, qui réclameraient la remise préalable ou exclusive entre leurs mains des correspondances adressées sous un nom qui leur est commun avec d'autres, sous prétexte qu'elles seraient plus anciennement établies dans la localité, ou que leur établissement serait plus important que celui de leurs homonymes.

En 1845, le tribunal de commerce de Saint-Dié avait cru pouvoir, à l'occasion d'une réclamation de cette nature, élevée par un commerçant de Raon-sur-Plaine, ordonner la remise préalable des correspondances entre les mains du demandeur, parce qu'il était plus anciennement établi dans la localité qu'un homonyme portant les mêmes noms et prénoms et exerçant la même profession que lui.

La cour de Nancy et, après elle, la Cour de cassation infirmèrent le jugement du tribunal de Saint-Dié, et déclarèrent qu'en pareil cas, les particuliers devaient se soumettre au règlement de la poste, sauf à s'entendre amiablement entre eux ou avec l'administration pour en prévenir ou en diminuer les inconvénients (Nancy, 10 janvier 1846; Cass., 24 nov. 1846, D. P. 46, II, 119 et 47, I, 69).

Lettres adressées sous des pseudonymes.

Lorsqu'une lettre, adressée sous un pseudonyme, porte l'indication d'un domicile, elle doit être présentée à ce domicile et livrée si elle y est acceptée.

Si elle ne porte pas d'indication de domicile, elle ne peut être remise que sur la production par le destinataire d'un certificat de notoriété délivré par le maire ou le commissaire de police. Ce certificat est conservé au bureau. Si le réclamant ne peut fournir cette justification, la lettre est versée en rebut.

Les correspondances adressées à des commerçants retirés des affaires ou à des fonctionnaires qui ont cessé d'exercer dans la localité sont souvent un sujet de contestation. Lorsque l'adresse de ces correspondances ne porte pas d'autre indication que celle du nom propre des destinataires, aucune hésitation n'est possible; mais quand le nom des destinataires est suivi de l'énonciation de leur ancienne profession ou qualité, il arrive souvent que les correspondances sont revendiquées par leurs successeurs, comme concernant leur commerce ou leurs fonctions. Il est de règle, cependant, que ces correspondances soient remises à la personne nominativement désignée sur la suscription, parce que l'indication d'un nom propre est plus précise que celle d'une profession ou d'une fonction.

Correspondances adressées à des commerçants retirés des affaires ou à des fonctionnaires ayant cessé d'exercer.

Lorsque, au contraire, les correspondances ne portent aucune indication de nom propre, elles seront remises sans difficulté au commerçant en exercice ou au titulaire actuel de la fonction, par exemple : *M. le Directeur des forges de..... M. le Maire de..... M. le Président de la Société de secours mutuels de...*, etc.

Les correspondances ordinaires adressées à des mineurs, à des interdits ou à des femmes en puissance de mari sont livrées au domicile indiqué sur la suscription, conformément au principe admis pour la distribution à domicile, et d'après lequel la remise d'un objet est régulièrement faite à la personne qui déclare en être le destinataire ou être chargée par le destinataire de recevoir sa correspondance.

Correspondances ordinaires adressées à des mineurs, à des interdits ou à des femmes en puissance de mari.

S'il s'agit de lettres chargées ou recommandées, ou d'objets ordinaires adressés poste restante, ces objets ne peuvent être livrés qu'aux destinataires eux-mêmes, sur la justification de leur identité, sans avoir égard aux défenses contraires qui pourraient être signifiées par actes extrajudiciaires, aux receveurs des postes, à la requête des pères, tuteurs ou maris des destinataires.

Cette manière de procéder a été l'objet de très vives critiques de la part de certains jurisconsultes. On a accusé la poste de se mettre en contradiction avec la loi civile, de faire échec à la puissance paternelle, à la puissance maritale, à l'autorité légitime du tuteur.

Si l'on examine la question à un point de vue doctrinal, ces critiques ont peut-être quelque chose de fondé, bien qu'aucun texte légal n'attribue aux représentants des incapables le droit de se faire remettre les correspondances adressées à ceux-ci. On répond que cette attribution résulte, d'une manière générale, des pouvoirs conférés par la loi aux représentants incapables. Mais la poste est liée, de son côté, par des dispositions très précises, notamment par les articles 3 des lois du 4 juin 1859 et du 25 janvier 1873, d'après lesquels elle n'est déchargée de sa responsabilité, en matière de valeurs déclarées et de lettres recommandées, que par le reçu donné par le destinataire ou son fondé de pouvoir. Cette responsabilité resterait donc engagée si, contrairement à la volonté de l'expéditeur, elle remettait ces objets à des tiers, sur la seule injonction de ceux-ci.

Si on examine la question au point de vue pratique, on reconnaît que l'administration des postes ne peut guère procéder autrement qu'elle ne fait. Dans un service aussi actif que celui de la poste, où les lettres ne font que passer, les employés n'ont ni le temps ni l'aptitude nécessaire pour résoudre des questions de droit. Ils doivent se borner à remettre les correspondances aux personnes dont le nom est indiqué sur la suscription, conformément au mandat qu'ils ont reçu des expéditeurs, et sans avoir à se préoccuper de la capacité civile des destinataires (1).

Les règlements nous paraissent en conséquence avoir décidé fort sagement qu'à défaut de la volonté manifestée par l'expéditeur ou par le destinataire d'un objet de correspondance, l'autorité judiciaire seule a qualité pour ordonner la remise de cet objet entre les mains d'une personne autre que celle dont le nom est indiqué sur la suscription. C'est aux tribunaux et, en cas d'urgence, aux juges des référés que les pères, maris ou tuteurs doivent s'adresser pour faire valoir les considérations souvent très respectables qui peuvent être invoquées pour justifier une dérogation aux règlements de la poste (2).

Correspondances adressées à des destinataire décédés.

Les correspondances ordinaires adressées à des destinataires décédés continuent d'être portées au domicile indiqué sur la suscription, tant qu'elles y sont reçues, à moins que, par un acte légal, le préposé n'ait été requis de les remettre à un exécuteur testamentaire, à un tuteur, aux héritiers ou à toute autre personne.

La remise des objets chargés ou recommandés ne peut être faite aux ayants droit que sur la production d'un acte authentique (extrait d'intitulé d'inventaire, certificat de propriété, acte de notoriété, etc.) établissant leur qualité. Mention de l'acte produit est faite au carnet de distribution, en regard de l'émargement des héritiers ou ayants droit.

Le juge de paix peut obtenir, sur sa réquisition écrite, la remise entre ses mains des correspondances adressées à une personne décédée, à la condition d'en acquitter la taxe, s'il y a lieu.

Correspondances adressées à des absents

Les correspondances, et notamment les objets chargés et recommandés, adressées à des destinataires dont l'absence a été officiellement déclarée peuvent être remises à leurs héritiers présomptifs, sur la production du jugement d'envoi en possession.

(1) Cette ligne de conduite a été approuvée par le conseil d'État, dans un avis émis le 13 mai 1855 : « Considérant qu'aucun texte de loi n'attribue, d'une manière expresse, aux représentants des incapables le droit, sur la seule justification de leur qualité, de se faire remettre ou même seulement de faire arrêter la correspondance qui est adressée aux incapables; que, par suite, l'administration des postes ne saurait, sans engager sa responsabilité, modifier le mandat qu'elle a reçu de l'expéditeur et déférer, de sa propre autorité, aux demandes formées par les représentants des incapables,... » SANLAVILLE, *De la responsabilité civile de l'État en matière de postes et de télégraphes*, p. 65.

(2) V. SANLAVILLE, p. 65. Il paraît admis, en pratique, que le juge civil peut ordonner la remise des lettres à un séquestre, lorsqu'il y a doute sur le véritable destinataire, par exemple, en cas de cession d'un fonds de commerce ou d'un office ministériel (Comp. Amiens, 26 janv. 1869, D. P., 1874, V. 42; Sur le pouvoir des tribunaux, Cass. civ., 10 avril 1866, I, 342, Dorvault).

CHAPITRE XII

DISTRIBUTION PAR EXPRÈS

§ 1°. — Utilité de la distribution par exprès.

Le nombre des distributions régulièrement faites chaque jour varie suivant l'importance des localités. Indépendamment de Paris, où il est fait sept distributions, on compte en France :

3 localités ayant	6 distributions	par jour.
23	—	5	—
315	—	4	—
1.720	—	3	—
5.657	—	2	—
28.495	—	1	—

Cette organisation suffit en général aux besoins ordinaires de la correspondance, mais non à ceux de la correspondance urgente.

Les distributions se font à heure fixe, et durent un certain temps ; elles donnent lieu, en outre, à un travail préparatoire assez long pour le tri des correspondances par quartier et leur classement dans l'ordre indiqué par l'itinéraire des facteurs.

Il faut ajouter à ces délais ceux pendant lesquels les correspondances séjournent dans les boîtes aux lettres. Si elles sont déposées après la dernière levée du jour, elles ne peuvent être expédiées que le lendemain. Enfin certains courriers n'arrivent au bureau de destination qu'après le départ des facteurs ruraux ; leur distribution dans les communes rurales est encore retardée d'un jour.

Ces imperfections du service postal sont d'autant plus sensibles qu'elles affectent souvent les relations de voisinage. Le télégraphe n'y supplée pas toujours : il n'est pas à la portée de tout le monde, il ne se prête pas à toutes les correspondances : les échantillons, les papiers importants, certaines valeurs ne peuvent être transmises que par la poste. Enfin, pour le télégraphe, comme pour la poste, les moyens de transmission sont beaucoup mieux organisés et plus rapides pour les communications à grande distance entre les villes que pour les relations entre des localités rapprochées, mais d'importance médiocre.

C'est pour remédier à ces inconvénients que certaines administrations étrangères ont organisé le service des envois-*exprès*.

§ 2. — Service des exprès à l'étranger.

En quoi les envois exprès diffèrent des envois ordinaires.

Les envois-exprès ne constituent pas une catégorie à part d'objets de correspondance ; ils ne diffèrent des autres envois confiés à la poste que par un mode de distribution plus rapide, qui donne lieu à la perception d'une taxe supplémentaire.

En Belgique, par exception, les envois-*exprès* peuvent bénéficier d'une accélération dans le transport. Cette particularité s'explique par la fusion qui existe dans ce pays entre les postes et les chemins de fer de l'État. On peut expédier les envois-exprès par tous les trains, qu'ils soient utilisés ou non par le service postal ; les correspondances expédiées par exprès sont considérées comme des colis-exprès ; toutefois les objets recommandés ou les envois de valeurs ne peuvent être transmis que dans les dépêches ordinaires.

L'expéditeur d'un envoi urgent peut encore demander qu'à défaut des moyens ordinaires de la poste et en dehors des chemins de fer, il soit pourvu au transport par tel moyen qu'il serait possible de se procurer et dont il aurait à déterminer d'avance le prix. Il doit alors déposer des arrhes pour couvrir l'administration des frais de la course.

L'expéditeur peut encore réclamer, à ses frais et risques, une voie d'acheminement autre que celle ordinairement employée, ou la remise par un bureau autre que celui dont relève la localité ordinaire.

Dans les autres pays, les envois-exprès sont, en général, acheminés par les moyens ordinaires de la poste.

Taxes d'exprès.

Les envois-exprès sont passibles, indépendamment de la taxe postale ordinaire qui leur est applicable, suivant leur nature, d'une taxe additionnelle qui représente les frais de la course de l'exprès. Cette taxe additionnelle varie suivant les pays.

Lorsque les envois sont distribuables dans une localité pourvue de bureau de poste, elle consiste dans un droit fixe qui est de 25 centimes en Belgique et en Danemark ; de 30 centimes, en Suisse et aux Pays-Bas ; de 31 centimes 1/2, en Allemagne ; de 37 centimes 1/2, en Autriche-Hongrie ; de 30 centimes à 1 franc, suivant le poids des objets (lettres ou colis), dans le Luxembourg ; de 50 centimes, aux États-Unis.

Lorsque les envois-exprès sont à destination d'une localité non pourvue d'un bureau de poste, ils sont passibles d'une taxe plus élevée, qui est, en général, graduée suivant la distance à parcourir par le distributeur. En Belgique, cette taxe est de 50 centimes pour une distance de 2 à 3 kilomètres ; de 75 centimes entre 3 et 4 kilomètres ; de 1 franc entre 4 et 5 kilomètres ; au delà de 5 kilomètres, elle est de 20 centimes par kilomètre excédant. Elle peut être augmentée de 50 0/0 pour les transports à effectuer la nuit ou ceux qui présenteraient des difficultés exceptionnelles.

En Allemagne seulement, la taxe d'exprès pour les envois distribuables dans les communes rurales est fixe, lorsqu'elle est payée d'avance par l'expéditeur : elle est alors de 75 centimes. Si elle n'a pas été payée d'avance par l'expéditeur, le destinataire doit rembourser le prix réel de la course de l'exprès.

Comme en Allemagne, l'affranchissement de la taxe d'exprès est facultatif dans le Luxembourg et en Suisse. Affranchissement.

En Belgique et en Autriche-Hongrie, l'expéditeur doit acquitter, d'avance, au moins le droit fixe applicable à la distribution par exprès dans la localité siège du bureau destinataire, sinon son envoi est traité comme un objet de correspondance ordinaire. Aux Pays-Bas, aux États-Unis, en Portugal, en Danemark, l'affranchissement préalable est obligatoire dans tous les cas.

Lorsque la taxe d'exprès est payée d'avance, elle est acquittée en timbres-poste. En Danemark, on exige des arrhes; en Belgique, on perçoit la taxe d'après la distance indiquée par l'expéditeur; en cas d'insuffisance d'affranchissement, le complément est perçu sur le destinataire; il est, paraît-il, extrêmement rare qu'un envoi soit refusé à raison des frais d'exprès à payer.

Objets de correspondance pouvant être distribués par exprès.

En général, la faculté de demander la remise par exprès s'applique à tous les objets de correspondance. Cependant on exclut, en Allemagne et en Autriche, tous ceux qui sont distribuables dans la circonscription locale du bureau d'origine. Sont également exclues, en Allemagne, les valeurs déclarées dont le montant excède 400 marks (500 francs), et aux Pays-Bas celles dont le montant atteint 600 florins (1,200 francs). En Belgique, on distribue à domicile par exprès, aussi bien que par le service ordinaire, les valeurs déclarées, jusqu'à concurrence de 20,000 francs, dans les localités sièges d'un bureau, et de 5,000 francs dans les communes rurales; on admet encore les effets et quittances à l'encaissement, les effets de commerce à l'acceptation, les envois contre remboursement. Les mandats nominatifs, insérés dans les lettres-exprès et dont le montant ne dépasse pas 1,000 francs, peuvent même être payés à domicile par les porteurs, quand la demande en est faite sur les lettres dans les termes suivants : *A remettre par exprès avec le montant du mandat de fr..... inclus.*

Dépôt et remise à domicile.

Les envois-exprès, sauf les valeurs et les objets recommandés, peuvent être déposés dans les boîtes aux lettres. Ils peuvent aussi, en Belgique notamment, être remis à la main aux facteurs ruraux et aux porteurs de télégrammes en tournée. Ils doivent porter, sur la suscription, une mention très apparente, impliquant la remise par un porteur spécial.

En Belgique, l'expéditeur d'un envoi-exprès peut encore demander, par une indication spéciale portée sur la suscription, une réponse ou un avis de réception du destinataire. Les réponses et les avis de réception sont affranchis, au gré de l'intéressé, au tarif des correspondances ordinaires ou des envois exprès, sans frais supplémentaires pour le retour du porteur. Le porteur doit attendre la réponse pendant dix minutes. Il ne peut être retenu plus longtemps que de son gré et moyennant une rétribution spéciale à débattre avec le destinataire.

La remise à domicile a lieu immédiatement après l'arrivée au bureau destinataire. En Allemagne, en Autriche-Hongrie, en Danemark, dans le Luxembourg, en Suisse, elle peut même être faite la nuit. En Belgique, le service de la remise par exprès est limité entre 6 heures du matin et 8 heures du soir, du 1er avril au 30 septembre ; entre 7 heures du matin et 7 heures du soir, du 1er octobre au 31 mars. Dans les localités où les rues sont éclairées, il se prolonge jusqu'à 10 heures du soir en toute saison (1). Elle peut avoir lieu, même pendant la nuit, dans les localités où les bureaux disposent de porteurs consentant à faire le service en dehors des limites d'heures ordinaires, moyennant une augmentation de salaire de 50 centimes au plus par course.

Le nombre des envois exprès s'est élevé en Allemagne à 1,563,360 en 1888-89 ; à 441,043, en Belgique, en 1888 ; à 1,434,400, en 1887-1888, aux États-Unis.

§ 3. — Service des envois-exprès dans les relations internationales.

Les envois-exprès ont été introduits dans le régime international par le congrès de Lisbonne, mais à titre facultatif seulement, pour les pays où ce service est organisé : cette innovation a fait l'objet d'un article 9 *bis* qui a été intercalé dans le texte de la convention de l'Union postale universelle :

Les objets de correspondance de toute nature sont, à la demande des expéditeurs, remis à domicile par un porteur spécial, immédiatement après l'arrivée, dans les pays de l'Union qui consentent à se charger de ce service dans leurs relations réciproques.

Ces envois, qui sont qualifiés « exprès », sont soumis à une taxe spéciale de remise à domicile ; cette taxe est fixée à 30 centimes et doit être acquittée complètement et à l'avance, par l'expéditeur, en sus du port ordinaire. Elle est acquise à l'administration du pays d'origine.

Lorsque l'objet est destiné à une localité où il n'existe pas de bureau de poste, l'administration des postes destinataire peut percevoir une taxe complémentaire, jusqu'à concurrence du prix fixé pour la remise par exprès dans son service interne, déduction faite de la taxe fixe payée par l'expéditeur, ou de son équivalent dans la monnaie du pays qui perçoit ce complément.

Les objets exprès non complètement affranchis pour le montant total des taxes payables à l'avance sont distribués par les moyens ordinaires.

Ces dispositions ont été mises à profit par les États qui avaient déjà organisé chez eux le service des exprès ; l'Allemagne, l'Autriche-Hongrie, la République Argentine, la Belgique, le Chili, le Danemark, le Japon, le Luxembourg, le Paraguay, les Pays-Bas, le Salvador, le Siam, la Serbie et la Suisse.

(1) Voir l'arrêté royal du 20 novembre 1887 et l'instruction qui y fait suite dans le *Recueil des Instructions belges*, n° 62.

Elles sont restées sans application dans les pays où ce service n'a pas encore été organisé. La France et l'Angleterre sont dans ce cas.

§ 4. — Etudes faites en France pour l'organisation du service des exprès.

Enquêtes de 1882 et de 1889.

L'organisation d'un service de distribution à domicile par exprès a été étudiée plus d'une fois en France.

En 1882, une première enquête avait été faite. Les directeurs départementaux avaient été consultés, et un projet avait été soumis au ministre.

En 1889, à la suite d'un vœu émis par le conseil général du Nord et de pétitions émanées de divers côtés, la commission consultative des postes et des télégraphes a été saisie de la question. Le système auquel elle s'est ralliée, par un avis motivé en date du 9 mai 1889, a reçu l'approbation de l'autorité supérieure; mais la mise en vigueur du nouveau service a été ajournée à cause de la dépense qu'elle devait entraîner. Nous croyons utile cependant d'en exposer le mécanisme.

Étendue du service des exprès.

La distribution par exprès serait limitée, au moins au début, au service intérieur.

Elle pourrait être réclamée pour tous les objets de correspondance, sauf les valeurs déclarées, parce que la distribution par exprès dans les communes rurales devrait être confiée à des porteurs auxiliaires ne présentant pas les mêmes garanties que des facteurs commissionnés.

La correspondance locale serait exclue du bénéfice de la distribution par exprès. On a pensé que ce service, si on l'étendait à la correspondance locale, serait d'une exécution difficile à Paris et dans les grandes villes; que les bureaux seraient encombrés, par certaines maisons de commerce, d'un nombre considérable d'échantillons ou de paquets volumineux qu'ils ne viendraient pas à bout de distribuer immédiatement. Du reste, il est loisible à toute personne de faire porter à domicile, par des exprès de son choix, ses lettres ou autres envois urgents de la ville pour la ville ou de la ville pour sa banlieue; c'est seulement pour les correspondances qui ont à franchir une certaine distance qu'il devient nécessaire d'emprunter l'intermédiaire de la poste.

Surtaxe d'exprès.

La question de la taxe supplémentaire à percevoir sur les envois distribuables par exprès a attiré spécialement l'attention de la commission consultative.

Cette taxe doit-elle être fixée sans égard au prix de la course de l'exprès, ou proportionnellement à la distance qui sépare le domicile du destinataire du bureau de poste distributeur? L'affranchissement doit-il être facultatif ou obligatoire?

Pour les envois distribuables dans la partie agglomérée de la commune siège du bureau destinataire, la taxe fixe paraît s'imposer.

Pour les envois distribuables dans les écarts de la commune siège du bureau ou dans les communes rurales, l'hésitation est permise. Sur les télégrammes à porter par exprès, la taxe supplémentaire est perçue en raison du nombre de kilomètres parcourus. Le même système a prévalu pour les envois postaux distribuables par exprès dans les pays étrangers, sauf en Allemagne. L'administration belge, qui percevait autrefois une surtaxe fixe de 1 franc sur les envois distribuables par exprès, s'est ralliée depuis au système de la taxe kilométrique.

Malgré ces exemples, la commission consultative s'est prononcée pour l'adoption d'une taxe fixe, même pour les envois distribuables dans les communes rurales, avec l'affranchissement préalable intégral.

La taxe fixe est plus conforme à l'esprit des tarifs postaux. Elle a pour elle les avantages de la simplicité. Elle facilite la perception. Elle évite la complication du règlement des arrhes. Elle rend inutile le dépôt des objets non recommandés au guichet des bureaux. Elle permet au public d'affranchir lui-même ses envois, sans recourir à l'intervention des agents des postes. Il est, en effet, d'une très grande importance pour le public de pouvoir déposer ses correspondances urgentes dans les boîtes aux lettres, y compris celles des gares. La taxe proportionnelle au parcours imposerait des déplacements aux expéditeurs et des retards aux correspondances; on perdrait au départ le temps qu'on gagnerait à l'arrivée par une distribution plus rapide.

Le principe de la taxe uniforme étant admis, la commission a proposé d'en fixer le montant à 50 centimes pour les envois distribuables dans toute l'étendue de la commune du bureau destinataire, à 2 francs pour ceux distribuables dans les communes rurales.

Le minimum de 50 centimes, applicable dans le projet de la commission aux envois distribuables par exprès dans les communes sièges de bureaux, est plus élevé, en général, que le minimum perçu sur les envois de même nature dans les pays étrangers et que le taux prévu par la convention de l'Union postale universelle; il pourrait en résulter plus tard des difficultés pour l'extension du service des exprès dans les relations internationales.

Il est juste toutefois de remarquer qu'en Belgique, où le minimum de la taxe est de 25 centimes seulement, ce minimum n'est applicable qu'à la distribution par exprès dans la partie agglomérée de la commune siège du bureau, et dans les habitations distantes de 2 kilomètres au plus, tandis que la taxe de 50 centimes, proposée par notre commission consultative des postes et des télégraphes, s'appliquerait à la distribution dans toute l'étendue de la commune siège du bureau. Or, la superficie des communes est en moyenne, en France, de 1,462 hectares; dans deux départements la moyenne est même supérieure à 4,000 hectares (Bouches-du-Rhône, 4,650; Var, 4,133). Il arriverait donc fréquemment que, sans sortir du territoire de la commune du bureau distributeur, la course d'un exprès atteindrait 5 ou 6 kilomètres.

Pour les envois-exprès à distribuer dans les communes rurales, la commission a admis une taxe fixe de 2 francs. Elle s'est basée sur un travail effectué, à l'administration centrale, par le bureau de la vérification des produits, et duquel il résulte qu'en 1888 le prix moyen des courses d'exprès, pour les télégrammes distribuables en dehors de l'agglomération des communes sièges des bureaux, a été 1 fr. 52, correspondant à un parcours de 3,300 mètres. La commission a pris un chiffre supérieur à la moyenne pour éviter tout mécompte. Il est certain qu'avec la taxe fixe, ce sont les localités les plus éloignées des bureaux de poste qui sont le plus favorisées; on a donc dû prévoir que le nombre des envois-exprès pour ces localités serait relativement plus considérable que celui des envois de même nature à destination des localités plus rapprochées. Pour ces dernières, la taxe fixe de 2 francs paraît élevée, surtout si on la rapproche de la taxe allemande, qui est de 75 centimes seulement; mais il faut remarquer que les bureaux de poste étant beaucoup plus nombreux en Allemagne qu'en France, les courses d'exprès doivent y être moins longues en général qu'elles ne le sont chez nous.

Avec l'affranchissement préalable obligatoire auquel la commission s'est ralliée, la perception de la taxe aurait lieu en timbres-poste dans tous les cas; donc, pas de comptabilité pour le bureau destinataire et pas de non-valeurs.

Dépôt et expédition.

Avec la taxe fixe, les envois-exprès pourraient être déposés dans toutes les boîtes aux lettres, à l'exception des objets recommandés. Ils pourraient encore être remis à la main aux facteurs ruraux. Ils devraient porter du côté de l'adresse les mots *Par exprès*, en caractère très apparents. Cette mention, inscrite par l'expéditeur lui-même, serait reproduite sur la suscription, au moyen d'un timbre, par le bureau de dépôt.

Les envois-exprès seraient ensuite insérés dans une enveloppe de couleur voyante, à l'adresse du bureau destinataire; la présence de cette enveloppe serait signalée par l'application du timbre *Par exprès* sur la feuille d'avis.

Transport.

Les envois par exprès seraient transportés par les moyens ordinaires de la poste.

Distribution.

Après l'ouverture de la dépêche par le bureau destinataire, ils seraient portés immédiatement à domicile. La remise aurait lieu par les soins des facteurs du télégraphe ou des porteurs de télégrammes. Les envois distribuables en dehors de l'agglomération seraient inscrits sur l'état (modèle F) des télégrammes-exprès. L'émargement de cet état par les porteurs servirait de justification pour le payement du prix de la course; on pourrait exiger que la remise des envois-exprès eût lieu sur reçu, comme celle des télégrammes-exprès, afin de s'assurer que la remise a bien été faite.

Il avait été admis, en 1882, que la distribution par exprès aurait lieu de 6 heures du matin à 8 heures du soir en été, de 7 heures du matin à 7 heures du soir en hiver, comme en Belgique, dans la partie agglomérée des communes sièges de bureaux ; et de 6 heures du matin à 7 heures du soir en été et de 7 heures du matin à 4 heures du soir en hiver, dans les écarts et dans les communes rurales. Le service des exprès dans les localités situées en dehors de la partie agglomérée des communes sièges de bureaux se ferait ainsi de jour en toute saison.

Régime spécial à Paris.

On avait songé, en 1883, à utiliser les tubes pneumatiques de Paris pour la distribution des envois-exprès à destination de la capitale. Déjà l'on se sert du réseau pneumatique pour l'envoi aux gares des correspondances urgentes, après la dernière levée des boîtes des bureaux pour l'expédition des courriers du soir. En sens inverse, on pourrait diriger par les tubes les envois-exprès originaires des départements sur les bureaux de Paris chargés de les distribuer, à la condition que ces envois rempliraient les conditions voulues de dimensions et de forme, et que les expéditeurs auraient acquitté, indépendamment de la taxe postale, la taxe pneumatique.

Il a été reconnu que pour assurer la distribution sans retard après l'arrivée des bureaux ambulants de nuit, il faudrait faire fonctionner le service des tubes dès 6 heures du matin. Il en résulterait une dépense de 106,128 francs, savoir : 26,448 francs pour le matériel (eau et force motrice) ; 79,680 francs pour le personnel.

Si l'on n'utilisait pas le réseau pneumatique pour la transmission rapide des envois-exprès, on pourrait toujours se servir du personnel des facteurs du télégraphe pour leur distribution. Mais les vacations ne commençant qu'à 7 heures du matin en été, 8 heures en hiver, il faudrait s'assurer le concours d'un personnel auxiliaire pour effectuer la distribution immédiate des envois apportés à Paris par les courriers du matin.

Telle était l'économie générale du système auquel s'étaient arrêtées les commissions qui ont eu à étudier en 1883 et 1889 l'organisation d'un service de distribution des correspondances postales par exprès en France. Les ressources nécessaires ont seules manqué pour l'exécution.

Le système proposé est très simple. Il ne nécessiterait aucune comptabilité spéciale, n'imposerait qu'un surcroît de travail insignifiant aux bureaux d'origine et de passe, et limiterait celui des bureaux de destination à une simple inscription à l'arrivée et à l'appel du porteur.

CHAPITRE XIII

RÉEXPÉDITION

Cas de réexpédition.

Les correspondances que les bureaux ne peuvent distribuer, par suite de vice d'adresse, de fausse direction, ou de changement de résidence, sont acheminées sur leur nouvelle destination dès qu'elle est connue (1).

Gratuité de la réexpédition.

La réexpédition des correspondances est gratuite en principe, aussi bien dans le service intérieur que dans les relations internationales (2). On traite l'objet à réexpédier comme s'il avait été adressé directement du lieu d'origine sur celui de la nouvelle destination.

Exception au principe de la gratuité.

La réexpédition à l'intérieur ne donne lieu à l'application d'une taxe nouvelle que dans le cas où des imprimés périodiques, affranchis d'après le tarif réduit valable pour le département du lieu de publication ou pour les départements limitrophes, sortent de la zone dans laquelle ils avaient droit au bénéfice de ce tarif.

Les destinataires de ces imprimés doivent payer le complément nécessaire pour opérer l'affranchissement d'après le tarif plein, à moins que ce complément n'ait été acquitté avant la réexpédition.

La réexpédition des objets de correspondance n'a lieu gratuitement qu'autant qu'ils ne sont pas sortis des mains des facteurs. S'ils sont rejetés à la boîte après avoir été distribués, ils sont frappés du timbre *Trouvé à la boîte* et traités comme s'ils n'avaient jamais été affranchis. Les timbres-poste dont ils étaient revêtus sont biffés de deux traits de plume en croix.

En Belgique, les correspondances du service intérieur pourvues, de la nouvelle adresse du destinataire, sont réexpédiées sans frais, toutes les fois qu'elles sont rendues à la poste sans avoir été ouvertes.

En Angleterre et aux Etats-Unis, au contraire, la réexpédition des correspondances, dans le service intérieur, donne lieu à la perception d'une taxe nouvelle à raison du nouveau parcours. Cette taxe est celle d'affranchissement, suivant le tarif applicable à l'objet.

Réexpédition des objets taxés

Lorsque des correspondances non affranchies ou insuffisamment affranchies doivent être réexpédiées sur une nouvelle destination, les chif-

(1) Les objets chargés ou recommandés, adressés primitivement poste restante, ne peuvent être réexpédiés sur un domicile désigné qu'à la demande des expéditeurs, qui peuvent, aux termes des règlements, disposer des correspondances jusqu'au moment de la livraison. Les mêmes objets ne peuvent être réexpédiés, à la demande des destinataires, que *poste restante* ur un autre bureau. (*Bull. mens.* n° 11, nov. 1890, *instr.* n° 402, p. 996.)

(2) Voir les règles relatives à la réexpédition dans les relations internationales dans la 6e partie, ch. III, p. 411.

fres-taxes dont elles étaient revêtues sont biffés au moyen de traits en croix, tracés à la plume. Le receveur se dégrève de la valeur des chiffres-taxes annulés, en inscrivant le montant de la taxe dont chaque objet réexpédié était passible sur un état mensuel (modèle n° 1253), ainsi que sur une fiche (modèle n° 1251) qui est annexée à la feuille d'avis de la dépêche pour le bureau destinataire des objets réexpédiés.

Les fiches (n° 1251), après avoir été vérifiées et acceptées par les bureaux correspondants, sont renvoyées aux receveurs des bureaux d'origine qui les joignent, en fin de mois, à l'appui de leur état n° 1253 (1).

Renvoi aux expéditeurs des objets non distribués.

Les objets de correspondance portant extérieurement le nom et l'adresse de l'expéditeur, ainsi que les objets chargés et recommandés qui n'ont pu être distribués pour une cause quelconque, sont frappés, du côté de la suscription, de l'empreinte d'un timbre portant les mots : *Retour à l'envoyeur*, et renvoyés au bureau d'origine, après avoir été inscrits sur un registre de réexpédition qui est conservé au bureau, pour être consulté en cas de réclamation. L'indication, sur l'adresse de ces objets, de la résidence du destinataire, est biffée d'un trait de plume, à l'encre rouge, et remplacée par celle du bureau expéditeur. Ce renvoi n'a lieu qu'après l'expiration des délais de garde, qui varient suivant la nature des objets et les motifs de non distribution, ainsi qu'on le verra au chapitre suivant. Le service des postes a égard, toutefois, aux demandes de renvoi anticipé qui sont formées par les expéditeurs sur la suscription même des correspondances.

Les bureaux destinataires doivent s'abstenir de renvoyer aux expéditeurs :

1° Les dépêches contresignées, taxées par application de l'article 4 de l'ordonnance du 17 novembre 1844 (suspicion de fraude) ;

2° Les dépêches portant le contreseing d'un inspecteur des finances (*Décision ministérielle du* 28 *juillet* 1828) ;

3° Les avertissements des receveurs de l'enregistrement aux redevables de leur administration, ainsi que les avertissements sur procès-verbaux adressés par les préposés des contributions indirectes aux contrevenants appelés à transiger, refusés pour cause de taxe par les destinataires.

Ces objets sont classés dans les rebuts.

(1) *Bull. mens.* n° 3, mars 1883, *instr.* n° 274, p. 271.

CHAPITRE XIV

REBUTS

Les correspondances qui ne peuvent être ni dirigées, ni distribuées, ni rendues aux expéditeurs, ou qui ont été refusées, sont versées en rebut après un délai qui varie suivant la nature des objets et suivant les motifs de non remise.

§ 1. — Travail des rebuts dans les bureaux de poste.

Les rebuts se divisent en rebuts *journaliers* et en rebuts *mensuels*, d'après l'époque de leur envoi à l'administration centrale. Division des rebuts

On comprend dans les rebuts journaliers toutes les correspondances dont il y a intérêt à effectuer le renvoi dans le plus bref délai possible. Ce sont : Rebuts journaliers.

1° Les lettres et paquets dont l'expédition ou la distribution n'a pu avoir lieu *faute d'adresse* ou *d'adresse lisible* ou *complète*. L'expéditeur doit être mis à même de réparer le plus tôt possible son erreur. Si son nom et son adresse ne figurent pas extérieurement sur l'enveloppe, la lettre est ouverte, afin de rechercher si ces renseignements ne se trouvent pas à l'intérieur.

2° Les *lettres adressées sous un nom commun à plusieurs personnes*, et dont on n'a pu discerner le véritable destinataire, ainsi que :

3° Les *correspondances adressées sous un nom supposé*, à l'égard desquelles les droits de propriété du destinataire n'ont pu être établis ; l'expéditeur a intérêt à être informé sans retard du motif de non distribution ;

4° Les correspondances dont les destinataires sont *inconnus* ou *partis sans laisser d'adresse :* même raison que pour les catégories précédentes ; l'ouverture peut d'ailleurs fournir les renseignements nécessaires pour les faire parvenir à destination.

5° Les *correspondances adressées sous le couvert des agents des postes* pour être réexpédiées, par leurs soins, sur une destination indiquée (1) : la tentative faite pour dissimuler soit la résidence de l'expéditeur, soit l'origine véritable des correspondances, constitue une sorte de fraude ou tout au moins de manœuvre à laquelle la poste ne doit pas s'associer (2).

6° Les *lettres portant une suscription injurieuse ou des menaces :* ces lettres ne doivent pas être mises en distribution, parce que la poste ne peut pas se rendre sciemment complice d'une action coupable. Cette disposition, toutefois, n'est pas applicable aux cartes postales qui contiendraient au verso des mentions ayant le même caractère, parce que les agents des postes ne doivent pas prendre connaissance de ce qui est écrit au verso des ces cartes. La loi du 11 juin 1887, due à l'initiative de M. Rocques (de Filhol), député, punit d'ailleurs la diffamation par cartes postales des peines portées par les articles 29 à 35 de la loi du 29 juillet 1881 (diffamation par la voie de la presse : 10 à 300 francs d'amende, 5 jours à 2 mois de prison, ou l'une de ces deux peines seulement).

7° Les *correspondances non affranchies ou insuffisamment affranchies à destination des pays pour lesquels l'affranchissement est obligatoire* (3) : l'expéditeur doit être informé du motif qui s'oppose à ce qu'il soit donné cours à son envoi, afin d'être à même de réparer son erreur, le cas échéant.

8° Les *correspondances de toute nature paraissant contenir des objets prohibés* et dont les destinataires, convoqués pour procéder à l'ouverture, ne se sont pas présentés ou qu'ils ont refusé d'ouvrir : il ne reste plus, en pareil cas, qu'à procéder d'office contre les contrevenants.

9° Les *lettres ou paquets non contresignés ou portant un contreseing non valable*, reconnus, après ouverture, étrangers au service de l'État, et dont les fonctionnaires destinataires n'ont pas consenti à payer le port (*Ordonnance du* 27 *novembre* 1845) : le refus du destinataire ayant été donné en connaissance de cause, il n'y a plus lieu de les conserver en instance dans les bureaux.

10° Les *lettres et les paquets non contresignés ou portant un contreseing non valable*, refusés pour cause de taxe, et dont les fonctionnaires destinataires n'ont pas demandé ou requis l'ouverture dans les vingt-quatre heures : l'envoi immédiat de ces correspondances en rebut est prescrit par le décret du 11 novembre 1850, pour éviter que des communications intéressant le service de l'État ne restent en souffrance dans les bureaux.

11° Les *lettres et paquets contresignés, taxés* pour irrégularités de contreseing ou suspicion de fraude, et dont les fonctionnaires destinataires ont refusé l'ouverture et la vérification. Il convient de vérifier si la présomption d'abus est fondée ; dans l'affirmative, de procéder contre le contrevenant, et, dans le cas contraire, de donner cours, le plus tôt pos-

(1) Les préposés doivent néanmoins donner cours aux lettres affranchies qui leur sont adressées par les chefs de corps ou commandants de navires pour être distribuées aux militaires ou marins de passage.

(2) M. Ansault, *Cours d'exploitation postale*, p. 137.

(3) Ces correspondances sont conservées pendant quarante-huit heures au bureau d'origine (Art. 722 de l'instruction générale).

sible, aux correspondances qui concernent le service de l'État, après les avoir détaxées.

12° Les *journaux, imprimés, échantillons et papiers d'affaires régulièrement affranchis,* dont la remise n'a pu s'effectuer pour un motif quelconque : on veut éviter l'encombrement des bureaux par des paquets souvent volumineux et dépourvus de toute valeur ;

13° *Les objets à tarif réduit, non affranchis ou insuffisamment affranchis* et qui, pour une cause quelconque, n'ont pu être distribués. Outre le motif indiqué sous le numéro précédent, il y en a un autre, tiré de l'article 8 de la loi du 25 juin 1856, qui permet à l'administration de répéter contre l'expéditeur, au besoin par voie de contrainte, la taxe des objets à tarif réduit non affranchis ou insuffisamment affranchis ; il est vrai que cette disposition est à peu près tombée en désuétude.

14° Les *lettres originaires de l'étranger, refusées par les destinataires.*

15° Les *lettres de service échangées entre les agents de l'inspection des finances,* et dont la distribution ou la réexpédition n'a pu être faite aux destinataires (*Décision ministérielle du* 28 *juillet* 1828).

16° Les *objets renvoyés aux expéditeurs* et dont la remise à ceux-ci n'a pu être opérée pour un motif quelconque ; on estime que ces objets ont suffisamment séjourné dans le service ;

17° Les *objets remis dans le service sous une enveloppe du bureau des rebuts* et rebutés de nouveau ; même raison que pour la précédente catégorie.

18° Les *correspondances adressées à des destinataires décédés,* qui n'ont pas été réclamées par les ayants droit dans le délai de quarante-huit heures. Autrefois ces correspondances étaient tenues à la disposition des héritiers pendant un mois, non compris celui de leur arrivée au bureau. Il a été reconnu que ce délai, institué pour sauvegarder les droits des héritiers, n'était mis à profit que par un nombre restreint de personnes, et que l'immobilisation, dans les bureaux de poste, de lettres pouvant renfermer des valeurs destinées à faire face à des échéances ou des pièces à produire sans aucun retard, était parfois une entrave aux relations d'intérêt et aux affaires commerciales. En conséquence, le délai de garde de ces lettres a été ramené à quarante-huit heures (1).

19° Les *valeurs de toute nature non accompagnées de lettres,* trouvées dans les boîtes ou aux guichets des bureaux, et qui n'ont pas été réclamées dans un délai de cinq jours.

Rebuts mensuels

Les receveurs doivent verser en rebuts mensuels :

1° A la fin du mois qui suit celui de l'arrivée au bureau, les *lettres* de l'intérieur *refusées* par les particuliers ; celles *adressées à des voyageurs* à qui elles n'ont pu être remises et qui ont été *recueillies dans les hôtels ;*

2° A la fin du deuxième mois qui suit celui de leur arrivée, les correspondances *poste restante* et les *objets adressés,* sans indication de domicile, à *des voyageurs, marins ou mariniers* de passage dans une localité (2) ;

(1) *Bull. mens.* n° 3, mars 1883, *instr.* n° 33, p. 126.

3° A la fin de la saison des villes d'eaux et des stations hivernales, les *lettres* adressées, *dans les hôtels*, à *des voyageurs ou à des baigneurs* à qui elles n'ont pu être remises.

La conservation de ces correspondances pendant un délai plus long que celui adopté pour les rebuts journaliers est justifiée, sauf toutefois en ce qui concerne les lettres refusées par les particuliers. On n'aperçoit pas, pour celles-ci, l'utilité d'un délai de garde d'un mois et plus, alors que les correspondances dont les destinataires sont inconnus, partis sans laisser d'adresse ou décédés, sont versées en rebut au bout de vingt-quatre ou quarante-huit heures. Il est très rare que des lettres soient réclamées par les personnes qui les ont refusées, tandis qu'il arrive assez fréquemment que des lettres adressées à des destinataires, déclarés à tort inconnus par leur concierge ou dont la nouvelle adresse n'a pu être indiquée, sont réclamées aux bureaux de poste qui les ont versées en rebut. Déjà les lettres originaires de l'étranger, refusées par les destinataires, sont classées dans les rebuts journaliers ; le seul motif qui s'oppose à ce qu'on procède de même pour les lettres de l'intérieur refusées par les particuliers est l'insuffisance du personnel dont dispose le bureau des réclamations ; ce bureau ne pourrait pas, avec son effectif actuel, effectuer le renvoi de ces lettres aux expéditeurs, comme il le fait pour celles comprises dans les rebuts journaliers.

Envoi des rebuts à administration centrale.

A l'expiration du délai de garde fixé par les règlements, les correspondances tombées en rebut sont inscrites nominativement sur un registre qui reste au bureau pour être consulté en cas de réclamation. Elles sont ensuite transmises à l'administration centrale, accompagnées d'états descriptifs qui servent en même temps de pièces justificatives aux comptables pour obtenir le dégrèvement de la taxe des objets rebutés, non affranchis ou insuffisamment affranchis.

Les envois de rebuts sont adressés sous forme de dépêches au bureau des réclamations à Paris, par l'intermédiaire des recettes principales qui centralisent les envois des autres bureaux, chacune dans son département.

§ 2. — Travail des rebuts à l'administration centrale.

Traitement des rebuts dans quelques pays étrangers.

En Allemagne, en Autriche, les correspondances tombées en rebut sont d'abord envoyées au bureau d'origine. Si ce bureau ne peut retrouver l'expéditeur, il les transmet à la direction supérieure dont il relève. Là, les lettres tombées en rebut sont ouvertes, en vue d'en rechercher les auteurs et de les leur faire parvenir.

En Suisse, les rebuts sont transmis aux directions d'arrondissement, où ils sont soumis à une révision annuelle. Cette révision se fait à la fin de septembre.

En Angleterre, le service des lettres non distribuables est assuré par le *Returned letter office* de Londres, pourvu d'un nombreux personnel masculin et féminin, ainsi que par des offices analogues, institués dans quelques grandes villes. Chacun de ces offices traite les correspondances tombées en rebut dans sa circonscription.

Traitement des rebuts en France.

En France, tous les objets tombés en rebut et dont les bureaux destinataires ne peuvent pas effectuer le renvoi aux expéditeurs sont dirigés sur le bureau des réclamations, à l'administration centrale, qui en assure la réexpédition, la conservation ou la destruction.

Ordonnance du 10 janv. 1771.

C'est une ordonnance royale du 12 janvier 1771 qui a prescrit l'envoi au bureau général des postes à Paris des correspondances tombées en rebut, lesquelles étaient auparavant conservées indéfiniment dans les bureaux de poste, à la disposition des destinataires.

Cet envoi devait s'effectuer primitivement huit mois après l'entrée des correspondances dans le service. Elles étaient ensuite gardées à Paris pendant un nouveau délai de trois ans, après lequel les lettres simples, c'est-à-dire celles consistant en une seule feuille de papier, étaient brûlées sans avoir été ouvertes, tandis que les lettres sous enveloppe ou doubles, pouvant contenir des objets ou des papiers de valeur, étaient ouvertes par l'intendant général des postes, conservées ensuite pendant cinq ans, et finalement détruites, si elles n'avaient pas été retirées par les propriétaires dûment avisés.

Le régime relatif aux rebuts a été modifié, dans la suite, par les décrets des 19 octobre, 23 novembre 1790 (1) et 23-24-30 juillet 1793; par l'arrêté des consuls du 7 nivôse an X et par l'ordonnance du 20 janvier 1819. Les délais de garde ont été successivement abrégés, pour éviter l'encombrement résultant de la progression du nombre des rebuts, conséquence naturelle du développement de la correspondance.

Ordonnance du 20 janv. 1819.

L'ordonnance du 20 janvier 1819 (2), qui créa les rebuts journaliers, prescrivit l'ouverture et le renvoi immédiat *à la destination indiquée par les renseignements tirés de l'ouverture*, ou, à défaut, aux expéditeurs, des *lettres et des paquets à adresses blanches, incomplètes* ou *illisibles*, de ceux *adressés à des personnes inconnues*, à *des fonctionnaires publics qui les* avaient *refusés à cause de la taxe*. A défaut de renseignements suffisants, ces lettres et paquets étaient brûlés au bout de six mois, à compter du jour de leur ouverture, à l'exception des correspondances présentant de l'intérêt ou renfermant des effets ou valeurs, lesquelles devaient être conservées pendant cinq ans. Les lettres et paquets tombés en rebut pour tout autre motif étaient ouverts six mois après leur mise à la poste.

Plusieurs de ces dispositions ne sont plus en vigueur, notamment celles concernant les délais de garde, qui ont encore été abrégés depuis.

Ouverture des rebuts à l'administration centrale.

D'après le décret du 24 novembre 1790, l'ouverture des lettres tombées en rebut ne pouvait avoir lieu qu'en présence du président du directoire des postes et de deux administrateurs au moins. En Suisse, encore aujourd'hui, le travail de révision des rebuts s'effectue avec une certaine solennité: l'ouverture est faite par les directeurs d'arrondissement, par leurs

(1) Voir l'*Instruction générale* de 1792, p. 75 et s.
(2) Voir le texte de cette ordonnance dans l'*Instruction générale*, p. 1027.

adjoints ou par les contrôleurs, en présence de deux fonctionnaires des bureaux d'arrondissement; il est procédé ensuite, en présence des mêmes fonctionnaires, à l'incinération des objets sans valeur.

En raison de l'accroissement considérable du nombre des objets tombés en rebut en France, et dont le travail incombe à l'administration centrale, l'observation des formalités prescrites par le décret de 1790 n'est plus possible. L'ouverture des rebuts est faite à l'hôtel des postes, à Paris, par une section du bureau des réclamations; elle est confiée à des commis auxiliaires, surveillés par des commis principaux.

Ainsi les règles relatives à l'envoi à Paris, à la conservation, à l'ouverture et à la destruction des correspondances tombées en rebut ont été tout d'abord fixées par des actes législatifs, et ces actes ont été modifiés d'abord par des arrêtés ou ordonnances du pouvoir exécutif, puis par de simples décisions administratives.

Traitement des rebuts journaliers.

Les lettres et paquets compris dans les rebuts journaliers sont ouverts immédiatement après leur arrivée, à l'exception de ceux portant le contreseing d'un inspecteur des finances, qui sont renvoyés au ministre de ce département (*Décision ministérielle du* 28 *juillet* 1828).

Les lettres sans adresse ou à adresse incomplète, celles adressées à des destinataires inconnus ou partis sans laisser d'adresse sont, après ouverture, dirigées sur leur véritable destination, si leur contenu l'a fait connaître; sinon, elles sont renvoyées à leurs auteurs.

Les correspondances non affranchies, ou insuffisamment affranchies, à destination de pays pour lesquels l'affranchissement est obligatoire; les lettres adressées sous le couvert des agents des postes, celles adressées sous un nom commun à plusieurs personnes ou à des destinataires décédés sont, après ouverture, renvoyées à leurs auteurs, avec indication du motif de la mise au rebut.

Les lettres et paquets non contresignés ou portant un contreseing non valable, taxés, adressés à des fonctionnaires qui n'en ont pas requis l'ouverture ou qu'ils ont refusés, après ouverture, sont renvoyés, selon leur contenu, soit sans taxe aux fonctionnaires destinataires, s'ils concernent le service de l'État, soit avec taxe à leurs auteurs, s'ils sont étrangers au service de l'État.

Constatation des abus de franchise et des autres contraventions aux lois postales.

Les paquets contresignés, taxés pour suspicion d'abus de franchise, et refusés par les fonctionnaires destinataires; les lettres ou boîtes présumées contenir des valeurs prohibées et adressées à des destinataires absents, partis ou décédés, sont vérifiés par le bureau des réclamations qui dresse, s'il y a lieu, les procès-verbaux constatant les abus de franchise ou les infractions aux lois du 4 juin 1859 et du 25 janvier 1873.

Objets possible de droits de douane

Les lettres ou paquets présumés contenir des objets passibles de droits de douane ou autres sont ouverts en présence d'un agent des douanes convoqué à cet effet, à des époques déterminées. Lorsqu'il y a fraude, cet agent dresse les procès-verbaux et opère la saisie. Toutefois, les objets recommandés et les boîtes de valeurs déclarées (originaires pour la plupart de l'étranger ou de la zone franche) ne sont pas ouverts ; ils sont renvoyés simplement aux expéditeurs.

Délai de conservation des correspondances dont le renvoi ne peut être opéré.

Les lettres dont le contenu n'a fourni aucun renseignement permettant de les diriger sur leurs destinations véritables ou de les renvoyer aux expéditeurs sont conservées pendant quatre mois au bureau des réclamations, et détruites à l'expiration de ce délai, si elles n'ont pas été réclamées ou si elles ne contiennent rien d'important.

Journaux, imprimés et échantillons.

Les journaux et avis imprimés qui ne peuvent être renvoyés aux éditeurs ou expéditeurs sont détruits immédiatement ; les livres, les brochures, les échantillons sont, après un an de conservation, livrés aux domaines pour être vendus ; toutefois la Bibliothèque nationale est autorisée à faire préalablement un choix parmi les livres et les brochures.

Journaux d'origine étrangère dont la circulation est interdite en France.

Les journaux originaires de l'étranger et dont la circulation est interdite en France, en vertu d'arrêtés pris en conseil des ministres et par application de la loi du 29 juillet 1881, sont remis aux délégués du ministère de l'intérieur.

Ouverture et délai de conservation des rebuts mensuels.

Les rebuts mensuels sont ouverts dans le mois de leur arrivée à l'administration centrale ; ceux qui sont sans intérêt sont détruits immédiatement ; on considère comme suffisant le délai d'un à trois mois pendant lequel ils ont séjourné dans le service.

Les états descriptifs des rebuts sont conservés pendant un an.

Destruction des rebuts.

En vertu d'une décision du conseil des postes du 27 décembre 1822, l'incinération a été remplacée, comme mode de destruction des rebuts, par la mise au pilon. Les objets destinés à être détruits sont, à l'expiration des délais prescrits, renfermés dans des sacs scellés du cachet de la direction générale des postes, et livrés à l'administration des domaines, qui en opère la vente au profit du Trésor. La mise au pilon est effectuée, dans les établissements et par les soins de l'acquéreur, sous la surveillance d'un agent des domaines et d'un agent de l'administration appartenant au service de la vérification du matériel.

Délai de conservation et remise au domaine des valeurs tombées en rebut.

Les valeurs trouvées dans les lettres, dans les boîtes ou aux guichets, et dont la restitution n'a pu être faite aux propriétaires, sont inscrites sur un répertoire et conservées pendant cinq ans dans une armoire de fer. Les billets de banque et les pièces de monnaie d'origine étrangère sont convertis en argent français et inscrits sur l'état des valeurs pour leur montant net, déduction faite des frais de change.

Les valeurs non réclamées sont acquises à l'État à l'expiration d'un délai de cinq ans, à partir du jour où elles ont été déposées à la poste ou trouvées dans le service (*Loi du* 15 *juillet* 1882). Elles sont alors livrées, sur reçu, à l'administration des domaines, à l'exception des timbres-poste qui sont détruits. Cette destruction donne lieu à un procès-verbal qui indique le nombre et le montant des figurines ; elle s'opère sous les yeux de la commission de surveillance des timbres-poste, en même temps que celle des figurines rejetées de la fabrication.

§ 3. — Renvoi des rebuts dans les relations internationales.

Délai de conservation et mode de renvoi.

D'après l'article XXI du règlement de détail de l'Union postale universelle :

Les correspondances de toute nature tombées en rebut, pour quelque cause que ce soit, doivent être renvoyées, aussitôt après les délais de conservation voulus par les règlements du pays destinataire et, au plus tard dans un délai de six mois, par l'intermédiaire des bureaux d'échange respectifs et en une liasse spéciale étiquetée : REBUTS.

Par exception, deux offices correspondants peuvent, d'un commun accord, adopter un autre mode de renvoi, ainsi que se dispenser de se renvoyer réciproquement certains imprimés considérés comme dénués de valeur.

Renvoi par l'intermédiaire des administrations centrales.

Cette clause exceptionnelle est invoquée par l'administration française.

Dans les relations avec l'Angleterre, la Belgique, l'Espagne, l'Italie, la Norvège, la Roumanie, la Suède, les États-Unis, le renvoi des rebuts s'effectue de part et d'autre régulièrement une fois par semaine, par l'intermédiaire des administrations centrales. Il a lieu de quinzaine en quinzaine, dans les relations avec la Grèce et le Luxembourg, et tous les mois dans les relations avec les autres pays de l'Union.

Renvoi par l'intermédiaire des bureaux d'échange.

L'Allemagne, l'Autriche-Hongrie, le Danemark, la Russie, la Suisse n'ont pas admis le renvoi des rebuts par l'intermédiaire des administrations centrales, par ce motif que le service des rebuts n'est pas centralisé dans leur service interne.

Les correspondances originaires de ces pays, qui tombent en rebut en France, n'en sont pas moins dirigées sur l'administration centrale ; le bureau des réclamations les réexpédie sur les bureaux d'échange, d'après le timbre d'origine, et ceux-ci en font, à leur tour, la remise aux offices étrangers avec lesquels ils sont en correspondance.

Ce mode de procéder offre de sérieux inconvénients. Il arrive souvent que des objets rebutés, livrés comme tels aux bureaux d'échange, font retour au service français par suite de méprises. Il est utile d'ailleurs que les correspondances non distribuées provenant de l'étranger soient, avant leur réexpédition sur le pays d'origine, l'objet d'une révision, à l'effet de s'assurer si la mise au rebut est justifiée. Le travail des bureaux d'échange, qui sont parfois des bureaux ambulants, est trop précipité pour qu'on puisse se reposer sur eux du soin de cette révision.

Traitement des rebuts renvoyés par les offices étrangers.

Les rebuts renvoyés par les offices étrangers sont, en général, traités comme les rebuts français journaliers.

Les lettres sont ouvertes, puis renvoyées, s'il est possible, aux expéditeurs, et, dans le cas contraire, détruites après avoir été conservées pendant trois mois. Ce délai est porté à six mois dans les relations avec les pays d'outre-mer.

Les objets rendus au service français six mois après leur dépôt à la poste sont détruits immédiatement.

§ 4. — Statistique des rebuts.

La statistique des rebuts, pour l'année 1889, accuse les chiffres suivants :

DÉSIGNATION		ENTRÉE	SORTIE	EN INSTANCE	PROPORTION POUR CENT du nombre des renvois à celui des rebuts
Rebuts français	journaliers...	1.542.037	1.003.213	538.824	65.05
	mensuels.....	348.128	7.195	340.933	2.06
Rebuts étrangers.......		495.339	328.853	166.486	66.31
Totaux et moyennes.		2.385.504	1.339.261	1.046.243	55.72

Le mouvement des valeurs, à l'entrée et à la sortie (billets de banque, argent, bijoux), accuse, pour la même année, les chiffres suivants :

	Nombre d'objets.	Valeurs.	
Entrées....................................	1.398	25.826	francs.
Sorties....................................	604	15.056	—
En instance.............................. ..	794	10.770	—

110 objets, ayant ensemble une valeur de 5,926 fr. 87, ont été livrés aux domaines en 1889.

Le nombre des rebuts tend à augmenter, mais non dans la même proportion que la circulation postale. C'est ce que démontre le tableau ci-dessous :

ANNÉES (1)	NOMBRE D'OBJETS DE CORRESPONDANCE ayant CIRCULÉ PAR LA POSTE	NOMBRE D'OBJETS DE CORRESPONDANCE tombés EN REBUT	PROPORTION POUR CENT du nombre des rebuts au nombre total des objets ayant circulé par la poste
1847	126.480.000	3.706.000	2,93
1858	253.234.000	2.370.477	0,93
1867	342.017.470	2.066.688	0,60
1877	865.516.395	2.080.593	0,24
1883	1.383.779.334	2.521.088	0,18
1889	1.760.011.124	2.385.504	0,135

(1) Les chiffres des années 1847, 1858, 1867 se rapportent aux lettres seulement ; ceux des années 1877, 1883 et 1889 s'appliquent aux objets de correspondance de toute nature ; ceux des années 1883 et 1889 comprennent les correspondances de l'Algérie.

Cette amélioration tient aux progrès de l'instruction, à l'affranchissement préalable, dont l'habitude se répand de plus en plus, peut-être aussi à un meilleur travail des agents des postes.

En Angleterre, il y a eu, pendant l'exercice 1889-1890, 14,499,750 objets tombés en rebut sur un total de 2,511,253,000 ayant circulé par la poste, ce qui représente une proportion de 0,57 0/0, très sensiblement supérieure à celle qu'on constate en France.

HUITIÈME PARTIE

SERVICES ACCESSOIRES DE LA POSTE

Indépendamment du transport de la correspondance, qui est l'objet essentiel de son exploitation, la poste se charge, concurremment avec l'industrie privée, de plusieurs services accessoires qui sont :

Les articles d'argent ;

Les abonnements aux journaux ;

Le recouvrement des effets de commerce ;

La caisse d'épargne ;

Les colis postaux.

C'est dans l'intérêt du public, et principalement des populations rurales, que la poste a adjoint ces branches accessoires à son exploitation principale, pour suppléer à l'absence des établissements de crédit ou des moyens de transport dans les campagnes.

CHAPITRE PREMIER

SERVICE DES ARTICLES D'ARGENT

§ 1. — Historique.

Le service des articles d'argent a pour objet la transmission des fonds remis à découvert à la poste. Définition.

Il a été réglementé pour la première fois par le tarif officiel du 16 octobre 1627 : « ... *Ordonnons à nos commis de tenir entre eux correspondance de remises et de recevoir les deniers qui leur seront présentés à découvert, dont ils chargeront leurs registres, pourvu qu'ils n'excèdent pas la la somme de* 100 *livres par chaque particulier, et de se contenter d'un prix raisonnable pour le port d'iceux, à proportion de la distance des lieux.* » Origine des articles d'argent. Règlement du 16 oct. 1627.

Droit de commission. Déclaration du 8 déc. 1703.

Ainsi, à l'origine, le droit de commission était perçu non d'après l'importance des versements, dont le montant était limité, mais d'après la distance entre le lieu du dépôt et celui du payement, sans doute à cause des risques qu'entraînait le transport matériel des fonds.

A ce tarif variable et arbitraire, la déclaration royale du 8 décembre 1703 substitua un droit proportionnel au chiffre des versements, sans égard aux distances. Elle en fixa le taux à 1 sou par livre, c'est-à-dire à 5 0/0. Ce taux a été successivement réduit à 2, puis à 1 0/0.

Attribution du droit de commission.

Le droit de commission était perçu, soit en dehors de la somme transmise, soit prélevé sur le montant. Une circulaire du 7 octobre 1741 l'attribuait intégralement au directeur des postes du bureau payeur. En 1791, il était partagé entre les chefs des bureaux qui participaient à l'émission, à la transmission, au payement. A partir de 1793, il fut acquis à l'État (*Délibération du directoire des postes du* 15 *décembre* 1792).

Maximum des versements.

Le décret des 17-22 août 1791, qui permettait à l'administration de déterminer elle-même le maximum des sommes qui pouvaient être transmises par chaque courrier, l'autorisait par là même à fixer la limite jusqu'à laquelle les versements des particuliers pouvaient être reçus. Cette limite était de 3,000 livres pour les valeurs en assignats, de 1,200 livres pour les versements en argent. Elle fut supprimée lorsque la transmission des fonds cessa d'avoir lieu en nature.

Mode primitif de transmission.

Les sommes versées par les déposants étaient réunies en un groupe chargé, à l'adresse de chaque bureau destinataire.

Les payements des articles avaient lieu dans la même monnaie que les versements. Les monnaies étrangères formaient des groupes spéciaux.

Jusqu'en 1817, la transmission des fonds envoyés par les particuliers continua de s'effectuer de la même manière.

Nouveau système : Suppression du transport matériel des fonds.

Mais déjà, sous le premier Empire, on voit s'introduire, à titre d'essai, un système plus commode, emprunté aux usages de la banque. Le comptable qui a reçu les fonds conserve l'argent en caisse et se borne à tirer sur collègue du bureau de destination un *mandat*, payable à vue, entre les mains de la personne désignée par le déposant. On évite ainsi les inconvénients et les risques du transport matériel des fonds.

Premier essai de ce système pour les envois d'argent adressés aux militaires.

Ce système, restreint d'abord aux envois d'argent pour les militaires aux armées, et ne dépassant pas le chiffre de 100 francs par envoi (*Règlement du* 17 *février* 1808; *circulaire du* 1er *février* 1809), est étendu plus tard aux envois d'argent pour les militaires en garnison à l'intérieur. (*Règlement du* 18 *janvier* 1812). Le montant des articles est acquitté par les payeurs, sur le vu de *reconnaissances* expédiées par les comptables qui ont reçu les fonds; quant aux espèces, elles sont centralisées à Paris, à la caisse générale des articles d'argent.

Règlement du 1er avril 1817. Mandats avec avis d'émission.

Cet essai avait pris fin le 1er octobre 1815, avec les circonstances exceptionnelles qui l'avaient provoqué; mais il avait permis d'apprécier les avantages d'un système qui évitait le transport matériel des espèces entre les bureaux correspondants. Ce système fut remis en vigueur, le 1er avril 1817, par un règlement qui porte la date du 24 février de la même année, et étendu dès lors à tous les articles d'argent.

A partir de cette époque, les envois d'argent par la poste donnent lieu, au bureau de dépôt, à une quadruple inscription sur les diverses parties d'une même formule, qui sont :

La *reconnaissance*, transmise directement par le déposant au bénéficiaire, et sur laquelle ce dernier donne son acquit au moment du payement ;

Le *bulletin de dépôt*, qui est remis à l'expéditeur pour lui servir de titre;

Le *talon* ou *avis de versement*, que le bureau de dépôt adresse au bureau payeur;

Enfin la *souche*, qui reste au bureau de dépôt pour servir à la constatation de la recette.

C'est le système du *mandat avec avis d'émission*, encore en vigueur dans nos relations internationales et dans le service intérieur de la Grande-Bretagne, des États-Unis, de l'Italie, du Japon et du Portugal. Sous l'empire du règlement de 1817, le mandat n'est payable qu'au bureau désigné par l'expéditeur, et lorsque ce bureau a reçu avis de l'émission. Le préposé chargé du payement, ainsi prévenu, peut, s'il n'a pas sous la main les fonds nécesaires, les demander au percepteur des contributions directes ou au receveur des finances de l'arrondissement. Les mandats au-dessus de 300 francs ne peuvent être payés qu'avec l'autorisation de l'administration.

Le transport matériel des fonds subsiste encore, non plus entre le bureau d'émission et le bureau payeur, mais entre le premier de ces bureaux et la caisse générale des articles d'argent, à laquelle les directeurs doivent transmettre, chaque jour, les sommes reçues des déposants. Ce transport est enfin supprimé à dater du 1er octobre 1882. A partir de cette époque, les préposés sont autorisés à garder en caisse les fonds reçus des particuliers pour les appliquer aux payements des mandats tirés sur eux. D'autres améliorations ne tardent pas à suivre.

Un nouveau règlement, paru le 30 juillet 1823, autorise le payement à vue, dans tous les bureaux de poste et sans avis préalable, des reconnaissances de 100 francs et au-dessous, délivrées au profit des militaires. Le 1er janvier 1832, la même facilité est étendue aux mandats délivrés au profit des particuliers, jusqu'à concurrence du même maximum. Ce maximum est élevé à 200 francs le 1er août 1850, puis à 300 francs, en novembre 1867, et, pour retarder le moins possible le payement des titres dont le montant dépasse 300 francs, on substitue à l'autorisation administrative, autrefois nécessaire, un simple avis d'émission adressé par le bureau d'origine au bureau payeur. Un avis identique est adressé à l'administration (bureau des articles d'argent). Payement à vue.

Dès lors le mandat de poste apparaît sous sa forme actuelle; il se compose de trois parties :

La *souche*, destinée à la constatation primaire de la recette au bureau d'origine, où elle reste pendant cinq ans;

Le *mandat,* remis au déposant, chargé de le faire parvenir à ses frais au bénéficiaire;

La *déclaration de versement,* remise également au déposant, pour lui servir de titre en cas de réclamation.

Chiffres latéraux.

En 1838, on a placé, entre le mandat et la souche, une colonne de chiffres latéraux que le bureau d'émission découpe de manière à laisser adhérents au mandat les chiffres nécessaires pour représenter la somme versée, tandis que ceux restés à la souche donnent la différence entre le maximum payable sans avis préalable (300 fr.) et le montant réel du dépôt.

On a ainsi organisé un moyen de contrôle en quelque sorte mécanique. Toute différence entre la somme des chiffres latéraux adhérents aux mandats et la valeur exprimée en toutes lettres dans le corps du titre appelle de suite l'attention de l'agent payeur et provoque la découverte des altérations frauduleuses de l'indication manuscrite de la somme, qui sont faites en vue de majorer le montant des mandats. Tout chiffre latéral manquant à la souche doit correspondre à une recette d'égale valeur encaissée par le comptable; moyen également certain de prévenir les dissimulations de recettes.

En Belgique, où le système français est en vigueur, les chiffres latéraux sont disposés autour de la formule du mandat, et le chiffre le plus voisin de la somme à payer au bénéficiaire est seulement oblitéré par l'empreinte du timbre à date du bureau d'origine. Ce système ne présente pas toutes les garanties du système français, en ce sens qu'il ne donne pas les moyens de contrôler la recette encaissée par le bureau de dépôt.

La même lacune existe avec le système du mandat-carte, sur lequel le droit perçu est indiqué en timbres-poste apposés par le bureau d'origine qui les annule au moyen de l'empreinte de son timbre à date. Ces timbres-poste, dont le montant correspond approximativement à la valeur du mandat, sont un moyen du contrôle, mais pour le bureau payeur seulement.

§ 2. — Emission des mandats de poste.

Participation des établissements de poste au service des articles d'argent.

Tous les receveurs des postes et les facteurs-boîtiers de France et d'Algérie participent à l'émission et au payement des mandats, sans limitation de somme.

Les receveurs des bureaux français à l'étranger ne peuvent émettre ni payer de mandats dont le montant excède 500 francs. Ils ne peuvent délivrer le même jour, au profit du même bénéficiaire, plus d'un mandat de cette importance. Cette restriction n'a qu'un but : empêcher l'agiotage.

Le distributeur français de Port-Saïd peut émettre des mandats jusqu'à concurrence de 500 francs par titre, mais il ne peut payer que ceux de 50 francs et au-dessous. Les distributeurs des bureaux français des Dardanelles, de Jaffa, Mersina, Samsom, Trébizonde, Tripoli de Barbarie, Tripoli de Syrie, ne peuvent émettre ni payer de mandats d'une importance supérieure à 50 francs.

La même restriction existait autrefois pour les facteurs-boîtiers, en France et en Algérie. Elle a été supprimée, pour ceux de France, le 15 février 1882 (1) et, pour ceux d'Algérie, le 1er juillet 1890 (2). Cette mesure n'a présenté jusqu'ici aucun inconvénient.

Les gérants des bureaux auxiliaires peuvent payer les mandats de 50 francs et au-dessous ; ils servent seulement d'intermédiaires pour l'émission des mandats de toutes sommes, ainsi que pour le payement de ceux dont le montant est supérieur à 50 francs.

Les payeurs aux armées participent à l'émission et au payement des mandats, mais seulement en ce qui concerne les sommes déposées par les militaires ou les marins français, ou payables à ces militaires et marins.

Formules de mandats ;

Il existait autrefois trois types différents de formules pour l'émission des mandats ordinaires à l'intérieur. Ces trois types ont été remplacés, en vertu d'une décision ministérielle du 26 mars 1889, par un modèle unique, imprimé sur papier blanc, filigrané, orné de deux vignettes à l'encre chimique pâle, l'une sous les chiffres latéraux, l'autre sous le libellé du mandat, de manière que toute tentative d'altération ou de surcharge frauduleuse dans l'indication de la somme soit contrariée par le dessin. Les nouvelles formules sont mises en usage au fur et à mesure de l'épuisement des anciennes.

Les receveurs s'approvisionnent des registres de mandats qui leur sont nécessaires auprès de l'agent comptable de la fabrication des timbres-poste. Leurs demandes sont transmises par l'intermédiaire des directeurs départementaux qui les visent et en prennent note sur un registre spécial.

Approvisionnement des bureaux.

Les receveurs vérifient avec soin, avec l'assistance d'un agent de leur bureau, les registres de formules reçues du magasin central, notamment au point de vue de la série ininterrompue des numéros. Ils en accusent réception sur la lettre d'envoi, par l'intermédiaire des directeurs départementaux. Dès qu'ils en ont donné reçu, ils en deviennent responsables. Toute formule qu'ils ne peuvent représenter, ou de l'emploi de laquelle ils ne peuvent justifier, en fin de gestion, les oblige au versement d'une somme de 300 francs, à titre de dépôt de garantie.

Comptabilité matières :

Depuis 1887, les approvisionnements de formules de mandats de poste font l'objet d'une comptabilité-matières (3) dans les bureaux appelés à délivrer des mandats de poste, ainsi que dans les directions qui ont à contrôler l'emploi de ces formules.

a) Dans les bureaux;

Les préposés sont munis d'un registre sur lequel ils inscrivent, d'une part, à la date de leur réception, les formules reçues de l'agent comptable ; d'autre part, à la date de leur emploi, les formules consommées ou an-

(1) *Bull. mens.*, n° 1, janvier 1882, *instr.* n° 220, p. 2.
(2) *Bull. mens.* n° 5, mai 1890, *instr.* n° 394, p. 605.
(3) *Bull. mens.* n° 11, novembre 1886, *instr.* n° 346, p. 462.

nulées, de manière à faire ressortir chaque jour la situation de leur approvisionnement. La seconde partie du registre fournit les mêmes renseignements, par quinzaine. Le point de départ de cette comptabilité est le solde existant à la fin de l'année précédente, constaté dans le procès-verbal de situation de caisse, établi au 31 décembre. A l'aide des renseignements fournis par ce registre, les préposés adressent à la direction, le 1er et le 16 de chaque mois, un relevé indiquant leur situation en fin de quinzaine. Ils joignent à ce relevé les formules annulées. Le 5 janvier de chaque année, ils transmettent de même, à la direction, le relevé des quantités reçues et consommées pendant l'année précédente.

b) Dans les directions.

Afin d'être en mesure de contrôler l'exactitude de ces renseignements, le directeur ouvre un compte particulier à chaque recette, distribution ou établissement de facteur-boîtier de son département. Il inscrit, en tête du compte de chaque bureau, le solde existant au 31 décembre de l'année précédente, constaté par le procès-verbal administratif établi à cette date; il inscrit, à la suite, les quantités de timbres-poste envoyées par l'agent comptable, au fur et à mesure que lui parviennent les accusés de réception des receveurs; d'autre part, il porte successivement à la décharge de ceux-ci les formules employées ou annulées, d'après les situations d'approvisionnement et les états des mandats émis qui leur sont fournis en fin de quinzaine.

Le 5 de chaque mois, le directeur établit en deux expéditions, l'une pour le bureau des articles d'argent, à l'administration centrale, l'autre pour l'agent comptable de la fabrication des timbres-poste :

1° Un état récapitulatif des formules de mandats reçues par chacun des bureaux du département, accompagné des lettres d'envoi;

2° Un état des formules annulées.

En fin d'année ou de gestion du receveur principal, le directeur dresse un certificat indiquant, pour chaque bureau du département, le nombre des formules reçues ainsi que celui des formules employées et annulées, et faisant ressortir le solde existant au commencement et la situation de l'approvisionnement à la fin de l'année ou de la gestion. Ce certificat est annexé au compte de gestion présenté par le receveur principal à la cour des comptes; il sert de pièce justificative de l'emploi des formules : une copie est adressée à l'administration.

Montant des mandats.

Le montant des mandats de poste est illimité dans le service intérieur. Il ne comporte pas non plus de minimum.

Lorsqu'un mandat excède la somme de 300 francs, les chiffres latéraux sont enlevés, et la somme, inscrite en toutes lettres dans le corps du mandat, est reproduite, en chiffres très apparents, sur le côté gauche du titre.

L'émission des mandats de plus de 300 francs donne lieu à la rédaction de deux avis de versement adressés l'un au bureau qui doit payer, l'autre à l'administration centrale. Les mandats de cette importance ne sont payables qu'au bureau indiqué sur le titre et lorsque ce bureau est en possession de l'avis de versement. L'administration se réserve, pour payer, un délai de huit jours, à partir de la date du dépôt (*Décision ministérielle du 2 juillet* 1867).

Droit perçu.

Le droit de commission, perçu au profit du Trésor, qui était, depuis la déclaration royale de 1703, de 5 0/0 a été réduit à 2 0/0 par la loi du 3 juillet 1846 (art. 2), puis à 1 0/0 par la loi du 2 juillet 1862 (art. 29). La loi du 24 août 1871 (art. 8) le releva momentanément à 2 0/0 ; la loi du 20 décembre 1872 l'a ramené définitivement à 1 0/0.

Influence des réductions de tarifs sur le mouvement des envois d'argent par la poste et sur le produit du droit de commission.

Ces variations ont eu, sur le nombre des mandats et sur le produit du droit perçu, l'influence qu'exercent habituellement l'élévation et l'abaissement des tarifs sur le rendement des taxes postales et sur la circulation des correspondances.

Lorsque le taux du droit était de 5 0/0, le produit ne s'accroissait que d'une manière très lente. Il était, en 1846, de 1,119,518 francs ; pendant les cinq années qui précédèrent la réduction à 2 0/0, la progression n'avait été que de 2,26 0/0. En 1847, première année de l'application du tarif de 2 0/0, le produit du droit fut de 780,514 francs : à une réduction de tarif de 60 0/0, correspondit une diminution de produit de 30 0/0. Dans la sixième année de l'application du tarif nouveau, le produit s'éleva à 1,134,061 francs, dépassant ainsi le niveau qu'il atteignait avant la réforme.

En 1862, le nombre des mandats était de 3,544,957 ; pendant la période de cinq années qui précéda la réduction de 2 à 1 0/0 du droit de commission, l'augmentation du nombre des mandats avait été de 19 0/0; dans les cinq années qui suivirent, elle fut de 40 0/0.

En 1869, le nombre des mandats avait été de 5,659,090, le montant total des envois de 164,435,061 francs et le droit perçu de 1,645,599 fr. 97. En 1872, après une augmentation de 100 0/0 sur le taux du droit, le nombre des mandats tomba à 3,895,247, leur montant à 87,392,469 francs; le produit du droit perçu fut de 1,747,236 fr. 80, c'est-à-dire à peine supérieur à ce qu'il était en 1869. L'inefficacité, au point de vue de l'intérêt du Trésor, de la mesure fiscale prise en 1871, était démontrée; la loi du 20 décembre 1872 ramena le taux du droit à 1 0/0.

Statistique du service des articles d'argent à l'intérieur pour 1889.

Depuis cette époque, le service des articles d'argent n'a cessé de se développer. En 1889, le nombre des mandats du service intérieur a été de 24,093,570 ; leur montant s'est élevé à 703,938,648 fr. 57, le droit perçu à 6,698,522 fr. 97 (Algérie et bureaux du Levant compris).

Comparaison du mouvement des articles d'argent en France et dans les pays voisins.

Malgré ce remarquable développement, le service des mandats de poste est loin d'avoir acquis, en France, la même importance que dans les pays voisins. La statistique internationale fournit, à cet égard, des renseignements intéressants. Ces renseignements se rapportent à l'année 1888 ; ils ne concernent que les mandats du service intérieur.

TABLEAU :

PAYS	POPULATION	NOMBRE DE MANDATS	MONTANT DES MANDATS	MONTANT MOYEN de chaque mandat	NOMBRE DE MANDATS par 100 habitants
	Habitants.		Fr.	Fr.	
Allemagne.. ...	46.855.692	69.283.585	5.177.039.299	74	147
Grande-Bretagne.	38.165.526	48.467.236	974.383.669	20	127
Suisse..........	2.934.057	2 644.089	294.137.045	111	96
France..........	38.218.903	22.121.223	642.477.212	29	58
Autriche-Hongrie.	40.727.518	19.512.454	1.303.967.505	67	48
Belgique........	6.030.043	1.864.803	124.530.371	66	30

Infériorité de la France; ses causes.

Ainsi, pour le nombre des envois par rapport à la population, la France vient après l'Allemagne, l'Angleterre et la Suisse; pour l'importance moyenne de chaque envoi de fonds, elle vient après les mêmes pays, moins l'Angleterre, et après la Belgique et l'Autriche-Hongrie. La cause de cette infériorité provient uniquement du tarif français, qui est rigoureusement proportionnel au montant des envois.

Tarifs en vigueur à l'étranger. Tarif progressif à base décroissante.

Dans les autres pays, l'échelle des droits à percevoir repose sur des bases différentes. La plupart ont adopté un tarif progressif à base décroissante. Ainsi, l'Allemagne perçoit dans son service intérieur :

25 centimes par mandat, jusqu'à 125 francs;
37 centimes $^{1}/_{2}$ — de 125 à 250 francs;
50 centimes — de 250 à 500 francs
(montant maximum des mandats).

Les tarifs en vigueur en Autriche, en Belgique, aux États-Unis, en Angleterre, dans l'Inde britannique, en Italie, au Japon, dans le Luxembourg, en Norvège et en Suisse, sont établis sur des bases analogues.

Tarif proportionnel à échelons.

D'autres offices étrangers ont des tarifs proportionnels au montant des sommes déposées; mais ces tarifs sont gradués par échelons, suivant certaines coupures de sommes, toute fraction de coupure payant comme la coupure entière. Ainsi, en Roumanie, il est perçu 25 centimes par 25 francs ou fraction de 25 francs. En Danemark, en Égypte, aux Pays-Bas, en Portugal, les tarifs sont gradués d'après le même principe.

Minimum de perception.

Dans l'un comme dans l'autre de ces deux systèmes, le tarif comporte un minimum de perception qui est de 10 centimes en Belgique et aux Pays-Bas, de 12 centimes en Autriche, de 0,187 en Norvège, de 15 centimes au Japon, de 20 centimes en Angleterre, en Italie, en Suisse, 25 centimes en Allemagne, aux États-Unis, dans le Luxembourg, en Roumanie, etc., minimum qui suffit à couvrir les frais d'administration, quelle que soit l'importance de la somme transmise, ce qui n'a pas toujours lieu avec le tarif rigoureusement proportionnel au montant des envois.

Dans un mandat de poste, comme dans toute opération postale et télégraphique, il y a deux éléments à considérer : l'un, invariable et correspondant à une série d'opérations toujours les mêmes, quelle que soit l'importance de la somme versée : c'est le travail matériel des écritures que nécessitent l'émission et le payement, ainsi que la vérification exercée par les directions et l'administration centrale ; l'autre, variable et proportionnel au montant des envois : c'est la responsabilité inhérente à tout mouvement de fonds. Éléments du tarif.

Le tarif, pour être équitable et rémunérateur, doit tenir compte de ces deux éléments ; sinon, il cesse d'être en rapport avec la valeur du service rendu.

C'est ce qui arrive avec le tarif rigoureusement proportionnel au montant des envois. Ce tarif est insuffisant, dérisoire pour les petites sommes, puisqu'il peut s'abaisser jusqu'à 1 centime. Une taxe de 1 centime, de 5 centimes même, est évidemment trop faible pour rémunérer l'administration des frais fixes que lui impose chaque mandat ; par contre, pour les envois de fortes sommes, le droit de 1 0/0 est excessif : il en coûte 5 francs pour expédier un mandat de 500 francs, tandis qu'un envoi de pareille somme coûte 50 centimes seulement en Allemagne et dans le Luxembourg, 60 centimes en Suisse, 75 centimes en Autriche-Hongrie, 1 fr. 10 en Belgique. C'est là ce qui explique pourquoi la moyenne du montant des mandats est plus élevée, en général, dans les pays étrangers qu'en France. Les tarifs étrangers sont habilement combinés de manière à attirer à la poste le plus d'envois possible, les fortes sommes comme les petites ; le tarif français éloigne, au contraire, toute une catégorie d'envois par des taxes prohibitives. Les tarifs étrangers sont gradués de manière à couvrir dans tous les cas les frais d'émission, de transmission et de payement ; le tarif français laisse le Trésor en perte sur une grande partie des envois. Inconvénients d'un droit de commission rigoureusement proportionnel.

On peut dire qu'avec son tarif rigoureusement proportionnel, l'administration fait avec le public un marché de dupe. Elle consent à perdre sur les envois de petites sommes, mais elle ne trouve pas la compensation de ses pertes dans l'exagération des droits dont elle frappe les versements plus forts, car, pour ceux-ci, son tarif devient prohibitif, et toute une catégorie d'envois lui échappe. Remaniement désirable du tarif français.

La statistique montre que c'est dans les pays qui ont adopté un tarif à base décroissante que le service des articles d'argent est le plus développé. Nul doute qu'avec un tarif moins rigide, plus commercial, ce service ne prît, en France, un essor comparable à celui que l'on constate dans les pays voisins.

Déjà l'on a réduit à 1/2 0/0 le taux du droit sur les mandats de recouvrement au-dessus de 50 francs ; cette mesure opportune n'a pas peu contribué au développement du service des recouvrements par la poste. Il faudrait faire bénéficier les mandats ordinaires de cette réduction ; il faudrait, de plus, relever, pour les envois de petites sommes, le minimum de perception qu'on a imprudemment laissé tomber à 1 centime. Ce relèvement n'aurait rien que de très légitime. Un tarif qui comporte des fractions de demi-décime n'est pas pratique, car ces fractions monétaires ont disparu de l'usage courant. Il n'est qu'équitable, d'ailleurs, de faire payer le service rendu par la poste à ceux qui en profitent. Un minimum de perception de 10 centimes par mandat nous paraît désirable, combiné avec une échelle de droits gradués suivant une progression décroissante, de manière à alléger les envois de sommes plus fortes de la taxe excessive qui les écrase, et à attirer à la poste toute une clientèle d'expéditeurs d'argent qu'on a écartée jusqu'ici.

Le droit sur les envois d'argent est toujours acquitté au moment de l'émission. Il est perçu soit en dehors de la somme versée, soit au moyen d'un prélèvement sur le montant de cette somme, au choix du déposant.

Toute fraction de franc paye 1 centime.

Exemption de l'impôt du timbre.

Autrefois, les mandats au-dessus de 10 francs étaient assujettis, en plus du droit de poste, à un droit de timbre spécial.

Ce droit, fixé d'abord à 25 centimes par la loi du 13 brumaire an VII, relevé à 35 centimes par celle du 28 avril 1816 (art. 62), à 50 centimes par celle du 2 juillet 1862 (art. 17), réduit à 20 centimes par celle du 8 juillet 1864 (art. 6), puis relevé à 25 centimes par celle du 23 août 1871 art. 2), a été supprimé par la loi du 18 mars 1879.

Les déclarations de versement et les acquits donnés sur les mandats de poste sont exempts du droit de timbre de quittance, en vertu de l'article 20, § 4 de la loi du 23 août 1871.

Avis de payement.

L'expéditeur d'un mandat peut demander, au moment du dépôt, qu'il lui soit donné avis du payement.

A cet effet, il acquitte d'avance, pour l'affranchissement de l'avis, un droit de 10 centimes.

Cette taxe est acquise au Trésor, alors même que le mandat n'aurait pas été présenté au payement (Loi du 25 mars 1879) (1).

L'acquittement de la taxe de 10 centimes est constaté par l'apposition immédiate, sur le mandat, d'un timbre-poste d'égale valeur ; cette figurine est annulée au moyen de l'inscription très apparente, à l'encre rouge, des mots : « *Avis de payement.* »

Le bureau qui paye un mandat revêtu de cette mention adresse le jour même, au bureau d'émission, un avis indiquant la date du payement. Le bureau d'émission fait parvenir, sans frais et sans retard, cet avis à l'expéditeur.

§ 3. — Payement des mandats de poste.

Payement au destinataire ou à son fondé de pouvoir.

Les mandats de poste étant nominatifs, le payement ne peut être fait qu'à la personne désignée sur le titre ou à son fondé de pouvoir.

(1) *Bull. mens.* n° 11, 2ᵉ *supp.*, mars 1879, p. 265.
(2) *Bull. mens.* n° 11, 2ᵉ *supp.*, mars 1879, p. 266.

En Angleterre, la propriété des mandats est transmissible par voie d'endossement. Il n'en est pas de même en France. Cette propriété ne peut être transférée que par un acte authentique dont une expédition est remise au préposé chargé du payement.

Il résulte de ce qui précède que toute personne qui présente un mandat de poste au payement doit, si elle n'est pas connue du préposé, produire des pièces justificatives d'identité. Si le porteur est domicilié dans la commune ou dans l'arrondissement du bureau, il lui suffit de produire l'enveloppe de la lettre d'envoi, c'est-à-dire une enveloppe portant le même timbre et la même date que le mandat. S'il est étranger à la commune ou à l'arrondissement postal du bureau, ou s'il est domicilié à Paris, il ne peut obtenir le payement qu'en présentant, outre la lettre d'envoi, une autre pièce à son nom, telle que passeport, livret, quittance, carte électorale, etc. A défaut de pièces justificatives, il peut encore prouver son identité soit par un certificat en règle, soit par l'attestation de deux témoins connus. Justification d'identité.

L'acquit du bénéficiaire est donné au verso des mandats. Le mandat est transcrit séance tenante sur le registre des payements; l'indication de l'adresse du bénéficiaire et des justifications d'identité fournies est reportée sur ce registre, ainsi qu'au verso du mandat lui-même.

Lorsqu'une personne présente plus de dix mandats au payement, elle est invitée à les inscrire elle-même sur un bordereau qui lui est remis gratuitement par l'agent payeur (*Circulaires du* 19 *novembre et du* 15 *décembre* 1877) (1). Ce bordereau est annexé au registre des payements. Mandats présentés en nombre au payement.

Les règles relatives aux cas particuliers de la délivrance des lettres chargées et recommandées sont, sauf de légères modifications, applicables au payement des articles d'argent. Cas particuliers de payement.

Lorsque le bénéficiaire est illettré, le mandat ne peut être payé qu'en présence de témoins connus qui signent au lieu et place du réclamant, ou sur la production d'un certificat d'identité délivré par le maire de la commune et attestant que le bénéficiaire est dans l'impossibilité de signer.

Un mandat peut être payé à un tiers, sur le vu d'une procuration donnée par le bénéficiaire, établie dans les mêmes conditions que pour la délivrance des lettres chargées, ou sur l'avis télégraphique donné par le receveur du bureau de la localité où se trouve momentanément le bénéficiaire, qu'une procuration a été déposée à son bureau.

Un mandat peut encore être touché par un tiers, à la condition qu'il ait été acquitté à l'avance par le bénéficiaire, et que la signature de ce dernier soit certifiée par l'apposition du timbre de la mairie de sa résidence, ou du cachet officiel d'une autorité administrative, judiciaire ou de police, ou par l'empreinte d'une griffe à son usage et portant son nom.

A défaut de cette formalité, le payement peut être fait à un tiers,

(1) Ad. FRAULT, *Manuel postal, théorique et pratique*, p. 149.

porteur d'un passeport ou d'un acte authentique au nom du bénéficiaire.

Les mandats adressés aux faillis sont payés entre les mains des syndics, pendant tout le temps que dure l'état de faillite.

Si le destinataire est décédé, le payement peut avoir lieu entre les mains des héritiers, sur la production d'un certificat de propriété délivré par le notaire qui a dressé l'inventaire ou l'acte de notoriété.

A défaut de cette justification, les héritiers ou ayants droit produisent un acte de notoriété délivré par un juge de paix et contenant :

1° Les noms, prénoms et domicile des ayants droit;

2° La qualité en laquelle ces ayants droit procèdent;

3° L'indication de leur part dans le montant du mandat.

Lorsque le mandat à payer ne dépasse pas 50 francs, il suffit d'un simple certificat du maire de la commune habitée par les héritiers, énonçant leurs droits et établi sur papier timbré.

Les mandats délivrés au nom d'une personne dont l'absence a été officiellement déclarée peuvent être payés à ses héritiers présomptifs, en vertu du jugement d'envoi en possession.

Lorsque la propriété d'un mandat est contestée, le mandat ne peut être payé qu'à la personne dont les droits ont été établis par un jugement.

Les actes, certificats, procurations, extraits de jugements, etc., dont la production est nécessaire pour justifier le payement des mandats dans des conditions exceptionnelles, sont toujours annexés aux mandats acquittés.

Payements par l'intermédiaire des vaguemestres.

Les mandats délivrés au profit des militaires et des marins présents sous les drapeaux et pavillons, ou des individus recueillis dans les hôpitaux et hospices ou retenus dans les maisons de détention et de dépôt, sont payés aux vaguemestres des corps de troupes et établissements militaires ou civils.

Il en est de même des mandats adressés aux élèves des collèges et séminaires, aux membres des communautés religieuses et à tous individus faisant partie d'établissements publics, à charge par ces établissements de se conformer aux règles établies par l'ordonnance du 2 novembre 1833 pour les vaguemestres militaires, et par les décisions prises, les 5 et 11 juillet 1855, par les ministres de l'intérieur et des finances pour les vaguemestres civils.

L'intermédiaire des vaguemestres militaires n'est pas obligatoire pour le payement des mandats adressés aux officiers et assimilés (Décret du 28 décembre 1883).

Les mandats adressés aux militaires et marins, ainsi qu'aux individus détenus ou recueillis dans les établissements militaires ou civils, ou envoyés par les mêmes personnes, sont inscrits par les vaguemestres sur le même registre que les lettres recommandées, délivrées ou expédiées par leur intermédiaire. Les mandats à l'adresse des militaires et autres personnes désignées ci-dessus sont quittancés par le vaguemestre et inscrits, en outre, sur un état détaillé, signé et certifié par le préposé du bureau, lequel énonce, en toutes lettres, le montant de la somme remise au vaguemestre. Cet état, qui doit être dressé alors même qu'aucun article d'argent n'aurait été payé, est remis par le vaguemestre à l'adjudant de semaine qui l'annexe à son rapport. Les destinataires émargent le registre du vaguemestre en présence du sous-officier de semaine; le payement des mandats aux ayants droit a lieu dans les mêmes conditions que la remise des lettres chargées et des objets recommandés.

Les vaguemestres militaires et civils doivent rapporter au bureau de poste, dans les trois jours au plus tard, après celui où ils l'ont reçu, le montant des mandats dont ils n'ont pu effectuer le payement par suite de décès, d'évasion ou de départ des bénéficiaires. Le receveur des postes en donne décharge sur le registre du vaguemestre; il passe écriture de la somme comme recette provenant des correspondants du Trésor et transmet les mandats à l'administration qui prend les mesures nécessaires pour en faire payer le montant aux destinataires ou le faire rembourser aux expéditeurs.

Payements aux militaires isolés.

Les mandats adressés à des employés militaires ou à des militaires ou marins isolés leur sont payés sur le vu de leur commission, feuille de route ou permission et de leur livret matricule; ceux adressés à des militaires rentrant dans leurs foyers sont payables sur le vu du livret seulement (1).

Mandats de pécule.

Les mandats de pécule délivrés au nom des condamnés libérés, par certains bureaux établis à proximité des maisons centrales de détention, sont payables exclusivement au bureau désigné sur le mandat.

Oppositions au payement.

Aucune loi n'ayant déclaré les mandats de poste insaisissables, les préposés des bureaux sont tenus de recevoir les saisies-arrêts et oppositions qui sont faites entre leurs mains au payement de ces titres.

Lorsqu'un acte de cette nature leur est signifié, les receveurs le transmettent à l'administration, par l'intermédiaire du directeur.

Lorsqu'un préposé reçoit mainlevée régulière d'une opposition, il demande une autorisation de payement à l'administration, en lui transmettant les pièces qui lui ont été remises (Voir à ce sujet les articles 1191 à 1193 de l'Instruction générale).

Délais de validité.

Les mandats sont payables pendant un délai dont la durée est variable, suivant le lieu d'origine et celui de destination.

Cette durée est fixée par l'autorité administrative. Elle a été déterminée, en dernier lieu, par les décisions ministérielles des 2 juillet 1867 et 25 juillet 1876, conformément aux indications du tableau ci-dessous :

(1) Voir *Bull. mens.* n° 1, janvier 1890, p. 337; n° 4, avril 1890, p. 599.

TABLEAU :

ORIGINE DES MANDATS	DESTINATION DES MANDATS	DÉLAIS DE VALIDITÉ pour le payement aux bénéficiaires	DÉLAIS de REMBOURSEMENT aux expéditeurs
France..................	Destinataires civils en France.	2 mois.	3 mois.
France..................	Destinataires civils en Algérie et dans les bureaux du Levant	2 mois.	4 mois.
Algérie, bureaux français du Levant............	Destinataires civils en France.		
France, Algérie, bureaux français du Levant.....	Militaires en France, en Europe et en Algérie.	3 mois.	5 mois.
Bureaux de poste français à Shang-Haï, Zanzibar, Tamatave, bureaux de poste coloniaux.......	Toutes destinations.		
Toute origine...........	Destinataires civils et militaires hors d'Europe (à l'exception de l'Algérie et des bureaux du Levant). Marins en France ou hors de France. Transportés dans des colonies pénitentiaires. Condamnés à la déportation, détenus provisoirement en France.	9 mois.	1 an.

Visa pour date des mandats périmés.

Ces délais passés, les mandats ne peuvent plus être payés qu'après un visa pour date donné par l'administration centrale (bureau des articles d'argent), sur la demande écrite des bénéficiaires, remise aux bureaux de poste et rédigée sur une feuille de papier timbré de 60 centimes. Cette formalité est imposée aux bénéficiaires en vertu de l'article 12 de la loi du 13 brumaire an VII, qui est ainsi conçu :

Sont assujettis au droit de timbre établi en raison de la dimension..... les pétitions et mémoires, même en forme de lettres, présentés au Directoire exécutif, aux ministres, à toutes autorités constituées..... et aux administrations ou établissements publics.

L'application de cette disposition légale constitue une sorte de pénalité qui a pour but de stimuler les destinataires négligents, et d'éviter des retards qui peuvent favoriser les détournements et qui obligent l'administration à tenir ouverts les comptes des mandats non présentés au payement.

Dans plusieurs pays étrangers, en Angleterre notamment, les mandats périmés ne peuvent être payés que moyennant l'acquittement d'un nouveau droit égal à la taxe primitive. Ce système a été appliqué en France aux bons de poste.

Remboursement des mandats aux déposants.

Les mandats qui n'ont pas été payées aux bénéficiaires peuvent être remboursés aux expéditeurs, dans les mêmes délais, sur la production du titre et de la déclaration de versement. A défaut de la déclaration de versement, le bénéficiaire ne peut obtenir le remboursement qu'en justifiant de son identité.

Si l'expéditeur n'a pas le mandat en sa possession, il ne peut en obtenir le remboursement qu'après l'expiration du délai de validité, en vertu d'une autorisation délivrée par l'administration centrale.

Autorisations de remboursement pour les mandats perdus ou détruits.

Les mandats perdus ou détruits sont remplacés par l'administration après l'expiration des délais fixés par l'article 938 de l'Instruction générale et indiqués au tableau ci-dessus. Ces autorisations ne sont payables qu'au bureau désigné, et sont transmises directement par l'administration, à ce bureau.

§ 4. — Comptabilité des mandats de poste.

Écritures journalières.

Les receveurs se chargent en recette, au titre des contributions et revenus publics, du droit perçu sur les mandats de poste, et au titre des opérations de trésorerie, des sommes versées par les déposants.

Ils portent en dépense, au titre des opérations de trésorerie, le montant des mandats payés par eux.

États de quinzaine.

Les mandats reçus sont décrits sur des états de quinzaine dans l'ordre numérique de leur émission. Ces états donnent l'indication du numéro et de la date d'émission, des noms de l'expéditeur et du bénéficiaire, et du bureau de destination.

Au fur et à mesure des payements, les mandats sont décrits sur des états de quinzaine, auxquels sont joints les titres acquittés par les bénéficiaires.

Contrôle exercé par les directions.

Ces états sont transmis, le 16 et le 1er de chaque mois, aux directions départementales, où ils sont l'objet d'une première vérification qui porte, pour les mandats émis, sur la série des numéros et la régularité de la perception du droit ; pour les mandats payés, sur la validité des titres et des acquits.

Vérification à l'administration centrale. Émargement des états de recette.

Les états de quinzaine sont ensuite soumis, avec les mandats payés, à une nouvelle vérification, au bureau des articles d'argent, à l'administration centrale. Toutes les erreurs reconnues sont redressées au moyen d'arrêtés de vérification signifiés à chaque comptable par l'intermédiaire des directeurs départementaux.

Puis les mandats payés sont reclassés par bureau d'origine, dans l'ordre de leur émission, et rapprochés des états de recette, afin de s'assurer s'ils figurent bien sur ces états pour leur montant réel. En même temps qu'il fait ce pointage, le vérificateur *émarge* l'état de recette du bureau d'origine, c'est-à-dire porte sur cet état, en regard de l'inscription du mandat émis, le lieu et la date de payement du titre. Ce travail est confié à un personnel de dames employées. A l'aide de ce rapprochement, toute erreur ou dissimulation frauduleuse de recette imputable au bureau d'origine est infailliblement découverte, et d'autre part, lorsqu'une réclamation se produit, l'administration n'a qu'à se reporter à l'état de recette du bureau d'origine et au titre lui-même pour s'assurer si et à qui le mandat a été payé.

Les mandats payés et les états d'articles d'argent sont conservés à l'administration centrale pendant cinq ans.

Prescription. En vertu de la loi du 15 juillet 1882, le montant des mandats dont le payement ou le remboursement n'a pas été réclamé dans un délai de cinq ans, à partir du jour du versement, est acquis au Trésor.

Le montant des mandats émis en 1884, atteints par la prescription quinquennale, et dont il a été fait recette au budget de l'exercice 1890, s'est élevé à 250,826 fr. 11.

CHAPITRE II

SERVICE DES ARTICLES D'ARGENT (*suite*). — MANDATS SPÉCIAUX

§ 1. — Mandats-cartes.

Concurremment avec le système dont nous venons d'exposer le mécanisme, et qui est le plus usité en France, l'administration a mis à la disposition du public un autre type de mandat, le mandat-carte, qui est exclusivement en usage dans le service intérieur de l'Allemagne, de l'Autriche-Hongrie, du Danemark, du Luxembourg, de la Norvège, des Pays-Bas, de la Suède et de la Suisse, et qui est aujourd'hui le plus employé dans les relations internationales. Exposé du système.

Ce mandat est établi sur une feuille de carton d'une dimension un peu supérieure à celle des cartes postales et qui peut être délivrée à l'avance, gratuitement, au public. C'est le déposant qui doit, en principe, rédiger lui-même le mandat. Le bureau d'origine n'intervient que pour le contrôler, en percevoir le montant, et pour diriger le titre sur sa destination. Le mandat ne sort pas du service postal, où il circule à découvert comme un objet de correspondance ordinaire. Il est accompagné d'un coupon adhérent au titre et qui, au moins dans les relations internationales et dans le service intérieur des pays étrangers, peut contenir une correspondance sommaire à l'adresse du bénéficiaire et rester entre les mains de celui-ci.

Ce système est expérimenté en France depuis le 1er mars 1875. Au début, la faculté d'émettre des mandats-cartes était restreinte à un certain nombre de bureaux (600 environ). Depuis le 1er novembre 1890, tous les bureaux de recette et les établissements de facteur-boîtier, en France et en Algérie, participent à l'émission et au payement des mandats-cartes (1). Dispositions particulières.

Les agents des postes embarqués sur les paquebots peuvent émettre des mandats-cartes d'une valeur de 50 francs au maximum.

En général, les formalités relatives à l'émission, au payement et à la comptabilité des mandats ordinaires sont applicables aux mandats-cartes, sauf les dispositions suivantes :

Les formules de mandats-cartes ne sont l'objet d'aucune comptabilité ; Approvisionnement.

(1) *Bull. mens.* n° 9, septembre 1890, *instr.* n° 399, p. 93 et s.

les receveurs en sont approvisionnés par les soins du dépôt central du matériel (1).

Emission.

Les mandats-cartes sont enregistrés, au fur et à mesure des dépôts, sur un carnet qui fait office de souche ; le numéro d'enregistrement au carnet est reporté sur le mandat.

Le coupon adhérent au mandat, qui existe dans le service international, est remplacé, dans le service intérieur, par une déclaration de versement qui est détachée de la formule et remise au déposant avant l'envoi du titre au bureau payeur.

Transmission. Payement.

Les mandats-cartes sont transmis à découvert et peuvent être soumis à la recommandation ; ils ne sont payables qu'au bureau désigné sur le titre, sur la production d'une lettre d'avis que le receveur de ce bureau fait parvenir, sans frais, au bénéficiaire (2).

Si le bénéficiaire n'a pas de domicile fixe, on doit exiger, outre la production de la lettre d'avis, une autre pièce justificative d'identité.

Les mandats-cartes peuvent être payés à des tiers autorisés par les bénéficiaires, qui apposent à cet effet leur signature au bas d'une formule de pouvoir, imprimée sur la lettre d'avis de la poste. La signature du bénéficiaire doit être, en pareil cas, certifiée par l'empreinte d'un timbre ou d'une griffe professionnelle et, à défaut de cette empreinte, par la production d'une pièce authentique au nom du bénéficiaire, telle que passeport, patente, permis de chasse, etc.

Les mandats-cartes au-dessus de 50 francs ne sont payables que lorsque le bureau payeur a reçu du bureau d'émission un avis de versement. Un avis semblable est adressé à l'administration, bureau des articles d'argent. Les mandats-cartes dont les destinataires, dûment avertis, n'ont pas réclamé le payement avant l'expiration du délai de validité, sont renvoyés à l'administration ; ceux dont les bénéficiaires sont inconnus ou partis sans laisser d'adresse lui sont transmis après un délai de cinq jours.

Nombre restreint des mandats-cartes dans le service intérieur français.

Le nombre des mandats-cartes émis dans le service intérieur français est très restreint (177,661 en 1889 contre 23,238,490 de l'autre système). Les mandats-cartes sont donc aux mandats ordinaires dans la proportion de 1 à 130. Il est juste de rappeler que, jusqu'au mois de novembre 1890, 620 bureaux seulement pouvaient délivrer des mandats-cartes ; mais ces 620 bureaux avaient été désignés précisément parmi les plus importants, parmi ceux où le mouvement des articles d'argent était le plus actif.

Il est donc permis de dire, en présence de ce résultat, que le mandat-carte n'a pas réussi en France.

Le peu de faveur dont il jouit auprès du public et des employés paraît dû moins aux imperfections du système en lui-même qu'à certaines circonstances particulières qui paraissent en avoir entravé le dévelop-

(1) *Bull. mens.* n° 10, octobre 1890, p. 957.

(2) Les mandats-cartes adressés aux militaires sont, comme tous les titres de l'espèce, conservés en instance au bureau de destination et donnent lieu à l'envoi d'un avis aux destinataires. Le payement a lieu dans les mêmes conditions que celui des mandats-cartes adressés aux militaires isolés (*Bull. mens.* n° 9, sept. 1890, *instr.* n° 388, p. 938).

pement, et dont nous essayerons de rendre compte en exposant les avantages et les inconvénients respectifs des deux types de mandats concurremment en usage dans notre service intérieur.

Comparaison entre le mandat ordinaire et le mandat-carte. Avantages et inconvénients du mandat ordinaire. Payement à vue dans tous les bureaux.

Le plus grand avantage du mandat que nous appelons *ordinaire* parce qu'il est le plus usité chez nous, et qu'on pourrait appeler le mandat du système français, car les administrations étrangères qui l'ont introduit dans leur service intérieur (Belgique, Bulgarie, Egypte) nous l'ont emprunté, c'est qu'il est payable dans tous les bureaux de poste, tandis que le mandat avec avis d'émission et le mandat-carte ne sont payables qu'au bureau désigné sur le titre.

Transmission à la charge du déposant.

Le mandat ordinaire présente, au point de vue fiscal, un autre avantage qui peut, sous d'autres rapports, être regardé comme un inconvénient: c'est que la poste n'intervient pas dans sa transmission. Il appartient au déposant de le faire parvenir à son correspondant; la poste est donc assurée de percevoir, pour chaque envoi de fonds, la taxe d'une lettre simple en sus du droit de commision. Mais un mandat transmis par lettre non soumise à la formalité du chargement est plus exposé à s'égarer ou à être détourné qu'un mandat-carte qui ne sort pas du service, et, en fait, les cas de détournement ou de payement sur faux acquit des mandats-cartes sont rares.

Danger de perte ou d'altération.

Le mandat ordinaire est assez fréquemment l'objet de manœuvres frauduleuses, telles que : contrefaçons, surcharges, à l'effet d'en majorer le montant. Pour se garantir contre ces fraudes, l'administration a été amenée à prescrire l'emploi de précautions multiples : application immédiate du timbre horizontal du bureau d'émission sur les formules reçues du magasin central, mise sous clé des registres non en cours de service; oblitération des chiffres latéraux correspondant aux sommes versées par les déposants; vérification fréquente des souches; suspension du payement à vue, en cas d'irrégularités telles que surcharges ou ratures même approuvées; défaut de concordance entre la somme indiquée par les chiffres latéraux et la somme inscrite dans le corps du mandat, absence du timbre à date, indication inexacte du nom du destinataire, etc.

Avantages ou inconvénients du mandat-carte.

Pour le mandat-carte, qui ne sort pas du service, les chances de détournement et d'altération sont moindres; elles ne sont pas supprimées. Il est difficile, mais non impossible, avec la complicité d'agents des postes infidèles, de mettre en circulation des mandats-cartes faux ou altérés; il est même plus facile, avec le mandat-carte, de supposer une émission, de majorer le montant d'un dépôt ou de dissimuler une recette qu'avec le mandat ordinaire, puisque le premier n'a pas de chiffres latéraux. On a même été obligé, pour suppléer à l'absence de ce moyen de contrôle, de faire adresser par le bureau d'origine au bureau payeur un avis de versement pour tout mandat-carte dont le montant atteint ou dépasse cinquante francs.

Rédaction du mandat par le déposant.

Le principal avantage du mandat-carte, au dire de ses partisans, c'est que son emploi est de nature à simplifier le travail des bureaux, au départ. Dans l'émission d'un mandat ordinaire, l'employé doit remplir successivement les trois parties d'une formule; tandis que, dans l'émission d'un mandat-carte, le titre principal peut être rédigé par le déposant lui-même ; néanmoins, l'agent auquel ce titre est présenté a encore à le vérifier, à le timbrer, à le numéroter, à transcrire ses indications sur une souche et à délivrer un récépissé. La simplification résultant de l'emploi exclusif du mandat-carte n'est pas, en réalité, considérable, et on ne pourrait guère en faire état que si ce mandat était toujours rédigé, comme il devrait l'être, par les déposants. Il en est ainsi en Allemagne et en Suisse, où cette forme de mandat est en usage depuis de longues années, et où le public fait volontiers ses affaires lui même. En France, il est plus disposé à appeler l'administration à son aide et à compter sur l'obligeance des employés. Parmi les déposants, quelques-uns, les hommes d'affaires, certains commerçants se plieraient assez facilement à l'obligation de rédiger eux-mêmes leurs mandats; la masse du public y serait réfractaire. En dehors des illettrés, dont le nombre diminue de jour en jour, il existe un nombre considérable de personnes, même fort instruites, qui ne sauraient s'astreindre ou qui sont tout à fait inaptes à remplir correctement les indications manuscrites que comporte la rédaction d'un mandat. Si l'on voulait les y contraindre, il faudrait entrer dans des explications, des discussions qui prendraient plus de temps que l'établissement des titres par les agents eux-mêmes.

Ces difficultés, qui semblent tenir à une particularité du caractère français, suffiraient peut-être à expliquer pourquoi le mandat-carte n'a réussi en France ni auprès du public, ni auprès des agents; mais cet insuccès doit être attribué encore à d'autres causes.

Absence de coupon dans le mandat-carte français.

Dans le service intérieur des pays étrangers, comme dans les relations internationales, le mandat-carte comporte un coupon sur lequel l'expéditeur indique son nom, son adresse, et a la faculté d'ajouter, sans avoir à payer aucun supplément de taxe, quelques mots de correspondance à l'adresse du bénéficiaire. Ce coupon est transmis adhérant au mandat; il peut en être détaché et conservé par le bénéficiaire après le payement du titre. Dans ces conditions, le coupon tient lieu d'une lettre ou d'une carte postale.

Il n'en est pas de même dans le service intérieur français. Le coupon est remplacé par un récépissé qui est détaché du titre, au moment du dépôt, et remis à l'expéditeur. L'expéditeur ne peut ajouter aux inscriptions manuscrites que comporte le texte du mandat-carte aucune mention ayant le caractère de correspondance; de telle sorte qu'il est obligé de transmettre, par lettre ou par carte postale, les renseignements qu'on peut ajouter sans frais sur le coupon dans le service international ou dans le service intérieur des postes étrangères qui pratiquent le mandat-carte.

Le mandat-carte, dans ces conditions, perd aux yeux du déposant l'un de ses principaux avantages, qui est de le dispenser de l'envoi d'une lettre. Si l'on voulait donner au public, dans le service intérieur, toutes les facilités qu'il trouve dans les pays voisins avec le régime du mandat-carte tel qu'il y fonctionne, il faudrait renoncer au produit de la taxe d'une partie des correspondances que nécessite actuellement l'envoi des mandats par les expéditeurs aux bénéficiaires ; il en résulterait une diminution de recettes très appréciable, si l'on considère que 24,497,080 mandats ordinaires ont été délivrés, en 1890, dans le service intérieur.

Un autre avantage qui n'est guère compatible qu'avec le mandat-carte et qui est assuré au public d'une manière plus ou moins complète en Allemagne, en Autriche-Hongrie, en Danemark, dans l'Inde britannique, aux Pays-Bas, en Suède et en Suisse, c'est le payement à domicile. Payement à domicile.

Le payement à domicile a été demandé, en France, par le rapporteur du budget de 1888, et la question a été plus d'une fois agitée dans la presse. Elle ne semble pas avoir passionné le public, qui paraît satisfait du service actuel.

Le payement des mandats à domicile constituerait une charge très lourde pour le service.

Il faudrait, à l'arrivée, inscrire les mandats, un par un, sur un registre analogue à celui dont on se sert aujourd'hui pour les recouvrements, verser à la poste restante ceux qui sont payables au guichet du bureau et en avertir les bénéficiaires, trier les autres par quartier de distribution, établir un bordereau distinct pour chaque facteur, lui remettre le montant des sommes à payer, en échange d'une signature donnée sur le registre d'arrivée.

Au retour de chaque facteur, il faudrait reconnaître et régler son compte, reprendre les mandats, payés ou non, vérifier la régularité des acquits, réintégrer en caisse les sommes non payées et donner décharge.

Si le destinataire était absent, le mandat serait rapporté au bureau, en même temps que la somme ; rendu, contre émargement, et placé dans un casier, en attendant une autre distribution ; les mêmes opérations décrites ci-dessus se répéteraient jusqu'à ce que le mandat eût été payé, soit à domicile, soit au bureau.

Aujourd'hui, toutes ces opérations, toutes ces écritures multiples sont évitées. Le rôle du bureau de destination consiste uniquement à payer les mandats lorsqu'ils lui sont présentés. L'examen du titre, les justifications d'identité, l'acquit, le payement ont lieu séance tenante et n'exigent guère qu'une ou deux minutes par mandat.

Le service de la distribution serait singulièrement aggravé et ralenti par l'obligation pour les facteurs de monter à tous les étages pour effectuer les payements. La distribution des lettres en souffrirait certainement, à moins qu'on n'augmentât dans une large mesure le personnel des facteurs.

Il résulte d'une enquête qui a été effectuée en 1886 que le supplément de charges qu'entraînerait le payement des mandats à domicile ne serait pas moindre de 500,000 francs pour la première année. C'est ce supplément de dépense qui a fait ajourner l'exécution de la mesure qui avait été résolue en principe sous le ministère de M. Granet.

Il n'est pas admissible d'ailleurs que la poste assume gratuitement un nouveau service aussi onéreux pour l'État. Le droit qu'elle perçoit est déjà insuffisant, dérisoire même pour les mandats de faible somme ; que serait-ce si, au travail déjà si considérable d'écritures, de comptabilité et de contrôle qu'entraîne le service des articles d'argent, on ajoutait encore la charge du payement à domicile?

En Allemagne, où ce mode de payement est la règle, il donne lieu à la perception d'une taxe de factage de 5 à 10 pfennig (c'est-à-dire de 6 centimes 1/4 ou de 12 centimes 1/2), suivant que le bénéficiaire est ou n'est pas domicilié dans le rayon de la distribution locale.

En Suisse, le payement à domicile est gratuit, mais il faut considérer aussi que la taxe payée par le déposant n'est jamais inférieure à 20 centimes.

En Belgique, le payement à domicile existe pour les mandats nominatifs, jusqu'à concurrence de 1,000 francs, mais à titre facultatif seulement, et sur la demande de l'expéditeur. Ces mandats supportent, indépendamment du droit ordinaire, une taxe supplémentaire de 5 centimes jusqu'à 50 francs et de 10 centimes pour toute somme supérieure à 50 francs. La taxe est acquittée au moyen d'un timbre-poste apposé au verso du titre. Les habitants des communes non pourvues de bureaux de poste peuvent encore, moyennant le payement de la taxe supplémentaire de 5 ou de 10 centimes, obtenir le payement à domicile, par le facteur, de tout mandat à leur profit ne dépassant pas 500 francs. A cette fin, ils remettent, contre reçu, le mandat dûment acquitté au facteur, qui est tenu d'en rapporter le montant à la tournée suivante, en échange du reçu et contre décharge donnée sur son livret.

C'est également à titre facultatif, et moyennant la perception, au profit des facteurs, d'une taxe de 5 centimes par 20 francs ou fraction de 20 francs, avec maximum de 25 centimes par mandat, que l'administration française avait proposé récemment d'organiser le payement à domicile. Le projet de loi qui avait été déposé à cet effet sur le bureau de la Chambre des députés, le 21 mars 1889 (1), n'a pu être examiné avant la fin de la législature.

§ 2. — Mandats au porteur et bons de poste.

Les mandats étant nominatifs, la poste qui les émet doit prendre toutes les précautions possibles pour ne les payer qu'aux véritables destinataires, et ceux-ci sont obligés, pour en toucher le montant, de se munir de pièces justificatives d'identité.

Ces formalités paraissent souvent gênantes et même vexatoires aux bénéficiaires, et plusieurs administrations postales ont eu la pensée de les simplifier en mettant à la disposition du public des mandats payables au porteur ou des bons de poste.

1° Mandats au porteur.

Le système des mandats au porteur fonctionne en Belgique et en Portugal.

(1) N° 3626, *Journal officiel*, 1889, Documents parlementaires, p. 718.

En Belgique, ces mandats sont soumis aux mêmes règles que les mandats ordinaires, à cette exception près que le payement a lieu sans exiger de justication d'identité, sur l'acquit donné des porteurs. Comme les mandats nominatifs, ils sont payables dans tous les bureaux de poste, sauf lorsque leur montant dépasse 300 francs, auquel cas ils ne peuvent être présentés qu'au bureau désigné sur le titre, dûment avisé du versement par le bureau d'émission. Belgique.

En Portugal, les mandats au porteur ne peuvent dépasser la somme de 100 milreis ou 560 francs; ils ne sont payables qu'au bureau désigné sur le titre, et après réception d'un avis d'émission. Le payement s'effectue contre remise des titres revêtus de l'acquit des porteurs. Portugal.

Le Portugal a cherché, au congrès de Lisbonne, à faire admettre les mandats au porteur dans les relations internationales. Ces mandats, d'un modèle uniforme, eussent été émis sur des formules imprimées par les soins du bureau international; leur montant eût pu s'élever jusqu'à 1,000 francs; ils eussent été payables dans tous les bureaux relevant des administrations qui auraient adhéré au système. C'était une sorte de billet de banque international, ou plutôt de chèque postal qu'on aurait créé, tous les bureaux de poste jouant ainsi le rôle de succursales ou de correspondants d'une même banque de dépôts. Proposition tendant à introduire le mandat au porteur dans les relations internationales.

Une institution de cette nature rendrait certainement des services aux voyageurs. On pourrait, avant de partir pour l'étranger, déposer au bureau de poste de sa résidence une provision pour sa route, et opérer ensuite le retrait de ses fonds, au fur et à mesure de ses besoins, dans les localités de son passage. Cependant la proposition du Portugal n'a pas été accueillie La délégation belge a fait observer que ce serait encourager les faux et les contrefaçons que de transformer les mandats de poste internationaux en une sorte de billet de banque universel (1).

Depuis, l'office portugais a repris sa proposition en l'amendant. Le maximum du montant des mandats au porteur était réduit à 500 francs; les titres n'eussent été payables qu'au bureau désigné, après réception d'un avis d'émission. Malgré ces modifications, l'administration française a considéré qu'il y aurait danger à laisser circuler dans les lettres ordinaires des titres qui seraient de véritables valeurs au porteur, et elle a refusé son adhésion à la proposition.

Les *bons de poste* sont des mandats de sommes fixes, dont la valeur ne dépasse pas 25 francs, payables dans tous les bureaux de poste, soit au porteur, soit à la personne désignée sur le titre, sans qu'elle ait habituellement à fournir de justifications d'identité. 2° Bons de poste.

C'est en Angleterre, en 1880, que les bons de poste ont pris naissance. Le seul système de mandat en usage dans ce pays était alors le mandat avec avis d'émission, auquel la France et la Belgique ont renoncé depuis longtemps. Le mandat avec avis d'émission a des avantages : il présente Création des bons de poste en Angleterre, en 1880.

(1) Voir le texte de la proposition portugaise dans les *Documents du Congrès de Lisbonne*, t. II, p. 50 à 54; le *Rapport* de la 2° commission, à la p. 240, et le renvoi du projet au bureau international, à la page 364.

des garanties contre les tentatives d'altération ou de faux payement. Le bureau destinataire, étant prévenu de l'émission, peut s'assurer de la validité des titres; il a, dans les indications fournies par l'avis de versement, des éléments pour constater l'identité du bénéficiaire; enfin, il peut prendre ses dispositions pour être en mesure d'effectuer les payements dès la présentation des titres.

Mais le mandat avec avis d'émission a le grave inconvénient de n'être payable que dans un seul bureau. C'est un système compliqué et coûteux. En Angleterre, où tout mandat émis donne lieu à une remise de 10 ou de 15 centimes au profit du postmaster, le service des articles d'argent était devenu onéreux à ce point que les dépenses excédaient les recettes, malgré des taxes relativement élevées et un minimum de perception de 20 centimes (on calculait qu'un mandat coûtait en moyenne 30 centimes au post office).

L'administration anglaise, ne voulant pas renoncer aux garanties qu'elle trouve dans le système du mandat avec avis d'émission, a créé, à partir du 1er décembre 1880, des bons de poste (*postal orders*) pour les mandats de petites sommes. Ces bons sont de quatorze valeurs différentes, depuis 1 jusqu'à 20 shillings; pour les valeurs intermédiaires, l'expéditeur peut employer un titre de la valeur immédiatement inférieure, et faire l'appoint en timbres-poste, qu'il applique sur le bon; la valeur de ces timbres-poste est remboursée au bénéficiaire lorsque le titre est présenté au payement. Le droit perçu varie de 1/2 d. à 1 d. 1/2. Les bons de poste peuvent être délivrés à l'avance à l'expéditeur qui doit y inscrire, au moment de les utiliser, le nom du bénéficiaire.

Ce nouveau système a immédiatement conquis les suffrages du public anglais. Dès la première année (1881), le nombre des bons émis a été de 3,645,000, et leur montant, de 42,081,000 francs. Pendant l'exercice 1889-1890, le nombre des bons a été de 44,712,548, leur montant s'est élevé à £ 17,737,802 (446,992,610 fr. 40) et le produit du droit perçu a été de £ 195,405 (4,924,206 fr.), tandis que le nombre des mandats du service intérieur n'a été que de 9,027,750, leur montant de £ 23,333,417 (590,002,108 fr. 40) et le produit du droit perçu de £ 129,628 (3,266,625 fr. 60).

Ce succès a encouragé quelques offices à introduire chez eux le système des bons de poste : la Belgique, le Luxembourg, les Pays-Bas, les États-Unis. Aux États-Unis, le bon de poste, créé par un acte du Congrès du 3 mars 1883, n'est qu'un mandat de faible somme, d'une valeur quelconque au-dessous d'un maximum déterminé, payable sans avis d'émission dans tous les bureaux de poste; le montant des sommes versées est écrit à la main dans le corps du titre (1).

France : Loi du 28 juin 1882.

En France, l'administration a été autorisée, par une loi du 28 juin 1882 (2), *à mettre à la disposition du public des mandats d'articles d'argent de*

(1) Voir l'*Union postale* du 1er octobre 1887, p. 177.
(2) *Bull. mens.*, n° 8, août 1892, p. 436.

sommes fixes, désignés sous le nom de bons de poste, et payables dans les bureaux de poste de France et d'Algérie (Art. 1er).

Il a été créé cinq catégories de bons, de la valeur de 1 fr., 2 fr., 5 fr., 10 fr. et 20 fr.

Le droit à percevoir sur chaque bon est fixé :

A cinq centimes (0 fr. 05) pour les bons de 1, 2 et 5 francs ;

A dix centimes (0 fr. 10) pour les bons de 10 francs ;

Et à vingt centimes (0 fr. 20) pour les bons de 20 francs.

L'article 2 de la loi donne au gouvernement la faculté de réduire, par décret, le droit à percevoir à 5 centimes, pour les bons de 10 francs, et à 10 centimes, pour les bons de 20 francs, ainsi que d'augmenter le nombre des coupures, sans qu'elles puissent dépasser le maximum de 20 francs.

Tous les bureaux de recette en France, en Algérie et en Orient, ainsi que les facteurs-boîtiers en France, participent à l'émission et au payement des bons de poste ; les bureaux télégraphiques, en France, ne sont chargés que de l'émission.

Les bons sont imprimés par l'atelier de la fabrication des timbres-poste, en bleu, sur papier de couleurs différentes, suivant la valeur du bon.

Les receveurs s'en approvisionnent auprès de l'agent comptable de la fabrication des timbres-poste. Les demandes sont transmises par l'intermédiaire des directeurs, qui en prennent note sur un carnet d'ordre. Les bons sont comptés comme valeur en caisse, au même titre que les timbres-poste. Dès qu'ils ont reconnu les envois qui leur sont destinés, les receveurs se chargent en recette du montant des bons, au titre des opérations de trésorerie, et du droit à percevoir, au titre des contributions et revenus publics (*Règlement d'administration publique du* 28 *nov*. 1882).

Emission des bons de poste.

La valeur étant indiquée sur le titre, les agents qui délivrent les bons n'ont qu'à y mentionner la date de l'émission et à y appliquer le timbre à date du bureau. Les bons de poste sont nominatifs, mais il appartient au déposant d'y inscrire le nom et la résidence du bénéficiaire. L'insertion d'un bon de poste qui ne porterait pas cette inscription, dans une lettre non recommandée, rendrait l'expéditeur passible de l'amende de 50 à 500 francs prévue par l'article 9 de la loi du 4 juin 1859 (Art. 3).

Payement des bons de poste.

Lorsque le payement d'un bon de poste est réclamé au bureau qui dessert le lieu de destination indiqué sur le titre, ce bon doit être payé sans justification d'identité.

Lorsque le payement est réclamé dans un autre bureau, le porteur doit justifier de son identité, en produisant une enveloppe de lettre à son nom ou toute autre pièce personnelle.

Quoi qu'il en soit, l'administration, aux termes de l'article 4 de la loi, est *valablement libérée par la possession du titre revêtu d'un acquit conforme au nom du bénéficiaire*, ce qui permet d'écarter toute réclamation à raison de payements effectués sur faux acquit.

L'article 4 de la loi dit encore que le *payement n'a lieu, dans tous les cas, que sur la présentation du bon*. Cette règle est absolue. Elle est opposable aussi bien aux demandes de remboursement formées par les expéditeurs, qu'aux réclamations des bénéficiaires, et comme l'émission d'un bon ne donne lieu à la délivrance d'aucun récépissé, le déposant, comme le bénéficiaire, perd tous ses droits en cas de perte du titre.

Délai de validité. Taxe de renouvellement.

L'article 5 fixe à trois mois le délai de validité des bons de poste. Tout bon dont le montant n'a pas été touché dans ce délai est soumis à la formalité du renouvellement, et assujetti à une nouvelle taxe égale à autant de fois la taxe primitive qu'il s'est écoulé de trimestres ou de fractions de trimestre, depuis la date de l'expiration du premier délai de trois mois pendant lequel le bon était payable. Cette taxe est perçue en timbres-poste apposés au verso du bon.

Prescription.

Le délai de prescription est fixé à un an, à partir du jour du versement des fonds.

Le montant des bons acquis au Trésor, en vertu de la prescription annale (art. 6), a été, en 1890, de 26,857 francs.

Bons de poste frauduleux ou altérés.

La contrefaçon des bons de poste ou la mise en circulation de bons de poste faux est punie, conformément à l'article 139 du Code pénal, des travaux forcés à perpétuité, comme la contrefaçon des billets de banque.

L'altération du nom ou de la valeur portée sur un bon de poste, la contrefaçon de la signature du bénéficiaire sont punies de la peine des travaux forcés à temps, comme les faux en écriture publique ou de commerce (*Art. 147 du Code pénal; art. 7 de la loi du 21 juin 1882*).

Comptabilité des bons de poste dans les bureaux.

La comptabilité des bons de poste est des plus simples : chaque mois, les receveurs transmettent à la direction un état des bons reçus pendant le mois écoulé, et un état des bons émis, jour par jour; tous les quinze jours, ils envoient à la direction l'état des bons payés, avec les titres acquittés par les bénéficiaires; les états des bons émis et payés, de même que les registres dont ils sont la copie, ne contiennent que l'indication des numéros et de la valeur des bons, sans mention du bureau d'émission ni des noms des expéditeurs ou des bénéficiaires. Les bons étant numérotés suivant une série unique, le numéro suffit pour identifier chaque titre.

Les directeurs vérifient les états transmis par les receveurs, et les transmettent, à leur tour, à l'administration, avec les bons payés. Les bons sont reclassés au bureau des articles d'argent, non par bureau d'émission, comme les mandats, mais simplement dans l'ordre des numéros. On s'assure que les titres sont réguliers et que l'acquit du bénéficiaire est bien conforme au nom porté sur le bon.

Comptabilité des bons de poste dans les directions.

Dans chaque département, il est ouvert, sur un registre tenu à la direction, un compte à chacun des bureaux, sur lequel il est pris note des bons reçus, émis et payés. Les éléments de ce compte sont fournis par les accusés de réception des envois de l'agent comptable, transmis par l'intermédiaire du directeur; par les états mensuels des bons reçus et des bons émis, et par les états de quinzaine des bons payés. Le directeur est à même de vérifier ainsi, à tout moment, la situation de l'approvisionnement de chaque bureau, et de suivre les mouvements de la consommation des formules.

Chaque mois, le directeur adresse à l'administration centrale (bureau des articles d'argent), des relevés récapitulatifs des bons reçus, émis et payés (par année d'émission) par chacun des bureaux du département; à l'agent comptable, un compte-matières des bons reçus; au commencement de chaque année, il adresse au bureau des articles d'argent, un certificat des bons reçus et des bons émis pendant l'année précédente et un certificat des bons payés, par bureau et par nature de bons; à l'agent comptable et à la comptabilité publique, un certificat présentant, par catégorie, le nombre des bons reçus pendant l'année précédente, par tous les bureaux du département.

Le service des bons de poste peut être étendu, par décret, aux bureaux français dans les colonies ou à l'étranger (*Art.* 9 *de la loi du* 28 *juin* 1882). Extension éventuelle du service des bons de poste.

Le service des bons de poste n'a pas donné en France les résultats espérés. En 1883, première année complète d'application (1), le nombre des bons vendus au public a été de 684,041; leur montant de 6,503,953 fr.; le droit perçu de 68,873 fr. 45. En 1890, il y a eu 1,381,540 bons délivrés, représentant une valeur totale de 11,813,897 francs et ayant procuré au Trésor une recette de 128,371 fr. 65. Résultats de la loi du 28 juin 1882.

La proportion du nombre des bons de poste délivrés à celui des mandats ordinaires n'est que de 5 1/2 0/0, tandis qu'en Angleterre elle est de 436 0/0.

Cette différence s'explique facilement.

En Angleterre, la création des bons de poste répondait à un besoin réel. Le public n'avait à sa disposition, pour les envois de petites sommes d'argent, que le mandat avec avis d'émission qui était coûteux, entouré de formalités incommodes; rien de surprenant à ce qu'on lui ait préféré le bon de poste plus simple, payable partout, bénéficiant d'une réduction de 50 0/0, en moyenne, sur le tarif des mandats ordinaires.

En France, le système des mandats en usage assurait déjà au public le double avantage d'un tarif très modéré pour les petits envois et du payement dans tous les bureaux. Le bon de poste ne lui donne rien de plus; il est même moins avantageux, sous certains rapports, que le mandat ordinaire. Droit de commission plus élevé sur les envois de 1 franc et 2 francs; absence de récépissé pour l'expéditeur, qui n'a plus aucun titre lorsqu'il s'est dessaisi du bon; pas de recours possible contre l'administration, en cas de perte ou de payement sur faux acquit; délai de prescription très court; en un mot, défaut de garantie pour l'expéditeur comme pour le destinataire, tels sont les motifs qui expliquent le peu de développement qu'a pris en France le service des bons de poste.

(1) Le service a commencé à fonctionner le 21 novembre 1882.

§ 3. — Mandats télégraphiques.

Origine des mandats télégraphiques.

L'idée d'employer le télégraphe pour accélérer la transmission des envois de fonds par la poste est antérieure à la fusion. On l'a mise en pratique, dès 1865, en Allemagne et en Belgique ; en Autriche, en 1868 ; en France, en 1872 (1er août).

Loi du 4 juillet 1868.

La loi de finances du 4 juillet 1868 contenait, dans son article 4, une disposition ainsi conçue :

Un règlement d'administration publique déterminera les mesures propres à faire concourir le service télégraphique aux envois d'argent par la poste.

Décret du 25 mai 1870.

Ce règlement, préparé par le conseil d'État, a été promulgué par décret du 25 mai 1870. Ses dispositions sont encore en vigueur, sauf quelques modifications résultant de la fusion.

L'article 1er laissait aux administrations de la poste et du télégraphe le soin de désigner les localités pourvues des deux services, entre lesquelles pourraient être échangés des mandats télégraphiques. Ces localités étaient, à l'origine, au nombre de 546 seulement. L'émission et le payement avaient lieu par les soins de la poste ; le rôle des agents du télégraphe se bornait à la transmission électrique. Les déposants étaient assujettis à une double démarche : au bureau de poste, pour verser les fonds ; au bureau télégraphique, pour requérir la transmission de la dépêche-mandat.

Bureaux ouverts au service des mandats télégraphiques.

La fusion a permis d'éviter au public ce double dérangement, et d'étendre les avantages du mandat télégraphique à toutes les localités pourvues d'un service postal et d'un service télégraphique, que ces deux services soient ou non fusionnés.

Émission.

Depuis le 1er novembre 1879 (1), les bureaux télégraphiques sont exclusivement chargés de l'émission des mandats télégraphiques. Ceux de ces bureaux qui ne sont pas gérés par des receveurs, sont considérés, à ce point de vue, comme des succursales des bureaux de poste fonctionnant dans les mêmes localités. Leurs opérations sont rattachées, pour l'encaissement des fonds et la perception du droit de commission, à la comptabilité des receveurs des postes, auxquels ils font parvenir, chaque jour, un bordereau des mandats émis, en même temps qu'ils versent à leur caisse le montant des sommes déposées par les particuliers (2).

Maximum des mandats.

L'article 1er du décret du 25 mai 1870 fixe à 5,000 francs le maximum des sommes qui peuvent être transmises par mandat télégraphique. La fixation d'un maximum se justifie pour les mandats télégraphiques, parce qu'il serait difficile d'assurer partout le payement immédiat de

(1) *Bull. mens.* n° 19, nov. 1879, 2e supp., *instr.* n° 81, p. 733.
(2) *Bull. mens.* n° 7, juillet 1890, p. 765.

sommes très élevées, et aussi parce que l'administration doit se prémunir contre les manœuvres frauduleuses, plus à craindre avec les mandats télégraphiques qu'avec les mandats ordinaires.

Dans les pays où il existe un maximum pour les mandats de poste, ce maximum est également applicable aux mandats télégraphiques.

La taxe à percevoir sur les mandats télégraphiques se compose : Droits et taxes.

1° Du droit de 1 0/0 sur les mandats ;

2° De la taxe afférente à la transmission télégraphique, avec ses accessoires (droit de copie de 50 centimes pour l'avis au destinataire).

Les mandats sont établis sur des formules détachées de registres à souche dont les agents s'approvisionnent dans la forme prévue pour les mandats ordinaires. Ces formules ne comportent pas de chiffres latéraux. Elles servent de minutes pour la transmission électrique et sont classées, à leur ordre, avec les télégrammes de départ. Chaque mandat donne lieu à l'envoi d'un avis d'émission au bureau qui doit effectuer le payement. Formules.

Le droit postal est acquis dès que le mandat est inscrit à la souche, alors même que le remboursement en serait demandé avant la transmission électrique.

La transmission effectuée, le bureau télégraphique d'arrivée transcrit immédiatement le texte du télégramme-mandat sur une formule détachée d'un registre, comportant une colonne de chiffres latéraux entre la souche et le mandat, plus un avis d'arrivée (modèle D) pour le bénéficiaire. Opérations à l'arrivée.

Les receveurs s'approvisionnent des registres de mandats d'arrivée dans la forme adoptée pour les autres formules de mandats d'articles d'argent (1).

Les mandats télégraphiques ne sont payables qu'au bureau qui dessert le lieu d'arrivée. Par suite, le bureau télégraphique qui a reçu un télégramme-mandat transmet la formule du mandat, contre reçu, au bureau de poste chargé du payement, et adresse l'avis d'arrivée (modèle D) directement au bénéficiaire.

Le receveur des postes qui reçoit un mandat télégraphique doit, s'il n'a pas en caisse l'argent nécessaire pour assurer le payement, faire toute diligence pour se procurer des fonds de subvention.

Les mandats sont payés aux bénéficiaires, sur la production de l'avis (modèle D), et, en outre, de pièces justificatives d'identité, telles que : carte électorale, diplôme d'un grade universitaire, patente, contrat de mariage, permis de chasse ou port d'arme, passeport, titre de propriété, titre de valeur nominatif, titre de pension, livret ou titre authentique ou administratif quelconque au nom du porteur du mandat ; à défaut d'une de ces pièces, d'un certificat en règle, revêtu de la signature du porteur et délivré par l'autorité administrative ou judiciaire, ou bien par un officier ministériel de la localité, attestant que le porteur est réellement le bénéficiaire Payement.

(1) *Bull. mens.* n° 3, mars 1889, p. 182.

du mandat ; l'authenticité du certificat est constatée par l'empreinte du timbre officiel de la personne qui l'a délivré.

Le destinataire peut encore, s'il n'est pas connu de l'agent payeur, justifier de son identité par l'attestation de deux témoins connus du receveur.

Les mandats télégraphiques ne peuvent être payés à un tiers que lorsque ce tiers est muni d'un pouvoir régulier.

Délais pour le payement.

Le payement d'un mandat télégraphique ne peut être réclamé qu'au bureau de poste sur lequel il est assigné, dans les cinq jours qui suivent celui de la remise du titre. Passé ce délai, les mandats sont renvoyés à l'administration centrale, qui les fait rembourser aux expéditeurs.

Par exception, le délai est porté à dix jours de payement à partir de l'émission, pour les mandats télégraphiques délivrés au profit des militaires faisant partie du 19e corps d'armée, en Afrique (1).

Les avis d'émission sont annexés aux mandats payés et transmis avec eux à l'administration.

Statistique des mandats télégraphiques du service intérieur (France et Algérie).

	Nombre.	Montant.	Droit perçu.
1872 (2)...........	5 984	1.610.754 fr. 99	32.211 fr. 52
1873.............	23.400	7.580.254 fr. 10	75.802 fr. 53
1890.............	252.358	41.934.582 fr. 07	421.523 fr. 08

Service des mandats télégraphiques dans les pays étrangers.

Le service des mandats télégraphiques, à l'étranger, est soumis à des règles un peu différentes de celles adoptées en France.

En Allemagne, tous les bureaux de poste appelés à émettre ou à payer des mandats de poste ordinaires participent également au service des mandats télégraphiques. C'est le bureau de poste où sont déposés les fonds qui rédige le télégramme-mandat et l'adresse au bureau télégraphique chargé de le transmettre. Il émet, en même temps, un mandat ordinaire qu'il envoie, par la poste, au bureau de poste qui dessert le lieu d'arrivée. Le bureau télégraphique de destination, au reçu de la dépêche-mandat, la transmet au bureau de poste chargé du payement. Dans le cas où les deux bureaux de poste et de télégraphe, soit de départ, soit d'arrivée, ne sont pas dans la même localité, les communications relatives aux mandats télégraphiques se font entre eux sous la forme de lettres recommandées, aux frais des déposants.

Les télégrammes-mandats sont remis aux bénéficiaires par les soins des bureaux de poste ; le payement a lieu à domicile, contre reçu donné par le bénéficiaire sur le télégramme même. Ce télégramme est ensuite annexé au mandat-carte transmis par la poste, lorsque ce mandat parvient au bureau payeur.

En Belgique, en Suisse, dans les Pays-Bas et le Luxembourg, le versement des fonds a lieu également dans les bureaux de poste.

(1) *Bull. mens.* n° 24, décembre 1884, *instr.* n° 325, p. 1001.
(2) Du 1er août au 31 décembre.

Les mandats pour lesquels il a été acquitté des frais d'exprès sont seuls payés à domicile.

Aux États-Unis, le public n'est pas admis à se servir du télégraphe pour accélérer la transmission des mandats de poste.

On aurait peine à s'expliquer une pareille lacune, si l'on ne savait qu'il n'y a pas fusion, en Amérique, entre le service postal et le service télégraphique, l'exploitation de ce dernier étant encore entre les mains de compagnies privées.

En Angleterre même, ce n'est qu'à partir du 2 septembre 1889 que le système des mandats télégraphiques a été expérimenté entre Londres et les grandes villes du Royaume-Uni. Le 1er mars 1890, l'essai a été étendu à tous les bureaux principaux et à leurs succursales.

§ 4. — Mandats coloniaux.

Jusqu'en 1874, il ne pouvait être délivré, en France et en Algérie, de mandats payables dans les colonies françaises qu'au profit des militaires, marins, employés de l'État et transportés, qui, seuls aussi, étaient admis à effectuer des dépôts d'argent à destination de la métropole.

Décret du 26 juin 1878.

A partir du 1er juillet 1874 (1), ce service a été étendu aux envois des particuliers. Suspendu par une décision du ministre des finances, en date du 5 mai 1876, il a été réorganisé par un décret du 26 juin 1878 (2).

Les agents appelés à y participer sont :

Les receveurs et les facteurs-boîtiers de France et d'Algérie, les receveurs des bureaux français à l'étranger et les distributeurs autorisés;

Dans les colonies françaises, les trésoriers-payeurs, les trésoriers particuliers et les percepteurs, ainsi que le receveur des postes de Gorée, au Sénégal.

Les mandats coloniaux sont émis sur les mêmes formules que les mandats de et pour l'intérieur et sont soumis aux mêmes règles, sauf les exceptions suivantes :

Maximum des mandats.

Le maximum des envois est fixé à 500 francs (*Art. 2 du décret du 26 juin* 1878). On ne peut délivrer plus d'un mandat de cette importance, le même jour, à la même personne, pour le même bénéficiaire.

Les mandats de plus de 300 francs ne donnent lieu à l'envoi d'aucun avis de versement.

Le droit de 1 0/0 comporte un minimum de perception de 25 centimes par envoi (*Art.* 1er).

Ce droit est acquis en entier à l'administration qui l'a perçu.

Droit de change.

Indépendamment du droit de 1 0/0, il peut être établi une perception

(1) *Bull. mens.* n° 60, *supp.*, mars 1874, *instr.* n° 124, p. 137.
(2) *Bull. mens.* n° 4, août 1878, *instr.* n° 26, p. 208 et s.

additionnelle représentant le change, variable suivant les cours et dont le montant est fixé :

Aux colonies, par les gouverneurs, d'accord avec le ministre des finances ;

En France, par le ministre des finances et le ministre des colonies (aujourd'hui par le ministre du commerce) (*Art.* 3).

Cette perception additionnelle, qui est entièrement acquise au Trésor métropolitain, a pour but :

1° De couvrir l'État des dépenses de trésorerie afférentes à l'alimentation des caisses des agents coloniaux ;

2° De compenser la perte au change des monnaies, s'il y a lieu ;

3° D'empêcher l'agiotage, en maintenant la taxe postale à un taux sensiblement égal au prix perçu par la banque ou par le commerce sur les envois de fonds dans les relations entre la métropole et les colonies.

Les mandats émis en France ne sont pas soumis à cette peception additionnelle ; mais le droit de change est établi dans la plupart des colonies. Il est de 0 fr. 70 dans la Guyane,

de 1 0/0 au Sénégal, à Mayotte, à Nossi-Bé et dans la Nouvelle-Calédonie ;
de 2 0/0 sur le territoire des Rivières du Sud ;
de 3 0/0 à la Réunion ;
de 4 0/0 dans les Antilles ;
de 18 fr. 81 dans l'Inde française.

Délai de validité.

Dans cette dernière colonie, le taux a dû être élevé graduellement, à cause de la baisse continue de la roupie. Dans la Cochinchine, où le taux de conversion est variable, il n'y a pas de droit de change.

Le délai de validité des mandats coloniaux est de neuf mois.

La vérification sur pièces des mandats émis ou payés par les comptables coloniaux s'opère mensuellement à l'administration centrale, au bureau des articles d'argent. Ce bureau transmet, en fin d'année, avec les comptes à l'appui, les résultats de sa vérification au ministère des finances (direction générale de la comptabilité publique), qui prescrit les opérations de comptabilité que comporte le règlement des comptes.

Statistique.

Nombre de mandats émis et payés dans les colonies, en 1890 (1) :

	Nombre.	Montant.
Mandats émis	47.011	5.286.669 fr. 82
— payés	18.618	851.390 fr. 28

(1) Les mandats émis et payés en France, à destination ou provenant des colonies, sont confondus, dans la statistique, avec les mandats intérieurs du service métropolitain.

CHAPITRE III

MANDATS INTERNATIONAUX

§ 1. — Historique.

« Avant 1865, dit M. Ansault dans son *Cours d'exploitation postale* (1), les sommes d'argent échangées avec l'étranger étaient transmises soit sous la forme de groupes, par l'intermédiaire des entreprises de transports, soit sous la forme de lettres de change commerciales tirées d'une place sur une autre, ou de billets de banque au porteur, expédiés dans des lettres chargées, etc. Mais ces divers modes étaient très onéreux et très incommodes pour les petites sommes.

« L'ouvrier qui va chercher du travail à l'étranger était souvent empêché de faire passer ses économies à sa famille; de nombreuses acquisitions peu importantes ne pouvaient se faire à l'étranger, faute d'un moyen de remise facile et économique. A côté de l'intérêt du public, celui du Trésor commandait également d'étendre le système des mandats de poste, dont les résultats étaient si avantageux à l'intérieur. »

La seule difficulté que cette extension pouvait rencontrer était la diversité des systèmes monétaires en usage. Cette difficulté n'existait pas pour les pays de l'Union latine; aussi, lorsque la France eût réduit à 1 0/0 le droit sur les envois d'argent dans son service intérieur, elle ne tarda pas à conclure des conventions pour l'échange des mandats internationaux avec les pays qui ont le même régime monétaire qu'elle. Elle traita successivement avec :

L'Italie (convention du 8 avril 1864, exécutoire à partir du 1er octobre de la même année);

La Suisse (convention du 22 mars 1865, exécutoire à partir du 1er octobre suivant);

La Belgique (convention du 1er mars 1865, exécutoire à partir du 1er janvier 1866.

L'administration française conclut également, le 28 janvier 1868, avec l'office des postes du grand-duché de Luxembourg, une convention exécutoire à partir du 1er octobre de la même année.

(1) Page 170.

On ne put pas traiter avec l'Espagne, qui n'avait pas encore introduit le service des mandats dans son régime postal intérieur; mais on passa des conventions avec d'autres pays qui avaient un système monétaire différent du nôtre. Nous donnons ci-après la date de la conclusion de ces arrangements et celle de leur exécution :

	Date de la signature des arrangements.	Date d'exécution.
Grande-Bretagne...........	30 avril 1870.	1er mai 1873.
Allemagne..................	3 mai 1875.	1er février 1876.
Pays-Bas....................	22 avril 1876.	1er déc. 1876.
Indes néerlandaises..........	27 août-1er sept. 1877	1er janvier 1878.
Suède.......................	3 nov. 1877.	1er mai 1878.
Norvège....................	20 avril 1878.	15 juillet 1878.
Danemark..................	27 février 1878.	1er mai 1878.
Autriche-Hongrie............	25 mai 1878.	1er sept. 1878.

Au congrès de Paris, un arrangement général fut conclu entre plusieurs États de l'Union, pour l'adoption d'un régime uniforme. Cet arrangement, qui porte la date du 4 juin 1878, a été revisé au congrès de Lisbonne et étendu aux mandats télégraphiques.

§ 2. — Arrangement général des 4 juin 1878-21 mars 1885.

Etats adhérents. Les États de l'Union qui ont adhéré à l'arrangement général de l'Union sont au nombre de vingt-sept. Ce sont :

L'Allemagne, la République argentine, l'Autriche-Hongrie, la Belgique, le Brésil, la Bulgarie, le Chili, le Danemark, les Antilles danoises, la République dominicaine, l'Égypte, la France, les Colonies françaises, l'Italie, le Japon, la République de Libéria, le Luxembourg, la Norvège, les Pays-Bas, la Perse, le Portugal, les colonies portugaises, la Roumanie, la Suède, la Suisse, l'Uruguay et le Venezuela.

Le Brésil, la République dominicaine, l'Uruguay et le Venezuela, n'ont pas encore mis à exécution l'arrangement, bien qu'ils y aient adhéré. Le Salvador y a adhéré à partir du 1er juin 1886.

L'adhésion des pays qui n'ont pas signé l'arrangement s'opère par une simple notification faite par leur gouvernement à celui de la Confédération suisse (*Art.* 8).

Bureaux participants. Les administrations participantes doivent, aux termes de l'article X, n° 2 du règlement de détail annexé à l'arrangement, se notifier réciproquement la nomenclature de ceux de leurs bureaux qui doivent participer au service des mandats internationaux.

Tous les bureaux de recette, en France et en Algérie, ainsi que les bureaux français d'Alexandrie, de Beyrouth, Constantinople, Salonique, Smyrne, Tanger, et la distribution de Tripoli de Barbarie, sont autorisés à émettre ou à payer des mandats internationaux.

Aucun mandat ne peut excéder la somme de 500 *francs effectifs ou une somme approximative dans la monnaie respective de chaque pays* (Art. 2). Maximum des mandats.

Ce maximum répond au but de l'arrangement, qui est d'offrir au public les facilités dont il a besoin pour l'envoi des petites sommes ; on n'aurait pu d'ailleurs en fixer un plus élevé, beaucoup d'administrations participantes ayant adopté ce même maximum dans leur service intérieur (par exemple l'Allemagne).

Difficulté résultant de la diversité des systèmes monétaires.

La principale difficulté des transactions internationales réside dans la diversité des systèmes monétaires.

Voici comment cette difficulté a été résolue.

L'article 2, § 1 de l'arrangement international, pose en principe que les versements et les payements ont lieu *en numéraire*, parce que le numéraire ayant une valeur plus stable que le papier, doit être employé de préférence dans les transactions internationales.

Toutefois, *chaque administration a le droit de recevoir ou d'employer elle-même un papier-monnaie ayant cours légal dans son pays, sous réserve de tenir compte, le cas échéant, de la différence du change.*

Sauf arrangement contraire entre les administrations intéressées, le montant des mandats *est exprimé dans la monnaie métallique du pays où le payement doit avoir lieu.* Il appartient, en effet, au déposant, c'est-à-dire au débiteur, de prendre à sa charge les frais de change, s'il y a lieu, de manière que le bénéficiaire, c'est-à-dire le créancier, touche l'intégralité de la somme qui lui est due.

Conversion des monnaies.

La conversion des sommes transmises par mandat doit donc se faire au bureau d'origine, et le taux doit en être calculé de manière à couvrir entièrement l'office d'émission, qui est redevable à l'office payeur du montant de la somme encaissée. En conséquence, et conformément au § 3 de l'article 2 de l'arrangement international, c'est *l'administration du pays d'origine* qui *détermine le taux de conversion de sa monnaie en monnaie métallique du pays de destination.*

Cette administration notifie à chacun des offices intéressés le taux de conversion qu'elle a adopté (*Art. X du règlement*, § 1, *n°* 1°). La notification doit être faite trois mois, au moins, avant la mise en vigueur du service ; elle exige une entente préalable entre les offices.

Le règlement des comptes entre offices ayant lieu *en monnaie d'or* (*Art. 4 de l'arrangement*), c'est en principe la monnaie d'or, dont la valeur est plus stable, qui sert de base à la conversion. Le taux de la conversion est déterminé d'après le cours du change, et, à défaut d'une cote officielle, d'après le rapport de la valeur intrinsèque des monnaies. L'administration des postes françaises se renseigne, à cet égard, auprès de la direction du mouvement général des fonds, au ministère des finances.

Dans les pays qui ont pris l'étalon d'or pour base de leur système monétaire, comme l'Angleterre et l'Allemagne, ou dans ceux de l'Union latine, qui sont au régime du double étalon, mais où l'émission et la circulation de la monnaie d'argent sont limitées, la valeur monétaire est assez stable, et la conversion n'offre pas de difficultés ; il n'en est pas de même pour ceux où les transactions se règlent habituellement en argent, ou en papier-monnaie. Les monnaies d'argent et le papier-monnaie subissent une dépréciation plus ou moins considérable par rapport à leur valeur nominale et sont sujets, en outre, à des fluctuations qui rendent à peu près impossibles l'adoption d'une base fixe pour la conversion.

C'est pour ce motif que, dans les relations avec l'Autriche-Hongrie qui est au régime du papier-monnaie, le montant des mandats est exprimé, de part et d'autre, en francs et centimes. La conversion, pour les mandats émis ou payables en Autriche, est faite par la poste autrichienne, d'après le cours de la pièce de 20 francs à la bourse de Vienne, au jour de l'entrée des mandats d'origine française sur le territoire austro-hongrois, ou de la sortie des mandats austro-hongrois de ce territoire.

Taxe additionnelle de change.

Dans les rapports entre pays soumis au même régime monétaire, il n'y pas de conversion à effectuer, mais il peut se faire que l'un des deux métaux ayant cours légal fasse prime : c'est ce qui se produit actuellement en Italie pour l'or : les déposants font alors de préférence leurs versements en argent. Comme l'office qui les reçoit est redevable de leur valeur nominale en francs d'or à l'office correspondant, il pourrait se trouver en perte lors du règlement des comptes, si la balance n'était pas en sa faveur. Pour se couvrir de cette perte éventuelle, il est autorisé, en vertu d'une clause récemment insérée dans l'arrangement international, à la demande de l'Italie, à percevoir, sur les mandats qu'il émet, une taxe additionnelle représentant la différence au change, indépendamment du droit de commission de 25 centimes par 25 francs (*Art.* 2, § 3 *de l'arrangement*).

Droit perçu.

Le droit à percevoir sur les mandats internationaux *est fixé, valeur métallique ,à* 25 *centimes par* 25 *francs ou fraction de* 25 *francs, ou à l'équivalent dans la monnaie respective des pays contractants, avec faculté d'arrondir les fractions, le cas échéant.*

Les administrations des pays contractants sont autorisées à percevoir, au minimum, 50 *centimes pour tout mandat n'excédant pas* 50 *francs* (Art. 3, § 2).

Formules servant à l'émission.

Les mandats internationaux doivent, en pricipe, être établis sur une formule conforme au modèle A n° 1, annexé au règlement.

Cette formule n'est autre que le mandat-carte adopté dans le service intérieur de l'Allemagne, de la Suisse, etc.

Toutefois, les administrations qui ont fait usage jusqu'ici du mandat avec avis d'émission, dont le modèle figure également à la suite du règlement, sous la lettre A n° 2, ont la faculté d'en continuer l'emploi.

Cette clause exceptionnelle vise la France seule, car les autres États qui ont adhéré à l'arrangement international ne font plus usage que du mandat-carte dans leurs relations réciproques. La France fait concurremment usage des deux formules, aussi bien dans ses rapports avec l'étranger que dans son service intérieur.

Le mandat-carte dont elle se sert dans les relations internationales diffère de celui qui est en usage dans son service intérieur : il comporte un coupon, qui est transmis adhérent au titre, n'est détaché qu'au moment du payement, et sur lequel l'expéditeur a la faculté d'ajouter quelques mots de correspondance à l'adresse du bénéficiaire (*Art. 2 du règlement*, § 4).

Les mandats-cartes internationaux ne sont pas délivrés à l'avance au public, comme les mandats du service intérieur, et par conséquent ils doivent être rédigés entièrement par les agents ; ils donnent lieu à un enregistrement sur un carnet à souche, dont un bulletin de dépôt est détaché pour être remis à l'expéditeur.

Les mandats avec avis d'émission ne peuvent être tirés que sur les bureaux étrangers dont la liste est fournie par l'office de destination. Pour les mandats-cartes qui sont transmis à découvert, l'indication de la résidence du destinataire suffit.

Avis de payement.

L'expéditeur d'un mandat peut obtenir un avis de payement de ce mandat, en acquittant d'avance, au profit exclusif de l'administration du pays d'origine, un droit fixe égal à celui qui est perçu dans ce pays pour les avis de réception des correspondances recommandées (Art. 3 bis de l'arrangement).

Ce droit est perçu en timbres-poste.

Payement.

Le payement des mandats-cartes a lieu suivant les règles applicables dans le service intérieur de l'office payeur ou adoptées spécialement à cet égard (*Art. III du règlement*). Le payement à domicile peut donner lieu à la perception, sur le bénéficiaire, d'un droit de factage au profit de l'administration qui l'assure (*Art. 3, § 3 de l'arrangement*).

Le payement des mandats avec avis d'émission a lieu *contre remise, par l'ayant droit, du mandat dûment acquitté, et moyennant* les conditions suivantes : l'avis d'émission doit être parvenu au bureau payeur; les inscriptions du mandat doivent être conformes à celles de l'avis d'émission; le porteur doit *justifier de son droit au payement par l'indication du nom et du prénom ou de la raison sociale tant de l'expéditeur que du bénéficiaire.*

En cas de non-arrivée de l'avis d'émission, un duplicata est réclamé *au bureau d'origine* (Art. IV du règlement).

L'office de destination est responsable des payements sur faux acquit. Il ne peut *dégager sa responsabilité que s'il est en mesure d'établir :*

1° *Que ses règlements comportent toutes les garanties nécessaires pour la constatation de l'identité du destinataire ;*

2° *Que le payement a eu lieu dans les conditions prescrites par lesdits règlements* (Art. VII bis du règlement).

Chaque pays a *le droit de se déclarer sur son territoire la propriété des mandats transmissibles par voie d'endossement* (Art. 2, §4 de l'arrangement).

La France n'use pas de cette faculté, dont l'exercice serait de nature à faire perdre au Trésor des droits de poste ou des des droits de timbre.

Mandats irréguliers.

D'après les règlements en vigueur en France, les mandats internationaux sont payables à vue, sauf :

Lorsqu'ils ne sont pas établis sur des formules réglementaires ou lorsque les formules employées ne fournissent pas les indications essentielles au payement ;

Lorsque la somme à payer excède le maximum admis dans les relations avec le pays d'émission ;

Lorsque le montant des mandats n'est pas indiqué en toutes lettres ;

Lorsque les sommes portées sur le mandat et sur l'avis d'émission ne concordent pas entre elles ;

Lorsque la somme à payer n'est pas exprimée en monnaie française ;

Lorsque l'indication du nom ou du domicile du destinataire est inexacte, insuffisante ou douteuse ;

Lorsque les mandats présentent des ratures, surcharges ou altérations, même approuvées ;

Lorsqu'ils ne sont pas signés ou ne sont pas frappés du timbre à date ;

Enfin, lorsqu'ils sont périmés.

Les mandats irréguliers sont renvoyés au bureau d'origine sous recommandation ; avis de cette transmission est donné à l'administration centrale.

Délai de validité

Les mandats sont valables pendant un délai de trois mois, à partir du jour de leur émission. Ce délai est porté à six mois, dans les relations avec les pays hors d'Europe ou de ces pays entre eux.

Passé ce terme, ils ne peuvent plus être payés que sur un visa pour date, donné par l'administration qui les a émis et à la requête de l'administration dont dépend le bureau destinataire.

Le visa pour date doit être inscrit sur le titre même, et donne au mandat une nouvelle durée de validité égale à celle du délai primitif (Art. 6 du règlement).

Les demandes de visa pour date ne sont soumises à aucun droit de poste ni de timbre.

Remboursement aux expéditeurs.

Les mandats peuvent être remboursés aux envoyeurs, sur la demande de ceux-ci, aussitôt que l'administration du pays d'origine est rentrée en possession du titre non payé et, le cas échéant, de l'avis d'émission.

Pour obtenir le remboursement d'un mandat égaré, perdu ou détruit, l'envoyeur doit fournir, avec son récépissé, bulletin de dépôt ou déclaration de versement, une attestation du destinataire portant que le mandat n'a pas été aliéné, qu'il ne lui est pas parvenu ou qu'il a été adiré ou détruit après réception. L'administration du pays d'origine accorde le remboursement, après s'être assurée que l'office de destination n'a pas payé et ne payera pas le mandat.

A défaut du remboursement prévu par le paragraphe précédent, les mandats égarés, perdus ou détruits peuvent être remplacés, sur la demande de l'envoyeur ou du destinataire, par des autorisations de payement ou des duplicata que délivre l'administration du pays d'origine, après avoir constaté, d'accord avec l'administration du pays de destination, que le mandat n'a été ni payé ni remboursé (Art. VII du règlement).

Mandats télégraphiques internationaux.

Le service des mandats télégraphiques a été introduit, dans les relations internationales, par le congrès de Lisbonne, sur la proposition de la France ; il existait déjà, depuis 1884, dans nos relations avec la Suisse et le Luxembourg.

Les dispositions de l'arrangement qui concernent les mandats télégraphiques ne sont applicables qu'aux pays qui conviennent d'utiliser ce mode de transmission dans leurs relations réciproques (*Art.* 3 *bis*).

D'après l'article II bis, § 1° du règlement, les mandats télégraphiques doivent être rédigés par le bureau de poste qui a reçu les fonds, et adressés au bureau de poste qui doit effectuer le payement.

En France, cependant, ce sont toujours les bureaux télégraphiques qui sont chargés de l'émission de ces mandats : tous les bureaux autorisés à émettre ou à payer des mandats télégraphiques, à l'intérieur, participent également à ce service dans les relations internationales.

La taxe se compose (*Art.* 3 *bis de l'arrangement*) :

1° Du droit ordinaire sur les mandats de poste ;

2° De la taxe du télégramme, avec ses accessoires, s'il y a lieu.

Le paragraphe 2 de l'article 3 bis dispose que *les mandats télégraphiques internationaux ne peuvent être grevés d'aucuns frais autres que ceux prévus audit article, ou que ceux qui peuvent être perçus en conformité des règlements télégraphiques internationaux.*

Ce dernier membre de phrase a été ajouté pour permettre à l'administration française de percevoir une taxe supplémentaire fixe de 50 centimes sur les mandats télégraphiques internationaux, comme sur les mandats intérieurs. Dans le service français, le bureau télégraphique d'arrivée qui reçoit une dépêche-mandat, la transmet au bureau de poste payeur, et adresse, en outre, un avis au bénéficiaire ; par suite, l'administration considère le télégramme-mandat comme une dépêche multiple, et perçoit, en plus de la taxe principale, le droit de copie de 50 centimes, prévu par le paragraphe 2 de l'article 58 du règlement de Berlin.

Dans les pays étrangers, c'est le télégramme-mandat lui-même qui est remis au bénéficiaire ; par suite il n'est perçu aucun droit de copie. L'administration française a essayé, mais en vain, de faire prévaloir son système au congrès de Lisbonne : elle n'a obtenu que l'insertion, au § 4 de l'article 3 bis de l'arrangement, de la disposition citée plus haut, qui lui permet de percevoir la taxe de 50 centimes sur le destinataire, au moment de la remise de l'avis modèle D.

Comparaison entre le service international et le service intérieur.

Les mandats télégraphiques internationaux diffèrent des mandats télégraphiques de l'intérieur sur les points suivants :

Ils peuvent porter une communication particulière de l'expéditeur au bénéficiaire : cette communication est soumise au payement de la taxe télégraphique ;

Le délai de validité est le même que pour les mandats de poste internationaux, c'est-à-dire de trois mois.

Le service des mandats télégraphiques est en vigueur dans les relations de la France avec l'Allemagne, l'Autriche-Hongrie, la Belgique, l'Égypte, l'Italie, le Luxembourg, la Norvège, les Pays-Bas, le Portugal et la Suisse.

Comptabilité.

Les mandats internationaux, émis et payés, sont l'objet d'une comptabilité identique à celle des mandats français, mais ils sont décrits sur des états de quinzaine spéciaux, dont les totaux sont récapitulés sur des relevés et des certificats mensuels, également spéciaux.

Le bureau des articles d'argent, à la direction générale, centralise tous les mandats d'origine étrangère payés en France, et procède à la vérification sur pièces des états déclaratifs de dépenses, après un premier travail de revision dans les directions départementales. Il reçoit, des offices étrangers, les mandats émis en France et payés par les bureaux de ces offices, s'assure que les sommes portées en monnaie étrangère, par les comptables, sur la plupart de ces titres, correspondent bien, d'après les tables de conversion, aux sommes accusées en monnaie française, par ces mêmes comptables sur leurs états déclaratifs de recette.

Si des différences sont constatées, elles donnent lieu à des arrêtés de forcement en recette ou de dégrèvement, suivant le cas.

Le mois du payement pour chaque mandat, est en outre inscrit, à l'état de recette, dans une case réservée à cette mention; cette inscription constitue ce qu'on appelle *l'émargement*.

Règlements de compte entre les offices.

Le droit proportionnel sur les mandats internationaux n'est pas acquis en entier à l'office d'origine, comme le sont les taxes perçues pour le port des objets de correspondance. Il n'y a pas, en effet, réciprocité dans l'échange des mandats de poste, comme dans l'échange des lettres; certains pays émettent plus de mandats qu'ils n'en payent. Il en est ainsi dans les rapports entre la France et l'Italie, à cause des nombreux ouvriers italiens qui séjournent en France et font passer leurs économies dans leur pays, par mandats de poste tirés des bureaux français sur les bureaux italiens. Aussi, en 1890, l'échange des mandats entre la France et l'Italie a donné les résultats suivants :

	NOMBRE.	MONTANT.	PART DE DROIT revenant à l'office payeur.
Mandats de la France pour l'Italie..	232.033	12.229.685 18	72.378 67
Mandats de l'Italie pour la France..	81.451	5.548.904 84	32.942 34
Différence en faveur de la France.	150.582	6.680.780 34	39.436 33

Partage du droit perçu.

Il n'y a donc pas équivalence dans les droits perçus de part et d'autre, bien qu'il y ait égalité dans le travail; l'équité veut que les droits perçus par chaque office soient partagés par moitié avec l'office correspondant; c'est pourquoi l'article 3, § 2, de l'arrangement en décide ainsi. Pour faciliter la répartition, l'office d'émission indique, à l'angle droit supérieur du recto de chaque titre, la taxe perçue *dans sa monnaie* (Art. II, § 3 *du règlement*).

Chaque administration dresse, à la fin de chaque mois, pour chacune des autres administrations, ou aux époques adoptées d'un commun accord avec les offices correspondants, un compte particulier, conforme au modèle annexé au règlement, sur lequel sont récapitulés et, autant que possible, classés par ordre alphabétique des noms des bureaux d'émission, tous les mandats payés par ses bureaux, pour le compte de l'office correspondant, pendant le mois précédent. Comptes particuliers.

Elle reproduit également, sur ce compte et en regard du montant de chaque mandat, le montant effectif du droit perçu par le bureau d'origine; puis elle ajoute au total des sommes payées, et en même monnaie, la moitié du total des droits perçus, dont, le cas échéant, elle effectue la conversion au pair.

Le compte particulier, accompagné des mandats payés et quittancés, est transmis sans retard à l'administration correspondante (Art. VIII du règlement).

L'établissement et la vérification des comptes incombent, en France, à l'administration centrale (bureau des articles d'argent). Ce bureau, auquel sont transmis tous les mandats étrangers payés en France, les trie par office d'origine et établit les comptes particuliers prévus par l'article VIII du règlement.

Aussitôt que les comptes particuliers ont été débattus et arrêtés contradictoirement, la balance est établie dans un compte général que dresse l'administration créditrice (sauf arrangement contraire entre les offices intéressés). Comptes récapitulatifs.

Le compte général doit être arrêté dans un délai de deux mois, après l'expiration du mois auquel il se rapporte. Ce délai est porté à quatre mois dans les relations avec les pays situés hors d'Europe ou de ces pays entre eux. En cas de débat, la somme en litige est reportée au compte suivant (Art. IX du règlement).

Lorsque les mandats ont été payés dans des monnaies différentes, la créance la plus faible est convertie en même monnaie que la créance la plus forte, en prenant pour base de la conversion le taux moyen du change, dans la capitale du pays débiteur, pendant la période à laquelle le compte se rapporte (Art. 4, § 2 de l'arrangement). Si, par exemple, dans le cours d'un mois, la France a payé 12,500 francs pour l'Allemagne, et l'Allemagne 20,000 marks pour la France, c'est la France qui est débitrice; si, pendant la même période, le cours moyen du mark, à Paris, a été de 1 fr. 25, l'Allemagne doit à la France 12,500 fr. : 1 fr. 25 = 10,000 marks, à déduire des 20,000 marcks dus par la France ; la France reste donc débitrice envers l'Allemagne du montant de la différence, soit 10,000 marks.

Il faut encore ajouter, au débit de chaque office, la moitié du montant des droits qu'il a perçus sur les mandats émis par ses bureaux.

Payement des soldes.

Sauf arrangement contraire, le solde résultant de la balance des comptes est payé par l'office débiteur *au moyen de traites à vue ou à courte échéance, sur la capitale ou sur une place commerciale du pays* créancier, *en monnaie* d'or *de ce pays, et sans aucune perte pour lui, les frais du payement restant à la charge de l'office débiteur* (Art. 4, § 1 de l'arrangement; art. IX, § 3 du règlement).

Ce payement doit être effectué, au plus tard, quinze jours après que le compte général a été contradictoirement arrêté. Seulement, toute administration qui se trouve à découvert, vis-à-vis d'une autre administration, d'une somme supérieure à 50,000 *francs, a le droit de réclamer un acompte ou solde provisoire, jusqu'à concurrence des trois quarts du montant de sa créance. Le cas échéant, il doit être satisfait à sa demande dans le délai de huit jours* (Art. IX, § 3 du règlement).

En cas de non-payement du solde d'un compte dans le délai fixé, le montant de ce solde est productif d'intérêts, à dater du jour de l'expiration desdits délais, jusqu'au jour où le payement a lieu. Ces intérêts sont calculés à raison de 5 0/0 *l'an et portés au débit de l'administration retardataire, sur le compte suivant* (Art. 4, § 3 de l'arrangement).

Chaque administration peut, dans des circonstances extraordinaires qui sont de nature à justifier la mesure, suspendre temporairement le service des mandats internationaux, d'une manière générale ou partielle, sous la condition d'en donner immédiatement avis, au besoin par le télégraphe, à l'administration ou aux administrations intéressées (Art. 7 de l'arrangement).

§ 3. — Arrangements particuliers pour l'échange des mandats internationaux.

Les stipulations de l'arrangement général de l'Union *ne portent pas restriction au droit des parties contractantes de maintenir et de conclure des arrangements spéciaux, ainsi que de maintenir et d'établir des unions plus restreintes, en vue de l'amélioration du service des mandats de poste internationaux* (Art. 6 de l'arrangement).

La France a mis à profit cette faculté; elle est liée par des conventions particulières avec la Perse et le Japon, bien que ces deux pays aient, comme la France, adhéré à l'arrangement général du 4 juin 1878, revisé à Lisbonne [*Convention du* 9 *avril* 1884, *loi du* 12 *juillet* 1884 (1); *convention du* 30 *juin* 1884, *loi du* 1er *août* 1884 (2)].

La France a également conclu des conventions particulières, avec des pays non-adhérents, pour l'échange des mandats internationaux : avec les États-Unis, (29 *déc.* 1879, *loi du* 17 *mars* 1880 (3); *convention additionnelle du* 28 *août* 1888 ; *loi du* 11 *avril* 1889 (4); la Grande-Bretagne

(1) *Bull. mens.* n° 5, mai 1885, p. 163.
(2) *Bull. mens.* n° 2, février 1885, p. 77.
(3) *Bull. mens.* n° 23, *supp.*, mars 1880, p. 221 et s. ; n° 6, juin 1889, p. 436.

(8 *déc.* 1882 ; *loi du* 27 *déc.* 1882 (1) ; l'Inde britannique (9 *mars* 1883, *loi du* 21 *mai* 1883 (2) ; les Indes néerlandaises (*Arrangement des* 27 *août-*1er *sept.* 1877, *décret du* 18 *oct.* 1877 (3) ; le Canada (20 *juin* 1884, *loi du* 1er *août* 1884 (4) ; Malte (16 *sept.* 1885, *loi du* 20 *déc.* 1886 (5).

Ces conventions diffèrent de l'arrangement général de l'Union sur les points suivants :

Maximum des mandats.

Le maximum des sommes qui peuvent être envoyées par mandats de poste est de 250 francs, dans les relations avec le Japon ; 252 francs ou 10 livres sterling, dans les relations avec la Grande-Bretagne, Malte ; 262 fr. 50 ou 50 dollars, dans les relations avec les États-Unis, le Canada ; 315 francs ou 150 florins, dans les relations avec les Indes néerlandaises ; 500 francs dans les relations avec l'Inde britannique et la Perse.

Conversion des monnaies.

Les mandats sont émis dans la monnaie du pays de destination, dans les rapports avec les États-Unis, le Canada et les Indes néerlandaises. Le taux de conversion est alors déterminé par l'administration du pays d'origine. Dans les rapports avec la Grande-Bretagne, Malte, l'Inde britannique, le Japon, les mandats sont émis en monnaie du pays d'origine. Les bases de la conversion de la monnaie française en monnaie anglaise, et réciproquement, sont fixées d'un commun accord entre les administrations intéressées. C'est le bureau de Londres qui est chargé exclusivement de cette conversion, dans les échanges franco-anglais ; le bureau de Malte, dans les échanges franco-maltais.

Droit perçu.

Chaque pays détermine le taux du droit à percevoir sur les mandats émis par ses bureaux. Ainsi, il est perçu en France 10 centimes par 10 francs sur les mandats à destination de l'Angleterre et de Malte, tandis qu'en Angleterre, on perçoit 6 d. (60 c.) jusqu'à 2 £, 1 sh. de 2 à 5 £, 1 sh. 1/2 de 5 à 7 £, 2 sh. de 7 à 10 £. Il est perçu également 10 centimes par 10 francs, sur les mandats émis en France à destination du Canada, de l'Inde britannique, du Japon ; 15 centimes par 10 francs, sur les mandats à destination des États-Unis, tandis qu'il est perçu 10 cents par 10 $ sur les mandats des États-Unis pour la France ; 20 centimes par 10 francs, sur les mandats tirés de France sur la Perse et les Indes néerlandaises.

Le pays d'origine bonifie à l'office de destination 1/2 0/0 du montant des mandats tirés sur cet office, dans les relations avec la Grande-Bretagne, Malte, l'Inde britannique, le Canada, le Japon ; 3/4 0/0 du montant des mandats, dans les rapports avec les États-Unis ; 1 0/0, dans les rapports avec la Perse et les Indes néerlandaises.

Transmission des mandats. Système des listes.

Généralement, les mandats sont tirés directement par le bureau d'origine sur celui de destination. Dans les relations avec l'Inde britannique, les Indes néerlandaises, le Japon, les mandats émis de part et d'autre sont centralisés par des bureaux d'échange spécialement désignés à cet

(1) *Bull. mens.* n° 12, décembre 1882, p. 720.
(2) *Bull. mens.* n° 6, juin 1883, p. 366.
(3) *Bull. mens.* n° 104, novembre 1877, *instr.* n° 255, p. 445.
(4) *Bull. mens.* n° 22, octobre 1884, p. 902.
(5) *Bull. mens.* n° 1, janvier 1887, p. 2.

effet. Les bureaux d'échange se transmettent réciproquement, par chaque courrier, la liste des mandats émis dans leurs pays respectifs, pour être convertis en mandats du pays de destination.

Dans les rapports avec l'Inde britannique, par exemple, c'est le bureau de Paris n° 44 qui centralise tous les mandats tirés de France sur l'Inde britannique, et le bureau de Bombay qui centralise les mandats tirés de l'Inde sur la France. Les mandats originaires de France sont d'abord établis en monnaie française, sur des formules de mandats-cartes qui sont transmises au bureau de Paris n° 44. Ce bureau reproduit toutes les indications essentielles des mandats sur une liste qu'il adresse au bureau de Bombay ; il opère la conversion des sommes versées en livres sterling, sur le pied de 25 fr. 30 par livre. Le bureau d'échange destinataire, c'est à-dire Bombay, opère une nouvelle conversion en monnaie locale, c'est-à-dire en roupies et en annas, et établit de nouveaux mandats qui doivent servir de titres aux bénéficiaires. En sens inverse, les mandats émis en monnaie locale par les bureaux indiens sont centralisés par le bureau de Bombay, qui opère une première conversion en livres sterling, et reporte les indications essentielles des mandats sur une liste à l'adresse du bureau de Paris n° 44. Ce dernier bureau opère une nouvelle conversion en monnaie française sur le pied de 1 livre = 25 fr. 10, et établit de nouveaux titres sur des formules de mandats-cartes qu'il transmet aux bureaux desservant la résidence des bénéficiaires.

Ce système, assez compliqué, présente des avantages dans les relations avec certains pays d'outre-mer, où le change est soumis à de fréquentes variations et où l'orthographe des noms propres présente certaines difficultés pour les Européens. Il est préférable qu'un bureau spécialement désigné soit chargé de faire la conversion et de rédiger les titres définitifs à remettre aux bénéficiaires. Grâce à cette précaution, beaucoup d'erreurs que les bureaux d'origine sont exposés à commettre dans le libellé des mandats peuvent être redressées par les bureaux d'échange ; on évite ainsi les retards qu'entraînerait le renvoi par les bureaux destinataires aux bureaux d'origine des titres irréguliers. Ce système des listes dispense également les offices qui l'adoptent de se notifier la nomenclature de leurs bureaux respectifs.

Formules en usage.

Dans les relations de la France avec la Grande-Bretagne, Malte, les États-Unis, le Canada, les Indes néerlandaises, la Perse, le mandat avec avis d'émission est seul en usage.

Relations avec les colonies anglaises.

L'importance des transactions avec l'Inde britannique et le Canada, ainsi que la proximité de Malte, ont amené la France à conclure des arrangements spéciaux mais on ne pouvait songer à procéder de la même manière vis-à-vis de chacune des colonies anglaises qui toutes sont pourvues d'un office postal distinct. Les négociations auraient pu se prolonger longtemps et aboutir à des arrangements très disparates. L'intervention du post-office britannique se recommandait comme le seul moyen pratique d'arriver à un résultat aussi prompt que possible.

Les administrations des postes de France et du Royaume-Uni se sont donc concertées pour régler par un acte unique, dans des conditions analogues à celles qui avaient déjà été admises par divers pays d'Europe, l'échange des mandats de poste entre la France et toutes les colonies anglaises autres que l'Inde britannique, le Canada et Malte; elles ont arrêté à cet effet les bases d'une convention qui a été signée à Paris le 21 septembre 1887 (1).

Cette convention, approuvée par la loi du 21 juillet 1889, reproduit la plupart des dispositions de celle du 8 décembre 1882 avec l'Angleterre. Le maximum des mandats est fixé au même chiffre (252 fr.); les bases du droit à percevoir sont respectivement les mêmes des deux côtés, et la conversion est effectuée, dans tous les cas, par le post-office de Londres; mais l'Angleterre a droit, indépendamment de la bonification de 1/2 0/0 du montant des mandats émis en France, à une remise supplémentaire, à titre de rémunération pour son rôle d'intermédiaire. Cette remise, qui est prélevée sur le montant des mandats, ne peut dépasser la moitié de la taxe afférente aux envois d'argent de l'Angleterre pour la même destination. D'après le tarif actuellement en vigueur en Angleterre, le taux en est ainsi fixé :

	Taux de la remise.
Jusqu'à 2 £ (50 fr. 40)........................	3 d. = 0 fr. 30
De 2 à 5 £ (de 50 fr. 40 à 126 francs).......	6 d. = 0 fr. 60
De 5 à 7 £ (de 126 francs à 176 fr. 40)......	9 d. = 0 fr. 90
De 7 à 10 £ (de 176 fr. 40 à 252 francs).....	1 sh. = 1 fr. 25

Ainsi, pour un mandat de 100 francs tiré de France sur le cap de Bonne-Espérance, l'expéditeur a à payer :

1° Droit de 0 fr. 10 par 10 francs..........................	1 fr. »
2° Prélèvement opéré à Londres (moitié du tarif anglais pour la même destination)..................................	0 fr. 60
Total..................	1 fr. 60

La convention du 21 septembre 1887 est entrée en vigueur le 1er août 1889.

L'échange des mandats avec les colonies anglaises, par l'intermédiaire du post office de Londres, repose sur le système des listes. Les mandats émis en France sont établis sur des formules de mandats-cartes et centralisés par le bureau de Paris n° 44, constitué en bureau d'échange pour la France; le montant de ces mandats est exprimé en monnaie française. La liste en est transmise chaque jour, par le bureau de Paris n° 44 au bureau de Londres.

(1) Voir *Bull. mens.* n° 7, juillet 1889, p. 466.

§ 4. — Statistique des mandats internationaux.

A) Mandats tirés de la France sur l'étranger.

Années	Nombre des mandats.	Montant des mandats.	Droit perçu.
1864 (1)	3.086	171.650 fr. 81	4.125 fr. 60
1865	26.063	1.363.558 fr. 92	27.551 fr. 60
1870	141.818	5.605.705 fr. 81	117.398 fr. 85
1875	151.762	6.952.460 fr. 74	145.015 fr. 62
1880	621.381	30.704.756 fr. 60	391.640 fr. 67
1883	897.557	47.401.631 fr. 86	562.365 fr. 24
1885	819.868	39.614.927 fr. 49	478.367 fr. 35
1890	944.534	40.698.467 fr. 03	495.402 fr. 05

B) Mandats tirés de l'étranger sur la France.

Années.	Nombre de mandats.	Montant des mandats.
1864 (1)	3.912	255.897 fr. 19
1865	20.773	1.365.241 fr. 08
1870	68.627	3.230.757 fr. 28
1875	108.986	5.077.927 fr. 70
1880	309.263	17.685.408 fr. 60
1885	489.963	26.966.855 fr. 69
1890	704.841	38.694.226 fr. 67

(1) Échange des mandats avec l'Italie, commencé le 1er octobre 1864.

CHAPITRE IV

ABONNEMENTS AUX JOURNAUX

§ 1. — Abonnements aux publications officielles.

La poste française est chargée, en vertu de l'arrêté du 9 frimaire an X, de recevoir des particuliers le prix des abonnements du *Bulletin des lois*. Elle reçoit, de même, le prix des abonnements au *Bulletin des arrêts de la cour de cassation* et au *Journal officiel* (édition des communes). Les versements de cette nature, effectués par les particuliers, donnent lieu à la délivrance de mandats établis au nom du directeur de l'Imprimerie nationale (pour le Bulletin des lois et le Bulletin des arrêts de la cour de cassation), ou de l'éditeur du *Journal officiel*. Ces mandats sont extraits de registres à souche, d'un modèle particulier, dont chaque receveur des postes est pourvu par les soins de l'Imprimerie nationale. Un talon détaché de chaque récépissé-mandat, est mis à l'appui de la recette dans la comptabilité mensuelle.

Aucun droit de commission n'est perçu en sus du prix de l'abonnement.

§ 2. — Abonnements aux journaux et publications périodiques non officielles.

Droit perçu.

Depuis 1879, la poste est autorisée à servir d'intermédiaire pour les abonnements aux journaux et publications périodiques, moyennant un droit de commission qui a été fixé d'abord à 3 0/0 du prix des abonnements (*Loi du 7 avril* 1879, *art.* 9) (1); puis réduit à 1 0/0 par l'article 5 de la loi du 17 juillet 1880 (2); il est perçu en sus du droit proportionnel, un droit fixe de 10 centimes par abonnement. Ce droit fixe représente le prix d'une carte postale que l'abonné devrait au moins acquitter, s'il n'avait recours à l'intermédiaire de la poste; il est cumulé, dans les écritures, avec le droit de 1 0/0.

(1) Voir *Bull. mens.* n° 13, p. 320 et s., le décret du 5 mai 1879, rendu en exécution de la loi du 7 avril 1879, et l'*instr.* n° 57.

(2) *Bull. mens.* n° 27, *supp.*, juillet 1880, *instr.* n° 121, p. 725 et s.

Conditions des abonnements.

Les éditeurs qui désirent obtenir le concours de la poste pour les abonnements à leurs feuilles ou à leurs publications, font connaître à l'administration les conditions de ces abonnements; ils font connaître également s'ils désirent que le droit de commission soit prélevé sur le prix de l'abonnement ou perçu en dehors du prix. Ces renseignements sont reportés sur un carnet ou répertoire alphabétique dont tous les receveurs sont pourvus.

Les demandes d'abonnement à des journaux qui n'ont pas réclamé le concours de la poste, peuvent aussi être acceptées, mais les conditions doivent alors être indiquées par l'abonné, à ses risques et périls, et il doit payer le droit de commission en sus du prix de l'abonnement.

Mandats d'abonnement.

Les sommes versées à la poste pour les abonnements aux journaux sont converties en mandats détachés de registres à souche d'un modèle spécial, dont les receveurs s'approvisionnent dans la même forme que des registres de mandats ordinaires. Les mandats d'abonnement sont placés sous des enveloppes à l'adresse des éditeurs auxquels ils sont transmis sans frais. Il est permis et même recommandé d'y joindre une bande de journal, lorsqu'il s'agit d'un renouvellement.

Comptabilité.

Les mandats d'abonnement sont confondus, dans les écritures, avec les mandats ordinaires.

§ 3. — Du rôle de la poste dans le service des abonnements aux journaux dans quelques pays étrangers.

En France, l'intervention de la poste dans le service des abonnements aux journaux consiste uniquement à renseigner le public sur les conditions des prix, à recevoir les versements des particuliers et à les faire parvenir aux éditeurs.

Dans quelques pays étrangers, comme l'Allemagne, la Suisse, le Luxembourg, le Danemark, la poste va plus loin : elle se substitue à l'éditeur lui-même pour le service des abonnements.

Allemagne.

En Allemagne (1), les abonnements sont reçus par la poste, moyennant le versement d'un droit de 25 0/0 en sus du prix de la publication. Le taux de ce droit est réduit à 12 0/0 pour les imprimés périodiques paraissant moins d'une fois par mois. En échange, la poste se charge :

1° De transmettre aux éditeurs les demandes et le prix des abonnements; ces demandes peuvent être recueillies par les facteurs en cours de tournée; elles sont enregistrées au bureau de poste du lieu de publication;

2° De veiller elle-même à ce que les abonnements soient régulièrement servis par les éditeurs; les exemplaires des journaux sont remis, sans bandes ni adresses, au bureau de poste chargé de les expédier;

(1) Voir pour les abonnements aux journaux par l'intermédiaire de la poste en Allemagne, l'*Union postale* du 1er décembre 1883, p. 252 et s.

3° D'assurer l'expédition et le transport des journaux;

4° De tenir les numéros à la disposition des abonnés, dont chaque bureau d'arrivée a la liste. Le droit proportionnel versé par l'abonné ne comprend pas, toutefois, le port à domicile, pour lequel le destinataire doit payer une taxe supplémentaire variant de 15 pfennig (18 cent. 1/4) à 50 pfennig (62 cent. 1/2) par trimestre.

Le nombre des exemplaires des journaux distribués par la poste allemande, en vertu d'abonnements servis par son intermédiaire, s'est élevé, en 1889-1890, à 741,419,635.

Belgique.

En Belgique, les éditeurs sont également dispensés de placer sous bande les numéros à l'adresse des personnes dont l'abonnement est servi par la poste; ils doivent néanmoins en faire le tri par bureau de destination. La poste perçoit 5 0/0 en sus du prix de l'abonnement, non compris l'affranchissement de chaque exemplaire, d'après le tarif (1 centime par 75 grammes); mais la remise à domicile a lieu gratuitement.

Projet de M. Granet en 1886.

M. Granet avait projeté de faire jouer à la poste française un rôle plus actif que celui que lui assigne la loi du 7 avril 1879 dans le service des abonnements. Le projet de loi portant réduction de la taxe des journaux et imprimés qu'il avait déposé, le 29 juin 1886, contenait un article ainsi conçu :

Les journaux et écrits périodiques désignés en l'article précédent peuvent être expédiés en paquets adressés à un bureau de poste chargé de faire la répartition des numéros entre les abonnés résidant dans la circonscription de ce bureau, et dont la liste a été fournie par l'éditeur.

Le ministre des postes et des télégraphes détermine le maximum du nombre d'exemplaires qui peuvent être compris dans les paquets et désigne les bureaux auxquels des envois de ce genre peuvent être faits. Il règle les conditions du dépôt des paquets et celles de la distribution des numéros des abonnés.

Ce projet n'a pas été voté par la Chambre des députés, bien qu'il ait fait l'objet d'un rapport favorable de la commission du budget.

§ 4. — Abonnements aux journaux dans le service international.

Plusieurs pays étrangers, dans lesquels la poste intervient plus activement que chez nous dans le service des abonnements aux journaux, n'ont cependant pas hésité à conclure des arrangements avec la France pour l'extension de ce service aux relations internationales, et à accepter comme base de ces arrangements les principes adoptés dans notre régime intérieur.

La première convention de cette nature (1) a été conclue avec la Belgique (21 *nov.* 1879, *loi du* 19 *décembre*); des conventions analogues ont été signées ensuite avec le Danemark (19 *juin* 1880, *loi du* 13 *juillet* 1880) (2);

(1) *Bull. mens.* n° 20, 2° *suppl.*, décembre 1879, p. 793.
(2) *Bull. mens.* n° 29, septembre 1880, p. 762.

l'Italie (9 *juin* 1880, *loi du* 13 *juillet* 1880) (1); la Norvège (29 *oct.* 1880, *loi du* 31 *déc.* 1880) (2); les Pays-Bas (19 *mars* 1880, *loi du* 22 *mars* 1880) (3); le Portugal (28 *avril* 1880, *loi du* 18 *juin* 1880) (4); la Suède (30 *juin* 1880, *loi du* 13 *juillet* 1880) (5); la Suisse (6 *janv.* 1880, *loi du* 20 *mars* 1880) (6).

Le droit perçu au profit de la poste a été fixé à 3 0/0, dans les relations internationales, avec un minimum de perception de 25 centimes, et exceptionnellement de 50 centimes dans les rapports avec la Suisse.

Le produit de ce droit est partagé par moitié entre les administrations correspondantes.

Le nombre des abonnements aux journaux étrangers, par l'intermédiaire de la poste, est des plus restreints. Il est même douteux que le produit du droit perçu sur les mandats émis à l'occasion de ces abonnements suffise à couvrir les frais d'impression des listes des journaux étrangers qui sont fournies à tous les bureaux de poste, et doivent être fréquemment renouvelées (7).

§ 5. — Statistique.

ANNÉES		NOMBRE DES MANDATS D'ABONNEMENT	MONTANT DES MANDATS	DROIT PERÇU
			fr. c.	fr. c.
Service intérieur....	1879 (8)......	90.654	1.207.664 35	37.410 16
	1880.........	186.211	2.169.972 71	54.758 52
	1885.........	245.431	2.920.776 16	54.229 88
	1890.........	286.691	3.040.504 14	60.010 10
Service international : abonnements aux journaux étrangers. (9).	1880.........	219	3.253 73	113 64
	1885.........	412	6.171 20	106 67
	1888.........	490	7.204 70	221 45
	1890.........	483	7.504 90	235 62

(1) *Bull. mens.* n° 29, septembre 1880, p. 771.
(2) *Bull. mens.* n° 35, mars 1881, p. 143.
(3) *Bull. mens.* n° 25, mai 1880, p. 390.
(4) *Bull. mens.* n° 48, août 1881, p. 807.
(5) *Bull. mens.* n° 31, septembre 1880, p. 850.
(6) *Bull. mens.* n° 24, avril 1880, p. 313.
(7) Un projet d'arrangement général sur le service des abonnements aux journaux, a été soumis au congrès postal de Vienne par l'Allemagne, l'Autriche, la Belgique et le Portugal. Il tend à faire passer dans le régime international, les principes admis par la législation de ces pays, et à substituer la poste elle-même aux éditeurs, pour le service des abonnements.
(8) Service commencé le 1er juin 1879.
(9) Les mandats d'abonnement aux journaux français, émis par des bureaux étrangers, sont confondus, dans la statistique, avec les mandats internationaux ordinaires.

CHAPITRE V

RECOUVREMENT DES EFFETS DE COMMERCE

§ 1. — Intervention de la poste dans le recouvrement des effets de commerce, à l'étranger.

L'intervention de la poste dans le recouvrement des effets de commerce répond à un besoin réel.

Utilité de l'intervention de la poste dans le recouvrement des effets de commerce.

Dans les villes, les moyens d'assurer le recouvrement de ces valeurs ne manquent pas ; néanmoins les droits de commission que réclament les banquiers et autres intermédiaires sont assez élevés pour les simples quittances de petites sommes.

Dans les campagnes, ces moyens font absolument défaut. La poste seule, avec son personnel de facteurs qui pénètre partout, est en mesure d'assurer le recouvrement des valeurs dans les localités rurales, aux conditions les plus avantageuses de prix et de sécurité.

Avant que la poste ne fût chargée officiellement de ce service en France, ses facteurs effectuaient déjà, à titre privé, l'encaissement des effets de commerce et des quittances, et l'on avait calculé que le montant des sommes recouvrées par leur intermédiaire n'était pas inférieur à 47 millions (1).

Proposition de M. Wolowski à l'Assemblée nationale de 1848.

M. Wolowski avait bien compris les services que la poste peut rendre dans ce domaine, lorsqu'il proposait, le 24 août 1848, par un amendement au projet de réforme postale dont l'Assemblée nationale était alors saisie, l'adoption d'une disposition ainsi conçue :

« L'administration des postes fera, moyennant le droit de 1 0/0, le recouvrement des mandats qui lui seront confiés, et elle en rendra compte dans un délai de huitaine, à partir du jour de l'échéance de ces mandats.

« Elle percevra, en outre, un droit de 25 centimes sur chaque mandat, acquitté ou non, qu'elle aura fait présenter au domicile du débiteur. »

Première application à l'étranger de l'idée émise par M. Wolowski.

L'idée première du recouvrement des effets de commerce par la poste appartient donc à la France, mais c'est à l'étranger qu'elle a été appliquée tout d'abord. Le service des encaissements par les facteurs fonctionnait

(1) Rapport de M. Cochery au Président de la République, sur le service des postes et télégraphes, p. 208.

depuis longtemps déjà, à la satisfaction du public, en Allemagne, en Suisse et en Belgique, lorsque M. Cochery organisa en France un service analogue.

Allemagne. En Allemagne, la poste se charge de l'encaissement des valeurs dont le montant n'excède pas 800 marks, c'est-à-dire 1,000 francs.

Les effets et quittances qu'on lui confie sont joints à des formules d'ordres de recouvrement qu'elle met à la disposition du public : une formule spéciale est nécessaire pour chaque débiteur.

L'ordre de recouvrement est transmis, avec les valeurs qui l'accompagnent, au bureau de poste chargé de l'encaissement, sous une enveloppe recommandée, moyennant une taxe de 30 pfennig (37 centimes et demi).

Ce bureau fait présenter les valeurs à domicile ; si le montant n'en est pas acquitté immédiatement, elles sont tenues à la disposition du débiteur pendant sept jours, et, s'il ne s'est pas libéré dans l'intervalle, représentées une seconde fois. Si cette seconde présentation n'a pas eu de résultat, les valeurs non recouvrées sont renvoyées en franchise au déposant, sous enveloppe recommandée d'office.

Les sommes encaissées sont converties en un mandat de poste au nom du déposant, sous déduction de la taxe afférente au mandat.

Pour les valeurs protestables, on procède différemment. Les effets impayés sont transmis sans délai, sous recommandation, en franchise, à un notaire, un huissier ou un agent judiciaire ayant qualité pour instrumenter. Le rôle de la poste est alors terminé : elle n'intervient pas dans le règlement des frais du protêt ; il appartient à l'officier public de se mettre en rapport directement à ce sujet avec le déposant.

Suisse. En Suisse, la poste se charge de l'encaissement des effets de commerce, jusqu'à concurrence de 1,000 francs par effet. Chaque valeur à recouvrer est jointe à un ordre de recouvrement qui est vendu par la poste au prix de 50 centimes ; le tout est transmis, sous enveloppe recommandée, au bureau chargé de l'encaissement.

Pour le recouvrement, les protêts, le règlement des comptes, on procède comme en Allemagne.

Belgique. En Belgique, on distingue, au point de vue de recouvrement par la poste, trois catégories des valeurs :

Les *quittances*, c'est-à-dire les titres payables à présentation et ne portant pas de date d'échéance ;

Les *effets de commerce*, c'est-à-dire les traites et mandats à ordre, promesses, obligations, chèques, accréditifs, etc. ;

Les *coupons d'intérêts ou de dividende*.

Recouvrement des effets de commerce et des quittances. Toute quittance à recouvrer par la poste est soumise à une taxe de :

10	centimes	jusqu'à	20 francs,
20	—	de 20 à	50 —
20	—	de 50 à	100 —

au delà de 100 francs, 20 centimes par 100 francs ou fraction de 100 francs excédant.

Les effets de commerce à recouvrer sont soumis à une taxe qui est de 10 centimes par effet et par 100 francs jusqu'à 1,000 francs, avec minimum de perception de 25 centimes; au delà de 1,000 francs, 50 centimes par 1,000 francs excédant.

Les valeurs payables à date fixe doivent être déposées quinze jours, au plus, et quatre jours, au moins, avant leur date d'échéance, sinon la poste ne garantit pas l'accomplissement en temps utile des opérations de recouvrement et de protêt.

Les quittances et effets de commerce sont présentés à découvert aux bureaux de poste et inscrits sur des bordereaux distincts, par bureau de destination.

Le bureau de dépôt, après contrôle et vérification, notamment au point de vue de l'acquittement des droits de timbre, transmet les valeurs, sous enveloppe recommandée, au bureau chargé de les mettre en recouvrement.

Les quittances non payées à une première présentation sont représentées une seconde fois au débiteur, à intervalle de 24 heures; le règlement a lieu dans un délai de 5 jours au plus.

Les effets de commerce ne sont présentés qu'une fois, le jour de l'échéance, s'ils sont payables à date fixe; immédiatement après l'arrivée, s'ils sont payables à vue. En cas de non-payement à présentation, les effets protestables sont remis à un huissier (loi du 10 juillet 1877); s'il n'existe pas d'huissier dans la commune, le protêt peut être fait par les fonctionnaires et agents des postes de tous grades, des deux sexes, âgés de vingt et un ans au moins et pourvus d'une commission royale ou ministérielle. Les percepteurs et sous-percepteurs peuvent charger des protêts, dans la commune siège du bureau, un de leurs employés ou les facteurs encaisseurs; dans les communes rurales, les protêts sont faits par les facteurs, en cours de tournée. Si le facteur est mineur, on désigne un autre agent.

Les valeurs impayées sont renvoyées, avec les actes de protêt, s'il y a lieu, au bureau de dépôt, et rendues au déposant contre payement des frais, auxquels on ajoute le montant de la taxe d'un mandat de poste de pareille somme à l'adresse du receveur qui a fait l'avance.

La liquidation du montant des valeurs encaissées a lieu exclusivement par l'intermédiaire de la direction générale des postes. Les payements de 1,000 francs et au-dessus sont faits au moyen d'accréditifs sur une agence de la Banque nationale, désignée d'avance par le déposant. Les payements de sommes inférieures à 1,000 francs sont faits par mandats de poste.

Les déposants peuvent obtenir, en attendant un règlement définitif, des acomptes de 1,000 francs au moins, à valoir sur les sommes encaissées pour leur compte.

Acceptation des effets de commerce

La poste belge se charge de présenter les effets de commerce à l'acceptation des tirés et des personnes indiquées pour accepter au besoin, à défaut des tirés.

La taxe est de 20 centimes par effet; elle est acquittée au moyen de timbres-poste appliqués sur les effets par les déposants.

Les effets sont envoyés, sous enveloppe recommandée d'office, à l'adresse du bureau qui dessert la résidence du tiré. Ils sont présentés immédiatement. S'ils sont sujets à protêt, le refus d'acceptation donne lieu à la signification d'un *protêt faute d'acceptation.*

Les effets acceptés ou non acceptés sont renvoyés au bureau de dépôt pour être remis, par ses soins, au déposant, avec les actes de protêt, s'il y a lieu, contre payement des frais, plus la taxe du mandat destiné à faire parvenir le montant de ces frais au bureau qui en a fait l'avance.

Encaissement de coupons.

La poste belge se charge encore de l'encaissement des coupons d'intérêt ou de dividende des titres de rente, actions et obligations.

Les coupons de la rente belge sont payés immédiatement, à bureau ouvert et sans frais, et compris par les percepteurs, comme espèces, dans leurs versements.

Les coupons des sociétés financières et industrielles sont soumis à une taxe fixe de 1 centime par coupon, et, en outre, à un droit proportionnel de 1 centime par 10 francs, jusqu'à 100 francs, et de 1 centime par 20 francs pour le surplus.

Les titres amortis et dont le capital même est remboursable sont soumis à la même taxe que les effets de commerce.

Ces taxes sont acquittées en timbres-poste apposés sur des bordereaux établis par les déposants. Les bordereaux sont transmis, sous recommandation d'office, avec les coupons, aux bureaux chargés de l'encaissement.

L'encaissement effectué, les bordereaux sont renvoyés aux bureaux d'origine ; le montant en est payé au déposant, contre son acquit ; ce payement peut avoir lieu sans frais à domicile, si le déposant l'a demandé.

Envois contre remboursement.

La poste belge se charge des envois contre remboursement.

En Belgique, on peut envoyer, contre remboursement, des lettres, des journaux, des imprimés ou des papiers d'affaires.

Ces objets sont affranchis d'après leur tarif respectif. Les échantillons ne peuvent être admis contre remboursement que placés sous enveloppe close et affranchis au tarif des lettres.

Les envois contre remboursement peuvent être recommandés, mais ils ne sont susceptibles d'être assurés que s'ils consistent en lettres closes.

Les objets expédiés contre remboursement sont réunis, au départ, à une quittance reproduisant les noms de l'expéditeur et du destinataire. Cette quittance est affranchie d'après le tarif ordinaire des quittances, avec minimum de 15 centimes.

A l'arrivée au bureau de destination, les objets envoyés contre remboursement ne sont délivrés que contre payement de la somme indiquée sur la quittance qui les accompagne.

La liquidation des sommes encaissées s'opère dans les mêmes conditions que pour les quittances ordinaires (1).

La poste belge se reconnaît intégralement responsable du montant des valeurs qui lui sont confiées pour être recouvrées par ses soins, dès l'instant du dépôt de ces valeurs ; elle se reconnaît également responsable de l'accomplissement des formalités de protêt, sans que cette responsabilité puisse, en aucun cas, excéder la valeur des effets (*Loi postale du 30 mai* 1879, *art.* 43). Responsabilité de la poste belge.

§ 2. — Recouvrement des effets de commerce en France.

Lorsqu'elle a organisé chez elle le service des recouvrements, la poste française a mis à profit l'expérience des pays voisins. Profit tiré de l'expérience faite dans les pays étrangers voisins.

Elle avait le choix entre deux systèmes.

Dans le système belge, la poste intervient très activement dans les opérations de recouvrement : elle se charge de l'encaissement des valeurs de toute nature ; elle les reçoit à découvert au guichet de ses bureaux, se reconnaît responsable de leur montant intégral, exerce son contrôle au départ comme à l'arrivée, répond des retards dans la présentation et assure les droits du créancier en faisant, au besoin, dresser les actes de protêt par ses propres agents.

La poste allemande et la poste suisse ne vont pas si loin ; elles n'acceptent les valeurs que sous enveloppe close à l'adresse du bureau encaisseur. C'est ce bureau qui est chargé du contrôle des effets à recouvrer. La poste ne répond pas des retards, et, si les effets doivent être protestés, elle considère son rôle comme terminé, lorsqu'elle les a remis à un officier public chargé de dresser l'acte de protêt.

Entre ces deux systèmes, l'administration française devait donner la préférence au dernier, le plus simple, celui qui permet au déposant de rentrer le plus tôt dans ses fonds. De fait, le service établi en France par la loi du 7 avril 1879 se rappproche beaucoup de celui qui fonctionne depuis longtemps en Allemagne et en Suisse, du moins en ce qui concerne les effets payables sans frais. Le recouvrement des effets protestables n'a été organisé que plus tard, par la loi du 17 juillet 1880 et le règlement d'administration publique du 15 février 1881.

(1) Sous le ministère de M. Cochery, la poste française avait étudié l'organisation d'un service d'envois contre remboursement.

Tous les objets de correspondance admis à circuler par la poste auraient pu être expédiés contre remboursement, moyennant la taxe qui leur est propre, à la condition d'être soumis à la formalité de la recommandation, et d'être joints à une quittance ou facture acquittée.

Tout objet grevé de remboursement aurait été frappé, au départ, de l'empreinte d'un timbre spécial (*Contre remboursement*), et n'aurait été remis au destinataire que contre payement du prix indiqué sur la quittance ; le renvoi au déposant de la somme encaissée aurait eu lieu dans les mêmes conditions que pour les recouvrements ordinaires.

A) *Effets payables sans frais.*

Dépôt des effets.

Les valeurs à recouvrer sont inscrites sur un bordereau qui est remis gratuitement au déposant.

Comme en Allemagne, comme en Suisse, la poste n'intervient pas dans la confection des envois : les valeurs à recouvrer sont insérées par l'expéditeur lui-même dans une enveloppe qui est remise close au bureau, et adressée directement au receveur chargé de l'encaissement. On évite ainsi les pertes de temps qu'entraînent, dans le système belge, la vérification et le contrôle des valeurs au départ. Une même enveloppe peut contenir des valeurs recouvrables sur des débiteurs différents, domiciliés dans la circonscription du même bureau.

Les valeurs payables à date fixe doivent être remises à la poste cinq jours avant la date d'échéance, lorsqu'elles sont déposées dans les bureaux de la France continentale et recouvrables par ces mêmes bureaux;

Quinze jours avant la date d'échéance, lorsqu'elles sont déposées en France et recouvrables en Corse, en Algérie et en Tunisie, et réciproquement.

Les bureaux du Levant sont seulement autorisés à recevoir des effets payables en France et en Algérie; ils ne font pas l'encaissement des valeurs.

Taxes perçues.

La seule taxe perçue au départ est le droit fixe de recommandation de 25 centimes. Ce droit n'est pas susceptible d'être augmenté, quel que soit le nombre des valeurs incluses dans une même enveloppe.

Les enveloppes sont timbrées à l'impression, par l'atelier de la fabrication des timbres-poste.

Opérations à l'arrivée.

A l'arrivée, le bureau de destination vérifie le contenu des enveloppes, décrit séance tenante, sur un registre, les valeurs qu'elles renferment, renvoie immédiatement aux déposants, sous chargement en franchise, celles dont le recouvrement ne peut être opéré, soit parce qu'elles dépassent le maximum autorisé (2,000 francs d'après le décret du 19 juin 1882) (1), soit parce qu'elles ne portent pas la signature pour acquit du créancier, soit parce qu'elles contiennent des mentions manuscrites ayant le caractère de correspondance personnelle, soit encore parce qu'elles n'ont pas acquitté les droits de timbre auxquels elles sont assujetties.

Droits de timbre.

Les droits de timbre dont sont passibles les valeurs à recouvrer sont les suivants :

Droit proportionnel de 5 centimes par 100 francs sur les effets de commerce, traites négociables, créés en France ou venant de l'étranger et sur toutes obligations non négociables faites sous signature privée; au-dessus de 1,500 francs, la quotité du timbre proportionnel est de 50 centimes par 1,000 francs (*Loi des* 10 *br. an VII*, art. 14 *et* 15; 6 *pr. an VII*, art. 6; 24 *mai* 1830, art. 18; 5 *juin* 1850, art. 1er; 22 *déc.* 1878);

(1) *Bull. mens.* n° 6, juin 1882, p. 256 et 276.

Droit fixe de 10 centimes sur les chèques payables dans la localité habitée par le tireur; de 20 centimes sur les chèques de place à place (*Lois du* 23 *août* 1871, *art.* 18 *et du* 19 *fév.* 1874);

Droit fixe de 10 centimes sur les factures, quittances et généralement sur tous les titres signés ou non signés emportant libération, reçu ou décharge (*Loi du* 23 *août* 1871, *art.* 18).

Présentation au débiteur.

Les quittances, factures et effets payables à vue, sont présentés immédiatement après l'arrivée.

Les valeurs payables à date fixe doivent être présentées le jour même de l'échéance; si le jour de l'échéance est un jour férié légal, elles sont présentées la veille.

Les valeurs sont inscrites sur le carnet des facteurs chargés de les encaisser; ces facteurs en donnent reçu sur le registre d'arrivée.

Les effets sont présentés à domicile par les facteurs; ces sous-agents ont accès dans les casernes pour l'encaissement des valeurs recouvrables sur des militaires.

Ici l'intermédiaire du vaguemestre n'est pas indispensable, comme pour la livraison des objets chargés ou le payement des mandats; la constatation de l'identité du débiteur n'offre aucune difficulté, personne n'étant en général disposé à acquitter une dette qui n'est pas la sienne.

En Algérie, les effets ne sont présentés au domicile des débiteurs que dans la partie agglomérée de la commune siège du bureau. Les effets recouvrables sur des débiteurs domiciliés en dehors de cette agglomération sont conservés pendant quatre jours à la disposition des débiteurs à qui le receveur adresse, sous recommandation et en franchise, un avis les invitant à venir se libérer au bureau.

Il n'est pas admis de payement partiel: les valeurs doivent être payées en une seule fois. Un payement effectué ne peut, par un motif quelconque, donner lieu à répétition contre l'État de la part de celui qui a remis les fonds (Art. 2 de la loi du 7 avril 1879).

Les effets non recouvrés sont tenus, pendant vingt-quatre heures, à la disposition des débiteurs, qui peuvent venir se libérer au bureau.

Lorsque le débiteur est absent au moment du passage du facteur, celui-ci laisse, au domicile de l'intéressé, un avis l'informant du délai pendant lequel l'effet est tenu à sa disposition.

Le délai de conservation est porté à quarante-huit heures pour les valeurs payables en Algérie et pour les valeurs provenant des bureaux du Levant.

Au retour des facteurs, les receveurs donnent décharge sur le carnet des effets rapportés impayés ou du montant des effets encaissés.

Liquidation des opérations de recouvrement.

La liquidation des opérations de recouvrement doit s'effectuer le plus tôt possible, et, au plus tard, le lendemain de la dernière date d'échéance des effets contenus dans une même enveloppe, sauf l'observation du délai de garde de vingt-quatre heures ou de quarante-huit heures, en cas de non-payement.

Pendant ce temps, les sommes provenant des valeurs déjà recouvrées ne doivent pas être confondues avec les fonds de la caisse; elles sont conservées à part, usqu'au moment de la liquidation définitive.

Ce mode de procéder, contraire au principe de l'unité de caisse, a déjà soulevé de nombreuses critiques de la part de l'inspection générale des finances : les comptables pourraient, en effet, se servir des fonds provenant des valeurs déjà encaissées pour masquer des déficits. Aussi, les inspecteurs qui procèdent à la vérification de l'encaisse des bureaux doivent-ils avoir grand soin de suivre, sur le registre d'inscription, toutes les opérations de recouvrement en cours, et se faire représenter, en nature ou en espèces, les valeurs en instance au bureau, à l'exception de celles emportées par les facteurs en cours de tournée.

Pour éviter cet inconvénient, on pourrait transformer le registre d'inscription des effets à recouvrer en livre auxiliaire de comptabilité, faire figurer chaque jour, dans les écritures des receveurs, les effets pour leur montant, en recette et en dépense, à l'entrée et à la sortie, en considérant comme valeurs en caisse les effets non recouvrés.

Règlement de compte avec les déposants.

Il est opéré, sur le montant de chaque encaissement, deux prélèvements égaux : l'un au profit du facteur qui l'a effectué, l'autre au profit du receveur qui a été chargé de l'assurer.

Chacun de ces prélèvements est calculé à raison de 0 fr. 05 centimes par 20 francs ou fraction de 20 francs, sans pouvoir dépasser 0 fr. 25 centimes.

Le surplus de la somme recouvrée est converti en un mandat de poste, au nom du déposant, après déduction du droit proportionnel établi par la loi sur les mandats de poste (Loi du 7 avril 1879, art. 5).

Ce droit est de 1 0/0, comme pour les mandats ordinaires, jusqu'à 50 francs : il a été réduit à 1/2 0/0 au delà 50 francs par l'article 4 de la loi du 17 juillet 1880.

Les mandats de recouvrement sont établis sur des formules ordinaires; le mot *Recouvrement* est ajouté soit à la main, soit au moyen d'une griffe.

Les mandats de recouvrement sont envoyés directement, sous enveloppe recommandée, en franchise, à l'adresse indiquée par le déposant, accompagnés du bordereau d'envoi des valeurs, au verso duquel le receveur porte tous les éléments du règlement de compte. L'addition du montant du mandat, du droit proportionnel, de la rémunération acquise au receveur et au facteur, doit former un total égal au montant des valeurs recouvrées.

Si les valeurs n'ont pas été recouvrées, elles sont jointes au bordereau; à chacune d'elles est annexée une fiche qui indique les motifs du non-encaissement.

B) *Effets protestables.*

Délai fixé par le Code de commerce pour dresser l'acte de protêt.

La seule difficulté que soulève le recouvrement des effets protestables est la nécessité d'assurer, à bonne date, le protêt des effets impayés.

D'après l'article 162 du Code de commerce, le protêt faute de payement doit être fait le lendemain du jour de l'échéance. Si ce jour est un jour férié légal, le protêt doit être fait le jour suivant.

Or, on n'est pas toujours assuré, en se servant des moyens ordinaires dont dispose le service des postes, que les valeurs recouvrables sur des débiteurs habitant des communes rurales puissent être transmises en temps utile à l'officier ministériel chargé d'instrumenter.

Non-responsabilité de l'administration en cas de retard.

L'article 3 de la loi du 17 juillet 1880 sur le recouvrement des effets protestables dit bien que *l'administration n'assume aucune responsabilité au cas où la présentation à domicile ou la remise des effets à l'officier ministériel n'auraient pas eu lieu en temps utile*, parce qu'il est bon que le principe de non-responsabilité de l'État soit inscrit dans la loi; mais il est désirable aussi que la poste n'ait pas à l'invoquer : dès l'instant qu'elle se charge d'un service, elle a le devoir strict de l'assurer aussi bien que possible, à l'entière satisfaction du public.

Régime des protêts à l'étranger.

En Allemagne, comme en Suisse, la difficulté d'assurer le protêt à bonne date est moindre, car, dans la législation de ces pays, le protêt peut encore être fait utilement le second jour après celui de l'échéance.

Il en est de même en Belgique, où notre Code de commerce a été modifié sur ce point par une loi du 20 mai 1872 (art. 3). De plus, on a évité les pertes de temps, en faisant rédiger par les agents des postes eux-mêmes les actes de protêt; mais c'est là un moyen auquel la poste française n'a pas cru devoir recourir. Il répugnerait à ses traditions de tranformer ses facteurs en agents de contrainte.

Mesures prises pour assurer le protêt à bonne date des valeurs confiées à la poste française.

Le gouvernement français avait songé tout d'abord à faire proroger de 24 heures le délai fixé par l'article 162 du Code de commerce; cette proposition a été repoussée par le Sénat, et il a fallu se mouvoir dans le délai accordé par la législation existante (1).

On y est parvenu. Le gouvernement s'est fait autoriser, par la loi du 17 juillet 1880 sur le recouvrement des effets protestables, à n'appliquer les dispositions de cette loi que successivement aux bureaux de poste de France et d'Algérie, ou même qu'à une partie de la circonscription de ces bureaux. Cette restriction était presque inutile. On a pu, en se servant au besoin d'exprès pour la remise aux officiers ministériels des effets impayés, assurer partout le protêt à bonne date, sauf dans quelques petites îles du littoral, ainsi que dans les localités d'Algérie qui ne sont pas à la fois pourvues d'un bureau de poste et d'une étude d'huissier et pour lesquelles il ne peut y avoir que bien rarement des effets à recouvrer, plus rarement encore à faire protester.

Règlement d'administration publique du 15 fév. 1881.

Les mesures d'exécution que comporte le recouvrement par la poste des effets protestables ont été arrêtées dans un règlement d'administration

(1) La réforme de la législation sur les protêts est actuellement à l'ordre du jour de la Chambre. Elle a été saisie, dès l'ouverture de la législature, de deux propositions de loi, émanées de MM. Lockroy et Leydet, députés, et qui tendent à proroger le délai actuel de 24 heures Un contre-projet, déposé par M. Rabier, vise à remplacer l'acte de protêt par un simple avis à remettre au débiteur par le facteur de la poste.

publique, qui porte la date du 15 février 1881, et dont les dispositions sont entrées en vigueur le 1er juillet de la même année. Ce règlement détermine les conditions des rapports soit entre l'administration et le public, soit entre l'administration et les officiers ministériels chargé des protêts.

Dépôt et expédition.

Toute valeur à recouvrer que l'expéditeur désire faire protester en cas de non-payement, doit être accompagnée d'une déclaration signée de lui, indiquant, s'il y a lieu, le nom de l'officier ministériel ou de la personne tierce à laquelle la valeur impayée doit être remise (*Art.* 1er, 2 *et* 3 *du décret du* 15 *février* 1881).

Consignation préalable du coût des frais de protêt.

En outre, le déposant a le droit de consigner au bureau expéditeur, pour le cas de protêt, le montant probable des frais.

Les notaires et les huissiers sont tenus de faire les protêts pour lesquels ils soût requis par l'administration des postes, dès qu'il y a consignation du coût des actes à intervenir et de l'enregistrement du titre (Art. 8 du décret).

Ils peuvent, d'autre part, s'engager, par une déclaration, à dresser, sans consignation préalable, le protêt des effets impayés.

Dans ce cas, ils sont chargés, à l'exclusion de tous autres, et sauf désignation contraire par le déposant, de protester les effets de commerce dont le recouvrement est confié à la poste (*Art.* 5 *et* 6). Lorsque plusieurs officiers ministériels se sont fait agréer pour la circonscription d'un même bureau, les effets à protester sont répartis entre eux, soit par voie de roulement, soit par division de la circonscription du bureau en territoires assignés à chacun d'eux, d'après l'ordre établi par le directeur départemental, avec l'assentiment de l'administration.

Le nombre des officiers ministériels qui ont pris l'engagement prévu par l'article 5 du décret du 15 février 1881, s'élève à plus de 3,500; le protêt est ainsi assuré, sans consignation préalable, dans 20,000 communes.

Tous les bureaux de poste sont pourvus de la liste de ces communes, et la tiennent à la disposition du public.

Les valeurs protestables peuvent être acceptées, sans consignation préalable, pour toutes les localités qui figurent sur cette liste. Pour les localités qui n'y figurent pas, les valeurs protestables ne sont acceptées que moyennant consignation préalable des frais.

Les sommes consignées font l'objet d'une inscription sur un registre à souche, dont un bulletin est détaché et remis au déposant. Un avis de consignation est, en même temps, adressé au bureau chargé de l'encaissement des valeurs.

Remise aux officiers ministériels des effets à protester.

Les valeurs impayées, pour un motif quelconque, et sujettes à protêt, sont remises d'urgence, et au besoin par exprès, aux officiers ministériels chargés d'instrumenter. La présentation au débiteur des valeurs protestables peut aussi avoir lieu par exprès, s'il est nécessaire. Les valeurs remises à l'huissier sont accompagnées d'un bordereau établi en double expédition et contenant la description des valeurs à recouvrer. L'officier ministériel donne reçu sur l'une des expéditions qui est conservée au bureau.

Si un effet à protester est payé entre les mains du notaire ou de l'huissier avant la clôture du protêt, l'officier ministériel est tenu de verser le montant de la somme à la caisse du receveur des postes, qui procède alors comme si le recouvrement avait été opéré par l'intermédiaire du facteur.

Dans le cas contraire, l'officier ministériel est tenu de rapporter au bureau de poste l'effet ou les effets protestés, avec les originaux des actes intervenus et un état de frais dûment acquitté.

Liquidation des frais de protêt.

S'il y a eu consignation, et si elle est suffisante, le receveur solde immédiatement l'état des frais et l'envoie au déposant, sous enveloppe recommandée affranchie aux frais de celui-ci.

Il renvoie en même temps au bureau d'origine l'avis de consignation, en lui faisant connaître l'emploi de la somme consignée.

Le déposant est invité, s'il y a lieu, à venir toucher au bureau le surplus de la somme demeuré libre.

Si la consignation est insuffisante ou s'il n'y a pas eu consignation, l'état de frais est transmis au bureau d'origine, comme valeur à recouvrer sur le déposant. Cet état comprend, indépendamment des honoraires dus à l'officier ministériel, sur lesquels il ne doit être effectué aucun prélèvement, le droit fixe de recommandation de 25 centimes, les frais de timbre, les remises aux agents des postes et le droit proportionnel du mandat de retour.

Comptabilité des consignations.

Pour faciliter le contrôle de l'emploi des ~~au titre des~~ sommes versées à titre de consignation, la direction générale de la comptabilité publique a voulu que tous les payements ou remises faits entre les mains des officiers ministériels ou personnes tierces, pour frais de protêt, fussent rattachés aux écritures des bureaux de dépôt, de même que les opérations relatives à la recette ou au remboursement des sommes consignées.

Le bureau de dépôt se charge en recette, au titre des opérations de trésorerie (*Consignations pour protêt*), des sommes versées à titre de consignation. Le bureau d'arrivée porte, en dépense, comme *Fonds remis aux receveurs des postes,* le montant des sommes payées aux officiers ministériels ou remises à des personnes tierces pour solder les frais de protêt; le bureau de dépôt fait figurer ces mêmes sommes en dépense, dans ses écritures, au titre des *Consignations pour frais de protêt,* et il compense cette dépense fictive par une recette équivalente, sous le titre de *Fonds reçus des receveurs des postes;* il porte enfin en dépense, à l'article *Consignations pour frais de protêt,* le montant des sommes remboursées aux déposants.

Deux carnets, l'un pour les versements, l'autre pour les payements, les remises et les remboursements, sont tenus au bureau de dépôt. A la fin de chaque mois, les receveurs transmettent à la direction, où ces pièces sont vérifiées, un état des sommes reçues à titre de consignation pour protêt. Cet état est accompagné des avis de consignation se rapportant au mois écoulé, et des quittances délivrées par les parties prenantes.

La comptabilité des consignations est la seule partie du service des recouvrements qui présente quelque complication.

En Allemagne et en Suisse, cette complication a été évitée. La poste se borne à remettre à un officier ministériel les effets impayés pour lesquels le protêt a été demandé, en laissant à cet officier ministériel le soin de s'entendre directement avec le déposant pour le règlement des frais.

Statistique du recouvrement par la poste des effets protestables.

ANNÉES.	VALEURS NON PAYÉES A PRÉSENTATION ET REMISE à des officiers ministériels.		VALEURS ACQUITTÉES avant LA CLÔTURE DU PROTÊT		VALEURS PROTESTÉES	
	Nombre	Montant	Nombre	Montant	Nombre	Montant
		fr. c.		fr. c.		fr. c.
1881 (1)....	421	62.042 25	112	18.115 11	309	43.927 14
1885	2.970	440.999 77	664	89.095 80	2.306	351.903 97
1890.......	6.857	1046.814 86	2.881	503.192 08	3.976	543.622 78

§ 3.— Avantages et inconvénients du système français.

Développement du service des recouvrements par la poste.

Sauf en ce qui concerne la liquidation des sommes consignées pour frais de protêt, le système organisé par la loi du 7 avril 1879 est très simple. L'envoi des valeurs à recouvrer étant fait directement par le déposant au bureau chargé de l'encaissement, et le règlement de compte s'effectuant aussi directement entre ce bureau et le déposant, le seul travail imposé au bureau de dépôt consiste dans la transmission d'un pli recommandé et le payement d'un mandat. Le système français présente, à cet égard, un certain avantage sur le système belge. D'autre part, les taxes établies par la loi du 7 avril 1879, sont modérées; aussi le service des recouvrements par la poste a-t-il pris en France, dès sa création, un développement considérable.

(1) Le service a commencé à fonctionner le 1er juillet 1881.

ANNÉES	NOMBRE DES ENVOIS de valeurs à recouvrer	VALEURS A RECOUVRER		VALEURS RECOUVRÉES		VALEURS NON RECOUVRÉES		SOMMES PERÇUES au profit du Trésor	SOMMES PERÇUES au profit des agents
		NOMBRE	MONTANT	NOMBRE	MONTANT	NOMBRE	MONTANT		
			fr. c.		fr. c.		fr. c.	fr. c.	fr. c.
1879 (1).....	170.380	425.981	9.564.298 02	285.291	6.708.960 07	137.094	2.789.833 22	96.616 26	43,494 10
1880........	659.900	1.652.447	38.095.806 60	1.079.280	27.438.290 75	508.894	11.476.006 85	433.034 21	167.102 60
1885........	3,594.904	8.022.611	200.908.664 12	5.391.482	140 686.093 15	2.631.179	60.222.570 97	1.988.030 28	878.616 80
1890........	5.685.876	11.200.367	285.536.002 34	7.589.250	200.264.349 37	3 611.117	85.291.052 97	3.039.604 12	1,234.011 50

Ces chiffres se rapportent aux valeurs recouvrées en France, en Algérie et en Tunisie, pour les années 1879 à 1885; pour l'année 1890, aux valeurs recouvrées en France et en Algérie seulement.

(1) Service inauguré le 15 juin 1879.

Le nombre des valeurs confiées à la poste française pour être encaissées par ses soins dépasse de beaucoup celui des valeurs remises aux services allemand, belge et suisse (1).

Il n'y a qu'une ombre à ce tableau, c'est le nombre relativement considérable des valeurs non recouvrées. Pour l'année 1890, il dépasse le tiers des effets mis en recouvrement.

Proportion considérable des valeurs non recouvrées.

Il n'y aurait pas lieu de se préoccuper de cet état de choses, si le travail qu'imposent à la poste les valeurs non recouvrées étaient suffisamment rémunéré. Mais il n'en est pas ainsi.

L'envoi des valeurs au bureau chargé de l'encaissement ne donne lieu qu'à l'acquittement du droit fixe de recommandation de 25 centimes. Les autres perceptions autorisées par la loi, c'est-à-dire la remise au profit des receveurs et des facteurs, le droit de commission sur les mandats, n'atteignent que les valeurs encaissées.

Les valeurs non recouvrées ne supportent donc que le droit fixe de recommandation de 25 centimes, et le plus souvent qu'une fraction de ce ce droit, car le nombre des effets qui composent chaque envoi n'a d'autre limite que la capacité de l'enveloppe. Ce nombre est parfois considérable. On a cité un bureau important qui avait reçu, sous une même enveloppe affranchie 25 centimes, 2,500 reçus de 7 fr. 50 chacun, représentant le prix d'un abonnement d'essai à une publication illustrée ; 35 seulement de ces quittances furent recouvrées, et le Trésor n'encaissa, pour toute rétribution, que la somme dérisoire de 1 fr. 80 c.; la part des agents fut de 3 fr. 50 c. de remises, dont 1 fr. 75 c. attribués aux facteurs, pour rémunérer 2,500 présentations faites à domicile. Si l'on considère, en outre, le travail imposé aux receveurs par l'obligation d'inscrire les valeurs une à une, tant sur le registre d'arrivée que sur le carnet des facteurs, on se rendra compte de l'effort véritablement exorbitant qu'a coûté cet infime résultat (2).

Il est à remarquer que ce ne sont pas, en général, les valeurs sérieuses, c'est-à-dire celles qui représentent des dettes véritables, qui imposent au service ce travail inutile : ce sont des quittances s'appliquant à des créances hypothétiques, des bons de souscription à des publications qui commencent, des factures correspondant à des livraisons non demandées, des billets de loterie. Certains industriels, spéculant sur les facilités que nos lois postales procurent à ce genre de réclame, envoient à des personnes dont les noms sont empruntés aux annuaires du commerce, des échantillons de leurs produits, ou des journaux, ou des livraisons d'ouvrages en cours de publication, en les faisant suivre de traites ou de quittances que les destinataires refusent le plus souvent d'acquitter.

Le risque couru par l'expéditeur est minime ; l'effort imposé au service postal est prodigieux ; la rémunération est presque nulle. En outre,

(1) Allemagne (1889-90), 8,443,547 valeurs, montant ensemble à 664,379,500 francs; Belgique (1889), 5,476,032 effets de commerce, coupons de rente et titres amortis, 529,494,023 francs; Suisse (1889), 192,598 valeurs, 23,018,920 francs.

(2) Exposé des motifs du projet de loi déposé, le 8 juillet 1890, à la Chambre des députés.

ces manœuvres indisposent le public, qui tend à rendre la poste complice des abus auxquels elle prête son concours.

Ces abus ne sont pas à craindre avec les systèmes de tarification adoptés à l'étranger.

Là, aucun prélèvement n'est opéré sur le montant des valeurs encaissées, si ce n'est celui du droit de commission pour le mandat de retour. Le surplus de la taxe est perçu intégralement au départ, et pèse également sur toutes les valeurs. Ce surplus n'est jamais moindre de 10 centimes par quittance, et de 25 centimes par effet de commerce, en Belgique ; de 50 centimes en Suisse. En Allemagne, l'ordre de recouvrement, spécial à chaque débiteur, est grevé d'une taxe de 37 centimes 1/2 ; en outre, dans ces divers pays, il y a un minimum de perception sur les mandats, ce qui n'existe pas en France.

En France, la moyenne des taxes perçues sur les effets recouvrés par la poste, tant au profit du Trésor qu'au profit des agents, y compris celle du mandat de retour, est de 0 fr. 38. C'est peu, si l'on considère que la moindre quittance, recouvrée ou non, met tout l'appareil postal en mouvement; mais le défaut capital du système est l'inégale répartition de la taxe, qui pèse surtout sur les valeurs recouvrées, tandis que les valeurs non recouvrées y échappent presque entièrement. Pour faire disparaître cette inégalité, il faudrait frapper les valeurs non recouvrées d'une surtaxe en rapport avec le travail qu'elles imposent à la poste.

Ce résultat, toutefois, ne serait pas facile à obtenir sans modifier l'économie du système établi par la loi de 1879. Ce système implique la rémunération directe des agents qui concourent à l'encaissement des valeurs, au moyen de prélèvements opérés sur les sommes encaissées. Ces prélèvements ne peuvent se faire qu'à l'arrivée, sur les valeurs recouvrées seulement. On ne pourrait guère frapper les valeurs non recouvrées qu'à la condition d'augmenter la taxe perçue au départ, mais on frapperait du même coup les valeurs sérieuses.

L'administration a cherché le moyen d'atteindre les valeurs non recouvrées seules, sans modifier l'économie du régime établi par la loi du 7 avril 1879, et sans restreindre les avantages faits à ses agents par cette loi. Son système consisterait à grever toute valeur non encaissée d'une taxe de 10 centimes prélevée, si possible, sur le montant des effets encaissés compris dans le même bordereau, et, dans le cas contraire, recouvrée sur l'expéditeur, au besoin par voie de contrainte. Un projet de loi dans ce sens avait été déposé le 21 mars 1889 sur le bureau de l'ancienne Chambre des députés; il n'a pu être examiné avant la fin de la législature. Il a été représenté le 10 juillet 1890 à la Chambre des députés actuelle (1).

§ 4. — Recouvrement des effets de commerce dans les relations internationales.

Conventions particulières conclues en 1880 par la France, pour l'extension du service des recouvrements aux relations internationales.

Après avoir organisé le service des recouvrements à l'intérieur, la France avait conclu successivement huit conventions avec la Suisse

(1) Voir l'exposé des motifs du projet de loi (n° 810) au *Journal officiel* du 29 octobre 1890, p. 1531.

(6 janvier 1880), la Belgique (17 mars 1880), l'Allemagne (24 mars 1880), le Luxembourg (27 mars 1880), les Pays-Bas (21 avril 1880, *loi du 18 juin 1880* (1), la Roumanie (21 mai 1880), la Suède (30 juin 1880, *loi du 13 juillet 1880* (2), le Portugal (26 juillet 1880), pour l'extension de ce même service aux relations internationales.

Ces conventions, tout en étant basées sur les principes admis dans notre régime intérieur, présentaient entre elles des différences assez sensibles.

Arrangement général conclu à Lisbonne le 21 mars 1885.

Un arrangement général, pour l'adoption d'un régime commun dans les rapports internationaux, a été signé, le 21 mars 1885, à Lisbonne, sur la proposition de la France, par elle et par les États liés avec elle par des conventions de ce genre, à l'exception toutefois des Pays-Bas et de la Suède. L'Autriche-Hongrie, l'Égypte, l'Italie, la république de Libéria, les colonies portugaises et plus récemment la Norvège y ont adhéré.

Ce sont les conditions du régime intérieur français qui ont encore servi de base pour la rédaction de l'arrangement signé à Lisbonne.

Maximum des valeurs à recouvrer.

On admet au recouvrement, dans les relations internationales, toutes les valeurs payables sans frais, dont le montant n'excède pas 1,000 francs *par envoi* (3).

Les administrations participantes peuvent toutefois, d'un commun accord, adopter un maximum plus élevé, et admettre les effets protestables (*Art. 2 de l'arrangement du 21 mars 1885*).

L'administration française a profité de cette latitude ; elle s'est entendue avec la Belgique et la Suisse pour élever le maximum des valeurs à 2,000 francs dans ses rapports avec le premier de ces deux pays, à 1,000 francs dans ses rapports avec le second (4).

Elle a conclu, d'autre part, des arrangements particuliers avec les offices d'Allemagne, de Belgique, de Luxembourg et de Suisse pour le recouvrement des effets protestables.

Dépôt et transmission des valeurs.

Tout envoi de valeurs à recouvrer est décrit sur un bordereau (modèle A annexé au règlement) et placé dans une enveloppe close qui est adressée, sous recommandation, au bureau chargé de l'encaissement.

La même enveloppe peut contenir des effets recouvrables par le même bureau de poste sur des débiteurs différents, au profit d'une même personne (*Art. 4*) (5).

La somme à payer doit être exprimée dans la monnaie du pays chargé du recouvrement.

Taxes.

La taxe à percevoir, pour la transmission des envois de valeurs à

(1) *Bull. mens.* n° 27, juillet 1880, p. 670 et s.

(2) *Bull. mens.* n° 35, novembre 1880, p. 858 et s.

(3) Le maximum n'est que de 500 francs dans les relations avec la Suède, qui n'a pas adhéré à l'arrangement de Lisbonne, et de 300 francs dans les relations avec les Pays-Bas. En outre, les quittances sont seules admises au recouvrement dans les rapports avec ce dernier pays.

(4) *Bull. mens.* n° 8, août 1882, p. 518.

(5) Sauf dans les relations avec la Suède.

recouvrer, est celle d'une lettre recommandée du même poids. Cette taxe est entièrement acquise à l'office d'origine (*Art.* 5).

L'administration chargée de l'encaissement prélève, sur le montant de chaque valeur encaissée, une rétribution de 10 centimes; le produit de cette rétribution ne donne lieu à aucun décompte entre les administrations intéressées (*Art.* 7).

Ces taxes diffèrent, quant au principe et à la quotité, de celles qui sont perçues dans notre service intérieur; mais l'administration française a obtenu l'insertion, dans l'arrangement, d'une clause spéciale qui fait l'objet de l'article 8, et aux termes de laquelle, *dans les relations qui comportent actuellement la perception d'un droit d'encaissement plus élevé, les administrations participantes ont la faculté de conserver provisoirement le droit en vigueur, pourvu que, dans ces mêmes relations, la taxe de dépôt soit limitée à un droit fixe de 25 centimes.*

Cette clause permet à la France de ne percevoir, au départ, que le droit fixe de recommandation de 25 centimes sur les enveloppes contenant des valeurs à recouvrer à l'étranger, et de prélever sur le montant des valeurs originaires de l'étranger la remise de 5 centimes par 20 francs au profit des receveurs et des facteurs.

Les valeurs originaires de l'étranger ne peuvent être mises en recouvrement qu'après avoir acquitté les droits de timbre dont elles sont passibles en France (*Loi du* 5 *juin* 1850, *art.* 3 *et* 4.) Recouvrement.

Ce droit est perçu, au moment de l'encaissement, en timbres mobiles dont les facteurs sont munis, qu'ils apposent sur les valeurs et qu'ils annulent ensuite. Si le débiteur refuse de payer, l'apposition des timbres n'a pas lieu (*Loi du* 11 *juin* 1859, *art.* 19; *décret du* 18 *janvier* 1860; *décret du* 1er *avril* 1880) (1).

Les valeurs non payées à présentation sont rapportées au bureau et tenues, pendant quarante-huit heures, à la disposition du débiteur (2).

La somme recouvrée, après prélèvement de la rémunération attribuée à l'office destinataire et des droits de timbre, est convertie en un mandat de poste adressé au bureau de dépôt, sous déduction du droit proportionnel de 25 centimes par 25 francs afférent au mandat, et accompagnée d'un règlement de compte (modèle C) ainsi que des valeurs non recouvrées, s'il y a lieu. Dans ce dernier cas, l'envoi doit être recommandé d'office. Liquidation des opérations de recouvrement.

Les mandats de recouvrement internationaux sont soumis aux mêmes règles que les mandats internationaux ordinaires; mais ils peuvent dépasser le maximum de 500 francs fixé par l'article 2 de l'arrangement du 4 juin 1878.

Dans les relations avec les pays qui admettent les effets protestables, l'expéditeur doit indiquer expressément, le cas échéant, son intention de faire protester en cas de non-payement : Recouvrement des effets protestables.

(1) *Bull. mens.* n° 24, avril 1880, p. 333.
(2) Vingt-quatre heures dans les relations avec les Pays-Bas et la Suède.

1° Par l'inscription de la mention *A protester*, dans la colonne d'observations du bordereau des valeurs ;

2° Par un engagement écrit et signé de lui, au verso de ce bordereau, de faire parvenir à qui de droit, à première réquisition, le montant des frais auxquels le protêt peut donner lieu.

Lorsque, pour une cause quelconque, le payement n'a pas eu lieu à présentation, les effets sont transmis à la personne désignée par le déposant dans le bordereau de recouvrement, et, en l'absence d'une désignation spéciale, à un officier ministériel apte à dresser le protêt en temps utile.

L'administration est déchargée de toute responsabilité par la remise des effets impayés à un officier ministériel.

La consignation préalable du coût probable des frais n'est pas admise dans le régime international. Il appartient aux officiers ministériels de s'entendre directement avec les déposants pour le règlement des frais. Si le receveur ne trouve aucun officier ministériel qui consente à se charger du protêt, les effets sont renvoyés immédiatement au bureau d'origine, sous chargement d'office.

Statistique.

ANNÉES	VALEURS A RECOUVRER		VALEURS RECOUVRÉES		VALEURS NON RECOUVRÉES		SOMMES PERÇUES au profit du Trésor	PRÉLÈVEMENTS au profit des agents
	Nombre	Montant	Nombre	Montant	Nombre	Montant		
		fr. c.		fr. c.		fr. c.	fr. c.	fr. c.
1880	3.085	241.931 60	2.211	171.598 69	874	70.332 91	» »	339 42
1885	41.879	1.765.464 89	30.523	1.284.403 28	11.256	481.061 61	» »	6.101 60
1890	47.023	2.211.615 99	33.451	1.622.296 92	13.572	589.319 07	23.396 »	7.332 35

CHAPITRE VI

CAISSE D'ÉPARGNE POSTALE

§ 1. — Généralités sur les caisses d'épargne.

Les caisses d'épargne sont des établissements qui reçoivent les petites économies et les rendent, à la volonté des déposants, avec les intérêts accumulés. Définition, but et utilité des caisses d'épargne.

L'utilité de ces institutions de prévoyance, leurs effets bienfaisants et moralisateurs, leurs bons résultats au point de vue économique n'ont pas besoin d'être longuement démontrés; mais ces résultats ne sont pleinement assurés que par l'action directe ou le contrôle de l'État.

La société n'a pas à prendre souci de l'épargne du riche; mais l'épargne populaire appelle toute la sollicitude du législateur. Pour les capitaux importants, les emplois ne manquent pas. Il y a les achats de terres et de propriétés bâties, les valeurs mobilières, les prêts hypothécaires; en outre, les banques de dépôt sont là pour faire fructifier tous les fonds disponibles. Ces sortes de placements ne sont pas à la portée des petites bourses; de là naît trop souvent pour l'ouvrier, pour l'employé, la tentation de dissiper les sommes trop faibles pour faire l'objet d'un placement définitif. Le rôle des caisses d'épargne consiste à drainer ces petites économies, en les attirant par l'appât d'un intérêt rémunérateur. Ces institutions développent le sentiment de la prévoyance dans les classes laborieuses; elles préparent des ressources qui viennent en atténuation des charges que l'assistance publique impose à la communauté; elles intéressent les déposants à la stabilité des institutions et à la bonne gestion des affaires de l'État; elles augmentent la richesse du pays par l'accumulation de petites sommes qui, insignifiantes, prises séparément, forment, réunies, des capitaux d'une énorme puissance.

Pour procurer ces résultats, pour rendre tous les services qu'elles sont susceptibles de rendre, les institutions d'épargne doivent satisfaire à plusieurs conditions : Conditions qu'elles doivent remplir.

1° Il faut *qu'elles soient à la portée de tous ;* que le moindre désir d'épargner puisse être réalisé sans difficulté; qu'aucune démarche longue, aucune formalité gênante n'entrave la bonne volonté des déposants ;

2° *Que la plus petite somme puisse être mise de côté ;* sinon, elle court le risque d'être dissipée sans profit ;

3° *Qu'il y ait un maximum pour les dépôts ;* les caisses d'épargne ne doivent pas être détournées de leur but, qui est d'aider à la formation des capitaux, mais non de recueillir les capitaux en quête d'un emploi ;

4° *Que les sommes versées soient productives d'intérêt*, afin de stimuler l'épargne ;

5° *Que la gestion des fonds déposés soit organisée de manière à donner une complète sécurité aux déposants*, en général peu initiés aux questions financières : on doit donc choisir pour les placements des valeurs de tout repos.

Nous verrons comment ces diverses conditions ont été remplies par les caisses d'épargne privées et par les caisses d'épargne postales.

§ 2. — Notions historiques sur les caisses d'épargne.

Premières caisses fondées à l'étranger.

La première caisse d'épargne paraît avoir été fondée en 1778, dans la ville libre de Hambourg. En 1786, l'institution pénétra en Suisse par la création à Berne de la caisse des domestiques ; elle ne tarda à s'y propager, de même qu'en Allemagne. Des caisses d'épargne furent successivement établies à Coire en 1790, à Kiel en 1796, à Gœttingen et à Altona en 1801, à Zurich en 1805, à Bâle en 1806.

En Angleterre, la fondation à Tottenham, en 1798, d'une caisse pour les épargnes des enfants pauvres, due à l'initiative d'une société de bienfaisance, donna naissance à la première caisse d'épargne, en 1804. Les établissements de ce genre, qui prirent le nom de *savings banks* (banques d'épargne), se multiplièrent bientôt et attirèrent l'attention du parlement qui, par un acte de 1817, régla législativement l'institution des caisses d'épargne.

En France, la première caisse d'épargne fut créée en 1818 à Paris (ordonnance du 29 juillet), par quelques riches philanthropes, au nombre desquels étaient Jacques Laffitte et Benjamin Delessert. Ses fondateurs lui assurèrent une dotation pour commencer ses premières opérations. Des caisses semblables furent bientôt créées dans d'autres grandes villes : en 1819, à Bordeaux et à Metz ; en 1820, à Rouen ; en 1821, à Marseille, Nantes, Troyes, Brest, etc.

Les statuts de la caisse d'épargne de Paris disposaient que les fonds versés par les déposants seraient employés en rentes sur l'État. Mais les statuts d'autres caisses prévoyaient un emploi différent ; à Metz, par exemple, les fonds disponibles étaient affectés au service du mont-de-piété auquel la caisse d'épargne était annexée.

Ordonnance du 3 juin 1829.

Une ordonnance du 3 juin 1829, sanctionnée par la loi de finances du 20 août de la même année, autorisa les caisses d'épargne à verser leurs fonds en compte courant au Trésor public, et fixa provisoirement à 4 0/0 le taux de l'intérêt qu'elles recevraient.

Loi du 5 juin 1835.

Le 5 juin 1835 fut promulguée la loi organique des caisses d'épargne. Cette loi donne aux caisses d'épargne le caractère d'établissements d'utilité publique ; subordonne leur établissement à une autorisation donnée dans la forme des règlements d'administration publique (art. 1er) ; leur permet de recevoir des dons et des legs ; prescrit la délivrance d'un livret à chaque déposant (art. 7) ; organise le transfert des fonds d'une caisse à une autre (art. 8) ; exempte du timbre les registres et livrets à l'usage des caisses d'épargne (art. 9) ; enfin prescrit la distribution aux Chambres d'un rapport annuel sur les opérations de ces établissements (art. 12).

La faculté accordée aux caisses d'épargne de verser leurs fonds en compte courant au Trésor public avait été mise à profit. Au 31 décembre 1836, les fonds versés par 227 caisses s'élevaient à 96,576,851 francs. Ce stock, dont le ministre des finances n'avait pas toujours l'emploi, pouvait devenir une charge, car l'intérêt à servir était relativement élevé ; et lorsqu'il en était fait emploi, le Trésor pouvait être exposé à des embarras financiers, en temps de crise, obligé qu'il était alors de faire face à de nombreuses demandes de remboursement de capitaux immédiatement exigibles.

Loi du 31 mars 1837.

C'est pour prévenir ces difficultés que la loi du 31 mars 1837 chargea la Caisse des dépôts et consignations de recevoir et d'administrer, sous la garantie de l'État, les fonds des caisses d'épargne et de les faire valoir en les plaçant soit en rentes, soit en compte courant, soit en bons du Trésor à échéance fixe, le taux de l'intérêt alloué à la Caisse des dépôts étant, dans les deux derniers cas, de 4 0/0 l'an. Le produit des arrérages des rentes et valeurs et de l'intérêt servi à cette caisse, pour les fonds placés en compte courant, lui procurait l'équivalent de l'intérêt de 4 0/0 dont le bénéfice était continué aux caisses d'épargne, et la consolidation d'une partie de l'actif de ces caisses donnait aux déposants un gage réel, au lieu d'une simple créance contre le Trésor.

Crise de 1848.

Les caisses d'épargne continuèrent à se multiplier et à prospérer jusqu'en 1848. A la veille de la Révolution de février, on comptait 735,841 dépôts, représentant un capital de 381,116,966 francs, réparti entre 345 caisses.

La crise de 1848 amena le remboursement des dépôts et la liquidation des caisses d'épargne qui existaient alors ; mais la crise passée, ces institutions reprirent un nouvel essor.

Nouveaux progrès des caisses d'épargne, après la crise.

Au commencement de 1870, on comptait 489 caisses et 642 succursales avec 2,079,141 livrets et un solde de 720 millions. Les événements de la guerre, la perte de l'Alsace-Lorraine provoquèrent une nouvelle diminution des livrets et des dépôts ; mais en 1874, le mouvement ascensionnel recommença, et à la fin de 1878, le nombre des caisses d'épargne était en France de 526 ; celui des livrets, de 3,173,721, et le solde dû aux déposants, de 1,016,166,402 fr. 87.

Infériorité de la France vis-à-vis des autres pays, sous le rapport du mouvement de l'épargne.

Ces résultats étaient assurément très satisfaisants ; néanmoins l'essor pris par les caisses d'épargne dans les pays étrangers était plus remarquable encore. Ainsi on comptait :

1	déposant	sur 5	habitants	en Saxe.
1	—	sur 6	—	en Danemark.
1	—	sur 9,1	—	en Suède.
1	—	sur 11	—	dans la Grande-Bretagne.
1	—	sur 13	—	en Prusse.
1	—	sur 16,1	—	en France.

Malgré nos derniers progrès, nous nous trouvions en retard sur un certain nombre de nations civilisées. La cause principale de cette infériorité était attribuée principalement à ce que les caisses d'épargne françaises n'étaient pas assez nombreuses. Sur 36,000 communes, 1,320 seulement étaient pourvues d'une caisse ou d'une succursale ; encore ces caisses ne fonctionnaient-elles le plus souvent qu'un jour ou deux par semaine et pendant quelques heures. Les parties populeuses du territoire étaient seules desservies ; les autres étaient délaissées ; 1 chef-lieu de département, 16 chefs-lieux d'arrondissement, 2,174 chefs-lieux de canton n'avaient ni caisses ni succursales.

Moyens proposés pour vulgariser l'institution des caisses d'épargne en France. Établissement de succursales.

Plusieurs moyens furent proposés et essayés pour suppléer à cette insuffisance des caisses d'épargne et pour éviter aux populations rurales des déplacements qui se traduisaient par des pertes de temps et d'argent.

Quelques caisses avaient organisé des succursales ; l'administration encouragea les autres à entrer dans la même voie [*Circulaire du ministre du commerce du 12 janvier 1881*] (1). Mais le nombre des succursales resta bien au-dessous des besoins.

Pétitions adressées au Sénat.

En 1853, 1864, 1869 et 1870, des pétitions furent adressées au Sénat pour demander soit des modifications au mode d'administration des caisses, soit la participation des receveurs des postes et des percepteurs aux opérations, soit la création d'une caisse dans chaque commune ou dans chaque perception, soit enfin la remise à l'administration des postes de la gestion des caisses d'épargne. Toutes ces pétitions tendaient au même but : multiplier les bureaux ouverts au public, afin de faire pénétrer l'influence des établissements d'épargne dans les campagnes où elles étaient encore peu connues.

Dans un rapport présenté à l'empereur au sujet de ces pétitions, MM. Fould, ministre des finances, et Béhic, ministre des travaux publics, s'exprimaient ainsi : « Il faut, si l'on veut que l'utile institution des caisses d'épargne se consolide et se développe, trouver le moyen de faire pénétrer ses bienfaits jusque dans les couches de populations qui n'y ont pas participé jusqu'ici. L'exemple de l'Angleterre est digne de frapper l'attention, et l'on peut se demander s'il ne conviendrait pas de rattacher en France la caisse d'épargne à l'un des services de l'État qui, étendant son action sur tous les points du territoire, pourrait multiplier les lieux de dépôt et les rendrait par là même accessibles à la masse de la population, et surtout de la population rurale. »

Concours des percepteurs et des receveurs des postes, réclamé en 1869.

A la suite de ce rapport, une commission fut chargée d'étudier les moyens de développer les caisses d'épargne.

Cette commission rédigea, en 1869, un projet de loi qui supprimait la limite de 300 francs pour les versements hebdomadaires et chargeait les percepteurs et les receveurs des postes, dans les localités où il n'existait ni caisse ni succursale, de recevoir les versements et d'effectuer les rembour-

(1) En 1889, les caisses d'épargne privées avaient 904 succursales ou bureaux auxiliaires.

sements pour le compte des caisses d'épargne, moyennant une commission de 50 centimes par 1,000 francs, à prélever sur l'intérêt servi aux fonds des caisses d'épargne par la Caisse des dépôts et consignations. Ce projet était soumis au conseil d'État, lorsque survinrent les événements de 1870, qui l'empêchèrent d'aboutir (1).

Proposition de MM. Fournier, Talon et de Chabaud-Latour à l'Assemblée nationale.

En 1872, MM. Henry Fournier, Talon et de Chabaud-Latour déposèrent à l'Assemblée nationale une proposition de loi tendant à obtenir le concours des percepteurs et des receveurs des postes pour les opérations des caisses d'épargne, et à introduire dans la législation qui régit ces établissements diverses modifications réalisées depuis : élévation du maximum de dépôt, facilités plus grandes accordées aux femmes mariées et aux mineurs pour les dépôts et les retraits, clause de sauvegarde pour les remboursements, etc. Une enquête fut faite auprès des caisses d'épargne, et le projet fut mis en discussion sur un rapport très complet et très savant de M. Denormandie. L'Assemblée nationale adopta l'article 1er qui mettait les receveurs des postes et les percepteurs à la disposition des caisses d'épargne, mais elle rejeta d'autres dispositions du projet. Ses auteurs le retirèrent, sur l'assurance qui leur fut donnée par le ministre des finances que les caisses d'épargne seraient autorisées par un décret à réclamer le concours des percepteurs et des receveurs des postes (2).

Décret du 23 août 1875, ses résultats.

Ce décret fut effectivement rendu le 23 août 1875. Les percepteurs et les receveurs des postes pouvaient être autorisés par le ministre des finances, sur l'avis conforme de celui du commerce, à recevoir les versements et à effectuer les remboursements pour le compte des caisses de leur département qui en feraient la demande. La rémunération était fixée à 10 centimes pour chacun des versements et remboursements effectués par leurs soins ; elle était à la charge des caisses d'épargne. Les receveurs des finances étaient déclarés responsables, vis-à-vis des caisses, de la gestion des percepteurs, et le Trésor assumait la même responsabilité à l'égard des opérations effectuées par les receveurs des postes (art. 7). Incidemment, ce décret prononçait l'exemption du timbre pour les quittances des sommes déposées aux caisses d'épargne ainsi que pour les quittances des sommes remboursées aux déposants.

Le décret du 23 août 1875 fut suivi de deux arrêtés pris pour son exécution par le ministre des finances et datés du même jour. L'un concerne les percepteurs, l'autre les receveurs des postes. Deux instructions émanées l'une de la comptabilité publique, l'autre de l'administration des postes (3) réglèrent tous les détails du nouveau service.

Cette intervention des comptables de l'État ne donna pas tous les résultats qu'on était fondé à en espérer. Le nombre des autorisations

(1) M. Paul WALLET, article sur les *Caisses d'épargne*, dans le *Répertoire de Droit administratif*, publié sous la direction de M. Léon BÉQUET, t. IV, p. 40.

(2) Rapport fait au nom de la commission chargée d'examiner le projet de loi portant création d'une caisse d'épargne postale, par M. AUDIFFRED, député, déposé le 10 juin 1880 (n° 2706, *Journal officiel* du 2 juillet 1880, p. 7449).

(3) *Bull. mens.* n° 78 *supp.*, sept. 1875, *instr.* n° 171, p. 343 et s.

accordées, sur les demandes des caisses d'épargne, fut assez important. Mais celui des opérations faites par les comptables du Trésor pour le compte de ces établissements fut toujours restreint (1).

On fut définitivement amené à reconnaître que, malgré les progrès réalisés, les conditions dans lesquelles opéraient les caisses d'épargne ne permettaient pas de rapprocher suffisamment ces établissements des déposants.

Le moyen le plus efficace pour arriver au résultat désiré parut être la création d'une caisse d'État, gérée par l'administration des postes, et analogue à celle qui fonctionne depuis de longues années en Angleterre, à la satisfaction du public (2).

Création d'une caisse d'épargne postale en Angleterre.

La création de la caisse d'épargne postale anglaise, due à l'initiative de M. Gladstone, avait été provoquée par de graves abus commis dans la gestion des caisses privées. On avait reconnu que l'intervention de l'État était nécessaire pour donner toute sécurité aux déposants. Le projet de M. Gladstone fut donc voté sans difficulté. L'institution, créée en 1861, se développa rapidement. Au 31 décembre 1889, elle comptait 9,353 bureaux ouverts, 4,507,809 comptes. Le solde dû aux déposants s'élevait à £ 62,999,620 (1,577,590,424 francs). Ces résultats ont été obtenus sans porter atteinte à la situation des anciennes caisses qui ont continué de fonctionner à côté de la caisse postale; seuls, les établissements mal gérés ont dû cesser leurs opérations (3).

L'idée de M. Gladstone a donc été féconde. Il serait difficile, en présence des résultats qu'elle a produits, de contester l'efficacité de l'impulsion que peut donner à l'épargne l'intervention de l'État, et l'heureuse influence qui résulte de la multiplicité des bureaux ouverts.

(1) Relevé des opérations effectuées en 1880 par les 530 percepteurs et les 145 receveurs des postes autorisés à prêter leur concours dans 73 départements :

Percepteurs.........	Versements.......	29.932	1.222.763 fr. 37
	Remboursements..	5.548	1.416.980 fr. 22
Receveurs des postes.	Versements.......	6.213	761.173 fr. 56
	Remboursements..	1.593	383.644 fr. 35

En 1888, 460 percepteurs ont été commissionnés par 67 caisses d'épargne ; dans le nombre, 39 n'ont fait aucune opération : les 407 autres ont participé aux opérations des caisses d'épargne dans la proportion suivante :

Livrets ouverts..............	8.481 francs	1.83 0/0.
Nombre des versements.....	48.773 —	1.29 —
Montant des versements.....	10.411.866 fr. 33	1.48 —
Nombre des remboursements.	22.466 —	1.07 —
Montant des remboursements.	7.660.541 fr. 14	1.15 —

(Rapport au Président de la République sur les opérations des caisses d'épargne pour 1888 (*Journal officiel* du 12 mai 1890). Voir aussi à ce sujet l'exposé des motifs de la proposition de M. Arthur Legrand.

(2) M. Paul Waller, article sur les caisses d'épargne, publié dans le *Répertoire de droit administratif* de M. Léon Béquet, t. IV, p. 31 et s.

(3) Situation des caisses d'épargne privées en Angleterre :

(1863)	622 caisses	1 558.004 dépôts.	Avoir des déposants	£ 40.563.000.
(1888)	380 —	1.500.000 —	—	£ 45.000.000.

Aussi, plusieurs pays s'empressèrent-ils d'imiter l'Angleterre. En Belgique, une loi du 15 mars 1865 institua, à côté des caisses privées, une caisse générale d'épargne et de retraite, se servant, pour ses mouvements de fonds, de la Banque nationale, chargée dans ce pays du service de la trésorerie de l'État. Cette caisse emploie, depuis 1870, pour ses rapports avec le public, l'intermédiaire des bureaux de poste, moyennant une légère rémunération qu'elle leur paye directement pour chaque opération, sans l'intervention du ministre dont relève l'administration des postes. Au 31 décembre 1889, le nombre des déposants à la caisse générale était de 447,683, et leur avoir s'élevait au chiffre de 163,100,005 francs.

Création d'une caisse générale d'épargne et de retraite en Belgique.

En Italie, les caisses d'épargne privées sont nombreuses dans les provinces du nord, tandis que l'ancien royaume de Naples et la Sardaigne en sont à peu près dépourvus. En 1874, M. Sella, ancien ministre des finances, présenta à la Chambre des députés italienne une proposition de loi tendant à créer, à l'imitation de l'Angleterre, une caisse générale d'épargne dont la gestion devait être confiée à l'administration des postes. Cette proposition, acceptée par le gouvernement, fut votée à l'unanimité. De 1875 à 1888, 3,251 bureaux de poste ont été ouverts à ce service ; le nombre des déposants s'élevait, au 31 décembre 1889, à 2,106,359 et leur avoir à 277,271,769 francs.

Création d'une caisse d'épargne postale en Italie et dans d'autres pays étrangers.

Des caisses d'épargne postales ont été établies au Canada (1866), au Japon (1875), en Roumanie (1880), aux Pays-Bas (1881), dans l'Inde britannique (1882), en Autriche (1883), en Suède (1884), en Hongrie (1886), en Russie (1889).

§ 3. Création et organisation de la Caisse d'épargne postale en France.

En France, une proposition de loi tendant à la création d'une caisse d'épargne postale fut déposée, le 7 mai 1878, par un député, M. Arthur Legrand, sur le bureau de la Chambre des députés, et renvoyée par elle à l'examen du conseil d'État, qui se trouvait déjà saisi d'un projet de loi dans le même sens, dû à l'initiative de M. Cochery, ministre des postes et des télégraphes. Le conseil d'État fondit les deux projets en un seul, qui fut soumis à la Chambre des députés le 17 janvier 1880. Le projet du conseil d'État, amendé par la commission, voté le 1er juillet 1880 par la Chambre des députés, adopté avec modifications par le Sénat le 29 mars 1881 (1), revint devant la Chambre des députés qui adopta définitivement, le 5 avril, le texte votée par le Sénat. La loi fut promulguée le 9 avril 1881.

Proposition de loi de M. Arthur Legrand, et projet de loi préparé par M. Cochery

Un décret portant règlement d'administration publique, rendu le 31 août 1881, détermine le mode de gestion, de comptabilité et de contrôle de la caisse d'épargne postale, qui a commencé à fonctionner le 1er janvier 1882.

Loi du 9 avril 1881 et décret du 31 août 1881.

(1) Consulter le rapport fait au Sénat par M. LE BASTARD (3 février 1881, n° 23 ; *Journal officiel* du 10 mars 1881, p. 224).

A partir de la même date, les receveurs des postes ont cessé de prêter leur concours aux caisses privées (*Art.* 39 *du décret du* 31 *août* 1881).

Caractère universel de la caisse d'épargne postale.

A la différence des caisses privées, qui ne sont que des établissements d'utilité publique, la Caisse nationale d'épargne est un établissement public, placé sous la garantie de l'État, et géré par l'administration des postes et des télégraphes, qui représente l'État dans ses rapports avec les déposants.

Tous les bureaux de poste peuvent être appelés à participer au service de la Caisse d'épargne postale. Actuellement, toutes les recettes des postes en France, en Algérie et en Tunisie, ainsi que les bureaux français de Tanger, d'Alexandrie et de Constantinople, font des opérations pour son compte.

Tout déposant, muni d'un livret de la Caisse d'épargne postale, peut continuer ses versements et opérer ses retraits dans tous les bureaux de poste organisés en agences de cette Caisse (Art. 1er de la loi du 9 avril 1881).

C'est cette universalité qui donne à la Caisse nationale son véritable caractère et qui fait sa supériorité sur les établissements d'épargne privés, n'opérant, avec leurs succursales, que dans un rayon restreint.

Les caisses privées pourraient suffire, à la rigueur, à la partie sédentaire de la population si elles étaient suffisamment nombreuses ; mais, dès qu'on s'éloigne de leur rayon d'action, il faut, pour conserver la disponibilité de ses fonds, les faire transférer à une autre caisse. Avec son livret national, le client de la Caisse d'épargne postale n'a pas besoin de se soumettre aux formalités gênantes du transfert. Seule, la Caisse postale est en mesure de recueillir utilement les épargnes des voyageurs, ainsi que des fonctionnaires et des artisans que leur profession oblige à des déplacements fréquents (1).

§ 4. — Versements à la Caisse d'épargne postale.

Premiers versements.

L'article 6 de la loi du 9 avril 1881 dispose que *l'administration des postes ouvrira un compte à* TOUTE PERSONNE *par laquelle ou au nom de laquelle des fonds auront été versés, à titre d'épargne, dans un bureau de poste.*

Les versements peuvent donc être faits pour le compte de tiers ; notamment, un père de famille peut se faire délivrer non seulement un livret en son nom, mais encore des livrets au nom de sa femme et de chacun de ses enfants.

La loi du 9 avril 1881 admet, en outre, les mineurs et les femmes mariées à se faire ouvrir des livrets : les premiers, sans l'assistance de leurs représentants légaux ; les secondes, sans l'assistance de leurs maris.

Cette disposition, dont l'application a été étendue aux anciennes caisses,

(1) Circulaire du ministre des postes et des télégraphes aux directeurs départementaux, du 7 janvier 1882.

constitue une innovation très importante de la loi du 9 avril 1881. Proposée une première fois, en 1872, par MM. Fournier, Talon et de Chabaud-Latour, repoussée par l'Assemblée nationale en 1875, proposée de nouveau par M. Arthur Legrand en 1878, écartée ensuite par le conseil d'État, elle fut reproduite par la commission de la Chambre des députés. Lors de la discussion en séance publique, le paragraphe concernant les mineurs fut admis sans difficultés ; l'avantage qui leur était accordé était déjà entré dans la pratique de quelques-unes des anciennes caisses, notamment de celle de Paris.

Il n'en fut pas de même du paragraphe concernant les femmes mariées. La faculté qui leur était donnée de se faire ouvrir des livrets sans l'assistance de leurs maris paraissait une dérogation aux principes du Code civil, en ce qui concerne l'autorité maritale et l'incapacité des femmes mariées de disposer. Aussi cette innovation fut-elle rejetée d'abord par la Chambre des députés. Au Sénat, une vive discussion s'engagea à ce sujet. Les partisans de la mesure répondaient aux arguments tirés du Code civil par les jurisconsultes que le dépôt fait à la Caisse d'épargne par la femme mariée devait être considéré non comme un acte de disposition, mais comme un acte de simple administration pour lequel la femme est présumée avoir un mandat tacite du mari. Ils ajoutaient avec beaucoup de raison que, dans les ménages d'ouvriers, il arrive malheureusement souvent que la femme seule économise, tandis que le mari dissipe ; que la femme ayant à prévoir les besoins du ménage, il faut lui laisser toutes facilités pour épargner, afin d'y faire face, dans l'intérêt commun de la famille. Les considérations d'humanité triomphèrent des scrupules juridiques : le paragraphe de l'article 6 concernant les femmes mariées fut rétabli par le Sénat et voté par la Chambre des députés.

Livr

L'administration délivre *gratuitement, au nom du bénéficiaire, un livret sur lequel sont inscrits les versements, les retraits de fonds et les intérêts acquis* (Art. 6).

Il résulte de cette disposition légale que le livret ne peut être que nominatif et non au porteur.

Nul ne peut être titulaire de deux livrets de la Caisse d'épargne postale, sous peine de perdre l'intérêt des sommes inscrites sur le second livret et les livrets de la date ultérieure (Art. 6).

Nul ne peut être en même temps titulaire d'un livret de caisse d'épargne postale et d'un livret de caisse d'épargne ordinaire, sous peine de perdre l'intérêt de la totalité des sommes déposées (Art. 21 de la loi du 9 avril 1881).

Demandes de livrets.

Tout déposant qui fait, pour la première fois, un versement à la Caisse d'épargne postale doit former, en même temps, une demande de livret où il énonce ses nom de famille, prénoms, âge, date et lieu de naissance, demeure et profession, et déclare qu'il n'est titulaire d'aucun autre livret soit de la Caisse d'épargne postale, soit d'une caisse d'épargne privée (Art. 11 du décret du 31 avril 1881).

Quiconque vient faire un premier versement doit déclarer s'il verse pour son compte ou pour le compte d'un tiers.

Lorsque le déposant déclare verser pour son propre compte, la demande de livret est signée par lui, ou, s'il ne sait pas signer, le receveur des postes en fait mention sur la demande et signe ladite mention (Décret du 31 août 1881, art. 12).

Femmes.

Toute demande de livret, formée au nom d'une femme, doit faire connaître la situation de la déposante, si elle est fille majeure ou mineure, mariée ou veuve; si, étant mariée, elle est assistée ou non de son mari; si elle est séparée de corps et de biens, ou de biens seulement.

Lorsque la femme qui fait un premier versement est en puissance de mari, si elle entend bénéficier des dispositions du dernier alinéa de l'article 6 *de la loi du* 9 *avril* 1881, *elle le déclare et indique les nom et prénoms du mari. Dans le cas contraire, elle doit être assistée de ce dernier, et la demande de livret est signée simultanément par le mari et la femme. Si l'un d'eux ne sait pas signer, le receveur en fait mention* (Art. 15 du décret du 31 août 1881, § 4°).

Mineurs, interdits, etc.

Quand un premier versement est fait directement par un enfant mineur, en exécution de l'avant-dernier alinéa de l'article 6 *de la loi précitée, la demande de livret énonce les nom et prénoms du père, et, si le père n'existe plus, de la mère, ou, à défaut de celle-ci, du tuteur. Si le versement est fait, pour le compte d'un enfant mineur, par son représentant légal, c'est ce dernier qui signe la demande* (Art. 12 du décret du 31 août 1881, § 5°).

Pour les interdits, c'est le tuteur; pour les personnes pourvues d'un conseil judiciaire, c'est le conseil ; pour les aliénés non interdits, c'est l'administrateur de leurs biens.

Sociétés commerciales

Pour les sociétés ou maisons de commerce, le livret est délivré au nom de la raison sociale.

Sociétés de secours mutuels, coopératives, de bienfaisance, etc.

Les sociétés de secours mutuels sont inscrites sous le nom distinctif adopté par la société. Lorsqu'il est fait un premier versement, le mandataire de la société est tenu de déposer à la Caisse d'épargne un exemplaire de ses statuts, et on exige, pour tous les versements sans exception, la production des pièces indiquées aux statuts pour la validité des placements de fonds. La demande signée par le mandataire doit, en outre, indiquer si la société a été reconnue comme établissement d'utilité publique (Loi du 15 juillet 1850), *ou si elle a été approuvée par le préfet* (Décret du 26 mars 1852).

Ces dispositions sont également applicables aux institutions de coopération, de bienfaisance et autres sociétés de même nature, dont les versements sont autorisés par le ministre des postes et des télégraphes [Art. 12 du décret du 31 août 1881, § 7] (1).

(1) Voir les règles relatives au versement des sociétés au *Bull. mens.* n° 5, mai 1890, p. 612.

Toute personne qui verse pour un tiers doit signer la demande. Toutefois, la signature d'un bienfaiteur qui désire rester inconnu n'est pas requise ; elle est remplacée par une attestation signée du receveur des postes. Si le versement est effectué en vertu d'une disposition testamentaire, mention est faite du testament sur la demande (Art. 12 du décret du 31 août 1881, § 6).

Versements pour le compte de tiers.

Les livrets délivrés à la suite de versements faits par un tiers, à titre de libéralité ou en vertu d'un testament, peuvent être soumis à certaines conditions. Les seules conditions admises sont les suivantes :

1° *Le livret est déclaré incessible ;*

2° *Le remboursement est différé : s'il s'agit d'un majeur, le terme du délai doit être une date fixe ; s'il s'agit d'un mineur, on peut indiquer le jour de sa majorité ou une époque plus éloignée, ou le jour de son mariage* (Art. 13 du décret du 31 août 1881).

Quittances des premiers versements.

Les sommes encaissées, à titre de premier versement, par les receveurs des postes donnent lieu à la délivrance d'une quittance extraite d'un journa à souche, coté et parafé par le directeur du département, et échangeable, dans un délai de trois jours (non compris le jour du versement et les dimanches et jours fériés), contre un livret de la Caisse d'épargne postale.

Délivrance des livrets.

Les formules de livret sont numérotées à l'avance par les soins de la direction centrale de la Caisse d'épargne postale, qui en remet aux directeurs un approvisionnement suffisant pour les besoins de leurs départements respectifs.

Les livrets sont numérotés, dans chaque département, et portent, en outre, le numéro de la série propre au département qui les a émis.

Les receveurs adressent chaque soir, au directeur du département, les demandes de livret reçues pendant la journée (Art. 14 du décret du 31 août 1881). Ces demandes sont décrites sur un *bordereau nominatif des premiers versements.*

Le directeur qui reçoit une demande de livret en prend note sur le registre matricule des premiers versements (1) ; il inscrit les nom et prénoms du titulaire sur la première page du livret, et y ajoute sa signature. Il y fait inscrire ensuite, par le receveur principal, en toutes lettres et en chiffres, le montant du versement ; cette inscription est certifiée par le visa du directeur départemental.

Le livret est ensuite renvoyé au receveur qui a transmis la demande, pour être échangé contre la quittance à souche, sur laquelle le déposant donne reçu du livret.

Transmission des demandes de livret à l'administration centrale.

Le même jour, les demandes de livret sont transmises par le directeur départemental à la direction centrale, où, après avoir été récapitulées sur le registre matricule des déposants, elles sont conservées et classées dans un ordre méthodique, pour servir au contrôle des opérations ultérieures faites par les déposants (Art. 14 du décret du 31 août 1881).

(1) Voir l'*Instruction* n° 66, *Bull. mens.* n° 11, novembre 1889, p. 608.

Perte de quittance.

Dans le cas où le déposant vient à perdre sa quittance à souche, il y est suppléé par une déclaration de perte formée par le déposant et légalisée par le maire ou le commissaire de police de sa résidence. Les livrets ne sont toutefois rendus que sur l'autorisation du directeur départemental, apposée sur la déclaration de perte (Art. 35 du décret du 31 août 1881).

Perte de livret.

En cas de perte d'un livret, l'ayant droit adresse à l'administration des postes et des télégraphes une déclaration de perte, légalisée par le maire ou par le commissaire de police, et le livret est remplacé par un duplicata, dans le délai d'un mois, à partir de l'arrivée de la demande à l'administration centrale. Il est pris note, au registre matricule, de la délivrance du duplicata. Le solde du compte de l'ancien livret est inscrit sur le nouveau comme premier article (capital et intérêts).

Si le livret primitif vient à être retrouvé, il est rendu à l'agent comptable de la Caisse d'épargne et annulé, après que toutes les pages en ont été biffées (Art. 26 du décret du 31 août 1881).

Versements ultérieurs.

Les versements postérieurs sont reçus par les receveurs des postes, sur la présentation du livret, sans qu'il y ait à fournir d'autres justifications. Il est interdit aux receveurs et à leurs commis de se rendre porteurs de livrets appartenant à des tiers ou de faire pour eux quelque opération privée que ce soit près de la Caisse d'épargne (Art. 15 du décret du 31 août 1881).

Mode primitif de constatation.

Primitivement, les versements ultérieurs donnaient lieu aux mêmes formalités que les premiers versements ; le livret était retiré des mains du déposant, en échange d'une quittance à souche de la somme versée, et lui était rendu dans un délai de trois jours. La comptabilité des finances et le conseil d'État avaient jugé indispensables, pour le contrôle, le retrait du livret et l'inscription de tous les versements par le receveur principal.

Ce mode de procéder contrariait les déposants, qui n'aiment pas à se dessaisir de leurs livrets, et provoquait des plaintes. Pour donner satisfaction au public, tout en assurant l'exactitude et la sincérité des écritures, on emprunta le système des timbres-épargne à la Belgique, où il venait d'être mis en vigueur et paraissait donner de bons résultats. La Caisse d'épargne postale fut autorisée à le mettre en pratique par la loi du 3 août 1882.

Système des timbres-épargne. Loi du 3 août 1882.

Le système belge, qui fut appliqué en France du 1er avril 1883 au 1er juillet 1889, consistait dans l'apposition sur les livrets, pour justifier les versements ultérieurs seulement, de timbres mobiles d'un modèle spécial, d'une dimension un peu supérieure à celle des timbres-poste. Les receveurs ordinaires en étaient approvisionnés par les receveurs principaux, qui eux-mêmes les recevaient du garde-magasin central.

Chaque comptable était responsable, sauf le cas de force majeure dûment justifié, de la valeur des timbres-épargne dont il avait accusé réception. Les déficits entraînaient le versement immédiat, par le comptable, de la valeur des timbres manquants, sauf restitution au cas où les timbres étaient retrouvés, ou lorsque l'origine du déficit était expliquée. Chaque versement ultérieur devait être constaté par l'apposition du nombre de figurines nécessaire pour représenter exactement la somme versée, laquelle continuait d'ailleurs à être inscrite en chiffres dans la colonne des francs et centimes.

Pour former titre envers la caisse, les timbres-épargne devaient être frappés du timbre à date du bureau et revêtus de la signature du receveur.

La valeur des timbres manquants devait correspondre exactement au montant des versements ultérieurs constatés dans les écritures, de telle sorte que la comptabilité-deniers et la comptabilité-matières des timbres se contrôlaient l'une par l'autre.

A ce contrôle s'ajoutait celui qui était exercé par les déposants eux-mêmes, intéressés à veiller à la constatation exacte des versements sur leurs livrets. L'incription put dès lors être confiée au receveur même qui encaissait les fonds, et les déposants, conservant la disposition constante de leurs livrets, eurent plus de facilité pour effectuer leurs opérations d'épargne.

Inconvénients de ce système.

Cette amélioration fut très appréciée du public; mais le système des timbres-épargne donna lieu à plus d'un inconvénient au point de vue du service (1). Ce système imposait à tous les receveurs la tenue d'une comptabilité-matières compliquée ; d'autre part, avec les chances de perte et d'emploi erroné de figurines dont la valeur pouvait atteindre jusqu'à 500 francs, il faisait peser sur les receveurs une responsabilité si lourde que l'administration n'avait pas cru pouvoir en poursuivre toutes les conséquences. Du 1er avril 1883 au 1er janvier 1886, 1,600 timbres-épargne, d'une valeur totale de 140,376 francs, avaient été adirés ; sur cette somme, des dégrèvements avaient été accordés aux comptables pour 118,483 francs (1).

Au point de vue du contrôle, les timbres-épargne ne présentaient pas encore de garanties absolues. La comptabilité-matières n'était pas toujours établie avec sincérité ; un comptable infidèle pouvait abuser de figurines reçues en excédent et non prises en charge, ou provenant d'une perte simulée, ou détachées d'un livret, pour constater au profit d'un déposant un versement réellement effectué à sa caisse, sans en faire recette dans ses écritures.

Les critiques dirigées par la Cour des comptes contre le système des timbres-épargne engagèrent l'administration à rechercher un moyen plus simple de contrôler l'exactitude des versements, sans retirer au public les avantages que lui avait valus l'adoption du système belge.

Système anglais.

L'exemple de l'Angleterre fut proposé (2). Le système anglais est très simple. Le postmaster local inscrit la somme reçue, en lettres et en chiffres, sur le livret du déposant; il y appose, en outre, sa signature et l'empreinte du timbre à date de son bureau. Chaque jour, il envoie au postmaster général le bordereau des dépôts qu'il a reçus. Sur le vu de ce

(1) Rapport de la Cour des comptes au Président de la République sur les comptes de 1883 (27 mars 1887), p. 107 et s.

(2) Proposition de loi présentée par M. de Hérédia à la Chambre des députés le 29 mars 1888 (n° 2620) [*Journal officiel* du 8 juillet 1838, p. 581].

bordereau, le postmaster général adresse directement à chaque déposant un avis confirmatif du versement, indiquant que telle somme déposée par lui, à tel jour, a été inscrite à son avoir, dans le grand-livre des comptes courants. Le déposant est invité, par une note imprimée sur son livret, à réclamer cet avis au postmaster général, lorsqu'il ne lui est pas parvenu dans le délai de dix jours. Si le comptable qui a reçu les fonds n'en a pas accusé la recette ou s'il n'a accusé qu'une somme inférieure au montant du dépôt, la fraude est signalée par le déposant lui-même.

Ce système, très vanté, et dont le post office déclare n'avoir qu'à se louer, n'est pas exempt d'imperfections. En Belgique, où il a fonctionné jusqu'en 1881, il a été jugé absolument insuffisant au point de vue du contrôle (1). Au moment de l'organisation de la Caisse d'épargne postale française, il a été proposé au conseil d'État, qui l'a repoussé. Ce système repose uniquement sur l'avis confirmatif du versement, adressé directement aux déposants par l'administration centrale : cet avis passant presque toujours par les mains de l'agent qui a reçu les fonds, celui-ci peut soit l'intercepter, soit en altérer le texte ; et beaucoup de fraudes resteraient ainsi inaperçues, étant données l'ignorance et la négligence d'un grand nombre de déposants, dont le livret est d'ailleurs le principal et le véritable titre. L'avis confirmatif ne rend donc pas les détournements impossibles, et il entraînerait une notable augmentation du personnel de la direction centrale, par suite de la nécessité d'expédier chaque jour 5,000 à 6,000 accusés de réception, et même 9,000 à 10,000, pendant les premiers mois de l'année.

Modification du système des timbres-épargne. Arrêté ministériel du 16 fév. 1889.

En conséquence, l'administration a été conduite à maintenir le principe du système de contrôle organisé par la loi du 3 août 1882, mais en le simplifiant et le transformant, de manière à éviter les inconvénients auxquels il avait donné lieu. C'est ce qu'a fait l'arrêté ministériel du 16 février 1889 (2).

Registre à souche.

Les timbres-épargne, agrandis et modifiés, sont devenus des formules détachées d'un carnet à souche, analogue aux registres des mandats de poste. Ce carnet, dit *des versements ultérieurs,* comporte, comme les formules de mandat, trois parties : la *souche*, qui est conservée au bureau, où elle sert à la constatation primaire de la recette ; le *timbre-épargne,* qui est apposé sur le livret pour constater le versement et porte l'indication, en toutes lettres, de la somme versée ; la *déclaration de versement,* qui est mise à l'appui du bordereau journalier des versements ultérieurs, adressé chaque soir par le receveur à la direction. Le timbre-épargne et la déclaration de versement sont réunis par une série de nombres, en toutes lettres, disposés d'une manière analogue aux chiffres latéraux des mandats, et pouvant représenter toutes les sommes, depuis 1 franc jusqu'à 2,000 francs. Les trois parties de la formule sont numérotées d'une manière identique, d'après une série unique et continue pour chaque département.

(1) Lettre du directeur général des postes de Belgique du 29 mars 1882.
(2) *Bull. mens.* n° 2, février 1889, p. 111.

Emploi des diverses parties des formules.

Au moment du dépôt, le receveur sépare le timbre-épargne de la déclaration de versement, de manière que les nombres laissés adhérents au timbre apposé sur le livret représentent exactement la somme versée, tandis que ceux qui restent annexés à la déclaration de versement expriment la différence entre le montant du versement et le maximum autorisé par la loi. Le receveur colle le timbre-épargne sur le livret, l'annule au moyen de l'empreinte de son timbre à date, appliquée sur le nombre exprimant la somme versée; il ajoute, en toutes lettres et en chiffres, au-dessous du timbre, le montant du versement et fait suivre cette indication de sa signature.

Contrôle qu'elles permettent d'exercer.

Ce système constitue un moyen de contrôle très efficace pour le receveur envers ses subordonnés, pour le directeur départemental et pour la direction centrale à l'égard du receveur.

S'il y a désaccord entre une somme portée au bordereau de recette et la somme accusée par les nombres manquants à la déclaration de versement correspondante, le directeur fait réclamer sur-le-champ le livret au déposant, avec une attestation indiquant le montant réel du dépôt. Suivant le résultat de l'enquête, les rectifications nécessaires sont opérées, soit sur le livret, soit dans les écritures du receveur.

Les formules non utilisées sont jointes aux bordereaux journaliers des versements ultérieurs.

Approvisionnement des timbres-épargne

Les timbres-épargne sont imprimés par l'atelier de la fabrication des timbres-poste, qui en approvisionne les receveurs par l'intermédiaire des receveurs principaux.

Les formules sont réunies par carnets de 100 ; pour prémunir les comptables contre les disparitions accidentelles et les détournements, les feuillets sont collés en bloc sur la tranche supérieure et la tranche inférieure, de telle sorte que la soustraction d'un timbre-épargne pris dans le milieu du carnet ne puisse passer inaperçue.

Comptabilité matières.

Les timbres-épargne sont l'objet d'une comptabilité-matières, comme les registres de mandats de poste, mais dans les recettes principales seulement, constituées en entrepôts et chargées de l'approvisionnement des autres bureaux.

L'unité de comptabilité pour les timbres-épargne, c'est le feuillet.

Le receveur principal tient un livre-journal des quantités reçues du magasin central, des carnets consommés à la recette principale et des envois qu'il adresse aux receveurs du département; ce livre est totalisé par mois et par année. A la fin de chaque mois, le receveur principal en extrait une situation mensuelle de l'approvisionnement existant à l'entrepôt; cette situation, après avoir été vérifiée et certifiée exacte par le directeur départemental, est adressée à la direction centrale de la caisse d'épargne. La situation de l'entrepôt, en fin d'année ou de gestion, est établie par le compte de gestion du receveur principal.

Le directeur ouvre, de son côté, un compte à la recette principale et à chacune des recettes du département, sur lequel il indique, par premier et dernier numéro, les quantités de timbres entrées et sorties. Ce compte est tenu à jour à l'aide des accusés de réception adressés, par l'intermédiaire du directeur, au garde-magasin central par le receveur principal et au receveur principal par les autres receveurs du département.

Les carnets de timbres-épargne sont reconstitués à la direction centrale au moyen des déclarations de versement jointes aux bordereaux journaliers de recette; au fur et à mesure que lui parvient chaque procès-verbal de reconstitution d'un carnet, le directeur biffe, sur le compte ouvert au bureau intéressé, les mentions y relatives.

Responsabilité des comptables.

Tout receveur qui n'est pas en mesure de justifier de l'emploi d'une déclaration de versement égarée ou perdue, par la production de la souche et du timbre-épargne correspondants, peut être tenu de consigner, au moment de la cessation de ses fonctions, un dépôt de garantie de 2,000 francs par formule, remboursable après un délai de dix ans. En cas d'impossibilité pour le receveur d'effectuer ce versement, on a recours sur son cautionnement, et, en cas d'insuffisance, sur ses biens présents et à venir.

Minimum des versements.

Il est nécessaire de fixer un minimum pour les versements : autrement les frais d'administration absorberaient les intérêts. C'est pourquoi l'article 7 de la loi du 9 avril 1881 décide qu'aucun versement ne peut être inférieur à 1 franc. Les versements peuvent comprendre, au delà de 1 franc, des fractions de franc [*Loi du* 10 *juin* 1882, *art.* 33; *Décret du* 22 *juillet* 1889] (1).

Bulletins d'épargne.

Chacun peut d'ailleurs se constituer des épargnes inférieures au minimum fixé par loi, au moyen de timbres-poste de 5 ou de 10 centimes, collés sur des bulletins d'épargne, et dont le montant n'est inscrit au compte du déposant que lorsque la valeur des timbres-poste apposés sur chaque bulletin atteint la somme de 1 franc [*Décret du* 30 *novembre* 1882] (2). C'est l'épargne au premier degré.

Les bulletins d'épargne sont délivrés gratuitement dans tous les bureaux de poste à ceux qui en font la demande : ces derniers y inscrivent eux-mêmes les noms de famille et prénoms de la personne qui doit en faire usage.

Il ne peut être versé en timbres-poste, pour un même déposant, plus de dix francs par mois (*Décret du* 30 *novembre* 1882, *art.* 3).

Caisses d'épargne scolaires.

La création des bulletins d'épargne a contribué à faciliter et à améliorer le fonctionnement des caisses d'épargne scolaires (3).

(1) *Bull. mens.* n° 7, juillet 1889, p. 475, et n° 8, août 1889, p. 507.

(2) *Bull. mens.* n° 12, décembre 1882, p. 735.

(3) L'idée première des caisses d'épargne scolaires revient à la France, où elle avait été appliquée dès 1834 à l'école municipale du Mans. Les caisses scolaires fondées en Belgique en 1866, sous l'impulsion de M. Laurent, y prirent très rapidement une très grande extension; elles se propagèrent ensuite en Allemagne, en Hollande, en Angleterre et, à partir de 1873, en France, grâce à l'initiative et au zèle de M. de Malarce.

En 1881, des caisses scolaires étaient installées, en France, dans 14,372 écoles; les sommes épargnées formaient 7,400,000 francs; les enfants en possession de livrets de grande caisse d'épargne étaient au nombre de 302,841.

L'un des résultats les plus heureux des caisses d'épargne scolaires a été de propager activement l'épargne, par l'effet de l'exemple, dans les classes ouvrières.

Aucun règlement n'a été établi pour la gestion de ces caisses, qui est confiée aux instituteurs. Le système le plus usité, recommandé par M. de Malarce, consiste dans la tenue d'un carnet dont chaque page est consacrée au compte d'un élève; elle est divisée en douze colonnes verticales, pour les versements effectués dans les douze mois de l'année. A la fin de chaque mois, l'instituteur totalise la dernière colonne remplie, reporte à la colonne suivante le total des versements, s'ils sont inférieurs à 1 franc, ou les centimes qui excèdent une somme ronde en francs. Il inscrit les sommes rondes en francs sur un bordereau qu'il porte à la caisse d'épargne; il y verse le montant de ces sommes au nom des titulaires de livrets. Les versements des enfants qui n'ont pas encore de compte ouvert à la caisse d'épargne sont portés sur un bordereau spécial qui contient les indications utiles à l'établissement des livrets à leur nom. L'instituteur conserve par devers lui les livrets et les sommes versées par les enfants, jusqu'au jour des versements.

Avec les bulletins d'épargne, les frais d'acquisition des imprimés nécessaires au fonctionnement des caisses scolaires et la conservation temporaire par l'instituteur des sommes versées par les élèves se trouvent supprimés. C'est au contraire l'instituteur qui fait l'avance de la valeur des timbres-poste dont il recouvre le montant sur ses élèves, au fur et à mesure des versements effectués. Les déplacements imposés à l'instituteur pour les versements mensuels sont évités : dans les communes rurales, c'est le facteur qui, à certains jours fixés de concert entre le receveur et l'instituteur, approvisionne l'instituteur de timbres-poste, de bulletins d'épargne, de demandes de livret. C'est également le facteur qui reçoit de l'instituteur et transmet au receveur les bulletins d'épargne remplis, les demandes de livrets et les livrets des enfants. Ces pièces, confiées au facteur, sont récapitulées sur un relevé établi en double expédition, dont une est remise au facteur, tandis que l'autre est conservée par l'instituteur. Le facteur rapporte à l'instituteur les quittances à souche et les livrets sur lesquels les versements ont été inscrits.

Maximum des versements. Législation antérieure à 1881.

Le maximum autorisé pour les versements a varié. La loi de 1835 avait fixé à 3,000 francs l'avoir maximum de chaque déposant. Cette limite fut restreinte à 2,000 francs par la loi du 22 juin 1845, puis à 1,000 francs par la loi du 30 juin 1851, après les événements de 1848. La loi du 22 juin 1845 avait fixé, en outre, à 300 francs le chiffre total des versements que chaque déposant pouvait faire par semaine, et elle avait interdit le cumul des livrets dans une même caisse ou dans des caisses différentes. A cette époque, la clause de sauvegarde n'existait pas encore, et le gouvernement, craignant les embarras financiers auxquels le Trésor pouvait se trouver exposé par suite de l'afflux des demandes de remboursement en temps de crise, cherchait par tous les moyens possibles à limiter le stock des capitaux dont il avait la garde.

Dès qu'un compte avait atteint le maximum de 1,000 francs, aucun versement n'était plus reçu par la caisse d'épargne au crédit de ce compte ; si le dépassement se produisait par le seul fait de l'accumulation des intérêts, le titulaire était invité à ramener son compte au maximum légal. S'il ne le faisait pas, la caisse lui achetait d'office 10 francs de rente sur l'État.

Ces mesures n'étaient que conformes au but de l'institution des caisses d'épargne, qui sont faites, nous le répétons, pour recueillir les petites économies, non pour faire office de banques de dépôt en recevant des capitaux déjà formés qui peuvent trouver aisément un autre emploi. Mais le maximum de 1,000 francs était inférieur à celui qui est généralement admis dans les pays étrangers.

Législation étrangère.

En Portugal, il est de 2,777 francs; en Russie, de 3,125 francs ; en Angleterre, de 3,750 francs pour les sommes déposées, et il peut atteindre 5,000 francs avec les intérêts cumulés; en Allemagne, il varie suivant les caisses, mais atteint souvent 3,750 francs ; en Belgique, il est de 5,000 francs ; dans l'État de New-York, les caisses d'épargne peuvent recevoir des dépôts jusqu'à concurrence de 25,000 francs. En Autriche, il n'y a pas de maximum. Il faut ajouter toutefois que, dans les pays étrangers, les caisses d'épargne sont, en général, libres de leurs placements, tandis qu'en France, les fonds des déposants ne peuvent être employés qu'en valeurs de l'État.

Loi du 9 avril 1881.

Sous l'influence d'une législation plus large, le stock des dépôts, dans les pays étrangers, s'était rapidement élevé et atteignait des chiffres bien supérieurs à celui de l'avoir des déposants en France. Il en résultait pour notre pays une infériorité apparente qui ne tenait qu'à une législation plus stricte et à une notion plus exacte du rôle des caisses d'épargne. Néanmoins, on avait pris prétexte de cette prétendue infériorité pour demander le relèvement du maximum des dépôts ; on faisait valoir, en outre, les inconvénients qui résultaient de la nécessité de ramener chaque année un grand nombre de comptes à la limite légale, le mécontentement que ces mesures pouvaient provoquer chez les déposants, enfin l'intérêt des caisses d'épargne elles-mêmes, dont les bénéfices sont proportionnels au montant des dépôts, tandis que les frais d'administration sont aussi élevés pour les petits comptes que pour les gros.

Sous l'empire de ces considérations, l'article 8 de la loi du 9 avril 1881 a relevé à 2,000 francs le chiffre maximum que peut atteindre l'avoir de chaque déposant, et supprimé la limite de 300 francs pour les versements que le titulaire d'un même livret peut effectuer pendant une semaine. On peut donc verser aujourd'hui jusqu'à 2,000 francs en une seule fois. Ces dispositions ont été rendues applicables aux caisses d'épargne privées (1).

Les sociétés de secours mutuels sont admises à faire des versements à la caisse d'épargne postale, et le compte ouvert à leur crédit peut atteindre le chiffre de 8,000 francs. Les institutions de coopération, de bienfaisance et autres sociétés de même nature peuvent être admises à faire des verse-

(1) D'après le projet soumis aux Chambres par le gouvernement, le 20 mai 1880, le maximum des versements aux caisses d'épargne resterait fixé à 2,000 francs, mais le total des versements opérés dans le cours d'une année ne devrait pas dépasser ce chiffre. On voudrait réagir contre l'habitude prise par certains déposants de placer en compte courant aux caisses d'épargne leurs fonds disponibles (Exposé des motifs, n° 378 ; *Journal officiel*).

ments dans les mêmes conditions, après en avoir obtenu l'autorisation du ministre (Art. 13 de la loi du 9 avril 1881).

§ 5. — Remboursements.

D'après le décret du 31 août 1881 (art. 6), aucun remboursement ne pouvait être fait par les receveurs des postes, pour le compte de la Caisse d'épargne postale, que sur une autorisation donnée par la direction centrale. Depuis, cette règle a reçu des exceptions. Autorisations de remboursement, données, en principe, par la direction centrale.

Le remboursement peut être partiel ou intégral. S'il est partiel, la somme portée sur la demande doit être inférieure de 1 franc au moins au crédit du livret en capital.

La demande de remboursement ne peut être faite que par le titulaire du livret et doit être signée de lui. S'il ne sait pas signer, elle est rédigée et signée *par le receveur;* mais au retour de l'autorisation, la quittance doit être signée par deux témoins. Demandes de remboursement.

Si le titulaire n'a pas signé la demande de livret, sa signature sur la demande de remboursement est certifiée par le maire ou le commisssaire de police de la commune où il réside (Art. 17 du décret du 31 août 1881).

Si la demande est faite par un tiers, le réclamant doit y joindre une procuration spéciale, signée du titulaire du livret, ou bien une procuration générale contenant pouvoir de toucher et de donner quittance. Les mêmes formalités sont exigibles si le titulaire du livret, bien qu'ayant signé la demande, ne se présente pas lui-même pour toucher les fonds (*Art.* 21 *du décret du* 31 *août* 1881). Demandes formées par des tiers

Lorsque le livret est au nom d'une femme mariée qui a fait son dépôt avec l'assistance de son mari, la demande de remboursement peut être signée par elle seule; mais le remboursement est fait au mari et à la femme, qui tous deux signent la quittance, ou à la femme seule, munie du consentement écrit et signé du mari. Femmes mariées.

Lorsque le livret appartient à une femme mariée qui a fait son versement sans l'assistance de son mari, la demande de remboursement, ainsi que la quittance, est signée par la femme seule, sauf opposition de la part du mari; dans ce dernier cas, le payement peut avoir lieu entre les mains du mari et de la femme (*Loi du* 9 *avril* 1881, *art.* 6).

Si le dépôt a été fait par un mineur, avec l'assistance de son représentant légal, la demande de remboursement et la quittance sont signées par la personne chargée de l'administration de ses biens ou de sa tutelle. Mineurs et autres incapables.

Le mineur qui a fait un dépôt sans l'assistance de son représentant légal peut également en obtenir le remboursement sans l'intervention de celui-ci, et sauf opposition de sa part. Mais s'il a moins de seize ans, le remboursement ne peut être opéré qu'en présence et avec le consentement écrit de son représentant légal (*Loi du* 9 *avril* 1881, *art.* 6; *Décret du* 31 *août* 1881, *art.* 20).

Lorsque le livret est au nom d'une personne interdite, ou aliénée, ou pourvue d'un conseil judiciaire, les fonds ne peuvent être retirés que par la personne chargée de l'administration des biens du titulaire.

Militaires.

L'intervention du vaguemestre n'est pas nécessaire pour les remboursements au profit des militaires sous les drapeaux.

Oppositions.

Les receveurs ne doivent pas recevoir d'oppositions au remboursement des sommes versées à la Caisse d'épargne postale.

Les oppositions qui peuvent être formées soit par les maris ou les représentants légaux des mineurs, en exécution de l'article 6 de la loi du 9 avril 1881, soit par des tiers, pour toute autre cause, doivent être signifiées, par ministère d'huissier, entre les mains de l'agent comptable à Paris : la mainlevée doit être donnée dans la même forme.

Le nombre des oppositions est très minime. Il a été, en 1889, de 62; 21 ont été signifiées en vertu de l'article 6 de la loi de 1881 sur des comptes ouverts à des femmes mariées qui avaient versé sans l'assistance de leur mari (le nombre des comptes ouverts dans ces conditions étant de 304,000); 2 (sur 620,000 comptes) ont été signifiées à l'égard de mineurs qui s'étaient fait ouvrir des livrets sans l'assistance de leurs représentants légaux; 39 oppositions ordinaires ont été signifiées par des tiers.

Procédure adoptée en Belgique.

En Belgique, le juge de paix, statuant sans frais, les parties appelées en audience publique, peut, nonobstant l'opposition du mari, ou bien en cas d'absence ou d'éloignement de celui-ci, autoriser le remboursement au profit de la femme seule.

Lors de la discussion au Sénat du projet de loi sur la création de la Caisse d'épargne postale, M. Bozérian avait déposé un amendement tendant à introduire cette procédure en France. Cet amendement n'a pas été adopté; il eût mis à néant la puissance maritale et détruit la fiction du mandat tacite en vertu duquel la femme mariée est autorisée à effectuer des dépôts ou des retraits de fonds à la caisse d'épargne.

Livrets à remboursement différé.

Le titulaire d'un livret dont le montant n'est disponible qu'après un certain délai doit, pour en obtenir le remboursement, fournir la preuve de l'expiration du délai. Si le remboursement a été subordonné, pour une fille mineure, à la condition de son mariage, l'acte de célébration doit être accompagné du consentement du mari au payement demandé.

Cessions de livret.

En cas de cession faite, au profit d'un tiers, du montant d'un livret par le titulaire, le cessionnaire doit justifier de son identité. La cession peut être faite par acte authentique ou par acte sous seing privé enregistré. Elle doit être signifiée régulièrement à la caisse d'épargne et accompagnée de la production du livret (Art. 22 du décret du 31 août 1881).

Remboursement après décès.

Toutes les fois qu'il y a lieu de rembourser des fonds après le décès du titulaire du livret, il est fait, au dos de la quittance, un extrait succinct des pièces produites (1) *pour justifier de la qualité des héritiers, donataires, légataires et autres ayants droit, et la quittance est souscrite par les ayants droit ou leurs mandataires.*

Quand l'administration des domaines, appelée à recueillir une succes-

(1) Acte de notoriété ou certificat de propriété, si le montant du livret dépasse 50 francs; certificat du maire dans le cas contraire. Ces pièces sont communiquées à la direction centrale qui seule peut autoriser le remboursement (Appendice n° 4 à l'*Instruction* n° 24).

sion à titre de déshérence, se présente pour recevoir le montant d'un livret ayant appartenu à un déposant décédé ab intestat *et sans avoir laissé d'héritiers connus, elle doit justifier de l'accomplissement des formalités prescrites par les articles* 769, 770 *et suivants du Code civil* (Art. 23 du décret du 31 août 1881).

Les demandes de remboursement et les quittances concernant une société de secours mutuels ou toute autre institution analogue sont signées par un délégué ou mandataire porteur de toutes les pièces suffisantes pour justifier de l'accomplissement des formalités exigées par les statuts, en ce qui concerne les retraits des fonds. Si les statuts ne renferment aucune prévision sur ce point, le délégué ou mandataire doit être porteur d'une procuration revêtue des signatures de tous les membres composant le conseil d'administration de la société (Art. 21 du décret du 31 août 1881). Sociétés de secours mutuels et autres sociétés analogues.

Les demandes de remboursement sont faites sur des formules de modèles différents, suivant qu'il s'agit d'un remboursement partiel ou d'un remboursement intégral. Ces formules sont mises à la disposition du public dans tous les bureaux de poste appelés à participer au service de la Caisse d'épargne (*Décret du* 31 *août* 1881, *art.* 17). Forme et transmission des demandes.

Elles sont divisées en deux parties (1) : la *demande*, qui est remplie et signée par le déposant ; l'*autorisation de remboursement*, qui est donnée par la direction centrale de la caisse d'épargne. La demande contient l'indication du numéro du livret, de la somme réclamée et du bureau où le réclamant désire toucher ; elle est mise à la poste par le déposant lui-même, et adressée à la direction générale des postes et des télégraphes (Caisse nationale d'épargne).

La direction centrale (bureau des remboursements) s'assure préalablement que la signature de la demande de remboursement est bien la même que celle qui a été apposée sur la demande de livret. Puis l'agent comptable examine si la situation du compte permet le remboursement de la somme indiquée. Dans l'affirmative, il appose sur la demande la mention : *Vu sans opposition.*

La demande est ensuite renvoyée, avec le visa de la direction centrale, au bureau désigné pour le payement. Ce renvoi tient lieu de l'avis d'émission prescrit par l'article 18 du décret du 31 août 1881. L'autorisation de remboursement est adressée directement au déposant. Lorsque le déposant se présente pour toucher les fonds, le receveur doit préalablement comparer l'autorisation de remboursement avec la demande qu'il a entre les mains : s'il y a identité dans le nom, dans la somme et dans les signatures qui figurent sur les deux formules, il inscrit, en toutes lettres et en chiffres, sur le livret, le montant de la somme remboursée ; il y appose sa signature et le timbre à date de son bureau.

Au moment même de la remise des fonds à l'ayant droit, le remboursement est inscrit sur un carnet.

Chaque soir, le receveur adresse au directeur un bordereau nominatif des remboursements, établi en double expédition, auquel il joint les de-

(1) *Bull. mens.* n° 8, août 1885, *Instr.* n° 46, p. 275.

mandes et les autorisations de remboursement quittancées par les parties, les pièces justificatives s'il y a lieu, enfin les livrets lorsqu'il s'agit de remboursements intégraux.

Lorsque, dans le mois qui suit la date de l'autorisation de remboursement, le déposant ne s'est pas présenté pour toucher la somme qui lui revient, sa demande est considérée comme nulle.

Le remboursement ne peut plus avoir lieu que sur une nouvelle demande de la partie et une nouvelle autorisation de la direction centrale de la Caisse d'épargne.

Remboursement par mandat de poste.

Tout déposant peut demander que le remboursement d'une somme à valoir sur son compte soit effectué au moyen d'un mandat-poste émis à son profit ou au profit d'une autre personne. Les frais du mandat sont prélevés sur son compte. Ce mode de remboursement présente de grandes facilités pour les déposants de la Caisse nationale qui voyagent à l'étranger et peuvent ainsi disposer constamment du crédit de leur compte.

Les demandes sont établies, en France, sur des formules spéciales, mises à la disposition du public dans les bureaux de poste, et que les déposants adressent directement à la Caisse nationale d'épargne, à Paris. S'ils sont en pays étranger, ils joignent leur livret à leur demande de remboursement.

La somme à rembourser est convertie en un mandat-carte, émis par le receveur du bureau de Paris n° 89 (rue St-Romain), qui fait figurer le remboursement dans ses écritures et annexe le talon du mandat à son bordereau journalier. Ce talon est transmis par la direction centrale de la Caisse d'épargne au receveur du bureau qui dessert la résidence du déposant ; ce receveur se fait communiquer le livret pour y inscrire l'opération du remboursement. Par la remise du talon du mandat au déposant, la Caisse d'épargne se trouve déchargée de toute responsabilité, en ce qui concerne la transmission ou le payement des mandats-cartes émis par son entremise.

Les mandats de remboursement payables par les bureaux de poste des États-Unis de l'Amérique du Nord, de la Grande-Bretagne, des Indes néerlandaises, de l'île de Malte et de la Perse, donnent lieu à la délivrance de mandats avec avis d'émission, pour la transmission desquels est perçue la taxe d'une lettre ordinaire.

Délais de remboursement.

L'article 11 de la loi du 9 avril 1881 accorde à l'administration un délai de huit jours, au maximum, pour opérer les remboursements dans la France continentale. Ce délai court à partir de la date constatée par le timbre de la poste sur la demande de remboursement.

Pour la Corse, le remboursement est autorisé dans le plus bref délai (*Décret du 23 février* 1882). Pour l'Algérie et la Tunisie, le délai légal est augmenté du temps nécessaire pour l'échange des correspondances, aller et retour (*Décret du 22 décembre* 1883).

La fixation d'un délai entre la demande de retrait et le payement est nécessaire pour donner le temps, à la direction centrale, de vérifier le compte du déposant, et au receveur, celui de se procurer des fonds dans le cas où il en manquerait.

Le délai légal est d'ailleurs abrégé dans la pratique. Pour la France continentale, il varie entre deux et trois jours.

Remboursements par voie télégraphique.

Dans les cas urgents, les déposants peuvent employer la voie télégraphique pour faire parvenir leurs demandes à l'administration ; l'autorisation de remboursement est transmise également par le télégraphe, aux frais du réclamant.

Le déposant doit fournir les justifications d'identité exigées pour le payement des mandats télégraphiques.

Les remboursements par le télégraphe ne peuvent dépasser 300 francs pour la même journée et pour la même personne. Mais le remboursement d'une somme supérieure peut être demandé par le télégraphe et autorisé par la poste.

Remboursements à vue.

Le 16 janvier 1882, la Caisse d'épargne postale a installé un service de remboursement à vue au bureau de Paris n° 44, c'est-à-dire dans les bâtiments mêmes où siégeait la direction centrale (1). Ce service s'est rapidement développé. En 1889, le nombre des remboursements effectués dans ces conditions a été de 60,133. Pour augmenter les facilités accordées à la population parisienne, on a étendu ce service à tous les bureaux de Paris, en utilisant le réseau des tubes pneumatiques.

Des cartes-télégrammes doubles, avec cadres imprimés à l'avance, pour servir de demandes et d'autorisations de remboursement, sont mises, moyennant le prix de 60 centimes, à la disposition des personnes qui désirent toucher le jour même, dans les bureaux de leur quartier. Le délai, pour les remboursements effectués dans ces conditions, n'excède pas deux heures en moyenne.

Le nombre des remboursements par cartes-télégrammes a été de 20,119 en 1889.

Des services de remboursement à vue ont été installés, depuis peu, aux sièges des succursales de la Caisse nationale d'épargne.

La plupart des caisses d'épargne privées opèrent séance tenante les remboursements à vue jusqu'à concurrence d'une certaine somme. Cette facilité paraît très appréciée du public ; elle ne présente pas d'inconvénients pour les caisses privées qui sont des institutions locales, opérant au siège même de leur établissement ou dans un rayon restreint, et connaissant leur clientèle de déposants, au moins dans les petites localités. Avec une caisse d'épargne d'État, opérant sur tous les points du territoire, le remboursement ne peut être opéré avec sécurité que sur l'autorisation donnée par l'administration, qui tient le compte des déposants ; les remboursements à vue ne peuvent donc s'effectuer qu'au siège de cette administration ou de ses succursales de plein exercice. Ainsi, les caisses d'épargne d'État, si supérieures aux caisses privées par la facilité qu'elles

(1) Ce service fonctionne actuellement rue St-Romain, au siège de la Caisse d'épargne postale.

procurent aux déposants de faire des opérations sur tous les points du territoire, avec leur livret national, leur sont cependant inférieures au point de vue de la rapidité des remboursements. Est-ce bien là d'ailleurs une infériorité? Certains économistes, parmi lesquels M. de Malarce, le contestent. Leur avis est que, si toute facilité doit être donnée aux déposants pour le placement de leurs économies, il n'est pas mauvais, dans leur propre intérêt, de laisser s'écouler un certain délai entre la demande de remboursement et le retrait des fonds. La caisse d'épargne doit être comme la tirelire, où l'argent entre plus facilement qu'il n'en sort. Il est conforme au but de l'institution de ne pas rendre les remboursements instantanés, afin de laisser aux intéressés le temps de la réflexion; et il paraît qu'en Angleterre, de même qu'en France, beaucoup de mandats de remboursement restent impayés, preuve que bien des demandes de retrait répondent à des fantaisies passagères, plutôt qu'à des besoins réels.

Clause de sauvegarde.

En temps de crise, le nombre et l'importance des demandes de remboursement excèdent ceux des versements; et l'on a vu parfois les déposants, pris de panique, se présenter en foule aux guichets des caisses d'épargne pour retirer leurs fonds. L'État, qui est détenteur de leur avoir, pourrait alors se trouver aux prises avec de graves embarras financiers, aujourd'hui surtout que le stock des dépôts, en France, dépasse 3 milliards de francs.

Il est vrai que la plus grande partie de ce stock est représentée par des titres de rente sur l'État; mais, en temps de crise, ces titres subiraient une dépréciation notable, et seraient d'une réalisation difficile.

Une panique de ce genre s'est produite en 1848; le gouvernement, effrayé par l'affluence des demandes de retrait, limita, par un décret du 9 mars, à 100 francs, en espèces, le montant des sommes à rembourser en numéraire sur chaque livret, et donna aux déposants des rentes ou des bons du Trésor pour le surplus. Ensuite, on décida la conversion obligatoire de tous les dépôts en rente 5 0/0, d'abord au taux de 80 francs, puis à celui de 71 fr. 60. L'État subit, par suite de cette conversion forcée, une perte de 140 millions, sans compter le préjudice causé aux déposants qui reçurent en payement des rentes au cours nominal de 81 francs et de 71 fr. 60, alors que ces rentes valaient seulement 75 et 64 francs. Par suite de ces mesures, les caisses d'épargne se trouvèrent à peu près liquidées. De 381 millions qu'il était avant la crise, leur stock tomba à 74 millions en 1849. Il fallut dix ans pour regagner le terrain perdu.

En 1870, un décret du gouvernement de la Défense nationale, du 17 septembre, limita à 50 francs les remboursements en espèces, et offrit le surplus en bons du Trésor. Ce régime rigoureux fut appliqué pendant dix mois aux caisses départementales; mais à Paris, il fut modifié, dès le 1er octobre 1870, sur les conseils de M. de Malarce, qui revenait d'Angleterre où il avait été chargé d'une mission officielle relative aux caisses d'épargne. M. de Malarce proposa, pour conjurer la crise, un moyen emprunté aux législations étrangères et consistant à rembourser les déposants par acomptes successifs de 50 francs, échelonnés de mois en mois, sans leur imposer des valeurs plus ou moins fictives. Cette mesure calma la panique, si bien qu'au lieu de 12 millions immédiatement exigibles, la caisse d'épargne de Paris n'eut à rembourser que 300,000 francs pendant le premier mois. Pendant toute la durée du siège, l'ensemble des payements en espèces ne s'éleva qu'à 1,750,000 francs ; même les versements continuèrent et s'élevèrent à 750,000 francs.

L'efficacité du système de remboursement par acomptes successifs a encore été mise en pleine lumière par l'exemple de l'Autriche. Ce pays a eu à traverser trois grandes crises : la révolution de 1848, qui renversa le souverain ; la guerre malheureuse contre la Prusse, en 1866, qui conduisit l'ennemi jusqu'aux portes de Vienne, et le krach financier de 1873, qui fit sombrer les établissements de crédit réputés les plus solides. A ces trois époques, les caisses d'épargne ne furent pas un instant ébranlées, pas même en 1873, alors que cent vingt banques et sociétés diverses, représentant un capital de 800 millions de francs, entraient en liquidation.

Mais, pour enlever au remboursement par acomptes successifs jusqu'à l'apparence d'une mesure arbitraire, il faut que cette mesure, à laquelle on n'a recours que dans des circonstances exceptionnelles, ait été prévue à l'avance ; qu'elle fasse l'objet d'une clause spéciale du contrat qui intervient entre la caisse d'épargne et le déposant. Cette clause, qui existe depuis longtemps dans certains pays étrangers, en Hollande depuis 1830, en Prusse depuis 1838, et qui a été introduite également en Italie, en Suisse, en Belgique, en Autriche, aux États-Unis, a pris le nom de *clause de sauvegarde*. En l'insérant dans la loi, en l'inscrivant sur le livret même du déposant, on évite tout prétexte à des réclamations.

« Il faut, disait M. Thiers, en 1850, dans son rapport sur l'assistance et la prévoyance, être sincère vis-à-vis du public ; promettre de rembourser toujours à vue des dépôts dont on promet aussi de servir l'intérêt et qu'on s'engage à placer pour les faire fructifier, c'est promettre l'impossible, c'est s'exposer nécessairement à des manquements de parole. Il ne faut permettre que le possible, que ce que l'on peut tenir. »

La clause de sauvegarde a été introduite en France par l'article 13 de la loi du 9 avril 1881 :

Dans le cas de force majeure, des décrets rendus, le conseil d'État entendu, pourront autoriser la Caisse d'épargne postale à n'opérer le remboursement que par acomptes de cinquante francs (50 fr.), *au minimum, et par quinzaine.*

Cette clause s'applique également aux caisses privées, en vertu de l'article 21 de la loi du 9 avril 1881. On l'a imprimée sur la couverture des livrets.

On a critiqué la forme dans laquelle la clause de sauvegarde a été introduite dans notre législation. Pourquoi, a-t-on dit, astreindre le gouvernement, lorsqu'il sera dans la nécessité d'y recourir, à la formalité d'un décret en conseil d'État? N'est-ce pas l'obliger à constater officiellement l'état de crise, à l'aggraver par là même? Mieux eût valu, peut-être, faire du remboursement par acomptes la règle qu'on eût inscrite dans la loi, sauf à l'administration à ne pas s'en prévaloir en temps normal.

§ 6. — Achats de rentes.

Achats de rentes.

Les achats de rente pour le compte des déposants ont lieu :
1° D'office ;
2° Sur leur demande.

1° D'office.

Dès qu'un compte dépasse, par les versements et capitalisation des intérêts, le chiffre de 2,000 francs, il en est donné avis au déposant, par lettre chargée.

Si, dans les trois mois qui suivent cet avis, le déposant n'a pas réduit son crédit, il lui est acheté, d'office et sans frais, vingt francs de rente sur l'État.

Le service des intérêts sur l'excédent est suspendu, à partir de la date de l'avis, jusqu'au jour de la réduction du compte (*Art.* 9 *de la loi du* 9 *avril* 1881).

Des mesures analogues sont prises à l'égard des sociétés de secours mutuels et autres sociétés assimilées dont le crédit a atteint le chiffre de 8,000 francs. Au delà de ce chiffre, il est acheté d'office, pour leur compte, 100 francs de rente sur l'Etat (*Art.* 13 *de la loi du* 9 *avril* 1881).

Les rentes achetées d'office sont exclusivement nominatives (*Décret du* 31 *août* 1881, *art.* 36). Les achats sont faits conformément à l'article 2 de la loi du 30 juin 1851, c'est-à-dire en rente 4 1/2 0/0 nouveau, quand le cours est au-dessous du pair, ou, dans le cas contraire, en 3 0/0 ancien.

Les achats de rente effectués soit à la demande des déposants, soit d'office, ont lieu par l'intermédiaire de la Caisse des dépôts et consignations, au cours moyen du jour de l'opération. Les inscriptions sont remises, contre reçu, à l'agent comptable, chargé de les faire parvenir aux ayants droit, par l'intermédiaire des receveurs. Les titulaires des inscriptions donnent reçu sur un bordereau d'exécution qui est renvoyé à la Caisse nationale d'épargne, à Paris.

Le montant des rentes achetées aux déposants, en capital, d'après le prix d'achat, est déduit de l'avoir des déposants, sur leur livret, comme s'il s'agissait d'un remboursement de pareille somme.

Les inscriptions que les titulaires désirent laisser en dépôt, ou qui ne peuvent leur être remises, sont conservées à la Caisse des dépôts et consignations. Au fur et à mesure des échéances, l'agent comptable porte le montant des arrérages, d'une part, au débit de la Caisse des dépôts, et, d'autre part, au crédit des titulaires, sur le livre des comptes courants individuels (*Décret du* 31 *août* 1881, *art.* 36).

2° Sur la demande des déposants.

Tout déposant dont le crédit est suffisant pour acheter dix francs (10 fr.) de rente, au minimum, peut faire opérer cet achat sans frais par la Caisse d'épargne postale.

L'achat de rente peut être supérieur à dix francs si la situation du crédit le comporte (Art. 7 de la loi du 9 avril 1881).

Les demandes d'achat de rentes sont adressées directement par les déposants à l'administration centrale. Elles sont signées par eux, portent l'indication du numéro du livret, celle de la demeure actuelle du demandeur, et de son domicile au moment du premier dépôt ; le chiffre de rentes qu'il réclame, et la nature de la rente, sans indication du capital, qui varie suivant les cours ; le département où il désire toucher les arrérages ; enfin le bureau de poste où l'inscription de rente doit lui être remise.

Les demandes ne sont admises que pour les rentes 4 1/2 0/0 ancien ou nouveau, 3 0/0 ancien et 3 0/0 amortissable ; la rente 3 0/0 amortissable n'est délivrée que par coupures de 15 francs ou d'un multiple de 15 francs.

Les rentes achetées sur la demande des déposants sont nominatives ou mixtes, au choix des parties (*Décret du 21 août* 1881, *art.* 35). La rente mixte est ainsi appelée de ce que le capital seul est nominatif, tandis que les coupons d'arrérages sont au porteur. Les rentes 4 1/2 0/0 nouveau et 3 0/0 ancien comportent seules des titres mixtes. Il n'est acheté de rente mixte que pour les personnes ayant la pleine et entière disposition de leurs inscriptions.

§ 7. — Intérêt servi aux déposants.

Taux de l'intérêt servi par la Caisse d'épargne postale.

La Caisse d'épargne postale sert à ses déposants un intérêt de 3 0/0 (*Art.* 3 *de la loi du* 9 *avril* 1881).

Taux plus élevé de l'intérêt servi par les caisses privées. Motifs de la différence.

Ce taux est inférieur à celui de l'intérêt que les caisses d'épargne privées ont servi jusqu'à ce jour à leur clientèle, et qui a varié entre 3 fr. 50 et 3 fr. 75 0/0 (1).

Cette différence provient de ce que la Caisse des dépôts et consignations, qui gère les fonds des caisses privées comme ceux de la Caisse nationale (*Loi du* 31 *mars* 1837 *; loi de finances du* 29 *juillet* 1881, *art.* 34), accordait à celle-ci un intérêt moins élevé qu'à celles-là : 4 0/0 aux caisses privées (*Loi du* 7 *mai* 1853, *art.* 1er), 3.25 seulement à la Caisse d'épargne postale (*Loi du* 9 *avril* 1881, *art.* 2).

La Caisse nationale s'est donc trouvée jusqu'à présent, en ce qui concerne le taux de l'intérêt dont elle bénéficie pour le placement de ses fonds et celui de l'intérêt qu'elle sert à ses déposants, dans des conditions d'infériorité très sensibles vis-à-vis des caisses privées. La loi l'avait voulu ainsi pour deux motifs : en premier lieu, pour protéger les caisses privées contre la concurrence redoutable de la Caisse nationale ; en second

(1) Les caisses d'épargne privées sont autorisées, par la loi du 30 juin 1851, à prélever, pour couvrir leurs frais d'administration, 1/4 à 1/2 0/0 sur l'intérêt qui leur est servi par la Caisse des dépôts et consignations.

En 1888, 383 caisses ont prélevé le minimum, et servi à leurs déposants un intérêt de 3 fr. 75 0/0 ; 144, y compris celle de Paris, ont prélevé le maximum et servi un intérêt de 3 fr. 50 0/0 ; 2 caisses ont prélevé 0 fr. 35 0/0, et 3 caisses, 0 fr. 40 0/0.

(*Rapport du ministre du commerce au président de la République, sur les opérations des caisses d'épargne ordinaires en 1888; Journal officiel* du 12 mai 1890).

lieu, pour prémunir le Trésor contre les charges que lui imposerait l'obligation de servir aux déposants un intérêt relativement élevé.

Le taux de 4 0/0, pour l'intérêt alloué aux caisses privées par la Caisse des dépôts et consignations, avait été fixé à une époque où le loyer de l'argent était beaucoup plus élevé qu'aujourd'hui. Ce taux était devenu onéreux pour l'État dont le crédit, par suite de la hausse continue des fonds publics, se cote aujourd'hui à la Bourse à 3.15 0/0 (taux de capitalisation de la rente 3 0/0 perpétuel). Il est anormal que l'État assure aux caisses d'épargne un intérêt supérieur à celui qu'il aurait à payer lui-même s'il empruntait directement. Un intérêt élevé ne se combine jamais, dans un placement quelconque, avec la sécurité et avec la disponibilité du capital. Les banques ne donnent en général, pour les dépôts remboursables à vue, qu'un intérêt de 1 0/0. En Angleterre, les caisses d'épargne privées ne servent à leur clientèle qu'un intérêt de 3 0/0, la Caisse postale, de 2 1/2 0/0.

C'est pour ces motifs que la loi de finances du 26 décembre 1890 a réduit à 3 fr. 75 0/0, à partir du 1er janvier 1891, l'intérêt bonifié par la Caisse des dépôts et consignations aux caisses d'épargne privées (*Art.* 55).

L'article 56 de la même loi a décidé que le taux de l'intérêt payé par le Trésor sur les fonds des caisses d'épargne nationale et privées serait fixé par le ministre des finances; il ne peut être supérieur au taux d'intérêt des bons du Trésor.

A partir du 1er janvier 1891, le taux de l'intérêt servi par la Caisse des dépôts et consignations à la Caisse nationale d'épargne, pour ses fonds déposés en compte courant, est égal à celui servi par le Trésor à la Caisse des dépôts (*Art.* 57 *de la loi du* 26 *décembre* 1890) (1).

Période de jouissance de l'intérêt servi aux caisses d'épargne et aux déposants.

La jouissance de l'intérêt servi par la Caisse des dépôts court, pour les caisses privées, du dernier jour de la dizaine pendant laquelle les versements ont été effectués, jusques et non compris le jour du retrait (*Ordonnance du* 3 *juin* 1829, *art.* 4), et pour la Caisse d'épargne postale, du jour du versement, jusques et non compris le jour du retrait (*Loi du* 9 *avril* 1881, *art.* 2).

La jouissance de l'intérêt, pour les déposants, tant à la Caisse nationale qu'aux caisses privées, court du 1er au 16 de chaque mois, après le jour du

(1) D'après un projet de loi déposé par le gouvernement le 20 mai 1890 (n° 578, *Journal officiel*, p. 858), l'intérêt des fonds des caisses d'épargne privées versés par la Caisse des dépôts et consignations en compte courant au Trésor serait déterminé annuellement par la loi de finances. L'intérêt à servir par la Caisse des dépôts et consignations aux caisses d'épargne serait fixé par décret, au 1er octobre de chaque année, en tenant compte du revenu des valeurs du portefeuille et du compte courant avec le Trésor, déduction faite d'un prélèvement de 0 fr. 25 à 0 fr. 50 0/0. Ce prélèvement servirait à constituer un fonds de réserve destiné à couvrir soit les pertes provenant des différences d'intérêts ou des opérations ayant pour but d'assurer le service des remboursements, soit les déficits qui viendraient à se produire dans la gestion des caisses d'épargne.

La retenue que les caisses d'épargne elles-mêmes sont autorisées à pratiquer, pour couvrir leurs frais d'administration, sur l'intérêt qui leur est servi par la Caisse des dépôts et consignations, pourrait être graduée d'après l'importance des comptes des déposants. Le maximum serait de 1 fr. 50 0/0. Les comptes ne dépassant pas 500 francs pourraient être affranchis de toute retenue.

versement ; il cesse de courir à partir du 1er ou du 16 qui a précédé le jour du remboursement (*Loi du 9 avril 1881, art. 3 et 21*).

Règlement des intérêts.

Tout déposant qui désire faire régler son compte, en capital et intérêts, doit déposer son livret à un bureau de poste. Il lui est remis, en échange, une quittance détachée d'un livre à souche, indiquant le montant du compte et énonçant que le livret lui sera rendu dans un délai de quinze jours. Le livret est inscrit sur un bordereau nominatif et adressé directement par le bureau de poste à la direction centrale, à Paris.

A la réception du livret, l'agent comptable le compare avec le compte courant individuel du titulaire, en ce qui concerne les versements et les remboursements : il porte sur le livret, comme versement, le montant net des intérêts acquis au 31 décembre de l'année précédente et capitalisés à partir du 1er janvier de l'année courante.

La communication annuelle des livrets constitue un élément de contrôle très précieux pour la direction centrale : c'est souvent l'unique moyen de découvrir les fraudes et les irrégularités commises par les receveurs ; aussi l'administration a-t-elle soin d'inviter les déposants, par une mention inscrite sur la couverture des livrets, à lui faire cette communication chaque année, à l'époque correspondante à celle de l'ouverture du livret. Le nombre des déposants qui ont répondu à son appel a été, en 1889, de 302,337 sur 1,129,984, soit environ 26 0/0 du nombre total des livrets ouverts au 31 décembre 1888.

Cette proportion est assez faible ; en Angleterre, elle s'élève à 60 0/0.

L'administration française ne peut agir à cet égard, vis-à-vis des déposants, que par la persuasion. Dans certains pays étrangers, les caisses d'épargne disposent de moyens coercitifs ; la législation impose aux déposants l'obligation du règlement annuel, sous peine de la perte des intérêts acquis (1).

§ 8. — Transferts.

Décomposition des opérations de transfert.

Tout déposant peut faire transférer, sans frais, ses fonds de la Caisse d'épargne postale à une caisse d'épargne privée, et réciproquement.

Les opérations de transfert consistent dans un remboursement effectif, suivi d'un versement.

Lorsque le transfert a lieu d'une caisse privée à la Caisse postale, le remboursement est demandé à la première et le versement effectué à la seconde. Dans le cas, au contraire, où le transfert a lieu de la Caisse postale à une caisse privée, la première rembourse et la seconde encaisse.

Dans l'un et l'autre cas, c'est le receveur des postes du bureau de la

(1) L'administration procède encore au rappel des livrets par voie d'*enquêtes générales*, en se faisant communiquer tous ceux qui ont donné lieu à des opérations dans un bureau de poste, dont la gestion a besoin d'être plus particulièrement surveillée. L'initiative de ces enquêtes appartient aux directeurs. Le brigadier-facteur est chargé de se mettre directement en rapport avec les déposants, pour obtenir d'eux la communication de leur livrets (*Circulaire* n° 66, du 18 février 1889 ; *Bull. mens.* n° 12, décembre 1889, *Instr.* n° 79, p. 1094).

localité où est le siège de la caisse d'épargne privée qui agit par procuration du déposant (1).

Demandes de transfert.

Les demandes de transfert valant procuration sont établies en double expédition ; la signature du déposant doit être légalisée. Elles ne sont admises que pour la totalité des fonds déposés, nul ne pouvant être titulaire de plusieurs livrets. Elles doivent être accompagnées du livret de l'intéressé.

1er cas : Transfert d'une caisse privée à la Caisse d'épargne postale.

Lorsque le transfert est demandé d'une caisse privée à la Caisse d'épargne postale, le receveur qui reçoit la demande délivre au déposant, en échange de son livret, une quittance détachée du livre à souche des premiers versements, lui fait établir une demande de livret national à son nom et joint cette demande, avec les pièces, au bordereau journalier des premiers versements.

Le directeur départemental émet un livret au nom du demandeur, et le lui fait parvenir sans attendre l'accomplissement du transfert, afin que l'intéressé puisse continuer sans interruption ses opérations d'épargne ; il adresse ensuite à la caisse d'épargne privée qui doit rembourser les fonds, la demande de transfert, avec l'ancien livret du titulaire, par l'intermédiaire du receveur des postes de la localité où est le siège de cette caisse.

Ce receveur touche les fonds et en donne quittance au nom du déposant ; laisse entre les mains du caissier de la caisse d'épargne privée une expédition de la demande, avec l'ancien livret de l'intéressé ; conserve la seconde expédition, certifiée par le caissier, pour la joindre à l'appui de sa comptabilité ; se charge en recette du montant de la somme encaissée, sur le carnet des versements ultérieurs ; appose le timbre-épargne, détaché de ce carnet, sur le bordereau journalier des versements ultérieurs et informe le directeur du département qui a reçu la demande de transfert. Ce dernier réclame alors le nouveau livret qui a été remis au déposant, pour y faire inscrire la somme transférée dans la forme adoptée pour les premiers versements.

2e cas : Transfert de la Caisse d'épargne postale à une caisse privée.

Lorsque le transfert est demandé de la Caisse d'épargne postale à une caisse privée, le receveur qui a reçu la demande en transmet les deux expéditions à la direction centrale de la Caisse nationale, en les accompagnant du livret de l'intéressé et d'une demande de remboursement intégral à son profit.

La direction centrale règle le compte du déposant, en capital et intérêts, et adresse au receveur du bureau de poste de la localité où est le siège de la caisse d'épargne privée, l'autorisation de remboursement, les deux expéditions de la demande de transfert et l'ancien livret. Le receveur fait acquitter l'autorisation par le caissier de la caisse d'épargne privée, lui remet les fonds avec une expédition de la demande de transfert, constate l'opération sur le livret, et joint les pièces à son bordereau journalier des remboursements.

(1) *Bull. mens.* n° 3, mars 1889, *Instr.* n° 60 *de la Caisse nationale d'épargne*, p. 172.

Les transferts entre les caisses d'épargne privées sont réglés par l'instruction des ministres des finances et du commerce du 4 juin 1857, chapitre VI (1). Transferts entre les caisses d'épargne privées.

§ 9. — Succursales de la Caisse nationale d'épargne.

Primitivement, tous les comptes des déposants à la Caisse d'épargne postale étaient centralisés à Paris, y compris ceux ouverts en Algérie et en Tunisie (*Art.* 7 *du décret du* 31 *août* 1881). Les remboursements, sur ces derniers comptes, ne pouvaient être autorisés que par la direction centrale (*Art.* 17 et 19). Il en résultait des retards dont le public avait à se plaindre. Inconvénients résultant de la centralisation, à Paris, de tous les comptes des déposants.

Pour obvier à cet inconvénient, des décrets, en date du 16 mars 1886 (2) et du 14 décembre 1889 (3), ont institué des succursales de plein exercice en Algérie, en Tunisie et dans plusieurs départements du midi de la France. Organisation de succursales en Algérie, en Tunisie, et dans quelques départements du midi de la France.

Chacune de ces succursales est gérée, sous le contrôle du directeur départemental (du directeur des postes et des télégraphes de l'office tunisien, à Tunis), par le receveur principal, qui fait office de caissier (*Art.* 1er *du décret du* 14 *décembre* 1889). Gestion des succursales.

Le caissier tient, au lieu et place de l'agent comptable de la Caisse nationale d'épargne, en ce qui concerne les comptes des déposants de la succursale, le livre des comptes courants, en capitaux et intérêts, prescrit par l'article 7 du décret du 30 août 1881. Tenue des comptes courants individuels.

Le registre matricule, prescrit par l'article 7 du même décret, est remplacé par une deuxième expédition des demandes de livret (Art. 2 du décret du 14 décembre 1889).

Le directeur des postes et des télégraphes, chargé du contrôle d'une succursale, tient, par délégation du directeur de la Caisse nationale d'épargne, le double du livre des comptes courants, prescrit par l'article 8 du même décret (Art. 3). Double des comptes courants.

L'agent comptable de la Caisse nationale d'épargne reprend, dans ses écritures, en des comptes divisionnaires spéciaux, les opérations de versements et de remboursements effectuées par chaque succursale (Art. 4). Reprise des opérations dans les écritures de l'agent comptable.

Les succursales de la Caisse nationale d'épargne sont créées par arrêtés du ministre de commerce, de l'industrie et des colonies, au fur et à mesure des besoins du service (Art. 11). Organisation de succursales nouvelles.

Les traitements, allocations ou émoluments accordés aux divers agents des succursales, sur le budget de la Caisse nationale d'épargne, sont fixés par des arrêtés ministériels (*Art.* 12).

Dans le cas où les opérations de la succursale prendraient une grande extension, les fonctions de caissier et la tenue du double des comptes cou-

(1) Voir le texte de cette instruction dans le *Répertoire de Droit administratif*, publié sous la direction de M. Léon Béquet, t. IV, p. 56.

(2) *Bull. mens.* n° 5, mai 1886, p. 241.

(3) *Bull. mens.* n° 12, décembre 1889, p. 674 et s.

rants pourraient être confiées à des agents spéciaux, ayant rang de receveur, le directeur continuant à être chargé du contrôle de la succursale (Art. 5).

Livrets de séries spéciales. Échange de livrets. *Tout déposant qui se présente pour faire un premier versement dans l'un des bureaux de poste du département où une succursale est établie, reçoit un livret de la série spéciale à cette succursale.*

En cas de changement de résidence, tout titulaire d'un livret de la Caisse nationale d'épargne peut faire transférer son compte, soit de la direction centrale à une succursale et réciproquement, soit d'une succursale à une autre, sous la condition d'échanger le livret qu'il possède contre un livret de la série à laquelle son compte est transféré. La demande de transfert doit être déposée au bureau de poste de son nouveau domicile.

Les échanges de livret ont lieu sans frais.

La Caisse nationale d'épargne dispose d'un délai de dix jours pour opérer l'échange (Art. 6). Ce délai est porté à un mois, pour les échanges de livrets algériens et de livrets nationaux (1).

Versements ultérieurs. *Les versements ultérieurs peuvent être effectués par le titulaire d'un livret de succursale dans tous les bureaux de poste de plein exercice de la France ou de l'Algérie* (Art. 7).

Remboursements. *Les demandes de remboursement partiel ou de remboursement intégral d'un livret de succursale sont adressées à la succursale qui a délivré le livret* (Art. 8). Les livrets doivent être produits à l'appui des demandes de remboursement intégral.

Les autorisations de remboursement sont émises par le directeur départemental qui tient le compte du demandeur, par délégation du directeur de la Caisse nationale d'épargne et suivant les règles tracées par les articles 17 à 24 du décret du 31 août 1881 (Art. 8).

Les remboursements sont autorisés, autant que possible, par le retour du courrier, et, au maximum, dans le délai réglementaire de huit jours; en Algérie et en Tunisie, ce délai est augmenté du nombre de jours nécessaires pour l'échange des correspondances, aller et retour, entre le siège de la succursale et le bureau de poste qui effectue le payement.

Le délai est d'un mois, au maximum, pour les remboursements effectués, en France, sur des livrets algériens ou, en Algérie, sur des livrets nationaux (2).

Achats de rentes. *Les succursales transmettent à la direction centrale de la Caisse les demandes d'achats de rentes, dressées d'office ou présentées par les déposants, en les accompagnant d'un certificat constatant qu'une provision suffisante a été réservée sur le compte du déposant* (Art. 9).

Perte de livret. *En cas de perte de livret, le déposant adresse à la succursale qui a délivré le livret, une déclaration de perte, qui est traitée suivant les prescriptions de l'article 26 du décret du 31 août 1881* (Art. 10) (3).

(1) Décret du 16 mars 1886, art. 4.
(2) Décret du 16 mars 1886, art. 7.
(3) Voir sur le fonctionnement des succursales l'*Instruction* n° 69 de la Caisse d'épargne postale.

Un décret du 29 octobre 1885 (1) a autorisé l'administration des postes et des télégraphes à ouvrir, sur l'avis conforme des ministres des finances et des affaires étrangères, des succursales de la Caisse nationale d'épargne, dans les villes de l'étranger où fonctionnent des bureaux de poste français.

Succursales étrangères; gestion et contrôle.

Des succursales de ce genre ont été ouvertes, le 1er juillet 1886, à Alexandrie (Egypte) (*Arrêté ministériel du* 7 *mai* 1886) (2); le 1er juin 1887, à Tanger (*Arrêté ministériel du* 5 *mai* 1887) (3), et le 1er septembre 1889, à Constantinople (*Arrêté ministériel du* 6 *juillet* 1889).

Elles sont gérées par les receveurs des postes, sous la surveillance du consul de France de la résidence.

Le receveur-gérant tient les comptes courants des déposants, mais en capitaux seulement.

Il délivre des livrets numérotés suivant des séries spéciales à chaque succursale et dénommées *séries étrangères*, reçoit les versements, peut faire des remboursements partiels; mais les demandes de remboursement intégral doivent être transmises à la direction centrale.

A des époques périodiques, la direction centrale envoie au consul de France, dans la circonscription duquel se trouve une succursale, des relevés individuels de compte pour chacun des titulaires de livret de la série étrangère correspondante. Ces relevés de compte sont remis aux intéressés, sur leur demande, par les soins du consulat.

Le consul reçoit les réclamations des déposants, se fait représenter les livrets lorsqu'il le juge utile, et, en cas d'irrégularité dans le service de la Caisse d'épargne, prend les mesures conservatoires indiquées par les circonstances.

Succursales navales.

A la suite d'un accord intervenu entre les trois départements ministériels de la marine, des postes et des finances, un décret du 26 novembre 1886 (4) a institué des succursales de la Caisse nationale dans chacune des divisions des équipages de la flotte et à bord de chacun des bâtiments de l'État. Les dispositions de ce décret ont été appliquées à partir du 1er janvier 1889.

Gestion de ces succursales.

Ces succursales sont gérées par les conseils d'administration ou par les commandants comptables; les opérations qu'elles effectuent sont constatées sur des livrets de séries spéciales, intitulées *séries marines*.

Les conseils d'administration et les capitaines comptables sont autorisés à ouvrir des livrets, à recevoir des versements et à effectuer des remboursements. Les inscriptions sont faites sur les livrets par le délégué du conseil d'administration (trésorier ou officier d'administration), ou par le commandant comptable, et signées par lui.

Les intérêts sont exclusivement calculés par la direction centrale de la Caisse d'épargne et ne sont portés sur les livrets que sur l'avis de cette direction.

(1) *Bull. mens.* n° 5, mai 1886, p. 234.
(2) *Bull. mens.*, n° 5, mai 1887, p. 123.
(3) *Bull. mens.*, n° 7, juillet 1889, p. 476.
(4) *Bull. mens.* n° 11, novembre 1888 et s. Ce décret remplace celui du 18 mars 1885, inséré au *Bull. mens.* de juin 1885.

Leur utilité.

Les succursales navales permettent aux marins titulaires de livrets, de placer à la Caisse d'épargne une partie de leur solde, de retirer tout ou partie des sommes inscrites à leur crédit, de faire parvenir, au moyen de délégations, de l'argent à leur famille, d'acheter des rentes ou d'opérer des versements à la Caisse des retraites pour la vieillesse. Ils peuvent encore recevoir de l'argent de France ; toute personne peut, en effet, verser dans un bureau de poste, au compte d'un marin titulaire d'un livret de série marine, une somme quelconque qui est portée au crédit de ce compte (1), sans avoir à produire le livret de l'intéressé.

Les versements effectués au profit des titulaires des livrets de séries marines peuvent être inférieurs au minimum de 1 franc déterminé par l'article 8 de la loi du 9 avril 1881 (2). Les fractions de franc ne produisent pas d'intérêt.

Échange de livrets.

Tout officier ou marin titulaire d'un compte à la Caisse nationale d'épargne peut continuer ses opérations par l'intermédiaire des succursales navales, à la condition d'échanger le livret qu'il possède contre un livret d'une série marine. Cet échange a lieu sans frais.

Tout tulaire d'un livret d'une série marine, en congé temporaire, peut continuer ses opérations par l'intermédiaire des bureaux de poste correspondants de la Caisse nationale d'épargne, sous la condition de produire son titre de congé et son livret, dont l'avoir net aura été certifié par le conseil d'administration ou le capitaine comptable.

Tout titulaire d'un livret d'une série marine, libéré du service, reçoit, sur sa demande et sans frais, un livret de la série du département qu'il désigne.

Malgré les facilités de tout genre qu'elles offrent aux marins, les succursales navales n'ont effectué jusqu'à présent qu'un nombre restreint d'opérations.

§ 10. — Transferts et remboursements internationaux.

Arrangement du 31 mai 1882 avec la Belgique.

En vertu d'un arrangement conclu le 31 mai 1882 (3) entre la France et la Belgique, approuvé par un décret du 12 juin de la même année, les déposants à la Caisse d'épargne postale française, qui viennent à fixer leur résidence en Belgique, peuvent obtenir sans frais le transfert de leur compte à la caisse générale d'épargne et de retraite belge.

Ils ont encore la faculté de se faire rembourser, pendant leur séjour en Belgique, tout ou partie de leurs économies, par l'intermédiaire des bureaux de poste belges.

Les mêmes avantages sont assurés en France, aux titulaires de livrets émis par la caisse générale d'épargne et de retraite de Belgique.

(1) *Bull. mens.* n° 11, novembre 1888, *instr.* n° 58 de la Caisse nationale d'épargne, p. 344.

(2) *Loi de finances* du 10 juin 1882, art. 33.

(3) Voir le texte de cet arrangement, du règlement de détail qui le complète et de l'*Instruction* n° 12 y relative, au *Bull. mens.* n° 7, *supp.*, juillet 1882, p. 335 et s.

Les demandes de transfert sont transmises par les intéressés, avec leur livret, à l'administration centrale du pays qui l'a délivré, par l'intermédiaire du bureau de poste de leur résidence. Transferts.

Cette administration, après avoir vérifié le livret et y avoir inscrit les intérêts dus jusqu'à la fin du mois courant, fait connaître à l'office étranger le montant de la somme à transférer. A la réception de cet avis, l'office étranger émet un nouveau livret qui est remis à l'intéressé, par l'intermédiaire du bureau de poste de sa résidence.

Les transferts internationaux ne donnent lieu, de la part des receveurs, à aucune opération de comptabilité. Le rôle de ces agents se borne à recevoir les demandes de transfert, à les transmettre à la direction centrale de la caisse d'épargne, et à remettre ultérieurement les nouveaux livrets aux intéressés.

Les demandes de remboursements internationaux sont transmises par les intéressés, avec leur livret, à l'administration étrangère détentrice des fonds, par l'intermédiaire du bureau de poste de leur résidence. Cette administration renvoie directement le livret à ce bureau et lui adresse, en même temps, un ordre de payement. Le receveur fait acquitter l'ordre de payement par le déposant, inscrit sur son livret, en toutes lettres, le montant de la somme remboursée, et rend le livret au titulaire, à moins qu'il ne s'agisse d'un remboursement intégral. L'opération est décrite sur un bordereau nominatif spécial aux remboursements internationaux, lequel est transmis, par l'intermédiaire du directeur départemental, à la direction centrale de la Caisse d'épargne postale. Remboursements.

Le dernier rapport sur les opérations de la Caisse d'épargne postale française indique, pour l'année 1889, 85 transferts opérés entre la Caisse d'épargne postale française et la caisse générale d'épargne et de retraite belge; et 425 opérations de remboursement effectuées en France sur des livrets émis en Belgique et vice versa; soit, au total, 510 opérations, portant sur un mouvement de fonds de 187,337 fr. 65. Statistique des opérations.

Les sommes transférées d'une caisse à une autre portent intérêt, à la charge de l'administration primitivement détentrice des fonds, jusqu'à la fin du mois pendant lequel la demande de transfert s'est produite, et à la charge de l'administration qui accepte le transfert, à partir du premier jour du mois suivant. Intérêt des sommes transférées.

A la fin de chaque mois, les administrations des postes de France et de Belgique se communiquent le décompte des sommes qu'elles se doivent réciproquement du chef des opérations faites pour le service de la caisse d'épargne, et, après vérification contradictoire de ces décomptes, l'administration reconnue débitrice se libère, dans le plus court délai possible, envers l'autre administration, au moyen de traites sur Paris ou sur Bruxelles (*Art.* 5 *de l'arrangement*). Règlements des comptes.

§ 11. — Dispositions diverses.

Versements à la caisse des retraites pour la vieillesse.

Aux termes de la loi du 20 juillet 1886, et du décret du 28 décembre suivant, les receveurs des postes sont constitués correspondants de la Caisse des dépôts et consignations pour les opérations de la Caisse nationale des retraites pour la vieillesse.

Par une instruction spéciale, en date du 5 mars 1887, la Caisse des dépôts et consignations a tracé les règles que doivent suivre les receveurs pour ces opérations.

Lorsqu'un déposant désire employer tout ou partie de son compte d'épargne en versements à la Caisse des retraites, il formule une demande de remboursement ordinaire ; mais lorsque l'autorisation de remboursement est donnée, le receveur conserve les fonds au lieu de les remettre au déposant. La même somme figure dans ses écritures, en dépense, comme remboursement effectué pour le compte de la Caisse d'épargne postale, au carnet des remboursements, et en recette, comme versement effectué pour le compte de la Caisse des retraites pour la vieillesse, sur un carnet à souche spécial (modèle n° 12 de la Caisse des dépôts et consignations).

Prescription.

Le montant d'un livret n'ayant donné lieu, depuis trente ans, à aucun versement, à aucun remboursement, ni à aucune autre opération faite sur la demande du déposant, cesse d'être productif d'intérêts et doit être remboursé à l'ayant droit.

Si l'ayant droit ne peut être connu, ou si, pour une cause quelconque, le remboursement ne peut être opéré, la somme inscrite à son crédit est convertie en un titre de rente sur l'État, qui est consigné à la Caisse des dépôts et consignations.

Sont également consignées les inscriptions de rentes achetées, soit d'office, soit à la demande du titulaire, et non retirées dans le délai de trente ans.

Par exception, pour les placements faits sous la condition, stipulée par le donateur ou le testateur, que le titulaire n'en pourra disposer qu'après une époque déterminée, le délai de trente ans ne court qu'à partir de cette époque.

Du jour de la consignation, et jusqu'à la réclamation des déposants, le service des arrérages de la rente est suspendu.

Les reliquats des placements en rente et les dépôts qui, en raison de leur insuffisance, n'auraient pu être convertis en rentes, sont acquis à la Caisse d'épargne.

La Caisse d'épargne est autorisée à se décharger de toutes quittances et pièces et de tous livrets qui ont plus de trente ans de date (Art. 14 de la loi du 9 avril 1881).

Exemption du timbre.

L'article 8 de la loi du 5 juin 1835 avait déjà exempté du timbre les registres et les livrets à l'usage des caisses d'épargne; l'article 9 du décret du 23 août 1875 avait étendu cette immunité aux quittances des sommes déposées aux caisses d'épargne ou remboursées par elles. L'article 20 de la loi du 9 avril 1881 l'applique aux *imprimés, écrits et actes de toutes espèces*, nécessaires pour le service de la Caisse d'épargne postale. Les caisses privées ont été appelées à bénéficier de cette disposition par l'article 21 de la loi précitée.

§ 12. — Comptabilité de la caisse d'épargne postale.

Comptabilité des receveurs.

Les receveurs passent écriture, en fin de journée, des opérations pour le compte de la Caisse d'épargne qu'ils ont constatées, au fur et à mesure, sur les livres auxiliaires de comptabilité. Ils portent, à l'article 18 des opérations de trésorerie, sur le sommier des recettes, le montant des sommes reçues à titre de premiers versements et de versements ultérieurs; et aux articles 11 et 11 bis du sommier des dépenses, le montant des sommes remboursées aux déposants.

Les versements en timbres-épargne sont confondus, dans les recettes, avec les premiers versements ou les versements ultérieurs, suivant le cas, effectués en numéraire; mais le receveur se dégrève de la valeur des timbres apposés sur les bulletins par l'inscription au sommier des dépenses, au titre des opérations de trésorerie (art. 10 bis), d'une somme correspondante à la valeur des timbres-poste apposés sur les bulletins.

Bordereaux journaliers.

Les receveurs adressent chaque jour, en double expédition, au directeur départemental, des bordereaux journaliers nominatifs des premiers versements, des versements ultérieurs et des remboursements. Ils joignent à ces bordereaux les demandes de livret, les déclarations de versement détachées des timbres-épargne, les quittances des déposants, etc.

Comptabilité dans les directions. Avis journaliers récapitulatifs.

Le directeur vérifie les bordereaux, en relève les totaux sur un carnet d'ordre et les résume sur des avis journaliers récapitulatifs par bureau des premiers versements, des versements ultérieurs et des remboursements, qu'il transmet à la direction centrale, avec une expédition des bordereaux des receveurs et les pièces à l'appui (*Art.* 27 *du décret du* 31 *août* 1881).

Etats mensuels des receveurs.

Indépendamment de ces envois journaliers, les receveurs adressent à la direction départementale, dans les premiers jours de chaque mois, deux états détaillés indiquant jour par jour, l'un, le montant des dépôts reçus, l'autre, le montant des remboursements effectués pendant le mois précédent (*Décret du* 31 *août* 1881, *art.* 28); ils envoient également à la direction, accompagnés d'un bordereau mensuel, les bulletins d'épargne dont le montant a été compris, au jour le jour, dans les versements effectués par les déposants. La direction oblitère les timbres-poste reconnus réguliers, et transmet les bordereaux à l'agent comptable, par l'intermédiaire de la direction centrale.

Etats récapitulatifs mensuels

Les directeurs vérifient les états mensuels qui leurs sont adressés par les comptables, s'assurent que les sommes qui y sont portées sont conpar département

formes à celles que les receveurs ont fait figurer sur leurs bordereaux journaliers et dont ils ont pris note au carnet d'ordre de la direction. Ils les communiquent ensuite au receveur principal qui en vérifie la concordance avec les bordereaux mensuels (n° 1104) de la comptabilité des receveurs. Puis ils dressent pour l'ensemble du département, deux états récapitulatifs, l'un des dépôts reçus, l'autre des remboursements effectués par chaque bureau de poste, et les font parvenir, le 12 de chaque mois, à l'agent comptable de la Caisse d'épargne, par l'entremise de la direction centrale (*Art.* 28 *du décret du* 31 *août* 1881).

L'état récapitulatif des recettes est accompagné d'un récépissé de mouvement de fonds que le receveur principal délivre à l'agent comptable de la Caisse d'épargne et qui doit être égal au montant total des recouvrements opérés, tant par lui que par ses collègues, et centralisés en fin de mois dans ses écritures. Le receveur principal se charge en recette du montant de ce récépissé comme *Fonds reçus de l'agent comptable*, et en même temps en fait dépense, pour ordre, comme *Versement à la Caisse nationale d'épargne.*

L'agent comptable de la Caisse d'épargne s'assure que le montant du récépissé est bien conforme aux avis journaliers de recettes qui lui ont été adressés par les receveurs des postes (Art. 29 du décret du 31 août 1881).

L'état récapitulatif des remboursements, dont le montant doit être égal aux payements centralisés dans la comptabilité du receveur principal, est justifié par les pièces de dépenses y annexées. Le receveur principal, est couvert de ces payements par un récépissé de mouvements de fonds que lui délivre l'agent comptable de la Caisse d'épargne, après qu'il a vérifié le montant des dépenses, la validité des pièces produites et leur entière connexité avec les autorisations de remboursement délivrées par la direction centrale (Art. 30 du décret du 31 août 1881). Le receveur principal fait dépense du montant du récépissé comme *Fonds envoyés à l'agent comptable ;* en même temps, il s'en charge en recette sous le titre : *Recette d'ordre ; remboursement par la Caisse nationale d'épargne.*

Ces dispositions n'ont d'autre but que de faire passer des écritures du receveur principal dans celles de l'agent comptable toutes les opérations faites par les receveurs du département, pour le compte de la Caisse d'épargne, sans déplacement matériel des fonds (1).

Ces opérations sont constatées tout d'abord par les receveurs sur les livres de caisse ordinaires. Elles sont ensuite centralisées dans les écritures du receveur principal, et c'est ce dernier qui, pour l'ensemble du département et sous le contrôle du directeur, règle avec l'agent comptable.

Les écritures de l'agent comptable résument ainsi l'ensemble des opérations de la Caisse d'épargne postale, et c'est lui qui fournit, tant à l'administration des finances qu'à la Cour des comptes, les bordereaux et comptes, avec pièces justificatives à l'appui.

(1) Voir pour plus de détails le ch. VII de l'*Instr.* n° 24 sur le service de la Caisse d'épargne postale.

Les écritures de l'agent comptable sont tenues en partie double, suivant des règles analogues à celles en vigueur pour la comptabilité des caisses d'épargne privées (*Art. 7 du décret du 31 août 1881*). Écritures de l'agent comptable.

La méthode suivie dans la comptabilité en partie double consiste à employer pour la description de chaque opération deux agents ou comptes qui sont simultanément l'un débité, l'autre crédité.

Chaque opération est nécessairement composée et met deux intérêts en opposition : le fait qui dégage l'un oblige l'autre ; dès lors il existe toujours, pour une même opération, un agent *débiteur* et un agent *créditeur*. Celui qui doit, reçoit ou a reçu est débiteur; celui à qui il est dû, qui paye ou a payé, est créditeur.

Toutes les opérations se trouvant inscrites deux fois, la somme des débits doit être égale à la somme des crédits; ce qui permet, en cas de différence constatée, de découvrir les erreurs.

Les livres fondamentaux de la comptabilité de l'agent comptable sont le *journal* et le *grand-livre*.

Ils sont cotés et paraphés, par premier et dernier folio, par le directeur.

Le journal contient la description, dans l'ordre chronologique, par articles numérotés suivant une série non interrompue, de toutes les opérations intéressant le service de la Caisse d'épargne postale. Journal.

Chacun des articles du journal est rapporté, jour par jour, sur un grand-livre où les opérations sont groupées et classées suivant leur nature; il contient, à cet effet, autant de comptes que l'exigent les différents services. Grand-livre

Indépendamment de ces deux livres fondamentaux, l'agent comptable tient un certain nombre de livres auxiliaires prévus par l'article 7 du décret du 31 août 1881 et qui sont :

1° *Le registre matricule des déposants*. Ce livre, divisé en autant de volumes qu'il y a de départements, renferme une série de cases affectées à chaque déposant et reproduit tous les renseignements fournis par les demandes de livret (1). Les demandes sont classées, au bureau des remboursements, suivant l'ordre numérique des livrets, dans des chemises-dossiers. Les noms des déposants sont, en outre, relevés sur des fiches classées dans l'ordre alphabétique, ce qui permet de reconnaître les doubles emplois. Les fiches sont encore utilement consultées en cas de réclamation, d'opposition, etc. Registre matricule des déposants.

2° *Le livre des comptes courants individuels*. Ce livre renferme l'état des opérations de chaque déposant. Livre des comptes courants dividuels.

Il est servi à l'aide des bordereaux nominatifs de recettes et de dépenses qui sont adressés chaque jour à la direction centrale. L'agent comptable inscrit, au crédit de chaque déposant, le montant des premiers versements et des versements ultérieurs, en capitaux et intérêts; il porte au débit de chaque déposant, le montant des dépôts remboursés, en capitaux et intérêts.

(1) Depuis le 1er janvier 1890, le registre matricule des déposants est remplacé par une deuxième expédition des demandes de livret.

Calcul des intérêts.

Les intérêts sur les versements sont calculés jusqu'à la fin de l'année, à partir du 1er ou du 16 qui suit la date des versements, sans qu'on ait à se préoccuper des remboursements qui pourraient les interrompre. Ils prennent le nom d'*intérêts anticipés.*

Les intérêts sur les remboursements sont calculés depuis le commencement de la quinzaine pendant laquelle ils ont lieu, jusqu'à la fin de l'année, et comme ils réagissent en sens inverse sur les intérêts des versements, ils prennent le nom d'*intérêts rétrogrades*.

Au fur et à mesure qu'une opération affecte un compte, on établit la situation ou l'*avoir net* du déposant, en capitaux et intérêts. Pour cela, on retranche la somme des remboursements de celle des versements, et l'on déduit les intérêts rétrogrades des intérêts anticipés.

Lors du règlement annuel, on porte comme versement, au 1er janvier de l'année courante, les intérêts définitivement acquis au déposant au 31 décembre de l'année précédente. En cas de remboursement intégral, on apure le compte, en faisant masse des versements que l'on ajoute, après déduction des remboursements, aux intérêts définitivement acquis.

Il est tenu, à la direction centrale de la Caisse d'épargne postale, un *double* des comptes courants individuels (*Art.* 8 *du décret du* 31 *août* 1881).

Ce double travail, qui a pour but de garantir l'exactitude des écritures de l'agent comptable et de prévenir de longues recherches en cas de différence, doit être fait par des agents complètement étrangers au service de l'agent comptable.

Balance journalière.

Tous les jours, à l'aide des bordereaux journaliers transmis par les receveurs, le service de l'agent comptable et le service du double des comptes courants établissent, chacun de leur côté, la *balance* journalière des opérations de versement et de remboursement effectués pour le compte de la Caisse d'épargne postale, en totalisant les résultats fournis par chaque département, sans acception de la série à laquelle appartiennent les livrets (*Art.* 6 *du décret du* 31 *août* 1881).

Contre-balance journalière.

Tous les jours également, l'agent comptable et le service du double des comptes courants établissent, d'après les mêmes documents, la *contre-balance* des mêmes opérations, groupées suivant la série des comptes courants auxquels les livrets appartiennent, sans égard au lieu où les opérations ont été effectuées.

Il doit y avoir accord entre les résultats de la balance et ceux de la contre-balance, ainsi qu'entre chacun des comptes similaires établis de part et d'autre, dans les deux services. En cas de différence, les erreurs sont recherchées jusqu'à ce que l'accord soit établi, en se reportant aux pièces originales, et avec l'intervention d'un troisième service du *contrôle*, qui joue le rôle d'arbitre entre les deux autres.

Les balances et contre-balances journalières sont récapitulées par mois et par année, et le même accord doit exister entre les balances et contre-balances mensuelles et annuelles.

Avec les éléments de la balance, l'agent comptable tient à jour le compte courant ouvert dans ses écritures à chacun des receveurs principaux, et avec le résultat ou solde, le compte courant de la Caisse d'épargne postale avec la Caisse des dépôts et consignations.

Les éléments de la contre-balance servent à l'établissement des comptes divisionnaires.

3° *Le livre des comptes divisionnaires.* Ce livre a pour objet de grouper par catégories, en les résumant, les comptes courants individuels des déposants.

Livre des comptes divisionnaires.

Chaque département, chaque succursale, considéré comme un seul et même déposant, a un compte particulier sur le livre des comptes divisionnaires. Ce compte est crédité chaque jour du montant des versements effectués sur les livrets de la série appartenant au département ou à la succursale, et débité du montant des remboursements effectués sur les mêmes livrets, quel que soit le lieu où les opérations ont été effectuées.

Le groupement de ces opérations par département ou par série n'a d'autre but que de maîtriser, en la divisant, la masse des écritures, de circonscrire les erreurs et d'en faciliter le redressement. A la fin de chaque mois, de chaque année, les comptes divisionnaires sont additionnés, et leur total doit être en accord avec celui des balances et des contre-balances mensuelles et annuelles.

4° *Le livre récapitulatif des opérations journalières des bureaux de poste ouverts au service de la Caisse d'épargne.* Dans ce livre, un compte particulier est ouvert à chaque receveur principal : on porte à son débit le montant de tous les versements, à son crédit le montant de tous les remboursements effectués dans son département. Ces comptes sont additionnés par mois et par année, et leurs totaux doivent se trouver en accord avec ceux des états récapitulatifs fournis par les directeurs départementaux ainsi qu'avec les éléments des balances mensuelles et annuelles.

Livre récapitulatif des opérations journalières des bureaux.

5° *Le registre d'entrée et de sortie des inscriptions de rente* achetées soit d'office, soit à la demande des déposants.

Registre d'entrée et de sortie des inscriptions de rente.

Au moment où elles sont portées sur ce registre, les inscriptions de rente reçoivent un numéro d'entrée : au moment où elles sont envoyées aux receveurs chargés de les remettre aux déposants, elles reçoivent un numéro de sortie. Le numéro de sortie est reporté, sur le registre, à côté du numéro d'entrée et sert d'émargement, de telle sorte que l'inspection de deux colonnes suffit pour faire connaître les inscriptions qui doivent se trouver dans le portefeuille de l'agent comptable.

Les accusés de réception donnés par les receveurs, au bas des avis d'envoi d'inscriptions de rente, constituent la décharge de l'agent comptable et sont classés avec soin.

6° *Le livre du compte courant de la Caisse d'épargne postale avec la Caisse des dépôts et consignations.* Ce livre indique la date des versements et des retraits de fonds à la Caisse des dépôts et consignations, et fait

Compte courant de la Caisse d'épargne postale avec la Caisse des dépôts et consignations. ressortir les intérêts acquis, en fin d'année, à la Caisse d'épargne postale.

Lorsque, d'après la balance journalière, le montant des dépôts excède celui des remboursements, la différence est versée à la Caisse des dépôts et consignations par l'agent comptable de la Caisse d'épargne postale, sur l'ordre du directeur.

A cet effet, l'agent comptable souscrit, au nom du caissier central du Trésor public, un *récépissé de fonds de subvention*, qui est revêtu du visa du directeur.

En échange de ce récépissé, le caissier du Trésor fournit à l'agent comptable un *mandat sur la Banque*, au nom de la Caisse des dépôts et consignations (*Art.* 31 *du décret du* 31 *août* 1881).

L'agent comptable verse ensuite ce mandat à la Caisse des dépôts et consignations, qui lui en délivre récépissé au crédit du compte courant de la Caisse d'épargne postale, *valeur au jour du versement*.

Ce versement est accompagné d'un extrait de la balance journalière et d'un *avis de versement* établi par le directeur.

Quand, au contraire, la balance journalière fait ressortir un excédent de dépense, le directeur adresse à la Caisse des dépôts, avec un extrait certifié de ladite balance, un *avis de retrait de fonds*.

Au vu de ces deux pièces, la Caisse des dépôts débite le compte courant de la caisse d'épargne postale et remet à l'agent comptable un *récépissé sur le Trésor*, valeur au jour du remboursement.

L'agent comptable accuse réception de ce récépissé au bas de l'avis de retrait de fonds.

En échange dudit récépissé, l'agent comptable reçoit du caissier du Trésor un *récépissé de mouvements de fonds* (*Art.* 2 *du décret du* 31 *août* 1831).

De son côté, la Caisse des dépôts ouvre, sur ses livres, un compte courant à la Caisse d'épargne :

Un extrait de ce compte arrêté, en capitaux et intérêts, à la fin de l'année, est transmis à la Caisse d'épargne (*Art.* 33 *du décret du* 31 *août* 1881).

Lorsqu'il a été vérifié et reconnu exact, l'agent comptable passe écriture des intérêts qui en résultent au crédit du compte intermédiaire tenu par exercice et intitulé : *Intérêts en compte courant; exercice* 18.... Ce compte est crédité des intérêts servis par la Caisse des dépôts, et débité des intérêts, à 3 0/0, servis par la Caisse d'épargne à ses déposants. La différence qui ressort au profit de la Caisse d'épargne postale, en fin d'exercice, est appliquée au crédit du compte des frais d'administration (*Décret du* 31 *août* 1881, *art.* 33).

Comptes à produire à l'administration des finances et à la Cour des comptes.

Dans les vingt premiers jours de chaque mois, l'agent comptable de la Caisse d'épargne postale adresse à la direction générale de la comptabilité publique :

1° *La copie de la balance de son grand-livre, à la fin du mois précédent;*

2° *Un bordereau des opérations de recette et de dépense de toute nature, effectuées directement par lui ou centralisées dans ses écritures pendant le mois précédent;*

3° *Les pièces justificatives desdites opérations* (Art. 37 du décret du 31 août 1881).

Tous les mois, la direction centrale transmet, au ministère des finances, un état dûment certifié des timbres-poste compris dans les versements à la Caisse d'épargne. Le montant de cet état, moins la remise de 1 0/0, est déduit des produits budgétaires des postes du mois précédent, et porté, dans les écritures de l'administration des finances, au crédit de la Caisse d'épargne postale ; le montant de la remise de 1 0/0 reste à la charge de la Caisse qui, l'impute sur ses frais de gestion et d'administration. Bulletins d'épargne.

L'agent comptable présente, à la Cour des comptes, un compte de *gestion annuelle*, qui comprend la totalité des recettes et des dépenses effectuées ou centralisées par lui, pendant la durée de chaque année. Compte de gestion de l'agent comptable.

Ce compte fournit : 1° la situation de l'agent comptable au commencement de l'année ; 2° le montant des opérations constatées pendant l'année, à chacun des comptes de recette et de dépense ; 3° la situation du comptable au 31 décembre.

Le directeur de la Caisse d'épargne doit, à des époques indéterminées, et au moins une fois par mois, procéder à la vérification du portefeuille de l'agent comptable et en dresser procès-verbal. Une ampliation du procès-verbal de vérification, au 31 décembre, est produite à la Cour des comptes avec le compte de gestion de l'agent comptable (Art. 4 du décret du 31 août 1881). Contrôle des opérations de l'agent comptable.

En dehors du contrôle permanent exercé par l'administration des postes et télégraphes, et de la vérification sur pièces faite par la direction générale de la comptabilité publique, la gestion de l'agent comptable de la Caisse d'épargne postale et de ses préposés dans les départements est soumise aux vérifications de l'inspection générale des finances (Art. 38 du décret du 31 août 1881).

L'agent comptable est responsable des valeurs déposées dans son portefeuille. En cas de vol ou de perte résultant de force majeure, il est statué sur sa demande en décharge par une décision du ministre des postes et télégraphes, après avis du ministre des finances, et sauf recours au conseil d'État par la voie contentieuse (Art. 4 du décret du 31 août 1881). Responsabilité de l'agent comptable.

En cas de débet ou de déficit constaté à la charge d'un receveur des postes et provenant du service de la Caisse d'épargne postale, l'agent comptable exerce son recours contre lui et est subrogé à tous les droits du Trésor sur le cautionnement de l'agent reliquataire et sur ses biens présents et à venir.

Lorsque le cautionnement du receveur des postes est insuffisant pour couvrir le montant du déficit ou du débet, ou lorsque le comptable en déficit ou en débet a obtenu la décharge de sa responsabilité pour cause de force majeure, le ministre délivre, au nom de l'agent comptable, sur les crédits du budget des postes et télégraphes, une ordonnance de payement égale au montant des sommes dont la Caisse postale a été privée.

§ 13. — Budget et dotation de la Caisse d'épargne postale.

Emploi des fonds des caisses d'épargne.

Dans plusieurs pays étrangers, les caisses d'épargne ont la libre disposition de leurs fonds qu'elles administrent elles-mêmes. Ainsi, en Allemagne, en Italie, en Belgique, aux États-Unis, les dépôts, au lieu d'alimenter les caisses du Trésor public ou d'être placés en valeurs d'État, sont employés en prêts aux communes, en prêts hypothécaires ou en avances sur titres. En Belgique, la caisse d'épargne gérée par l'État est autorisée à consentir des prêts agricoles, contre sûretés hypothécaires ou même mobilières, à escompter des lettres de change ou des billets à ordre souscrits par les agriculteurs.

En France, les fonds des caisses d'épargne sont versés obligatoirement à la Caisse des dépôts et consignations, et exclusivement placés par cette Caisse en valeurs de l'État français, la plus grande partie en rentes, le reste en bons du Trésor ou en compte courant (*Loi du* 31 *mars* 1837 ; *loi du* 9 *avril* 1881, *art.* 19) (1).

Les achats de rentes pour le compte des caisses d'épargne sont faits par la Caisse des dépôts et consignations, sous réserve de l'autorisation du ministre des finances, avec concurrence et publicité.

La Caisse des dépôts et consignations tient compte à la Caisse d'épargne postale de la différence entre l'intérêt produit par les arrérages des valeurs achetées pour son compte et l'intérêt de 3 fr. 25 0/0 qu'elle lui doit aux termes de l'article 2 de la loi du 9 avril 1881.

Pour satisfaire aux demandes de remboursement qui se produisent, la Caisse des dépôts et consignations conserve en compte courant, sur les fonds qu'elle reçoit de la Caisse d'épargne postale, une réserve qui est du cinquième des versements qui lui sont faits, sans pouvoir excéder 50 millions de francs (*Loi du* 26 *février* 1887, *art.* 27). Ce maximum a une certaine importance, car les sommes placées en compte courant ne produisent que l'intérêt fixé par le ministre des finances, en vertu de l'article 55 de la loi du 26 décembre 1890, tandis que la Caisse d'épargne postale a droit à l'intégralité du revenu de ses fonds placés en rentes ou autres valeurs de l'État français.

Au 31 décembre 1889, la Caisse nationale possédait, en inscriptions de rente, 213,579,699 fr. 79, produisant 7,579,964 francs d'arrérages, et 70,576,877 fr. 42 en bons du Trésor à court terme, dont le revenu annuel était de 2,812,000 francs.

Budget de la Caisse d'épargne postale.

La Caisse d'épargne a un budget spécial, alimenté par ses ressources propres, distinct du budget de l'État et voté chaque année par le Parlement.

(1) D'après le projet de loi déposé par le Gouvernement le 20 mai 1890, les fonds des caisses d'épargne pourraient être employés par la Caisse des dépôts et consignations en valeurs de l'État ou jouissant de la garantie de l'État ; en obligations négociables des départements, des communes ou des chambres de commerce.

Les frais d'administration de la Caisse d'épargne postale sont soldés à l'aide des ressources propres à cette caisse ; en cas d'insuffisance, l'excédent de dépense est couvert par un crédit spécial ouvert au budget des postes et des télégraphes (*Décret du* 31 *août* 1881, *art.* 10).

Lorsque les recettes excèdent les dépenses, l'excédent est porté au compte de la dotation (*Art.* 6 *de la loi du* 9 *avril* 1881).

Les ressources propres à la caisse d'épargne postale sont: Recettes.

1° L'intérêt qu'elle reçoit de la Caisse des dépôts et consignations sur les fonds versés en compte courant à cette Caisse et dont le taux est fixé par le ministre des finances ;

2° L'intégralité du produit des arrérages des valeurs achetées par la Caisse des dépôts, pour le compte de la Caisse d'épargne postale ;

3° L'intérêt de la dotation propre à la Caisse d'épargne postale (*Art.* 16 *de la loi du* 9 *avril* 1881).

Les dépenses à la charge de la Caisse d'épargne postale sont : Dépenses.

1° L'intérêt de 3 0/0, à servir aux déposants ;

2° Les traitements et émoluments du personnel de la direction centrale et des succursales d'Algérie et de Tunisie (1,748,500 francs prévus par le budget de 1891) ;

3° Les dépenses de loyer, de construction et d'entretien des locaux affectés spécialement au service de la direction centrale, les impressions et le matériel (355,000 francs prévus pour 1891) ;

4° Les dépenses diverses et accidentelles (183,000 francs prévus pour 1891).

Dans les dépenses de personnel et de matériel figurent certaines sommes remboursées à l'administration des postes et des télégraphes, à titre de part contributive pour le concours que cette administration prête à la Caisse d'épargne.

Ainsi, en 1891, la Caisse d'épargne contribuera pour 149,000 francs aux dépenses de personnel et pour 63,000 francs aux dépenses de matériel (frais de régie et de loyer) de l'exploitation des postes et des télégraphes. Sa part contributive dans les frais de régie des directeurs départementaux est calculée à raison de 5 francs par bureau ouvert au service de la Caisse.

En outre, les remises suivantes sont allouées aux receveurs des postes :

50 centimes par 1,000 francs, sur les versements de toute nature ;

25 centimes par livret ouvert, à charge de remettre 15 centimes aux facteurs ou gérants des bureaux auxiliaires municipaux, pour chaque demande de livret recueillie par leur intermédiaire (*Arrêtés ministériels du* 16 *décembre* 1885 *et du* 22 *juillet* 1890) ;

5 centimes par opération de versement ultérieur ou de remboursement (*Arrêté ministériel du* 7 *décembre* 1889).

Ces remises diverses figurent, au budget de l'exercice 1891, pour une somme de 314,500 francs : elles sont comprises dans le chiffre total de 1,748,500 francs prévu pour les dépenses du personnel.

Elles ont atteint, en 1889, le chiffre de 254,467 fr. 59.

Renseignements statistiques.

En 1889, les revenus de la Caisse d'épargne postale se sont élevés à 10,967,534 fr. 19, savoir :

	fr. c.
Intérêts des capitaux placés en compte courant..........	1.568.376 41
Arrérages des rentes................................	9.213.964 23
Primes d'amortissement..............................	181.334 51
Divers (vente de documents, etc.).....................	3.859 04
Total................	10.967.534 19
A déduire les intérêts capitalisés au profit des déposants en 1889....................	8.846.891 66
Reste comme revenus applicables aux frais d'administration.	2.120.642 53

Il a été fait emploi de cette somme comme suit:

Dépenses de personnel..............................	775.700 97
— de matériel..............................	289.304 44
Dépenses accidentelles..............................	565.112 48
Total des frais d'administration..............	1 630.117 89
Les ressources applicables à ces frais, s'élevant à.........	2.266.097 03
Il est resté disponible une somme de.................... qui a été portée au compte de la dotation.	635.979 14

Dotation de la caisse (d'épargne) postale.

Aux termes de l'article 16 de la loi du 9 avril 1881, la Caisse d'épargne postale doit posséder une dotation qui est formée:

1° *Du boni réalisé sur les frais d'administration*, lorsque ceux-ci n'atteignent pas le produit du prélèvement de vingt-cinq centimes destiné à couvrir ces frais :

2° Des *dons et legs* qui peuvent être consentis par des tiers;

3° Des *produits des reliquats de dépôts* attribués à la Caisse d'épargne, sur les comptes qui n'ont fait l'objet d'aucune opération depuis trente ans.

4° De la *capitalisation des intérêts de ces divers fonds* demeurés libres, après le prélèvement autorisé pour frais d'administration;

5° Enfin, de la *différence entre le taux de l'intérêt produit par les arrérages des valeurs achetées par la Caisse des dépôts et le taux de trois francs vingt-cinq centimes pour cent servi à la Caisse postale, après le prélèvement autorisé* pour frais d'administration.

Les fonds constituant cette dotation ne peuvent être aliénés qu'en vertu d'une loi.

La dotation de la Caisse d'épargne postale s'élevait, au 31 décembre 1889, au chiffre de 2,466,000 fr. 58, y compris 958,458 fr. 64 employés à la construction et à l'aménagement de l'hôtel de la rue Saint-Romain.

Rapport annuel.

Le ministre dont relève l'administration des postes et des télégraphes présente, chaque année, un rapport sur la situation et les opérations de la Caisse d'épargne postale.

Ce rapport est publié au *Journal officiel* et distribué au Sénat et à la Chambre des députés (*Art.* 17 *de la loi du* 9 *avril* 1881).

Nous extrayons du dernier rapport pour l'année 1889 (1) quelques chiffres qui donneront une idée du développement des opérations de la Caisse d'épargne postale, depuis sa fondation.

Nombre de bureaux ouverts au 31 décembre 1889.......	6.792
Nombre de comptes ouverts....................................	1.301.743
Sommes dues aux déposants....................................	332.073.912 fr. 90
Moyenne du crédit de chaque compte.......................	255 fr. 09

Au 31 décembre 1889, les caisses d'épargne privées étaient, en France, au nombre de 545, avaient 1,983 bureaux ouverts (y compris les succursales et les percepteurs), comptaient 5,538,638 déposants, dont l'avoir s'élevait à 2,683,595,803 fr. 15 (*Rapport au président de la République sur les opérations des caisses d'épargne ordinaires en* 1889 ; Journal officiel du 29 décembre 1890). Renseignements statistiques sur les caisses d'épargne privées.

Le dernier rapport sur les opérations de la Caisse nationale contient les renseignements statistiques suivants, sur la situation des caisses d'épargne postales, en Europe et au Canada, au 31 déc. 1889. Renseignements statistiques sur les caisses d'épargne postales étrangères.

NOM DES PAYS et ANNÉES DE LA FONDATION DES CAISSES	NOMBRE de DÉPOSANTS	SOMMES DUES aux DÉPOSANTS	MOYENNE par DÉPOSANT	NOMBRE de DÉPOSANTS par 1,000 habitants
		fr.	fr. c.	
Autriche (1883), épargne..........	719.431	44.768.822	62 »	31
— chèques...........	16.046	80 820.010	5.035 »	0.69
Belgique (1869)...................	447.683	163.100.005	364 32	73
Canada (1866)......................	114.247	122.022.477	1.039 20	23
France (1882), y compris l'Algérie et la Tunisie......................	1.301.743	332.073.912	255 09	29.69
Hongrie (1er février 1886)..........	150.399	9.348.212	62 »	8.86
Italie (1876).........................	1.882.770	277.271.769	147 26	66
Pays-Bas (1881).....................	241.173	36.798.114	152 58	56.40
Grande-Bretagne (1861)............	4.507.809	1.387.590.444	332 20	118
Suède................................	202.305	12.299.867	60 90	43

(1) Inséré au *Journal officiel* du 3 novembre 1890, p. 5337.

CHAPITRE VII

COLIS POSTAUX

§ 1. — Historique.

Le service des colis postaux, si avantageux au commerce pour le transport des marchandises de petite dimension, nous est venu, comme plusieurs autres innovations utiles, des pays étrangers.

Nous avons vu qu'en France, la loi du 9 vendémiaire an VI, en supprimant la régie des messageries, avait rendu la liberté à l'industrie des transports ; l'État ne conservait que le monopole de la transmission des correspondances.

Messagerie postale à l'étranger.

Dans plusieurs pays étrangers, la poste est restée chargée, même après l'établissement des chemins de fer, du service de la messagerie.

En Suisse, elle effectue le transport des paquets sans limite de poids, et elle est investie d'un monopole pour tous les colis de 5 kilogrammes et au-dessous (*Loi fédérale du* 2 *juin* 1849; *loi du* 23 *mars* 1876, *art.* 18 *et s.*).

En Allemagne, la poste transporte, mais sans monopole, les colis de messagerie, jusqu'au poids de 50 kilogrammes.

Moyens d'exécution.

L'organisation d'un service aussi différent de celui de la correspondance nécessite des moyens spéciaux pour le transport, la manutention, l'entrepôt et la remise à domicile des colis.

Arrangements particuliers avec les chemins de fer.

Sur les routes de terre, la poste doit assurer le transport avec ses propres moyens. Sur les voies ferrées, elle doit conclure des arrangements avec les compagnies de chemins de fer, sauf dans les cas où les chemins de fer appartiennent à l'État.

Allemagne.

En Allemagne, d'après la loi du 20 juin 1875, le transport des colis de messagerie, effectué par les bureaux ambulants, est gratuit jusqu'au poids de 10 kilogrammes. Au delà de ce poids, le transport est payé au chemin de fer d'après un calcul portant sur le nombre total des envois et sur la distance parcourue.

En Suisse, les compagnies de chemins de fer sont tenues au transport gratuit des colis de 5 kilogrammes et au-dessous, dont la poste a le monopole. Pour les colis dont le poids excède 5 kilogrammes, elles ont droit à une indemnité qui se calcule, d'après la loi fédérale du 23 décembre 1872 sur la construction et l'exploitation des voies ferrées, en prenant pour base le tarif général de la grande vitesse et le poids *total* des envois de l'espèce transportés pendant un mois. A défaut d'entente à l'amiable entre la Confédération et les chemins de fer, pour la fixation du taux de l'indemnité, c'est le tribunal fédéral qui décide. L'entente à d'ailleurs été réalisée par une convention complémentaire et interprétative conclue, le 28 janvier 1874, entre les compagnies et le département des postes : le taux de l'indemnité revenant aux chemins de fer est, pour les colis de 10 à 120 livres, de 1 centime 1/4, et pour ceux de plus de 120 livres, de 1 centime 2/3 par quintal-kilomètre. Ces prix comportent, en compensation des opérations d'expédition et de manutention dont les compagnies se trouvent déchargées par l'intervention de la poste, une réduction d'à peu près un quart sur le tarif ordinaire de la grande vitesse (1).

L'idée d'appliquer, aux colis de petite dimension, une taxe uniforme, sans égard à la distance parcourue, est un emprunt heureux fait au système de tarification de la poste. Pour les menus objets, comme pour les lettres, la distance peut n'être pas prise en considération dans la fixation des tarifs : car les frais des opérations accessoires d'enregistrement, d'expédition, de manutention et d'entrepôt égalent et souvent dépassent ceux qu'occasionne le transport proprement dit. On peut donc, pour ces objets comme pour les lettres, faire abstraction de la distance parcourue et adopter une taxe uniforme, qui doit d'ailleurs être aussi réduite que possible.

Justification et avantages d'une taxe uniforme pour les petits colis.

Le transport par la poste des colis de petite dimension, appelés colis postaux, étant déjà organisé à l'intérieur de certains États, l'extension de ce service aux relations internationales ne pouvait rencontrer de difficultés dans les rapports entre ceux dont les territoires étaient limitrophes.

Messagerie postale internationale.

A partir du 1er janvier 1877, l'échange des colis de 5 kilogrammes et au-dessous, moyennant une taxe uniforme de 1 franc, fut admis entre l'Allemagne d'une part, la Suisse et le Danemark d'autre part.

Arrangements particuliers entre divers États de l'Europe centrale.

Le 1er novembre 1878, un arrangement semblable entra en vigueur dans les relations entre les offices d'Allemagne et d'Autriche-Hongrie, et dans les rapports de ces deux offices avec les chemins de fer de l'État belge. Les colis du poids de 5 kilogrammes et au-dessous furent soumis à une taxe fixe de 62 centimes 1/2 dans les relations austro-hongroises, et de 1 franc dans les relations de la Belgique avec les deux autres États.

Un projet d'arrangement, pour l'introduction du service des colis postaux dans l'Union postale universelle, fut soumis par l'Allemagne au congrès de Paris, en 1878. Quinze votants, sur vingt-quatre, se montrèrent favorables à la proposition ; neuf délégations s'abstinrent. Ces délégations étaient celles de la France, de la Grande-Bretagne, de la Belgique, de la Russie, de l'Italie, des Pays-Bas, de la Suède, du Japon et de la Turquie.

Projet d'arrangement général, soumis au congrès de Paris en 1878.

Le congrès, après avoir admis en principe la proposition de l'Allemagne, chargea le bureau international d'étudier la question et de convoquer, s'il y avait lieu, une conférence.

(1) *Union postale*, 1er janvier 1877, t. II, p. 9.

Lorsque la proposition allemande fut présentée, la question n'était pas encore arrivée à maturité. Les seuls États qui fussent en mesure d'adhérer immédiatement étaient ceux qui avaient déjà organisé chez eux le service de la messagerie postale. Il fallait laisser aux autres pays le temps d'établir ce service ou de s'entendre, pour son exécution, avec des entreprises privées.

En France, la messagerie postale n'existait pas, et le besoin s'en faisait sentir moins vivement peut-être qu'ailleurs, parce que la poste transportait déjà, sous le nom d'échantillons, presque tous les menus objets, jusqu'au poids de 300 grammes; et que, de leur côté, les grandes compagnies de chemins de fer avaient organisé, sur leurs réseaux, le transport des colis du poids de 5 kilogrammes et au-dessous, moyennant un tarif variant de 60 centimes à 1 fr. 20, suivant le poids, mais sans égard à la distance.

Cependant, la France fut un des pays qui se rallièrent avec le plus d'empressement à l'idée de la réunion d'une conférence chargée d'élaborer un arrangement pour l'échange des colis postaux dans le ressort de l'Union.

Convention internationale du 3 nov. 1880.

Cette conférence se réunit à Paris, le 9 octobre 1880, sous la présidence de M. Cochery. Ses délibérations aboutirent, le 3 novembre suivant, à la signature d'une convention qui a pris place parmi les actes qui régissent l'Union postale universelle. A cet arrangement adhérèrent tous les États de l'Europe (moins la Grèce et la Russie), l'Égypte, l'Inde britannique et la Perse. A cette convention est annexé un règlement de détail et d'ordre qui porte la date du même jour.

Nous commencerons par l'analyse de la convention du 3 novembre 1880 et du règlement de détail qui la complète.

§ 2. — Régime issu de la convention internationale.

Définition du colis postal.

Il peut être expédié, sous la dénomination de colis postaux, *de l'un quelconque des pays contractants pour un autre de ces pays, des colis sans déclaration de valeur, jusqu'à concurrence de 3 kilogrammes* (Convention du 3 novembre 1880, art. 1er, § 1er).

Les colis postaux ne peuvent avoir aucune dimension supérieure à 60 centimètres; leur volume est limité à 20 décimètres cubes(Règlement, art. III).

Il est interdit d'expédier, par la voie de la poste, des colis contenant soit des lettres ou des notes ayant caractère de correspondance, soit des objets dont l'admission n'est pas autorisée par les lois ou règlements de douane ou autres (Conv. 10), *des matières inflammables, explosibles et des articles dangereux* (Règl., IV).

Taxe.

La taxe des colis postaux se compose d'un droit comprenant, pour chaque colis, autant de fois 50 centimes, ou l'équivalent dans la monnaie respective de chaque pays, qu'il y a d'offices participant au transport territorial, avec addition, s'il y a lieu, du droit maritime indiqué ci-après. Les équivalents sont fixés par le règlement d'exécution.

Comme mesure de transition, *chacun des pays contractants a la faculté d'appliquer aux colis postaux provenant ou à destination de ses bureaux, une surtaxe de 25 centimes par colis.*

Exceptionnellement, cette surtaxe est élevée à 50 centimes pour la Grande-Bretagne et l'Irlande, à 75 centimes pour l'Inde britannique et pour la Perse, et à 1 franc pour la Suède (1).

Le transport entre la France continentale d'une part, l'Algérie et la Corse de l'autre, entre l'Italie continentale et les îles de Sicile et de Sardaigne, donne également lieu à une surtaxe de 25 centimes par colis (C., 5).

L'affranchissement des colis postaux est obligatoire (C., 4).

La liberté du transit est garantie sur le territoire de chacun des pays adhérents. Transit.

L'office expéditeur bonifie pour chaque colis :

a) *A l'office destinataire, 50 centimes, avec addition, s'il y a lieu, des surtaxes prévues par la convention;*

b) *Éventuellement, à chaque office intermédiaire, 50 centimes par colis.*

En outre, s'il y a un ou plusieurs transports maritimes, l'administration du pays d'origine doit à chacun des offices dont les services participent au transport maritime, un droit dont le taux est fixé, par colis, savoir :

A 25 centimes, pour tout parcours n'excédant pas 500 milles marins ;

A 50 centimes, pour tout parcours supérieur à 500 milles marins, mais n'excédant pas 1,000 milles marins ;

A 1 franc, pour tout parcours supérieur à 1,000 milles marins, mais n'excédant pas 3,000 milles marins ;

A 2 francs, pour tout parcours supérieur à 3,000 milles marins, mais n'excédant pas 6,000 milles marins;

A 3 francs pour tout parcours supérieur à 6,000 milles marins.

Ces parcours sont calculés, le cas échéant, d'après la distance moyenne entre les ports respectifs des deux pays correspondants (C., 6, § 3).

Pour être admis au transport, tout colis doit : Expédition.

1° *Porter l'adresse exacte du destinataire;*

2° *Être emballé d'une manière qui réponde à la durée du transport et préserve suffisamment le contenu. L'emballage doit être tel qu'il soit impossible de porter atteinte au contenu sans laisser une trace apparente de violation;*

3° *Être scellé par un cachet à la cire, par un plomb ou par un autre moyen, avec empreinte ou marque spéciale de l'expéditeur* (R., V).

Chaque colis doit être accompagné d'un bulletin d'expédition et de déclarations en douane conformes ou analogues aux modèles annexés au

(1) La surtaxe suédoise a été réduite à 75 centimes par le congrès de Lisbonne. La même surtaxe est applicable aux colis de et pour le Brésil, le Chili, le Paraguay, la Perse, la République Argentine et le Vénézuéla.

règlement. *Les administrations se renseignent réciproquement sur le nombre de déclarations en douane à fournir pour chaque destination* (R., VI).

Chaque colis, ainsi que le bulletin d'expédition qui s'y rapporte, doit porter une étiquette qui rappelle *le numéro de l'enregistrement et le nom du bureau de dépôt.*

Le bulletin d'expédition est, en outre, frappé par le bureau d'origine, du côté de la suscription, du timbre indiquant le lieu et la date du dépôt (R., VII).

Echange entre les offices.

L'échange des colis postaux entre pays limitrophes ou reliés entre eux au moyen d'un service maritime direct est effectué par les bureaux désignés par les offices intéressés.

Dans les rapports entre pays séparés par un ou plusieurs territoires intermédiaires, les colis postaux doivent suivre les voies dont les offices intéressés sont convenus; ils sont livrés à découvert au premier office intermédiaire, à moins que les offices intéressés ne se soient entendus pour établir des échanges en sacs, paniers ou compartiments clos, avec feuilles de route directes (R., VIII) (1).

Les administrations des pays contractants se notifient mutuellement :

1° La nomenclature des pays pour lesquels des colis postaux peuvent leur être livrés ;

2° Les voies ouvertes à l'acheminement de ces colis, à partir de l'entrée sur leur territoire ou dans leurs services ;

3° Les services maritimes réguliers qui peuvent être affectés au transport des colis postaux, avec l'indication des distances ;

4° Le total des frais qui doivent leur être bonifiés, pour chaque destination, suivant la voie employée, par l'office qui leur livre des colis.

A l'aide des renseignements reçus de ses correspondants, chaque administration détermine les voies à employer pour la transmission des colis postaux et les taxes à percevoir sur les expéditeurs, d'après les conditions dans lesquelles s'effectue le transport intermédiaire.

Chaque administration doit, en outre, faire connaître directement au premier office intermédiaire les pays pour lesquels elle se propose de lui livrer des colis postaux (R., I).

Les colis postaux sont inscrits par le bureau d'échange expéditeur, sur une feuille de route conforme au modèle E, annexé au règlement, avec tous les détails que cette formule comporte. Les bulletins d'expédition et les déclarations en douane sont attachés à la feuille de route (R., IX).

A la réception d'une feuille de route, le bureau d'échange destinataire procède à la vérification des colis postaux et des divers documents qui y sont inscrits, et, s'il y a lieu, opère la constatation des manquants ou autres irrégularités, en se conformant aux règles tracées, pour les objets re-

(1) C'est ce qui a lieu pour les relations de l'Angleterre avec la Suisse, l'Italie, l'Egypte, Malte et Maurice, par l'intermédiaire de la France. Les colis contenus dans des paniers clos sont inscrits sur une feuille de route, sur laquelle sont portées les bonifications revenant à l'office intermédiaire, qui se trouve déchargé du soin de la manipulation individuelle des colis. Il y a donc, pour les colis postaux comme pour les lettres, deux modes de transit: le transit *clos* et le transit à *découvert*.

commandés, par l'article XIII du règlement annexé à la convention de l'Union postale universelle (R., X).

Factage.

Il est loisible au pays de destination de percevoir du destinataire, pour le factage et pour l'accomplissement des formalités en douane, un droit dont le montant total ne peut pas excéder 25 *centimes par colis* (C., 7).

Réexpédition.

La réexpédition d'un pays sur un autre, par suite de changement de résidence des destinataires, ou pour toute autre cause, donne lieu à la perception supplémentaire des taxes dues d'après le nouveau parcours, *à la charge des destinataires, ou, le cas échéant, des expéditeurs, sans préjudice du remboursement des droits de douane acquittés* (C., 9).

Rebuts.

Les expéditeurs des colis tombés en rebut sont consultés sur la manière dont ils entendent en disposer (1).

Toutefois, les articles sujets à détérioration ou à corruption peuvent être vendus immédiatement, sans avis préalable et sans formalité judiciaire, au profit de qui de droit. Il est dressé procès-verbal de la vente.

Les colis à renvoyer à l'expéditeur sont inscrits sur la feuille de route avec la mention Rebut, *dans la colonne d'observations. Ils sont traités et taxés comme les objets réexpédiés par suite de changement de résidence des destinataires* (R., XI).

Responsabilité.

La question de la responsabilité des administrations postales a été traitée au chapitre III de la 3e partie. Les réclamations ne sont admises que dans le délai d'un an, à partir du jour du dépôt des colis.

Le règlement des comptes entre les offices correspondants a lieu suivant des règles analogues à celles en vigueur en matière de valeurs déclarées.

Règlement des comptes entre offices.

Chaque administration fait établir mensuellement, par chacun de ses bureaux d'échange et pour tous les envois reçus des bureaux d'échange d'un seul et même office, un état conforme au modèle F annexé au règlement, des sommes inscrites sur chaque feuille de route, soit à son crédit, pour sa part et celle de chacune des administrations intéressées, s'il y a lieu, dans les taxes perçues par l'office expéditeur, soit à son débit, pour la part revenant à l'office réexpéditeur et aux offices intermédiaires, en cas de réexpédition et de rebut, dans les taxes à recouvrer sur les destinataires.

Les états F sont ensuite récapitulés, par les soins de la même administration, dans un compte G, dont le modèle est également *annexé au règlement.*

Ce compte, accompagné des états partiels, des feuilles de route et, s'il y a lieu, des bulletins de vérification y afférents, est soumis à l'examen de l'office correspondant, dans le courant du mois qui suit celui auquel il se rapporte.

Les comptes mensuels, après avoir été vérifiés et acceptés de part et

(1) Les colis tombés en rebut sont tenus, pendant trois mois, à la disposition de l'expéditeur; ce délai est porté à six mois dans les relations avec les pays d'outre-mer; lorsqu'il est expiré, les colis sont renvoyés à l'office d'origine (*Revision du congrès de Lisbonne*).

d'autre, sont résumés dans un compte général trimestriel, par les soins de l'administration créancière.

Le solde résultant de la balance des comptes réciproques entre deux offices est payé par l'office débiteur à l'office créancier, en francs effectifs et au moyen de traites tirées sur la capitale ou sur une place commerciale de ce dernier office, les frais du payement restant à la charge de l'office débiteur.

L'établissement, l'envoi et le payement des comptes doivent être effectués dans le plus bref délai possible, et, au plus tard, avant l'expiration du trimestre suivant. Passé ce délai, les sommes dues par un office à un autre office sont productives d'intérêt, à raison de 5 0/0 l'an, à dater du jour de l'expiration dudit délai.

Est réservée toutefois aux offices intéressés la faculté de prendre, d'un commun accord, d'autres dispositions que celles indiquées ci-dessus (R., XII).

Dispositions particulières.

L'article 12 de la convention dispose que la législation intérieure de chacun des pays contractants demeure applicable en tout ce qui n'est pas prévu par la convention.

Cette réserve peut s'appliquer, notamment, aux divers droits fiscaux qui pèsent sur les transports et sur certains produits.

§ 3. — Établissement du service des colis postaux à l'intérieur de la France.

Clause spéciale insérée au protocole final de la convention internationale.

Pour faciliter l'adhésion des pays où, comme en France, la poste n'est pas en état d'assurer par elle-même le service des colis postaux, une clause spéciale, insérée au protocole final de la convention internationale du 3 novembre 1880, a permis à ces pays de faire exécuter le service par les entreprises de chemins de fer et de navigation.

Convention du 2 nov. 1880, entre le ministre des postes et des télégraphes et les compagnies de transport.

Par une application anticipée de cette clause, M. Cochery a conclu, le 2 novembre 1880, c'est-à-dire la veille de la signature du traité international, une convention avec l'administration des chemins de fer de l'État français, les six grandes compagnies de chemins de fer et les compagnies maritimes subventionnées par la poste. En vertu de cette convention, les compagnies contractantes et l'administration des chemins de fer de l'État sont substituées au gouvernement français pour les avantages et les obligations résultant de l'arrangement international du 3 novembre 1880 et du règlement annexé à cet arrangement. Les compagnies ont droit à l'intégralité de la taxe territoriale de 50 centimes attribuée à la France pour le transit à travers son territoire, mais non pas, à moins d'arrangements spéciaux, à la surtaxe facultative de 25 centimes, prévue par l'article 5, § 2, de la convention. Moyennant la taxe de 50 centimes par colis, qu'elles partagent entre elles lorsque les colis empruntent plusieurs réseaux, les compagnies se chargent non seulement du transport, mais encore de la transmission d'un réseau à l'autre, et de l'accomplissement des formalités en douane. Elles se sont engagées, en outre, à faire le transport des colis postaux à l'intérieur, aux conditions de tarif et autres fixées par la convention internationale, sur toute l'étendue de leur réseau ferré, et à effectuer la livraison de ces colis dans les localités reliées au réseau par des services de correspondance ou de factage, aussi longtemps que durera leur concession, et que le gouvernement français lui-même sera lié par la convention internationale.

La convention internationale et les conventions conclues par M. Cochery avec les compagnies de transport ont été approuvées par la loi du 3 mars 1881 (1). Cette loi et celles des 24 et 25 juillet de la même année ont apporté à notre législation fiscale des exceptions nombreuses en faveur des colis postaux. Ces exceptions ont paru nécessaires pour développer le nouveau service en France et pour placer nos nationaux sur un pied d'égalité vis-à-vis de leurs concurrents étrangers.

Impôts qui grèvent les transports. Droits sur les transports en grande vitesse.

Dans la plupart des pays étrangers, en effet, les transports par messagerie sont à peu près affranchis d'impôts, tandis qu'en France, ils sont frappés de lourdes taxes qui ont encore été aggravées depuis 1870.

La première de ces taxes est celle dite de la *grande vitesse*. Les transports de voyageurs et ceux de marchandises, en grande vitesse, ont été successivement grevés au profit de l'État :

1° D'un impôt du dixième de la taxe perçue par les compagnies sur les marchandises transportées en grande vitesse, établi par l'article 3 de la loi du 14 juillet 1855 ;

2° De deux dixièmes en sus de l'impôt primitif ;

3° D'une taxe additionnelle de 10 0/0 des sommes perçues par les chemins de fer, impôt compris, établie par la loi du 16 septembre 1871 (art. 12), de telle sorte que le total des sommes prélevées par le fisc s'élève à 23 0/0 environ.

Impôt du timbre.

La seconde des taxes établies sur les envois par messagerie est l'impôt du timbre. Il frappe :

1° Les *récépissés* délivrés par les chemins de fer : le droit sur ces récépissés est de 35 centimes par expédition, et comprend la décharge donnée par le destinataire (*Loi du* 28 *février* 1872, *art.* 11) ;

2° Les *recouvrements* effectués par les entrepreneurs, à titre de remboursement du prix des marchandises livrées par eux ; le droit de timbre est également de 35 centimes (*Loi du* 19 *février* 1874, *art.* 10) ;

3° Les *connaissements* qui accompagnent les marchandises transportées par mer, sur les fleuves, les rivières ou les canaux. Le droit de timbre est de 60 centimes par original de connaissement, décimes compris, quelle que soit la dimension du papier : or, les connaissements doivent être établis en quatre originaux ; le droit est donc de 2 fr. 40 par colis, y compris les décimes ; il est réduit de moitié pour les expéditions du petit cabotage, c'est-à-dire celles qui ont lieu de port à port français (*Loi du* 30 *mars* 1871, *art.* 3) ;

4° Les *acquits à caution* ou certificats délivrés par la douane pour

(1) Voir le texte de la loi et des conventions qu'elle approuve dans le *Bulletin mensuel* n° 36, *supp.*, d'avril 1881, p. 285 et s.

autoriser la libre circulation des marchandises expédiées en transit ou l'admission temporaire en franchise de produits étrangers destinés à être réexportés après avoir été l'objet d'une fabrication complète ou d'un complément de main d'œuvre : le droit de timbre est de 75 centimes par acquit (*Loi du* 28 *avril* 1816, *art.* 19) ;

5° Les *passavants*, destinés à assurer le libre transport des marchandises circulant dans le rayon des douanes ou expédiées de port à port français ; ils sont taxés à raison de 5 centimes par expédition (*Loi du* 28 *avril* 1816, *art.* 19).

Taxe de plombage.

La troisième taxe est celle de *plombage*, fixée uniformément à 50 centimes (*Loi du* 2 *juillet* 1836). Le plombage est une formalité obligatoire, destinée à garantir l'identité, sur tout le parcours, des marchandises circulant en franchise (notamment de celles expédiées en transit), ou en exemption partielle des droits ; il prévient les fraudes ou les substitutions en cours de transport.

Droit de statistique.

Enfin, il existe une quatrième taxe, le droit de *statistique*, établi par la loi du 22 janvier 1872, sur les marchandises importées de l'étranger, de l'Algérie et des colonies et sur les marchandises exportées pour toutes destinations. Le droit de statistique est de 10 centimes pour les expéditions en caisses, sacs, etc.

Exemption ou réduction de droits fiscaux, en faveur des colis postaux.

Ces divers droits, appliqués à des objets de petite dimension et de peu de valeur, comme les colis postaux, excéderaient souvent le prix du transport et celui de la marchandise elle-même. Aussi a-t-on reconnu la nécessité de les réduire ou de les supprimer pour les colis postaux.

Loi du 3 mars 1881. Exemption de l'impôt sur la grande vitesse et du droit de statistique. Réduction du droit de timbre sur les bulletins d'expédition et connaissements.

Les colis postaux ont été affranchis de l'impôt sur la grande vitesse par l'article 6 de la loi du 3 mars 1881. L'article 7 de la même loi les a exonérés du droit de statistique.

L'article 5 a réduit le droit de timbre sur les récépissés, bulletins d'expédition et autres pièces en tenant lieu, connaissements rédigés pour le transport des colis postaux, à 10 centimes par expédition, y compris la décharge donnée par le destinataire.

Pour les colis originaires de l'étranger, le droit de timbre est acquitté en timbres mobiles apposés à l'arrivée, aux gares frontières ou bureaux d'entrée, sur les déclarations collectives que les transporteurs sont tenus de faire aux agents des douanes (1).

Loi du 24 juil. 1881. Colis postaux en transit. Colis postaux transportés successivement par terre et par mer. Suppression du droit de timbre sur les acquits à caution et passavants de cabotage.

La loi du 24 juillet 1881 (2) a supprimé le droit de timbre de 10 centimes sur les colis postaux en transit, réduit à 10 centimes le droit de timbre applicable à l'expédition des colis postaux transportés successivement par la voie terrestre et la voie maritime, supprimé les droits de 75 centimes et de 5 centimes sur les acquits-à-caution et passavants de cabotage, pour les colis postaux transitant à travers la France ou l'Algérie, ou donnant lieu à des expéditions par mer soit entre les ports de France et ceux d'Algérie, soit entre les ports français ou les ports algériens, et a

(1) Règlement d'administration publique du 19 avril 1881. — *Bull. mens.* n° 39, *supp.*, juillet 1881, p. 722.

(2) *Bull. mens.* n° 39, *supp.*, juillet 1881, p. 724.

établi la gratuité du plombage pour ces mêmes colis, dans tous les cas où cette formalité est prescrite par les lois ou règlements de douane.

Enfin la loi du 25 juillet 1881 a réduit à 10 centimes (*art.* 5) le droit de timbre établi par l'article 10 de la loi du 19 février 1874 sur les remboursements du prix des colis postaux, et supprimé (*art.* 6) le droit de timbre sur les récépissés, bulletins d'expédition et décharges relatifs aux colis postaux expédiés et distribués dans l'intérieur de la même ville.

Réduction du droit de timbre sur les remboursements de colis postaux. Suppression du droit de timbre sur les bulletins d'expédition des colis de la ville pour la ville.

Ces exemptions et réductions de droits représentent un sacrifice important pour le Trésor Elles ont été évaluées, au début du service, à 2,570,000 francs, se décomposant ainsi :

Impôt sur la grande vitesse	400.000 francs.
Timbre sur les récépissés et les connaissements	2.000.000 —
Droit de statistique	120.000 —
Droit de timbre sur les acquits-à-caution, passavants et taxe de plombage	50.000 —
Total	2.570.000 francs.

En réalité le dégrèvement est beaucoup plus important, à cause du développement qu'a pris le service des colis postaux.

Ouverture et exécution du service des colis postaux.

Ce service a été inauguré le 1er mai 1881, sur le réseau des chemins de fer de l'État et des grandes compagnies ; le 1er août suivant, en Algérie et en Tunisie, et le 1er octobre de la même année, dans l'intérieur de la Corse.

Nous donnons ci-après l'analyse des principales dispositions des décrets des 19 avril, 24 juillet et 19 septembre 1881, qui ont fixé les tarifs et les dates d'ouverture du service, et des règlements des 22 avril, 25 juillet 1881 et 19 avril 1890, relatifs à l'exécution du service par les compagnies (1).

Etendue du service.

Le service, à l'intérieur de la France, s'étend aux localités desservies par le réseau ferré de l'État et des six grandes compagnies, ainsi que des compagnies secondaires qui ont pris des arrangements avec les grandes pour le transport des colis postaux;

En Algérie, aux ports visités par les paquebots de la compagnie transatlantique et aux localités desservies par les chemins de fer algériens ;

En Corse, aux ports visités par les paquebots, aux localités de l'intérieur desservies par les chemins de fer ou par les courriers de dépêches qui se sont engagés à faire le transport et le factage à domicile des colis postaux.

Dépôt des colis.

Les colis peuvent être déposés dans les gares ou les agences des compagnies, ainsi que dans leurs bureaux de ville, sans supplément de prix; ils sont livrables soit en gare, en douane, dans les bureaux ou agences des compagnies; soit à domicile, mais seulement, dans ce dernier cas,

(1) Voir le texte de ces documents dans les *Bulletins mensuels* n° 36, *supp.*, d'avril 1881 ; 39, *supp.*, de juillet 1881 ; 41, *supp.*, de septembre 1881, et 5, de mai 1890, p. 630.

dans les localités où existe un service de factage organisé par les compagnies ou leurs correspondants (*Art. 4 du décret du* 19 *avril* 1881).

Les compagnies font imprimer, à leurs frais, la liste des localités desservies (*Art.* 29 *du règlement*) et tiennent cette liste à la disposition du public.

Sont également acceptés les colis postaux à destination des localités non desservies par les lignes ferrées des compagnies contractantes ou par leurs services de factage ou de correspondance. Mais il appartient au public d'en assurer, à ses frais et par les moyens qui lui conviennent, le retrait de la gare, de la douane ou de l'agence la plus proche du lieu de destination (*Art.* 3 *du règlement*).

Tarif intérieur français.

La taxe est fixée à :

60 centimes (taxe territoriale et timbre), pour les colis expédiés de gare à gare ;

85 centimes (taxe territoriale, factage et timbre), pour les colis livrables à domicile.

Ces taxes sont applicables aux colis circulant à l'intérieur de la France continentale ; pour les colis originaires ou à destination de l'extérieur, elles sont augmentées, suivant le cas, des bonifications à payer aux compagnies de transport ou aux offices étrangers.

Relations entre la France, la Corse, l'Algérie et la Tunisie. Service des colis postaux à l'intérieur de la Corse, de l'Algérie et de la Tunisie. Conventions des 17 juin 1881, 3 sept. 1881, 30 mars et 3 avril 1888.

L'article 4 de la loi du 3 mars 1881 a autorisé le gouvernement à étendre, par des traités spéciaux, le service des colis postaux sur le territoire français, en dehors des limites d'exploitation assignées aux compagnies de chemins de fer par la convention du 2 novembre 1880, sans toutefois que la taxe afférente au transport en France puisse dépasser le maximum admis par la convention internationale.

En vertu de cette autorisation, M. Cochery a traité, le 17 juin 1881, avec les compagnies de Paris-Lyon-Méditerranée, de l'Ouest algérien, de l'Est algérien, de Bône à Guelma, Franco-algérienne et Transatlantique, pour l'organisation du service des colis postaux en Algérie et en Tunisie, ainsi que dans les rapports entre ces pays et la France continentale ; le 3 septembre 1881, avec MM. Ferrucci et Bonfante, concessionnaires du transport des dépêches en Corse, pour l'organisation du service des colis postaux à l'intérieur de l'île. Le marché de ces entrepreneurs ayant prin fin, la convention du 3 septembre 1881 a été remplacée par divers arrangements conclus en 1890, à des conditions variables, avec les nouveaux concessionnaires du transport des dépêches en Corse. En 1888, la compagnie des chemins de fer départementaux, concessionnaire du réseau ferré de la Corse, ayant ouvert une partie de ses lignes, a été appelée également à participer à l'exécution du service des colis postaux, concurremment avec les courriers de la voie de terre (1) (*Arrangements des* 30 *mars et* 3 *avril* 1888).

Economie de ces arrangements.

Pour comprendre l'économie de ces arrangements, il faut se rappeler que les taxes afférentes au transport proprement dit des colis postaux en

(1) *Bull. mens.* n° 4, avril 1888, p. 74.

France, y compris la Corse et l'Algérie, abstraction faite du droit de timbre et du factage, ne peuvent, d'après l'article 5 de la convention internationale et l'article 4 de la loi du 3 mars 1881, dépasser le chiffre de 1 franc au maximum. Ce chiffre de 1 franc se décompose ainsi :

50 centimes, taxe territoriale française (Art. 5, § 1, de la convention);
25 centimes, surtaxe facultative (Art. 5, § 2);
25 centimes, taxe maritime, pour le transport entre la France, la Corse et l'Algérie (Art. 5, § 3).

Attribution des taxes perçues. Quote-part des compagnies des chemins de fer algériens. Colis circulant à l'intérieur de la France et de l'Algérie.

Ce maximum ne pouvant être dépassé, comme la taxe territoriale française de 50 centimes est déjà acquise aux grandes compagnies concessionnaires du réseau intérieur français, toutes les fois qu'elles participent au transport, la surtaxe de 25 centimes, autorisée par le § 2 de l'article 5 de la convention internationale, reste seule disponible pour rémunérer les compagnies concessionnaires du réseau ferré algérien, la compagnie des chemins de fer départementaux et les courriers des dépêches en Corse, lorsque les colis à transporter à l'intérieur de l'Algérie et de la Corse ont déjà emprunté le réseau ferré de la France continentale.

Lorsque les colis postaux circulent simplement à l'intérieur de la Corse et de l'Algérie, le transporteur a droit à la taxe territoriale de 50 centimes.

Colis circulant à l'intérieur de l'Algérie.

Si les colis transportés à l'intérieur de l'Algérie empruntent les voies ferrées de plusieurs compagnies, la surtaxe de 25 centimes, ou la taxe territoriale de 50 centimes, suivant le cas, est partagée entre elles.

Colis circulant à l'intérieur de la Corse. Quote-part du chemin de fer et des entrepreneurs de transports.

Si le transport à l'intérieur de la Corse emprunte la voie ferrée et la voie de terre, le chemin de fer a droit, dans tous les cas, à la moitié de la surtaxe de 25 centimes ou de la taxe territoriale de 50 centimes; le reste est attribué au courrier de la voie de terre (1), à moins que plusieurs entrepreneurs ne concourent au transport. Dans ce cas, chacun d'eux a droit, *en général*, à 25 centimes par colis; si cette bonification ne peut être entièrement prélevée sur le produit de la taxe, la différence est à la charge du Trésor; le montant en est soldé mensuellement aux courriers, sur la production d'états certifiés par le directeur départemental, au moyen de mandats de dépenses publiques, imputés sur les crédits pour frais extraordinaires de transport de dépêches.

Quote-part des compagnies maritimes.

La taxe maritime de 25 centimes est acquise, dans tous les cas, intégralement à la compagnie qui effectue le transport par mer. Par dérogation au § 2 de l'article 3 de la convention internationale, la rémunération allouée à la compagnie Transatlantique pour les colis échangés entre la France et la Tunisie n'est que de 25 centimes, bien que le parcours maritime excède 500 milles marins (*Art.* 6 *de la convention du* 17 *juin* 1881).

Colis échangés de port à port.

Les colis échangés de port à port, de France en Corse, Algérie ou Tunisie, et vice versa, ne supportent que la taxe maritime de 25 centimes, plus le droit de timbre et le factage, s'il y a lieu. Par exception, la taxe de transport est de 50 centimes pour les colis échangés de port à port algérien,

(1) Toutefois, la part du courrier qui effectue le transport entre Vizzavona et Corte, points terminus des deux tronçons de la ligne inachevée d'Ajaccio à Bastia, ne peut, dans le cas de partage, dépasser 15 centimes par colis. Le surplus, s'il y a lieu, est acquis au Trésor.

par la voie de mer exclusivement; mais la compagnie transatlantique n'a droit, sur ces colis, qu'à la taxe maritime ordinaire de 25 centimes ; elle bonifie des 25 centimes excédant aux chemins de fer algériens, bien que ceux-ci ne participent pas au transport (*Art.* 3 *de la convention du* 17 *juin* 1881).

Tableau des taxes perçues.

D'après ces arrangements, la taxe des colis postaux circulant à l'intérieur de la Corse, de l'Algérie et de la Tunisie, ou dans les relations entre la France, la Corse, l'Algérie et la Tunisie, a été fixée conformément aux indications du tableau ci-dessous :

LIEU DE DESTINATION		LIEU DE DÉPOT						
		FRANCE CONTINENTALE	CORSE		ALGÉRIE		TUNISIE	
		Gare ou bureaux de ville des compagnies de chemins de fer	Agence maritime au port d'embarquement	Gare ou Agence à l'intérieur de la Corse	Agence maritime au port d'embarquement	Gare	Agence maritime au port d'embarquement	Gare
		fr. c.	fr. c.	fr. c.	fr. c.	fr. c.	fr. c.	fr. c.
FRANCE	Agence de la compagnie maritime, au port de débarquement	»	0.35	0.85	0.35	0.85	0.35	0.85
	Domicile du destinataire, au port de débarquement	»	0.60	1.10	0.60	1.10	0.60	1.10
	Gare	0.60	0.85	1.10	0.85	1.10	0.85	1.10
	Domicile du destinataire, dans une localité de l'intérieur desservie par factage ou correspondance	0.85	1.10	1.35	1.10	1.35	1.10	1.35
CORSE	Agence de la compagnie maritime, au port de débarquement	0.85	0.35	»	0.35	0.85	0.35	0.85
	Domicile du destinataire, au port de débarquement	1.10	0.60	»	0.60	1.10	0.60	1.10
	Agence à l'intérieur de la Corse	1.10	»	0.60	0.85	1.10	0.85	1.10
	Domicile du destinataire, dans une localité de l'intérieur de la Corse desservie par factage ou correspondance	1.35	»	0.85	1.10	1.35	1.10	1.35
ALGÉRIE	Agence de la compagnie maritime, au port de débarquement	0.85	0.35	0.85	0.60	0.60	0.60	0.60
	Domicile du destinataire, au port de débarquement	1.10	0.60	1.10	0.85	0.85	0.85	0.85
	Gare	1.10	0.85	1.10	0.60	0.60	0.60	0.60
	Domicile du destinataire, dans une localité de l'intérieur desservie par factage ou correspondance	1.35	1.10	1.35	0.85	0.85	0.85	0.85
TUNISIE	Agence de la compagnie maritime, au port de débarquement	0.85	0.35	0.85	0.60	0.60	0.50	0.50
	Domicile du destinataire, au port de débarquement	1.10	0.60	1.10	0.85	0.85	0.75	0.75
	Gare	1.10	0.85	1.10	0.60	0.60	0.50	0.50
	Domicile du destinataire, dans une localité de l'intérieur desservie par factage ou correspondance	1.35	1.10	1.35	0.85	0.85	0.75	0.75

Exemples de répartition des taxes.

Pour préciser, nous donnons ci-après quelques exemples de répartition des taxes perçues :

Colis de Paris pour Constantine, livrable à domicile. Taxe à percevoir, 1 fr. 35. Répartition : 1° Colis de la France pour l'Algérie et la Tunisie, et vice versa.

Cie P.-L.-M., pour le transport de Paris à Marseille (taxe territoriale).		0 50
Cie Transatlantique (taxe maritime)		0 25
Cie P.-L.-M.	Transport de Philippeville à Constantine (surtaxe facultative)	0 25
	Factage	0 25
Timbre		0 10
	Total égal	1 35

Colis d'Alger pour Tunis, livrable en gare, expédié par les voies ferrées. Taxe, 0 fr. 60. Répartition : 2° Colis circulant à l'intérieur de l'Algérie et de la Tunisie.

Taxe territoriale, à partager entre les compagnies de l'Est algérien, P.-L.-M. et Bône à Guelma	0 50
Timbre	0 10
Total égal	0 60

Colis de Toulouse pour Bonifacio, livrable à l'agence du courrier de terre. Taxe, 1 fr. 10. Quote-part de chacun des services ayant participé au transport : 3° Colis de la France pour la Corse et vice versa

Taxe territoriale, à partager entre les compagnies du Midi et P.-L.-M., pour l'apport des colis à Marseille		0 50
Taxe maritime, pour le transport de Marseille à Ajaccio		0 25
Transport à l'intérieur de la Corse, à rémunérer au moyen de la surtaxe facultative de 25 centimes.	Bonification au courrier d'Ajaccio à Sartène	0 25
	Bonification au courrier de Sartène à Bonifacio	0 25
Timbre		0 10
	Total	1 35
	Taxe perçue	1 10
	Insuffisance à la charge du Trésor	0 25

Colis d'Ajaccio pour Bastia, livrable à domicile. Taxe, 0 fr. 85. Quote-part de chacun des services de transport :

Cie des chemins de fer départementaux.	1/2 de la taxe territoriale, pour le transport par voie ferrée d'Ajaccio à Vizzavona et de Corte à Bastia	0 25
	Factage	0 25
Courrier de Vizzavona à Corte, pour le transport par terre		0 15
Timbre		0 10
	Total des bonifications	0 75
	Taxe perçue	0 85
	Excédent à verser au Trésor	0 10

Colis de Vizzavona pour Corte, livrable à l'agence du courrier ; taxe, 0 fr. 60. Répartition : 4° Colis circulant à l'intérieur de la Corse.

Courrier de Vizzavona à Corte : taxe territoriale	0 50
Timbre	0 10
Total égal	0 60

Colis de Centuri pour Bonifacio, livrable à l'agence du courrier de Ghisonaccia à Sartène. Taxe, 0 fr. 60. Répartition :

Courrier de Centuri à Bastia (le courrier n'a droit à aucune bonification pour les colis qui ne font que transiter par le réseau ferré de la Corse)	»
Cie des chemins de fer départementaux, pour le transport de Bastia à Ghisonaccia : 1/2 de la taxe territoriale	0 25
Courrier de Ghisonaccia à Sartène, pour le transport de Ghisonaccia à Bonifacio : 1/2 de la taxe territoriale	0 25
Timbre	0 10
Total égal	0 60

5e Colis échangés de port à port.

Colis de Marseille pour Tunis, adressé en douane. Taxe, 0 fr. 35. Répartition :

Cie Transatlantique, pour le transport par mer : taxe maritime	0 25
Timbre	0 10
Total égal	0 35

Colis d'Alger pour Bône, expédié par voie de mer, livrable à l'agence de la compagnie Transatlantique. Taxe, 0 fr. 60. Répartition :

Cie Transatlantique, pour le transport par mer d'Alger à Bône : taxe maritime	0 25
Bonification aux compagnies de l'Est algérien, P.-L.-M et Bône à Guelma (bien que ces compagnies ne participent pas au transport)	0 25
Timbre	0 10
Total égal	0 60

Expédition des colis.

Les bulletins d'expédition sont vendus au public dans les gares, les bureaux de ville et agences des compagnies, moyennant payement de la taxe d'affranchissement (60 ou 85 centimes, suivant le cas) pour les colis de l'intérieur (*Art.* 19 *du Règlement*), et moyennant l'acquittement du droit de timbre de 10 centimes, pour les colis à destination de l'extérieur ou échangés entre la France, la Corse et l'Algérie, le surplus de la taxe étant payé alors en numéraire, au moment de l'expédition.

Un récépissé sommaire, détaché du bulletin, est remis à l'expéditeur (*Art.* 3 *des décrets des* 19 *et* 21 *avril* 1881).

Les formules de déclaration en douane sont mises gratuitement à la disposition du public (*Art.* 10 *du Règlement*).

La gare ou le bureau d'origine enregistre les envois sur un carnet d'expédition, et applique, sur le colis et sur le bulletin, une étiquette rappelant le numéro de l'enregistrement et le nom du bureau de dépôt.

Dans les relations internationales, il appartient à la gare de sortie d'établir la feuille de route à laquelle sont rattachés les bulletins d'expédition et les déclarations en douane.

Transmission.

Les colis postaux sont transportés par les trains-postes ou autres trains employés pour le service des colis de grande vitesse.

L'expédition et la transmission d'une compagnie à l'autre s'opèrent dans les délais fixés par les tarifs (*Art.* 9 *des décrets des* 19 *et* 21 *avril* 1881) (1).

(1) Voir l'article 50 du cahier des charges des grandes compagnies de chemins de fer.

Réception.

L'accomplissement des formalités en douane incombe au transporteur, auquel le destinataire rembourse, le cas échéant, les droits de douane, de timbre, d'octroi et autres frais dont il a fait l'avance (*Art.* 15 *du Règlement*).

Les colis sont inscrits, à l'arrivée, sur des carnets spéciaux, suivant qu'ils sont livrables en gare ou dans les bureaux ou agences des compagnies, en douane ou à domicile.

Pour les colis livrables en gare, en douane, dans les bureaux ou agences des compagnies, les destinataires sont avisés, dans les vingt-quatre heures, de l'arrivée de ces colis, par les soins des compagnies ou de leurs correspondants (*Art.* 4 *des décrets des* 19 *et* 21 *avril* 1881). Les avis d'arrivée sont pliés en forme de lettre non fermée ou placés sous enveloppe ouverte et affranchis au tarif de 5 centimes (*Arrêté ministériel du* 23 *janvier* 1885, *art.* 19). Le prix du port de l'avis est remboursé par le destinaire (*Art.* 6 *du Règlement*).

Pour les colis originaires de l'étranger, livrables à domicile, le destinataire rembourse la taxe de factage, sauf dans les relations avec l'Angleterre.

Réexpédition.

La réexpédition d'un colis postal, soit sur le lieu d'origine, soit sur une autre localité, donne lieu, lors de la livraison, à la perception sur l'expéditeur ou sur le destinataire, suivant le cas, d'une nouvelle taxe complète, sans préjudice du remboursement des droits d'octroi, de factage, de magasinage et autres frais, s'il y a lieu.

Toutefois, la réexpédition, par suite de fausse direction ou d'erreur imputable au service, ne donne lieu à aucune perception supplémentaire à la charge du public.

Colis en souffrance.

Les colis postaux qui n'ont pas été livrés, pour une cause quelconque, sont tenus à la disposition des destinataires pendant huit jours en France et en Corse, pendant quinze jours en Algérie, moyennant le remboursement, s'il y a lieu, de la taxe de factage. Si un second transport à domicile est effectué, le destinataire doit payer une nouvelle taxe de 25 centimes, indépendamment du droit de magasinage à percevoir, s'il y a lieu, en conformité des tarifs.

A l'expiration du délai de huitaine ou de quinzaine, suivant le cas, les expéditeurs sont consultés sur la manière dont ils entendent disposer des colis en souffrance.

Les communications qui leur sont adressées à ce sujet sont faites directement par les compagnies, pour les colis de l'intérieur; par l'intermédiaire de l'administration des postes et télégraphes, pour les colis d'origine étrangère.

Les colis dont les expéditeurs, dûment consultés, n'ont pas réclamé le renvoi ni la réexpédition sont tenus à leur disposition, à partir du jour de l'expédition de l'avis.

Toutefois, ceux des colis postaux non distribués qui renferment des articles sujets à corruption ou à détérioration sont vendus immédiatement au profit de qui de droit, sans avis préalable, ni formalités judiciaires (*Art. 6 des décrets des 19 et 21 avril 1881 ; art. 6 du règlement du 22 avril 1881*).

A l'expiration d'un délai de six mois, à partir du jour de leur arrivée, les colis non réclamés sont livrés aux domaines pour être vendus (*Décret du 13 août 1810*). Cette disposition, toutefois, ne concerne pas les colis originaires de l'étranger, qui sont renvoyés à l'office d'origine, dans les délais indiqués à l'article XI, § 3, du Règlement international.

Suppression des limites de dimension et de volume, pour les colis postaux circulant à l'intérieur de la France continentale, ou échangés entre la France continentale et les ports de la Corse. Loi du 25 juil. 1881.

L'administration des postes et des télégraphes a été autorisée, par la loi du 25 juillet 1881 (1), à traiter avec les compagnies de chemins de fer et de navigation, ainsi qu'avec les offices étrangers, pour la suppression des limites de dimension et de volume fixées par la convention internationale du 3 novembre 1880, et pour l'application facultative aux colis postaux du régime de l'envoi contre remboursement.

Des arrangements de cette nature ayant été conclus avec les grandes compagnies de chemins de fer (22 août 1881) (1), les colis postaux ont été admis à circuler, sans limites de dimension et de volume, dans le service intérieur de la France continentale à partir du 1er septembre 1881. La même mesure a été prise à l'égard des colis postaux échangés avec la France et *les ports* de la Corse, à partir du 1er août 1883 (*Décret du 21 juillet 1883* (2).

Envois contre remboursement.

La convention conclue, le 22 août 1881, avec les grandes compagnies de chemins de fer, a donné également au public la faculté de faire suivre le remboursement des colis circulant à l'intérieur de la France continentale, jusqu'à concurrence d'une valeur de 100 francs par colis. Le même avantage a pu être concédé, à la suite d'un arrangement conclu avec les entrepreneurs du transport de dépêches en Corse, pour les colis circulant à l'intérieur de cette île ou échangés entre la Corse et la France continentale (*Décret du 22 août 1883*) (3).

Les colis grévés de remboursement sont accompagnés de deux bulletins d'expédition dont l'envoyeur paye la taxe; l'un sert pour la transmission du colis, tandis que l'autre est destiné au retour de la somme encaissée ; les colis et les bulletins sont revêtus d'une étiquette rouge, portant imprimé le mot *Remboursement*. Les colis ne sont livrés aux destinataires que contre payement de la somme à rembourser.

La transmission des sommes remboursées s'effectue dans les mêmes conditions et est soumise aux mêmes taxes que celle des colis postaux ordinaires.

Les sommes qui n'ont pu être remises aux destinataires, dans un délai de six mois, sont livrées à l'administration des domaines, conformément au décret du 13 août 1810, sous déduction des taxes et frais dus au transporteur, s'il y a lieu.

Colis postaux de Paris pour Paris.

Une convention avait été conclue, le 15 septembre 1881 (4), avec la com-

(1) *Bull. mens.* n° 40, *supp.*, août 1881, p. 884 et s.
(2) *Bull. mens.* n° 8, août 1883, p. 437 et s.
(3) *Bull. mens.* n° 8, août 1883, p. 438 et s.
(4) *Bull. mens.* n° 42, 2e *supp.*, octobre 1881, p. 1435.

pagnie des Messageries nationales pour le transport des colis postaux dans les limites de l'ancien octroi de Paris. Ces colis étaient déposés dans les bureaux de quartier de la compagnie.

La durée prévue du marché était de deux ans, mais il était renouvelable d'année en année par tacite reconduction.

L'exploitation n'ayant pas été suffisamment rémunératrice, la compagnie dénonça le traité, et cessa le service le 16 octobre 1887. Un nouveau marché a été passé, par adjudication publique, le 31 mai 1890. Le service, qui a été étendu à toute la capitale, y compris les quartiers annexés en 1860, a commencé à fonctionner le 1er septembre 1890 (1).

Conditions d'exécution du service.

L'entrepreneur s'est engagé à ouvrir un bureau dans chaque arrondissement, à effectuer deux livraisons chaque jour, entre 7 heures du matin et 9 heures du soir, et une distribution au moins les dimanches et jours fériés. En fait, il a ouvert au public 300 dépôts ; il assure trois distributions, les jours ordinaires, et deux, les jours fériés.

Taxe.

La taxe est fixée à 25 centimes par colis de 3 kilogrammes, au maximum, sans limitation de dimension ou de volume, y compris le factage à domicile, et à 60 centimes par colis grevé de remboursement, y compris les frais de retour et le droit de timbre de 10 centimes. Les colis non grevés de remboursement ne sont pas soumis au droit de timbre (*Loi du 25 juillet* 1884).

Charges imposées à l'adjudicataire.

L'adjudicataire a versé au Trésor un cautionnement de 6,000 francs et s'est engagé à payer à l'administration, à titre de part contributive aux frais du bureau chargé du contrôle du service des colis postaux, à la direction générale des postes et des télégraphes, une redevance annuelle de 7,525 francs. Le marché peut prendre fin à l'expiration de la première année d'exécution ou à une époque quelconque des années suivantes, à la condition d'avoir été dénoncé six mois d'avance, soit par l'administration, soit par l'entrepreneur.

Durée du marché.

Ce délai de dénonciation ne serait pas obligatoire, si la France cessait de participer à la convention internationale ou si l'entente ne pouvait s'établir avec l'entrepreneur au sujet de l'introduction d'améliorations qui viendraient à être autorisées par des lois nouvelles.

Extension du service des colis postaux à l'intérieur de la France continentale.

La convention conclue le 2 novembre 1880, avec l'administration des chemins de fer de l'État et les six grandes compagnies de chemins de fer, ne s'applique qu'au réseau de l'État et desdites compagnies. Elle laisse en dehors toutes les autres localités.

Pour faire participer celles-ci aux avantages du service des colis postaux, il faudrait étendre ce service au réseau des compagnies secondaires et organiser le transport des colis postaux sur les routes de terre.

Réseau ferré des compagnies secondaires.

L'extension du service des colis postaux aux voies ferrées secondaires nécessite une entente des grandes compagnies avec les petites. Cette entente a été réalisée pour la plupart des lignes : les grandes compagnies, dans le réseau desquelles les petites sont enclavées, abandonnent à celles-ci une quote-part de la rémunération qui leur est attribuée à elles-

(1) *Bull. mens.* n° 8, août 1890, p. 844 et s.

mêmes sur le produit de la taxe territoriale. Beaucoup de lignes secondaires ont d'ailleurs été incorporées au réseau des grandes compagnies par les conventions de 1883 et depuis par des rachats. Il ne reste plus qu'un petit nombre de chemins de fer d'intérêt local, la plupart à voie étroite, et un chemin de fer d'intérêt général, celui du Médoc, qui ne participent pas au service des colis postaux.

Localités non desservies par les chemins de fer. Art. 9 du cahier des charges des courriers d'entreprise.

L'extension du service aux localités non desservies par les chemins de fer rencontre plus de difficultés.

L'administration a préparé la solution de ces difficultés pour l'avenir, en insérant dans les cahiers des charges des entrepreneurs de transport de dépêches, une clause en vertu de laquelle ils peuvent être tenus d'effectuer le transport des colis postaux, moyennant une rétribution de 15 centimes par colis, rétribution élevée à 25 centimes, lorsque le factage à domicile vient s'ajouter au transport.

Voici le texte de cette clause :

Article 9. — Tout adjudicataire d'un service en voiture ou d'un service à cheval pourra être chargé, lorsque l'administration le jugera opportun, d'assurer le service des colis postaux dans les conditions ci-après :

Il devra prendre livraison aux bureaux de poste, aux points de rencontre avec d'autres courriers postaux, aux gares ou aux bureaux des services de correspondance de chemin de fer établis dans les localités qu'il dessert, des colis postaux d'un poids maximum de 5 kilogrammes par colis, destinés à être livrés dans les communes situées sur son parcours, soit à des bureaux de poste, soit à des gares de chemin de fer, soit à des courriers de la poste ou à des entrepreneurs de services de correspondance de chemin de fer, soit enfin aux destinataires des colis postaux.

L'entrepreneur sera tenu de faire effectuer la livraison à domicile, sur reçu, des colis postaux qui lui seront remis à destination des communes situées aux points extrêmes de son parcours. — Ces colis devront être livrés le plus tôt possible aux destinataires et, au plus tard, dans le délai de vingt-quatre heures après l'arrivée. — Tout colis adressé dans la partie agglomérée d'une localité devra être remis au destinataire le jour même de son arrivée, toutes les fois que ce colis parviendra dans ladite localité avant 4 heures du soir.

L'entrepreneur aura droit, pour chaque colis postal transporté, à une rétribution spéciale de 15 centimes, quels que soient le poids du colis postal et la distance parcourue, si le colis n'est pas livré par lui au domicile du destinataire. — Lorsque, au contraire, l'entrepreneur remettra le colis à ce domicile, il recevra, au lieu et place du droit de 15 centimes dont il s'agit, une rétribution spéciale de 25 centimes.

En cas de perte, de spoliation ou d'avarie d'un colis postal remis à ses courriers, l'entrepreneur sera responsable du montant réel de la perte, de la spoliation ou de l'avarie, sans que toutefois l'indemnité à payer pour ce colis puisse dépasser 25 francs ; il remboursera, en outre, les frais d'expédition de tout colis perdu.

Lorsqu'un colis postal grevé d'un remboursement sera livré à domicile par les soins de l'entrepreneur, celui-ci sera tenu d'encaisser le montant du remboursement, au moment même de la livraison du colis, et, suivant les instructions de l'administration, de verser la somme perçue soit à l'une des gares ou à l'un des bureaux de poste établis dans les localités situées sur son parcours, soit entre les mains du courrier postal ou du correspondant de chemin de fer qui lui aura remis le colis. Il sera alloué à l'entrepreneur une rétribution de 15 centimes par versement ainsi encaissé par ses soins.

L'entrepreneur sera également obligé de remettre aux ayants droit, à domicile et sur reçu, dans les localités situées aux points extrêmes de son parcours, les sommes provenant d'un remboursement sur colis postal qui lui seront confiées, soit par les gares ou bureaux de poste établis dans les localités situées sur son parcours, soit par les courriers postaux ou les correspondants de chemins de fer desservant ces mêmes localités. Il recevra une rétribution de 25 centimes pour tout versement ainsi payé à domicile par ses agents.

En cas de perte des sommes perçues à titre de remboursement ou en cas de livraison du colis au destinataire, sans que le montant du remboursement ait été encaissé, l'entrepreneur sera responsable des sommes perdues ou non encaissées.

En dehors du service spécial des colis postaux, prévu par le présent cahier des charges, l'entrepreneur aura la faculté d'effectuer à son profit un service de messagerie, aussi bien pour les paquets d'un poids de 5 kilogrammes et au-dessous que pour ceux d'un poids supérieur. Mais, quel que soit le nombre des colis à transporter, la course devra toujours être effectuée, à l'aller et au retour, dans les délais réglementaires et conformément à toutes les prescriptions du cahier des charges.

Il est bien entendu que les stipulations du présent article 9 n'ont pas pour objet de conférer le monopole du service des colis postaux à l'adjudicataire du service sur la route qu'il dessert. L'administration reste libre de lui confier ou non ce service, suivant les besoins.

Ces dispositions, qui impliquent la participation des bureaux de poste au service des colis postaux, sont restées jusqu'à présent sans application.

L'administration est entrée récemment en pourparlers avec les chemins de fer pour faire reconnaître à ceux de ses courriers dont les services sont reliés aux gares, la qualité de correspondants des compagnies. Cette combinaison est de nature à assurer la livraison des colis dans les localités traversées par ces courriers, moyennant la taxe ordinaire de factage, mais non l'expédition des colis postaux originaires de ces mêmes localités. Toutefois, l'administration a fait savoir aux chefs de service départementaux qu'elle considérerait comme un abus pouvant donner lieu à la résiliation du marché, le fait par un courrier d'entreprise d'exiger plus de 25 centimes pour l'apport d'un colis postal à la gare la plus rapprochée (*Circulaire du* 3 *juillet* 1890) (1). Ces mesures ont déjà produit un résultat appréciable : elles ont permis à plus de 1,500 localités, éloignées des voies ferrées, de bénéficier des avantages du service des colis postaux.

§ 4. — Service des colis postaux dans les relations internationales.

Extension graduelle du service.

D'après la convention internationale du 3 novembre 1880, le service des colis postaux devait entrer en vigueur le 1er octobre 1881 dans les relations avec les pays adhérents. Après entente avec les compagnies de chemins de fer, cette époque put être devancée pour quelques-uns. Le service a été ouvert, le 1er mai 1881, dans les rapports avec l'Allemagne, la Belgique, le Luxembourg et la Suisse (*Décret du* 21 *avril* 1881) (2) ;

Le 1er octobre 1881, dans les rapports avec la plupart des colonies françaises (*Décret du* 24 *juillet* 1881) (3) ;

Le 1er octobre 1881, suivant la date fixée par la convention, dans

(1) *Bull. mens.* n° 6, juin 1890, p. 660.
(2) *Bull. mens.* n° 36 *supp.*, avril 1881, p. 319.
(3) *Bull. mens.* n° 39 *supp.*, juillet 1881, p. 740.

les rapports avec l'Autriche-Hongrie, la Bulgarie, le Danemark, l'Égypte, l'Italie, le Monténégro, la Norvège, la Roumanie, la Serbie, la Suède et la Turquie (*Décret du 24 septembre* 1881) (1) ;

Le 1er avril 1882, dans les rapports avec les Pays-Bas (*Décret du* 6 *mars* 1882) (2) ;

Le 1er août 1882, dans les relations avec les bureaux français établis dans les ports ottomans (*Décret du* 18 *juillet* 1882) (3) ;

Le 1er septembre 1882, avec le Portugal (*Décret du* 10 *août* 1882) (4) ;

Le 1er mai 1883, avec les Antilles danoises (*Décret du* 14 *avril* 1883) (5) ;

Le 1er octobre 1884, avec le Tonkin (*Décret du* 23 *septembre* 1884) (6) ;

Le 1er juin 1885, avec l'Annam (*Décret du* 31 *mai* 1885) (7) ;

Le 1er juillet 1885, avec l'Espagne (*Décret du* 13 *juin* 1885) (8) ;

Le 1er juillet 1886, avec Tripoli de Barbarie ;

Le 1er juillet 1887, avec la République Argentine (*Décret du* 17 *mai* 1887) (9) ;

Le 1er août 1887, avec Shang-Haï (*Décret du* 18 *juin* 1887) (10) ;

Le 1er octobre 1887, avec la Grande-Bretagne (*Convention du* 18 *juin* 1886 *et décret du* 14 *septembre* 1887) (11), Cameroun, l'État du Congo, la Grèce (voie de Trieste) et l'île de Malte (voie d'Italie) (12) ;

Le 1er juin 1888, avec le Chili (*Décret du* 31 *mai* 1888) (13), le Salvador et Togo (*Décret du* 27 *juin* 1888) (14) ;

Le 1er avril 1889, avec Maurice (*Convention du* 7 *septembre* 1888 *avec l'Angleterre et décret du* 27 *décembre* 1888) (15) ;

Le 1er septembre 1889, avec Haïti, Héligoland et l'Uruguay, Massouah et Assab (*Décret du* 26 *août* 1889) (16) ;

Le 1er décembre 1889, avec Malte et Obock (*Convention du* 1er *juillet* 1889 *avec l'Angleterre et décret du* 23 *septembre* 1889) (17) ;

Le 1er mars 1890, avec le Gabon, le Congo français et les îles Seychelles (*Décret du* 6 *mars* 1890) (18) ;

Le 1er juin 1890, avec les établissements français des rivières du Sud (*Décret du* 30 *mai* 1890) (19) ;

Le 1er septembre 1890, avec la Grèce (échange direct) et avec tous les

(1) *Bull. mens.* n° 41 *supp.*, septembre 1881, p. 1044.
(2) *Bull. mens.* n° 3, mars 1882, p. 95 et s.
(3) *Bull. mens.* n° 7, *supp.*, juillet 1882, p. 381 et s.
(4) *Bull. mens.* n° 8. août 1882, p. 444 et s.
(5) *Bull. mens.* n° 4, avril 1883, p. 298 et s.
(6) *Bull. mens.* n° 21, septembre 1884, p. 888 et s.
(7) *Bull. mens.* n° 6, juin 1885, p. 192 et s.
(8) *Bull. mens.* n° 6, juillet 1885, p. 186 et s.
(9) *Bull. mens.* n° 7, juillet 1887, p. 141.
(10) *Bull. mens.* n° 7, juillet 1887, p. 190 et s.
(11) Voir le texte de ces documents au *Bull. mens.* n° 9, septembre 1887.
(12) *Bull. mens.* n° 9, septembre 1887, p. 257 et s.
(13) *Bull. mens.* n° 5, mai 1888, p. 102.
(14) *Bull. mens.* n° 6, juin 1888, p. 130.
(15) *Bull. mens.* n° 3, mars 1889, p. 154.
(16) *Bull. mens.* n° 8, août 1889, p. 498 et 600.
(17) *Bull. mens*, n° 9, septembre 1889, p. 546, et nov. 1889, p. 600.
(18) *Bull. mens.*, n° 2, février 1890, p, 346 et s.
(19) *Bull. mens.*, n° 5, mai 1890, p. 608.

établissements français de Madagascar (*Décret du* 30 *août* 1890) (1);

Le 1er septembre 1890, avec les colonies anglaises, les États de l'Afrique australe, les ports de la Chine où l'office postal de Hong-Kong entretient des agences, le nord de Bornéo, Sarawak, Zanzibar, Siam, Tanger, Costa-Rica, la Colombie et le Mexique, par l'intermédiaire de l'office britannique (*Décret du* 26 *août* 1890 *et du* 1er *janvier* 1891) (2);

Le 1er mars 1891, avec Tanger (*Décret du* 28 *février* 1891) (3).

En vertu d'arrangements particuliers conclus avec la Belgique, le Luxembourg et la Suisse, les limites de dimension et de volume ont été supprimées pour les colis postaux échangés entre ces pays et la France continentale (4).

Régime particulier dans les relations avec la Grande-Bretagne et les colonies anglaises.

La Grande-Bretagne n'ayant pas adhéré à la convention internationale, l'échange des colis postaux avec ce pays est soumis à un régime particulier, qui diffère du régime général de l'Union sur les points suivants :

La taxe comporte deux échelons, suivant le poids des colis, qui peut exceptionnellement s'élever à 3 kilog. 178.

Pour les colis jusqu'au poids de 1 kilog. 360 (3 livres anglaises), expédiés de France en Angleterre, elle comprend :

Le droit de timbre de 10 centimes ;

La taxe territoriale française de 50 centimes, plus la surtaxe de 25 centimes pour les colis originaires de l'intérieur de la Corse, de l'Algérie ou de la Tunisie ;

La taxe maritime de 25 centimes, pour la traversée de la Manche, et éventuellement celle afférente à la traversée de la Méditerranée ;

La taxe territoriale anglaise de 50 centimes, augmentée du droit de factage de 25 centimes, le factage à domicile étant de règle en Angleterre, pour les colis postaux comme pour les lettres.

Pour les colis dont le poids dépasse 1 kilog. 360, sans excéder 3 kilog. 178 (7 livres anglaises), la taxe comprend les mêmes éléments, à cette différence près que la quote-part à bonifier à l'Angleterre est portée à 1 fr. 25, y compris le droit de factage.

La taxe des colis expédiés d'Angleterre en France est calculée de la même manière. Le post office perçoit, au départ, la taxe de factage, pour le compte des compagnies françaises, et le droit de timbre, pour le compte de l'État français.

Les dimensions des colis postaux échangés entre la France continentale et le Royaume-Uni peuvent excéder 60 centimètres, pourvu que ces colis aient une faible épaisseur et ne soient pas encombrants.

Les avis de réception ne sont pas admis.

Les colis échangés avec les colonies anglaises et avec certains pays étrangers, par la voie d'Angleterre, suivent le même régime (*Art.* 12 *de la convention franco-anglaise*) ; toutefois, le maximum de poids des colis est fixé à 3 kilogrammes ; exceptionnellement à 2 kilogrammes, pour le Canada.

(1) *Bull. mens.*, n° 8, août 1890, p. 806 et s.
(2) *Bull. mens.* n° 8, août 1890, p. 811 et s. ; et n° 12, déc. 1890, p. 1051.
(3) *Bull. mens.* n° 2, février 1891, p. 52.
(4) *Bull. mens.* n° 6, juin 1882, p. 492 et s.

§ 5. — Relations de l'administration des postes et des télégraphes avec les compagnies de transport, pour l'exécution du service des colis postaux.

Intervention de la poste dans le service des colis postaux.

L'administration des postes n'intervient pas dans l'exécution du service des colis postaux à l'intérieur, mais elle est l'intermédiaire obligé entre les compagnies françaises de transport et les offices de poste étrangers, pour tout ce qui touche à l'organisation et au fonctionnement du service (*Art. 17 du règlement*).

Partage des taxes entre les compagnies de chemins de fer.

Les compagnies s'entendent directement entre elles pour le partage des recettes. Dans les relations entre les grandes compagnies de chemins de fer, le partage de la taxe, pour les colis qui empruntent le parcours de plusieurs réseaux, est fait par un bureau dit *contrôle répartiteur*, qui fonctionne à Paris, au siège du comité d'exploitation du chemin de fer de ceinture.

Statistique.

Les compagnies adressent à l'administration, dans les premiers jours de chaque mois, des relevés indiquant le nombre des colis postaux expédiés par chacune d'elles (*Art. 25 du règlement*).

Ces relevés statistiques accusent une progression remarquable dans le service des colis postaux. Le nombre des colis s'est élevé (y compris ceux échangés avec l'étranger) :

En 1881, à 4,541,016 (service ouvert le 1er mai);
En 1882, à 10,535,125 ;
En 1890, à 26,293,871.

Règlement des comptes internationaux.

Les compagnies préparent le règlement des comptes internationaux. Elles remettent à l'administration, dans les premiers jours de chaque mois, et pour les colis reçus de chacun des offices étrangers avec lesquels elles sont en correspondance pendant la période mensuelle écoulée, le compte récapitulatif G, accompagné des états mensuels F, des feuilles de route E et, s'il y a lieu, des bulletins de vérification y afférents.

L'administration (bureau des colis postaux) soumet ces comptes à l'acceptation des offices correspondants.

Quant aux comptes établis par les offices étrangers pour les colis postaux venant de France, ils ne sont acceptés par l'administration des postes et des télégraphes, qu'après avoir été vérifiés et approuvés par les compagnies intéressées.

Le soin de poursuivre l'apurement du compte général trimestriel avec chaque office incombe à l'administration ; mais, dans tous les cas où la balance des comptes entre la France et un office étranger constitue les compagnies débitrices, celles-ci doivent fournir, dès qu'elles en sont requises, une traite égale au montant de leur dette, tirée sur une place du pays créditeur. Cette traite est transmise à l'office intéressé par l'administration des postes et des télégraphes.

Lorsque, au contraire, la balance d'un compte international se solde en faveur de la France, l'administration des postes et des télégraphes met les fonds à la disposition de la compagnie française intéressée, dès qu'elle les a reçus de l'office étranger débiteur (*Art. 24 du règlement*).

Par exception, des colis originaires des échelles du Levant et de Shang-Haï, où la France entretient des bureaux de poste, sont déposés dans ces bureaux. Le préposé des postes les enregistre sur un carnet d'expédition, les décrit sur une feuille de route (modèle E), les insère dans un sac à dépêches, qui est scellé du cachet du bureau, et les remet, avec les bulletins et les déclarations en douane, à l'agence des Messageries maritimes, chargée du transport par mer. Colis échangés avec les ports étrangers où la France entretient des bureaux de poste.

Les colis sont affranchis à la poste, le receveur se charge en recette de la totalité des taxes perçues, à l'article 3 *bis* du sommier des recettes, sous le titre : *Taxes perçues par l'État pour le transport des colis postaux*.

Les colis à destination des ports ottomans ou de Shang-Haï, expédiés par paquebots français, sont débarqués en douane par les soins de la compagnie des Messageries maritimes, et la poste n'a pas à s'en préoccuper, hors le cas où ils doivent être réexpédiés sur une nouvelle destination. Il appartient alors au receveur ou au distributeur de faire les démarches nécessaires auprès du service des douanes pour assurer la réexpédition, et d'avancer, s'il y a lieu, le montant des frais à recouvrer sur le destinataire.

En cas de réexpédition, les frais exposés par les préposés des postes pour la reprise des colis des mains de la douane étrangère sont portés en dépense, comme *Avances à charge de recouvrement et de régularisation*, à l'article 14 du sommier des dépenses. La régularisation de l'avance est faite, en fin de mois et après revision des pièces de dépenses, au moyen d'un mandat de remboursement délivré au nom du receveur principal de la Seine, qui en fait figurer le montant dans ses écritures et compense cette dépense fictive par une recette d'ordre d'égale somme sous le titre : *Recouvrement et régularisation d'avances* (1). Comptabilité dans les bureaux de poste.

Parmi les éléments de la taxe des colis postaux originaires ou à destination des bureaux français à l'étranger, figure une somme de 50 centimes, perçue à titre de port territorial étranger, et partagée également entre le Trésor français et la compagnie des Messageries. Règlements de compte entre la poste et les compagnies maritimes.

L'administration des postes, qui encaisse l'intégralité de la taxe sur les colis originaires des bureaux à l'étranger, se trouve, de ce chef, débitrice de la compagnie; elle est, d'autre part, créancière de 25 centimes, pour chaque colis à destination des ports étrangers où ses bureaux sont établis. Le règlement des comptes est effectué, chaque mois, par l'administration, sur la production de relevés fournis par la compagnie des Messageries et par les bureaux français à l'étranger. Lorsque c'est l'administration qui est débitrice, la compagnie des Messageries maritimes est couverte de la différence au moyen d'un mandat de dépenses publiques, imputé sur le chapitre du budget intitulé : *Remboursements sur produits des postes et des télégraphes*; lorsque le Trésor est créancier, le montant du solde est versé par la compagnie à la caisse du receveur principal, à Marseille.

Des règlements analogues ont lieu pour les colis déposés aux agences

(1) *Bull. mens.* n° 7, *supp.*, juillet 1882, p. 371 et s.

des compagnies maritimes des ports d'embarquement, en France, ou à destination de ces ports.

Dans les relations avec les colonies françaises et avec les bureaux français à l'étranger, la taxe des colis originaires ou à destination des ports d'embarquement, en France, ne comprend pas le port territorial français de 50 centimes. Il n'en est pas de même dans les relations avec certains pays étrangers par la voie des paquebots-postes français (Malte, Maurice, etc.). Le port territorial français de 50 centimes figure parmi les éléments de la taxe, alors même que les colis seraient remis directement aux agences des compagnies maritimes, ou distribués par leurs soins dans les ports français de débarquement. Dans ces derniers cas, la taxe territoriale est acquise au Trésor. Le montant en est versé mensuellement par les compagnies aux caisses des agents des postes, dans les ports d'embarquement, en France.

Réclamations.

En règle générale, toutes les réclamations du public, concernant l'exécution du service des colis postaux par les compagnies, sont adressées à celles-ci, qui y donnent la suite voulue. Toutefois, dans le cas où des plaintes graves parviendraient à l'administration des postes et des télégraphes, cette administration peut poursuivre auprès des compagnies le redressement des irrégularités commises.

Elle se réserve d'ailleurs le droit d'exercer un contrôle général sur le service des colis postaux (*Art.* 30 *du règlement*).

Contentieux des colis postaux.

Toutes les contestations auxquelles peuvent donner lieu, entre l'administration, les compagnies et les tiers, l'exécution du service des colis postaux et l'interprétation des conventions y relatives sont de la compétence des tribunaux administratifs (Art. 10 de la Convention du 2 nov. 1880 avec les compagnies de chemins de fer, approuvée par la loi du 3 mars 1881; elles sont jugées en premier ressort par le ministre, sauf apppel au Conseil d'État) (Cass., 11 février 1884, D, P. 84, I. 97, Gerbaud; Sirey, 1884, I. 385; Cons. d'État, arrêt du 20 février 1891, rapporté dans la *Loi*, du 2 mars 1891).

§ 6. — Congrès postal de Lisbonne.

Congrès postal de Lisbonne.

La convention internationale du 3 novembre 1880 a été revisée au congrès postal de Lisbonne et complétée par un acte additionnel signé le 8 mars 1885, et auquel ont adhéré l'Allemagne, la République Argentine, l'Autriche-Hongrie, la Belgique, le Brésil, la Bulgarie, le Chili, le Danemark, les Antilles danoises, la République dominicaine, l'Égypte, l'Espagne, la France, les colonies françaises, la Grèce, l'Italie, le Luxembourg, le Monténégro, le Paraguay, les Pays-Bas, la Perse, le Portugal, les colonies portugaises, la Roumanie, la Serbie, la Suède et la Norvège, la Suisse, la Turquie, l'Uruguay et le Venezuela (1).

(1) Voir le texte de la convention modifiée au *Bull. mens.* n° 3, mars 1886, p. 1610 et s.

Les innovations apportées au régime des colis postaux par le congrès de Lisbonne dans les relations internationales, se résument ainsi : Résolutions du Congrès.

1° Élévation à 5 kilogrammes du maximum de poids (*Art.* 1er *de la convention*) ;

2° Élévation à 1 mètre 50 du maximum de dimension (Conv. 3).

3° Création d'une catégorie de colis encombrants, grevés d'une surtaxe de 50 0/0. (C., 5, 2) ;

4° Faculté pour les expéditeurs de déclarer la valeur des colis expédiés, jusqu'à concurrence d'un maximum adopté d'un commun accord entre les offices correspondants, sans pouvoir descendre au-dessous de 500 francs, et moyennant un droit proportionnel d'assurance égal à celui qui est perçu sur les valeurs déclarées (C., 5, 3) ;

5° Faculté de faire usage d'un seul bulletin d'expédition, et, si les lois douanières ne s'y opposent pas, d'une seule déclaration en douane pour plusieurs colis, jusqu'au nombre de trois (R., VI, 2);

6° Faculté de faire suivre le remboursement des colis expédiés, jusqu'à concurrence de 500 francs (C., 1, 1), moyennant un droit de 2 0/0, à partager par moitié entre l'office d'origine et l'office de destination (C., 5, 4);

7° Élévation à 25 francs du montant de l'indemnité due à l'expéditeur d'un colis perdu, spolié ou avarié (*Conv.* 11, 1), indépendamment de la restitution de la taxe perçue ;

8° Création des avis de réception, avec taxe de 25 centimes, au maximum, dont le produit est acquis en entier à l'office d'origine (C., 5, 7).

Toutes ces innovations, sauf la dernière, qui a été appliquée en France à partir du 1er avril 1886 (1), ont un caractère facultatif, à cause de l'obligation où se trouvent les pays qui, comme le nôtre, ont rétrocédé à des compagnies privées l'exploitation du service des colis postaux, de négocier avec ces compagnies, pour mettre leur régime intérieur en harmonie avec les résolutions adoptées par le congrès. Caractère facultatif de la plupart de ces résolutions.

Des pourparlers ont été entamés, dans ce but, par l'administration française ; une convention avait même été conclue, le 26 mai 1886, entre M. Granet, ministre des postes et des télégraphes, d'une part, et les représentants des chemins de fer de l'État et des six grandes compagnies, d'autre part. Convention du 26 mai 1886, entre l'État et les compagnies de chemins de fer.

Cette convention, qui devait remplacer pour les signataires celle du 2 novembre 1880, avait pour objet :

1° De faire passer dans notre régime intérieur et dans nos relations avec les pays étrangers les améliorations adoptées par le congrès de Lisbonne et ratifiées, en principe, par la loi du 26 mars 1886 portant approbation des actes du congrès ;

2° D'étendre à l'intérieur les avantages du service des colis postaux aux localités qui en ont été privées jusqu'ici, en y faisant participer les services de voiture des courriers d'entreprise et les bureaux de poste Extension projetée du service des colis postaux à l'intérieur.

(1) Voir le décret du 26 mars 1886 au *Bull. mens.* n° 3, mars 1886, p. 183.

situés sur le passage de ces courriers (4,000 localités environ devaient bénéficier de cette extension).

Pour indemniser les compagnies des charges nouvelles qu'elles assumaient, l'administration leur abandonnait la surtaxe facultative de 25 centimes, indépendamment de la taxe territoriale de 50 centimes qu'elles perçoivent aujourd'hui dans les relations internationales, la part revenant à la France sur le prix de port des colis à destination ou provenant de l'étranger devant être portée uniformément à 75 centimes. Pour les colis en transit, la rémunération des compagnies restait fixée à 50 centimes.

Remaniement du tarif.

A l'intérieur, la taxe des colis était fixée uniformément à 1 franc, y compris le droit de timbre et le droit de factage; cette taxe était acquise entièrement aux compagnies, à charge pour elles de prélever sur le produit :

1° Le droit de timbre de 10 centimes;

2° La taxe de 5 centimes de la lettre d'avis, pour les colis livrables en gare;

3° La rémunération à payer aux intermédiaires, notamment celle de 15 centimes par colis, attribuée aux courriers d'entreprise pour l'apport aux gares ou le transport au delà du réseau ferré, rémunération devant s'élever à 25 centimes lorsque ces courriers étaient chargés en même temps de la remise à domicile;

4° Un demi-centime, à titre de fonds de concours à l'administration des postes et des télégraphes, pour couvrir les frais du bureau chargé du contrôle du service des colis postaux, et indemniser les receveurs des bureaux de poste ouverts à ce service.

Les colis expédiés contre remboursement étaient passibles d'une double taxe.

Les colis avec valeur déclarée acquittaient un droit proportionnel d'assurance de 10 centimes par 100 francs, comme les lettres.

Ajournement de la ratification par le Parlement de la convention de 1886.

Cette convention, soumise à la Chambre des députés le 29 mai 1886, fut accueillie avec défaveur par la commission chargée de son examen. On ne vit que l'augmentation de taxe qui allait frapper les colis postaux circulant dans les limites de l'ancien réseau d'exploitation, augmentation qui eût été de 35 centimes pour les colis expédiés de gare à gare, et de 15 centimes pour ceux livrables à domicile (1); mais peut-être ne fit-on pas suffisamment attention aux charges nouvelles que les compagnies assumaient par suite de l'élévation du poids maximum, de la gratuité du factage et de l'obligation de rétribuer elles-mêmes les courriers de la voie de terre.

Le projet de loi déposé par M. Granet n'ayant pas été discuté par l'ancienne Chambre avant la fin de la législature et n'ayant pas été représenté au Parlement, la ratification de la convention du 26 mai 1886 semble condamnée à un ajournement indéfini.

Cet ajournement est regrettable : il laisse les localités qui ne sont pas à portée des chemins de fer, privées de la faculté de recevoir et d'expédier

(1) Actuellement le public paye 60 centimes pour les premiers, en réalité 65, car il faut ajouter la taxe de la lettre d'avis, et 85 centimes pour les seconds.

des colis de messagerie par des moyens de transport rapides. Sous ce rapport, la France est en retard sur plusieurs pays voisins.

§ 7. — Service des colis postaux à l'intérieur des pays étrangers.

En Angleterre, en Belgique, en Allemagne, en Suisse, les habitants de toutes les localités peuvent expédier et recevoir, même à domicile, des colis du poids de 5 kilogrammes et au-dessous, moyennant des taxes modiques.

En Allemagne, un colis postal, jusqu'à 5 kilogrammes, ne paye que 25 ou 50 pfennig (31 c. 1/4 ou 62 1/2), suivant que la distance à parcourir n'est pas ou est supérieure à 10 milles. La livraison à domicile donne lieu au payement, par le destinataire, d'une taxe de factage qui varie de 5 à 20 pfennig (6 c. 1/4 à 25 c.), s'il est domicilié dans la circonscription locale du bureau de distribution, et de 10 à 30 pfennig (12 c. 1/2 à 37 c. 1/2), s'il est domicilié dans une commune rurale. Pour la distribution par exprès, le destinataire doit payer une taxe de 40 pfennig (50 c.) dans le premier cas, de 1 mark 20 pfennig (1 fr. 50) dans le second. Allemagne.

En Belgique, les paquets du poids de 5 kilogrammes et au-dessous payent 50 centimes ou 80 centimes, suivant qu'il s'agit d'envois-exprès ou de colis en grande vitesse. Belgique.

Les colis-exprès sont transportés par le premier train de voyageurs partant une demi-heure après l'enregistrement à la gare de départ; les colis en grande vitesse sont transportés par les trains de messagerie ou les trains de voyageurs, de manière à parvenir à destination dans la nuit qui suit le jour du dépôt.

Les colis-exprès sont remis à domicile dès leur arrivée, jusqu'à 9 heures du soir, moyennant une taxe supplémentaire de 1 franc par 5 kilomètres.

Les colis en grande vitesse sont remis à domicile sans frais, dans la matinée du lendemain du jour de leur dépôt, dans un rayon de 3 kilomètres. Au delà de ce rayon, la remise est effectuée par les facteurs, lorsque le poids ne dépasse pas 5 kilogrammes.

Dans les localités où le factage est organisé, l'administration fait, à la demande des intéressés, opérer la prise à domicile, moyennant une taxe supplémentaire de 30 centimes.

En Suisse, les colis de 5 kilogrammes et au-dessous sont soumis à une taxe de transport qui varie suivant le poids, depuis 15 jusqu'à 40 centimes, en cas d'affranchissement, et depuis 30 jusqu'à 60 centimes, en cas de non-affranchissement. Suisse.

Les récépissés délivrés, sur leur demande, aux expéditeurs, coûtent isolément 5 centimes, et 3 centimes s'ils sont contenus dans des carnets *ad hoc*. La remise à domicile est effectuée gratuitement ; les colis-exprès acquittent seuls une taxe de factage qui est de 60 centimes pour 1 kilomètre, et de 1 franc par 2 kilomètres excédant. Pour les distances supérieures à 10 kilomètres, la taxe est de 2 francs par 2 kilomètres.

Angleterre. En Angleterre, le service des colis postaux a été organisé en 1883 par le post office, après entente avec les compagnies de chemins de fer. Le poids maximum des colis, fixé au début à 7 livres (3 k. 178), a été porté, en 1886, à 11 livres (3 k. 994).

La taxe est de 1 d. 1/2 par livre, avec minimum de 3 d. Elle varie donc entre 30 centimes et 1 fr. 70.

La remise à domicile s'effectue gratuitement.

Statistique. La statistique de 1889 donne, pour le nombre des colis postaux, en France et dans les pays précités, les chiffres suivants :

PAYS.	POIDS max. des colis.	NOMBRE de colis.	par 100 hab.
Suisse	illimité.	12.809.568	439
Allemagne	50 k.	111.935.055	239
Grande-Bretagne	5 k.	42.852.600	113
France et Algérie	3 k.	24.293.619	57
Belgique	5 k.	2.881.439	47

§ 8. — Transport des petits paquets par les chemins de fer.

Indépendamment du service des colis postaux, les grandes compagnies de chemins de fer et les chemins de fer de l'État assurent le transport en grande vitesse, sur toute l'étendue de leur réseau, des petits paquets, jusqu'au poids de 5 kilogrammes, au tarif spécial suivant :

Jusqu'à 3 kilogrammes	1 fr. »
De 3 à 5 —	1 fr. 20
Factage en sus	0 fr. 25

Cette catégorie d'envois diffère des colis postaux sur les points suivants :

1° Le poids peut atteindre 5 kilogrammes ;

2° L'affranchissement est facultatif ;

3° En cas de perte ou d'avarie, la compagnie ou l'administration du chemin de fer est responsable, jusqu'à concurrence de 100 francs ;

4° Les colis non postaux sont grevés au profit de l'État des droits fiscaux ordinaires (35 centimes de timbre par récépissé, impôt de la grande vitesse). Ces droits sont compris dans les prix ci-dessus.

NEUVIEME PARTIE

COMPTABILITÉ

CHAPITRE PREMIER

BUDGET DES POSTES ET DES TÉLÉGRAPHES. — PRODUIT NET DE L'EXPLOITATION

Il n'entre pas dans notre programme d'étudier les principes fondamentaux qui régissent la comptabilité publique. Nous supposerons donc connues les notions générales de budget, d'exercice, les règles relatives aux attributions des ordonnateurs et des comptables, à la responsabilité des uns et des autres, à l'incompatibilité de leurs fonctions respectives, et nous entrerons de plain pied dans l'application de ces principes à la comptabilité des postes et des télégraphes.

Toutes les opérations de comptabilité ont leur source dans la loi annuelle du budget, qui prévoit les recettes et autorise les dépenses. Loi annuelle du budget.

Les prévisions de recettes pour l'exercice futur sont basées sur les résultats du dernier exercice connu. Prévisions de recettes.

Pour les postes et les télégraphes, le développement continu de la correspondance amène chaque année un accroissement dans les recettes, sauf les diminutions momentanées qui peuvent résulter des réductions de tarifs. Mais on a reconnu, d'une manière générale, qu'il serait imprudent de tabler à l'avance sur les augmentations de recettes, quelque probables qu'elles fussent. Il est bon, au contraire, d'estimer les ressources à un chiffre modéré, de manière que les excédents qui viendraient à se produire servent à couvrir les dépenses résultant de besoins imprévus qui peuvent se manifester au cours de l'exercice. Le même esprit de prudence qui fait écarter des prévisions les plus-values probables, commande, au contraire, de tenir compte des chances de moins-values. Conformément à la règle établie, ce sont les résultats provisoires de l'exercice 1889 qui ont servi de base aux prévisions de recettes pour l'exercice 1891, dont le budget a été dressé au commencement de l'année 1890.

1° Produits des postes :

Produit de la taxe des lettres		149.276.790 francs.
Droit perçu sur les envois d'argent		6.861.039 —
— sur les bons de poste		109.380 —
Recettes diverses et accidentelles		268.903 —
Total des produits des postes		156.516.112 francs.

2° Produits des télégraphes :

Recettes des bureaux télégraphiques en France	29.926.375	
Recettes encaissées pour le compte de la France par divers offices étrangers	2.305.895	
Remboursement par diverses compagnies de chemins de fer des frais de surveillance de leur service télégraphique	392.408	
Remboursement par divers établissements des traitements d'agents du service postal et télégraphique	242.263	
Recettes diverses et accidentelles	280.121	
Total des produits des télégraphes	33.147.062	33.147.062 francs.
Total des produits des postes et des télégraphes		189.663.174 francs.

Pour l'Algérie, les prévisions sont les suivantes :

1° Produit des postes :

Produit de la taxe des lettres	2.244 920
Droit perçu sur les envois d'argent	317.825
— sur les bons de poste	574
Recettes diverses et accidentelles	8.286
Total	2.571.605

2° Produit des télégraphes :

Recettes des bureaux télégraphiques	1.255.151		
Recettes diverses	9.844		
	1.264.995	1.264.995	
Total des recettes des postes et des télégraphes pour l'Algérie		3.836.600	3.836.600 francs.
Total des prévisions de recettes du budget de 1891			193.499.774 francs.

Prévisions de dépenses. Les prévisions de dépenses sont basées sur la situation du service au moment de l'établissement du budget et sur les besoins à prévoir. Autant il serait téméraire d'escompter l'accroissement des recettes, autant il est conforme à la prudence d'évaluer avec la plus grande précision les dépenses probables, et même de laisser une certaine marge pour l'imprévu.

Dans un service qui affecte bien plutôt le caractère d'une exploitation industrielle que d'une régie fiscale, et dont le bon fonctionnement est profitable au développement économique du pays, il est d'une bonne administration de ne pas s'en tenir à la satisfaction immédiate des besoins du moment. Il faut prévoir l'avenir, consacrer une partie des excédents de recettes à perfectionner l'outillage, à réaliser en temps utile les réformes indispensables, en échelonnant au besoin sur plusieurs exercices celles dont l'accomplissement entraîne des dépenses élevées ; à améliorer enfin la situation du personnel dans la mesure que comportent les ressources budgétaires et que commande l'intérêt bien entendu du service.

Divisions du budget. Le budget général des dépenses de l'État est divisé en cinq parties, suivant la nature des dépenses : *Dette publique*, — *Dépenses des pouvoirs publics*, — *Services généraux des ministères*, — *Frais de régie, de perception et d'exploitation des revenus publics*, — *Remboursements et restitutions*.

Les chapitres concernant les postes et les télégraphes ne portent que sur les trois dernières parties. Indépendamment des dépenses de l'exploitation postale et télégraphique proprement dite, qui sont couvertes au moyen des ressources prévues au budget général, sans qu'il y ait corrélation entre les unes et les autres, les dépenses et les recettes de la Caisse nationale d'épargne d'une part, celles des téléphones d'autre part, sont localisées dans deux budgets annexes, qui s'alimentent exclusivement à l'aide des ressources propres à ces services nouveaux et accessoires. Ces budgets annexes sur ressources spéciales se soldent toujours en égalité, l'excédent des recettes étant consacré à un emploi prévu d'avance, tandis que l'excédent des dépenses, s'il y a lieu, est à la charge du budget général.

Le budget des postes et des télégraphes est autonome ; il ne se confond avec celui d'aucun ministère; il a toujours un rapporteur spécial à la Chambre des députés.

Le budget des postes et des télégraphes, pour 1891, est divisé en trois parties et vingt-neuf chapitres; certains chapitres sont subdivisés en articles, certains articles en paragraphes; mais ces subdivisions ne figurent au budget qu'à titre de prévision ; elles ne lient pas le ministre. Les crédits sont votés par chapitre ; par conséquent, le ministre est libre d'appliquer tout ou partie des ressources allouées sur un chapitre à l'une ou l'autre des dépenses imputables sur ce chapitre, suivant les besoins qui se révèlent et au mieux des intérêts du service.

1re partie. — Service généraux des ministres.

La première partie (troisième du budget général), intitulée *Services généraux des ministères*, est divisée en quatre chapitres, dont deux pour les dépenses de l'administration centrale :

Personnel (1,641,700 *francs*) ; *Matériel* (280,000 *francs*) ;

Deux pour les *Dépenses des exercices périmés non frappées de déchéance* et les *Dépenses des exercices clos*.

Le chapitre Ier prévoit une dépense de 1,620,700 francs pour le traitement du directeur général et des 640 agents et sous-agents de l'administration centrale, soit en moyenne 2,532 francs par tête ; 31,000 francs d'indemnités pour travaux extraordinaires, 6,000 francs à titre de secours. Une somme de 16,000 francs est déduite de l'ensemble du chapitre, en prévision des vacances d'emplois.

Les deux derniers chapitres ne contiennent aucune prévision de dépense : ce sont simplement des chapitres d'attente pour les crédits qui viendraient à être votés par les Chambres sur les exercices clos et périmés, ainsi que pour les crédits restés disponibles sur les budgets des exercices précédents, et réservés après la clôture de ces exercices.

2e partie. — Frais de régie, de perception et d'exploitation.

La seconde partie, *Frais de régie, de perception et d'exploitation*, comprend vingt-trois chapitres.

Les trois premiers qui portent les numéros 5, 6 et 7 : *Traitements du personnel et indemnités à titre de traitement* (*agents*, 36,331,204 *francs*); — *Traitements du personnel et indemnités à titre de traitement* (*sous-agents*, 34,326,144 *francs*); — *Indemnités diverses et secours* (8,501,975 *francs*), sont des démembrements de l'ancien chapitre 5, qui comprenait autrefois toutes les dépenses du personnel du service d'exploitation. Cette division a été établie pour donner satisfaction aux vœux de la commission du budget et faciliter le contrôle du Parlement.

Personnel. Le chapitre 5 prévoit 32,904,345 francs, soit 1,961 francs par agent, pour le traitement de 16,777 agents commissionnés, 3,748,160 pour les rétributions et indemnités allouées aux agents non commissionnés (commis auxiliaires, surnuméraires, distributeurs à l'étranger) et pour les honoraires des médecins et des architectes ; une somme de 321,301 francs est déduite de l'ensemble du chapitre, en prévision des vacances d'emplois.

Le chapitre 6 prévoit 32,933,939 francs pour le traitement de 35,316 sous-agents, soit 932 francs par sous-agent; 1,392,745 francs pour le salaire des sous-agents auxiliaires. Aucune somme n'est déduite de ce chapitre pour les vacances d'emplois.

Les indemnités diverses, prévues au chapitre 7, comprennent: les frais de séjour (1,080,805 francs), les frais de déplacement des agents ambulants (1,772,800 francs), les indemnités de service effectif à la mer des agents embarqués (222,200 francs), les frais de tournée des inspecteurs et des brigadiers-facteurs (355,310 francs), les frais de mission (139,400 fr.); les frais de service de nuit (455,490 francs), les indemnités pour travaux extraordinaires (1,286,090 francs), les frais de remplacement (662,890 fr.), les remises sur les recettes télégraphiques (1,303,170 francs), les frais de distribution de télégrammes par des porteurs spéciaux (765,500 francs), les indemnités aux facteurs pilistes, tubistes et boulistes (92,640), les primes aux agents pour la connaissance des langues vivantes, le tri et la manipulation des appareils perfectionnés (65,680 francs). Les secours sont prévus au même chapitre pour 300,000 francs.

Les chapitres 8, 9, 10, 11, 12, 13, *Chaussure et habillement* (3,466,393 *fr.*); — *Matériel des bureaux* (7,742,040 *francs*; frais de régie et de loyer, chauffage et éclairage, construction, entretien et renouvellement des bâtiments et du mobilier, fournitures de bureau); — *Impressions et publications* (2,179,225 *francs*); — *Transport des dépêches postales* (10,139,028); — *Appareils et matériel technique d'exploitation* (1,103,403 *francs*); — *Construction et entretien des lignes télégraphiques* (3,568,400 *francs*), sont des démembrements de l'ancien chapitre 6, qui comprenait toutes les dépenses du matériel postal et télégraphique.

Le chapitre 14, *Dépenses diverses* (1,543,790 francs) comprend à la fois des dépenses de personnel (frais d'aide, 1,255,690 francs; des dépenses de matériel (décimes de voie de mer à payer aux capitaines de navires marchands ; 9,000 francs, et des dépenses qui ont un caractère mixte, ou ne rentrant dans aucune catégorie bien déterminée : frais de premier établissement, 150,000 francs; cours d'instruction, 51,500 francs; frais judiciaires, 19,000 francs; part contributive de la France dans les frais généraux des bureaux internationaux de Berne, 6,600 francs ; dépenses accidentelles, 52,000 francs). Les dépenses accidentelles comprennent les remboursements aux propriétaires des valeurs perdues ou spoliées.

Les crédits des chapitres 15 à 23, s'élevant ensemble à 25,463,134 francs, sont affectés aux subventions des compagnies concessionnaires des services de paquebots-poste ; ce sont les anciens articles d'un chapitre unique qu'on a transformé en autant de chapitres, sans grand avantage pour le contrôle du Parlement, puisque les dépenses de cette nature sont engagées à l'avance par des traités à longue échéance déjà approuvés par les Chambres, mais non sans inconvénient pour le service. Certaines subventions sont proportionnelles aux parcours effectués ; ces parcours peuvent varier par suite d'additions ou de suppressions d'escales ou simplement de rectification dans le calcul des distances de port à port. Lorsque les subventions étaient confondues dans un même chapitre, des compensations pouvaient s'établir entre les différentes lignes ; la division en chapitres spéciaux à chaque ligne oblige à demander des crédits supplémentaires pour la moindre augmentation de parcours, tandis que les excédents qui peuvent se présenter sur les chapitres voisins demeurent sans emploi.

Le chapitre 24 (300,000 francs) ne comprend que la subvention à la compagnie concessionnaire du câble français de la côte occidentale d'Afrique.

Dépenses de l'Algérie.

Les chapitres 25, 26, 27, *Personnel* (2,663,291 *fr.*), *matériel* (1,475,281 *fr.*) *et dépenses diverses* (47,650 *fr.*) *de l'Algérie* ont été créés en 1881, après le rattachement du service des postes et des télégraphes de l'Algérie à l'administration métropolitaine, effectué en vertu du décret du 26 août 1881. Ils présentent cette particularité que le gouverneur général de l'Algérie peut disposer sur ces chapitres des crédits ouverts pour la création de bureaux et de services dans l'intérêt de la colonisation ; ces crédits lui sont réservés dans la sous-répartition, et il les sous-délègue à son tour aux directeurs départementaux, qui ont à en faire emploi, après avoir désigné les localités où des bureaux doivent être créés.

3e partie. — Remboursement et restitutions

La troisième partie du budget (*Remboursements et restitutions*) comprend deux chapitres.

Le chapitre 28 (*Remboursements sur produits des postes et des télégraphes*) (5,371,800 francs) comprend les restitutions de sommes indûment reçues sur le produit de la taxe des lettres et sur les recettes de toute nature (remboursement au gouvernement monégasque de la moitié des produits réalisés sur son territoire, 30,000 francs; remboursement à la compagnie des Messageries maritimes de sa part de taxe sur les colis postaux originaires des bureaux français à l'étranger, etc.); les soldes des comptes postaux en faveur des offices étrangers (221,000 francs); les remboursements aux compagnies, aux offices étrangers et à divers, sur le produit brut des taxes télégraphiques (5,120,500).

Le chapitre 29 comprend seulement 3,000 francs de *prélèvements sur les amendes encourues pour transports frauduleux de lettres* : c'est la part qui revient aux saisissants et aux hospices dans les amendes infligées aux contrevenants à l'arrêté du 27 prairial an IX.

RÉCAPITULATION

Chapitre 1er	Traitement du directeur général et personnel de l'administration centrale	1.641.700 francs
— 2.	Matériel de l'administration centrale	280.000 —
— 3.	Dépenses des exercices périmés	Mémoire.
— 4.	Dépenses des exercices clos	Mémoire.
— 5.	Traitement du personnel et indemnités à titre de traitement (agents)	36.331.204 —
— 6.	Traitement du personnel et indemnités à titre de traitement (sous-agents)	34.326.144 —
— 7.	Indemnités diverses et secours	8.501.975 —
— 8.	Chaussure et habillement	3.466.393 —
— 9.	Matériel des bureaux	7.742.040 —
— 10.	Impressions et publications	2.179.225 —
— 11.	Transport des dépêches postales	10.139.028 —
— 12.	Appareils et matériel technique d'exploitation	1.103.403 —
— 13.	Construction et entretien des lignes télégraphiques	3.568.400 —
— 14.	Dépenses diverses	1.543.790 —
— 15.	Subvention au service maritime entre la France et la Corse	355.000 —
— 16.	Subvention au service maritime des lignes de la Méditerranée, du Brésil et de la Plata	1.671.396 —
— 17.	Subvention au service maritime postal entre Calais et Douvres	100.000 —
— 18.	Subvention au service maritime de New York et des Antilles, et primes de vitesse	11.158.000 —
— 19.	Subvention au service maritime de l'Indo-Chine	6.670.144 —
— 20.	Subvention au service maritime entre la France, l'Algérie et la Tunisie	880.000 —
— 21.	Subvention au service maritime de l'Australie et de la Nouvelle-Calédonie	3.085.824 —
— 22.	Subvention au service de la côte orientale d'Afrique	1.041.920 —
— 23.	Subvention au service de la côte occidentale d'Afrique	500 850 —
— 24.	Subvention à la compagnie concessionnaire du câble reliant les possessions françaises de la côte occidentale d'Afrique	300.000 —
— 25.	Personnel de l'Algérie	2.663.291 —
— 26.	Matériel de l'Algérie	1.475.821 —
— 27.	Dépenses diverses de l'Algérie	47.650 —
— 28.	Remboursements sur produits des postes et des télégraphes	5.371.800 —
— 29.	Répartition de produits d'amendes	3.000 —
	Total général des dépenses prévues	146.147.998 francs.
	Report des recettes	193.499.774 —
	Excédent de recettes prévu	47.351.776 francs.

Les budgets annexes de la Caisse nationale d'épargne et des téléphones se soldent en égalité, le premier par 13,467,000 francs, le second par 5,684,003 francs de recettes et de dépenses.

Excédent de recettes depuis 1816.

Ce sont les résultats connus des exercices clos, et non les prévisions des budgets futurs qui peuvent donner la mesure exacte des bénéfices que la poste procure au budget de l'État. Le tableau ci-après indique pour chaque année, à partir de 1816, le total des recettes et des dépenses de la poste, et, à partir de 1878, des recettes et des dépenses de la poste et du télégraphe réunis, les dépenses des deux services étant confondues depuis cette époque :

ANNÉES	RECETTES	DÉPENSES	PRODUIT NET	PROPORTION POUR CENT du produit net au produit brut.
	fr.	fr.	fr.	
1816	20.973.003	9.174.939	11.798.064	56
1817	21.332.869	9.090.274	12.242.595	57
1818	21.982.655	9.334.534	12.648.121	57
1819	22.969.742	11.049.407	11.920.335	52
1820	23.156.780	11.603.486	11.553.294	49
1821	23.892.698	12.276.386	11.616.312	48
1822	24.528.303	12.427.239	12.101.064	49
1823	25.364.346	15.140.336 (1)	10.224.010	40
1824	26.487.041	13.682.111 (2)	12.804.930	48
1825	27.552.641	13.300.461 (3)	14.252.180	51
1826	27.626.238	13.004.682	14.621.556	52
1827	27.550.805	13.186.881	14.363.924	52
1828	30.545.620	16.651.396 (4)	13.894.224	45
1829	30.760.419	16.505.875	14.254.544	46
1830	33.727.649 (5)	18.710.923 (5)	15.016.726	44
1831	33.366.470	18.444.825	14.921.645	44
1832	34.164.604	17.416.731	16.747.873	49
1833	35.361.906	18.556.469	16.805.437	47
1834	36.187.953	18.269.306	17.918.647	49
1835	37.106.157	21.499.078 (6)	15.607.079	42
1836	38.991.201	22.166.234 (7)	16.824.967	43
1837	40.558.281	22.459.262 (8)	18.099.019	44
1838	42.384.104	23.098.970	19.285.134	45
1839	44.159.095	24.107.217	20.051.878	45
1840	46.094.704	25.560.881 (9)	20.533.823	44
1841	48.158.566	26.253.551 (10)	21.905.015	45
1842	48.885.525	31.557.657 (11)	17.327.868	35
1843	48.777.847	31.569.775 (12)	17.208.072	35
1844	50.386.066	31.089.389 (13)	19.296.677	38
1845	52.513.668	31.730.040	20.783.628	39
1846	54.276.577	34.139.656 (14)	20.136.921	37
1847	53.287.196 (15)	34.944.325 (15)	18.342.871	34
1848	52.932.960	35.972.187 (16)	16.960.773	32
1849	41.946.128 (17)	35.083.208	6.862.920	16
1850	43.541.459 (18)	33.474.371	10.067.088	23
1851	44.218.503	33.280.238 (19)	10.938.265	24

(1) Dont 2,422,167 fr. pour les dépenses du service des postes de l'armée d'Espagne.
(2) Dont 383,271 fr. pour les dépenses du service des postes de l'armée d'Espagne.
(3) Dont 407,518 fr. de dépenses extraordinaires pour les relais, à l'occasion du sacre du roi.
(4) Mise en correspondance quotidienne de tous les bureaux de poste.
(5) Création du service rural à partir du 1er avril 1830. Les dépenses résultant du salaire des facteurs ruraux se sont élevées à 1,586,623 fr. 70. Les recettes ont bénéficié, à partir de la même époque, de la perception du décime rural.
(6) Dont 3,000,392 fr. 57 pour les frais de construction et d'ameublement des paquebots de la Méditerranée.
(7) Dont 2,971,378 fr. 50 pour le même objet.
(8) Inauguration du service des paquebots de la Méditerranée. Dépenses de construction, 887,393 fr. 96.
(9) Dont 973,493 fr. 90 pour le rachat des malles de 1re et de 2e section et pour la construction de nouvelles malles-poste.
(10) Dont 510,699 fr. 60 pour la construction de nouveaux paquebots.
(11) Dont 4,674,958 fr. 33 pour la construction de nouveaux paquebots.
(12) Dont 458,377 fr. 96 pour la construction de nouveaux paquebots.
(13) Dont 228,056 fr. 47 pour la construction de nouveaux paquebots.
(14) Dont 586,206 fr. 27 pour la construction de nouveaux paquebots et 323,944 fr. 49 pour la construction de nouveaux bureaux ambulants.
(15) Exécution de la loi du 3 juillet 1846. Suppression du décime rural et réduction de 5 0/0 à 2 0/0 du droit sur les articles d'argent. Dépense de 469,006 fr. 07 pour la construction de nouveaux paquebots.
(16) Dont 323,654 fr. 43 pour la construction de paquebots.
(17) Réforme postale (Décret du 24 août 1848).
(18) Élévation de 20 à 25 centimes de la taxe des lettres simples de bureau à bureau (Loi du 16 mai 1850).
(19) Concession à la Cie des Messageries nationales du service des paquebots de la Méditerranée. Subvention annuelle de 3 millions. Exécution commencée en septembre 1851.

ANNÉES	RECETTES	DÉPENSES	PRODUIT NET	PROPORTION POUR CENT du produit net au produit brut.
	fr.	fr.	fr.	
1852	46.524.085	32.542.412	13.981.673	30
1853	49.396.176	32.219.947 (1)	17.176.229	34
1854	53.628.442 (2)	33.287.836 (3)	20.340.586	38
1855	54.154.369	35.316.888 (4)	18.837.481	34
1856	55.794.550	35.438.845 (5)	20.355 705	36
1857	56.001.091	35.386.135 (5)	20.614.956	36
1858	57.555.955	36.723.955 (5)	20.832.000	36
1859	61.574.878	37.400.323 (6)	24.174.555	39
1860	63.832.535	39.670.635 (7)	24.161.900	37
1861	66.765.772	41.961.479 (8)	24.804.293	37
1862	69.907.937	47.542.648 (9)	22.365.289	32
1863	72.940 212	51.593.662 (10)	21.346.550	29
1864	74.392.708	54.182.294 (11)	20.210.414	27
1865	78.684.306	57.211.408 (12)	21.472.898	27
1866	82.274.091	61.237.396 (13)	21.036.695	25
1867	86.413.365	62.182 197 (14)	24.231.168	28
1868	89.292.912	63.507.232 (15)	25.785.680	28
1869	94.860.346	65.209.514 (16)	29 650.832	31
1870	72.878.105 (17)	67.507.979 (18)	5.370.126	7
1871	91.657.058 (19)	67.254.664 (20)	24.402.394	26
1872	107.849.033 (19)	72.251.400 (21)	35.597.633	33
1873	110.422.978	72.237.134 (22)	38.185.844	34
1874	113.887.939	73.197.962 (23)	40.689.977	35,7
1875	119.312.031	69.855.580 (24)	49.456.451	41,5
1876	114.329.082 (25)	71.089.572 (26)	43.239.510	37,8
1877	119.521.077	72.535.504 (27)	46.985.573	39
1878	102.355.650 (28)	73.884.025 (29)	28.471.625	27,8
1879	127.627.527 (30)	106.542.828 (31)	21.084.699	16,5
1880	138.299.919	108.955.966 (32)	29.343.953	21

(1) Dont 3,249,999 fr. 96 de subventions.
(2) Réduction de 25 à 20 centimes de la taxe des lettres simples circulant de bureau à bureau, à partir du 1er juillet (loi du 20 mai 1854).
(3) Dont 3,859,782 fr. 65 de subventions.
(4) Dont 5,224,451 fr. 54 de subventions.
(5) Dont 5,256,118 fr. 20 de subventions.
(6) Dont 5,309,158 fr. 32 de subventions.
(7) Dont 6,702,151 fr. 15 de subventions. Ouverture du service maritime du Brésil et de la Plata.
(8) Dont 7,582,678 fr. 77 de subventions.
(9) Dont 10,662,647 fr. 22 de subventions.
(10) Dont 16,065,474 fr. 45 de subventions.
(11) Dont 17.701,388 francs de subventions.
(12) Dont 20,335,012 fr. 30 de subventions.
(13) Dont 23,737,624 fr. 79 de subventions.
(14) Dont 23,854,722 fr. 65 de subventions.
(15) Dont 24,519,516 fr. 23 de subventions.
(16) Dont 25,399,721 fr. 30 de subventions.
(17) Guerre franco-allemande.
(18) Dont 24,590,175 fr. 10 de subventions.
(19) Loi du 24 août 1871, portant relèvement des taxes postales à partir du 1er septembre 1871.
(20) Dont 22,223,901 fr. 99 de subventions.
(21) Dont 28,222,110 fr. 11 de subventions.
(22) Dont 23,022,082 fr. 84 de subventions.
(23) Dont 28,209,889 fr. 53 de subventions.
(24) Dont 24,793,058 fr. 74 de subventions.
(25) Entrée de la France dans l'Union générale des postes, à partir du 1er janvier.
(26) Dont 24,574,522 fr. 91 de subventions.
(27) Dont 23,352,128 fr. 85 de subventions.
(28) Loi de réforme postale du 6 avril 1878. Application à partir du 1er mai.
(29) Dont 23,345,350 fr. 53 de subventions.
(30) Recettes et dépenses des postes et télégraphes.
(31) Dont 23,388,895 fr. 24 de subventions.
(32) Dont 23,686,788 fr. 06 de subventions.

ANNÉES	RECETTES	DÉPENSES	PRODUIT NET	PROPORTION POUR CENT du produit net au produit brut.
	fr.	fr.	fr.	
1881	155.625.991 (1)	120.687.510 (2)	34.938.481	22,4
1882	157.303.080	127.173.251 (3)	30.329.829	19
1883	164 282.800	136.192.946 (4)	28.089.854	17
1884	166.225.161	138.399.614 (5)	27.825.547	17
1885	170.487.260	139.402.749 (6)	31.084.511	18
1886	172.947.566	139.793.814 (7)	33.153.752	19
1887	176.634.972	137.423.358 (8)	39.211.614	22
1888	184.706.575	135.710.180 (9)	48.996.395	26,5
1889	196.713.000 (10)	143.090.222 (11)	53.622.778	28,7

(1) Y compris 2,793,490 fr. 98 de recettes et 2,861,213 fr. 08 de dépenses afférentes au service postal et télégraphique de l'Algérie, rattaché au service métropolitain à partir du 1er janvier 1881 (Décret du 26 août 1881.)
(2) Dont 24,021,468 fr. 71 de subventions.
(3) Dont 24,675,539 fr. 30 de subventions (Service de l'Algérie concédé à la Cie Transatlantique pour 550,000 fr.)
(4) Dont 26,707,983,29 de subventions. Inauguration du service de l'Australie, le 27 novembre 1882.
(5) Dont 26,519,598 fr. 32 de subventions.
(6) Dont 26,696,316 fr. 60 de subventions.
(7) Dont 26,696,013 fr. 56 de subventions.
(8) Dont 26,734,030 fr. 80 de subventions.
(9) Dont 25,321,396 fr. 88 de subventions (Convention avec la Cie des Messageries maritimes; économie de 3,041,000 fr. sur les subventions allouées à cette Cie).
(10) Exposition universelle.
(11) Dont 25,674,457 fr. 29 de subventions. Inauguration du service de la côte occidentale d'Afrique, le 10 juillet 1889.

Il résulte de l'examen de ce tableau, que les recettes que la poste procurait au Trésor étaient, en 1816, très supérieures aux dépenses de ce service : le bénéfice net était de 56 0/0 de la recette brute. En 1889, le budget des postes et des télégraphes se solde encore par un excédent, mais le bénéfice net n'est plus que de 28,7 0/0.

Cette diminution tient à plusieurs causes : l'organisation du service rural, qui est onéreux, la réduction des tarifs et les subventions accordées depuis 1850 aux compagnies concessionnaires des lignes de paquebots.

Les bénéfices que rapportait la poste au commencement du siècle et au temps de la ferme étaient excessifs. M. Leroy-Beaulieu, dans son *Traité de la science des finances*, estime que le revenu net qu'un État peut tirer de la poste ne devrait jamais dépasser 50 0/0 de la recette brute (1), en faisant abstraction, dans le calcul du revenu net, des dépenses des services de paquebots, pour lesquels le transport de la correspondance n'est en réalité qu'un objet accessoire.

En 1884, M. Cochery comparait la poste à une usine qui travaille à 20 0/0 de bénéfice ; cette proportion est largement dépassée aujourd'hui.

Quelques économistes ont contesté la réalité du produit net que fait ressortir la comparaison entre les recettes et les dépenses du service postal et télégraphique telles qu'elles apparaissent au budget. Les éva-

(1) T. Ier, p. 543.

luations budgétaires ne tiennent pas compte, en effet, de certaines dépenses qu'une entreprise privée devrait nécessairement faire entrer dans ses calculs; l'amortissement des capitaux de premier établissement, les pensions de retraite de ses employés, les transports par voie ferrée, pour lesquels l'État s'est réservé la gratuité à peu près complète.

Il y a une part de fondement dans ces observations, mais elles n'ont pas la portée qu'on serait tenté de leur attribuer.

Les dépenses qui ont le caractère de frais de premier établisssement (par exemple la construction des lignes télégraphiques) sont généralement confondues au budget avec celles d'exploitation. On ne trouverait guère que les frais de construction de l'hôtel des postes, des bâtiments de l'administration centrale et du poste central des télégraphes à Paris, les dépenses d'établissement des lignes télégraphiques souterraines dont la valeur s'élève à environ 60,000,000 en capital, qui n'aient pas été régulièrement imputés sur le budget ordinaire des postes et des télégraphes. Les intérêts et l'amortissement de ce capital exigeraient une annuité de . . . . 2,500,000 fr.

Les pensions des agents des postes et des télégraphes s'élèvent à 6,600,000

La valeur du service rendu à la poste et au télégraphe par les compagnies de chemins de fer est assez difficile à préciser. Étant donné cependant que les sommes payées aux chemins de fer par le post-officice britannique se sont élevées en 1887-1890 à 22,830,393 francs, pour un réseau peu inférieur en étendue à celui de la France (32,000 kil. en Angleterre, 36,000 en France) et que, d'autre part, la poste française a payé aux chemins de fer, en 1890, pour divers transports, 1,212,866 francs, on peut admettre que la valeur du service gratuit rendu aux compagnies de chemins de fer par la poste n'est pas supérieure à 25,000,000

On arrive ainsi à une somme totale de . . . . 34,100,000 fr.

Mais il ne faut pas perdre de vue que le budget des postes et des télégraphes est grevé, du chef des subventions, d'une charge annuelle de 25,463,134 francs, dont le maintien est justifié par des nécessités d'ordre commercial et politique, bien plus encore que par les besoins de la correspondance; que, d'autre part, il supporte, sans compensation, les frais du transport de la correspondance officielle; si cette correspondance était soumise à la taxe, elle procurerait à la poste, d'après une statistique faite en 1879, une recette de 35,606,628 francs. C'est ce qui arriverait si le service de la poste, au lieu d'être exploité en régie par l'État, était confié à une entreprise industrielle : l'État serait obligé de payer les frais du transport de ses plis officiels.

En y regardant de près, si l'on voulait tenir compte de tous les éléments de nature à influer, dans des sens divers, sur le produit net de l'exploitation postale et télégraphique, on arriverait à cette conclusion que le chiffre du boni qui ressort de la comparaison des recettes et des dépenses de ces services, telles qu'elles figurent au budget, serait plutôt susceptible d'être majoré qu'atténué.

Comparaison des résultats de l'exploitation postale et télégraphique, en France et dans les pays étrangers.

Nous donnons ci-dessous, d'après les derniers renseignements statistiques publiés, les résultats financiers de l'exploitation postale et télégraphique en France (Algérie comprise), et dans quelques pays étrangers :

PAYS	EXERCICES	RECETTES	DÉPENSES	EXCÉDENT		Proportion p. 0/0 du produit net au produit brut
				des recettes sur les dépenses	des dépenses sur les recettes	
France et Algérie	1889	196.713.000	143.090.222	53.622 778	»	28,7
Allemagne *..........	1889-1890	301.919.526	262.319.998	39.599.528	»	13,3
Etats-Unis (1).........	1889-1890	319.508.613	356.225.549	»	36.716.936	»
Autriche-Hongrie *....	1889	104.697.454	86.026.298	18.671.156	»	21,7
Belgique.............	1889	16.164.855	10.137.724	6,027.131	»	36 6
Grande-Bretagne	1889-1890	307.732.672	223.411.280	84.321.392	»	27,4
Italie................	1889	44.072.875	39.271.548	4.801.327	»	10
Pays-Bas............	1889	13.283.000	9.870.446	3.412.554	»	25 7
Suisse *	1889	22.823.496	20.530.655	2.292.341	»	10

* Les pays marqués d'un astérisque sont ceux où la poste fait le service de la messagerie.
(1) Résultats de l'exploitation du service postal seulement.

Le chiffre très élevé des produits en Allemagne doit être attribué, en partie, à ce que la poste y fait le service de la messagerie.

L'Angleterre accuse un chiffre de produits plus élevés encore, ce qui tient à l'activité sans pareille du mouvement commercial et industriel dans ce pays. La proportion très forte du produit net par rapport au produit brut tient à plusieurs causes :

1° Au nombre considérable des lettres, qui est supérieur aux deux tiers du nombre total des objets expédiés par la poste, tandis qu'en France les lettres sont, par rapport au nombre total des correspondances, dans la proportion de 2 à 5 ;

2° Au tarif relativement élevé des imprimés, qui comporte un minimum de perception de 5 centimes, tandis qu'en France le minimum s'abaisse à 1 centime. Nous avons calculé, en étudiant les tarifs, que le transport des journaux et autres imprimés pouvait occasionner au post-office une perte de 7,214,400 de francs au plus, tandis que le transport des mêmes objets entraîne, pour la poste française, une perte qu'on peut évaluer à 25 millions ;

3° Au chiffre relativement modéré des subventions payées aux paquebots-poste, lesquelles figurent pour 20,440,526 francs au budget du post-office (1), tandis que la poste française a payé, en 1889, 25,674,457 francs aux compagnies maritimes subventionnées.

(1) Rapport du Post-master général pour l'exercice 1889-1890. Les services de transport de dépêches par mer, destinés à relier les Iles-Britanniques entre elles, absorbent à eux seuls, 3,026,948 francs.

Préparation du budget.

Les éléments du budget des postes et des télégraphes sont préparés par les divers bureaux de l'administration centrale qui soumettent, au commencement de chaque année, au directeur général, leurs prévisions de dépenses pour les services rentrant dans leurs attributions. Le bureau de la vérification des produits évalue les recettes probables. Le bureau de l'ordonnancement centralise les propositions des autres bureaux, et le ministre arrête définitivement, après s'être concerté avec le département des finances, les prévisions relatives au service postal et télégraphique qui doivent être comprises dans le projet de budget à soumettre aux Chambres. Ces prévisions sont détaillées dans des tableaux développés et annexés à l'exposé des motifs du projet de loi, et qui présentent par chapitres, articles et paragraphes, la comparaison des crédits demandés avec ceux alloués pour l'exercice courant.

Sous-répartition des crédits votés.

Après le vote de la loi de finances, le bureau de l'ordonnancement opère la sous-répartition des crédits accordés par les Chambres entre les divers bureaux de l'administration centrale qui ont à en faire emploi ; il dresse une nomenclature générale de ces dépenses par chapitres, articles, paragraphes et lignes, chaque ligne étant numérotée d'après une série unique pour le budget tout entier.

CHAPITRE II

LIQUIDATION DES DÉPENSES

D'après l'article 10 du décret du 31 mai 1862 sur la comptabilité publique, *aucun payement ne peut être effectué qu'au véritable créancier, justifiant de ses droits, et pour l'acquittement d'un service fait.* Constatation des droits acquis.

La constatation et la liquidation des doits acquis doivent donc nécessairement précéder les opérations d'ordonnancement et de payement.

Il est procédé aux liquidations des droits acquis, soit d'office pour les créances à l'égard desquelles il existe des bases et éléments de liquidation dans les bureaux de l'administration, soit d'après les justifications produites par les créanciers eux-mêmes, ou, dans leur intérêt, par les agents administratifs intervenant à cet effet (traitements et indemnités fixes du personnel, dépenses accidentelles, indemnités éventuelles, etc.) (*Art.* 50 *du règlement du* 15 *octobre* 1880 *sur la comptabilité des postes et des télégraphes*). Services liquidateurs.

Les chefs de service sont chargés, en général, de la constatation des droits acquis aux créanciers de l'État et de la préparation des liquidations (*Art.* 69 *du règlement du* 15 *octobre* 1880).

Pour les traitements, rétributions, salaires, hautes payes, indemnités fixes et périodiques, frais de séjour, d'aide, de régie, etc.), il est tenu, dans chaque direction départementale, un registre minute présentant, par catégories hiérarchiques d'emploi, les noms des agents et sous-agents, les traitements, salaires, indemnités, etc., alloués à chacun d'eux, par an et par mois, et, pour les traitements et hautes payes, le montant de la retenue de 5 0/0 à exercer et le net à payer. Traitements, hautes payes et indemnités périodiques.

Lorsque les traitements doivent être mandatés collectivement, les totaux des sommes, par mandat, sont également établis sur le registre, de manière à présenter, pour chaque bureau payeur, l'ensemble des sommes à porter sur le mandat, sauf le compte à tenir des modifications résultant de l'exécution accidentelle d'un service par un intérimaire.

Des colonnes sont réservées à l'inscription de la date d'exécution assignée aux changements survenus dans le personnel ou dans la fixation des traitements et indemnités, ainsi qu'à la mention de la date et de la quotité des retenues imposées aux agents et sous-agents.

Les crédits nécessaires au mandatement des traitements et allocations Crédits délégués d'office.

fixes attachés aux emplois sont ouverts d'office aux directeurs par le bureau de l'ordonnancement qui tient, lui aussi, un registre matricule du personnel, et auquel sont adressées toutes les ampliations des arrêtés et décisions modifiant les traitements et indemnités périodiques. Pour les hautes payes, toutefois, les crédits nécessaires sont demandés par les directeurs à l'administration, le 5 de chaque mois, pour le mois courant ; en ce qui concerne les frais de régie, ils sont demandés dans les premiers jours du troisième mois du trimestre auquel la dépense se rapporte.

Indemnités pour service de nuit et travail supplémentaire.

Les droits des agents et sous-agents aux indemnités mensuelles pour service de nuit et pour travaux supplémentaires ou aux remises sur les recettes télégraphiques, sont constatés dans les premiers jours du mois qui suit celui où le service a été fait, ou pour lequel les remises sont acquises. Les crédits nécessaires au payement de ces indemnités et remises sont demandés par le bureau liquidateur compétent de l'administration centrale à celui de l'ordonnancement. Les certificats donnés ou les décomptes arrêtés par les directeurs servent de mandats, après avoir été approuvés par l'administration.

Frais de déplacement des agents ambulants.

Pour les frais de déplacement du personnel ambulant, les directeurs de ligne ouvrent, à chaque agent ou sous-agent, un compte sur lequel ils inscrivent successivement les voyages effectués dans le cours d'un mois. A l'aide de ces renseignements, ils dressent, en fin de mois, un relevé, par sections et brigades, des sommes dues au personnel de leur ligne. Ce relevé est transmis au bureau de l'ordonnancement, qui mandate ces sommes au profit des ayants droit.

Les demandes d'indemnités au profit des agents envoyés accidentellement en renfort, accompagnées des ordres de mission et des états de frais signés par les intéressés et certifiés par les directeurs, sont adressées au bureau de la correspondance intérieure, qui les transmet à celui de l'ordonnancement, après les avoir vérifiées.

Frais de remplacement, de passage d'eau, etc.

Les frais de remplacement, les indemnités pour surcroît de travail accordées aux facteurs dont le service est momentanément aggravé, les frais accidentels de passage d'eau, les indemnités pour timbrage à l'extraordinaire des bandes des journaux expédiés en dernière limite d'heure, sont aussi liquidés mensuellement, après l'expiration du mois pendant lequel le service a été fait ; mais le montant en est payé aux intéressés par les receveurs, au plus tard à la fin du mois, pour lequel les droits sont acquis. Les receveurs produisent, à l'appui de leurs demandes de remboursement, les quittances des parties prenantes. Les quittances ou états de frais, certifiés par les receveurs et les directeurs, sont joints ultérieurement à l'appui des mandats de remboursement délivrés au nom des comptables.

Les frais de passage d'eau alloués aux facteurs à titre permanent, sont liquidés par semestre ; les états de frais, certifiés par les directeurs, sont joints aux rapports mensuels de liquidation des frais accidentels de même nature.

Transport des dépêches.

Un registre matricule est affecté, dans les directions départementales, à l'inscription, par nature d'exploitation, des salaires des courriers d'entreprise, courriers auxiliaires, sous-agents et postulants facteurs chargés du transport des dépêches. Les services temporaires ou provisoires qui s'exécutent à la journée sont portés à la seconde partie du registre.

A l'aide de ces renseignements, les directeurs adressent à l'administration, le 3 de chaque mois, sous le timbre du bureau de la correspondance intérieure, les états des sommes nécessaires à la liquidation mensuelle des services payés dans leur département et exécutés pendant le mois précédent.

Ces états sont vérifiés et rectifiés, s'il y a lieu, par le bureau de la correspondance intérieure, qui demande à celui de l'ordonnancement l'ouverture des crédits nécessaires au payement des sommes dues aux créanciers dont les droits sont acquis.

Subventions aux compagnies maritimes.

Les subventions aux compagnies maritimes, concessionnaires des lignes de paquebots-poste sont liquidées par douzième échu, c'est-à-dire mensuellement, au quantième correspondant à celui de la date initiale de la concession, sur la production de certificats délivrés par les commissaires du gouvernement dans les ports d'attache, constatant que le service a été exécuté conformément aux clauses et conditions des cahiers des charges.

Les frais extraordinaires de transport de dépêches qui ont un caractère accidentel, sont liquidés à l'expiration du mois pendant lequel ils ont été faits, sur la production d'états certifiés par les directeurs; le montant en est avancé par les receveurs aux ayants droit. Les frais extraordinaires de transport de dépêches qui ont un caractère périodique ou permanent, sont liquidés trimestriellement, dans la même forme que les frais accidentels. La liquidation est opérée par les soins des bureaux de la correspondance intérieure ou des services maritimes, suivant le cas.

Chauffage et éclairage des bureaux ambulants.

Les frais d'éclairage des bureaux ambulants sont liquidés mensuellement, par le 3e bureau de la division du matériel, d'après le nombre de lampes en service et la durée de l'allumage, relevés sur les bulletins dressés, à l'issue de chaque voyage, par les chefs de service.

Les dépenses de chauffage des bureaux ambulants sont liquidées trimestriellement, sur la production des mémoires des fournisseurs, vérifiés et transmis à l'administration par les directeurs de ligne.

Frais de loyer : Indemnités de chaussures et d'habillement.

Les frais de loyer, les indemnités de chaussure et d'habillement se liquident aussi par trimestre. Les crédits sont demandés par les directeurs au 3e bureau de la division du matériel, le 20 du deuxième mois du trimestre en cours, pour les frais de loyer, le 3 du dernier mois, pour les indemnités de chaussure et pour l'habillement.

Réparation et entretien des boîtes aux lettres.

Le montant des frais d'entretien et de réparation des boîtes aux lettres est avancé par les receveurs et leur est remboursé immédiatement par les receveurs principaux : ces derniers en sont couverts au moyen de mandats de remboursement délivrés par l'administration, à l'expiration de chaque trimestre. La liquidation des dépenses de cette nature est opérée par le 3e bureau de la division du matériel, sur la production d'états récapitulatifs accompagnés des mémoires acquittés, et transmis par les directeurs départementaux à l'administration les 7 janvier, 7 avril, 7 juillet et 7 octobre de chaque année.

Frais de mission, de premier établissement, etc.

Pour les dépenses accidentelles (frais de mission, de route, de premier établissement), la liquidation s'opère au fur et à mesure que des droits ont été constatés.

Le bureau de l'administration centrale qui a provoqué la dépense procède à la liquidation et demande l'ouverture des crédits nécessaires. Les états de frais, approuvés par l'administration, sont joints aux mandats de payement.

Les frais de tournées des inspecteurs et des brigadiers-facteurs, les indemnités pour service effectif à la mer ne donnent pas lieu à des liquidations spéciales et sont ordonnancés par les directeurs sur des crédits ouverts par provision.

Autres dépenses de matériel.

Pour les dépenses de matériel qui n'ont pas un caractère de permanence ou de périodicité, les droits des créanciers de l'État sont constatés par la production des marchés, des mémoires vérifiés et acceptés, des factures acceptées, ou des procès-verbaux de réception des travaux et fournitures ; la liquidation en est opérée par la division du matériel, au fur et à mesure de la constatation des droits acquis, sauf les règles applicables aux travaux payables par acomptes successifs et aux services régis par économie.

Livre des droits constatés.

Le montant des droits constatés au profit des créanciers de l'État est enregistré par les ordonnateurs sur un livre dit *des droits constatés*, aussitôt que ce montant a été déterminé par le résultat des évaluations ou liquidations, et lors même que la délivrance des mandats de payement devrait être ajournée soit par suite de l'absence des titulaires d'emploi, soit pour toute autre cause.

Cet enregistrement a lieu par nature de droits, dans l'ordre de la nomenclature des articles de dépense du budget ; une colonne est réservée aux annulations.

Les dépenses de personnel, ainsi que les dépenses fixes et périodiques, sont portées, en fin de mois, sur le livre des droits constatés.

Dépenses liquidées d'office par les bureaux de l'administration centrale ou les directions.

Pour les dépenses fixes et périodiques (traitements, hautes payes, salaires, indemnités de séjour, frais de régie, de loyer, transport ordinaire des dépêches, subventions aux paquebots-poste, etc.), la liquidation est opérée d'office par les directeurs ou les bureaux compétents de l'administration centrale. Les dépenses variables ou éventuelles doivent être approuvées par une décision du ministre ou du directeur général, suivant le cas.

Dépenses soumises à l'approbation du directeur général ou du ministre.

L'approbation du ministre est nécessaire pour les adjudications et marchés, pour les baux de plus de neuf ans, pour les baux des bureaux de poste à l'étranger, quelle qu'en soit la durée, pour les travaux dont la dépense excède 2,000 francs ; pour les remboursements de frais extraordinaires de transport de dépêches et autres indemnités dont le montant excède 500 francs. On se conforme, à cet égard, aux distinctions établies par le règlement de comptabilité du ministère des finances du 26 décembre 1866.

CHAPITRE III

ORDONNANCEMENT

Lorsqu'un service a été fait, que les droits du créancier ont été constatés et liquidés, qu'un crédit correspondant à la dépense a été ouvert au budget, il faut encore, pour que le montant de cette dépense puisse être payé par un des comptables de l'État, qu'elle ait été régulièrement ordonnancée par le ministre ou par l'un de ses délégués (*Art.* 82 *du règlement sur la comptabilité publique*). L'ordonnancement est, à proprement parler, la disposition des crédits ouverts au budget. Objet de l'ordonnancement.

C'est la liquidation qui constate la validité et la quotité de la créance ; seul, l'ordonnancement peut ouvrir la caisse du comptable et autoriser le payement.

Le ministre a l'entière disposition des crédits prévus à son budget : il est ordonnateur primaire de toutes les dépenses ; mais il délègue une partie de ses pouvoirs au directeur général et aux directeurs départementaux. Le directeur général, et en son nom le bureau de l'ordonnancement, est ordonnateur secondaire des dépenses des services spéciaux et des bureaux ambulants dont la tête de ligne est à Paris ; les directeurs départementaux sont ordonnateurs secondaires des dépenses dans leurs circonscriptions (1). Délégation des crédits aux ordonnateurs secondaires.

Cette décentralisation est nécessaire pour accélérer les opérations d'ordonnancement et de payement, pour éviter aux créanciers des retards et des déplacements, pour faciliter la réception et la régularisation des pièces justificatives, ainsi que la remise des mandats aux ayants droit, les ordonnateurs secondaires étant généralement à portée de connaître les titulaires des créances, de constater leur identité, et de donner suite à leurs réclamations.

Les actes par lesquels le ministre dispose directement des crédits prévus au budget en faveur des créanciers de l'État se nomment *ordonnances de payement ;* les actes par lesquels il délègue des crédits aux ordonnateurs secondaires sont appelés *ordonnances de délégation*. En vertu de ces délégations, les ordonnataires secondaires délivrent à leur tour, au profit des créanciers de l'État, des *mandats de payement*. Ordonnances et mandats.

L'ordonnancement par délégation comporte ainsi deux opérations successives : la délégation des crédits, puis l'émission des mandats.

(1) Le directeur général est ordonnateur secondaire des dépenses de la Caisse d'épargne postale et des téléphones ; il sous-délègue ses pouvoirs aux administrateurs de ces services.

Signature des ordonnateurs.

La signature des ordonnateurs est, au moment de leur entrée en fonctions, accréditée auprès des comptables sur la caisse desquels ils peuvent avoir des ordonnances ou des mandats de payement à délivrer.

Les directeurs départementaux doivent signer eux-mêmes tous les mandats de dépenses publiques émis dans leur service. Ils ne peuvent déléguer la signature de ces pièces qu'à l'agent chargé officiellement de les remplacer par intérim. La signature de l'intérimaire doit également être accréditée auprès des payeurs.

Emission des ordonnances

Au fur et à mesure que les créances ont été liquidées, la division de la comptabilité (bureau de l'ordonnancement) provoque, sur la demande des bureaux liquidateurs, la délivrance des ordonnances de payement et de délégation.

Ces ordonnances ne peuvent être signées que par le ministre.

Avis des ordonnances.

Des lettres d'avis de la délivrance des ordonnances, contenant extrait de ces ordonnances et en tenant lieu, sont adressées :

En ce qui concerne les ordonnances de payement, aux titulaires des créances, pour les accréditer auprès des comptables sur la caisse desquels les payements sont assignés ;

En ce qui concerne les ordonnances de délégation, aux ordonnateurs secondaires, pour leur faire connaître les crédits mis à leur disposition par le ministre (*Art.* 71 *du règlement de comptabilité des postes et des télégraphes du* 15 *octobre* 1880). Ces lettres constituent, pour les ordonnateurs secondaires, les titres en vertu desquels ils disposent des crédits qui leur sont ouverts (*Art.* 75).

Envoi des mandats

Les mandats sont adressés aux titulaires des créances par les ordonnateurs secondaires, et tiennent lieu de lettres d'avis.

Disposition des crédits ouverts aux ordonnateurs secondaires

Les crédits délégués à chaque ordonnateur secondaire, pour le même exercice et le même service, sont successivement ajoutés les uns aux autres, et forment, ainsi cumulés, un crédit unique, par chapitre, article ou paragraphe, selon qu'ils ont été ouverts.

Les crédits de délégation sont ouverts spécialement pour chaque nature de dépense.

En conséquence, les ordonnateurs secondaires ne peuvent, pour quelque motif que ce soit, en changer l'affectation ; ils ne peuvent, non plus, en outrepasser le montant par la délivrance de leurs mandats.

Tout crédit de délégation ouvert pour servir à l'acquittement des dépenses d'un exercice, est valable, quelle que soit sa date, et sauf annulation expresse, jusqu'au dernier jour inclus du troisième *mois de l'année qui suit cet exercice. A l'expiration de ce délai, les crédits ou portions de crédits cumulés qui n'ont point été employés par des mandats cessent d'être à la disposition des ordonnateurs secondaires* (Art. 77, 78 et 79 du règlement de comptabilité des postes et des télégraphes).

Lorsqu'un ordonnateur secondaire est remplacé par un intérimaire, ce

dernier dispose des crédits ou portions de crédits ouverts à celui dont il remplit les fonctions.

L'ordonnateur secondaire nouvellement nommé devient titulaire des crédits ouverts à son prédécesseur. Toutes les pièces de comptabilité restent à sa disposition, et les livres et journaux sont continués par ses soins, jusqu'à la clôture de l'exercice (Art. 81 du règlement de comptabilité des postes et des télégraphes).

Lorsque les ordonnances ministérielles de délégation ne leur sont pas parvenues à la date du 27 de chaque mois, les ordonnateurs secondaires doivent les réclamer, sans attendre cette date pour préparer l'émission des mandats. Crédits non délégués en temps utile.

Les ordonnances de délégation, classées par exercice et par mois, sont conservées dans les archives, à l'appui des écritures des ordonnateurs secondaires.

Le directeur tient un livre-journal *des crédits délégués* sur lequel il inscrit, au fur et à mesure qu'elles lui parviennent, le montant des ordonnances de délégation, quelle que soit la date d'émission de ces ordonnances. Après cet enregistrement en masse, qui se fait au commencement du livre, le détail en est inscrit plus loin, par ligne de dépense. Livre journal des crédits délégués.

Le ministre donne avis aux ordonnateurs secondaires du montant des crédits dont ils cessent d'avoir la disposition. Annulation de crédits.

Le montant de ces crédits ou parties de crédits dont les ordonnateurs secondaires cessent d'avoir la faculté de disposer, soit dans le courant, soit à la clôture d'un exercice, ou, en fin d'année, pour les exercices clos, est porté, à la date de leur annulation, dans la colonne ménagée à cet effet, au livre-journal des crédits délégués.

A la fin du mois, les crédits délégués pendant le mois sont additionnés, les annulations sont également additionnées ; la différence entre les deux additions est ajoutée aux mois antérieurs ou diminuée, suivant le cas, de manière à faire ressortir le montant net des crédits délégués depuis le commencement de l'exercice.

Le 4 de chaque mois, les directeurs adressent à l'administration un état détaillé, par nature, des crédits disponibles, depuis l'ouverture de chacun des exercices courants, d'après la comparaison des crédits délégués et des crédits employés.

Les directeurs indiquent sommairement, sur cet état, les motifs de non-emploi des crédits délégués, et font connaître, dans les deux colonnes à ce destinées, le montant soit des crédits à réserver pour droits acquis ou services prévus, soit des crédits ou portions de crédits excédant les besoins à annuler, s'il y a lieu, en fin d'exercice.

Les directeurs départementaux procèdent à l'émission des mandats de dépenses publiques, dès que les crédits nécessaires leur ont été délégués. Émission des mandats.

L'émission a lieu :

Tous les mois, à la date du 27, pour les traitements, rétributions, salaires, hautes payes, frais d'aide aux receveurs; tous les mois également, mais dans le courant ou à la fin du mois qui suit celui où le service a été fait, pour les indemnités de service de nuit ou de travail supplémentaire, les frais de tournée des inspecteurs, les remises télégraphiques, les frais ordinaires du transport des dépêches;

Tous les trois mois, à la fin du dernier jour de chaque trimestre, pour les frais de régie, de loyer, ainsi que pour les indemnités de chaussure et d'habillement, et, après l'expiration du trimestre, pour les frais extraordinaires de transport de dépêches ayant un caractère périodique ou permanent;

Tous les six mois, à la fin du dernier mois de chaque semestre, pour les indemnités allouées, d'une manière permanente, aux facteurs locaux et ruraux, à titre de frais de passage d'eau.

En dehors de ces émissions régulières, la délivrance des mandats est subordonnée aux conditions spéciales de l'objet de la dépense : ainsi, les allocations à titre de secours sont mandatées aussitôt après l'arrivée des ordonnances qui les accordent, et à quelque date que ce soit; les indemnités pour service effectif à la mer et les frais d'aide alloués aux agents des postes embarqués, les frais de tournée des brigadiers-facteurs, sont mandatés à l'issue des voyages ou tournées sur les crédits ouverts par provision.

Indications à porter sur les mandats.

Les mandats doivent indiquer le nom, la qualité et le domicile de la partie prenante, le chiffre et l'objet de la dépense, la période qu'elle embrasse. Ils énoncent l'exercice, le chapitre et les subdivisions de chapitre auxquels la dépense s'applique (*Décret du* 31 *mai* 1862, *art.* 11). Ils sont datés, et chacun d'eux porte un numéro d'ordre; la série des numéros est unique, par exercice, pour tous les mandats émanés de l'ordonnateur secondaire d'une même circonscription; les mandats doivent indiquer, en outre, le nombre et la nature des pièces justificatives qui y sont jointes (*Règlement de la comptabilité des postes et des télégraphes, art.* 82 *et* 91).

Les mandats sont *individuels* ou *collectifs*. En règle générale, l'ordonnateur secondaire émet des mandats collectifs toutes les fois qu'un crédit délégué sur une même ligne est à répartir entre les agents d'un même bureau : par exemple, pour le payement du traitement des facteurs attachés à un même établissement de poste.

Parfois les mandats, au lieu d'être faits au nom de ceux qui ont exécuté le service, livré les fournitures ou ont un droit quelconque à exercer contre le Trésor public, désignent seulement la personne chargée de répartir le montant de la somme indiquée entre les ayants droit; il en est ainsi, par exemple, pour les frais du transport des dépêches confié aux sous-agents d'un même bureau. Lorsqu'il s'agit d'un remboursement d'avance, ils sont délivrés au nom du comptable qui a fait l'avance de la somme; c'est ce qui a lieu pour les frais extraordinaires de tranport de dépêches. Il est fait mention de ces conditions ou de ces circonstances sur les mandats délivrés; ces mandats sont accompagnés, dans le premier cas, d'un état de répartition arrêté par le directeur et émargé par les parties prenantes; dans le second cas, de la quittance des intéressés, conservée comme valeur en caisse par le receveur qui a fait l'avance, jusqu'à la régularisation.

Division du temps pour le calcul des coupures d'émoluments mensuels ou trimestriels.

Dans l'ordonnancement, comme dans la liquidation des traitements ou émoluments périodiques, chaque mois, quel que soit le nombre de jours dont il se compose, compte pour trente jours.

Le douzième de l'allocation annuelle se divise par trentièmes; chaque trentième est indivisible.

En cas de coupure de traitement ou de vacance, dans le courant d'un mois, le décompte des sommes à mandater ou des crédits libres doit être établi de manière que la réunion de ces coupures égale le montant de l'allocation mensuelle ou trimestrielle, sauf les fractions de centimes négligées, qui ne doivent pas dépasser un centime entier par coupure. Toute fraction de centime se néglige au profit du Trésor, dans les décomptes de liquidation de toute nature; elle est, au contraire, forcée jusqu'au centime entier au profit du Trésor, dans le calcul des retenues.

Les traitements des agents payés par mandats collectifs ne sont pas inscrits sur les mandats, lorsqu'ils sont l'objet, pour quelque motif que ce soit, d'une coupure qui en altère l'intégralité; ils sont alors payés au moyen de mandats individuels.

Mandats frappés d'opposition.

Le cas d'opposition sur le traitement des agents de l'administration n'entraîne aucune modification dans l'émission des mandats; il ne motive pas, sur les mandats collectifs, la déduction des traitements frappés d'opposition.

En cas d'opposition sur une somme due à un créancier étranger à l'administration ou à un entrepreneur, et lorsque la somme à retenir est inférieure à la somme à mandater, le directeur délivre, au nom du bénéficiaire, un mandat de la somme à retenir et un mandat de la somme libre.

Les retenues infligées à un entrepreneur, pour infractions au cahier des charges ou irrégularités de service, sont prélevées sur ce dernier mandat.

Après avoir été soumis au visa du receveur principal, les deux mandats sont adressés au receveur de la résidence du créancier, chargé de les faire acquitter par l'entrepreneur, de lui payer le mandat de la somme libre et de renvoyer au directeur le mandat frappé d'opposition. Le directeur transmet ce dernier mandat au receveur principal, chargé d'en verser le montant au trésorier-payeur général, pour le compte de la Caisse des dépôts et consignations, si ce dépôt a été autorisé; s'il n'a pas été autorisé, le directeur s'abstient d'envoyer le mandat à l'acquit du créancier, et le remet au receveur principal qui le conserve jusqu'en fin d'exercice, époque à laquelle les mandats sont rendus à l'ordonnateur.

Date d'ouverture et de cessation des droits des agents.

La jouissance du traitement ou des émoluments d'un nouveau titulaire d'emploi court à partir de la date de son installation, s'il s'agit d'un receveur d'un bureau nouvellement créé, et, dans tous les autres cas, à partir de la date d'exécution fixée par l'arrêté de nomination, à charge pour le titulaire de pourvoir aux dépenses du service.

En cas de démission, révocation ou décès d'un agent, les droits à la jouissance du traitement et des émoluments de toute nature s'éteignent à partir du lendemain du jour de la cessation d'activité. Toutefois, les héritiers d'un receveur décédé ont droit à son traitement et à ses émoluments jusqu'au jour de la séparation de gestion, l'intérimaire qui a géré le bureau jusqu'à cette époque ayant agi sous leur responsabilité.

Droits des intérimaires.

En cas de décès ou retraite, démission, mutation, suspension pour cause de déficit, ou révocation d'un receveur ou d'un distributeur, l'intérimaire, s'il fait partie du service des postes et des télégraphes, et s'il a dû se déplacer, continue à toucher le traitement alloué à son grade, et le traitement du titulaire tombe en fonds disponibles ; dans ce cas, l'intérimaire reçoit une indemnité équivalente à celle que comporte son grade ; le crédit nécessaire est alloué sur la demande du directeur, appuyée d'un ordre de mission signé par ce chef de service.

Si, au contraire, l'intérim est confié à une personne étrangère au service des postes et des télégraphes, ou, sans déplacement, à un agent de l'administration, l'intérimaire jouit du traitement attribué au dernier titulaire de l'emploi qu'il occupe temporairement, et, dans le dernier cas, le traitement de l'agent intérimaire tombe en fonds disponibles.

Dans tous les cas, l'intérimaire a droit aux émoluments accessoires attribués au titulaire, et, s'il y a déplacement, il reçoit l'indemnité de route que comporte son grade, s'il appartient au service des postes et des télégraphes, ou le grade de l'agent qu'il remplace, s'il est étranger à l'administration.

Les droits de l'intérimaire doivent lui être notifiés par le directeur, au moment même où il est constitué.

Les inspecteurs et sous-inspecteurs et les brigadiers-facteurs, détachés sur un point du département auquel ils appartiennent, ne reçoivent aucune autre indemnité que leurs frais de mission ordinaires. Les conditions d'intérim des emplois de directeur, d'inspecteur et de sous-inspecteur font l'objet de décisions spéciales.

Décompte des retenues à exercer sur les mandats.

Les traitements ou allocations passibles de retenues, qui sont acquittés par les comptables du Trésor et par ceux des postes et des télégraphes, sont portés *pour le brut* dans les ordonnances et mandats, et il y est fait mention spéciale des retenues à exercer pour pensions. Les comptables chargés du payement des ordonnances et des mandats les imputent en dépense pour leur montant intégral, et ils constatent en recette le produit des retenues, à un compte distinct par exercice, intitulé : *Retenues sur traitements pour le service des pensions civiles*, conformément à l'article 5 du décret du 9 novembre 1853. Les extraits d'ordonnances ou les mandats n'en doivent pas moins être acquittés pour le montant brut (1).

(1) Les retenues pour congés, pratiquées sur la rétribution des commis auxiliaires ou sur

Retenues du premier douzième du traitement. Retenues pour congés.

Un décompte des retenues à exercer sur le traitement des agents de tous grades, soit en cas de nomination ou de promotion, soit pour congés, est annexé aux mandats de payement : la retenue est justifiée par la mention, sur les mandats, de la date de la décision, avec indication, dans le premier cas, de l'époque de l'entrée en jouissance du traitement, et, s'il y a lieu, de la position et du traitement antérieurs; dans le second cas, de la nature et de la durée du congé, de l'époque de la cessation et de la reprise des fonctions (*Règlement du* 15 *octobre* 1880, *p.* 81).

Les retenues accidentelles pour congés portent sur le traitement net, déduction faite de la retenue permanente de 5 0/0.

Mandats de précompte.

Lorsque le montant de la retenue imposée à un agent en congé a été attribué à son remplaçant, en déduction de l'indemnité allouée à celui-ci, il est établi deux mandats de précompte : l'un au profit de l'intérimaire, l'autre au profit du titulaire ; c'est sur ce dernier mandat qu'est prélevée la retenue de 5 0/0 sur le traitement entier.

L'ampliation de l'arrêté d'attribution est mise à l'appui du mandat de l'intérimaire.

Retenues sur le salaire des courriers d'entreprise.

Les directeurs sont avisés, par les soins du bureau de la correspondance intérieure, des décisions prononçant des retenues sur le salaire des entrepreneurs de transport de dépêches ; ils en prennent note à la colonne d'observations du registre, et, le moment venu, ils mentionnent, sur les mandats, le nom de ces entrepreneurs, la date de la décision et, selon le cas, le montant des retenues ou le nombre des jours de retenue infligés ; lorsque la décision indique un nombre de jours de retenue et non une somme à retenir, un décompte est joint, par le directeur, au mandat de payement.

Créanciers décédés.

Lorsqu'un directeur est informé du décès d'un créancier de l'administration, il fait suspendre, au besoin, le payement du mandat déjà délivré, et invite les héritiers à justifier de leurs droits par un certificat de propriété relatant l'acte de décès du créancier.

Lorsque le mandat à payer ne dépasse pas 50 francs, un certificat du maire de la commune habitée par les héritiers, énonçant leurs droits, peut remplacer le certificat de propriété ; ce certificat doit être timbré, et la signature du maire, dans les départements autres que celui de la Seine, doit être légalisée.

Tout certificat de propriété, ayant pour objet le payement de sommes dues par l'État à titre de pension, de rémunération, ou de secours, est exempt de la formalité de l'enregistrement.

l'indemnité allouée aux surnuméraires, ne sont pas affectées au service des pensions civiles; il en est fait recette sous le titre : *Recettes diverses et accidentelles.*

Lorsque l'absence d'un auxiliaire ou d'un surnuméraire impose à l'administration des frais de remplacement, la portion de la rétribution ou de l'indemnité soumise à la retenue pour congé est déduite de la somme à mandater et tombe en fonds disponibles (*Bull. mens.* n° 9, septembre 1885, p. 296), à moins qu'elle ne soit précomptée au profit du remplaçant.

A la réception du certificat, le directeur le vise, s'il est régulier, établit un mandat au nom des héritiers et mentionne leur qualité ; les titres fournis sont mis à l'appui.

Pièces justificatives.

Les pièces justificatives à produire à l'appui des mandats de dépenses publiques sont déterminées, d'une manière générale, par l'article 88 du décret du 31 mai 1862, de la manière suivante :

Pour les dépenses de personnel :

Solde, traitements, salaires, vacations, indemnités et secours.	États d'effectif ou états nominatifs énonçant : Le grade ou l'emploi, La position de présence ou d'absence, Le service fait, La durée du service, La somme due en vertu des lois, règlements et décisions.

Pour les dépenses de matériel :

Achats et loyers d'immeubles et d'effets mobiliers ; Achats de denrées et matières ; Travaux de construction, d'entretien et de réparation de bâtiments, de routes, fossés, etc. Travaux de confection, d'entretien et de réparation d'effets mobiliers.	1° Copies ou extraits dûment certifiés des décrets ou décisions ministérielles, des contrats de vente, soumissions et procès-verbaux d'adjudication, des baux, conventions ou marchés ; 2° Décomptes de livraison, de règlement et de liquidation, énonçant le service fait et la somme due pour acompte ou pour solde.

Les pièces justificatives à fournir à l'appui des mandats de dépenses du service des postes et des télégraphes sont indiquées en détail dans une nomenclature annexée au règlement de comptabilité du 15 octobre 1880.

Toutes les fois que les pièces justificatives désignées dans la nomenclature se rapportent à plusieurs payements distincts à effectuer par le même comptable, elles peuvent n'être produites qu'une fois ; mais, dans ce cas, chaque ordonnance ou mandat de payement auquel elles sont applicables doit énoncer le numéro et la date de l'ordonnance ou du mandat auquel elles ont été jointes ; le comptable doit indiquer, en outre, la date du payement à l'appui duquel elles sont produites à la Cour des comptes, sans que la production de ces pièces puisse être différée au delà du terme de l'exercice ou au delà du terme de la gestion personnelle du comptable qui a payé la première dépense.

Cette règle n'est pas applicable aux acomptes d'une entreprise pour laquelle les pièces justificatives peuvent, d'après l'article 99 du règlement, être rattachées au payement pour solde.

A défaut de la minute ou de l'original de toute pièce justificative à produire aux comptables, il peut y être suppléé par des copies dûment certifiées par les agents administratifs compétents, et relatant textuellement, s'il y a lieu, la mention de l'enregistrement.

Les copies remises aux parties pour être produites par elles, au lieu et place de l'expédition originale, sont délivrées sur timbre, lorsque le timbre est exigé pour l'original.

Les copies faites par les soins de l'administration, pour l'ordre de la comptabilité, sont exemptes du timbre (Décisions ministérielles des 10 septembre 1830 et 20 janvier 1832). *Elles doivent contenir une mention expresse de leur destination.*

Dans le cas où un procès-verbal d'adjudication, un marché, une décision, etc., se rapporteraient à plusieurs personnes ou à plusieurs entreprises distinctes, les originaux ou les copies peuvent être remplacés par des extraits certifiés, qui doivent relater, en général, toutes les conditions de l'exécution du service et de la régularité du payement, ainsi que l'accomplissement, s'il y a lieu, de l'enregistrement et de toutes les autres formalités voulues, et qui seront complétés à cet effet, s'ils ne paraissent pas au comptable ou à la Cour des comptes contenir les indications nécessaires.

Les ordonnances et les mandats, ainsi que les quittances des parties prenantes, sont toujours produits en original.

Dans tous les cas où les énonciations contenues dans les pièces produites ne paraîtraient pas suffisamment précises, les comptables peuvent se faire délivrer par les ordonnateurs, soit avant le payement, soit en exécution des arrêts de la Cour des comptes, des certificats administratifs qui complètent ces énonciations.

(Règlement du 15 octobre 1880, p. 76.)

Toute pièce à produire à l'appui d'une ordonnance ou d'un mandat de payement pour justification des droits du créancier, est assujettie au droit de timbre à la dimension, conformément à l'article 12 de la loi du 13 brumaire an VII. Droit de timbre.

Sont soumises au droit de timbre les pièces ci-après :

1° Les expéditions et extraits de procès-verbaux d'adjudications, marchés, soumissions généralement quelconques, ayant pour objet des constructions, réparations, entretien, approvisionnements et fournitures, et dont la production, de la part des créanciers du Trésor, est indiquée sur le mandat de payement ; la formalité du timbre est exigible lorsque la soumission est inscrite à la suite d'un cahier des charges ou simple projet sur papier libre : ce cahier, dans ce cas, formant titre, doit être timbré à l'extraordinaire ou visé pour timbre.

2° Les factures ou mémoires, quel qu'en soit le montant, établis par les marchands, fabricants, fournisseurs, entrepreneurs et créanciers à différents titres. Toutefois, pour les dépenses n'excédant pas 10 francs, les intéressés peuvent être dispensés de produire aucune pièce justificative de leurs créances, à condition que les ordonnateurs inscrivent sur les mandats le détail des objets fournis ou des travaux effectués (*Déc. min. du 5 avril* 1890) (1).

3° Les mémoires de frais et honoraires des notaires pour rédaction

(1) *Bull. mens.* n° 4, avril 1890, p. 387.

d'actes, et ceux des honoraires de médecins et chirurgiens, lorsqu'ils ne sont pas rémunérés à l'année.

Sont exemptées du droit de timbre les pièces ci-après :

1° Les copies ou extraits des actes, arrêtés, décisions, délibérations des autorités et des fonctionnaires publics, employés et agents des administrations et établissements publics, qui sont annexés aux mandats de payement pour l'ordre de la comptabilité et dans le but de compléter les justifications nécessaires aux vérifications de la Cour des comptes ; il y est fait mention de cette destination, afin de motiver l'exception ;

2° Les expéditions et extraits des procès-verbaux d'adjudication, marchés, soumissions, etc., délivrés par une administration publique ou un fonctionnaire public, à une autre administration publique ou à un fonctionnaire public, lorsque ces expéditions ou extraits portent la mention expresse de cette destination ;

3° Les factures ou mémoires de l'Imprimerie nationale, lorsque cet établissement est directement créancier du Trésor, et que les mandats sont délivrés à son profit.

4° Les quittances pour achats au comptant, dont le montant n'excède pas 10 francs.

Enregistrement des mandats sur un livre-journal.

Les mandats sont inscrits, au fur et à mesure de leur émission, sur un livre-journal.

Des colonnes sont réservées, sur ce livre-journal, à l'indication du numéro d'enregistrement, de la date d'émission, des numéros des chapitres, articles, paragraphes et lignes de la nomenclature des dépenses, de l'objet de la dépense et du montant des mandats délivrés. Les annulations de mandats y sont portées à leur date, comme les émissions. Une colonne est également ménagée pour recevoir l'indication de la nature des pièces justificatives à joindre à chaque mandat et le nombre de ces pièces.

Communication au receveur principal.

Avant de les transmettre aux parties prenantes, les ordonnateurs doivent communiquer les mandats aux comptables sur la caisse desquels les payements sont assignés. Cette communication est faite par le directeur, le 27 de chaque mois, au receveur principal. Les mandats sont inscrits sur bordereau détaillé et accompagnés des pièces justificatives. Le receveur principal procède à la vérification des pièces justificatives ; il les conserve, ainsi que le bordereau sur lequel il doit indiquer, dans la dernière colonne, la date des payements.

Le receveur principal vise les mandats et certifie par son visa qu'ils sont libres ou frappés d'opposition ; le cas échéant, il énonce, à l'encre rouge, le montant de la somme à retenir. Il renvoie ensuite les mandats au directeur chargé de les faire parvenir aux ayants droit.

Changement de résidence d'un agent.

Lorsqu'un agent quitte le département dans lequel il exerçait ses fonctions, par suite de mutation d'emploi, de maladie ou de congé avec retenue, le directeur se fait remettre, par le receveur principal, une demande, dûment motivée, de fonds de subvention à l'adresse du receveur de la nouvelle résidence de l'agent, présentant le montant net de retenue et d'opposition, s'il y a lieu, des sommes dues à cet agent ; il envoie cette demande, avec le mandat émis au nom de l'agent changé de service, au receveur de la nouvelle résidence, par l'intermédiaire de son collègue, en invitant ce receveur à faire émarger le mandat, à le payer, à en faire dépense dans ses écritures comme fonds de subvention remis aux receveurs des postes, à conserver le récépissé pour être mis à l'appui de sa comptabilité, et à lui renvoyer le mandat acquitté, avec le talon du récépissé.

A la réception de ces pièces, le directeur conserve le talon, et remet le mandat au receveur principal de son département, en lui prescrivant de faire, à la fois, recette, comme fonds de subvention reçus des receveurs des postes, de la somme énoncée sur ce mandat, et dépense de la même somme, sous le titre de dépense publique.

En cas de perte d'un extrait d'ordonnance de payement ou d'un mandat, il en est délivré un duplicata, sur la déclaration motivée de la partie intéressée, et d'après l'attestation écrite du comptable chargé du payement, portant que l'ordonnance ou le mandat n'a été acquitté ni par lui, ni pour son compte, et sur son visa, par aucun autre comptable concourant au service des payements. Perte d'un mandat.

Des copies certifiées de la déclaration de perte et de l'attestation de non payement sont remises par le comptable à l'ordonnateur, qui les garde pour sa justification. Les originaux sont joints au payement (Art. 48 du Règlement sur la comptabilité des postes et des télégraphes).

CHAPITRE IV

PAYEMENT DES DÉPENSES PUBLIQUES

Comptables chargés des payements. Le payement des ordonnances et mandats de dépenses publiques du service des postes et des télégraphes est effectué soit par les agents du Trésor, soit par les receveurs des postes et des télégraphes, suivant les distinctions résultant de la décision ministérielle du 21 mai 1881 (1).

Les dépenses de l'administration centrale, comprises dans la première section du budget : « Service général » :

Chapitre Ier. *Traitement du ministre et personnel ;*

Chapitre II. *Matériel ;*

sont assignées exclusivement sur la caisse du payeur central du Trésor.

Les dépenses des 2e et 3e sections : Frais de régie, de perception et d'exploitation; Remboursements et restitutions, *sont imputées sur les caisses du Trésor ou sur celles des postes et télégraphes, conformément aux dispositions concertées avec le ministre des finances, savoir :*

A PARIS

Sur la caisse centrale du Trésor :

Toutes les dépenses de matériel ordonnancées directement au profit des créanciers autres que les agents des postes et des télégraphes ;

Les subventions aux compagnies maritimes ;

Les remboursements aux compagnies télégraphiques.

Sur la caisse du receveur principal des postes de la Seine :

Les traitements et émoluments de toute nature acquis au personnel des services technique et d'exploitation ;

Les remboursements aux offices étrangers ;

Enfin les dépenses de frais de régie payées en vertu des mandats des ordonnateurs secondaires.

DANS LES DÉPARTEMENTS

Sur les caisses des trésoriers-payeurs généraux :

Les dépenses résultant de marchés passés directement par l'administration centrale, sauf les salaires des courriers d'entreprise ;

Les subventions aux compagnies maritimes ;

Les remboursements aux compagnies télégraphiques.

(1) *Bull. mens.* n° 38, juin 1881, p. 574.

Sur les caisses des receveurs des postes et des télégraphes :

Les dépenses non désignées ci-dessus et payées en vertu des mandats des ordonnateurs secondaires.

Les caisses où les dépenses doivent être payées sont indiquées sur les extraits d'ordonnance et sur les mandats (Art. 90 du décret du 31 mai 1862).

A moins de circonstances particulières dont le ministre se réserve l'appréciation, les payements doivent toujours être assignés, lorsqu'il s'agit de dépenses de matériel, sur une caisse du département où le service a été exécuté. Dans le cas d'une entreprise, ils peuvent être effectués sur le point où est établi le siège principal de cette entreprise (1).

Délais de payement des mandats.

Les mandats peuvent être présentés au payement par les parties prenantes, jusqu'au dernier jour du quatrième mois qui suit l'année de l'exercice auquel ils appartiennent ; toutefois, à moins d'être insaisissables, ils ne sont payables à vue que dans le mois pour lequel le receveur principal les a visés sans opposition.

S'ils sont présentés après ce délai, ils ne peuvent être payés sans un nouveau visa du receveur principal, constatant qu'il n'existe pas d'opposition à leur payement, et ils ne sont toujours payables que jusqu'à la fin du mois pour lequel le nouveau visa a été délivré.

Avant de procéder au payement des ordonnances et des mandats délivrés sur leurs caisses, ou de les viser pour être payés par d'autres comptables, les receveurs principaux doivent s'assurer, sous leur responsabilité, que toutes les formalités déterminées par les règlements ont été observées, que les justifications désignées dans la nomenclature annexée au règlement de comptabilité des postes et télégraphes sont produites et que ces justifications sont régulières (*Décret du 31 mai 1862, art.* 363) (2).

Quittances des parties prenantes.

Les agents préposés au payement des dépenses doivent se conformer aux dispositions suivantes, en ce qui concerne les quittances à fournir par les parties prenantes :

1° *La quittance est apposée sur l'extrait d'ordonnance ou sur le mandat; elle ne doit contenir ni restriction ni réserve;*

2° *Lorsque la quittance est produite séparément, comme il arrive si elle doit être extraite d'un registre à souche ou à talon, ou si elle se trouve au bas des factures, mémoires ou contrats, l'extrait d'ordonnance ou le mandat n'en doit pas moins être quittancé* pour ordre *et* par duplicata, *la décharge du Trésor ne pouvant être séparée de l'ordonnancement qui a ouvert le droit. Cette nouvelle quittance n'entraîne pas la nécessité d'un timbre distinct, quand le timbre de quittance a été apposé sur les titres, factures ou mémoires, ou que la quittance* timbrée *a été fournie séparément ;*

3° *Toute quittance doit être datée et signée par la partie prenante, devant l'agent de la dépense, au moment même du payement. Si la partie*

(1) *Règlement de comptabilité des postes et des télégraphes*, art. 118.
(2) Voir le *Règlement de la comptabilité des postes et des télégraphes*, p. 69 et s.

n'est capable que de signer son nom, la date de la quittance est inscrite par le comptable ;

4° Si la partie prenante est illettrée ou dans l'impossibilité de signer, la déclaration en est faite au comptable chargé du payement, qui la transcrit sur l'ordonnance ou le mandat, la signe et la fait signer par deux témoins présents au payement, pour toutes les créances qui n'excèdent pas 150 francs. Pour les payements au-dessus de cette somme, il doit être exigé une quittance notariée, enregistrée gratis, à moins qu'il ne s'agisse de secours, auquel cas la preuve testimoniale est admise ;

5° Lorsqu'il s'agit de payements collectifs, il peut toujours être suppléé aux quittances individuelles par des états d'émargement dûment certifiés ;

6° Les états nominatifs de répartition, quand chaque titulaire ne reçoit pas personnellement du comptable la somme qui lui revient, doivent porter, outre l'émargement des ayants droit, l'acquit de la personne autorisée à recevoir en leur nom le montant de l'ordonnance ou du mandat ;

7° Les états de payement ordonnancés ou mandatés au profit de corps ou portions de corps de troupes doivent être acquittés par tous les membres du conseil d'administration. Pour les fractions de corps détachées sans conseil d'administration, les ordonnances et les mandats sont acquittés par l'officier ou le sous-officier commandant (Décret du 31 mai 1862, art. 363 ; Règlement de comptabilité des postes et des télégraphes de 1880, p. 71).

Timbre de quittance.

Toute quittance de somme supérieure à 10 francs est soumise au droit de timbre de 10 centimes, en exécution de l'article 18 de la loi du 23 août 1871 ; ce droit, dans les rapports entre les particuliers et l'État, est toujours à la charge des particuliers.

Il est exigible autant de fois qu'il y a de parties prenantes de sommes supérieures à 10 francs ; pour les mandats collectifs, il est acquitté en timbres mobiles, apposés sur les états de répartition ou d'émargement qui accompagnent les mandats (*Circulaires de la direction générale de la comptabilité publique, du* 27 *décembre* 1871 *et du* 23 *mai* 1881) (1).

Sont exempts du droit de timbre :

Les mandats de secours délivrés aux indigents ;

Les mandats émis pour restitution de droits indûment perçus, remboursements et prélèvements ;

Les acquits donnés pour ordre et pour régularisation de comptabilité et qui ne forment pas titre envers le Trésor, tels que les quittances données par les receveurs au pied des mandats collectifs ou sur les mandats délivrés à leur profit, pour régularisation d'avances faites sur leurs caisses ou de sommes à répartir par leurs soins.

Oppositions.

Tout créancier peut, en vertu de titres authentiques ou privés, saisir-arrêter entre les mains d'un tiers les sommes et effets appartenant à son débiteur, ou s'opposer à leur remise.

(1) Voir *Bull. mens.* n° 38, juin 1881, p. 568.

Cette règle, formulée par l'article 557 du Code de procédure civile, est applicable dans les rapports de l'État avec ses créanciers.

L'appendice n° 42 de l'Instruction générale sur le service des postes contient une nomenclature, incomplète aujourd'hui, des sommes saisissables et des sommes insaisissables.

Sommes insaisissables.

Les sommes allouées à titre *de remboursement d'avances ou de payements relatifs à l'exécution d'un service public*, telles que frais de bureau, d'aide, de régie, de premier établissement, de tournées, de mission, d'indemnités de chaussure et d'habillement, sont insaisissables (*Art.* 40 *de l'instruction aux payeurs*).

Les remises accordées aux gérants des bureaux télégraphiques municipaux pour la transmission et la réception des télégrammes privés, sont saisissables, parce qu'elles ont le caractère d'un émolument personnel; les remises allouées à ces mêmes gérants pour assurer la distribution des télégrammes sont insaisissables.

Secours.

Les secours sont considérés comme provisions alimentaires et ne peuvent être saisis que pour cause d'aliments (Pr. c., 581). Cependant les ministres, chacun en ce qui le concerne, peuvent ordonner, pour cause de débet envers l'État, une retenue sur les secours qu'ils accordent (*Art.* 162 *de l'instruction aux payeurs*).

Pensions.

Les pensions, aux termes de l'article 26 de la loi du 9 juin 1853, ne peuvent être saisies que jusqu'à concurrence du cinquième seulement, pour débet envers l'État ou pour créances privilégiées, ou d'un tiers pour créances alimentaires, dans les cas prévus par les articles 203, 205, 206, 207 et 214 du Code civil.

Traitements. Portion saisissable.

Les traitements, rétributions, hautes payes et accessoires des traitements fixes, gratifications, indemnités pour travaux extraordinaires et de nuit (sauf les frais de service de nuit dans les bureaux simples); les salaires des courriers auxiliaires, les indemnités supplémentaires accordées aux sous-agents pour le transport des dépêches, sont saisissables, dans la proportion déterminée par la loi du 21 ventôse an IX, c'est-à-dire jusqu'à concurrence de:

Un cinquième sur les premiers 1,000 francs;

Un quart sur les 5,000 francs suivants;

Un tiers sur toutes les sommes excédant les six premiers 1,000 francs.

Indemnités de déplacement et de service effectif à la mer.

Les indemnités pour frais de voyage, attribuées aux agents ambulants, sont saisissables dans la même proportion que les traitements.

Les indemnités pour service effectif à la mer sont également saisissables, dans la même proportion, sous déduction d'un quart qui est considéré comme correspondant à l'ancienne allocation insaisissable pour frais de table et de bureau.

Autres créances sur l'État.

Les autres sommes payables aux caisses des receveurs des postes et des télégraphes, comme les salaires des courriers d'entreprise, sont saisissables pour la totalité; cependant la question s'est posée de savoir si l'article 76 du décret-loi des 23-24-30 juillet 1793, qui déclare insaisissables *les payements, chevaux, provisions, ustensiles et équipages destinés au service de la poste*, était applicable aux entrepreneurs de transport de dépêches. Ce privilège, établi en faveur des maîtres de poste, dans l'intérêt de l'État, a été invoqué récemment par une compagnie maritime subventionnée; et la cour d'Aix a admis sa prétention. L'affaire est actuellement pendante devant la Cour de cassation.

Conditions de forme et de validité des oppositions et des saisies-arrêts.

Les conditions de forme et de signification des oppositions sont déterminées par les articles 559 à 579 du Code de procédure civile et par le décret du 18 août 1807.

Tout exploit de saisie-arrêt ou opposition doit énoncer les noms et qualités du saisissant et de la partie saisie, la nature de la valeur saisie et le montant de la somme à saisir, et contenir, en outre, l'extrait ou la copie du titre en vertu duquel la saisie est pratiquée, ou du jugement ou ordonnance du juge qui l'a autorisée. Le saisissant doit faire élection de domicile dans le lieu de résidence du tiers saisi, si lui-même n'y demeure pas (Pr. c., 559; *décret de* 1807, *art.* 1 *et* 2).

Oppositions formées entre les mains des comptables publics.

La saisie-arrêt ou opposition formée entre les mains des receveurs, administrateurs ou dépositaires de deniers publics, n'est valable que si l'exploit est fait à la personne désignée pour le recevoir et s'il est visé par elle sur l'original, ou, en cas de refus, par le procureur de la République (*Art.* 5 *du décret du* 18 *août* 1807).

Dans chaque département, le receveur principal est l'agent désigné pour recevoir les exploits dont l'objet est d'arrêter le payement des mandats délivrés par le directeur des postes et télégraphes au profit des créanciers de l'administration.

Il reçoit, au même titre, les significations de transport des mandats délivrés au profit des créanciers étrangers à l'administration, c'est-à-dire de l'attribution du montant de ces mandats à des personnes autres que les titulaires au profit desquels ils sont émis.

Les cessions de traitement ne sont valables que jusqu'à concurrence de la portion saisissable (*Art.* 108 *de l'instruction sur les payeurs*).

Pour les agents de l'administration centrale et pour les créanciers dont les mandats sont payables sur les caisses du Trésor, les oppositions sont reçues, à Paris, au ministère des finances (bureau des oppositions); dans les départements, aux caisses des comptables sur lesquelles les payements sont assignés.

Les receveurs ordinaires des postes et des télégraphes ne doivent ni recevoir ni viser les oppositions qui leurs seraient présentées sur des mandats de dépenses publiques.

L'huissier qui signifie une opposition au receveur principal doit lui remettre, en même temps, une copie de l'exploit et la laisser vingt-quatre heures entre ses mains.

Le receveur principal vérifie si la copie est bien conforme à l'original; dans l'affirmative, il appose son visa sur l'original, qui est rendu à l'huissier, et conserve la copie.

Si l'une des conditions requises pour la validité des exploits n'est pas remplie, le receveur principal motive son refus de visa en marge de l'original.

Si, par suite de ce refus, l'exploit est présenté au procureur de la République et visé par ce magistrat, et que la copie en soit ensuite transmise au receveur principal, celui-ci doit la recevoir, mais il rend compte de cette circonstance au directeur du département, qui en réfère à l'administration (bureau de l'ordonnancement).

Les articles 563 et 564 du Code de procédure civile obligent le saisissant à dénoncer la saisie-arrêt au débiteur saisi, et à l'assigner de validité dans un délai de huit jours, plus un jour par cinq myriamètres de distance. Le saisissant doit, en outre, dans les mêmes délais, dénoncer au tiers saisi la demande en validité. L'article 565 porte que l'opposition sera nulle faute de demande en validité, et que les payements faits en l'absence de dénonciation au tiers saisi seront valables. Néanmoins, de peur d'engager la responsabilité des comptables, l'article 9 du décret du 18 août 1807 interdit à tout payeur ou administrateur de caisse ou de deniers publics qui a reçu une saisie-arrêt ou opposition sur une partie prenante, de *vider ses mains sans le consentement des parties intéressées ou sans y être autorisé par justice.*

Le receveur principal qui paye lui-même ou par délégation une somme due à un créancier de l'État, sans avoir égard à l'opposition dont cette somme est frappée, est responsable du payement, s'il ne justifie avoir pris toutes les mesures possibles, en raison des distances, pour arrêter ce payement.

Les particuliers qui jouent le rôle de tiers saisis peuvent être assignés en déclaration affirmative des causes et du montant de leur dette, devant le tribunal qui doit connaître de la saisie (Pr. c., 568, 570 à 578). Les comptables publics ne peuvent être assignés en déclaration, mais ils sont tenus, aux termes de l'article 569 du Code de procédure et des articles 6 et 7 du décret de 1807, de délivrer, à la requête du saisissant, un certificat sur papier timbré dont le coût est à la charge du créancier, indiquant les sommes dues à la partie saisie, et mentionnant, s'il y a lieu, les oppositions déjà pratiquées.

Les saisies-arrêts ou oppositions n'ont d'effet que jusqu'à concurrence de la somme portée sur l'exploit. Cette somme doit être déterminée avec précision. Si l'acte contient des réserves non définies, pour les intérêts ou les frais, le receveur doit inviter l'huissier à les évaluer en sommes, et si ce dernier s'y refuse, viser l'original *pour le capital seulement, les accessoires n'étant pas déterminés.*

Lorsque le montant des retenues pratiquées a atteint le chiffre porté à l'exploit, le payeur doit cesser les retenues.

L'ordonnance du 16 septembre 1837 (art 1er) prescrit aux payeurs de l'État de verser d'office à la Caisse des dépôts et consignations la portion saisissable des traitements civils et militaires arrêtée entre leurs mains par des saisies-arrêts ou oppositions. Ce versement est effectué, à Paris, directement à la Caisse des dépôts et consignations, et dans les départements, entre les mains du trésorier-payeur général, pour le compte de cette caisse; il est accompagné d'un extrait certifié des oppositions exis- Emploi des sommes saisies.

tantes, contenant les noms, qualités et demeures des saisissants et du saisi; l'indication du domicile élu par les saisissants, le nom et la demeure de l'huissier, la date de l'exploit, le titre en vertu duquel la saisie a été faite, la désignation de l'objet saisi et la somme pour laquelle la saisie a été formée (art. 2); le récépissé de versement est joint au mandat lorsqu'il paraît en dépense.

Le receveur ordinaire, chargé du payement d'un mandat de traitement sur lequel le receveur principal a porté la mention d'une retenue à faire en vertu d'une saisie-arrêt, passe écriture, en dépense, du montant total du mandat, paye à l'ayant droit la portion non saisissable, et adresse, en un groupe chargé, le montant de la retenue au receveur principal chargé d'en effectuer le versement soit à la Caisse des dépôts et consignations, à Paris, soit au trésorier-payeur général, pour le compte de cette caisse, dans les départements.

Les sommes ordonnancées ou mandatées au nom d'autres créanciers de l'État, ne peuvent être versées à la Caisse des dépôts et consignations que si le dépôt en a été autorisé par la loi, par justice ou par acte passé entre l'administration et ses créanciers (*Ord. du* 16 *sept.* 1837, *art.* 1er). Si cette autorisation n'a pas été signifiée, les mandats restent entre les mains du receveur principal jusqu'à la clôture des payements de l'exercice, époque à laquelle ils sont rendus au directeur, qui en donne reçu. Ce reçu est classé par le receveur principal, et les créances sont portées par le directeur sur son relevé des *Restes à payer*.

L'effet des saisies-arrêts et oppositions cesse :

1° Par la péremption;

2° Par la mainlevée.

Péremption des oppositions.

Les saisies-arrêts, oppositions et significations de cession ou transport n'ont d'effet que pendant cinq ans, à compter de leur date; elles sont périmées, si elles n'ont été renouvelées avant l'expiration de ce délai (*Loi du* 9 *juil.* 1836, *art.* 14, *et ordon. du* 16 *sept.* 1837, *art.* 4).

Les oppositions faites entre les mains des payeurs, agents et préposés du Trésor public, suivent à la Caisse des dépôts et consignations les sommes saisies versées à cette caisse. Le renouvellement des oppositions doit donc être fait, dans ce cas, entre les mains du préposé de la Caisse des dépôts et consignations chargé de les recevoir (*Art.* 3 *de l'ordonnance du* 16 *sept.* 1837).

A défaut de renouvellement dans les délais prescrits, les oppositions sont rayées d'office des registres des payeurs, agents et préposés du Trésor et de la Caisse des dépôts et consignations (*Art.* 4 *de l'ordonnance du* 16 *sept.* 1837).

La prescription quinquennale des créances sur l'État, établie par la loi du 29 janvier 1831, n'est pas suspendue par l'opposition, l'administration n'intervenant pas dans le litige entre son créancier et les saisissants.

Les sommes versées à la Caisse des dépôts et consignations n'étant pas atteintes par la prescription quinquennale et n'étant soumises qu'à la prescription ordinaire, les créanciers étrangers à l'administration, ainsi que les saisissants, ont tout intérêt à faire rendre un jugement autorisant le versement à cette caisse.

La mainlevée des oppositions peut être donnée à l'amiable, ou ordonnée par les tribunaux. Mainlevée des oppositions.

La mainlevée amiable ne peut résulter que d'un acte notarié, enregistré et légalisé, s'il y a lieu.

Si l'acte est en minute, la production d'une expédition suffit; s'il est en brevet, il est nécessaire de rapporter, en outre, l'exploit original de l'opposition (*Art.* 30 *de l'instruction ministérielle aux payeurs*).

Lorsque la mainlevée est ordonnée par les tribunaux, ou par le président jugeant en référé, les pièces à produire au receveur principal, pour l'exécution du jugement, sont :

1° Un certificat de l'avoué de la partie poursuivante, légalisé, et contenant la date de la signification du jugement, faite tant à l'avoué qu'à la partie;

2° La grosse de ce jugement;

3° L'attestation du greffier, également légalisée, constatant qu'il n'existe aucun appel, lors même que le jugement serait exécutoire par provision (*Art.* 31 *et* 32 *de l'instruction ministérielle aux payeurs*).

Si la partie poursuivante a obtenu le jugement de mainlevée d'opposition par défaut, elle doit présenter au receveur principal :

1° L'original de l'assignation par huissier à la personne ou au domicile réel, et, en cas de domicile inconnu, au parquet du procureur de la République;

2° Un certificat de l'avoué, constatant la date de la signification de ce jugement à la partie condamnée, et un certificat du greffier, constatant qu'il n'existe contre ce jugement ni opposition ni appel;

3° Un acte d'exécution contre la partie condamnée, ou un procès-verbal de perquisition ou de carence qui en tient lieu, quand le domicile est inconnu.

Dans les dix premiers jours de chaque mois, le receveur principal adresse au directeur un relevé des payements de mandats de dépenses publiques effectués dans le département. Il doit être fourni un relevé pour l'exercice courant, un relevé pour l'exercice précédent, jusqu'à la clôture de chaque exercice (*Décret du* 31 *mai* 1862, *art.* 297). Relevé des mandats payés.

Dans le cas où aucun payement n'a été effectué pendant le mois, il est établi un relevé négatif, rappelant le total des sommes payées antérieurement et indiquant les changements d'imputation qui ont pu avoir lieu.

Lorsqu'un mandat collectif a été l'objet d'une réduction quelconque de la part du receveur chargé du payement, le receveur principal doit accompagner le relevé mensuel d'une note indiquant le montant et le motif de la réduction, d'après les indications portées au mandat; le directeur, suivant le cas, délivre des mandats individuels, ou réserve les droits, ou fait tomber, en tout ou en partie, la somme non payée en fonds disponibles.

Livre des comptes ouverts.

A la réception du relevé mensuel établi par le receveur principal, le directeur pointe chaque payement sur son registre des mandats délivrés. Il tient, en outre, au courant un livre *des comptes ouverts* qui résume, par nature de dépense, pour chaque ligne de la nomenclature :

1° Le montant des crédits délégués;

2° Celui des mandats délivrés;

3° Celui des payements effectués.

La première partie de ce compte est remplie d'après le détail des ordonnances de délégation; la seconde, d'après le journal général des mandats; la troisième, d'après le relevé des payements effectués, fourni par le receveur principal.

Les sommes portées dans les diverses parties de ce livre sont cumulées de mois en mois, comme pour tous les livres de l'ordonnancement.

Situation mensuelle.

Le 16 de chaque mois, le directeur adresse à l'administration une situation par chapitre, article, paragraphe et ligne de la nomenclature des dépenses, des crédits délégués, des droits constatés, des mandats délivrés et des payements effectués. Cette situation est extraite des livres de l'ordonnancement. Elle est fournie par le relevé des totaux du livre des droits constatés et du livre des comptes ouverts; elle doit présenter le résultat net des écritures, déduction faite des annulations (*Décret du* 31 *mai* 1862, *art.* 303).

Quelque temps avant la clôture d'un exercice, c'est-à-dire dans le courant du mois de février de l'année qui suit celle qui donne son nom à cet exercice, le directeur s'assure si tous les droits acquis dans son service aux créanciers de l'État ont été constatés, et si les crédits dont il peut disposer suffisent à l'apurement de ces droits.

Lorsque des créances ne figurent pas au livre des droits constatés, cette omission est réparée, et le directeur demande les crédits nécessaires à l'ordonnancement avant le 10 mars, pour que l'emploi des crédits puisse avoir lieu avant la fin de l'exercice.

Relevé des mandats non payés en fin d'exercice.

Dans les cinq premiers jours du mois de mai de chaque année, le receveur principal adresse au directeur, en consultant les bordereaux d'émission qu'il a reçus, le relevé des mandats qui n'ont pas été acquittés avant la date de clôture de l'exercice. Il y joint les pièces justificatives qu'il aurait dû annexer à ces mandats, s'ils avaient paru en dépense.

Situation définitive de l'exercice.

La dernière situation mensuelle d'un exercice, ou situation définitive, constate les droits acquis qui n'ont pu être liquidés avant la clôture de l'exercice.

Elle est accompagnée, en outre :

1° D'un relevé des créances liquidées non mandatées, ainsi que des créances mandatées et non payées;

2° D'un état de développement, par catégorie d'emplois, du montant net des droits constatés et des payements effectués pour les traitements fixes, d'après la situation finale de l'exercice, avec indication des excédents des droits constatés sur les payements effectués; le nombre des agents en activité de service, à faire figurer sur cet état, est celui de l'effectif réel attaché par l'organisation normale à chaque catégorie d'emplois. Si, dans le courant de l'année, l'effectif a varié, une moyenne approximative est établie.

Minute de cet état est conservée par l'ordonnateur secondaire.

Les résultats des deux documents ci-dessus spécifiés doivent toujours concorder avec ceux de la situation définitive, qu'ils sont destinés à expliquer et à justifier.

Clôture définitive des écritures des ordonnateurs secondaires.

Dans les premiers mois de l'année qui suit celle de la clôture d'un exercice, l'administration fait connaître à chaque ordonnateur secondaire les résultats définitifs de l'emploi des crédits de délégation mis à sa disposition (*Règlement du* 15 *octobre* 1880) pour l'acquittement des dépenses de cet exercice.

Les écritures de l'ordonnateur secondaire sont alors définitivement closes, après conformité obtenue entre ces écritures et l'avis de l'administration.

CHAPITRE V

TENUE DES CAISSES ET RESPONSABILITÉ DES COMPTABLES

§ 1. — Responsabilité des receveurs.

Responsabilité des receveurs.

Tout receveur est responsable, envers le Trésor, des recettes et des dépenses faites dans son bureau, et en doit compte à partir du jour de son installation.

Il est également responsable des recettes réalisées par les établissements secondaires qui relèvent de lui ; les frais de régie dont il dispose lui sont alloués en partie pour subvenir aux frais de déplacement nécessités par la surveillance que comporte cette responsabilité.

Comptes à rendre par les receveurs.

La comptabilité des receveurs des postes est réglée par mois, par année et par exercice.

La comptabilité mensuelle comprend tous les faits matériels de recette et de dépense qui s'accomplissent réellement du premier au dernier jour du mois.

La comptabilité d'année ou de gestion embrasse les mêmes faits, accomplis depuis le 1er janvier jusqu'au 31 décembre, ou jusqu'au dernier jour de la gestion, quelle que soit la date des opérations dont ces faits se déduisent.

La comptabilité d'exercice comprend tous les faits de recette et de dépense qui se rapportent aux prévisions du budget d'une seule et même année, mais dont la réalisation peut se prolonger, sans cesser d'appartenir à cet exercice, au delà du terme de l'année qui lui donne son nom.

Coupures de gestion.

En cas de mutation de receveurs, dans le courant de l'année, les comptes sont divisés suivant la durée de la gestion des différents titulaires, et chacun de ces titulaires ne présente dans ses comptes que les opérations qui le concernent.

En conséquence, la comptabilité de deux receveurs successivement titulaires d'un même bureau ne se touche qu'en un seul point, qui est la remise au receveur entrant des espèces et valeurs représentées, au moment de son installation, par le receveur sortant ou ses ayants cause.

Les espèces et les valeurs reçues du receveur sortant forment le premier article du compte du receveur entrant. Cette recette est classée sous le titre de : *Fonds reçus des receveurs des postes.*

Le receveur sortant fait dépense de la même somme, sous le titre de : *Fonds remis aux receveurs des postes.* Sa décharge s'opère par la production, dans son compte final, de la quittance de ces mêmes espèces et valeurs, délivrée par le receveur entrant.

La gestion d'un receveur changé d'emploi ou de résidence, mis à la retraite ou révoqué, est close à la date fixée pour la cessation de ses fonctions; cette clôture n'est que provisoire pour l'agent mis à la retraite ou révoqué.

Date de la clôture de gestion, suivant la position du comptable sortant.

Si la reprise du service par un nouveau titulaire n'est pas immédiate, les opérations de l'intérimaire qui a géré, depuis la cessation des fonctions de l'ancien receveur jusqu'à l'installation du successeur, font partie de la gestion de ce dernier, qui s'en fait rendre un compte particulier, mais qui n'en est responsable qu'à partir de son installation, sauf le cas où la date fixée pour cette installation a été dépassée par sa faute.

La suspension d'un receveur ne clôt sa gestion que lorsqu'elle a été motivée par un déficit de caisse; dans tout autre cas, les opérations de l'intérimaire sont au compte du receveur suspendu, qui en demeure responsable.

La gestion d'un receveur décédé est provisoirement close au jour du décès, s'il est immédiatement remplacé par un intérimaire désigné par le directeur; si cette désignation n'a pu être faite à temps, les opérations du gérant fonctionnant sans caractère officiel sont au compte des héritiers, qui en répondent.

Avances, reliquats et débets des comptables.

La gestion d'un receveur ordinaire sorti de fonctions est définitivement arrêtée dans les quatre mois qui suivent la cessation du service de ce préposé.

Le compte de cette gestion peut présenter une avance ou un reliquat.

En cas d'avance, le comptable en est couvert au moyen du remboursement qui lui en est fait par le receveur principal, sur l'ordre du directeur du département, et dont il donne quittance. A l'expiration du quatrième mois, si la gestion du receveur ordinaire est parfaitement régulière, le directeur remet une formule de certificat de quitus au receveur principal qui la signe; le certificat, visé par le directeur, est transmis à l'administration, qui l'adresse à la direction générale de la comptabilité publique, revêtu de son consentement au remboursement du cautionnement.

Si, au contraire, la gestion de l'ex-receveur présente un reliquat, la somme dont il est reconnu débiteur doit être versée par lui au receveur principal, sur l'ordre du directeur; le versement est constaté, dans les écritures, comme mouvement de fonds, et il est appuyé du talon de la quittance.

Lorsque des soldes d'émoluments sont dus à un receveur reliquataire, le directeur remet les mandats au receveur principal, en l'invitant à en faire dépense et à s'en charger en recette, comme mouvement de fonds, si le compte du receveur est encore ouvert. Dans le cas contraire, le montant des mandats est versé à la caisse du trésorier-payeur général, à titre de *versement pour débet de comptable.* Le timbre de quittance de 10 centimes est prélevé sur le net à verser; mention de cette perception est indiquée sur les mandats.

Le trésorier-payeur général délivre un récépissé qui est joint, dans la comptabilité du receveur principal, au mandat auquel il sert d'acquit.

Lorsqu'un receveur est dans l'impossibilité d'effectuer le versement de la somme dont il est reliquataire, le montant du déficit est porté aux débets constatés, pour être prélevé sur son cautionnement, en vertu d'une décision spéciale du ministre (*Arrêtés des consuls des* 18 *ventôse an VII et* 28 *floréal an* XI, 9 *mars* 1800 *et* 18 *mai* 1803).

Lorsque le cautionnement n'est pas suffisant pour couvrir le débet, il est procédé, contre le comptable ou ses héritiers, par l'agent judiciaire du Trésor, aux poursuites autorisées par les lois et règlements (*Ordonnance du* 22 *mai* et *Arrêté ministériel du* 7 *juin* 1825).

§ 2. — Tenue de la caisse.

Valeurs composant l'encaisse des receveurs.

L'encaisse des comptables se compose :

1° Des billets de banque et du numéraire ;

2° Des valeurs de portefeuille.

Monnaies ayant cours légal.

Les billets de banque et les monnaies d'or, d'argent ou de bronze ayant cours légal en France, sont seuls admis dans les caisses des comptables.

Les monnaies ayant cours légal en France sont, indépendamment des monnaies françaises, les monnaies d'or et les pièces d'argent de 5 francs, 1 franc, 2 francs, 50 centimes et 20 centimes de Belgique, de Grèce, d'Italie et de Suisse. La monnaie divisionnaire de ces pays ne peut être reçue dans les caisses publiques que jusqu'à concurrence de 100 francs.

Sont également admises dans les caisses publiques les pièces d'or austro-hongroises de 4 florins (10 francs), 8 florins (20 francs), les pièces de 5 et de 10 roubles (20 francs et 40 francs) à l'effigie de l'empereur de Russie, et les pièces d'or de 20 francs et de 100 francs de la principauté de Monaco (1).

La monnaie de bronze ne peut être admise ou employée que comme appoint de la pièce de 5 francs ; en cas d'accumulation excédant les besoins du service, elle doit être convertie en billets de banque ou en monnaie d'or ou d'argent, aux frais du receveur (*Décret du* 18 *août* 1810).

Il est interdit aux receveurs de prêter leur concours, même désintéressé, à un trafic de change sur les monnaies versées à leur caisse.

Valeurs de portefeuille.

Sont également admises dans les caisses des receveurs, au même titre que le numéraire, les valeurs suivantes :

Les timbres-poste, cartes postales, cartes-lettres, bandes et enveloppes timbrées; les chiffres-taxes, y compris ceux apposés sur les lettres; les non-valeurs sur le produit de la taxe des correspondances; les formules pour télégrammes pneumatiques ; les tickets téléphoniques ; les timbres mobiles de l'enregistrement; les bons de poste et le droit à percevoir sur ces bons ;

Les récépissés des avances autorisées par le directeur, ou par l'admi-

(1) *Bull. mens.* n° 2, février 1886. *instr.* n° 338, p. 16. — Voir aussi le *Traité des recettes des postes*, de MM. Rouland et Bouguet, p. 430.

nistration, notamment les avances faites par les receveurs aux bureaux télégraphiques (vente des timbres-poste et payement des bons de poste), ainsi qu'aux établissements de poste secondaires relevant de leur bureau; les états d'avances pour frais d'exprès ou frais de poste des télégrammes;

Les frais extraordinaires de transport des dépêches et les frais de remplacement des facteurs;

Les mandats de dépenses publiques étrangères au service des postes, échangés contre du numéraire avec les percepteurs, ou payés par les receveurs par délégation du trésorier-payeur général, lorsqu'il n'existe pas de percepteur dans la localité (Art. 1055, 1056 et 1057 de l'Instruction générale).

Réserve de numéraire.

La réserve de numéraire que les receveurs sont autorisés à conserver en caisse est égale au montant des mandats d'articles d'argent payés, en moyenne, pendant trois jours, d'après le résultat des opérations de l'année précédente, soit à 1/120 du total des mandats payés.

Dans les bureaux où ce total aurait été inférieur à 36,000 francs, la réserve est fixée à 300 francs.

A Paris, la réserve est fixée exceptionnellement au montant des payements des mandats d'articles d'argent effectués, en moyenne, pendant deux jours.

Les directeurs départementaux peuvent, avec l'autorisation de l'administration (division de la comptabilité, bureau de l'ordonnancement), élever ou réduire, suivant les besoins du service, la réserve réglementaire.

Versements.

Sauf le cas de dépenses avisées, les receveurs sont tenus de verser les fonds qui excèdent la réserve autorisée :

Les receveurs principaux, directement, à la caisse du trésorier-payeur général du département;

Les receveurs des bureaux situés dans les chefs-lieux d'arrondissement, directement à la caisse du receveur des finances de l'arrondissement, s'il en existe un, et, dans le cas contraire, à la caisse du trésorier-payeur général, par l'intermédiaire du receveur principal;

Les receveurs des autres bureaux, à la caisse du receveur particulier de l'arrondissement ou du trésorier-payeur général, suivant le cas, par l'intermédiaire des receveurs des bureaux de poste du chef-lieu d'arrondissement ou du receveur principal, et parfois de tous deux, lorsqu'il n'existe pas de receveur particulier dans l'arrondissement.

Quotité des versements.

Les versements effectués dans le courant d'un mois ne comprennent que des sommes rondes de 100 francs ou multiples de 100 francs; ils ne sont pas inférieurs à 200 francs, dans les bureaux simples de 3e et de 4e classe; à 300 francs, dans ceux de 1re et de 2e classe; à 500 francs, dans les bureaux composés.

Le versement effectué réglementairement le dernier jour du mois peut, au contraire, comporter des dizaines de francs et doit ramener l'encaisse au chiffre de la réserve réglementaire, sauf le cas de dépenses avisées et justifiées dans le tableau *ad hoc* du bordereau mensuel (1).

Mode d'envoi des fonds.

Les envois de fonds faits par les receveurs à leurs collègues des bureaux chefs-lieux d'arrondissement, et par ceux-ci aux receveurs principaux, sont expédiés sous la forme de groupes chargés et inscrits au registre de dépôt des chargements. Chaque envoi est accompagné d'un bordereau détaillé des espèces qui le composent. Ce bordereau est détaché d'un registre à souche.

Prélèvements autorisés.

En cas d'insuffisance de fonds, les receveurs établis dans les chefs-lieux d'arrondissement et de département sont autorisés à retenir, en tout ou en partie, les sommes que leurs collègues leur transmettent pour être versées à la caisse des receveurs des finances. Ils procèdent alors comme en matière de fonds de subvention.

Délivrance de récépissés à talon.

Les versements des comptables donnent lieu à la délivrance de récépissés à talon par les receveurs des finances, au nom des comptables qui ont fourni les fonds. Ces récépissés sont visés dans les vingt-quatre heures par le préfet, ou par le sous-préfet, qui retient les talons (2), lesquels sont rattachés ultérieurement à la comptabilité du trésorier-payeur général.

Les récépissés sont transmis aux comptables qui ont fourni les fonds, par l'intermédiaire des receveurs principaux ou des receveurs des bureaux des chefs-lieux d'arrondissement, pour les receveurs des bureaux situés dans des chefs-lieux de canton ou de simples communes.

Demandes de fonds de subvention.

En cas d'insuffisance des fonds de leur caisse, soit pour le payement des mandats d'articles d'argent, ou des mandats de dépenses publiques délivrés par le directeur du département, soit pour le remboursement des fonds déposés à la Caisse d'épargne postale, les receveurs sont autorisés à demander des fonds de subvention aux comptables des finances et des régies financières.

Les receveurs des bureaux simples situés dans les communes chefs-lieux de canton ou les simples communes, doivent adresser leurs demandes de préférence aux comptables des régies financières de leur résidence (receveurs de l'enregistrement, des douanes ou des contributions indirectes); si ces comptables se trouvent dans l'impossibilité de fournir les fonds demandés, les receveurs des postes et des télégraphes doivent, avant de s'adresser au percepteur des contributions directes, se faire remettre un certificat constatant cette impossibilité.

Si aucun des comptables de la localité n'a pu fournir les fonds, la demande doit être envoyée, par le premier courrier, soit au receveur des postes du chef-lieu d'arrondissement, soit au receveur principal, suivant que cette demande devra parvenir plus promptement à l'un ou à l'autre de ces deux agents (3).

Les receveurs des bureaux situés dans les chefs-lieux de département ou d'arrondissement, ainsi que les receveurs des bureaux composés, peuvent, s'il y a avantage, prendre les fonds qui leur sont nécessaires soit à

(1) *Bull. mens.*, n° 9, septembre 1888, p. 305.
(2) Décret du 31 mai 1862, art. 312, 313, 314.
(3) Voir *Bull. mens.* n° 42, 2e *supp.*, octobre 1881, p. 1445, et n° 12, décembre 1887, p. 532.

la trésorerie générale, soit à la recette particulière, soit à la perception de leur résidence, sans avoir à s'adresser préalablement aux caisses des régies financières (1).

Toute demande de fonds de subvention est établie sur une formule de récépissé à talon, que le receveur détache d'un registre à souche et qu'il adresse au comptable qui doit fournir les fonds. Formules des demandes et bordereaux justificatifs.

La demande est accompagnée d'un bordereau justificatif, présentant le montant et le détail soit des mandats d'articles d'argent ou des demandes de remboursement pour le compte de la Caisse d'épargne postale, soit des mandats de dépenses publiques présentés à la caisse du receveur; dans ce dernier cas, le bordereau doit être préalablement visé, pour autorisation, par le directeur.

Le comptable qui fournit les fonds conserve le récépissé et envoie le talon au directeur des postes et des télégraphes du département, en y joignant le bordereau justificatif. Le talon est rattaché, en fin de mois, à la comptabilité du receveur principal, pour être transmis à la direction générale de la comptabilité publique.

Dans le but de donner aux directeurs les moyens de surveiller l'encaisse des bureaux, l'administration a prescrit aux comptables de faire connaître, deux fois par mois, au chef de service, la composition de leur encaisse : le 15, sur un bordereau spécial, et, le dernier jour du mois, sur le bordereau mensuel des recettes et des dépenses. Ces documents donnent le détail des valeurs qui composent l'encaisse; ils indiquent, s'il y a lieu, les motifs pour lesquels le chiffre des fonds disponibles excède la réserve réglementaire. Contrôle de l'encaisse des bureaux et des mouvements de fonds. Bordereau de quinzaine et bordereau mensuel.

Les receveurs des bureaux chefs-lieux de département et d'arrondissement sont tenus d'aviser, le jour même, le directeur de la date, du montant et de l'origine des versements qu'ils effectuent, soit pour eux-mêmes, soit pour le compte de leurs collègues. Avis de versement.

Les versements effectués par les receveurs du département ne sont admis dans la comptabilité du receveur principal que lorsque le directeur s'est assuré, auprès du trésorier-payeur général, que ces versements ont figuré, le même mois, en recette, dans les écritures de ce fonctionnaire ou des receveurs des finances qui lui sont subordonnés. Le directeur s'assure également que les receveurs des postes du département ont bien porté en recette les fonds de subvention qu'ils ont reçus, soit des comptables des finances, soit des receveurs des régies financières. Bordereaux des versements et des fonds reçus des comptables des régies financières.

A cet effet, le directeur fait établir en double expédition, par le receveur principal, des bordereaux indiquant le montant des versements effectués, pendant le mois précédent, par les receveurs du département, ainsi que le chiffre des fonds de subvention reçus pendant la même période ; dans ce dernier cas, les bordereaux doivent être établis pour chaque catégorie de comptables, lors même qu'ils seraient négatifs.

Le directeur adresse ces bordereaux, en double expédition, le 3 du

(1) *Bull. mens.* n° 2, février 1888, *instr.* n° 362, p. 22.

mois, au plus tard, au trésorier-payeur général et à chacun des directeurs des régies financières; une expédition lui est ensuite renvoyée, revêtue du visa du chef de service auquel elle a été communiquée, et, après en avoir pris note, il la remet au receveur principal, qui la conserve.

En cas de différence, l'erreur est recherchée jusqu'à complet accord, par la communication du détail des versements ou des fonds de subvention reçus.

Procès-verbal des valeurs en caisse au 31 décembre de chaque année.

L'existence des valeurs en caisse à la fin de la journée du 31 décembre de chaque année, est constatée par un procès-verbal dressé en double expédition : par le directeur au chef-lieu, par le maire dans les autres bureaux du département (*Art.* 22 *du décret du* 31 *mars* 1862).

Le receveur prévient le maire de l'heure à laquelle ce procès-verbal peut être rédigé. Si, en raison de la marche des courriers, les opérations du 31 décembre ne peuvent être arrêtées qu'à une heure avancée ou si le fonctionnaire chargé de constater le chiffre des valeurs en caisse ne peut se rendre au bureau, le procès-verbal peut être remis au lendemain 1er janvier, sous la condition d'être dressé avant qu'aucune des opérations du 1er janvier ne soit commencée.

Dans les bureaux français à l'étranger, c'est le consul de la résidence qui établit le procès-verbal de la situation de caisse (1).

Vérification journalière de la caisse par les receveurs.

Chaque comptable ne doit avoir qu'une seule caisse, dans laquelle sont réunis, dans l'intervalle des vacations, les fonds appartenant à ses divers services (*Décret du* 31 *mai* 1862, *art.* 21).

Il lui est interdit de confondre ses deniers personnels avec les fonds de l'État.

Il doit vérifier, à la fin de chaque journée, la situation de sa caisse, et s'assurer que le montant des valeurs existant matériellement au bureau représente exactement le solde ressortant des écritures passées en recette et en dépense.

Le montant des sous-caisses, s'il en existe, doit être intégralement réuni à la caisse principale, à la clôture des opérations journalières, et vérifié contradictoirement (2).

Responsabilité des comptables en cas de vol. Arrêté du 8 floréal an X.

Les receveurs sont responsables des deniers publics qui sont déposés dans leur caisse.

En cas de vol, ils ne peuvent obtenir la décharge de leur responsabilité que sous les conditions suivantes, énumérées par l'article 1er de l'arrêté des consuls du 8 floréal an X (28 avril 1802) (3).

1° Il faut qu'il y ait *force majeure :* par conséquent, le comptable est responsable si le vol a été commis sans violence ;

2° Outre les précautions ordinaires, le comptable doit avoir *eu celle de coucher ou de faire coucher un homme sûr dans le lieu où il tenait ses*

(1) Voir le *Manuel postal théorique et pratique* d'Ad. Frault, p. 500.
(2) *Instr.* n° 335, mars 1885. p. 334 ; *Bull. mens.* n° 11.
(3) *Instruction générale*, p. 1017.

fonds, et, en outre, si c'était un rez-de chaussée, de le tenir solidement grillé.

Dans quelques bureaux importants, l'administration accorde une indemnité pour la garde de nuit des bureaux (bureaux de Paris nos 3, 18 et 31). Garde des bureaux.

A Paris, elle fournit un coffre-fort aux receveurs dont le logement personnel n'est pas situé dans le même immeuble que leur bureau. Ce moyen est considéré comme présentant des garanties de sécurité équivalentes à celles que prescrit l'arrêté de floréal an X. Coffres-forts

Dans les baux passés pour la location des bureaux, l'administration s'efforce d'obtenir des propriétaires que les fenêtres des rez-de-chaussée soient munies de barreaux de fer, ou, à défaut, de volets solidement blindés. Fenêtres grillées; volets blindés.

Dans le cas où la double condition prescrite par l'arrêté du 8 floréal an X ne peut être remplie, les valeurs de toute nature, y compris les mandats, doivent être transportés, pendant la nuit, dans l'appartement du receveur (1).

En cas de vol ou de perte de fonds résultant de force majeure, il est statué sur la demande en décharge des comptables par une décision ministérielle, sauf recours au conseil d'État (*Décret du* 31 *aout* 1862, *art.* 21).

(1) *Bull. mens.* n° 11, mars 1883, *instr.* n° 333, p. 334.

CHAPITRE VI

COMPTABILITÉ DES RECEVEURS

§ 1. — Principes généraux.

Division des recettes et des dépenses.

Les recettes réalisées par les receveurs des postes, comme les dépenses que ces comptables sont appelés à acquitter, sont de deux natures :

1° Les *recettes sur contributions et revenus publics*, qui constituent un profit réel pour le trésor, de même que les *dépenses publiques* sont une charge effective pour le budget;

2° Les *recettes* et les *dépenses sur opérations de trésorerie*, qui sont de simples mouvements de fonds entre les caisses des comptables et se compensent réciproquement.

Livres de comptabilité.

Les opérations en recette et en dépense sont, en général, constatées, au moment même où elles ont lieu, sur les livres élémentaires de comptabilité. Les inscriptions portées, au fur et à mesure, sur ces livres élémentaires, sont totalisées en fin de journée, et les totaux en sont rapportés sur deux livres principaux qui résument toute la comptabilité, le sommier des recettes et le sommier des dépenses.

Un troisième livre, fondamental, le livre-journal de caisse, donne, jour par jour, le détail des valeurs qui composent l'encaisse.

C'est à l'aide de ces livres, conservés à demeure dans les bureaux, que les receveurs rendent leurs comptes à la fin de chaque mois.

Description des opérations. Règles générales.

La tenue des écritures repose sur ce principe que le comptable doit décrire tout ce qui se fait; qu'il doit constater ses opérations au fur et à mesure qu'elles ont lieu, sans lacune, surcharge ni rature; si des rectifications doivent être opérées, à la suite d'erreurs reconnues ou d'injonctions motivées par la vérification des comptes, ces rectifications donnent lieu à un enregistrement spécial qui en indique l'objet (*Arrêté ministériel du 9 novembre* 1820).

Un autre principe d'une portée plus générale, car il gouverne toute l'économie de notre système budgétaire, est proclamé par l'article 16 du décret du 31 mai 1862 :

Il doit être fait recette du montant intégral des produits : les frais de perception et de régie, ainsi que les autres frais accessoires, doivent être portés en dépense.

Cette prescription a pour but d'assurer le contrôle du Parlement sur les frais de perception. Cette nature de dépenses échapperait au contrôle, si on les déduisait des recettes encaissées, en ne laissant apparaître dans les comptes que des produits nets.

§ 2. — Recettes sur contributions et revenus publics.

Les recettes qui constituent un profit réel pour le budget de l'État sont :

1° Le produit de la taxe des lettres;

2° Le droit perçu sur les articles d'argent;

3° Le produit de la taxe des colis postaux;

4° Le produit des taxes télégraphiques;

5° Les recettes diverses et accidentelles;

6° Les remboursements, par divers établissements, du traitement des agents des postes et des télégraphes;

7° Les retenues pour le service des pensions civiles.

Par dérogation au principe posé plus haut, c'est le produit net de la taxe des correspondances, qui est constaté, en fin de mois, dans les écritures des receveurs, après défalcation des non-valeurs du produit brut.

1° Produit de la taxe des lettres (Art. 1er du sommier des recettes).

Le produit brut se compose :

1° De la valeur brute des timbres-poste, cartes postales, cartes-lettres, enveloppes et bandes timbrées, chiffres-taxes, reçus du magasin central; de la valeur des enveloppes, bandes, cartes-lettres, présentées au timbrage par le public (ce dernier article ne concerne que la recette principale de la Seine);

2° Du produit de l'affranchissement en numéraire des journaux et des imprimés;

3° Du solde des comptes avec les offices étrangers (cet article ne concerne que la recette principale de la Seine, chargée d'encaisser, ou de comprendre dans ses versements au Trésor, le montant des traites adressées à l'administration par les offices étrangers débiteurs de la France);

4° Des droits de poste perçus, à l'occasion des affaires correctionnelles et criminelles, par les comptables des autres régies financières, et recouvrés par les receveurs des postes, ou encaissés directement par ces derniers;

5° Du montant des forcements en recette prononcés soit en vérification par les directeurs départementaux, soit en revision par l'administration centrale.

Pour avoir le produit net de la taxe des correspondances, on déduit du produit brut les non-valeurs, qui sont :

Non-valeurs.

1° La remise de 1 0/0 allouée aux agents et aux débitants sur la vente des timbres-poste;

2° La taxe des correspondances non affranchies ou insuffisamment affranchies, réexpédiées;

3° Celle des correspondances non affranchies ou insuffisamment affranchies, tombées en rebut;

4° Les détaxes;

5° La taxe des télégrammes sémaphoriques, avancée par les receveurs;

6° Le montant des timbres-poste apposés sur les correspondances officielles à destination de l'étranger, déduction faite de la remise de 1 0/0;

7° Les dégrèvements alloués aux comptables, soit en vérification par les directeurs, soit en revision par l'administration centrale.

Registres, ou états élémentaires du produit de la taxe des correspondances.

Les éléments les plus importants du produit brut et des non-valeurs de la taxe des correspondances sont inscrits, au fur et à mesure des opérations, sur les registres ou états élémentaires tenus dans les bureaux: le registre de prise en charge des figurines, formules d'affranchissement et chiffres-taxes; l'état des affranchissements en numéraire; le registre des rebuts; l'état des correspondances réexpédiées et celui des détaxes.

Dépouillement journalier de la taxe des correspondances.

Les opérations décrites sur ces registres ou états sont totalisées en fin de journée, et les totaux en sont reportés sur un livre auxiliaire récapitulatif dit *Dépouillement journalier de la taxe des correspondances*. Ce livre présente le résumé, par journée, par mois et par an, des perceptions et des non-valeurs. Les opérations de chaque jour y figurent sur une seule ligne. Les articles de recette sont additionnés horizontalement, et le total, qui constitue le produit brut de la taxe des correspondances, est porté dans la colonne réservée à cet effet. Une opération semblable donne le total des articles de non-valeurs.

Calcul du produit net.

Autrefois, les non-valeurs étaient déduites chaque jour du produit brut; c'était le produit net qui, chaque jour également, était porté au sommier des recettes, dont il formait le premier article. Cette déduction quotidienne n'est plus possible, depuis la généralisation du système des chiffres-taxes pour les correspondances non affranchies ou insuffisamment affranchies. Le montant de la taxe de ces correspondances n'est plus porté en recette au jour le jour, au fur et à mesure qu'elles sont reçues des bureaux correspondants, mais en bloc, au moment de la réception des envois de chiffres-taxes. Or, ce n'est qu'à de rares intervalles, dans le courant d'un mois, qu'il y a lieu de constater un produit brut (timbres-poste ou chiffres-taxes reçus du magasin central), tandis qu'il y a tous les jours ou presque chaque jour des non-valeurs. La déduction des non-valeurs du produit brut ne peut donc plus avoir lieu qu'en fin de mois, tant sur le livre de dépouillement de la taxe des lettres que sur le sommier des recettes; en attendant, les non-valeurs figurent dans la caisse, au même titre que les avances autorisées. Si cette déduction ne pouvait s'opérer en fin de mois, elle serait différée jusqu'à la fin du mois suivant (1).

2° Droit perçu sur les envois d'argent (Art. 2, 2 bis et 3 du sommier des recettes).

Le montant des droits perçus sur les mandats de poste est totalisé, chaque jour, sur les souches et sur les carnets d'émission, et reporté, en

(1) *Bull. mens.*, n° 8, août 1890, *instr.* n° 397, p. 887.

deux articles (mandats français et mandats internationaux), au sommier des recettes.

Les droits à percevoir sur l'émission des bons de poste sont portés, par anticipation, dans les écritures, le jour même où les formules sont reçues du magasin central (*Décret du* 28 *novembre* 1882).

Les recettes sur les colis postaux sont effectuées dans quelques bureaux seulement. Elles comprennent : 3° Produit de la taxe des colis postaux (Art. 3 bis du sommier des recettes).

Le produit de la taxe des colis déposés dans les bureaux français à l'étranger ;

Les reversements effectués par les compagnies maritimes, à la caisse des bureaux de Marseille, Ajaccio, Bordeaux, etc., de la quote part (taxe territoriale) revenant au Trésor, sur le montant de la taxe des colis postaux échangés avec les pays étrangers d'outre-mer, déposés directement aux agences des compagnies dans les ports de France ou à destination de ces mêmes ports.

Le montant des perceptions et celui des non-valeurs de la taxe télégraphique sont portés, à la fin de chaque journée, sur un carnet analogue au livre de dépouillement de la taxe des lettres; mais les non-valeurs sont défalquées du produit brut, et c'est le produit net qui ressort, en fin de journée, tant sur le carnet que sur le sommier des recettes. 4° Produit des taxes télégraphiques (Art. 5 du sommier des recettes).

Les recettes diverses et accidentelles comprennent : 5° Recettes diverses et accidentelles (Art. 7 et 8 du sommier des recettes).

Le produit des amendes prononcées pour contraventions ;

Le produit de la vente de certains documents relatifs au service postal et télégraphique, tels que : le tarif international des postes, le tarif international des taxes télégraphiques, l'instruction T sur le service télégraphique, la nomenclature des escales de paquebots, le manuel des franchises,

Et toutes les recettes non prévues et non classées, prescrites par l'administration.

Toute recette accidentelle donne lieu à la délivrance d'une déclaration de versement à la partie versante ; cette déclaration est soumise au droit de timbre de 25 centimes, lorsque la somme versée est supérieure à 10 francs (*Lois des* 8 *juillet* 1865 *et* 23 *août* 1871). Une copie de la déclaration de versement est adressée au receveur principal, par l'intermédiaire du directeur, pour être mise à l'appui de la comptabilité du bureau où la recette a été réalisée; une troisième expédition est adressée, s'il y a lieu, au bureau de l'administration centrale qui a autorisé la dépense.

Les remboursements du traitement d'agents des postes et des télégraphes ne sont effectués que dans quelques bureaux, en vertu d'instructions spéciales des directeurs. 6° Remboursement par divers établissements du traitement d'agents des postes et des télégraphes.

Ils concernent notamment les agents détachés dans les gares des chemins de fer pour le contrôle des transmissions télégraphiques, et dont le traitement est remboursé par les compagnies.

7° Retenues pour pensions civiles (Art. 9 du sommier des recettes).

Le comptable fait recette du montant des retenues pour pensions lors du payement des mandats de traitement et des mandats de salaire des courriers d'entreprise.

Recettes sur l'exercice précédent.

Des colonnes spéciales du sommier des recettes sont affectées aux produits recouvrés sur l'exercice précédent, jusqu'à la clôture de cet exercice.

Observations relatives à la comptabilité des recettes.

Les règles adoptées pour la constatation, dans les écritures, des recettes postales et télégraphiques, donnent lieu à quelques observations.

Le produit de la taxe des correspondances est porté en recette, non pas au moment réel où il est réalisé, mais à l'instant même où les figurines entrent dans la caisse du receveur chargé de les vendre en détail ou d'en approvisionner les débitants. Il en est de même pour le produit de la taxe des télégrammes pneumatiques et pour les droits perçus sur les bons de poste.

Il résulte de cette constatation anticipée des recettes que l'on rattache à un exercice financier des perceptions qui n'ont lieu, en réalité, qu'au commencement de l'exercice suivant : l'incorrection de ce mode de procéder est de peu de conséquence, en regard de la simplification immense qui en résulte pour la comptabilité.

Cette manière d'opérer a été, du reste, régularisée par un décret rendu dans la forme des règlements d'administration publique, le 28 novembre 1882, à l'occasion de la mise à exécution de la loi sur les bons de poste, et dont voici le texte :

Le prix des timbres-poste, cartes postales, enveloppes et bandes timbrées, cartes-télégrammes et chiffres-taxes, ainsi que le montant du droit à percevoir sur l'émission des bons de poste créés par la loi du 29 juin 1882, sont portés en recette dans les écritures des receveurs des postes et des télégraphes, au titre de l'exercice pendant lequel les diverses figurines et valeurs ci-dessus énumérées entrent dans leur caisse.

Deuxième remarque : c'est le produit net de la taxe des correspondances qui ressort en définitive des comptes, défalcation faite des non-valeurs, notamment de la remise attribuée aux agents chargés de la vente des timbres-poste ; c'est là une exception au principe posé par l'article 16 du décret du 31 mai 1862, qui prescrit de faire recette du montant intégral des produits, et de porter en dépense les frais de perception.

Troisième remarque : le produit net de la taxe des lettres comprend, en ce qui concerne les enveloppes et les bandes timbrées, la portion de taxe du prix de vente perçue en sus du tarif, qui représente l'équivalent de la valeur du papier et les frais de fabrication.

§ 3. — Dépenses publiques.

Art. 1 et 2 du sommier des dépenses.

Ces dépenses comprennent tous les mandats de traitement, salaires, indemnités diverses, etc., délivrés par les directeurs départementaux au profit des agents des postes et des télégraphes et autres créanciers du Trésor. Les mandats sont inscrits, pour leur montant brut, au fur et à mesure des payements, à l'article 1er ou à l'article 2 du sommier des dépenses, suivant qu'ils portent sur l'exercice courant ou sur l'exercice précédent.

§ 4. — Recettes et dépenses sur opérations de trésorerie.

Nous réunissons dans un même chapitre les recettes et les dépenses sur opérations de trésorerie, parce que toute opération de cette nature a sa contre-partie; toute recette est compensée ultérieurement par un remboursement d'égale somme; toute avance est suivie d'un recouvrement.

Les opérations de trésorerie comprennent notamment :

Le service des articles d'argent ;

Les remises sur les recouvrements ;

Les consignations pour protêts ;

Le service de la Caisse d'épargne postale ;

Le service téléphonique ;

Les avances à charge de recouvrement et de régularisation ;

Les comptes divers ;

Les mouvements de fonds entre les comptables.

Service des articles d'argent (Art. 11, 12 et 12 bis du sommier des recettes ; art. 3, 4 et 4 bis du sommier des dépenses).

Les sommes portées au sommier des recettes, pour le service des articles d'argent, sont les totaux journaliers des versements constatés aux registres à souche des mandats ; pour les bons de poste, les receveurs s'en chargent en recette, immédiatement après la réception des formules.

Les receveurs font figurer, au sommier des dépenses, les totaux des sommes payées par journée, relevées aux registres des payements, pour les mandats et les bons de poste.

Remises sur les recouvrements (Art. 15 du sommier des recettes; art. 7 du sommier des dépenses).

Les receveurs et les facteurs donnent reçu, sur un bordereau journalier, des remises prélevées à leur profit sur les valeurs recouvrées, et le total de ces remises, qui n'entrent pas dans la caisse, est porté à la fois, en fin de journée, au sommier des recettes et au sommier des dépenses.

Consignations pour protêts (Art. 16 du sommier des recettes; art. 8 du sommier des dépenses).

Les recettes des consignations pour protêt comprennent les sommes versées chaque jour, à ce titre, par les déposants; les dépenses se composent des frais de protêt soldés aux officiers ministériels ou à des tiers, ainsi que des remboursements, aux déposants, de l'excédent des sommes versées sur les sommes employées.

Service de la Caisse d'épargne postale (Art. 18 du sommier des recettes; art. 10 bis, 11, 11 bis et 15 du sommier des dépenses).

Un seul article du sommier des recettes est affecté aux versements à la Caisse d'épargne postale, qu'il s'agisse de premiers versements ou de versements ultérieurs, en numéraire ou en timbres-épargne.

Les remboursements figurent à deux articles distincts, intitulés, l'un *Remboursements français;* l'autre, *Remboursements internationaux,* ce dernier ne s'appliquant, quant à présent, qu'aux remboursements effectués sur des livrets de la Caisse d'épargne et de retraite belge.

Les versements effectués en bulletins d'épargne sont confondus, dans les recettes, avec les versements en numéraire ; pour compenser cette prise en charge qui n'est pas représentée en caisse par des espèces, les receveurs portent au sommier des dépenses, en fin de journée, à un article spécial, la valeur des timbres-poste apposés sur les bulletins d'épargne qu'ils ont reçus.

Enfin un article du sommier des dépenses est consacré à l'inscription des payements effectués par les receveurs principaux, à titre de traitements et d'indemnités, pour le compte de la Caisse d'épargne postale. La Caisse nationale ayant un budget spécial, ses frais d'administration ne doivent pas être confondus avec les dépenses imputables sur les crédits du budget général.

Service téléphonique (Art. 21 bis du sommier des recettes; art. 13 du sommier des dépenses.)

Les recettes du service téléphonique, détaillées sur un livre auxiliaire, sont résumées en un seul article, au sommier des recettes.

Les dépenses du même service, effectuées pour le compte de l'agent comptable des téléphones, figurent à un article spécial du sommier des dépenses.

Avances à charge de recouvrement et de régularisation (Art. 14 du sommier des dépenses; art. 22 du sommier des recettes).

Les avances à charge de recouvrement et de régularisation consistent notamment en frais de poursuite et d'instances. Elles sont portées soit en dépense, soit en recette, au fur et à mesure que les avances sont faites ou les recouvrements effectués.

Le recouvrement des avances, comme la liquidation des sommes consignées pour frais de protêt, doit toujours apparaître dans les écritures du comptable qui a constaté les opérations initiales.

Ainsi le bureau B qui recouvre sur un contrevenant les frais de timbre et d'enregistrement avancés par le bureau A, se charge en recette de la somme à titre de *Fonds reçus des receveurs des postes ;* il envoie à son collègue, en même temps que la copie de la déclaration de versement, un récépissé de fonds de subvention égal au montant de la somme encaissée. Le bureau A porte cette somme au sommier des recettes, comme *Recouvrement d'avances*, et au sommier des dépenses, comme *Fonds de subvention remis aux receveurs des postes.*

Divers (Art. 17 du sommier des recettes; art. 9 du sommier des dépenses).

Les comptes de *Divers* comprennent notamment :

Les sommes provenant de mandats d'articles d'argent, restituées par les vaguemestres qui n'ont pu en opérer le payement aux bénéficiaires ;

Les fonds reçus des particuliers ou des communes, pour les abonnements au *Bulletin des Lois*, au *Journal officiel* (édition des communes), au *Bulletin des arrêts de la Cour de cassation*, au *Bulletin mensuel des postes et des télégraphes*, etc.

Elles donnent lieu à la délivrance de récépissés spéciaux pour les abonnements au *Bulletin des Lois*, au *Journal officiel*, au *Bulletin des arrêts de la Cour de cassation*, et, pour les autres recettes, à la rédaction de déclarations de versement dans la forme prévue pour les recettes diverses et accidentelles, sauf le timbre des quittances, qui n'est pas exigible pour les opérations de trésorerie.

La contre-partie des recettes, pour les abonnements aux publications officielles, se trouve dans les écritures du receveur principal de la Seine, à la caisse duquel sont payables les mandats délivrés au nom du directeur de l'Imprimerie nationale.

Les mouvements de fonds, en dépense, consistent dans les versements que font les receveurs des postes, aux agents des finances, de l'excédent de leurs recettes sur leurs dépenses; dans les fonds de subvention qu'ils envoient à d'autres receveurs, soit pour subvenir à des besoins de caisse, soit dans le but de rattacher aux écritures d'un comptable une opération effectuée par un autre comptable. Ces opérations sont passées en écriture, sans attendre la rentrée des récépissés, pièces justificatives des versements.

Mouvements de fonds entre les comptables (Art. 17, 18, 18 bis du sommier des dépenses; art. 24, 25, 25 bis du sommier des recettes).

Les mouvements de fonds, en recette, sont la contre-partie des opérations précédentes.

Chaque enregistrement, sur les sommiers des recettes et des dépenses, reçoit un numéro d'ordre. La série des numéros est suivie, sans interruption, depuis le 1er janvier jusqu'au 31 décembre.

Chaque inscription reçoit un numéro d'ordre.

Les colonnes des sommiers sont additionnées à la fin de chaque journée et de chaque mois ; les totaux mensuels sont cumulés avec ceux des mois antérieurs, de manière à faire ressortir l'ensemble soit des recettes, soit des dépenses, depuis le commencement de l'année ou de la gestion.

§ 5. — Tenue du livre-journal de caisse.

Le total des recettes et le total des dépenses sont reportés, à la fin de chaque journée, au livre-journal de caisse et cumulés avec les totaux des journées antérieures, depuis le commencement de l'année ou de la gestion.

Bordereau mensuel.

Chaque jour, les recettes et les dépenses sont balancées ; l'excédent de recettes qui ressort de cette comparaison, doit être égal au montant des valeurs qui composent l'encaisse et dont le détail est inscrit dans des colonnes ménagées à cet effet au livre-journal.

§ 6. — Bordereau mensuel et comptes spéciaux.

A la fin de chaque mois, les receveurs résument leurs opérations sur un bordereau (modèle n° 1104) présentant, en deux tableaux distincts, la situation complète de leur gestion, développée dans l'ordre de classification adoptée pour la tenue des sommiers des recettes et des dépenses. Il suffit donc, pour établir ce bordereau, de transcrire au premier et au second tableau, en regard des articles correspondants de la recette ou de la dépense, les totaux mensuels de chacune des colonnes des deux sommiers, de totaliser d'une part les recettes, d'autre part les dépenses, et de cumuler les résultats obtenus avec les recettes et les dépenses effectuées pendant les mois antérieurs, depuis le commencement de l'année ou de la gestion.

Le receveur indique, dans un troisième tableau, sa situation au jour de la rédaction du bordereau.

Il porte, en première ligne, l'excédent des recettes sur les dépenses au 31 décembre de l'année précédente, ou à la date de son installation, en cas de séparation de gestion dans l'année; il ajoute, à cet excédent, le total des recettes constatées au tableau des recettes ; il additionne ces deux éléments, et obtient ainsi l'ensemble des sommes dont il doit justifier l'existence ou l'emploi.

Après avoir fait pour la dépense une opération analogue et reporté le total des dépenses sous celui des recettes, il en déduit l'excédent des recettes sur les dépenses, et justifie cet excédent par la description des valeurs en caisse, dans un cadre placé à la quatrième page du bordereau.

Le 1er de chaque mois au soir, ou le 2 au matin, selon l'heure de départ des courriers, le receveur adresse son bordereau mensuel au receveur principal du département, avec les mandats de dépenses publiques acquittés ; il envoie, en même temps, une copie de ce bordereau au directeur, en accompagnant cette copie de comptes spéciaux pour les diverses natures de recettes et de dépenses.

Les comptes spéciaux à produire par les receveurs, à l'appui de leur bordereau mensuel, sont:

Le compte du produit de la taxe des correspondances postales ;

Le compte du produit de la taxe des télégrammes ;

Les comptes des articles d'argent reçus et payés ;

Éventuellement, le compte des abonnements au *Bulletin des Lois*, etc., reçus pendant le mois.

Compte du produit de la taxe des correspondances postales.

Le compte du produit de la taxe des correspondances, est divisé, comme le livre de dépouillement, en deux parties, l'une pour le produit brut, l'autre pour les non-valeurs; chacun des articles du compte doit être en accord avec le total de la colonne correspondante du livre de dépouillement. La différence entre le produit brut et les non-valeurs constitue le produit net et forme le premier article de recette du bordereau mensuel.

Indépendamment de ces indications essentielles, le compte du produit de la taxe des correspondances postales comporte trois tableaux indiquant:

Le relevé des opérations de toute nature effectuées par le bureau, tant en recette qu'en dépense ;

Le produit de la vente des figures d'affranchissement ;

Le produit vrai de la taxe des correspondances, réalisé pendant le mois, comparé avec le produit vrai du mois correspondant de l'année précédente ;

La récapitulation par journée des affranchissements en numéraire.

Le compte du produit de la taxe des correspondances est accompagné des pièces justificatives de la recette ou des non-valeurs, qui sont:

Pour les timbres-poste, cartes postales, enveloppes et bandes timbrées, chiffres taxes, etc., des fiches récapitulatives indiquant la valeur, par catégorie, des figurines reçues du magasin central ;

Pour les affranchissements en numéraire, le relevé de ces affranchissements par jour et par bureau correspondant, ou par journal expédié en dernière limite d'heure, accompagné des feuilles d'expédition et des bordereaux des éditeurs ;

Pour les droits de poste, les relevés établis par les directeurs des régies financières ;

Pour les non-valeurs, le décompte de la taxe des lettres versées en rebut ; l'état des lettres réexpédiées taxées, accompagné des feuilles de réexpédition ; l'état des détaxes, avec pièces justificatives à l'appui ; les bulletins de contrôle des dépêches sémaphoriques, et les bulletins d'affranchissement des correspondances officielles à destination de l'étranger, signés par les fonctionnaires expéditeurs.

Compte du produit de la taxe des correspondances télégraphiques.

Le compte du produit net de taxes télégraphiques offre une certaine analogie avec celui de la taxe des correspondances postales : il est la reproduction du carnet tenu dans les bureaux, qui correspond au livre de dépouillement.

Compte des articles d'argent reçus et payés.

Les comptes mensuels des mandats de poste reçus et payés, français et internationaux, sont fournis par les receveurs sur les états des mandats reçus et payés pendant la deuxième quinzaine ; les totaux de la deuxième quinzaine sont cumulés, au pied de ces états, avec le report des totaux de la première et avec le montant des forcements en recette prescrits dans le courant du mois ; inversement, le montant des dégrèvements alloués aux comptables est déduit des totaux des deux quinzaines.

Pour les bons de poste, les comptes mensuels à mettre à l'appui du bordereau des recettes et des dépenses sont :

L'état mensuel des bons reçus pendant le mois, d'après les indications du registre des bons reçus ;

L'état mensuel des bons émis, d'après les indications du carnet d'ordre.

Le compte mensuel des bons payés est fourni sur l'état des bons payés pendant la deuxième quinzaine, au pied duquel le receveur reporte, d'après les indications du registre des bons payés, le total des payements effectués pendant la première quinzaine.

Compte des abonnement au *Bulletin des Lois*, etc.

Le compte des abonnements au *Bulletin des lois*, au *Journal officiel*, au *Bulletin des arrêts de la cour de cassation*, est établi à la main ; les receveurs joignent à ce compte les talons des récépissés-mandats qui sont restés entre leurs mains.

Il y a lieu de rappeler, en outre, que les receveurs adressent, en fin de mois, au directeur, des états mensuels des versements soit en numéraire, soit en bulletins d'épargne, ainsi que des remboursements effectués pour le compte de la Caisse d'épargne postale.

§ 7. — Vérification par les directeurs de la comptabilité mensuelle des bureaux.

La vérification en premier ressort des comptes fournis par les receveurs constitue une des attributions essentielles des directeurs.

Ces comptes sont d'abord l'objet d'une vérification sommaire, puis d'une vérification approfondie et sur pièces, des perceptions et des non-valeurs.

Par exception, le contrôle des rebuts est exercé directement par le bureau des réclamations, à l'administration centrale.

Vérification sommaire des comptes.

La vérification sommaire des comptes mensuels des receveurs consiste dans le contrôle matériel des résultats que ces comptes présentent : vérification des additions et des soustractions, rapprochement des chiffres portés sur les comptes des chiffres correspondants figurant sur les états ou fiches qui les accompagnent et sur les registres d'ordre tenus à la direction.

Ainsi le compte ouvert à chaque bureau du département, pour les timbres-poste et autres formules d'affranchissement reçus de l'agent comptable de la fabrication, sert à contrôler les déclarations de prise en charge portées par les receveurs sur les fiches récapitulatives jointes au compte du produit de la taxe des correspondances.

Les indications fournies par le compte ouvert à chaque bureau du département, pour le produit de la taxe des correspondances, permettent de s'assurer si les receveurs se sont chargés en recette du montant des forcements prescrits dans le courant du mois précédent.

Le compte ouvert à chaque bureau, pour les articles d'argent, permet de vérifier si les receveurs ont exactement repris, au pied des états de la deuxième quinzaine, les résultats de la première, et s'ils ont tenu compte des arrêtés de vérification prescrits par l'administration.

Le compte ouvert à chaque bureau, pour les bons de poste, sert à contrôler les états des bons reçus, émis et payés.

Enfin le carnet d'ordre, sur lequel le directeur tient note des résultats des bordereaux journaliers de chaque bureau, permet de contrôler les relevés mensuels des versements et des remboursements pour le compte de la Caisse d'épargne postale.

Les rectifications que comporte cette vérification sommaire sont faites d'office sur les comptes et sur le bordereau mensuel. Les résultats des comptes vérifiés sont transcrits ensuite sur les registres d'ordre mentionnés ci-dessus, en ce qui concerne le produit de la taxe des correspondances et les articles d'argent.

Le directeur établit pour le receveur principal, chargé de rattacher à sa comptabilité les opérations effectuées par les autres receveurs, des certificats récapitulatifs présentant, pour chacun des bureaux du département :

1° Le produit brut et le produit net de la taxe des correspondances ;

2° Le total des mandats reçus et des mandats payés, français et internationaux ; ces certificats sont accompagnés de bulletins de vérification expliquant les motifs des rectifications effectuées ;

3° Le détail par catégories des bons de poste reçus et des bons payés, avec la distinction par année d'émission, en ce qui concerne les bons payés ; ces états sont accompagnés des bulletins de vérification y afférents.

Le directeur transmet ensuite à l'administration :

1° Sous le timbre de la vérification des produits, un tableau récapitulatif de la taxe des correspondances, fournissant, bureau par bureau, article par article, d'après les comptes particuliers des receveurs, les chiffres des perceptions réalisées, des non-valeurs constatées et du produit net. Les totaux, pour chaque article, sont cumulés avec ceux des mois antérieurs, et comparés avec ceux de la période correspondante de l'exercice précédent ; le directeur doit fournir l'explication de toute augmentation exceptionnelle et de toute diminution des produits ;

2° Sous le timbre de la vérification des produits également, des états mensuels indiquant, pour chaque bureau et par catégorie, le nombre, la valeur brute des timbres-poste, cartes postales, cartes-lettres, enveloppes et bandes timbrées, chiffres-taxes reçus, ainsi que la remise sur les timbres-poste et autres formules d'affranchissement ;

3° Sous le timbre du bureau des articles d'argent, une expédition de chacun des certificats des mandats reçus et payés par les bureaux du département ;

Le 10 de chaque mois, des états résumant, pour tout le département, le nombre, par catégorie, des mandats français et étrangers émis pendant le mois précédent ;

Une situation des formules de mandats reçues, pendant le mois précédent, par chacun des bureaux du département ;

Une situation des formules de chaque catégorie annulées.

Avis mensuel de recettes.

Le 3 de chaque mois, le directeur adresse à l'administration centrale (bureau de la vérification des produits) et au ministère des finances (direction générale de la comptabilité publique) un avis faisant connaître le montant des produits réalisés dans son département pendant le mois précédent, sous le titre des huit premiers articles de recette (produit net de la taxe des correspondances postales et télégraphiques, droits perçus sur les envois d'argent, recettes diverses et accidentelles). Les éléments de ces avis, en ce qui concerne les recettes diverses et accidentelles, sont puisés dans les certificats établis pour le receveur principal ou sur les renseignements fournis par ce comptable.

L'avis de recettes comprend un tableau de comparaison des recettes de même nature réalisées dans le même mois de l'exercice précédent ; le directeur donne son appréciation sur les causes des fluctuations de recette d'une certaine importance.

L'avis de recettes sert à établir les tableaux mensuels des produits des impôts, publiés au *Journal officiel* par le ministère des finances.

Le jour même de l'envoi de l'avis de recette à l'administration centrale et au ministère des finances, le directeur transmet au receveur principal les certificats des comptes spéciaux de toute nature, accompagnés des bulletins rectificatifs, s'il y a lieu, et de l'expédition des bordereaux mensuels qui ont servi à l'examen de la situation des caisses.

Vérification sur pièces.

Le directeur procède ensuite à la vérification sur pièces qui consiste :

Pour la taxe des correspondances :

Dans le rapprochement de l'état des affranchissements en numéraire, des feuilles d'expédition (n° 1257) jointes aux feuilles d'avis des dépêches et renvoyées par les directeurs dont relèvent les bureaux correspondants destinataires ;

Dans le contrôle des bordereaux fournis par les éditeurs de journaux et des bandes non employées dont le montant vient en déduction des sommes portées sur ces bordereaux;

Dans la vérification des pièces mises à l'appui de l'état des détaxes ;

Dans le rapprochement de l'état des correspondances réexpédiées taxées des feuilles de réexpédition acceptées par les bureaux correspondants ;

Pour les mandats et les bons de poste :

Dans le pointage des titres acquittés par les bénéficiaires, sur les états de quinzaine ;

Dans le contrôle du droit perçu.

Arrêtés de vérification. Taxe des correspondances.

Les erreurs reconnues dans le compte de la taxe des lettres font l'objet de forcements en recette ou de dégrèvements prononcés par le directeur et notifiés au comptable intéressé par la voie des arrêtés de vérification. Ces forcements et ces dégrèvements sont transcrits sur le compte ouvert, à la direction, à tous les bureaux du département, pour le produit de la taxe des correspondances.

Les arrêtés de vérification, établis le 20 de chaque mois, au plus tard, sont communiqués aux receveurs qu'ils concernent. Les comptables doivent se conformer immédiatement aux rectifications qu'ils prescrivent, quelles que soient les justifications qu'ils pourraient avoir à fournir ; et les renvoyer à la direction, dans les quarante-huit heures, avec leurs observations.

Le 25 de chaque mois, au plus tard, tous les arrêtés de vérification sont transmis à l'administration (bureau de la vérification des produits), en même temps que les comptes mensuels des receveurs pour la taxe des correspondances, avec les états et pièces à l'appui.

Les arrêtés en revision, pris par l'administration, sont transmis par elle aux directeurs qui, après en avoir pris note sur le registre des comptes ouverts, les notifient immédiatement aux receveurs.

Les arrêtés en revision sont renvoyés, dans les quarante-huit heures, à la direction qui les adresse, en dernier lieu, à l'administration, avec les observations du receveur et les conclusions du chef de service, s'il y a lieu.

Les erreurs reconnues dans la vérification sur pièces des mandats payés sont signalées aux agents intéressés, au moyen de procès-verbaux. Articles d'argent.

Les forcements en recette et les dégrèvements qui en résultent sont signifiés tous les mois aux receveurs, au moyen d'arrêtés que fait prendre le bureau des articles d'argent. Le directeur transmet ces arrêtés aux receveurs intéressés, après en avoir pris note au compte ouvert à ces receveurs pour le service des articles d'argent.

Les forcements en recette et les dégrèvements, à l'occasion des correspondances tombées en rebut, sont également prononcés par l'administration, à la quelle les directeurs transmettent les états récapitulatifs de la taxe des rebuts. Les arrêtés pris à ce sujet par l'administration, sont repris par les directeurs, dans les arrêtés de vérification qu'ils prononcent à l'occasion des premiers comptes de la taxe des correspondances présentés par les comptables intéressés. Rebuts.

Les augmentations et diminutions de recette ou de dépense concernant la Caisse d'épargne postale sont notifiées par la direction centrale, au moyen d'arrêtés de vérification spéciaux. Les directeurs prennent note de ces arrêtés et en surveillent l'exécution. Caisse d'épargne postale.

§ 8. — Comptabilité départementale.

Le receveur principal tient, en ce qui concerne les recettes et les dépenses effectuées par son bureau, les mêmes écritures que tous les receveurs ; il est chargé, en outre, de rattacher leurs opérations à sa propre comptabilité, de manière à ne présenter qu'un seul compte pour tout le département. Comptabilité des receveurs principaux.

La centralisation, dans les écritures du receveur principal, des résultats de la comptabilité des autres receveurs, s'opère au moyen de deux livres : Livres de la comptabilité départementale.

Le livre récapitulatif des recettes et des dépenses ;

Le livre des comptes ouverts.

Le premier présente, par mois, par bureau et par article, la récapitulation des opérations effectuées par les receveurs du département, relevées sur les bordereaux mensuels fournis par les comptables et sur les certificats établis par les directeurs ; il est divisé en trois tableaux : le premier donne le détail des recettes ; le deuxième, celui des dépenses ; le troisième fait ressortir l'excédent des recettes sur les dépenses.

Le second livre contient autant de tableaux qu'il y a de bureaux dans le département ; il présente la série ininterrompue des opérations mensuelles de chaque comptable par doit et avoir, avec les mêmes développements que le livre précédent, et d'après les résultats définitifs des accusés de crédit donnés par la comptabilité publique.

Contrôle exercé par le receveur principal sur les pièces justificatives des dépenses.

D'après l'article 1er de l'ordonnance du 18 février 1827, portant création des directeurs comptables, le receveur principal est responsable de la validité des pièces de dépenses fournies par les autres receveurs ; il doit donc vérifier avec le plus grand soin, avant de les admettre dans sa propre comptabilité, les justifications produites par ses collègues à l'appui de leur bordereau mensuel. Toute dépense qui ne serait pas appuyée de pièces régulières doit être rejetée; le motif du rejet est indiqué au bordereau du receveur intéressé et lui est, en outre, notifié; s'il y a lieu, la pièce irrégulière est jointe à la notification.

Bordereau mensuel des recettes et des dépenses du département.

Lorsque la vérification des bordereaux mensuels des receveurs est terminée, l'ensemble des opérations de recette et de dépense qu'ils constatent est résumé sur un bordereau mensuel récapitulatif dont le receveur principal adresse l'original et deux copies au directeur, le 10 ou le 12 de chaque mois, suivant l'importance du département. Le bordereau mensuel des receveurs principaux contient deux tableaux destinés à l'inscription des produits réalisés dans le département, par article de recette, un pour l'exercice courant, un pour l'exercice précédent; et deux tableaux des payements effectués sur chaque ligne de la nomenclature des dépenses, tant sur l'exercice courant que sur l'exercice précédent.

Ces quatre tableaux sont développés sur cinq colonnes, dont l'une est affectée à l'inscription de la somme afférente à chaque article de recette ou de dépense, pour tout le département; la seconde, au report des opérations correspondantes des mois antérieurs; la troisième, qui est le produit de l'addition des deux précédentes, au total des opérations effectuées depuis le commencement de l'année ou de la gestion du receveur principal; les deux dernières colonnes sont réservées aux rectifications de la comptabilité publique.

Le bordereau mensuel des receveurs principaux contient, en outre :

Le tableau des recettes et des dépenses sur opérations de trésorerie, détaillées par articles et cumulées avec les opérations des mois antérieurs et avec les recettes et les dépenses publiques, de manière à faire ressortir l'excédent des recettes sur les dépenses et la situation de l'encaisse des comptables du département;

La situation des débets constatés pendant le cours du mois;

Le développement des payements faits sur exercices périmés et sur exercices clos;

Le détail, par opération, des mouvements de fonds entre les comptables des postes et des télégraphes, avec les talons des récépissés à l'appui ;

La situation des comptes soldés ou non soldés des receveurs sortis de fonctions pendant l'année courante et de ceux dont la gestion, bien que terminée au 31 décembre précédent, n'était pas encore soldée à cette époque;

La comparaison des recettes et des dépenses sur opérations de trésorerie, en tenant compte du reliquat des exercices antérieurs, de manière à faire ressortir l'excédent de recettes ou de dépenses qui résulte, pour le Trésor, de la balance de ces opérations.

Le receveur principal certifie le bordereau conforme à ses écritures; il y joint les certificats qu'il a reçus du directeur, pour la taxe des correspondances et les articles d'argent, ainsi que toutes les pièces justificatives des recettes et des dépenses, non comprises dans ces certificats, auxquels il ajoute un état de développement des recettes effectuées pour retenues au profit du service des pensions civiles.

Toutes les pièces doivent être classées dans l'ordre indiqué au bordereau. Réunies d'abord par des fiches particulières, suivant chaque nature de recette et de dépense, elles sont ensuite placées sous des fiches récapitulatives par article de recette ou de dépense. Ces dernières fiches doivent présenter un total égal à celui de l'article correspondant du livre récapitulatif des recettes et des dépenses.

Le bordereau mensuel est accompagné :

1° D'un extrait destiné à l'administration centrale (bureau de la vérification des produits) et résumant, article par article, toutes les opérations de recette et de dépense consignées avec plus de détails, au bordereau lui-même ;

2° D'un extrait destiné à la comptabilité publique, présentant par lignes et par articles, le montant des recettes et des dépenses de toute nature, effectuées depuis le commencement de l'année, sans distinction de gestion ;

3° D'un état récapitulatif des pièces justificatives des recettes et des dépenses, dressé en double expédition, dans l'ordre des articles que comporte le livre récapitulatif.

La seconde partie de cet état, portant accusé de réception et de crédit, est réservée aux bureaux du ministère des finances, et sert à établir la situation du receveur principal, telle qu'elle est reconnue par la comptabilité publique.

Le receveur principal communique, en même temps, au directeur, son livre récapitulatif.

Vérification de la comptabilité départementale par les directeurs.

La vérification de la comptabilité départementale dans les directions consiste :

Dans l'examen de la validité des pièces de toute nature mises à l'appui du bordereau mensuel ;

Dans le pointage de ces pièces sur les fiches particulières, des totaux des fiches particulières sur les fiches récapitulatives et des totaux des fiches récapitulatives sur le bordereau lui-même ;

Dans la vérification des additions et des reports sur le bordereau, dans le collationnement des trois expéditions et dans le rapprochement des chiffres du bordereau de ceux portés au livre récapitulatif des recettes et des dépenses, ainsi qu'à l'état récapitulatif ;

Dans l'examen du tableau réservé, sur le bordereau, à l'inscription des comptes soldés et non soldés des receveurs sortis de fonctions ;

Dans la comparaison des totaux des articles de la dépense avec les chiffres fournis à l'administration sur les situations mensuelles établies par le directeur, pour chaque exercice.

Les erreurs reconnues sur le bordereau mensuel sont rectifiées à l'encre rouge.

La vérification sommaire du bordereau mensuel, du livre récapitulatif des recettes et des dépenses, de l'état récapitulatif et des pièces à l'appui du bordereau étant terminée, le directeur vise ces pièces et documents. Il adresse une expédition du bordereau, sous chargement, à la direction générale de la comptabilité publique, au ministère des finances, en l'accompagnant d'une des expéditions de l'état récapitulatif, d'un relevé des résultats constatés par les certificats concernant la taxe des lettres et les articles d'argent, et des pièces justificatives de recette et de dépense. Cet envoi doit être réglé de manière à parvenir très exactement au ministère des finances, le 12 ou le 15 de chaque mois, suivant la série dans laquelle est classé le département (appendice n° 58 de l'Instruction générale).

L'extrait du bordereau mensuel est adressé, à la même époque, à la direction générale de la comptabilité publique. Il doit faire l'objet d'un envoi spécial.

Le directeur renvoie, en même temps, au receveur principal, son livre récapitulatif et la minute du bordereau rectifiée, s'il y a lieu; il conserve la troisième expédition de ce bordereau, les certificats de recette et de dépenses mentionnés au premier alinéa ci-dessus, ainsi que les états déclaratifs des mouvements de fonds, et retient pour les besoins de la surveillance et jusqu'à réception de l'accusé de crédit, l'expédition qui lui a été communiquée des bordereaux mensuels des receveurs ordinaires.

Le même jour, le directeur adresse à l'administration (bureau de la vérification des produits) l'extrait du bordereau qui lui est destiné.

A la fin du mois, du 25 au 28 généralement, le directeur reçoit du ministère des finances l'accusé de crédit se rapportant au mois précédent. Cet accusé de crédit est donné sur l'état récapitulatif des recettes et des dépenses.

Le directeur reporte sur la deuxième expédition de cet état, qu'il a conservée, la situation reconnue par la comptabilité publique, ainsi que les rectifications ou injonctions qu'elle a faites, et transmet cette expédition certifiée au receveur principal, avec les instructions nécessaires.

Le receveur principal opère les rectifications sur son livre récapitulatif (par addition ou déduction, à la suite du total général arrêté le 5 de chaque mois), sur la minute de son bordereau mensuel qu'il a conservée, et sur les deux expéditions des bordereaux mensuels des receveurs ordinaires : l'une de ces expéditions, portant accusé de crédit particulier pour chacun des receveurs, leur est transmise par l'intermédiaire du directeur qui doit la viser; l'autre est conservée dans les archives de la recette principale.

Le receveur principal transcrit enfin les résultats définitifs, par bureau, des opérations de la comptabilité mensuelle, à son livre des comptes ouverts à chaque receveur.

§ 9. — Comptes de gestion.

Les receveurs principaux sont seuls justiciables directs de la Cour des comptes. Leurs comptes sont rendus par gestion annuelle (*Ordonnance des* 8-12 *novembre et* 18 *février* 1827). Établissement et transmission des comptes de gestion.

Les comptes de gestion annuelle sont divisés en deux parties formant deux comptes distincts.

La première partie comprend, sous le titre de *Compte de l'exercice clos*, les opérations complémentaires de l'exercice précédent, effectuées pendant l'année courante jusqu'à la clôture de cet exercice. Un chapitre spécial est consacré aux dépenses des exercices périmés non frappés de déchéance. La seconde partie comprend, avec les totaux de la partie précédente qui y sont rappelés, les recettes et les dépenses publiques de l'exercice courant et les opérations de trésorerie effectuées du 1er janvier au 31 décembre (*Décret du* 6 *juin* 1850, *art.* 13). Première partie.

Ces comptes, établis en double expédition, sont adressés, respectivement, le premier, du 1er au 5 octobre au plus tard ; le second, du 1er au 5 février de chaque année, au directeur du département qui les certifie et les adresse à la direction générale de la comptabilité publique, les 10 octobre et 10 février au plus tard.

L'envoi du 10 février est accompagné des certificats annuels suivants dressés par le directeur :

Certificat du nombre des timbres-poste, cartes postales, enveloppes et bandes timbrées, chiffres-taxes reçus par les comptables du département; ce certificat sert à contrôler le compte de gestion de l'agent comptable de la fabrication des timbres-poste (1);

Certificat des opérations des receveurs, en ce qui touche les perceptions et les non-valeurs de la taxe des correspondances, avec un décompte des droits de poste perçus à l'occasion des affaires correctionnelles et criminelles;

Certificat des opérations des receveurs, en ce qui concerne le produit des taxes télégraphiques (des copies de ces deux certificats sont transmises à l'administration, bureau de la vérification des produits) ;

Certificats des mandats français et internationaux reçus et payés;
Certificat des bons présentant, par année d'émission, le nombre et le montant des bons de poste acquittés par tous les agents du département;

(1) Le 5 de chaque mois, il doit être établi : 1° un compte-matières des quantités de timbres-poste et autres valeurs d'affranchissement, reçus de l'agent comptable de la fabrication par le receveur principal ; 2° un compte-matières, par catégorie, des bons de poste reçus dans chacun des bureaux du département; ces comptes, accompagnés des accusés de réception du receveur principal, sont transmis à l'agent comptable de la fabrication des timbres-poste.

Certificat indiquant, par bureau du département, le solde des formules de mandats et de bons de poste de chaque catégorie existant au commencement de l'année ou de la gestion, le nombre des formules employées ou annulées pendant l'année ou la gestion ; la situation de l'approvisionnement à la fin de la gestion (copies de ces certificats sont transmises à l'administration centrale, bureau des articles d'argent) ;

Certificat du nombre des bons de poste reçus du garde-magasin central, pendant l'année précédente, par tous les agents du département (copie de ce certificat est envoyée à l'agent comptable) ;

Procès-verbaux de situation de caisse au 31 décembre ;

État de situation des arrérages de pensions payés par provision.

La situation qui résulte d'un compte de gestion annuelle doit être reportée, sans altération, par le receveur principal, au compte de la gestion suivante, dont elle forme la première partie.

Cette situation est ensuite rappelée à la fin du compte, et réunie au résultat des opérations de l'année. Elle fait ressortir ainsi la situation du comptable à la fin de la nouvelle gestion, pour les diverses parties de son service.

Seconde partie.

La seconde partie des comptes de gestion annuelle doit présenter :

1° Pour premier terme, l'excédent des recettes sur les dépenses, à la fin de l'année précédente ou de la gestion du prédécesseur ;

2° Pour dernier résultat, l'excédent des recettes sur les dépenses, à l'époque où la gestion du receveur principal se termine.

Cette seconde partie est suivie du tableau de la situation de chacun des comptables du département.

Les comptes de gestion annuelle doivent être, sous les peines de droit, affirmés sincères et véritables par les receveurs principaux qui les ont dressés.

Ils sont datés, signés et revêtus du visa du directeur du département.

Vérification des comptes de gestion par les directeurs départementaux.

A la réception des comptes de gestion ou de l'exercice clos, qui lui sont adressés par le receveur principal, le directeur vérifie les comptes en les rapprochant du dernier bordereau mensuel récapitulatif conservé à la direction.

Le compte de l'exercice clos doit être expédié au ministère des finances le 10 octobre, au plus tard, et le compte de gestion annuelle, du 1er au 10 février.

Avant de faire l'envoi du compte de gestion annuelle, le directeur inscrit sur ce compte, d'après les livres tenus à la direction, la décomposition du produit net de la taxe des lettres, ainsi que le détail des timbres-poste, cartes postales, cartes-lettres, enveloppes, bandes timbrées et chiffres-taxes reçus de l'agent comptable de la fabrication des timbres-poste.

Vérification par la comptabilité publique.

Après examen, la comptabilité publique renvoie au directeur l'une des deux expéditions, rectifiée s'il y a lieu, et qui doit être conservée comme minute par le receveur principal.

Il est établi, d'après cette minute, une nouvelle expédition destinée à la Cour des comptes, qui doit être exempte de toute erreur et ne présenter ni lacune, ni rature, ni surcharge.

La Cour des comptes prononce, par des arrêts, sur le résultat général des comptes soumis à son jugement : elle déclare le comptable quitte, en avance ou en débet. Vérification de la Cour des comptes.

Dans les deux premiers cas, elle prononce sa décharge, et s'il a cessé ses fonctions, elle ordonne mainlevée et radiation des oppositions et inscriptions hypotécaires mises ou prises sur ses biens, à raison de la gestion dont le compte est jugé.

Dans le troisième cas, elle condamne le comptable à payer, dans le délai prescrit par la loi (*Loi du* 16 *sept.* 1807, *art.* 13).

Les arrêts de la Cour ne modifient pas le résultat général des comptes de gestion.

Pour les sommes reconnues comme ayant été omises en recette, et pour les sommes portées en trop en dépense, le comptable doit en effectuer le versement à sa caisse, à titre de forcement en recette imposé par arrêt de la Cour des comptes.

Pour les sommes reconnues, par la Cour, comme portées en trop en recette, et pour les sommes omises en dépense, le comptable en est couvert au moyen d'un crédit spécial demandé par le directeur à l'administration.

La Cour exprime, dans l'arrêt, le résultat de la situation des comptables, pour des sommes parfaitement conformes à celles qui sont constatées au compte rendu, et elle enjoint au préposé (à moins qu'il ne s'agisse d'un receveur principal révoqué ou décédé) de reporter ce résultat au compte de la gestion suivante, pour en former la première partie.

Pour les dépenses qui ne seraient pas appuyées de pièces suffisantes, la Cour enjoint au comptable de produire les justifications nécessaires.

Les arrêts rendus par la Cour des comptes sont transmis, par la comptabilité publique, au directeur du département. Transmission des arrêts de la Cour des comptes.

Chaque directeur remet au receveur principal l'arrêt qui le concerne ; ce dernier en délivre un récépissé que le chef de service adresse immédiatement à la direction générale de la comptabilité publique. Le directeur veille ensuite à l'exécution des injonctions contenues dans l'arrêt.

Les receveurs principaux doivent, dès qu'ils ont reçu la notification des arrêts qui les concernent, s'y conformer et se mettre en mesure de fournir les justifications réclamées. Ils adressent ces justifications au directeur qui les fait parvenir, dans le délai de deux mois au plus tard, à la direction générale de la comptabilité publique.

La Cour des comptes, nonobstant l'arrêt qui a jugé définitivement un compte, peut procéder à sa revision, soit sur la demande du comptable, appuyée de pièces justificatives recouvrées depuis l'arrêt, soit d'office, soit enfin à la réquisition du procureur général (*Loi du* 16 *septembre* 1807, *art.* 14). Recours en revision contre les arrêts de la Cour des comptes.

La demande en revision formée par le comptable est admise par un arrêt interlocutoire qui fixe le délai pour la production des pièces nécessaires au travail de revision. Ce délai ne peut excéder celui de deux mois accordé pour satisfaire aux arrêts ordinaires.

Pourvois devant le conseil d'État.

Dans le cas où un comptable se croirait fondé à attaquer un arrêt de la Cour des comptes pour cause de violation des formes ou de la loi, il peut se pourvoir devant le conseil d'État, dans les trois mois de la notification de l'arrêt.

Le ministre des finances et les autres ministres, chacun en ce qui concerne son département, peuvent proposer, par un rapport au Président de la République, le renvoi au conseil d'État de leurs demandes en cassation des arrêts qu'ils croient entachés de violation des formes ou de la loi.

CHAPITRE VII

OPÉRATIONS ET ÉCRITURES DES BUREAUX SECONDAIRES

§ 1. — Distributeurs et facteurs-boîtiers.

Opérations des distributeurs des facteurs-boîtiers.

Les opérations des distributeurs et des facteurs-boîtiers sont les mêmes que celles des bureaux de plein exercice, à cela près qu'ils ne participent pas au service des mandats internationaux ni à celui de la Caisse d'épargne postale.

Au point de vue de l'acheminement des correspondances, ils échangent des dépêches avec leur bureau d'attache ; ils peuvent aussi être mis en relation exceptionnelle avec d'autres bureaux sédentaires ou des bureaux ambulants.

Les distributeurs et les facteurs-boîtiers passent écriture des opérations qu'ils effectuent en recette et en dépense, mais, comme ils ne sont pas comptables, ils rendent compte de ces opérations aux receveurs dont ils relèvent, et qui les reprennent dans leur propre comptabilité.

Recettes effectuées par les distributeurs et les facteurs-boîtiers.

Les recettes affectuées par les distributeurs et les facteurs-boîtiers concernent :

Le produit de la taxe des lettres ;

Le service des articles d'argent ;

Les avances en numéraire faites par le bureau d'attache.

Produit de la taxe des lettres.

Le produit de la taxe des lettres consiste dans la valeur des timbres-poste et chiffres-taxes reçus du bureau d'attache. Le chiffre de l'approvisionnement est déterminé, le 15 janvier de chaque année, par le directeur départemental; comme pour les recettes, il est égal au treizième de la consommation annuelle. Le receveur du bureau d'attache en fait l'avance ; il est couvert par un récépissé qu'il conserve comme valeur en caisse, après l'avoir fait viser par le directeur.

Au fur et à mesure de la réalisation des timbres-poste et chiffres-taxes reçus du bureau dont ils relèvent, les distributeurs et facteurs-boîtiers versent au receveur de ce bureau la valeur de ces figurines en une somme toujours multiple de 5 francs; l'appoint de cette somme, en francs ou centimes, est conservé jusqu'au prochain versement.

En échange de cet envoi de fonds, le receveur adresse au distributeur ou au facteur-boîtier, à titre de complément d'avance, une valeur de figurines égale au versement reçu, en se conformant, pour la composition de ce complément d'avance, aux indications du préposé du bureau satellite ; il y ajoute, en numéraire, le montant de la remise.

Articles d'argent reçus.

Les distributeurs et facteurs-boîtiers ne participent qu'à l'émission des mandats français et des bons de poste.

Les versements effectués à leur caisse pour être convertis en mandats sont constatés sur les registres à souche ; le préposé en rend compte, chaque jour, au receveur du bureau d'attache, au moyen d'un relevé détaillé et nominatif de tous les mandats qu'il a émis ou payés. Ce receveur reprend ces opérations dans ses écritures, en les réunissant à celles de son propre bureau. En outre, les mandats délivrés par les distributeurs et facteurs-boîtiers sont inscrits, dans l'ordre de leur émission, sur des états de quinzaine qu'ils adressent au receveur dont ils relèvent.

Les facteurs-boîtiers (1) s'approvisionnent des registres de bons de poste qui leur sont nécessaires, auprès de l'agent comptable, par l'intermédiaire des receveurs dont ils relèvent. Ces receveurs se chargent immédiatement en recette de la valeur des bons et du droit d'émission. Mais ces mêmes produits ne sont constatés dans les écritures des distributeurs et des facteurs-boîtiers, et ceux-ci n'en doivent compte au bureau d'attache, qu'au fur et à mesure de leur réalisation ; ils adressent, à cet effet, à ce bureau, des relevés journaliers des bons émis et des bons payés.

Les facteurs-boîtiers adressent en outre, en fin de mois, aux receveurs des bureaux d'attache, un état des bons émis pendant le cours du mois (2).

Avance en numéraire et fonds de subvention.

Les distributeurs et facteurs-boîtiers sont pourvus, par les receveurs des bureaux dont ils relèvent, d'une avance fixe de 100 francs, pour contribuer, avec le produit de leurs recettes, au payement des articles d'argent. Le récépissé de cette avance, visé par la directeur, est conservé comme valeur en caisse par les receveurs.

Le relevé journalier des mandats émis et payés par les distributeurs et les facteurs-boîtiers indique la situation de cette avance. Si elle est entamée, le receveur doit la compléter immédiatement et d'office, par un envoi d'espèces. Si le préposé du bureau satellite est avisé de la présentation imminente de mandats dont le montant dépasse celui de l'avance à reconstituer, il demande au receveur dont il relève les fonds de subvention dont il a besoin, en appuyant sa demande d'un bordereau justificatif.

Dépenses.

Sont classées parmi les opérations de dépense, dans les écritures des facteurs-boîtiers :

Les non-valeurs du produit de la taxe des lettres (rebuts, lettres taxées réexpédiées, détaxes) ; ces non-valeurs sont versées, chaque jour, au bureau d'attache, pour obtenir, en échange, le complément de l'avance en timbres-poste et en chiffres-taxes ;

(1) Provisoirement, les facteurs-boîtiers d'Algérie et les distributeurs du Levant ne participent pas au service des bons de poste.

(2) *Bull. mens.* n° 11, novembre 1882, *instr.* n° 257, p. 621 et s.

Les payements de mandats et de bons de poste, constatés aux registres *ad hoc;* ces payements sont, en outre, inscrits sur les relevés adressés quotidiennement par le facteur-boîtier au receveur du bureau d'attache);

Les versements des sommes excédant l'avance fixe de 100 francs en numéraire.

La situation du distributeur ou du facteur-boîtier est constatée, chaque jour, sur un livre-journal de caisse où le préposé inscrit, sur une seule ligne, toutes ses opérations en recette et en dépense; il totalise les recettes et les dépenses et fait ressortir, en fin de compte, la balance de ses opérations. Les résultats de chaque journée sont cumulés avec ceux des journées précédentes, jusqu'à la fin du mois. Livre-journal de caisse.

Le distributeur ou le facteur-boîtier rend compte de sa situation à son receveur, au verso de la feuille d'avis qu'il échange, chaque jour, avec lui. Il inscrit, au tableau n° 4, les recettes de toute nature réalisées la veille; au tableau n° 5, les valeurs de toute nature qui composent son versement (espèces, détaxes, correspondances réexpédiées, rebuts, mandats et bons payés).

Il reçoit du bureau d'attache, par le retour du courrier, les timbres-poste et chiffres-taxes qu'ils a demandés, avec la remise en numéraire, et, en outre, les espèces qui composent le complément d'avance ou les fonds de subvention dont il a besoin pour les payements des mandats d'articles d'argent. Ces valeurs sont inscrites au tableau n° 3 du recto de la feuille d'avis. Le receveur accuse réception, au tableau n° 4, du versement reçu la veille du bureau satellite.

Le 2 de chaque mois, au plus tard, le distributeur ou le facteur-boîtier adresse à son receveur un état récapitulatif de ses recettes et de ses dépenses du mois précédent; cet état reproduit les totaux mensuels du livre-journal de caisse; il est certifié exact par le receveur et transmis au directeur, qui le classe dans ses archives.

§ 2. — Bureaux de poste auxiliaires.

D'après l'article 3 de l'arrêté ministériel du 9 avril 1887, les opérations auxquelles les gérants des bureaux auxiliaires sont appelés à participer sont de deux sortes : celles qu'ils effectuent directement et celles pour lesquelles ils servent seulement d'intermédiaires entre le public et les bureaux de poste de plein exercice dont ils relèvent.

Les opérations effectuées directement par les gérants des bureaux auxiliaires sont les suivantes : Opérations effectuées directement par les gérants

1° *Affranchissement des correspondances.* Le gérant est approvisionné de timbres-poste par son receveur. La valeur de ces timbres-poste est comprise dans le montant de l'avance fixe de 200 francs faite au gérant par le bureau d'attache (*Art.* 5 *de l'arrêté ministériel du* 9 *avril* 1887). Cette avance peut être portée à un chiffre plus élevé par l'administration, sur le rapport motivé du directeur départemental. Le gérant en délivre un reçu que le receveur conserve comme valeur en caisse.

2° *Expédition des correspondances* trouvées dans la boîte aux lettres du bureau auxiliaire ou remises à la main au gérant. Le préposé annule les timbres-poste et applique son timbre à date sur la suscription des correspondances qu'il insère dans une enveloppe-dépêche à l'adresse du bureau dont il relève.

Les bureaux auxiliaires peuvent exceptionnellement être mis en relation directe avec des bureaux ambulants, des courriers convoyeurs et des bureaux sédentaires autres que leur bureau d'attache, pour l'échange des correspondances ordinaires. Les lettres et les objets recommandés, pour quelque destination que ce soit, ainsi que les correspondances officielles, doivent être envoyés au bureau d'attache et ne peuvent être compris que dans la dépêche transportée par le facteur rural (*Art.* 4 *de l'arrêté ministériel du* 9 *avril* 1887).

3° *Distribution à domicile.* Ce n'est qu'exceptionnellement, et lorsqu'il doit en résulter un avantage pour la commune, que les gérants des bureaux auxiliaires participent au service de la distribution à domicile. Dans ce cas, le gérant doit être pourvu de chiffres-taxes dont la valeur est comprise dans le montant de l'avance de 200 francs qui lui est faite par le bureau dont il relève.

4° *Débit des enveloppes pour valeurs à recouvrer, remise gratuite au public des bordereaux de recouvrement.*

5° *Payement immédiat des mandats d'articles d'argent à souche, de* 50 *francs et au-dessous, du service intérieur.*

Le payement de ces mandats ne peut être effectué qu'à des personnes habitant la commune et connues du gérant.

Le gérant inscrit les mandats sur son registre des payements, après les avoir frappés, au verso, de son timbre à date ; il les transmet, par le plus prochain envoi, au receveur dont il relève.

Opérations effectuées à titre d'intermédiaires.

Les gérants des bureaux auxiliaires servent d'intermédiaires pour les opérations ci-après :

Émission de mandats de poste ;

Payement des mandats de sommes supérieures à 50 *francs*, mais seulement au profit des personnes domiciliées dans la commune et connues du gérant ;

Expédition d'objets à recommander ;

Envois d'effets à recouvrer ;

Versements ou retraits de fonds à la Caisse d'épargne postale (Art. 3 de l'arrêté ministériel du 9 avril 1887).

Carnet de commission.

Le gérant est pourvu, à cet effet, d'un carnet de commission, à souche, dont un bulletin est détaché et remis à chaque déposant. Toutes les opérations que le gérant effectue à titre d'intermédiaire : remises d'espèces à convertir en mandats d'articles d'argent (montant du mandat, droit proportionnel et, s'il y a lieu, taxe de 10 centimes pour avis de payement), dépôt de lettres ou d'objets à recommander, dépôt de mandats d'articles d'argent au-dessus de 50 francs acquittés par le destinataire, de mandats au-dessous de cette somme à faire régulariser, de mandats internationaux à souche acquittés par le destinataire, d'avis d'arrivée de mandats-cartes français ou internationaux dont les bénéficiaires demandent le payement au bureau auxiliaire ; dépôt de fonds pour la Caisse nationale d'épargne, avec remise d'une demande de livret ou d'un livret; dépôt d'une demande de transfert accompagnée d'une demande de livret et d'un livret de caisse d'épargne privée ; dépôt d'une autorisation de remboursement de fonds de la Caisse d'épargne, dûment acquittée, accompagnée du livret ; dépôt d'un bordereau d'exécution d'achat de rentes, dûment acquitté, accompagné d'un livret ; dépôt d'un livret à régler ou à remplacer, — sont inscrites sur ce carnet, à la suite les unes des autres et dans l'ordre où elles se présentent.

Les reçus provisoires remis par le gérant auxiliaire aux déposants sont ultérieurement échangés contre les reçus définitifs transmis par le bureau d'attache, ou retirés au moment du payement des mandats, du remboursement des fonds d'épargne ou de la remise des livrets. Ils doivent ensuite être envoyés au bureau d'attache. En cas de perte d'un reçu provisoire, il est remplacé par un certificat signé du déposant, dont la signature est légalisée par le maire. Les reçus provisoires ou les certificats en tenant lieu sont inscrits au tableau n° 4 de la feuille d'avis du gérant pour son bureau d'attache.

Opérations auxquelles les bureaux auxiliaires ne participent pas.

Les bureaux auxiliaires ne participent pas au service de la poste restante; ils ne peuvent pas non plus recevoir, même à titre d'intermédiaires, les *valeurs déclarées, lettres ou boîtes*, ces objets devant remplir des conditions spéciales de fermeture que les gérants pourraient ne pas être à même d'apprécier.

Correspondance avec le bureau d'attache.

La correspondance du bureau auxiliaire avec le bureau d'attache a toujours lieu par l'intermédiaire du facteur rural qui dessert la commune siège du bureau auxiliaire, sauf le cas où cette commune serait située sur le passage d'un courrier ou sur une voie ferrée. Si la commune est desservie plusieurs fois par jour, il y a autant de correspondances entre le bureau auxiliaire et le bureau d'attache que de distributions.

Dépêche du bureau auxiliaire pour le bureau d'attache.

Le gérant accompagne la dépêche pour le bureau dont il relève d'une feuille d'avis d'un modèle spécial (n° 601). Il inscrit, au tableau n° 1, le nombre et la valeur des timbres-poste demandés ; au tableau n° 2, le nombre et la valeur des chiffres-taxes demandés, lorsqu'il est chargé d'un service de distribution ; il décrit, au tableau n° 3, toutes les opérations qu'il a faites, soit directement, soit à titre d'intermédiaire, depuis l'envoi précédent, et qui ont donné lieu à la délivrance de récépissés provisoires : lettres ou objets à recommander, valeurs à recouvrer, sommes à convertir en mandats d'articles d'argent, versements à la Caisse nationale d'épargne, remboursements, transferts, livraisons de titres de rente, remplacement et règlements de livrets, transmission de mandats français au-dessus de 50 francs, de mandats internationaux acquittés ou d'avis d'arrivée de mandats-cartes français ou internationaux.

Il ajoute, dans la colonne des versements, la valeur des timbres-poste vendus et des chiffres-taxes employés, dont il demande le remplacement ; dans la colonne des payements, le montant de la taxe des lettres non distribuées. La différence entre le montant des sommes reçues par le gérant auxiliaire et le total des payements effectués, fait ressortir un excédent de recette ou de dépense. Dans le premier cas, l'excédent de recettes est versé en espèces au bureau d'attache, et remis par le gérant au facteur, qui en accuse réception au bas de la feuille d'avis ; dans le second cas, l'excédent de dépense représente la somme dont le gérant se trouve à découvert, et dont le receveur devra lui faire parvenir le montant, pour compléter son avance de 200 francs.

Le facteur donne reçu de la dépêche sur le registre d'expédition des courriers.

Dépêche du bureau d'attache pour le bureau auxiliaire.

De son côté, le receveur du bureau d'attache dont relève le bureau auxiliaire insère dans sa dépêche, pour le premier bureau, une feuille d'avis d'un modèle également spécial (n° 600). Il porte aux tableaux n°s 1 et 2 de cette feuille le nombre et la valeur des timbres-poste, cartes postales, cartes-lettres, chiffes-taxes, qui lui ont été demandés par le gérant; il décrit, au tableau n° 3, dans le cadre « *Objets compris dans la dépêche* », les mandats délivrés conformément aux indications données par le gérant dans son précédent envoi, les reçus des lettres ou objets recommandés parvenus dans cet envoi, les livrets de la Caisse d'épargne transmis par le gérant pour les versements, pour les intérêts, pour les achats de rente à y inscrire ou pour es sommes à rembourser, les livrets remplacés, les livrets délivrés sur demandes reçues du bureau auxiliaire ou les titres de rente achetés pour les déposants.

Les sommes à transmettre au gérant, pour le payement des autorisations de remboursement acquittées et reçues dans le dernier envoi, sont portées au tableau n° 3.

Celles destinées au payement des mandats d'articles d'argent au-dessus de 50 francs ou des mandats internationaux acquittés et reçus dans le dernier envoi, ainsi que les sommes transmises avec les mandats-cartes à faire acquitter, dont les avis d'arrivée ont été envoyés par le gérant, sont portées au tableau n° 4, avec le développement qu'il comporte.

Le tableau n° 6 de la feuille d'avis n° 600 comprend la récapitulation des espèces à transmettre au gérant pour régularisation d'avances et opérations de toute nature.

Au moment du départ du facteur rural, le receveur lui remet la somme destinée au gérant du bureau auxiliaire (total II du tableau n° 6), lui fait collationner les objets inscrits sur la feuille d'avis, puis signer cette feuille qui sera ensuite insérée, avec les objets inscrits, dans une enveloppe n° 8 à destination du bureau auxiliaire. Ces diverses opérations doivent être préparées à l'avance, de manière à n'imposer au facteur rural d'autre perte de temps que l'arrêt strictement nécessaire pour la reconnaissance des valeurs et des autres objets qui lui sont remis.

Si le bureau auxiliaire est chargé d'un service de distribution, les lettres à distribuer seront ficelées en un paquet spécial et insérées dans l'enveloppe ; quant aux journaux, imprimés et autres objets, ils sont réunis en paquet et remis au facteur comme dépêche annexe.

L'enveloppe est ensuite inscrite au tableau n° 3 du part du facteur, col. 1 et 3.

A l'arrivée du facteur au bureau auxiliaire, le gérant émarge son part, reconnaît en sa présence le contenu de l'enveloppe, reçoit la somme qui doit lui être remise, et signe ensuite la feuille d'avis.

Ecritures des bureaux auxiliaires.

Les bureaux auxiliaires n'ont pas de comptabilité propre, et ne sont pas sujets à cautionnement. Ils rendent compte chaque jour de leurs opérations au receveur dont ils relèvent, qui les reprend dans ses écritures (*Arrêté ministériel du* 9 *avril* 1887, *art.* 6).

Les opérations, en recette et en dépense, des gérants auxiliaires sont, en outre, constatées sur un livre-journal de caisse.

Tenue du livre-journal de caisse.

Le premier article de recette de chaque journée, est l'excédent des valeurs en caisse à la fin de la journée précédente. Aussitôt après avoir vérifié le contenu de la dépêche reçue du bureau dont il relève, le gérant se charge en recette, sur son livre-journal, du montant des espèces reçues (moins la remise sur les timbres-poste, qu'il garde pour lui) et du montant brut des timbres-poste, cartes postales, etc., ainsi que de la valeur des chiffres-taxes reçus. Au moment de l'expédition de sa dépêche au bureau d'attache, il additionne, sur son carnet à souche, les sommes reçues pour être converties en mandats de poste ou versées à la caisse d'épargne, et en reporte le total dans la colonne des recettes de son livre-journal.

Il porte en dépense, au fur et à mesure des payements effectués, le montant des mandats au-dessus de 50 francs et des remboursements pour le compte de la Caisse d'épargne ; au moment de l'expédition de sa dépêche, il additionne, sur son registre des payements, les mandats de 50 francs et au-dessous, payés directement par lui dans la journée, et en porte le montant dans la colonne des dépenses de son livre-journal; il y porte également la somme versée (en espèces et en lettres taxées non distribuées) à son bureau d'attache.

Le gérant additionne, sur son livre-journal de caisse, les recettes et les dépenses constatées depuis l'expédition de la dépêche précédente au bureau d'attache ; il déduit du chiffre des recettes celui des dépenses, et fait ressortir la différence dans la colonne intitulée *Excédent de recette.*

Le montant de l'excédent des recettes sur les dépenses, doit représenter exactement celui du numéraire, des timbres-poste, et des chiffres-taxes existant dans la caisse, y compris le montant de l'avance fixe en numéraire, faite au gérant par le receveur du bureau d'attache ; il formera le premier article à porter dans la colonne des recettes du livre-journal de caisse, pour l'envoi suivant.

Reprise des opérations dans les écritures du bureau d'attache.

Le receveur du bureau d'attache comprend dans ses écritures :

1° Le jour où il les reçoit, les mandats de 50 francs et au-dessous, payés directement par le bureau auxiliaire ;

2° Au moment où il envoie les fonds au gérant, les autres mandats acquittés, ainsi que les autorisations de remboursement acquittées, qui lui sont parvenus par l'intermédiaire du bureau auxiliaire ;

3° Au moment de la rentrée des titres, les mandats non acquittés au préalable, transmis au gérant du bureau auxiliaire, avec la somme à payer aux bénéficiaires.

Contrôle exercé par les receveurs.

Pour faciliter le contrôle des receveurs sur les opérations des gérants auxiliaires, ces derniers sont tenus de renvoyer, dans le plus bref délai possible, à leur bureau d'attache, les reçus provisoires retirés des mains des déposants, en échange des récépissés définitifs ou des livrets d'épargne. Ils effectuent de même le renvoi des carnets de commission dont les reçus sont extraits, dès que ces carnets sont terminés. Les receveurs rapprochent les reçus des feuilles d'avis, s'assurent qu'ils sont conformes aux déclarations portées sur ces feuilles, et que la série des numéros est ininterrompue. Les reçus sont ensuite reclassés par numéros d'ordre, et rapprochés des carnets dont ils ont été détachés. Enfin, un dernier contrôle est exercé à la direction départementale, où les carnets et les reçus sont conservés pendant cinq ans.

DIXIÈME PARTIE

SURVEILLANCE DU SERVICE

§ 1. — Organisation du service de l'inspection.

La surveillance du service comprend la suite à donner aux réclamations, aux enquêtes, aux procès-verbaux constatant des irrégularités diverses (1); la vérification sur place des bureaux et du service extérieur.

Le chef de service dirige et centralise la surveillance. Il est assisté, notamment pour les opérations extérieures, par les inspecteurs, sous-inspecteurs et brigadiers-facteurs attachés à la direction. Vérifications extérieures.

Avant la fusion, les bureaux de poste étaient l'objet d'une seule vérification annuelle. Le directeur y procédait lui-même dans les bureaux composés; il faisait vérifier les autres établissements de poste par les contrôleurs. Cette règle a été modifiée depuis la fusion. Au fur et à mesure qu'on a étendu les attributions et la responsabilité des receveurs, on a reconnu la nécessité de fortifier la surveillance et de rendre plus fréquent le contrôle sur place. Les inspecteurs ont dû, par suite, consacrer aux opérations extérieures la majeure partie de leur temps; ils ont été appelés à effectuer la vérification sur place des bureaux composés (*Circulaire ministérielle du 24 mars* 1882). Nombre annuel des vérifications des bureaux.

En vertu de l'instruction n° 377, parue au *Bulletin mensuel* n° 12 (décembre 1888), les bureaux sont divisés, pour la vérification, en trois catégories : Classement des bureaux au point de vue de la vérification.

1° *Les bureaux ayant une importance spéciale au point de vue postal et télégraphique :* ce sont les recettes composées, les bureaux télégraphiques pourvus d'appareils à transmission rapide ou points d'attache d'un câble sous-marin ;

2° Les recettes simples de 1re et 2e classe, et les bureaux télégraphiques de l'État non compris dans la catégorie précédente;

(1) Voir à ce sujet les articles 1484 à 1509 de l'*Instruction générale sur le service des postes.*

3° Les recettes des postes simples ou mixtes de 3e et de 4e classe, les établissements de poste et les bureaux télégraphiques secondaires.

Bureaux de la première et de la deuxième catégories.

Les bureaux de la première catégorie sont vérifiés trois fois par an; une fois par le directeur, deux fois par les inspecteurs.

Les bureaux de la seconde catégorie sont vérifiés deux fois par an par les inspecteurs.

Dans la vérification par les inspecteurs des bureaux mixtes des deux premières catégories, le service postal et le service télégraphique sont alternativement l'objet d'un examen complet et approfondi, l'inspecteur bornant ses investigations aux parties essentielles de l'autre branche de l'exploitation; mais la caisse et les écritures, le service des chargements et l'état des communications télégraphiques doivent toujours être examinés d'une manière complète.

Cette division de la surveillance est justifiée par l'importance et la multiplicité des opérations qui s'accomplissent dans les bureaux mixtes. Le service de ces bureaux est devenu si compliqué qu'une seule journée ne suffit plus pour une vérification approfondie. Ce système permet, en outre, au directeur d'utiliser chacun de ses inspecteurs suivant son origine et ses connaissances spéciales.

Dans les bureaux situés au chef-lieu du département, la caisse doit être vérifiée mensuellement, à des dates variables, par les inspecteurs; le directeur vérifie personnellement, au moins une fois par trimestre, la caisse de la recette principale; il peut s'adjoindre, à cet effet, un inspecteur (1).

Dans les bureaux de la troisième catégorie, la vérification doit toujours être complète et porter sur toutes les branches de l'exploitation.

Les recettes simples et les bureaux télégraphiques municipaux doivent, en principe, être vérifiés deux fois par an; mais les directeurs ont la faculté de ne faire visiter qu'une seule fois ceux pour lesquels ils jugent une seule visite suffisante, à la condition de reporter les vérifications rendues ainsi disponibles sur les bureaux dont le service paraît nécessiter une surveillance plus active.

La vérification, deux fois par an, des bureaux auxiliaires de poste et des bureaux télégraphiques d'écluse, etc., n'est pas non plus obligatoire pour les inspecteurs et les sous-inspecteurs; mais ces agents supérieurs doivent profiter de toutes les occasions qui les appellent dans la commune où est établi un bureau de cette nature ou dans les communes voisines pour en vérifier le service.

Répartition des travaux extérieurs entre les inspecteurs.

Indépendamment des vérifications réglementaires qu'ils doivent effectuer, les inspecteurs sont chargés des installations, des enquêtes sur place; ils participent à la surveillance de l'état des lignes, aux essais sur les fils, à la vérification des dépôts de matériel.

(1) *Bull. mens.* n° 13, janvier 1884, *instr.* n° 302, p. 600.

Le directeur répartit les tournées de vérification et les missions accidentelles nécessitées par les installations, enquêtes, réparations de dérangements, etc., de telle sorte que tous les inspecteurs aient, autant que possible, un nombre égal de jours d'absence.

Frais de tournée des directeurs et des inspecteurs.

Les directeurs reçoivent, sous forme de frais de régie, à raison de 50 francs par bureau, l'indemnité destinée à leur tenir compte des dépenses occasionnées par la visite, au moins une fois l'an, des bureaux de la première catégorie situés en dehors du chef-lieu du département.

Les frais de tournée des inspecteurs sont rétribués sur le pied de 15 francs par vérification en dehors de leur résidence. Le montant des crédits délégués chaque année aux directeurs, par provision, pour la liquidation de ces frais, est calculé à raison de 30 francs par bureau situé en dehors du chef-lieu, y compris les établissements de facteur-boîtier, les bureaux télégraphiques municipaux et les sémaphores, mais non compris les autres bureaux télégraphiques secondaires et les bureaux de poste auxiliaires. Lorsqu'il y a plusieurs bureaux dans une même commune, ces bureaux ne comptent ensemble que pour une unité.

Les déplacements motivés par les installations des comptables, les enquêtes et les études sur place, les missions spéciales, ne donnent lieu à aucun supplément d'indemnité. Ils sont répartis entre les inspecteurs, au prorata des vérifications incombant à chacun d'eux.

Les crédits nécessaires au payement des frais de tournée des inspecteurs sont ouverts en bloc, par provision, aux directeurs, au commencement de chaque année. Les indemnités sont liquidées à la fin de chaque mois, suivant le nombre des vérifications effectuées, à raison de 15 francs par vérification.

Les tournées spéciales du service technique, qui ont pour objet la surveillance des lignes, la vérification des dépôts de matériel, la recherche et la réparation des dérangements, les expériences et la surveillance des équipes, sont rémunérées par des indemnités spéciales qui ne peuvent se cumuler avec celles allouées, dans une même journée, pour la vérification d'un bureau.

Vérification des bureaux ambulants.

Les directeurs et les inspecteurs des bureaux ambulants vérifient, en cours de route, le travail de ces bureaux.

Les directeurs doivent effectuer de huit à dix jours, et les inspecteurs de douze à quinze jours de vérification par mois sur les lignes (*Circulaire du* 15 *février* 1870).

Tous les trois mois, les directeurs des bureaux ambulants rendent compte à l'administration, sous le timbre du bureau de la correspondance intérieure, des vérifications faites par eux-mêmes et par leurs inspecteurs sur les bureaux de leur ligne; ils lui adressent, en même temps, leurs rapports de voyage et ceux de leurs inspecteurs.

§ 2. — Vérification des bureaux sédentaires.

Dispositions générales.

L'inspecteur reçoit du directeur, avant son départ pour chaque tournée de vérification, son itinéraire et les recommandations particulières que le chef de service peut avoir à lui donner.

L'inspecteur doit observer, dans ses rapports avec les agents soumis à sa vérification, une attitude ferme et digne, aussi éloignée de la familiarité que de la raideur. Il est de son devoir de refuser d'eux tout service qui pourrait compromettre l'indépendance de sa position.

A moins d'en être expressément chargé par le directeur, l'inspecteur doit s'abstenir de provoquer, dans les localités où il séjourne, l'opinion du public ou des autorités sur la conduite et la gestion des agents; si des renseignements lui sont donnés spontanément, il les reçoit et les transmet au directeur, soit verbalement, soit par lettre spéciale, à moins que la gravité de ces renseignements ne nécessite un éclaircissement immédiat.

La réserve imposée pour les personnes est également recommandée pour les questions de service ; si des mesures sont demandées ou critiquées, l'inspecteur en prend note, en évitant avec soin ce qui pourrait engager la décision à intervenir.

Caisse et écritures.

Le premier soin de l'inspecteur, en arrivant chez un receveur, est de vérifier la caisse. Au fur et à mesure que les valeurs lui sont présentées, l'inspecteur les inscrit sur un bordereau qui figure à la première page de son rapport de vérification.

Il établit ensuite la situation du comptable, d'après les écritures, en prenant pour point de départ le dernier accusé de crédit, et en tenant compte des opérations effectuées depuis la clôture de la dernière journée. Si les écritures ne sont pas à jour, il les fait immédiatement compléter sous ses yeux et prend note de cette irrégularité.

Il contrôle les inscriptions portées sur les divers registres du comptable, depuis la date de l'accusé de crédit jusqu'à la dernière journée, au moyen des pièces de toute nature conservées au bureau, et des notes qu'il a prises avant son départ de la direction. Ainsi, pour les timbres-poste, l'inspecteur s'assure que les envois du garde-magasin central, qu'il a relevés sur le compte ouvert à la direction, ont bien été pris en charge au registre n° 1341 pour les quantités, au livre de dépouillement n° 1261 pour le produit. La valeur des timbres-poste, des cartes postales et des chiffres-taxes reçus doit être représentée soit en nature, soit en espèces, en tenant compte des versements effectués.

L'inspecteur s'assure de la concordance des registres entre eux. Il vérifie avec soin celui des valeurs à recouvrer. Le montant des effets encaissés, non encore converti en mandats, doit être représenté en espèces.

La situation de la caisse établie après rectification, s'il y a lieu, des écritures erronées, est constatée à la suite du bordereau des valeurs placé en tête du rapport de vérification, et elle est certifiée exacte par la signature de l'inspecteur et par celle du comptable vérifié.

Si la situation de caisse présente un déficit, l'inspecteur ne doit pas revenir sur les faits qu'il a consignés dans le bordereau des valeurs dressé contradictoirement entre lui et le comptable, alors même que ce dernier proposerait de combler sur-le-champ le déficit. Déficits de caisse.

Si le receveur est dans l'impossibilité de couvrir immédiatement le déficit de ses deniers personnels, l'inspecteur apprécie, d'après l'importance relative de ce déficit, s'il y a lieu de suspendre le comptable. Dans l'affirmative, il demande au directeur la délégation nécessaire ; en attendant, il prend lui-même la direction du service et interdit au receveur l'entrée du bureau.

Si le directeur confirme la suspension, l'inspecteur installe un gérant provisoire et procède à la séparation de gestion.

De la vérification de la caisse, l'inspecteur passe à l'examen de toutes les parties du service ; il assiste à toutes les opérations et relève les irrégularités observées dans leur accomplissement ; pendant son séjour au bureau, il doit être présent à l'arrivée et à l'expédition de chaque courrier ; si l'ouverture d'une dépêche donne lieu de remarquer une irrégularité à la charge du bureau expéditeur, l'inspecteur la signale lui-même, au lieu et place du préposé soumis à sa vérification, et donne suite immédiate au procès-verbal. Opérations au départ et à l'arrivée des courriers.

La tenue des courriers, leur exactitude aux heures de départ, de passage ou d'arrivée, les garanties offertes par les services de transport de dépêches appellent également la surveillance de l'inspecteur.

Il assiste aux travaux préparatoires à la distribution. Il prend note du nombre approximatif des objets à distribuer. Distribution.

Avant la sortie des facteurs, il vérifie leur tenue, les objets d'équipement, documents ou imprimés de service dont ils doivent être porteurs, leur approvisionnement de timbres-poste, de cartes postales et de chiffres-taxes.

A leur retour, il vérifie leurs parts et les lettres qu'ils rapportent, soit en rebut, soit pour être expédiées.

Indépendamment de la surveillance qu'il exerce sur l'exécution matérielle du service, l'inspecteur doit porter son attention sur l'organisation elle-même. Il étudie sur place, au cours de ses vérifications, et propose à l'administration, par rapport spécial, transmis par l'intermédiaire du directeur, toutes les améliorations dont lui paraissent susceptibles l'acheminement et la distribution des correspondances. Organisation.

En ce qui touche le service du guichet, l'inspecteur porte particulièrement son attention sur le classement de la correspondance adressée poste restante, des rebuts, sur la tenue des registres de chargements, des man- Service du guichet.

dats d'articles d'argent, des valeurs à recouvrer, des changements de résidence, etc. ; il relève toutes les irrégularités constatées au cours de cet examen.

Dans les bureaux composés, son attention se porte sur les heures d'ouverture des guichets et sur la répartition du travail entre les agents. Il s'assure qu'il est fait un emploi judicieux des forces mises à la disposition du receveur, que le personnel se trouve renforcé au moment de la journée où les opérations sont le plus actives, et que le nombre des guichets ouverts au public est suffisant.

Classement des documents de service.

Le classement de la correspondance administrative doit être l'objet d'un examen rigoureux ; l'inspecteur se fait représenter les ordres de service imprimés ou manuscrits reçus par le préposé et toutes les lettres d'un intérêt quelconque qui ont dû être conservées au bureau.

Il se fait également représenter les instructions et documents divers émanant de l'administration ; si ces documents sont en mauvais état, ou s'ils ont disparu, il prend des mesures immédiates pour les faire réparer ou remplacer, même aux frais du préposé ; s'ils ne sont pas au courant des modifications prescrites, il oblige le préposé à réparer, sous ses yeux, cette négligence, et, dans le cas où l'importance du travail le nécessite, il assigne un délai pour son accomplissement.

Archives.

Il s'assure que les archives sont classées avec soin.

Les imprimés hors de service, les registres conservés au delà des délais fixés par les règlements, sont renvoyés sous ses yeux.

Dans les établissements de poste en correspondance avec les bureaux ambulants, l'inspecteur vérifie le nombre et l'état des sacs à dépêches.

Il fait renvoyer au dépôt du matériel les sacs excédant les besoins de ces établissements.

Installation matérielle des bureaux.

Les dispositions intérieures et extérieures du local, tant au point de vue de l'exploitation qu'à celui de la surveillance, des garanties de sécurité qu'il doit présenter pour la conservation des valeurs et des correspondances ; les casiers, les timbres, les approvisionnements d'imprimés, les boîtes et les portefeuilles des facteurs, les bulletins de tournée, les règlements extérieur et intérieur du bureau, les affiches de toute nature, l'indication des heures de levée des boîtes supplémentaires, et tous les objets nécessaires à l'exploitation, sont soumis au contrôle de l'inspecteur. Si quelques-uns de ces objets font défaut, s'ils sont insuffisants, détériorés, de mauvaise qualité, ou s'ils sont disposés contrairement aux instructions, il exige qu'ils soient fournis, remplacés ou rétablis, autant que possible, avant son départ du bureau.

L'attention de l'inspecteur se porte d'une façon toute spéciale sur la manière dont sont appliquées les prescriptions réglementaires relatives à la sécurité de la caisse et des correspondances. Il s'assure notamment que les chargements sont toujours placés, à leur entrée dans le service, dans un tiroir solidement établi et fermant à clef ; qu'ils ne changent de main que contre reçu, que les dépêches sont mises sous clef pendant leur séjour dans les bureaux; que la clef de la boîte aux lettres est retirée dans l'intervalle des levées.

A son arrivée dans un bureau, l'inspecteur porte, sur le livre-journal de caisse, un visa mentionnant la date et l'heure de son arrivée; pareille mention est faite au départ. Visa de l'inspecteur vérificateur.

La vérification de l'inspecteur est, en outre, constatée par l'application de son visa et de sa signature, à la date de son départ du bureau, sur tous les registres en usage dans l'établissement vérifié.

L'inspecteur rend compte du résultat de ses investigations au directeur du département, par un rapport spécial à chaque établissement vérifié. Ce rapport commence par présenter le bordereau de la situation de caisse et passe successivement en revue toutes les irrégularités remarquées dans les différentes parties du service; il se termine par des indications sur le degré d'instruction professionnelle des agents, et par une appréciation générale de la gestion du préposé, comparée, s'il y a lieu, aux résultats de la vérification précédente. Rapport de vérification.

Indépendamment de ce rapport détaillé, l'inspecteur établit, pour la division de la comptabilité (bureau de l'ordonnancement), une copie du bordereau des valeurs en caisse qu'il fait suivre de renseignements sur la situation du comptable, sur les mesures prises pour assurer la sécurité des valeurs, la tenue des écritures, le fonctionnement des sous-caisses dans les recettes composées. Cet extrait du rapport, qui comprend les réponses de l'agent vérifié et les observations de l'inspecteur et du directeur, est transmis à l'administration, le jour même, par le chef de service. Rapports spéciaux.

Si, dans le cours de sa vérification, l'inspecteur a fait une observation critique présentant un intérêt urgent, soit au point de vue des agents ou sous-agents du bureau vérifié, soit au point de vue de l'organisation du service, il consigne cette observation dans un rapport particulier, qu'il adresse au directeur avant de rentrer à sa résidence.

Avant le départ de l'inspecteur ou, en cas d'impossibilité absolue, dans le délai de quarante-huit heures, les rapports de vérification sont communiqués aux agents vérifiés, tenus de répondre à toutes les observations de l'inspecteur, et de faire connaître les mesures qu'ils ont prises ou qu'ils se proposent de prendre pour le redressement des irrégularités signalées. Suite donnée aux rapports de vérification.

L'agent vérifié doit dresser copie du rapport, sur une formule en blanc que l'inspecteur lui remet, en même temps que l'original, et il renvoie à cet agent supérieur l'original et la copie, dans un délai maximum de cinq jours.

Au reçu de ces copies, l'inspecteur présente, s'il y a lieu, de nouvelles observations en regard des réponses de l'agent vérifié, et remet le rapport et sa copie au directeur, après avoir donné, sur le rapport original, son appréciation sur le degré d'intelligence, d'aptitude et d'instruction de l'agent vérifié, sur sa tenue en général, et sur son attitude pendant la vérification.

Le directeur prend, sur le rapport que lui remet l'inspecteur et dans un délai maximum de cinq jours, les conclusions qu'il juge utiles, et il renvoie la copie au préposé que le rapport concerne, avec ordre de la représenter à toute réquisition des inspecteurs des finances, des inspecteurs généraux et de leurs adjoints, ainsi que des agents supérieurs des postes et des télégraphes en tournée.

La copie renvoyée au préposé est accompagnée d'une lettre sur laquelle cet agent est tenu de fournir la justification de la suite qu'il a donnée aux injonctions du directeur; à la rentrée de cette lettre, l'original du rapport est classé dans le dossier de l'agent qu'il concerne, et il est conservé dans les archives de la direction, alors même que cet agent viendrait à quitter, plus tard, le département.

Le directeur fait prendre, en outre, sur une nomenclature générale des bureaux de poste et de télégraphe de son département, note exacte de la date de la vérification de chacun de ces établissements, et, tous les trois mois, il en adresse la liste à l'administration, sous le timbre du bureau du personnel.

Matériel des courriers d'entreprise.

Au cours de leurs tournées, les inspecteurs vérifient, au lieu même où il est déposé, le matériel affecté, par les courriers d'entreprise, au transport des dépêches.

Ils s'assurent notamment que les coffres des voitures sont munis de serrures de sûreté et placés à portée et sous les yeux des courriers.

Les résultats de ces vérifications sont constatés par des procès-verbaux adressés aux directeurs. En ce qui concerne les services à pied ou par chemins de fer, il n'est dressé de procès-verbal qu'au cas où le matériel est reconnu défectueux.

Si le matériel a été trouvé en mauvais état, le chef de service adresse à l'entrepreneur en cause les injonctions nécessaires; dans, dans le cas où cet entrepreneur ne justifierait pas qu'il s'y est conformé, il procède contre lui à une information officielle.

Les procès-verbaux sont classés au dossier des entrepreneurs qu'ils concernent.

§ 3. — Installations.

Agents chargés des installations.

Les inspecteurs procèdent à l'installation des receveurs et des facteurs-boîtiers. L'intervention de ces agents supérieurs est nécessaire pour arrêter le compte de l'ancien titulaire, effectuer la remise des valeurs au préposé entrant, initier celui-ci à ses nouvelles fonctions, et trancher toutes les difficultés qui pourraient survenir en cas de défaut d'entente pour la reprise des objets de matériel.

Lorsque le titulaire d'un emploi de facteur-boîtier en a déjà exercé les fonctions, ou qu'une participation aux travaux d'un bureau, en qualité d'aide, l'a mis suffisamment au courant du service, le directeur peut déléguer l'installation au receveur dont le facteur-boîtier relève, sans indemnité de déplacement.

Les gérants des bureaux auxiliaires sont installés soit par les inspecteurs, soit par les receveurs des bureaux dont ils relèvent.

Les dates d'installation sont fixées par l'administration, après avis du directeur, s'il s'agit d'agents à la nomination des préfets.

Justifications à fournir par l'agent à installer.

Le premier soin de l'ispecteur chargé d'installer un receveur, c'est de lui faire représenter sa commission, revêtue du visa du directeur, la justification de sa prestation de serment, le récépissé du versement de son cautionnement ou du complément de cautionnement auquel il est assujetti, et, s'il y a lieu, le certificat de non-opposition à ce cautionnement.

Séparation de gestion.

L'inspecteur procède ensuite à la séparation de gestion.

A cet effet, il s'assure que les écritures sont bien conformes à l'accusé de crédit donné sur le dernier bordereau mensuel renvoyé au receveur; il vérifie les perceptions réalisées depuis cette époque et leur constatation sur les registres et états auxiliaires; il compare ensuite les recettes avec les dépenses et fait ressortir la situation du comptable en un excédent de valeurs en caisse dont ce dernier fait remise au titulaire entrant sur quittance; cette dernière opération de la gestion qui finit est passée en écriture sous le titre de : *Fonds remis aux receveurs des postes et des télégraphes.*

L'inspecteur arrête alors la situation définitive du receveur sortant, sur un compte de séparation de gestion; de son côté, le receveur sortant établit un bordereau n° 1104 et arrête les comptes à l'appui, comme si le jour de la séparation de gestion était le dernier jour d'un mois; le bordereau doit présenter les recettes et les dépenses en égalité.

A la même date, le receveur entrant se charge en recette des valeurs reçues de son prédécesseur et en passe écriture sous le titre : *Fonds reçus des receveurs des postes et des télégraphes.*

Si le receveur sortant ne peut représenter intégralement l'excédent de valeurs en caisse résultant de sa situation, il remet à son successeur les valeurs dont il dispose, dans la forme prévue par l'article précédent, et il ne peut être installé dans un nouvel emploi de comptable sans avoir comblé son déficit; si cette régularisation n'a pas lieu dans le délai fixé par l'administration ou si le déficit dépasse le cautionnement, ou bien, enfin, si le comptable n'appartient pas au service des postes et des télégraphes, il est procédé à la constatation du débet dans la forme ordinaire.

La séparation de gestion entre deux comptables est constatée par le parafe de l'inspecteur ou du sous-inspecteur chargé de l'installation, sur tous les registres en usage au bureau.

Le compte de séparation de gestion est signé par l'inspecteur et les receveurs entrant et sortant; il est dressé en sextuple expédition et transmis au directeur du département, qui le vise, conserve une expédition au dossier du receveur entrant, en envoie deux autres aux receveurs entrant et sortant, transmet la quatrième à l'administration, sous le timbre du bureau du personnel, la cinquième à la direction générale de la comptabilité publique, la sixième à la direction de la Caisse d'épargne postale.

L'inspecteur adresse à l'administration (bureau des articles d'argent) un inventaire de la situation des formules de mandats existant au bureau et des souches de mandats conservées dans les archives.

Si le receveur sortant ne peut représenter toutes les formules de mandats qu'il a prises en charge, le directeur en prévient l'administration par un rapport motivé, sur l'avis qui lui est donné par l'agent chargé de l'installation.

Bureaux de nouvelle création.

Lorsqu'il s'agit d'un bureau de nouvelle création, il n'y a pas lieu à séparation de gestion; l'inspecteur se borne, dans ce cas, à dresser un procès-verbal d'installation.

Installation des receveurs principaux.

Lorsque l'agent à installer est un receveur principal, cet agent reçoit du directeur une formule de *certificat de prise en charge* qui est établi en simple expédition et sur laquelle il porte :

1° Les opérations en recette et en dépense, effectuées, jusqu'à la fin du mois précédent, par les receveurs ordinaires du département : les chiffres à inscrire sont relevés sur le tableau n° 3 du livre récapitulatif des recettes et des dépenses (3e partie) ;

2° Les opérations du receveur principal sortant, jusqu'au jour de la remise du service, conformément aux résultats du compte de séparation de gestion et du bordereau mensuel n° 1104.

Le certificat de reprise de service est signé par les receveurs principaux entrant et sortant et remis au directeur, qui le conserve jusqu'à l'arrivée du prochain accusé de crédit. Ce certificat est alors transmis à la direction générale de la comptabilité publique, après avoir été rectifié, s'il y a lieu.

Remise du matériel.

La séparation de gestion établie, l'inspecteur procède à la revision des objets de matériel existant au bureau.

Il dresse l'inventaire des imprimés, registres, formules, instructions, tarifs, états d'organisation, timbres, cachets, balances, poids et autres objets de matériel postal laissés par le titulaire sortant au titulaire entrant. Cet inventaire est établi en quadruple expédition, dont l'une est remise au receveur entrant, une autre au receveur sortant, et les deux dernières sont adressées au directeur du département, qui classe l'une au dossier du receveur entrant, en même temps que le procès-verbal d'installation, et expédie l'autre à l'administration, sous le timbre de la division du matériel et de la construction.

Si des objets de matériel fournis par l'administration manquent ou sont détériorés, le directeur départemental en poursuit le remplacement; en cas de difficulté, il signale, en envoyant les inventaires, la cause de la disparition ou de la détoriation de l'objet, et fait connaître à la charge de qui le remplacement doit avoir lieu.

La reprise du mobilier affecté au service postal (tables, balances et boîtes de poids, chaises, casiers, armoires, carte de l'arrondissement du bureau, sacoches pour la levée des boîtes, brosses ou tampons, encre à timbrer, papier, sacs à dépêches, étiquettes, ficelle, cire et autres objets de matériel, dont les receveurs doivent se pourvoir à leurs frais) n'est pas obligatoire pour le receveur entrant. Si le titulaire entrant et le titulaire sortant ne peuvent s'entendre pour une cession à l'amiable, l'inspecteur fait maintenir les objets à la disposition du titulaire entrant, pendant un délai qu'il détermine et à l'expiration duquel le titulaire entrant doit être pourvu des objets de matériel dont la fourniture est à sa charge.

Instructions à donner aux agents nouveaux.

Avant de quitter le bureau, l'inspecteur ou le sous-inspecteur fait expédier sous ses yeux, à la direction, le bordereau n° 1104, les comptes spéciaux rédigés par le comptable sortant et les pièces justificatives de ces documents.

Les pièces relatives au cautionnement du nouveau receveur sont rapportées ou adressées le jour même à la direction, d'où elles sont expédiées à l'administration, après qu'il en a été pris note.

Lorsque l'agent à installer exerce, pour la première fois et sans avoir aucune notion, les fonctions de receveur, l'inspecteur doit rester au moins deux jours pleins, outre le jour de l'installation, pour mettre le titulaire au courant des travaux ordinaires du bureau; il doit lui donner les indications les plus précises sur le jeu des pièces de comptabilité et leur emploi en fin de mois.

L'inspecteur fait exécuter devant lui les différentes opérations du service, explique au titulaire le but et le mode d'emploi des divers imprimés et registres, et ne quitte le bureau que lorsqu'il est certain que le nouveau préposé peut en assurer convenablement la gestion.

Cas divers. Installation d'un distributeur, facteur-boîtier ou gérant auxiliaire.

L'installation d'un distributeur, facteur-boîtier ou gérant auxiliaire, ne donne lieu à aucune opération de comptabilité; elle est constatée, après le visa de l'inspecteur sur les registres en usage dans le bureau, par un procès-verbal et un inventaire de matériel dressés en quatre expéditions, dont l'une est remise au titulaire sortant, la seconde au titulaire entrant; la troisième et la quatrième sont envoyées au directeur du département, qui classe l'une au dossier du titulaire entrant et envoie l'autre à l'administration.

S'il s'agit d'un bureau secondaire nouvellement créé, trois expéditions du procès-verbal et de l'inventaire suffisent.

Conversion d'un établissement secondaire en recette.

En cas de conversion d'un établissement secondaire en recette, l'avance fixe dont cet établissement était pourvu est rendue au bureau dont il relevait.

Suppression d'une distribution.

Lorsqu'un établissement de poste secondaire est supprimé, le service est simplement remis au receveur du bureau dont la distribution relevait.

Suppression d'une recette ou conversion d'une recette en distribution.

Lorsqu'une recette est supprimée ou convertie en bureau de distribution, la clôture de la gestion est effectuée par l'inspecteur, dans la même forme que s'il s'agissait d'une installation; seulement, l'excédent des valeurs en caisse, au lieu d'être passé en écriture à titre de fonds remis au receveur des postes et des télégraphes, est versé au receveur des finances.

Les timbres-poste, timbres mobiles, lettres taxées, etc. sont pris en charge par le bureau le plus voisin; le renvoi à l'administration du matériel devenu inutile est constaté par un bordereau de renvoi signé par les agents intervenus à la remise du service ou à la clôture de la gestion; ce bordereau accompagne le paquet des objets renvoyés à l'administration.

Quant aux formules de mandats d'articles d'argent restées sans emploi, elles sont rapportées au directeur, qui les transmet, sous chargement, à l'administration.

Constitution de gérants provisoires.

Lorsqu'un receveur ou distributeur décède ou abandonne ses fonctions, le directeur doit constituer un gérant chargé d'opérer, s'il s'agit d'un receveur, pour le compte du titulaire qui sera ultérieurement nommé. L'inspecteur procède à l'installation du gérant, ainsi qu'à la clôture de la gestion du titulaire parti ou décédé.

S'il s'agit d'un receveur, l'assistance du maire de la commune doit être requise, au lieu et place du titulaire absent, pour la rédaction du compte de séparation de gestion et des différents procès-verbaux ou pièces relatives à l'installation.

Absence de l'agent à installer.

Si le nouveau titulaire ne se présente pas, par suite d'un empêchement quelconque, à la date fixée pour son installation, l'inspecteur n'en doit pas moins procéder à la séparation de gestion, s'il peut installer un gérant provisoire; dans le cas contraire, il maintient en place le titulaire sortant et rend compte de l'incident au directeur, qui prend les mesures indiquées par les circonstances.

Lorsqu'un intérimaire a été constitué à la suite d'une séparation de gestion, l'entrée en fonctions du nouveau titulaire ne donne pas lieu à installation ni à aucune opération de comptabilité.

La remise de service est simplement constatée par un compte de clerc à maître, dressé entre le gérant et le nouveau comptable. Ce compte est établi en six expéditions, qui reçoivent, après visa du directeur, la même destination que les procès-verbaux d'installation eux-mêmes.

Cas où l'inspecteur est lui-même empêché.

Dans le cas où, par suite de congé, de maladie où d'un empêchement quelconque, l'inspecteur ne peut procéder lui-même à une installation, le directeur le fait remplacer par un agent qu'il désigne, et choisit de préférence dans le bureau le plus voisin du lieu de l'installation.

Il en prévient immédiatement l'administration.

L'agent délégué reçoit, en un mandat appuyé de l'ordre de mission approuvé par l'administration et portant état de frais certifié par le chef de service, sur l'allocation attribuée à l'inspecteur, une indemnité de déplacement, calculée d'après les bases du tarif approuvé par l'arrêté du sous-secrétaire d'État des finances du 31 juillet 1878.

§ 4. — Attributions des brigadiers-facteurs.

Service des brigadiers-facteurs.

Le service des brigadiers-facteurs se partage en travaux sédentaires au chef-lieu, et en missions ou tournées périodiques sur les divers points du département.

Pour les besoins de leur service, les brigadiers-facteurs doivent tenir constamment au courant des modifications survenues, un registre présentant, par établissement des postes, le nom des facteurs de toute catégorie attachés à cet établissement, le service de ces facteurs et les renseignements statistiques qui peuvent faire apprécier l'importance de chacune des tournées ou quartiers de distribution.

Travaux sédentaires des brigadiers-facteurs.

Les travaux sédentaires des brigadiers-facteurs consistent :

1° Dans la vérification des parts des facteurs locaux et ruraux : examen des empreintes des timbres alphabétiques des boîtes; contrôle du temps employé pour le parcours, du nombre des lettres recueillies et distribuables dans la même tournée, de l'inscription des dépêches administratives et, en général, de la rédaction des parts;

2° Dans la vérification sommaire des parts des courriers d'entreprise, des relevés des retards et des rapports spéciaux sur la cause des retards notables ou accidents survenus aux courriers en route.

Les brigadiers-facteurs extraient des liasses et remettent aux directeurs les pièces erronées, avec des notes ou fiches explicatives.

Indépendamment de ces attributions spéciales, les brigadiers-facteurs doivent s'acquitter de tous les travaux d'expédition, d'ordre, de classement et de vérification qui leur sont confiés par les directeurs; quand ils ne sont pas en tournée, ils doivent huit heures de présence par jour dans les bureaux de la direction.

Missions périodiques des brigadiers-facteurs.

Les tournées des brigadiers-facteurs ont principalement pour but d'explorer les arrondissements ruraux ou les quartiers de distribution dans lesquels des modifications de service sont à l'étude, et de surveiller le service de tous les facteurs du département, y compris ceux du télégraphe, en dehors des bureaux auxquels ces facteurs sont attachés.

Les missions des brigadiers-facteurs sont combinées de telle sorte que toutes les communes du département soient visitées une fois tous les deux ans au moins.

Les brigadiers-facteurs en tournée dans les quartiers de distribution du chef-lieu de département ou dans l'arrondissement rural de la recette principale, sont considérés comme en service sédentaire et ne reçoivent aucune indemnité pour ces tournées.

La durée totale des excursions des brigadiers-facteurs est fixée, sauf les cas extraordinaires, à cent jours par an; les quatre-vingts premiers jours sont répartis, aussi également que possible, entre les mois de mars, avril, mai, juin, juillet, août, septembre, octobre; les vingt autres sont réservés pour les mois de novembre, décembre, janvier et février, de manière à maintenir les brigadiers dans l'habitude de la marche et à assurer la surveillance à toutes les époques de l'année.

Ordres de mission.

Avant de commencer chaque tournée, le brigadier-facteur reçoit du directeur un ordre de service indiquant le but de sa mission, l'itinéraire à suivre, les personnes auxquelles il doit se présenter, etc.

Le brigadier-facteur en cours de tournée recueille, sur son ordre de mission, le visa, ainsi que les observations des receveurs ou facteurs-boîtiers des bureaux par où il passe.

Il y consigne les indications prévues par la formule pour constater ses rencontres avec les facteurs en tournée, et appose son visa au tableau n° 5 du part de ces sous-agents.

Visite des boîtes aux lettres.

Le brigadier-facteur prend, sur un état spécial, les empreintes des lettres-timbres des boîtes des communes de son itinéraire, et remplace celles de ces lettres-timbres qu'il trouve en mauvais état, ou qui doivent être changées par mesure d'organisation.

A cet effet, il est muni d'une clef des boîtes rurales et approvisionné de lettres-timbres qui lui sont confiées par le directeur.

Il emporte, en outre, les outils nécessaires soit pour nettoyer, soit pour remplacer les lettres-timbres.

A chaque visite de boîte rurale, le brigadier-facteur y dépose un bulletin qui en constate l'état. Il indique l'heure de son passage, sur le bulletin qu'il signe et adresse au receveur ou facteur-boîtier dans l'arrondissement duquel la boîte est située. Ce préposé renvoie, par le premier courrier, le bulletin au directeur du département, avec ses observations s'il y a lieu ; il indique, notamment, les mesures qu'il a prises d'urgence pour faire réparer la boîte, si elle a été reconnue en mauvais état. Les bulletins de vérification servent à contrôler à la fois le service des facteurs et celui du brigadier lui-même.

Surveillance exercée sur le service extérieur des sous-agents.

Les brigadiers doivent, au cours de leur tournée :

1° Se porter à la rencontre des facteurs, pour vérifier la régularité de leur marche, leur tenue, leur équipement, leur approvisionnement de timbres-poste, de cartes postales et de chiffres-taxes, le contenu de leur boîte ou de leur portefeuille;

2° Représenter les lettres taxées rendues par les facteurs et signalées comme non distribuables ;

3° Contrôler le résultat des visites prescrites pour le retrait des lettres dans les hôtels ;

4° Surveiller le service des gardiens d'entrepôt et celui des courriers d'entreprise ;

5° S'assurer si l'approvisionnement des débitants de timbres-poste étrangers à l'administration est suffisant.

Les tournées des brigadiers-facteurs doivent être combinées de manière qu'ils puissent se rendre, au moins une fois chaque année, dans les communes où sont établis des bureaux de poste auxiliaires et vérifier la caisse de ces bureaux. **Vérification des caisses des bureaux de poste auxiliaires.**

A cet effet, le directeur leur fait connaître, au moment de leur départ, le montant de l'avance fixe du bureau auxiliaire, et ils ont à se rendre compte, sans s'immiscer autrement dans les opérations du gérant, si le numéraire et les timbres-poste existant en caisse représentent le montant de cette avance, en tenant compte des opérations faites depuis le dernier envoi au bureau d'attache.

Il est formellement interdit aux brigadiers-facteurs d'accepter ni logement, ni repas, ni service, de quelque nature que ce soit, de la part des facteurs, courriers, gardiens d'entrepôt et gérants auxiliaires qu'ils peuvent être appelés à vérifier. **Rapports des brigadiers-facteurs avec les agents et les sous-agents.**

Les brigadiers-facteurs n'ont pas d'ordres à recevoir des receveurs des bureaux par où ils passent : il dépend d'eux, selon le temps dont ils disposent et l'importance du but à atteindre, d'accepter ou de décliner respectueusement les vérifications spéciales que ces agents peuvent leur proposer dans l'intérêt du service, en dehors de la mission donnée par le directeur.

De retour au chef-lieu, le brigadier-facteur rédige un rapport dans lequel il rend compte du résultat de sa mission. **Rapports de mission des brigadiers-facteurs.**

Le directeur donne la suite qu'ils comportent aux faits relevés par le brigadier-facteur : il conserve le rapport dans ses archives et délivre au profit du brigadier, sur le crédit de délégation annuel mis à sa disposition, un mandat d'indemnité appuyé d'un état de frais dûment certifié.

La suite donnée au rapport du brigadier-facteur est consignée sur un registre qui résume tous les rapports mensuels de ce sous-agent, et fait connaître la date de son passage dans les communes du département.

FIN

ADDITIONS ET MODIFICATIONS

Depuis que le *bon à tirer* de cet ouvrage a été donné, un certain nombre de changements ont été apportés à l'organisation et aux règlements en vigueur dans le service des postes; des renseignements nouveaux nous sont parvenus.

Nous indiquons ci-après les modifications qu'ils entraînent et qui n'ont pu être apportées en temps utile dans le texte de l'ouvrage :

Organisation des services extérieurs.

DEUXIÈME PARTIE, CHAPITRE II.

Le décret organique du 23 avril 1883 a été modifié par plusieurs décrets nouveaux ; qui sont :

1° Le décret du 22 septembre 1890 (*Bull. mens.* n° 9, sept. 1890; p. 916), qui élève le maximum du traitement des courriers convoyeurs et des entreposeurs ;

2° Celui du 31 décembre 1890 (*Bull. mens.* n° 11, supp., nov. 1890), qui crée un emploi d'*agent comptable des téléphones ;*

3° Celui du 10 janvier 1891, qui fixe l'échelle du traitement de l'agent comptable des téléphones ;

4° Celui du 21 janvier 1891 (*Bull. mens.* n° 2, fév. 1891, p. 50), qui donne le titre de *directeur-ingénieur* au directeur de l'École professionnelle supérieure et à l'ingénieur en chef de la vérification du matériel, élève à 12,000 francs le maximum du traitement de ces fonctionnaires, et porte à 10,000 francs le maximum du traitement de quatre inspecteurs-ingénieurs, collaborateurs immédiats du directeur-ingénieur de la région de Paris et du directeur-ingénieur de la vérification du matériel ;

5° Celui du 26 février 1891 (*Bull. mens.* n° 3, mars 1891, p. 117), qui donne le titre d'*inspecteur* ou de *sous-inspecteur*, suivant le traitement dont ils étaient en possession, aux contrôleurs du service technique de la région de Paris et des services spéciaux.

6° Celui du 10 mars 1891, qui réorganise la commission consultative des postes et des télégraphes.

Il y a lieu, en conséquence, de mentionner ces décrets, à la page 46, à la suite de ceux rendus précédemment et qui modifient le décret organique du 23 avril 1883.

Même chapitre, § 5 (*Services spéciaux*), p. 64 et 65.

Remplacer la dénomination de *contrôleur* par celle d'*inspecteur* ou de *sous-inspecteur*.

Commission consultative des postes et des télégraphes.

DEUXIÈME PARTIE, CHAPITRE II, § 7.

La commission consultative des postes et des télégraphes a été réorganisée par le décret du 10 mars 1891 et l'arrêté ministériel du 11 du même mois. En conséquence, il y a lieu de substituer, à la page 70, aux trois alinéas dont le premier commence par les mots : « Elle est divisée en trois sections, » la rédaction suivante :

« La commission est présidée par le ministre.

« Elle se compose :

« 1° De vingt-cinq membres désignés par le ministre et choisis parmi les sénateurs, les députés, les représentants des chambres de commerce, les ingénieurs des télégraphes, etc. ;

« 2° De membres de droit, qui sont :

« Les inspecteurs généraux des postes et des télégraphes et, en leur absence, les inspecteurs adjoints ;

« Le directeur du service télégraphique au ministère de la guerre ;

« Le directeur du service des chemins de fer au ministère des travaux publics ;

« Le chef de cabinet du ministre du commerce ;

« Le directeur-ingénieur de la région de Paris ;

« Le directeur des postes de la Seine ;

« Le receveur principal des postes de la Seine ;

« Le chef de la division de la comptabilité et du contrôle au ministère du commerce.

« Les inspecteurs adjoints à l'inspection générale assistent aux séances avec voix consultative.

« Les directeurs, administrateurs et chefs de bureau à l'administration centrale peuvent être appelés au conseil avec voix consultative.

« Le chef du personnel à l'administration centrale des postes et des télégraphes remplit les fonctions de secrétaire général, assisté d'un sous-ingénieur comme secrétaire adjoint (*Décret du* 10 *mars* 1891 ; *arrêté ministériel du* 11 *mars* 1891 (1). »

Conditions d'admission aux emplois.

DEUXIÈME PARTIE, CHAPITE III, § 2.

Les conditions d'admission au surnumérariat ont été modifiées par l'arrêté ministériel du 4 février 1891 (*Bull. mens.* n° 1, janvier 1891, p. 7 et s.).

Il y a lieu, en conséquence, de substituer la rédaction suivante au texte du dernier alinéa de la page 74, à la page 75, et aux deux premiers alinéas de la page 76 :

Conditions d'âge. « Nul ne peut se présenter à l'examen du surnumérariat s'il n'a *dix-huit ans* au moins, et *vingt-cinq ans*, au plus. Ces conditions d'âge doivent être remplies au moment de l'examen.

« *Par exception, peuvent être admis, après vingt-cinq ans et jusqu'à* vingt-huit, *les candidats qui justifient de trois années de participation, en qualité de receveur, de commis auxiliaire ou d'aide, au travail d'un bureau de poste et de télégraphe.*

« *Si le candidat compte moins de trois ans de services et plus de vingt-cinq ans d'âge, la limite de vingt-cinq ans est reculée d'une durée égale à celle des services.*

« *Par mesure transitoire, et en attendant que la nouvelle loi militaire ait reçu son entière exécution, la même extension de la limite d'âge est accordée, dans des conditions identiques, aux anciens militaires. Leurs services sous les drapeaux leur sont comptés comme les services administratifs des receveurs, aides ou auxiliaires.*

« Dans ce cas, ils sont appelés à fournir, indépendamment des pièces indiquées au § 1er (p. 72), *une copie certifiée de l'état de leurs services militaires et un certificat de bonne conduite au corps.* Les candidats exemptés ou ajournés sont tenus de produire *un certificat constatant leur situation au point de vue de la loi sur le recrutement de l'armée.*

« Les candidats appartenant déjà à l'administration sont dispensés de ces formalités.

Admission de la candidature. « Les candidats au surnumérariat doivent avoir été préalablement agréés par le directeur général.

« (*Arrêté ministériel du* 4 *février* 1891, *art.* 2).

Programme de l'examen. « L'examen du surnumérariat a été institué par l'article 30 de l'ordonnance du 17 décembre 1844. Le programme en a été fixé, en dernier lieu, par l'arrêté ministériel du 4 février 1891.

(1) *Bull. mens.*, n° 3, mars 1891, p. 116.

« *Aucun candidat ne peut se présenter plus de trois fois au concours.* (Art. 3 de l'arrêté ministériel du 4 février 1891.)

« Le programme comprend des épreuves obligatoires et des épreuves facultatives.

« Les épreuves obligatoires portent sur l'écriture, l'orthographe, la rédaction, l'arithmétique élémentaire, jusques et y compris les proportions, le système métrique, la géographie générale et particulièrement celle de la France, quelques éléments de physique et de chimie.

« Les épreuves facultatives portent sur l'algèbre élémentaire, la géométrie pratique, le dessin linéaire, les langues étrangères (langues anglaise, allemande, italienne, espagnole ; thème et version sans dictionnaire).

« Un certain nombre de points, en sus de ceux accordés pour chacune des épreuves, sont acquis aux candidats qui produisent un diplôme de bachelier ès lettres, ès sciences ou de l'enseignement secondaire spécial (1), de licencié en droit ou ès sciences.

« Les épreuves sont subies au chef-lieu du département, sous la surveillance d'un comité composé du directeur, de l'inspecteur le plus ancien en grade et du receveur principal ou du plus ancien commis principal de la recette principale. Si le directeur est absent ou empêché, la présidence appartient à l'inspecteur le plus ancien, qui est lui-même remplacé, comme membre du comité, par un autre inspecteur, ou, à défaut, par un commis principal de la direction. Comités d'examen.

« Les candidats sont admis à concourir sur la présentation d'une lettre qui leur est adressée par l'administration.

« *Aucun candidat ne peut subir les épreuves devant un comité dont son père, un oncle ou un allié au même degré ferait partie. Tout examen passé dans ces conditions serait frappé de nullité* (Art. 6 de l'arrêté ministériel du 4 février 1891).

« Les sujets de composition sont arrêtés à l'administration centrale, et envoyés, sous pli cacheté, aux présidents des comités d'examen. Le pli n'est ouvert qu'en présence des candidats.

Les opérations de chaque comité sont résumées dans un procès-verbal auquel sont annexées les compositions des candidats ; le tout est transmis, par le directeur départemental, à l'administration centrale et soumis à l'examen d'une commission de classement siégeant à Paris, chargée de dresser, par ordre de mérite, la liste des admissibles. Le nombre des admissibles est fixé suivant les besoins et en vue des vacances probables. L'examen a donc véritablement le caractère d'un concours. Commission de classement.

« Les candidats déclarés admissibles sont nommés surnuméraires au fur et à mesure des vacances, suivant le rang qu'ils ont obtenu dans le classement général. » Admission des candidats.

(1) Une décision ministérielle du 11 décembre 1882 avait dispensé de l'examen les candidats pourvus du diplôme de bachelier ès lettres ou ès sciences. Cette exception n'a pas été maintenue (*Bull. mens.* n° 12, doc. 1882, p. 771).

Même chapitre, § 3, *Agents supérieurs*, p. 81.

(Conditions d'admission à la 1re section de l'École professionnelle supérieure des postes et des télégraphes).

Mentionner l'arrêté du 22 janvier 1891 (*Bull. mens.* n° 1, janv. 1891, p. 6), relatif à la tenue des examens.

Même chapitre, § 4, *Agents secondaires*, p. 89.

Les conditions d'admission aux emplois de dame *télégraphiste* ou *téléphoniste*, fixées par l'arrêté ministériel du 6 décembre 1890, ont été rendues applicables aux aspirantes à l'emploi d'auxiliaire dans les bureaux d'ordre secondaire (*Arrêté du* 21 *février* 1891 ; *bull. mens.* n° 2, fév. 1891, p. 69).

Échelle des traitements.

DEUXIÈME PARTIE, CHAPITRE V, *Émoluments attachés aux emplois*, § 1er. *Traitements*, p. 102.

Mentionner les décrets des 20 mars 1886 et 26 février 1891, qui ont fait entrer les contrôleurs du service technique et des services spéciaux dans le cadre des inspecteurs et des sous-inspecteurs ;

Page 103, supprimer le dernier alinéa.

Page 104, tableau des traitements, supprimer la dénomination de *Contrôleurs*, et les chiffres qui s'y rapportent.

Reporter les indications concernant les inspecteurs et les sous-inspecteurs dans la catégorie des emplois communs aux divers services.

Modifier ainsi le texte du renvoi (1) : « Le traitement maximum de quatre inspecteurs-ingénieurs, collaborateurs immédiats du directeur-ingénieur de la région de Paris et du directeur-ingénieur de la vérification du matériel, peut exceptionnellement s'élever jusqu'à 10,000 francs. »

Remises sur les recettes.

DEUXIÈME PARTIE, CHAPITRE V, § 4, *Remises*, p. 109.

Un arrêté ministériel du 7 février 1891 a alloué aux receveurs une remise de 1 0/0 sur le produit de la vente des *tickets téléphoniques*.

Un arrêté ministériel du 19 mars 1891 a fixé le taux des remises allouées aux receveurs des postes et des télégraphes sur les recettes du service téléphonique, à l'exception du produit des tickets et des avances versées par les villes.

En conséquence, il y a lieu :

1° D'intercaler, à la page 109, entre le deuxième et le troisième alinéa, un nouveau paragraphe ainsi conçu :

« Le taux des remises allouées aux receveurs des postes et des télégraphes, sur le produit des recettes du service téléphonique (à l'exception du produit des tickets et des avances versées par les villes), a été fixé par une décision ministérielle du 19 mars 1891, suivant le tarif décroissant ci-après :

50 centimes par 100 francs, sur les premiers 10,000 francs ;
25 — par 100 francs, sur les 40,000 francs suivants ;
25 — par 200 francs, sur toute somme au delà de 50,000 francs.
(*Bull. mens.* n° 3, mars 1891, p. 118.)

2° De modifier, comme suit, le 3e alinéa de la page 109 :

Remise sur le produit de la vente des télégrammes pneumatiques et des tickets téléphoniques.

« Une remise de 1 0/0 est allouée aux receveurs sur le produit de la vente des cartes-télégrammes, télégrammes fermés et enveloppes servant à la transmission des dépêches pneumatiques, ainsi que des tickets téléphoniques ; elle ne donne lieu à aucun partage entre le receveur et les employés des bureaux.

« (*Arrêté ministériel du* 7 *février* 1891 ; *Bull. mens.* n° 2, février 1891, p. 69 ; n° 3, mars 1891, p. 118). »

Indemnités.

DEUXIÈME PARTIE, CHAPITRE V, § 5, p. 117.

Ajouter, au bas de la page 117, un alinéa ainsi conçu :

« L'indemnité de 60 francs par an allouée aux factrices, en représentation de l'habillement que les facteurs reçoivent en nature (*Arrêté ministériel du* 5 *mars* 1891) (1).

Sommes payées par la poste aux compagnies de chemins de fer.

SEPTIÈME PARTIE, CHAPITRE VII, § 4, p. 525.

Rectifier comme suit le dernier alinéa de la page 525 :

Les sommes payées par la poste aux compagnies de chemin de fer se sont élevées, en 1890, à la somme de 1,212,866 francs, se décomposant ainsi :

Indemnités payées pour le service des conducteurs de train et des entrepôts de dépêches	98,876 fr.
Indemnités payées pour le service des boites mobiles	4,890
Transport d'un second vagon-poste dans les trains ordinaires	236,196
Trains spéciaux quotidiens (Paris à Calais, Mâcon à Modane ; indemnité d'accélération pour les trains de Paris à Calais) ; service de la malle de l'Inde	857,904
Transport d'un vagon-poste de grand modèle dans le train rapide de Paris à Marseille	15,000
TOTAL	1,212,866

(1) *Bull. mens.*, n° 3, mars 1891, p. 119.

Lettres de chemins de fer, en Angleterre.

SEPTIÈME PARTIE, CHAPITRE XI, § 4, p. 628.

Ajouter l'alinéa suivant :

« En Angleterre, le public est admis à expédier, par les trains de chemin de fer ou les départs des bateaux à vapeur les plus rapprochés, des lettres internes simples, qui peuvent être retirées à la gare de destination ou être jetées dans la boîte aux lettres la plus voisine pour être distribuées par le facteur. Ces lettres sont déposées directement aux gares et soumises à une taxe supplémentaire de 10 centimes. Cette taxe est payée en numéraire et encaissée par la Compagnie du chemin de fer (1). »

Statistique du service des articles d'argent.

HUITIÈME PARTIE, CHAPITRE Ier, § 2.

Statistique des mandats du service intérieur en 1890.

Nombre	25,243,727
Montant	724,143,926 fr. 91
Droit perçu	6,883,127 fr. 26

CHAPITRE II, § 1, *Mandats-cartes*, p. 670.

Statistique des mandats-cartes à l'intérieur en 1890 :

Nombre	207,598
Montant	4,416,187 fr. 85

Les mandats-cartes sont aux mandats ordinaires, en ce qui concerne le nombre, dans la proportion de 1 à 121.

Monnaies ayant cours légal.

NEUVIÈME PARTIE, CHAPITRE V, § 2, *Tenue de la caisse*, p. 836.

Compléter l'énumération des monnaies ayant cours légal par la mention des pièces d'or espagnoles de 10 et de 20 pesetas (*Circulaire du ministre des finances du* 17 *février* 1891 ; *Bull. mens.* n° 3, *mars* 1891, p. 131).

(1) *Union postale du* 1er *avril* 1891, p. 66.

ERRATA

Page 47, remplacer, dans la marge, les mots : « Contrôleurs *principaux* », par les mots : « Contrôleurs *provinciaux.* »

72, ch. III, § 1, 13e ligne, *au lieu de :* « cette *épreuve* est fournie... » *lire :* « cette *preuve* est fournie... »

» 73, au lieu de : « § 10 », lire : « § 2. »

» 101, 6e alinéa, 3e et 4e lignes, au lieu de : « *Décision ministérielle du* 12 *juillet* 1884 », lire : « *Décision ministérielle du* 12 *juillet* 1844. »

» 128, au lieu de « CHAPITRE VIII », lire « CHAPITRE VII ».

» 164, au lieu de « CHAPITRE XII », lire « CHAPITRE XI ».

» 214, dernier alinéa, modifier comme suit l'analyse marginale : « Droits auxquels la prestation de serment est assujettie. »

» 251, avant-dernier alinéa, 1re ligne, au lieu de : « Celui du 4 novembre 1789 », lire : « Celui du 4 novembre 1739. »

» 272, dernier alinéa, remplacer dans l'analyse marginale, le mot : « *Réduction* » par le mot : « *Restriction.* »

» 285, 2e ligne, au lieu de : « 11 avril 1876 », lire : « 11 avril 1676. »

» 290, 3e alinéa, 2e ligne, au lieu de : « (*Loi du* 24 *avril* 1806) », lire : « (*Loi du* 6 *avril* 1806). »

» 316, 5e alinéa, rectifier ainsi les premiers mots : « A partir du 1er janvier 1872. »

» 327, 4e alinéa, rectifier ainsi l'analyse marginale : « *Loi du* 6 *avril* 1878. »

» 371, 5e ligne, remplacer les mots : « (*Loi du* 11 *juin* 1859) », par : « (*Loi du* 4 *juin* 1859) » ; 6e ligne, au lieu de : « (*Loi du* 29 *mai* 1854) », lire : « (*Loi du* 20 *mai* 1854). »

» 402, 8e ligne, au lieu de : « *Ils sont supportés* », lire : « *Elles sont supportées.* »

» 408, 5e alinéa, 1re ligne, au lieu de : « L'article 15 », lire : « L'article 5. »

» 420, dernier alinéa, rectifier comme suit l'avant-dernière ligne : « 1165 kilomètres, soit en dernier lieu 40 kilomètres à l'heure, en moyenne. »

» 425, renvoi (2), dernière ligne, *au lieu de :* « 3355 kilomètres », *lire :* « 4454 kil. 8. »

» 436 — dernier alinéa, supprimer les mots : En cas d'insuffisance d'affranchissement. »

» 438, supprimer le 6e alinéa commençant par les mots : « *Ce maximum...* » et le reporter à la page 439, à la suite du 1er alinéa.

» 443, 19e ligne, au lieu de : « *ces* offices » lire « *les* offices. »

» 447, entre l'avant-dernière et la dernière ligne, intercaler l'alinéa suivant : « Le tableau no 3 contient la liste des communes qui doivent faire partie du nouvel arrondissement postal. »

» 448, compléter ainsi le 4e alinéa : « A ce produit viennent s'ajouter, le cas échéant, les subventions offertes par les communes. »

» 449, supprimer la 15e ligne.

» 450, 26e ligne, au lieu de : « en kilomètres *ou* en mètres », lire : « en kilomètres *et* en mètres. »

» 455, 3e alinéa, 4e ligne, remplacer : « le *logement* », par les mots : « le *local*, le *mobilier postal* » ; 8e ligne, au lieu de : « aucune dépense *nouvelle* », lire : « aucune dépense *notable* » ; supprimer, dans la marge, les mots : « Dépense non susceptible de réduction. »

» 456, 5e alinéa, 3e ligne, au lieu de : « 3e division », lire : « 1re division. »

» 457, 7e alinéa, 1re ligne, lire : « Le peu d'empressement des *municipalités.* »

» 458, dernier alinéa, 3e ligne, supprimer le mot : « environ. »

» 472, modifier comme suit le 2e alinéa : « entièrement obligatoire pour les objets recommandés, les valeurs déclarées et les avis de réception. »

» 474, 2e alinéa, 3e et 4e lignes, modifier ainsi la rédaction : « Le prix de vente, en sus du timbre, est, *par enveloppe*, de 2 centimes et demi, etc.... »

» 475, 1er alinéa, 2e ligne, au lieu de : « 2 pfennig », lire : « 3 pfennig » ; » 3e ligne, au lieu de : « 1 centime et demi », lire : « 1 centime un quart » ; 8e alinéa, 2e ligne, remplacer le mot : « *et* », par le mot : « *ou* » ; 4e ligne, remplacer le mot : « montant », par les mots : « suivant la valeur. »

Page 476, modifier comme suit le 7e alinéa :
« Les receveurs portent en recette, sur un livre auxiliaire de comptabilité appelé *Dépouillement de la taxe des correspondances* (modèle n° 1261), la valeur des timbres-poste et autres formules d'affranchissement, aussitôt qu'ils leur parviennent, déduction faite de la remise qui leur est allouée. Un autre livre auxiliaire (modèle n° 1341), qui fait corps avec le précédent, donne le détail, par catégories et par envoi, des quantités de figurines, au fur et à mesure de leur réception. »

» 486, 8e ligne, au lieu de : « Les *expéditions* ne sont faites », lire : « Les *inscriptions* ne sont faites. »

» 487, 4e alinéa, supprimer les trois dernières lignes, à partir des mots : « Le seul inconvénient. »

» 493, 3e et 4e lignes, remplacer le mot « entrepreneurs » par « entreposeurs ».

» 494, 1er alinéa, supprimer les 5e, 6e et 7e lignes.

» 499, 4e ligne, remplacer les mots « de l'expéditeur » par ceux-ci : « du destinataire. »

» 506, 6e ligne, ajouter, à la fin du 2e alinéa, le signe (1), et au bas de la page, un renvoi ainsi conçu :
(1) *Bull. mens.* n° 2, février 1891, *instr.* n° 405, p. 76.

» 516, 6e alinéa, 5e ligne, supprimer les mots : « 204 et 205, entre Lyon et Ambérieux. »
Renvoi (1), 2e ligne, au lieu de « 231, 194 francs, » lire « 27,194 francs. »

» 541, 5e ligne, remplacer les mots « *les registres* d'expédition » par « *le registre* d'expédition. »

» 549, § 2, compléter ainsi le 4e alinéa : « S'il s'agit de services à pied, que les entrepreneurs sont tenus d'assurer personnellement, on n'admet à soumissionner que les candidats robustes, physiquement aptes à transporter, et, au besoin, à défendre les dépêches qui leur seraient confiées (1). »
Reporter au bas de la page le renvoi ci-après :
« (1) *Bull. mens.*, n° 3, mars 1891, p. 132. »

» 557, 5e alinéa, 1re ligne, remplacer les mots : « A l'expiration de chaque quinzaine, » par ceux-ci : « A la fin de chaque mois. »

» 573, 10e ligne de l'avant-dernier alinéa, au lieu de : « 15 janvier 1861 », lire : « 15 janvier 1881. »

» 597, 6e alinéa (Circonscriptions de distribution). Modifier ainsi la première phrase:
« L'ancien Paris est divisé, pour le service de la distribution, en onze circonscriptions dénommées *rayons*. Les 10e et 11e rayons occupent le centre, les neufs autres forment des secteurs dont le sommet est tourné vers l'hôtel des postes, tandis que leur base s'appuie sur le périmètre tracé à peu près par la ligne des anciens boulevards extérieurs. »

» 614, ajouter au bas de la page l'alinéa suivant:
« Un registre spécial est affecté à l'inscription en nombre, tant à l'entrée qu'à la sortie, des enveloppes contenant des valeurs à recouvrer ou recouvrées (2). »
« (2) *Bull. mens.* n° 2, février 1891, *instr.* n° 485, p. 76 et s.

» 627, modifier ainsi la rédaction du cinquième alinéa :
« Elle est subordonnée au payement d'un droit d'abonnement dont le taux varie, et dont le produit, dans les bureaux composés, est partagé par moitié entre le receveur, d'une part, et les commis et surnuméraires, d'autre part. A la recette principale de la Seine, le prix de l'abonnement varie, suivant le nombre des correspondances adressées à l'abonné, entre 5 et 15 francs par mois. »

» 647, 3e alinéa, modifier ainsi l'analyse marginale : « Ordonnance du 12 janvier 1771. »

» 709, 5e alinéa, après les mots « les valeurs sont inscrites sur le carnet des facteurs chargés de les encaisser, » mentionner le signe (1), et ajouter, au bas de la page, un renvoi ainsi conçu :
« (1) Ce carnet, distinct de celui qui sert à la distribution des objets chargés ou recommandés, est exclusivement affecté à l'inscription des valeurs à recouvrer ou des enveloppes contenant les valeurs recouvrées. (*Bull. mens.* n° 2, février 1891, *instr.* n° 405, p. 76 et s.) »

» 873, dernier alinéa, 1re ligne, supprimer le mot : « trois. »

» 878, compléter ainsi le 7e alinéa : « Dans ce cas, un rapport est adressé au directeur, qui adresse à l'entrepreneur les injonctions nécessaires; faute par l'entrepreneur de s'y conformer, le directeur procède à une enquête, et propose, s'il y a lieu, à l'administration, l'application de mesures disciplinaires (1). »
Ajouter au bas de la page le renvoi suivant :
« (1) *Bull. mens.* n° 3, mars 1891, p. 129. »

TABLE ANALYTIQUE DES MATIÈRES

PREMIÈRE PARTIE

Origines des postes. — Fusion des postes et des télégraphes.

DEUXIÈME PARTIE

Organisation de l'administration des postes et des télégraphes.

CHAPITRE II. — Services extérieurs.

CHAPITRE III. — CONSTITUTION DU PERSONNEL. — RECRUTEMENT.

CHAP IV. — INCOMPATIBILITÉS.

CHAPITRE V. — Émoluments attachés aux emplois.

CHAPITRE VI. — Nomination aux emplois. — Installations. — Cautionnements.

CHAPITRE VII. — AVANCEMENT. — RÉCOMPENSES HONORIFIQUES.

CHAPITRE VIII. — DISCIPLINE.

CHAPITRE IX. — ABSENCES ET CONGÉS.

CHAPITRE X. — Pensions.

CHAPITRE XI. — COUP D'ŒIL SUR L'ORGANISATION DU SERVICE POSTAL DANS QUELQUES PAYS ÉTRANGERS.

TROISIÈME PARTIE

Objet du service des postes. — Principes fondamentaux qui régissent l'exploitation postale.

CHAPITRE III. — PRINCIPE DE NON INTERVENTION DES AUTORITÉS ADMINISTRATIVES ET JUDICIAIRES DANS L'ORGANISATION ET LA MARCHE DU SERVICE DES POSTES.

CHAPITRE IV. — INVIOLABILITÉ DES CORRESPONDANCES.

CHAPITRE V. — RESPONSABILITÉ DE L'ADMINISTRATION.

QUATRIÈME PARTIE

De la correspondance officielle.

CINQUIÈME PARTIE

De la correspondance privée.

CHAPITRE PREMIER. — Considérations générales sur les tarifs.

CHAPITRE II. — Tarifs intérieurs. — Des lettres. — Étude des variations du tarif.

4e période (1878-1889).

CHAPITRE III. — DES LETTRES (*suite*). — ÉTUDE DU TARIF ACTUEL.

CHAPITRE IV. — DES CARTES POSTALES.

CHAPITRE V. — DES PAPIERS D'AFFAIRES.

CHAPITRE VI. — Des imprimés.

CHAPITRE VII. — Des échantillons de marchandises.

CHAPITRE VIII. — Dispositions communes aux objets admis a circuler a prix réduit par la poste.

CHAPITRE IX. — De la recommandation.

CHAPITRE X. — Des valeurs déclarées.

CHAPITRE XI. — DISPOSITIONS COMMUNES AUX OBJETS RECOMMANDÉS ET AUX VALEURS DÉCLARÉES.

SIXIÈME PARTIE

Des tarifs internationaux et des relations internationales en général.

CHAPITRE PREMIER. — DES RELATIONS INTERNATIONALES JUSQU'A LA CONSTITUTION DE L'UNION POSTALE UNIVERSELLE.

CHAPITRE II. — Constitution de l'Union postale universelle.

CHAPITRE III. — Tarifs et conditions auxquelles sont assujetties les correspondances dans le ressort de l'Union.

CHAPITRE IV. — Relations directes entre les administrations postales des États de l'Union.

CHAPITRE V. — Relations indirectes entre les pays de l'Union.

CHAPITRE VI. — Exceptions au régime de l'Union.

CHAPITRE VII. — Relations avec les pays en dehors de l'Union.

CHAPITRE VIII. — Des valeurs déclarées dans les relations internationales.

SEPTIÈME PARTIE

Fonctionnement du service postal.

CHAPITRE PREMIER. — Création des bureaux.

CHAPITRE II. — Baux et locations. — Installation et règlement intérieur des bureaux.

CHAPITRE III. — Affranchissement des correspondances.

CHAPITRE V. — Tri et expédition des correspondances.

CHAPITRE VI. — Transport des dépêches par les voies ferrées. — Droits de la poste sur les chemins de fer.

§ 2. — *Droits de la poste sur les chemins de fer d'intérêt général.*

§ 3. — *Droits de la poste sur les chemins de fer d'intérêt local et les tramways.*

§ 4. — *Sommes payées par la poste aux compagnies; évaluation du service rendu par les chemins de fer à la poste.*

§ 5. — *Relations entre la poste et les chemins de fer dans quelques pays étrangers.*

CHAPITRE VII. — Service postal ambulant.

§ 1er. — *Bureaux ambulants. — Historique et organisation.*

CHAPITRE VIII. — TRANSPORT DES DÉPÊCHES PAR TERRE.

CHAPITRE IX. — Transport des dépêches par mer.

CHAPITRE X. — DISTRIBUTION DES CORRESPONDANCES. — ORGANISATION DU SERVICE.

CHAPITRE XI. — Exécution du service de la distribution a domicile.

CHAPITRE XII. — Distribution par exprès.

CHAPITRE XIII. — Réexpédition.

CHAPITRE XIV. — Rebuts.

HUITIÈME PARTIE

Services accessoires de la poste.

CHAPITRE PREMIER. — ARTICLES D'ARGENT.

CHAPITRE II. — Articles d'argent (*Suite*). — Mandats spéciaux.

CHAPITRE III. — MANDATS INTERNATIONAUX.

CHAPITRE IV. — ABONNEMENTS AUX JOURNAUX.

CHAPITRE V. — RECOUVREMENT DES EFFETS DE COMMERCE.

CHAPITRE VI. — CAISSE D'ÉPARGNE POSTALE.

CHAPITRE VII. — Colis postaux.

NEUVIÈME PARTIE

Comptabilité.

CHAPITRE Ier. — BUDGET DES POSTES ET DES TÉLÉGRAPHES. — PRODUIT NET DE L'EXPLOITATION.

CHAPITRE II. — LIQUIDATION DES DÉPENSES.

CHAPITRE III. — ORDONNANCEMENT DES DÉPENSES.

CHAPITRE IV. — PAYEMENT DES DÉPENSES PUBLIQUES.

CHAPITRE V. — TENUE DES CAISSES ET RESPONSABILITÉ DES COMPTABLES.

CHAPITRE VI. — ÉCRITURES DES RECEVEURS.

CHAPITRE VII. — Opérations et écritures des bureaux secondaires.

DIXIÈME PARTIE

Surveillance du service.

ADDITIONS ET MODIFICATIONS

TABLE ALPHABÉTIQUE DES MATIÈRES

A

B

C

D

E

F

G

H

I

J

L

M

N

O

P

Q

R

S

T

U

V

W

Z

TABLE CHRONOLOGIQUE

DES

LOIS, DÉCRETS, ARRÊTÉS ET DÉCISIONS MINISTÉRIELLES, CONVENTIONS ET ARRANGEMENTS CITÉS DANS LE TEXTE

Code civil.

Code de procédure civile.

Code de commerce.

Code d'instruction criminelle.

Code pénal.

Paris. — Soc. d'Imp. PAUL DUPONT (Cl.). 188.4.91.

www.ingramcontent.com/pod-product-compliance
Lightning Source LLC
LaVergne TN
LVHW020952300926
849160LV00007B/122